JN440087

민 법 총 칙

김 민 중 저

법 영 사

머 리 말

법학을 공부할 때 누구나 가장 먼저 접하는 동시에 가장 중요한 과목 중 하나가 민법총칙이다. 흔히 많은 학생이 민법총칙에 대한 공부를 출발로 하여 본격적인 법학공부를 시작하게 된다. 그러나 민법총칙의 교재는 거의 대부분 처음 법학을 공부하는 학생이 이해하기는 몹시 어려운 내용과 체계로 되어 있다. 처음 민법총칙의 교재를 읽을 때 마구 쏟아지는 생소한 전문적인 법률용어와 이해하기 곤란한 일반적, 추상적인 설명에 의하여 좌절하는 학생도 많다. 또한 법학을 처음으로 공부하는 학생을 가르치는 교수로서도 민법총칙에 나오는 법률문제를 쉽게 설명하여 이해시키기 난감한 경우도 많다.

로스쿨의 도입과 함께 몇 년 동안 민법총칙을 강의하면서 종래와는 다른 방법으로 강의를 하여야 할 필요성을 느끼게 되었다. 또한 학생에게도 좀 종래와는 다른 교재를 통하여 공부할 기회를 줄 필요가 있다는 생각을 가지게 되어 강의 때마다 강의록을 새롭게 마련하고, 그 강의록을 체계적으로 정리한 결과가 바로 이 책이다. 아직은 로스쿨을 비롯한 법학교육의 정도가 어디에 있는가를 속단할 수는 없다. 그러나 비록 국내법이 대륙법계에 속한다고 할지라도 판례는 법학에서 가장 중요한 학습자료의 하나이다. 물론 판례가 법학공부에 필요한 유일무이한 자료는 아니므로, 법학공부가 판례에만 집중되어야 할 필요는 없다. 그러나 판례의 학습이 절대적으로 필요하다고 하지 않을 수 없고, 특히 판례를 공부할 때에 법조문을 외우듯, 판결요지만을 외우는 태도는 바람직하지 않다고 본다. 그러나 교과서나 판례집에 소개되는 판례는 흔히 너무 간단하여 그 판례만을 가지고 판례이론을 제대로 이해하기는 부족한 경우가 많고, 간혹 위험하기도 하다. 판례를 제대로 이해하려면 적어도 해당되는 분야에 관한 리딩케이스에 관해서는 우선 사실관계를 파악하고, 법원은 그 문제에 대하여 평소 어떤 태도를 취하고 있는가, 그 판례에서는 법원이 어떤 태도를 취하고, 그 판례가 그 문제에 관한 법이론과 관련하여 어떤 의미를 가지고 있는가 등을 전체적으로 조감하여야 한다.

바로 이 책에서 가장 중점을 둔 내용이 판례학습이다. 민법총칙에서 다루는 중요한 법률문제에 관한 리딩케이스를 찾아 학습에 필요한 한도에서 사실관계를 정리하여 판례의 내용을 중심으로 그 법률문제를 해결하여 나가는 이른바 「케이스 스터디」에 중점을 두고 이 책을 저술하였다. 다만 민법총칙의 교과서로서의 성질상 전체가 케이스에 대한 해결로만 이루어지지는 못하고, 민법총칙, 더 나아가서는 민법 전반에 대한 체계적 이해를 위하여 필요한 개념이나 학설의 대립 등도 포함시켜 민법총칙 전체를 아우르게 하였다.

저자는 이 책이 많은 학생을 바른 민법공부로 향도하는 역할을 할 수 있기를 희망한다.

다만 저자가 바라는 희망이 결과로 달성될 수 있는가 하는 여부는 최종적으로 독자의 판단에 맡겨진 문제라고 생각되며, 부족한 부분은 독자의 질정을 받아 지속적으로 다듬고 고칠 계획이다. 그리고 이 책의 출간에 대하여 격려와 조언을 준 모든 분에게 진심으로 고맙다는 인사를 전하고 싶다. 특히 이 책의 출간을 위하여 연구비를 지원해 준 전북대에 대하여도 사의를 전한다(“이 저서는 2012년도 전북대학교 저술장려연구비 지원에 의하여 연구되었음”). 또한 흔쾌히 이 책의 출간을 허락해 주시고, 편집은 물론 목차와 색인, 표지 등에 이르기까지 세심히 신경을 써주신 법영사 여러분에게 심심한 사의를 표한다.

2014년 2월

김 민 중

차 례

제1장 서 론 ······ 1

제1절 민법의 의의 ······ 3

Ⅰ. 민법이란? ······ 3
Ⅱ. 민법의 형식적 의의와 실질적 의의 ······ 4
Ⅲ. 공법과 사법의 구별 ······ 5
Ⅳ. 민법의 내용 ······ 8
Ⅴ. 민법전의 구성 ······ 9
Ⅵ. 민법총칙의 의의 ······ 10

제2절 민법전의 편찬과 발전 ······ 11

Ⅰ. 근대민법전의 탄생 ······ 11
Ⅱ. 한국민법전의 편찬과 개정 ······ 12

제3절 민법의 법원 ······ 17

Ⅰ. 법원의 의의 ······ 17
Ⅱ. 민법법원의 내용 ······ 18
Ⅲ. 성문적 민법법원 ······ 18
Ⅳ. 불문적 민법법원 ······ 20

제4절 민법의 근본원칙 ······ 34

Ⅰ. 서 설 ······ 34
Ⅱ. 권리능력평등의 원칙과 그 수정 ······ 35
Ⅲ. 근대민법의 3대원칙과 그 수정 ······ 35
Ⅳ. 한국민법의 기본원리 ······ 37

제5절 민법의 해석과 적용 ······ 39

Ⅰ. 민법의 해석 ······ 39
Ⅱ. 민법의 적용 ······ 44

제 6 절 민법의 효력 44

Ⅰ. 민법의 시간적 효력 44
Ⅱ. 민법의 인적 효력 44
Ⅲ. 민법의 장소적 효력 46

제 2 장 민법상의 권리 47

제 1 절 법률관계와 권리·의무 49

Ⅰ. 법률관계 49
Ⅱ. 권 리 50
Ⅲ. 의 무 52
Ⅳ. 권리와 의무의 관계 53
Ⅴ. 권리본위와 의무본위 53

제 2 절 권리의 종류 54

Ⅰ. 민법상의 권리 54
Ⅱ. 사권의 종류 54

제 3 절 권리의 행사와 의무의 이행 65

Ⅰ. 권리행사의 의의와 방법 65
Ⅱ. 권리의 충돌과 순위 65
Ⅲ. 권리행사의 한계와 제한 66
Ⅳ. 의무의 이행 91

제 4 절 권리의 보호 92

Ⅰ. 서 설 92
Ⅱ. 국가구제·공력구제 92
Ⅲ. 사력구제 94

제 3 장 권리의 주체 97

제 1 절 권리주체 총설 99

제 2 절 자연인 104

Ⅰ. 권리능력 104
Ⅱ. 행위능력 123
Ⅲ. 주 소 152

Ⅳ. 부재와 실종 ······ 155

제 3 절 법 인 ······ 169

Ⅰ. 법인의 설립 ······ 169
Ⅱ. 법인의 설립 ······ 174
Ⅲ. 법인의 능력 ······ 184
Ⅳ. 법인의 기관 ······ 193
Ⅴ. 법인의 주소 ······ 200
Ⅵ. 법인의 정관변경 ······ 200
Ⅶ. 법인의 소멸 ······ 205
Ⅷ. 법인의 등기 ······ 206
Ⅸ. 법인의 감독·벌칙 ······ 207
Ⅹ. 외국법인 ······ 208
Ⅺ. 권리능력 없는 단체 ······ 209

제 4 장 권리의 객체 ······ 227

제 1 절 총 설 ······ 229

Ⅰ. 권리의 객체 ······ 229
Ⅱ. 권리의 객체에 관한 민법규정 ······ 229

제 2 절 물 건 ······ 230

Ⅰ. 물건의 의의 ······ 230
Ⅱ. 물건의 일부·단일물·합성물·집합물 ······ 238
Ⅲ. 물건의 분류 ······ 241

제 3 절 동산과 부동산 ······ 243

Ⅰ. 동산과 부동산의 구별의의 ······ 243
Ⅱ. 부동산 ······ 244
Ⅲ. 동 산 ······ 251

제 4 절 주물과 종물 ······ 252

Ⅰ. 주물·종물의 의의 ······ 252
Ⅱ. 종물의 요건 ······ 252
Ⅲ. 주물·종물의 관계 ······ 255

제 5 절 원물과 과실 ······ 257

Ⅰ. 원물·과실의 의의 257
Ⅱ. 천연과실 257
Ⅲ. 법정과실 258

제 5 장 권리의 변동 261

제 1 절 권리변동의 의의·종류·원인 263

Ⅰ. 권리변동의 의의 263
Ⅱ. 권리변동의 종류 263
Ⅲ. 권리변동의 원인 265

제2절 법률행위 일반 267

Ⅰ. 서 설 267
Ⅱ. 법률행위의 종류 271
Ⅲ. 법률행위의 목적 275
Ⅳ. 법률행위의 해석 311
Ⅴ. 법률행위해석의 성질 321
Ⅵ. 법률행위의 해석에 관한 판례 322

제 3 절 의사표시 325

Ⅰ. 서 설 325
Ⅱ. 의사와 표시의 불일치 332
Ⅲ. 하자 있는 의사표시 375
Ⅳ. 의사표시의 효력발생 389

제 4 절 대 리 395

Ⅰ. 서 설 395
Ⅱ. 대리권(본인·대리인의 관계) 400
Ⅲ. 대리행위(대리인·상대방의 관계) 413
Ⅳ. 대리의 효과(본인·상대방의 관계) 421
Ⅴ. 복대리 422
Ⅵ. 무권대리 425

제 5 절 법률행위의 무효와 취소 460

Ⅰ. 서 설 460
Ⅱ. 무 효 467
Ⅲ. 취 소 491

제 6 절 조건과 기한 ······502
Ⅰ. 법률행위의 부관 ······502
Ⅱ. 조 건 ······503
Ⅲ. 기 한 ······510

제 7 절 기 간 ······513
Ⅰ. 서 론 ······513
Ⅱ. 기간의 계산방법 ······513
Ⅲ. 기간의 역산방법 ······515

제 8 절 소멸시효 ······515
Ⅰ. 시효제도의 의의 ······515
Ⅱ. 소멸시효의 요건 ······524
Ⅲ. 소멸시효의 중단 ······536
Ⅳ. 소멸시효의 정지 ······551
Ⅴ. 소멸시효의 효력 ······552

◈ 사항색인 ······561

제 I 장

서 론

제 1 절 민법의 의의
제 2 절 민법전의 편찬과 발전
제 3 절 민법의 법원
제 4 절 민법의 근본원칙
제 5 절 민법의 해석과 적용
제 6 절 민법의 효력

제 I 장
서 론

제 1 절 민법의 의의

I. 민법이란?

1. 민법=법질서의 일부

민법은 인간의 공동체적 사회생활을 강제적·타율적으로 규율하는 법질서의 일부이다.

2. 민법=사법

민법은 사법으로서 공법과 구별된다. 공법(예: 헌법·행정법)은 선거를 한다든지 세금을 낸다든지 하는 경우와 같이 직접적으로 국가의 조직이나 국가의 유지와 관계가 있는 공적·정치적 생활관계를 규율한다. 그러나 민법은 물건을 매매한다든지, 혼인을 한다든지 하는 경우와 같은 일반사인의 사적·개인적 생활관계를 규율하는 사법이다.

3. 민법=일반사법

민법은 일반사법으로서 특별사법(상법)과 구별된다. 민법이 일반사법이라고 하는 의미는 민법은 사람(人)·지역·물건·사항에 한정되지 않고 일반적으로 사적 생활관계를 규율한다고 하는 사실을 가리킨다. 역시 사법으로 상법이 있으나, 상법은 일반사법으로서의 민법과 달리 상거래라고 하는 특정한 사항, 상인이라고 하는 특정인에 대한 규정을 두고 있는 특별사법이다.[1]

---

1) 국가에 따라서는 민법과 상법을 하나의 법전에 통일적으로 규정하고 있는 경우(예컨대 1911년의 스위스민법, 1925년의 태국민법, 1929년의 중국민법, 1942년의 이탈리아민법)도 있다.

[더 생각할 과제 - 특별법우선의 원칙]

「특별법은 일반법을 깨뜨린다」고 하는 원칙에 의하여 동일사항에 대하여 일반법과 특별법이 있는 경우에는 특별법이 일반법보다 우선한다. 가령 임대차계약에 대하여 민법상의 규정과 주택임대차보호법이 함께 고려되는 경우에 주택임대차보호법이 특별법으로 일반법인 민법을 배척하고 우선적으로 적용된다. 특히 상법은 상사에 관하여 상법 → 상관습법 → 민법의 순서로 적용된다고 하는 명문규정을 두고 있다(상법 §1).

4. 민법=실체법

민법은 실체법이라고 하는 측면에서 절차법(민사소송법)과 구별된다. 민법은 어느 경우에 권리와 의무가 어떤 내용으로 발생하고 소멸하는가를 정하는 실체법이며, 반면에 절차법인 민사소송법은 민법상의 권리와 의무가 임의로 이행되지 않는 경우에 어떤 방법과 절차에 따라서 강제적으로 실현되는가 하는 권리구제수단을 규율하고 있다.

5. 민법=실질법

민법은 실질법이라고 하는 측면에서 저촉법(국제사법)과 구별된다. 국제사법은 어떤 생활관계에 대하여 다수의 국가의 사법 중 어느 국가의 사법을 적용하는가를 결정하는 저촉법이다. 그러나 민법은 사회생활에서 발생하는 법률관계에 실질적으로 적용되는 실질법이다.

Ⅱ. 민법의 형식적 의의와 실질적 의의

1. 형식적 의미의 민법(협의의 민법)

형식적 의미의 민법이란 법전에 「민법」(법률 제471호)이라는 이름으로 수록되어 있는 법률, 즉 민법전 자체를 가리킨다.[2)] 현재 민법전은 총 1118개의 조문과 부칙으로 구성되어 있다.

2. 실질적 의미의 민법(광의의 민법)

실질적 의미의 민법이란 일반사인의 재산관계와 가족관계(신분관계)를 규율하는 「사법의 일반법」을 가리키며, 결국 실질적 의미의 민법은 민법의 법원과 같다. 실질적 의미의

2) 현재 사용되고 있는 「민법」이라고 하는 명칭은 로마법의 ius civile에 그 기원이 있다. 만민법, 즉 ius gentium에 대립하여 「로마시민의 법」 혹은 시민법을 의미하는 ius civile라고 하는 용어가 근대초에 대륙에 계수되어 독일에서는 Bürgerliches Recht 혹은 Zivilrecht, 프랑스에서는 droit civil, 영미국가에서는 civil law, 네델란드에서는 Burgerlyk Regt으로 번역되어 사용되고 있다. 그리고 「민법」이라는 명칭은 津田眞造라고 하는 일본인이 1867년에 네델란드어 Burgerlyk Regt를 「民法」이라고 번역하여 사용한 사실에서 유래한다고 한다.

민법에는 민법전 이외에 민사에 관한 각종의 특별법(예컨대 부동산등기법, 주택임대차보호법, 약관규제법, 할부거래법), 관습법, 조리가 포함된다.

3. 양자의 관계

형식적 의미의 민법(민법전)은 실질적 의미의 민법법규를 집대성하고 있지만, 반드시 형식적 의미의 민법과 실질적 의미의 민법이 일치하지는 아니한다. 예를 들어 민법전 중 법인의 이사·감사·청산인에 대한 벌칙(§97)이나 강제집행(§389)에 관한 규정은 실질적 의미의 민법이라고 할 수 없다. 또한 실질적 의미의 민법은 민법전 이외의 민사부속법령, 민사특별법령, 공법의 규정에도 포함되어 있다.

Ⅲ. 공법과 사법의 구별

1. 공법과 사법의 구별필요성

어떤 법률관계에 적용할 법원칙 혹은 법규를 규명하기 위하여는 그 법률관계가 공법관계인가 사법관계인가를 구별하여 파악하여야 한다. 어떤 법률관계가 공법관계이면 공법이 적용되고, 사법관계이면 사법이 적용된다.

재판절차에서 사법에 관한 소송에는 민사소송법이 적용되고 사법관계는 일반법원에서 처리한다. 그러나 공법상의 권리관계 혹은 법적용에 대한 분쟁, 즉 행정사건에는 행정소송법이 적용되고 관할법원은 행정법원이 된다(행정소송법 §9).

2. 공법과 사법의 구별에 관한 학설

공법과 사법의 구별기준에 관하여는 여러 학설이 대립한다. 학설상으로는 이익설, 주체설, 성질설, 생활관계설, 통치권설, 사적자치유무설, 절충설과 같은 다양한 견해가 있다.

(1) 이익설

이익설은 공익을 목적으로 하는가, 사익을 목적으로 하는가에 따라서 공법과 사법을 구분하는 학설이다. 이익설에 의하면 법이 보호하고자 하는 이익이 공익인 때에는 공법, 법이 보호하는 이익이 개인적 이익, 즉 사익인 때는 사법이 된다. 다만 이익설에 대하여는 공법이 보호하는 이익에는 공익은 물론 사익도 있고, 사법에서도 등기제도·혼인·가족·상속과 같이 공익과 밀접한 관계가 있는 제도도 있다고 하는 지적이 있다.

(2) 주체설

주체설은 국가 기타 공공단체 상호간의 관계 혹은 국가 기타 공동단체와 개인의 관계를 규율하면 공법이고, 개인 상호간의 관계를 규율하면 사법이라고 보는 학설이다.[3] 다만 주체설에 대하여는 국가 기타 공공단체가 다른 공공단체 혹은 일반사인과 매매·운송·임대차와 같은 사적 계약을 체결하는 경우에도 공법에 의하여 규율한다고 하여 부당하다고 본다.

최근 「신주체설」은 국가 기타 공공단체가 개인과 계약을 맺는 경우를 공법이 규율한다고 하는 부당한 결과를 제거하기 위하여 국가 기타 공공단체가 공권력의 주체가 아닌 사인과 같은 자격으로 계약을 체결할 때에는 예외적으로 사법이 규율한다고 본다. 신주체설에 대하여도 구분의 기준이 이원적이라는 비난이 있지만, 가장 알기 쉽고 또한 실질적으로 공법·사법을 올바르게 구별하고 있다고 평가하고 있는 견해도 있다.

(3) 성질설

성질설은 법률관계가 평등관계인가 불평등관계인가에 따라서 공법과 사법을 구별하는 학설이다. 성질설에 의하면 공법은 「상하질서」, 즉 권력복종관계·불평등관계·종적 관계·수직적 관계를 규율하고, 사법은 「평등질서」, 즉 자유대등관계·횡적 관계·수평적 관계를 규율한다. 다만 성질설에 대하여는 국제법은 공법이지만 국가와 국가 사이의 서로 대등한 관계를 규율하므로 사법으로 보아야 하며, 친족법은 사법이지만 부모와 자의 불평등관계를 규율하므로 공법으로 분류하여야 하는 모순이 발생한다고 하는 비난이 있다.

최근 신성질설(「사적 자치」유무설)은 사인이 자유로운 결단에 의하여 자기의 법률관계를 스스로 형성하여 나아가는 원칙이 사적 자치의 원칙이며, 만일 사적 자치의 원칙의 적용을 받으면 사법이고 기속적인 결정이 적용되면 공법이라고 주장한다.[4] 다만 신성질성에 대하여는 (i) 기속적인 결정과 자유로운 결정을 분명히 구별하기가 용이하지 않고, (ii) 사적 자치의 원칙이 지배하는 사법에서도 선량한 풍속 등에 의한 제한이 있고, 사법에 속하는 물권법이나 가족법에는 사적 자치가 적용되기 곤란한 규정도 많이 있다고 하는 비난이 있다.

(4) 생활관계설

생활관계설은 사람의 생활관계를 표준으로 공법과 사법을 구별하는 학설이다. 생활관계설에 따르면 국민으로서의 공적 국가생활관계를 규율하면 공법이고, 일반사인으로서의 일상적 사회생활관계를 규율하면 사법이 된다.[5] 생활관계설에 대하여는 실질적으로 주체설과 크게 차이가 없고, 국가생활과 사회생활을 구별하는 기준이 애매모호하다고 하는 지적이 있다.

---

3) 주체설은 현재 독일민법에서의 다수설에 해당한다.
4) 국내에서는 사적 자치유무설을 강력히 주장하는 견해가 있다.
5) 생활관계설은 일본민법에서의 통설이다.

(5) 절충설

절충설은 어느 한 기준에 의하여 공법과 사법을 구별하지 않고, 여러 가지 견해에 의하여 공법과 사법을 구별하는 학설이다.[6] 절충설은 다시 (i) 2원적 견해(생활관계설+성질설, 주체설+성질설), (ii) 3원적 견해(주체설+성질설+이익설 혹은 신주체설+생활관계설+신성질설), (iii) 복수기준설로 구분된다. 다만 절충설에 대하여는 여러 학설의 문제점으로 지적되고 있는 난점을 문제점으로 공유하고 있다고 하는 지적이 있다. 그리고 어떤 생활관계에 법규를 적용하는 경우에 공법·사법의 구별에 구애되지 않고, 경우에 따라서 문제가 되고 있는 사항에 가장 적합한 법규를 발견할 필요가 있다고 하는 주장도 있다.

1) 2원적 견해

2원적 견해는 공법은 국민으로서의 생활관계에 있어서 수직·상하의 질서 또는 명령·복종의 지도원리가 지배하는 규범이며, 사법은 개인 내지 인류로서의 생활관계에 있어서 횡적·수평적 질서 또는 자유평등의 지도원리가 지배하는 규범이라는 두 가지 요소를 포함한다고 하여 성질설과 생활관계설을 결부시켜 공법과 사법을 구별한다.

2) 3원적 견해

3원적 견해는 (i) 근본적으로 「주체설」의 입장에 서면서 다시 다른 학설도 동원하여, 공법은 국가 기타 공공단체와 개인의 관계 및 공공단체 상호간의 관계를 규율하며 원칙적으로 공법이 규율하는 법률관계는 수직관계 혹은 상하의 관계이고, 사법은 사인 상호간의 관계를 규율하며 사법이 규율하는 법률관계는 원칙적으로 수평관계 내지 평등·동위의 관계라고 보며, 다만 어떤 규정이 공법인지 사법인지 여전히 의심스러운 경우에는 보호하려는 이익을 따져서 사회전체의 이익이 결정적이면 공법, 1차적으로 개인의 이익을 보호하면 사법이라고 하는 입장, (ii) 「고권」(高權)의 담당자로서 국가 기타 공공단체가 주체가 되는 국가적 공익생활관계를 규율하며 기속적 결정을 그 내용으로 하면 공법이고, 사적 자치의 원칙에 의하여 규율되는 자유평등한 일반사인의 일상적 생활관계를 규율하면 사법이라고 보는 입장이 있다.

3) 복수기준설

복수기준설은 사법과 공법의 내용이 사회사상에 따라서 변천한 현재에는 과거와 같이 하나의 기준에 의하여 공법과 사법을 구분하려는 시도가 무모하고, 사법의 여러 특성, 즉 이익·행위주체, 당사자의 대등성과 교환성, 행위내용의 자율적 형성을 고려하여 구분하는 태도가 바람직하다고 본다.

[더 생각할 과제 - 사회법]

일반사인 상호간의 평등하고 자유로운 사적 재산생활관계에도 자본주의경제의 발달에 따른 폐단을 시정하여 분배적 정의를 실현하기 위하여 국가의 사회정책, 노동정책 혹은 경제정책에

---

6) 국내에서는 절충설을 주장하는 견해가 많다.

의한 정책적 통제가 점차 증대하는 경향과 함께 사법이 국가적 공권력의 개입에 의하여 공법화되고 있다. 그러므로 사적 자치의 원칙이 지배하는 사법적 법률관계에 공법원리가 침투하고, 그 결과로 공법과 사법이 혼합하는 현상을 통하여 공법과 사법의 어느 영역에도 속하지 아니하는 새로운 제3의 중간적 법영역이 출현하고 있다. 사법의 공법화 혹은 공법과 사법의 융화를 통하여 나타나는 새로운 법영역을 「사회법」이라고 한다. 사회법에는 대표적으로 노동법, 경제법, 사회보장기본법이 해당한다.

Ⅳ. 민법의 내용

1. 재산생활관계와 가족생활관계

민법이 규율하는 개인의 사적 생활관계는 자기보존을 위한 생활관계, 즉 경제적·재산적 생활관계와 종족보존을 위한 생활관계, 즉 가족적·신분적 생활관계로 구분된다. 재산생활관계는 다시 물건에 대한 지배적 생활관계와 다른 사람에 대한 청구적 생활관계로 분리되고, 또한 가족생활관계는 친족관계와 상속관계로 구분된다.

2. 재산법과 가족법

민법은 재산생활관계를 규율하는 재산법과 신분생활관계를 규율하는 가족법으로 구분된다. 재산법은 다시 사람의 물건에 대한 지배적 재산생활관계를 규율하는 물권법과 사람의 다른 사람에 대한 청구적 재산생활관계를 규율하는 채권법으로 구별되며, 가족법은 가족적 공동생활 그 자체를 규율하는 친족법과 가족구성원의 사망에 의하여 야기되는 재산의 승계관계를 규율하는 상속법으로 구별된다.

재산법은 각자가 자기의 이해를 고려하여 타산적 이기심을 가지고 욕망추구를 위하여 가장적으로 결합한 재산생활관계를 규율하며, 재산법에는 소유권절대의 원칙, 계약자유의 원칙, 자기책임의 원칙이 근본원칙으로 적용된다. 가족법은 종족보존의 본능으로 경제적 이해타산을 초월하여 자연의 애정을 가지고, 각자가 숙명적으로 결합한 가족생활관계를 규율하며, 가족법에는 개인의 존엄, 양성평등의 원칙과 균등상속의 원칙이 적용된다.

재산법과 가족법의 내용을 간단하게 정리하면 아래 도표와 같다.

구 분	종 류	내 용	특 징	지도원리
재산법	물권법	人 대 物, 즉 사람의 물건에 대한 지배적 재산생활관계를 규율	합리성·타당성·이익사회 규제·계수성이 「강」하다.	소유권절대의 원칙
	채권법	人 대 人, 즉 사람과 사람 사이의 청구적 재산생활관계를 규율		계약자유의 원칙 자기책임의 원칙
가족법	친족법	가족적 공동생활 그 자체의 법률관계를 규율	습속성·보수성·공동사회 규제·계수성이 「약」하다.	개인의 존엄 양성평등의 원칙
	상속법	자연인의 사망에 의하여 발생하는 재산의 승계관계를 규율		균등상속의 원칙

Ⅴ. 민법전의 구성

1. 인스티투찌오네스방식과 판덱텐방식

구분	인스티투찌오네스방식	판덱텐방식
체계	로마법식	독일법식
구성	人·물건·소송	총칙·채권·물권·친족·상속
채택	프랑스민법·일본구민법	독일민법·일본민법·한국민법

민법전의 편별방식에는 인스티투찌오네스방식과 판덱텐방식이 있다. 인스티투찌오네스방식은 로마의 법학자 가이우스가 저술한 법학제요(Institutiones)에 따라서 민법전을 「사람(人)에 관한 법」, 「물건에 관한 법」, 「소송에 관한 법」으로 구분하는 편별방식이다. 대표적으로 프랑스민법전이 인스티투찌오네스방식을 채택하고 있다. 판덱텐방식은 로마법대전 중 학설휘찬(Digesta)을 중심으로 로마법의 현대적 관용을 추구한 독일의 판덱텐학자에 의하여 완성된 이론체계에 따른 편별방식이며, 보통 총칙·채권·물권·친족·상속의 5편으로 구성되어 있다. 대표적으로 독일민법이 판덱텐방식을 채택하고 있다.

2. 민법의 구조

민법은 판덱텐방식에 따라서 「총칙」, 「물권」, 「채권」, 「친족」, 「상속」 모두 5개의 편으로 구성되어 있다.

(1) 총 칙

「총칙」(§§1-184)은 민법전의 각 편에 일반적으로 적용되는 규정을 포함하고 있고, 통칙·인·법인·물건·법률행위·기간·소멸시효 모두 7장으로 되어 있다.

(2) 물 권

「물권」(§§185-372)은 권리주체의 물건에 대한 지배관계를 규율하고, 물권총칙을 비롯하여 점유권·소유권·지상권·지역권·전세권·유치권·질권·저당권 모두 9장으로 되어 있다.

(3) 채 권

「채권」(§§373-766)은 권리주체와 다른 권리주체 사이의 청구관계를 규율하고, 채권총칙을 비롯하여 계약·사무관리·부당이득·불법행위 모두 5장으로 구성되어 있다.

(4) 친 족

「친족」(§§767-996)은 친족적 공동생활관계, 즉 대표적으로 혼인관계·친자관계·친족관계를 규율하고, 친족총칙을 비롯하여 호주와 가족(2008년부터 「가족의 범위와 자의 성과 본」으로 변경), 혼인, 부모와 자, 후견, 친족회(2013년부터 폐지), 부양, 호주승계(2008년부터 폐지) 모두 8장으로 구성되어 있다.

(5) 상 속

「상속」(§§997-1118)은 사람의 사망에 따른 재산관계, 즉 재산상속관계·유언제도·유류분제도를 규율하고, 상속·유언·유류분 모두 3장으로 되어 있다.

Ⅵ. 민법총칙의 의의

1. 총칙편의 의의

민법전은 篇·章·節·款·項으로 구성되어 있다. 민법 제1편은 총칙이고, 또한 민법 제2편·제3편·제4편의 제1장도 역시 총칙으로 되어 있고, 제5편 상속에서는 제1장과 제2장의 각 제1절이 총칙이다. 민법 제1편 총칙을 흔히 민법총칙이라고 하며, 민법총칙은 민법 전체에 적용되는 근본원칙을 규율하고 있다. 역시 민법 제2편·제3편·제4편의 각 제1장이나 제5편 제1장이나 제 2장의 각 제1절의 총칙도 해당하는 편이나 장에 일반적으로 적용되는 기본원칙을 규정하고 있다. 민법이 취하고 있는 「總則-各則構成」은 민법이 규율하는 사항(각칙)에 일반적으로 적용되는 규정을 축출하여 총칙으로 규율하는 법전편성 방법이다.7)

2. 민법총칙의 내용

민법전 제1편 총칙(§§1-184)은 통칙과 인·법인·물건·법률행위·기간·소멸시효 모두 7장으로 구성되어 있다. 민법총칙은 모두에 통칙으로 법원(§1)과 신의칙·권리남용금지(§2)에 관한 규정을 두고, 권리를 중심으로 「누가 권리를 가지는가」 하는 권리의 주체에 관한 장(人·法人), 「어떤 대상에 대하여 권리가 성립하는가」 하는 권리의 객체에 관한 장(물건), 「어떤 원인으로 권리가 발생·변경·소멸되는가」 하는 권리의 변동원인에 해당하는 법률행위에 관한 장과 역시 권리의 변동과 관련이 있는 기간이나 소멸시효에 관한 장이 있다.

3. 민법총칙편의 통칙성

민법총칙편은 사실상 재산편에 대한 총칙에 불과한가, 아니면 가족법에 대하여도 통칙

---

7) 가령 수학공식을 예로 들어 설명하면 y=xa+xb+xc+xd라고 하는 식에서 공통항 x를 괄호 앞에 놓고 y=x(a+b+c+d)로 하는 경우와 같이 민법=총칙(물권+채권+친족+상속)이 되어 민법총칙의 규정이 원칙적으로 각칙에 해당하는 물권, 채권, 친족, 상속에 공통적으로 적용된다.

성을 갖는가 하는 문제가 있다. 민법총칙이 물권과 채권의 통칙이라고 하는 사실이나 민법총칙 중 제1장 「통칙」의 두 조항 및 주소·부재와 실종·물건·기간에 관한 규정이 민법 전체에 적용되는 통칙성을 가지고 있다는 입장에 대하여는 반론이 없다. 그러나 법률행위·대리·시효에 관한 규정은 단지 재산법에 대하여만 총칙적 규정으로서의 성질을 가지며, 가족법에 대한 총칙적 성격은 희박하다고 할 수 있다.

제2절 민법전의 편찬과 발전

Ⅰ. 근대민법전의 탄생

년도	한 국	일 본	외 국
1804			프랑스민법전
1811			오스트리아민법전
1838			네델란드구민법전
1870		일본민법전의 편찬준비 개시	
1879		프랑스인 보아소나드를 중심으로 일본구민법전편찬작업 개시	
1884			스위스구채무법
1888			독일민법 제1초안
1890		일본구민법전 공포 민법전의 시행을 반대하는 민법전논쟁	
1893		穗積陳重·富井政章·梅謙次郎을 기초위원으로 하는 일본민법전의 기초작업 개시	
1895		일본민법 제1편 내지 제3편 공포	독일민법 제2초안
1896		일본민법 제4편·제5편 공포	독일민법전 공포
1898		일본민법 시행	
1900			독일민법전 시행
1907			스위스민법전(인사법)
1911			스위스신채무법
1912	조선민사령에 의한 일본민법전의 의용		
1942			이탈리아민법전
1946			그리스민법전
1948	민법전편찬 개시		
1953	민법초안 완료		
1958	민법전 공포		
1960	민법전 시행		
1966			포르투갈민법전
1992			네델란드신민법전

Ⅱ. 한국민법전의 편찬과 개정

1. 의용민법(구민법)

1910년 8월 29일 「조선에서의 법령의 효력에 관한 건」이라는 제령 제1호를 발포
1911년 3월 25일 법률 제30호로 「조선에 시행할 법령에 관한 건」을 공포
1912년 3월 18일 제령 제7호 조선민사령에 의하여 일본민법을 의용
1945년 11월 2일 미군정법령 제21호에 의한 구민법의 계속사용

2. 민법전의 편찬

1948년 7월 17일 대한민국헌법의 제정·공포
1948년 9월 15일 대통령령 제4호로 법전편찬위원회직제를 공포
1948년 12월 15일 법전위원회에서 민법전기초에 착수
1952년 7월 4일 기초완료
1954년 10월 26일 정부제출안으로 국회에 제안
1954년 11월 6일 법제사법분과위원회에 민법안심의소위원회를 구성, 그 예비심사에 착수
1957년 4월 6·7일 민법안에 대한 일반공청회를 의사당에서 개최
1957년 9월 2일 민법안심의소위원회에서 예비심사완료
1957년 9월 11일 법제사법분과위원회 본위원회에서 소위원회의 수정안을 무수정 채택 통과
1957년 9월 12일 국회본회의에 회부
1957년 11월 5일 국회본회의 상정
1957년 12월 17일 본회의심의 완료
1958년 2월 5일 정부에 이송
1958년 2월 22일 법률 제471호로 「民法」 공포
1960년 1월 1일 시행

3. 민법전의 개정

민법전은 1958년 2월 22일 법률 제471호로 제정되어 1960년 1월 1일부터 시행된 이래 최근까지 모두 21차례의 개정을 거쳐 현재에 이르고 있다.

1) 제1차개정 1962.12.29 법률 제1237호

민법 제789조에 법정분가에 관한 규정을 신설하여 민법 제789조 제1항으로 하고, 종래의 강제분가에 관한 규정을 민법 제789조 제2항으로 변경한 가족법개정이다.

2) 제2차개정 1962.12.31 법률 제1250호

부칙 제10조 제1항이 정하는 등기기간을 연장한 단순한 부칙개정이다.

3) 제3차개정 1964.12.31 법률 제1668호

부칙 제10조 제1항이 정하는 등기기간을 연장한 부칙개정이다.

4) 제4차개정 1970.6.18 법률 제2200호

일자확정을 청구하는 경우의 수수료에 관한 부칙 제3조 제3항을 개정한 부칙개정이다.

5) 제5차개정 1977.12.31 법률 제3051호

여성의 지위향성을 주된 내용으로 한 비교적 대폭적인 가족법의 개정이다. 성년자의 혼인에는 부모의 동의가 요구하지 않고(§808), 혼인에 의한 성년의제제도를 신설하고(§826의2), 부부의 소속불명재산을 부부의 공유재산으로 추정하고(§830 II), 협의이혼에 대한 가정법원의 확인을 요구하고(§836 I), 자에 대한 친권은 원칙적으로 부모가 공동으로 행사하고(§909 I·II), 특별수익자의 상속분에 대한 단서를 삭제하고(§1008), 여자, 특히 잔존배우자의 법정상속분을 유리하게 조절하고(§1009 I·II), 유류분제도(§§1112-1118)를 도입하는 등이 개정의 주된 내용이다.

6) 제6차개정 1984.4.10 법률 제3723호

민법전의 시행 이후 최초의 재산법에 대한 소폭적 개정이다. 특별실종기간을 3년에서 1년으로 단축하고, 항공기실종을 특별실종에 추가하고(§27 II), 구분지상권에 관한 규정을 신설하고(§289의2), 전세권자에게 전세금에 대한 우선변제청구권을 인정하고(§303 I), 건물전세권의 최단존속기간(§312 I)·존속기간의 법정갱신(§312 IV)·전세금증감청구권(§312의2)에 관한 규정을 신설하는 등이 주된 개정내용이다.

7) 제7차개정 1990.1.13 법률 제4199호

여러 차례에 걸친 가족법의 개정에도 불구하고 아직도 가족법에 남아 있는 비민주적 가족제도를 시정하기 위하여 단행된 대폭적인 가족법개정이다. 친족의 범위에 대한 합리적인 조정, 호주제도에 대한 대폭적인 손질, 적모서자관계와 계모자관계의 시정, 약혼해제사유의 변경, 혼인관계에서 남녀평등의 실현, 이혼규정에 대한 합리적인 조정, 입양제도의 변화, 친권제도에서 부모의 평등을 보장, 재산상속에서 모든 차별의 철폐 등이 주된 개정내용이다.

8) 제8차개정 1997.12.13 법률 제5431호

국적법의 전면적인 개정을 통하여 민법 제781조 제1항에 "부가 외국인인 때에는 모의 성과 본을 따를 수 있고 모가에 입적한다"고 하는 단서를 추가한 개정이다.

9) 제9차개정 1997.12.13 법률 제5454호

국적법의 개정에 따라서 자의 입적, 성과 본에 관한 민법 제781조 제1항에 부가 외국인인 때에는 모의 성과 본을 따를 수 있고 모가에 입적한다고 하는 단서규정을 신설한 개정이다.

10) 제10개정 2001.12.29 법률 제6544호

민법 제52조의2, 제60조의2를 신설한 개정으로서 민법 제50조의2에 의하면 이사의 직무집행을 정지하거나 직무대행자를 선임하는 가처분을 하거나 그 가처분을 변경·취소하는 경우에는 주사무소와 분사무소의 소재지에 등기하여야 하고, 민법 제60조의2는 가처분을 받은 직무대행자는 법원의 허가가 없는 한, 법인의 통상사무에 속하지 아니하는 행위를 하지 못하며 그 직무대행자가 위반행위를 하더라도 법인은 제3자에 대하여 책임을 진다고 규정하고 있다.

11) 제11차개정 2002.1.14 법률 제6591호

상속법에 관한 소폭적인 개정으로서 우선 민법 제999조 제2항에서 상속회복청구권의 행사기간을 '상속이 개시된 날로부터 10년'을 '상속권의 침해행위가 있은 날로부터 10년'으로 개정하고, 민법 제1019조의 상속의 승인·포기의 기간과 관련하여 상속인이 상속채무가 상속재산을 초과하는 사실을 중대한 과실 없이 알지 못하고 단순승인을 한 경우에는 그 사실을 안 날부터 3월 내에 한정승인을 할 수 있다고 하는 내용을 신설하고 있다.

12) 제12차개정 2005.3.31 법률 제7427호

민법의 친족편에 규정되어 있는 호주를 중심으로 가(家)를 구성하는 호주제도 및 자의 성과 본에 관한 규정이 양성평등이라고 하는 헌법이념과 시대변화에 부합하지 아니하므로, 호주제도와 자의 성과 본에 관한 규정을 전면폐지 혹은 개선하고, 또한 동성동본금혼제도와 친생부인의 소의 제척기간을 헌법불합치결정의 취지에 따라서 합리적으로 조정하며, 입양제도의 현실을 반영하고 양자의 복리를 증진시키기 위하여 양친과 양자에게 친족관계를 인정하며 양친의 성과 본을 따르게 하는 친양자제도를 도입하는 한편, 공동상속인간의 실질적인 형평 및 가족관계의 건전한 가치관정립을 위하여 상당한 기간 동안 동거하며 피상속인을 부양한 자에게도 기여분이 인정될 수 있도록 하는 내용을 중심으로 한 대폭적인 가족법의 개정이라고 할 수 있다.

13) 제13차개정 2005.3.31 법률 제7428호

민법 제937조제3호 및 제1098조 중 "破産者"를 각각 "파산선고를 받은 자"로 고친 간단

한 개정이다.

14) 제14차개정 2005.12.29 법률 제7765호

민법전의 제명을 "民法"에서 "민법"으로 고치고, 부칙 제4항에 한정승인에 관한 특례를 신설한 개정이다.

15) 제15차개정 2007.5.17 법률 제8435호

민법 제812조 제1항, 제836조 제1항, 제859조 제1항 및 제878조 제1항 중 "戶籍法"을 "「가족관계의 등록 등에 관한 법률」"로 하고, 민법 제814조제2항 중 "본적지를 관할하는 호적관서"를 "등록기준지를 관할하는 가족관계등록관서"로 고친 개정이다.

16) 제16차개정 2007.12.21 법률 제8720호

법체계의 통일성과 내용의 형평성을 도모하기 위하여 법인의 이사, 감사 또는 청산인의 의무위반에 따른 과태료 금액을 500만원으로 현실화하고(§97), 국민의 권리행사 및 의무이행이 용이하도록 기간의 말일이 토요일에 해당한 때에는 기간은 그 익일로 만료하도록 하며(§161), 헌법상의 양성평등원칙의 구현을 위하여 남녀의 약혼연령 및 혼인적령을 모두 18세로 일치시키는 한편(§§801·807), 신중하지 못한 이혼을 방지하기 위하여 이혼숙려기간제도를 도입하고(§836의2 신설), 이혼가정자녀의 양육환경을 개선하기 위하여 협의이혼시 자녀양육사항합의를 의무화하는(§837) 등 현행규정의 운영상 나타난 일부 미비점을 개선·보완한 개정이다.

17) 제17차 개정 2009.05.08 법률 제9650호

이혼 후 자녀의 정상적인 성장을 위하여 이혼시에 양육비에 대한 협의를 반드시 하도록 하고 있으나, 그 법적 장치만으로는 실제로 양육비지급이 잘 이루어지지 않아 사회적 문제로 대두되고 있으므로, 이혼시 양육비에 대한 협의를 한 경우에 그 협의를 가정법원이 확인하여 조서로 작성하게 하고, 그 양육비부담조서에 집행권원을 부여하여 양육비를 효율적으로 확보할 수 있도록 함으로써 이혼 후 그 자녀가 큰 경제적 어려움 없이 성장할 수 있도록 하기 위한 개정이다(§836의2 V).

18) 제18차개정 2011.3.7 법률 제10429호 시행일 2013.7.1.

금치산·한정치산제도를 현재 정신적 제약을 가지고 있는 사람은 물론 미래에 정신적 능력이 약하게 될 상황에 대비하여 후견제도를 이용하려는 사람이 재산행위뿐만 아니라 치료, 요양 등 복리에 관한 폭넓은 도움을 받을 수 있는 성년후견제로 확대·개편하면서, 기존 금치산·한정치산선고의 청구권자에 '후견감독인'과 '지방자치단체의 장'을 추가하여 후견을 내실화하고 성년후견 등을 필요로 하는 노인, 장애인 등에 대한 보호를 강화하며, 피성년후견인 등과 거래하는 상대방을 보호하기 위하여 성년후견 등에 관하여 등기로 공시하도록 규정하는 한편, 또한 청소년의 신체적·정신적 성숙과 사회진출 시기가 앞당겨짐에 따라 성년연령을 낮추는 세계적 추세에 따를 뿐만 아니라, 공직선거법, 청소년보

호법, 소년법 등 여러 법령에서 선거권부여 등의 연령기준을 만 19세로 규정하고 있는 등 만 19세 이상인 사람을 성년으로 인지하는 사회·경제적 현실을 감안하여 민법상 성년연령을 만 19세로 낮춘 개정이다.

19) 제19차개정 2011.05.19 법률 제10645호 시행일 2013.7.1.

이혼 등으로 단독친권자로 정해진 부모의 일방이 사망하거나 친권을 상실하는 등 친권을 행사할 수 없는 경우에 가정법원의 심리를 거쳐 친권자로 정해지지 않은 부모의 다른 일방을 친권자로 지정하거나 후견이 개시되도록 하고, 입양이 취소되거나 파양된 경우 또는 양부모가 모두 사망하거나 친권을 상실한 경우 등에도 가정법원의 심리를 거쳐 친생부모 일방 또는 쌍방을 친권자로 지정하거나 후견이 개시되도록 하여 부적격의 부 또는 모가 당연히 친권자가 됨으로써 미성년자의 복리에 악영향을 미치는 경우를 방지하고, 이혼 등으로 단독친권자로 정해진 부모의 일방이 유언으로 미성년자의 후견인을 지정한 경우라도 미성년자의 복리를 위하여 필요하다고 인정되면 후견을 종료하고 친권자로 정해지지 않은 부모의 다른 일방을 친권자로 지정할 수 있게 하여 미성년자의 복리를 증진시키려는 의미에서 이루어진 개정이다.

20) 제20차개정 2012.2.10 법률 제11300호 시행일 2013.7.1.

미성년자의 입양(入養)과 파양(罷養)은 시·읍·면의 장에 대한 신고만으로 가능하여 아동학대의 습벽이 있는 사람 등도 손쉽게 입양을 할 수 있고, 그 결과 미성년자의 복리에 악영향을 끼치는 사례가 자주 발생하고 있으므로, 미성년자의 입양과 파양에 따른 피해를 방지하기 위하여 미성년자의 입양과 파양에 가정법원이 관여할 수 있도록 하고 일정한 경우에 부모의 동의 없이도 입양이 가능하게 하는 등 입양제도를 개선하는 한편, 친양자 입양이 가능한 연령을 현실에 맞게 완화한 가족법개정이다.

21) 제21차개정 2013.4.5 법률 제11728호 시행일 2013.7.1.

유실물의 소유권이 습득자에게 귀속되는 기간을 1년에서 6개월로 단축한 개정이다 (§253).

제3절 민법의 법원

Ⅰ. 법원의 의의

1. 법원의 의의

법의 연원을 간단히 줄여서 보통 법원(法源)이라고 일컫고 있으며, 그 의미는 여러 가지로 사용되고 있다. 그러나 일반적으로 법원이라고 하는 경우에는 「법규범을 법으로서 일반인이 인식할 수 있도록 존재하는 법의 발현형태」 또는 「법관이 재판기준으로 적용하는 법규범의 객관적 존재양식」을 의미한다고 본다.

2. 성문법주의와 불문법주의

법원은 성문법(제정법)과 불문법으로 구분할 수 있다. 성문법은 국가기관(특히 입법자)에 의하여 일정한 형식과 절차에 따라서 제정되어 특정의 문자에 의하여 문장의 형식으로 어떤 일정한 재료(예컨대 돌·나무·종이)에 쓰여져 있는 법이다. 불문법은 쓰여져 있지 않은 법이다.

① 성문법주의 성문법주의란 제정법을 제1차적인 법원으로 인정하는 입법주의를 일컫는다. 성문법주의 아래에서는 불문법, 특히 관습법에 대하여는 그 법원성이 인정되지 않거나, 또는 인정되더라도 단지 제정법에 대한 보충적 효력만이 인정된다. 대륙법계 국가, 즉 독일·프랑스·스위스·이탈리아가 성문법주의를 채택하고 있다. 역시 일본·한국도 성문법주의의 국가에 해당한다.

② 불문법주의 불문법주의란 제정법 이외의 판례법·관습법을 제1차적 법원으로 삼는 입법주의를 가리킨다. 불문법주의 아래에서는 성문법이 불문법의 흠결을 보충·수정하기 위하여 제정된다. 영미법계 국가, 즉 대표적으로 영국·미국이 불문법주의를 채택하고 있다.

성문법주의와 불문법주의의 장점·단점을 알기 쉽게 정리하면 아래 도표와 같다.

내 용	성문법주의	불문법주의
법의 통일정비	용이하다	곤란하다
법적 안정성	안정적이다	유동적이다
법의 명확화	명확화가 용이하다	명확화가 곤란하다
법의 고정화	고정화될 위험이 있다	진화가 가능하다
사회변천에 대한 적응성	사회변천에 즉각적으로 대응할 수 있다	사회변천에 탄력적으로 대응할 수 있다
구체적 타당성	구체적 타당성의 확보를 저해한다	구체적 타당성의 확보에 유리하다

Ⅱ. 민법법원의 내용

1. 법원의 종류

민법의 법원은 크게 성문적 민법법원과 불문적 민법법원으로 구분할 수 있다. 성문적 민법법원에는 (i) 민법전, (ii) 민법특별법·명령·대법원규칙, (iii) 조약, (iv) 자치법규가 포함된다. 그리고 불문적 민법법원에는 (i) 관습법, (ii) 판례법, (iii) 조리 등이 고려될 수 있다.

2. 민법 제1조의 의미

"민사에 관하여 법률에 규정이 없으면 관습법에 의하고 관습법이 없으면 조리에 의한다"(§1). 민법 제1조는 민사에 관한 법원으로서는 법률(민법전+특별민사법규+조약+자치법규), 관습법, 조리 세 가지가 있다는 사실을 천명하고 있다.

민법 제1조는 법률을 제1차적 법원으로 인정하는 성문법주의를 표명하고, 불문법은 단지 성문법이 없는 경우에 한하여 보충적으로 적용된다고 하는 사실을 나타내고 있다. 그리고 민법 제1조는 성문법이 없는 때에 보충적으로 적용되는 불문법에서는 그 적용순위가 관습법이 우선하고, 조리는 관습법이 없는 경우에 최종적으로 적용된다고 하는 내용을 규정하고 있다.

Ⅲ. 성문적 민법법원

1. 민법전

1958년 2월 22일에 「民法[8]」(법률 제471호)으로 공포되고 1960년 1월 1일부터 시행되어 현재 총 1118개의 조항과 부칙으로 구성된 형식적 의미의 민법을 민법전이라고 한다.

2. 특별민법

특별민법으로는 아래와 같은 법률이다.

① 금융에 관한 특별민법 가등기담보 등에 관한 법률(1983), 공장 및 광업재단 저당법(2009),[9] 자동차 등 특정동산 저당법(2009),[10] 동산·채권 등의 담보에 관한 법률(2010), 신탁법(1961)

② 부동산에 관한 특별민법 부동산등기법(1960), 부동산실권자명의등기에 관한 법률(1995), 집합건물의 소유 및 관리에 관한 법률(1984), 국토의 계획 및 이용에 관한 법률(2002), 입목에 관한 법률(1973), 선박등기법(1999)

③ 경제적 약자의 보호를 위한 특별민법 신원보증법(1957), 소비자보호법(1986), 약관의 규제에 관한 법률(1986), 할부거래에 관한 법률(1992), 방문판매 등에 관한 법률(1992), 주택임대차보호법(1991), 상가건물임대차보호법(2001), 대부업의 등록 및 금융이용자보호에 관한 법률(2002), 이자제한법(2007)

④ 민사책임특별법 실화책임에 관한 법률(1961),[11] 국가배상법(1967), 자동차손해배상보장법(1963), 원자력손해배상법(1969), 환경정책기본법(1990), 제조물책임법(2000)

⑤ 가사특별법 혼인신고특례법(1968), 국적법(1948), 입양촉진 및 절차에 관한 특례법(1976), 아동복지법(1981), 소년법(1958), 주민등록법(1962), 가족관계의 등록 등에 관한 법률(2007)

3. 명령·대법원규칙

(1) 명 령

민법 제312조의2의 단서의 시행에 관한 규정(1984), 건전가정의례준칙(2008), 주택임대차

---

8) 민법전의 제정시로부터 2005년까지 한자로 된 「民法」이 민법전의 공식적인 제명으로 사용되다가 2005년 12월 29일에 단행된 제14차개정에 의하여 민법전의 제명을 「民法」에서 「민법」으로 한글화하여 현재 민법전의 공식 명칭은 「민법」이다.

9) 종전의 「공장저당법」 및 종전의 「광업재단저당법」을 통합하여 공장재단 또는 광업재단의 구성, 각 재단에 대한 저당권의 설정 및 등기 등의 법률관계를 적절히 규율하고 있다.

10) 종전의 「건설기계저당법」, 「소형선박저당법」, 「자동차저당법」, 「항공기저당법」 등 4개 법률은 저당목적물만 다를 뿐 등록할 수 있는 동산의 저당이라는 같은 내용을 규정하고 있고, 규정체계와 내용도 매우 유사하므로, 그 4개 법률을 1개 법률로 통합하여 규율하고 있다.

11) 실화(失火)의 경우에 중대한 과실이 있을 때에만 민법 제750조에 따른 손해배상책임을 지도록 한 종전의 실화책임에 관한 법률에 대하여 헌법재판소가 헌법불합치 및 적용중지의 결정(헌법재판소 2007.8.30. 자 2004헌가25 전원재판부)을 한 취지를 반영하여 실화책임에 관한 법률이 2009년 전부개정되고, 현재는 경과실의 경우에도 민법 제750조에 따른 손해배상책임을 지며, 민법 제765조와 달리 생계곤란의 요건이 없어도 실화가 경과실로 인한 경우에는 실화자 등 손해배상의무자는 손해배상액의 경감을 청구할 수 있고, 법원은 구체적인 사정을 고려하여 손해배상액을 경감할 수 있어 실화로 인한 손해배상의무자에게 전부 책임을 지우기 어려운 사정이 있는 경우에 가혹한 손해배상으로부터 손해배상의무자가 구제된다.

보호법 시행령(1984)

(2) 대법원규칙

부동산등기법 시행규칙(1984), 가사소송규칙(1964), 입목등기처리규칙(1974), 공탁금의 이자에 관한 규칙(1970), 공탁사무처리규칙(1962), 동산·채권의 담보등기 등에 관한 규칙(2012)

4. 조약·자치법규

(1) 조 약

유류오염손해에 대한 민사책임에 관한 국제조약(1979), 세계저작권협약(1987), 공업소유권의 보호를 위한 파리협약(1980), 음반의 무단복제로부터 음반제작자를 보호하기 위한 협약(1987)

(2) 자치법규

지방자치단체가 법률의 범위 내에서 그 사무에 관하여 제정하는 자치규정인 조례나 규칙도 민사에 관한 사항을 규정하는 경우에는 민법의 법원이 된다.

Ⅳ. 불문적 민법법원

1. 관습법

(1) 관습법의 의의

사회에서 자연적으로 발생한 관행이나 관습이 사회구성원에 의하여 일반적으로 인정된 법적 확신 내지 법적 인식을 수반하여 대다수인에 의하여 준수될 정도가 된 법규범을 관습법(Gewohnheitsrecht)이라고 한다. 관습법은 민법상 법원이 된다(§1).

(2) 관습법의 성립요건

사회에 존재하는 관습 자체는 아직 법규범이 아니다. 관습이 관습법으로 되기 위하여는 (i) 사회구성원 사이에 일정한 행위가 장기간 동안 반복하여 행하여지는 관행 내지 관습이 존재하여야 하고, (ii) 관행을 법규범이라고 인식하는 사회구성원의 법적 확신이 성립하여야 하며, (iii) 법적 확신이 법원의 재판적 결정에 의하여 최종적으로 확인된다는 의미에서 국가승인이 필요하다.

관습법이 성립하는 시기가 언제인가 하는 문제가 있다. 학설이 여러 가지로 대립한다. 학설상 관습법의 성립시기에 관하여 관행설, 의사설, 법적 확신설, 국가승인설, 사회적 필요설이 있다.

① 관행설 관행설(주장자: Zitelmann)은 「관습인고로 법적으로 정당하다」고 하는 법언 아래 사회에서 오랜 동안 반복되는 관행은 모두 관습법으로 인정된다고 본다.

② 의사설 의사설(주장자: Nipperdey)은 관습법도—다른 법과 마찬가지로—한 공동체의 의사에 의하여 성립한다고 본다.

③ 법적 확신설 법적 확신설(주장자: Savigny · Puchta)은 관습이 사실상 위반하기 어려울 정도로 사회에 정착될 뿐만 아니라, 다수인이 그 관습을 따르는 태도가 권리 · 의무라고 확신할 때, 즉 관습을 따르는 태도가 정당하다고 하는 법적 확신이 일반화될 때에 관습법은 성립한다고 본다.

④ 국가승인설 국가승인설(주장자: Binding)은 관습이 관습법이 되기 위하여는 국민의 법적 확신 이외에 국가의 승인이 필요하다고 한다. 국가승인설에 의하면 현대국가에서는 종국적으로 국가만이 입법권을 장악하고 있다는 사실을 고려하면 국가기관인 법원이 판례를 통하여 관습법의 존재를 인정하는 때에 비로소 관습법이 성립한다고 본다.12)

⑤ 사회적 필요설 사회적 필요설(주장자: Gény)은 사회적 필요성에 의하여 관습이 관습법으로 된다고 본다.

판례의 태도는 어떤가? 판례는 관습법이란 사회의 거듭된 관행으로 생성한 사회생활규범이 사회의 법적 확신과 인식에 의하여 법적 규범으로 승인 · 강행되기에 이른 경우를 말한다고 보아 법적 확신설을 취하고 있다고 일반적으로 이해되고 있다.13) 그리고 사회의 거듭된 관행으로 생성된 사회생활규범이 관습법으로 승인된 경우라고 하더라도 사회구성원이 그 관행의 법적 구속력에 대하여 확신을 갖지 않게 되거나, 사회를 지배하는 기본적 이념이나 사회질서의 변화로 인하여 그 관습법을 적용하여야 할 시점에서의 전체 법질서에 부합하지 않게 되면 그 관습법은 법적 규범으로서의 효력이 부정된다.14)

(3) 관습법의 효력

관습법은 제정법에 대하여 어떤 효력을 가지는가 하는 문제가 있다. 학설상으로는 크게 보충적 효력설과 대등적 효력설이 대립하고 있다. 현재 국내에서는 보충적 효력설이 판례나 다수설의 입장이고, 대등적 효력설은 소수설에 해당한다.

① 보충적 효력설 보충적 효력설(다수설)은 관습법은 법률의 흠결이 있는 경우에만 보충적으로 적용되며, 성문법이 존재하는 때에는—법률에 특히 관습법에 의한다는 규정이 없는 한—관습법은 적용될 수 없고, 또한 성문법에 위배되는 경우에는 관습법의 효력이 인정될 수 없다고 보는 견해이다.15) 보충적 효력설은 관습법의 변경적 효력 또는 대

12) 국가의 법원의 판결을 얻어서 관습법의 존재가 인정되는 때에 그 관습법은 그 관습이 법적 확신을 얻어서 사회에서 행하여지게 된 때에 소급해서(거슬러 올라가서) 관습법으로서 존재하고 있던 경우로 된다고 보는 견해가 있다.

13) 대법원 1983.6.14. 선고 80다3231 판결.

14) 대법원 2005.7.21. 선고 2002다1178 전원합의체 판결.

등적 효력을 인정하려는 태도는 입법론으로서는 몰라도, 현행민법의 해석론으로서는 무리하고 비난하며, 그 근거로서 (i) 민법 제1조에 비추어 볼 때 관습법은 법률 혹은 성문법이 없는 경우에만 보충적으로 적용되고(실정법적 근거), (ii) 법률이 생활의 모든 부분을 규율하는 현대사회에서는 관습법은 주변적인 기능만을 담당할 뿐이므로 관습법에는 보충적 효력만이 인정되면 충분하다고 본다(실질적 근거).

② 대등적 효력설 대등적 효력설(변경적 효력설)은 민법 제1조에도 불구하고 관습법이 성문법과 동등한 대등적 지위를 가지고, 관습법에 성문법을 개폐하는 효력이 있다고 보는 견해이다. 대등적 효력설은 그 근거로서 수목의 집단 및 미분리의 과실의 소유권취득에 관한 명인방법, 동산의 양도담보에서와 같이 현실적으로 관습법에 의하여 성문법이 개폐되고 있다는 사실을 든다. 대등적 효력설에 의하면 (i) 기존의 관습법을 폐지하기 위하여 성문법이 제정되면 성문법에 의하여 관습법이 개폐되고, (ii) 기존의 성문법과 다른 관습법이 새로이 성립하면—신법우선의 원칙에 따라서—신관습법이 구성문법을 개폐한다고 본다.

판례는 관습법은 법원으로서 법령에 저촉되지 아니하는 한 법칙으로서의 효력이 있다고 하여 관습법에 대하여 단지 보충적 효력만을 인정한다. 그러므로 사회의 거듭된 관행으로 생성한 어떤 관습법이 법적 규범으로 승인되기에 이르기 위해서는 헌법을 최상위 규범으로 하는 전체 법질서에 반하지 아니하여 정당성과 합리성이 있다고 인정될 수 있어야 하고, 만약 정당성과 합리성이 없다고 하면 비록 사회의 거듭된 관행으로 생성된 경우라고 할지라도 그 관행을 법적 규범으로 삼아 관습법으로서의 효력을 인정할 수 없다고 본다.[16] 역시 가정의례에 관한 법률에 따라 제정된 가정의례준칙 제13조("사망자의 배우자와 직계비속이 상제가 되고 주상은 장자가 되나 장자가 없는 경우에는 장손이 된다")와 아내가 먼저 사망한 경우에 그 남편이 망실의 제사를 통제하는 제주가 되는 관습이 서로 모순·충돌한 사건에서 관습법의 제정법에 대한 열후적·보충적 성격에 비추어 그 관습법의 효력을 인정한다고 하면 관습법의 법원으로서의 효력을 정한 민법 제1조의 취지에 어긋난다고 본다.[17]

A의 어머니인 B가 사망하였는데, A는 타인 C의 임야에 그 허락을 얻지 않고 망인 B의 분묘를 설치하여 관리하고 있었다. 그런데 A의 아버지인 D가 생존하고 있었다. 임야의 소유자인 C가 분묘의 철거와 묘역에 해당하는 토지부분의 인도를 아들인 A에 대하여 청구하였는데, A는 아내(妻)가 먼저 사망한 경우에는 그 남편이 망실의 제사를 통제하는 제주가 되는 관습이 있다고 하는 이유로 분묘의 철거와 묘역에 해당하는 토지부분의 인도에 대한 청구를 자고 하는 이유로 분묘의 철거와 묘역에 해당하는 토지부분의 인도에 대한 청구를 자기가 아니라, 자기의 아버지 D에 대하여

15) 예컨대 대법원 2009.5.28. 자 2007카기134 결정도 민사에 관한 관습법은 법원에 의하여 발견되고 성문의 법률에 반하지 아니하는 경우에 한하여 보충적인 법원이 될 뿐이라고 본다.

16) 대법원 2005.7.21. 선고 2002다1178 전원합의체 판결.

17) 대법원 1983.6.14. 선고 89다3231 판결.

하여야 한다고 주장하였다. 그러나 당시 적용된 가정의례준칙 제13조는 "사망자의 배우자와 직계비속이 상제가 되고, 주상은 장자가 되나 장자가 없는 경우에는 장손이 된다"고 규정하고 있었다. C는 누구에 대하여 분묘의 철거와 묘역에 해당하는 토지부분의 인도를 청구하여야 하는가? [대법원 1983.6.14. 선고 80다3231 판결]

아내가 먼저 사망한 경우에는 그 남편(夫)이 망실의 제사를 통제하는 제주가 되는 관습이 있는가는 분명하지 않다. 또한 남편이 제주가 되는 관습이 있다고 하더라도 그 관습이 사실인 관습인가 관습법인가가 문제된다.

만일 남편이 제주로 되는 관습을 단지 사실인 관습으로 보는 취지라면 우선 당사자의 주장과 입증이 있어야 할 뿐만 아니라, 사실인 관습의 성격과 효력에 비추어 사적 자치가 인정되는 임의규정에 관한 경우이어야만 비로소 재판의 자료로 할 수 있다. 그러나 해당되는 관습이 관습법이라는 취지라면 관습법의 제정법에 대한 열후적, 보충적 성격에 비추어 그 관습법의 효력을 인정하는 태도는 관습법의 법원으로서의 효력을 정한 민법 제1조의 취지에 어긋난다고 할 수 있다. 그러므로 사례에서는 우선 관습을 재판의 자료로 하려면 그 관습이 관습법인지 또는 사실인 관습인지를 먼저 가려 그 적용 여부를 밝혀야 한다.

사례에서 아내가 먼저 사망한 경우에는 그 남편이 망실의 제사를 통제하는 제주가 되는 관습이 단순한 사실인 관습이라고 하면 가정의례준칙 제13조가 강행규정으로서의 성질을 가진다고 볼 때 그 관습에 의할 수 없다(§106). 그러나 관습법이라고 하는 취지라면 아내가 먼저 사망한 경우에는 그 남편이 망실(亡室)의 제사를 통제하는 제주가 되는 관습법과 "사망자의 배우자와 직계비속이 상제가 되고 주상은 장자가 되나 장자가 없는 경우에는 장손이 된다"고 정한 가정의례준칙 제13조와의 사이의 효력이 문제된다.

판례는 관습법의 제정법에 대한 효력관계에 관하여 분명히 보충적 효력설을 취하고 있다. 보충적 효력설에 의하면 비록 사망한 아내의 남편이 제주(祭主)로 되는 관습법이 있더라도 가정의례준칙 제13조가 우선적으로 적용되어야 한다. 그러므로 A에게 분묘의 소유권 또는 처분권한이 귀속된다고 할 수 있고, C는 A를 상대로 분묘의 철거 및 묘역의 인도를 청구할 수 있다. 다만 현행 건전가정의례의 정착 및 지원에 관한 법률에 의하여 제정된 건전가정의례준칙 제15조 제2항은 "주상은 배우자나 장자가 된다"고 규정하고 있다. 그러므로 현행의 법률에 의하면 토지의 소유자는 배우자나 장자를 상대로 분묘의 철거 및 묘역의 인도를 구하는 소송을 제기할 수 있다.

(4) 관습법이 법적 규범으로서의 효력을 상실하게 되는 경우

사회의 거듭된 관행으로 생성한 어떤 사회생활규범이 법적 규범인 관습법으로서의 효력을 가진다고 하기 위해서는 헌법을 최상위의 규범으로 하는 전체 법질서에 반하지 아니하는 경우로서 정당성과 합리성이 있다고 인정될 수 있어야 하고, 만일 전체 법질서에 부합하지 아니하는 사회생활규범은 비록 사회의 거듭된 관행으로 생성된 경우라고 할지라도 그 사회생활규범을 법적 규범으로 삼아 관습법으로서의 효력을 인정할 수 없다고 보아야 한다.[18] 그러므로 어떤 사회생활규범이 사회의 법적 확신과 인식에 의하여 관습법으로 승인된 경우라고 하더라도 사회구성원이 그 관행의 법적 구속력에 대하여 확신을 갖지 않게 된다거나, 사회를 지배하는 기본적 이념이나 사회질서의 변화로 인하여 그 관습법을 적용하여야 할 시점에서의 전체 법질서에 부합하지 않게 되면 그 관습법은 법적 규범으로서의 효력이 부정될 수밖에 없다.

> A는 말손의 후손인 여성으로서 용인 이씨 33세손이며, 용인 이씨 사맹공파 종회는 용인 이씨 시조 길권의 18세손 말손을 중시조로 하는 종중(B종중)이다. 그런데 용인 이씨 사맹공파 종회의 종중규약 제3조에는 "본회는 용인 이씨 사맹공(휘 末字 孫字)의 후손으로서 성년이 되면 회원자격을 가진다"고 규정되어 있었다. A는 규약상 회원자격을 남자로 제한하고 있지 않으므로, 자기도 B종중의 회원(종원)으로서의 자격을 갖는다고 주장할 수 있는가? [대법원 2005.7. 21. 선고 2002다1178 전원합의체 판결]

사례를 보면 A가 용인 이씨 시조 길권의 18세손 말손의 후손인 여성으로서 관습법상의 종중인 용인 이씨 사맹공파 종회의 회원(종원)으로서의 자격이 있다고 주장하고 있다. 종래의 판례에 의하면 종원의 자격을 공동선조의 후손 중 성년남자만으로 제한하고 있으므로, A는 종원이 될 자격이 없다. 그러나 비록 사회의 거듭된 관행으로 생성된 관습법이라고 할지라도 사회구성원이 그 관행의 법적 구속력에 대하여 확신을 갖지 않게 되거나, 사회를 지배하는 기본적 이념이나 사회질서의 변화로 인하여 그 관습법을 적용하여야 할 시점에서의 전체 법질서에 부합하지 않게 된다고 하면 그 관습법은 법적 규범으로서의 효력이 부정될 수밖에 없다. 종중구성원의 자격을 성년남자만으로 제한하는 종래의 관습에 대하여는 사회구성원이 가지고 있던 법적 확신이 상당부분 흔들리거나 약화되어 있고, 특히 헌법을 최상위규범으로 하는 전체 법질서가 개인의 존엄과 양성의 평등을 기초로 한 가족생활을 보장하고, 가족 내의 실질적인 권리와 의무에서 남녀의 차별을 두지 아니하며, 정치·경제·사회·문화 등 모든 영역에서 여성에 대한 차별을 철폐하고 남녀평등을 실현하는 방향으로 변화되고 있으며, 또한 앞으로도 남녀평등의 원칙은 더욱 강화되어야 한다고 볼 때 전체 법질서에 부합하지 아니하여 정당성과 합리성이 있다고 할 수 없으므로, 그 관습법은 이제 더 이상 법적 효력을 가질 수 없다고 보아야 한다.[19] 그러므로 헌법질서 및 헌법의 이념에 따라서 남녀평등의 원칙을 실현하는 하는 방향으로 개선된 전체 법질서와 변화된 사회환경이나 인식을 고려할 때 종중구성원의 자격을 성년남자만으로 제한하는 종래의 관습법은 더 이상 법적 효력을 가질 수 없다. 판례도 역시 종래 성년남자만을 종중의 회원으로서의 자격이 있다고 본 태도를 변경하여 현재는 "공동선조와 성과 본을 같이

---

18) 대법원 2003.7.24. 선고 2001다48781 전원합의체 판결. 다만 관습법이 헌법에 위반되는 경우 법원이 그 관습법의 효력을 부인할 수 있으므로 (대법원 2003.7.24. 선고 2001다48781 전원합의체 판결 등 참조), 결국 관습법은 헌법재판소의 위헌법률심판의 대상이 아니다(대법원 2009.05.28. 자 2007카기134 결정).

19) 대법원 2005.7.21. 선고 2002다1178 판결.

하는 후손은 성별의 구별 없이 성년이 되면 당연히 그 구성원이 된다"고 본다.

결국 여성인 A도 관습법상의 종중인 용인 이씨 사맹공파 종회의 회원(종원)으로서의 자격이 있다. 다만 종중구성원의 자격에 관한 판례의 변경된 견해가 이전의 종중구성원의 자격과 관련된 법률관계에 대하여도 소급적용될 수 있는가가 문제된다. 종중구성원의 자격에 관한 종래의 판례가 취한 태도의 변경은 관습상의 제도로서 지금까지 판례에 의하여 규율되어 온 종중제도의 근간을 바꾸게 된다. 판례가 종중구성원의 자격에 관하여 종전의 견해를 변경하는 태도는 그 동안 종중구성원에 대한 사회일반의 인식변화와 아울러 전체 법질서의 변화로 인하여 성년남자만을 종중의 구성원으로 하는 종래의 관습법이 더 이상 법질서가 지향하는 남녀평등의 이념에 부합하지 않게 된 결과로 그 법적 효력을 부정하게 된 데에 따른 입장일 뿐이다. 만약 판례의 변경된 견해를 소급하여 적용한다면 최근에 이르기까지 수십 년 동안 유지되어 온 종래의 판례를 신뢰하여 형성된 수많은 법률관계의 효력을 일시에 좌우하게 되고, 그 결과는 법적 안정성과 신의성실의 원칙에 기초한 당사자의 신뢰보호를 내용으로 하는 법치주의의 원리에도 반하게 된다. 그러므로 종중의 회원으로서의 자격에 관한 새로운 판례의 견해는 그 선고 이후의 종중구성원의 자격과 새로이 성립되는 법률관계에 대하여만 적용된다고 보는 태도가 타당하다.

(5) 관습민법과 관련이 있는 규정

1) 물권법정주의

물권법정주의에 의하여 물권은 법률 또는 관습법에 의하는 외에는 임의로 창설하지 못한다(§185). 그러므로 물권에 관하여는 관습법에 성문법과 대등한 효력이 인정된다.

2) 사실인 관습

(a) 의 의

사실인 관습은 다수인이 상당한 기간 반복하여 행한 단순한 관행을 가리킨다. 법령중의 선량한 풍속 기타 사회질서에 관계없는 규정(임의법규)과 다른 사실인 관습은 당사자의 의사가 명확하지 아니한 때에 법률행위의 당사자의 의사를 보충한다(§106). 사실인 관습이 있더라도 당사자의 의사가 명확한 경우에는 그 적용이 배제된다.

(b) 관습법과 사실인 관습의 구별[20)]

a) 의의 및 효력

관습법이란 사회의 거듭된 관행으로 생성한 사회생활규범이 사회의 법적 확신과 인식에 의하여 법적 규범으로 승인·강행되기에 이른 경우를 말한다. 그리고 사실인 관습은 사회의 관행에 의하여 발생한 사회생활규범인 점에서 관습법과 같으나 사회의 법적 확신이나 인식에 의하여 법적 규범으로서 승인된 정도에 이르지 않은 경우를 말한다. 관습법은 바로 법원으로서 법령과 같은 효력을 갖는 관습으로서 법령에 저촉되지 않는 한 법칙으

---

20) 자세한 내용은 대법원 1983.6.14. 선고 80다3231 판결 참조.

로서의 효력이 있으며, 반면에 사실인 관습은 법령으로서의 효력이 없는 단순한 관행으로서 법률행위의 당사자의 의사를 보충함에 그친다.

b) 당사자의 주장·증명이 필요한가

법령과 같은 효력을 갖는 관습법은 당사자의 주장·증명을 기다림이 없이 법원이 직권으로 확정하여야 하고, 사실인 관습은 그 존재를 당사자가 주장·증명하여야 한다. 다만 관습은 그 존부 자체도 명확하지 않을 뿐만 아니라, 그 관습이 사회의 법적 확신이나 법적 인식에 의하여 법적 규범으로까지 승인되어 있는지 여부를 가리기는 더욱 어려운 일이므로, 법원이 관습법 자체를 알 수 없는 경우에 결국은 당사자가 그 관습법을 주장·증명할 필요가 있다.

c) 사실인 관습이 적용되는 분야

사실인 관습은 사적 자치가 인정되는 분야, 즉 그 분야의 제정법이 주로 임의규정인 경우에는 법률행위의 해석기준으로서 또는 의사를 보충하는 기능으로서 사실인 관습을 재판의 자료로 할 수 있다. 어느 분야의 제정법이 주로 강행규정일 경우에는 그 강행규정 자체에 결함이 있거나 강행규정 스스로가 관습에 따르도록 위임한 경우 등 이외에는 사실인 관습에 법적 효력을 부여할 수 없다.

(c) 사실인 관습이 우선하는 경우

민법의 규정에도 불구하고 사실인 관습이 우선하는 경우는 아래와 같다.

① 자연유수관련 공사의 비용부담에 관한 관습(§224)
② 수류의 변경에 관한 관습(§229 Ⅲ)
③ 용수권에 관한 관습(§234)
④ 경계표·담의 설치권 및 비용부담에 관한 관습(§237 Ⅲ)
⑤ 경계선부근의 건축에 관한 관습(§242 Ⅰ)
⑥ 상린관계규정의 지상권에의 준용(§290)
⑦ 특수지역권(§302)
⑧ 승낙의 통지불요에 관한 관습(§532)
⑨ 매매에서 쌍방의무의 동시이행불요에 관한 관습(§568 Ⅱ)
⑩ 고용계약에서 보수액과 그 지급시기에 관한 관습(§656)

3) 상관습법

상관습법은 상사에 관하여는 상법에 대한 보충적 효력만이 있지만, 민법에 대하여는 변경적 효력이 있다(상법 §1).

(6) 관습민법

현재 관습민법으로 인정되는 경우로는 (i) 동산의 양도담보, (ii) 분묘기지권, (iii) 관습법상의 법정지상권, (iv) 수목집단 및 미분리과실의 소유권이전에 관한 명인방법, (v) 사실혼을 들 수 있다.

① 양도담보

인쇄업자 A는 B로부터 금전을 빌렸는데, B가 담보를 요구하였다. 마땅한 담보목적물을 가지고 있지 않는 A는 인쇄기계를 담보로 제공하고자 한다. A는 어떤 방법으로 인쇄기계를 담보로 제공할 수 있는가?

A가 가지고 있는 인쇄기계는 동산이므로, 민법상 저당권이 설정될 수 없다. 한편 동산에 대하여는 질권이 설정될 수 있으나, 질권은 점유질이어야 하므로 질권설정자로 하여금 질물의 점유를 하게 하지 못한다(§330). 그러므로 A는 인쇄기계에 질권을 설정할 수 있지만, 질권을 설정하면 질물인 인쇄기계를 인쇄소에 두고 인쇄에 사용할 수 없다. 인쇄기계를 B의 점유 아래로 이전하여야 하므로, 인쇄소를 운영하기 위하여 금전을 차용하는 의미가 없다. 그렇다면 A가 인쇄기계를 담보로 제공할 수 있는 방법은 없는가?

물론 공장 및 광업재단 저당법의 적용도 생각할 수 있다. 그러나 공장저당권이 성립하기 위해서는 일정한 요건이 충족되어야 한다. 만약 공장저당권의 성립을 위한 법률상의 요건을 충족시키지 못하는 상황에 있다고 하면 A로서는 B에게 차용금을 반환하면 소유권을 반환한다는 약속 아래 점유개정의 방법으로 B로 하여금 인쇄기계의 소유권을 취득하게 하고(인쇄기계는 여전히 A가 점유·사용한다), 만일 A가 채무를 이행하지 않는 때에는 B가 인쇄기계로부터 우선변제를 받지만 A가 채무를 이행하면 B는 인쇄기계의 소유권을 반환하는 담보방법을 이용할 수 있다. 바로 판례상 인정되는 관습법상의 물권으로서의 「양도담보」이다. 양도담보란 채권담보의 목적으로 목적물의 소유권(또는 기타 재산권)을 채권자에게 이전하고, 채무자가 이행하지 아니한 경우에는 채권자가 그 목적물로부터 우선변제를 받게 되지만, 채무자가 이행을 하는 경우에는 목적물을 다시 원소유자에게 돌려주는 비전형담보제도를 가리킨다.[21)]

② 분묘기지권

A의 4대조인 B가 1880.2.5. 사망하자 그 무렵 후손이 B의 분묘를 C의 토지 위에 설치하고 봉분을 만들어 그 이래 평온, 공연하게 묘지의 부분을 점유하여 왔다. 그리고 A는 B의 분묘를 수호관리하던 선대가 사망하자 그 상속인으로서 현재 B의 분묘를 수호관리하고 있으며, A는 1983.2.11. B의 분묘에 상석을 설치하여 분묘와 상석을 각 소유하면서 C의 토지 합계 14평방미터를 점유하고 있었다. C는 A에게 토지의 점유에 적법한 점유권원이 없음을 전제로 분묘의 발굴과 상석의 철거 및 토지 14평방미터의 인도를 청구할 수 있는가?

분묘란 그 내부에 사람의 유골, 유해, 유발 등 시신을 매장하여 사자를 안장한 장소를 말한다(장래의 묘소로서 설치하는 등 그 내부에 시신이 안장되어 있지 않은 때에는 분묘라고 할

---

21) 판례를 통하여 발달된 양도담보제도로부터 「가등기담보 등에 관한 법률」이 제정되어 현재는 부동산에 관한 양도담보는 법률로 규율되고 있다.

수 없다). 물론 타인의 토지 위에 무단히 분묘를 설치할 수는 없다.[22] 토지소유자는 무단히 설치된 분묘의 철거 및 묘역에 해당하는 토지부분의 명도를 청구할 수 있다.

분묘소유자가 분묘기지권을 시효취득할 수는 없는가? 타인의 토지에 사체 또는 유품을 묻는 곳인 분묘라는 특수한 공작물을 설치한 자가 그 분묘를 소유·수호하기 위하여 그 기지를 사용할 수 있는 지상권에 유사한 물권을 분묘기지권이라고 한다(일종의 「묘자리권」이다). 판례는 타인의 토지 위에 소유자의 승낙 없이 분묘를 설치한 경우에는 20년간 평온, 공연하게 그 분묘의 기지를 점유함으로써 관습법상 지상권에 유사한 물권인 분묘기지권이 성립한다고 본다.[23],[24]

A의 선대가 1880년 2월경 B의 분묘를 C 소유의 토지부분에 설치한 이래 그 분묘를 평온·공연하게 점유하여 20년이 경과한 즈음에 벌써 취득시효가 완성됨으로써 A의 선대는 토지에 관하여 분묘의 수호와 제사에 필요한 범위 내에서 지상권 유사의 물권인 이른바 분묘기지권을 취득한 경우로 볼 수 있다. 그리고 A의 선대의 사망으로 A가 그 분묘기지권을 승계한 경우이므로, 토지소유자 C는 A에 대하여 토지의 점유에 적법한 점유권원이 없음을 전제로 분묘의 발굴과 토지의 인도를 청구할 수 없다. 또한 A는 상석을 분묘의 수호와 관리를 위하여 분묘기지권에 터잡아 설치한 경우로 보아야 하므로, C는 상석의 철거를 구할 수 없다.

타인의 토지 위에 토지소유자의 승낙을 얻지 않고 분묘를 설치한 경우에 분묘소유자의 점유는 소유의 의사에 의한 자주점유라고 볼 수는 없다. 단지 타주점유로 추정된다. 그러므로 분묘소유자가 분묘의 기지를 20년간 평온·공연하게 점유한 경우라고 하더라도 자주점유를 요건으로 하는 「점유로 인한 부동산소유권의 취득시효」(§245 I)가 성립되지는 아니한다. 결국 분묘소유자는 취득시효에 의하여 그 토지 위에 지상권 유사의 물권으로서 분묘기지권만을 취득할 뿐이고, 묘지에 대한 소유권을 취득하지는 못한다.

③ 관습법상의 법정지상권

> 본래 갑건물과 갑건물이 서 있는 을토지가 모두 A의 소유에 속하였는데, A는 을토지만을 B에게 매매를 통하여 양도하였다. B는 A에 대하여 자기의 소유에 속한 을토지 위에 서 있는 A 소유의 갑건물에 대한 철거 및 을토지의 명도를 청구할 수 있는가?

토지 또는 건물이 동일한 소유자에게 속하였다가 건물 또는 토지가 매매 기타의 원인

22) 예를 들어 부모가 돌아가신 경우에 그 분묘를 설치하는 방법으로는 자기의 임야 위에 분묘를 설치하는 경우도 있고, 타인의 임야 위에 분묘를 설치하는 경우도 있다. 자기의 임야 위에 분묘를 설치할 때에는 「장사 등에 관한 법률」에 따라서 설치하면 되고 특별한 문제가 없다. 그리고 타인의 임야에 설치하는 경우에는 다시 토지소유자의 승낙을 얻어 설치하는 경우와 무단히 타인의 임야 위에 설치하는 경우가 있을 수 있다. 만약 타인의 임야 위에 무단히 자기의 부모의 분묘를 설치하면 토지소유자는 분묘의 철거를 청구할 수 있다. 그러나 타인의 임야 위에 그 소유자의 승낙 없이 분묘를 설치한 경우라고 하더라도 분묘를 설치한 후 20년간 평온, 공연하게 그 분묘의 기지부분을 점유한 때에는 분묘기지권을 취득하게 되어 토지소유자는 더 이상 분묘의 철거를 청구하지 못한다.

23) 대법원 1995.2.28. 선고 94다37912 판결.

24) 장사 등에 관한 법률 제27조 제3항은 분묘기지권의 성립을 부정하고 있다.

으로 인하여 양자의 소유자가 다르게 된 때에 그 건물을 철거한다는 조건이 없는 이상 건물소유자는 토지소유자에 대하여 그 건물을 위한 관습상의 법정지상권을 취득한다.[25] 갑건물과 을토지가 본래 동일하게 A에게 속하였는데, 매매를 통하여 각각 그 소유자를 달리하게 되었으므로, AB 사이에 갑건물을 철거한다는 특약이 없는 한 건물소유자 A는 토지소유자 B에 대하여 갑건물의 소유를 위하여 을토지를 사용할 수 있는 법정지상권을 가진다.

④ 명인방법

> A 소유의 임야에 편백나무 100그루가 자라고 있었는데, A는 임야와는 별도로 편백나무 100그루만을 생육하고 있는 채로 B에게 매도하였다. B는 생육하고 있는 편백나무 100그루의 소유권을 임야와 떼어서 취득할 수 있는 경우가 있는가?

토지에 생립하고 있는 수목이나 수목의 집단도 토지와는 별개로 독립의 거래가치가 있는 경우가 있고, 또한 거래의 필요성이 인정되기도 한다. 그러므로 생육하고 있는 수목이나 수목의 집단을 하나의 물건으로 취급하여 물권의 성립을 인정할 필요가 있다. 물론 입목에 관한 법률에 의한 입목등기가 되어 있는 경우에는 입목이 토지와는 별개의 독립한 부동산으로 취급되므로, A가 편백나무에 관하여 입목등기를 한 때에는 토지와 분리하여 입목인 편백나무만을 분리하여 양도할 수 있고, B는 임야와 떼어서 편백나무만의 소유권을 취득할 수 있다. 그러나 모든 수목의 집단에 관하여 입목등기가 경료되지는 않는다. 입목등기가 되지 아니한 수목이나 수목의 집단은 임야와 별개의 독립한 물건이 될 수 없는가?

입목등기를 받지 아니한 수목이나 수목의 집단이라고 하더라도 예외적으로 임야와 떼어서 별개의 물건으로 취급할 수 있다. 바로 판례가 인정하는 관습법상 명인방법(수목의 집단이나 미분리의 과실을 토지로부터 분리하여 거래하고자 할 때에 그 지상물이 독립된 물건이며 현재의 소유자가 누구라는 사실을 분명히 명시하는 공시방법을 명인방법이라고 한다)을 취하면 된다. 생육하고 있는 수목이나 수목의 집단이라고 하더라도 명인방법을 취한 경우, 예컨대 임야 중 2개소에 임야상 모든 입목의 소유자가 OOO임을 표시하는 게시판을 설치한 경우, OOO소유라는 명인간판 10매 내지 30매를 수차 임야 각처에 게시하고, 암석에다 페인트로 OOO소유임을 표시한 경우, 입목만을 매수한 후 그 지반인 임야의 10여개 장소에 「OOO 매수」라는 표지를 한 경우, 입목에 새끼줄을 치고 요소 요소에 소유자를 표시한 경우에는 임야와는 별개의 독립한 물건으로 취급되어 거래의 대상이 된다.

사례에서 A가 편백나무에 관하여 입목등기를 하지 아니한 때에는 생육하고 있는 편백나무를 매수한 B가 그 소유권을 취득하기 위하여는 명인방법을 취하여야 한다. 만약 B가 예컨대 임야의 수개소에 「입산금지 소유자 OOO」라는 푯말을 써서 붙인 경우라고 하면 입목소유권의 취득을 위한 명인방법으로 부족하다고 할 수 없으므로, B는 편백나무에 대

---

25) 대법원 1984.9.11. 선고 83다카2245 판결.

한 소유권을 취득할 수 있다.

입목등기도 없고, B가 명인방법도 취하지 않은 경우에는 어떤가? 비록 AB 사이에 편백나무의 매매에 대하여 유효한 계약이 성립되어 있다고 할지라도, B는 역시 A에 대한 관계에서도 임야로부터 떼어서 편백나무만의 소유권을 취득할 수 없다. 만약 후에 A가 임야의 소유권을 C에게 양도한 때에는 B는 편백나무의 소유권을 C에 대하여 주장할 수 없다.

⑤ 사실혼

사실상의 부부관계를 유지하면서 아직 혼인신고를 하지 아니한 경우도 있다. 당사자 사이에 혼인의 의사가 있고 사회관념상 객관적으로 가족질서적인 측면에서 부부공동생활을 인정할 만한 혼인생활의 실체가 있지만, 혼인신고를 하지 아니하여 법률상 혼인으로 인정되지 않고 단지 관습법상으로 보호되는 부부관계를 사실혼이라고 한다. 물론 사실혼이 성립하기 위해서는 그 당사자 사이에 주관적으로 혼인의사의 합치가 있고, 객관적으로 부부공동생활이라고 인정할 만한 혼인생활의 실체가 존재하여야 한다.

사실혼도 혼인관계에 준하여 보호를 받는다.[26] 만약 사실혼의 배우자를 살해·상해하거나, 사실혼배우자의 일방과 정교관계를 맺거나 사실혼관계를 부당하게 간섭하여 파탄시킨 경우에는 불법행위로 인한 손해배상책임을 부담한다. 또한 사실혼배우자의 일방이 사실혼관계를 부당파기하면 상대방에게 손해배상청구권이 인정된다.

> A는 의과대학에 재학중에 사법시험에 합격한 B를 만나 교제를 하다가 서로 혼인을 약속하고 양가 부모가 상견례를 한 뒤 B가 사법연수원을 수료하기 직전에 결혼식을 올렸으나 혼인신고는 마치지 않았다. B는 신혼여행을 끝내고 신혼 살림집인 아파트로 돌아온 뒤 A와 함께 OO시에 사는 부모에게 인사를 하고 올라온 다음 변호사 사무실의 개업준비를 한다고 다시 OO시로 내려가면서 4일쯤 후에 B의 어머니와 함께 서울로 올라오겠다고 하였는데, 후에 혼자 집으로 돌아와서는 자신의 옷가지와 예물 등을 챙기다가 만류하는 A에게 시간을 달라고 말을 하고 집을 나가 버렸다. 그리고 B는 A가 집에 없는 틈을 이용하여 자기의 물건과 패물, 살림집 전세계약서, 혼인서약서 등을 가져갔고, 뒤 늦게 발견한 A가 직장도 결근한 채 OO시의 시댁 등으로 B를 찾아다녔는데 B는 A에게 헤어지고자 하며, 가족회의에서 결정된 사항이니 다시는 찾아다니지 말라고 하면서 사실혼관계가 파기되었음을 일방적으로 통보하였다. A는 B에 대하여 사실혼관계의 부당파기를 이유로 손해배상청구를 할 수 있는가? [대법원 1998.8.21. 선고 97므544, 551 판결]

사실혼관계에 있어서도 부부는 민법 제826조 제1항 소정의 동거하며 서로 부양하고

26) 법률혼이 존속중인 부부 중 일방이 맺은 사실혼은 법적 보호를 받을 수 없다. 그러므로 법률상 혼인을 한 부부가 별거하고 있는 상태에서 그 다른 일방이 제3자와 혼인의 의사로 실질적인 부부생활을 하고 있다고 하더라도, 특별한 사정이 없는 한, 사실혼으로 인정하여 법률혼에 준하는 보호를 할 수는 없다(대법원 2001.4.13. 선고 2000다52943 판결).

협조하여야 할 의무가 있다. 그러므로 AB는 비록 아직 사실혼관계에 있다고 하더라도 부부로서 서로 협조하고 애정과 인내로써 상대방을 이해하고 보호하면서 혼인생활의 유지를 위한 최선의 노력을 기울여야 한다. B가 정당한 이유 없이 서로 동거, 부양, 협조하여야 할 부부로서의 의무를 포기한 경우에는 악의의 유기에 의하여 사실혼관계를 부당하게 파기한 경우로 된다. 만약 A에게 재판상 이혼원인에 상당하는 귀책사유가 있음이 밝혀지지 아니하는 한, B는 원칙적으로 사실혼관계의 부당파기로 인한 손해배상책임을 면할 수 없다.

[더 생각할 과제 - 제정민법이 시행되기 전에 존재하던 "상속회복청구권은 상속이 개시된 날부터 20년이 경과하면 소멸한다"는 관습이 관습법인지 여부]

민법이 제정·시행되기 전에 존재하던 관습 중 "상속회복청구권은 상속이 개시된 날부터 20년이 경과하면 소멸한다"는 내용의 관습에 관습법으로의 효력을 인정할 수 있는지 여부가 문제된다. "상속회복청구권은 상속이 개시된 날부터 20년이 경과하면 소멸한다"는 내용의 관습을 관습법으로 적용하게 되면 20년의 경과 후에 상속권침해가 있을 때에는 침해행위와 동시에 진정상속인은 권리를 잃고 구제를 받을 수 없는 결과가 되므로, 소유권은 원래 소멸시효의 적용을 받지 않는다는 권리의 속성에 반할 뿐 아니라 진정상속인으로 하여금 참칭상속인에 의한 재산권침해를 사실상 방어할 수 없게 만드는 결과로 되어 불합리하다. 그러므로 제정민법이 시행되기 전에 존재하던 "상속회복청구권은 상속이 개시된 날부터 20년이 경과하면 소멸한다"는 관습에 법적 규범인 관습법으로서의 효력을 인정할 수 없다.[27)]

2. 판례법

(1) 판례의 의의

어느 구체적 사건에 대하여 내려진 법원의 판결이 사후에 동종 혹은 유사한 사건에 계속적·반복적으로 적용되어 밝혀진 추상적 이론 혹은 법칙을 판례라고 한다.

[더 생각할 과제 - 판례의 인용방법]

판례의 인용에 대하여 확정된 방법이 있지는 않다. 예컨대 「대법원 2007.4.28. 선고 90다카9619 판결」(흔히 간단히 줄여서 「대판 2007.4.28, 2007다카9619」로 표시)과 같이 일반적으로 판례는 먼저 재판을 담당한 「법원」을 표시하고, 다음에 「선고일자」, 「사건번호」를 기입하며, 마지막으로 「재판의 종류」(민사재판에는 판결·결정·명령의 세 가지)를 기입하여 인용한다. 특히 사건번호는 접수년도·사건별부호·일련번호의 순으로 구성된다. 가령 사건번호 2007다카9619에서 「2007」은 사건이 접수된 2007년을 의미하며, 「다카」란 민사본안상고허가신청사건의 부호이고, 「9619」는 사건의 일련번호이다. 그러므로 「2007다카9619」는 2007년에 접수된 민사본안상고허가신청사건의 9619번째에 해당되는 사건이라고 하는 의미이다. 그리고 판례에서 사건번호에 사용되는 사건별부호 중 「가소」는 민사소액사건, 「가합」은 민사제1심합의사건, 「나」는 민사항소사건, 「다」는 민사상고사건, 「다카」는 민사본안상고허가신청사건, 「라」는 민사항고사건을 의미한다.

---

27) 법원 2003.7.24. 선고 2001다48781 전원합의체 판결.

(2) 판례의 법원성

영미법계 국가에서는－선결례구속성의 원칙에 의하여－판례가 동일하거나 유사한 사건의 재판적 결정에 대하여 법적 구속력을 가지며 원칙적으로 판례의 법원성이 인정된다. 대륙법계 국가에서는 판례가 단지 법인식원(法認識源)으로만 작용을 하고 법적 구속력은 가지지 않으므로 결국 판례의 법원성도 부인된다.

국내에서도 판례의 법원성을 긍정하여야 한다는 견해가 있다. 그러나 국내에서는 성문법주의를 채택하고 있고, 또한 법률상 상급법원의 판례가 하급법원을 법적으로 구속하는 규정을 두고 있지 않으므로－비록 판례의 일관성과 법적 안정성의 유지를 위하여 사실적 구속력은 인정된다고 할지라도－판례의 법원성이 전적으로 인정된다고 볼 수는 없다는 견해(다수설)가 타당하다.

1) 법규범성부정설

법규범성부정설은 판례 그 자체는 법규범이 아니며, 역시 민법의 법원이 될 수 없다고 본다. 법규범성부정설은 그 이론적 근거로서 (i) 판례를 법이나 법규범이라고 하면 3권분립의 정신에 반하게 되고, (ii) 법관은 단지 헌법과 법률에 의하여 그 양심에 따라서 독립하여 심판할 의무만을 부담하여(헌법 §103) 상급법원의 판례가 법적으로 하급법원을 구속하지 않고, (iii) 민법 제1조에서도 판례는 민법의 법원으로 규정되어 있지 않다는 점을 든다.

2) 법규범설

법규범설은 판례의 법규범성을 인정하고 판례를 「판례법」 혹은 「일반적인 법규범」이라고 부르는 견해이다. 판례를 민법의 법원으로 인정하는 법규범설은 (i) 유사한 종류의 판결이 거듭되면 거기에 추상적인 법원칙이 성립되어 다른 비슷한 사건에도 그 법원칙이 적용될 개연성이 생겨 판례법이 형성되고, (ii) 법원조직법 제8조에서는 상급법원의 판결은 당해 사건에 관하여 하급심을 구속한다고 규정하고 있지만 판례는 사실상 일반적인 구속력을 가지면, 특히 소액사건심판법 제3조 제2호는 대법원의 판례위반에 대하여 상고·재항고할 수 있도록 규정하고 있고, (iii) 종전에 대법원에서 판시한 헌법·법률·명령 또는 규칙의 해석적용에 관한 의견을 변경할 필요가 있음을 인정하는 경우에는 대법관 전원의 2/3 이상의 합의체에서 재판하도록 규정하여(법원조직법 §7 II) 판례의 변경에 신중을 기하고 있는 태도는 판례가 법원으로 기능하고 있다는 사실을 말하여 준다고 본다.

[더 생각할 과제 - 종중구성원의 자격에 관한 대법원의 변경된 견해의 비소급적 적용]

종중구성원의 자격에 관한 대법원의 변경된 견해가 그 판결선고 이전의 종중구성원의 자격과 관련된 법률관계에 대하여 소급적용되는지 여부가 문제된다. 대법원이 종중구성원의 자격에 관하여 종래의 성년남자만을 종중구성원으로 본 태도를 "공동선조와 성과 본을 같이 하는 후손은 성별의 구별 없이 성년이 되면 당연히 그 구성원이 된다"고 하는 입장으로 변경한 태도는 관습상의 제도로서 대법원판례에 의하여 법률관계가 규율되고 있는 종중제도의 근간을 바꾼 경우라고 할 수 있다. 종중구성원의 자격에 관한 대법원의 견해변경은 그 동안 종중구성원에 대한 사회

일반의 인식변화와 아울러 전체 법질서의 변화로 인하여 성년남자만을 종중의 구성원으로 하는 종래의 관습법이 더 이상 법질서가 지향하는 남녀평등의 이념에 부합하지 않게 됨으로써 그 법적 효력을 부정하게 된 데에 따른 입장일 뿐만 아니라, 만약 대법원의 변경된 견해를 소급하여 적용한다면, 최근에 이르기까지 수십년 동안 유지되어 온 종래 대법원판례를 신뢰하여 형성된 수많은 법률관계의 효력을 일시에 좌우하게 된다. 결국 법적 안정성과 신의성실의 원칙에 기초한 당사자의 신뢰보호를 내용으로 하는 법치주의의 원리에도 반하게 되므로, 종중구성원의 자격에 관하여 변경된 대법원의 견해는 판결선고 이후의 종중구성원의 자격과 관련하여 새로이 성립되는 법률관계에 대하여만 적용된다.[28)]

(3) 헌법재판소의 결정

민사에 관한 헌법재판소의 결정이 민법의 법원인가 하는 문제가 있다.[29)] 헌법재판소의 결정은 법률과 동일한 효력을 가지므로 법원이라고 보는 견해, 위헌결정의 대상인 법률을 민법의 법원에서 제외시키는 결과를 가져올 뿐이라고 보는 견해가 있다.

헌법재판소의 위헌결정의 효력은 위헌제청을 한 당해 사건, 그 위헌결정이 있기 전에 헌법재판소에 위헌여부심판제청을 한 동종의 사건이나 동종의 위헌 여부에 관하여 법원에 위헌여부심판제청신청을 한 경우에 적용된다. 또한 따로 위헌제청신청은 하지 아니한 경우라고 하더라도 당해 법률 또는 법률의 조항이 재판의 전제가 되어 법원에 계속중인 사건과 위헌결정 이후에 같은 이유로 제소된 일반사건에도 헌법재판소의 위헌결정의 효력이 미친다.[30)]

3. 조 리

(1) 조리의 의의

일반사회인이 사회생활상 보통 준수하지 않으면 안된다고 인정하는 객관적 원리 또는 법칙을 「조리」(條理)라고 한다. 또한 조리는 달리 '사람의 이성에 기하여 생각되는 규범' 혹은 '어떤 사회에서 구성원이 일반적으로 정의롭다고 여기는 규범'으로 정의된다.[31)] 결국 조리는 사물의 본성(Natur der Sache)이나 경험칙을 의미하고, 또한 사회통념·사회적 타당성·신의성실·사회질서·형평·정의·이성·법의 일반원칙도 모두 「조리」와 같은 의미이다.

---

28) 대법원 2005.7.21. 선고 2002다1178 전원합의체 판결.

29) 민사에 관한 헌법재판소의 위헌결정으로는 민법 제764조(명예훼손의 특칙)에 대한 한정위헌결정, 민법 제778조(호주의 정의) 등에 대한 헌법불합치결정, 민법 제809조 제1항(동성혼 등의 금지)에 관한 헌법불합치결정, 민법 제847조 제1항(친생부인의 소의 제소기간)에 대한 헌법불합치결정, 민법 제999조 제2항(상속회복청구권)에 대한 위헌결정, 민법 제1026조 제2호(한정승인기간)에 대한 헌법불합치결정 등이 있다.

30) 대법원 2003.07.24. 선고 2001다48781 전원합의체 판결.

31) 입법례로 스위스민법 제1조는 법률규정이나 관습법이 존재하지 아니하는 경우에는 '자기가 입법자라면 법규로 설정한 규칙'에 따라야 한다고 하고, 오스트리아민법 제7조는 어떤 사건이 여전히 의심스러운 경우에는 그 사건을 사려 깊게 수집되고 충분히 숙고된 사정을 고려하여 「자연적 법원칙」에 따라서 결정하여야 한다고 하여 조리를 규정하고 있다.

(2) 조리의 법원성

민법 제1조는 민사에 관하여 적용할 법률도 없고 관습법도 없는 경우에 조리가 최종적으로 적용된다고 하는 사실을 명문으로 규정하고 있다. 다만 학설상으로는 조리가 민법의 법원에 해당하는가에 관하여 견해가 대립한다. 조리도 규범성을 갖고 민법의 법원이 된다고 보는 견해가 있다. 조리를 법원으로 보는 견해는 그 실정법적 근거로서 (i) 민법 제1조가 조리를 법규범으로 인정하고 있고, (ii) 헌법 제103조가 「법관은 헌법과 법률에 의하여 그 양심에 따라 독립하여 심판한다」고 규정하고 있는 점을 든다. 그러나 조리는 민법의 법원이 되지 아니한다고 보는 견해가 타당하다. 조리를 법원으로 보기는 무리가 있다. 조리는 '법이 아니지만 법원에 의하여 적용되는 규범'이라고 보면 충분하다.

판례가 조리를 민법의 법원으로 인정한 사례는 많지 않다. 예를 들어 (i) 상무취체역에 대한 보수는 보수에 대한 상관습이나 민법의 규정 또는 민사관습도 없는 경우에는 조리에 의하여 상당액을 지급하기로 한 경우라고 단정할 수 있고,[32] (ii) 사법상의 권리로서의 환경권이 인정되려면 그에 관한 명문의 법률규정이 있거나 관계법령의 규정취지나 조리에 비추어 권리의 주체·대상·내용·행사방법 등이 구체적으로 정리될 수 있어야 한다[33]고 하여 조리를 법원으로 인정한 경우가 있다.

제4절 민법의 근본원칙

Ⅰ. 서 설

프랑스민법(1804)을 선두로 하여 탄생한 근대민법은 모든 인간을 평등하게 취급하고 각자의 자유로운 활동을 보장하는 권리능력평등의 원칙에 입각하고 있다. 그리고 근대민법의 근본원칙으로서 (i) 소유권절대의 원칙, (ii) 사적 자치의 원칙, (iii) 과실책임의 원칙을 인정하고 있다. 그러나 현대민법에서는 자본주의경제의 급속한 발전과 함께 형식적 내용에 불과하게 된 근대민법의 세 가지 근본원칙이－형식적 자유보다 실질적 평등을 보장하는 실질적 평등보장의 원칙에 입각하여－(i) 소유권상대의 원칙, (ii) 계약공정의 원칙, (iii) 무과실책임의 원칙을 통하여 수정되고 있다.

32) 대법원 1965.8.31. 선고 65다1156 판결.
33) 대법원 1995.5.23. 자 94마2218 결정.

Ⅱ. 권리능력평등의 원칙과 그 수정

1. 권리능력평등의 원칙의 내용

권리능력평등의 원칙이란 모든 인간은 국적·계급·직업·연령·성과 같은 사유 등에 의한 차별을 받지 않고 평등하게 권리의무의 주체가 될 수 있는 자격, 즉 권리능력을 가진다는 원칙이다. 대표적으로 프랑스인권선언(1789) 제1조는 "인간은 자유 또는 권리에 있어서 평등하게 출생하며, 또한 생존한다"고 하여 최초로 권리능력평등의 원칙을 천명하고, 프랑스민법 제8조는 "모든 프랑스인은 사권을 향유한다"고 하여 권리능력평등의 원칙을 명문화하고 있다.

2. 권리능력평등의 원칙에 대한 수정논리

현대사회에서는 인간을 단순히 형식적·추상적 인격자로만 파악하지 아니하고 구체적인 인간으로 직시하여 실질적 자유와 평등을 통한 「인간다운 생존」의 보장이 요청되고 있다. 구체적으로 자본가·노동자, 기업가·소비자와 같이 경제적 강자와 약자 사이의 빈부의 심한 차이와 실질적 불평등의 심화로 인한 약자의 보호에 대한 필요성이 대두되고 있다.

Ⅲ. 근대민법의 3대원칙과 그 수정

1. 소유권절대의 원칙과 그 수정

(1) 소유권절대의 원칙의 내용

소유권절대의 원칙이란 소유자는 누구로부터의 인위적인 제약이나 간섭을 받지 아니하며, 누구에 대하여도 소유권을 자유롭게 행사할 수 있다고 하는 원칙을 가리킨다. 대표적으로 프랑스인권선언 제17조는 "소유권은 불가침하고 신성한 권리로 적법하게 확인된 공공필요성이 명백히 요구하고 있는 경우에만 제한되며, 또한 사전의 정당한 보상의 조건 아래에서만 박탈할 수 있다"고 규정하여 소유권절대의 원칙을 보장하고 있다. 헌법 제23조 제1항에 의한 재산권의 보장이나 민법 제211조에서 소유자는 소유물을 사용·수익·처분할 권리가 있다고 하는 규정은 근대민법에서 유래한 사유재산권존중의 원칙의 구체적 표현에 해당한다.

(2) 소유권절대의 원칙의 수정

바이마르헌법 제153조 제3항은 "소유권은 의무를 수반하고, 소유권의 행사는 동시에 공공복리에 적합하여야 한다"고 하여 최초로 소유권행사에 대한 사회성·공공성을 요구하고 있다. 민법상으로도 근본이념에 해당하는 공공복리와 거래의 안전·사회질서 ·신의성실·권리남용금지에 의하여 소유권의 행사에 대한 사회성·공공성이 요청되고 있다. 또한 헌법 제23조 제2항이 재산권의 행사는 '공공복리에 적합하도록' 하여야 한다고 하는 내용이나 민법 제211조가 소유자는 '법률의 범위 내에서' 소유권을 행사할 수 있다고 하는 내용도 소유권행사에 대한 제한규정으로 작용을 한다.

2. 사적 자치의 원칙과 그 수정

(1) 사적 자치의 원칙의 내용

사적 자치의 원칙이란 자유방임주의의 법적 투영으로서 개인에 대한 국가적 간섭이 배제되고, 개인적 법률관계는 개인의 극히 자유로운 의사에 기초하여 형성된다고 하는 원칙이다.[34] 사적 자치의 원칙으로부터 법률행위자유의 원칙, 즉 (i) 계약자유의 원칙, (ii) 법인설립자유의 원칙, (iii) 유언자유의 원칙과 같은 원칙이 파생한다.

사법적 법률관계는 주로 계약을 통하여 형성되므로 사적 자치의 주된 내용은 계약자유가 된다. 계약자유의 내용으로는 보통 (i) 계약을 체결하는가 아닌가의 자유(체결의 자유), (ii) 계약체결의 상대방을 선택하는 자유(상대방선택의 자유), (iii) 계약의 내용을 결정하는 자유(내용결정의 자유), (iv) 계약의 방식에 원칙적으로 구속을 받지 않는 자유(방식의 자유)를 든다.

(2) 사적 자치의 원칙의 수정

현대사회에서는 사적 자치의 미명 아래 경제적 강자인 「가진 자」가 일방적으로 제시한 조건으로 「못가진 자」는 계약을 강제로 체결할 수밖에 없는 모순이 발생한다. 결국 사적 자치는 가진 자를 위해서는 무기가 되지만, 경제적 약자는 사적 자치에 의하여 점점 더 자유를 박탈당하는 현상이 야기되고 있다. 그러므로 현대의 거래상활에서는 일정한 경우에 계약체결이 강제되기도 하고, 계약내용결정의 자유가 경제적 약자의 보호를 위하여 제한되는 경우도 있다. 또한 공공복리·공서양속·신의성실과 같은 근본원리에 의하여 사적 자치가 제한되기도 한다.

---

34) 지난 2004년에 마련된 민법개정안에 의하면 민법 제1조의2 제1항에 "사람은 인간으로서의 존엄과 가치를 바탕으로 자신의 자유로운 의사에 좇아 법률관계를 형성한다"고 하는 사적 자치의 원칙을 천명하는 규정을 두고 있다.

3. 과실책임의 원칙과 그 수정

(1) 과실책임의 원칙의 내용

과실책임의 원칙이란-「과실 없으면 책임 없다」고 하는 법언과 같이-타인에게 손해를 발생하게 한 경우에 그 책임은 가해자가 고의 혹은 적어도 과실에 의하여 손해를 야기한 경우에 한하여 부담한다고 하는 원칙을 말한다. 과실책임의 원칙은 누구든 자기의 고의 또는 과실에 의한 행위에 대하여만 책임을 지고, 원칙적으로 타인의 행위에 대하여는 책임을 지지 않는다는 의미에서 「자기책임의 원칙」이라고도 부른다.

과실책임의 원칙에 의하면 누가 타인에게 손해를 준 경우라고 하더라도 고의나 과실이 없는 행위에 대하여는 책임을 지지 않는다. 과실책임의 원칙에서 「고의」란 자기의 행위로부터 어떤 결과가 생긴다는 사실을 인식하면서 감히 그 행위를 하는 경우를 말하고, 「과실」이란 어떤 결과의 발생을 인식하여야 하지만 부주의로 인하여 인식하지 못한 경우를 가리킨다. 다만 이론상으로는 사법상의 책임요건으로서의 고의와 과실이 구별되지만, 고의와 과실은 책임이 성립하기 위한 요건의 하나로 동일하게 평가되고 고의에 기한 경우이든 과실에 기한 경우이든 책임의 경중의 차이는 없다.

(2) 과실책임의 원칙의 수정

자본주의의 고도한 성장에 의하여 생겨난 대기업·고속교통기관과 같이 그 자체에 위험을 내포하고 있으나, 손해의 발생에 대한 과실을 파악하기가 곤란한 경우가 증가하고 있다. 그러나 기업에서 생기는 이익을 독점하면서 그 기업활동으로 인하여 야기되는 손해는 고의나 과실이 있는 경우에 한하여만 배상하면 된다고 하면 손해분담의 공평에 반한다고 하지 않을 수 없다.

과실책임의 원칙 아래에서 단지 증명책임의 전환을 통하여 과실책임의 원칙이 수정되는 경우가 있다. 또한 기업활동을 통하여 이익을 얻은 자는 그 기업활동에 수반하여 야기된 손해에 대한 책임도 부담하여야 한다고 하는 「보상책임의 원칙」이나 타인에게 손해를 야기할 우려가 있는 위험한 활동을 하는 자는 그 위험으로 야기된 손해를 배상하여야 한다고 하는 「위험책임의 원칙」에 의하여 과실과 관계없이 손해배상책임을 부담하여야 하는 무과실책임이 인정되기도 한다.

Ⅳ. 한국민법의 기본원리

1. 소유권절대의 원칙에 대한 수정

민법은 기본적으로는 사유재산권존중의 원칙에 입각하는 한편, 예를 들어 공공복리(헌법 §23 II), 신의성실(§2 I), 권리남용금지(§2 II), 법률규정(§211)에 의하여 재산권행사의 자유를 제한하고 있다.

2. 계약자유의 원칙에 대한 수정

민법은 사적 자치에 따른 계약자유의 원칙에 입각하고 있다. 그러나 특히 약자적 지위에 있는 계약당사자를 보호하기 위하여 (i) 체약강제(독점기업·공익직무담당자의 체약의무, 「명령된 계약」), (ii) 강행법규·사회질서에 반하는 계약의 무효(§§103·104), (iii) 부합계약에 대한 규제, (iv) 서면에 의한 계약체결의 강요(§555, 부동산등기법 §45 단서, 건설산업기본법 §22 II), (v) 국가의 허가·신고 혹은 증명을 필요로 하는 계약(국토의 계획 및 이용에 관한 법률 §118)과 같은 제도에 의하여 계약자유를 제한하고 있다.

3. 과실책임의 원칙에 대한 수정

원칙적으로 민법은 과실책임주의를 인정하고 있다(§750). 한편 민법에서 예외적으로 무과실책임을 규정하는 경우가 있다(§§756-758). 또한 특별법으로 무과실책임이나 피해자구제를 목적으로 과실책임보다 엄한 책임을 인정하고 있는 경우도 있다. 예컨대 광해, 즉 광물을 채굴하기 위한 토지의 굴착, 갱수(坑水)나 폐수의 방류, 폐석이나 광재의 퇴적 또는 광연(鑛煙)의 배출로 인한 책임(광업법 §75), 원자로의 운전 등으로 인하여 원자력손해에 대한 무과실책임(원자력손해배상법 §3), 환경오염 또는 환경훼손으로 인한 피해에 대한 무과실책임(환경정책기본법 §44), 제조물의 결함으로 인하여 생명·신체 또는 재산에 입힌 손해에 대한 제조물책임(제조물책임법 §3) 등이 특별법상 인정되는 무과실책임에 해당한다.

[더 생각할 과제 - 가족법의 기본원리]

근대민법이 탄생할 당시에 상정한 가족상은 가부장적 구조의 대가족제도이다. 대가족제도 아래에서는 개인보다 가족, 자녀보다는 부모, 아내보다는 남편, 부부관계보다 친자관계가 더 중요시되고, 아버지나 남편이 가장으로서 자녀 혹은 아내에 대하여 가족공동체에서 일어나는 모든 문제를 최종적으로 결정할 수 있는 권리를 지닌다. 그러나 개인의 존엄과 양성평등이라고 하는 현대사회의 근본이념에 의하여 현재는 민법상 부부관계나 자녀에 대한 양육권에서 부부평등이 실현되고 있고(§§826·833·837), 친자관계에서도 자녀의 복지가 기본원리로 존중되고 있다(§913).

제5절 민법의 해석과 적용

Ⅰ. 민법의 해석

1. 법해석의 의의

민법은 기업거래로부터 소비자의 일용품의 구입까지를 포함하는 거래행위, 물건에 대한 지배관계, 혼인 등의 가족생활에 관한 가장 기본적인 룰(rule)을 규정하고 있다. 룰이라고 하는 측면에서는 민법도 축구나 화투(예컨대 고스톱)의 룰과 유사하나, 축구나 화투와 같은 게임의 룰과 같이 단순하지 않고, 민법이 규율하는 현실의 거래사회나 가족관계에서는 룰이 예상하지 않은 사태가 자주 일어나기도 한다. 또한 룰의 의미를 둘러싸고 의견이 나뉠 수도 있고, 룰의 적용범위나 효력에 관하여 분쟁이 생기는 경우도 있다. 통상의 게임에서는 룰의 적용을 전문적으로 취급하는 심판자가 필요 없는 경우도 많고, 비록 스포츠경기와 같이 레프리가 있다고 하더라도 트러블 자체가 극히 제한되어 있으므로, 룰의 적용이 비교적 간단하고, 룰의 해석이나 적용에 관하여 별로 다툼이 없다. 그러나 사회생활을 규율대상으로 하는 룰인 법률의 경우에는 룰의 진정한 의미를 탐구하여야 하는 경우가 많다. 바로 구체적 사건에 추상적 룰인 법규범을 적용하기 위하여 룰의 가능한 여러 의미에서 법적으로 의미가 있는 내용을 파악하는 작업을 「법해석」이라고 한다.

2. 법해석의 종류

(1) 유권해석(공권해석)

국가기관에 의한 법의 해석을 유권해석이라고 한다. 유권해석에는 법의 적용을 받는 자는 물론이고, 법을 집행하는 행정기관이나 법을 소송에 적용하는 법원도 구속된다. 유권해석은 국가기관에 의한 공적 해석이라고 하는 의미에서 「공권해석」이라고도 하고, 유권해석에는 강제적으로 구속된다고 하는 의미에서 「강제해석」이라고도 부른다. 유권해석은 해석을 행하는 기관이 어디인가에 따라서 입법해석·사법해석·행정해석의 3종류로 나눌 수 있다.

① 입법해석　　입법해석은 입법기관이 법률을 제정할 때에 해석규정을 두어 해석을 꾀하는 해석방법이다. 입법해석은 사람에 따라서 가지각색으로 해석될 수 있는 법률의 의미를 명확히 하기 위하여 법률 자체에 별도의 규정을 두어 스스로 해석한다. 해석규정은 반드시 동일한 법령에 해석규정을 두어야 할 필요는 없고, 경우에 따라서는 부속법규와

같은 다른 법규에 해석규정을 둘 수도 있다.

법률은 많은 경우에서 스스로 그 법률에서 사용되는 개념을 정의하고 있다. 어떤 의미를 법규정에서 확정한 경우를 정의규정이라고 하며, 정의규정은 해석이라기보다는 입법 그 자체라고 할 수 있다. 대표적으로 민법 제98조는 민법에서 사용되는 「물건」이라고 하는 개념이 어떤 의미인가에 대하여 "본법에서 물건이라 함은 유체물 및 전기 기타 관리할 수 있는 자연력을 말한다"고 하는 정의규정을 두고 있다. 역시 민법 제18조 [주소], 제99조[부동산, 동산], 제101조[천연과실, 법정과실], 제767조[친족의 정의], 제768조[혈족의 정의], 제769조[인척의 계원], 제779조[가족의 범위]도 정의규정에 해당한다.

② 사법해석　사법해석이란 법원에서 원고의 제소가 있은 후에 구체적 소송사건의 해결을 위하여 내리는 해석을 말한다. 원고가 소를 제기한 후에 사법기관인 법원이 구체적 소송사건의 해결을 위하여 내리는 해석이 사법해석이다. 사법해석은 보통 판결의 형식으로 나타나므로 이를 달리 재판해석이라고 한다.

③ 행정해석　행정해석이란 행정관청에서 법을 집행하거나 상급관청이 하급관청에 대한 훈령·지령 등을 내리면서 하는 해석을 말한다. 행정관청에서 법을 집행할 때에 자발적으로 하는 해석 혹은 상급관청이 하급관청에 대하여 회답, 훈령이나 지령의 형식으로 하는 해석이 행정해석이다.

(2) 학리해석(학설해석)

학리해석이란 학문적으로 이론에 의하여 법률의 의미를 명확히 하는 해석을 가리킨다.[35] 국가기관 이외의 법학자나 변호사가 학문상의 이론에 기하여 하는 법의 해석이 학리해석이다. 학리해석은 유권해석과 달리 강제적 구속력을 가지지 않고, 반대의 해석도 가능하다. 학리해석은 권위를 가지지 않은 해석으로서 흔히 무권해석이라고도 불린다.

① 축소해석　법규정의 의미를 다른 법규정과의 상호관계를 고려하여 본래의 언어적 표현 자체보다 더 좁게 해석하는 방법을 축소해석이라고 한다. 예를 들어 민법 제212조는 "토지의 소유권은 그 상하에 미친다"고 하여 소유권의 효력은 지표뿐만 아니라, 지상의 공간과 지하의 지각에 대하여도 미친다고 규정하고 있다. 민법 제212조에서 「그 상하」라고 하는 표현은 무한정한 범위까지를 의미하지는 아니한다. 비행기의 비행과 같이 소유자의 이익을 침해하지 않는 범위에서 타인이 상공을 이용하는 경우에는 얼마든지 허용된다고 하여 토지소유권의 범위를 문언에 의한 단어의 의미보다 축소해석된다.

② 확대해석　법규정의 문장에 대한 단순한 해석에 의하여 진정한 의미를 파악할 수 없는 경우에 보통의 의미보다 법규정을 넓게 해석하는 방법을 확대해석이라고 한다.

---

35) 역사적으로 보면 학리해석을 금지한 예도 있다. 예컨대 「로마법대전」Corpus juris civilis)을 제정한 유스티니아누스는 특히 학설휘찬에 대한 주석을 금지하고 그 위반을 위조죄로 처벌한다고 하였다. 역시 나폴레옹도 1804년에 「프랑스시민법」(Code civil des Francais)이라는 이름으로 프랑스민법전을 편찬한 후 주석을 일체 금지하였으나, 프랑스민법전이 공포된 후 바로 뚜리에(Toullie)라고 하는 학자가 주석서를 편찬하자, 「내 법전을 잃었다」(Mon code est perdu)고 탄식하였다고 한다.

가족법에서 보통 「자녀」(子女)라고 할 때에는 직접 낳은 생물학적 자만을 의미하지 않고, 생물학적 자녀 이외에 법률상의 자녀, 즉 직접 낳은 자녀가 아닌 양자도 자녀의 개념에 포함된다고 넓게 확대해석된다.

③ 유추해석　　「같은 종류는 동일하게 취급한다」는 원칙에 의하여 어떤 특정한 사실관계에 관한 법규정을 법률에 아무런 규정이 없는 사실관계에 대하여도 적용되도록 해석하는 방법을 유추해석이라고 한다.

④ 반대해석　　법규정의 존재를 역용하여 규정이 없는 사항에 대하여는 규정과 반대의 결과를 인정하는 해석방법을 반대해석이라고 한다. 예컨대 민법 제184조 제1항이 "소멸시효의 이익은 미리 포기하지 못한다"고 규정하고 있는 경우에 반대해석을 통하여 시효완성후의 포기는 허용된다고 해석한다.

⑤ 물론해석　　법규정이 일정한 사례를 규정하고 있는 경우에 다른 사례에 대하여도 그 성질상 당연히 그 규정을 적용하는 해석방법을 물론해석이라고 한다.

⑥ 역사해석　　입법초안(입법준비초안)·이유서·입법의견서·의사록·입법제안이유·모법 혹은 법률의 편찬에 참고가 된 외국법전 등 법률이 성립하는 과정에서의 자료로부터 법률을 해석하는 방법을 역사해석이라고 한다.

⑦ 비교해석　　외국법(母法)이나 구법을 해석자료로 비교·대조하여 해석하는 방법을 비교해석이라고 한다.

⑧ 보정해석　　법규정의 표현이 잘못되거나 부정확하다고 인정되는 경우에 그 표현을 수정하거나 변경하는 해석방법을 보정해석이라고 한다.

3. 법해석의 태도

법해석을 하는 태도에 따라서 법해석의 방법은 문리해석, 논리해석, 목적론적 해석으로 구분할 수 있다.

① 문리해석　　민법의 규정의 문자 혹은 문장 등 표현을 그 보통의 의미에 따라서 문법적·언어적으로 명확히 하는 해석방법이 문리해석이다.

② 논리해석　　민법을 전체로서 하나의 논리적 체계로 구성하여 법규정을 개별적으로 해석하지 않고, 그 법규정의 종합적 관계, 즉 다른 법규정이나 법규범과 관련된 의미 내지 상호관계 등을 고려하여 하는 해석방법이 논리해석이다.

③ 목적론적 해석　　법률의 목적·의미·가치·이익·정신에 따라서 행하는 해석방법이 목적론적 해석이다. 목적론적 해석에서는 특히 입법자의 의사에 대한 탐구를 법률해석의 목적으로 하는 견해를 입법자의사설이라고 하고, 입법자의 의사로부터 해방되어 법률 자체의 의사에 대한 탐구를 목적으로 하는 견해를 법률의사설이라고 한다.

[더 생각할 과제 - 외국적 요소가 있는 법률관계에 적용할 외국법규의 해석]

예컨대 선박에 적재한 화물의 침수로 발생한 용선자의 운송인에 대한 손해배상채권이 선적국인 파나마의 해상법상 선박우선특권에 의하여 담보되는 채권인지가 문제된 경우와 같이 외국적 요소가 있는 법률관계에 관하여 적용될 외국법규의 내용을 확정하고 그 의미를 해석할 때에는 원칙적으로 그 외국법이 그 본국에서 현실로 해석·적용되고 있는 의미·내용대로 해석·적용되어야 하지만, 소송과정에서 그 외국의 판례나 해석기준에 관한 자료가 제출되어 있지 아니하여 그 내용의 확인이 불가능한 경우에 법원으로서는 국내에서 적용되는 일반적인 법해석의 기준에 따라 법의 의미·내용을 확정할 수밖에 없다.[36)]

4. 민법의 해석지도기준

(1) 헌법부합적 해석

민법은 헌법의 이념과 정신에 부합하게 해석하여야 한다. 그러므로 헌법에 반하는 민법의 해석은 인정되지 아니한다. 특히 가족법은 개인의 존엄(헌법 §10)과 양성의 본질적 평등(헌법 §§11·36)에 따라서 해석하여야 하고,[37)] 재산법에서는 사유재산권의 보장(헌법 §23)이나 사회복지국가주의(헌법 §34)가 해석지도의 기준으로 작용을 한다.[38)]

(2) 헌법과 민법의 관계

예를 들어 헌법 제35조 제1항은 환경권을 기본권의 하나로 승인하고 있으므로, 사법의 해석과 적용에서도 그 기본권이 충분히 보장되도록 배려하여야 한다. 다만 헌법상의 기본권으로서의 환경권에 관한 규정만으로는 그 보호대상인 환경의 내용과 범위, 권리의 주체가 되는 권리자의 범위 등이 명확하지 못하여 그 규정이 개개의 국민에게 직접으로 구체적인 사법상의 권리를 부여한다고 보기는 어렵다. 사법적 권리인 환경권을 인정하면 그 상

---

36) 대법원 2011.2.8. 자 2010마970 결정.

37) 헌법재판소가 가족법상의 규정에 대하여 판단한 사례로는 (i) 원칙적으로 3년 이상 혼인중인 부부만이 친양자입양을 할 수 있도록 규정하여 독신자는 친양자입양을 할 수 없도록 한 민법 제908조의2 제1항 제1호가 독신자의 평등권을 침해하지 아니한다고 본 경우(헌법재판소 2013.09.26. 선고 2011헌가42 전원재판부), (ii) 중혼의 취소청구권자를 규정하면서 직계비속을 제외한 민법 제818조가 합리적인 이유 없이 직계비속을 차별하고 있어, 평등원칙에 위반된다고 본 경우(헌법재판소 2010.07.29. 선고 2009헌가8 전원재판부), (iii) 자필증서에 의한 유언에 있어서 '주소의 자서'와 '날인'을 유효요건으로 규정하고 있는 민법 1066조 제1항 중 '주소' 및 '날인' 부분이 유언자의 재산권과 일반적 행동자유권을 침해하지 아니한다고 본 경우(헌법재판소 2008. 12.26 선고 2007헌바128 전원재판부), (iv) 상속재산 중 일정범위의 제사용 재산을 제사주재자가 승계하도록 한 민법 제1008조의3가 제사주재자가 아닌 다른 상속인의 상속권 내지 재산권을 침해하지 아니한다고 본 경우(헌법재판소 2008.02.28 선고 2005헌바7 전원재판부), (v) 상속회복청구권의 행사기간을 "상속권의 침해행위가 있은 날로부터 10년"이라고 개정한 민법 제999조 제2항이 재산권과 평등권을 침해하지 아니한다고 본 경우(헌법재판소 2002.11.28. 선고 2002헌마134 전원재판부) 등이 있다.

38) 권리남용금지를 규정한 민법 제2조 제2항이 추상적이고 광범위한 의미를 가지는 용어를 사용하여 헌법상 명확성원칙에 위배되는지, 토지소유자의 재산권을 침해하는지 문제가 되나, 헌법재판소 2013.05.30. 선고 2012헌바335 전원재판부는 권리의 남용에 해당하는지 여부는 사법심사를 통해 판단할 사안이며, 법원이 권리남용의 주관적 요건과 객관적 요건을 구체적으로 제시하여 그 적용범위를 합리적으로 제한하고 있다는 사정에 비추어 보면, 민법 제2조 제2항은 명확성원칙에 위배된다고 볼 수 없고, 헌법상 재산권을 침해한다고 볼 수도 없다고 본다.

대방의 활동의 자유와 권리를 불가피하게 제약할 수밖에 없으므로, 사법상의 권리로서의 환경권이 인정되려면 그에 관한 명문의 법률규정이 있거나 관계법령의 규정취지나 조리에 비추어 권리의 주체, 대상, 내용, 행사방법 등이 구체적으로 정립될 수 있어야 한다.[39]

5. 민법에서 자주 사용되는 용어의 의미

민법에서 자주 쓰이는 아래와 같은 용어에 관하여는 특별히 주의를 하여야 한다.

① 준용 준용은 유사한 사항에 관한 규정을 제정할 때에 법률을 간결하게 할 목적으로 사용된다. 준용은 예컨대 민법 제10조에서 「제5조 내지 제8조의 규정은 한정치산자에 준용한다」고 하는 경우와 같이 다른 비슷한 규정을 적용하도록 하는 입법기술상의 한 방법이다. 가끔 준용이라고 하는 용어를 「유추」와 혼용하는 경우가 있다. 그러나 유추는 법해석의 한 방법이라고 하는 측면에서 입법기술상의 한 방법인 준용과 구별된다.

② 선의·악의 민법의 규정에서 「선의」, 「악의」라는 표현이 사용되는 경우가 많으나, 「선의」란 어떤 사정을 알지 못하는 경우를 가리키며 「악의」란 어떤 사정을 알고 있는 경우를 말한다. 민법상 선의인가 악의인가에 따라서 법률상의 효과에 차이가 생기는 경우가 대단히 많다(§§29·249·748).

③ 추정·간주 「추정」은 불명확한 사실을 일단 존재한다고 가정하여 법률효과를 인정하고, 다만 후에 반대의 증거가 제출되면 그 효과가 바로 상실된다(§§30·198·830 II·844).[40] 그러나 「간주」 또는 「본다」는 반증만으로는 발생된 법률효과가 뒤집어지지 아니한다(§28). 예컨대 실종자가 실종선고를 받으면 사망으로 간주되므로, 후에 실종자가 생존하고 있다는 사실이 밝혀져도 사망으로 간주된 법률효과가 뒤집어지지 않고, 실종선고 자체를 취소하여야만 사망으로 간주된 법률효과가 소멸한다.[41]

④ 제3자 민법상 「제3자」라고 할 때에는 원칙적으로 당사자 이외의 모든 자를 가리킨다. 그러나 경우에 따라서는 제3자의 범위가 제한되기도 한다.

⑤ 대항하지 못한다 「대항하지 못한다」란 법률행위의 당사자가 제3자에 대하여 법률행위의 효력을 주장할 수 없고, 다만 제3자는 그 효력을 인정하여도 무방하다고 하는 의미이다. 「대항하지 못한다」고 하는 용어는 주로 선의의 제3자를 보호하여 거래의 안전을 도모하려고 하는 경우에 사용된다(§§107 II·108 II·109 II·110 III).

---

39) 대법원 1995.5.23. 자 94마2218 결정.

40) 예컨대 A와 B가 팜으로 피서여행을 가다가 비행기추락사고로 사망한 때에는 일단 동시에 사망한 경우로 「추정」되므로(§30), 만약 A는 현장에서 즉사하고, B는 사고 직후 구사일생으로 구조되어 병원에 후송된 후에 병원에서 응급조치 도중에 사망한 사실이 밝혀지면 바로 동시사망의 추정은 깨어지고, B보다 A가 먼저 사망한 경우로 된다.

41) 실종선고를 받은 A가 어느 날 종래의 주소지로 뚜벅 뚜벅 살아서 돌아온 경우라고 하더라도 A는 여전히 사망한 경우로 보게 되고, 실종선고의 효과를 뒤집기 위해서는 법원에 A에 대한 실종선고의 취소를 구하는 심판을 청구하여 법원으로부터 실종선고취소의 심판을 받아야만 비로소 A에게 사망으로 간주된 법률효과가 소멸한다.

Ⅱ. 민법의 적용

1. 법적용의 의의

법적용이란 사회생활에서는 일어나는 구체적 사건에 대한 법적 평가·판단을 가리킨다.

2. 법적용의 기술

법원에 의한 법적용은 구체적으로 (i) 추상적 법규범을 대전제로 하고, (ii) 사회생활에서 야기된 구체적 사건을 소전제로 하여, (iii) 삼단논법적 추론 혹은 포섭을 통하여 법적 가치판단인 판결이라고 하는 결론을 끌어내는 작업에 의하여 실행된다. 가령 교통사고라고 하는 사실관계에 민법을 적용하는 경우에 민법 제750조라고 하는 추상적 규정(대전제)에 교통사고(예컨대 A가 음주상태에서 과속을 하여 건널목을 건너는 B를 부상케 한 교통사고)라고 하는 구체적 사실관계(소전제)를 포섭하여 「A(가해자)는 B(피해자)에게 손해를 배상하여야 한다」고 하는 판결(결론)이 내려진다.

제 6 절 민법의 효력

Ⅰ. 민법의 시간적 효력

법률은 그 효력이 생긴 이후에 발생한 사항에 대하여만 적용한다고 하는 법률불소급(法律不遡及)이 원칙이다. 그러므로 민법에 관하여도 그 효력의 소급을 인정하는 경우에 이미 성립한 권리가 박탈된다든지, 법적 안정성을 침해한다든지 하면 불소급을 원칙으로 한다.

민법에서는 신법의 소급적 적용을 통하여 관계인의 불이익이나 기득권의 침해가 우려되지 아니하는 경우에는 정책적 고려에 의하여 개정법의 효력을 소급적으로 인정할 수 있다. 민법 부칙 제2조는 민법은 특별한 규정 있는 경우 외에는 본법시행일 이전의 사항에 대하여도 적용하며, 다만 이미 구법에 의하여 생긴 효력에 영향을 미치지 아니한다고 하여 법률소급을 명문으로 인정하고 있다.

Ⅱ. 민법의 인적 효력

1. 속인주의

속인주의에 의하여 민법은—인종·신조·성별·사회적 신분·계급에 의한 차별 없이—모든 대한민국 국민에게 적용된다. 민법은 국내에 있는 국민은 물론, 국외의 한국인에게도 적용된다.

[더 생각할 과제 - 북한주민에 대한 민법의 적용]

지난 2011년 7월에 법원의 재판절차를 통하여 남한 내 유산에 대하여 북한주민의 상속권이 처음으로 인정된 경우가 있다(1·4 후퇴 당시 아버지와 함께 월남한 맏딸(76세)이 북한에 거주하는 4명의 친형제자매로부터 소송위임장을 받아 "1987년 숨진 아버지의 유산 100억원을 분배하여 달라"며 남한의 새어머니(77세)와 이복형제자매를 상대로 낸 소송이 조정으로 마무리되어 아버지가 남긴 부동산의 일부와 일정액의 돈을 남한의 형제자매가 북한의 이복형제자매에게 주기로 합의한 사건이다). 언론보도에 의하면 한 50대 북한남성도 중국에 있는 대리인과 국내의 변호사를 통하여 남한에서 살다가 수십억원대 유산을 남기고 세상을 떠난 아버지의 유산을 찾기 위한 소송을 준비하고 있다고 알려져 있다.

상속소송 외에도 다양한 법적 분쟁이 남북 사이에 벌어지고 있다. 「임꺽정」의 작가 벽초 홍명희의 손자인 X가 "동의없이 할아버지의 소설 「황진이」를 잡지에 실은 이유로 남한의 출판사 대훈서적을 상대로 낸 남북 사이의 첫 저작권소송에서 2006년 대훈서적이 1만달러를 X에게 주고 출판권을 갖기로 합의하면서 마무리된 경우가 있다. 그리고 이산가족상봉행사를 통하여 남한에 살고 있는 부인이 월북한 남편 Y를 만나 남한 내에 Y 소유의 땅이 있다는 사실을 알고 확인하여 본 결과 이미 1968년에 다른 사람이 임의로 월북주민 Y 소유의 땅을 팔아치운 사실을 알게 되고, 뒤늦게 월북주민 Y가 땅을 매수한 김포시 등을 상대로 소유권말소등기소송을 낸 경우도 있다.

> A남은 북한에서 결혼하여 3남 1녀를 두었는데, 6·25 당시 조카만 데리고 월남하게 되었다. A남은 남한에서 상당한 재산을 모았고 B여를 만나 재혼도 하였다. 재혼한 아내 B여와의 사이에 자녀는 두지 못하였다. 북한에 남은 A남의 자녀는 이미 모두 숨졌다. 그러나 셋째 아들의 딸인 C여는 몇 해 전 남북이산가족상봉을 통하여 할아버지 A남을 만날 수 있었다. 그 뒤 A남은 C여에게 정기적으로 생활비를 송금하여 주었다. 또한 A남과 C여는 중국과 평양 등에서 수차례 상봉하기도 하였다. 그런데 2010년 A남이 사망하였다. C여는 할아버지가 돌아가시고 새할머니 B여가 부동산을 모두 상속받았다는 사실을 알게 되었다. C여는 할아버지의 재산을 찾기 위하여 탈북을 결심하였고, 남한에 무사히 도착하였다. C여는 자신이 고인 A남의 친손녀라는 사실을 들어 상속권을 주장할 수 있는가?

헌법 제3조는 '한반도와 그 부속도서'를 영토로 한다고 규정하고 있다. 그리고 현행법률은 북한을 국가가 아닌 '반국가단체'로 규정하고 있으므로, 북한주민도 국내의 법원에 소송을 내는 데 결격사유가 없다. 또한 북한주민을 국민으로 보지 않는다 하더라도 당사자나 분쟁사안이 대한민국과 실질적 관련이 있는 경우에 국내의 법원이 재판관할권을 가지므로(국제사법 §2 I), 북한주민도 국내의 법원에 소송이 가능하다.

사례에서 C여는 자신이 고인인 A남의 친손녀라는 사실을 증명하여야 한다. 물론 A남과 함께 월남한 조카의 확인서나 북한당국이 발행한 공민증, 유전자감정 등을 통하여 C여는 친손녀라는 사실을 증명할 수 있다. 만약 C여가 A남의 친손녀라고 하는 사실이 밝혀진다고 하면 C여는 A남의 상속인이 될 수 있다. 다만 피상속인의 자녀가 상속개시 전에 전부 사망한 경우에 피상속인의 손자녀는 본위상속이 아니라 대습상속을 하므로,[42] C여는 대습상속을 한다.

정부는 현재 남북간 소송이 다양화하고 상속 등 가족관계소송이 증가하면서 「남북주민 사이

---

42) 대법원 2001.3.9. 선고 99다13157 판결.

의 가족관계와 상속 등에 관한 특례법」을 마련하여 시행되고 있다. 「남북주민 사이의 가족관계와 상속 등에 관한 특례법」에는 (i) 부부가 남북으로 갈라져 재혼한 경우에 나중에 한 결혼을 취소할 수 없고, (ii) 남북주민간 상속소송에서 피상속인을 부양한 남한주민의 기여분을 별도로 인정하며, (iii) 북한주민이 재산을 처분하거나 북한으로 재산을 가져가는 경우에 허가를 받아야 하고, (iv) 북한주민이 취득한 남한 내 재산은 법원이 선임한 재산관리인이 관리하여야 한다고 하는 내용이 들어있다.

2. 속지주의

속지주의에 의하여 민법은 대한민국의 영토 내에 있는 외국인에게도 원칙적으로 적용된다.

Ⅲ. 민법의 장소적 효력

법률은 특별규정을 통하여 그 적용범위를 일부지역에 한정하지 않는 한, 원칙적으로 대한민국의 전영토 내에서 적용된다. 민법도 역시 대한민국의 전영토 내에 그 효력이 있다.

특별규정을 통하여 법률의 적용범위를 일부지역에 한정할 수도 있다. 적용범위를 일부지역에 한정한 법률을 한지법(限地法)이라고 한다.

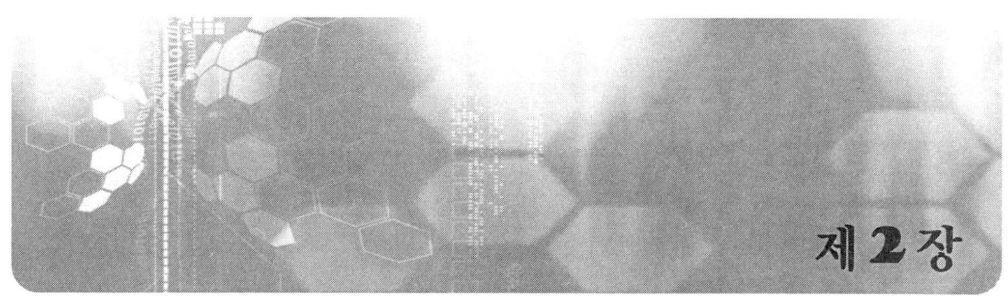

제 2 장

민법상의 권리

제 1 절　법률관계와 권리·의무

제 2 절　권리의 종류

제 3 절　권리의 행사와 의무의 이행

제 4 절　권리의 보호

제 2 장
민법상의 권리

제 1 절 법률관계와 권리·의무

Ⅰ. 법률관계

1. 법률관계의 의의

법률관계란 사실관계에서 파악하면 '민법이라고 하는 규범에 의하여 규율되는 생활관계'라고 할 수 있고, 규범관계로 이해하면 '사람과 사람 사이의 법적 연계'라고 할 수 있다. 민법은 일반사인의 생활관계를 법률관계로 규율하고 있고, 법률관계를 권리의무의 관계로 파악하고 있다. 그러나 예컨대 사람과 사람 사이의 관계라고 할지라도 우정관계·애정관계·예의관계·호의관계와 같이 권리의무의 관계로 규제하기에 부적당한 생활관계는 법률관계가 아니라 비법률관계라고 하며, 비법률관계에는 민법이 적용되지 아니한다.

생활관계 ─┬─ 법률관계＝권리의무관계
　　　　　└─ 비법률관계＝인간관계·호의관계

2. 법률관계의 내용

법률관계는 (i) 사람과 사람의 관계(채권관계·친족관계), (ii) 사람과 물건 기타 재화의 관계(물권관계·지적재산권관계), (iii) 사람과 장소의 관계(주소·사무소·영업소)로 구별된다. 법률관계가 외형적으로는 사람과 사람·물건·장소의 관계에서 성립하지만, 예컨대 사람이 권리객체를 지배하는 사람과 물건 기타 재화의 법률관계도 결국은 법률이 두둔하고 편들어 보호하는 권리자와 권리객체를 침해하지 않을 의무를 부담하는 의무자와의 관계를 의미하다시피 궁극적으로는 모든 법률관계가 사람과 사람의 관계로 귀착된다고 할 수 있다.

Ⅱ. 권 리

1. 권리의 본질

권리의 본질을 한 마디로 정의하기는 대단히 곤란하다. 권리의 본질에 관하여는 일찍부터 (i) 의사설, (ii) 이익설, (iii) 권리법력설, (iv) 권리부인설이 대립하고 있다.

① 의사설　　의사설은 권리를 법에 의하여 주어진 의사의 힘 혹은 의사의 지배라고 보는 견해이다. 의사설은 유아·정신병자 등 의사무능력자가 권리를 가지는 이유를 설명하지 못한다는 단점이 있다.

② 이익설　　이익설은 권리를 법에 의하여 보호되는 이익이라고 보는 견해이다. 다만 이익설은 친권과 같이 권리자에게 아무런 이익이 없는 권리도 있다는 사실을 간과하고 있다.

③ 권리법력설　　권리법력설은 권리를 일정한 이익을 향수케 하기 위하여 법이 인정하는 힘이라고 보는 견해이다. 현재 국내에서는 권리의 본질에 관한 학설로서 권리법력설이 가장 유력한 견해로 주장되고 있다.

④ 권리부인론　　권리부인론은 권리의 독립된 실체를 부인하는 견해이다.

2. 권리와 구별되는 개념

권리와 구별되는 중요한 개념으로는 아래와 같이 권능, 권한, 권원, 반사적 이익 등이 있다.

① 권 능　　권능이란 권리의 내용을 형성하는 개개의 법률상의 힘을 의미한다. 예컨대 소유권은 권리이지만, 그 내용을 이루는 사용권·수익권·처분권은 권능에 해당한다.

② 권 한　　타인이 본인 혹은 권리자를 위하여 일정한 법률효과를 발생하게 하는 행위를 할 수 있는 법률상의 자격을 권한이라고 한다. 예컨대 대리인의 대리권은 「대리권」이라고 표현하지만, 엄밀한 의미에서는 「권리」가 아니며, 권한이다. 그러므로 대리권은 오히려 「대리권한」이라고 하는 표현이 정확한 표현이다. 역시 법인이사의 대표권, 사단법인사원의 결의권, 선택권자의 선택권도 모두 권한에 해당한다.

③ 권 원　　어떤 법률적 혹은 사실적 행위를 하는 경우에 그 행위를 정당화시키는 법률상의 원인을 권원이라고 한다(§256 단서). 예컨대 타인의 부동산에 물건을 부속시킬 수 있는 권원으로 지상권·임차권이 있다.

④ 반사적 이익(반사권)　　법률에 의하여 특정인 혹은 일반인이 어떤 행위를 하여야 하는 경우에 다른 특정인 혹은 일반인이 받는 사실상의 이익적 지위를 반사권(권리반사)

혹은 반사적 이익이라고 한다. 예를 들어 교통법규에 의하여 운전자나 보행자가 안전하게 도로를 통행하거나 건널목을 왕래할 수 있는 이익, 「자연공원법」 또는 「도시공원 및 녹지 등에 관한 법률」에 의한 공원이나 녹지의 조성·관리를 통하여 시민이 공원·녹지를 이용할 수 있는 이익,43) 전염병예방주사를 규율하는 법률에 의하여 일반인이 전염병에 감염되지 않는 이익이 반사적 이익에 해당한다.

> 도시정비사업의 시행으로 철거되는 관할구역 내의 무허가건물의 소유자에게 서울시 내부의 행정지침(철거민에 대한 시영아파트특별분양지침)에 의하여 시영아파트를 특별공급하게 되었는데, 주택공급에 관한 규칙(1995.2.11. 건설교통부령 제6호로 전문 개정되기 전)이 정하는 1년 동안의 무주택요건을 갖춘 자만을 특별분양대상자로 규정하고 있고, 한편 무허가건물의 소유자인 A는 다른 곳에 자신이 거주하는 별도의 주택을 소유하고 있어서 무주택의 요건을 갖추지 못하고 있었지만, 서울시가 모든 철거대상 무허가건물의 소유자에게 철거 후부터 시영아파트분양신청 전까지의 기간 동안 1회에 한하여 그 지위(이른바 '시영아파트추첨권')의 명의변경을 허용하면서, 철거 당시의 무허가건물의 소유자에 대하여는 무주택의 요건을 심사하지 않고 그로부터 명의변경을 받아 실제로 분양신청을 하는 자에 대하여만 무주택의 요건을 심사함에 따라서 무주택의 요건을 갖추지 못한 철거대상 무허가건물의 소유자도 직접 분양신청을 하지 아니하고 자신의 지위를 타인에게 양도하여 상당한 전매이익을 얻게 하였다. 그런데 서울시 담당공무원의 직무집행상의 과실로 A가 아닌 제3자가 철거대상 무허가건물의 소유자인 경우로 잘못 처리됨으로 말미암아 A는 시영아파트추첨권을 상실하게 되었다. 무허가주택 외에 다른 곳에 자신이 거주하는 주택을 별도로 소유하고 있던 A로서도 그의 지위, 즉 시영아파트추첨권를 양도하여 이익을 얻을 수 있었을 터인데, 서울시 담당공무원의 직무상의 과실로 그 이익을 상실한 이유로 A는 서울시에 대하여 손해배상을 청구할 수 있는가? [대법원 1997.6.24. 선고 97다14453 판결]

비록 서울시가 철거 당시의 무허가건물의 소유자를 철거관리대장에 등재한 후에 그 무허가건물의 철거로부터 분양신청시까지 사이에 그 등재된 사람의 명의변경을 1회에 한하여 허용하면서, 주택공급에 관한 규칙이 정하는 요건의 구비 여부에 대한 심사를 철거관리대장에 등재된 자 전부에 대하여 하지 않고 실제로 분양신청을 하는 명의변경자에 대하여만 하도록 하는 업무지침을 마련하여 시행하고, 그 업무지침에 의하여 특별분양대상자가 될 수 없는 무자격자도 일단 철거대상 무허가건물을 취득한 후에 그 무허가건물의 철거로부터 분양신청까지의 사이에 그의 지위를 무주택자에게 양도함으로써 상당한 이익을 얻어 온 사실이 인정된다고 하더라도, A는 주택공급에 관한 규칙이 정하는 무주택의

43) 도시공원법상 근린공원으로 지정된 공원은 일반주민이 다른 사람의 공동사용을 방해하지 않는 한 자유로이 이용할 수 있지만, 그 사정만으로 인근주민이 누구에게나 주장할 수 있는 공원이용권이라는 배타적인 권리를 취득한다고는 할 수 없다(대법원 1995.5.23. 자 94마2218 결정).

요건을 구비하지 못한 자로서 시영아파트를 특별공급받을 수 있는 권리를 갖지 못함이 분명하다. 다만 서울시가 분양신청자에 대하여만 무주택의 요건을 심사함에 따라서 무자격자인 철거대상 무허가건물의 소유자로서 A도 그의 지위(시영아파트추첨권)를 무주택자에게 양도함으로써 전매이익을 얻을 수 있으나, 서울시가 시영아파트에 대한 분양자격심사를 철거관리대장에 등재된 자 전부에 대하여 하지 않고 실제로 분양신청을 하는 명의변경자에 대하여만 하도록 하는 업무지침을 마련하여 시행한 이유가 A와 같은 무자격자에게도 시영아파트특별분양과 관련하여 어떤 권리를 인정하려는 취지가 아니라, 도시정비사업의 원활한 수행과 민원의 방지 등을 위하여 자금력이 미약한 원철거민에게 그 지위의 양도를 1회에 한하여 허용하는 한편, 특별분양자의 자격심사절차를 간소화하기 위한 행정목적을 위하여 실제 분양신청자에 대하여만 자격심사를 한 경우라고 보아야 한다. 그러므로 무허가건물의 전매를 통하여 A가 얻을 수 있는 기대이익은 당초 특별공급대상자가 될 수 없는 사람이 그 심사절차상의 틈을 이용하여 누릴 수 있는 사실상의 이익에 불과하여 법률상으로 보호받을 수 있는 이익이 될 수 없다. 비록 서울시 담당공무원의 직무상 과실로 A가 시영아파트추첨권을 전매할 수 있는 이익을 상실한 사정이 인정된다고 하더라도 A는 서울시에 대하여 손해배상을 청구할 수 없다.

Ⅲ. 의 무

1. 의무의 의의

의무란 특정한 작위 혹은 부작위를 하여야 할 법적 구속을 의미한다. 의무는 권리에 대응하는 개념이다. 당사자 일방의 권리에 대응하여 상대방 혹은 모든 타인(절대권인 경우)에게는 의무가 발생한다. 권리가 이익을 내용으로 하는 반면에, 의무는 불이익 또는 제재(소송이나 강제집행, 손해배상)를 그 내용으로 한다.

2. 의무와「간접의무」

어떤 법규정에 대한 준수가 당사자에게 이익이 되기는 하지만, 그 법규정을 의무적으로 반드시 준수하도록 강제되지는 아니하는 경우가 있다. 불이행이 있더라도 일정한 불이익 이외의 다른 법률상의 제재가 따르지 않는 경우를 법적 의무로부터 구별하여 간접의무 혹은「책무」(責務)라고 한다. 민법상 인정되는 간접의무로는 (i) 승낙연착의 통지의무(§528), (ii) 증여자의 하자통지의무(§559), (iii) 사용대차의 대주의 하자통지의무(§612)를 들 수 있다. 만일 간접의무를 규정하고 있는 법규정을 위반하면 일정한 불이익이 따르게 되지만, 간접의무의 위반에 대하여는 통상의 의무위반과는 달리 소송이나 강제집행이 인정되지 아니하고, 손해배상의무도 발생하지 아니한다.

Ⅳ. 권리와 의무의 관계

의무는 원칙적으로 타인의 권리에 대응하여 성립한다. 보통 권리의 이면에 의무가 있고, 의무의 반면에 권리가 있다.

예외적으로 권리는 존재하지만 권리에 대응하는 의무가 없는 경우도 있고, 의무에 상응하는 권리가 존재하지 아니하는 경우도 있다. 예컨대 취소권·해제권·추인권 등과 같은 형성권은 권리만 있고 의무가 없는 경우에 해당한다. 공고의무(§§88·93), 등기의무(§§50-52·85·94), 감독의무(§755)는 의무만 있고 권리가 없는 경우에 해당한다.

Ⅴ. 권리본위와 의무본위

1. 권리본위의 원칙

법전편찬의 기술로는 권리본위뿐만 아니라, 의무본위의 체계도 고려할 수 있다.[44] 민법은 권리본위의 체계를 채용하고 있다.

2. 권리본위의 내용

(1) 권리능력평등의 원칙

모든 인간에게 일정한 연령이나 지식, 사회적 신분과 관계없이 평등하게 권리를 향유할 수 있는 법적 지위인 권리능력을 인정하고 있다.

(2) 권리행사의 자유

개인주의·자유주의에 근거하여 권리본위로 구성된 민법에서는 원칙적으로 권리의 행사가 권리자의 자유에 일임되어 있다.

(3) 권리불행사의 자유와 책임

권리행사의 자유에는 권리불행사의 자유도 포함된다. 다만 권리불행사에 의한 불이익은 권리자가 스스로 손해 혹은 책임으로 감당하여야 한다.

(4) 권리의 독립성

권리본위 아래에서는 권리자가 자기의 책임에 의하여 권리의 행사·불행사를 결정할

---

44) 예컨대 민법 제3편은 「채권」으로 되어 있으나, 독일민법전 제2편은 그 타이틀이 채권으로 되어 있지 않고, 「채무관계법」(Recht der Schuldverhältnisse)으로 되어 있다.

수 있고, 누구든지 타인의 권리행사에 간섭할 수 없다.

제2절 권리의 종류

Ⅰ. 민법상의 권리

민법상의 권리를 「사권」(私權)이라고 부른다. 사권은 개인적 생활관계에서 개인이 사적 이익을 향수하는 지위를 가리키며, 공권력의 주체에 대하여 일정한 이익을 주장할 수 있는 「공권」(예컨대 참정권·자유권)에 대응하는 개념이다.

[더 생각할 과제 - 사회권]

공법과 사법의 2분체계로부터 사회법이라고 하는 영역의 분화에 의하여 공권과 사권의 중간에 「사회권」이라고 하는 권리가 인정되고 있다. 사회권에는 대표적으로 예컨대 노동자의 단결권, 노동조합의 단체교섭권, 단체행동권과 같은 권리가 있다.

Ⅱ. 사권의 종류

1. 효력범위에 의한 분류

권리는 그 효력범위, 즉 권리에 대한 의무자의 범위를 표준으로 절대권과 상대권으로 구분된다.

① 절대권 절대권이란 권리의 효력이 특정의 상대방이 아니라 모든 이에게 미치는 권리를 가리킨다. 절대권은 배타적 효력을 가지며, 일명 「대세권」(對世權)이라고도 부른다. 예컨대 물권, 친권, 지적재산권, 인격권이 절대권에 해당한다.

② 상대권 상대권이란 특정의 상대방에 대하여만 권리의 효력이 미치는 권리를 가리킨다. 상대권은 효력이 비배타적이며, 일명 「대인권」(對人權)이라고도 한다. 채권이 대표적인 상대권이다.

절대권과 상대권의 구별실익은 어디에 있는가? 절대권과 상대권의 구별을 무의미하다고 보는 견해가 있다. 구별부인설에 의하면 판례나 학설이 제3자에 의한 채권침해에 대하여도 불법행위의 성립을 인정하고 있으므로, 상대권(채권)도 「불가침성」을 가진다는 사실에 절대권과 차이가 없다고 주장하고 있다(소수설). 그러나 절대권과 상대권의 구별에 대하여 의미를 인정하는 태도가 타당하다.

2. 내용에 의한 분류

권리는 그 내용이 되는 사회적 생활이익을 기준으로 하여 재산권, 인격권, 가족권, 사원권으로 분류할 수 있다.

① 재산권 재산권은 경제적 가치 있는 이익의 향수를 목적으로 하는 권리이다. 가장 중요한 재산권으로는 물권·채권 및 지적재산권, 퍼블리시티권 등이 있다.

ⓐ 물 권 물권은 권리자가 물건을 직접 지배하여 이익을 얻는 배타적인 권리이다.[45] 물권으로는 민법상 점유권, 소유권, 지상권·지역권·전세권과 같은 용익물권, 유치권·질권[46]·저당권과 같은 담보물권이 있다.

ⓑ 채 권 채권은 특정인이 다른 특정인에 대하여 일정한 행위를 요구하는 권리이다.

[더 생각할 과제 - 재산권으로서의 항공마일리지이용권]

어떤 회사가 안정적이고 지속적인 고객을 확보함으로써 더 많은 이윤을 창출하기 위하여 재화와 용역을 구입하는 고객이 일회적인 거래에 멈추지 않고 장래에 지속적으로 거래관계를 형성할 수 있는 계기를 부여하는 제도를 총칭하여 상용고객우대제도라고 하며, 그 대표적인 예로 항공권의 구매시 일정한 점수를 부여하고 그 점수를 추후 체결하는 항공운송계약에서 대금으로 활용할 수 있도록 하는 항공마일리지제도를 들 수 있다. 예컨대 항공마일리지의 경우에 회원이 되어 항공권을 수회 구매함에 따라 항공회사가 정한 기준에 상응하는 일정한 양의 마일리지가 축적되면 그 항공회사에게 그 마일리지를 지급하는 대가로 보너스항공권의 발급, 좌석의 승급을 요청하는 등으로 마일리지를 사용할 수 있다. 항공회사는 회원으로부터 항공마일리지이용의 요청을 받을 경우에 잔여보너스좌석이 존재하는 한 그 요청을 거절할 수 없다. 항공마일리지는 일정한 조건하에 항공회사가 제공하는 재화 또는 용역과 교환할 수 있으므로, 항공마일리지의 재산적 가치가 긍정된다. 결국 항공마일리지를 보유하고 그 항공마일리지를 이용하는 고객의 권리, 즉 항공마일리지용권은 단순한 기대권을 넘어서 재산권으로 보호된다고 보아야 한다.

ⓒ 지식재산권 지식재산권은 저작·발명과 같은 정신적·지능적 창조물을 독점적으로 이용하는 권리이다. 지식재산권은 달리 무체재산권, 지적소유권 혹은 산업재산권이라고도 불린다.[47] 대표적으로 특허권, 저작권, 실용신안권, 의장권, 상표권이 지식재산권에 해당한다.

---

45) 물건을 직접 지배하는 권리는 아니지만, 다른 사람을 물리치고 독점적으로 물권을 취득할 수 있는 권리를 「준물권」이라고 하여 물권에 준한다. 준물권에는 광업권·어업권 등이 있다.

46) 질권의 예로는 전당포를 생각할 수 있다. 예를 들어 일확천금을 노리고 카지노를 찾은 도박사가 가지고 온 돈을 몽땅 잃고, 결국은 카지노 앞에 있는 전당포에 들려 마지막 베팅을 하기 위하여 돈을 빌리면서 차고 있는 명품시계를 잡히면 바로 잡힌 명품시계에 질권을 설정한 경우가 된다.

47) 지식재산권이라고 하는 용어는 민사법적으로는 흔히 무체재산권(無體財産權)이라고 부르기도 하고, 특허용어로는 공업소유권→산업소유권→지적재산권 등으로 불리다가 1998년부터는 「지식재산권」(intellectual property right)이라고 하는 용어로 통일하여 사용하고 있다.

ⓓ 퍼블리시티권

> A는 TV 등을 통하여 잘 알려진 탤런트, 영화배우 겸 광고모델인데, B회사는 A와 광고모델계약을 맺고 자사가 제조·판매하는 화장품을 광고하였다. 그런데 B회사는 A와의 광고모델계약기간이 종료된 후에도 A를 모델로 한 광고를 계속 사용하고 있었다. A는 B회사에 대하여 손해배상을 청구할 수 있는가?

유명인이 그가 가진 성명, 초상이나 기타의 동일성(identity)을 상업적으로 이용하고 통제할 수 있는 배타적 권리를 「퍼블리시티권」(right of publicity)이라고 한다.[48] 유명인의 성명이나 초상 등이 갖는 재산적 가치를 독점적, 배타적으로 지배하는 독자적 재산권으로서의 이른바 퍼블리시티권이 민법상으로도 인정될 수 있는가? 퍼블리시티권에 관하여 민법에 명문의 규정은 없으나, 대부분의 국가가 법령 또는 판례에 의하여 퍼블리시티권을 인정하고 있다. 또한 사회의 발달에 따라서 일종의 재산권으로서의 퍼블리시티권을 보호할 필요성이 점차 증대하고 있다.

유명인이 스스로의 노력에 의하여 획득한 명성, 사회적인 평가, 지명도 등으로부터 생기는 독립한 경제적 이익은 그 자체로 보호할 가치가 충분하다. 그러므로 해석상 퍼블리시티권을 독립적인 권리로 인정할 필요가 있다. 또한 퍼블리시티권은 유명인뿐 아니라 일정한 경우에 일반인에게도 인정될 수 있고, 그 대상은 성명, 사진, 초상 기타 개인의 이미지를 형상화하는 경우에 특정인을 연상시키는 물건 등에 널리 퍼블리시티권이 성립할 수 있다.

사례에서 B회사가 무단광고를 통하여 A의 성명, 초상 등에 기한 경제적 측면에 관한 권리, 즉 퍼블리시티권을 침해한 경우이므로, 민법상 불법행위를 구성한다. 퍼블리시티권의 침해행위로 인한 재산상 손해액은 어떤 기준에 의하여 산정되는가가 문제되나, 퍼블리시티권의 침해행위로 인하여 A에게 생기는 재산상 손해는 A의 승낙을 받아서 그의 성명·초상을 사용할 경우에 지급하여야 할 대가 상당액이 된다고 볼 수 있다.

② 인격권　　인격권은 인간의 고유한 가치 및 존재와 분리할 수 없는 인격적 이익의 향수를 내용으로 하는 권리이다.[49] 일반적으로 인격적 이익, 즉 생명, 신체, 건강, 명예, 정조, 성명, 초상, 사생활의 비밀과 자유 등의 향유를 내용으로 하는 권리가 인격권에 해당한다. 인격권을 명문으로 인정하는 규정은 없으나, 누구든 인격권을 향유하고, 인격권이 법적 보호를 받는다고 하는 사실에 관하여 더 이상 이론이 없다.[50]

---

48) 퍼블리시티권을 처음 인정한 국가는 미국이며, 지금으로부터 약 60여년 전인 1953년 프로야구선수의 사진과 이름을 독점적으로 제품에 이용하는 계약을 체결한 껌제조회사와 라이벌관계에 있는 다른 껌제조회사가 그의 사진을 무단으로 이용한 사건에서 미국법원이 당시 이미 미국판례상 일반적으로 인정된 프라이버시권(인격권)과는 별개로 누구나 자신의 초상이 가지는 공표(혹은 이용)가치에 대한 재산적 권리를 가진다고 하는 판결을 통하여 퍼블리시티권이라고 하는 개념이 탄생하여 오늘에 이르고 있다.

49) 2004년에 마련된 민법중개정법률안 제1조의2 제2항은 "사람의 인격권은 보호된다"고 하여 인격권의 보호에 관한 포괄적 규정을 두고 있다.

50) 판례상 인격권으로 인정된 경우를 보면 구체적으로 명예권(대법원 2005.1.17. 자 2003마1477 결정; 대법원 1997.10.24. 선고 96다17851 판결 등), 초상권(대법원 2006.10.13. 선고 2004다16280 판결), 성명권(대법원 2005.

ⓐ 성명권 성명권이란 사람이 자기의 성명에 대하여 가지는 이익을 내용으로 하는 권리라고 정의할 수 있다. 근래에 이르러 연예, 스포츠산업 및 광고산업, 인터넷 등의 급격한 발달로 개인의 성명이 무단으로 타인에 의하여 참칭·모용되거나, 혹은 조건에 반하여 광고 등에 이용되게 됨으로써 그에 따른 분쟁이 적지 않게 일어나고 있으므로, 성명권의 침해로부터 개인을 보호하여야 할 필요성이 커지고 있다. 그러나 현행의 법률상 성명권의 보호에 관한 일반적 규정은 없다.[51] 비록 명문규정이 없다고 하더라도 판례나 학설은 이견 없이 성명권을 인격권의 하나로 인정하고 있다. 성명은 사람이 개인으로서 존중되는 기초이며, 그 개인의 인격의 상징이고 인격의 발로이므로, 헌법 제10조가 보장하는 인간으로서의 존엄과 가치 및 행복추구권, 개인이 가지는 불가침적 인권에 대한 국가의 보장의무로부터 당연히 인격권의 일종으로서 성명권이 보장된다.[52]

성명권에는 사회통념상 특정인임을 알 수 있는 방법으로 성명이 함부로 사용, 공표되지 않을 권리, 성명이 함부로 영리에 이용되지 않을 권리가 포함한다. 그러므로 예를 들어 인터넷이용자에게 음란사이트로 인식될 수 있는 인터넷사이트의 운영자가 유명 연예인의 예명을 무단으로 도메인이름과 웹페이지의 광고문구로 이용하고 그 예명을 검색어로 인터넷 검색이 되게 한 행위가 그 연예인의 성명권을 침해한 경우로 되고,[53] 유명 스포츠선수의 성명을 일정한 기간 무상사용하기로 계약한 자가 그 기간의 만료 후에도 계속 사용한 경우에 그 선수의 성명권에 대한 침해가 되며,[54] 역시 유명 프로야구선수의 허락을 받지 아니하고 그 성명을 사용한 게임물을 제작하여 상업적으로 이동통신회사에 제공한 경우에는 프로야구선수의 성명권을 침해한 경우로 된다.[55] 성명권의 침해는 불법행위가 된다.

비록 개인이 자신의 성명의 표시 여부에 관하여 스스로 결정할 권리를 가진다고 하더라도, 성명의 표시행위가 공공의 이해에 관한 사실과 밀접불가분한 관계에 있는 경우에는 그 목적의 달성에 필요한 한도에 있고, 그 표현내용·방법이 부당하지 아니한 한 그 성명의 표시는 위법하다고 볼 수 없다. 예컨대 범죄사실에 관한 보도과정에서 그 실명의 공개에 대한 공공의 이익이 개인의 명예나 사생활의 비밀에 관한 이익보다 우월하다고 인정되어 실명에 의한 보도가 허용되는 경우라면 설사 개인의 의사에 반하여 그의 실명이 공개되

11.16.자 2005스26 결정), 저작인격권(대법원 1992.12.24. 선고 92다31309 판결; 대법원 1989.10.24. 선고 88다카29269 판결 등), 사생활의 비밀(대법원 2007.12.13. 선고 2005두13117 판결 등), 건강하고 쾌적한 환경에서의 생활권(대법원 2008.4.17. 선고 2006다35865 전원합의체 판결) 및 주거환경의 이익(부산고등법원 1995.5.18. 선고 95카합5 판결), 성적 자기결정권(대법원 2007.6.14. 선고 2004두619 판결 등), 의료적 자기결정권(대법원 2009.5.21. 선고 2009다17417 전원합의체 판결), 대학교수의 자신의 전공분야에 대한 강의·연구권(대법원 2008.6.26. 선고 2006다30730 판결), 학생의 종교교육권(대법원 2010.4.22. 선고 2008다38288 전원합의체 판결) 등이 있다. 그리고 인격권으로 포섭되는 영역은 점차 확대되고 있다.

51) 입법례로는 독일민법 제12조나 스위스민법 제29조와 같이 「성명권」(Namenrecht)을 명문으로 규정하고 있는 경우도 있다.

52) 판례도 성명권은 헌법상의 행복추구권과 인격권의 한 내용을 이룬다고 본다(서울서부지방법원 2010.4.21. 자 2010카합245 결정).

53) 서울중앙지방법원 2007.12.26. 선고 2005가합112203 판결.

54) 서울중앙지방법원 2007.11.28. 선고 2007가합2393 판결.

55) 서울중앙지방법원 2006.4.19. 선고 2005가합80450 판결.

더라도 그의 성명권을 위법하게 침해한 경우라고 보기 어렵다.[56)]

ⓑ 초상권

A화재해상보험회사의 직원 B는 C가 A화재해상보험회사를 상대로 제기한 손해배상청구소송에서 C의 후유장해 정도에 대한 증거자료를 수집할 목적으로 몰래 C의 사진을 촬영하여 법원에 제출하였다. B가 촬영한 사진은 C가 일상생활에서 장해부위를 사용하는 모습으로서 C의 아파트주차장, 직장의 주차장, 차량수리센터의 마당, C가 거주하는 아파트의 주변도로 등 일반인의 접근이 허용된 공개된 장소에서 촬영되었으나, B는 사진을 촬영하기 위하여 몰래 C를 지켜보거나 미행하고 때에 따라서는 차량으로 뒤따라가 사진을 촬영하였다. C는 A화재해상보험회사에 대하여 손해배상책임을 물을 수 있는가?

사람은 누구나 자신의 얼굴 기타 사회통념상 특정인임을 식별할 수 있는 신체적 특징에 관하여 함부로 촬영 또는 그림묘사되거나 공표되지 아니하며 함부로 이용당하지 않을 권리, 즉 「초상권」을 가진다. 초상권은 헌법적으로 보장되는 권리이다(헌법 §10). 또한 초상권에 대한 부당한 침해는 불법행위를 구성한다. A화재해상보험회사의 직원 B가 C의 일상생활을 촬영한 행위와 그 공표행위가 초상권을 침해하는 불법행위에 해당하므로, A화재해상보험회사는 C에 대하여 손해배상책임을 부담한다. 사례에서와 같이 초상권의 침해가 공개된 장소에서 이루어지거나 민사소송의 증거를 수집할 목적으로 이루어진 경우라고 하더라도 그 사유만으로 정당화되지 아니한다.

ⓒ 프라이버시권

A는 1980년대 「사랑과 야망」 등 여러 편의 드라마에 출연한 탤런트였으나, 결혼과 함께 연예계를 은퇴한 후 일체의 언론매체와의 인터뷰에도 응하지 않은 채 가정생활에만 전념하며 평범한 가정의 아내이자 어머니로서 행복하게 지내면서 교회에서 적극적으로 봉사활동 및 신앙활동을 하기도 하는 등 연예인이 아닌 현재의 삶에 만족하고 살고 있었다. 2006년 초 A가 전성시대에 출연한 「사랑과 야망」이 리메이크되면서 A라고 하는 이름이 인터넷검색순위 1위에 오르는 등 대중의 관심의 대상이 되자, 여성조선은 A에게 인터뷰를 요청하였으나, 거절당하였다. 그런데 여성조선은 「A 본지에만 심경고백, 근황인터뷰」 등의 내용으로 A가 연예인시절에는 왕따로 인한 자살충돌 등 힘든 일을 많이 겪었으나, 독실한 기독교신자가 된 후 마음의 평화를 얻었고, 지금은 행복한 가정주부로 살고 있다는 내용을 비롯하여, A의 사생활, A의 남편의 직업, 실명, 신상과 성격(남존여비사상이 짙은 보수적인 성향의 사람이다) 등 가족관계, A의 집, A가 다니는 교회 등을 공개하였고, 여성조선의 기사를 인용한 글이 인터넷에 다수 게재되어 널리 퍼지게 되었다. A는 프라이버시권의 침해를 주장하여 여성조선에게 불법행위책임을 물을 수 있는가?

56) 대법원 2009.9.10. 선고 2007다71 판결.

프라이버시권(right of privacy)이란 간단하게 '사생활에 관한 사항을 공개당하지 않을 권리'를 말한다. 프라이버시권에 의하여 타인이 멋대로 개인의 사적 사실(private facts)에 관하여 정보를 취득하지 못하게 하고, 또한 타인이 자기가 알고 있는 개인의 사적인 사실을 멋대로 제3자에게 공표하거나 이용하지 못하게 함으로써 각자 인격적 자율 내지 사생활상의 평온을 유지할 수 있게 된다. 일반적으로 프라이버시권은 그 본질에 있어서 인격권의 성격을 가진다고 본다.57)

사생활에 대한 공개가 전부 프라이버시권의 침해로 되지는 아니한다. 일반사람에게 아직 알려지지 아니한 사항이고, 일반인의 감수성을 기준으로 하여 그 사인의 입장에 선 경우에 공개를 바라지 아니한다고 인정되는 사항일 경우를 전제로 그 사생활에 대한 공개가 프라이버시권의 침해로 된다.

사례에서 A의 가족관계와 거주지, A의 남편의 신상과 성격 등은 A와 관련된 사적인 사실에 해당하고, 그 사실은 일반사람에게 아직 알려지지 않은 사실이라 할 수 있다. 또한 평범한 일반인의 감수성을 기준으로 할 때에 왕따를 당하여 자살충동을 느낀 사정, 배우자가 남존여비사상이 짙은 보수적인 성향의 사람이라는 보도, 가족의 실명공개는 바라지 않을 사항이라고 볼 수 있다. 특히 A가 여성조선과의 인터뷰를 한사코 거절한 사실이 있는데도 불구하고 기사의 제목 및 그 표현에서 일반독자로 하여금 기사내용의 상당부분이 A와의 인터뷰에 기초하여 작성된 경우처럼 오해를 불러일으킬 수 있는 소지가 있다. 그리고 정보화시대의 특성상 잡지에 기사가 한 번 보도되면 다른 많은 매체를 통하여 인터넷에 광범위하게 유포되고 세간의 관심이 더욱 커져 A의 사생활의 안온과 비밀이 크게 침해된다고 보지 않을 수 없다. 그러므로 여성조선은 A의 프라이버시권을 침해한 경우라고 볼 수 있다.

[더 생각할 과제 - 사법상의 권리로서의 「환경권」]

분명히 헌법 제35조 제1항은 '모든 국민은 건강하고 쾌적한 환경에서 생활할 권리'를 가진다고 규정함으로써 환경권을 보장하고 있다. 다만 환경권에 관한 헌법 제35조의 규정이 개개의 국민에게 직접으로 구체적인 사법상의 권리를 부여하고 있다고 보기는 어렵다. 사법상의 권리로서의 환경권은 명문의 법률규정이나 관계법령의 규정취지 및 조리에 비추어 권리의 주체, 대상, 내용, 행사방법 등이 구체적으로 정립될 수 있어야만 인정될 수 있다.58) 사법상의 권리로서의 환경권을 인정하는 명문의 규정이 없는 경우에는 환경권에 기하여 직접 방해배제청구권을 인정할 수는 없으므로, 예를 들어 인근주민이 환경권에 기하여 인접대지 위에 건축중인 건물의 건축금지

---

57) 우선 헌법 제17조가 "모든 국민은 사생활의 비밀과 자유를 침해받지 아니한다"고 규정하고 있으므로, 사람은 자신의 사생활을 함부로 공개당하지 아니하고 사생활의 평온과 비밀을 요구할 수 있는 권리를 가지고, 바로 헌법 제17조가 프라이버시권의 1차적인 근거가 된다. 그러나 프라이버시권은 헌법 제17조뿐만 아니라, 인간의 존엄과 가치와 행복추구권을 규정하고 있는 헌법 제10조, 언론출판에 대한 명예, 권리 등 침해금지에 관한 헌법 제21조 제4항, 혼인과 가족생활에 있어서의 존엄과 평등에 관한 헌법 제36조 제1항, 신체의 자유에 관한 헌법 제12조, 통신의 자유에 관한 헌법 제18조, 주거의 자유에 관한 헌법 제16조 등을 근거로 하여 보장되는 포괄적 권리라고 볼 수 있다. 또한 자신의 뜻에 반하여 사사가 공표되는 경우에는 그 공표를 불법행위라 하여 사법적 구제를 구할 수 있으므로, 민법 제750조도 프라이버시권을 보호하기 위한 근거규정이라고 할 수 있다.

58) 대법원 1999.7.27. 선고 98다47528 판결.

등 방해의 제거나 예방을 위하여 필요한 청구를 할 수 없다(만일 인근주민에게 종전부터 향유하고 있던 경관이나 조망, 일조권 등 하나의 생활이익으로서의 가치가 있다고 객관적으로 인정된다면 법적인 보호의 대상이 될 수 있고, 그 경우에 인접대지에 건물을 신축함으로써 그 생활이익이 침해되고 그 침해가 사회통념상 일반적으로 수인할 정도를 넘어선다고 인정되는 경우에는 인근주민이 소유권에 기하여 방해의 제거나 예방을 위하여 필요한 청구를 할 수 있다).

ⓓ 단체의 인격권 단체도 인격권을 가지는가? 「단체는 정신도 없고 육체도 없다」고 하는 법언이 있다. 단체는 자연인의 천연적 성질과 관계가 있는 권리를 향유할 수 없다는 의미이다. 예를 들어 단체는 자연인의 천연적 성질인 육체, 생명, 연령, 성, 신분을 전제로 하는 권리, 즉 생명권·신체권·친권·후견인이 될 권리·정조권·육체상의 자유권이 없다. 그러나 단체가 재산권, 즉 소유권이나 채권, 지식재산권을 가질 수 있다고 하는 사실은 의문의 여지가 없다. 또한 인격권 중 육체의 존재를 전제로 하지 않는 성명권·신용권은 물론, 명예권이나 정신적 자유권은 단체에게도 인정될 수 있다.

> 유아용 조제분유의 제조·가공·판매를 목적으로 설립되어 분유업계의 후발주자로 출발한 A회사는 B회사 등 기존의 몇몇 유가공업체가 장기간 동안 지배하여 온 유아용 조제분유의 시장에 뛰어들어 A회사가 생산한 조제분유의 판매망을 개척하기 위하여, TV·라디오·일간신문 등 매체를 동원한 대대적인 광고를 단행하게 되었다. A회사는 그 와중에서 여러 신문에 B회사 등 기존의 유가공업체를 겨냥하여 비방광고를 게재하였다. B회사는 A회사를 상대로 어떤 청구를 할 수 있는가?

예컨대 비방광고로 인하여 분유제조업체인 B회사의 인격권이 훼손된 경우인가가 문제된다. 단체로서 B회사도 인격과 명예, 신용 등을 가지므로, 그 훼손을 통하여 분유제조업체인 B회사의 사회적 평가가 낮아지고, 그 사업수행에 커다란 악영향을 받은 경우라고 하면(경험칙에 비추어 쉽게 인정할 수 있다) A회사는 사회적 평가의 침해에 따라서 B회사가 입은 무형의 손해를 배상할 의무가 있다. 그리고 A회사가 지급하여야 할 손해액은 분유제조업체인 B회사가 입은 손해의 종류와 성격, B회사의 지명도와 영업의 신용도, B회사의 규모 및 영업실적, 비방광고의 허위성의 정도와 비방성의 강도, 비방광고의 행태 전반에서 드러나는 악의성의 정도, 조제분유제품을 선택하는 소비자의 보수성, 부정적 광고가 미치는 영향의 즉각성과 지속성, 부정적 영향으로부터의 회복이 곤란한 사정, 부정적 광고에 대하여 효율적인 구제수단인 사죄광고가 허용되지 아니하는 사정, 비방광고회사인 A회사의 규모와 재산정도 등 여러 사정을 참작하여 결정하면 상당하다.[59)]

비방광고로 인한 인격권침해에 대한 사전구제수단으로서 B회사는 광고중지청구를 할 수 있는가? 인격권은 그 성질상 일단 침해된 후의 구제수단(금전배상이나 명예회복처분 등)만으로는 그 피해의 완전한 회복이 어렵고 손해전보의 실효성을 기대하기 어렵다. 그러므로 인격권침해에 대하여는 사전적(예방적) 구제수단으로서 침해행위의 정지·방지 등의 금

---

59) 대법원 1996.4.12. 선고 93다40614, 40621 판결.

지청구권도 인정된다. 사례에서는 A회사의 광고로 인하여 국내의 우유업계 전체가 이른바 「광고전쟁」의 소용돌이에 휘말리게 된 경위와 그 동안의 A회사의 광고행태에 비추어 보면, A회사가 B회사를 비방하는 광고를 재현할 위험이 아직도 존재한다고 볼 수 있다. 그러므로 B회사는 A회사가 자행할 위법한 광고로부터 그 명예·신용 등을 보전하기 위하여 A회사에게 그 광고의 중지를 요구할 권리를 가진다.

ⓔ 사자(死者)의 인격권 인격권에 관한 논의에서 가장 중요한 문제의 하나로 사자에게도 인격권이 인정되는가 하는 문제가 있다. 국내에서는 사자의 인격권을 전면적으로 다룬 논의는 별로 많지 않고, 지금까지는 사자의 인격권에 관한 판례의 태도도 명쾌하게 정리되어 있지 않다고 판단된다.

소설가 A는 미국에서 의문의 교통사고로 사망한 핵물리학자 이휘소를 모델로 한 이른바 실명소설인 「소설 이휘소」를 저술하였다. 이휘소의 유족(미망인과 아들, 딸이 있다)은 소설가 A에 대하여 이휘소의 성명권, 초상권, 프라이버시(privacy) 등이 침해되고 이휘소의 명예가 훼손된 사실을 들어 손해배상을 청구할 수 있는가?

유명한 핵물리학자인 이휘소의 사후인격권이 문제된 사건이 있다. 우선 판례는 모델소설에 있어서 모델이 된 사람의 명예를 훼손하는 경우에는 명예훼손 또는 인격권침해를 이유로 그 소설의 출판금지를 구할 수 있고, 모델이 된 사람이 이미 사망한 경우에도 그 유족이 명예훼손 또는 인격권침해를 이유로 그 금지를 구할 수 있다고 분명히 밝혀 사자(死者) 자신의 인격권을 긍정하는 태도를 보이고 있다.[60] 학설상으로는 사자의 인격권을 직접 인정하기 보다는 유족의 사자에 대한 경애·추모의 정을 유족의 고유한 인격권으로 보호하는 법리가 타당하다는 견해도 있다. 물론 소설가 A가 이휘소의 삶을 실제와 현저하게 달리 묘사한 경우라고 하면 이휘소에 대한 명예훼손 또는 인격권의 침해가 되고, 또한 그의 사망 후라고 할지라도 유족이 그 자신의 명예훼손 및 유족의 경건감정에 대한 침해가 문제될 수 있다. 그러나 유족의 명예훼손이 된 경우인지, 유족의 경건감정이 침해된 경우인지는 별론으로 하고, 판례와 같이 사자 자신의 인격권을 직접적으로 긍정하여 「소설 이휘소」를 통하여 이미 고인인 이휘소의 명예훼손이나 인격권침해가 성립하는지를 따져서 사자의 명예훼손이나 인격권침해를 이유로 하는 손해배상책임 여부를 검토하여야 한다.

사례에서는 A가 「소설 이휘소」를 통하여 이휘소의 인격권침해나 명예훼손을 한 경우인지가 문제된다. 「소설 이휘소」는 이휘소라는 실명을 사용하고 이휘소의 삶과 상당부분이 일치한다고 하더라도 전체적으로 허구임을 전제로 한 '소설'이라고 할 수 있다. 소설에서 이휘소의 모습이 실제생활과 부분적으로 달리 묘사되어 있다고 여겨질지라도 소설의

60) 특히 판례는 사자의 인격권이 보장되어야 하는 이유를 "인간은 적어도 사후(死後)에 명예를 중대하게 훼손시키는 왜곡으로부터 그의 생활상의 보호를 신뢰하고 그 기대하에 살 수 있는 경우에만, 살아있는 동안 헌법상의 인간의 존엄과 가치가 보장되기 때문이다"고 설명하고 있다(서울지방법원 1995.6.23. 선고 94카합9230 판결).

전체 내용에 비추어 사회통념상 이휘소의 인격권침해나 명예훼손이 된 경우라고 볼 수도 없다. 또한 A에게 이휘소의 인격권침해나 명예훼손을 시키려는 의사가 있다고 볼 수도 없다. 특히 이휘소는 뛰어난 물리학자로서 누구에게나 많은 귀감이 될 수 있는 사람으로서 공적 인물이라고 볼 수 있어서 그의 생활상이 공표되는 경우를 어느 정도 수인하여야 한다. 그러므로 「소설 이휘소」를 통하여 이휘소의 인격권침해나 명예훼손이 있다고 보기는 곤란하다.[61]

③ 가족권　　가족권은 가족관계 혹은 친족관계에서의 신분상의 지위에 따르는 이익의 향수를 내용으로 하는 권리이다. 예를 들어 친권, 후견인이 가지는 권리, 배우자 일방이 상대방에 대하여 가지는 정조권, 부양청구권이 가족권(친족권)에 해당한다.[62]

④ 사원권　　사원권은 사단을 구성하는 사원이 그 사원의 지위에 의하여 사단에 대하여 가지는 권리이다. 예를 들어 주식회사의 주주의 권리, 비영리사단법인의 사원의 권리가 사원권에 해당한다.

[더 생각할 과제 - 재산권과 비재산권의 구별]

보통 재산권은 향수하는 이익이 경제적 가치를 가지고 있는 권리(물권·채권·지적재산권)를 의미하고, 비재산권은 경제적 이익이 아니라, 인격적·가족적 이익의 향수를 목적으로 하는 권리(인격권·신분권)를 가리킨다고 이해되고 있다. 그러나 채권에도 금전으로 가치를 계산할 수 없는 권리(§373)도 있는가 하면, 신분권에도 경제적 가치를 가지고 있는 권리(상속권·부양청구권)가 있다. 그러므로 정확히 표현하면 재산권은 권리주체로부터 분리되어 거래의 대상이 될 수 있는 권리를 가리키고, 비재산권은 권리주체의 신분·인격과 결합하여 거래의 대상이 될 수 없는 특징을 지니고 있는 권리라고 설명할 수 있다.

3. 작용에 의한 분류

권리는 그 작용인 법률상의 힘, 즉 효력의 차이에 의하여 지배권, 청구권, 형성권, 항변권으로 구분된다.

① 지배권　　지배권은 타인의 행위를 개입시키지 않고 단지 권리자가 일정한 객체에 대하여 직접 지배력을 발휘할 수 있는 권리이다. 물권이 가장 대표적인 지배권이다(역시 지식재산권도 지배권에 해당한다). 물권은 지배권이라고 하지만, 물권의 주된 내용이나 효력이 지배권이라는 의미일 뿐이고, 물권이 즉 지배권이라는 의미는 아니다.

인격권이나 친권·후견권도 지배권인가 하는 문제가 있으나, 학설상으로는 긍정설과 부

61) 판례도 이휘소는 뛰어난 물리학자로서 국민에게 많은 귀감이 될 수 있는 사람으로서 공적 인물이 되어 있다고 보아야 하므로, 이휘소와 유족은 그 생활상이 공표되더라도 어느 정도 수인(受忍)하여야 하여 이휘소의 인격권 또는 프라이버시가 침해되거나 명예를 훼손한 경우로 볼 수 없다고 판단하고 있다(서울지방법원 1995.6.23. 선고 94카합9230 판결).

62) 상속권이 재산권인가 가족권인가에 대하여는 논란이 있으나, 상속권은 재산권의 성질과 가족권의 성질을 겸유하고 있다고 볼 수 있다.

정설이 대립한다. 인격권도 지배권이고, 또한 친권·후견권도 비록 사람을 대상으로 하기는 하지만 상대방의 의사를 억누르고 권리내용을 직접 실현한다고 하는 측면에서 역시 지배권으로 보아야 한다는 견해가 있다. 그러나 인간의 존엄과 가치를 내용으로 하는 인격권을 지배권으로 볼 수는 없다. 역시 친권·후견권을 자녀에 대한 부모·후견인의 지배권으로 이해하기는 곤란하다고 보는 견해가 타당하다.

② 청구권 청구권은 권리자가 다른 특정인에 대하여 일정한 행위(작위 또는 부작위)를 요구하는 권리이다. 대표적으로 채권은 청구권이다. 다만 채권이 청구권이라는 뜻은 채권의 주된 내용과 효력이 청구권이라는 의미이다. 채권이 바로 청구권이라는 의미는 아니다. 채권에서는 청구권이 본질적 내용을 이루나, 다만 채권은 청구력 이외에도 급부를 수령하거나 수령한 급부를 보유할 수 있는 효력과 같은 다른 효력도 가지고 있다. 또한 채권이 아직 이행기에 달하지 않은 때에는 채권은 존재하여도 청구권은 발생하지 않고 이행기에 달하여야 비로소 청구권도 생긴다.

물권에서도 타인에 의하여 물권내용의 실현이 방해되고 있거나 방해될 염려가 있는 때에는 물권적 청구권이 성립한다. 또한 가족법에서도 유아인도청구권과 같이 친권이나 후견권이 방해되는 경우에 친족법상의 청구권이 생기고, 부양청구권·부부의 동거청구권과 같이 가족관계에서 발생하는 청구권도 있다. 그리고 상속법상의 청구권으로 상속회복청구권도 있다.

③ 형성권 형성권은 권리자의 일방적 의사표시에 의하여 법률관계의 발생·변경·소멸을 발생하게 하는 권리이다. 형성권은 달리 「가능권」이라고도 불린다.

형성권에는 권리자의 의사표시만으로 효력이 발생하는 경우와 법원의 판결에 의하여 비로소 효과가 발생하는 경우가 있다. 예컨대 법률행위의 동의권·취소권·추인권, 계약의 해지권·해제권,[63] 상계권, 매매의 일방예약완결권, 약혼해제권, 상속포기권은 권리자의 의사표시만으로 효력이 생기는 형성권이다. 반면에 채권자취소권, 친생부인권, 재판상 이혼권, 입양취소권, 재판상 파양권은 법원의 판결에 의하여 효과가 생기는 형성권에 해당한다.

명칭상으로는 청구권으로 불리지만, 학설·판례에 의하여 그 실질은 청구권이 아니라 형성권이라고 해석되는 경우가 있다. 예컨대 공유물분할청구권(§268), 지료증감청구권(§286), 지상물매수청구권(§285), 지상권소멸청구권(§287), 전세권소멸청구권(§311), 부속물매수청구권(§316), 매매대금감액청구권(§572)은 그 명칭은 청구권으로 되어 있으나, 청구권이 아니라 형성권에 해당한다.

(4) 항변권

항변권은 권리자에 의한 청구권의 행사에 대하여 상대방이 그 작용을 저지할 수 있는

---

63) 계약의 해제권은 일종의 형성권으로서 당사자 일방에 의한 계약해제의 의사표시가 있으면 그 효과로서 새로운 법률관계가 발생하고 각 당사자는 그에 구속된다(대법원 2005.7.14. 선고 2004다67011 판결).

권리이다. 항변권은 달리 권리의 행사에 대한 방어를 할 수 있는 권리라는 의미에서 「반대권」이라고도 한다.

항변권에는 청구권의 행사를 일시적으로 저지할 수 있는 「연기적 항변권」과 청구권의 행사를 영구적으로 저지할 수 있는 「영구적 항변권」으로 구분된다. 예컨대 동시이행의 항변권, 보증인이 가지는 최고·검색의 항변권은 연기적 항변권에 해당하고, 상속인의 한정승인의 항변권은 영구적 항변권에 해당한다.

4. 권리주체에 대한 긴밀도에 따른 분류

권리는 그 주체와의 긴밀한 정도에 따라서 일신전속권과 일신비전속권으로 구분된다.

① 일신전속권 　일신전속권은 권리의 성질상 타인에게 귀속할 수 없는 권리이다. 예컨대 친권·부양청구권·부부 상호간의 권리·인격권·사원권과 같이 양도와 상속에 의하여 타인에게 이전할 수 없는 권리가 일신전속권이다.

② 일신비전속권 　일신비전속권은 양도성과 상속성이 있는 권리이다. 재산권은 원칙적으로 일신비전속권이다.

5. 주종관계에 의한 분류

어느 권리가 다른 권리와 운명을 같이 하는 종속관계에 있는 경우에 다른 권리에 대하여 종속관계에 있는 권리를 「종된 권리」, 그 다른 권리를 「주된 권리」라고 한다. 예를 들어 이자채권과 원본채권, 질권·저당권과 피담보채권, 보증인의 채권과 주채무자의 채권이 종된 권리와 주된 권리의 관계에 있다.

6. 성립요건의 실현 여부에 의한 분류

권리의 성립요건이 모두 실현되어서 성립한 권리를 「기성의 권리」, 권리의 성립요건 중 일부분만이 발생하여 장차 남은 요건이 실현되면 권리를 취득할 수 있는 기대상태에 대하여 성립하는 권리를 「생성중의 권리」(기대권·희망권)라고 한다. 예를 들어 조건부권리(§148·149), 기한부권리(§154), 상속개시 전의 추정상속인의 지위가 기대권에 해당한다.

제 3 절 권리의 행사와 의무의 이행

Ⅰ. 권리행사의 의의와 방법

1. 권리행사의 의의

어떤 주체가 권리를 가지고 있다는 사실은 이익을 향수하기 위한 잠재적 가능성으로 법적 힘을 가지고 있다는 의미이다. 권리를 통하여 실제로 법적 이익을 향수하기 위하여는 잠재적인 힘을 현실화하여야 한다. 잠재적인 법적 힘에 불과한 권리를 그 내용에 따라서 현실화하는 과정이 「권리의 행사」이다.

2. 권리행사의 방법

권리행사의 방법은 권리에 따라서 차이가 있다. 예컨대 지배권으로서 물권은 물건에 대한 사용·수익·처분, 지식재산권은 저작물이나 특허발명품의 복제와 같이 객체를 사실상 지배하여 이익을 향수하는 형식으로 행사한다. 청구권은 금전의 지급이나 물건의 인도에 대한 청구, 지급·인도된 금전·물건의 수령과 같이 능동적으로 이행을 청구하거나 수동적으로 현실의 이행을 수령하는 형태로 행사한다. 형성권은 타인의 행위에 동의하거나 법률행위를 취소 혹은 계약을 해제하는 일방적 의사표시를 통하여 행사하고, 항변권은 청구권자의 이행청구를 거절하는 형식으로 행사한다.

3. 권리의 행사권자

권리의 행사는 원칙적으로 권리자 자신이 하여야 한다. 다만 어떤 권리가 행사상의 일신전속권이 아닌 한 타인으로 하여금 권리를 행사하게 할 수 있다.

Ⅱ. 권리의 충돌과 순위

1. 권리의 충돌

동일한 객체 위에 수개의 권리가 성립하고 있는 경우에 그 권리의 객체가 모든 권리를 만족시켜 주지 못하는 현상을 「권리의 충돌」이라고 한다.

2. 권리의 순위

(1) 물권과 물권의 충돌

물권과 물권이 충돌하는 경우에는 「먼저 성립한 권리가 후에 성립한 권리에 우선한다」고 하는 순위의 원칙이 적용된다. 다만 물권에서는 (i) 하나의 객체에 수개의 소유권이 성립할 수 없고, (ii) 제한물권은 그 성질상 소유권에 우선하며, (iii) 서로 종류를 달리하는 물권 사이에는 법률의 규정에 의하여 그 순위가 결정된다.

(2) 물권과 채권의 충돌

물권과 채권이 충돌하는 경우에는 원칙적으로 권리성립의 선후에 관계없이 물권이 채권보다 우선한다.

(3) 채권과 채권의 충돌

채권과 채권이 충돌하는 경우에는 채권자평등의 원칙에 의하여 동일한 채무자에 대한 여러 개의 채권은 발생시기의 선후, 발생원인, 채권액의 다소와 관계없이 항상 평등하다. 그러므로 채권에서는 선행주의에 따라서 먼저 채권을 행사한 자가 이익을 얻는다.

Ⅲ. 권리행사의 한계와 제한

1. 권리행사자유의 원칙

권리의 행사는 권리자의 「자유」에 일임되어 있다. 권리를 행사할 의무가 권리 속에는 포함되어 있지 않다. 그리고 권리행사자유의 원칙에 따르면 「자기의 권리를 행사하는 자는 그 누구를 해하지 않는다」고 하는 법언과 같이 권리행사를 통하여 타인에게 손해가 생기더라도 그 손해를 배상할 필요가 없다.

2. 신의성실의 원칙

(1) 서 설

민법상 신의성실의 원칙(흔히 줄여서 「신의칙」이라 한다)이란 당사자 일방은 구체적 상황 아래 일반적으로 기대되는 상대방의 신뢰를 배반하지 않도록 하기 위하여 성의를 가지고 행동하여야 한다는 원칙을 가리킨다.[64] 다시 말하면 법률관계의 당사자는 상대방의 이익

64) 신의칙은 본래 채권법을 지배하는 원칙이다. 그러나 채권법 이외의 영역, 예컨대 물권법·가족법·단체법·소송법 등에서도 사회적 접촉관계(예를 들어 상린관계·지역관계·부부관계·단체관계·소송관계)에 있는 자 사이에 신의칙이 광범하게 적용된다.

을 배려하여 형평에 어긋나거나 신뢰를 저버리는 내용 또는 방법으로 권리를 행사하거나 의무를 이행하여서는 안된다는 추상적 규범을 신의성실의 원칙이라고 한다. 민법은 권리의 행사와 의무의 이행에 대하여 일반적으로 신의와 성실을 요구하고 있다. 특히 민법은 스위스민법(§2 I ZGB)과 같이 신의성실의 원칙에 관한 일반적인 규정을 두어 프랑스민법(§1134 Code civil)이나 독일민법(§§157·242 BGB)보다 넓은 범위에서 신의성실의 원칙을 인정하고 있다.

(2) 파생원칙

1) 금반언의 원칙

(a) 의 의

권리자가 어떤 선행행위를 통하여 상대방에게 신뢰를 준 경우에는 후에 갑자기 그 선행행위와 모순되는 다른 행위를 하여 상대방의 신뢰를 무시할 수 없다고 하는 모순행위금지원칙을 금반언 내지 에스토펠(Estoppel)의 원칙이라고 한다. 「자기의 선행행위에 모순되는 태도는 허용되지 않는다」고 하는 법언과 같이 가령 자기에게 어떤 권리가 있더라도 제3자가 그 권리에 정당한 이해관계를 가지는 경우에는 특별한 사정이 없는 한 자기의 권리를 행사하여 제3자의 지위를 갑자기 뒤집을 수 없다.

민법상 금반언의 원칙을 규정하고 있는 경우도 있다. 대표적으로 민법 제452조[채권양도와 금반언]는 명문으로 금반언의 원칙을 규정하고 있다. 역시 금반언의 원칙에 따라서 임대인의 동의를 얻어 적법하게 성립한 전차권을 임대인과 임차인의 합의해제로 소멸시킬 수 없고(§631), 지상권 또는 전세권을 목적으로 저당권을 설정한 자는 저당권자의 동의 없이 지상권 또는 전세권을 소멸하게 하는 행위를 할 수 없다(§371 iii).

(b) 금반언의 원칙을 인정한 구체적인 예

금반언의 원칙이 적용되기 위해서는 (i) 모순되는 행위 이전에 행한 선행행위의 존재, (ii) 선행행위와 모순된다고 의심되는 후행행위의 존재, (iii) 선행행위와 후행행위의 관련성, (iv) 상대방의 선행행위에 대한 신뢰, (v) 후행행위와 선행행위의 모순, (vi) 후행행위의 신의위반과 같은 요건을 갖추어야 한다. 구체적으로 판례를 보면 아래와 같이 금반언의 원칙을 인정한 경우도 있고, 금반언의 원칙을 부정한 경우도 있다.

① 배당금을 수령한 후 경매절차의 무효를 주장하는 경우　　경매목적이 된 부동산의 소유자가 경매절차가 진행중인 사실을 알면서도 그 경매의 기초가 된 근저당권 내지 집행권원인 공정증서가 무효임을 주장하여 경매절차를 저지하기 위한 조치를 취하지도 아니하고, 또한 배당기일에 자신의 배당금을 이의 없이 수령하고 그 매수인으로부터 이사비용을 받고 부동산을 임의로 명도해 주기까지 한 경우라고 하면, 그 후 매수인에 대하여 근저당권이나 공정증서가 효력이 없다는 이유로 경매절차가 무효라고 주장하여 그·경매목적물에 관한 소유권이전등기의 말소를 청구하는 행위는 금반언의 원칙에 위반되어서 허용될 수 없다.[65]

② 세금의 부과를 면하기 위하여 소유권이전등기의 무효를 주장하는 경우

> A는 갑농지의 소유권을 취득하였는데, 그 원인이 된 매매계약을 자기의 아버지인 B(당시 OO그룹의 회장 XXX)가 체결하였고 그 매매대금도 B가 지급하였다. 그런데 A는 자기 앞으로 소유권이전등기를 할 때에 B와 함께 서울에 거주하면서 OO그룹의 계열회사에서 경영수업을 하고 있었을 뿐, 그 스스로 농가도 아니고 토지를 농지로 자경할 의사도 없으면서 B와 의논한 끝에 그 주소를 토지의 부근에 이전하여 농가 또는 자경의사가 있는 경우처럼 가장하여 소재지관서의 증명을 얻은 후 농지인 토지에 관하여 그 앞으로 소유권이전등기를 경료하였다. 그 후 국가는 A가 등기명의자로 되어 있는 사실이 실질소유자 B로부터 A에게의 증여에 해당한다고 하여 A에게 증여세를 부과하였다. A는 과세처분의 취소를 청구하면서, 자기가 한 농가 또는 자경의사의 가장을 내세워 그 등기의 무효를 스스로 주장하여 증여의 대상이 되지 않는다고 할 수 있는가? [대법원 1990.7.24. 선고 89누8224 판결]

농지에 대하여는 자경·자영의 의사가 없는 한 소유권을 취득할 수 없고(농지법 §6), 자경·자영의 의사 없이 소유권이전등기만을 경유하는 경우에 그 소유권이전등기는 원인무효라 할 수 있다. 그러므로 사례에서 일응 A가 스스로 농가도 아니고 그 토지를 자영할 의사도 없으면서 농지인 토지의 부근으로 그 주소를 옮기고, 또한 자영의사가 있는 경우처럼 가장하여 소재지관서의 증명을 얻어 한 소유권이전등기는 무효이다.

사례에서 A와 B 사이에 명의신탁관계가 성립하는가가 문제되나, 부동산의 실질소유자가 아닌 제3자명의로 된 등기가 원인무효인 사실만에 의해서는 실질소유자가 그 등기명의자에게 부동산을 명의신탁한 경우로 볼 수 없다. 그러므로 A가 농지에 대하여 B의 명의수탁자로서의 지위에 있다고 할 수도 없다.

사례를 보면 어떤 동기에 의하여 A가 갑농지를 자기의 명의로 하려는 의사를 가지고 주소를 이전한 후 소재지관서의 증명을 얻어 소유권이전등기를 마친 후에 그 소유자로 행세한 사실이 인정된다. 그리고 A는 스스로 자기가 갑농지의 소유자라는 의사를 적극적으로 외부에 표시한 후에 그 행위에 특별한 사정이 없는데도 이제 와서 단지 등기에 따른 증여의제규정의 적용을 회피할 목적으로 자기가 한 농가 또는 자경의사의 가장을 내세워 농지법에 저촉되어 그 등기가 무효라고 주장하고 있다. 그러므로 A의 주장은 전에 스스로 한 행위와 모순되는 후행행위를 하는 경우로서 자기에게 유리한 법적 지위를 악용하려고 할 뿐이므로, 신의성실의 원칙이나 금반언의 원칙에 위배되는 행위가 되어 법률상 용납될 수 없다고 보아야 한다.

판례는 A가 농가 또는 자경의사의 가장을 내세워 갑농지에 대한 등기의 무효를 스스로 주장하는 태도는 신의성실의 원칙이나 금반언의 원칙에 위배된다고 본다. 사례를 보면 A가 자경 또는 자영의사라는 자기의 내심의 의사를 두고 스스로 전후 모순되는 행위를 하여 자기에게 유리한 법적 지위만을 악용하려는 구체적 상황 내지 사정으로 인하여 농지

---

65) 대법원 1993.12.14. 선고 93다42603 판결.

법의 규정을 그대로 적용한다고 하면 상당히 부당한 결과가 된다고 누구나 인정할 수 있는 특수한 예외적 경우에 해당한다. 그러므로 판례는 신의성실의 원칙이나 금반언의 원칙을 근거로 농지법의 적용을 수정한 경우라고 할 수 있다. 판례가 신의성실의 원칙 또는 금반언의 원칙을 적용하여 등기의 무효를 핑계 삼아 증여세를 회피하려는 A의 주장을 인정하지 아니한 태도는 타당한 결론이라고 이해된다.

③ 대항력 있는 임대차의 존재를 주장하는 경우 근저당권자가 담보로 제공된 건물에 대한 담보가치를 조사할 당시 대항력을 갖춘 임차인이 임대차의 사실을 부인하고 임차보증금에 대한 권리주장을 않는다는 내용의 확인서를 작성해 준 경우에 그 후 그 건물에 대한 경매절차에서 번복하여 대항력 있는 임대차의 존재를 주장함과 아울러 근저당권자보다 우선적 지위를 가지는 확정일자부 임차인임을 주장하며 그 임차보증금반환채권에 대한 배당요구를 하는 행위는 특별한 사정이 없는 한 금반언의 원칙에 위반되어 허용될 수 없다.[66]

④ 무권대리인이 본인을 상속한 경우 예를 들어 A가 대리권 없이 B 소유의 부동산을 C에게 매도하여 소유권이전등기를 마쳐준 경우에는 그 매매계약은 무효이고, 그에 터잡은 소유권이전등기 역시 무효가 된다. 그러나 A는 B의 무권대리인으로서 민법 제135조 제1항의 규정에 의하여 매수인인 C에게 부동산에 대한 소유권이전등기를 이행할 의무가 있으므로, 그 지위에 있는 A가 B로부터 부동산을 상속받아 그 소유자가 되어 소유권이전등기의무의 이행이 가능하게 된 시점에서 자신이 소유자라고 하여 자신으로부터 부동산을 전전매수한 D에게 원래 자신의 매매행위가 무권대리행위여서 무효라는 이유로 D 앞으로 경료된 소유권이전등기가 무효의 등기라고 주장하여 그 등기의 말소를 청구하거나 부동산의 점유로 인한 부당이득금의 반환을 구하는 때에는 금반언의 원칙에 반하여 허용될 수 없다.[67]

⑤ 강행법규에 위반한 자가 스스로 그 약정의 무효를 주장하는 경우 강행법규를 위반하여 법률행위를 한 자가 스스로 그 법률행위의 무효를 주장하는 경우가 신의칙에 위배되는 권리의 행사라는 이유로 그 주장을 배척한다면 오히려 강행법규에 의하여 배제하려는 결과를 실현시키는 셈이 되어 입법취지를 완전히 몰각하게 된다. 그러므로 달리 특별한 사정이 없는 한 강행법규에 위반으로 무효임을 알고 법률행위를 자가 스스로 그 약정의 무효를 주장하더라도 금반언의 원칙에 반한다고 할 수 없다.[68]

---

66) 대법원 1997.6.27. 선고 97다12211 판결.

67) 대법원 1994.9.27. 선고 94다20617 판결.

68) 대법원 2007.11.29. 선고 2005다64552 판결. 예컨대 강행법규에 위반하여 무효인 수익보장약정의 체결을 제의한 투자신탁회사도 그 약정의 무효를 주장할 수 있고(대법원 1999.3.23. 선고 99다4405 판결), 역시 강행법규인 국토의 계획 및 이용에 관한 법률 제118조 제1항을 위반한 경우에 위반한 자 스스로가 무효를 주장함이 신의성실의 원칙에 위배되는 권리의 행사라는 이유로서 무효의 주장을 배척한다면 투기거래계약의 효력발생을 금지하려는 입법취지를 완전히 몰각시키는 결과가 되므로, 특단의 사정이 엿보이지 아니하는 한, 국토의 계획 및 이용에 관한 법률 제118조 제1항을 위반한 자가 스스로 무효를 주장하더라도 신의성실의 원칙에 반한다고는 할 수 없다(대법원 1993.12.24. 선고 93다44319 판결 참조).

⑥ 삼청교육대 피해자에 대한 국가의 소멸시효주장의 경우

> A는 육군부대에서 이른바 삼청교육을 받던 도중 1980.8.30.경 군인으로부터 구타 등 가혹행위를 당하여 상해를 입고 후유장애가 남게 되었다. 그런데 1988.11.26. 당시의 대통령이 이른바 삼청교육과 관련한 사상자에 대하여 신고를 받아 피해보상을 할 계획임을 밝히는 내용의 특별담화를 발표하였고, 이어서 당시 국방부장관이 1988.12.3. 대통령의 시정방침을 알리는 한편 그에 따른 보상대책을 수립하기 위한 기초자료를 수집할 목적으로 피해자 및 유족에게 일정한 기간 내에 신고하기를 공고하였다. 그러나 A는 대통령의 담화와 국방부장관의 피해보상공고에 따라 피해신고를 하였는데, 국가는 담화발표에 따른 후속조치를 취하지 않았다. A가 국가에 대하여 피해보상 등 청구를 할 수 있는가? [대법원 1997.2.11. 선고 94다23692 판결]

사례에서 A의 국가에 대한 손해배상청구권은 A가 삼청교육을 받다가 병사의 구타행위로 인하여 상해를 입은 1980년 8월 20일경 그 손해 및 가해자를 안 경우로 볼 수 있으므로, 그로부터 3년의 경과로 시효소멸한다. 대통령이나 국방부장관이 담화문이나 피해보상방침을 발표함으로써 손해배상청구권을 행사할 수 있게 되어 그때부터 비로소 소멸시효기간이 진행하게 된다고 볼 여지가 없다. 그러므로 A의 손해배상청구권은 1990년 8월 20일에 시효소멸한 경우로 되므로, 그 이후에는 행사가 사실상 불가능하다.

대통령의 담화는 사법상의 법률효과를 염두에 둔 경우가 아니라 단순히 정치적으로 대통령으로서의 시정방침을 밝히면서 국민의 이해와 협조를 구한 내용에 불과하다. 그러므로 대통령의 담화로써 사법상으로 그 피해자에 대한 국가배상채무를 승인한 경우라고 보거나 또는 시효이익을 포기한 경우로 볼 수는 없다. 또한 대통령에 이어 당시 국방부장관이 대통령의 시정방침을 알리는 한편 그에 따른 보상절차를 진행하기 위하여 피해자 및 유족에게 일정기간 내에 신고하도록 공고하는 담화를 발표하고 실제 신고를 받기까지 한 경우라고 하여 그 결론이 달라지지는 않는다. 결국 국가가 A의 손해배상청구권에 대하여 소멸시효의 완성을 주장하더라도 금반언의 원칙에 위배되지 않는다.

⑦ 친권자가 친권남용으로 무효인 증여행위의 무효를 주장하는 경우 　친권자인 어머니가 미성년자인 자녀의 법정대리인으로서 자녀의 유일한 재산을 아무런 대가도 받지 않고 증여하고 상대방이 그 사실을 알고 있어 그 증여행위가 친권남용으로서 무효인 경우에 그 후 친권자가 법정대리인으로서 증여에 기하여 이루어진 소유권이전등기의 말소를 구하더라도 금반언의 원칙에 반하지 아니한다.[69)]

⑧ 제1차 징계해고의 효력이 다투어지는 도중에 제2차 해고가 행하여진 경우 　제1차 해고의 효력이 다투어지고 있는 상태에서 그 제1차 해고를 취소함이 없이 절차를 보완하고 해고사유를 추가하여 행하여진 제2차 해고는 금반언의 원칙에 위반된 무효의 해고라고 볼 수 없다.[70)]

---

69) 대법원 1997.1.24. 선고 96다43928 판결.

2) 크린 핸즈의 원칙

> AB는 부부이고, A(남자)가 B(여자)에게 이혼을 당할만한 잘못이 하나도 없었는데, B를 학대하여 집에서 쫓아내고 그의 주소를 알면서도 공시송달의 방법에 의하여 이혼심판을 받아 이혼신고까지 하였다. 그러나 후에 이혼심판이 재심의 소에서 취소되었다. 그리고 A는 그 사이에 다른 여자와 동거하면서 자식까지 출산하였다. 한편 B는 남편의 학대를 받다가 가출후 일시 다른 남자와 동거하였다. A는 다시 B의 부정행위를 들어 이혼을 청구할 수 있는가?

「정의를 주장할 수 있는 자는 깨끗한 손을 가져야 한다」(One who comes into equity must come with clean hands)고 하는 법언이 있다. 스스로 법을 존중한 자만이 법의 존중을 요구할 수 있다는 의미이다. 법정에서 자기의 권리를 주장하기 위해서는 깨끗한 손으로 법정에 들어와야 한다는 원칙을 크린 핸즈(Clean hands)의 원칙이라고 부른다. 크린 핸즈의 원칙은 신의성실의 원칙으로부터 파생되는 원칙으로 인정된다.[71)]

사례에서 B에게 가출후 다른 남자와 동거한 부정행위가 있으므로, 민법 제840조 제1호에 의하여 재판상 이혼원인이 된다. 그러나 A가 B를 학대하여 집에서 쫓아내고, 다른 여자와 동거하면서 자식까지 출산한 사정이 인정되므로, A는 깨끗한 손을 가지고 있다고 할 수 없다. B의 부정행위에 대한 책임이 어쩌면 A에게 있다고 보아야 하므로, A가 다른 여자와의 관계를 청산하고 B와 다시 결합하려고 노력하는데도 B가 A의 요구에 응하지 아니하고 부정행위를 하는 등의 특별한 사정이 없는 한, 이른바 크린핸즈의 원칙에 의하여 혼인파탄의 책임이 있는 남편으로서는 B의 부정행위만을 들어 이혼을 구할 수 없다.

3) 사정변경의 원칙

(a) 서 언

계약성립 당시의 사회적 사정이나 그 성립의 기초가 된 사정이 그 이후 현저히 변경되어서 계약의 효력을 그대로 유지하거나 강제하면 대단히 부당한 결과를 야기하는 경우가 있다. 계약이 성립할 때에 존재한 사정이 현저하게 변경된 경우에 당사자 일방이 그 계약의 효과를 적당히 변경하도록 청구하거나 해제·해지를 할 수 있다고 하는 원칙을 사정변경의 원칙이라고 한다.

사정변경의 원칙을 직접 규정하고 있는 민법상의 일반규정은 없다.[72)] 그러나 민법상 개별적으로 사정변경의 원칙을 반영하고 있는 규정이 많이 있다(§§218 II·286·557·599·627·628·661·698·716·720). 또한 주택임대차보호법 제7조 및 상가건물임대차보호법 제11조나

---

70) 대법원 1996.4.23. 선고 95다53102 판결.

71) 예컨대 민법 제150조[조건성취, 불성취에 대한 반신의행위], 민법 제746조[불법원인급여]는 명문으로 크린 핸즈의 원칙을 인정한 명문규정이라고 할 수 있다.

72) 1차세계대전 이후 학설을 통하여 처음 행위기초론을 중심으로 사정변경의 원칙을 주창한 독일에서는 오랜 기간의 논의와 발전을 거쳐 현재는 독일민법 제313조로 행위기초론이 명문화되어 있다. 국내에서도 지난 2004년에 마련된 민법중개정법률안 제544조의4는 사정변경으로 인한 해제·해지를 명문으로 인정하고 있다.

신원보증법 제4조·제5조도 사정변경의 원칙에 따른 규정이다.

(b) 학 설

사정변경의 원칙을 일반적으로 인정하여야 하는가? 학설상 견해가 대립한다. 일반원칙으로서의 사정변경의 원칙을 전면적으로 부정하고, 만약 전혀 예기하지 못한 사회적·경제적 변경에 의하여 기존의 계약관계에서의 불균형이 극히 심한 경우에는 계약유형별로 구체적인 경우와 구체적인 조건을 명시하는 특별법을 제정하는 방법으로 규율하는 태도가 합리적이라고 보는 견해가 있다. 또한 사정변경의 원칙을 전면적으로 인정하면 계약체결 후에 예를 들어 인플레이션, 지가상승·지가하락이 생긴 경우에 해제권이 생기게 되며, 또한 투기성 있는 거래에서 불리한 거래상황이 야기되는 때에는 계약의 이행을 거절하는 사태가 생기게 되어 계약질서를 해치게 되므로, 사정변경이 적용되는 요건을 전시 또는 전시에 준하는 상황으로 엄격히 제한하여야 한다고 보는 견해도 있다. 그러나 비록 현행 민법에 사정변경의 원칙에 관한 규정이 없어도 민법 제2조가 신의성실의 원칙을 인정하고 있는 이상, 사정변경의 원칙을 일반적으로 인정하여야 한다고 보는 견해가 타당하다. 법률행위의 성립의 기초가 된 사정이 그 후 변경된 경우에 그 법률행위의 효과를 신의칙에 맞도록 변경을 청구하거나, 또는 계약을 해제·해지할 수 있다고 보아야 한다.

(c) 판례의 태도

판례는 사정변경을 이유로 한 계약해제는 계약성립 당시 당사자가 예견할 수 없었던 현저한 사정의 변경이 발생하고, 그 사정변경이 해제권을 취득하는 당사자에게 책임 없는 사유로 생긴 경우로서, 계약내용대로의 구속력을 인정한다면 신의칙에 현저히 반하는 결과가 생기는 경우에 계약준수원칙의 예외로서 인정된다고 본다. 구체적으로 사정변경의 원칙에 관한 판례의 태도는 일시적 계약의 경우와 계속적 계약의 경우로 나누어 살펴볼 수 있다.

① 일시적 계약의 경우

판례는 일반적으로 일시적 계약(계약상의 급부가 1회적으로 이행되는 계약을 말한다)에 대하여는 원칙적으로 사용변경의 원칙을 부정한다. 대표적인 판례로 아래와 같은 사례가 있다.

ⓐ 6·25사변으로 신문용지의 가격이 폭등한 경우

> A는 B와 6·25사변 직전에 톤당 가격을 4천환으로 정하여 신문용지 10톤을 매수하는 매매계약을 체결하였다. 그런데 매매계약의 체결후 6·25사변으로 인한 신문용지의 품귀로 지가가 앙등하고 화폐가치가 떨어져서 톤당 신문용지의 시가가 10만환으로 급등하였다. B는 사정변경을 이유로 매매계약을 해제할 수 있는가? [대법원 1955.4.14. 선고 4286민상231 판결]

판례가 사정변경의 원칙을 다룬 초기의 사례이다. 사례에 대하여 판례는 단호하게 매매계약에 대하여 사정변경의 원칙을 부정한다. 채권을 발생시키는 법률행위의 성립후 당시 환경이 된 사정에 당사자 쌍방이 예견하지 못하고, 또 예견할 수 없던 변경이 발생한 결과 본래의 급부가 신의형평의 원칙상 당사자에 현저히 부당하게 된 경우에 당사자가 신의형평의 요구하는 바에 따라서 그 급부의 내용을 적당히 변경하도록 상대방에게 제의할 수 있고, 상대방이 거절하는 때에는 계약을 해제할 수 있다는 규범인 소위 사정변경의 원칙은 민법의 해석상 용납되지 않는다고 판시하고 있다.

매매계약과 같은 비계속적 계약에 관하여 사정변경의 원칙을 부정하는 판례의 태도는 타당한가? 신의칙의 파생원칙으로서 사정변경의 원칙이 인정될 수 있으므로, 판례가 뚜렷한 이유 없이 사정변경의 원칙을 인정하지 않는 태도는 결코 바람직하지 않다고 본다. 다만 처음부터 사정변경의 원칙을 적용하여 계약의 해제·조정을 인정하기보다는 계약충실의 원칙(pacta sunt servanda)에 입각하여 우선 당사자간에 계약조건의 재교섭을 하도록 하여 사정변경의 원칙의 적용을 위한 일정한 절차적 요건을 충족시키도록 하는 방법을 고려할 필요가 있다. 계약의 기초를 이룬 사정이 계약체결 후 현저히 변경되어 계약의 문언대로의 구속력을 인정하면 당사자 일방에게 상당히 부당한 불이익이 발생하여 신의칙에 반하는 결과가 되는 경우에는 그 사정변경이 당사자에게 책임 있는 사유에 의하여 생기지 않은 한, 불이익을 받는 당사자 일방은 상대방에게 계약조건에 대한 재교섭을 청구할 수 있다고 본다. 만일 사정변경에도 불구하고 당사자 사이에서 계약의 재교섭이 합의에 이르지 않은 때에는 법원은 당사자의 신청에 의하여 우선 계약의 조정을 명할 수 있고, 계약의 조정이 불가능하거나 계약의 조정이 기대될 수 없는 때에는 불이익을 받는 당사자 일방은 법원에 계약의 해제·해지를 구할 수 있다고 보아야 한다.

ⓑ 시가가 1,620배 이상 앙등한 경우 　매매계약의 체결시점부터 해제의 의사표시까지 사이에 약 14년이 경과한 한편 그 사이에는 6·25동란이 있고, 그 결과 계약목적물의 시가가 무려 1,620배 이상 앙등한 사건에서도 판례는 비록 매매계약을 체결할 당시의 금액표시대로 잔대금을 제공한다면 앙등한 매매목적물의 시가에 비하여 현저하게 균형을 잃은 이행이 되는 경우라 할지라도 사정변경의 원칙을 주장하여 매매계약을 해제할 수 있는 권리는 생기지 않는다고 본다.[73]

ⓒ 매매계약 후에 토지가 공공용지로 지정된 경우

> 갑토지에 대한 개발제한구역지정이 해제됨에 따라 A는 음식점 등의 건축이 가능한 토지로 알고 당시의 객관적인 시가보다 훨씬 비싼 가격에 갑토지를 B지방자치단체로부터 매수하였다. 그런데 그 후 B지방자치단체에 의하여 갑토지가 공공용지로 지정되어 건축개발이 불가능해지고, 공공용지개발계획에 따라 갑토지가 수용될 상황이 되었다. A는 사정변경을 이유로 B지방자치단체와의 매매계약을 해제할 수 있는가? [대법원 2007.3.29. 선고 2004 다31302 판결]

케이스에서는 판례가 이른바 사정변경으로 인한 계약해제를 원칙적으로 인정하고 있다. 판례는 계약성립 당시 당사자가 예견할 수 없었던 현저한 사정의 변경이 발생하고 그

73) 대법원 1963.9.12. 선고 63다452 판결.

사정의 변경이 해제권을 취득하는 당사자에게 책임 없는 사유로 생긴 경우로서, 계약의 내용대로의 구속력을 인정한다면 신의칙에 현저히 반하는 결과가 생기는 경우에 계약준수원칙의 예외로서 사정변경으로 인한 계약해제가 인정된다고 밝혀 사정변경의 원칙이 매매계약에 대하여도 인정될 수 있다는 듯한 태도를 보이고 있다. 다만 판례는 B지방자치단체로부터 매수한 갑토지가 공공용지에 편입되어 A가 의도한 음식점 등의 건축이 불가능하게 되더라도 그 사정변경은 매매계약을 해제할 만한 경우에 해당하지 않고, A가 의도한 주관적인 매수목적을 달성할 수 없게 되어 손해를 입더라도 매매계약을 그대로 유지하는 경우가 신의칙에 반한다고 볼 수도 없다고 본다.

ⓓ 주택개발사업을 위하여 매수한 토지가 근린공원지역으로 고시된 경우

> A건설회사는 국가로부터 용도지역이 도시지역 중 제1종 일반주거지역으로 되어 있는 갑토지를 매수하였다. 그런데 갑토지에 관한 매매계약을 체결한 후에 갑토지 일대에 도시계획시설인 근린공원을 신설하기로 하는 도시관리계획결정이 고시되어 A건설회사가 의도한 주택개발사업이 사실상 곤란하게 되었다. A건설회사는 사정변경을 이유로 국가와의 매매계약을 해제할 수 있는가? [대법원 2012.1.27. 선고 2010다85881 판결]

사례에서 매매계약의 체결 당시 도시지역 중 제1종 일반주거지역으로 지정된 갑토지 일대의 용도지역이 매매계약이 체결된 후 도시계획시설인 근린공원을 신설하기로 하는 내용을 포함한 도시관리계획결정이 고시된 사실을 알 수 있다. 그러나 매매계약의 체결 후 도시관리계획결정이 고시됨으로써 A건설회사가 의도한 주택개발사업이 사실상 곤란하게 되더라도, 매매계약의 체결 후 관련법령의 개정 등으로 인하여 새로운 건축상의 제한이 생기거나 기존의 건축상의 규제가 없어질 가능성은 항상 존재한다고 보아야 하고, 그 위험은 통상적으로 거래상 A건설회사가 부담하여야 한다고 보아야 하므로, 매매계약의 효력을 그대로 유지하는 경우가 신의칙에 현저히 반한다고 볼 수 없다.

② 계속적 계약의 경우

계속적 계약(계약에 기한 급부의 실현이 시간적 계속성을 가지는 계약을 말한다)으로서 보증계약의 경우에 사정변경의 원칙에 의한 보증계약의 해지 여부가 문제되는 경우가 많다. 역시 통화옵션계약에서 활율의 예상 밖의 변동이나 임대차계약에서 차임의 증감과 관련하여 사정변경의 원칙이 적용되는가 하는 문제가 생긴다.

ⓐ 이사의 지위를 떠난 경우에 사정변경을 이유로 한 보증계약의 해지 　　이사의 지위에서 부득이 자기가 근무하는 회사의 보증인이 되는 경우가 있다. 이사의 지위에 있을 때에 보증계약이 체결된 후에 이사직을 사임하여 그 지위를 떠나게 되면 계약성립 당시의 사정에 현저한 변경이 생긴 경우가 된다. 그리고 사정변경의 원칙에 의하면 보증인은 퇴사하여 이사의 지위를 물러난 사정을 이유로 보증계약을 해지할 수 있다.

보증인이 회사의 이사라는 지위에 있고, 은행대출규정상 어쩔 수 없이 회사의 채무에 대하여 연대보증을 한 경우에 이사의 지위를 떠난 이유로 사정변경의 원칙에 기한 보증

계약의 해지를 인정할 수 있는 경우로는 포괄근보증이나 한정근보증과 같이 채무액이 불확정적이고 계속적인 거래로 인한 채무에 대하여 보증한 경우에 한한다. 그리고 불확정한 채무에 관한 보증계약인 한 보증계약상 보증한도액과 보증기간이 제한되어 있다고 하더라도 보증기간의 제한이 특히 퇴사 후에도 보증채무를 부담한다고 특약을 한 취지로 인정되지 않는 한 역시 보증인은 보증계약을 해지할 수 있다.[74] 다만 회사의 이사로 재직하면서 보증 당시 이미 채무가 특정되어 있는 확정채무에 대하여 보증을 한 때에는 후에 이 사직을 사임한 경우라고 하더라도 사정변경을 이유로 보증계약을 해지할 수 없고, 또한 그 책임이 제한되지도 아니한다.[75]

> 갑주식회사는 을신용보증기금과 사이에 신용보증약정을 체결하였는데, 당시 갑주식회사의 이사이던 A는 을신용보증기금이 신용보증약정에 기하여 병은행에게 보증채무를 이행할 경우에 갑주식회사가 을신용보증기금에 대하여 부담할 구상금채무를 연대보증하기로 하였다. 그리고 갑주식회사는 병은행과의 사이에 대출한도를 30,000,000원, 거래기간을 1993.8.16.부터 1994.8.16.까지로 하는 당좌대출거래약정을 체결하였다. 한편 A는 1993.9.9. 갑주식회사의 이사를 사임하였고, 1994.3.14. 을신용보증기금에게 갑주식회사를 사직하였으므로 을신용보증기금과의 연대보증계약을 해지한다는 통지를 하여 해지통지가 1994.3.18. 도달하였다. 다른 한편 갑주식회사는 1994.5.21. 당좌부도가 발생하였고, 을신용보증기금은 1995.5.16. 병은행에게 당좌대출거래로 인하여 갑주식회사가 병은행에 부담하는 채무금 29,186,048원을 지급하였다. 을신용보증기금은 A에 대하여 연대보증채무로서 구상채무금을 지급하라고 청구할 수 있는가? [대법원 1998.6.26. 선고 98다11826 판결]

사례를 보면 갑주식회사의 이사이던 A가 갑주식회사의 을신용보증기금에 대한 구상금채무를 연대보증한 후 갑주식회사의 이사직을 사임한 사정이 인정된다. 그러므로 A는 계속적 보증계약의 보증인(을신용보증기금)이 장차 그 보증계약에 기한 보증채무를 이행할 경우에 피보증인(갑주식회사)이 계속적 보증계약의 보증인에게 부담하게 될 불확정한 구상금채무를 보증한 보증인으로서 이사직으로부터의 사임이라고 하는 사정변경을 이유로 해지권을 행사할 수 있는가 하는 문제가 제기된다.

계속적 보증계약은 사정변경을 이유로 하는 계약해지가 가능하다고 보므로, 우선 을신용보증기금에 대한 구상금보증계약도 계속적 보증계약에 해당하는가 하는 문제가 중요하다. 판례는 을신용보증기금가 보증인이 된 주된 보증계약이 계속적 보증계약인 이상, 을신용보증기금에 대한 구상금보증계약도 계속적 보증계약이라고 본다. 계속적 보증계약을 '시간적 지속성을 가지는 채권관계에서 발생하는 불확정채무의 보증'이라고 본다면 을신용보증기금에 대한 구상금보증계약도 계속적 보증계약이라고 볼 수 있고, 계속적 보증계약에서의 구상금보증계약을 계속적 보증계약으로 보는 태도가 A의 보호라고 하는 측면

74) 대법원 1992.11.24. 선고 92다10890 판결.

75) 대법원 1999.12.28. 선고 99다25938 판결.

에서도 타당하다.

사례에서의 다른 쟁점은 을신용보증기금의 구상채무가 확정되기 전에 구상금보증계약이 해지되면 구상금보증계약의 보증인 A가 보증책임 전부를 면하는가, 아니면 그 해지 당시까지의 보증상의 주채무액에 관하여는 보증책임을 지는가 하는 문제이다. 판례는 A가 보증채무가 확정되기 전에 보증계약을 해지한 경우에는 보증책임을 면한다고 본다. 그러므로 A는 갑주식회사의 당좌부도로 인하여 당좌대출거래가 종료되어 을신용보증기금의 보증채무가 확정되기 전에 구상채무에 대한 보증계약을 해지한 경우이므로, 갑주식회사의 구상채무에 대하여 아무런 보증책임을 지지 아니한다.

[더 생각할 과제 - 회사의 확정채무를 보증한 후 사임한 경우]

갑회사의 대표이사 A와 을회사의 보증계약이 형식적으로는 갑회사와 을회사 사이의 여신거래로 인한 채무를 일체 보증하는 형태의 한정근보증계약으로 체결되었으나, 사실은 갑회사와 을회사 사이의 여신거래는 오로지 보증계약 당일의 3년 거치 5년 분할상환으로 약정한 20억원의 기업시설자금대출일 뿐 다른 대출거래가 없었다. 그 후 A는 갑회사의 대표이사를 사임하였다. A는 보증계약을 해지할 수 있는가? [대법원 2006.7.4. 선고 2004다30675 판결]

우선 A와 을회사 사이의 보증계약의 성질이 문제된다. 보증계약의 형식 여하에도 불구하고 A와 을회사 사이의 보증계약은 채무와 변제기가 특정되어 있는 확정채무에 대한 보증이라 할 수 있다. 갑회사의 확정채무를 보증한 A가 대표이사직을 사임한 경우에도 사정변경을 이유로 보증계약을 해지할 수 있는가? 판례는 회사의 이사로 재직하면서 보증 당시 이미 채무가 특정되어 있는 확정채무에 대하여 보증을 한 때에는 후에 이사직을 사임한 경우라고 하더라도 사정변경을 이유로 보증계약을 해지할 수 없고, 또한 그 책임이 제한되지도 아니한다고 본다.[76] A는 갑회사의 대표이사의 자격에서 확정채무에 대하여 보증을 한 이상 그 대표이사직을 사임하더라도 사정변경을 이유로 보증계약을 해지할 수는 없다.

ⓑ 통화옵션(키코)계약의 체결 이후 환율의 급격한 변동 　　키코계약[77]의 체결 이후 계약체결 당시 전혀 예상할 수 없을 정도로 환율이 급등한 경우에 사정변경의 원칙상 키코계약을 해지할 수 있는가가 문제된다. 판례는 (i) 환율의 변동가능성은 키코계약에 이미 전제된 내용이거나 내용 자체이고, 환율이 계약당사자 각자의 예상과 다른 방향과 폭으로 변동할 경우의 위험을 각자 인수한 경우로 보아야 하며, 환율이 일정범위 내에서 유지됨을 계약의 기초로 삼은 경우로 볼 수 없고, (ii) 환율이 키코계약 후에 일반적인 예상을 훨씬 뛰어넘는 폭으로 증가한 경우라고 할지라도 계약당사자가 그 가능성을 완전히 배제한 경우라고 보기 어렵다는 이유로 키코계약의 내용대로 구속력을 인정한다고 하여 신의칙에 현저히 반하는 결과가 되지 아니한다고 본다.[78]

---

76) 대법원 2006.7.4. 선고 2004다30675 판결.

77) 키코계약이란 수출대금의 환율변동위험을 회피하기 위해 기업의 은행에 대한 넉아웃(Knock-Out) 풋옵션(Put-Option)과 은행의 기업에 대한 넉인(Knock-In) 콜옵션(Call-Option)을 주로 1:2 비율로 결합한 통화옵션계약을 말한다.

78) 대법원 2013.9.26. 선고 2012다13637 전원합의체 판결.

ⓒ 임대차계약에서 차임증액청구 계속적 계약으로서 임대차의 경우에 관하여는 민법 제628조가 "임대물에 대한 공과부담의 증감 기타 경제사정의 변동으로 인하여 약정한 차임이 상당하지 아니하게 된 때에는 당사자는 장래에 대한 차임의 증감을 청구할 수 있다"고 규정하여 이미 사정변경의 원칙을 반영하고 있다. 만약 임대차계약에서 차임불증액의 특약을 둔 경우에는 어떤가? 임대차계약에서 차임불증액의 특약이 있더라도 그 약정후 그 특약을 그대로 유지시키면 신의칙에 반한다고 인정될 정도의 사정변경이 있다고 보여지는 경우에는 형평의 원칙상 임대인에게 차임증액청구를 인정하여야 한다.79)

(d) 적용요건

사정변경의 원칙을 긍정하는 견해에 의하더라고 사정변경에 의하여 계약해제나 계약내용의 조정이 요구되기 위해서는 아래와 같은 요건이 필요하다.

(i) 계약의 체결 당시 존재한 사정의 중대한 변경이 있어야 한다(실제로는 예컨대 전쟁, 국가부도나 IMF사태와 얽혀 사정변경이 생긴 경우, 오일쇼크 등에 의한 인플레이션, 물가나 환율의 변동80)(예컨대 짐바브웨의 경우), 버블경기와 관련하여 지가나 주택가격이 급락하거나 급등한 경우를 들 수 있다). 그리고 사정변경에서 말하는 「사정」이라 함은 계약의 기초가 된 객관적인 사정으로서, 당사자 일방의 주관적 또는 개인적인 사정을 의미하지는 않는다.81)

(ii) 사정변경이 해제권 등을 취득하는 당사자에게 책임 없는 사유로 생겨야 한다.

(iii) 계약내용의 본래대로의 구속력을 인정한다면 신의칙에 현저히 반하는 결과가 생겨야 한다.

(e) 효 과

사정변경의 원칙을 적용하기 위한 요건이 충족되면 아래와 같이 두 가지 효력이 생긴다.

(i) 계약의 내용을 변경된 사정에 맞게 조정 내지 적응하게 할 수 있다(예컨대 급부의 감액, 반대급부의 인상, 조정보상의 청구).

(ii) 당사자에게 변경된 사정에 따른 계약의 내용의 조정·적응이 기대불가능한 때에는 계약의 해제 혹은 계속적 채권관계인 경우에는 계약의 해지를 할 수 있다.

사정변경에 의한 해제와 계약의 조정 두 가지 효과는 어떤 관계에 있는가? 우선 사정변경으로 인하여 계약의 이행이 전혀 의미가 없다고 하면 해제 이외에는 생각할 여지가 없다. 그러나 이행이 의미를 가지는 한, 새로운 사정에 적합한 내용으로 계약의 내용을 수정하는 노력을 당사자는 하여야 하며, 그 의미에서 당사자에게 재교섭의무가 부과된다. 그

---

79) 대법원 1996.11.12. 선고 96다34061 판결.

80) 예를 들어 국가·지방자치단체를 당사자로 하는 계약에 관하여는 법령상 이른바 「에스컬레이션조항」에 의하여 물가변동에 맞추어 계약금액이 조정될 수 있다(국가를 당사자로 하는 계약에 관한 법률 시행령 §64, 지방자치단체를 당사자로 하는 계약에 관한 법률 시행령 §73 참조).

81) 계약의 성립에 기초가 되지 아니한 사정이 그 후 변경되어 당사자 한쪽이 계약 당시 의도한 계약목적을 달성할 수 없게 됨으로써 손해를 입게 되더라도 특별한 사정이 없는 한 그 계약내용의 효력을 그대로 유지하더라도 신의칙에 반한다고 볼 수는 없다(대법원 2013.9.26. 선고 2012다13637 전원합의체 판결).

러므로 사정변경으로 인하여 불이익을 받을 당사자는 우선적으로 상대방에게 계약조건에 대한 재교섭을 청구하여야 한다. 만일 사정변경에도 불구하고 당사자 양쪽이 재교섭에 관한 합의에 이르지 않은 때에는 법원은 당사자의 신청에 의하여 계약의 조정을 명할 수 있고, 계약의 조정이 불가능하거나 당사자 한쪽에게 계약의 조정이 기대될 수 없는 때에는 불이익을 받는 당사자는 법원에 계약의 해제(또는 해지)를 구할 수 있다.

4) 실효의 원칙

(a) 서 언

권리자가 실제로 권리를 행사할 수 있는 기회가 있어서 그 권리행사의 기대가능성이 있음에도 불구하고 상당한 기간이 경과하도록 권리를 행사하지 아니하면 의무자인 상대방으로서도 이제는 권리자가 권리를 행사하지 아니한다고 신뢰할 만한 정당한 기대를 가지게 된다. 권리자가 한참 후에 새삼스럽게 권리를 행사한다고 하면 법질서 전체를 지배하는 신의성실의 원칙에 위반하는 경우로 인정될 수 있다. 권리자가 장기간 권리행사를 방치한 후 갑자기 권리행사를 하면 신의에 어긋나는 때에는 그 권리행사가 허용되지 아니한다고 하는 원칙을 바로 「실효의 원칙」이라고 한다. 권리자가 갑작스럽게 권리를 행사하는 경우에는 이른바 실효의 원칙에 의하여 상대방은 「실효의 항변」으로 대항할 수 있다.

실효의 원칙은 소멸시효제도가 갖는 불완전성을 극복하기 위하여 판례를 통하여 인정되고 있는 신의칙의 파생원칙이다. 실효의 원칙은 여러 장면에 인정될 수 있다(청구권에 대하여 뿐만 아니라, 모든 권리에 인정될 수 있다[82]). 특히 사용자와 근로자 사이의 고용관계(근로자의 지위)의 존부를 둘러싼 노동분쟁은 그 당시의 경제적 정세에 대처하여 최선의 설비와 조직으로 기업활동을 전개하여야 하는 사용자의 입장에서는 물론, 임금수입에 의하여 자신과 가족의 생계를 유지하고 있는 근로자의 입장에서도 신속한 해결이 바람직하므로, 실효의 원칙은 다른 법률관계에서보다 더욱 적극적으로 적용되어야 할 필요가 있다고 본다.[83]

(b) 적용요건

(i) 실효의 원칙이 적용되기 위해서는 우선 권리자가 권리를 상당히 오랫동안 행사하지 않고 있다가 후에 이르러 새삼스럽게 권리를 행사하여야 한다. 권리불행사의 기간의 정도는 개별적인 경우에 따라서 다르다.[84]

(ii) 실효의 원칙이 적용되려면 지체된 후에 하는 권리행사가 신의칙에 반한다고 보여지는 특별한 사정이 존재하여야 한다. 신의칙에 반하는 '특별한 사정'이 있다고 하기 위해서는 i) 권리자가 상당한 기간 동안 권리를 행사하지 아니하여 의무자가 이제는 더 이상 권리행사가 없으리라는 기대 혹은 신뢰를 가지게 되고, ii) 의무자가 그 기대, 신뢰 위에서

82) 인지청구권에는 실효의 원칙이 적용되지 않는다(대법원 2001.11.27. 선고 2001므1353 판결).

83) 판례를 보면 1년 4개월 가량 전에 발생한 해제권을 행사하지 아니하고 방치한 경우에 실효의 원칙이 적용된다고 본 경우가 있다(대법원 1992.1.21. 선고 91다30118 판결).

84) 대법원 1994.11.25. 선고 94다12234 판결.

실제로 어떤 대책을 강구하지 않거나 새로운 조치를 취하여야 한다. 판례는 17년여 동안 원인 없이 경료된 소유권이전등기의 말소등기청구권을 행사하지 않은 사실이 있지만, 그 권리를 행사하지 않으리라고 신뢰할 만한 정당한 기대를 갖게 된 경우라고 볼 수 있는 사정을 찾아보기 어렵다는 이유로 실효의 원칙의 적용을 부정한 사례가 있다.[85]

(iii) 실효의 원칙이 적용되기 위한 주관적 요건으로서 권리상대방의 선의나 권리자의 과실이 있어야 하는가 하는 문제가 있다. 권리자나 권리상대방의 주관적 요소는 신의칙에 기한 전반적 가치판단의 단순한 자료가 될 뿐이고, 그 자체가 결정적인 요소가 될 수는 없다고 본다.

(c) **구체적인 예**

실효의 원칙이 적용되는 구체적인 경우로서는 아래와 같은 사례를 들 수 있다.

① 부당이득반환청구권을 적극적으로 행사하지 않은 경우 토지소유자가 그 점유자에 대하여 부당이득반환청구권을 장기간 적극적으로 행사하지 아니한 사정만으로는 부당이득반환청구권이 이른바 실효의 원칙에 따라 소멸한 경우라고 볼 수 없다.[86]

② 의원면직·징계면직처분의 무효확인을 구하는 경우 근로자가 사직원의 작성·제출이 자신이 아닌 그의 형에 의하여 이루어진 사실을 이유로 의원면직의 무효확인을 구하는 경우에 근로자의 형이 사직원을 제출하게 된 경위 및 근로자가 아무런 이의 없이 퇴직금을 수령한 사실 등 제반사정에 비추어 볼 때, 의원면직일로부터 5년여가 경과한 후에 소를 제기하는 행위는 실효의 원칙에 비추어 부적법하다.[87] 또한 징계면직처분에 불복하던 근로자가 이의 없이 퇴직금을 수령하고 다른 생업에 종사하다 징계면직일로부터 2년 10개월 후에 제기한 해고무효확인청구는 실효의 원칙에 위배되어 허용될 수 없다.[88] 역시 퇴직금을 아무런 이의를 유보하지 아니하고 수령하고, 부당해고구제신청을 하여 기각되고도 불복을 제기하지 아니하여 확정된 경우라고 하면, 특별한 사정이 없는 한 그로부터 1년 7개월 가량 경과한 후에 제기한 해고무효확인청구는 허용될 수 없다.[89]

한국전력은 전기원으로 근무하던 A가 수용가로부터 금품을 받았다는 이유로 A에게 사직을 권고하여 A 스스로 사직원을 제출하면 의원면직으로 처리하되 불응할 경우에는 징계해임으로 처리하도록 하는 내용의 조건부 징계해임결의를 하였다. 그리고 A가 사직원을 제출하자 한국전력은 A를 의원면직으로 처리하였다. 그런데 A에 대한 조건부 징계해임결의는 징계대상자인 A에게 출석과 변명의 기회를 부여하지 아니하여 무효로 되고, 그 결과 의원면직처분도 무효가 되었다. 그러나 A는 의원면

85) 대법원 1995.2.10. 선고 94다31624 판결.
86) 대법원 2002.1.8. 선고 2001다60019 판결.
87) 대법원 2005.10.28. 선고 2005다45827 판결.
88) 대법원 1996.11.26. 선고 95다49004 판결.
89) 대법원 1995.3.10. 선고 94다33552 판결.

> 직처분의 무효를 알고도 2년 4개월 남짓한 기간 동안 그 처분이 무효라고 주장하여 자신의 권리를 행사한 바 없었다. A는 면직된 때로부터 12년 이상이 경과된 후에 새삼스럽게 면직처분의 무효를 이유로 한국전력과의 사이에 고용관계가 있다고 주장할 수 있는가? [대법원 1992.1.21. 선고 91다30118 판결]

사례에 대하여 실효의 원칙을 적용하기 위해서는 실효기간(권리를 행사하지 아니한 기간)이 경과한 경우인지, 의무자로서의 상대방인 한국전력에게 권리가 행사되지 않으리라고 신뢰할 만한 정당한 사유가 있는지 여부를 판단하여야 한다. 그리고 실효의 원칙을 적용하기 위한 요건의 판단은 일률적으로 할 수는 없고, 구체적인 경우마다 권리를 행사하지 아니한 실효기간의 장단과 함께, 권리자측과 상대방측 양쪽의 사정 및 객관적으로 존재하는 사정을 모두 고려하여 사회통념에 따라서 합리적으로 하여야 한다.

사례에서와 같이 징계해임처분의 효력을 다투는 분쟁에서는 징계사유와 그 징계해임처분의 무효사유 및 근로자가 그 처분이 무효인 사실을 알게 된 경위, 근로자가 그 처분의 효력을 다투지 아니한다고 사용자가 신뢰할 만한 다른 사정(예를 들어 근로자가 퇴직금이나 해고수당을 수령하고 오랫동안 해고에 대하여 이의를 하지 않은 경우라든지 해고된 후 곧 다른 직장을 얻어 근무한 경우 등), 사용자가 다른 근로자를 대신 채용하는 등 새로운 인사체제를 구축하여 기업을 경영하고 있는지의 여부를 모두 참작하여야 한다. 그리고 특히 사용자와 근로자 사이의 고용관계(근로자의 지위)의 존부를 둘러싼 분쟁은 그 당시의 경제적 정세에 대처하여 최선의 설비와 조직으로 기업활동을 전개하여야 하는 사용자의 입장에서는 물론, 근로자로서의 임금수입에 의하여 자신과 가족의 생계를 유지하고 있는 근로자의 입장에서도 신속히 해결되어야 할 필요성이 강하고, 실효의 원칙이 다른 법률관계에서보다 더욱 적극적으로 적용되어야 할 필요가 있다.

판례는 A가 한국전력과의 사이에 고용관계가 있다고 주장하는 행위는 실효의 원칙에 비추어 허용될 수 없다고 판단하고 있다. 노동분쟁의 신속한 해결이라고 하는 측면을 고려할 때 A가 면직처분이 무효라는 사실을 알고서도 2년 4개월 남짓한 동안이나 그 처분이 무효라고 주장하여 자신의 권리를 행사하지 않고 있다가 면직된 때로부터 12년 이상이 경과된 후에 새삼스럽게 그 처분의 무효를 이유로 고용관계를 주장하는 행위는 신의성실의 원칙이나 실효의 원칙에 반하여 허용되지 아니한다고 본다.

③ 토지 위에 설치된 송전선의 철거를 청구하는 경우 토지를 취득한 후 토지소유자가 10여년간 송전선의 설치에 관하여 아무런 이의를 제기하지 않은 사정이나 송전선 옆 선로의 철탑부지에 대한 사용승낙을 한 사정만으로는 토지소유자가의 권리가 실효되거나, 토지소유자의 부당이득반환청구가 신의칙에 위배된다고 할 수 없다.[90]

(d) 효 과

권리실효의 요건이 충족되면 권리행사가 허용되지 아니한다. 그리고 상대방은 권리실

---

90) 대법원 1995.11.7. 선고 94다31914 판결.

효에 따른 반사적 효과로서 의무를 면하게 된다. 다만 권리가 실효되면 권리자의 권리행사만이 저지되는가, 권리가 영구적으로 소멸하는가에 관하여는 견해가 대립한다. 상대방에게 「실효의 항변」이 인정된다고 보는 태도가 타당하다.

(3) 신의성실의 원칙의 기능

신의칙은 사회적 접촉관계에 있는 자 사이의 규범관계를 구체화하는 기능을 한다. 구체적으로 살펴보면 가령 (i) 어떤 행위가 권리의 행사라고 할 수 있는가 혹은 어떤 행위가 과연 의무의 이행으로서 의미를 갖는가, (ii) 계약이 체결된 경우에 당사자는 본래의 급부의무 이외에 어떤 부수적 의무를 상대방에 대하여 부담하는가, (iii) 권리자에게 채무이행의 실현에 협력할 의무가 있는가 등을 결정하는 경우에 신의칙이 중요한 역할을 한다. 또한 신의칙은 조리의 한 형태로 제정법이 없는 부분을 보충하고, 또한 제정법의 형식적 적용에 따른 불합리를 극복하는 기능을 한다.

(4) 신의성실의 원칙위배의 효과

신의성실의 원칙에 위배되면 그 권리행사의 효력이 부정된다.[91] 다만 신의성실의 원칙은 법률관계의 당사자는 상대방의 이익을 배려하여 형평에 어긋나거나, 신뢰를 저버리는 내용 또는 방법으로 권리를 행사하거나 의무를 이행하여서는 아니된다는 추상적 규범으로서, 신의성실의 원칙에 위배된다는 이유로 그 권리행사를 부정하기 위해서는 상대방에게 신의를 공여하거나 객관적으로 보아 상대방이 신의를 가짐이 정당한 상태에 이르러야 하고, 상대방의 신의에 반하는 권리행사가 정의관념에 비추어 용인될 수 없는 정도의 상태에 이르러야 한다.[92]

3. 권리남용금지의 원칙

(1) 의 의

외형상으로는 허용되는 권리의 행사인 경우와 같이 보이지만, 구체적인 경우에 실제로는 권리가 가지고 있는 본래의 사회적 목적을 위반하는 경우를 권리남용이라고 한다. 권리남용의 경우에는 정당한 권리행사로 인정되지 아니한다고 하는 원칙을 권리남용금지의 원칙이라고 한다. 민법은 스위스민법(§2 II ZGB)에 따라서 권리남용금지의 원칙을 일반적으로 규정하고 있고, 로마법이나 독일민법(§226 BGB)은 가해고의(加害故意)를 가진 권리행사, 즉 쉬카네(Schikane)의 금지를 인정하고 있다.

---

91) 신의성실의 원칙에 대한 위반은 강행규정에 위배되는 경우이므로(권리남용도 마찬가지이다) 당사자의 주장이 없더라도 법원은 직권으로 판단할 수 있다(대법원 1995.12.22. 선고 94다42129 판결).

92) 대법원 2003.8.22. 선고 2003다19961 판결, 대법원 2011.2.10. 선고 2009다68941 판결; 대법원 2012.10.25. 선고 2011다9372 판결 등 참조.

(2) 권리남용의 요건

민법 제2조 제2항은 권리남용금지의 원칙만을 선언하고 있고, 그 요건에 대하여 구체적인 내용을 규정하지는 않고 있다. 권리남용의 요건은 일반적으로 각종의 권리의 내용에 따라서 구체적으로 결정되고, 모든 권리에 공통적으로 적용되는 요건을 정하기는 곤란하다.

권리남용이 되기 위해서는 가해고의, 즉 가해의 의사나 목적과 같은 권리자의 주관적인 의도가 필요한가, 혹은 권리남용의 성립 여부는 단지 객관적 사정만으로 판단되는가에 관하여 의견대립이 있다. 학설상으로는 권리남용의 요건에 관하여 주관설과 객관설이 있다.

(i) 주관설은 가해의사 혹은 가해목적을 가지고 하는 권리행사, 즉 타인에게 손해를 가할 목적 이외의 다른 목적을 가지지 않은 권리행사만을 권리남용으로 보는 견해이다. 입법례로서 독일민법이 규정하고 있는 쉬카네금지는 주관설에 입각하고 있다. 그러나 주관설에 대하여는 권리남용의 주관적 요건은 외부에서 증명하기가 곤란하여 주관적 의도는 단지 객관적 권리남용을 평가하기 위한 보조요건으로만 이용되어야 할 뿐이고 권리남용이 되기 위하여 반드시 주관적 요건이 요구된다고 보기는 곤란하며, 권리남용의 성립요건으로 주관적 요건을 강조하는 입장은 권리남용금지이론의 변천과정이나 그 현대적 의의에 비추어 타당한 태도가 못된다고 하는 비난이 있다.

(ii) 객관설은 오로지 객관적 요건만을 고려하여 권리남용 여부를 판단하는 견해이다(통설). 객관설에 의하면 권리남용 여부를 권리자에게 인정되는 권리행사의 필요성의 정도와 그 이익의 대소 및 권리행사에 의하여 상대방에게 야기되는 손해의 대소, 사회 전체에 미치는 영향을 비교형량하여 판단한다. 구체적으로 예를 들면 권리의 행사가 사회생활상 도저히 인용될 수 없을 때, 권리의 행사가 사회적 한계를 초과한 때, 형식적으로는 권리행사라 하여도 그 권리행사로 인하여 사회적 관념이나 권리의 감정으로는 도저히 허용할 수 없는 정도의 막대한 손해를 상대방에게 입히게 한다거나 그 권리행사로 사회질서와 신의에 어긋나는 결과를 사회에 초래하게 한다거나, 또는 권리자에게 아무 이익이 없음에도 불구하고 오로지 상대방에게 손해와 고통을 줄 목적만으로 권리를 행사하는 때에는 권리남용이 된다고 본다.

권리남용이 되기 위하여 주관적 요건까지 필요한가, 객관적 요건만으로 충분한가에 대한 판례의 태도는 어떤가? 판례의 태도는 일관되어 있지 않다. 종래의 판례는 주관적 요건만을 강조한 경우도 있고,[93] 주관적 요건과 객관적 요건을 병립적으로 동시에 요구한 경우, 주관적 요건과 객관적 요건을 선택적인 경우로 보아 어느 쪽으로도 권리남용이 될 수 있다고 한 경우, 오로지 객관적 요건만을 강조한 경우와 같이 일관된 입장을 취하지 못하고 다양한 견해를 보이고 있다.

최근에는 주관적 요건과 객관적 요건이 모두 요구된다고 보는 판례가 많다. 권리행사가 권리의 남용에 해당한다고 할 수 있으려면, 주관적으로 그 권리행사의 목적이 오직 상대방

93) 최근에는 비록 그 권리의 행사에 의하여 권리행사자가 얻는 이익보다 상대방이 입을 손해가 현저히 크다고 하여도 그 사정만으로는 권리남용이라 할 수 없다고 본다(대법원 2010.2.25. 선고 2009다58173 판결).

에게 고통을 주고 손해를 입히려는 데 있을 뿐 행사하는 사람에게 아무런 이익이 없는 경우이어야 하고, 객관적으로는 그 권리행사가 사회질서에 위반된다고 볼 수 있어야 한다고 본다[94] 그러므로 분명히 주관적 요건과 객관적 요건을 함께 요구된다고 보며, 다만 권리남용에 필요한 주관적 요건을 필수적으로 보는 입장을 취한다고 하더라도, 가해의사나 가해목적과 같은 권리자의 내부심리는 용이하게 입증할 수 없다는 사정을 감안하여 권리자에게 정당한 이익이 결여된 권리행사, 부당한 이익의 획득을 목적으로 하는 권리행사의 경우에는 권리행사가 상대방에게 고통이나 손해를 주기 위한 경우라는 주관적 요건은 권리자의 정당한 이익을 결여한 권리행사로 보여지는 객관적인 사정에 의하여 추인할 수 있다.[95]

(3) 권리남용의 구체적인 예

1) 권리남용으로 인정하는 경우[96]

판례를 보면 불과 1홉의 토지를 회복하기 위하여 견고한 2층 건물의 철거를 구한 경우에 권리남용이 된다고 한 예가 있다.[97] 역시 지상건물의 철거를 구하는 대지의 면적이 4평 3홉이고 지목이 도로이며, 원고 소유의 다른 토지와 떨어져 있어서 그 자체만으로는 어떤 용도에 쓰일지 알 수 없는 경우에도 권리남용이 된다.[98] 예를 들어 원고가 철거를 구하는 부분이 겨우 1㎡에 불과한 건물 모서리의 벽면을 이루는 부분으로서 철거할 경우에 원고에게는 별다른 이득이 없는 반면 피고에게는 막대한 손해가 발생하는 경우,[99] 토지의 면적이 246㎡인데 비하여 건축물의 침범부분은 약 11.6㎡에 불과한 경우[100]를 역시 권리남용으로 본다. 또한 지상의 10층 아파트건물 중 12.9㎡ 부분을 철거한다면 해당 10세대의 사용이 불가능하게 되고, 아파트건물 전체의 안전에 중대한 위험이 될 수 있고, 철거한다고 하더라도 아파트가 남아 있는 이상 토지부분을 다른 용도에 사용하기는 어려운 경우[101]에도 권리남용이 된다고 본다.

> A는 인접한 토지를 취득하여 자기의 토지상에 건립되어 있는 병원의 확장공사를 하는 한편, 대로변에 위치한 B의 2층건물이 병원의 전면에 위치하고 있어서 그 건물을 매수하려고 하였으나 성사되지 아니하였다. 그런데 후에 B의 2층건물이 A의 토지 중 0.3평방미터를 침범한 채 건립되어 1층 식당과 2층 사무실의 일부로 사용되고 있다는 사실이 확인되었다. A는 B에 대하여 0.3평방미터의 건물부분의 철거와 대지인도를 청구할 수 있는가? [대법원 1993.5.14. 선고 93다4366 판결]

94) 대법원 2013.1.16. 선고 2011다38592 판결.

95) 대법원 1993.5.14. 선고 93다4366 판결; 대법원 2012.6.14. 선고 2012다20819 판결.

96) 권리남용(혹은 신의성실의 원칙에 대한 위반)은 강행규정에 위배되는 경우이므로 당사자의 주장이 없더라도 법원은 직권으로 판단할 수 있다(대법원 1995.12.22. 선고 94다42129 판결).

97) 대법원 1973.10.23. 선고 73다995, 996 판결.

98) 대법원 1983.10.11. 선고 83다카335 판결.

99) 대법원 1991.6.11. 선고 91다8593, 8609 판결.

100) 대법원 1992.7.28. 선고 92다16911, 16928 판결.

101) 대법원 1993.5.11. 선고 93다3264 판결.

사례를 보면 A가 자기의 토지를 0.3평방미터를 침범한 채 건립된 2층건물의 소유자 B에 대하여 건물철거 및 해당되는 부분에 대한 대지의 인도를 청구하고 있다. 그러므로 A의 권리행사가 혹시 권리남용에 해당하는가가 문제된다. 만일 A의 권리행사가 권리남용이라고 하면 A는 B에 대하여 0.3평방미터의 건물부분의 철거와 대지인도를 청구할 수 없다.

판례는 우선 권리남용이 되기 위한 요건으로서 객관적 요건과 주관적 요건이 모두 필요하다고 보고 있다. A의 권리행사가 권리남용이 되기 위해서는 주관적으로 오직 B에게 고통을 주고 손해를 입히려는 데 있을 뿐 A에게는 아무런 이익이 없고, 또한 객관적으로 사회질서에 위반된다고 볼 수 있어야 한다. 만약 권리남용이라고 볼 수 있는 객관적인 사정이 있다고 하더라도 A의 권리행사가 오로지 B에게 고통이나 손해를 주기 위한 경우라고 인정할 만한 증거가 없으면 권리남용에 해당한다고 할 수 없다. 다만 주관적 요건으로서의 가해의사(加害意思)나 가해목적(加害目的)과 같은 내부심리는 증명하기가 용이하지 않다. 그러므로 권리행사가 상대방에게 고통이나 손해를 주기 위한 경우라는 주관적 요건은 권리자의 정당한 이익을 결여한 권리행사로 보여지는 객관적인 사정에 의하여 추정할 수 있다.

사례에서 A의 권리행사가 권리남용이 되는가를 판단하기 위해서는 0.3평방미터의 토지가 B에게 어떤 용도로 쓰여지고 있고, 전체 토지의 효용에 반드시 필요한지, 혹은 그 가격은 얼마나 되는지, 토지에 비하여 철거되는 B의 건물의 효용이 얼마나 상실되는지, 경계선의 확인에 대한 당사자 양쪽의 부주의는 어느 정도인지를 구체적으로 심리하여 보아야 한다. 사례에서는 A가 건물부분을 철거하여 그 부지를 인도받는다고 하더라도 그 면적이 0.3평방미터에 불과하고, B의 건물과 인접한 A의 병원증축건물은 거의 완공상태에 있다고 하면 그 부지를 어떤 용도에 사용할 수 있는지 알 수 없다. 특히 B로서는 토지상의 건물부분이 1층 식당 및 2층 사무실의 일부이어서 그 철거에 상당한 비용이 소요될 뿐만 아니라, 철거 후에는 잔존건물의 효용이 크게 감소되리라고 보여진다. 그러므로 대체로 A의 권리행사는 권리남용이 되기 위한 객관적 사정을 충족하고 있다고 인정된다. 그리고 권리남용의 객관적 사정으로부터 A의 권리행사가 오로지 B에게 고통을 주고 손해를 입히려는 목적을 가지고 있다고 추정할 수 있다. 사례에서 A의 권리행사로부터는 오로지 B에게 손해와 고통을 주려는 가해고의까지도 쉽게 인정할 수 있으므로, 권리남용의 법리에 비추어 A의 권리행사는 정당한 권리행사라고 인정하기는 어렵다.

① 인륜에 반하는 행위와 권리남용

> A는 B의 딸이자 C의 누나인데, C는 간염의 지병을 앓고 있으면서도 그 처자와 더불어 A 소유의 갑주택에 거주하면서 80세가 넘은 고령으로 고혈압, 당뇨, 심장질환을 앓고 있는 B(A와 C의 아버지)와 70세가 넘은 고령의 모친을 모시고 있고, 다른 형제의 도움과 C의 아내가 벌어오는 돈으로 부모를 부양하고 있었다. 그리고 A는 C가 B와 어머니를 모시고 살고 있는 갑주택을 소유하는 등 비교적 여유 있는 생활을 하고 있으나, A를 제외한 다른 형제는 별다른 자력이나 경제적 여유가 없었다. 또한 B

> 와 C는 A가 갑주택을 구입할 때에 그 비용의 일부를 부담하였고, A가 갑주택을 매수한 이래 계속하여 갑주택에서 거주하여 왔었다. 그런데 A는 1991.8.경 주택을 구입한 후 호주로 이민을 가면서 B와 C로 하여금 3년간 갑주택을 무상으로 사용하도록 허락하였다. 그리하여 그때부터 C는 A 소유의 갑주택을 점유하여 왔고, B도 갑주택에서 함께 거주하고 있었다. A가 3년이 경과한 후에 당초의 약속대로 B에게 명도를 요구하자, B와 C는 2년간만 갑주택에서 더 살 수 있도록 해주기를 애원하였다. A는 1994.6.27. B와 갑주택을 월세 253,456원에 2년간 임대하는 임대차계약을 체결하였고, 월세를 2개월 이상 연체하는 경우에는 갑주택을 명도받기로 약정하였다. 그 후 B가 한 번도 월세를 지급하지 아니하여 A는 1995.5.26.경 그 남편으로 하여금 B로부터 갑주택을 1995.7.31.까지 명도하겠다는 내용의 각서를 받아오게 하였다. 각서상의 기한이 도래하여 A가 주택의 명도를 청구하는 경우에 B와 C는 A의 권리남용을 주장하면서 주택명도를 거부할 수 있는가? [대법원 1998. 6.12. 선고 96다52670 판결]

사례를 보면 A는 B의 딸이며 C의 누나이고, C는 간염의 지병을 앓고 있으면서도 그 처자와 더불어 갑주택에 거주하면서 80세가 넘은 고령으로 고혈압, 당뇨, 심장질환을 앓고 있는 부친 B와 70세가 넘은 고령의 어머니를 모시고 있고, 다른 형제의 도움과 자기의 아내가 벌어오는 돈으로 부모를 부양하고 있다. 그리고 A는 갑주택을 소유하는 등 비교적 여유 있는 생활을 하고 있으나, A를 제외한 다른 형제는 별다른 자력이나 경제적 여유가 없다. 특히 B와 C는 A가 갑주택을 구입할 때에 그 비용의 일부를 부담하고 A가 갑주택을 매수한 이래 계속하여 갑주택에서 거주하여 온 사정이 인정되고, 또한 갑주택을 A에게 명도하여 줄 경우에는 가족 6명이 거주할 만한 별다른 거처도 없는 반면, A는 외국에 이민을 가 있어서 스스로 갑주택에 입주하지 않으면 안되는 경우와 같은 급박한 사정이 있지도 아니한 사실을 알 수 있다. 그러므로 B의 경우에는 고령과 지병으로 인하여 자기의 자력 또는 근로에 의하여 생활을 유지할 수 없으므로, 오히려 A로서는 자기의 아버지인 B를 부양할 의무와 책임이 있다고 할 수 있다. 부양의무 있는 딸이 특별한 사정도 없이 아버지의 주거에 관하여 별다른 조치를 취하지 아니한 채 단지 갑주택의 소유자가 자기라는 이유를 내세워 고령과 지병으로 고통을 겪고 있는 상태에서 달리 마땅한 거처도 없는 아버지 B에 대하여 갑주택에서의 퇴거를 청구하는 행위는 부자간의 인륜을 파괴하는 행위라고 하지 않을 수 없다. 물론 A는 자기의 동생인 C와 생계를 같이 하지는 아니하므로, 민법상 A가 C에 대하여 부양의무를 부담하지는 아니한다. 그러나 C는 스스로의 어려운 처지에도 불구하고 연로한 부모를 모시면서 그 부양의무를 다하고 있고, B 등 부모의 입장에서도 C와 그 가족의 도움을 받지 않을 수 없는 처지에 있다고 할 수 있으므로, 달리 마땅한 거처도 없는 C와 그 가족에 대하여 갑주택의 명도를 청구하는 행위는 또한 인륜에 반하는 행위라고 할 수 있다.

친부모자식과 친동기간의 혈연관계는 하늘이 맺어 준 경우이므로 인위적으로 끊을 수 없는 관계로서 천륜(天倫)이라고 한다. 그리고 천륜관계를 맺고 있는 당사자 상호간에는 돈독하고 일심동체적인 긴밀한 유대관계를 지속시켜야 한다는 유교적 지침은 권리남용 여부를 결정하는 객관적 기준의 하나인 선량한 풍속의 예라고 할 수 있다. 그러므로 연로하고 갑주택 이외에는 거주할 곳도 마땅치 않으며 C 이외에는 달리 부양받을 사람이 없는 A의 아버지인 B, 또한 갑주택 이외에는 거주할 곳이 마땅치 않고 생활능력도 없으며 지병까지 있는 A의 친동생 C에 대하여 A가 갑주택에서의 퇴거 및 갑주택의 명도를 구하는 행위는 천륜에 반하는 권리남용에 해당한다고 하지 않을 수 없다.

② 송전선의 철거 토지소유자가 그 토지의 상공에 설치된 고압송전선의 철거를 구하는 행위는 소유권에 기한 방해배제청구권을 행사하는 경우에 해당한다. 민법 제212조는 "토지의 소유권은 정당한 이익있는 범위 내에서 토지의 상하에 미친다"고 규정하고 있으므로, 토지의 상공에 대하여도 정당한 이익 있는 범위 내라면 토지소유권의 효력이 미친다. 고압송전선은 보통 지상 10여미터 상공에 설치되고, 지상에 건물을 건축할 때에 제약을 받게 되므로 고압송전선이 설치되어 있는 상공은 정당한 이익있는 범위 내라고 할 수 있다. 그러므로 토지소유자는 원칙적으로 그 토지의 상공에 설치된 고압송전선의 철거를 구할 수 있다고 보며, 다만 고압송전선의 철거가 권리남용에 해당하는지 여부가 문제될 수 있다.

일반적으로 불법점거자에 대한 공작물의 철거 및 대지인도청구가 권리남용이 되는가 여부는 침해자의 이익보호의 필요성과 소유자의 침해수인의 필요성을 비교하여 구체적 사정에 따라서 판단하여야 한다. 단지 침해배제로 인한 손해의 중대성만으로 권리남용 여부를 결정할 수는 없다고 본다. 송전선철거청구의 권리남용 여부의 판단시 참작되는 구체적 사정으로 (i) 철거로 인한 소유자의 이익과 상대방의 손해간의 현저한 차이, (ii) 소유자가 철거청구 이외에 다른 권리구제수단을 강구하고 있는지 여부, (iii) 소유자가 토지를 취득할 당시 지상공작물이 존재한다는 사실을 알고 토지를 매수한 경우인지 여부, (iv) 소유자가 정당한 가격으로 건물대지부분을 매도하여 달라는 상대방의 요구에 불응한 경우인지 여부, (v) 소유자가 침해상태에 대하여 장기간 이의를 제기하지 아니하고 법원이 제시한 적절한 화해권고에 응하지 아니한 경우인지 여부, (vi) 대지가 법적 규제를 받고 있어서 소유자가 그 대지를 다른 용도에 적극적으로 사용할 수 없는가 여부, (vii) 상대방이 소유자에게 대지사용에 상응하는 등기청구권을 가지고 있는가 여부, (viii) 상대방이 침해 당시 침해사실을 알고 있는지 여부, (ix) 침해공작물을 철거하면 사회 일반에 중대한 영향을 미치는가 여부, (x) 상대방이 소유자의 피해회복을 위하여 철거 이외의 다른 성의있는 대책을 강구하려고 노력한 경우인지 여부, (xi) 소유자가 상대방에게 토지를 부당한 가격으로 매수하도록 요구하고 있는지 여부와 같은 사정을 들 수 있다.

A 소유의 갑토지는 북서방향 및 남동방향의 기다란 직사각형 모양의 잡종지 24,144㎡로서 농경지로 이용되고 있었다. 그런데 한국전력공사는 당진-신서산 송전선로건설사업에 따라 지상 30m의 높이로 갑토지 중 북서쪽 모서리의 51㎡ 면적인

직각삼각형 부분을 침범하여 송전선을 설치하였다(토지의 감정가격은 ㎡당 37,000원으로서 51㎡부분의 가격은 1,887,000원이고, 구분지상권에 상응하는 월임료는 630원 정도이다). 한국전력공사는 송전선 등을 설치한 다음, 그 직후에 A에게 손실보상협의를 요청하는 공문을 보내면서 그 송전선 최외측으로부터 수평거리 3m를 적용하여 그 편입면적을 148㎡로 산정하고 2개 감정기관의 평가액을 산술평균한 150만원을 보상금으로 제시하였다. 그러나 A는 한국전력공사의 협의요청을 거부한 채 갑토지 및 인근에 위치한 A 소유의 잡종지 합계 약 8,600평의 시가가 송전선 및 그 주변의 철탑 등으로 말미암아 하락하였다는 등의 이유를 들어, 한국전력공사에 대하여 7억8,000만원 가량의 보상금을 요구하다가 한국전력공사가 응하지 않자 송전선의 철거 등을 청구하였다. A의 주장은 허용되는가? [대법원 2003.11.27. 선고 2003다40422 판결]

사례를 보면 한국전력공사가 설치한 송전선이 A 소유의 갑토지의 모서리 51㎡부분만을 침범하고 있을 뿐이고, 갑토지의 감정가격이 ㎡당 37,000원으로서 총 1,887,000원에 불과하며, 한국전력공사는 송전선을 설치한 직후에 A에게 손실보상협의를 요청하는 공문을 보내는 한편 150만원을 보상금으로 제시한 사정이 인정된다. 그러나 A는 한국전력공사와의 협의요청을 거부한 채 갑토지 및 그에 접한 A 소유의 잡종지 합계 약 8,600평의 시가가 송전선 및 그 주변의 철탑 등으로 말미암아 하락한 사정 등의 막연한 이유를 들어, 7억8,000만원 가량의 보상금을 요구하다가 한국전력공사가 응하지 않자 송전선의 철거를 구하고 있다. 그러나 A가 보상금으로 터무니없이 거액을 요구하고, 케이스에서 문제가 된 송전선은 대전과 서해안 지역에 전원을 공급하는 국가기간시설의 일부로서 그 송전선을 철거하고 다른 장소로 이설하기 위해서는 막대한 비용과 손실이 예상되는 반면, 송전선이 철거되지 않더라도 A가 갑토지의 이용에 별다른 지장을 받지는 않는 사실을 인정할 수 있다고 볼 때 A의 송전선철거청구는 권리남용에 해당한다고 볼 여지가 충분하다.

[더 생각할 과제 - 송전선철거청구가 권리남용에 해당하지 않는 경우]

A는 B로부터 갑토지(현재의 지목은 田이나 도시계획상 일반주거지역에 속하고 주변토지의 토지이용상황이 아파트나 빌라 등이 들어서 있는 사실에 비추어 그 토지도 아파트, 빌라 등의 공동주택의 부지로 이용될 가능성이 농후하다)를 취득하였다. A는 갑토지를 매수할 때 그 지상의 공간에 송전선(마산-진영간의 전력을 공급하는 주송전선으로서 공익성이 강하다)이 설치된 사실과 전기시설물로 인하여 매수한 갑토지의 공간사용에 제약이 있다는 사정을 잘 알면서도 그 제약을 인용하고 매수하였고, 그 동안 한국전력공사의 지상권 유사의 공간사용권을 묵인하였다. 그런데 A는 한국전력공사에 대하여 갑토지를 매수한 날로부터 13년이 경과한 시점에서 송전선의 철거를 구하고, 송전선의 가설로 인한 손해배상을 청구하였다. A의 주장은 정당한가? [대법원 1996.5.14. 선고 94다54283 판결]

사례를 보면 갑토지의 상공에 고압송전선이 설치된 후에 그 사정을 알면서 갑토지를 취득하고, 그 송전선이 마산-진영간의 전력을 공급하는 특별고압가공송전선(154,000V)이어서 공익적 성격을 띠고 있으며, 송전선의 설치 이후 전소유자나 A와의 사이에 분쟁이 존재한 자료가 없고, 철거가 반드시 불가능하지만은 아니하나, 그 이전비용이 막대하고 대체부지의 확보도 용이하지 않으며, 갑토지의 지목이 田이고, 그 동안 A가 갑토지를 밭으로 이용하는 데는 장애가 거의 없던 사실을 인정할 수 있다. 그러므로 A의 송전선철거청구를 일응 권리남용으로 인정할 수 있는 요소도 있다고 생각된다. 그러나 다른 한편 한국전력공사가 갑토지의 상공에 고압송전선을 설치할 당시에 전기사업법과 같은 관계법령에 의하여 적법하게 그 상공의 사용권을 취득하거나 그에 따른 손실을 보상하는 등 정당한 권원이 있다고 인정할 자료가 전혀 없다. 또한 갑토지는 도시계획상 일반주거지역에 속하고 주변토지의 토지이용상황이 단독주택이 대부분이며 일부는 공장, 과수원, 농지로 이용되고 있고 노변일부는 주택 및 점포로 이용되고 있으며 최근 2~3년 전부터 갑토지의 주위에 일부 5층아파트, 빌라가 건축되어 있다고 하면 갑토지는 향후 아파트, 빌라와 같은 공동주택의 부지로 이용될 가능성이 있으므로 어느 정도 이용상의 장애가 있다고 보인다. 실제로 A는 그 소유의 인접토지를 주택건설회사에 매도하여 그 회사가 그 위에 15층 아파트를 지었는데, 갑토지도 그 회사에 아파트용지로 매도하려고 하다가 송전선으로 인하여 매도하지 못하고, 고압송전선의 설치 후에도 한국전력공사가 적법한 사용권을 취득하려고 노력하거나, 손실을 보상하려고 한 일이 전혀 없다고 하면 A의 송전선철거가 권리남용으로 되지 아니한다고 하는 사유로 작용될 수도 있다.

결국 케이스는 권리남용으로 볼 수도 있고, 권리남용이 되지 아니한다고 볼 수도 있다. 토지소유자가 입는 사익침해의 측면을 강조하여 갑토지의 부근에 도시화가 가속적으로 추진되어 조속한 시일 내에 갑토지 위에 아파트, 빌라가 들어설 가능성이 충분히 있으므로, 송전선이 갑토지의 개발에 장애가 되고, A로서도 갑토지의 구체적인 이용계획이 있는데도 송전선으로 인하여 입는 손해가 막대하다고 볼 때 A의 철거청구를 권리남용으로 볼 수는 없다는 견해가 타당하다고 본다. 사례를 보면 한국전력공사가 갑토지의 상공에 고압송전선을 설치할 당시부터 아무런 권원 없이 불법점유한 경우이고, 그 설치 후에도 적법한 사용권을 취득하려고 노력하거나, 그 사용에 대한 손실을 보상한 사실이 전혀 없다는 사정이 인정된다. 또한 갑토지가 현재의 지목은 전(田)이기는 하나 도시계획상 일반주거지역에 속하고 주변토지의 토지이용상황이 아파트나 빌라가 들어서 있어서 갑토지도 아파트, 빌라와 같은 공동주택의 부지로 이용될 가능성이 농후하고, 더욱이 한국전력공사로서는 지금이라도 전기사업법과 같은 규정에 따른 적법한 수용이나 사용절차에 의하여 갑토지의 상공의 사용권을 취득할 수 있는 경우라고 할 수 있다. 비록 송전선이 마산-진영간의 전력을 공급하는 주송전선으로서 공익성이 강하고,[102] A가 갑토지의 상공에 송전선이 설치되어 있는 사정을 알면서 갑토지를 취득하고, 송전선의 철거 및 이전비용이 막대하고 대체부지의 확보가 용이하지 아니하다고 하는 사정이 있다고 하더라도, 손쉽게 적법한 절차에 따른 사용권을 취득할 수 있는데도 그 조치를 취하지 아니한 채 갑토지의 상공을 불법점유하고 있는 한국전력공사를 상대로 소유권에 기한 방해배제청구권[103]에 기하여 송전선의 철거청구를 하는 행위를 권리남용이라고 보기는 어렵다고 판단된다.

③ 소멸시효를 이유로 한 항변권의 행사 민법의 대원칙인 신의성실의 원칙과 권

102) 판례를 보면 토지소유자가 그 지상에 설치된 송전탑의 철거 및 부당이득을 한국전력공사에 대하여 청구한 사건에서 문제가 된 송전선로는 서울-부산을 연결하는 중요 송전선로로서 대전 일대에 전원을 공급하는 중요한 역할을 하고 있을 뿐만 아니라, 철탑을 철거하고 다른 곳에 새로운 철탑을 설치하기 위해서는 많은 시간과 비용이 소요되며 그 철거 및 이설공사의 기간 동안 해당지역의 전력공급에도 차질이 예상된다는 사실은 인정되나, 그 사유만으로 송전선철거의 청구가 오로지 타인을 해하기 위한 경우로서 권리남용에 해당한다거나 신의성실의 원칙에 위배된다고 볼 수 없다고 하여 토지소유자가 비록 대지 위에 철탑이 세워진 사실을 알면서 그 소유명의를 이전받은 경우라고 하더라도 특별한 사정이 없는 한 권리남용에 해당한다거나 신의칙에 위반된다고 볼 수 없다고 판시한 경우가 있다(대법원 1994.6.14. 선고 94다8341 판결).

103) 소유권에 기한 물권적 청구권은 소멸시효에 걸리지 않으므로, 비록 A가 갑토지를 매수한 날로부터 13년이 경과한 시점에서도 송전선의 철거청구가 가능하다.

리남용금지의 원칙은 소멸시효를 이유로 한 항변권의 행사에도 적용된다. 채무자가 소멸시효의 완성 후에 시효를 원용하지 아니할 경우와 같은 태도를 보여 권리자로 하여금 그 태도를 신뢰하게 하고, 권리자가 그로부터 권리행사를 기대할 수 있는 상당한 기간 내에 자신의 권리를 행사하면, 채무자에 의한 소멸시효의 완성의 주장은 신의성실의 원칙에 반하는 권리남용으로 허용될 수 없다. 다만 채무자가 소멸시효의 이익을 원용하지 않을 경우와 같은 신뢰를 부여한 경우에도 채권자는 그 사정이 있은 때로부터 상당한 기간 내에 권리를 행사하여야만 채무자의 소멸시효의 항변을 저지할 수 있고, '상당한 기간' 내에 권리행사가 있는지 여부는 채권자와 채무자 사이의 관계, 신뢰를 부여하게 된 채무자의 행위 등의 내용과 동기 및 경위, 채무자가 그 행위 등에 의하여 달성하려고 한 목적과 진정한 의도, 채권자에게 권리행사가 지연될 수밖에 없는 특별한 사정이 있는지 여부 등을 종합적으로 고려하여 판단한다. 그리고 신의성실의 원칙을 들어 채무자에게 소멸시효완성의 주장을 허용하지 아니하는 경우는 법적 안정성의 달성, 증명곤란의 구제, 권리행사의 태만에 대한 제재를 이념으로 삼고 있는 소멸시효제도에 대한 대단히 예외적인 제한에 그쳐야 하므로, 권리행사의 '상당한 기간'은 특별한 사정이 없는 한 민법상 시효정지의 경우에 준하여 단기간으로 제한되어야 한다. 개별사건에서 매우 특수한 사정이 있어 그 상당한 기간을 연장하여 인정하여야 하는 부득이한 사정이 있는 경우에도 불법행위로 인한 손해배상청구의 경우에 그 상당한 기간은 아무리 길어도 민법 제766조 제1항이 규정한 단기소멸시효기간인 3년을 넘을 수는 없다.[104)]

[더 생각할 과제 - 법인격의 형해화 또는 법인격의 남용]

어떤 회사가 외형상으로는 법인의 형식을 갖추고 있으나 실제로는 법인의 형태를 빌리고 있는 경우에 지나지 아니하고 그 실질에 있어서는 완전히 그 법인격의 배후에 있는 다른 회사의 도구에 불과하거나, 배후회사에 대한 법률적용을 회피하기 위한 수단으로 함부로 쓰이는 경우를 법인격의 형해화 또는 법인격의 남용이라고 한다. 비록 외견상으로는 그 해당회사의 행위라 할지라도 그 해당회사와 배후회사가 별개의 인격체임을 내세워 해당회사에게만 그로 인한 법적 효과가 귀속됨을 주장하면서 배후회사의 책임을 부정하는 태도는 신의성실의 원칙에 위반되는 법인격의 남용으로서 심히 정의와 형평에 반하여 허용될 수 없다. 그러므로 해당회사는 물론, 그 배후회사에 대하여도 해당회사의 행위에 관한 책임을 물을 수 있다고 보아야 한다. 다만 해당회사가 그 법인격의 배후에 있는 회사를 위한 도구에 불과하다고 보려면, 원칙적으로 문제가 되고 있는 법률행위나 사실행위를 한 시점을 기준으로 하여 두 회사 사이에 재산과 업무가 구분이 어려울 정도로 혼용되어 있는지 여부, 주주총회나 이사회를 개최하지 않는 등 법률이나 정관에 규정된 의사결정절차를 밟지 않고 있는지 여부, 해당회사가 가지는 자본의 부실정도, 영업의 규모 및 직원의 수 등에 비추어 볼 때 그 해당회사는 이름뿐이고 실질적으로는 배후회사를 위한 영업체에 지나지 않을 정도로 형해화되어야 한다. 또한 법인격이 형해화될 정도에 이르지 않더라도 배후회사가 해당회사의 법인격을 남용한 경우에 해당회사는 물론 배후회사에 대하여도 해당회사의 행위에 대한 책임을 물을 수 있으나, 그 경우에는 채무면탈 등의 남용행위를 한 시점을 기준으로 하여, 배후회사가 해당회사를 자기 마음대로 이용할 수 있는 지배적 지위에 있고, 그 지

104) 대법원 2013.5.16. 선고 2012다202819 전원합의체 판결.

위를 이용하여 법인제도를 남용하는 행위를 하여야 한다.[105]

2) 권리남용으로 인정되지 않는 경우

중혼을 이유로 혼인취소권을 행사하더라도 권리남용이라고 할 수 없다.[106] 또한 근로자에 대한 전보나 전직은 원칙적으로 인사권자인 사용자의 권한에 속하므로 업무상의 필요에 의한 전보에 따른 생활상의 불이익이 근로자가 통상 감수하여야 할 정도를 현저하게 벗어난 경우가 아니라면 권리남용에 해당하지 않는다.[107]

(3) 효 과

1) 권리남용의 중심적 효과

외형상 권리의 행사로 보이는 행위가 권리남용으로 판정된 경우에는 권리행사 본래의 효과가 인정되지 아니한다. 예를 들어 소유권에 기한 방해배제청구권이 권리남용이 되면 소유권의 행사 자체가 인정되지 않고, 해제권의 행사가 남용이 되는 경우에는 해제의 효과가 생기지 않는다.

2) 불법행위로 인한 손해배상책임 및 방해배제청구

현실적으로 권리행사라고 하여도 그 권리행사가 권리남용으로서 사회적 관념과 권리의 감정으로는 도저히 허용될 수 없는 정도의 손해를 타인에게 가하면 불법행위가 성립하여 손해배상책임이 발생하거나,[108] 상대방으로부터의 방해배제청구가 인정되는 경우도 있다. 구체적으로 토지소유자에 의한 행위가 이웃의 생활방해가 되거나 공해가 되는 경우, 건축물이 이웃의 일조를 해하는 경우,[109] 지하수의 사용에 의하여 이웃의 지하수이용자에게 손해를 준 경우에 손해배상책임이나 방해배제청구가 인정될 수 있다.

3) 권리의 박탈

권리남용금지의 원칙에 따른 직접적 효과라고 볼 수는 없지만, 권리행사가 남용된 경우에 법률에 특별한 규정이 있으면 권리 자체가 박탈될 수 있다. 아버지나 어머니가 친권을 남용한 때에는 법원이 자녀의 친족 또는 검사의 청구에 의하여 친권상실을 선고할 수 있다(§924). 예를 들어 가정불화로 집을 나간 뒤 아버지가 숨지기까지 12년간 자녀를 전혀 돌보지 않던 어머니가 아버지가 숨진 후 아버지의 업무상 재해로 받은 보상금 1억5천만원을 친권자의 자격으로 수령하여 보관하던 중 친권자의 지위를 남용하여 미성년자인 자녀의 명의로 아파트를 산 뒤 임의로 자신의 명의로 이전하는 등 자녀와 재산다툼을 벌이

---

105) 대법원 2013.2.15. 선고 2011다103984 판결.

106) 대법원 1991.5.28. 선고 89므211 판결.

107) 대법원 1997.7.22. 선고 97다18165, 18172 판결.

108) 대법원 1964.7.14. 선고 64아4 판결.

109) 예컨대 건물의 신축으로 인하여 그 이웃토지상의 거주자가 직사광선이 차단되는 불이익을 받은 경우에 일조방해의 정도가 사회통념상 일반적으로 인용하는 수인한도를 넘으면 그 신축행위가 정당한 권리행사로서의 범위를 벗어나 사법상 위법한 가해행위로 평가된다(대법원 2004.10.28. 선고 2002다63565 판결).

고 있는 때에는 친권남용의 개연성이 높아 친권상실을 선고할 수 있다.[110)]

[더 생각할 과제 - 신의칙과 권리남용금지의 원칙과의 관계]

신의칙과 권리남용금지의 원칙은 적용되는 영역이 다른가 혹은 중복하여 적용할 수 있는가 하는 문제가 있다. 학설상 신의칙과 권리남용금지의 원칙 중 어느 법리를 적용하더라도 권리행사를 제약한다고 하는 사실은 공통되지만, 적용되는 영역은 한정된다는 견해(적용영역구분설)가 있다. 신의칙과 권리남용금지의 원칙의 적용영역을 구별하는 견해에 의하면 (i) 신의칙은 채권법의 분야에 적용되며 권리남용금지의 원칙은 물권법의 영역에 적용되고, (ii) 대인관계에서는 신의칙, 대사회관계에서는 권리남용금지이론이 적용되고, (iii) 신의칙은 특수한 법률관계로 결합한 자 사이(예컨대 계약당사자 사이, 부부·친자의 관계)에서 적용되며 권리남용금지의 원칙은 특수한 관계가 없는 경우(전형적으로 소유권과 같은 지배권과 이에 대립하는 비권리자와의 관계)에서 적용된다고 본다. 그러나 판례에서 흔히 "신의칙에 반하고 권리의 남용에 해당하여 허용되지 아니한다"고 표현하고 있는 경우와 같이 신의칙과 권리남용금지의 원칙이 동시에 고려되는 경우도 있다. 신의칙은 권리의 행사의무의 이행에 동시에 적용되며, 권리남용의 법리는 권리의 행사에만 적용되는 차이가 있지만, 양자의 적용범위는 명확하게 구분되지 않고, 양자가 중복적으로 적용될 수 있는 경우가 많다. 결국 권리남용의 법리는 넓은 의미에서의 신의칙의 파생원칙에 해당하며, 엄밀히 적용범위를 구분할 필요는 없다.

Ⅳ. 의무의 이행

1. 의 의

의무자가 부담하는 의무의 내용을 실현하는 행위가 「의무의 이행」이다.

2. 의무이행의 방법

의무의 이행은 신의에 좇아 성실히 하여야 한다(§2 I). 신의칙에 반하는 의무의 이행은 외형적으로 의무의 이행인 경우와 같이 보일지라도 의무의 이행으로서의 효력이 생기지 않고, 의무불이행으로서 채무불이행 기타 위법행위가 된다.

110) 역시 남편 등과의 불화로 집을 나가 별거한 이후 남편이 교통사고로 사망하자 보상금을 전부 수령하여 거의 다 소비하여 버리는 등 자녀의 부양에 대하여 전혀 노력하지 않는 어머니에게 자식에 대한 친권을 행사시킬 수 없는 중대한 사유가 있다고 본 사례가 있다(대법원 1991.12.10. 선고 91므641 판결).

제 4 절 권리의 보호

Ⅰ. 서 설

1. 권리보호의 의의

권리의 침해에 대한 구제를 권리의 보호라고 한다. 권리자는 정당한 권리행사로 권리내용을 실현할 수 있지만, 간혹 권리가 침해되는 때에는 그 구제로 권리의 보호가 필요하게 된다.

2. 권리보호의 특징

과거에 권리보호의 수단으로 인정된 사력구제는 실력 없는 권리자를 보호하지 못하며 힘있는 강자의 부당한 주장의 실현을 위하여 남용될 우려가 있다. 권리자가 스스로 그 자신의 힘에 의하여 권리를 실현하는 사력구제를 허용한다고 하면 「만인의 만인에 대한 투쟁」이 일어나 사회적 불안이 야기될 위험이 있다. 그러므로 사력구제는 단지 부득이한 경우에 한하여 허용되고, 원칙적으로는 국가구제·공력구제만이 허용된다.

Ⅱ. 국가구제·공력구제

1. 권리보호청구권

국민은 권리를 침해당한 경우에 국가에 대하여 그 보호를 요구할 수 있다. 즉 누구나 권리보호청구권을 가진다.

2. 재판제도

권리자는 권리가 침해된 경우에 법률이 정하는 절차에 따라서 국가기관(법원)에 대하여 그 보호를 청구할 수 있다(헌법 §§27·101). 법원은 권리자로부터 권리보호의 청구가 있는 때에는 (i) 우선 구체적 사건의 내용을 확정하고(사실문제), (ii) 당해 사건에 관한 법규정의 내용을 확실히 한 후에(법률문제), (iii) 법규정을 대전제로 하고 구체적 사건을 소전제로 하여 결론으로서 법적 결정(판결)을 내린다. 예컨대 A가 B의 자동차를 파손시킨 경우를 가정하여 보자. 자동차의 파손으로 인하여 B에게 수리비 등 손해가 생긴다. 물론 A가 자기의 잘못을 시인하고 손해배상의 청구에 응하면 문제가 복잡하지 않으나, A가 손해배상에 응하지 않는 경우에는 B로서는 소송을 통하여 손해배상책임을 구하여야 한다. A에 의한 자동차의 파손은 분명히 민법 제750조가 규정하고 있는 「불법행위」에 해당하므로, A는 B에 대하여 자동차의 파손에 따른 손해배상을 하여야 한다. 법원은 A의 손해배상청구에 대하여 B의 불법행위에 민법 제750조를 적용하여 예컨대 "B는 A에게 1,000,000원을 지급하라"고 하는 판결을 내리게 된다. B가 판결을 따르지 않으면 국가의 강제력으로 권리의 내용을 실현하는 강제집행을 하게 된다. 그리고 장래의 강제집행을 보전하거나 권리관계의 현재의 위험을 방지하고 현상을 유지하기 위한 제도로 가압류·가처분의 제도가 있다.

[더 생각할 과제 - "피고 A와 B는 원고 C에게 각자 100만원을 지급하라"]

손해배상청구소송이나 대여금청구소송 등 민사소송판결문에서 쉽게 찾을 수 있는 주문이다. 주문대로라면 원고 C가 받을 수 있는 금액은 얼마일까? A와 B가 100만원씩 지급하니 200만원이라고 생각하기 쉽다. 그러나 C가 받을 수 있는 돈은 100만원이다. 판결문에서 「각자」라는 단어는 '따로따로'가 아닌 '함께'란 의미이다('각자'는 불가분채무, 부진정연대채무에 사용된다). A와 B가 50만원씩 갹출하든, 둘 중 어느 한쪽이 100만원을 다 내든 두 당사자가 합의하여 C에게 100만원을 지급하여야 할 때에 판결문에서는 '각자'라고 표현한다(피고 A는 원고 C에 대하여 100만원을 지급할 책임이 있고, 마찬가지로 피고 B도 원고 C에게 100만원을 지급할 책임이 있다. 다만 A가 100만원을 전부 지급하여 C의 채권을 만족시키면 B는 더 이상 지급책임이 없고, A와 B 사이의 분배문제는 AB가 알아서 해결하여야 하며, 만약 해결되지 않는 경우에는 A가 B에 대하여 구상권을 취득하게 된다). A와 B가 100만원씩, 즉 C에게 200만원을 지급하여야 할 경우(분할채무)에는 '각 100만원을 지급하라'고 쓴다. 그리고 판결문상 연대채무에 대하여 '연대하여', 합동채무에 대하여 '합동하여'라고 하는 용어를 사용한다.

3. 조정제도

조정제도란 법관과 특별한 지식·경험이 있는 비법관으로 구성되는 조정위원회가 분쟁당사자의 상호양보를 유도하여 분쟁을 해결하는 제도이다. 조정제도에는 여러 가지 장점이 있는 반면에, 역시 단점도 있다. 조정에 관한 법률로 예컨대 노동조합 및 노동관계조정법, 민사조정법, 환경분쟁조정법, 의료분쟁조정법 등이 있다.

조정제도의 장점과 단점을 알기 쉽게 비교하여 정리하면 아래 도표와 같다.

장 점	단 점
• 분쟁을 간이·신속하게 해결한다. • 당사자의 상호 양보를 통하여 해결을 꾀하는 결과, 재판에서와 같이 후일까지 당사자간의 대립을 남기지 아니하여 영속적 법률관계의 분쟁해결에 적합하다. • 법률의 엄격한 적용으로 생기는 불합리를 제거하여 구체적 타당성 있는 해결을 얻을 수 있다.	• 재판에서와 같은 확실성이 없다. • 조정은 상호양보에 의한 해결을 목적으로 하여 끝까지 당사자간에 합의를 보지 못하면 국가기관(조정위원회)의 노력에도 불구하고 분쟁의 해결이 좌절되고 만다.

4. 중재제도

중재제도란 법률관계에 관한 판단을 당사자가 선임한 사인(중재인)에게 맡기고, 그 판단에 당사자가 복종하여 분쟁을 해결하는 제도이다. 중재는 당사자가 서로 양보하여 분쟁을 해결하는 제도가 아닌 측면에서 화해와 차이가 있고, 설득에 의한 해결이 아니라 중재판결에 강제적으로 복종시키는 제도라고 하는 측면에서 조정과 차이가 있다. 중재에 관한 법률로는 예컨대 중재법, 언론중재 및 피해구제 등에 관한 법률을 들 수 있다.

중재계약이 있는 경우에 한하여 중재절차에 의하여 분쟁을 해결할 수 있고, 동시에 중재계약에 의하여 당사자는 분쟁을 중재절차에 의하여 종료시킬 의무를 부담한다. 중재계약은 중재조항이 명기되어 있는 계약 자체뿐만 아니라, 그 계약의 성립과 이행 및 효력의 존부에 직접 관련되거나 밀접하게 관련된 분쟁에까지 그 효력이 미친다.111)

Ⅲ. 사력구제

1. 서 설

권리의 보호는 원칙적으로 국가에 대하여 구하여야 한다. 사인의 실력에 의하여 권리내용을 실현하는 경우는 허용되지 아니한다. 다만 예외적으로 국가에 의한 권리의 보호가 시간적으로 불가능하거나 곤란하게 될 경우에는 사력구제가 허용된다.

2. 사력구제의 종류

(1) 서 설

사력구제로는 (i) 타인의 불법행위에 대하여 자기 또는 제3자의 이익을 방위하기 위하여 부득이 가해행위를 하는 「정당방위」, (ii) 급박한 위난을 피하기 위하여 부득이 타인에

111) 대법원 2001.4.10. 선고 99다13577, 13584 판결.

게 가해행위를 하는 「긴급피난」, (iii) 청구권을 보전하기 위하여 국가기관의 구제를 기다릴 여유가 없는 경우에 권리자가 스스로 사력에 의하여 자기의 청구권을 실현하는 「자력구제」가 인정된다.

(2) 정당방위와 긴급피난

1) 정당방위

정당방위란 타인의 불법행위에 대하여 자기 또는 제3자의 이익을 방위하기 위하여 부득이 타인에게 손해를 가하는 경우를 말한다. 민법은 정당방위로 타인에게 손해를 가한 경우에는 손해배상책임이 없다고 규정하여 정당방위를 불법행위의 위법성조각사유로 인정하고 있다(§761 I). 다만 정당방위에 있어서는 반드시 방위행위에 보충의 원칙은 적용되지 않으나 방위에 필요한 한도 내의 행위로서 사회윤리에 위배되지 않는 상당성있는 행위임을 요한다. 판례를 살펴보면 병원에서의 난동을 제압키 위해 출동한 경찰관이 칼을 들고 항거하던 피해자를 총격 사망하게 하면 그 직무집행상의 총기사용의 한계를 벗어난 경우라고 본다.112)

2) 긴급피난

긴박한 위난을 피하기 위하여 부득이 타인에게 손해를 가하는 경우를 「긴급피난」이라고 한다. 민법은 긴급피난의 경우에 대하여 정당방위의 규정을 준용한다고 규정하고 있다(§761 II).

긴급피난이 성립하기 위해서는 (i) 현재의 급박한 위난, (ii) 자기나 제3자의 이익을 보호하기 위하여 위난을 피하기 위한 행위(피난), (iii) 부득이한 상황 세 가지 요건이 요구된다. 우선 현재의 급박한 위난이 있어야 긴급피난이 허용된다. 그리고 자기 또는 제3자의 이익을 보호하기 위한 피난이어야 하고, 위난을 당한 법익의 종류에는 제한이 없다. 또한 위난을 피하기 위하여 '부득이 한' 행위이어야 하므로, 타인의 이익을 침해하는 이외에 다른 피난방법이 없어야 한다.

긴급피난에는 정당방위에 관한 규정이 준용되므로(§761 II), 긴급피난행위는 위법성이 조각되며, 타인의 이익이 침해되더라도 손해를 배상할 책임이 없다. 다만 불법행위에 대한 긴급피난으로 제3자에게 손해를 가한 경우에 피해자는 불법행위자에 대하여 그 손해에 대한 배상을 청구할 수 있다.

3) 정당방위와 긴급피난의 차이

긴급피난과 정당방위와의 근본적 차이는 정당방위는 위법한 침해에 대한 반격이나, 긴급피난은「위법하지 않은 위난」으로부터의 피난이라는 사실에 있다. 그리고 (i) 정당방위는 타인의 불법행위를 그 원인으로 하고, 반면에 긴급피난은 타인의 행위뿐만 아니라 타인의 동물·공작물 기타의 물건 또는 천재지변과 같은 자연현상으로 인한 모든 급박한

112) 대법원 1991.9.10. 선고 91다19913 판결.

위난을 그 원인으로 하고, (ii) 정당방위는 불법행위자의 침해에 대한 반격을 그 목적으로 하나, 긴급피난은 급박한 위난으로부터의 피난을 그 직접적인 목적으로 한다고 하는 차이가 있다.

(3) 자력구제

자력구제란 사인이 자기의 권리를 보호하거나 실현하기 위하여 국가의 힘을 빌리지 않고 사적 실력을 행사하여 스스로 권리의 보호를 꾀하거나 권리를 실현하는 경우를 말한다. 사법절차가 제대로 확립되지 아니한 고대사회에서와 같이 자력구제가 권리내용의 실현방법으로 인정된 적도 있으나, 현대사회에서는 원칙적으로 자력구제를 인정하지 않는다. 예를 들어 물권이 침해된 경우에 사회의 평화와 질서를 유지하기 위하여 오로지 국가기관의 개입에 의하여 사인간의 분쟁을 해결하여야 하고, 아무리 본권자라도 사력에 의하여 권리의 실현을 꾀할 수는 없다.

제 3 장

권리의 주체

제 1 절 권리주체 총설

제 2 절 자연인

제 3 절 법 인

제 3 장
권리의 주체

제 1 절 권리주체 총설

1. 사법관계의 주체

권리의무관계로 구성되는 법률관계, 즉 사법관계에서는 가장 중요한 과제가 누가 권리의무의 귀속주체가 되는가 하는 문제이다. 권리의무의 귀속주체란 권리를 지닐 수 있는 지위가 있는 자인 동시에, 의무를 부담할 수 있는 자격이 있는 자를 의미한다. 권리와 의무로 구성되는 사권관계를 담당할 수 있는 법적 주체를 「人」이라고 하며, 권리의 주체가 될 수 있는 지위·자격이라는 측면에서는 「권리능력」 혹은 「법인격」이라고 한다.

2. 권리능력과 의무능력

권리능력은 권리의 주체가 될 수 있는 추상적·잠재적인 법률상의 지위이다. 의무능력은 의무의 주체가 될 수 있는 지위이다. 권리능력과 의무능력은 별개의 개념이 아니고, 권리능력은 동시에 의무능력을 의미한다. 예컨대 고대사회의 노예와 같이 의무능력만이 있고 권리능력은 없는 사람은 더 이상 존재하지 아니하고, 사람이면 누구나 권리능력과 의무능력이 있다.

3. 권리능력자(人): 자연인과 법인

(1) 서 설

권리능력자를 민법상 「人」이라고 한다. 권리능력자에 해당하는 「人」에는 자연인과 법인이 있다.[113] 자연인은 모든 살아 있는 인간을 가리키며, 법인은 권리능력을 취득한 사단과 재단을 의미한다.

---

113) 경북 예천군에 있는 「석송령」이라고 하는 나무는 등기부상 인근에 있는 토지의 소유자로 등기되어 있고, 매년 재산세를 내고 있다고 한다.

민법상 본인, 타인, 매도인·매수인, 임대인·임차인, 도급인·수급인, 위임인·수임인, 임치인·수치인에서 「人」이라고 하는 경우에는 모두 자연인은 물론 법인까지를 포함하여 의미한다. 다만 민법 제1편 제2장에서 그 제목을 「人」이라고 하고 있는 경우에는 민법 제1편 제3장의 제목이 「法人」으로 되어 있는 사실을 비교할 때 당연히 자연인만을 가리킨다.

(2) 자연인

자연인(사람)은 누구나 권리능력을 가진다. 민법은－모든 인간에게 성·연령·계급·사회적 신분·출신과 관계없이 평등한 권리능력을 인정하고, 인간을 완전한 법적 인격체로 파악한 근대민법의 이념에 따라서－모든 인간을 법적 주체화하고 있다. 다만 현대민법에서는 추상적 평등에 의한 실질적 불평등의 야기, 자본주의의 고도화에 따른 자본가·노동자, 사업자·소비자와 같이 경제적 강자와 약자의 등장에 의하여 권리주체인 자연인을 추상적 「자유인」으로 파악하기 보다는 구체화된 인간으로 파악하는 경향이 나타나고 있다.

(3) 법 인

법인에는 사단법인과 재단법인이 있다. 사단법인은 법인격을 취득한 일정한 목적을 위하여 결합한 자연인의 집단을 가리킨다. 재단법인은 법인격을 취득한 일정한 목적에 바쳐진 재산의 집단을 의미한다.

4. 권리능력·의사능력·행위능력·책임능력·소송능력

(1) 서 설

민법상 누가 권리·의무의 주체인가 하는 문제가 권리능력이고, 그 주체가 단독으로 유효하게 권리·의무를 취득하거나 부담하는가는 의사능력·행위능력과 관계가 있다. 그리고 자기의 행위가 불법행위로서 법적 책임이 발생한다고 하는 사실을 아는 능력이 책임능력이다. 소송행위를 유효하게 하거나 받는 능력을 소송능력이라고 한다.

(2) 권리능력

권리능력이란 권리귀속에 관한 능력을 가리킨다.[114] 사법관계에서 권리의무의 주체가 될 수 있는 자격 또는 지위가 권리능력이다. 모든 인간과 법인에게만 권리능력이 인정된다.

> 중국에서 선팅메이(申庭美)라고 하는 노인은 사망하기 9년 전부터 개(犬)와 함께 생활을 하였는데, 그 개는 노인의 몸이 불편하면 바로 사람을 불러오는 등 자식 이상의 효도를 하였다. 노인은 개에게 자신의 성을 따라서 선페이환(申培歡)이라고 하는

114) 권리능력은 독일민법이나 스위스민법에서 사용하고 있는 표현이고, 프랑스민법은 「사권의 향유」(jouissance de droits civils)라고 하는 용어를 사용하고 있다.

이름까지 지어주고, 「환환」(歡歡)이라고 불렀다. 노인은 96세에 노환으로 숨질 때에 자기의 전재산을 개에게 물려준다는 유언을 남겼다. 개도 재산을 가질 수 있는가?

동물도 유산을 상속할 수 있는지 여부를 놓고 법적 논란을 일으킨 경우가 많다. 미국에서도 억만장자가 애완견에게 1,200만달러(약 120억원)의 유산을 남겨 논란이 된 경우가 있다.

민법이나 다른 법률에 동물의 권리능력을 인정하는 규정이 없다. 역시 동물의 권리능력을 인정하는 관습법도 존재하지 않으므로, 동물 자체는 애완견과 같은 반려동물이더라도 권리의 귀속주체가 될 수 없다. 그러므로 개에게 유산에 대한 소유권을 직접적으로 귀속시킬 수는 없다. 개에게 물려준 재산으로 재단(재단법인 혹은 권리능력 없는 재단)을 만들거나 다른 사람에게 유산을 신탁하는 방법(신탁법 참조)으로 유산을 개의 생활이나 이익을 위하여 사용하게 할 수 있을 뿐이다.

(3) 의사능력

의사능력이란 자신의 행위의 의미나 결과를 정상적인 인식력과 예기력을 바탕으로 합리적으로 판단할 수 있는 정신적 능력 내지는 지능을 말한다.[115] 의사능력의 유무는 구체적인 법률행위와 관련하여 개별적으로 판단되어야 하나, 보통 재산행위에서는 7, 8세를 전후하여, 신분행위에서는 15세를 전후하여 의사능력이 인정된다. 특히 어떤 법률행위가 그 일상적인 의미만을 이해하여서는 알기 어려운 특별한 법률적인 의미나 효과가 부여되어 있는 경우에 의사능력이 인정되기 위하여는 그 행위의 일상적인 의미뿐만 아니라 법률적인 의미나 효과에 대하여도 이해할 수 있어야 한다.[116] 예컨대 만약 A가 의사를 결정할 능력이 없다면 그가 자신의 소유에 속한 부동산에 대한 처분현장에 있다거나 거기에서 동의의 의사를 표시한 경우로 볼 만한 어떤 몸짓이 있다고 하더라도 그 사실만을 가지고 동의 또는 승낙으로 볼 여지는 없다.[117]

(4) 행위능력

행위능력이란 법률행위를 단독으로 완전·유효하게 할 수 있는 법률상의 지위 혹은 자격을 가리킨다. 미성년자나 피후견인은 행위능력이 제한될 수 있다.

(5) 책임능력

책임능력이란 불법행위에 따른 책임에 관한 능력을 말한다. 자기의 행위가 불법행위로서 법률상의 책임을 발생케 한다는 사실을 변식할 수 있는 능력이 책임능력이다. 언제부터 책임능력이 있는가는 구체적 사정에 따라서 다르다. 연령, 교육기관의 학년도에 의하

115) 대법원 2006.9.22. 선고 2006다29358 판결; 대법원 2012.3.15. 선고 2011다75775 판결.

116) 대법원 2009.01.15. 선고 2008다58367 판결.

117) 대법원 1993.7.27. 선고 93다8986 판결.

여 획일적으로 결정할 수 없고, 예컨대 각자의 지능, 발육정도, 환경, 지위신분, 평소의 행동 등에 의하여 개별적으로 불법행위로 인한 책임을 변식할 지능의 유무를 결정하여야 한다. 다만 보통 13, 14세 전후의 미성년자 혹은 질병, 장애, 노령, 그 밖의 사유로 인한 정신적 제약으로 사무를 처리할 능력이 지속적으로 결여된 사람이 아닌 경우에 책임능력이 있다고 본다.

(6) 소송능력

소송능력이란 소송상의 행위를 하거나 받기에 필요한 능력을 말한다. 단독으로 유효한 소송행위를 하거나 받을 수 있는 능력이 소송능력(당사자능력)이다. 행위능력자이면 소송능력도 인정된다. 다만 미성년자는 원칙적으로 법정대리인에 의하여서만 소송행위를 할 수 있으나, 미성년자 자신의 노무제공에 따른 임금을 청구하는 소송은 근로기준법 제68조의 규정에 의하여 미성년자가 독자적으로 할 수 있다.[118] 또한 법인이나 권리능력 없는 사단·재단도 소송능력이 있다.

[더 생각할 과제 - 도롱뇽의 소송능력]

경부고속철도의 건설을 위하여 천성산을 관통하는 길이 13.5km의 원효터널을 건설하게 되었는데, 천성산 일원에 있는 늪 등에는 많은 도롱뇽이 서식하고 있었다. 도롱뇽은 원효터널공사로 자신의 생존환경이 파괴된다고 하는 이유로 환경적 이익에 대한 침해의 배제 또는 예방으로서 원효터널의 착공금지를 구할 수 있는가? [대법원 2006.6.2. 자 2004마1148, 1149 결정]

도롱뇽의 당사자능력이 문제된다. 당사자능력이란 일반적으로 소송당사자가 될 수 있는 소송법상의 능력(자격)으로서 자기의 이름으로 재판을 청구하거나 또는 소송상의 효과를 받을 수 있는 자격을 말한다. 당사자능력은 소송법상의 추상적이고 일반적인 관념이며 소송사건의 성질이나 내용과는 관계없이 일반적으로 정하여지는 능력이고, 어떤 실체에 당사자능력을 인정하느냐의 문제는 민사소송법의 입장에서 독자적으로 결정된다.

민사소송법 제51조는 당사자능력에 관하여 민사소송법에 특별한 규정이 없으면 민법과 기타의 법률에 따르도록 정하고 있다(민사소송법 제52조는 대표자나 관리인이 있는 경우에 법인 아닌 사단이나 재단에 대하여도 소송상의 당사자능력을 인정하는 특별규정을 두고 있다). 그러나 자연물인 도롱뇽 또는 그를 포함한 자연 그 자체에 대하여 당사자능력을 인정하고 있는 현행법률이 없고, 또한 관습법도 존재하지 아니한다.

외국의 사례를 보면 실제로 미국의 판결례상 환경보호를 위한 현실적 필요를 주된 근거로 하여 이른바 자연의 권리소송이론을 적용한 사례가 몇 건 발견되기도 한다. 미국에서는 자연물의 당사자적격이 재판의 쟁점으로 된 사건에서 동물이 원고로 인정된 경우가 있으나,[119] 보통법으로 상징되는 불문법주의, 판례법주의를 채택하고 있는 미국의 사례는

118) 대법원 1981.8.25. 선고 80다3149 판결.

법체계와 그 구체적 내용, 법문화의 역사가 근본적으로 국내의 경우와는 상이하여 바로 원용하기에 적절하지 않다. 독일은 1988년 북해바다표범의 이름으로 제기된 소송이 각하된 경우가 있다. 국내의 법률제도와 체계가 가장 유사한 일본의 경우에도 자연이나 동물이 원고가 된 소송이 여러 건 있다.[120] 다만 일본에서도 아직까지 동물의 소송능력을 인정한 사례는 없다. 자연의 권리보호를 위한 소송이 현실적으로 필요성이 있다면, 미국과 같이 객관소송에 가까운 시민소송제도를 입법적으로 도입하는 방향이 바람직하다고 할 수 있다. 그러나 시민소송제도의 필요성만으로는 성문법률도 없고, 관습법으로 통용되고 있지도 않은 이상 성문법주의를 취하는 국내의 실정에서 입법부가 아닌 법원이 당사자능력에 관한 새로운 법률을 창설할 수는 없다.

사례에서 만약 도롱뇽에게 당사자능력을 인정하려고 하더라도 천성산에는 수많은 늪지와 계곡, 동물·식물이 존재하고 있는데, 천성산 자체가 아닌 도롱뇽은 도롱뇽 자신의 이익을 대변할 수 있을 뿐 그 자연 자체를 대표할 수 있다는 근거도 없다. 또한 천성산에 서식하고 있는 도롱뇽의 개체수도 수 없이 많다. 그러나 소송을 제기하고 있는 도롱뇽이 천성산 도롱뇽 전부를 대표할 수 있다고 볼 근거도 없다. 그러므로 도롱뇽 아닌 다른 동물·식물이나 원효터널이 관통하는 천성상 내에 분포된 늪지나 강, 계곡, 소류지, 저수지, 능선 등이 자신의 이익을 주장하며 도롱뇽의 대표성을 부인하거나, 다른 도롱뇽이 그 도롱뇽의 대표성을 부인한다면 피고로서는 끝없는 소송사태에 직면하게 될 위험이 있다. 결국 도롱뇽은 당사자능력을 가질 수 없다. 판례도 역시 천성산 일원에 서식하고 있는 도롱뇽목 도롱뇽과에 속하는 양서류로서의 도롱뇽을 원고로 하여 천성산구간에 대한 고속철도의 공사금지를 신청한 사건에서 자연물인 도롱뇽은 소송을 수행할 소송능력을 가지지 아니한다고 본다. 국내에서 동물의 소송능력을 인정한 경우는 아직 없다.[121]

---

119) 미국에서는 예컨대 「시에라클럽 대 머튼사건」(미국의 유명한 환경단체인 시에라클럽이 1972년 디즈니사가 캘리포니아주 세쿼이아국립공원에 위락시설을 짓도록 허가하여 준 미국산림청을 상대로 공사금지명령을 요구한 소송으로 나무를 대신하여 시에라클럽이 원고로 나선 결과 1심에서 승소한 후에 항소심에서 각하)의 1심에서 자연의 원고자격이 인정된 경우를 비롯하여, 북부점박이올빼미사건(1988), 그레이엄산 붉은 다람쥐사건(1991), 하와이주 팔릴라사건(1979)과 까마귀사건(1991), 플로리다주 사슴사건(1994)과 바다오리사건(1996) 등 동물을 원고로 내세운 사례가 많다.

120) 일본에서는 예컨대 1995년 2월에 골프장건설을 반대하는 가고시마현 아마미섬의 주민이 천연기념물로 지정된 야생토끼를 비롯한 4가지 야생동물을 원고로 내세워 소송을 낸 이후 여러 차례 동물의 권리소송이 제기된 사례가 있다.

121) 도롱뇽사건 이외에도 검은머리물떼새사건(검은머리물떼새를 원고로 하여 군산복합화력발전소의 공사계획을 취소하라는 소송), 황금박쥐사건(황금박쥐를 비롯한 관코박쥐, 수달, 고니, 장님굴옆새우, 안락꼽등이, 등줄굴노래기 등을 원고로 하여 도로확장공사의 중지를 청구한 소송으로, 설사 황금박쥐 등의 당사자능력을 인정하려 하여도 쇠꼬지동굴 내에는 여러 개체의 황금박쥐 등이 서식하고 있으나, 어느 황금박쥐 등이 소송을 제기하고 있는지 특정되지도 아니하고, 그 황금박쥐 등이 쇠꼬지동굴 내의 황금박쥐 등 전부를 대표한다고 볼 근거도 없으므로, 당사자능력을 인정할 수 없다고 본 사건) 등 동물을 원고로 한 소송이 제기된 사건에서 법원은 모두 동물을 소송당사자로 인정하지 않고 있다.

제2절 자연인

Ⅰ. 권리능력

1. 서 설

권리능력은 모든 인간에게 인정된다(§3). 다만 법적으로 인간이 어느 시점부터 어느 시점까지 권리의무의 귀속주체로 평가되는가 하는 권리능력의 시기와 종기에 관한 문제가 발생한다.

2. 권리능력의 시기

(1) 출생의 시점

1) 서 설

사람은 '생존한 동안' 권리와 의무의 주체가 된다. 그러므로 출생에 의하여 사람은 권리능력을 취득하고, 출생의 시점을 언제로 보는가는 연령이나 성년의 시기, 출생신고기간을 결정하는 경우에 중요한 의미를 지닌다. 또한 출생의 시점은 누가 상속인이 되는가와도 관련이 된다. 다만 언제를 권리능력의 시기에 해당하는 출생으로 보는가에 관하여는 종래 (i) 진통설, (ii) 일부노출설, (iii) 전부노출설, (iv) 독립호흡설이 대립하고 있다. 민법에서는 일반적으로 모체로부터 살아서 완전히 분리된 때, 즉 전부노출시를 권리능력의 시기인 출생으로 본다(전부노출설).

① 진통설 진통설은 민법상 사람의 시기를 자연분만의 경우에는 자궁벽에 규칙적인 진통이 시작되면서 자궁경관의 소실과 개대가 이루어지는 시기인 분만 제1기(개구기, the first stage of labor)가 시작하는 시점으로 보아야 한다고 본다. 진통설은 출생의 시기에 관하여 형법에서는 「분만중인 태아」를 독립한 사람으로 인정하고 있으므로,[122] 법학적인 입장에서 하나의 기준으로 통일할 필요가 있다고 주장한다.

② 일부노출설 일부노출설은 모체로부터 태아의 일부가 노출된 때를 출생의 시점으로 본다. 일부노출설은 구형법상의 통설이다.

---

122) 형법 제251조의 영아살해죄는 진통설에 입각하고 있다. 판례도 '사람의 생명과 신체의 안전을 보호법익으로 하고 있는 형법상의 해석으로는 사람의 시기는 규칙적인 진통을 동반하면서 태아가 태반으로부터 이탈하기 시작한 때, 다시 말하면 분만이 개시된 때'(소위 진통설 또는 분만개시설)라고 본다(대법원 1982.10.12. 선고 81도2621 판결).

③ 전부노출설　　전부노출설은 모체에서 태아가 전부노출한 때를 출생의 시점으로 본다. 현재 전부노출설이 출생의 시점에 관한 민법상의 통설이고 판례의 태도이다.[123)]

④ 독립호흡설　　독립호흡설은 태아가 모체로부터 완전히 분리된 후 독립하여 자기의 폐로 호흡한 때를 출생의 시점으로 본다.[124)] 독립호흡설은 의학상의 견해이고 구민법상의 소수설이다.

[더 생각할 과제 - 배아의 법적 지위]

> AB는 부부인데, 갑대학병원에서 인공임신의 목적으로 A로부터 채취된 정자와 B로부터 채취된 난자의 체외수정으로 배아를 생성하였다. 그리고 AB는 체외수정으로 생성된 배아 중 B의 체내에 이식되지 않고 남은 배아를 갑대학병원에 냉동보존하였다. 냉동보존되어 있는 배아가 원고가 되어 생명윤리법상의 규정에 대한 위헌심판을 청구할 수 있는가?

배아도 인간으로 보아야 하는가? 인간생명의 시작이 언제부터인가에 대하여는 국내는 물론 외국에서도 많은 논란이 계속되고 있다. 인간생명의 시작에 관하여는 '수정시',[125)] '착상시',[126)] '발생학적으로 원시선이 생긴 이후'[127)] 등 다양한 견해가 존재한다.

출생전 형성중의 생명에 대하여도 헌법적 보호의 필요가 있다고 하지 않을 수 없다. 적어도 초기배아[128)]의 경우에도 이미 정자와 난자의 수정이 된 배아라는 사실에서 형성중인 생명의 첫 단계에 들어있다고 볼 여지가 있기는 하다. 특히 생명공학 등의 발전과정에 비추어 인간의 존엄과 가치가 갖는 헌법적 가치질서로서의 성격을 고려할 때 인간으로 발전할 잠재성을 갖고 있는 초기배아라는 원시생명체에 대하여도 당연히 헌법적 가치가 소홀히 취급되지 않도록 노력하여야 한다. 그러나 아직 모체에 착상되거나 원시선이 나타나지 않은 이상 현재의 자연과학적 인식의 수준에서 독립된 인간과 배아간의 개체적 연속성을 확정하기 어렵다고 보아야 한다. 또한 배아의 경우에 현재의 과학기술의 수준에서 모태 속에서 수용될 때 비로소 독립적인 인간으로의 성장가능성을 기대할 수 있고, 특히 수정후 착상전의 배아가 인간으로 인식된다거나 인간과 같이 취급하여야 할 필요성이 있다는 사회적 승인이 존재한다고 보기가 아직은 어렵다. 배아에게 인간으로서의 지위나 기본권주체성을 인정하기는 곤란하다.[129)] 배아는 기본권의 주체가 될 수 없으므로 헌법소원을 제기할 수 있는 청구인적격이 없다.

---

123) 서울고등법원 2007.3.15. 선고 2006나56833 판결(민법의 해석상 사람의 출생시기는 태아가 모체로부터 전부노출된 때를 기준으로 삼는 태도가 타당하다).

124) 독립하여 호흡한 때를 인정하기 매우 애매하나, 보통 첫 울음이 있은 때를 독립호흡시기로 본다.

125) 만약 생명의 시작을 수정시(체세포핵이식의 경우는 핵이식시)부터로 보면서 배아는 이미 헌법이 보호하는 '인간'으로서 생명권의 주체이며 인간으로서의 존엄과 가치를 지닌다고 보면 배아제공계약은 그 효력이 인정될 수 없다.

126) 형법상 태아는 수정란이 자궁에 착상한 때로부터 낙태죄의 대상이 되고, 착상은 통상 수정후 14일경에 이루어지므로, 그 이전의 생명에 대하여는 어떤 보호도 하지 않고 있다.

127) 수정후 대략 14일이 지나면 원시선(primitive streak)이 나타나고, 원시선은 척추와 척수로 발달하고 그때부터 각 세포도 각 기관으로 발달한다.

128) 생명윤리법상의 「배아」(생명윤리법 §2 ii 참조)는 초기배아를 가리킨다. 초기배아란 수정란 및 수정된 때부터 발생학적으로 모든 기관이 형성되는 시기까지의 분열된 세포군을 말하며, 그 중에서도 수정 후 14일이 경과하여 원시선이 나타나기 전의 수정란상태, 즉 일반적인 임신의 경우라면 수정란이 모체에 착상되어 원시선이 나타나는 그 시점의 배아상태에 이르지 않은 배아를 의미한다.

129) 헌법재판소 2010.5.27. 자 2005헌마346 전원재판부.

2) 출생의 효과

> 의사가 태아곤란증이 의심되는 태아에 대하여 배큠(Vaccum: 태아의 머리를 잡아당겨 꺼내주는 특수한 의료기구)을 이용한 흡입분만을 수회 시도한 끝에 태아를 분만시켰다. 그런데 태아를 즉시 신생아실로 옮겨 응급조치를 시행하였으나, 상태가 회복되지 않아 의사는 태아가 사산하였음을 선언하였다. 태아는 이미 사람으로서 권리능력을 취득한 후에 사망한 경우로 되는가?

사산인 경우에는 결코 권리능력을 취득할 수 없지만, 출생후 일순간이라도 생존하면 권리능력을 취득한다. 그리고 인간은 살아서 출생한 한 성별이나 기형·정형, 조산 및 지산, 쌍생 등을 묻지 않고 모두 권리능력을 가진다. 다만 민법상 사람의 출생시기를 언제로 보는가가 문제된다.

우선 민법 제3조는 "사람은 생존한 동안 권리와 의무의 주체가 된다"라고 규정하고 있으므로, 사람으로서 생존하기 시작하는 출생시를 권리능력의 취득시점으로 보아야 한다. 출생이 어느 한순간 일시에 이루어지지 아니하고, 일련의 생리적 과정을 거쳐 이루어지므로 어느 단계를 출생으로 볼 것인가는 중요하고도 어려운 문제라고 할 수 있다. 다만 적어도 민법에서 사람의 시기를 정하는 경우인 이상, 출생이란 생리적인 현상을 의학적으로 규명하는 문제가 아니라 민법의 권리능력에 관한 입법취지에 따라서 법적 관점에서 결정할 문제라고 보아야 한다.

권리능력은 사법관계의 초석이 되므로(민법은 모든 개인에게 재산관계 및 가족관계 등의 모든 사법관계에서 자유롭게 소유권을 누리고 계약관계를 맺을 수 있고, 친족관계를 형성할 수 있는 추상적이고 일반적인 자격, 즉 권리능력을 평등하게 인정하고 있다), 그 취득시기가 무엇보다도 명확할 필요가 있다. 특히 권리능력의 취득시기를 정할 때에는 동일한 법적 이념을 추구하는 세계 각국과도 보조를 맞추어야 하고,[130] 태아가 사산한 경우에 그 망아에게 손해배상청구권을 인정하고 있는 입법례나 판례를 찾아보기 어려운 사정도 참작하여야 한다. 결국 전부노출설이 비교적 명확하게 권리능력의 취득시기를 확정할 수 있다는 사정 등을 감안하면 태아의 법적 보호를 위하여 불법행위에 기한 손해배상청구(§762), 재산상속(§1000 III) 등과 같이 개별적으로 특별규정을 두어 이미 출생한 경우로 보는 경우를 제외하고는, 민법의 해석상으로도 사람의 출생시기를 태아가 모체로부터 전부노출한 때를 기준으로 삼는 태도, 즉 전부노출설이 타당하다.[131] 아울러 태아가 모체로부터 전부노출된 경우라고 할지라도 이미 그 이전에 사망한 때에는 비록 그 태아가 외관상 구조적인 이상이 없다고 하더라도 이미 생존하지 않는 사체에 불과하여 사람으로 평가될 수는 없다.

사례에서 의사의 의료과오로 인하여 태아가 사산된 경우에 태아가 분만중에 사망한 경우라고 할지라도 이미 사람으로서 권리능력을 취득한 후에 사망한 경우로 되어 태아가

---

130) 예컨대 독일민법 제1조는 「출생의 완료」(Vollendung der Geburt)로서 사람의 권리능력이 시작됨을 명문으로 규정하고 있다.

131) 판례도 같은 취지이다(대법원 1976.9.14. 선고 76다1365 판결 참조).

의사에 대하여 가지는 손해배상청구권을 태아의 부모가 상속하는가가 문제된다. 만약 진통설을 취하면 이미 태아가 모체로부터 분리되기 시작하여 주기적인 진통이 시작된 때에 권리능력을 취득하므로, 그 이후 행하여진 분만상 과실로 인하여 태아가 사산되더라도 태아가 스스로 손해배상청구권을 취득하게 되고, 그 부모는 상속에 의하여 그 손해배상청구권을 상속한다. 그러나 민법상 사람의 시기는 형법에서 취하는 진통설과 같이 분만을 개시하는 진통이 있을 때로 보지 않고 분만이 완성되어 태아가 모체로부터 완전히 분리된 때로 보는 전부노출설을 취하는 태도가 타당하므로, 사례와 같이 태아가 분만상 과실로 인하여 전부노출되지 못한 채 사망한 경우에는 그 태아는 자신의 생명침해에 대한 손해배상청구권을 취득하지 못한다. 결국 그 부모는 손해배상청구권의 상속을 주장할 수 없다.

(2) 태아의 권리능력

1) 태 아

태아란 수정란이 자궁에 착상한 때로부터 출생을 위하여 모체로부터 분리되어 완전히 노출될 때까지의 생명체를 가리킨다. 장차 자연인으로 출생이 기대되는 한 발육의 정도는 상관없이 모두 태아로 인정된다. 또한 모체로부터 비록 일부가 노출된 경우라고 하더라도 전부가 노출되지 아니한 경우에는 역시 태아에 불과하다.

정자와 난자를 체외의 시험관에서 수정하여 아직 모체 내에 착상하지 아니한 상태에 있는 수정란을 태아로 볼 수 있는가 하는 문제가 제기된다. 수정난이 여인의 자궁에 착상된 때에 한하여 태아로 보아야 한다는 입장(착상설)이 다수의견이나, 체외수정난도 이미 인간의 실체를 가지고 있다고 본다면 체외수정난을 바로 태아로 취급할 수는 없다고 할지라도 태아와 유사하게 보호하여야 할 필요가 있다고 본다.

2) 태아의 보호에 관한 태도

(a) 일반보호주의 vs 개별보호주의

권리능력이 출생에 의하여 비로소 인정된다고 하면 태아는 원칙적으로 권리능력이 없다. 그러나 예를 들어 아버지가 사망하기 몇 분 전에 출생한 자녀는 아버지의 재산을 상속하고, 아버지가 사망한 후 불과 몇 분이 지나 태어난 자녀는 상속개시시점인 아버지의 사망시에 권리능력이 없어서 상속권이 없다고 하면 태아에게 지나치게 불리하고 불공평하다. 그러므로 태아도 권리능력을 인정하여 법적으로 보호하여야 할 현실적인 필요성이 있다.

태아의 보호에 대하여는 크게 일반보호주의와 개별보호주의로 구분할 수 있다. 일반보호주의에 의하면 모든 법률관계에 관하여 몽땅 태아를 이미 출생한 경우로 본다. 그러나 개별보호주의에 의하면 중요한 법률관계에 대하여만 법률이 출생한 경우와 같이 인정하여 태아를 개별적으로 보호한다.

일반보호주의와 개별보호주의는 각각 어떤 장점과 단점이 있는가? 입법례로 보면 로마법·스위스민법·오스트리아민법·프로이센일반란트법(ALR)은 일반보호주의를 채택하고 있다. 일반보호주의에 의하면 태아의 이익을 망라적으로 보호할 수 있다고 하는 장점이 있으나, 반면에 적용범위가 애매모호하다고 하는 단점이 있다. 그리고 프랑스민법·독일민법·일본민법·민법은 개별보호주의를 채택하고 있다. 개별보호주의는 태아를 보호하는 적용범위가 명확하다고 하는 장점이 있으나, 반면에 태아가 포괄적으로 보호되지 못한다고 하는 단점이 있다.

(b) 민법상의 태아보호

a) 서 언

민법은 태아의 보호에 관하여 개별보호주의를 채택하고 있다.[132] 민법상 개별적으로 (i) 불법행위에 기한 손해배상의 청구(§762), (ii) 재산상속(§1000 III), (iii) 대습상속(§1001),[133] (iv) 유류분(§1112),[134] (v) 유증(§1064), (vi) 인지(§858)에 대하여 태아를 「이미 출생한 경우로 본다」. 다만 학설상 사인증여, 인지청구권과 증여에 대하여도 태아에게 권리능력이 인정되는가에 관하여 의견이 대립한다.

b) 태아의 권리능력이 인정되는 경우

민법상 불법행위에 기한 손해배상의 청구, 재산상속, 대습상속, 유류분, 유증(§1064), 인지와 같이 명문규정을 통하여 태아의 권리능력이 인정되는 경우가 있다. 그리고 명문규정은 없으나, 태아의 권리능력이 인정되는가에 관한 논의가 있는 경우도 있다.

① 불법행위에 기한 손해배상청구권 태아는 손해배상의 청구에 관하여는 이미 출생한 경우로 본다(§762). 아버지의 생명침해에 대한 재산적 손해에 관하여는 민법 제762조가 직접 적용되지 않고, 일단 아버지에게 손해배상청구권이 발생하고 그 손해배상청구권이 상속인(태아)에게 상속된다(§1000 III)고 보는 견해가 판례·학설의 태도이다. 그러므로 민법 제762조에 의하여 태아의 권리능력이 의제되는 경우로서는 (i) 부모의 생명침해에 대하여 태아 자신이 손해배상을 청구하는 경우(§752),[135] (ii) 태아 자신이 받은 불법행위에 대하여 손해배상을 청구하는 경우(§750)에 한한다.

---

132) 대법원 1982.2.9. 선고 81다534 판결.

133) 대습상속이란 상속개시 전에 사망하거나 결격자가 된 상속인의 직계비속이 사망 또는 결격자가 된 자의 순위에 갈음하여 상속인이 되는 상속제도(아버지가 할아버지보다 먼저 사망한 경우에 할아버지의 사망에 따라서 먼저 사망한 아버지에 갈음하여 그의 배우자나 아들·딸이 할아버지의 재산을 상속하는 제도)를 가리킨다.

134) 유류분이란 상속인이 피상속인이 남긴 상속재산의 일정한 비율을 취득할 수 있는 법률상의 지위를 가리킨다. 예컨대 아버지의 눈 밖에 난 자식으로서 아버지가 평소 자기에게는 한 푼의 유산도 줄 수 없다고 유언한 경우라고 하더라도 아버지가 사망하면 유류분권에 의하여 본래 본인의 상속분의 2분의 1에 대하여는 상속을 받을 수 있다.

135) 판례는 아버지가 교통사고로 상해를 입을 당시 태아로 있다가 그 뒤에 자녀로 출생한 이상 아버지의 부상으로 인하여 입게 될 정신적 고통에 대한 위자료를 청구할 수 있다고 본다(대법원 1993.4.27. 선고 93다4663 판결).

[더 생각할 과제 - 사산한 태아의 손해배상청구권]

A는 셋째 아이를 임신한 후 B산부인과의원에서 정기적으로 검진을 받았다. A는 B의사로부터 기형아검사를 위한 트리플마커검사를 받았는데, 그 결과 에드워드증후군의 위험도가 1:100 이상으로 증가되었음이 확인되었다. B의사는 태아가 기형아인지를 정확히 알기 위해서는 양수검사가 필요하다고 권유하였고, A의 동의 아래 양수천자검사를 실시하였다. 그런데 B의사는 양수천자검사로 인하여 발생할 수 있는 합병증 및 유산의 위험성에 관하여 A에게 구체적으로 알려주지 않아 의사로서의 설명의무를 위반하였을 뿐만 아니라, A가 양수검사에 따른 합병증으로 나타나는 감염증상 및 조기양막파수를 일으키게 되어 다시 내원하여 감기몸살 및 복통을 호소하였음에도 필요한 적절한 조치를 취하지도 않았다. 그 후 A는 C병원에서 초음파검사를 받았고, 그 결과 양막이 터져 양수가 거의 없음이 확인되었으며 그 다음날(임신 19주) 태아는 태내에서 사망하였다. A는 태아도 권리능력이 인정되어 손해배상청구권을 가질 수 있고 태아가 사산한 경우에 태아의 손해배상청구권은 정상적으로 태어났다면 친권자가 될 자기에게 상속된다고 주장하며 B의사에 대하여 손해배상을 청구할 수 있는가?

민법 제762조는 태아는 손해배상청구권에 관하여는 이미 출생한 경우로 본다고 규정하고 있고, 그 규정을 문면 그대로 해석할 경우에 사산된 태아의 손해배상청구권을 인정할 여지가 있다. 그러나 판례는 사산한 태아의 손해배상청구권이 부정된다고 본다(태아를 '살아서 출생한 태아'와 '살아서 출생하지 못한 태아'로 구분하고, '살아서 출생하지 못한 태아'에 대하여는 손해배상청구권을 부정한다). 왜냐하면 민법 제762조를 해석할 때에 생존한 동안에만 권리와 의무의 주체가 된다고 규정한 민법 제3조를 함께 적용하여야 하기 때문이다. 살아서 출생하지 못한 태아의 손해배상청구권이 부정되는 이유는 민법 제762조의 해석 때문이 아니라 오히려 민법 제3조 때문이라고 할 수 있다.[136] 결국 사례에는 민법 제3조도 적용되어야 한다고 보아야 하므로, 태아가 태내에서 사망한 한 태아의 손해배상청구권은 인정되지 않는다. 그러므로 A는 B의사에 대하여 사산한 태아의 손해배상청구권을 주장할 수 없다.

② 상 속　　태아는 상속순위에 관하여는 이미 출생한 경우로 본다(§1000 Ⅲ). 역시 태아는 대습상속권(§1001), 유류분권(§1112)을 가진다.

③ 유 증　　유증이란 유언에 의하여 재산을 무상증여하는 법률행위를 가리키며, 태아에 대하여도 유증을 할 수 있다(§1064). 태아도 유증능력이 있다.

④ 인 지　　인지란 혼인 외의 출생자에 대하여 그 생부·생모가 자기의 자녀라고 인정하여 친자관계를 발생시키는 행위를 말한다. 아버지는 포태중인 자녀, 즉 태아에 대하여도 인지할 수 있다(§858).

⑤ 사인증여　　사인증여란 증여자의 사망으로 인하여 효력이 생기는 증여를 말한다(§562). 사인증여에 관하여 태아의 권리능력이 인정되는가에 관하여는 학설이 대립한다. 민법은 태아의 사인증여능력에 관하여 명문규정을 두고 있지 않고, 학설상 긍정설과 부정

---

136) 헌법재판소 2008.7.31. 자 2004헌바81 전원재판부도 '살아서 출생한 태아'와 달리 '살아서 출생하지 못한 태아'에 대해서는 손해배상청구권을 부정함으로써 후자에게 불리한 결과를 초래하고 있으나, 그 결과는 사법관계에 요구되는 법적 안정성의 요청이라는 법치국가이념에 의한 경우로 헌법적으로 정당화된다고 본다(다만 소수의견으로 민법 제762조가 태아의 손해배상청구권을 살아서 출생한 태아의 경우에만 인정한다고 보는 태도는 기본권보호의무를 규정하고 있는 헌법 제10조 제2문에 위반하여 태아의 인간으로서의 존엄과 가치 및 생명권을 침해하여 헌법에 위반된다는 주장이 있다).

설이 있다.

사인증여에 관하여는 유증의 규정이 준용된다(§562)는 규정이 있으므로, 역시 유증에 대하여 태아의 권리능력을 인정하는 민법 제1064조도 사인증여에 준용되어 태아에게 사인증여의 권리능력이 인정된다고 보는 견해가 있다. 그러나 사인증여를 필요로 하는 경우에는 태아에게 유증에 의하여 규율하면 족하고 명백한 근거 없이 사인증여에 대하여까지 태아의 권리능력을 의제할 필요는 없다고 보는 태도가 타당하다.

⑥ 태아의 인지청구권　　아버지가 임의로 인지를 하지 않는 경우에 자녀는 인지청구를 할 수 있다(§863). 아버지(父)는 태아에 대하여 인지할 수 있으나, 태아도 자발적으로 인지를 하지 않는 아버지에 대하여 인지를 청구할 수 있는가 하는 문제에 대하여 민법상 규정이 없다. 그러므로 태아가 아버지에 대하여 인지청구를 할 수 있는가 하는 문제가 제기되고, 학설상으로는 긍정설과 부정설이 대립한다.

태아의 보호를 위하여 태아에게도 인지청구권을 인정하여야 한다고 하는 견해가 있다. 만일 친부의 중병과 같은 사유로 태아의 출생시까지 기다릴 여유가 없는 때에는 태아인 동안에도 인지청구를 할 필요가 있고, 만약 태아의 인지청구를 긍정하지 않으면 태아를 다른 방법으로 보호할 수 없다고 하는 이유로 태아의 인지청구권도 인정되어야 한다고 주장한다. 그러나 민법이 개별보호주의를 취하여 태아에게 예외적·개별적으로만 권리능력을 인정하고 있는 취지를 고려할 때 입법론으로는 몰라도 해석상으로 태아의 인지청구권은 인정하기 곤란하다고 보는 견해가 타당하다.

⑦ 증여계약의 수증능력　　증여(생전증여)의 경우에 태아에게도 수증능력을 인정할 수 있는가? 민법은 명문규정을 두고 있지 않다. 학설상으로는 긍정설과 부정설이 대립한다. 판례는 부정설을 취하고 있다.

증여계약에 대하여까지 태아의 권리능력을 확장하여 태아의 수증능력도 인정하여야 한다고 보는 견해가 있다. 증여계약의 수증능력까지를 긍정하는 견해는 민법이 개별보호주의를 취한 이유는 태아에게 모든 거래행위나 가족행위에 전면적으로 권리능력을 인정하지 않고 태아보호에 필요한 몇몇 법률관계에 한정하여 제한적으로 권리능력을 인정한다는 의도라고 해석하고, 민법상 대개 능동적 행위가 아닌 수동적 입장에서 태아의 이익을 증가시키는 경우에는 태아의 권리능력이 인정된다는 입법취지를 일탈하지 않는 범위에서 수증능력에 대하여도 태아의 권리능력을 인정할 필요가 있다고 본다. 그러나 증여자가 증여하고자 하는 시기에 아직 태아가 출생하지 않은 때에는 증여자는 출생을 기다려 비로소 증여할 수 있고, 만일 증여자가 중병과 같은 사유로 출생할 때까지 기다릴 여유가 없는 경우에는 유증을 하면 충분하므로, 굳이 태아에게 증여계약의 수증능력까지를 인정할 필요는 없다고 보는 견해가 타당하다.

X는 그 아들인 A, B, C, D 및 당시 포태중이던 E 등 5인에게 갑토지를 증여한 후 사망하였다. 그리고 X가 사망한 뒤 E가 남아로 태어났다. E는 증여받은 갑토지의 1/5지분에 대한 지분이전등기청구를 할 수 있는가? [대법원 1982.2.9. 선고 81다534 판결]

사례를 보면 아버지 X가 그 아들인 A, B, C, D 및 당시 포태중이던 E 등 5인에게 갑토지를 증여한 후에 사망한 사실이 인정된다. 그러므로 E가 증여의 목적물인 갑토지에 대하여 5분의 1의 지분에 관한 권리를 가지는가가 문제된다.

우선 포태중이던 E에 대한 X의 증여가 사인증여인지, 아니면 증여인지가 분명하지 않다. 그러나 E가 어떤 지위를 누리는가는 X의 증여행위가 사인증여인지 증여인지로 구분하여 살펴보아야 한다.

X의 증여가 사인증여의 경우라고 하면 사인증여에 관하여는 유증에 관한 규정이 준용된다(§562)고 하는 이유로 태아의 사인증여를 받을 능력에 관하여도 유증에 관한 규정이 준용된다고 보는 견해(긍정설)가 있다. 긍정설에 의하면 태아는 유증에 관하여 이미 출생한 경우로 보므로, 사인증여의 수증능력까지 태아에게 인정된다고 본다.

민법상 개별적으로 태아의 권리능력을 인정한 경우를 보면 모두 태아쪽의 참여없이 태아가 권리를 취득하게 되는 때에 한할 뿐이다. 또한 사인증여를 보면 사인증여도 하나의 계약인 이상 태아의 법정대리인으로 될 자의 대리행위에 의하여 체결되어야 하고, 현명주의의 법리에 따라서 태아의 이름으로 체결되어야 한다. 그러나 개별적으로 태아의 권리능력이 인정되는 경우에도 그 권리능력은 태아인 동안에는 없고, 살아서 출생하면 비로소 문제된 사건의 시기까지 소급하여 그때에 출생한 경우와 같이 법률상 간주된다고 보는 판례의 태도(정지조건설)를 따를 때 아직 태어나지도 아니한 태아를 위하여 태아의 법정대리인이 있을 수 없으므로, 결국 법정대리인이 태아를 수증자로 하는 사인증여계약의 청약이나 승낙을 할 수 있다고 보기는 어렵다.

태아의 사인증여능력을 인정한다는 입장은 민법 제562조의 지나친 형식논리적 해석이라고 하지 않을 수 없다. 사례에서 X의 증여가 비록 사인증여라고 하더라도 E는 증여의 목적물인 갑토지에 대하여 5분의 1의 지분에 대한 권리를 주장할 수 없다고 보아야 한다.

사례에서 X의 증여가 생전행위로서의 단순한 증여라고 하면 태아에게도 생전증여를 할 수 있는가가 문제된다. 사인증여에서 태아에게 수증능력이 없다고 본 입장에서 볼 때, 하물며 사인증여와 같은 유증의 준용규정이 없는 생전증여에 대하여 손해배상청구권의 취득이나 상속 또는 유증의 경우를 유추하여 태아의 수증능력을 인정하기는 곤란하다고 보아야 한다.[137] X의 증여가 생전증여라고 하더라도 역시 E는 수증능력을 지니지 않으므로, E는 증여의 목적물인 갑토지에 대한 5분의 1의 지분이전청구를 할 수 없다.

태아에게는 일반적으로 권리능력이 인정되지 아니하고 특별규정이 있는 경우에 한하여 제한된 권리능력이 인정되는 현행의 민법 아래에서는 사인증여나 생전증여에 대하여는

137) 판례도 같은 취지이다(대법원 1982.2.9. 선고 81다534 판결).

태아를 이미 출생한 경우로 볼 수 없다. 만일 태아에게 재산권을 무상으로 주려고 할 때에는 민법이 명문규정을 통하여 태아의 권리능력을 인정하는 유증제도를 이용하던지, 생전행위로 증여하려고 할 때에는 태아에게 직접 증여할 수는 없고, 태아를 수익자(제3자)로 하는 제3자를 위한 계약제도를 통하여 같은 목적을 이룰 수 있다(제3자를 위한 계약에서 제3자는 계약이 성립할 때에 반드시 특정되어 있을 필요는 없고, 특정할 수 있으면 되므로, 태아를 제3자로 하는 제3자를 위한 계약도 가능하다). 그러므로 X가 태아인 E에게 갑토지를 무상으로 주려면 유증을 하거나, E를 수익자로 하는 제3자를 위한 계약을 어머니를 계약당사자로 하여 어머니와 체결하지 아니한 한, X의 사인증여나 생전행위로서의 증여에 의해서는 E가 갑토지의 5분의 1의 지분에 대한 권리를 취득한다고 볼 수 없다.

(3) 태아의 법률상의 지위

1) 서 언

민법은 개별적으로 태아의 권리능력을 보호하는 규정에서 태아를 「이미 출생한 경우로 본다」고 하는 표현을 사용하고 있다. 다만 태아를 「이미 출생한 경우로 본다」고 하는 표현이 어떤 의미를 가지는가 하는 문제가 있다.

2) 학 설

학설상으로는 태아의 법률상의 지위에 관하여 정지조건설(인격소급설)과 해제조건설(제한능력설)이 대립하고 있다.

해제조건설과 정지조건설의 차이를 알기 쉽게 비교하여 정리하면 아래 도표와 같다.

구 분	해제조건설	정지조건설
태아중의 권리능력	태아중에도 법률상 출생으로 보는 범위 내에서 그 사실이 발생한 때로부터 제한적 권리능력을 취득하고, 태아도 출생한 경우와 같이 취급한다(제한적 인격설).	태아중에는 권리능력이 없고, 따라서 태아의 존재를 고려하지 않고 법률관계를 처리한다.
살아서 출생한 경우	태아중에 처리된 법률관계에는 변동이 없다.	권리능력의 취득이 출생 이전의 사실발생의 시점까지 소급하여 출생한 경우와 같이 그 법률관계를 처리한다(인격소급설).
死產인 경우	권리능력이 그 사실의 발생의 시점에 소급하여 소멸하고, 태아중의 법률관계의 처리를 다시 하여야 한다.	태아중에 처리된 법률관계에 변동이 없다.
권리행사의 관계	태아중에도 권리의 행사를 위한 법정대리인의 존재가 인정된다.	출생 이전에는 권리행사가 문제되지 아니한다.
비 고	다수설	판례·소수설

① 해제조건설 해제조건설(다수설)은 민법상 출생으로 간주되는 각 경우에 태아는 그 개별적 사항의 범위 내에서 이미 권리능력을 지니며, 다만 죽어서 태어나는 때에는 그 권리능력취득의 효과가 문제의 사건이 발생한 시기까지 소급하여 소멸한다고 하는 견해이다. 해제조건설에 의하면 (i) 태아로 있는 동안에도 법정대리인(어머니)에 의하여 재산의 관리 기타 권리보전방법을 취할 수 있어서 태아를 두텁게 보호할 수 있고, (ii) 일반적으로 출산율은 사산율에 비해 압도적으로 높아서 해제조건설을 취하더라도 상대방이나 제3자에게 손해를 주는 경우는 아주 적다고 한다.

② 정지조건설 정지조건설(판례·소수설)은 태아로 있는 동안에는 아직 권리능력을 취득하지 못하지만, 살아서 출생하는 때에는 그 권리능력취득의 효과가 문제의 사건이 야기된 시기까지 소급하여 발생한다고 하는 견해이다. 정지조건설에 의하면 해제조건설의 주장과 같이 민법상 태아에 대한 어머니의 법정대리를 인정하기는 무리이며 상속과 불법행위에만 어머니에게 법정대리를 인정하는 태도는 비논리적이고, 실정법상 어떤 기준에 의하여 태아에 대한 어머니의 법정대리권을 권리보전행위에 제한하는가를 설명하기가 곤란하다고 본다. 그리고 정지조건설로부터는 해제조건설을 따를 때에는 (i) 어머니가 포태된 사실을 모르고 태아를 제외하고 상속을 하면 태아는 출생후 상속회복청구를 하여야 하고, (ii) 친생자가 아닌 태아에게 상속재산을 분할한 경우에 진정상속인이 상속회복청구를 하여야 하는 복잡한 절차가 요구되고, (iii) 태아가 쌍생아인 사실을 간과하고 태아를 1인으로 오인하여 상속재산을 분할하면 다른 태아가 상속회복청구를 하여야 하는 불편이 있고, (iv) 비록 사산율이 낮다고 하더라도 사산이 되면 법률관계가 복잡하게 되는 단점이 있다고 하는 지적도 있다.

A가 아버지 B, 배우자 C를 남기고 사망하였다. 그런데 A의 사망 당시 C는 태아 D를 포태하고 있었다. C가 아직 출생하기 전에 A가 사망한 경우에 상속관계는 어떤가?

사례에서 민법 제1000조 제3항에 의하여 태아인 C도 상속권을 가진다는 사실은 분명하다. 다만 태아의 법률상 지위에 대하여 어떤 이론구성을 하는가에 따라서 상속관계가 달라진다.

태아로서는 아직 권리능력을 취득하지 못하고 살아서 출생한 때에 비로소 문제의 사건이 발생한 시기로 거슬러 올라가 권리능력을 취득하는 효과가 생긴다고 보는 정지조건설에 의하면 우선 BC가 공동상속을 하고, 태아가 살아서 출생하면 그때 D가 A의 상속분에 대한 반환청구를 하여 상속을 회복시키며, 다만 D가 사산된 경우에는 BC의 공동상속이 유효하게 확정된다. 그러나 태아에게도 권리능력을 인정하고, 다만 사산일 때에는 문제의 사건이 발생한 시기로 소급하여 권리능력이 이미 취득된 효과를 소멸시키는 해제조건설에 의하면 일단 CD가 공동상속을 하고, D가 사산되면 B가 상속회복을 받는다.

3) 판 례

(a) 정지조건설을 취한 예

> A의 아내 B는 갑주식회사에 근무하는 운전기사 C의 부주의에 의한 교통사고로 인하여 사망하였다. B는 횡단할 수 있는 곳을 횡단하다가 교통사고를 당하였고, 특히 교통사고는 C가 술에 취한 상태에서 운전을 하였고, 당시 비가 오고 있어서 밤중에 시야가 흐렸는데도 80킬로의 과속을 하다가 일어났다. 그런데 B는 교통사고 당시 임신 8개월째였으나, 교통사고로 인하여 태아까지 사산되었다. A는 갑주식회사를 상대로 태아가 입은 손해, 즉 어머니의 사망으로 인한 정신상 고통에 따른 손해와 태아의 사망에 의한 재산상 및 정신상 손해에 대한 배상 및 A 스스로의 태아의 사망에 따른 위자료를 청구할 수 있는가? [대법원 1976. 9.14. 선고 76다1365 판결]

판례는 태아의 법적 지위에 관하여 학설상으로는 소수설에 해당하는 정지조건설을 취하고 있다. 정지조건설을 취하는 판례에 의하면 비록 태아가 권리를 취득한다고 하더라도 현행법상 태아의 권리를 대행할 기관이 없으므로, 태아로 있는 동안은 권리능력을 취득할 수 없고, 단지 살아서 출생한 때에 출생시기가 문제의 사건의 시기까지 소급하여 그때에 태아가 출생한 경우와 같이 법률상 보아준다고 본다. 사산의 경우에는 정지조건설에 의하여는 전혀 권리능력을 취득할 수 없으므로, 태아가 모체와 같이 사망하여 출생의 기회를 갖지 못한 때에는 태아의 손해배상청구권이 인정될 여지가 없다.

케이스를 보면 A는 태아가 어머니의 사망으로 인하여 입은 정신상 고통에 따른 손해, 태아 자신의 사망에 따른 재산상 및 정신상의 손해에 따른 권리를 태아가 C의 불법행위로 사산된 경우에 A(아버지)가 상속한다고 주장하고, 또한 A는 스스로 태아의 사망에 따른 위자료청구를 할 수 있다고 주장하고 있다. 그러나 판례의 태도와 같이 태아의 법적 지위에 관하여 정지조건설을 취할 때에는 교통사고로 인하여 태아가 즉시 사망하고 출생할 기회를 갖지 아니한 한, 태아에게는 아무런 권리능력도 인정되지 아니하여 A가 상속할 권리가 있다고 할 수 없다. 역시 A에게 태아의 사망에 따른 위자료청구도 인정되지 아니한다.

해제조건설에 의하면 태아를 위한 법률관계의 보존을 위한 목적에서 태아중에도 출생한 경우로 인정되는 범위에서 제한적 권리능력을 인정한다. 다만 해제조건설을 따른다고 하더라도 살아서 태어나지 않을 때에는 그 권리능력이 소급적으로 소멸한다고 보아야 한다. 사례에서는 태아가 이미 교통사고로 사산된 상황이므로, 해제조건설을 취한다고 하더라도 그 결론이 달라지지 아니한다. 사례에서는 정지조건설을 취하건 해제조건설을 취하건 A는 갑주식회사를 상대로 태아가 입은 손해에 대한 손해배상청구나 태아의 사망에 따른 A 자신의 위자료청구를 할 수 없다.

(b) 태아의 법률상 지위를 인정한 구체적인 예

태아의 법률상 지위와 관련한 판례로는 아래와 같은 경우가 있다.

(i) 아버지가 교통사고로 상해를 입을 당시 아직 태아로 출생하지 않은 경우라고 하더라도 그 뒤에 출생한 이상, 아버지의 부상으로 인하여 입게 될 정신적 고통에 대한 위자료를 청구할 수 있다.[138)]

(ii) 혼인신고를 하지 않은 어머니가 A를 잉태하고, A가 태아일 때에 아버지가 교통사고로 사망한 후 인지의 소에 의하여 친생자로 인지를 받으면 A보다 후순위상속인인 아버지의 직계존속과 형제자매는 자신이 취득한 상속권을 소급하여 상실한다.[139)]

(iii) 교통사고의 충격으로 태아가 조산되고, 또 그로 인하여 제대로 성장하지 못하고 사망한 경우라고 하면, 불법행위는 한편으로 산모에 대한 불법행위인 동시에 다른 한편으로는 태아 자신에 대한 불법행위라고 볼 수 있으므로, 조산으로나마 일단 태어난 후에 죽은 아이는 생명침해로 인한 재산상 손해배상청구권이 있다.[140)]

3. 권리능력의 종기

(1) 사망의 의의

스위스민법(§1 I ZGB)과 같이 명문규정을 통하여 권리능력은 사망에 의하여 종료된다고 규정하고 있는 입법례도 있다. 민법상으로도 명문의 규정은 없지만 권리능력은 「생존한 동안」 즉 출생에서부터 사망까지만 인정되므로(§3), 사망은 당연히 권리능력의 종료시기가 된다. 또한 사망에 의하여 상속개시의 성부(§997), 유언의 효력발생의 유무와 시기(§1073), 생존배우자가 재혼을 할 수 있는지 여부와 같은 가족법상의 효력이 발생한다.

(2) 사망의 시기와 뇌사

사망이란 무엇인가? 사망의 개념이나 사망시기를 확정적으로 규정하고 있는 법률은 없다. 보통 사망은 생명이 되살아날 수 없는 소생불가능한 상태, 즉 생명의 종지를 의미한다고 이해되고 있다.

생명의 징후 중 어느 기관의 회복불가능한 상실을 가지고 생명의 종지라고 하는가 하는 문제가 있다. 학설상으로 사망의 개념에 관하여는 심장정지설(혹은 3징후설[141)])과 뇌사설이 대립하고 있다. 전통적으로 심장정지설에 의하여 사망을 판정하고 있지만, 최근 비록 인공적으로 호흡이나 맥박이 유지되고 있더라도 뇌간을 비롯한 뇌 전체의 기능이 모두 불가역적으로 상실되어 있는 뇌사를 사망으로 인정하여야 한다는 뇌사설이 주장되고 있다.[142)]

---

138) 대법원 1993.4.27. 선고 93다4663 판결.

139) 대법원 1993.3.12. 선고 92다48512 판결.

140) 대법원 1968.3.5. 선고 67다2869 판결.

141) 사망을 나타내는 세 징후는 (i) 심장박동의 불가역적 정지, (ii) 호흡의 불가역적 정지, (iii) 동공확대를 일컫는다.

142) 장기 등 이식에 관한 법률에 의하면 일정한 요건 아래 뇌사자로부터의 장기적출을 허용하고 있다(장기이식법 §18 III). 만약 뇌사자가 장기의 적출로 사망한 때에는 뇌사의 원인이 된 질병 또는 행위로 인하여 사망한

남편과 아내가 동승한 자동차가 마주 오는 대형트럭과 충돌하는 교통사고가 발생하여 부부가 사경 속에서 '우연히' 남편은 A병원, 아내는 B병원으로 실려갔다. 응급처치에도 불구하고 부부는 모두 인공호흡기에 의하여 호흡기능과 순환기능을 유지할 뿐이고, 뇌가 불가역적으로 그 기능을 상실한 뇌사상태가 되었다. 부부에게는 아들이나 부모가 없고, 단지 각각 형제자매만 있는 경우에 상속관계는 어떤가?

뇌사, 즉 뇌의 모든 기능의 불가역적 상실을 사망으로 인정한다면, 상속관계는 부부 중 누가 먼저 뇌사상태가 되는가에 의하여 다르게 결정된다. 만일 남편이 먼저 뇌사판정을 받으면 당시에 아직 아내는 생존하고 있으므로, 남편의 재산은 아내가－민법 제1000조 제1항 제1호와 제2호의 규정에 의한 다른 상속인이 없으므로－단독상속인(§1003 I)이 되어 상속한다. 아내가 남편의 재산을 상속한 이후에 아내가 뇌사판정에 의하여 B병원에서 사망하면, 아내의 고유재산과 남편으로부터 불과 몇 시간 전에 상속한 재산을 모두 아내의 형제자매가 상속한다(§1000 I iii). 그러나 반대가 되면, 즉 아내가 먼저 뇌사가 되고, 그 후에 남편이 뇌사로 된 경우에는 상속법적 결과도 역시 반대가 된다. 아내가 뇌사로 먼저 사망하면 그 재산을 우선 남편이 배우자로서 전부 상속하고(§1003 I), 남편의 고유재산과 아내로부터의 상속재산은 모두 남편의 형제자매가 상속한다.

결국 부부 중 누가 먼저 뇌사로 되는가에 따라서 상속관계에 대단히 큰 차이가 발생한다. 그러므로 부부의 형제자매는 각각 A병원과 B병원에서 유리한 상속관계를 형성하기 위하여 '뇌사판정을 지연하기 위한 경쟁'을 할 우려가 있다. 특히 남편이나 아내의 고유재산이 다액이거나 교통사고의 가해자에 대한 다액의 손해배상청구권이 관계가 되고 있는 경우에 뇌사의 판정시기에 의하여 부부의 형제자매의 상속관계가 '전부 아니면 전무'(all or nothing)로 되므로, 뇌사를 둘러싼 상속분쟁이 발생할 위험을 배제할 수 없다.

아버지와 아들이 자동차에 동승하여 여행을 하다가 교통사고를 당하여 아버지와 아들이 모두 A병원과 B병원에서 뇌사상태가 되었다. 아버지에게 다른 직계비속이 없고, 아들에게는 아내만 있는 경우에 아내는 어떤 상속관계에 있는가?

뇌사를 사망으로 인정한다면, 부자 중 누가 먼저 뇌사가 되는가에 의하여 역시 아내의 상속관계에는 큰 차이가 발생한다. 만일 A병원에 입원한 아버지의 뇌사상태가 먼저 판정되고, 그 후에 아들이 B병원에서 뇌사가 되면, 아버지의 모든 재산이나 교통사고에 의한 손해배상청구권은 유일한 아들에게 상속되고, 그 이후 아들이 사망하면 그 고유재산과 교통사고의 가해자에 대한 손해배상청구권은 물론, 아버지로부터의 상속재산까지도 모두 아내가 상속한다. 그러나 아들이 먼저 뇌사로 판정되고, 그 후에 아버지가 뇌사에 의하여 사망이 되면 그 결과가 달라진다. 아내는 남편의 사망에 의하여 우선 남편의 재산을 '직계존속의 상속분의 5할'을 가산하여 상속하지만(§1000 II 후단), 직계존속인 아버지와 공동

경우로 본다(장기이식법 §17). 그러므로 장기 등 이식에 관한 법률에 의하더라도 뇌사로 사망의 효력이 생기지 아니하고, 뇌사에 의하여는 장기적출이 허용될 뿐이며, 사망의 시기는 역시 심장사설에 따른다.

으로 상속한다. 다만 아내는 남편의 사망 이후 아버지가 사망하면, 아버지의 사망에 대하여는 그의 상속인과 함께 대습상속을 할 뿐이다(§1003 II). 그러므로 부자 중 누가 먼저 뇌사로 판정되는가는 아내의 상속관계에서 대단히 중요한 의미가 있다. 아내가 아버지와 남편의 모든 재산을 상속하는가, 아니면 단지 남편의 재산의 5분의 3과 대습상속만을 하는가 하는 차이가 부자 중 누가 먼저 뇌사상태가 되는가에 따라서 생긴다.

[더 생각할 과제 - 연명치료의 중단은 허용되는가]

> 김할머니(76세)는 A병원에 입원하여 있는데 심폐정지가 발생한 후 미간의 두드림이나 큰 소리에 반응하는 정도의 상태에 있다가 검사에서 자발호흡과 동공반사가 없고 동공부동(anisocoria)이 나타났으며 저산소성 뇌손상으로 인한 미만성 뇌부종으로 진단되었다. 그 후 신경학적 검사에서 김할머니는 여전히 자발호흡과 동공반사가 없는 동공부동 등의 상태로서 반혼수(semicoma)상태로 진단되었고, 의식상태가 계속 악화되고 있다. 현재 김할머니는 지속적 식물인간상태(persistent vegetative state)에 있으며, A병원의 중환자실에서 인공호흡기를 부착한 상태로 항생제투여, 인공영양공급, 수액공급 등의 치료를 받아오고 있고 인공호흡기를 제거하면 곧 사망에 이르게 된다. 김할머니의 가족은 인공호흡기의 제거를 청구할 수 있는가? [대법원 2009.5.21. 선고 2009다17417 전원합의체 판결]

의학적으로 환자가 의식의 회복가능성이 없고 생명과 관련된 중요한 생체기능의 상실을 회복할 수 없으며 환자의 신체상태에 비추어 짧은 시간 내에 사망에 이를 수 있음이 명백한 경우, 즉 '회복불가능한 사망의 단계'에 이루어지는 진료행위를 「연명치료」라고 한다. 연명치료의 경우에는 원인이 되는 질병의 호전을 목적으로 하지 아니하고, 질병의 호전을 사실상 포기한 상태에서 오로지 현 상태를 유지하기 위하여 이루어지는 치료에 불과하다. 그러므로 '회복불가능한 사망의 단계'에 이르지 아니한 경우와는 다른 기준으로 진료중단이 허용되는지 여부를 판단하여야 한다.[143] 이미 의식의 회복가능성을 상실하여 더 이상 인격체로서의 활동을 기대할 수 없고 자연적으로는 이미 죽음의 과정이 시작되어 있다고 볼 수 있는 회복불가능한 사망의 단계에 이른 후에는 의학적으로 무의미한 신체침해행위에 해당하는 연명치료를 환자에게 강요하는 경우가 오히려 인간의 존엄과 가치를 해하게 되므로, 그 예외적인 상황에서 죽음을 맞이하려는 환자의 의사결정을 존중하여 환자의 인간으로서의 존엄과 가치 및 행복추구권을 보호하는 태도가 사회상규에 부합되고 헌법정신에도 어긋나지 아니한다. 그러므로 회복불가능한 사망의 단계에 이른 후에 환자가 인간으로서의 존엄과 가치 및 행복추구권에 기초하여 자기결정권을 행사하는 경우로 인정되는 때에는 특별한 사정이 없는 한 연명치료의 중단이 허용될 수 있다.

사례에서 김할머니가 회복불가능한 사망의 단계에 이를 경우에 대비하여 미리 의사에게 자신의 연명치료의 거부 내지 중단에 관한 의사를 밝힌 경우('사전의료지시'라 한다)에는 비록 진료중단의 시점에서 자기결정권을 행사한 경우가 아니라 할지라도 사전의료지시를 한 후 환자의 의사가 변경된 경우로 볼 만한 특별한 사정이 없는 한 사전의료지시에 의하여 자기결정권을 행사한 경우로 인정할 수 있다. 한편 김할머니의 사전의료지시가 없는 상태에서 회복불가능한 사망의 단계에 진입한 경우에는 환자에게 의식의 회복가능성이 없으므로 더 이상 환자 자신이 자기결정권을 행사하여 진료행위의 변경이나 중단을 요구하는 의사를 표시하기를 기대할 수 없다. 그러나

143) 예컨대 세칭 「보라매병원사건」에서 환자의 아내의 간청에 따라 치료를 요하는 환자에 대하여 치료중단 및 퇴원을 허용하는 조치를 취함으로써 환자를 사망에 이르게 한 의사에게 살인방조죄가 성립한다고 본 판례가 있다(대법원 2004.06.24. 선고 2002도995 판결).

김할머니의 평소 가치관이나 신념 등에 비추어 연명치료의 중단이 객관적으로 환자의 최선의 이익에 부합한다고 인정되어 김할머니에게 자기결정권을 행사할 수 있는 기회가 주어지더라도 연명치료의 중단을 선택하리라고 볼 수 있는 경우에는 그 연명치료의 중단에 관한 환자의 의사를 추정할 수 있다고 인정하는 태도가 합리적이고 사회상규에 부합된다. 다만 김할머니의 의사에 대한 추정은 객관적으로 이루어져야 한다. 김할머니의 의사를 확인할 수 있는 객관적인 자료가 있는 경우에는 반드시 그 자료를 참고하여야 한다. 김할머니가 평소 일상생활을 통하여 가족, 친구 등에 대하여 한 의사표현, 타인에 대한 치료를 보고 환자가 보인 반응, 환자의 종교, 평소의 생활태도 등을 환자의 나이, 치료의 부작용, 환자가 고통을 겪을 가능성, 회복불가능한 사망의 단계에 이르기까지의 치료과정, 질병의 정도, 현재 환자로서의 상태 등 객관적인 사정을 종합하여 김할머니가 현재의 신체상태에서 의학적으로 충분한 정보를 제공받는 경우라고 하면 연명치료의 중단을 선택하리라고 인정되는 경우라야 그 연명치료의 중단에 관한 의사를 추정할 수 있다.

(3) 사망증명의 곤란을 구제하는 제도

1) 인정사망

(a) 의 의

인정사망이란 아직 사망의 확인은 없지만, 위난에 의하여 사망이 확실시되는 경우에 실종선고를 거치지 아니하고 조사를 담당한 관공서가 사망지의 시 · 읍 · 면의 장에게 사망보고를 하면, 사망보고에 의하여 호적에 사망이 기재가 되는 제도를 가리킨다. 가족관계의 등록 등에 관한 법률 제87조는 "수해, 화재나 그 밖의 재난으로 인하여 사망한 사람이 있는 경우에는 이를 조사한 관공서는 지체 없이 사망지의 시·읍·면의 장에게 통보하여야 한다"고 하여 인정사망제도를 인정하고 있다.[144)]

(b) 인정사망의 효과

인정사망을 받은 사람이 살아서 돌아오면 어떤 법률효과가 생기는가? 법률상 인정사망을 받은 사람이 생존하고 있는 경우에 관하여는 아무런 규정이 없다. 만일 인정사망을 받은 자의 생환으로 간단히 인정사망의 효력이 뒤집어진다고 하면 인정사망을 받은 자의 배우자 등 제3자의 이익이 거의 무시되는 결과가 된다. 그러므로 학설상 재혼배우자 기타 제3자의 이익을 보호하기 위하여 인정사망을 받은 사람이 생존하고 있는 경우에 대하여도 실종선고의 취소에 관한 규정을 유추적용하여 입법상의 불비를 보충하여야 한다고 보는 견해가 있다. 그러나 단지 행정적 조치에 불과하고 사망의 대세적 효력이 생기지 않는 인정사망에서는 인정사망을 받은 자의 이익을 우선적으로 고려하여야 하므로, 인정사망에 의해서는 강한 사망추정적 효과만이 발생할 뿐이고, 인정사망을 받은 사람이 생존해 있는 때에는 반증을 통하여 곧바로 인정사망의 효력을 뒤집을 수 있다고 보는 견해가 타당하다. 예컨대 인정사망 후에 생존배우자가 재혼한 경우에 재혼배우자나 제3자가 선의

---

144) 갑판원이 시속 30놋트 정도의 강풍이 불고 파도가 5-6미터 가량 높게 일고 있는 등 기상조건이 아주 험한 북태평양의 해상에서 어로작업중 갑판위로 덮친 파도에 휩쓸려 찬 바다에 추락하여 행방불명이 된 때에는 비록 시신이 확인되지 않더라도 그 사람은 그 무렵 사망한 경우로 확정함이 경험칙과 논리칙에 비추어 당연하다(대법원 1989.1.31. 선고 87다카2954 판결).

라고 하더라도 전혼이 당연히 부활한다고 보아야 한다.

2) 동시사망의 추정

(a) 서 설

예컨대 같은 배나 비행기, 열차에 타고 있다가 침몰·추락·탈선을 당하거나, 같은 호텔이나 백화점에 있다가 화재·붕괴로 인하여 2인 이상이 사망한 경우에 누가 먼저 사망하고 누가 후에 사망한 경우로 보는가 하는 문제가 있다. 입법례로서 2인 이상이 사망하고 그 사망의 선후가 밝혀지지 않는 경우에 그 법적 처리에 관하여는 여러 입법주의가 있다.

(b) 입법주의

동시사망의 경우에 어떤 법적 효과를 인정하는가에 관하여는 입법례상 구체적 생존추정주의, 추상적 생존주의, 동시사망추정주의가 있다.

① 구체적 생존추정주의 구체적 생존추정주의는 동시사망자의 연령·성별 등을 고려하여 체력이 강한 자가 후에까지 생존한다고 하여 사망의 선후를 추정하는 입법례이다. 로마법과 프랑스민법이 입법례로서 구체적 생존추정주의를 취하고 있다.

② 추상적 생존주의 추상적 생존주의는 누가 후에까지 생존하는가 분명하지 않은 상황에서 여러 명이 함께 사망한 경우에는 연장의 순으로 사망한다고 추정하는 입법례이다. 예컨대 영국법(Law of Property)은 추상적 생존주의를 취하고 있다.

③ 동시사망추정주의 동시사망추정주의는 구체적인 사정 여하에 관계없이 일률적으로 동시에 사망한다고 추정하는 입법례이다. 독일실종법·스위스민법·일본민법·한국민법이 동시사망추정주의를 취하고 있다.

(c) 민법의 태도

민법은 2인 이상이 동일한 위난으로 사망하여 그 선후를 알 수 없는 때에는 동시에 사망한 경우로 추정하는 동시사망추정주의를 채택하고 있다(§30). 예를 들어 부부와 아들, 딸 가족 전원이 괌의 니미츠언덕(Nimitz Hill)에서 함께 탑승중이던 항공기의 추락사고로 모두 사망한 때에는 동일한 위난으로 사망한 경우로서 민법 제30조에 의하여 모두 동시사망으로 추정된다.

동시사망의 추정은 어떤 경우에 번복되는가? 민법 제30조에 의한 동시사망의 추정은 법률상 추정으로서 동시사망의 추정을 뒤집기 위해서는 동일한 위난으로 사망한 경우라는 전제사실에 대하여 법원의 확신을 흔들리게 하는 반증을 제출하거나, 또는 각자 다른 시각에 사망한 사실에 대하여 법원에 확신을 줄 수 있는 본증을 제출하여야 한다.[145] 사망의 선후에 의하여 다른 사람의 법적 지위에 중대한 영향을 미치는 사실을 감안할 때 충분하고도 명백한 증명이 없는 한 동시사망의 추정은 깨어지지 아니한다고 보아야 한다.

145) 대법원 1998.8.21. 선고 98다8974 판결.

(d) 동시사망의 효과

2인 이상이 동일한 위난으로 사망하여 그 선후가 불분명하면 동시사망으로 추정된다(§30). 민법 제30조는 「간주규정」 또는 「본다규정」이 아니고, 법률상 추정규정이다. 물론 동시사망으로 추정되는 경우에도 그 어느 한쪽이 같은 위난으로 사망하여 동시사망의 추정을 받는 사람의 상속인이 될 수는 없다.

AB 부부 사이에 재산이 없는 자녀 C와 남편 A의 어머니 D가 있는데 AC가 함께 탑승한 비행기가 추락하여 모두 사망하였다. A를 누가 상속하는가?

만약 AC의 사망의 선후를 알 수 없으면 동시사망으로 추정된다. AC의 동시사망이 추정되면 AC 사이에서는 상속이 일어나지 않고, BD가 A의 전재산에 대한 공동상속인이 된다. 그러므로 D는 B가 먼저 상속재산을 차지한 때에는 자기의 상속분(상속재산의 5분의 2)의 인도를 구하는 소를 제기할 수 있다. 다만 사망의 선후가 불명한 경우에 동시사망의 추정은 단순한 추정에 불과하여, 만일 A가 C보다 먼저 사망한 사실을 충분하고도 명백하게 증명하면 A의 재산은 먼저 B와 C에 의하여 상속되고, 그 후 C의 사망으로 인하여 그 재산을 다시 B가 상속하여 결국 B가 A의 전재산을 상속하고 D는 전혀 상속할 수 없게 된다. 그리고 C가 A보다 먼저 사망한 사실이 증명된 때에는 C는 상속인이 될 수 없으므로, 결국 A의 재산을 B와 D가 공동으로 상속한다.

[더 생각할 과제 - 동시사망으로 추정되는 경우의 대습상속]

인천에 사는 돈이 많은 갑부 A와 부인 B, 외동딸 C는 함께 여름휴가를 괌에서 보내기 위하여 비행기를 타고 괌으로 가던 도중 비행기가 산중턱에 추락하는 사고를 당하였다. 그런데 비행기사고로 ABC 중 누가 먼저 사망하였는지를 알 수 없었다. A의 유족으로 A의 형 X와 사위 Y(외동딸 C의 남편)가 있는 경우에 A의 재산(약 1천억원으로 추산된다)은 누가 상속하는가?

물론 A가 먼저 사망하고 A의 딸 C(Y의 부인)가 후에 사망한 때에는 일단 C가 법률상 상속인이 된 뒤 C의 사망으로 그 재산은 Y에게 상속된다. 또한 C가 A보다 먼저 사망한 때에도 C의 배우자인 Y가 대습상속에 의하여 A의 재산을 상속하게 된다(§§1001 · 1003 II).

AC가 동시에 사망한 경우에도 Y는 대습상속을 하는가? 민법 제1001조는 대습상속의 요건으로 단순히 「상속개시 전에 사망」한 경우라고만 규정하고 있다. 그러므로 민법 제1001조가 말하는 「상속개시 전에 사망」이라고 하는 요건을 엄밀히 해석하면 상속개시, 즉 피상속인(A)의 사망 이전에 피대습자(C)가 사망하고 있어야만 대습상속이 인정된다는 의미로 이해할 수 있다. 만약 민법 제1001조를 엄격하게 해석하면 사망의 선후를 알 수 없어 민법 제30조에 의하여 피상속인 A와 상속인이 될 자 C가 동시사망한 경우로 추정되는 때에는 C가 A보다 먼저 사망한 경우, 즉 상속개시전 사망에 해당하지 아니하여 乙의 대습상속이 인정될 수 없다.

원래 대습상속제도는 대습자의 상속에 대한 기대를 보호하여 공평을 꾀하고 생존배우자의 생계를 보장하여 주려는 의미가 있다. 또한 동시사망추정규정도 자연과학적으로 엄밀한 의미의 동시사망은 상상하기 어려우나 사망의 선후를 입증할 수 없는 때에는 동시에 사망한 경우로 다루는 태도가 결과에 있어서 가장 공평하고 합리적이라는 데에 그 입법취지가 있다. 그러므로 상속인이 될 직계비속이나 형제자매(피대습자)의 직계비속 또는 배우자(대습자)는 피대습자가 상속개시 전에 사망한 경우에는 대습상속을 하고, 피대습자가 상속개시 후에 사망한 경우에는 피대습자를 거쳐 피상속인의 재산을 본위상속을 하므로 두 경우 모두 상속을 하는데, 만일 피대습자가 피상속인의 사망, 즉 상속개시와 동시에 사망한 경우로 추정되는 경우에만 그 직계비속 또는 배우자가 본위상속과 대습상속의 어느 쪽도 하지 못하게 된다면 동시사망추정 이외의 경우에 비하여 현저히 불공평하고 불합리하다고 보아야 한다. 또한 대습상속제도 및 동시사망추정규정의 입법취지에도 반한다. 민법 제1001조의 「상속인이 될 직계비속이 상속개시 전에 사망한 경우」에는 「상속인이 될 직계비속이 상속개시와 동시에 사망한 경우로 추정되는 때」도 포함한다고 합목적적으로 해석할 필요가 있다.[146] 결국 AC가 동시사망으로 추정되는 경우에 C는 A를 상속하지 못하나, C의 직계비속이나 배우자 Y는 C를 대습하여 A를 상속하게 된다.

(e) 상이한 위난으로 인한 동시사망에 민법 제30조는 유추적용되는가?

2인 이상이 동일한 위난이 아닌 각각 다른 위난으로 사망하여 그 선후를 알 수 없는 경우에도 동시사망이 추정되는가? 비록 민법은 동시사망의 추정을 동일한 위난에 대하여만 적용하고 있지만, 학설은 상이한 위난으로 2인 이상이 동시에 사망하고 그 선후를 알 수 없는 때에도 민법 제30조를 유추적용한다고 본다(다수설). 그러므로 예컨대 A는 등산 도중에 위난을 맞아 사망하고 B는 배를 타고 가다가 배가 침몰하여 사망한 때에 누구의 사망이 먼저인지를 증명할 수 없는 경우에도 AB는 동시에 사망한 경우로 추정한다. 다만 여러 사람이 서로 상이한 위난으로 사망한 때에는 민법 제30조를 적용할 수 없고, 보통의 입증방법에 따라야 한다는 이견이 있다.

3) 실종선고

실종선고는 부재자의 생사불명상태가 장기간 계속되어 사망의 개연성은 크지만, 사망의 확증이 없는 경우에 일정한 조건 아래 사망을 의제하여 실종자를 둘러싼 재산적·신분적 법률관계를 처리하는 제도를 가리킨다(실종선고제도에 관하여는 뒤에서 자세하게 언급한다).

4. 외국인의 권리능력

(1) 외국인의 의의

외국인이란 한국의 국적을 가지지 않은 자연인을 가리킨다. 무국적인도 외국인이다. 국제적 거래가 발달한 현대사회에서 외국의 입법례는 보통 외국인에 대하여도 권리능력을 인정한다.

(2) 외국인의 권리능력에 관한 평등주의·상호주의

외국인의 권리능력을 인정하는 범위에 관하여는 평등주의와 상호주의가 있다. 외국인에 대하여도 내국인과 평등한 권리능력을 인정하는 태도가 평등주의이다. 외국인의 권리

---

146) 대법원 2001.3.9. 선고 99다13157 판결.

능력을 그 외국인의 본국이 자국민에게 인정하는 권리능력과 같은 정도로 인정하는 태도, 즉 자국민이 그 외국에서 인정되는 권리능력과 같은 정도까지만 자국 내에서의 그 외국인의 권리능력을 인정하는 태도를 상호주의라고 한다. 국가에 따라서 외국인의 권리능력에 대한 태도가 평등주의나 상호주의의 어느 하나로 분류되지만, 실제로는 일반적으로 외국인에 대하여도 내국인과 차별을 하지 않는 평등주의가 적용된다.

민법상 외국인의 권리능력에 관한 규정이 없지만, 헌법상 외국인은 그 지위가 국제법과 조약이 정한 바에 의하여 보장된다(헌법 §6 II). 원칙적으로 외국인의 권리능력에 대하여는 평등주의를 적용하고, 한편 국가정책적 이유로 외국인의 권리능력이 부정되거나 제한되는 경우가 있다. 외국인의 권리능력이 부정·제한되는 경우에 외국인에게 그 권리를 취득하게 하는 계약은 무효이고, 또한 신탁의 형식으로 외국인의 권리능력에 대한 부정·제한을 회피하는 탈법행위도 무효가 된다.

(3) 외국인의 권리능력에 대한 제한

1) 외국인의 권리능력이 부정되는 경우

외국인의 권리능력이 부정되는 경우가 있다. 대한국민 국민이 아닌 사람이 소유하거나 임차하는 항공기는 국내에서 등록할 수 없다(항공법 §6 I). 역시 대한민국 국민이 아닌 사람은 도선사가 될 수 없다(도선법 §6).

2) 상호주의가 적용되는 경우

상호주의가 적용되는 경우가 있다. 외국인의 권리능력을 그 자국이 대한민국 국민에게 인정하는 경우와 같은 정도로 인정하는 경우를 「상호주의」라고 한다. 대표적인 예로 외국인토지법이 있다. 외국인토지법 제3조에 의하여 대한민국 국민에 대하여 자국 안의 토지의 취득 또는 양도를 금지하거나 제한하는 국가에 대하여 대한민국 안의 토지의 취득 또는 양도를 금지하거나 제한할 수 있다. 저작권·특허권·상표권·실용신안권과 같은 지식재산권도 상호주의에 의하여 규율된다. 그리고 국가나 지방자치단체를 상대로 손해배상청구를 하는 피해자가 외국인인 때에는 해당 국가와 상호 보증이 있을 때에만 국가배상법을 적용하고(국가배상법 §7), 수산업에 관한 권리(수산업법 §5 III)도 상호주의가 적용된다.

3) 국회의 동의나 정부의 허가·협의가 필요한 경우

예컨대 지방자치단체가 외국인에 대하여 어업면허나 어업허가를 하려면 정부와 협의하여야 한다(수산업법 §5 I).

Ⅱ. 행위능력

1. 의사능력

(1) 서 설

의사능력이란 자기의 행위의 의미나 결과를 정상적인 인식력과 예기력에 의하여 합리적으로 판단할 수 있는 정신적 능력 혹은 지능, 즉 통상인이 가지는 정상적인 판단능력을 의미한다. 예컨대 매수인으로서 매매계약을 체결하면 매매목적물의 소유권을 취득하고, 그 대신에 대금을 지급할 의무가 생긴다고 하는 사실을 인식할 수 있는 능력이 의사능력이다. 의사능력의 유무는 구체적인 법률행위와 관련하여 개별적으로 판단되어야 한다. 특히 어떤 법률행위가 그 일상적인 의미만을 이해하여서는 알기 어려운 특별한 법률적인 의미나 효과가 부여되어 있는 경우 의사능력이 인정되기 위하여는 그 행위의 일상적인 의미뿐만 아니라 법률적인 의미나 효과에 대하여도 이해할 수 있어야 한다.[147)]

(2) 의사능력흠결의 효력

예컨대 유아·만취자·지적장애인 또는 정신장애인과 같은 의사무능력자가 한 행위는 법률상 무효이다. 의사무능력자의 행위가 무효라고 할 때에 그 무효는 누구나 주장할 수 있는 무효인가 혹은 의사무능력자만이 주장할 수 있는 무효인가 하는 문제가 있다. 학설상으로는 견해가 대립한다. 의사무능력자의 행위에 대하여는 언제든지 누구나 무효를 주장할 수 있다고 보는 견해(전면적 무효설 또는 절대적 무효설이라 하고, 다수설이다)가 있다. 그러나 의사무능력자의 행위에 대하여 상대방은 무효를 주장할 수 없고, 의사무능력자만이 무효를 주장할 수 있다고 보는 견해(편면적 무효설 또는 상대적 무효설이라 한다)가 타당하다. 본래 무효는 취소와 달리 누구나 주장할 수 있으나, 의사무능력에 의한 무효는 특별히 의사무능력자를 보호하기 위한 제도이므로, 의사무능력자로부터만 무효가 주장될 수 있다고 볼 필요가 있다.

(3) 의사능력과 관련한 판례

민법은 의사능력의 유무에 관한 기준에 대하여 아무런 규정도 두고 있지 않다. 의사능력의 유무는 획일적·형식적으로 판단할 수 없고, 개개의 구체적인 행위에 대하여 개별적으로 행위자의 지능, 정신상태 및 행위의 성질을 고려하여 판단하여야 한다. 보통 7세부터 10세 정도이면 의사능력이 있다고 본다.

(i) 증여계약 당시 19세 4월에 이른 사람이어서 의사능력을 가지기에 넉넉한 나이이다.[148)]

---

147) 대법원 2009.1.15. 선고 2008다58367 판결.

(ii) 생후 4년 3개월 남짓 되어 책임능력은 물론 의사능력도 없다.149)

(iii) 유언공정증서를 작성할 당시에 유언자가 반혼수상태이며, 유언공정증서의 취지가 낭독된 후에도 그에 대하여 전혀 응답하는 말을 하지 아니한 채 고개만 끄덕거린 경우라면 유언공정증서를 작성할 당시에 유언자에게는 의사능력이 없다.150)

(iv) 60 내지 65 정도의 지능지수를 가진 사람으로서 기본적인 의사소통은 가능하나 기억력 및 집중력 등에 상당한 정도의 제한을 보여 자신의 집주소, 주민등록번호 등을 기억하지 못하며, 한글해독능력도 초등학교 저학년생의 수준이라고 하면 자기행위의 결과를 인식, 판단하여 정상적인 의사결정을 할 수 있는 의사능력이 전혀 없다고 할 정도는 아니다.151)

(v) 의사를 결정할 능력이 없다면 자신의 소유부동산에 대한 처분현장에 있다거나 거기에서 동의의 의사를 표시한 경우로 볼 만한 어떤 몸짓이 있다 하더라도 그 사실을 동의 또는 승낙으로 볼 여지는 없다.152)

2. 행위능력

행위능력이란 단독으로, 즉 혼자서 완전·유효한 법률행위를 할 수 있는 지위 혹은 자격을 가리킨다. 민법은 연령이나 정신적 제약과 같은 획일적 기준에 의하여 단독으로 유효한 행위를 할 수 있는 판단능력이 있는지를 정형화하는 제한능력자제도를 두고 있다.

단독으로는 완전·유효한 법률행위를 할 수 없거나 일시적, 개별적 후원을 필요로 하는 사람을 「제한능력자」라고 한다. 민법상 미성년자와 피후견인이 제한능력자이며, 제한능력자에 대하여 일정한 범위에서 행위능력이 제한될 수 있다(§§5 I·10 I·13 IV).

3. 제한능력과 의사무능력의 경합

제한능력자가 동시에 의사무능력자에 해당하면 취소와 무효가 경합한다. 의사무능력과 제한능력이 경합하는 경우에 제한능력을 이유로 한 취소만이 인정되는가, 의사무능력을 이유로 하는 무효만이 인정되는가 혹은 무효와 취소가 모두 인정되는가 하는 문제가 제기된다. 학설상으로는 무효설, 취소설과 이중효설이 대립한다. 판례는 무효인 법률행위에 대하여도 취소가 가능하다고 본다.

① 무효설　　무효설은 어떤 사람이 의사무능력자이고 동시에 제한능력자인 경우에는 의사무능력을 이유로 하여 그 법률행위의 무효만을 주장할 수 있다고 하는 견해이다. 다만 현재 국내에서는 무효설을 취하는 견해는 없다.

148) 대법원 2002.2.5. 선고 2001다72029 판결.
149) 대법원 1996.8.23. 선고 96다19833 판결.
150) 대법원 1996.4.23. 선고 95다34514 판결.
151) 대법원 1994.9.9. 선고 93다31191 판결.
152) 대법원 1993.7.27. 선고 93다8986 판결.

② 취소설 취소설은 제한능력자가 법률행위를 한 때에 동시에 의사무능력자이기도 하면 제한능력을 이유로 하는 취소만을 인정하여야 한다고 보는 견해이다. 취소설은 그 법적 근거로 제한능력제도(예컨대 성년후견제도 혹은 종전의 금치산제도)가 의사무능력의 법리를 전제로 하여 의사무능력제도를 수정하는 제도로 역사상 등장한 사실을 들고 있다. 취소설은 제한능력제도가 우선적으로 적용되어야 하는 이유로서 (i) 제한능력제도는 의사능력을 객관적으로 획일화한 제도이며, 제한능력제도의 마련으로 의사능력제도는 거기에 흡수되어 이미 의사능력제도는 실정법상의 제도로 존재하지 않고, (ii) 동일한 사실관계가 무효인 동시에 취소할 수 있다고 하면 모순이 되고, (iii) 법률행위의 무효를 완전한 「無」, 즉 「無效=無」로 이해하여 무효로 인하여 부존재하는 「없는 법률행위」를 다시 취소한다고 하면 논리적으로 맞지 않다고 설명한다.

③ 이중효설 본래 이중효(二重效)란 그 자체로서는 동일한 법률효과가 다수의 원인에 의하여 혹은 다수의 동일한 법률효과가 다른 원인에 의하여 발생할 수 있는 경우를 가리킨다. 그러므로 넓게 이해하면 법률효과로서 동일한 내용의 권리가 다수의 다른 원인에 의하여 동시 또는 순차적으로 취득될 수 있는가 혹은 법률효과의 무효에 관하여 무효·취소·해제가 고려될 때에 모두가 경합하는가, 무효행위의 취소 또는 취소된 행위의 취소가 가능한가 하는 문제가 모두 이중효의 문제에 포함된다.[153]

이중효설은 예컨대 18세의 미성년자가 만취상태에서 계약을 체결한 경우에 행위자는 의사무능력에 의한 무효를 주장하거나 제한능력에 기한 취소를 주장하거나 자유로 선택할 수 있다고 보는 견해이다. 이중효설에 의하면 무효인 법률행위인가 취소할 수 있는 법률행위인가는 어떤 자연적 속성이라고 볼 수는 없고, 단지 일정한 법률효과를 뒷받침하는 법률상의 근거에 지나지 아니하여 무효사유와 취소사유를 모두 주장할 수 있는 당사자는 2개의 무기를 가진 경우와 같이 자유로 어느 무기이든 선택하여 법률행위를 무효화할 수 있다고 본다. 이중효설은 의사무능력에 의한 무효와 제한능력에 의한 취소 사이에는 (i) 취소권은 제척기간으로 소멸하지만(§146) 무효의 주장에는 제한이 없고, (ii) 취소에 관한 규정이더라도 제한능력자에게 유리하면 의사무능력에 의한 무효에 관하여 적용된다고 해석하여 제한능력을 이유로 법률행위를 취소하는 경우에 제한능력자는 그 행위로 인하여 받은 이익이 현존하는 범위 내에서만 상환책임이 있다고 하는 규정(§141)은 의사무능력에 의한 무효의 경우에도 유추적용된다고 본다.

성년후견개시의 심판을 받은 지적장애인 또는 정신장애인(의사무능력자인 동시에 제한능력자)에게는 취소만이 인정되는 반면에, 성년후견개시의 심판을 받지 않은 지적장애인 또는 정신장애인(단지 의사무능력자)에게는 무효가 인정된다고 하면 성년후견개시의 심판을 받지 않은 지적장애인 또는 정신장애인이 더 유리한 취급을 받는 부당한 결과가 야기된

153) 1개의 법률행위가 무효의 요건과 취소의 요건을 모두 갖추는 예로서는 의사무능력의 상태에서 제한능력자가 법률행위를 한 경우는 물론, 사기·강박에 의하여 사회질서위반의 법률행위나 폭리행위를 한 경우, 통정허위표시의 요건을 갖춘 동시에 사해행위로서 취소할 수 있는 요건을 갖춘 경우 등을 들 수 있다.

다. 또한 취소설에 따른다고 하더라도 성년후견개시의 심판을 받지 않은 의사무능력자(예컨대 지적장애인 또는 정신장애인이나 만취자)는 의사무능력을 이유로 하는 무효에 의하여만 보호될 수 있으므로 의사능력제도를 완전히 배제하기가 불가능하며, 유아도 성년에 가까운 미성년자와 동일하게 그 행위를 취소할 수 있을 뿐이라고 한다면 사회통념에 부합되지 아니한다. 그러므로 의사무능력과 제한능력이 경합하는 때에는 이중효를 긍정하여 의사무능력을 이유로 하는 무효이든 제한능력에 의한 취소이든 임의로 주장할 수 있다고 보아야 한다.

> 피한정후견인 A는 의식이 없는 상태에서 가정법원이 한정후견인 B의 동의를 받아야 하는 행위로 정한 자기 명의의 토지에 대한 매매계약을 B의 동의를 얻지 아니하고 C와 체결하였다. AC와 BC 사이의 법률관계는 어떤가?

우선 의사무능력과 제한능력의 관계가 문제된다. 피한정후견인 A가 한정후견인 B의 동의없이 토지를 매각한 경우이므로 그 행위는 취소할 수 있는 행위가 되지만(§13 IV), 다른 한편 의식이 없는 상태에서 거래를 한 사실로부터 의사무능력자의 행위로서 무효로도 평가될 수 있다. 의사무능력과 제한능력이 경합하는 경우에 의사무능력을 이유로 하는 무효 혹은 제한능력을 이유로 하는 취소만이 인정되는가, 무효와 취소가 모두 인정되는가에 관하여는 학설이 대립한다. 소수설로 주장되는 무효설은 어떤 사람이 의사무능력자인 동시에 제한능력자인 경우에는 의사무능력을 이유로 하는 무효만을 주장할 수 있다고 하는 견해이고, 취소설은 제한능력자가 동시에 의사무능력자이기도 하면 제한능력에 의한 취소만을 인정하여야 한다고 보는 견해이다. 그러나 이중효설은 의사무능력을 이유로 무효를 주장할 수도 있고, 제한능력을 이유로 취소할 수도 있다고 보며, 현재 다수설이다.

(i) AC 사이의 법률관계로는 의사무능력을 이유로 하는 무효의 주장과 제한능력자의 취소권이 검토되어야 한다.

i) A에 의한 무효의 주장이 가능한가? 사례에서는 A가 제한능력자인 동시에 의사무능력자에 해당한다. 다수설인 이중효설에 의할 때에 A는 의사무능력을 이유로 매매의 무효를 주장할 수 있다.

ii) A의 취소권은 어떤가? A는 의사무능력자인 동시에 피한정후견인(제한능력자)이므로, 제한능력을 이유로 토지에 대한 매매계약을 취소할 수 있다. 그리고 A는 자기가 한 취소할 수 있는 행위를 단독으로 취소할 수 없다고 하면 A가 한 취소는 다시 취소할 수 있는 법률행위가 되어 법률관계가 매우 복잡하게 되고 상대방을 대단히 불리한 지위에 빠지게 한다. 그러므로 A는 의사능력이 있는 한 자기가 한 토지에 대한 매매계약을 후견인의 동의없이 단독으로 취소할 수 있다(§140).

(ii) BC 사이의 법률관계로는 한정후견인의 취소권과 한정후견인에 의한 무효의 주장이 문제가 된다.

i) 취소할 수 있는 법률행위를 한 자(예컨대 제한능력자)의 대리인(법정대리인·임의대리인)

도 취소할 수 있는 행위를 취소할 수 있는 취소권이 있다(§140). 그러므로 한정후견인 B도 취소권이 있다. B는 A의 법정대리인으로서 A가 한 행위를 취소할 수 있는 고유의 취소권을 가진다.

ii) 한정후견인 B도 무효의 주장을 할 수 있는가? 한정후견인 B가 피한정후견인 A의 의사무능력을 이유로 무효를 주장할 수 있는가 하는 문제가 있다. 의사무능력자의 법률행위가 법률상 효력이 없다고 할 때 그 무효는 누구나 주장할 수 있는 무효인가 혹은 의사무능력자만이 주장할 수 있는 무효인가에 관하여는 전면적 무효설과 편면적 무효설이 대립한다. 다수설인 전면적 무효설(혹은 절대적 무효설)은 의사무능력자의 행위에 대하여는 언제든지 누구나 무효를 주장할 수 있다고 본다. 전면적 무효설에 의하면 B도 A의 행위의 무효를 주장할 수 있다. 그러나 의사무능력자만이 무효를 주장할 수 있다고 보는 편면적 무효설(혹은 상대적 무효설)이 타당하다. 의사무능력자제도가 근본적으로 판단능력이 성숙하지 않은 의사무능력자를 그 불이익으로부터 보호하기 위하여 존재한다고 볼 때 A의 행위에 대한 무효는 단지 A만이 주장할 수 있고, A 자신이 무효를 주장할 의사가 없는 경우에는 B가 A의 이익에 반하여 부당하게 무효를 주장할 수는 없다고 보아야 한다.

4. 제한능력자제도

(1) 서 설

제한능력자제도는 (i) 의사무능력자라고 하는 증명의 곤란을 보완하고, (ii) 의사능력자이지만 독립하여 거래하기에 적당하지 아니한 제한능력자의 재산감소를 방지하고, (iii) 상대방에게 정형적으로 판단능력이 부족한 제한능력자를 공시하기 위하여 필요하다. 제한능력자에는 미성년자(만 19세가 되지 않은 자), 피성년후견인(질병, 장애, 노령, 그 밖의 사유로 인한 정신적 제약으로 사무를 처리할 능력이 지속적으로 결여된 사람으로서 성년후견개시의 심판을 받은 사람), 피한정후견인(질병, 장애, 노령, 그 밖의 사유로 인한 정신적 제약으로 사무를 처리할 능력이 부족한 사람), 피특정후견인(질병, 장애, 노령, 그 밖의 사유로 인한 정신적 제약으로 일시적 후원 또는 특정한 사무에 관한 후원이 필요한 사람)이 있다.

(2) 제한능력자제도의 적용한계

1) 가족법상의 행위

본인의 의사를 존중하여야 하는 친족상속편에 정한 행위에 대하여는－명문규정이 있는 경우는 별도로 하고－제한능력자제도가 당연히 적용되지는 아니한다. 그리고 제한능력자제도는 독립한 거래능력이 불충분한 제한능력자의 재산감소를 방지하기 위한 제도로 재산이 없는 미성년자나 심신장애자에게는 제한능력자제도가 거의 무익하다.

2) 일상의 정형적인 거래행위

제한능력자인지 여부는 가족관계등록부나 후견등기부 등을 보아야 알 수 있으나, 일상의 정형적 거래(가령 극단적으로 자동판매기)에 대하여 항상 상대방에게 가족관계등록부나 후견등기부 등의 조사를 요구하기는 곤란하다. 그러므로 제한능력자제도가 모든 법률행위에 당연히 적용되는가, 아니면 통상의 재산거래에만 적용되고 일정한 법률행위에 대하여는 그 적용이 제한되는가가 문제 된다. 학설상 견해가 대립한다. 필수계약이나 사실적 계약관계에 대하여도 제한능력자제도가 예외 없이 적용된다고 보는 견해가 있다. 그러나 「필수계약」이나 정형적·집단적·대량적으로 일어나는 거래 혹은 소위 「사실적 계약관계」(예컨대 버스·전철에 승차하는 계약, 자동판매기에서 물품을 구입하는 계약, 공중전화기를 이용하는 계약)에 대하여는 제한능력자에 관한 규정의 적용이 제한된다고 보는 견해가 타당하다고 생각된다.

(3) 미성년자

1) 성년기

(a) 19세

일정한 연령에 도달하지 않은 미성년자를 제한능력자로 보는 태도는 세계 각국의 입법례가 일치한다. 다만 성년연령은 입법례마다 차이가 있다. 예컨대 로마법 25세, 프로이센 일반란트법(ALR) 24세, 일본민법 20세, 프랑스민법·독일민법·스위스민법 18세로 되어 있다. 민법은 19세를 성년연령으로 정하고 있다.[154)]

19세에 달하면 성년이 되고(§4),[155)] 연령은 출생일로부터 기산하며 歷에 따라서 계산한다(§160). 입법례로는 성년의제제도, 성년선고제도,[156)] 자치산제도(§§477 이하 Code civil)[157)] 등과 같이 일정한 조건과 절차 아래 미성년자에게 성년자와 동일한 능력을 부여하는 제도가 있다.

(b) 성년의제제도

a) 서 언

"미성년자가 혼인을 한 때에는 성년자로 본다"(§826의2). 민법은 혼인한 미성년자를 성

---

154) 청소년의 성숙도가 매우 높은 사실, 청소년의 조숙화에 따라서 성년연령을 낮추는 세계적 추세와 공직선거법, 청소년보호법, 소년법 등 여러 법령에서 선거권의 부여나 청소년의 정의 등의 연령기준을 만 19세로 규정하고 있는 사정 및 사회·경제적 현실을 반영하여 성년에 이르는 연령을 지난 2011년 3월 7일에 단행된 민법개정을 통하여 종래 만 20세에서 19세로 낮추어 개정규정이 시행된 2013년 7월 1일부터는 성년연령이 19세이다.

155) 개정민법은 "사람은 19세로 성년에 이르게 된다"고만 규정하고 있으나, 만 19세라는 의미이다(청소년보호법 제2조는 만 19세가 되는 해의 1월 1일을 맞이한 사람을 청소년에서 제외하나, 미성년은 청소년의 정의와는 다르다).

156) 성년선고제도는 스위스민법이 성년연령을 20세로 정한 때에 18세 이상의 미성년자에 대하여 법원이 일정한 요건 아래 성년자와 동일한 능력을 부여한 제도이나, 스위스민법은 1996년부터 성년연령을 18세로 낮추고(§14 ZGB), 현재 성년선고제도를 규정한 스위스민법 제15조는 폐지되어 있다(국내에는 아직도 성년선고를 스위스민법상 인정되고 있는 제도로 설명하고 있는 경우가 있으나, 이미 성년선고에 관한 규정이 폐지된 사실을 모르는 잘못된 설명이다).

157) 미성년자에게 일정한 조건 아래 일정범위의 능력을 주는 제도를 「자치산제도」라고 하며, 자치산제도는 프랑스민법 제477조(Après audition du mineur, cette émancipation sera prononcée, s'il y a de justes motifs, par le juge des tutelles, à la demande des père et mère ou de l'un d'eux)가 채택하고 있다.

년자로 취급하는 성년의제제도를 두고 있다.[158] 혼인에 의한 성년의제를 인정하는 근거로는 (i) 혼인당사자의 정신적 성숙, (ii) 혼인생활의 독립성의 보장, (iii) 새로운 경제단위의 담당자가 된다고 하는 사실을 들 수 있다.[159]

b) 사실혼과 성년의제

성년의제에서 의미하는 혼인은 법률혼만을 의미하는가, 혼인신고를 하지 않고 혼인생활을 하는 사실혼에 대하여도 성년의제를 적용하는가? 학설은 적용긍정설과 적용부정설로 대립한다. 사실혼상태에 있는 미성년자도 성년의제를 받는다고 보는 견해가 적용긍정설이다. 그러나 성년의제는 혼인신고를 전제로 하여 법률혼에 대하여만 적용되고, 사실혼에 대하여는 적용되지 아니한다고 보는 적용부정설(다수설)이 타당하다. 성년의제를 사실혼에도 적용하면 성년이 되는 시기가 매우 불명확하여 지고, 법적 안정성을 해치게 된다.

c) 미성년후견개시가 선고된 미성년자가 혼인한 때 미성년후견종료의 기록

미성년후견개시선고가 된 미성년자가 혼인한 때에는 민법 제826조의2에 따라 성년자로 보아 혼인신고서 기타 사항란에 「혼인으로 인하여 미성년후견종료」라고 기재하게 하고, 가족관계등록부에 기록을 할 때에는 혼인사유를 기록한 다음에 미성년후견종료의 취지를 기록하여야 한다.

d) 성년의제의 효과

「혼인을 하면 성년으로 본다」고 하는 성년의제제도는 그 효력이 널리 사법상의 모든 행위에 미치는가, 단지 혼인생활을 위하여 필요한 법률관계에 대하여만 미치는가 하는 문제가 있다.[160] 학설은 성년의제의 효과가 널리 사법상의 행위에 미친다고 보는 무제한설이 통설이다. 다만 제한설에 의하면 성년의제의 효과는 오직 혼인생활을 위한 법률관계에만 적용되고, 타인의 후견인이 된다거나 유언의 증인 혹은 유언집행자와 같은 경우에는 성년의제의 효과가 미치지 아니한다고 본다. 혼인에 의하여 성년을 의제하는 근거를 혼인은 정신능력의 성숙을 의미한다고 볼 때에 무제한설이 타당하다.

e) 혼인해소와 성년의제의 효과

만일 혼인에 의하여 성년으로 의제된 미성년자가 성년에 도달하기 전에 이혼하거나 사별하면[161] 성년의제의 효과가 소멸하여 다시 미성년자로 취급되는가 혹은 이혼이나 사별에도 불구하고 계속하여 성년으로 의제되는가? 통설은 혼인의 해소 후에도 성년의제의 효과는 계속되고 다시 제한능력자로 환원되지 아니한다고 본다.

---

158) 대표적인 입법례로는 프랑스민법 제476조(Le mineur est émancipé de plein droit par le mariage)가 있다.

159) "혼인은 성년을 만든다"(Heirat macht mündig)고 하는 법격언이 있다.

160) 물론 성년의제는 사법상의 행위에만 미치므로, 선거법·청소년보호법·근로기준법 등에서는 민법 제826조의2가 적용되지 아니하여 19세 미만의 자는 여전히 미성년자이다.

161) 2010년의 통계에 의하면 20세가 되기 전에 결혼한 10대가 10,000명이 넘고, 10대의 기혼자 중 이미 이혼하거나 사별한 수도 1,000명에 달한다.

2) 미성년자의 행위능력

(a) 원 칙

미성년자는 법정대리인의 동의가 있는 경우에 한하여 스스로 법률행위를 할 수 있다.[162] 미성년자의 법률행위에 대하여 법정대리인이 동의하는 때에는 묵시적인 동의로도 가능하다.[163] 만일 미성년자가 법정대리인의 동의가 없이 법률행위를 하면 미성년자 본인(의사능력이 있는 경우) 혹은 법정대리인이 취소할 수 있다.[164]

(b) 예 외

a) 단순히 권리만을 얻거나 의무만을 면하는 행위

미성년자는 법정대리인의 동의 없이도 권리만을 얻거나 의무만을 면하는 행위를 할 수 있다(§5 I 단서). 예컨대 부담 없는 증여를 수락하는 경우, 채무면제의 청약에 승낙하는 경우, 미성년자가 친권자에게 부양료를 청구하는 경우,[165] 서면에 의하지 않은 증여를 해제하는 경우, 담보물권을 설정받거나 보증을 취득하는 경우, 의무만을 부담하는 계약을 해약하는 경우, 제3자를 위한 부담 없는 증여계약에서 미성년자가 수익자로서 수익의 의사표시를 하는 경우가 권리만을 얻거나 의무만을 면하는 행위에 해당한다. 그러나 부담부 증여를 받는 행위, 경제적으로 유리한 매매계약을 체결하는 행위, 상속을 승인하는 행위는 이익을 얻는 반면에 의무도 부담하여 미성년자가 단독으로 할 수 없다. 그리고 채무의 변제에 대한 수령도 미성년자에게 이익이 되기는 하지만, 다른 한편으로 채권을 상실하여 법정대리인의 동의 없이는 할 수 없다.

b) 처분이 허락된 재산의 처분행위

(가) 서 설

법정대리인이 범위를 정하여 처분을 허락한 재산(예컨대 문방용품을 사라고 부모가 준 금전)은 미성년자가 임의로 처분할 수 있다(§6). 민법은 재산의 「처분」이라고만 규정하고 있으나, 처분뿐만 아니라 사용·수익도 포함한다고 해석된다.

미성년자가 법률행위를 하기 위하여 요구되는 법정대리인의 처분허락은 언제나 명시적이어야 하지는 아니하고 묵시적으로도 가능하다. 미성년자의 법률행위가 법정대리인의 묵시적 처분허락이 있는 재산의 처분에 해당하는 경우라면 미성년자로서는 더 이상 행위무능력을 이유로 그 법률행위를 취소할 수 없다.

---

162) 성년이 되면 단독으로 유효한 법률행위를 할 수 있는 행위능력을 취득하므로, 만약 어머니가 법정대리인의 자격으로 자녀 소유의 토지를 타인에 매도한 때에 자녀가 이미 성년인 경우에는 그 매매계약은 무권대리행위에 불과하고, 그 효력이 당연히 자녀에게 미친다고 할 수 없다(대법원 1984.6.12. 선고 83다카1409 판결).

163) 예컨대 어머니와 미성년자인 딸이 함께 있는 자리에서 주민등록등본을 첨부하여 도피중이던 아버지의 채무를 연대하여 지급하기로 하는 지불각서를 작성·교부해 준 경우에는 어머니가 딸의 의사표시에 대하여 법정대리인으로서 묵시적으로 동의한 경우로 볼 수 있다(대법원 2000.4.11. 선고 2000다3095 판결).

164) 미성년자로서 한 법률행위에 대하여는 미성년자가 성년이 된 후에도 그 취소권의 행사기간 내에서는 미성년자 본인이나 법정대리인이 취소할 수 있다.

165) 대법원 1972.7.11. 선고 72므5 판결.

> A는 B회사와 식료품·의류·화장품·문구 등에 관하여 신용구매계약을 체결하였는데, 각 신용구매계약 당시 성년에 거의 근접한 만 18세 2개월 내지 4개월에 이르는 나이였고, 당시 경제활동을 통하여 월 60만원 이상의 소득을 얻고 있었다. A는 B회사와의 각 신용구매계약을 취소할 수 있는가? [대법원 2007.11.16. 선고 2005다71659 판결]

법정대리인의 동의 없이 신용구매계약을 체결한 A가 그 동의 없음을 이유로 신용구매계약을 취소할 수 있는가? 혹시 A의 취소권의 행사가 신의칙에 위배되어 허용되지 않는가가 문제된다.

행위능력제한제도는 사적 자치의 원칙이라는 민법의 기본이념, 특히 자기책임원칙의 구현을 가능케 하는 도구로서 인정되고, 거래의 안전을 희생시키더라도 행위능력제한자를 보호하고자 함에 근본적인 입법취지가 있다. 행위능력제한제도의 성격과 입법취지 등에 비추어 볼 때 B회사가 미성년자 A와 신용구매계약을 체결할 당시 향후 그 미성년자가 법정대리인의 동의가 없다는 사실을 들어 스스로 신용구매계약을 취소하지는 않으리라고 신뢰한 경우라고 하더라도 그 신뢰가 객관적으로 정당한 경우라고 할 수 있을지 의문일 뿐만 아니라, 그 미성년자 A가 B회사의 신뢰에 반하여 취소권을 행사하는 태도가 정의관념에 비추어 용인될 수 없는 정도의 상태라고 보기도 어렵다. 특히 미성년자의 법률행위에 법정대리인의 동의를 요하도록 하는 규정은 강행규정인데, 강행규정에 반하여 이루어진 신용구매계약을 미성년자 스스로 취소하는 경우를 신의칙위반을 이유로 배척한다면, 오히려 그 강행규정에 의하여 배제하려는 결과를 실현시키는 셈이 되어 미성년자제도의 입법취지를 몰각시킬 우려가 있다. 그러므로 법정대리인의 동의 없이 신용구매계약을 체결한 미성년자 A가 사후에 법정대리인의 동의 없음을 사유로 들어 그 신용구매계약을 취소하더라도 신의칙에 위배된 경우라고 할 수 없다.

사례에서 법정대리인의 묵시적 동의나 처분허락이 있다고 볼 수는 없는가? 미성년자가 법률행위를 할 때에 요구되는 법정대리인의 동의나 처분허락은 언제나 명시적이어야 하지는 아니하고, 묵시적으로도 가능하다. 미성년자의 행위에 대한 법정대리인의 묵시적 동의가 인정되거나 처분허락이 있는 재산의 처분 등에 해당하는 경우라면, 미성년자로서는 더 이상 행위무능력을 이유로 그 법률행위를 취소할 수 없다. 그리고 미성년자의 법률행위에 있어서 법정대리인의 묵시적 동의나 처분허락이 있다고 볼 수 있는지 여부를 판단할 때에는 미성년자의 연령·지능·직업·경력, 법정대리인과의 동거 여부, 독자적인 소득의 유무와 그 금액, 경제활동의 여부, 계약의 성질·체결경위·내용, 기타 제반사정을 종합적으로 고려하여야 한다. 만약 법정대리인의 묵시적 동의 또는 처분허락을 받은 재산의 범위 내라면 미성년자 A는 B회사와의 신용구매계약을 취소할 수 없다(특별한 사정이 없는 한 신용카드를 이용하여 재화와 용역을 신용구매한 후 사후에 결제하려는 경우와 곧바로 현금구매하는 경우를 달리 볼 필요는 없다). 사례에서 만 18세가 넘은 미성년자 A가 자신의 월 소득 범위 내에서 신용구매계약을 체결한 경우라고 볼 수 있고, 스스로 얻고 있던 소득에 대하여는 법정대리인의 묵시적 처분허락이 있다고 보아야 한다. 그러므로 A의 신용구매계약은 처분허락을 받은 재산범위 내의 처분행위에 해당하여 미성년자 A는 신용구매계약을 취소할 수 없다.

(나) 사용목적의 구속력?

법정대리인이 미성년자에게 사용목적(예컨대 학비, 하숙비 혹은 여행비)을 정하여 처분을 허락한 경우에 미성년자가 그 사용목적 이외의 목적으로 처분하더라도 그 처분행위는 유효한가? 민법 제6조에서 「범위를 정하여」라고 할 때에 그 「범위」의 해석에 관하여는 학설이 목적구속설과 목적불구속설로 대립한다.

① 목적구속설 　목적구속설은 처분의 범위를 정하는 방법에는 사용목적을 정하는 경우와 사용목적은 정하지 않고 단지 처분할 재산의 범위만을 정하는 경우 두 가지가 있다고 보며, 사용목적을 정한 때에는 그 사용목적의 범위 내에서만 처분할 수 있고, 처분할 재산의 범위만을 정한 때에는 임의로 자유롭게 처분할 수 있다고 본다. 목적구속설은 미성년자의 보호에 중점을 두는 견해이다.

② 목적불구속설 　목적불구속설(다수설)은 비록 사용목적을 정한 경우라고 하더라도 일단 처분이 허락된 때에는 사용목적과 상관없이 임의로 처분할 수 있다고 한다. 목적불구속설은 거래의 안전을 더 강조하여 외부의 제3자가 전혀 알 수 없는 주관적인 사정인 사용목적에 처분하지 않은 경우라고 하여 후에 미성년자의 처분행위를 취소할 수 있다고 하면 거래의 안전에 큰 위협이 되어 곤란하다고 본다. 목적불구속설이 타당하다고 본다. 예컨대 미성년자가 부모로부터 등록금으로 250만원을 받아 그 일부를 노트북의 구입에 사용한 경우에도 더 이상 노트북을 구입한 행위를 취소할 수 없다고 보아야 한다.

(다) 처분을 허락한 재산에 관한 법정대리인의 대리행위

법정대리인이 미성년자에게 재산의 범위를 정하여 처분을 허락한 후에 그 재산의 처분에 관하여 법정대리인이 스스로 대리행위를 할 수 있는가? 비록 법정대리인이 미성년자에게 재산의 처분을 허락한 후라고 하더라도 법정대리인은 처분이 허락된 재산의 처분행위에 관하여 스스로 유효한 대리행위를 할 수 있다.

c) 영업이 허락된 미성년자의 그 영업에 관한 행위

법정대리인은 미성년자에게 특정한 영업을 허락할 수 있다. 그리고 미성년자가 법정대리인으로부터 허락을 얻은 특정한 영업에 관하여는 성년자와 동일한 행위능력이 있다(§8 I).

민법 제8조에서 말하는「영업」이란 상업에 한하지 않고, 널리 영리를 목적으로 하는 독립적·계속적 사업(공업이나 농업 기타의 실업은 물론 자유업도 포함)을 뜻한다. 직업은 직접 영리라는 목적을 가지지 않는 측면에서 영업에 해당하지 않는다. 다만 미성년자가 타인에 고용되어 비독립적으로 노무를 제공하는 경우에는 영업에 해당하는가 하는 문제가 있으나, 타인에 고용되어 노동을 제공하는 경우에 대하여는 민법 제8조가 적용되지 않는다고 보는 견해가 타당하다.

법정대리인이 미성년자에 대하여 영업을 허락하는 경우에는 반드시 영업의 종류를 특

정하여야 한다. 「특정한 영업」이란 일종 혹은 여러 종류의 영업(예컨대 문방구점 혹은 문방구점과 도서대여점)에 대하여 그 종류를 특정하여야 한다는 의미이다. 그러므로 어떤 영업이든 허락한다고 하든지, 혹은 일종의 영업의 일부만을 허락하거나 제한하는 경우[166]는 허용되지 않는다. 그리고 영업을 허락하는 방법에는 제한이 없지만, 그 영업이 상업인 때에는 상업등기를 통하여 제3자에게 알려야 한다(상법 §§6·34 이하).

영업의 허락에 의하여 미성년자는 그 영업에 관하여 성년자와 동일한 행위능력을 가진다. 그러므로 영업의 허락을 얻은 미성년자는 그 허락된 영업을 하기 위하여 직접·간접으로 필요한 일련의 거래행위(예컨대 물품의 구입, 자금의 차입, 점포의 개축, 종업원의 고용, 광고, 영업상 생긴 권리·의무의 이행에 필요한 행위)를 널리 단독으로 할 수 있다. 미성년자가 법정대리인으로부터 영업의 종류를 특정하여 영업의 허락을 받으면 그 영업에 관하여 법정대리인의 동의가 필요없을 뿐만 아니라, 그 범위에서는 법정대리인의 대리권이 소멸하므로 법정대리인은 허락된 영업에 관 한 행위를 스스로 대리할 수도 없다.

d) 대리행위

"대리인은 행위능력자임을 요하지 아니한다"(§117). 그러므로 미성년자가 타인의 대리인으로서 하는 대리행위는 언제나 단독으로 유효하게 할 수 있다.

e) 유언행위

민법상 유언적령은 만 17세이다. 그러므로 만 17세가 된 미성년자는 단독으로 유효한 유언을 할 수 있다(§1062).

f) 회사의 무한책임사원으로 하는 행위

법정대리인의 허락을 얻어 회사의 무한책임사원이 된 미성년자가 그 사원자격에 의하여 행하는 행위에 대하여는 미성년자도 행위능력자로 본다(상법 §7).

g) 근로계약과 임금의 청구

근로계약은 미성년자가 스스로 체결하여야 한다. 친권자 또는 후견인은 미성년자의 근로계약을 대리할 수 없다(근로기준법 §67 I).[167] 다만 근로계약이 미성년자에게 불리하면 친권자, 후견인이 그 근로계약을 해지할 수 있다(근로기준법 §67 II).

미성년자가 스스로 근로계약을 체결할 때에 적어도 법정대리인의 동의는 필요한가 하는 문제가 있다. 학설상으로는 견해가 대립한다. 근로기준법상의 규정은 단지 법정대리인이 미성년자의 근로계약의 체결을 대리할 수 없다는 취지만을 규정할 뿐이라고 해석하여 미성년자가 근로계약을 체결하기 위해서는 법정대리인의 동의가 필요하다고 보는 견해(동의필요설이라 하고, 다수설이다)가 있다. 그러나 근로기준법 제67조 제2항이 친권자, 후견

166) 예컨대 문방구점을 허락할 때에 노트는 팔지 못한다고 하거나 물건의 가격이 1만원을 넘는 학용품을 팔 경우에는 법정대리인의 동의를 받아야 한다고 하는 경우는 허용되지 아니한다.

167) 근로기준법 제67조 제1항은 근로계약에 대하여만 적용되고, 예를 들어 미성년자가 노무제공의무를 부담하는 경우, 즉 고용계약을 맺는 경우에는 민법 제920조 단서(또는 민법 제949조 제2항)에 의하여 법정대리인은 미성년자 본인의 동의를 얻으면 대리할 수 있다.

인에게 미성년자에게 불리하게 체결된 근로계약에 대한 해지권을 인정하고 있는 취지를 생각하면 미성년자가 법정대리인의 동의 없이 단독으로 근로계약을 체결할 수 있고, 만약 미성년자가 단독으로 체결한 근로계약이 불리하다고 하면 그때 친권자, 후견인이 나서서 해지할 수 있다는 의미로 해석되어야 한다.

미성년자는 자신의 노무제공에 따른 임금의 청구는 미성년자가 독자적으로 할 수 있다(근로기준법 §68). 역시 임금청구소송에서는 미성년자도 소송능력이 인정된다.168) 다만 미성년자가 수령한 임금을 처분하기 위해서는 법정대리인의 동의가 필요하다.

(c) 동의와 허락의 취소 또는 제한

미성년자가 법률행위를 하기 전에 법정대리인은 법률행위에 대한 동의(§5)나 일정범위의 재산처분에 대한 허락(§6)을 취소하거나 제한할 수 있다. 법정대리인은 미성년자에게 준 영업에 대한 허락을 취소하거나 제한할 수 있다(§8 II 본문). 친권자인 부모가 법정대리인인 때에는 아무런 제한 없이 영업의 허락을 취소 또는 제한할 수 있고, 미성년후견인이 법정대리인인 때에는 미성년후견감독인이 있으면 그의 동의가 필요하다(§945).

영업허락의 취소나 제한은 미성년자와 거래한 선의의 제3자에게 대항하지 못한다(§8 II 단서). 예를 들어 법정대리인이 영업의 허락을 취소·제한하여도 그 사실을 알지 못한 선의의 제3자와 미성년자와의 거래행위는 그대로 유효하다.

민법 제7조에서 가리키는 「취소」는 어떤 의미인가? 민법 제7조는 동의와 허락의 「취소」라고 표현하고 있지만, 취소는 미성년자가 법률행위를 하기 이전에 법률행위의 동의나 재산처분의 허락을 장래를 향하여 「철회」한다고 하는 의미로 해석된다.

3) 법정대리인

(a) 법정대리인의 종류

미성년자의 법정대리인은 일차적으로 친권자가 되고, 친권자가 없거나 법률행위의 대리권·재산관리권을 행사할 수 없는 경우에 2차적으로 미성년후견인이 미성년자의 법정대리인이 된다.

① 친권자 미성년자에게 부모가 있는 경우에 친권자는 부모가 된다. 부모는 원칙으로 공동으로 친권을 행사하여야 한다(§909 II). 다만 부모의 한쪽(예컨대 아버지)이 공동의 명의로 미성년자의 행위에 동의를 하고 그 동의가 다른 한쪽(어머니)의 의사에 반하는 경우에도 동의의 효력은 방해되지 아니한다(§920의2).

② 미성년후견인 미성년후견인에는 (i) 친권을 행사하는 사람이 유언으로 지정한 지정후견인, (ii) 지정후견인이 없는 때에 일정한 사람의 청구에 의하여 가정법원이 선임한 선임후견인 두 가지 종류가 있다.

미성년후견인에 관한 내용을 알기 쉽게 정리하면 아래 도표와 같다.

---

168) 대법원 1981.8.25. 선고 80다3149 판결.

미성년후견인의 순위	후견인이 될 수 없는 사람(§937)
• 지정후견인(§931) • 선임후견인(§932)	• 미성년자 • 피성년후견인, 피한정후견인, 피특정후견인, 피임의후견인 • 회생절차개시결정 또는 파산선고를 받은 자 • 자격정지 이상의 형의 선고를 받고 그 형기중에 있는 자 • 법원에서 해임된 법정대리인 • 법원에서 해임된 피성년후견인, 피한정후견인, 피특정후견인, 피임의후견인과 그 감독인 • 행방이 불분명한 사람 • 피후견인을 상대로 소송을 하였거나 하고 있는 자 또는 그 배우자와 직계혈족

(b) 법정대리인의 권한

a) 동의권·대리권

미성년자의 법정대리인은 대리권과 동의권을 가진다. 법정대리인은 전혀 의사능력이 없는 미성년자에 대하여는 그 대리인으로서 미성년자의 재산을 관리하고, 의사능력이 있는 미성년자에 대하여는 대리인으로서 그 재산을 관리하거나 미성년자 자신이 법률행위를 하는 경우에 동의를 하는 방법으로 미성년자의 재산관리에 참여할 수 있다.

① 동의권　　미성년자는 의사능력을 가지고 있는 한, 법정대리인의 동의를 얻어서 단독으로 유효한 법률행위를 할 수 있다. 민법은 일정범위의 재산의 처분과 영업에 관하여는 「허락」이라는 표현을 쓰고 있지만(§§6·8), 허락도 그 성질은 동의와 같다. 법정대리인의 동의는 원칙적으로 방식을 필요로 하지 않고, 묵시의 동의도 유효하다. 또한 동의는 미성년자에게 주어도 좋고, 미성년자와 거래하는 상대방에게 하여도 상관없다. 혹은 법정대리인은 동의를 개개의 행위에 대하여 개별적으로 주거나 대체로 예견할 수 있는 행위의 범위 내에서 개괄적으로 하여도 된다. 다만 미성년후견인이 미성년자를 대리하여 일정한 행위를 하거나 미성년자의 일정한 행위에 동의를 할 때에는 미성년후견감독인이 있으면 그의 동의를 받아야 한다(§950).

② 대리권　　법정대리인은 미성년자를 대리하여 재산상의 법률행위를 할 수 있다(§§920·938·949). 미성년자가 의사능력이 없을 때에는 법정대리인이 대리권을 행사할 수밖에 없지만, 원칙적으로 법정대리인의 대리권은 동의권과 양립할 수 있다. 그러므로 법정대리인은 미성년자가 스스로 어떤 행위를 하도록 동의를 줄 수도 있고, 또한 그 동의를 준 행위를 법정대리인이 대리하여도 상관없다.

법정대리인의 대리권이 제한을 받는 경우도 있다. 아래와 같은 경우에 법정대리인의 대리권이 제한된다.

ⓐ 미성년후견감독인의 동의를 필요로 하는 행위　　미성년후견인이 (i) 영업에 관한 행위, (ii) 금전을 빌리는 행위, (iii) 의무만을 부담하는 행위, (iv) 부동산 또는 중요한 재산에 관한 권리의 득실변경을 목적으로 하는 행위, (v) 소송행위, (vi) 상속의 승인, 한정승인 또는 포기 및 상속재산의 분할에 관한 협의에 관하여 미성년자를 대리하거나, 미성년자의

행위에 대하여 동의를 하기 위해서는 미성년후견감독인이 있으면 그의 동의를 얻어야 한다(§950 I). 예를 들어 A와 그의 생모인 B가 C와의 사이에 부동산지분에 관하여 민·형사상의 이의를 제기하지 않기로 하는 취지의 약정을 한 경우에 그 약정 당시 A는 미성년자로서 제한능력자이고 B는 이미 재혼하여 친권을 상실한 자라고 하면 설사 B가 A에 대한 후견인의 지위에서 피후견인인 A의 부동산지분에 관한 권리의 득실변경을 목적으로 하는 행위를 동의하거나 대리한 취지로 부제소합의를 하게 된 경우라고 하더라도 그 부제소합의에 관하여 미성년후견감독인의 동의를 얻지 못한 이상 A는 성년에 달한 후 3년 이내에 그 부제소합의를 취소할 수 있다.

ⓑ 미성년자의 동의를 필요로 하는 행위 법정대리인은 미성년자가 본인의 행위를 목적으로 하는 채무를 부담할 경우(예컨대 미성년자가 노무제공의무를 부담하게 되는 경우)에는 미성년자 본인의 동의를 얻어야 대리를 할 수 있다(§§920 단서·949 II).

ⓒ 이해상반행위 친권자는 그 자녀와의 사이에 이해상반되는 행위를 함에는 법원에 그 자녀의 특별대리인의 선임을 청구하여야 한다(§921 I).[169] 역시 법정대리인인 친권자가 그 친권에 복종하는 수인의 자녀 사이에 이해상반되는 행위를 할 때에도 법원에 그 자녀 일방의 특별대리인의 선임을 청구하여야 한다(§921 II).[170]

예를 들어 자녀의 재산을 친권자에게 양도하거나 친권자의 재산을 자녀에게 양도하는 행위, 자녀를 친권자의 채무에 관하여 연대채무자 혹은 보증인으로 하는 행위, 자녀의 부동산을 친권자의 채무를 위하여 담보로 제공하는 행위가 법정대리인인 친권자와 그 자녀 사이의 이해상반행위에 해당한다. 그러나 법정대리인인 친권자가 미성년의 자녀에게 부동산을 명의신탁하는 행위,[171] 친권자인 어머니가 자신과 미성년인 자녀의 공유재산을 담보로 제공하는 행위,[172] 법정대리인인 친권자의 그 자녀에 대한 증여행위[173]는 이해상반행위가 아니므로, 특별대리인의 선임이 요구되지 아니한다.

ⓓ 재산관리권이 제한되는 경우 무상으로 자녀에게 재산을 수여한 제3자가 친권자의 관리에 반대하는 의사를 표시한 때에는 친권자는 그 재산을 관리하지 못한다(§§918·956).

b) 취소권

법정대리인은 취소권이 있다. 미성년자가 법정대리인의 동의를 얻지 않고 법률행위를

---

169) 민법 제940조의6 제3항에 의하여 후견인과 피후견인 사이에 이해가 상반되는 행위에 관하여는 후견감독인이 피후견인을 대리하므로, 미성년후견인과 미성년자의 이해상반행위에 관하여는 미성년후견감독인이 선임되어 있으면 별도로 특별대리인의 선임이 필요하지 않다.

170) 공동상속인인 친권자와 미성년인 여러 명의 자녀 사이에 상속재산분할협의를 하게 되는 경우에는 미성년자 각자마다 특별대리인을 선임하여 그 각 특별대리인이 각 미성년자인 자녀를 대리하여 상속재산분할의 협의를 하여야 하고, 만약 친권자가 여러 명의 미성년자의 법정대리인으로서 상속재산분할협의를 한 경우라면 민법 제921조에 위반되므로, 그 대리행위에 의하여 성립된 상속재산분할협의는 적법한 추인이 없는 한 무효이다(대법원 2001.6.29. 선고 2001다28299 판결).

171) 대법원 1998.4.10. 선고 97다4005 판결.

172) 대법원 1996.11.22. 선고 96다10270 판결.

173) 대법원 1981.10.31. 선고 81다649 판결.

한 경우에 법정대리인은 그 법률행위를 취소할 수 있다.

(4) 성년후견제도의 도입

1) 서 론

지난 2011년 3월 7일의 민법개정을 통하여 획일적으로 행위능력을 제한하는 문제를 내포하고 있는 종전의 금치산제도·한정치산제도를 폐지하고, 2013년 7월 1일부터 보다 능동적이고 적극적인 사회복지시스템인 성년후견제도가 도입되어 시행되고 있다.[174] 새로운 성년후견제도에서는 종전의 금치산선고나 한정치산선고의 청구권자에 '후견감독인'과 '지방자치단체의 장'을 청구권자로 추가하여 후견을 내실화하고, 성년후견 등을 필요로 하는 노인, 장애인 등에 대한 보호를 대폭적으로 강화하고 있다. 종래의 금치산·한정치산제도[175]와 새로운 성년후견제도를 비교하면 아래 도표와 같다.

내 용		금치산/한정치산제도	성년후견제도
제도	본질	가족제도	복지제도
	목적	재산관리에 중점	신상보호에 중점
	방식	능력박탈(제한)	능력지원
피후견인	사유	심신상실, 심신박약	질병, 장애, 노령 등으로 인한 정신적 제약
	종류	금치산, 한정치산	성년후견, 한정후견, 특정후견, 임의후견
후견인	자격	친족	친족 또는 제3자(법인 포함)
	선임방식	법정	법원의 직권선임
	감독기관	친족회	법원(후견감독인)
법원	역할	능력박탈(제한)의 선언	후견인의 선임과 감독
	성격	사법적(司法的)	행정적(行政的)

2) 성년후견제도

(a) 서 언

새로운 성년후견제도는 법정후견과 임의후견으로 구별할 수 있다. 그리고 법정후견에는 다시 성년후견, 한정후견, 특정후견 세 종류가 있다.

174) 새로운 성년후견제도는 향후 발달장애인 13만8천명, 정신장애인 9만4천명과 치매노인 57만6천명 등 80만명이 이용하게 된다.

175) 1998년부터 2007년까지, 2010년, 2011년에 법원에 접수된 한정치산·금치산선고의 현황을 아래와 같다.

	1998	1999	2000	2001	2002	2003	2004	2005	2006	2007	2010	2011
총접수건수	145	208	258	323	421	433	473	529	663	747	1,024	1,290

내 용	법정후견			임의후견
	성년후견	한정후견	특정후견	
후견개시 사유	정신적 제약으로 사무처리능력의 지속적 결여	정신적 제약으로 사무처리능력의 부족	정신적 제약으로 일시적 후원 또는 특정사무에 대한 후원의 필요	정신적 제약으로 사무처리능력의 부족
후견개시 청구권자	본인, 배우자, 4촌 이내의 친족, 미성년후견인, 미성년후견감독인, 한정후견인, 한정후견감독인, 특정후견인, 특정후견감독인, 검사, 또는 지방자치단체의 장	본인, 배우자, 4촌 이내의 친족, 미성년후견인, 미성년후견감독인, 성년후견인, 성년후견감독인, 특정후견인, 특정후견감독인, 검사, 또는 지방자치단체의 장	본인, 배우자, 4촌 이내의 친족, 미성년후견인, 미성년후견감독인, 검사, 또는 지방자치단체의 장	본인, 배우자, 4촌 이내의 친족, 임의후견인, 검사, 또는 지방자치단체의 장
후견개시의 시점	성년후견개시심판의 확정시	한정후견개시심판의 확정시	특정후견심판의 확정시	임의후견감독인선임심판의 확정시
피후견인의 행위능력	원칙적으로 행위능력이 상실된다	원칙적으로 행위능력이 있다	행위능력이 있다	행위능력이 있다
후견인의 권한	원칙적으로 포괄적인 대리권, 취소권	법원이 정한 범위내에서 대리권, 동의권, 취소권	법원이 정한 범위내에서 대리권	각 계약에서 정한 내용에 따른다

(b) 성년후견

a) 성년후견의 의의

성년후견이란 가정법원이 질병, 장애, 노령, 그 밖의 사유로 인한 정신적 제약으로 사무를 처리할 능력이 지속적으로 결여된 사람에 대하여 청구권자의 청구에 의하여 성년후견개시의 심판을 하는 제도이다(§9 I). 질병, 장애, 노령, 그 밖의 사유로 인한 정신적 제약으로 사무를 처리할 능력이 지속적으로 결여된 사람으로서 가정법원에 의하여 일정한 절차에 따라서 성년후견개시의 심판을 받은 사람을 「피성년후견인」이라고 한다.

b) 성년후견의 요건

가정법원이 성년후견개시의 심판을 내리기 위해서는 아래와 같은 요건이 충족되어야 한다.

① 정신적 제약으로 인한 사무처리능력의 지속적인 결여 　　성년후견개시의 심판을 하기 위해서는 질병, 장애, 노령, 그 밖의 사유로 인한 정신적 제약으로 사무를 처리할 능력이 지속적으로 결여되어 있어야 한다. 종전의 금치산제도·한정치산제도에서는 심신상실이나 정신박약 등 주로 정신적 능력 여하에 따라서 금치산 또는 한정치산을 선고한 반면에, 성년후견의 경우에는 정신적 제약만으로는 성년후견개시의 심판이 내려지지 아니

하고, 정신적 제약으로 인한 사무처리능력의 지속적인 결여까지를 요건으로 하고 있다.

② 본인의 의사에 대한 고려 가정법원은 성년후견개시의 심판을 할 때 본인의 의사를 고려하여야 한다(§9 II).

③ 형식적 요건 본인, 배우자, 4촌 이내의 친족, 미성년후견인, 미성년후견감독인, 한정후견인, 한정후견감독인, 특정후견인, 특정후견감독인, 검사 또는 지방자치단체의 장에 의한 성년후견개시의 심판에 대한 청구가 있어야 한다(§9 I). 검사 또는 지방자치단체의 장은 공익의 대표자로서 성년후견개시심판을 청구할 수 있다. 피성년후견인의 능력은 미성년자·피한정후견인·피특정후견인의 능력보다 좁으므로, 그 보호를 위하여 미성년후견인·한정후견인·특정후견인이나 각 후견감독인은 모두 미성년자나 피한정후견인, 피특정후견인에 대하여 성년후견개시심판을 청구할 수 있다.

c) 성년후견개시심판의 절차

성년후견개시심판의 절차는 가사소송법과 가사소송규칙의 규정에 의한다.[176] 만약 가정법원이 피한정후견인 또는 피특정후견인에 대하여 성년후견개시의 심판을 할 때에는 종전의 한정후견 또는 특정후견의 종료에 대한 심판을 하여야 한다(§14의3 I).

성년후견개시심판의 요건이 갖추어져 있으면 가정법원은 반드시 성년후견개시의 심판을 하여야 한다. 민법 제9조가 '성년후견개시의 심판을 한다'고 규정하고 있으므로, 성년후견개시심판의 요건이 충족된 경우에 성년후견개시의 심판은 임의적이 아니라 필수적이라고 보아야 한다.

d) 피성년후견인의 행위능력

피성년후견인은 모든 재산행위에 대하여 행위능력을 갖지 못한다. 피성년후견인이 단독으로 한 법률행위는 물론이고, 성년후견인의 동의를 얻고 한 법률행위도 항상 취소할 수 있다(§10 I). 다만 일용품의 구입 등 일상생활에 필요하고 그 대가가 과도하지 아니한 법률행위는 성년후견인이 취소할 수 없다(§10 IV). 그리고 가정법원은 성년후견개시의 심판을 할 때에 취소할 수 없는 피성년후견인의 법률행위의 범위를 정할 수 있고(§10 II), 그 범위의 법률행위에 대하여는 피성년후견인이 성년후견인의 동의를 얻지 아니하더라도 취소할 수 없고, 후에 본인, 배우자, 4촌 이내의 친족, 성년후견인, 성년후견감독인, 검사 또는 지방자치단체의 장의 청구에 의하여 그 법률행위의 범위를 변경할 수 있다(§10 III).

가족법상의 행위에 관하여는 피성년후견인도 부모나 성년후견인의 동의를 받아 유효하게 할 수 있는 경우가 있다. 예컨대 피성년후견인도 부모나 성년후견인의 동의를 얻어 (i) 약혼(§802), (ii) 혼인(§808 II), (iii) 협의상 이혼(§835)을 할 수 있다. 또한 아버지가 피성년후견인인 경우에는 성년후견인의 동의를 받아 인지할 수 있다(§856). 역시 피성년후견인은 성년후견인의 동의를 받아 입양을 하거나 양자가 될 수 있고(§873), 양친이나 양자가 피성년후견인인 경우에는 성년후견인의 동의를 받아 파양의 협의를 할 수 있다(§902). 그리고

176) 성년후견, 한정후견, 특정후견 및 후견계약의 등기에 관한 사항은 가족관계등록부가 아니라, 후견등기에 관한 법률에 의하여 후견등기부에 공시된다.

유언은 피성년후견인도 유언적령(만 17세)에 달하고(§1061) 의사능력이 회복된 때는 단독으로 유효하게 할 수 있다(§1063).

e) 성년후견인

(가) 성년후견인의 종류

피성년후견인에는 반드시 성년후견인을 두어야 한다(§929). 성년후견인에 관한 법정순위가 폐지되어 성년후견인에는 선임후견인만이 존재한다.

성년후견인은 피성년후견인의 신상과 재산에 관한 모든 사정을 고려하여 여러 명을 둘 수 있다(§930 II). 법인도 성년후견인이 될 수 있다(§930 III). 그러므로 재산관리와 신상감호를 분리하여 재산관리에 관하여는 변호사나 재산관리전문가, 신상감호에 관하여는 친족이나 사회복지전문가에게 분담시키는 경우와 같이 복수후견인을 두거나, 민법상 비영리법인이나 특별법상의 사회복지법인을 성년후견인으로 하는 경우와 같이 법인후견인도 선임할 수 있다.

(나) 성년후견인의 선임

성년후견인은 가정법원이 직권으로 선임한다(§936 I). 다만 가정법원이 성년후견인을 선임할 때에는 피성년후견인의 의사를 존중하여야 하며, 피성년후견인의 건강, 생활관계, 재산상황, 성년후견인이 될 사람의 직업과 경험, 피성년후견인과의 이해관계의 유무(법인이 성년후견인이 될 때에는 사업의 종류와 내용, 법인이나 그 대표자와 피성년후견인 사이의 이해관계의 유무를 말한다) 등의 사정도 고려하여야 한다(§936 IV).

(다) 성년후견인의 권한

성년후견인은 원칙적으로 대리권과 취소권만을 가진다. 피성년후견인은 성년후견인의 동의에 의하여도 유효한 행위를 할 수 없으므로, 성년후견인에게는 동의권이 없다. 다만 피성년후견인이 예외적으로 후견인의 동의를 얻어 유효하게 할 수 있는 가족법상의 행위에 대하여는 그 한도 내에서 성년후견인의 동의권이 인정된다.

f) 성년후견감독인

친족회가 폐지되고 그 대신 가정법원은 필요하다고 인정하면 직권으로 또는 피성년후견인, 친족, 성년후견인, 검사, 지방자치단체의 장의 청구에 의하여 성년후견감독인을 선임할 수 있다(§940의4 I). 성년후견감독인은 성년후견인의 사무를 감독하고, 피성년후견인의 신상이나 재산에 대하여 급박한 사정이 있는 경우에 그의 보호를 위하여 필요한 행위 또는 처분을 할 수 있고, 성년후견인과 피성년후견인 사이에 이해가 상반되는 행위에 관하여 피성년후견인을 대리한다(§940의6).

g) 성년후견의 종료

성년후견개시의 원인이 소멸된 경우에는 가정법원은 본인, 배우자, 4촌 이내의 친족, 성년후견인, 성년후견감독인, 검사 또는 지방자치단체의 장의 청구에 의하여 성년후견종료의 심판을 한다(§11). 성년후견종료의 심판이 내려지면 피성년후견의 상태가 종료되고, 피성년후견인은 성년후견개시심판 전의 완전한 능력자로 복귀한다.

(c) 한정후견

a) 한정후견의 의의

한정후견이란 가정법원이 질병, 장애, 노령, 그 밖의 사유로 인한 정신적 제약으로 사무를 처리할 능력이 부족한 사람에 대하여 일정한 청구권자의 청구에 의하여 한정후견개시의 심판을 하는 제도이다(§12 I). 질병, 장애, 노령, 그 밖의 사유로 인한 정신적 제약으로 사무를 처리할 능력이 부족한 사람으로서 가정법원에 의하여 일정한 절차에 따라서 한정후견개시의 심판을 받은 사람을 「피한정후견인」이라고 한다.

b) 한정후견의 요건

가정법원이 한정후견개시의 심판을 내리기 위해서는 아래와 같은 요건이 충족되어야 한다.

① 사무처리능력의 부족 　한정후견개시의 심판을 하기 위해서는 질병, 장애, 노령, 그 밖의 사유로 인한 정신적 제약으로 사무를 처리할 능력이 부족하여야 한다. 한정후견의 요건으로는 정신적 제약으로 인한 사무처리능력의 부족하면 충분하므로, 성년후견의 요건으로 요구되는 정신적 제약으로 인한 사무처리능력의 지속적인 결여보다는 경증의 정신적 제약이 요구되고 있다.

② 본인의 의사에 대한 고려 　가정법원은 성년후견개시의 심판을 할 때 본인의 의사를 고려하여야 한다(§12 II).

③ 형식적 요건 　본인, 배우자, 4촌 이내의 친족, 미성년후견인, 미성년후견감독인, 성년후견인, 성년후견감독인, 특정후견인, 특정후견감독인, 검사 또는 지방자치단체의 장에 의한 한정후견개시심판의 청구가 있어야 한다(§12 I). 검사 또는 지방자치단체의 장은 다른 청구권자가 없거나 있더라도 청구하지 않는 경우에 본인의 이익과 거래의 안전을 위하여 공익의 대표자로서 한정후견개시심판을 청구한다.

> A는 85세의 부인인데, 1950년대부터 사업으로 큰 돈을 벌었고, 슬하의 두 아들도 모두 교수로 키워 유산도 일부 물려줬다. A는 '평소 마음먹은 일'이라며 최근 몇년 동안 수백억원대 재산을 잇달아 사회에 기부하였다. 그러나 얼마 전 A의 맏아들 B가 "어머니가 정신적 제약으로 사무를 처리할 능력이 부족한 상태에 있어 재산을 잃을 수 있다"는 이유 등으로 한정후견개시심판을 가정법원에 청구하면서 A의 기부선행에도 제동이 걸렸다. B는 어머니가 정신적 제약으로 사무를 처리할 능력이 부족한 상태에 빠져 재산처분을 마음대로 하고 있다고 주장하면서 가정법원에 어머니에게 한정후견개시심판을 내려달라는 청구를 하였다. A에 대한 B의 한정후견개시심판청구는 인용되어야 하는가?

한정후견개시심판에 필요한 사무처리능력이 부족한 상태란 정신적 제약으로 사무를 처리할 능력이 지속적으로 결여된 상태에는 이르지 아니하여 의사능력은 가지고 있지만, 통상적인 사람에 비하여 판단능력이 불완전한 상태에 있는 사람을 의미한다. 물론 가정법원은 한정후견개시의 심판을 할 때에 피한정후견인이 될 사람의 정신상태를 판단할 만한 다른 충분한 자료가 있는 경우가 아닌 한 그의 정신상태에 관하여 의사에게 감정을 시켜야 한다(가사소송법 §45의2 I). 다만 반드시 의사의 감정에 의거하여 사무처리능력의 부족인가, 사무처리능력의 결여인가 혹은 정상적인가를 결정하여야 할 필요는 없다. 그러므로 가정법원은 비록 의사로부터 A가 정신적 제약으로 사무를 처리할 능력이 부족한 상태에 있다고 하는 감정의견을 받은 경우라고 하더라도, A의 건강과 경제적 상황을 보아 한정후견개시의 심판이 필요하지 않다고 판단되면 한정후견개시의 심판을 내리지 않을 수도 있다. 특히 민법 제12조 제2항이 가정법원은 한정후견개시의 심판을 할 때에 본인의 의사를 고려하여야 한다고 규정하고 있으므로, A 본인이 한정후견개시를 원하지 아니한다고 하면 A에 대하여 한정후견개시의 심판을 내려서는 안된다.

c) 한정후견개시심판의 절차

한정후견개시심판의 절차는 가사소송법과 가사소송규칙의 규정에 의한다. 만약 가정법원이 피성년후견인 또는 피특정후견인에 대하여 한정후견개시의 심판을 할 때에는 종전의 성년후견 또는 특정후견의 종료에 대한 심판을 하여야 한다(§14의3 II).

한정후견개시의 심판에 대한 청구가 있는 경우에 가정법원은 성년후견개시의 심판을 할 수 있는가 하는 문제가 있다.[177] 가정법원은 의사의 감정결과나 본인의 의사, 한정후견제도와 성년후견제도 중 어느 제도의 보호를 줄 필요가 있는가 등을 고려하여 둘 중 하나를 선택할 수 있다고 볼 필요가 있다. 예를 들어 성년후견개시의 심판이 청구된 경우라고 하더라도 의사의 감정에 비추어 한정후견개시의 심판이 더 적당하다고 판단되고, 또한 본인도 성년후견의 개시보다는 한정후견의 개시를 원하는 때에는 가정법원으로서는 한정후견개시의 심판을 내릴 수 있고, 반대로 한정후견개시심판의 청구가 있더라도 필요에 따라서는 성년후견개시의 심판을 할 수 있다고 보는 태도가 타당하다고 본다.

d) 피한정후견인의 행위능력

(가) 원 칙

가정법원은 한정후견개시의 심판을 할 때에 피한정후견인이 한정후견인의 동의를 받아야 하는 행위의 범위를 정할 수 있고(§13 I), 가정법원에서 한정후견인의 동의사항으로 정한 경우가 아닌 이상 피한정후견인의 법률행위는 확정적으로 유효한 법률행위로 인정된다. 피한정후견인이 한정후견인의 동의가 필요한 법률행위를 한정후견인의 동의를 얻지 아니하고 한 경우에는 그 법률행위를 취소할 수 있다(§13 IV). 물론 법률행위를 할 당시 질병, 장애, 노령, 그 밖의 사유로 인한 정신적 제약으로 사무를 처리할 능력이 부족한 상태에 있다고 하여도 그 당시 가정법원으로부터 한정후견개시의 심판을 사실이 없는 이상 그 후 한정후견개시의 심판이 내려지고 그 한정후견인이 된 자는 피한정후견인의 행위능

---

177) 종전의 금치산·한정치산제도 아래서는 법원이 필요에 따라서 한정치산선고의 청구에도 불구하고 금치산선고를 내릴 수 있고, 역시 금치산선고의 청구에도 불구하고 한정치산선고를 내릴 수 있다는 견해가 통설이다.

력규정을 들어 그 한정후견개시심판 이전의 법률행위를 취소할 수 없다.[178]

(나) 예 외

가) 피한정후견인에게 행위능력이 인정되는 경우

가정법원에서 한정후견인의 동의를 받아야만 할 수 있는 행위로 정한 범위에 속하지 아니한 이상 피한정후견인은 확정적으로 유효하게 법률행위를 할 수 있다. 그리고 비록 한정후견인의 동의가 필요한 법률행위라고 할지라도 일용품의 구입 등 일상생활에 필요하고 그 대가가 과도하지 아니한 법률행위에 대하여는 한정후견인의 동의를 얻지 않고 단독으로 하더라도 유효하고 취소할 수 없다(§13 IV 단서).

나) 근로계약·임금청구

한정후견인이 피한정후견인의 근로계약을 대리하여 체결하거나 임금의 청구를 대리할 수 있는가하는 문제가 있다. 학설상 근로계약의 체결과 임금의 청구에 관한 근로기준법상의 규정이 피한정후견인에게는 적용되지 않는다고 하여 한정후견인이 피한정후견인의 근로계약이나 임금의 청구를 대리할 수 있다고 보는 견해가 있다. 물론 민법이 미성년자와 피한정후견인의 행위능력의 범위를 똑같게 규정하고 있지는 않다. 민법 제13조 제1항에 의하여 가정법원은 피한정후견인이 한정후견인의 동의를 받아야 하는 행위의 범위를 정할 수 있고, 그 행위의 범위 이외에 관하여는 피한정후견인이 온전한 행위능력을 갖는다. 그러므로 가정법원이 근로계약의 체결을 동의를 받아야 할 행위의 범위에 포함시키지 않은 경우에는 당연히 피한정후견인이 스스로 근로계약을 체결할 수 있고, 근로계약의 체결을 제한한 경우에는 한정후견인의 동의가 필요하나, 근로기준법 제67조를 피한정후견인에게도 유추적용하여 한정후견인이 피한정후견인의 근로계약을 대리할 수 없고, 피한정후견인이 근로계약의 체결을 스스로 할 수 있다고 보아도 무방하다고 여겨진다. 역시 근로기준법 제68조의 유추적용에 의하여 피한정후견인은 임금의 청구를 독자적으로 할 수 있다.

다) 가족법상의 행위

피한정후견인은 약혼행위, 혼인행위, 협의상 이혼행위, 입양행위, 협의상 파양행위와 같은 가족법상의 행위를 단독으로 유효하게 할 수 있는가? 민법은 가족법상의 행위에 관한 피한정후견인의 능력에 관하여 아무런 규정도 두고 있지 않다. 학설상 피한정후견인의 가족법상의 행위능력에 대하여 아무런 규정도 두고 있지 않는 민법의 태도는 중대한 입법적 불비라고 보고, 가족법상의 행위에 대하여도 미성년자와 같게 취급하여 법정대리인의 동의가 요구된다고 보는 견해가 있다. 그러나 민법상 피한정후견인의 가족법상의 행위능력에 관하여 아무런 언급이 없다는 의미는 피한정후견인은 단독으로 유효하게 가족법상의 행위를 할 수 있다는 뜻 아닐까? 가족법상의 행위에 관하여 피한정후견인은 아무런 행위능력상의 제한도 받지 않는다고 보는 견해가 타당하다.

---

178) 대법원 1992.10.13. 선고 92다6433 판결 참조.

e) 한정후견인

(가) 한정후견인의 종류

피한정후견인에게는 반드시 한정후견인을 두어야 한다(§959의2). 한정후견인은 피한정후견인의 신상과 재산에 관한 모든 사정을 고려하여 여러 명을 둘 수 있다(§959의 3 II). 법인도 한정후견인이 될 수 있다(§959의3 II).

(나) 한정후견인의 선임

한정후견인은 가정법원이 직권으로 선임한다(§959의3 I). 가정법원이 한정후견인을 선임할 때에는 피한정후견인의 의사를 존중하여야 하며, 피한정후견인의 건강, 생활관계, 재산상황, 성년후견인이 될 사람의 직업과 경험, 피한정후견인과의 이해관계의 유무(법인이 한정후견인이 될 때에는 사업의 종류와 내용, 법인이나 그 대표자와 피한정후견인 사이의 이해관계의 유무를 말한다) 등의 사정도 고려하여야 한다(§959의3 II).

(다) 한정후견인의 권한

한정후견인에게는 대리권·동의권·취소권이 인정된다. 한정후견인은 법정대리인으로서 대리권을 가지고(§959의4), 가정법원이 정한 동의를 받아야 할 행위에 관하여 동의권을 행사할 수 있다. 만약 피한정후견인이 동의를 받아야만 할 행위에 관하여 한정후견인의 동의 없이 법률행위를 한 때에는 그 법률행위를 취소할 수 있다.

f) 한정후견감독인

한정후견인의 임무해태, 권한남용에 대한 실질적인 견제를 하기 위하여 한정후견감독인을 둘 수 있다. 가정법원은 필요하다고 인정하면 직권으로 또는 피한정후견인, 친족, 한정후견인, 검사, 지방자치단체의 장의 청구에 의하여 한정후견감독인을 선임할 수 있다(§959의5 I).

g) 한정후견의 종료

한정후견은 한정후견개시의 원인이 소멸된 경우에 가정법원의 심판을 통하여 종료된다. 가정법원은 한정후견개시의 원인이 소멸한 경우에는 본인, 배우자, 4촌 이내의 친족, 한정후견인, 한정후견감독인, 검사 또는 지방자치단체의 장의 청구에 의하여 한정후견종료의 심판을 한다(§14). 한정후견종료의 심판이 내려지면 한정후견개시의 상태가 종료되고, 피한정후견인은 한정후견개시 이전의 완전한 능력자로 복귀한다. 다만 한정후견종료심판의 효력은 소급하지 않고 장래를 향하여만 발생한다.

(d) 특정후견

a) 특정후견의 의의

특정후견이란 정신적 제약으로 인하여 일시적 후원이나 특정사무에 대한 후원이 필요한 사람에 대하여 일정한 청구권자의 청구에 의하여 특정후견의 심판을 하는 제도이다(§14의2 I). 특정후견은 그 기간이나 사무처리의 범위가 특정되고 특정후견인의 선임 외에도 가정법원의 직접적인 보호조치가 가능하다는 측면에서 성년후견인이나 한정후견인을 통한 지속적이고 포괄적인 보호를 전제로 하는 성년후견이나 한정후견과 다르다(§§14의2 I, 959의8, 959의9). 그러므로 특정후견과 성년후견·한정후견 사이에는 본질적인 차이가 있고, 특정후견은 지금까지 민법에서는 알지 못하던 전혀 새로운 제도라고 할 수 있다.

가정법원은 질병, 장애, 노령, 그 밖의 사유로 인한 정신적 제약으로 일시적 후원 또는 특정한 사무에 관한 후원이 필요한 사람에 대하여 일정한 청구권자의 청구에 의하여 특정후견의 심판을 한다(§14의2 I). 질병, 장애, 노령, 그 밖의 사유로 인한 정신적 제약으로 일시적 후원 또는 특정한 사무에 관한 후원이 필요한 사람으로서 가정법원에 의하여 일정한 절차에 따라서 특정후견개시의 심판을 받은 사람을 「피특정후견인」이라고 한다.

서울에 거주하는 A(23세)는 지적장애인으로서 고령의 친척할아버지와 함께 살고 있다. 그런데 고령의 친척할아버지 외에는 돌봐줄 사람이 없어 이웃에 사는 아저씨를 믿고 휴대폰계약에 명의를 빌려준 후에 휴대폰요금을 체납하는 바람에 160만원의 빚을 떠안기도 하고, 몇 년째 약을 먹고 있으면서도 그 약이 무슨 약인지도 정확하게 모르는 등 의사결정의 지원이 필요한 상태에 있다. A는 가정법원에 특정후견개시의 심판을 청구할 수 있는가?

사례에서 A는 정신적 제약으로 인하여 일시적 후원이나 특정사무에 대한 후원이 필요한 상태에 있다고 할 수 있다. 그러므로 A는 본인이 스스로 가정법원에 특정후견개시의 심판을 청구할 수 있다. 가정법원으로부터 특정후견개시의 심판이 내려지면 A는 그 행위능력에 아무런 제한도 받지 아니하나, 가정법원에 의하여 선임된 특정후견인이 일시적으로 또는 특정한 사무에 관하여 A를 후원하게 된다.

b) 특정후견의 요건

가정법원이 특정후견개시의 심판을 내리기 위해서는 아래와 같은 요건이 충족되어야 한다.

① 일시적 후원 또는 특정한 사무에 관한 후원의 필요 　특정후견의 심판을 하기 위하여는 질병, 장애, 노령, 그 밖의 사유로 인한 정신적 제약으로 일시적 후원 또는 특정한 사무에 관한 후원이 필요하여야 한다.

② 본인의 의사 　특정후견은 본인의 의사에 반하여 할 수는 없다(§14의2 II). 다만 특정후견의 심판을 위하여 본인의 동의가 필수적이지는 않다.

③ 형식적 요건 　특정후견을 심판하기 위해서는 본인, 배우자, 4촌 이내의 친족, 미성년후견인, 미성년후견감독인, 검사 또는 지방자치단체의 장의 청구가 있어야 한다(§14의2 I). 성년후견이나 한정후견을 받고 있는 자에 대하여는 별도로 특정후견이 필요하지 않으므로, 성년후견인·성년후견감독인 또한 한정후견인·한정후견감독인은 특정후견의 청구권자가 아니다. 그러나 미성년자의 경우에는 성년을 앞두고 있으면 후견의 공백이 생길 수 있으므로, 그 후견의 공백을 막기 위하여 미성년후견인·미성년후견감독인은 특

정후견개시심판을 청구할 수 있도록 규정되어 있다.

c) 특정후견심판의 절차

특정후견심판의 절차는 가사소송법과 가사소송규칙의 규정에 의한다. 다만 특정후견의 심판을 하는 경우에는 특정후견의 기간 또는 사무의 범위를 정하여야 한다(§14의2 III).

d) 피특정후견인의 행위능력

특정후견은 피특정후견인에 대한 일시적 후원 또는 특정한 사무에 관한 후원을 위하여 인정되는 제도로서 피특정후견인의 행위능력에는 아무런 제한도 없다. 비록 가정법원이 피특정후견인의 후원을 위하여 필요하다고 인정하여 특정한 법률행위에 관하여 특정후견인에게 대리권을 수여하는 심판을 한 경우라고 하더라도 그 법률행위와 관련된 피특정후견인의 행위능력에는 어떤 법적 제약이 따르지 아니한다.

e) 특정후견인

가정법원은 피특정후견인의 후원을 위하여 필요한 처분으로 피특정후견인을 후원하거나 대리하기 위한 특정후견인을 선임할 수 있다(§959의8). 가정법원은 피특정후견인의 후원을 위하여 필요하다고 인정하면 기간이나 범위를 정하여 특정후견인에게 대리권을 수여하는 심판을 할 수 있고, 특정후견인의 대리권행사에 가정법원이나 특정후견감독인의 동의를 받도록 명할 수 있다(§959의11).

f) 특정후견감독인

가정법원은 필요하다고 인정하면 직권으로 또는 피특정후견인, 친족, 특정후견인, 검사, 지방자치단체의 장의 청구에 의하여 특정후견감독인을 선임할 수 있다(§959의10).

g) 특정후견의 종료

특정후견종료의 심판은 필요하지 않다. 일시적 후원을 위한 특정후견의 경우에는 기간의 경과로 종료하고, 특정한 사무에 관한 특정후원의 경우에는 그 사무처리의 종결로 종료한다. 다만 가정법원이 피특정후견인에 대하여 성년후견개시 또는 한정후견개시의 심판을 할 때에는 종전의 특정후견의 종료심판을 하여야 한다(§14의3).

(5) 제한능력자의 상대방의 보호

1) 제한능력자의 상대방에 대한 보호의 필요성

제한능력자제도는 제한능력자의 재산을 보호하기 위한 제도로서 제한능력자가 단독으로 한 법률행위는 취소할 수 있다(§§5 II · 10 I · 13 IV). 그러므로 제한능력자의 행위가 무효인가 유효인가는 전적으로 제한능력자쪽의 의사에 좌우되고, 제한능력자의 거래상대방은 가령 선의이더라도 제한능력자쪽의 취소권에 복종하여야 한다(제한능력자쪽이 취소하면 법률행위의 효력이 소멸하는 반면에, 취소하지 않고 방치하면 그 법률행위는 유효하게 된다).

본래 제한능력자제도가 행위능력이 전혀 없거나 불충분한 제한능력자의 정적 권리상태를 보호하기 위하여 인정되고 있다고 하는 사실을 생각하면, 제한능력자쪽에 취소권을 인정하는 의미를 쉽게 이해할 수 있다. 그러나 거래상대방의 입장에서 보면 자기와 거래하는 상대방이 제한능력자인가 아닌가 하는 사실이 항상 분명하지 아니한 경우가 많다. 예를 들어 제한능력자가 '속임수'를 이용하여 능력자로 속인 결과로 거래상대방이 제한능력자를 능력자로 믿고 법률행위를 한 경우와 같이 현실적으로 제한능력자의 여부를 구별하기가 곤란한 경우도 많다. 그러므로 과연 제한능력자가 속임수에 의하여 능력자로 믿게 한 경우에 대하여까지 제한능력자를 보호할 필요가 있는가 하는 의문이 들지 않을 수 없다. 거래상대방이 제한능력자를 강하게 능력자로 믿은 경우에도 만일 거래상대방의 법적 입장이 제한능력자쪽의 일방적 취소권의 행사에 좌우된다고 하면 일반거래의 안전을 몹시 위협한다고 하지 않을 수 없다.

민법은 제한능력자가 속임수(사술)로써 능력자로 믿게 한 경우에는 취소를 할 수 없다(§17 I)고 하여 속임수을 쓴 제한능력자의 취소권을 배제하고 있다. 또한 제한능력자쪽의 취소권에 매달려 불완전한 지위에 있는 상대방의 입장을 고려하여 거래상대방이 그 법률행위의 구속으로부터 탈피할 수 있는 수단으로 상대방의 철회권과 거절권을 규정하고 있다(§16). 그리고 제한능력자의 거래상대방에게 최고권을 부여하여 법률관계를 조속하게 확정하는 방법도 인정되고 있다(§15). 역시 민법상 취소권에 대하여 일반적으로 인정되는 「취소권의 단기소멸」[179]과 「법정추인」[180]도 취소권의 상대방이 가지는 불완전한 지위를 해소하는 역할을 하는 제도에 해당한다.

2) 상대방의 확답을 촉구할 권리

(a) 제도취지

제한능력자의 상대방이 가지는 확답을 촉구할 권리를 「최고권」이라고 한다. 최고를 통하여 제한능력자측에 대하여 취소할 수 있는 행위를 취소하는가 추인하는가의 확답을 촉구하고, 만일 확답이 없는 때에는 경우에 따라서 취소 또는 추인의 효과가 발생하게 된다.[181] 제한능력자와 거래한 상대방의 확답을 촉구할 권리(최고권)는 스스로 거래행위로부터 벗어날 수 있는 길이 없고, 전적으로 제한능력자쪽의 의사에 의하여 법적 지위가 좌우되는 불확정한 상태에 놓여 있는 제한능력자의 상대방이 제한능력자와 한 취소가능한 법률행위의 불확정상태로부터 해방될 수 있는 제도로서의 기능을 한다.

(b) 확답촉구(최고)의 요건

제한능력자의 상대방은 제한능력자측에 대하여 (i) 제한능력자와 한 취소할 수 있는 행

---

179) 취소권은 추인할 수 있는 날로부터 3년 내, 법률행위를 한 날로부터 10년 내에 행사하여야 한다(§146).

180) 법정추인이란 취소할 수 있는 행위에 관하여 일반적으로 추인이라고 인정할 수 있는 일정한 사실이 있는 때에는 취소권자에게 추인의사가 있는가를 묻지 않고, 법률상 당연히 추인이 있다고 보는 제도를 가리킨다. 예컨대 전부나 일부의 이행, 이행의 청구, 경개, 담보의 제공, 취소할 수 있는 행위로 취득한 권리의 전부나 일부의 양도, 강제집행 등이 있으면 법정추인으로 인정된다(§145).

181) 상대방의 최고권의 법적 성질에 대하여는 준법률행위의 일종인 「의사통지」로서 형성권이라고 보는 견해와 최고에 대하여 제한능력자측이 취소 또는 추인의 의사를 표시하면 그 의사표시대로의 법률효과가 생기므로 형성권이 아니라고 보는 견해가 대립한다.

위를 적시하고, (ii) 1개월 이상의 유예기간을 정하여, (iii) 추인 여부의 확답을 요구하여야 한다(§15 I).

(c) 확답촉구의 상대방

제한능력자의 상대방은 (i) 제한능력자가 아직 능력자가 되지 못한 때에는 법정대리인, (ii) 제한능력자가 능력자가 된 후에는 본인에게 확답을 촉구할 수 있다.

(d) 확답촉구의 효과

a) 본인에게 촉구한 경우

상대방이 본인이 능력자로 된 후 그 본인에게 추인 여부에 대한 확답을 촉구하여 그 정하여진 기간 내에 본인이 확답을 발송하지 아니하면 추인으로 의제된다(§15 I 후단).

b) 법정대리인에게 촉구한 경우

아직 제한능력자인 경우에는 법정대리인에게 추인 여부에 대한 확답을 촉구하여야 한다. 제한능력자의 상대방으로부터 확답의 촉구를 받은 법정대리인이 그 정하여진 기간(최고기간) 내에－경우에 따라서는 필요한 절차를 받은－확답을 발하지 아니하면 (i) 법정대리인이 단독으로 추인할 수 있는 행위는 추인으로 의제되고, (ii) 추인에 「특별한 절차」가 필요한 행위는 취소로 의제된다(§15 III). 다만 민법 제15조 제3항에서 말하는 「특별한 절차」의 의미가 문제되나, 「특별한 절차」란 법정대리인인 후견인이 민법 제950조 제1항 제1호 내지 제6호에 든 법률행위를 추인하기 위하여 「후견감독인의 동의」를 얻어야 하는 경우를 가리킨다고 보는 견해가 통설이다.

3) 상대방의 철회권 및 거절권

(a) 계약의 철회권

"제한능력자가 맺은 계약은 추인이 있을 때까지 상대방이 그 의사표시를 철회할 수 있다"(§16 I 본문). 제한능력자의 상대방이 추인이 있을 때까지 제한능력자가 맺은 계약을 철회할 수 있는 권리를 상대방의 「철회권」이라고 한다. 다만 상대방이 계약 당시에 제한능력자라고 하는 사실을 안 때에는 철회권이 인정되지 아니한다(§16 I 단서).

(b) 단독행위에 대한 거절권

"제한능력자의 단독행위는 추인이 있을 때까지 상대방이 거절할 수 있다"(§16 II). 제한능력자의 상대방이 추인이 있을 때까지 제한능력자의 단독행위를 거절할 수 있는 권리를 상대방의 「거절권」이라고 한다. 제한능력자의 상대방은 거절권을 상대방 있는 단독행위(예컨대 채무면제·상계)에 대하여만 행사할 수 있고, 유언·재단법인의 설립행위와 같은 상대방 없는 단독행위에서는 성질상 상대방의 거절권이 문제되지 않는다.

제한능력자의 상대방은 표의자가 제한능력자라는 사실을 안 때에도 거절권을 행사할 수 있는가? 학설상 제한능력자의 상대방에 의한 계약의 철회권에서와 마찬가지로 해석하여 표의자의 의사표시를 수령할 때에 표의자가 제한능력자임을 안 경우에는 거절권을 행사할 수 없다고 보는 견해와 제한능력자임을 안 경우라고 하더라도 거절권이 인정된다고 보는 견해가 대립한다. 당사자 쌍방의 의사표시의 합치로 성립하는 계약과 달리 단독행위에서는 제한능력자의 상대방은 의사표시를 수령할 뿐이고 스스로 의사표시를 하지 않으므로, 제한능력자임을 안 경우라고 하더라도 그 책임을 물을 수 없다고 보아야 한다. 그러므로 제한능력자의 상대방은 제한능력자라는 사실을 안 때에도 거절권을 행사할 수 있다고 보는 태도가 타당하다(철회권의 경우와는 다르다).

(c) 철회나 거절의 의사표시

계약의 철회나 단독행위에 대한 거절의 의사표시는 제한능력자에게도 할 수 있다(§16 III).

4) 취소권의 배제

(a) 제도취지

제한능력자가 능력자라고 믿게 하거나 미성년자나 피한정후견인이 법정대리인의 동의가 있는 경우로 오신하게 하기 위하여 속임수를 쓴 경우에는 제한능력을 이유로 보호할 필요가 없다. 만일 제한능력자가 속임수을 써서 능력자로 믿게 하거나 미성년자나 피한정후견인이 법정대리인의 동의가 있다고 믿게 한 때에는 오히려 제한능력자 또는 미성년자나 피한정후견인에 대한 제재와 상대방의 보호를 위하여 그 취소권을 박탈할 필요가 있다.

민법 제17조는 제한능력자가 속임수로써 능력자로 믿게 한 때에는 그 행위를 취소하지 못하고, 또한 미성년자나 피한정후견인이 속임수로써 법정대리인의 동의가 있는 경우로 믿게 한 때에도 마찬가지로 취소권이 배제된다고 규정하고 있다.[182] 그러므로 속임수를 이유로 취소권이 배제되는 경우는 (i) 제한능력자가 능력자라고 믿게 한 경우, (ii) 미성년자나 피한정후견인(피성년후견인이나 피특정후견인은 해당하지 아니한다)이 법정대리인의 동의가 있는 경우로 믿게 한 경우 두 가지로 구분할 수 있다.

(b) 취소권배제의 요건

a) 제한능력자의 의도

제한능력자가 능력자임을 믿게 하려고 하거나(§17 I), 또는 미성년자나 피한정후견인이 법정대리인의 동의가 있다고 믿게 하려고 하여야 한다(§17 II). 대표적으로 미성년자가 성년자로 속이거나 피성년후견인이나 피한정후견인이 능력자로 믿게 한 경우 혹은 미성년자피한정후견인이 위조한 동의서를 제시하여 마치 법정대리인의 동의가 있다고 믿게 하는 경우가 해당한다. 피성년후견인은 성년후견인의 동의에 의하여도 단독으로 유효한 법률행위를 할 수 없으므로, 속임수로써 법정대리인의 동의가 있는 경우로 믿게 하더라도 법률행위를 취소할 수 있다. 다만 피성년후견인이 속임수로써 능력자로 믿게 하거나 혹은 자기가 미성년자나 피한정후견인이라 속이고 법정대리인의 동의서를 제시하여 법률행위

182) 속임수를 써서 취소권이 배제된다고 주장하는 자인 상대방측에 속임수 여부에 대한 입증책임이 있다(대법원 1971.12.14. 선고 71다2045 판결).

를 한 경우에는 취소권이 배제된다고 보아야 한다.

b) 속임수[183)]

능력자로 믿게 하기 위하여 혹은 미성년자나 피한정후견인이 법정대리인의 동의가 있다고 믿게 하기 위하여 「속임수」(詐術)를 써야 한다(§17 I·II). 다만 민법 제17조에서 일컫는 「속임수」란 어떤 의미인가 하는 문제가 있다.[184)] 학설상으로는 적극설과 소극설로 대립하고, 판례는 적극설에 따라서 「속임수」를 이해한다. 속임수의 의미를 좁게 해석하는 적극설은 본인의 보호를 중시하는 입장이고, 속임수의 의미를 넓게 해석하는 소극설은 본인의 보호보다도 거래의 안전이나 선의자의 보호를 더 중요하게 보는 학설이다.

① 적극설　　적극설은 제한능력자 또는 미성년자나 피한정후견인이 적극적 기망수단[185)]을 사용한 경우에 한하여 「속임수」가 되고, 단순히 자기가 능력자라고 사언함은 속임수가 되지 아니한다고 보는 견해이다(학설상으로는 소수설이나, 판례는 오히려 적극적으로 사기수단을 쓴 경우를 속임수로 보아 적극설을 취하고 있다[186)]). 적극설에 의하면 위조된 가족관계등록부 또는 법정대리인의 동의서를 제시한다거나, 또는 다른 사람으로 하여금 위증을 시킨다든지 하는 경우가 속임수가 된다고 보며, 단순한 「사언」(詐言)은 포함되지 않는다고 한다. 적극설은 (i) 제한능력자제도의 핵심적 효과인 「취소권의 발생」을 배척하기 위해서는 제한능력자의 보호를 포기할 만한 사정이 있어야 하며 그 사정은 제한능력자의 적극적 기망행위만이 해당한다고 보고, (ii) 단순히 상대방의 오신을 방임·강화하는 사정만으로도 속임수라고 보아 취소권을 박탈하면 민법이 제한능력자보호제도를 두고 있는 입법취지에 어긋나고, (iii) 만일 소극설을 취하면 대부분의 경우에 속임수가 인정되어 제한능력자의 취소권이 배제되는 결과가 되므로 부당하다고 주장한다.

② 소극설　　학설상 다수설인 소극설은 소극적 기망수단을 쓴 경우도 「속임수」로 보는 견해이다. 소극설에 의하면 보통인을 오신하게 할 만한 방법으로 오신을 유발하거나 오신을 강하게 한 경우, 특히 단순히 자기가 능력자라고 칭한 경우나 단순한 침묵 내지 묵비도 속임수가 될 수 있다고 본다. 소극설에서 단순한 침묵이나 묵비가 속임수가 될 수 있다고 하는 내용은 어디까지나 구체적인 상황에 따라서 판단하여 침묵이나 묵비가 속임수가 되는 경우도 있다는 의미일 뿐이고, 자기의 제한능력을 타인에게 알리지 않은 사실이 항상 침묵이나 묵비가 된다고 하는 의미는 아니다. 그러므로 제한능력자의 다른 언동과 관련하여 침묵이나 묵비가 상대방을 오신하게 하거나 혹은 이미 오신하고 있는 경우

---

183) 본래 민법 제17조에 「사술」(詐術)로 되어 있던 용어가 지난 2011년 3월 7일에 단행된 제18차개정에 의하여 사술 대신에 「속임수」라는 순수한 한글로 바뀌어져 있다. 그러나 국어사전 등에 이미 「사술」이 법률용어로 올라있을 정도로 굳어져 사용되고 있으므로, 개념의 정확성을 생명으로 하는 법률용어의 특수성을 고려하지 않고 굳이 속임수로 한글화를 할 필요가 있을까 하는 생각이 된다.

184) 국어사전적으로 속임수는 '남을 속이는 술수'를 의미한다.

185) 적극적 기망수단으로는 예컨대 가족관계등록부·주민등록등본 혹은 법정대리인의 동의서 등을 위조한 경우를 들 수 있다.

186) 대법원 1971.12.14. 선고 71다2045 판결.

에 그 오신을 더욱 강하게 하면 속임수로 인정할 수 있다고 보는 소극설이 기본적으로 타당하다고 본다.[187)]

> 18세인 미성년자 A는 법정대리인의 동의 없이 B와 임야에 대한 매매계약을 체결하였다. 그런데 매매계약을 체결한 때 A는 B로 하여금 자기를 성년자로 오신케 하기 위하여 본인이 스스로 사장이라고 말하였고, 동석한 C가 상대방 B에 대하여 A를 갑주식회사의 사장이라고 호칭하였다. 후에 A는 임야에 대한 매매계약이 법정대리인의 동의 없이 체결된 법률행위임을 이유로 그 취소를 주장할 수 있는가?

판례는 민법 제17조에서 말하는 「속임수」의 의미에 관하여 적극설을 취하고 있다. 적극설에 의하면 민법 제17조에서 '제한능력자가 속임수로써 능력자로 믿게 한 때'라 함은 제한능력자가 상대방으로 하여금 그 능력자임을 믿게 하기 위하여 적극적으로 사기수단을 쓴 경우를 말한다. 그러나 학설은 판례와 달리 소극설에 기하여 단순한 사언도 속임수에 해당한다고 본다.

판례가 취하는 적극설에 의하면 미성년자인 A가 매매계약 당시 A 본인이 스스로 사장이라고 말하거나 또는 동석한 C가 상대방인 B에 대하여 A를 갑주식회사의 사장이라고 호칭한 사실이 있다고 하더라도 그 사실만으로써는 속임수를 쓴 경우에 해당되지 아니한다. 그러므로 AB 사이의 임야매매계약은 취소할 수 있는 법률행위가 되므로, A의 취소에 따라서 법률관계가 정리된다. 취소한 법률행위는 처음부터 무효로 보므로(§141 본문), 매매계약에 의하여 발생한 채무는 이행할 필요가 없게 되며, 이미 이행한 때에는 부당이득의 반환의무가 생긴다. 그리고 제한능력자의 경우에는 제한능력자를 보호하기 위하여 그 반환의무의 범위가 경감되므로 A는 받은 이익이 '현존하는 한도'에서 반환하면 된다(§141 단서).

학설상으로는 침묵이나 묵비는 물론 사언까지도 속임수로 보므로, A가 단지 스스로를 성년자라고 사언한 경우라고 하더라도 속임수에 해당될 수 있다. 만약 A가 단순한 사언을 통하여 B에게 A가 성년자라고 하는 오신을 가지게 하거나 그 오신을 강화시킨 사실이 인정되면 A나 그 법정대리인의 취소권이 배제된다고 보는 태도가 타당하다. 학설상 다수설과 같이 소극설을 취하면 AB 사이의 임야매매계약은 확정적으로 유효한 법률행위가 될 수 있다.[188)]

누가 속임수를 증명하여야 하는가? 제한능력자와 계약을 체결한 상대방이 취소권을 배

---

187) 학설로서도 단순한 침묵 또는 묵비까지도 속임수 또는 사술이 된다고 하는 견해에는 의문이 간다는 입장도 있다.

188) 사례에서 B가 확정적으로 임야에 대한 소유권을 취득할 수 있는 경우로는 민법 제17조에 의한 취소권의 배제 이외에, B의 최고권의 행사에 의한 추인의제(A가 이미 성년에 달하여 있으면 B는 A에게 최고를 할 수 있고, 만일 A가 최고기간 내에 확답을 발하지 아니하면 AB 사이의 매매계약을 추인한 경우로 된다), 법정추인(A에게 법정추인의 사유가 있는 경우에는 A쪽은 더 이상 매매계약을 취소할 수 없고, B는 물건의 소유권을 완전히 취득한다), 취소권의 단기소멸(A쪽이 추인할 수 있는 날로부터 3년, 법률행위를 한 날로부터 10년 내에 취소권을 행사하지 아니하면 B는 소유권을 완전히 취득한다) 등이 있다.

제하기 위하여 제한능력자가 속임수를 쓴 사실을 주장하는 때에는 그 주장자인 상대방쪽에서 그에 대한 입증책임을 진다. 사례에서는 B가 A의 속임수를 증명하여야 한다.

c) 상대방의 오신

제한능력자의 속임수에 의하여 상대방이 제한능력자를 능력자로 믿거나 미성년자나 피한정후견인의 속임수에 의하여 법정대리인의 동의가 있다고 믿어야 한다. 그리고 상대방이 능력자이거나 법정대리인의 동의가 있다고 하는 오신에 의하여 제한능력자와 법률행위를 하여야 한다.

(c) 효 과

제한능력자가 속임수를 써서 능력자로 믿게 하거나 미성년자나 피한정후견인이 법정대리인의 동의가 있다고 믿게 한 때에는 제한능력자 또는 미성년자나 피한정후견인 본인은 물론이고, 그 법정대리인이나 기타 취소권자도 제한능력을 이유로 그 행위를 취소할 수 없다(§17 I·II).

Ⅲ. 주 소

1. 사람과 장소의 관계

법률관계에서는 특정의 장소가 중요한 의미를 지니는 경우가 적지 않다. 민법은 사람과 장소의 관계에 관한 가장 중요한 문제로 주소와 거소(居所), 가주소(假住所)에 관한 일반규정을 두고 있다.

주소는 사람의 생활관계의 중심지를 말한다. 본국·외국, 본적지,[189] 주민등록지,[190] 법률행위지, 재산소재지, 사무소·영업소[191]도 역시 사람과 장소의 관계를 나타내는 개념이지만,[192] 주소와는 구별된다.

2. 주소에 관한 입법주의

(1) 형식주의 vs 실질주의

주소에 관한 입법주의로는 우선 형식주의와 실질주의의 대립이 있다.

---

189) 본적지는 호적법상의 개념으로서 친족법상의 「家」의 소재지를 말하나, 호적법의 폐지로 인하여 현재는 법적 의미가 없다.

190) 주민등록지는 30일 이상 거주할 목적으로 특정한 장소에 주소 또는 거소를 갖는 자가 주민등록법에 의하여 등록하는 장소를 말한다(주민등록법 §§6.10).

191) 사무소란 사람이 사무를 집행하는 장소를 말하고, 영업소란 영업을 하는 장소로서 본점과 지점이 있다.

192) 국제사법에서는 본국, 법률행위지, 재산소재지가 준거법과 관련하여 중요한 의미를 지닌다.

① 형식주의 형식주의란 형식적 표준(예컨대 家神의 祭壇, 조상의 근거지, 본적지)에 따라서 획일적으로 주소를 정하는 주의를 가리킨다.

② 실질주의 실질주의란 생활의 실질적 관계에 의하여 구체적으로 주소를 결정하는 주의를 가리킨다. 민법은 주소를 「생활의 근거되는 곳」(§18 I)이라고 하여 실질주의를 채택하고 있다.

형식주의와 실질주의는 각각 어떤 장점·단점이 있는가? 형식주의는 법률관계를 명확하게 하는 장점이 있다. 그러나 현대사회와 같이 자연인이 여러 장소를 옮겨가며 활동하고, 또한 각종의 생활관계가 여러 장소에 산재되어 있는 상황 아래에서는 형식주의를 고수하기가 곤란하다. 실질주의는 복잡한 현대사회의 실정에 적당한 장점이 있다.

(2) 의사주의 vs 객관주의

의사주의(주관주의)란 주소결정에 정주(定住)의 의사도 필요하다고 하는 주의를 가리킨다. 입법례로 프랑스민법(§§103-105)·스위스민법(§23 I)이 의사주의를 취하고 있다. 객관주의란 정주의 사실만을 요건으로 주소를 결정하는 주의를 가리킨다.

해석상 주소결정에 관한 민법의 태도는 객관주의로 이해되고 있다. 민법이 객관주의를 채택하고 있다고 보는 근거로는 (i) 민법상 정주의 의사를 요한다고 해석할 규정이 없고, (ii) 사실상 정주의 의사를 파악하기 곤란하고, (iii) 의사무능력자를 위한 법정주소제도가 없다고 하는 사실을 들 수 있다.

(3) 단일주의 vs 복수주의

단일주의란 주소를 하나밖에 인정하지 않는 주의를 가리킨다. 반면에 복수주의란 주소를 두 곳 이상 인정하는 주의를 가리킨다. 민법은 주소는 동시에 「두 곳 이상」 둘 수 있다고 하여 복수주의를 채택하고 있다(§18 II).

현대의 복잡하게 분화된 사회생활에서 각종의 생활관계에 대하여 적당한 주소를 인정하기 위하여는 복수주의(법률관계기준설)가 타당하다고 할 수 있다. 복수주의에 의하면 생활관계의 종류에 따라서 예를 들어 가족생활에 대하여는 甲地, 직업에 관한 생활관계에 대하여는 乙地와 같이 주소를 두 곳 이상 둘 수 있다.

3. 민법상의 주소

(1) 주 소

1) 주소의 의의

"생활의 근거되는 곳을 주소로 한다. 주소는 동시에 두 곳 이상 있을 수 있다"(§18). 민법은 주소란 생활의 근거되는 곳을 가리키고, 주소는 동시에 두 곳 이상 둘 수 있다고 하여 명문으로 주소에 관하여 실질주의·복수주의를 채택하고 있다. 의사주의 혹은 객관주의에 대하여는 민법에 직접적인 규정이 없지만, 학설은 이견 없이 객관주의로 해석하고 있다.

2) 주소의 법률상의 효과

주소는 법률상 (i) 부재 및 실종의 표준(§§22·27), (ii) 변제의 장소(§467), (iii) 상속개시지(§998), (iv) 어음행위의 장소(어음법 §§2 III·4·21·76 III, 수표법 §8), (v) 재판관할의 표준,[193] (vi) 민사소송법상의 부가기간의 표준[194]과 같은 경우에서 그 의미가 나타난다. 또한 공법상으로도 주소는 귀화와 국적회복의 요건이고(국적법 §§5-7), 주민등록의 요건이며(주민등록법 §6 I), 징세의 기준이 된다(국세기본법 §8, 국세징수법 §§12·13, 소득세법 §9).

(2) 거소·가주소

1) 거　소

거소란 사람이 다소의 기간 계속하여 거주하는 장소를 말한다. 사람과 그 장소의 밀접한 정도가 주소만 못한 곳이 거소가 된다.

주소를 알 수 없으면 거소를 주소로 본다(§19). 또한 국내에 주소없는 자에 대하여는 국내에 있는 거소를 주소로 본다(§20). 그러므로 주소를 알 수 없는 주소불명자와 국내에 주소가 없는 무주소자에 대하여는 거소를 주소로 본다. 그리고 국제사법에 의하면 당사자의 본국법에 의하여야 하는 경우에 당사자가 국적을 가지지 아니하거나 당사자의 국적을 알 수 없는 때에는 그 상거소(常居所)가 있는 국가의 법에 의하고,[195] 상거소를 알 수 없는 때에는 그 거소(단순거소)가 있는 국가의 법에 의한다(국제사법 §3).

2) 가주소

가주소란 임의로 정한 편의상의 주소를 의미한다. 가주소는 정주성(定住性)에 관계없이 결정된다. 어느 행위에 있어서 가주소를 정한 때에는 그 행위에 관하여는 그 가주소를 주소로 본다(§21). 가주소는 특정의 거래행위에 대하여만 주소와 동일한 기능을 한다.

3) 현재지

예컨대 여행자가 일시 체재하는 호텔이나 여관과 같이 사람과 장소의 관계가 거소보다도 더 약한 곳을 거소와 구별하여 현재지라고 한다. 현재지에 대하여 재산법상의 효과가 인정되는 경우는 없다.[196]

---

193) 예를 들어 전주에 사는 A와 춘천에 사는 B 사이에 법률분쟁이 생겨 소송을 하는 경우에 전주와 춘천의 법원 중 어느 법원에서 재판을 하여야 하는가 하는 문제가 생긴다. 민사소송법상 사람의 보통재판적은 그의 주소에 따라 정하고(다만 대한민국에 주소가 없거나 주소를 알 수 없는 경우에는 거소에 따라 정하고, 거소가 일정하지 아니하거나 거소도 알 수 없으면 마지막 주소에 따라 정한다), 소(訴)는 피고의 보통재판적(普通裁判籍)이 있는 곳의 법원이 관할한다(민사소송법 §§2·3). 그러므로 원고 A는 피고 B의 주소가 있는 춘천의 법원에 소를 제기하여야 한다.

194) 법원은 불변기간에 대하여 주소 또는 거소가 멀리 떨어진 곳에 있는 사람을 위하여 부가기간(附加期間)을 정할 수 있다(민사소송법 §172 II).

195) 최근 개정된 국제사법은 기존의 주소지개념을 버리고 상거소개념을 새로운 국제사법상의 연결점으로 규정하고 있다(국제사법 §§3 II, 4, 37). 「상거소」란 생활의 중심지이긴 하나, 거주의사를 그 요건으로 하지 않는 장소를 가리킨다.

196) 가족관계의 등록 등에 관한 법률 제20조 제1항에 의하면 출생신고·사망신고는 신고인의 현재지에서도 할

Ⅳ. 부재와 실종

1. 서 론

(1) 부재자의 재산관리제도와 실종선고제도

> A에게는 가족으로 재혼한 부인 B와 아파트 및 5억원 상당의 갑토지 등이 있는데, A는 여러 가지 복잡한 사정이 있어서 머리를 식힐 겸 필리핀 남부로 여행을 떠났다. 그런데 A는 필리핀 남부에 있는 민다오섬을 여행하던 도중에 2005.1.5. 무장괴한에게 납치되었고, 그 얼마 후부터 계속 생사를 알 수 없게 되었다. A가 무장괴한에게 납치되어 생사를 할 수 없게 된 시점부터 B는 A와 A의 재산에 대하여 어떤 법적 조치를 취할 수 있는가?

종래의 주소 혹은 거소를 떠나 행방불명인 자, 즉 부재자가 있는 경우에 민법은 1단계로 부재자가 아직 생존하고 있다고 추측하여 그 재산을 관리하며 돌아오기를 기다리는 재산관리제도를 두고 있다. 그러므로 B는 우선 A가 종래의 주소에 남겨둔 재산에 관하여 재산관리조치를 취할 수 있다. 그리고 부재자의 생사불명상태가 일정기간 계속되어 더 이상 생존의 가능성이 희박하게 된 때에는 일정한 요건 아래 부재자를 일단 사망으로 보고 부재자를 중심으로 하는 법률관계를 종결하는 실종선고제도를 두고 있으므로, B는 2단계로는 A에 대한 실종선고를 가정법원에 청구할 수 있다.

(2) 부재자의 취급에 관한 입법례

부재자의 취급에 관한 대표적인 입법례로는 아래와 같이 프랑스법주의와 독일법주의가 있다.

① 프랑스법주의 　프랑스법주의에 의하면 부재자가 돌아올 가능성이 희박하여 지면 점차 잔존자의 권리를 증대시키지만, 끝까지 부재자에 대하여 사망을 선고하지 아니한다.

② 독일법주의 　독일법주의에 의하면 일정한 조건 아래 부재자에 대하여 사망을 선고한다. 스위스민법·일본민법·한국민법은 독일법주의를 따르고 있다.

2. 부재자의 재산관리

(1) 부재자의 의의

부재자란 종래의 주소나 거소를 떠나서 당분간 돌아올 가망이 없어 종래의 주소나 거소

수 있다.

에 있는 재산이 관리되지 못하고 방치되는 상태에 있는 자를 가리킨다. 그리고 부재자는 그 성질상 자연인에 한한다. 법인에 대하여는 부재자에 관한 규정이 적용될 여지가 없다.

부재자는 생존하고 있는 사실이 명백하여 돌아올 가능성이 있지만 용이하게 돌아올 수 없는 자와 생사가 불명이어서 돌아올 가능성이 거의 없는 자를 포함하여 의미한다. 그러나 해외유학생이 해외에서의 소재가 분명할 뿐만 아니라 부동산이나 그 재산을 국내에 있는 사람을 통하여 직접 관리하고 있는 때에는 부재자로 볼 수 없다.[197]

(2) 잔유재산의 관리

1) 부재자 자신이 관리인을 두지 않은 경우

(a) 재산관리에 필요한 처분의 명령

법원은 이해관계인(예컨대 배우자·상속인·채권자 보증인) 혹은 검사의 청구에 의하여 재산관리에 필요한 처분(예컨대 재산관리인의 선임·재산의 봉인·경매)을 명하여야 한다(§22 I 전단).

(b) 처분의 취소

법원은 재산의 관리가 필요 없게 된 때, 즉 부재자 자신이 후에 관리인을 정한 때(§22 II) 혹은 본인이 스스로 재산을 관리할 수 있게 된 때, 본인의 사망이 분명한 때, 실종선고가 된 때에는 본인, 재산관리인, 이해관계인 혹은 검사의 청구로 재산관리처분의 명령을 취소하여야 한다. 재산관리에 필요한 처분의 취소는 반드시 법원의 선고를 통하여 하여야 하고, 소급효가 없으므로 취소 전에 재산관리인이 한 행위에는 영향이 없다.

(c) 재산관리인의 직무권한

법원에 의하여 선임된 재산관리인은 우선 재산목록을 작성하여(§24 I) 관리할 재산을 분명하게 하여야 한다. 법원은 재산관리인에 대하여 부재자의 재산을 보존하기 위하여 필요한 처분(예컨대 재산의 봉인·공탁, 채무의 변제, 상속등기)을 명할 수 있지만, 권한의 범위가 명백하지 않는 때에는 재산관리인은 민법 제118조가 정한 (i) 보존행위(예컨대 미등기부동산의 등기·건물의 수선·소멸시효의 중단), (ii) 관리의 목적인 물건이나 권리의 성질을 변하지 아니하는 범위에서 그 이용 또는 개량하는 행위(금전을 예금하거나 무이자소비대차를 이자부로 하는 경우)만을 할 수 있다. 만일 재산관리인이 민법 제118조에 규정한 권한을 넘는 행위를 하는 경우에는 법원의 허가를 얻어야 한다(§25 전문).

재산관리인은 법원에 의하여 선임되지만 그 직무집행에 대하여는 선량한 관리자의 주의로 직무를 처리할 의무를 부담한다. 그리고 위임인에 해당하는 사람이 부재인 사정을 고려하여 법원은 재산관리인에 대하여 재산의 관리 및 반환에 관하여 상당한 담보를 제공하게 할 수 있다(§26 I). 또한 부재자의 재산으로부터 상당한 보수를 재산관리인에게 지급할 수 있다(§26 II).

---

197) 대법원 1960.4.21. 선고 4292민상252 판결.

2) 부재자 자신이 관리인을 둔 경우

부재자가 둔 관리인은 부재자의 수임인(임의대리인)으로 그 권한과 관리의 방법은 부재자와 관리인 사이의 계약에 의하여 결정된다. 만일 재산관리인이 부재자로부터 재산처분권까지 위임받은 경우에는 그 재산을 처분할 때에 법원의 허가를 받을 필요가 없다.[198] 계약상 재산관리인의 권한과 재산관리의 방법을 정하지 않은 경우에는 민법 제118조가 적용되고, 원칙적으로 가정법원은 간섭할 필요가 없다. 예외적으로 (i) 재산관리인의 권한이 본인의 부재중에 소멸한 때, (ii) 부재자의 생사가 분명하지 않게 된 때에는 가정법원이 재산관리인은 선임·개임할 수 있다.

3. 실종선고

(1) 실종선고의 의의

부재자의 생사불명상태가 장기간 계속되면 사망의 개연성이 높아지나, 사망의 확증이 없는 한 부재자를 사망으로 취급할 수 없다. 그러나 장기간에 걸친 생사불명상태에도 불구하고 부재자를 언제까지나 살아있다고 보면 그 재산관계나 가족관계를 확정하지 못하여 잔존배우자·상속인·채권자와 같은 이해관계인에게 불이익이 발생한다. 그러므로 일정한 요건 아래 생사불명상태가 장기간 계속된 부재자에 대하여는 일정시기를 기준으로 사망과 동일한 법률효과를 부여하여 부재자를 중심으로 한 법률관계를 종결시킬 필요가 있다. 바로 부재자의 생사가 일정한 기간 분명하지 아니한 때에 가정법원의 선고에 의하여 부재자를 사망한 경우로 보는 제도가 「실종선고」이다.[199]

> 억만장자인 모험가 스티브 포셋은 열기구를 타고 홀로 세계일주를 하던 도중 사하라사막의 어디 쯤에서 흔적도 없이 사라졌다. 스티브 포셋이 실종된 후 수십대의 비행기와 헬기를 동원하여 그의 행방을 찾았으나, 그가 조종한 열기구의 잔해조차 찾을 수 없었다. 스티브 포셋이 사망한 아무런 증거가 없으므로, 그를 사망으로 처리할 수 없는 상황에서 그의 엄청난 재산을 상속하고자 하는 미망인은 어떤 조치를 취할 수 있는가?

케이스에서 미망인은 일정한 요건 아래 실종된 스티브 포셋에 대한 실종선고를 청구할 수 있다. 법원이 실종선고를 내리면 스티브 포셋은 어딘가에 살아 있는가 아닌가를 묻지 않고 최후소식시로부터 계산하여 실종기간이 만료된 때에 사망한 경우로 간주되므로, 사망에 따른 법률효과가 생긴다. 실종선고에 통하여 미망인은 억만장자의 재산을 상속받을

198) 대법원 1973.7.24. 선고 72다2136 판결.

199) 1998년부터 2007년까지, 2010년, 2011년에 법원에 실종선고가 청구된 통계를 보면 아래와 같다.

연 도	1998	1999	2000	2001	2002	2003	2004	2005	2006	2007	2010	2011
총접수건수	3,089	2,355	2,574	2,527	2,361	2,425	2,559	2,697	2,924	2,856	2,397	2,367

수 있게 된다.

(2) 실종선고의 요건

1) 부재자의 생사불분명

생사불분명이란 생존의 증명도 사망의 증명도 없는 상태, 생사에 관한 어떤 증명도 없는 경우를 가리킨다. 생사가 절대적으로 불명하여야 하지는 않고, 실종선고의 청구권자와 법원에 불명이면 된다. 다만 가족관계등록부상 사망으로 기재되어 있는 사람,[200] 이미 한 번 실종선고를 받은 사람[201]에 대하여는 그 동일인을 생사불분명이라고 하여 다시 실종선고를 내릴 수 없다.

수난, 전란, 화재와 같은 사변에 편승하여 타인의 불법행위로 사망한 경우에 그 사람의 시신 또는 사체검안서나 사망진단서 등과 같은 확정적인 증거가 없으면 절대로 사망사실을 인정할 수 없는가? 본래 사람의 사망과 같은 인격적 권리의 상실에 관한 사실인정은 신중하게 하여야 하고, 단순히 행방불명되어 생환하지 못한 사실만으로 가볍게 사망으로 인정하여서는 안된다. 예를 들어 갑판원이 해난사고로 행방불명이 된 경우에 타인의 불법행위로 생명을 잃은 사실을 주장하며 손해배상을 구하는 사건에서는 그 사망사실이 '확정적'으로 밝혀져야 하며 행방불명되어 생환하지 못한 사실만으로서는 생명을 해한 경우라고 할 수 없다.[202] 그러나 사망의 개연성이 극히 높고 생환가능성이 거의 없다고 여겨지는 경우까지도 "사망사실이 확정적으로 밝혀지지 아니하고, 행방불명되어 생환하지 못한 사실만으로서는 생명을 해한 경우라고 할 수는 없다"라는 명제하에 일률적으로 사망인정을 하지 못한다는 의미는 아니다. 그러므로 수난, 전란, 화재와 같은 사변에 편승하여 타인의 불법행위로 사망한 경우에 있어서는 확정적인 증거의 포착이 손쉽지 않다는 사정을 예상하여 법률은 인정사망(가족관계등록법 §87), 위난실종선고(§27 II) 등의 제도와 그 밖에도 보통실종선고제도(§27 I)도 마련하여 놓고 있으나, 인정사망제도나 실종선고제도가 있다고 하여 그 자료나 제도에 의하지 아니하는 사망사실의 인정을 법원이 절대로 할 수 없다는 법리는 없다.[203]

2) 실종기간의 경과

(a) 실종기간

생사불분명의 상태가 일정기간 계속하여야 하다. 일반적으로 생사가 5년 동안 분명하

200) 가족관계등록부상의 기재사항을 번복할 만한 명백한 반증이 없는 한 진실에 부합하는 경우로 추정되고, 특히 가족관계등록부의 사망기재는 쉽게 번복할 수 있게 하여서는 아니되므로, 사망으로 기재되어 있는 사람은 사망기재의 추정력을 뒤집을 수 있는 자료가 없는 한 그 생사가 불명한 사람이라고 볼 수 없어 실종선고를 할 수 없다(대법원 1997.11.27 자 97스4 결정).

201) 예를 들어 실종자에 대하여 1950년 7월 30일 이후 5년간 생사불명을 원인으로 이미 1988년 11월 26일 실종선고가 되어 확정된 경우에 그 이후 타인의 청구에 의하여 1992년 12월 28일 새로이 실정선고가 내려지더라도 그 새로운 실종신고를 기초로 상속관계를 판단하면 잘못이다(대법원 1995.12.22 선고 95다12736 판결).

202) 대법원 1985.4.23. 선고 84다카2123 판결.

203) 대법원 1989.1.31. 선고 87다카2954 판결.

지 아니한 경우에 법원에 실종선고를 청구할 수 있다(보통실종). 예외적으로 특별실종의 경우, 즉 전지에 임한 경우,[204] 침몰한 선박 중에 있던 경우, 추락한 항공기 중에 있던 경우, 기타 사망의 원인이 될 위난[205]을 당한 경우에는 생사가 1년 동안 분명하지 아니한 때에 실종선고를 청구할 수 있다.[206]

(b) 실종기간의 기산점

실종기간의 기산점은 보통실종은 최후의 소식이 있었던 때, 즉 최후음신시가 된다. 그리고 특별실종 중 전쟁실종은 사실상 전쟁이 끝난 때, 즉 전쟁종지시이고,[207] 선박실종은 선박의 침몰시, 항공기실종은 항공기의 추락시, 위난실종은 위난종료시로부터 실종기간을 기산한다.

3) 청구권자의 청구

일정한 청구권자의 청구가 있어야 실종선고를 내릴 수 있다. 실종선고의 청구권자로는 이해관계인 혹은 검사가 해당한다.

① 이해관계인 실종선고의 청구권자에 해당하는 이해관계인이란 '부재자의 법률상 사망으로 인하여 직접적으로 신분상 또는 경제상의 권리를 취득하거나 의무를 면하게 되는 사람'(예컨대 배우자·상속인·채권자·법정대리인·재산관리인)을 가리킨다. 단순히 사실상의 이해관계를 가진 경우만으로는 실종선고의 청구권자로서의 이해관계인에 포함되지 않는다. 또한 제1순위의 재산상속인(예컨대 피상속인의 직계비속)이 있는 경우에는 그보다 후순위의 상속인(예컨대 직계존속, 형제자매,[208] 4촌 이내의 방계혈족)은 실종선고를 청구할 수 있는 신분상 또는 경제상의 이해관계인이 아니다.[209] 그리고 채권자나 채무자는 실종선고에 의하지 않더라도 부재자에 대한 재산관리인의 선임을 법원에 청구하여 채권의 추심 혹은 채무의 변제를 할 수 있으므로, 실종선고의 청구권자로 할 필요가 없다고 보아야 한다.

② 검 사 검사는 공익의 대표자로서 실종선고의 청구권자가 된다.

---

204) 전지에 임한 자의 생사가 보통실종선고에 필요한 기간 동안 분명하지 아니한 경우에는 특별실종선고를 청구하지 아니하고 보통실종선고를 청구할 수도 있다.

205) 민법 제27조 제2항에 정하는 '사망의 원인이 될 위난'이라고 함은 화재·홍수·지진·화산폭발 등과 같이 일반적·객관적으로 사람의 생명에 명백한 위험을 야기하여 사망의 결과를 발생시킬 가능성이 현저히 높은 외부적 사태 또는 상황을 가리킨다. 예컨대 A가 잠수장비를 착용한 채 바다에 들어가서 해산물을 채취하다가 부상(浮上)하지 아니한 채 행방불명된 경우에는 '사망의 원인이 될 위난'이라고 할 수 없다(대법원 2011.1.31. 자 2010스165 결정).

206) 실종기간이 1년인 특별실종 중 사망의 개연성이 높은 선박침몰, 항공기추락 등의 경우에는 6개월로 실종기간을 단축하여 법률관계를 조기에 확정하여야 한다고 하는 논의가 있다.

207) 강화조약을 체결하는 때가 아니라, 항복선언 또는 정전이나 휴전선언이 있는 때를 전쟁종지시로 본다.

208) 부재자의 자매로서 제2순위 상속인에 불과한 자는 부재자에 대한 실종선고의 여부에 따라 상속지분에 차이가 생긴다고 하더라도 그 효과는 부재자의 사망간주시기에 따른 간접적인 영향에 불과하고 부재자의 실종선고 자체를 원인으로 한 직접적인 결과는 아니므로 부재자에 대한 실종선고를 청구할 이해관계인이 될 수 없다(대법원 1986.10.10. 자 86스20 결정).

209) 대법원 1986.10.10. 자 86스20 결정.

4) 절차상의 요건

가정법원은 6개월 이상의 기간을 정하여 그 기간 내에 부재자 본인이나 부재자의 생사를 아는 자에 대하여 신고하도록 공고하는 공시최고를 한 후 실종선고를 하여야 한다(가사소송규칙 §53). 공시최고기간이 지나도록 신고가 없으면 가정법원은 반드시 실종선고를 하여야 한다(§27 I).

(3) 실종선고의 효과

1) 간주주의

실종선고의 효과에 대한 입법례로는 추정주의와 간주주의(의제주의)가 대립한다. 민법은 실종자는 사망자로 「본다」(§28)고 하여 간주주의 내지 「본다주의」를 채택하고 있다.[210]

민법이 실종선고의 효과에 관하여 간주주의를 취하고 있으므로, 실종선고가 취소되지 않는 한 본인의 생존 기타 반증만을 들어서 실종선고의 효과를 다투지 못한다.[211] 실종선고로 인하여 실종기간만료시를 기준으로 하여 상속이 개시된 이상, 비록 그 이후 실종선고가 취소되어야 할 사유가 생긴다고 하더라도 실제로 실종선고가 취소되지 아니하는 한, 임의로 실종기간이 만료하여 사망한 때로 간주되는 시점과는 달리 사망시점을 정하여 이미 개시된 상속을 부정하고 그 상속과 다른 상속관계를 인정할 수는 없다.[212] 실종선고의 효과를 뒤집기 위해서는 가정법원에 의한 실종선고취소의 심판절차를 거쳐야 한다.

2) 사망효과발생의 시기

실종선고에 의하여 언제 사망의 효과가 생기는가? 실종선고에 의한 사망효과의 발생시기에 대하여는 최후소식시주의, 선고시주의, 중간시주의, 만료시주의가 있다.

① 최후소식시·위난발생시주의　　최후소식시·위난발생시주의는 최후소식시 혹은 위난발생시를 사망시기로 본다. 입법례로서 독일실종법(위난실종)과 스위스민법이 최후소식시·위난발생시주의를 채택하고 있고, 일본민법은 위난실종에 대하여만 위난발생시주의를 취하고 있다. 다만 최후소식시·위난발생시주의는 최후소식시나 위난발생시를 사망으로 보면 사실에 반하고, 실종선고후 실종기간을 소급하여 그 전에 죽은 경우가 되어 법률관계가 복잡하게 된다고 하는 단점이 있다.

② 실종선고시주의　　실종선고시주의는 실종선고가 내려진 때를 사망시기로 본다. 실종선고시주의는 독일민법 제1초안이 채택한 입법주의이다. 실종선고시주의는 사망의 효과가 소급하지 아니하여 실종자를 둘러싼 법률관계를 간명하게 처리할 수 있는 장점이 있지만, 사망시기가 실종선고의 신청시기나 법원의 재판절차의 신속에 따라서 인위적으로 결정될 위험이 있다.

---

210) 입법례로 일본민법은 간주주의를 취하는 반면에, 독일실종법이나 스위스민법은 추정주의를 취하고 있다.
211) 대법원 1995.2.17. 선고 94다52751 판결.
212) 대법원 1994.9.27. 선고 94다21542 판결.

③ 실종기간중간시주의　　실종기간중간시주의는 실종기간의 중간시를 사망시기로 본다. 실종기간중간시주의는 독일실종법이 보통실종에 대하여 채택하고 있는 입법주의이며, 사망의 효과가 상당한 기간 소급하여 복잡한 법률관계가 야기될 수 있는 결점이 있다.

④ 실종기간만료시주의　　실종기간만료시주의는 실종기간이 만료된 때를 사망시기로 본다. 일본민법이 보통실종에 관하여 실종기간만료시주의를 채택하고 있다. 실종기간만료시주의는 사망시기가 실종선고의 시기보다 소급하여 그 사이에 행한 실종자를 상대방으로 하는 법률행위가 무효로 되는 부당한 경우가 생길 수 있지만, 비교적 난점이 적은 입법주의로 평가되고 있다.

민법은 실종선고에 의하여 사망의 효과가 언제 생긴다고 보는가? 민법은 실종선고를 받은 자는 실종기간이 만료한 때에 사망한 경우로 본다고 규정하고 있다(§28). 그러므로 민법은 실종선고에 의한 사망시기에 관하여 실종기간이 경과한 때에 사망으로 간주된다고 하는 실종기간만료시주의를 채택하고 있다.

3) 사망으로 간주되는 범위

실종선고에 의하여는 단지 실종자의 종래의 장소, 즉 주소 또는 거소를 중심으로 한 실종기간만료시의 사법적 법률관계에 대하여만 사망으로 간주된다. 그러므로 실종기간이 만료되어 실종선고의 효력이 발생한다고 하더라도 실종자의 권리능력이 박탈되지는 아니한다.

① 종래의 주소를 중심으로 한 법률관계의 종료

> 의사인 A는 이라크로 의료봉사활동을 떠났는데, 2002.11.21. 최후소식을 전한 후부터 계속 생사를 알 수 없게 되었다. 그 후 A의 배우자 B는 A로부터 아무런 소식이 없자 실종선고를 청구하였고, 법원은 2008.10.11. A에 대하여 실종선고를 내렸다. 그런데 A는 그 동안 이라크에서 가장 과격한 반정부단체에 의하여 억류되어 있다가 2008.12.15. 다행히 구사일생으로 탈출하여 다시 의료봉사단체로 돌아왔는데, 급히 생활비가 필요하여 2009.1.15. 자기가 고향에 소유하고 있는 갑토지를 같이 의료봉사활동을 하는 동료의사 C에게 매도하고 매매대금으로 5,000만원을 받아 소비하였다. A가 살아서 고향으로 돌아온 경우에 AC 사이의 매매계약의 효력은 어떤가?

실종선고는 단지 실종선고의 효력발생시를 기준으로 부재자의 부재 전의 장소(주소 혹은 거소)를 중심으로 형성된 부재자를 둘러싼 사법적 법률관계만이 문제가 된다. 부재자가 실종된 종래의 장소 이외의 다른 새로운 장소(예컨대 신주소 또는 신거소지)를 중심으로 한 법률관계에 대하여는 실종선고에 의한 사망의 효과가 미치지 아니한다. 비록 실종선고가 취소되지 않더라도 신주소나 신거소지를 중심으로 한 법률관계는 유효하다. 예를 들어 부재자에게 실종선고가 내려진 후에 실종자가 현지에서 임대차를 한 경우, 토지를 매매하거나 가구·일용품을 구입한 경우, 혼인을 한 경우에는 그 거래나 신분행위에 실종선고가 영향을 미치지 못한다. 또한 실종자가 다시 종래의 주소로 돌아온 후의 법률관계는 실종선고를 취소하지 않더라도 당연히 유효하다.

사례에서는 2008년 10월 11일에 실종선고를 받은 A가 실종선고를 받은 후인 2009년 1월 15일에 갑토지에 대한 매매계약을 체결한 경우이므로, 실종자 A의 법률행위의 효력이 문제된다. 비록 종래의 주소지에 있는 갑토지에 관한 매매계약이기는 하지만, 그 갑토지에 대한 매매계약이 종래의 주소지와는 무관한 새로운 주소지 내지 거소지에서 이루어진 경우이므로, 그 매매계약의 효력이 인정된다. A가 살아서 고향에 돌아와 실종선고가 취소된 경우에는 실종선고로 인하여 B에게 상속된 갑토지에 대한 소유권은 다시 A에게로 되돌아가고, A는 C에 대하여 소유권을 이전하여야 할 의무를 부담한다. 다만 만약 갑토지가 이미 B로부터 제3자 D에게 전전양도되고 BD 양쪽이 선의라고 하면 D의 소유권은 유효하므로, A와 C 및 D의 관계는 이중양도의 법률관계와 마찬가지로 생각할 수 있다.

② 사법적 법률관계에 대하여만 적용　　실종선고는 실종자의 종래의 주소 또는 거소를 중심으로 하는 실종기간만료시의 사법적 법률관계만을 종료케 한다. 사법적 법률관계의 범위 내에서만 사망한 경우로 간주되어 상속을 개시시키고 혼인을 해소시키는 등의 효과를 발생시킬 뿐 공법상의 법률관계에 관하여는 아무런 영향을 미치지 아니한다. 예컨대 피고인에 대하여 실종선고의 심판이 내려지더라도 그 사실만으로는 형사사건에 있어서까지 사망한 경우로 인정되어 당사자능력을 상실하는 효과를 가져오지는 아니한다. 또한 선거권·피선거권·특허권·납세의무 등과 같은 공법상의 법률관계에 관하여는 실종선고가 아무런 영향을 미치지 아니한다.

③ 생존추정의 문제　　생사불명한 부재자가 실종선고를 받은 경우에 실종자에 대하여는 사망으로 간주되는 시기, 즉 실종기간만료시까지는 생존추정이 된다(통설). 다만 생사불명의 부재자에게 실종선고가 내려지지 않는 경우에는 실종선고를 받는다면 사망으로 간주되는 실종기간만료시까지만 생존추정을 하는가, 실종선고를 받지 않는 한 언제나 생존하고 있다고 추정되는가 하는 문제에 관하여는 학설상 견해가 대립한다.

ⓐ 추정제한설　　추정제한설은 생사불명의 부재자가 만일 실종선고를 받는다면 사망으로 간주되는 시기, 즉 실종기간만료시까지만 생존으로 추정하고, 그 이후는 사망으로 추정하는 견해이다. 실종선고가 없는 경우에도 실종선고에 대한 규정을 적용하여 실종기간만료시까지만 생존추정을 하고, 그 이후는 사망으로 추정하는 추정제한설에 대하여는 실종선고제도를 무의미하게 하여 타당하지 않다고 하는 비난이 있다.

ⓑ 추정무제한설　　추정무제한설은 실종선고가 없는 한 생사불명한 부재기간이 아무리 오래 경과하더라도 생존예상연령까지 생존으로 추정한다고 본다. 추정무제한설에 의하면 (i) 사람의 사망을 함부로 추정하면 생명의 존엄에 반하여 비록 생사불명한 기간이 오래 지속되어도 사망의 증명이나 실종선고가 없는 한 단지 부재자에 불과하며 항상 생존자로 추정되고, (ii) 상속 혹은 혼인관계의 소멸을 주장하기 위해서는 주장자가 사망사실을 입증하거나 실종선고를 청구하여 사망의 간주를 받아야 한다.

ⓒ 사실문제설　　사실문제설은 실종선고를 받고 있지 않는 동안 생존추정은 생기지

않고, 사망 여부는 사실문제로 해결하여야 한다고 본다. 생사불명한 부재자의 사망 여부를 사실문제로 해결하는 사실문제설에 대하여는 생존추정이 부재자가 아직 생존하고 있는가 혹은 이미 사망한 경우인가가 명확히 증명되지 아니하여 논의가 되고 있다고 하는 사실을 간과하고 있다는 비난이 있다.

실종선고가 없는 한 사망의 증명이 없다면 생존으로 추정되어야 한다고 보는 견해가 타당하다. 판례도 재산관리인으로서 권한초과행위의 허가를 받고 그 선임결정이 취소되기 전에 그 권한에 의하여 이루어진 행위는 부재자에 대한 실종선고기간이 만료된 뒤에 이루어진 경우라고 하더라도 유효하다고 보므로,213) 추정무제한설에 입각하고 있다고 판단된다.214)

④ 실종기간만료 이후 실종선고가 있기 이전에 한 행위의 효력 생사불명의 부재자가 사망간주되는 시점 이후 실종선고가 있기 이전에 재산관리인이 재산처분행위를 한 경우에 재산관리인은 그 부재자의 사망을 확인한 경우라고 하더라도 선임결정이 취소되지 아니하는 한 계속하여 권한을 행사할 수 있으므로, 재산관리의 재산처분행위는 적법하게 경료된 경유로 추정된다.215) 그리고 실종자를 당사자로 한 판결이 확정된 후에 실종선고가 확정되어 그 사망간주의 시점이 소제기 전으로 소급하더라도 판결 자체가 소급하여 당사자능력이 없는 사망한 사람을 상대로 한 판결로서 무효가 된다고는 볼 수 없다.216) 또한 소제기 당시인 1973년 12월 27일에는 원고의 표시를 부재자 A로 한 후에 1974년 4월 9일 A에 대한 실종선고의 확정으로 소급하여 1955년 9월 20일 사망한 경우로 간주되면 결과적으로는 A는 제소시에도 사망한 경우로 되어야 하나, 실종선고의 효력이 생기기 전까지는 생존한 경우로 보아야 되므로 실종선고가 내려진 때에 비로소 사망으로 인한 중단사유가 발생한다고 본다.217)

> 평소 등산을 좋아한 A는 2002.5.5. 네팔 희말라야로 트레킹을 떠났으나, 2002.7.21. 최후소식을 전한 후부터 계속 생사를 알 수 없게 되었다. 그리하여 B가 재산관리인으로 선임되었는데, B는 2007.8.11. 법원의 허가를 얻어 A 소유의 갑토지를 C에게 매도하였고, 재산관리인 B가 매매계약을 이행하지 아니하자 C는 A를 당사자로 하는 소송을 제기하여 2008.9.3. 승소판결을 받아 소유권이전등기를 경료하였다. 그 후 A의 배우자 D의 청구에 의하여 가정법원은 2008.10.11. A에 대하여 실종선고를 내렸다. 그리고 실종선고로 인하여 배우자 D가 A를 상속하였다. D는 C에 대하여 갑토지의 반환을 청구할 수 있는가?

213) 대법원 1981.7.28. 선고 80다2668 판결.

214) 역시 판례는 실종선고의 효력이 발생하기 전에는 실종기간이 만료된 부재자라 하여도 소송상 당사자능력을 상실하지는 아니하므로, 실종선고의 확정 전에는 실종기간이 만료된 부재자를 상대로 하여 제기된 소도 적법하고 부재자를 당사자로 하여 선고된 판결도 유효하며, 그 판결이 확정되면 기판력도 발생한다고 본다(대법원 1992.7.14. 선고 92다2455 판결).

215) 대법원 1991.11.26. 선고 91다11810 판결.

216) 대법원 1992.7.14. 선고 92다2455 판결; 대법원 2008.6.26. 선고 2007다11057 판결.

217) 대법원 1977.3.22. 선고 77다81, 82 판결.

비록 A의 최후소식시로부터 보통실종기간 5년이 만료된 후에 A 소유의 갑토지에 관하여 매매계약이 체결된 경우이지만, 아직 실종선고가 내려지기 전이므로, 갑토지에 대한 매매계약과 그 이행이 유효하다. 다만 행방불명이 된 부재자 A의 이름으로 행하여진 법률행위의 효력을 주장하기 위해서는 그 생존을 적극적으로 입증하여야 하는가, 아니면 실종선고가 없거나 사망에 대한 입증이 없는 이상 비록 생사가 불분명하더라도 살아 있다고 추정하는가 하는 문제가 생긴다. 실종선고가 없는 한 행방불명기간의 장단에 관계없이 생존을 추정하여야 하므로(실종선고가 내려진 경우에도 실종기간이 만료될 때까지는 일단 생존하고 있다고 추정하고, 실종기간만료 후에 실종선고가 내려지기 전에 한 법률행위도 유효하다), 사례에서 갑토지에 대한 매매계약이 비록 A의 생사가 불명한 상태에서 이루어진 경우라고 하더라도 그 매매계약이나 그 이행이 유효하다. 그러므로 D는 C에 대하여 갑토지의 반환을 청구할 수 없다.

(4) 실종선고의 취소

1) 서 설

실종자의 생존한 사실 또는 실종기간만료시와는 상이한 때에 사망한 사실의 증명이 있으면 법원은 본인, 이해관계인 또는 검사의 청구에 의하여 실종선고를 취소하여야 한다(§29 I 본문). 그러나 실종선고의 취소는 실종선고후 그 취소 전에 선의로 한 행위의 효력에 영향을 미치지 아니한다(§29 I 단서). 그리고 실종선고의 취소가 있을 때에 실종의 선고를 직접원인으로 하여 재산을 취득한 자가 선의인 경우에는 그 받은 이익이 현존하는 한도에서 반환할 의무가 있고, 악의인 경우에는 그 받은 이익에 이자를 붙여서 반환하고 손해가 있으면 배상하여야 한다(§29 II).

2) 실종선고취소의 요건

실종선고취소의 요건으로는 아래와 같이 실질적 요건과 형식적 요건 두 가지가 필요하다.

① 실질적 요건 실종선고의 취소를 위해서는 실질적 요건으로 (i) 실종자가 생존하고 있는 사실, (ii) 실종기간이 만료한 때와 상이한 시기에 사망한 사실, (iii) 실종기간의 기산점 이후 어떤 시기에 생존한 사실에 관한 증명이 있어야 한다(§29 I 본문).

② 형식적 요건 형식적 요건으로 본인·이해관계인 또는 검사에 의한 실종선고취소의 청구가 있어야 한다. 실종선고의 취소에서는 공시최고가 필요하지 않다.

3) 실종선고취소의 효과

(a) 실종선고로 생긴 법률효과의 소급적 실효

실종선고가 취소되면 실종선고로 생긴 법률관계는 소급적으로 무효가 된다. 가령 (i) 실종자의 생존을 이유로 취소된 때에는 가족관계·재산관계는 선고 전의 상태로 회복하고, (ii) 실종선고에 의한 사망시기와 다른 시기에 사망한 사정을 이유로 취소된 때에는 그 시기를 표준으로 하여 다시 사망에 기한 법률관계가 확정되고, (iii) 실종기간의 기산점 이후의 생존을 이유로 취소된 때에는 일응 실종선고 전의 상태로 회복되고 만일 이해관계인이 원하면 다시 새로운 실종선고를 청구할 수 있다.

(b) 부당이득에 대한 반환관계

> A는 2001.6.5. 중동지역으로 선교활동을 떠났는데, 2002.11.21. 최후소식을 전한 후부터 계속 생사를 알 수 없게 되었다. A가 생사불명이 된지 6년이 지나자, 그의 아내인 B는 A가 돌아올 가망이 없다고 생각하고 실종선고를 청구하였는데, 가정법원은 2010.2.4. A에 대하여 실종선고를 내렸다. A의 실종선고로 인하여 B는 X생명보험회사로부터 A의 사망에 따른 생명보험금 5천만원을 수령하였다. 그 후 B는 X생명보험회사로부터 수령한 5천만원 중 2천만원은 채무의 변제에 충당하고, 1천만원을 장남의 로스쿨등록금, 1천만원은 가재도구의 구입, 1천만원은 유흥비 등으로 사용하였다. 그러나 A는 그 동안 이라크에서 과격반군단체에 의하여 억류되어 있었는데, 구사일생으로 탈출하여 다행히 2010.12.31. 다시 고향으로 생환하였고, A의 청구에 의하여 가정법원은 2011.3.3. A에 대하여 실종선고를 취소하였다. X생명보험회사는 B에게 생명보험금 5천만원의 반환을 청구할 수 있는가?

실종선고를 직접원인으로 재산을 취득한 자(예컨대 상속인·유증의 수유자·생명보험수익자)는 실종선고가 취소되면 부당이득에 대한 반환의무가 있다. 재산취득자의 반환범위는 선의(善意)인 경우는 그 받은 이익이 현존하는 한도에서 반환하면 되고, 악의(惡意)인 경우는 그 받은 이익에 이자를 붙여서 반환하고 손해가 있으면 손해까지 배상하여야 한다(§29 II). 다만 재산취득자에게 취득시효와 같은 다른 권리취득원인이 있으면 실종선고의 취소는 영향이 없다.

사례에서 B가 선의라면 X생명보험회사로부터 받은 5천만원이 원형 그대로 있으면 그 전부를 반환하여야 하고, 그 5천만원을 처분하여 다른 형태의 재산으로 가지고 있으면 그 재산을 반환하면 된다. 다만 선의의 B가 5천만원을 유흥비나 도박 등에 탕진하여 남은 재산이 하나도 없다고 하면 반환의무를 면하게 된다. 그러므로 선의의 B는 유흥비로 사용한 1천만원을 제외한 4천만원만을 반환하면 된다. 그러나 B가 악의인 경우에는 받은 이익에 이자를 붙여서 반환하고, 손해가 있으면 손해까지도 배상하여야 하므로, 5천만원에 대한 이자나 손해까지 지급하여야 한다.

(c) 실종선고취소의 소급효의 예외

a) 서 언

예외적으로 실종선고가 취소되더라도 "실종선고후 그 취소 전에 선의로 한 행위의 효력에 영향을 미치지 아니한다"(§29 I 단서). 실종선고에 의하여 변동이 생긴 법률상태를 전제로 행한 선의의 행위는 실종선고의 취소에 의하여도 무효로 되지 않는다. 다만 어떤 행위가 실종선고의 취소에도 불구하고 영향을 받지 않기 위해서는 (i) 그 행위가 「실종선고

후 그 취소전」에 행하여진 경우이어야 하고, (ii) 그 행위가 「선의」[218]로 행하여져야 한다. 그러므로 「실종기간의 만료후 그 선고전」 혹은 「실종선고의 취소 후」에 한 행위에는 민법 제29조 제1항 단서가 적용되지 아니한다. 또한 실종선고후 그 취소전에 한 행위인 경우에도 악의인 때에는 실종선고의 취소에 의하여 영향을 받는다.

b) 재산행위

A가 행방불명이 되어 실종선고를 받았다. A의 실종선고로 인하여 A 소유의 부동산이 아들인 B에게 상속이 되었다. B는 그 부동산을 제3자 C에게 매도하였다. 그런데 후에 A가 살아서 돌아와 실종선고가 취소되었다. A는 C에 대하여 부동산의 반환을 청구할 수 있는가?

실종선고에 의하여 실종자로부터 재산을 상속받은 상속인이 그 재산을 제3자에게 처분한 경우에 처분행위를 선의로 한 때에는 실종선고가 취소되더라도 그 처분행위는 유효하다. 다만 「선의」와 관련하여 단독행위인 경우에는 의문이 없으나(B만 선의이면 된다), 계약과 같이 두 당사자가 있는 때에는 두 당사자 모두의 선의를 필요로 하는가 하는 문제가 제기된다. 사례에서 선의는 당사자 한쪽 B 혹은 C에게만 요구되는가, BC 양쪽이 선의일 필요가 있는가?

쌍방선의설(통설)은 당사자 양쪽이 모두 선의인 경우에만 실종선고의 취소에도 불구하고 실종선고후 그 취소 전에 행한 법률행위는 그 효력에 영향이 없다고 본다. 그러므로 쌍방선의설에 의하면 재산이 예컨대 A(실종자) → B(상속인) → C(양수인)로 이전된 경우에 (i) BC 양쪽 모두가 선의인 경우에만 A는 재산을 회복할 수 없고, (ii) BC가 모두 악의일 때, B가 선의이고 C가 악의인 때, B가 악의이고 C가 선의인 때에는 어느 경우에나 A는 C로부터 재산을 회복할 수 있다.

만약 양수인 C로부터 다시 전득자 D에게 부동산이 전전양도된 경우라고 하면 어떤가? 자세하게 살펴보면 쌍방선의설에 의할 경우에 (i) B가 악의이고 CD가 선의인 경우에 처음 BC의 처분행위가 무효로 되므로, D의 소유권도 원인을 상실하게 되어 소멸하고, (ii) BD가 선의이고 C가 악의인 경우에도 역시 BC나 CD의 처분행위는 당사자 양쪽이 선의가 아니므로 무효로 되어 결국 D는 소유권을 취득하지 못하므로 A는 소유권을 회복할 수 있고, (iii) BC가 선의이고 D가 악의인 경우에 CD의 처분행위가 무효로 되어 A는 D로부터 소유권을 회복할 수 있다. 그러나 실종선고후 그 취소 전의 법률행위와 관련하여 전득자가 있는 경우에 대하여까지 쌍방선의설을 고집하는 하는 때에는 선의인 전득자의 보호에 무력하고 거래안전을 해칠 우려가 있다. 그러므로 사례와는 달리 부동산이 양수인 C로부터 전득자 D에게로 다시 전전양도된 경우에 관하여는 다시 상대적 구성설, 절대적 구성설에 의하여 해결하여야 한다는 견해가 있다.

상대적 구성설은 계약의 어느 한 당사자만이 선의이더라도 상관없다고 보고, 선의자에

---

218) 민법 제29조 제1항 단서에서 「선의」란 실종선고가 사실에 반한다는 사실을 알지 못한 경우를 가리킨다.

대하여는 그 효력을 인정하며 악의자에 대하여는 무효로 하여 당사자에 따라서 개별적·상대적으로 그 효력을 정하는 태도가 타당하다고 본다. 예컨대 실종자 A의 재산이 상속인 B로부터 C에게, 다시 C로부터 D에게 전전양도된 경우에 상대적 구성설에 의하면 어떤가? 상대적 구성설에 의하면 (i) D가 자기만 선의로 양수하면 비록 전주까지 어떤 악의자가 있더라도 항상 보호되어 A의 재산반환청구에 응하지 않아도 되고, (ii) D가 악의이면 비록 BC간이 선의라고 하더라도 D는 보호되지 아니하므로, A는 D에게 반환을 청구할 수 있다. 상대적 구성설에서는 BC가 선의이고 D가 악의인 경우에 A는 D에게 부동산의 반환을 청구하거나, 혹은 B에게 현존이익의 반환을 청구할 수 있고, 만일 D에게 부동산의 반환을 청구하는 때에는 C는 D에게 권리의 하자에 의한 담보책임을 부담하여야 하므로, 선의자 C가 보호되기가 어렵다고 하는 문제가 있다.

절대적 구성설에 의하면 A(실종자) → B(상속인) → C(양수인) → D(전득자)로 재산이 이전된 경우에 BC가 선의이면 그 이후에는 비록 D가 악의라고 하더라도－만일 D가 C를 도구로 이용하지 않은 한－D는 유효하게 소유권을 취득한다. 절대적 구성설은 선의자의 보호와 거래안전을 도모하는 민법 제29조 제1항 단서의 입법취지와 일치할 뿐만 아니라, 법률관계를 간명화할 수 있는 장점이 있다.

c) 신분행위

> 어릴 때부터 같은 마을에서 소꿉친구로 자란 이녹과 애니, 필립이 있었다. 이녹과 필립은 똑같이 애니를 사랑했지만, 내성적인 필립보다는 적극적인 이녹이 애니를 차지하게 되었다. 이녹은 애니와 결혼하여 아이까지 태어났다. 이녹은 자신의 불우한 어린시절을 생각하면서 아이에게만은 가난을 물려주지 않을 생각으로 돈을 많이 벌어 오기 위하여 어느 날 중국으로 떠났다. 그러나 이녹은 돈을 벌어 돌아오는 길에 풍랑을 만나 파선하고 무인도에 정착하게 되었고, 아주 오랜 세월 동안 고향 땅을 밟지 못하였다. 한편 생활고에 시달리던 애니는 이녹이 죽은 줄 알고 필립의 청혼에 못이겨 필립과 다시 결혼하였다. 그리고 애니는 필립과의 사이에서 아이도 낳고, 필립은 이녹의 아이까지 자기의 친자식처럼 사랑하며 애니와 행복하게 살았다. 오랜 세월 뒤에 이녹은 무인도에서 극적으로 구조되어 타향살이를 끝내고 반백의 머리를 하고 고향으로 돌아왔다. 그러나 이녹은 고향의 여관주인으로부터 애니와 필립이 결혼하여 행복하게 살고 있다는 사실을 알게 되었다. 이녹은 애니와 필립 사이의 혼인에 대하여 어떤 주장을 할 수 있는가?

영국시인 알프렛 테니슨가 쓴 장편서사시인 「이녹 아덴」의 내용이다. 본래는 이녹이 밤에 애니가 있는 필립의 집에 찾아가, 창문 너머로 보이는 행복한 가정의 모습, 애니의 웃음소리를 들으며 자신의 귀환을 알리지 않고 조용히 발길을 돌리고, 여관에서 홀로 1년의 시간을 더 보낸 뒤 죽음을 맞는다. 만약 픽션이 아닌 현실이라고 하면 죽은 줄 안 이녹이 살아서 고향으로 돌아온 경우에 애니와 필립 사이의 혼인이 어떤 효력을 가지는가가 문제된다. 우선 이녹에 대하여 실종선고가 내려진 경우인가 아닌가를 구분하여 생각할 필요가 있다.

만약 애니가 이녹에 대한 실종선고를 청구하지 아니한 경우라고 하면 애니와 필립 사이의 관계는 중혼 혹은 중혼적 사실혼이 된다. 중혼은 취소사유로 된다(§816). 그리고 법률상의 혼인을 한 부부의 어느 한쪽이 집을 나가 장기간 돌아오지 아니하고 있는 상태에서 부부의 다른 한쪽이 제3자와 혼인의 의사로 실질적인 혼인생활을 하고 있다고 하더라도, 특별한 사정이 없는 한 법적 보호가 인정되지 아니하므로, 중혼적 사실혼의 경우에는 무효라고 보아야 한다. 그러므로 이녹이 실종선고를 받지 아니한 경우에 이녹은 중혼이라는 이유로 애니와 필립 사이의 혼인의 취소를 주장하거나, 중혼적 사실혼으로서 무효라고 주장할 수 있다.

이녹에 대한 실종선고가 이미 내려진 경우라고 하면 애니의 생환에 의한 실종선고의 취소로 인하여 애니와 필립 사이의 혼인이 자동적으로 무효로 되는가, 혹은 애니와 이녹 사이의 혼인이 부활하는가? 민법 제29조 제1항 단서에 의하여 실종선고후 그 취소 전에 선의로 한 행위는 그 취소로 영향을 받지 않으므로, 실종선고후 그 취소 전에 잔존배우자가 재혼한 경우에 재혼도 민법 제29조 제1항 단서에서 가리키는 실종선고의 취소로 영향을 받지 않는 행위에 해당하는가가 문제된다. 소수설로 재혼에 대하여는 재산상의 행위와 달리 실종선고의 취소에 따른 효력에 대하여 특별한 배려가 필요하다고 보는 견해가 있다. 그러나 재혼관계도 민법 제29조 제1항 단서에 의하여 규율된다고 보는 견해(다수설)가 타당하다. 다수설에 의하여 재혼관계에 관하여도 민법 제29조 제1항 단서가 그대로 적용된다고 하면 재혼당사자 양쪽, 즉 애니와 필립이 모두 선의인 때에는 실종선고의 취소에도 불구하고 재혼관계는 그대로 유효하므로, 애니와 필립 사이의 재혼과 양립할 수 없는 애니와 이녹 사이의 혼인관계, 즉 전혼(前婚)은 부활하지 않는다(이른바 전혼불부활설이 통설이다).

재혼당사자인 애니와 필립의 어느 한쪽 혹은 양쪽이 악의인 경우에 애니와 이녹 사이의 혼인(전혼)의 부활 여부 혹은 애니와 필립(후혼) 사이의 혼인관계의 효력에 관하여는 다시 의견이 대립한다. 애니와 필립 양쪽 혹은 어느 한쪽이 악의인 때에는 실종선고의 취소로 애니와 이녹 사이의 전혼이 부활하여 중혼상태가 생기며, 애니와 필립 사이의 후혼은 중혼으로서 취소될 수 있고(§816), 애니와 이녹 사이의 전혼에 대하여 '배우자에게 부정한 행위가 있었을 때'(§840 I)를 이유로 재판상 이혼의 청구를 할 수 있다고 보는 전혼이혼·후혼취소설(다수설)이 타당하다고 본다. 다만 소수설로서 재혼당사자인 애니 혹은 필립이 악의인 때에는 애니와 필립 사이의 후혼이 무효가 된다고 보는 견해가 있다. 또한 민법 제29조 제1항 단서는 재산관계에만 적용되고 가족관계에는 적용되지 아니한다고 보고, 실종선고의 취소로 애니와 이녹 사이의 전혼이 부활하여 중혼이 성립하지만 전혼·후혼의 어느 혼인이 유효한가는 세 당사자(애니와 이녹, 필립)의 판단, 즉 선택이나 협의에 일임하고, 만일 협의가 성립하지 않는 때에는 혼인해소의 가사소송을 통하여 해결하는 방법이 현명하게 문제를 처리하는 태도라고 보는 협의해소설이 소수설로 주장되고 있다.

제3절 법 인

Ⅰ. 법인의 설립

1. 법인의 의의

법인(法人)이란 법률에 의하여 법인격이 부여된 사람의 단체 혹은 재산의 결합체로 특정한 목적을 실현하기 위하여 의사결정기구를 구비하고 기능적 일체성을 가진 조직체를 가리킨다. 법인에는 사단법인과 재단법인 두 가지 종류가 있다. 사단법인이란 일정한 목적과 조직 아래 결합한 사람의 단체로 법인격을 부여받은 법인을 말하고, 재단법인이란 일정한 목적에 바쳐진 재산으로 법인격을 부여받은 법인을 가리킨다.

2. 법인의 존재이유

(1) 기능적 측면

현대의 상품거래는 그 규모가 대단히 크고 영속적이며, 개인인 자연인의 능력의 한계를 초과하는 경우도 흔히 있다. 그러므로 일정한 활동목적을 가진 사람의 결합체로 단체를 만든다든지, 일정목적을 위하여 봉사하는 일단의 독립재산을 조성할 필요성이 대두된다. 그리고 단체·독립재산이라는 존재도 현실적으로 마치 자연인과 같이 사회적 주체로서 활동하고 있으므로, 법률상의 주체로 승인할 필요성이 있다.

(2) 법기술적 측면

법인제도는 다수당사자의 법률관계를 단순화하는 기술로 필요하다. 사회에서는 동창회·학술단체·노동조합·회사와 같은 다양한 단체가 사회활동을 하고 있다. 만일 자연인만이 권리능력의 주체가 될 수 있다고 하면, 예컨대 어느 단체가 부동산을 구입하는 경우에 전구성원의 이름으로 계약을 체결하여야 하고, 상대방이 이행을 하지 않는 때에는 전구성원의 이름으로 상대방에 대하여 소송을 제기하여야 하고, 부동산을 취득한 때에도 전구성원의 이름으로 등기하여야 하므로 대단히 불편하다. 그러나 단체를 자연인과 동일한 권리의무의 주체로 취급하면 단체의 이름으로 직접 계약을 체결하고, 소송을 하거나 받을 수 있고, 부동산등기를 할 수 있으므로 단체나 상대방에게 대단히 편리하고, 단체를 둘러싼 법률관계를 단순화할 수 있다.

법인제도는 재산관계분별의 기술로 활용된다. 어떤 사람이 자기의 건물을 법인사무소로 사용하기 위하여 출연한 경우에 출연된 건물은 더 이상 출연자의 개인재산이 아니고 법인재산이 된다. 만일 법인재산으로 등기된 경우에는 구성원 개인에 대한 채권자는 법인재산을 압류할 수 없고, 또한 법인에 대한 채권자는 개인재산을 압류할 수 없으므로 법인제도를 통하여 법인재산과 그 구성원의 개인재산을 구별할 수 있다.

3. 법인제도의 기능

(1) 권리·재산의 귀속

권리가 법인을 구성하는 개인에게 귀속하지 아니하고 법인 자체에 귀속하므로, 예컨대 법인 소유의 부동산에 대하여는 법인의 명의로 등기가 가능하다.

(2) 의무·책임의 부담

법인의 대표자가 법인을 위하여 한 행위를 통하여 발생한 의무는 법인에게만 귀속하고, 법률행위를 한 대표자 혹은 구성원 개인에게는 의무가 귀속하지 아니한다. 또한 책임을 부담하여야 하는 경우에도 법인의 재산만에 의하여 책임을 부담하고(유한책임), 구성원 개인의 재산으로 책임을 부담하지 아니한다. 역시 구성원 개인의 채권자는 법인의 재산에 대하여 책임을 추궁할 수 없다.

[더 생각할 과제 - 유한책임과 무한책임]

「유한책임」인가 「무한책임」인가 하는 문제에 대하여는 법인에 따라서 약간 취급에 차이가 있다는 사실을 유의하여야 한다. 모든 법인이 유한책임을 부담하지는 아니한다. 합명회사는 법인이지만 그 채무에 대하여 구성원 자신도 무한책임을 부담하고, 합자회사의 무한책임사원도 무한책임을 부담한다.

(3) 거래·소송의 주체

법인은 대표자를 표시하여 거래나 소송의 장면에 자기의 이름으로 등장할 수 있다.

4. 법인에 대한 입법정책

법인에 관하여 어떤 입법정책을 취하는가에 관하여는 여러 가지 입법정책이 있을 수 있다. 특허주의, 준칙주의, 인가주의, 허가주의, 강제주의, 자유설립주의 등이 있다.

① 특허주의 특허주의는 개인 이외의 권리주체로 국가만을 인정하는 한편, 사단은 개인의 자유에 대한 구속을 의미한다고 하여 그 설립을 원칙적으로 부정한다. 다만 부득이 필요한 경우에 한하여 입법이나 특별한 면허에 의하여 법인의 설립을 허용한다. 법인의제설[219]이 특허주의의 이론적 근거에 해당한다. 특허주의에 의하여 설립된 법인으로는

219) 법인의제설은 법인학설(법인의 본질에 관한 학설논쟁은 본래 1900년을 전후하여 근대민법이 탄생된 시기에

국책은행(한국은행, 한국산업은행, 한국수출입은행, 중소기업은행) · 공사(대한석탄공사, 한국도로공사, 한국전력공사, 한국방송공사, 한국토지주택공사, 헌국가스공사)나 한국과학기술원 · 한국연구재단 · 한국교직원공제회 · 한국마사회가 있다.

② 준칙주의 준칙주의는 법률에 미리 법인설립을 위한 일정요건을 규정하여 놓고, 법률이 정한 조직을 갖추고 일정한 절차에 의하여 공시하면 법인의 성립을 인정한다. 영리법인인 회사(상법 §172), 노동조합(노동조합 및 노동관계조정법 §10)에 준칙주의가 적용되고, 법인실재설이 준칙주의의 이론적 근거이다.

③ 인가주의 인가주의는 법률이 정한 요건을 구비하고 주무관청에 인가를 신청하면 주무관청은 요건이 구비되어 있는 한 반드시 인가를 하여야 하는 입법주의이다. 인가주의를 채택하고 있는 법인으로는 대한변호사협회 · 지방변호사회 · 법무법인, 상공회의소, 각종의 협동조합(농업협동조합, 수산업협동조합), 각종의 사업조합(여객자동차운수사업조합)이 있다.

④ 허가주의 허가주의는 법인설립을 허가하는가 여부가 행정관청의 자유재량에 일임되어 있는 입법주의이다. 민법상의 비영리법인(§32)이나 사립학교법인 · 증권거래소에 허가주의가 적용된다.

⑤ 강제주의 단체가 국가나 사회일반의 이해관계에 중대한 영향을 미치는 경우에 국가가 법인의 설립 혹은 법인에의 가입을 강제하는 입법주의이다. 예컨대 변호사법 제79조에 의하여 "지방변호사회는 연합하여 회칙을 정하고 법무부장관의 인가를 받아 대한변호사협회를 설립하여야 한다." 대한변호사협회는 지방법원 관할 구역마다 1개씩 설립되는 지방변호사회의 연합에 의하여 강제로 설립되고, 변호사로서 개업을 하려면 대한변호사협회에 등록을 하여야 한다(변호사법 §7). 역시 의사 · 치과의사 · 한의사 · 조산사 · 간호사와 같은 의료인단체(의사회 · 치과의사회 · 한의사회 · 조산사회 및 간호사회)의 중앙회와 그 지부, 약사회 · 한약사회도 강제주의의 적용을 받는다. 또한 일부의 상공회의소가 공동으로 대한상공회의소를 설립할 때에 모든 상공회의소가 대한상공회의소의 정회원(正會員)이 되는 가입강제도 강제주의에 해당한다.

⑥ 자유설립주의 자유설립주의는 아무런 제한을 두지 않고 법인의 실질만 갖추면 국가의 관여 없이 법인격을 인정한다. 스위스민법이 비영리사단법인에 대하여 자유설립주의를 채택하고 있는 이외에 자유설립주의를 채택하고 있는 입법례는 거의 없다. 민법 제31조는 "법인은 법률의 규정에 의함이 아니면 성립하지 못한다"고 규정하여 「법인법정주의」를 취하면서 자유설립주의를 배제하고 있다.

야기된 문제이므로, 현재는 논의의 실익이 별로 없고, 이미 법인제도가 입법화된 시점에서 다만 학리적 의미만 가진다고 볼 수 있다) 혹은 법인본질론의 하나로서 권리의무의 주체는 단지 자연인인 개인만이 될 수 있고, 자연인이 아니지만 권리의무의 주체가 될 수 있는 법인은 법률의 힘에 의하여 자연인에 의제된 인위적 주체라고 설명하는 견해이다.

5. 법인의 종류

(1) 공법인과 사법인

국가적 공공사무의 수행을 목적으로 하고 공법에 준거하여 성립한 법인을 공법인(예컨대 국가·지방자치단체)이라고 하고, 사인의 자유로운 의사결정에 의하여 영리 혹은 영리 이외의 목적을 위하여 사법에 준거하여 설립된 법인을 사법인(예컨대 회사·사립학교)이라고 한다. 국가·지방자치단체와 같이 공권력을 행사하는 공법인은 원칙적으로 헌법·지방자치법과 같은 공법의 규제를 받고 민법·상법과 같은 사법적 영역의 규제를 받지 않는다. 국가·지방자치단체라고 하더라도 사법적 거래의 당사자로 등장하는 경우에는 민법·상법의 규제를 받는다.

공법인과 사법인을 구별하는 실익은 어디에 있는가? 공법인과 사법인의 구별은 그 설립에 관한 준거법에 차이가 있는 이외에 채권의 강제절차(행정소송인가 민사소송인가), 민사책임의 근거법(국가배상법인가 민법·상법인가), 공무원범죄의 성부, 문서(공문서·사문서)위조의 성격에 관한 법률적용상 중요한 의미를 지닌다.

(2) 사단법인과 재단법인

1) 사단법인

사단법인이란 사람의 집합인 단체가 법적 인격을 부여받고, 그 구성원인 사원이 있고, 단체의 의사결정기관으로 사원총회가 있는 법인을 가리킨다. 사단법인에는 널리 비영리사단법인으로서 민법상의 사단법인과 영리사단법인으로서의 민사회사·상사회사가 있다.

[더 생각할 과제 - 사단법인과 조합]

민법상의 조합은 사단법인과 같이 인적 결합체에 해당한다. 다만 민법상의 조합과 사단법인은 구별되며, 그 구별은 일반적으로 그 단체성의 강약을 기준으로 판단하여야 한다. 조합은 2인 이상이 상호간에 금전 기타 재산 또는 노무를 출자하여 공동사업을 경영하기로 약정하는 계약관계에 의하여 성립하므로, 어느 정도 단체성에서 오는 제약을 받게 되지만 조합원의 개인성이 강하게 드러나는 인적 결합체이고, 사단법인은 구성원의 개인성과는 별개로 권리·의무의 주체가 될 수 있는 독자적 존재로서의 단체적 조직을 가지는 특성이 있다. 그러므로 조합의 활동은 조합원 전원 혹은 전원으로부터 대리권을 받은 자에 의하여 하고, 그 법률효과는 전원에게 귀속한다. 사단법인에서는 그 재산도 부채도 사단법인 자체에 귀속하는 반면에, 조합의 재산은 전원이 합유(合有)하고 채무에 대하여도 조합원이 직접 책임을 부담한다.

2) 재단법인

재단법인이란 일정한 목적에 봉사하는 재산의 집합체인 재단에 법적 인격이 부여된 법인을 가리킨다. 재단법인에는 그 구성원인 사원이나 사원총회가 존재하지 아니한다. 그리고 재단법인은 영리법인이 될 수 없다. 비영리재단법인만이 인정된다.

재단법인은 사단법인과 어떤 차이가 있는가? 사단법인에는 구성원으로 반드시 사원이 존재하여야 하고, 단체의사를 형성하기 위한 사원총회가 불가결의 기관이다. 사단법인은 단체의사에 의하여 자율적으로 활동한다. 반면에 재단법인에는 구성원인 사원이 없고, 사원총회가 존재하지 아니하며 설립자의 의사에 따라서 타율적으로 운영된다.

[더 생각할 과제 - 신탁과 재단법인]

신탁은 신탁자가 수탁자에게 신탁재산의 관리·소유를 이전하고, 수탁자가 수익자의 이익을 위하여 특별히 정한 방법에 의하여 그 재산을 관리할 의무를 부담하는 제도이다.[220] 신탁은 영미법에서 발달한 제도이다. 재단법인은 대륙법에서 발달한 제도이다.

(3) 영리법인과 비영리법인

1) 영리법인

영리법인이란 주로 구성원의 이익을 꾀하기 위하여 영리를 목적으로 하고, 법인의 영리행위에 의하여 생긴 이익을 구성원에게 분배할 목적을 가진 법인을 가리킨다. 영리법인은 상행위(상법 §§46 이하)를 목적으로 하는 영리사단법인, 즉 상사회사(주식회사·유한회사·합자회사·합명회사)와 상행위 이외의 영리행위(예컨대 농업·어업·광업)를 목적으로 하는 영리사단법인, 즉 민사회사로 구별된다.

2) 비영리법인

비영리법인이란 영리 아닌 사업(예컨대 학술·종교·자선·기예·사교)을 목적으로 하는 법인을 가리킨다. 비영리사업의 목적을 달성하기 위하여 필요한 한도에서 부수적으로 영리행위를 하더라도 상관없다. 비영리법인에는 비영리사단법인과 비영리재단법인이 있다. 역시 非營利·非公益을 목적으로 하는 법인도 비영리법인이 될 수 있다.

[더 생각할 과제 - 중간법인]

법인을 영리법인과 비영리법인으로 구분하지 않고,－예컨대 일본민법과 같이－공익법인과 영리법인으로 구분하면 공익도 영리도 목적으로 하지 않는 중간사항(예컨대 동업자나 동일한 사회적 입장·지위·그룹에 있는 자의 이익옹호, 상호부조, 친목)을 목적으로 하는 경우에는 민법상 법인이 될 수 있는 방법이 없다. 다만 특별법에 의하여만 중간법인으로 성립될 수 있다. 그러나 민법에서는 법인을 영리법인과 비영리법인으로 구분하여 공익을 목적으로 하지 않는 경우에도 비영리법인으로 성립할 수 있고, 중간법인이라는 개념은 의미가 없다.

(4) 내국법인과 외국법인

내국법인과 외국법인을 구별하는 기준에 관하여는 준거법설, 주소지설, 설립자국적설이 대립한다. 현재 국내에서는 준거법설이 다수설이고, 소수설로서 준거법설과 주소지설의 합일주의설이 주장되고 있다. 다수설인 준거법설에 의하여 내국법인이란 한국법에

---

220) 신탁을 규율하는 법률로 신탁법이 있다.

준거하여 설립된 법인을 가리키고, 외국법인이란 외국법에 준거하여 설립된 법인을 의미한다.

Ⅱ. 법인의 설립

1. 법인법정주의

자본주의의 진전과 함께 자본단체의 설립이 요청되고, 법인성립의 요건이 완화되어 현재는 법인으로서의 실체를 구비하면 당연히 법인격을 승인하는 자유설립주의를 채택하는 입법례(예컨대 스위스민법)까지도 나타나고 있다. 그러나 자유설립주의는 법인의 법률관계를 불명확하게 하며, 거래의 안전을 해할 우려가 있다. 그러므로 민법 제31조는 "법인은 법률의 규정에 의함이 아니면 성립하지 못한다"고 규정하고 있다. 즉 민법은 법인은 「법률의 규정」에 의하지 아니하면 성립할 수 없다고 하여 「법인법정주의」를 채택하고 있다.

2. 비영리사단법인의 설립

(1) 서 설

학술, 종교, 자선, 기예, 사교 기타 영리 아닌 사업을 목적으로 하는 사단은 주무관청의 허가를 얻어 법인으로 할 수 있다(§32). 그리고 법인은 그 주된 사무소의 소재지에서 설립등기를 함으로써 성립한다(§33). 그러므로 사단법인의 성립에는 (i) 목적의 비영리성, (ii) 설립행위, (iii) 주무관청의 허가, (iv) 설립등기 네 가지 요건이 필요하다.

(2) 성립요건

1) 목적의 비영리성

비영리사단법인은 비영리적 사업, 즉 '학술·종교·자선·기예·사교 기타 영리 아닌 사업'을 목적으로 하여야 한다(§32). 비영리사업과 함께 영리행위를 하는 때에는 그 목적은 영리성을 띤다. 다만 비영리사업의 목적달성을 위하여 필요한 한도에서 그 본질에 반하지 않는 영리행위를 하는 경우에는 목적의 비영리성에 반하지 아니하여 허용된다.

[더 생각할 과제 - 공익법인]

공익법인이라 함은 민법 제32조가 정한 비영리법인 중 순수한 학술, 자선 등을 목적으로 하는 법인이거나 주로 학술, 자선 등의 사업을 목적으로 하면서 그와 함께 부수적으로 그 이외의 사업을 함께 수행하는 법인만을 말한다. 공익법인에 관하여는 별도로 「공익법인의 설립·운영에 관한 법률」이 규율한다.

2) 설립행위

비영리사단법인의 설립행위는 정관작성이다. 정관작성을 할 때에는 2인 이상의 사단법인의 설립자는 사단의 근본규칙을 「정관」(定款)에 기재하고 기명날인하여야 한다(§40). 정관에는 필요적 기재사항을 반드시 기재하여야 한다. 필요적 기재사항으로는 아래와 같이 일곱 가지가 있고, 하나라도 빠트리면 정관으로서의 효력이 생기지 않는다.

① 목적 반드시 '학술·종교·자선·기예·사교 기타 영리 아닌 사업'을 목적으로 하여야 한다.

② 명칭 명칭에는 특별한 제한이 없다.

③ 사무소의 소재지 사무소의 소재지가 둘 이상인 때에는 모두 기재하여야 하고, 다만 주된 사무소를 정하여야 한다.

④ 자산에 관한 규정 자산의 종류·구성·관리·운영방법·회비 등에 관한 사항을 기재하여야 한다.

⑤ 이사의 임면에 관한 규정 이사의 임면방법이나 임면절차를 기재하면 된다. 이사의 사임절차나 사임의 의사표시의 효력발생시기 등에 관하여 정관에 특별한 규정을 둔 경우에는 그에 따라야 한다. 그러므로 이사의 사임의 의사표시가 법인의 대표자에게 도달하더라도 그 사정만으로 곧바로 사임의 효력이 발생하지는 않고 정관에서 정한 바에 따라서 사임의 효력이 발생하므로, 이사가 사임의 의사표시를 한 경우라고 하더라도 정관에 따라 사임의 효력이 발생하기 전에는 그 사임의사를 자유롭게 철회할 수 있다.[221)]

⑥ 사원자격의 득실에 관한 규정 사원의 입사·퇴사 또는 제명 등에 관한 사항을 기재하면 된다. 사단법인에 있어 사원 자격의 득실변경에 관한 사항은 정관의 기재사항이므로, 어느 사단법인과 다른 사단법인이 동일한지 여부는 그 구성원인 사원이 동일한지 여부에 따라서 결정된다.

⑦ 존립시기·해산사유를 정한 때에는 그 시기·사유 존립시기나 해산사유에 대하여는 반드시 정하여야 하지는 않고, 만약 정하고 있는 때에만 기재하면 된다.

정관은 정관을 작성한 사원뿐만 아니라 그 후에 가입한 사원이나 사단법인의 기관 등도 구속한다. 그러므로 정관의 법적 성질은 계약이 아니라, 자치법규로 보아야 타당하다. 그리고 정관은 작성한 사원의 주관이나 해석 당시의 사원의 다수결에 의한 방법으로 자의적으로 해석될 수는 없고, 어디까지나 객관적인 기준에 따라서 그 규범적인 의미·내용을 확정하는 법규해석의 방법으로 해석되어야 한다. 만약 어느 시점의 사단법인의 사원이 정관의 규범적인 의미·내용과 다른 해석을 사원총회의 결의라는 방법으로 표명한 경우라고 하더라도 그 결의에 의한 해석은 그 사단법인의 구성원인 사원이나 법원을 구속하는 효력이 없다.[222)]

---

221) 대법원 2008.9.25. 선고 2007다17109 판결.

3) 주무관청의 허가

(a) 서 설

민법은 비영리사단법인의 설립에 대하여 허가주의를 채택하고 있으므로, 법인성립을 위해서는 우선 주무관청의 허가가 있어야 한다(§32).[223] 「주무관청」이란 법인이 목적으로 하는 사업을 주관하는 행정관청을 말한다.

(b) 2개의 행정관청의 소관인 경우

만일 법인의 목적사업이 2개 이상의 행정관청의 소관사항이면 어느 행정관청이 주무관청이 되는가? 학설상으로는 복수설과 단수설이 대립한다.

복수설(다수설)은 법인의 목적이 2개 이상의 행정관청의 소관사항인 때에는 모두가 주무관청이고, 모든 행정관청의 허가를 얻어야 한다고 본다. 복수설에 의하면 어느 하나의 허가를 얻지 못하면 법인으로 설립할 수 없다고 보며, 복수설이 타당하다. 그러나 단수설은 법인의 목적사업과 2개 이상의 행정관청이 관련된다고 하더라도 어느 하나의 허가만이 있으면 법인으로 설립할 수 있다고 본다.

(c) 주무관청의 「허가」의 성질

> 1986.1.15. 설립되어 법인격 없는 비영리사단으로 존재하던 「전국공인중개사연합회」가 1993.10.4. 그 명칭을 「한국공인중개사회」(원고)로 변경한 다음, 주무관청(피고)에 민법 제32조에 따른 비영리사단법인설립허가신청을 하였다. 그런데 주무관청은 1993.10.27 「한국공인중개사회」가 설립하고자 하는 비영리사단법인의 설립목적이 부동산중개업법 제30조에 의하여 의무적으로 설립된 「전국부동산중개업협회」의 설립목적과 중복·경합되고 「한국공인중개사회」에게 법인격을 부여할 경우에 부동산중개업자간에 분열과 혼란을 초래할 우려가 있다는 이유로 법인설립불허가처분을 하였다. 「한국공인중개사회」는 법인설립허가신청을 불허가한 주무관청의 처분은 재량권을 일탈·남용한 위법이 있다고 주장할 수 있는가? [대법원 1996.9.10. 선고 95누18437 판결]

주무관청은 법인의 설립에 대한 허가 여부를 자유재량으로 결정할 수 있는가? 학설상으로는 자유재량설과 기속재량설로 구분된다.

자유재량설(다수설)은 법인의 설립에 대한 허가 여부는 행정관청의 자유재량에 속하며, 사단법인의 설립자가 허가를 얻지 못하더라도 행정소송의 대상이 되지 아니한다고 본다. 반면에 기속재량설은 법인의 설립에 대한 허가는 단체의 목적 혹은 조직이 명백히 공익에 반하는 경우를 제외하고는 반드시 허가하여야 하는 기속재량이며, 주무관청의 불허가처분은 행정소송의 대상이 된다고 본다.

---

222) 대법원 2000.11.24. 선고 99다12437 판결.

223) 민법상의 허가주의가 헌법상 보장되는 결사의 자유를 부당하게 제한한다고 하는 판단 아래 비영리법인의 설립에 관한 허가주의를 인가주의로 변경하여야 한다고 하는 논의가 있다.

민법 제31조에서는 "법인은 법률의 규정에 의함이 아니면 성립하지 못한다"고 규정하여 법인의 자유설립을 부정하고 있고, 민법 제32조에서 "학술, 종교, 자선, 기예, 사교 기타 영리 아닌 사업을 목적으로 하는 사단 또는 재단은 주무관청의 허가를 얻어 이를 법인으로 할 수 있다"고 규정하여 비영리법인의 설립에 관하여 허가주의를 채용하고 있고, 또한 현행법령상 비영리법인의 설립허가에 관한 구체적인 기준이 정하여져 있지 않다. 그러므로 비영리법인의 설립허가 여부는 주무관청의 정책적 판단에 따른 재량에 맡겨져 있다고 보아야 하고, 다만 재량권의 한계를 현저하게 넘거나 재량권을 남용한 때에는 행정소송의 대상이 될 수 있다고 보는 태도가 타당하다. 판례도 주무관청의 법인설립불허가처분에 사실의 기초를 결여한 경우라든지 또는 사회관념상 현저하게 타당성을 잃은 경우라는 사유가 있지 아니하고, 주무관청이 그 결론에 이르게 된 판단과정에 일응의 합리성이 있음을 부정할 수 없는 경우에는 다른 특별한 사정이 없는 한 그 불허가처분에 재량권을 일탈·남용한 위법이 있다고 할 수 없다고 본다.[224] 사례에서 주무관청의 법인설립불허가처분에 사실의 기초를 결여하거나 사회관념상 현저하게 타당성을 잃은 경우와 같은 사유가 있지 아니하는 한 「한국공인중개사회」라는 단체에 대한 주무관청의 법인설립불허가처분이 위법이 되지는 아니한다.

4) 설립등기

"법인은 그 주된 사무소의 소재지에서 설립등기를 함으로써 성립한다"(§33). 법인설립등기의 성질에 관하여는 입법례로 성립요건주의와 대항요건주의가 대립한다. 민법은 성립요건주의를 채택하여 법인설립등기에 창설적 효력을 인정하고 있다. 그러므로 법인은 그 주된 사무소에 설립등기를 하여야 비로소 법인격을 취득하여 성립된다(§33).

(3) 설립행위의 성질

사단법인의 설립행위는 어떤 법률행위로서의 성질을 가지는가? 현재 국내에서는 사단법인의 설립행위를 합동행위로 이해하는 견해와 계약의 범주에 속한다고 보는 견해로 대립한다. 합동행위의 개념 자체를 부정하는 견해도 있으나, 합동행위를 별개의 법률행위로 인정하는 한 사단법인의 설립행위란 설립자가 서로 대립하지 않고 상호협동하여 법인설립이라고 하는 공동목적에 협력하며, 각 당사자에게 동일한 법률효과가 생기는 합동행위를 의미한다고 보는 견해가 타당하다. 그러므로 사단법인의 설립행위에는 민법 제124조[자기계약·쌍방대리]가 적용되지 아니하여 설립자 중 1인이 다른 설립자를 대리하여도 무방하고, 의사표시 중 일부가 의사의 흠결·하자로 인하여 무효 또는 취소되더라도 다른 의사표시에 당연히 영향을 미치지는 아니한다. 사단법인의 설립행위에 민법 제108조[통정한 허위의 의사표시]가 적용되는가? 사단법인의 설립행위를 계약의 하나로 보는 한 당연히 사단법인의 설립행위에 민법 제108조가 적용된다고 본다. 그러나 통정허위표시에 관한 민법 제108조는 상대방 있는 법률행위에 한하여 적용되고, 상대방 없는 합동행위인 사

224) 대법원 1996.9.10. 선고 95누18437 판결.

단법인의 설립행위에는 그 적용이 없다고 보아야 한다.

(4) 설립중의 사단법인

1) 서 설

법인이 설립되는 과정을 살펴보면 (i) 제1단계로 설립자(발기인) 상호간에 법인설립을 목적으로 하는 법률관계, 즉 발기인(설립자)조합이 성립하고, (ii) 제2단계로 정관작성에서부터 주무관청의 허가를 얻고 설립등기를 할 때까지에 해당하는 설립중의 법인이 성립하고,[225] (iii) 제3단계로 설립등기를 통하여 법인이 성립한다. 법인설립의 제1단계인 발기인(설립자)조합은 민법상의 조합으로 이해한다. 그리고 설립중의 법인(사단)은 성립된 권리능력 있는 사단과는 구별된다. 설립중의 법인은－마치 태아와 같이－장차 성립할 법인의 전신으로 보며 법인격의 유무를 떠나서는 실질적으로 양자가 동일하지만, 아직 법인격이 없다고 하는 이유로 권리능력 없는 사단에 해당한다고 본다.

2) 설립중의 법인의 권리의무의 승계

설립중의 법인의 권리의무가 성립한 법인에 승계되는가? 우선 설립중의 법인과 설립 후의 법인 사이의 동일성 여부에 대하여는 설립중의 법인은 마치 자연인에서 태아와 같이 장차 성립할 사단법인의 전신이라고 보고, 법인격의 유무를 제외하면 양자는 실질적으로 동일하다고 보는 견해가 있다. 설립중의 법인과 설립된 법인의 동일성을 인정하는 견해에 의하면 설립중의 법인의 권리의무는 당연히, 즉 효력요건이나 대항요건을 별도로 갖출 필요 없이 법인에 승계된다고 본다. 그러나 설립중의 법인의 행위는 설립 후의 법인의 행위로 되지만, 권리취득을 위하여는 민법 제48조의 취지상 효력요건이나 대항요건을 갖추어야 한다고 보는 견해도 있다.

판례는 설립 후의 법인이 설립중의 법인의 행위에 대하여 책임을 지는 경우에는 단지 그 법인의 「설립 자체를 위한 행위」에 한한다고 판시하고 있다.[226] 그리고 장래 설립될 법인의 이름으로 법률행위를 한 후에 그 단체가 성립하지 아니하거나 그 법률효과가 법인에게 귀속하지 못한 경우에는 민법 제135조 제1항을 유추적용하여(민법 제59조 제2항에서는 법인의 대표에 관하여는 대리에 관한 규정을 준용하고 있다) 그 법인의 대표자의 자격으로 법률행위를 행한 개인에게 계약의 이행 또는 손해배상의 책임을 인정할 수 있다.

[더 생각할 과제 - 설립중의 회사로서의 실체가 갖추어지기 이전에 발기인이 취득한 권리의무의 귀속관계]

설립중의 회사는 정관이 작성되고 발기인이 적어도 1주 이상의 주식을 인수한 때 비로소 성립하고, 설립중의 회사가 그 발기인을 통하여 회사설립을 위하여 취득하고 부담한 권리의무는 그

---

225) 설립중의 법인이라 함은 법인의 설립과정에 있어서 발기인이 법인의 설립을 위하여 필요한 행위로 인하여 취득하게 된 권리의무가 법인의 설립과 동시에 그 설립된 법인에 귀속되는 관계를 설명하기 위한 강학상의 개념이다.

226) 대법원 1965.4.13. 선고 64다1940 판결.

실질에 따라서 회사의 설립과 동시에 회사에 귀속된다. 그러나 설립중의 회사로서의 실체가 갖추어지기 이전에 발기인이 취득한 권리의무는 구체적 사정에 따라서 발기인 개인 또는 발기인조합에 귀속되고, 그 귀속된 권리의무를 설립 후의 회사에 귀속시키기 위하여는 양수나 채무인수 등의 특별한 이전행위가 있어야 한다.[227)]

3. 재단법인의 설립

(1) 서 설

학술, 종교, 자선, 기예, 사교 기타 영리 아닌 사업을 목적으로 하는 재단은 주무관청의 허가를 얻어 법인으로 할 수 있다(§32). 그리고 법인은 그 주된 사무소의 소재지에서 설립등기를 함으로써 성립한다(§33). 그러므로 재단법인의 성립에는 (i) 목적의 비영리성, (ii) 설립행위(재산출연+정관작성), (iii) 주무관청의 허가, (iv) 설립등기 네 가지 요건이 필요하다.

(2) 성립요건

1) 목적의 비영리성

재단법인은 오직 비영리적 사업, 즉 '학술·종교·자선·기예·사교 기타 영리 아닌 사업' 만을 목적으로 하여야 한다.

2) 설립행위

(a) 재산의 출연

a) 재단법인의 성립요건으로서의 재산출연행위

민법 제43조는 재단법인의 성립요건으로서의 정관의 작성과 재산의 출연을 규정하고 있다. 재단법인의 설립을 위한 재산출연행위는 일정한 목적을 위하여 재산권(동산, 부동산, 유가증권, 채권 등 그 종류에 제한이 없다)을 법인에 귀속시키려는 내용을 가진 재산소유자에 의한 의사표시를 요소로 하는 법률행위로서 상대방 없는 단독행위라고 본다. 그리고 재단법인을 위한 재산의 출연행위는 무상행위이며, 생전처분으로 재단법인을 설립하는 때에는 증여, 유언으로 재단법인을 설립하는 때에는 유증에 관한 규정이 준용된다(§47).

재산출연행위의 법적 성질이 채권행위인가, 아니면 물권행위인가에 대하여는 견해가 대립한다. 재단법인설립자의 출연행위는 설립자가 동산 또는 부동산에 관한 물권을 직접 법인에게 귀속시키려는 물권행위로서 출연재산은 등기나 인도 없이 법인이 설립된 때, 즉 설립등기를 한 때 또는 설립자의 사망시에 법인에 귀속된다고 하는 물권행위설이 다수설이다. 그러나 채권행위설은 단순한 의사표시만으로 이전될 수 있는 재산권에 대하여는 곧 이전시키고, 특별한 형식(예컨대 등기, 인도, 배서교부)을 요하는 재산권에 관한 출연행위는 단지 재산권의 이전청구권이라고 하는 채권을 법인에 귀속시키는 채권행위라고 본다.

---

227) 대법원 1998.5.12. 선고 97다56020 판결.

b) 출연재산의 귀속시기

(가) 물권이 출연된 경우

> A는 독실한 불교신자인데, 생존시인 1956.4.10. 그 소유의 갑토지를 재단법인 「지덕사」의 설립을 위하여 출연하였다. 그 후 재단법인 지덕사는 1960.5.9. 설립허가를 얻어 1960.5.20. 그 설립등기를 마쳤다. 한편 1965.3.10. A의 사망에 의하여 갑토지에 대하여 재단법인 지덕사의 명의로 소유권이전등기가 행해지기 전에 A의 상속인 B가 자신의 명의로 소유권이전등기를 해 버렸고, 그 후 B가 갑토지를 다시 C에게 매도하여 C 명의로 소유권이전등기가 이루어졌다. 갑토지는 재단법인 지덕사의 법인설립등기시인 1960.5.20. 재단법인 지덕사에 귀속되어 그 소유로 되는가, 혹은 B 및 C 명의의 각 소유권이전등기가 유효한가? [대법원 1999.7.9. 선고 98다9045 판결]

재단법인을 설립하기 위해서는 반드시 설립자가 일정한 재산을 출연하여야 한다. 예컨대 설립자가 부동산을 출연하는 때에는 (i) 설립자가 장래 설립될 재단법인에 재산을 내놓는다고 하는 의사표시로 구성되는 출연행위, (ii) 재단법인의 설립등기, (iii) 설립자로부터 재단법인의 명의로의 소유권이전등기의 경료와 같은 세 단계를 거친다. 다만 어느 단계에서 재단법인에 출연된 부동산소유권이 설립자로부터 재단법인에 이전되는가에 관하여는 견해가 대립한다. 생전처분으로 재단법인을 설립하는 경우에는 법인이 설립하는 때(유언에 의하여 재단법인을 설립하는 경우에는 유언의 효력이 발생하는 때)에 재단법인에 출연재산이 귀속한다고 보는 민법 제48조와 부동산물권변동에 관하여 형식주의를 취하고 있는 민법 제186조와의 관계에 관한 해석상의 입장의 차이로 인하여 출연재산의 재단법인에의 귀속시기가 문제된다. 학설상 법인설립시설(혹은 유언효력발생시설)과 이전등기시설, 절충설이 있다.

(i) 법인설립시설 혹은 유언효력발생시설(다수설)은 민법 제48조에 의하여 생전처분으로 재단법인을 설립하는 경우에는 법인이 설립하는 때, 유언에 의하여 재단법인을 설립하는 경우에는 유언의 효력이 발생하는 때에 각각 재단법인에 출연재산이 귀속한다고 본다. 민법상 재단법인이 설립하는 시기는 법인설립의 등기를 한 때이고(§33), 유언의 효력이 발생하는 시기는 유언자가 사망한 때가 된다(§1073 I). 그러므로 법인설립시설 혹은 유언효력발생시설에 의하면 결국 출연재산은 생전처분인 경우에는 법인의 설립등기시, 유언에 의한 경우에는 유언자의 사망시에 재단법인에 귀속하게 된다. 민법 제48조가 있는 이상, 민법 제48조의 내용에 따라서 해석하는 태도가 타당하다고 보며, 민법 제186조, 제188조에 따라서 출연재산의 귀속에 등기나 인도를 요구하거나, 판례와 같이 제3자에 대한 관계에서 대항하기 위하여는 예외적으로 등기나 인도가 필요하다는 견해는 수긍하기 어렵다고 본다.

(ii) 이전등기시설은 출연행위를 채권행위로 보는 입장에서 민법 제186조, 제188조는 물권변동에 관하여 형식주의를 취하고 있어 물권행위만으로는 물권변동은 일어나지 않고, 그 이외에 부동산에 관하여는 등기, 동산에 관하여는 인도를 각각 물권변동의 성립요건으

로 규정하고 있으므로, 재단법인설립자가 물권을 출연한 때에는 법인의 설립 또는 설립자의 사망시에 당연히 법인에 귀속하지 않고 등기나 인도를 갖춘 때에 비로소 법인에 귀속한다고 해석하여야 한다고 주장한다.[228] 이전등기시설은 민법 제48조를 물권변동에 관하여 의사주의를 취한 구민법의 규정(구민법 §42)을 부주의하게 답습한 경우라고 보고, 민법 제48조를 민법이 취하고 있는 형식주의의 원칙과 조화되도록 해석한다면 부동산과 같이 그 소유권이전에 등기를 요하는 경우에는 법인의 성립시 혹은 설립자의 사망시에 재단법인에게 출연부동산의 이전청구권만이 생길 뿐이고, 출연부동산이 현실로 재단법인에 귀속하는 시기는 등기를 한 때라고 해석하여야 한다고 본다.

(iii) 절충설은 재산을 출연한 설립자와 재단법인 사이에서는 민법 제48조에 의하여 법인의 성립시 혹은 유언의 효력발생시에 출연재산이 재단법인에 귀속하고 등기나 인도를 필요로 하지 않지만, 제3자에 대한 관계에서는 출연재산의 재단법인에의 귀속에는 부동산의 권리에 관한 경우에는 등기, 동산인 경우에는 인도를 필요로 한다고 보는 견해이다. 특히 판례는 민법 제48조 제1항은 재단법인설립에 있어서 재산출연자와 법인과의 관계에 있어서의 출연재산의 귀속에 관한 규정이고, 법인과 제3자와의 관계에서는 소유권이전등기가 법인 앞으로 경료되어야 법인재산으로 된다고 하는 절충적, 이원적 해석의 방법을 택하고 있다.[229]

우선 다수설인 유언효력발생시설에 따르면 유언의 효력발생시, 즉 A가 사망한 때에 갑토지는 재단법인 지덕사에 귀속한다. 비록 재단법인 지덕사의 명의로 소유권이전등기가 되기 전에 A의 상속인 B의 명의로 소유권이전등기가 된 경우라고 하더라도 B는 갑토지의 소유권을 상속에 의하여 취득할 수 없고, 상속에 의한 소유권이전등기는 무효의 등기가 된다. 그러므로 재단법인 지덕사는 B에 대하여 소유권이전등기의 말소등기를 청구할 수 있다. 역시 절충설(판례)에 의하더라도 재단법인 지덕사와 B 사이에서는 유언의 효력발생만으로 갑토지가 재단법인 지덕사에 귀속한다. 그러나 이전등기시설에 의하면 갑토지의 소유권은 A가 사망하더라도 소유권이전등기를 하지 않는 한 재단법인 지덕사에 귀속하지 않고, 먼저 A의 상속인 B가 상속에 의한 소유권이전등기를 하면 갑토지의 소유권을 유효하게 취득하여 재단법인 지덕사는 B에 대하여 소유권이전등기의 말소등기를 청구할 수 없다.[230]

부동산물권변동을 규율하는 민법 제186조를 중시하는 견해(소수설)에 의하면 갑토지의 소유권이 A의 사망으로 재단법인 지덕사에 귀속하기 위해서는 등기를 하여야 하며, 재단법인 지덕사가 등기를 하지 않고 있는 사이에 B가 상속에 의한 소유권이전등기를 하면 B

228) 2004년에 마련된 민법중개정법률안은 권리변동에 등기, 인도 등이 필요한 출연재산은 이를 갖추어야 법인의 재산이 된다고 규정하여 이전등기설을 취하고 있다.

229) 대법원 1981.12.22. 선고 80다2762, 2763 판결(제3자에 대한 관계에 있어서는 출연행위가 법률행위이므로 출연재산의 법인에의 귀속은 부동산의 권리에 관해서는 법인의 성립 외에 등기를 필요로 한다).

230) 이전등기시설을 취하는 판례에 의하면 재단법인 지덕사의 설립등기가 경료된 경우라고 하더라도 갑토지에 관하여 재단법인 지덕사 명의의 등기가 경료되기 전이라면 C의 채권자가 갑토지에 관하여 신청한 강제집행에 대하여 재단법인 지덕사는 제3자이의의 소를 제기할 수 없다.

가 소유자가 되므로 B의 양도행위는 유효하고, 재단법인 지덕사는 C에 대하여 말소등기를 청구할 수 없다. 그러나 등기시설에 따를 경우에도 C가 B의 배신행위에 적극 가담하여 갑토지를 매수한 때에는 BC 사이의 매매가 사회질서에 반하여 무효로 되고, 재단법인 지덕사는 B를 대위하여 C에 대하여 말소등기를 청구할 수 있다. 절충설(판례)에 의하더라도 제3자 C에 대한 관계에서는 재단법인 지덕사에의 갑토지의 귀속을 위하여는 등기가 필요하므로 등기가 없는 한, 역시 소수설에서와 마찬가지로 C에 대하여 소유권을 주장하여 말소등기를 청구할 수 없다. 그러나 민법 제48조 제2항을 따르는 유언효력발생시설에 의하면 A의 사망으로 갑토지는 재단법인 지덕사에 귀속하고, B의 상속에 의한 소유권이전등기는 무효의 등기가 되므로, 무효의 등기에 터잡아 경료된 C 명의의 소유권이전등기도 무효이다. 다만 B에 의한 C에게의 갑토지의 매매는 타인의 권리의 매매에 해당하여 B는 그 권리를 취득하여 C에게 이전하여야 하고(§569), 만일 이전할 수 없는 때에는 담보책임을 부담한다(§570).

(나) 채권이 출연된 경우

지명채권[231]은 민법 제48조가 정하는 시기에 재단법인에 귀속한다는 견해에 학설은 일치하고 있다. 지시채권의 양도에 대하여는 증서의 배서·교부(§508), 무기명채권의 양도에 관하여는 증서의 교부(§523)를 효력발생요건으로 규정하고 있다. 그러므로 재단법인의 설립자가 지시채권[232]이나 무기명채권[233]을 출연한 경우에 그 출연재산이 재단법인에 귀속하는 시기는 민법 제48조에 따라서 결정되는가, 증서의 교부시가 되는가 하는 문제가 제기된다.

① 법인설립시설 혹은 유언효력발생시설　　법인설립시설 혹은 유언효력발생시설은 지시채권이나 무기명채권이 출연재산인 경우에도 그 증서의 배서·교부나 교부가 필요하지 않고, 민법 제48조가 정한 시기, 즉 생전처분에 의한 재산출연이면 법인의 설립시, 유언에 의한 재산출연이면 유언자의 사망시에 당연히 법인에게 출연재산이 재단법인에 귀속한다고 본다.

② 배서교부·교부시설　　배서교부·교부시설은 출연재산이 지시채권이면 민법 제508조에 따라서 그 증서를 배서·교부를 하여야만 재단법인에 귀속하고, 무기명채권이면 민법 제523조에 의하여 그 증서를 교부하여야만 재단법인에 귀속한다고 본다. 배서교부·교부시설은 (i) 지시채권이나 무기명채권이 민법 제48조에 의하여 증서의 배서·교부나 교부 없이도 당연히 법인의 설립시 혹은 유언의 효력발생시에 재단법인에 귀속한다고 하면 아무런 공시방법도 없이 이전되는 결과가 되어 거래안전이 크게 위협받게 되고, (ii) 어음수

231) 지명채권이란 채권자가 특정되어 있는 채권을 가리키며, 증권적 채권에 속하지 않는 보통의 채권을 말한다.

232) 지시채권이란 증서에 기재된 채권자 혹은 그 채권자가 지정한 지시인에게 변제하여야 하는 증권적 채권(예컨대 어음·수표·화물상환증·창고증권·선하증권)을 가리킨다. 지시채권의 양도는 양도인이 그 증서에 배서하여 양수인에게 교부하여야 그 효력이 생긴다.

233) 무기명채권이란 특정의 채권자를 지정하지 않고 증권의 정당한 소지인에게 변제하여야 하는 증권적 채권(예컨대 상품권, 극장의 입장권, 철도승차권, 식권)을 가리킨다. 무기명채권의 양도는 그 증권의 교부에 의하여 효력이 생긴다.

표의 특성상 배서·교부하지 않고 권리이전을 인정할 수 없다고 지적한다.

(a) 정관의 작성

a) 필요적 기재사항

재단법인의 정관에는 필요적 기재사항으로 (i) 목적, (ii) 명칭, (iii) 사무소의 소재지, (iv) 자산에 관한 규정, (v) 이사의 임면에 관한 규정을 기재하여야 한다(§43).

b) 임의적 기재사항

사단법인의 필요적 기재사항 중 사원자격의 득실에 관한 규정과 존립시기나 해산사유를 정한 때에는 그 시기 또는 사유는 재단법인의 정관에서는 필요적 기재사항에 해당하지 않는다. 다만 재단법인의 정관에도 존립시기나 해산사유는 임의적 기재사항으로 기재할 수 있다.

(c) 정관의 보충

재단법인의 설립자가 비교적 경미한 사항(예컨대 명칭·사무소의 소재지·이사임면의 방법)을 정하지 않고 사망한 때에는 재단법인의 성립을 부인하기 보다는 재단법인설립자의 의사를 실현하기 위하여 정관의 보충이 인정된다(§44).

3) 주무관청의 허가

민법은 허가주의를 채택하여 재단법인의 설립에 대하여 주무관청의 허가를 요구하고 있다(§32). 주무관청은 자유재량에 의하여 재단법인의 설립에 대한 허가 여부를 결정할 수 있다.

4) 설립등기

역시 재단법인에서도 설립등기는 성립요건이다. 재단법인은 그 주된 사무소의 소재지에 설립등기를 하여야 성립한다.

(2) 설립행위의 성질

재단법인의 설립행위는 그 설립자가 1인인 경우에는 상대방 없는 단독행위로 본다(통설). 다만 재단법인의 설립자가 2인 이상 여러 명인 경우에는 단독행위설, 계약설(재단법인의 설립행위란 출연행위를 의미한다고 보고, 출연행위는 설립자가 그 재산권을 양도하는 법률행위이며 양도행위는 양도인(설립자)과 양수인(재단법인) 사이의 계약이라고 보는 견해이다) 및 합동행위설(재단법인의 설립자가 여러 명인 경우에 재단법인의 설립행위의 법적 성질은 합동행위에 해당한다고 보고, 사단법인의 설립행위는 필요적 합동행위, 여러 명의 설립자에 의한 재단법인의 설립행위는 임의적 합동행위라고 하여 구별하는 견해이다)이 대립한다. 재단법인의 설립행위가 1인의 설립자에 의하여 행하여지는 경우에는 상대방 없는 단독행위이고, 설립자가 여러 명인 때에는 단독행위의 경합이라고 보는 견해(단독행위설)가 타당하다.

Ⅲ. 법인의 능력

1. 총 설

법인의 능력에 관한 문제는 법인에 대한 입법정책 또는 법인본질론과 밀접한 관련이 있다. 법인학설이 법인의제설·법인부인설[234]에서 법인실재설[235]로 변화하는 한편, 법인에 대한 입법주의가 제한적 태도에서 긍정적 태도로 변천하는 추이에 따라서 법인의 권리능력이 확장되고, 법인 자신의 행위능력 혹은 불법행위능력이 인정되는 동시에 그 범위가 점차 확대되고 있다.

2. 법인의 권리능력

(1) 자연적 성질로부터 오는 제한

법인의 권리능력의 제한으로는 우선 자연인과의 천연적 차이에서 오는 제한이 있다. 법인은 성·연령·친족관계와 같은 자연인의 천연적 성질과 관계가 있는 권리(예컨대 친권·생명권·육체적 자유권·정조권)는 향유할 수 없다. 다만 법인도 일반적 재산권은 물론, 명예권·성명권·신용권·정신적 자유권은 향유할 수 있다. 그리고 상속인은 자연인에 한정하여 인정되므로 법인은 상속인이 될 수 없지만, 유증은 받을 수 있다.[236]

[더 생각할 과제 - 법인의 인격권]

법인의 경우에도 비방광고로 명예, 신용과 같은 인격적 이익이 침해되는 경우에 법인에 대한 사회적 평가가 낮아지고 그 사업수행에 커다란 악영향이 초래된다는 사실은 경험칙상 쉽게 인정할 수 있다. 그러므로 법인에 대한 명예훼손을 통하여 그 사회적 평가를 침해하는 경우에는 법인에 대한 인격권침해로 평가된다.

법인의 경우에는 위자료의 원인인 정신적 고통은 초래될 수 없으나, 사회적 신용의 현저한 실추나 저하와 같은 무형의 손해가 발생할 수 있다. 명예훼손에 의하여 무형의 손해가 생긴 경우에 자연인이라면 민법 제751조에 의하여 재산 이외의 손해의 배상으로 위자료청구를 할 수 있다. 그러나 법인은 그 성질상 위자료청구가 인정되지 아니하여 무형의 손해에 대한 배상이 인정되지 않는다고 하면 가해자에게만 유리하여 불공평하다고 하지 않을 수 없다. 그러므로 명예훼손을 통하여 무형의 손해를 입은 피해자인 법인을 구제하기 위해서는 무형의 손해에 대한 배상을 인정하지 않을 수 없다.

---

234) 법인부인설이란 법인학설 내지 법인본질론의 하나로 법인의 실체를 구성원·집합재산으로 보고, 구성원·집합재산과 분리된 사단·재단은 독자의 사회적 실체를 가지지 아니하므로 법적 주체로 볼 수 없다고 보는 견해이다.

235) 법인실재설은 법인을 법률에 의하여 의제적으로 창설되는 공허물이 아니라 실질적으로 법적 주체가 될 수 있는 실체를 가진 사회적 실재로 인정하는 견해이며, 다시 유기체설, 조직체설, 사회적 작용설로 나누어진다.

236) 법인도 포괄적 유증을 통하여 상속을 받는 경우와 같은 효력이 생길 수 있다.

(2) 법률에 의한 제한

법인의 권리능력을 일반적으로 제한하는 법률은 없으나, 개별적으로 법률에 의한 제한이 가능하다. 민법 제81조, 상법 제173조와 같이 특별한 이유에 의한 개별적 제한규정이 있다.

(3) 법인의 목적에 의한 제한

> 갑법인의 이사 A는 갑법인을 대표하여 갑법인의 사원이 아닌 B에게 음식점의 운영을 위한 사업자금으로 5,000만원을 원외대출(員外貸出)하였다. 그런데 갑법인의 정관에 그 목적을 사원 상호간의 상호부조로 삼고 있고, 원외대출을 금지하고 있었다. 갑법인과 B와의 법률관계는 어떤가?

"법인은 법률의 규정에 좇아 정관으로 정한 목적의 범위 내에서 권리와 의무의 주체가 된다"(§34). 사례에서 A는 갑법인을 대표하여 원외대출을 한 경우이나, 갑법인이 정한 정관의 목적에는 원외대출을 금지하고 있는 사정을 인정할 수 있다. 그러므로 갑법인의 대표기관으로서 A가 한 정관의 목적의 범위 외의 행위가 갑법인에게 귀속하는가가 문제된다.

민법 제34조가 정하고 있는 「정관으로 정한 목적의 범위 내」란 어떤 의미인가? 학설상 여러 견해가 대립하고 있으나, 민법 제34조의 「목적의 범위 내」란 법인의 권리능력을 제한한다고 보는 입장이 법문에 가장 충실한 해석이라고 본다(권리능력제한설이라 부르고, 통설이다). 역시 판례도 법인의 권리능력이 그 목적에 의하여 제한된다고 판시하여 권리능력제한설을 따르고 있다고 이해된다.

법인의 대표기관의 행위가 정관으로 정한 목적의 범위 내의 행위인지, 범위 외의 행위인지는 어떤 기준에 의하여 판단하는가? 「목적의 범위 내」라는 의미는 사원의 이익보호와 거래의 안전과의 조화에 의하여 결정되어야 하나, 학설상으로는 견해가 대립한다. 목적의 범위 내의 의미를 좁게 해석하는 견해(협의설)가 있다. 협의설은 민법 제34조가 일컫는 「목적의 범위 내」란 정관에 열거된 목적에 제한된다고 이해한다. 그러나 목적의 범위 내의 의미를 반드시 정관에 들고 있는 사항에 제한하여 이해하여야 할 필요는 없다고 보는 견해(광의설)가 통설이다. 다만 목적의 범위 내를 정관에 명시된 목적 자체에 국한되지 아니한다고 볼 경우에는 다시 목적의 범위 내란 적극적으로 목적의 달성을 위하여 필요한 범위 내인지, 소극적으로 법인의 목적에 위반하지 않는 범위 내인지가 다투어질 수 있다. 판례는 목적 범위 내의 행위란 법률이나 정관에 명시된 목적 자체에 국한되지 아니하고, '그 목적을 수행하는 데 있어 직접, 간접으로 필요한 행위는 모두 포함'된다고 보고 있다.[237] 그러나 좀 더 넓게 해석하여(목적의 범위 내를 넓게 해석하면 법인에게 더 충분한 활동의 기회를 보장할 수 있고, 거래의 안전도 꾀할 수 있다) 목적의 범위 내는 정관에 명시된 목적에 국한되지 아니할 뿐만 아니라, 소극적으로 법인의 목적에 반하지 않는 범위 내라고

237) 대법원 1991.11.22. 선고 91다8821 판결.

해석하는 태도가 타당하다.

사례에서 A가 갑법인의 대표로서 행한 원외대출이 객관적·추상적으로 볼 때 갑법인의 목적수행에 필요하거나 유익한 행위인 경우는 물론, 소극적으로 그의 목적에 반하지 않는 범위 내의 행위라면「목적의 범위 내」에 해당하여 그 효과는 갑법인에 귀속할 수 있다. 그러나 사원이 아닌 B가 경영하는 음식점의 사업자금으로 원외대출한 행위는 정관상의 원외대출금지에 위반할 뿐만 아니라, 비영리법인으로서의 갑법인이 추구하는 사원의 상호부조라고 하는 목적의 수행과는 전혀 무관한 행위로 보아야 한다. A의 원외대출행위가 갑법인의「목적의 범위 내」라고 보기는 어렵다. A의 원외대출, 즉 갑법인과 B 사이의 소비대차는 갑법인의 목적의 범위 외의 행위에 해당하여 무효라고 보아야 한다. 결국 갑법인은 B에 대하여 바로 원외대출한 5,000만원의 반환을 부당이득반환에 기하여 청구할 수 있다.

3. 법인의 행위능력

(1) 의 의

법인이 권리능력의 범위 내에서 현실적으로 권리와 의무를 취득하고 부담하는 법률행위를 할 수 있는 능력을 법인의 행위능력이라고 한다. 법인의제설(法人擬制說)은 자연인만이 본래 법주체이며, 단지 법인은 법률에 의하여 자연인에 의제되어 권리의무의 주체가 되고, 법인은 권리능력은 있지만 행위능력은 없다고 본다. 그러므로 법인의제설에 의하면 법인의 행위가 인정되지 않고, 현실적으로 법인은 권리의무를 외부의 대리인의 행위에 의존하여 취득하고 부담한다. 그러나 법인실재설(法人實在說)은 법인도 단체의사를 가지고 있고, 단체의사에 의하여 행동하는 법인의 행위를 인정한다. 법인실재설에 따르면 법인의 기관의 행위가 바로 법인 자체의 행위가 된다.

(2) 행위능력의 범위

1) 서 설

법인은 그 목적에 위반하지 않는 범위 내에서 권리능력을 가지며, 그 권리능력의 범위에 속하는 권리의무를 현실적으로 취득하기 위한 모든 행위를 할 수 있다. 법인의 행위능력의 범위는 그 권리능력의 범위와 일치한다.

2) 대표권남용행위의 효력

A회사가 B회사와 리스보증보험계약을 체결할 때에 C법인의 대표이사 D는 A회사가 장차 B회사에 대하여 부담하게 될 구상금채무에 관하여 C법인이 연대보증을 하기로 하는 연대보증계약을 체결하였다. 연대보증계약체결 당시 A회사는 주식회사

> 의 형태를 취하고 있으나 실질적으로는 D가 운영하는 그의 개인회사나 다름이 없었다. C법인은 B회사에 대하여 연대보증계약이 무효라고 주장할 수 있는가?

법인의 권리능력의 범위에 속하는 행위를 법인의 대표기관(이사·임시이사·특별대리인·청산인)이 한 경우에 법인의 행위로 인정된다. 법인의 대표기관이 그 대표권의 범위 내에서, 그러나 자기 또는 제3자의 이익을 목적으로 권한남용행위를 한 경우(흔히 대표권남용이라고 부른다)에 그 효력이 법인에게 미치는가? 학설은 신의칙설과 비진의표시유추적용설로 구분된다.

(i) 신의칙설은 대표권을 남용한 사실을 상대방이 알았거나 중대한 과실로 알지 못한 경우에까지 법인에게 그 효과를 물을 수 있다고 하면 민법 제2조의 신의칙에 위배되어 허용되지 않는다고 본다. 신의칙설은 결론상으로는 비진의표시유추적용설과 큰 차이가 없으나, 비진의표시에 관한 민법 제107조 제1항 단서를 적용하기 보다는 대표권남용행위를 대표권의 범위 내의 행위로서 일응 유효로 취급하고, 신의칙상 악의 혹은 중과실의 상대방에 대하여는 법인이 무효를 주장할 수 있다고 구성한다.238)

(ii) 비진의표시유추적용설에 따르면 법인의 대표기관이 그 대표권의 범위 내에서 한 행위는 비록 그 대표기관이 법인의 목적과 관계없이 자기 또는 제3자의 이익을 도모할 목적으로 그 권한을 남용한 경우라고 할지라도 일응 법인의 행위로서 유효하고, 다만 상대방이 대표기관의 진의를 알았거나 알 수 있었을 때에는 민법 제107조 제1항 단서를 유추적용하여 그 행위는 무효가 되어 그로 인하여 취득한 권리를 법인에 대하여 주장할 수 없다고 한다.239)

판례를 보면 대체로 비진의표시유추적용설을 취하고 있다. 사례에서는 연대보증계약이 C법인의 대표이사 D가 자기의 이익을 도모할 목적으로 체결된 경우이므로(A회사가 실질적으로 그의 개인회사나 다름이 없으므로), 대표권남용에 해당한다고 볼 수 있다. 대표권남용의 경우에도 대표기관의 행위가 법인의 행위로 되는가 하는 문제가 있으나, 판례가 취하는 비진의표시유추적용설에 비추어 연대보증계약이 C법인의 대표이사인 D가 개인이나 제3자의 이익을 도모할 목적으로 행해진 사실을 B회사가 알고 있었거나 알 수 있었는가 아닌가에 달려 있다. 만약 B회사가 D의 대표권남용을 알았거나 알 수 있었다는 사실을 인정할 아무런 자료가 없다고 하면 연대보증계약이 무효로 된다고 할 수 없다.

---

238) 대법원 1987.10.13. 선고 86다카1522 판결(주식회사의 대표이사가 그 대표권의 범위 내에서 한 행위는 설사 대표이사가 회사의 영리목적과 관계없이 자기 또는 제3자의 이익을 도모할 목적으로 그 권한을 남용한 경우라 할지라도 일응 회사의 행위로서 유효하고 다만 그 행위의 상대방이 그와 같은 정을 알았던 경우에는 그로 인하여 취득한 권리를 회사에 대하여 주장하는 행위가 신의칙에 반하므로 회사는 상대방의 악의를 입증하여 그 행위의 효과를 부인할 수 있을 뿐이라고 본다).

239) 대법원 1997.8.29. 선고 97다18059 판결(주식회사의 대표이사가 그 대표권의 범위 내에서 한 행위는 설사 대표이사가 회사의 영리목적과 관계없이 자기 또는 제3자의 이익을 도모할 목적으로 그 권한을 남용한 경우라고 할지라도 일단 회사의 행위로서 유효하고, 다만 그 행위의 상대방이 대표이사의 진의를 알았거나 알 수 있었을 때에는 회사에 대하여 무효가 된다).

4. 법인의 불법행위능력

(1) 서 설

법인은 이사 기타 대표자가 그 직무에 관하여 타인에게 가한 손해를 배상할 책임이 있다(§35 I 전문). 다만 이사 기타 대표자도 자기의 손해배상책임을 면하지 못한다(§35 I 후문). 그리고 법인의 목적범위외의 행위로 인하여 타인에게 손해를 가한 때에는 그 사항의 의결에 찬성하거나 그 의결을 집행한 사원, 이사 및 기타 대표자가 연대하여 배상하여야 한다(§35 II).

(2) 민법 제35조에 의한 법인책임의 요건

1) 대표기관의 행위

민법 제35조에 의한 법인책임은 대표기관,[240] 즉 이사·임시이사·특별대리인·청산인이 한 불법행위에 대하여만 성립한다. 대표기관이 아닌 법인의 기관, 즉 사원총회·감사의 불법행위, 지배인(상법 §11)이나 임의대리인(§62)의 불법행위에 대하여는 법인의 불법행위책임이 성립하지 아니하고, 민법 제756조에 의한 사용자책임을 부담할 뿐이다.

2)「직무에 관하여」, 즉 직무행위의 의미

(a) 직무행위에 관한 학설·판례

> A회사의 대표이사 B는 A회사의 운영자금을 마련하기 위하여 자기가 이사로 있는 갑법인 명의의 수표를 발행하여 C에게 담보로 제공하고 그로부터 돈을 차용하였다. 만약 갑법인 명의의 수표가 위조된 경우로서 효력이 없게 된 경우라고 하면 C는 갑법인의 이사 B의 기망행위, 즉 수표가 진정한 갑법인의 수표인 경우처럼 속인 기망행위로 인하여 손해를 입은 사실을 주장하며 갑법인에 대하여 불법행위책임을 물을 수 있는가?

대표기관이「직무에 관하여」타인에게 손해를 가한 경우에 한하여 민법 제35조에 의한 법인책임이 성립한다. 다만「직무에 관하여」, 즉 직무행위의 해석에 관하여는 학설이 대립한다.

(i) 협의설은 직무관련성을 좁은 범위에서만 인정하여 직무행위 자체 혹은 직무행위와 관련하여 불가분의 일체를 형성하는 행위에 의한 경우에만 법인의 불법행위책임을 긍정한다.

(ii) 외형표준설(통설) 혹은 외형이론은 직무행위 자체뿐만 아니라, 행위의 외형상 직무행위라고 인정될 수 있는 경우 혹은 직무행위와 사회관념상 견련성을 가지는 행위를 포

240) 민법 제35조 제1항이 정한 '법인의 대표자'에는 그 명칭이나 직위 여하, 또는 대표자로 등기되어 있는지 여부를 불문하고 법인을 실질적으로 운영하면서 법인을 사실상 대표하여 법인의 사무를 집행하는 사람을 포함한다(대법원 2011.04.28. 선고 2008다15438 판결).

함한다고 본다. 외형상 법인의 대표자의 직무행위라고 인정할 수 있는 경우라면 설사 대표자 개인의 사리를 도모하기 위한 경우이거나 혹은 법령의 규정에 위배된 경우라고 하더라도 직무에 관한 행위에 해당한다고 보아야 한다. 다만 외형표준설에 의할 때에도 법인의 대표기관이 직무수행의 기회를 이용하여 그 직무와 전혀 관련이 없는 행위를 하여 타인에게 손해를 가한 경우[241]에는 법인의 불법행위책임이 성립하지 아니한다.

판례도 역시 외형표준설을 취하고 있다. 대표적으로 몇 판례를 살펴보면 예컨대 학교법인의 대표자가 학교의 유지운영을 위하여 금원을 차용하고 수표를 발행하는 행위는 학교법인의 사무집행행위에 관한 행위로서의 외형을 갖춘 경우라고 할 수 있으므로, 설사 그 대표자가 차용한 금원을 개인적인 용도로 소비한 경우라고 하더라도 사무집행이라고 하는 사실에 지장을 준다고 할 수 없고,[242] 학교법인의 설립자로서 이사 겸 학교장인 자가 자기 개인의 사업자금으로 사용할 목적으로 학교법인의 명의로 금원을 차용하면서 그 차용을 위하여 학교법인 이사회의 결의까지 있다고 하면 그 차용금의 사용목적이 무엇이던간에 학교장의 차용행위는 학교법인의 사무집행행위라 하지 않을 수 없다고 본다.[243]

사례에서는 갑법인의 이사 B가 갑법인 명의의 수표를 발행하여 C에게 제공한 행위는 B가 C로부터 돈을 차용한 채무의 담보조로 발행·제공한 경우이다. B의 행위가 민법 제35조 소정의 직무 또는 사무집행에 관하여 한 행위로 인정되려면 채무담보행위가 갑법인의 통상적 업무행위에 속하거나, 또는 통상적 업무행위에 속하지 아니한다 하더라도 갑법인의 통상적 업무행위와 밀접한 관련을 가지고 있고, 외관상으로도 그 업무행위와 유사하여 그 업무행위의 범위에 속한다고 보여지면 충분하다. 갑법인의 이사 B의 수표발행행위가 실제로 직무에 관한 행위에 해당하지 아니하나 외형상 직무에 관한 행위로 인정되는 경우에는 갑법인의 불법행위책임이 인정된다(물론 만약 갑법인의 이사 B가 수표를 발행하여 담보로 제공한 행위가 객관적으로 보아 갑법인의 통상적 업무행위와 밀접한 관계가 있는 경우로 외형상 보여진다고 인정할 수는 없는 때에는 갑법인에게 민법 제35조의 책임이 없다). 다만 갑법인의 불법행위책임이 인정되는 경우에도 C가 B의 수표발행행위가 실제로는 직무행위가 아니라는 사실을 알았거나 중대한 과실(경과실은 해당되지 아니한다)로 알지 못한 때에는 갑법인에게 손해배상책임을 물을 수 없다.[244] 그리고 갑법인의 손해배상책임을 배제하는 '중대한 과실'이라 함은 거래의 상대방 C가 조금만 주의를 기울이면 B의 행위가 그 직무권한 내에서 적법하게 행하여진 경우가 아니라는 사정을 알 수 있는데도 만연히 직무권한 내의 행위라고 믿음으로써 일반인에게 요구되는 주의의무에 현저히 위반하는 경우로 거의 고의에 가까운 정도의 주의를 결여하고, 공평의 관점에서 상대방을 구태여 보호할 필요가 없다고 봄이 상당하다고 인정되는 상태를 말한다.

241) 예컨대 이사가 법인을 위하여 계약을 상담하는 기회에 상대방의 물건을 훔친 경우 혹은 이사가 그 활동을 통하여 얻은 정보를 이용하여 타인을 강박하여 물건을 빼앗은 경우에는 직무와 전혀 관련이 없다.

242) 대법원 1975.8.19. 선고 75다666 판결.

243) 대법원 1987.4.28. 선고 86다카2534 판결.

244) 대법원 2009.11.26. 선고 2009다57033 판결.

(b) 대표권남용의 경우

> 구매사업이나 보관판매사업 또는 사원에게 자금을 대출·지원하거나 금융기관으로부터의 자금의 차입 등의 신용사업을 하는 갑법인은 을수산업협동조합으로부터 해초수집자금을 전도받아 해초상인에게 전도자금을 교부하게 되었는데, 갑법인의 대표이사 A는 전도자금을 이용할 자격이 없는 B에게 전도자금을 교부하여 을수산업협동조합에 손해를 입혔다. 을수산업협동조합은 갑법인에 대하여 손해배상책임을 물을 수 있는가?

대표권남용에 의하여 타인에게 손해를 가한 경우에 법인은 불법행위책임을 부담하는가 하는 문제가 있다. 학설은 표현대리에 관한 민법 제126조를 적용하여야 한다는 견해와 민법 제35조에 의한 법인의 불법행위책임을 인정하여야 한다는 견해로 대립한다. 판례는 행위의 외형상 법인의 대표자의 직무행위라고 인정할 수 있으면 비록 그 직무행위가 개인의 사리를 도모하거나 혹은 법령의 규정에 위배된 경우에도 직무에 관한 행위에 해당한다고 하여 표현대리의 법리에 의하지 않고 법인의 불법행위책임을 인정한다.245)

사례에서 갑법인의 대표이사 A의 행위는 자신의 개인적 이익이나 제3자의 이익을 도모할 목적으로 권한을 남용하여 부정한 대표행위를 하거나, 법률의 규정을 위반한 직무행위를 한 경우로서 대표권남용에 해당한다. 만약 민법 제126조에 의한 표현대리에 의한다고 하면 갑법인은 이행책임을 부담할 수 있지만 갑법인의 대표이사 A는 원칙적으로 책임을 지지 아니한다. 그러나 민법 제35조의 불법행위책임을 인정하면 갑법인의 손해배상책임은 물론, 갑법인의 대표이사 A도 자기의 손해배상책임을 면하지 못한다.

외형상 법인의 대표자의 직무행위라고 인정할 수 있는 경우라면 설사 대표자 개인의 사리를 도모하기 위한 경우이거나 혹은 법령의 규정에 위배된 경우, 즉 대표권남용의 경우라고 하더라도 법인의 대표자의 직무에 관한 행위에 해당한다. 그러므로 갑법인의 대표이사 A가 전도자금을 전도할 수 없는 B에게 교부하기 위하여 갑법인이 차입하는 경우와 같이 가장하여 을수산업협동조합으로부터 전도자금을 교부받은 경우라고 하면 갑법인의 대표이사 A가 그 직무에 관하여 을수산업협동조합에게 손해를 가한 경우라고 할 수 있다. 결국 갑법인은 을수산업협동조합에 대하여 민법 제35조의 손해배상책임을 진다.

3) 대표기관의 불법행위

법인의 불법행위책임이 인정되기 위해서는 역시 불법행위에 관한 일반요건, 즉 (i) 책임능력, (ii) 고의·과실, (iii) 위법성, (iv) 손해의 발생이 있어야 한다. 다만 법인의 불법행위의 요건으로서 대표기관의 책임능력이 요구되는가에 관하여는 견해가 대립한다(대표기관의 책임능력은 요건이 아니라는 견해가 있다).

245) 대법원 1969.8.26. 선고 68다2320 판결.

(3) 대표기관의 개인책임

1) 법인의 불법행위가 성립하는 경우

법인의 불법행위가 성립하는 경우에 그 대표기관의 개인책임 여부는 법인본질론으로서 법인의제설을 취하는가 법인실재설을 취하는가에 따라서 결론에 차이가 있다. 민법 제35조 제1항 후문은 이사 기타 대표자는 법인의 불법행위책임으로 인하여 자기의 손해배상책임을 면하지 못한다고 규정하고 있다. 법인의제설은 민법 제35조 제1항 후단을 정책적 특별규정으로 이해하고, 민법 제35조 제1항 후단에 의하여 법인이 불법행위책임을 부담하더라도 대표기관의 불법행위는 어디까지나 그 기관 자신의 불법행위로 대표기관은 당연히 개인적으로 불법행위의 책임을 면하지 못한다고 본다. 그러나 법인실재설은 대표기관의 불법행위는 법인의 불법행위가 되어 대표기관 개인의 책임은 성립하지 않지만, 피해자를 두텁게 보호하기 위한 의도로 법인의 책임과 동시에 기관 개인도 자기의 손해배상책임을 면하지 못한다고 본다. 그리고 법인의 불법행위가 성립하는 경우에 법인의 불법행위책임과 대표기관의 개인책임과의 관계는 부진정연대채무관계이며, 법인이 피해자에게 손해배상하면 법인은 대표기관에 대하여 구상권을 행사할 수 있다(§65).

2) 법인의 불법행위가 성립하지 않는 경우

법인의 불법행위가 성립하지 않는 경우에는 그 사항의 의결에 찬성하거나 그 의결을 집행한 이사 및 대표자가 연대하여 배상책임(眞正連帶責任)을 진다(§35 II).

(4) 다른 규정에 의한 법인의 불법행위책임

1) 사용자책임

민법 제35조 제1항은 "법인은 이사 기타 대표자가 그 직무에 관하여 개인에게 가한 손해를 배상할 책임이 있다"고 규정하고 있고, 민법 제756조 제1항은 "타인을 사용하여 어느 사무에 종사하게 한 자는 피용자가 그 사무집행에 관하여 제3자에게 가한 손해를 배상할 책임이 있다"고 규정하고 있다. 그러므로 법인에 있어서 그 대표자가 직무에 관하여 불법행위를 한 경우에는 민법 제35조 제1항에 의하여, 법인의 피용자가 사무집행에 관하여 불법행위를 한 경우에는 민법 제756조 제1항에 의하여 각기 손해배상책임을 부담한다.

> 갑저축은행의 대표이사 A가 지급보증을 함으로써 갑저축은행의 지급보증을 신뢰한 B로 하여금 계약금만 지급받은 상태에서 C 앞으로 부동산에 관한 소유권이전등기를 넘기게 하였다. 그 후 부동산에 관한 처분권한을 넘겨받은 C가 근저당권의 설정을 통하여 대출을 받고 그 채무를 제때 변제하지 못하여 부동산이 경매로 다른 사람에게 넘어가게 되면서 B는 손해를 입었다. B는 갑저축은행에 대하여 손해배상을 청구할 수 있는가?

우선 갑저축은행의 대표이사 A의 지급보증행위가 갑저축은행의 직무와 관련되는가가 문제된다. 지급보증행위가 갑저축은행의 업무범위 내에 속한다고 인정된다면 갑저축은행의 대표이사 A는 법인의 대표자로서 그 직무에 관한 불법행위에 관하여는 갑저축은행이 민법 제35조 제1항에 의한 손해배상책임을 지게 되고, 사용자책임을 규정한 민법 제756조 제1항이 적용되지는 아니한다.

> 아파트입주자의 선정업무를 대행하는 갑법인의 직원 A가 분양신청인 B의 성명을 잘못 전산입력하고 그 잘못된 성명으로 당첨자발표까지 하여 B가 소정기간 내에 매매계약을 체결하지 못하여 수분양권을 상실하였다. B는 갑법인에 대하여 손해배상책임을 물을 수 있는가?

민법 제756조는 어떤 사무를 위하여 타인을 사용한 사용자는 피용자가 그 사무집행에 관하여 제3자에게 가한 손해를 배상할 책임을 부담한다고 규정하고 있다. 갑법인으로서는 분양신청을 접수할 때에 신청인의 성명 등 그를 특정함에 필요한 기본사항을 정확히 컴퓨터에 입력하여야 하고, 당첨자를 공고함에 있어서도 그 성명 등을 다시 대조·확인하여 정확히 당첨자명단을 공고하여야 할 업무상 주의의무가 있다. 사례에서는 갑법인의 직원 A가 업무상 주의의무를 게을리 한 경우이므로, A의 사용자인 갑법인이 민법 제756조에 의한 사용자책임으로서 손해배상책임을 진다.

2) 공작물의 점유자·소유자책임

법인은 민법 제758조에 의하여 하자 있는 공작물의 점유자·소유자로서 공작물의 설치·보존의 하자로 인하여 타인에게 손해를 가한 경우에 손해배상책임을 부담한다.

3) 일반불법행위책임

최근 민법 제750조에 의한 법인 자체의 책임을 인정하는 소위 기업책임론에 의하여 법인을 구성하는 개인의 과실의 존부를 문제로 하지 않고, 법인 자체의 가해행위·과실로 이해하여 법인의 불법행위책임을 인정하는 경향이 있다.

(5) 사원의 책임

법인의 대표자가 그 직무에 관하여 타인에게 손해를 가함으로써 법인에 손해배상책임이 인정되는 경우에 대표자의 행위가 제3자에 대한 불법행위를 구성한다면 그 대표자도 제3자에 대하여 손해배상책임을 면하지 못한다(§35 I). 또한 사원도 대표자와 공동으로 불법행위를 범하거나 불법행위에 가담한 경우라고 볼 만한 사정이 있으면 제3자에 대하여 대표자와 연대하여 손해배상책임을 진다. 그러나 사원총회, 대의원 총회, 이사회의 의결은 원칙적으로 법인의 내부행위에 불과하므로 특별한 사정이 없는 한 사원이 그 사항의 의결에 찬성한 이유만으로 제3자의 채권을 침해한다거나 대표자의 행위에 가공 또는 방조한 자로서 제3자에 대하여 불법행위책임을 부담한다고 할 수는 없다. 사원총회, 대의원 총회, 이사회의 의결에 참여한 사원이 대표자와 공동으로 불법행위를 범하거나 불법행위에 가담한 경우로 볼 수 있는지 여부는 그 의결에 참여한 법인의 기관이 당해 사항에 관하여 의사결정권한이 있는지 여부 및 대표자의 집행을 견제할 위치에 있는지 여부, 그 사원이 의결과정에서 대표자의 불법적인 집행행위를 적극적으로 요구하거나 유도한 경우인지 여부 및 그 의결이 대표자의 업무집행에 구체적으로 미친 영향력의 정도, 침해되는 권리의 내용, 의결의 내용, 의결행위의 태양을 비롯한 위법성의 정도를 종합적으로 평가하여 법인의 내부행위를 벗어나 제3자에 대한 관계에서 사회상규에 반하는 위법한 행위라고 인정될 수 있는 정도에 이르러야 한다.[246)]

Ⅳ. 법인의 기관

1. 사원총회

(1) 사원총회의 의의

사원총회는 사단법인의 최고의 의사결정기관이다. 사원총회는 사단법인에 반드시 두어야 하는 필수기관이고, 정관에 의하여도 폐지할 수 없다.

(2) 통상총회와 임시총회

1) 통상총회

이사는 매년 적어도 1회 이상 일정한 시기(정관에 정한 시기)에 통상총회를 소집하여야 한다.

2) 임시총회

임시총회는 (i) 이사(§70 I) 또는 감사(§67 Ⅳ)가 필요하다고 인정하는 때, (ii) 총사원 5분의 1 이상으로부터 회의의 목적사항을 제시하여 청구하는 때에 소집된다. 그리고 소수사원(총사원의 5분의 1 이상)의 총회소집의 청구가 있은 후 2주간 내에 이사가 총회소집의 절차를 밟지 않으면 청구한 사원이 법원의 허가를 얻어 직접 임시총회를 소집한다.

(3) 전권사항

정관의 변경(§42)과 임의해산(§§77 II·78)은 사원총회의 전권사항으로 정관에 의하여도 박탈할 수 없다.

(4) 사원총회의 결의

1) 총회의 성립

사원총회의 결의가 성립하기 위해서는 먼저 사원총회 자체가 성립하여야 한다. 사원총

---

246) 대법원 2009.1.30. 선고 2006다37465 판결.

회의 성립을 위한 의사정족수는 얼마인가에 관하여는 학설이 대립한다. 민법 제75조 제1항을 근거로 하여 총사원의 과반수의 출석으로 사원총회가 성립한다고 보는 견해가 있다. 그러나 정관에 다른 규정이 없는 한 사원총회는 2인 이상의 출석에 의하여 성립한다고 보는 견해(다수설)가 타당하다.

2) 결의사항 및 결의권

결의사항은 정관에 다른 규정이 없는 한 사원총회를 소집할 때에 미리 통지한 사항에 한정된다(§72). 각 사원의 결의권은 평등하다(§73 I). 다만 법인과 어느 사원의 관계에 관하여 의결하는 경우에 그 사원은 결의권이 없다(§74).

3) 결의의 성립

결의의 성립에 필요한 정수는 원칙적으로 사원과반수의 출석과 출석사원의 결의권의 과반수이다(§75 I). 예외적으로 정관변경에는 총사원의 3분의 2, 임의해산에는 총사원의 4분의 3 이상의 동의가 필요하다(§§42 I·78).

2. 이 사

(1) 이사의 의의

"법인은 이사를 두어야 한다"(§57). 이사는 대외적으로 법인을 대표하는 대표기관이고, 대내적으로는 법인의 업무를 집행하는 업무집행기관이다. 이사는 사단법인이든 재단법인이든 반드시 두어야 하는 상설적 필수기관이다.

(2) 인수 및 자격

이사의 수에는 제한이 없다(§§57·58 II). 정관에서 이사의 수를 임의로 정할 수 있다(§§40·43). 이사는 자연인만이 될 수 있다(통설). 다만 형의 선고로 이사가 되는 자격을 상실하거나 정지된 자는 이사가 될 수 없다(형법 §43).

(3) 임 면

이사의 임면방법은 정관의 필요적 기재사항이고, 특히 이사의 성명·주소는 등기사항이다. 이사의 선임은 법인·이사 사이에 체결되는 위임에 유사한 계약으로 해석된다. 이사의 해임·퇴임에는 정관에 규정이 없거나 또는 규정이 있더라도 불충분한 경우에는 민법의 위임에 관한 규정을 준용한다(§§127·689).

이사는 사임할 수 있다. 이사를 사임하는 행위는 상대방 있는 단독행위라 할 수 있으므로, 일방적인 사임의 의사표시에 의하여 법률관계를 종료시킬 수 있고, 그 의사표시가 상대방에게 도달함과 동시에 그 효력을 발생한다(법인의 승낙 등이 있어야만 효력이 생기지는 아니한다). 사임의 의사표시가 효력을 발생한 후에는 마음대로 철회할 수 없다. 다만 사임하는 서류의 제시 당시 즉각적인 철회권유로 사임서류의 제출을 미루거나, 대표자에게 사표의 처리를 일임하거나, 사임서류의 작성일자를 제출일 이후로 기재한 경우 등 사임의사가 즉각적이라고 볼 수 없는 특별한 사정이 있을 경우에는 별도의 사임서류의 제출이나 대표자의 수리행위 등이 있어야 사임의 효력이 발생하고, 그 이전에 사임의사를 철회할 수 있다.[247)]

민법상 법인과 그 기관인 이사와의 관계는 위임인과 수임인의 법률관계와 같으므로, 이사의 임기가 만료되면 일단 그 위임관계는 종료된다. 다만 후임이사의 선임시까지 이사가 존재하지 않는다면 기관에 의하여 행위를 할 수밖에 없는 법인으로서 당장 정상적인 활동을 중단하지 않을 수 없는 상태에 처하게 되므로, 민법 제691조의 규정을 유추적용하여 구이사로 하여금 법인의 업무를 수행케 함이 부적당하다고 인정할 만한 특별한 사정이 없고, 종전의 직무를 구이사로 하여금 처리하게 할 필요가 있는 경우에는 후임이사가 선임될 때까지 임기만료된 구이사에게 이사의 직무를 수행할 수 있는 업무수행권이 인정된다.[248)]

(4) 직무권한

1) 서 언

이사의 직무권한은 대표권과 업무집행권으로 구분할 수 있다. 대표권은 이사의 대외적 권한이고, 업무집행권은 이사의 대내적 권한이다.

2) 법인의 대표-대외적 권한

(a) 포괄대표·단독대표의 원칙

이사의 대표권에는 포괄대표·단독대표의 원칙이 적용된다. 이사는 원칙적으로 법인의 모든 사무에 관하여 법인을 대표하며(대표기관), 이사가 여러 명인 때에는 각자 법인을 대표한다(§59 I).

민법 제59조 제1항에서 「법인을 대표한다」고 하는 표현은 어떤 의미인가? 법인실재설은 「代表」 槪念과 「代理」를 구별하여 이사의 행위는 법인의 내부에 매몰되어 이사의 행위는 법인 자신의 행위로 관념되며, 이사의 행위는 그 효과가 바로 법인에 대하여 발생한다고 본다. 법인의제설은 「대표」 개념을 부정하고 법인대표를 법인과 개인의 대리관계로 구성하여 이사는 법인의 목적달성을 위한 사무집행을 위임받은 일종의 재산관리인이며, 법인의 사무집행은 그 포괄대리권에 근거하고, 그 효과는 법인에게 귀속한다고 설명한다. 흔히 법인실재설이 취하는 입장을 대표설이라고 하고, 법인의제설이 취하는 입장을 대리설이라고 한다.

247) 대법원 2006.6.15. 선고 2004다10909 판결.
248) 대법원 1996.12.10. 선고 96다37206 판결.

(b) 이사의 대표권의 제한

a) 대표권제한을 등기한 경우

> 갑법인의 정관에는 「부동산의 처분에 관하여는 이사회에서 승인을 얻어야 한다」고 규정되어 있는데, 그 정관상의 규정을 등기하였다. 그런데 갑법인의 이사 A가 이사회의 결의를 거치지 아니하고 부동산을 B에게 처분하였다. B가 정관상의 대표권제한에 대하여 선의인 경우에 B는 갑법인에 대하여 A가 한 부동산의 매도행위의 유효를 주장할 수 있는가?

이사의 대표권제한을 등기한 경우에는 제3자는 선의이든 악의이든 이사가 한 대표권제한을 위반한 행위의 유효를 주장할 수 없다. B가 선의라고 하더라도 갑법인은 대표권제한을 대항할 수 있다. 그러므로 B는 A가 한 부동산의 매도행위의 유효를 주장할 수 없다.

b) 대표권제한을 등기하지 않은 경우

> 갑재단법인의 정관에 의하면 법인의 대표자가 법인의 채무를 부담하는 계약을 체결할 때에는 이사회의 결의를 거쳐 노회와 설립자의 승인을 얻고 주무관청의 인가를 받도록 규정되어 있었으나, 아직 그 제한을 등기하지 아니하였다. 그런데 갑재단법인으로부터 도로포장공사를 도급받은 을건설주식회사가 포장공사에 소요되는 레미콘을 병주식회사로부터 구입할 때에 갑재단법인의 대표이사 A가 병주식회사에 대하여 을건설주식회사의 레미콘대금채무를 연대보증하였는데, 병주식회사와의 연대보증에 대하여 이사회의 결의를 거쳐 노회와 설립자의 승인을 얻고 주무관청의 인가를 받는 절차를 거치지 않았다. 그 후 병주식회사가 갑재단법인에 대하여 연대보증책임을 물어 레미콘대금을 청구하였다. 갑재단법인은 정관상의 법인대표권의 제한을 가지고 병주식회사에 대하여 대항할 수 있는가? [대법원 1992.2.14. 선고 91다24564 판결]

이사는 법인의 사무에 관하여 각자 법인을 대표한다(§59 I 본문). 이사의 대표권은 성질상 포괄적 대표권이나, 정관의 규정, 사단법인총회의 의결 기타 법률의 규정에 의하여 이사의 대표권을 제한할 수 있다(§59 I 단서 참조). 그러나 이사의 대표권을 제한하면 제3자에게 불측의 손해를 줄 염려가 있다. 그러므로 민법은 이사의 대표권에 대한 제한은 등기하여야만 제3자에게 대항할 수 있고, '등기하지 아니하면 제3자에게 대항하지 못한다'고 규정하고 있다(§60).

민법 제60조는 등기 없이 대항할 수 없는 제3자를 「선의」의 제3자로 제한하지 아니하여 선의·악의를 구별하지 않고 있다. 그러므로 민법 제60조에서 의미하는 「제3자」는 선의의 제3자만을 의미하는가, 악의의 제3자까지도 포함하는가 하는 문제가 제기된다. 학설상으로 민법 제60조에서 일컫는 「제3자」의 범위에 관하여는 선의의 제3자로 한정하는가(제한설), 아니면 제3자의 범위를 한정하지 아니하여 제3자의 선의·악의를 불문하고 대표권의 제한을 가지고 대항하지 못한다고 보는가(무제한설)에 대하여 견해가 첨예하게 대립하고 있다.

(i) 제한설은 민법 제60조에서 일컫는 「제3자」는 선의의 제3자만을 의미한다고 보고, 악의의 제3자에 대하여는 등기 없이도 대항할 수 있다고 본다.249) 제한설에 의하면 민법 제60조를 이사의 대표권제한은 등기하여야 선의의 제3자에게 대항할 수 있고, 등기하지 아니하면 단지 악의의 제3자에게만 대항할 수 있다고 해석한다. 제한설은 이사의 대표권제한을 안 악의의 제3자를 보호할 필요가 없고, 만일 등기가 없다고 하여 악의의 제3자에게 대항할 수 없다고 하면 현저하게 정의관념에 반하는 결과가 된다고 하는 사실을 그 이유로 들고 있다. 또한 제한설은 대표권의 제한에도 불구하고 이사가 제3자와 법률행위를 하면 그 행위는 법인을 위한 행위가 아니라 이사의 개인적 행위가 되며, 만일 이사와 거래한 상대방이 그 법률행위에 대한 이사의 대표권제한을 안 때에는 이미 그 법률행위 속에 법인과의 거래가 아니라 이사와 개인적으로 거래한다고 하는 의사표시가 포함되어 있다고 해석하여야 한다고 본다.

(ii) 무제한설은 등기 없이 대항할 수 없는 제3자는 그 善意·惡意를 묻지 않고 모든 제3자를 의미하며, 악의의 제3자에게 대항하기 위하여도 이사의 대표권제한을 등기하여야 한다고 본다. 무제한설은－구민법이 「선의의 제3자」라고 규정한 경우와 달리－민법이 단지 「제3자」라고 규정한 사실과 민법 제60조의 취지가 이사의 대표권제한을 등기하도록 명하고, 등기를 태만히 한 경우에 획일적으로 제3자에게 대항할 수 없도록 하여 등기를 간접적으로 강제하려고 한 사실을 고려할 때 등기를 하지 아니하면 악의의 제3자에게도 대항할 수 없다고 한다. 무제한설은 이사의 대표권제한을 등기하지 아니하면 선의의 제3자뿐만 아니라 악의의 제3자에게도 대항할 수 없다고 보는 이유로 (i) 이사의 대표권제한을 등기사항으로 하고 있는 이상 무제한설을 취하여 등기를 강제하여야 하고, (ii) 변경등기의 효력에 관한 민법 제54조 제1항이 등기하지 않은 사항은 선의·악의를 불문하고 모든 제3자에게 대항하지 못한다고 한 경우와의 균형상 무제한설이 타당하고, (iii) 무제한설을 취하여 선의·악의를 구별하지 않는 경우에 법률관계가 간명하게 처리된다고 하는 사실을 들고 있다. 특히 무제한설은 제한설이 주장하는 「악의의 제3자를 보호할 이유는 없다」고 하는 견해에 대하여 (i) 어떤 범위에서 제3자를 보호하는가 하는 문제는 입법정책상의 문제로 원칙적으로 법문에 충실하여야 할 뿐만 아니라, (ii) 예컨대 이중매매에서 부동산이 이미 타인에게 매각된 사실을 알고 2중으로 양수한 자도 역시 유효하게 소유권을 취득하다시피 악의의 제3자를 보호할 필요가 없다고 하는 명제가 항상 타당하지는 않다고 지적하고 있다.

민법이 규정하고 있는 법인이사의 대표권제한에 대한 판결은 별로 많지 않다. 사례에 관하여 판례는 민법 제60조에서 일컫는 「제3자」의 범위와 관련하여 학설이 대립하고 있는 상황에서 그 해석과 관련하여 중요한 내용을 판시하고 있다. 판례는 우선 법인의 채무부담에 이사회의 결의를 거쳐 노회와 설립자의 승인을 얻고 주무관청의 인가를 받도록 한 정관규정은 민법 제60조의 의미에서의 「이사의 대표권에 대한 제한」에 해당한다는 사

249) 2004년에 나온 민법중개정법률안은 민법 제60조의 「제3자」를 선의의 제3자로 제한하고 있다.

실을 확인하고, 민법 제60조에서 일컫는 「제3자」의 범위에 관하여 제한설을 취한 종래의 태도[250]와 달리, 등기되지 않은 법인대표권의 제한에 관한 정관의 규정에 대하여 '선의냐 악의냐에 관계없이' 제3자에게 대항할 수 없다고 하여 무제한설을 따르고 있다.

민법 제60조에서 일컫는 「제3자」의 범위를 선의의 제3자로 한정하는 태도는 타당한가? 제3자의 선의·악의를 구별하여야 할 필요가 없다고 생각된다. 사례에서 비록 병주식회사가 갑재단법인의 정관상 채무부담행위를 할 때에 이사회의 결의를 거쳐 노회와 설립자의 승인을 얻고 주무관청의 인가를 받도록 규정되어 있다는 사실을 안 경우라고 하더라도 갑재단법인은 병주식회사에 대하여 절차의 흠결을 들어 보증계약의 효력을 부인할 수 없다. 그러므로 병주식회사가 갑재단법인에 대하여 보증책임을 물어 레미콘대금을 청구한 경우에 갑재단법인은 정관상의 대표권의 제한을 가지고 병주식회사에 대하여 대항할 수 없다. 다만 병주식회사가 단순한 악의에 그치지 아니하고, 특별히 주관적으로 불법성이 강한 반사회적 행태를 보인 때에는 신의칙의 법리를 적용하여 보증계약이 무효로 될 여지가 있다.

(c) 이익상반사항에 대한 특별대리인의 선임

법인과 이사의 이익이 상반하는 사항에 대하여는 이사는 대표권이 없고, 특별대리인을 선임하여 그 특별대리인이 법인을 대표한다(§64).

3) 법인의 업무집행-대내적 권한

"이사는 법인의 사무를 집행한다"(§58 I). 이사는 대내적으로 법인의 사무를 집행할 권한, 즉 업무집행권이 있다.[251] 법인의 업무집행은-정관에 다른 규정이 없는 한-이사가 수인인 경우에 이사의 과반수에 의하여 결정한다(§5 II). 그리고 이사는 법인의 업무집행에 관하여 선량한 관리자로서의 주의의무를 부담한다.

(5) 다른 집행기관

1) 이사회

이사가 여러 명인 경우에 법인의 업무집행에 관한 의사를 결정하기 위하여 이사 전원으로 이사회를 구성할 수 있다. 다만 주식회사에서는 이사회가 상설의 필수기관이지만(상법 §§390 이하), 민법은 이사회를 법인의 기관으로 규정하고 있지 않다.

2) 임시이사

이사가 없거나 결원[252]이 생겨서 손해가 야기될 우려가 있는 경우에 이해관계인[253]이

250) 대법원 1962.1.11. 선고 4294민상473 판결(판례가 악의의 제3자만을 보호하지 아니하고 있다고 설명하고 있는 저서가 있으나, 대법원 1962.1.11. 선고 4294민상473 판결은 구법시대의 판례로서 그 후에 나온 대법원 1992.2.14. 선고 91다24564 판결에 의하면 법인의 대표권제한에 관한 규정이 등기되어 있지 않으면 선의·악의를 묻지 않고 제3자에게 대항할 수 없다고 보므로, 부적절한 설명이라고 본다).

251) 이사의 주요집행사무로는 재산목록의 작성(§55 I), 사원명부의 작성(§55 II), 사원총회의 소집(§§69·70), 총회의사록의 작성(§76), 파산신청(§79), 청산인이 되는 일(§82), 설립·변경의 등기를 들 수 있다.

나 검사의 청구에 의하여 법원은 임시이사를 선임하여야 한다(§63). 임시이사는 정식의 이사가 선임될 때까지 법인을 대표하고 사무를 집행하는 일시적 기관이다. 다만 법원이 임시이사를 선임한 경우에 임시이사는 원칙적으로 정식이사와 동일한 권한을 가진다.254)

3) 특별대리인

법인과 이사의 이익상반사항에 관하여 법원은 이해관계인이나 검사의 청구에 의하여 특별대리인을 선임하여야 한다(§64). 특별대리인은 법인의 임시적 기관이며, 법인의 기관이라고 하는 측면에서 이사가 선임한 대리인과 다르다.

만일 여러 명의 이사 중 일부의 이사와 법인의 이익이 상반하는 경우에 특별대리인은 다른 이사가 없는 경우에 한하여 선임하는가, 다른 이사가 있더라도 반드시 특별대리인을 선임하여야 하는가? 학설상 여러 명의 이사 중 이익이 상반하지 않는 다른 이사가 있다고 하더라도 이사 사이의 친밀관계를 고려하면 일률적으로 다른 이사가 법인을 대표한다고 해석하기 곤란하여 반드시 특별대리인을 선임하여야 한다고 보는 견해도 있다. 그러나 법인과 이사의 이익이 상반하는 경우라고 하더라도 당해 사항에 대하여 이익상반의 입장에 있지 않는 이사가 있는 때에는 그 이사가 법인을 대표하면 충분하므로, 다른 이사가 있으면 굳이 특별대리인의 선임이 필요하지 않다고 보는 태도가 타당하다.

4) 직무대행자

이사의 선임행위에 흠이 있는 경우에 이해관계인의 신청으로 법원은 가처분에 의하여 직무대행자를 선임한다(민법 제52조의2에 의하여 주사무소와 분사무소가 있는 곳의 등기소에서 이를 등기하여야 한다). 직무대행자는 가처분명령에 다른 정함이 있는 경우 외에는 법인의 통상사무에 속하는 행위만을 할 수 있다(§60의2 I 본문). 다만 법원의 허가를 얻은 경우에는 통상사무가 아닌 행위도 할 수 있다(§60의2 I 단서). 그러나 직무대행자가 임의로 통상사무가 아닌 행위를 한 경우에도 법인은 선의의 제3자에 대하여는 책임을 진다(§60의2 II).

[더 생각할 과제 - 임의대리인]

A가 갑법인의 대표자 B로부터 대표자로서의 모든 권한을 포괄적으로 위임받아 실질적으로 갑법인의 대표자로서 갑법인의 업무를 수행하고 있었다. 한편 A는 을회사와 사원모집대행계약을 체결하였고, 그에 따라 C 등이 을회사를 통해 사원가입계약을 체결하였다. C 등은 갑법인에 대하여 사원가입계약의 효력을 주장할 수 있는가?

이사에 의하여 선임된 대리인을 「임의대리인」이라고 한다. 이사는 정관 또는 총회의 결의로 금지하지 아니한 사항에 한하여 타인을 대리인으로 선임하여 그로 하여금 특정한 행위를 대리하게 할 수 있다(§62). 민법 제62조에 비추어 보면 법인의 이사는 정관 또는 총회의 결의로 금지하지 아니한 사항에 한하여 타인으로 하여금 특정한 행위를 대리하게 할 수 있을 뿐 법인의 제반

---

252) 이사의 결원이 있는 경우란 정관상의 이사의 정원수에 부족이 있는 경우를 말한다.

253) 이해관계인은 법률상의 이해관계인을 말하며, 법인의 다른 이사, 사원, 채권자 등을 포함한다.

254) 대법원 2013.6.13. 선고 2012다40332 판결.

업무처리를 포괄적으로 위임할 수는 없다. 그러므로 법인의 이사가 행한 타인에 대한 업무의 포괄적 위임과 그에 따른 포괄적 수임인의 대행행위는 민법 제62조를 위반한 경우로서 법인에 대하여 그 효력이 미치지 않는다.[255] 사례에서 갑법인의 대표자 B가 모든 권한을 A에게 포괄적으로 위임한 행위와 포괄적 수임인으로서 A가 을회사와 사원모집대행계약을 체결한 행위는 민법 제62조에 위반하여 갑법인에게 효력이 없다. C 등은 사원가입계약의 효력을 갑법인에 대하여 주장할 수 없다.

3. 감 사

감사는 이사의 업무집행에 대한 감독기관이다. 다만 감사는 정관 혹은 사원총회의 결의로 둘 수 있는 임의기관에 불과하고 필수기관이 아니다. 감사의 직무권한으로는 (i) 법인의 재산상황을 감사하는 일, (ii) 이사의 업무집행의 상황을 감사하는 일, (iii) 재산상황 또는 업무집행에 관한 부정·불비를 발견하고 총회 또는 주무관청에 보고하는 일, (iv) 재산상황·업무집행의 부정·불비를 보고하기 위하여 총회를 소집하는 일을 들 수 있다(§67).

이사, 감사, 사원총회의 특징과 임무를 알기 쉽게 도표로 살펴보면 아래와 같다.

기 관	특 징	임 무
이 사	상설적 필요기관	법인의 내부적 사무집행과 대표행위(§§58·59)
감 사	임의기관	이사의 사무집행을 감독(§67)
사원총회	필요기관	사단법인의 최고의사결정기관(§68)

Ⅴ. 법인의 주소

법인의 주소는 그 주된 사무소의 소재지이다(§36). 주된 사무소란 법인의 최고수뇌부가 있는 장소를 가리킨다.

Ⅵ. 법인의 정관변경

1. 사단법인의 정관변경

(1) 의 의

사단법인은 사원총회를 통하여 스스로 의사를 결정할 수 있고, 필요에 따라서 그 조직을 변경하며 자주적으로 활동하는 자율적 법인이다. 그러므로 사단법인은 그 근본규칙을 기재한 정관을 자주적으로 변경할 수 있다.

255) 대법원 2011.04.28. 선고 2008다15438 판결.

(2) 정관변경의 요건

사단법인의 정관변경은 사원총회의 결의(총사원의 3분의 2 이상)와 주무관청의 허가에 의하여 효력이 생긴다(§42). 다만 정관의 변경사항이 등기사항인 경우에 그 변경등기는 정관의 변경을 가지고 제3자에게 대항하기 위한 대항요건이다.

(3) 정관변경에 대한 주무관청의 「허가」의 성질

민법 제45조 제3항, 제46조는 정관변경을 할 때에 주무관청의 허가를 받도록 규정하고 있다. 주무관청은 재단법인의 정관변경에 대한 허가 여부를 그 자유재량에 의하여 결정할 수 있는가? 정관변경에 대한 주무관청의 「허가」의 성질을 허가로 보는가 인가로 보는가 하는 문제가 있다. 학설이 대립한다.

허가로 보는 견해는 재단법인의 정관변경에 대한 주무관청의 허가는 그 본질상 주무관청의 자유재량에 속하는 행위로 그 허가 여부에 대하여 다툴 수 없다고 본다. 그러나 인가로 보아야 한다는 견해도 있다. 이른바 인가설은 민법 제45조 제3항, 제46조에서 말하는 재단법인의 정관변경에 대한 주무관청의 「허가」는 그 표현이 허가로 되어 있지만 그 법적 성격은 인가로 보아야 한다고 본다. 다른 견해로 민법 제45조 제3항의 경우에는 인가로 보아도 무방하지만, 민법 제46조의 정관변경의 경우에는 목적에 대한 정관변경은 새로운 재단법인을 설립하는 경우와 다름없으므로, 만약 목적에 대한 정관변경까지를 인가로 보게 되면 재단법인의 설립에 관한 민법상의 허가주의와 배치된다고 하는 이유로 민법 제46조의 허가는 인가로 새기기 곤란하다는 지적도 있다.

판례는 정관변경에 대한 주무관청의 「허가」의 성질에 관하여 종래의 견해를 변경하여 현재는 그 법적 성격을 「인가」라고 보고 있다. 종전의 판례로는 비영리재단법인의 설립이나 정관변경에 관하여 허가주의를 채용하고 있는 제도 아래에서는 비영리재단법인의 설립이나 정관변경에 관한 주무관청의 허가는 그 본질상 주무관청의 자유재량에 속하는 행위로서 그 허가 여부에 대하여 다툴 수 없는 법리이므로, 비영리재단법인의 정관변경을 불허가한 처분은 행정소송의 대상이 되는 행정처분이 아니라고 본 경우가 있다.[256] 그러나 현재는 민법 제45조 제3항, 제46조에서 말하는 재단법인의 정관변경 「허가」는 법률상의 표현이 허가로 되어 있기는 하나, 그 성질상으로 보면 법률행위의 효력을 보충해 주는 경우이지 일반적 금지를 해제하는 경우가 아니므로 그 법적 성격은 「인가」라고 보아야 한다고 본다.[257] 판례와 같이 민법 제45조 제3항이나 제46조의 정관변경에 대한 「허가」는 인가를 의미한다고 보는 태도가 타당하다.

(4) 정관변경의 범위

사단법인의 정관변경은 재단법인의 경우보다 상대적으로 자유롭지만 사단법인의 본질

---

256) 대법원 1985.8.20. 선고 84누509 판결.

257) 대법원 1996.5.16. 선고 95누4810 전원합의체 판결.

에 반하는 정관변경은 무효이다. 그러므로 예를 들어 종원 일부만이 참석한 종중회의에서 종중원의 일부를 종원으로 취급하지도 않고, 또한 일부의 종원에 대하여는 영원히 종원으로서의 자격을 박탈한다고 하는 내용으로 규약을 개정하면 종중의 원래의 설립목적과 종중으로서의 본질에 반하므로, 그 규약개정의 한계를 넘어 무효이다.[258)]

정관에 정한 법인의 목적을 변경할 수 있는가 혹은 정관에 그 변경을 금지하는 규정이 있는 경우에 그 변경금지규정에도 불구하고 정관을 변경할 수 있는가? 우선 정관의 모든 사항을 변경할 수 있다고 해석되므로, 역시 법인의 목적의 변경도 허용된다. 정관에 정관변경을 금지하는 규정을 둔 경우에 그 구속력은 부정되고, 정관변경금지의 규정에도 불구하고 총사원의 결의를 얻어 역시 정관변경이 가능하다고 본다.

2. 재단법인의 정관변경

(1) 의 의

재단법인은 설립자가 정관에 표시한 목적이나 조직에 따라서 운영되어야 하는 타율적 법인이다. 재단법인에서는 원칙적으로 그 정관을 변경하지 못한다.

(2) 정관에 변경방법을 정한 경우

예외적으로 재단법인의 설립자가 정관에서 그 변경방법을 정하고 있는 경우에는 정관을 변경할 수 있다(§45 I).

(3) 비본질적 사항의 변경

역시 정관에서 그 변경방법을 정하고 있지 않은 경우에도 재단법인의 목적달성·재산보전을 위하여 적당한 때에는 명칭·사무소소재지와 같은 법인의 본질과 관계가 적은 사항은 변경할 수 있다(§45 II).

(4) 목적 기타 정관규정의 변경

재단법인이 목적을 달성할 수 없는 때에는 설립자나 이사는 주무관청의 허가를 얻어 설립취지를 참작하여 그 목적 기타 정관의 규정을 변경할 수 있다(§46). 다만 민법 제46조에서 가리키는 「설립의 취지를 참작」한다고 하는 의미에 대하여는 의견이 대립하고 있다. 설립취지를 참작한다고 하는 내용을 반드시 전과 비슷한 목적으로 변경하여야 한다고 하는 의미로 해석하여야 한다고 보는 견해가 있다. 그러나 전의 목적과 반드시 비슷한 목적으로 변경하여야 할 필요는 없고, 설립자가 존재한다고 하면 그 의사를 존중한다고 하는 정도로 넓게 해석하여야 한다고 보는 견해가 타당하다.

---

258) 대법원 1978.9.26. 선고 78다1435 판결.

(5) 기본재산의 처분

재단법인의 기본재산은 원칙적으로 재단법인의 성질상 처분(매도, 증여, 교환, 담보제공)이 불가능하지만, 정관에 규정이 있는 경우에 이사는 정관이 정한 절차에 따라서 기본재산의 처분행위를 할 수 있다. 다만 재단법인의 기본재산의 처분행위는 정관변경을 초래하여 먼저 정관변경이 선행되어야 하고, 결국 기본재산의 처분행위를 위한 재단법인의 정관변경은 주무관청의 허가를 얻어야만 그 효력이 발생한다.

재단법인이 기본재산을 담보제공할 때에 주무관청의 허가를 받아 적법 유효하게 담보권이 성립한 경우에 뒤에 그 담보권의 실행으로 경매되는 때에도 별도의 허가를 받아야 하는가? 일단 재단법인의 기본재산의 담보제공시에 주무관청의 허가를 받은 경우라면 그 담보실행을 위하여 다시 주무관청의 허가를 받아야 할 필요는 없다. 그리고 재단법인의 기본재산이 아닌 부동산이 적법하게 저당권설정의 목적물이 된 후에 그 담보로 제공된 부동산이 기본재산이 된 경우라고 하여도 그 기본재산은 적법하게 설정된 저당채무를 부담하고 있는 기존재산으로서 그 저당권의 실행에 있어서 새삼스럽게 주무관청의 허가를 필요로 하지는 아니한다고 본다.

> A교회는 1969년경 설립되어 당초 침례회에 가입하지 않았으나, 침례회 산하 B유지재단으로부터 대출을 받기 위하여 교회부지 중 100평을 분할하여 A교회가 예배당으로 사용하고 있던 건물과 함께 B유지재단 앞으로 등기해 주고 침례회에 가입하여 B유지재단으로부터 250만원을 대출받았다가 그 원리금을 모두 변제하였다. B유지재단은 A교회로부터 부동산에 관한 등기를 경료받은 뒤 그 부동산을 재단의 기본재산으로 편입하기는 하였으나, A교회가 사용, 수익함에 대하여 아무런 제한을 가하지 아니하여 A교회가 가입 이전과 다름없이 그 부동산을 사용하여 왔다. 그 후 A교회는 침례회와 교리상의 차이 등으로 갈등을 빚다가 1987년경 침례회로부터 탈퇴하기로 결의하고 그 사실을 침례회에 통보하였다. A교회는 B유지재단에 대하여 부동산에 관한 명의신탁해지를 원인으로 소유권이전등기절차의 이행을 구할 수 있는가? [대법원 1982.9.28. 선고 82다카499 판결]

A교회가 소속교단인 침례회로부터의 탈퇴를 통지한 사정이 인정된다. 그러므로 우선 A교회가 소속교단으로부터 자유롭게 탈퇴할 수 있는지 여부가 문제된다. 일반적으로 교회는 교인 전원의 총의에 의하는 경우에는 소속교파의 변경(가입·탈퇴)이 가능하다. A교회가 필요한 절차를 거쳐 탈퇴결의를 한 사실이 인정되므로, A교회는 침례회로부터 탈퇴한 경우로 볼 수 있다. 또한 침례회의 규약에 탈퇴에 관한 규정을 두고 있지 않다고 하여도 다른 특별한 사정이 없는 한 그 사실만 가지고 A교회가 침례회로부터 탈퇴할 수 없다고 말할 수는 없다.

교회재산을 이루는 예배당건물과 그 부지는 교회의 실체를 이루는 불가결한 요소로서 교인의 연보나 헌금 등 교회의 수입에 의하여 건립한 경우에는 그 교회의 소속교파의 규약에 관계없이 교회 소속 교인의 총유에 속한다. 사례에서 B유지재단은 A교회로부터 교회재산을 이전받아 기본재산에 편입한 후에도 A교회의 사용, 수익에 아무런 제한을 가하지 아니하고, A교회가 가입의 이전과 다름없이 그 교회재산을 사용할 수 있게 한 사정이 인정된다. 그러므로 침례회의 규약은 교회재산의 등기명의의 변경만을 요구하고 있을 뿐 그 실질적인 소유권 자체의 양도까지를 요구하고 있지는 않다고 보아야 한다. 결국 부동산에 관한 B유지재단 명의의 등기는 A교회의 침례회에 대한 소속감을 강화하고 침례회의 결집성을 확보하며 그 교리와 장정 등 교단의 설립목적과 배치되는 행위를 예방하기 위한 담보적 의미를 가질 뿐이고, 그 재산의 실질적인 소유권은 A교회의 교인의 총유에 유보한 채 그 소유명의만을 B유지재단에게 명의신탁한 경우라고 보아야 한다.

본래 재단법인의 기본재산에 관한 사항은 정관의 기재사항으로서 기본재산의 변경은 정관의 변경을 초래하므로, 주무장관의 허가를 받아야 한다. 사례에서 A교회는 명의신탁해지를 원인으로 B유지재단에 대하여 소유권이전등기를 청구하고 있다. 그러므로 명의신탁해지에 따른 원상회복이 B유지재단의 기본재산의 처분에 해당하는지 여부가 문제되고, 기본재산의 처분에 해당한다고 하면 주무관청의 허가를 받아야 한다.

명의신탁자인 A교회가 소속교단에서 탈퇴할 때에 B유지재단에 대하여 정관변경을 구할 수 있는 방도가 없지도 않고, 명의신탁해지를 한 때 주무장관의 허가가 불필요하다고 하면 통모와 같은 탈법행위로 말미암아 재단법인의 충실을 저해할 우려가 있다. 또한 당초 A교회가 부동산을 이전등기할 때에 그 부동산이 B유지재단의 기본재산에 편입되어 함부로 환원받을 수 없다는 사실을 예견한 경우로 볼 수도 있다. 주무장관의 허가를 얻어 기본재산에 편입된 교회재산은 비록 명의신탁의 관계에 있다고 하더라도 그 교회재산을 반환할 경우에는 정관의 변경을 초래하므로, 주무장관의 허가 없이 그 교회재산을 환원할 수는 없다고 보아야 한다.

사례에서 A교회의 교회재산이 B유지재단의 기본재산으로 편입되어 있는 사실은 인정되지만 부동산을 기본재산에 편입할 때에 주무장관의 허가가 있는지 여부에 관하여 아무런 증거도 없다. 그러나 이미 재단법인의 기본재산으로 되어 있는 재산을 처분하는 행위는 물론, 새로이 기본재산으로 편입하는 행위도 주무부장관의 허가가 있어야만 유효하다. 그러므로 교회재산이 주무장관의 허가를 얻어 B유지재단의 기본재산에 편입된 경우인지 여부를 먼저 가려야 한다. 만약 새로이 기본재산으로 편입할 때에 주무장관의 허가를 받지 아니한 경우에는 B유지재단의 기본재산으로의 편입 자체가 효력이 없으므로, A교회는 바로 명의신탁을 해지하고 부동산에 관한 소유권이전등기절차의 이행을 청구할 수 있다. 그러나 주무장관의 허가를 얻어 일단 B유지재단의 기본재산으로 적법하게 편입된 재산에 대하여는 A교회에 의한 일방적인 환수가 허용되지 아니하고, 명의신탁의 해지를 원인으로 하는 처분(반환)도 역시 정관의 변경을 초래하므로 주무장관의 허가가 있어야 소유권이전등기가 가능하다.

Ⅶ. 법인의 소멸

1. 서 설

(1) 의 의

법인에는 권리능력의 종기에 해당하는 사망이라는 현상이 없다. 다만 법인이 목적을 달성하거나 달성불가능하게 되면 법인도 종지부를 맺지 않을 수 없다. 자연인의 사망과 같이 법인이 그 권리능력을 상실하는 현상을 법인의 소멸이라고 한다. 법인의 소멸에서는 상속이 없고, 법인의 해산 후에도 잔여재산의 귀속 기타에 대하여 자연인과 다른 절차가 필요하다.

(2) 법인소멸의 전개과정

법인에게 해산사유가 발생하면 법인은 해산한다. 해산에 의하여 법인은 본래의 적극적 활동을 중지하고 잔무의 정리를 위한 청산절차에 들어간다.[259] 청산절차에서는 법인은 청산법인으로 변경되고 이사를 대신하여 청산인이 청산사무를 처리한다. 청산법인은 '청산의 목적범위 내에서만' '청산의 종결시까지' 존속하며, 청산종결의 등기에 의하여 최종적으로 법인은 소멸하여 권리능력(법인격)을 상실한다.

2. 해 산

(1) 사단법인·재단법인에 공통되는 해산사유

사단법인·재단법인에 공통되는 해산사유로는 (i) 존립기간의 만료 기타 정관에 정한 해산사유의 발생, (ii) 법인의 목적의 달성 또는 달성불능, (iii) 파산, (iv) 설립허가의 취소가 있다(§77 I).

(2) 사단법인에 특유한 해산사유

사단법인에만 특유한 해산사유로는 (i) 사원의 결망, (ii) 사원총회의 결의가 있다. 성질상 사단법인은 사원이 1명도 없게 된 경우에 당연히 해산하고, 사원총회의 결의에 의한 해산은 총사원 4분의 3 이상의 동의가 있으면 할 수 있다(§77 II).

---

259) 사단법인에서는 사원이 없게 된다고 하더라도 해산사유가 될 뿐이고 바로 권리능력이 소멸하지는 아니하므로 바로 사단법인이 소멸하여 소송상 당사자능력을 상실한다고 할 수는 없고, 청산사무가 완료되어야 비로소 그 당사자능력이 소멸한다(대법원 1992.10.9. 선고 92다23087 판결).

3. 청 산

(1) 의 의

해산한 법인이 잔무를 처리하고 재산을 정리하여 완전히 소멸할 때까지의 절차를 「청산」이라고 한다.

(2) 청산법인의 능력

해산한 법인은 청산의 목적범위 내에서만 권리가 있고 의무를 부담한다(§81). 그러므로 청산법인의 능력은 청산이라고 하는 목적의 범위 내에 한하고, 청산절차에서는 본래 목적한 법인의 업무를 중단하여야 한다. 다만 청산의 목적범위를 아주 좁게 해석하면 제3자를 해할 우려도 있으므로, 법인의 본질과 청산의 성질에 비추어 넓게 해석하여도 상관없다.

(3) 청산법인의 기관-청산인

법인이 해산하면 이사는 직무권한을 상실하고, 청산법인에서는 이사에 갈음하여 청산인이 집행기관이 된다.[260] 청산인은 청산의 목적범위 내에서 법인의 내부적 사무를 집행하고 청산법인을 대표한다.

법인이 해산한 때에는 파산의 경우를 제외하고는 이사가 청산인이 되고, 다만 정관 또는 총회의 결의로 달리 정한 바가 있으면 그에 의한다(§82). 그러므로 청산인은 원칙적으로 (i) 정관에서 정한 자가 되고, (ii) 정관에서 정하고 있지 않으면 총회의 결의로 선임되고, (iii) 총회가 선임하지도 않은 경우에는 해산 당시의 이사가 된다(§82). 그리고 청산인이 될 자가 없거나 청산인의 결원으로 인하여 손해가 생길 염려가 있는 때에는 법원이 청산인을 선임할 수 있다(§83). 청산인이 부정을 하는 경우와 같이 중요한 사유가 있는 때에는 법원이 청산인을 해임할 수 있다(§84).

청산인은 청산을 위하여 필요한 일체의 사무를 처리할 수 있다. 민법은 주요한 청산사무로 (i) 해산의 등기와 신고(§§ 85 I·86 I), (ii) 현존사무의 종결(§87 I I), (iii) 채권의 추심(§87 I ii), (iv) 채무의 변제(§87 I ii), (v) 잔여재산의 인도(§87 I iii), (vi) 파산신청(§93 I), (vii) 파산종결의 등기와 신고(§94)를 들고 있다.

Ⅷ. 법인의 등기

1. 법인등기의 의의

법인의 등기제도는 거래의 안전을 위하여 제3자가 용이하게 알 수 있도록 법인의 조

260) 법인이 해산하여 청산법인이 되더라도 이사 이외의 다른 기관, 즉 감사나 사원총회는 그 지위에 아무런 변동이 없다.

직·내용을 일반에게 공시할 필요에서 행하는 공시제도이다. 법인등기의 효력에 관한 입법주의로는 성립요건주의와 대항요건주의가 대립하고 있다. 민법은 설립등기에 대하여 성립요건주의를 적용하고, 설립등기 이외의 모든 등기에 대하여는 대항요건주의를 채택하고 있다.

2. 법인등기의 종류

법인등기의 종류에는 아래와 같이 설립등기, 분사무소설치의 등기, 사무소이전의 등기, 변경등기, 해산등기가 있다.

① 설립등기 설립등기는 법인의 성립요건이다(§33). 법인설립의 허가가 있는 때로부터 3주간 내에 주된 사무소 소재지에서 설립등기를 하여야 한다(§49 I). 3주간의 설립등기기간은 주무관청의 허가서가 도착한 날로부터 기산한다(§§53·155 이하 참조). 설립등기에 요구되는 등기사항으로는 (i) 목적, (ii) 명칭, (iii) 사무소, (iv) 설립허가의 연월일, (v) 존립시기·해산사유를 정한 때에는 그 시기·사유, (vi) 자산의 총액, (vii) 출자의 방법을 정한 때에는 그 방법, (viii) 이사의 성명·주소, (ix) 이사의 대표권을 제한하는 때에는 그 제한을 들 수 있다(§49 II).

② 분사무소설치의 등기 법인은 분사무소를 설치한 때에는 그 사실을 등기하여야 한다. 분사무소설치등기는 설립등기와 달리 대항요건에 불과하다.

③ 사무소이전의 등기 법인은 사무소를 이전한 때에는 그 사실을 등기하여야 한다. 역시 사무소이전등기도 대항요건에 불과하다.

④ 변경등기 법인의 등기사항에 변경이 있는 때에는 변경등기를 하여야 한다. 역시 변경등기도 대항요건이다.

⑤ 해산등기 법인이 해산한 때에는—파산으로 인한 경우를 제외하고—해산등기를 하여야 한다. 역시 해산등기도 대항요건이다.

Ⅸ. 법인의 감독·벌칙

1. 주무관청의 감독

주무관청은 법인의 사무에 관하여 감독한다(§37). 감독방법으로 주무관청은 법인에 대하여 감독상 필요한 명령을 발하거나 언제든지 직권으로 법인의 업무 및 재산의 상황을 검사할 수 있고, 또한 주무관청은 경우에 따라서는 설립허가를 취소할 수 있다(§38).

2. 청산법인에 대한 감독권

청산법인에 대한 감독권은 법원에 있다(§95). 법원은 감독방법으로 법인의 해산·청산에 대한 검사·감독을 하고, 청산인을 선임하거나 해임할 수 있다(§83·84).

3. 벌 칙

법인의 이사·감사·청산인은 (i) 법인에 관한 등기를 해태한 경우, (ii) 재산목록·사원명부의 작성·비치에 관한 의무에 위반하거나 부정기재한 경우, (iii) 주무관청·법원의 검사·감독을 방해한 경우, (iv) 주무관청·총회에 대하여 사실 아닌 신고를 하거나 사실을 은폐한 경우, (v) 총회의사록의 작성·비치에 관한 의무를 위반하거나 청산인이 채권신고기간 내에 변제한 경우, (vi) 파산선고의 신청을 해태한 경우, (vii) 청산인이 채권신고·파산선고신청의 공고를 해태하거나 부정공고한 경우에는 과태료처분을 받는다(§97).

X. 외국법인

1. 의 의

내국법인, 즉 한국법인이 아닌 법인을 외국법인이라고 한다.

2. 내국법인과 외국법인의 구별기준

내국법인과 외국법인의 구별기준에 관한 학설로 준거법이 내국법인가 아닌가를 기준으로 하는 준거법설, 주된 사무소가 국내에 있는지 아닌지를 기준으로 하는 주소지설, 설립자가 내국인인가 아닌가를 기준으로 하는 설립자국적기준설이 대립하고 있다. 특히 국내에서는 준거법설(다수설)과 준거법설·주소지설의 합일설만이 주장되고 있다. 준거법설과 주소지설은 실질적으로는 거의 차이가 없으므로, 굳이 합일설을 취하여야 할 필요는 없다. 준거법설에 따라서 한국의 법률에 준거하여 설립된 법인이 아닌 법인을 외국법인이라고 이해하면 충분하다.

3. 외국법인의 능력

원칙적으로 내외국법인평등주의에 따라서 법률상 외국법인도 내국법인과 평등한 취급을 받는다. 다만 예외적으로—외국인의 권리능력이 일정한 경우에 제한되다시피—외국법인에 대하여도 법률과 조약에 의한 제한이 가능하다.

XI. 권리능력 없는 단체

1. 서 설

권리능력 없는 단체에는 권리능력 없는 사단과 권리능력 없는 재단이 있다. 권리능력 없는 단체란 사회적 실체를 가진 단일체로서 존재하며 활동하는 사단·재단이기는 하지만, 법인법정주의(法人法定主義)에 의한 법정요건(주무관청의 허가와 설립등기)을 갖추지 아니하여 법인격을 부여받지 못한 사단·재단을 가리킨다. 흔히 강학상으로는 권리능력 없는 사단 혹은 권리능력 없는 재단이라고 하는 표현이 사용되고 있다. 그러나 민법 제275조 제1항은 「법인 아닌 사단」, 민사소송법 제48조·부동산등기법 제26조 제1항은 「법인 아닌 사단이나 재단」이라는 용어를 사용한다. 또한 권리능력 없는 사단·재단을 비법인사단·재단 혹은 법인격 없는 사단·재단이라고 칭하기도 한다.

왜 권리능력 없는 단체가 존재하는가? 아래와 같은 이유로 어쩔 수 없이 권리능력 없는 단체가 존재하게 된다.

(i) 비영리법인의 성립은 주무관청의 허가와 설립등기를 요건으로 하며, 법인설립을 목적으로 하는 설립중의 단체가 그 동안 여러 법률문제에 관계되어 활동하는 경우에 권리능력 없는 단체가 된다.

(ii) 주무관청의 허가를 받지 못하거나 주무관청의 허가를 받고 아직 설립등기를 하지 않은 상태에서 어떤 단체가 사회적으로 활동을 하고 있는 경우에 권리능력 없는 단체가 된다.

(iii) 설립자가 단체를 설립하고도 어떤 이유로, 예컨대 주무관청의 감독 기타 법적 규제를 피하기 위하여 처음부터 법인의 성립을 원하지 않는 경우에도 권리능력 없는 단체가 된다.

2. 권리능력 없는 사단

(1) 성립요건

권리능력 없는 사단이라 함은 일정한 목적을 위하여 조직된 다수인의 결합체로서 대외적으로 사단을 대표할 기관에 관한 정함이 있는 단체를 말한다. 종중 또는 문중과 같이 특별한 조직행위 없이도 자연적으로 성립하는 예외적인 사단이 아닌 한, 법인 아닌 사단이 성립하려면 사단으로서의 실체를 갖추는 조직행위가 있어야 한다. 만일 어떤 단체가 외형상 목적, 명칭, 사무소 및 대표자를 정하고 있다고 할지라도 사단의 실체를 인정할 만한 조직, 그 재정적 기초, 총회의 운영, 재산의 관리 기타 단체로서의 활동에 관한 증명이 없는 이상 법인이 아닌 사단으로 볼 수 없다.[261)]

[더 생각할 과제-법인 아닌 사단으로 성립하기 전에 설립의 주체인 개인이 취득한 권리의무의 귀속]

> A는 갑교회를 설립하기로 하고, 교회당으로 사용할 건물을 물색하던 중, B로부터 을건물을 분양받았다. A는 분양대금의 잔금 등을 마련하기 위하여 C로부터 변제기나 이자의 약정 없이 약 6,000만원을 차용하고 차금에 대한 담보조로 을건물에 관하여 C 명의로 소유권이전등기를 경료하였다. 그 후 갑교회는 을건물에 입주하여 개척예배를 올렸으며, 교회정관을 만들고 교회정관에 대한 승인 및 교회대표자의 선임에 관한 결의를 하여 A를 대표자로 선임하고, 현재까지 을건물을 교회당으로 점유·사용하고 있다. 갑교회는 C에 대하여 C 명의의 소유권이전등기의 말소등기절차를 이행하라고 청구할 수 있는가?

갑교회가 법인 아닌 사단으로 성립하기 전에 설립의 주체인 개인 A가 취득한 권리의무가 바로 성립 후의 갑교회에 귀속되는지가 문제된다. 판례는 갑교회가 그 실체를 갖추어 법인 아닌 사단으로서 성립한 경우에는 교회의 대표자가 교회를 위하여 취득한 권리의무는 교회에 귀속된다고 보나, 갑교회가 아직 실체를 갖추지 못하여 법인 아닌 사단으로서 성립되기 이전에 설립의 주체인 개인 A가 취득한 권리의무는 그 권리의무의 취득이 앞으로 성립될 교회를 위한 경우라 하더라도 바로 법인 아닌 사단인 갑교회에 귀속될 수는 없다고 본다(설립중의 회사의 개념과 법적 성격에 비추어 법인 아닌 사단인 교회가 성립되기 전의 단계에 설립중의 회사의 법리를 유추적용할 수는 없다).[262] 사례에서 A가 을건물에 관한 분양계약을 체결할 당시에는 갑교회는 아직 그 실체를 갖추지 못하여 법인 아닌 사단으로서 성립되기 전이라 할 수 있으므로, A가 을건물에 관하여 체결한 분양계약이 갑교회를 대표하여 체결한 경우라거나 그 계약상의 지위가 별도의 이전행위 없이 바로 갑교회에 귀속된다고는 할 수 없다. 그러므로 C는 갑교회에게 을건물에 관한 C 명의의 소유권이전등기의 말소등기절차를 이행할 의무가 있다고 할 수 없다.

사례에서 C가 갑교회에게 을건물의 소유권에 기하여 그 인도를 구하거나 사용이익 상당 부당이득의 반환을 구할 수 있는가? 을건물에 관한 C 명의의 소유권이전등기는 A에 대한 대여금채권의 담보목적으로 경료된 경우이고, 한편 A는 갑교회의 교회당으로 사용하기 위하여 을건물을 분양받고 그 후 갑교회의 대표자로 선임되어 현재까지 을건물을 갑교회의 교회당으로 점유·사용하고 있음을 알 수 있다. 그러므로 갑교회는 A로부터 적법하게 을건물을 인도받아 점유·사용하고 있다 할 수 있으므로, 양도담보권자인 C가 가등기담보법이 정한 청산절차를 밟아 을건물의 소유권을 취득한 경우라고 볼 아무런 자료가 없다고 하면 C는 갑교회에게 을건물의 소유권에 기하여 그 인도를 구하거나 사용이익 상당 부당이득의 반환을 구할 수는 없다.

(2) 권리능력 없는 사단의 법률관계

1) 내부관계

내부관계에 관하여는 권리능력 없는 사단에 대하여도 원칙적으로 사단법인에 관한 규정을 적용한다. 권리능력 없는 사단에서도 사원총회는 최고의사결정기관이며, 사원총회의 다수결은 모든 사원을 구속하고 그 다수결은 원칙적으로 과반수로 성립한다. 업무집행기관은 총사원의 수임인으로서 모든 업무집행에 관하여 선량한 관리자의 주의의무를 부담한다.

---

261) 대법원 1997.9.12. 선고 97다20908 판결.

262) 대법원 2008.2.28. 선고 2007다37394, 37400 판결.

2) 외부관계－법인격

(a) 권리능력·행위능력

권리능력 없는 사단은 실체법적 측면에서는 그 명칭과 같이 권리능력을 갖지 않지만, 실질적으로는 사회적 실체로서 활동하는 단일체이다. 그러므로 권리능력 없는 사단의 권리능력·행위능력은 형식적·법적으로는 부정되고 실질적·사회적으로는 긍정되며, 권리능력 없는 사단의 법주체성에 관하여는 사단법인에 관한 규정이 적용된다.

[더 생각할 과제 - 권리능력 없는 사단의 인격권]

권리능력 없는 사단도 그 구성원을 떠나 독자적 존재로서의 특성을 가지고, 독자의 사회적 활동을 하는 사회상의 지위 내지 가치를 가진다고 하는 측면에서는 법인과 다르지 않다. 그러므로 권리능력 없는 사단도 사회상 가지는 지위, 즉 품격·명성·신용을 가진다는 사실은 자연인이나 법인과 차이가 없고, 그 결과 성명권·명예권과 같은 인격권을 비법인사단도 향유한다고 본다. 특히 권리능력 없는 사단이 성명권을 향유한다고 보는 견해에는 이견이 없다. 판례를 보면 묘비에 비주의 승낙 없이 문중의 선조인 부사공의 묘비에 「17世孫然洙幹事」라고 하는 8자를 부기각자한 사건에 대하여 불법행위이므로 그 손해를 배상할 의무가 있다고 판시한 경우가 있다.[263]

> A종중의 선대인 김충립과 그 형제가 김문기의 손자임에도 B종중이 김문기를 시조로 하는 종중의 대동보를 발간할 때에 김충립과 그 형제의 기재를 누락시켰다. B종중이 A종중의 선대인 김충립과 그 형제의 기재를 누락시킨 행위는 A종중의 명예를 침해한 경우로 되는가? [대법원 1990.2.27. 선고 89다카12775 판결]

대동보라 함은 한 성씨의 시조 이하 동계혈족간에 분파된 파계를 한데 모아 집대성한 자료로서 각파의 분파조는 시조로부터 몇 세손이며 어느 대에서 분파되어 파조가 된 경우인가를 한눈에 볼 수 있도록 수록된 족보를 말한다. 대동보에는 시조에서 분파된 모든 파계가 빠짐없이 수록되어야 하고, 분파된 파계의 어느 일파라도 누락시켜서는 안된다.

사례에서 A종중의 선대인 김충립과 그 형제가 김문기의 손자임에도 불구하고 B종중이 김문기를 시조로 하는 종중의 대동보를 발간하면서 김충립과 그 형제의 기재를 누락시킨 경우라고 하면 김충립 등은 대외적으로 김문기의 후손이 아니다고 인식되어 김충립 등의 후손임을 표방하는 A종중은 그 존립기반이 부인됨은 물론 혈연관계 없는 남의 조상을 자신의 조상으로 삼는 종중이라는 비난을 받게 되어 그 사회적 평가가 저하된다고 하는 사실이 명백하다. 그리고 권리능력 없는 사단인 A종중에 관하여도 당연히 그에 대한 사회적 평가가 있고, 만일 A종중이 가지는 사회적 평가를 저하하는 행위를 하면 A종중의 명예훼손이 된다고 하지 않을 수 없다. 그러므로 A종중의 선대가 김문기의 손자라는 사실이 분명하다고 하면 B종중이 김문기를 시조로 하는 종중의 대동보를 발간하면서 B종중의 선대의 기재를 누락시킨 경우에는 명예훼손으로 인한 불법행위가 성립한다고 보아야 한다.

(b) 당사자능력

권리능력 없는 사단도 소송상의 당사자능력이 있고(민사소송법 §52), 제3자는 사단재산

---

263) 대법원 1956.5.5. 선고 4289민상80 판결.

에 대하여 강제집행할 수 있다. 민사소송법 제52조가 권리능력 없는 사단의 당사자능력을 인정하는 취지는 법인이 아닌 사단이라도 사단으로서의 실체를 갖추고, 대표자 또는 관리인을 통하여 사회적 활동이나 거래를 하는 경우에는 그로 인하여 발생하는 분쟁은 그 단체의 이름으로 당사자가 되어 소송을 통하여 해결하게 하고자 함에 있다.[264] 다만 법인에 관한 민법 제63조와 제64조는 권리능력 없는 사단에 준용하지 않는다.[265]

(c) 책임능력

> 본래 갑주택조합의 등기부상 대표자는 A인데, A가 B에게 대표자의 모든 권한을 포괄적으로 위임하여 B가 갑주택조합의 도장, 대표자의 신분증 등을 소지하면서 대표자로서 사무를 집행하였다. 갑주택조합의 등기부상 대표자 A는 B로부터 월급을 받는 직원에 지나지 아니하여 B의 사무집행에 관여할 지위에 있지 않았고, 실제로도 일절 대표자로서의 사무를 집행하지 않았다. 그런데 B가 실질적으로 갑주택조합의 대표자로서 갑주택조합의 사무를 집행하던 중 불법행위로 C 등에게 손해를 발생시켰다. C 등은 갑주택조합을 상대로 민법 제35조에서 정한 법인의 불법행위책임에 따른 손해배상을 청구할 수 있는가?

주택조합의 법률적인 성질은 민법상의 조합이 아니라 비법인사단에 해당한다.[266] 그리고 비법인사단에 대하여는 사단법인에 관한 민법규정 중 법인격을 전제로 하는 규정을 제외하고는 유추적용할 수 있다. 한편 민법 제35조 제1항은 "법인은 이사 기타 대표자가 그 직무에 관하여 타인에게 가한 손해를 배상할 책임이 있다"라고 정하고 있는데, 법인의 불법행위책임에 관한 민법 제35조는 주택조합과 같은 비법인사단에도 마찬가지로 적용된다.

민법 제35조 제1항이 말하는 '법인의 대표자'에는 그 명칭이나 직위 여하, 또는 대표자로 등기되어 있는지 여부를 불문하고 법인을 실질적으로 운영하면서 법인을 사실상 대표하여 법인의 사무를 집행하는 사람을 포함한다고 해석함이 상당하다. 구체적으로 어떤 사람이 법인의 대표자에 해당하는지는 법인과의 관계에서 그 지위와 역할, 법인의 사무집행 절차와 방법, 대내적·대외적 명칭을 비롯하여 법인의 내부자와 거래상대방에게 법인의 대표행위로 인식되는지 여부, 공부상 대표자와의 관계 및 공부상 대표자가 법인의 사무를 집행하는지 여부 등 제반사정을 종합적으로 고려하여 판단하여야 한다. 사례에서 여러 사정에 비추어 볼 때, B가 갑주택조합을 실질적으로 운영하면서 갑주택조합을 사실상 대표하여 갑주택조합의 사무를 집행하는 사람으로서 민법 제35조에서 정한 '대표자'에 해당한다고 보아야 한다. 결국 B가 갑주택조합의 적법한 대표자 또는 대표기관이라고 볼 수 있으므로, C 등은 갑주택조합에 대하여 법인의 불법행위에 따른 손해배상을 청구할 수 있다.

---

264) 권리능력 없는 사단이 총유재산에 관한 소송을 제기할 때에는 정관에 다른 정함이 있다는 등의 특별한 사정이 없는 한 사원총회의 결의를 거쳐야 하므로, 권리능력 없는 사단이 그 사원총회의 결의 없이 그 명의로 제기한 소송은 소송요건이 흠결되어 부적법하다(대법원 2011.7.28. 선고 2010다97044 판결).

265) 대법원 1961.11.16. 선고 4923민재항431 판결.

266) 대법원 1996.9.6. 선고 94다18522 판결.

(d) 법률행위의 효과귀속

대표자가 권리능력 없는 사단의 목적범위 내에서 그 사단을 위하여 행한 법률행위의 효과로서의 권리의무는 실질적·사회적으로는 사단에 귀속하지만, 형식적·법적으로는 사단의 구성원 전체에 총유적으로 귀속한다.

3) 재산귀속관계

(a) 서 언

권리능력 없는 사단도 사원의 재산으로부터 독립된 사단재산을 가지고 있지만, 법인격이 없으므로 스스로 재산의 귀속주체가 될 수 없다. 민법은 권리능력 없는 사단의 재산은 사단구성원인 사원에게 총유적으로 귀속한다고 규정하고 있다(§275 I). 소유권 이외의 재산권에 관한 권리능력 없는 사단의 소유형태는 준총유가 된다.

(b) 재산귀속관계의 법적 성질

민법은 권리능력 없는 사단의 재산귀속관계를 총유로 보고 있다.[267] 총유란 공동소유의 한 형태로서 소유권이 질적으로 분리되고 그 재산의 관리처분의 권능은 공동체 자체에 속하는 한편, 그 사용수익의 권능은 각 구성원에 속하는 상태를 가리킨다. 그러므로 권리능력 없는 사단의 구성원은—공유·합유와 달리—그 재산에 대하여 지분권을 가지지 아니한다. 또한 권리능력 없는 사단의 채무에 관하여 책임을 지는 재산도 사단의 총유재산만이 해당되고, 구성원은 회비와 같은 소정의 부담금을 지급하는 의무 이외에 개인재산으로 무한책임을 부담할 필요가 없다.

(c) 등기능력

권리능력 없는 사단의 등기능력에 관하여는 부동산등기법이 특별규정을 두고 있다. 종중, 문중 기타 대표자나 관리인이 있는 권리능력 없는 사단에 속하는 부동산의 등기에 관하여는 권리능력 없는 사단을 등기권리자·등기의무자로 한다(부동산등기법 §26).

(3) 대표적인 권리능력 없는 사단의 예

1) 종 중

(a) 의 의

관습상의 단체인 종중은 공동선조의 분묘수호와 제사 및 종원상호간의 친목을 목적으로 하여 공동선조의 후손으로 하여 구성되는 종족의 자연적 집단이라고 정의할 수 있

---

267) 학설상으로는 권리능력 없는 사단의 재산을 단순히 총유로 취급하는 태도는 부당하며, 권리능력 없는 사단에는 조합형도 있다는 사실을 고려할 때 合有라고 하여야 할 경우도 있다고 보는 견해도 있다. 또한 권리능력 없는 사단의 재산귀속관계를 「總有」라고 하기보다는—독일민법이나 스위스민법과 같이(조합법을 권리능력 없는 사단에 준용하므로, 권리능력 없는 사단의 소유형태는 「합유」로 된다)—組合上의 「合有」라고 하는 태도가 훨씬 법률관계를 분명히 하고 합리적이라고 하는 견해도 있고, 권리능력 없는 사단의 재산귀속형태를 총유라고 하는 민법의 태도가 정당한지 대단히 의심스럽다고 보는 견해도 있다

다.[268] 종중은 공동선조의 사망과 동시에 그 자손에 의하여 성립되므로,[269] 종중의 성립을 위하여 특별한 조직행위를 필요로 하지 아니하고, 반드시 특별하게 사용하는 명칭이나 서면화된 종중규약이 있어야 하거나 종중의 대표자가 선임되어 있는 등 조직을 갖추어야 하지는 아니한다고 본다.[270] 또한 관습법상 종원은 자신의 의사와 관계없이 당연히 종중의 구성원이 되어서 종원 중 일부를 종원으로 취급하지 않거나 일부의 종원에 대하여 종원의 자격을 영원히 박탈하는 내용으로 규약을 개정하면 종중의 본질에 반할 뿐만 아니라, 역시 혈족이 아닌 자는 종중의 구성원이 될 수 없다(종중이 공동선조로부터 나온 자손으로 구성된 종족단체 내지 혈연단체라고 하는 성질에 반한다).

(b) 종중의 구성원

한국토지공사 및 대전도시개발공사는 A종중 소유의 부동산이 대전서남부권 택지개발사업지구에 편입되자, A종중에게 토지 및 지장물에 대한 보상금 합계 50억원을 지급하였다. A종중은 2005.12.18. 그 보상금의 집행에 대한 결의를 하기 위하여 임시총회를 개최하였다. 그런데 A종중은 종중규약에 따라서 종원으로 인정되는 남성 50명에 대하여만 소집통지를 하고, 성인여손 12명과 출가여손 44명 등에게는 소집통지도 하지 않은 채 임시총회를 개최하였는데, 임시총회에서 종중규약에 따라 종원으로 인정되는 남성 50명에 한하여 1억원씩 분배한다는 결의를 하였다. A종중의 후손으로서 족보에까지 등재되어 있는 여성 B 등은 임시총회의 결의는 무효라고 주장할 수 있는가?

종래 관행적으로 성년남자만을 종중의 구성원으로 본다. 성년남자만을 종중의 구성원으로 하는 종래의 관행은 조상숭배의 관념을 바탕으로 제사를 일족일가(一族一家)의 최중요사(最重要事)로 하는 종법사상(宗法思想)에 기초한 가부장적, 대가족중심적 가족제도와 자급자족을 원칙으로 한 농경중심의 사회를 그 토대로 하고 있다. 그러나 1970년대 이래의 급속한 경제성장에 따른 산업화·도시화의 과정에서 교통과 통신이 비약적으로 발달하고 인구가 전국적으로 이동하면서 도시에 집중되며 개인주의가 발달하는 한편, 대중교육과 여성의 사회활동참여가 대폭적으로 증대되고 남녀평등의식이 더욱 넓게 확산되는 등 사회환경이 전반적으로 변화한 결과로 가족생활과 제사문화에서도 커다란 변화가 일어나고 있다. 특히 가족생활에서는 부모와 미혼의 자녀를 구성원으로 하는 핵가족의 생활공동체를 바탕으로 출산율의 감소와 남아선호(男兒選好) 내지 가계계승(家系繼承)의 관념의 쇠퇴에 따라서 딸만을 자녀로 둔 가족의 비율이 증가하게 되고, 부모에 대한 부양에서도

268) 종중은 공동선조의 자손으로 성립하므로, 같은 혈족이지만 공동선조를 달리 하던 별개의 소종중이 통합하여 새로 구성된 종족집단으로서의 통합종중은 고유한 의미의 종중이 될 수 없고, 다만 단체로서의 실체를 인정할 수 있을 경우에는 종중 유사의 권리능력 없는 사단으로서 단체성만을 인정할 수 있다(대법원 2008.10.09. 선고 2008다41567 판결).

269) 종중은 공동선조를 정함에 따라서 상대적으로 대·소종중으로 구별할 수 있고, 공동선조의 후손 중 일정한 범위의 종족집단이 「소종중」(또는 지파종중)을 구성할 수 있다(대법원 1992.04.14. 선고 91다46533 판결).

270) 대법원 1998.7.10. 선고 96다488 판결.

아들과 딸의 역할에 차이가 없을 뿐만 아니라, 핵가족의 확산에 의하여 과거의 엄격한 제사방식에도 변화가 생겨 여성이 제사에 참여하는 일이 더 이상 특이한 일로 인식되지 않게까지 되고 있다.

변화된 사회현실에 의하여 종중의 구성원에 대한 국민의 인식에도 적지 않은 변화를 가져오고 있다. 종중이 종원의 범위를 명백히 하기 위하여 일족의 시조를 정점으로 그 자손 전체의 혈통, 배우자, 관력을 기재하여 반포하는 족보의 편찬에서도 과거에는 아들만을 기재하는 경우가 보통이나, 오늘날에는 딸을 아들과 함께 기재하는 경향이 일반화되어 가고 있다. 또한 전통적인 유교사상에 입각한 가부장적 남계혈족중심의 종중운영과는 달리 성년여성에게도 종원의 지위를 부여하는 종중이 늘어나고 있을 뿐만 아니라, 종원인 여성이 종중의 임원으로 활동하고 있는 종중도 출현하고 있는 실정이다. 결국 사회환경과 인식의 변화로 인하여 종원의 자격을 성년남자로만 제한하고 여성에게는 종원의 자격을 부여하지 않는 종래의 관습에 대하여 사회구성원이 가지고 있던 법적 확신이 현재 완전히 소멸되어 있다고 단정할 수는 없으나 상당부분 흔들리거나 약화되어 있고, 그 현상은 시일의 경과에 따라 더욱 심화될 전망이다.

제도적으로도 헌법상 혼인과 가족생활은 개인의 존엄과 양성의 평등을 기초로 성립되고 유지되어야 한다고 규정되어 있다(헌법 §36 I). 특히 유교사상에 의하여 지배되던 전통적 가족제도가 인간의 존엄과 남녀평등에 기초한 경우라고 보기 어려우므로, 헌법상 개인존엄과 양성평등의 원칙의 천명은 가족제도가 역시 헌법이 추구하는 이념에 맞는 가족관계로 성립되고 유지되어야 한다는 헌법적 의지의 표현이라고 할 수 있다. 그리고 이미 국내법과 같은 효력을 가지게 된 유엔의 「여성차별철폐협약」은 여성에 대한 차별을 초래하는 법률, 규칙, 관습 및 관행을 수정 또는 폐지하도록 입법을 포함한 모든 적절한 조치를 취하고, 남성과 여성의 역할에 관한 고정관념에 근거한 편견과 관습 기타 모든 관행의 철폐를 실현하기 위하여 적절한 조치를 취할 의무를 부과하고 있다. 또한 민법상으로도 가족생활에서의 남녀평등의 원칙을 특히 강조하고 있는 헌법정신을 반영하여 남녀를 차별하는 규정을 민법의 개정을 통하여 철폐하면서 남녀평등을 실현하고 있다.

결국 종원의 자격을 성년남자로만 제한하고 여성에게는 종원의 자격을 부여하지 아니한 종래의 관습에 대하여 사회구성원이 가지고 있던 법적 확신은 상당한 부분 흔들리거나 약화되어 있다. 특히 헌법을 최상위의 규범으로 하는 전체 법질서는 개인의 존엄과 양성의 평등을 기초로 한 가족생활을 보장하고, 가족 내의 실질적인 권리와 의무에서 남녀의 차별을 두지 아니하며, 정치 · 경제 · 사회 · 문화와 같은 모든 영역에서 여성에 대한 차별을 철폐하고 남녀평등을 실현하는 방향으로 변화되고 있다. 또한 장차도 남녀평등의 원칙은 더욱 강화되어야 한다. 그리고 공동선조의 후손 중 성년남자만을 종중의 구성원으로 하고 여성은 종중의 구성원이 될 수 없다는 종래의 관습은 공동선조의 분묘수호와 봉제사와 같은 종중의 활동에 참여할 기회를 출생에서 비롯되는 성별만에 의하여 생래적으로 부여하거나 원천적으로 박탈하는 태도로서, 변화된 법질서 전체에 부합하지 아니한다고 볼 수 있다. 결국 종중구성원의 자격을 성년남자만으로 제한하는 종래의 관습법은 더 이상 법적 효력을 가질 수 없다고 보아야 한다.

사례에서 여성 B 등도 당연히 A종중의 종원의 지위를 갖는다. 종중총회는 특별한 사정이 없는 한 족보에 의하여 소집통지의 대상이 되는 종중원의 범위를 확정한 후 국내에 거주하고 소재가 분명하여 통지가 가능한 모든 종중원에게 개별적으로 소집통지를 함으로써 각자가 회의와 토의 및 의결에 참가할 수 있는 기회를 주어야 한다. 만약 일부의 종중원에 대한 소집통지를 결여한 채 개최된 종중총회의 결의는 효력이 없다.271) 여성 B 등이 A종중의 족보에 종원으로 등재되어 있고, 또 국내에 거주하고 소재가 분명하여 통지가 가능함에도 불구하고 아무런 통지 없이 임시총회를 개최한 경우이므로, A종중의 임시총회의 결의는 무효가 된다.

[더 생각할 과제 - 종중 유사단체의 성질]

> 밀성박씨의 5세손인 장사랑공의 후손인 13세손 A는 그 아들로서 B, C, D, E 4형제가 있었는데, D와 E 두 형제의 후손 중 창원시 X면 OO리에 정착한 14인이 1897년경 선조의 분묘·위토의 수호와 제사봉향 및 친족간의 돈목을 위하고 선조의 유업을 보존하기 위하여 밀성박씨 장사랑공파 무동종중 돈목계를 결성하였다. 그 후 14인이 각자의 형편에 맞추어 출연한 재물로 선조의 분묘·위토를 수호하고 매년 선조의 묘사를 지내는 등으로 활동하였다. 밀성박씨 장사랑공파 무동종중 돈목계는 그 회원이 사망할 경우에 그 후손 중 성년남자가 회원의 자격을 취득하여 가입·활동하고, 회원 중 화목하지 못한 사람이 있으면 제명하는 등의 방법으로 유지되어 왔으며, 세월의 경과에 따라 회원수는 늘어남에 따라서 마치 소종중과 유사한 형태의 단체로 되었다. 밀성박씨 장사랑공파의 성년여성후손도 밀성박씨 장사랑공파 무동종중 돈목계의 회원임을 주장할 수 있는가? [대법원 2011.2.24. 선고 2009다17783 판결]

밀성박씨 장사랑공파 무동종중 돈목계는 유사종중 내지 종중 유사단체에 해당한다. 종중 유사단체는 비록 그 목적이나 기능이 고유한 의미의 종중과 별다른 차이가 없다 하더라도 공동선조의 후손 중 일부에 의하여 인위적인 조직행위를 거쳐 성립된 경우로서 사적 임의단체라는 측면에서 자연발생적인 종족집단인 고유한 의미의 종중과 그 성질을 달리한다. 고유 의미의 종종 이외에 공동선조의 후손 중 일부에 의하여 인위적인 조직행위를 거쳐 성립된 유사종중이나 종중 유사단체의 경우에는 관습법에 의하여 규율되지 아니하고, 사적 자치의 영역에 속한다고 보아야 한다. 그러므로 유사종중이나 종중 유사단체의 경우에는 원칙적으로 사적 자치의 원칙 내지 결사의 자유에 따라서 그 구성원의 자격이나 가입조건을 자유롭게 정할 수 있다. 비록 유사종중 내지 종중 유사단체의 회칙이나 규약에서 공동선조의 후손 중 남성만으로 그 구성원을 한정하고 있다고 하더라도 특별한 사정이 없는 한 사적 자치의 원칙 내지 결사의 자유의 보장범위에 포함되고, 그 사정만으로 그 회칙이나 규약이 양성평등의 원칙을 정한 헌법 제11조 및 민법 제103조를 위반하여 무효라고 볼 수는 없다. 밀성박씨 장사랑공파 무동종중 돈목계의 회칙이나 규약에서 공동선조의 후손 중 남성만으로 그 구성원을 한정하고 있는 한, 성년여성후손은 그 회원임을 주장할 수 없다.

(c) 종중의 대표자

대외적으로 종중의 대표자가 권리능력 없는 사단으로서의 종중을 대표한다. 본래 종중

---

271) 대법원 2001.6.29. 선고 99다32257 판결 등 참조.

을 대표하고 종중회의를 소집하는 권한은 관습상 종중원 중 연고항존자(혈족 사이의 세대수를 나타내는 항렬(行列)이 가장 높고 나이가 많은 사람)에 해당하는 종장(宗長)에게 있으나, 다만 종중규약 또는 종중의 관습이나 일반관례에 의하여 별도로 종중의 대표자를 선임한 경우에는 그 종중의 대표자만이 종중대표권을 가진다. 특히 종중의 대표자가 있는 경우에 종중재산에 관하여는 종장에게 아무런 권한이 없고, 오로지 종중의 대표자만이 종중을 대표하여 그 관리처분권을 갖는다.272)

(d) 종중재산의 귀속관계

종중재산은 종중원의 총유에 속한다. 그러므로 종중재산의 관리 및 처분에 관하여 먼저 종중규약에 정하는 바가 있으면 그 규약에 따라야 하고, 종중규약이 없으면 종중총회의 결의에 의하여야 한다.273) 비록 종중의 대표자에 의한 종중재산의 처분이라고 하더라도 그 절차를 거치지 아니한 채 한 행위는 무효이고, 역시 종중이 타인에게 속하는 권리를 처분하는 경우에도 그 절차가 적용된다. 그리고 종중재산에 대한 보존행위라고 하더라도 각 종원이 단독으로 할 수 없고(사원총회를 거친다고 하더라도 단독으로 할 수 없다), 법인 아닌 사단이 그 명의로 사원총회의 결의를 거쳐 하거나 또는 그 구성원 전원이 당사자가 되어 필수적 공동소송의 형태로 할 수 있을 뿐이다.274)

2) 교 회

(a) 서 언

기독교의 신자가 예배, 선교, 교리의 연구 등을 목적으로 세운 단체를 「교회」라고 한다. 교회(예컨대 대한기독교장로회 군산신창교회)는 일반적으로 권리능력 없는 사단에 해당한다.275) 교회를 권리능력 없는 사단으로 인정하는 이상, 그 교회의 재산은 교인의 총유에 속한다. 교인은 각 교회활동의 목적범위 내에서 총유권의 대상인 교회재산을 사용·수익할 수 있다. 만약 교회가 법인격 없는 재단으로서의 성격을 함께 갖고 있다고 본다면, 교회재산인 부동산이 교인의 총유이면서 동시에 법인격 없는 재단의 단독소유가 된다는 결과가 되어 그 자체가 모순될 뿐만 아니라 그 소유관계를 혼란스럽게 할 우려가 있다. 그러므로 교회가 법인격 없는 사단이면서 동시에 법인격 없는 재단이라고 볼 수는 없다.276)

(b) 권리능력 없는 사단인 교회의 분열

하나의 교회가 파벌 등으로 인하여 둘로 갈라지는 경우가 있다. 예를 들어 목사의 행동을 놓고 목사를 지지하는 교인과 반대하는 교인의 대립이 격화되어 결국은 서로 갈라지는 경우가 있다. 일부의 교인이 종전의 교회에서 집단적으로 이탈한 경우에 법적으로 권

272) 대법원 1983.12.13. 선고 83다카1463 판결.
273) 대법원 1996.8.20. 선고 96다18656 판결.
274) 대법원 2005.9.15. 선고 2004다44971 전원합의체 판결.
275) 대법원 1962.7.12. 선고 62다133 판결(다만 천주교회는 권리능력 없는 사단이 아니다).
276) 대법원 1999.9.7. 선고 97누17261 판결.

리능력 없는 사단의 분열로 인정할 수 있는가?

> A목사는 대한예수교장로회 통합측 부산노회에 소속된 갑교회 목사로 시무하여 오던 중 B를 양녀로 입양하였는데, 입양의 문제를 둘러싸고 자신을 지지하는 신도와 반대하는 신도의 대립이 격화되자 자신을 지지하는 신도와 함께 부산노회로부터의 탈퇴를 선언하였다. 그 후 타협의 기미가 보여 일시 부산노회에 복귀하기도 하였으나 A목사의 대우문제로 다시 분규가 재연되자 갑교회의 신도 중 A목사를 지지하는 교인 1,250명은 대한예수교장로회 통합파 총회와 그 산하 부산노회를 탈퇴하기로 결의하고 세례교인 1,095명(반대파의 세례교인은 589명)을 포함한 1,498명이 서명한 탈퇴서에 의거하여 교단을 탈퇴하고 대한예수교장로회 합동정통파교단의 경남노회에 가입하였다. 갑교회는 2개의 교회로 분열된 경우로 볼 수 있는가?

교회는 기본적으로 교인의 집결체로서 신앙단체라는 사실을 고려하면 그 사회단체적 측면의 성격은 법인 아닌 사단의 성질을 가진다. 법인 아닌 사단으로서의 교회의 분열을 인정할 수 있는가? 학설상 교회분열의 인정 여부에 관하여는 긍정설과 부정설이 대립한다.

일반적으로 교회는 사단적 측면뿐만 아니라 종교의 자유를 기초로 한 신앙단체로서의 기본성격도 가지고 있다고 하는 측면을 강조하여 현실적으로 발생하는 교회의 분열현상을 전면적으로 부정할 수 없다고 보는 견해가 있다. 교회의 분열을 긍정하는 견해는 한 교회에 속한 교인이 교리와 예배형식 등 신앙노선을 달리하는 2개의 집단으로 나뉘어 그 신앙공동체로서의 기초가 상실되는 정도에 이르거나, 다른 사유에 기한 분쟁이라 하더라도 최소한 일부교인이 집단을 이루어 소속교단을 변경하기로 하는 결의를 하여 다른 교단에 가입하고 다른 교인은 종전교단에 그대로 남아 있기로 하는 정도에 이른 경우에는 한 교회가 2개의 교회로 분열된다고 본다(긍정설은 종전의 판례가 취한 입장이다). 그러나 법인 아닌 사단으로서의 하나의 교회가 분열 등으로 인하여 두 교회로 나누어져 2개의 법인 아닌 사단이 될 수는 없다고 보는 태도가 타당하다. 민법은 사단법인에서 구성원의 탈퇴나 해산은 인정하지만 사단법인의 구성원이 2개의 법인으로 나뉘어 각각 독립한 법인으로 존속하면서 종전 사단법인에게 귀속되던 재산을 소유하는 방식의 사단법인의 분열은 인정하지 아니한다(민법이 사단법인의 분열을 특별히 금지하지도 아니하고 또 사단법인의 분열을 금지하여야 할 특별한 이유도 보이지 않으므로 사단법인의 분열은 민법 아래에서도 허용된다고 보는 이견이 있다). 역시 권리능력 없는 사단에 대하여도 동일하게 그 구성원의 집단적 탈퇴로써 사단이 2개로 분열되고 분열되기 전 사단의 재산이 분열된 각 사단의 구성원에게 각각 총유적으로 귀속되는 결과를 초래하는 형태의 법인 아닌 사단의 분열은 허용되지 않는다고 보아야 한다.

종전에는 하나의 교회는 새로운 교단에 소속된 교회와 잔류교인으로 이루어진 종전교단에 소속된 교회의 2개로 분열된다고 본 판례가 있으나,[277] 현재는 법인 아닌 사단인 교

277) 대법원 1993.1.19. 선고 91다1226 판결.

회가 2개로 분열되고 분열되기 전 교회의 재산이 분열된 각 교회의 구성원에게 각각 총유적으로 귀속되는 형태의 「교회의 분열」을 인정할 수 없다고 본다.[278] 사례를 보면 갑교회의 신도 중 A목사를 지지하는 교인이 종전의 소속교단을 탈퇴하기로 결의하여 다른 교단에 가입한 사정이 인정된다. 그러나 법인 아닌 사단으로서의 교회의 분열이 인정되지 않으므로, 종전의 소속교단으로부터의 탈퇴로 인하여 탈퇴한 교인은 집단적으로 갑교회의 구성원의 지위를 상실하는 반면, 나머지 구성원으로 구성된 갑교회는 여전히 법인 아닌 사단으로서의 실체를 유지하며 존속한다. 물론 갑교회의 교인의 일부가 소속교단을 탈퇴하기로 결의한 다음 갑교회를 나가 별도의 교회를 설립하여 별도의 대표기관을 선정하고 나아가 다른 교단에 가입한 경우에는 그 신설교회는 갑교회에서 집단적으로 이탈한 교인에 의하여 설립된 새로운 법인 아닌 사단이라고 할 수 있다.

(c) **교인의 집단적 탈퇴와 교회재산의 귀속관계**

> 종전교회(갑교회)는 기독교대한성결교회 소속의 지교회인데, A목사는 종전교회를 개척하여 목사로 재직하던 중 2000.1.30. 개최된 당회에서 시무장로인 B에 대한 인사문제로 여러 장로와 의견대립이 발생하게 되자, 기획위원회라는 조직을 만들어 교회업무를 수행하는 등 장로와 갈등을 빚어 왔다. 그런데 A목사는 그 일로 소속교단의 징계재판을 받을 지경에 이르자 지지교인을 모아 소속교단을 탈퇴하여 독립교회가 되기로 결의하고 그 독립교회의 명칭을 을교회로 하기로 하였다. 그 후 갑교회와 을교회 양측이 교회건물의 일부씩을 점유하고 예배를 보다가 2001.10.30. 을교회측에서 교회건물를 점거하고 갑교회측 신도의 진입을 물리력으로 차단하였다. 그러나 갑교회가 제기한 가처분신청사건에서 법원이 방해물제거, 통행방해금지, 예배방해금지의 가처분신청을 인용함에 따라서 양측은 교회건물의 각각의 장소에서 각각의 목사의 인도하에 예배를 보았다. 교회건물은 갑교회와 을교회 중 어느 교회에 귀속하는가? [대법원 2006.4.20. 선고 2004다37775 전원합의체 판결]

교회재산은 교인의 총유에 속하며, 그 재산에 관한 권리·의무는 교회의 교인으로서의 지위를 상실함과 동시에 상실된다.[279] 만약 하나의 교회가 교인의 집단적 탈퇴로 인하여 둘로 갈라지면 종래의 교회재산이 어느 교회에 귀속되는가? 학설상으로는 공유설, 총유설, 동질성설이 대립한다. 종전에는 총유설을 취하여 하나의 교회가 2개의 교회로 분열된 경우에 종전교회의 재산은 분열 당시 교인의 총유에 속한다고 본 판례가 있으나, 최근 판례는 태도를 변경하여 일부의 교인이 교회를 탈퇴하여 그 교회의 교인으로서의 지위를 상실한 경우에 종전교회의 재산은 잔존교인만의 총유로 된다고 본다.[280] 다만 교회가 소속교단의 탈퇴 내지 소속교단의 변경을 위한 결의요건(의결권을 가진 교인 3분의 2 이상의 찬성)을 갖추어 소속교단을 탈퇴하거나 다른 교단으로 변경한 경우에는 종전 교회재산의

278) 대법원 2006.4.20. 선고 2004다37775 전원합의체 판결.
279) 대법원 1988.3.22. 선고 86다카1197 판결.
280) 대법원 2006.4.20. 선고 2004다37775 전원합의체 판결.

귀속관계는 탈퇴한 교회에 소속된 교인의 총유로 된다.[281]

교회가 분열된 후에도 종전교회의 교회재산이 분열 전과 마찬가지로 분열교회의 교인의 총유에 속한다고 하면 갈라진 교회가 다시 하나로 결합하지 않는 한, 실제로는 교회재산의 정리가 이루어질 수 없다. 교회의 분열 후에도 분열 전의 교회교인의 총유라는 의미는 교회분열시 교회재산의 처리에 관하여 법원이 개입하지 아니한다는 취지나 다름없다. 또한 공유설도 이론적 근거가 박약할 뿐더러 현실적으로도 분쟁해결기능을 발휘하지 못한다. 그러므로 총유설이나 공유설은 분열된 교회의 재산처리에 소극적이라고 하는 비판을 면할 수 없다.

교회가 분열되면 교회재산이 정리되어야 하고 교회가 자치적으로 해결할 수 없는 때에는 법원이 적극적으로 해결하여야 할 필요가 있다고 하는 측면에서 판례가 종래의 총유설을 버리고 동질성설을 취한 태도는 타당하다고 본다. 물론 동일성의 판단이 어렵기는 하나 불가능하지는 아니한다. 그러므로 교회가 분열되면 종전교회와 동일성을 유지하는 교회가 교회재산을 총유의 형태로 소유한다고 보며, 교회의 분열을 허용하지 아니한다고 볼 때 교회건물 등 종전교회의 재산은 그 동일성을 유지하며 존속하는 종전교회에 전부 귀속한다고 보아야 한다.

사례를 보면 A목사를 지지하며 소속교단을 탈퇴하여 새로 설립된 을교회에 속한 교인은 종전교회(갑교회)를 탈퇴하여 갑교회의 교인으로서의 지위를 상실하므로, 종전교회의 총유재산의 관리처분에 관한 의결에 참가할 수 있는 지위나 그 재산에 대한 사용·수익권을 상실한다. 종전교회는 잔존교인을 구성원으로 하여 실체의 동일성을 유지하면서 존속하므로 종전교회의 재산은 종전교회인 갑교회에 소속된 잔존교인의 총유로 귀속된다. 다만 을교회가 소속교단을 탈퇴하여 독립교회를 세울 때에 사단법인의 정관변경에 준하여 의결권을 가진 교인 3분의 2 이상의 찬성에 의한 결의를 갖추어 소속교단을 탈퇴하거나 다른 교단으로 변경한 경우에는 종전교회의 실체는 소속교단을 탈퇴한 을교회로서 존속하고, 종전교회의 재산도 탈퇴한 을교회의 소속교인의 총유로 귀속될 수 있다.[282]

3) 사 찰

(a) 서 언

사찰은 신도가 사찰의 운영이나 재산의 관리·처분에 관여하는 정도에 의하여 권리능력 없는 사단 혹은 권리능력 없는 재단으로 볼 수 있다.[283] 또한 사단도 재단도 아닌 순수한 개인사찰(사설사찰)로 볼 수 있는 경우도 있다. 불교신도회도 종단과는 별개의 독립한 단체로서 비법인사단의 실질을 갖추고 있다고 본다.[284]

---

281) 대법원 2006.4.20. 선고 2004다37775 전원합의체 판결.

282) 대법원 2006.4.20. 선고 2004다37775 전원합의체 판결.

283) 대법원 1996.1.26. 선고 94다45562 판결.

284) 대법원 1996.7.12. 선고 96다6103 판결.

(b) 사찰 혹은 신도회의 분열

> 갑사찰의 스님이던 A와 그를 따르던 60여명의 신도는 갑사찰을 이탈하여 독립된 사찰의 건립을 모색하면서 을사찰을 건축하여 A 명의로 소유권보존등기를 경료하였다(을사찰의 신축에 소요된 비용은 신도의 시주금, 불상판매수입금, A가 별개의 토지를 매각한 대금, 금융기관으로부터의 대출금, 차용금, A가 각종의 법회, 기도회 등 불사를 주관하여 받은 헌금 등으로 충당하였다). A와 그를 따르는 신도는 을사찰의 건립을 추진할 때부터 조계종에 가입하려고 하였으나, A가 을사찰의 완공 후에 내연의 처인 B와의 혼인신고를 함으로써 대처승을 허용하지 아니하는 조계종에 소속하여서는 승려의 신분을 유지할 수 없게 되자 조계종에 사찰등록을 미루게 되었다. 결국 다수의 신도가 반발하여 A에게 을사찰을 조계종에 등록하거나 을사찰의 소유명의를 이전하기를 요구하게 되어 A 및 그를 따르는 소수의 신도와의 사이에 분쟁이 야기되었는데, 그 후 분쟁이 심화되고 A는 사찰을 대처승을 허용하는 종단에 등록하고 조계종과의 결별을 선언하였다. 을사찰은 분열된 경우로 보아야 하는가?

우선 사례에서 을사찰이 권리능력 없는 사단으로서의 성격을 취득하는가가 문제된다. 기존의 사찰에서 이탈한 신도와 승려가 조계종에 소속될 새로운 사찰의 건립이라는 공동목적으로 사찰의 대표, 신도회장 등 체계적인 조직을 만들고, 출재와 노력에 의하여 토지를 매수하여 그 지상에 불당을 완공한 경우에는 일단 불당의 완공 당시 그 명칭이나 특정종단의 귀속 여부에 불구하고 독립된 사찰로서의 실체를 갖추게 되어 그 실질은 이미 권리능력 없는 사단이라고 볼 수 있다.[285)]

권리능력 없는 사단으로서의 사찰이 분열될 수 있는가? 사찰은 신도가 사찰의 운영이나 재산의 관리·처분에 관여하는 정도에 의하여 재단 또는 사단인 사찰로 구분되기는 하지만, 일반의 재단 또는 사단과는 다르다. 사찰은 이념적 요소로서의 불교교의, 행위적 요소로서의 법요집행, 조직적 요소로서의 승려와 신도, 물적 요소로서의 토지와 불당 등 시설이 결합되어 성립한다. 그러므로 일단 사찰이 성립한 이상 그 분열은 인정되지 않는다고 본다.[286)] 비록 일부의 승려나 신도가 사찰이 내세우는 종지(宗旨) 또는 사찰의 운영에 반대하여 탈종한다고 하더라도 그를 가리켜 사찰의 분열이라고 할 수는 없다.

을사찰에 대한 A의 지위는 어떤가? 사례를 보면 을사찰의 대표자이던 A는 사찰의 완공 후에 내연의 처인 B와의 혼인신고를 함으로써 대처승을 허용하지 아니하는 조계종에 소속하여서는 승려의 신분을 유지할 수 없게 되자, 조계종에 사찰등록을 미루다가 대처승을 허용하는 다른 종단에 사찰등록을 한 사정이 인정된다. 그렇다면 A가 조계종을 종지로 하는 을사찰에 대하여 탈퇴의 의사표시를 한 경우로 못 볼 바 아니다. 결국 A는 을사찰에 대한 권리·의무를 상실한다. 후에 A가 을사찰을 다른 종단에 등록하더라도 이미 을

---

285) 대법원 1997.12.9. 선고 94다41249 판결.

286) 대법원 1997.12.9. 선고 94다41249 판결.

사찰에 대한 권리·의무를 상실한 A의 등록행위가 을사찰에 어떤 영향을 미칠 수는 없고, 오로지 을사찰과는 무관한 별도의 종교단체인 사찰을 창설하는 효력밖에 없다.

신도회의 분열은 어떤가? 특히 비법인사단인 사찰의 신도회는 사단 내에서 사원총회의 기능을 담당하게 되므로, 그 본질적 구성요소가 된다. 그러므로 사찰의 요소의 하나인 신도회도 분열될 수 없다. 사례에서 A를 따르는 일부나 소수의 신도가 사찰이 내세우는 종지 또는 사찰의 운영에 반대하여 신도회에서 탈퇴하더라도 그를 가리켜 신도회의 분열로 볼 수 없다.[287)]

4) 동 · 리, 부락

동이나 리는 행정구역의 하나에 불과하며, 그 자체가 법률상 독립한 인격에 해당하지는 아니한다. 다만 동이나 리가 그 주민을 구성원으로 하여 고유목적을 가지고 의사결정기관과 집행기관인 대표자를 두어 독자적인 활동을 하는 사회조직체라면 법인 아닌 사단이 된다.[288)] 그러므로 동이나 리는 비법인사단으로서의 권리능력 내지 당사자능력을 가질 수 있다.[289)] 역시 부락도 권리능력 없는 사단이 될 수 있다. 예컨대 어느 부락주민이 임야를 공동소유하는 경우에 그 소유형태는 총유에 해당한다.[290)]

5) 어촌계

어촌계란 수산업협동조합법에 의하여 수산업협동조합의 최말단 하부조직으로 역할하도록 조직된 어촌주민의 자치단체를 가리킨다. 어촌계의 법적 성질은 법인 아닌 사단에 해당한다.[291)] 수산업법 제16조 제4항은 명문으로 법인이 아닌 어촌계가 취득한 어업권은 그 어촌계의 총유로 한다고 규정하고 있다.

6) 기 타

채무자에 대한 채권자로 구성된 청산위원회,[292)] 아파트입주자대표회의,[293)] 집합건물법 제23조에 의하여 당연설립되는 관리단 등이 법인 아닌 사단에 해당한다. 역시 재건축조합도 그 명칭에 불구하고 비법인사단에 해당한다.[294)]

---

287) 판례를 보면 불교회의 신도 사이에 서로 의견이 대립되어 그 대표자가 주축이 된 파가 그 불교회의 정통성을 부정하면서 새로운 명칭 아래 상당수의 신도만의 결의로 새로이 회칙을 개정하는 등으로 새로운 사단을 조직하고 종전의 불교회로부터 이탈하면 불교회는 2개로 분열된다고 본 경우도 있다(대법원 1987.10.26. 선고 85다카1320 판결).

288) 대법원 1995.9.29. 선고 95다32051 판결; 대법원 2004.1.29. 선고 2001다1775 판결.

289) 대법원 1999.1.29. 선고 98다33512 판결.

290) 총유재산인 임야에 관한 소송은 권리능력 없는 사단인 부락 자체의 명의로 하거나, 또는 부락주민 전원이 당사자가 되어 할 수 있을 뿐이고, 후자의 경우에는 필요적 공동소송이라 할 수 있다. 만약 부락주민 전원이 아닌 부락의 성인남자 중 일부만이 원고가 된 때에는 당사자적격을 갖추지 못한 부적법한 소라 할 수 있다(대법원 1994.5.24. 선고 92다50232 판결).

291) 대법원 2000.5.12. 선고 99다71931 판결.

292) 대법원 1968.7.16. 선고 68다736 판결.

293) 대법원 1991.4.23. 선고 91다4478 판결.

294) 대법원 1997.1.24. 선고 96다39721 판결.

3. 권리능력 없는 재단

(1) 성립요건

일정한 목적을 위하여 출연된 재산으로 성립된 재단이 있고 그 운영을 위한 조직을 갖추고 있지만, 법인격을 취득하지 못한 경우에 권리능력 없는 재단이 된다.

(2) 당사자능력

권리능력 없는 재단도 소송과 강제집행에서 재단법인과 같은 능력이 있다(민사소송법 §52).

(3) 재산귀속관계

1) 등기능력

권리능력 없는 재단은 부동산등기에 관하여 등기권리자·등기의무자가 된다(부동산등기법 §26).

2) 재산귀속관계의 법적 성질

민법은 권리능력 없는 재단의 재산귀속에 대하여 아무런 규정을 두고 있지 않다. 권리능력 없는 재단의 명의로 부동산등기를 할 수 있다(부동산등기법 §30). 그러므로 등기를 요하는 부동산에 관한 권리는 직접 권리능력 없는 재단의 단독소유에 귀속한다. 판례도 권리능력 없는 재단에의 재산귀속관계를 단독소유라고 본다.295)

권리능력 없는 재단이 부동산물권 이외의 기타 권리를 가지는 경우에 그 귀속관계에 관하여는 학설이 대립한다. 학설상으로는 부동산물권 이외의 권리의 형식적인 귀속관계는 「신탁의 법리」로 설명하여야 한다고 보는 견해(신탁설)가 있다. 권리능력 없는 재단에 대한 부동산물권 이외의 기타 권리의 귀속관계를 신탁의 법리를 설명하는 견해는 재단은 사단과 달리 구성원이 존재하지 아니하여 총유관계나 합유관계를 인정할 수 없고, 재단의 단독소유라고 하기에는 그 공시방법이 없어서 곤란하다고 본다. 신탁으로 보면 권리능력 없는 재단의 재산은 관리자의 개인 명의로 보유되며 법률행위도 관리자의 개인 명의로 할 수밖에 없다. 그러나 부동산물권 이외의 기타 재산권도 권리능력 없는 재단의 단독소유로 귀속한다고 보는 견해가 타당하다. 권리능력 없는 재단은 일정한 목적재산을 중심으로 사회생활상 활동하는 독립된 사회적 실체이므로 권리능력 없는 재단의 권리·의무는 권리능력 없는 재단 자체에 귀속하며, 책임도 권리능력 없는 재단의 목적재산에 한정하여야 한다고 보아야 한다.

---

295) 대법원 1999.9.7. 선고 97누17261 판결. 또한 사찰은 권리능력 없는 재단으로서의 성격을 가지고 있으므로, 비록 신도가 그 사찰재산의 조성에 기여한 경우라고 할지라도 사찰재산은 신도와 승려의 총유에 속하지 않고 권리능력 없는 사찰 자체에 속한다고 본다(대법원 1994.12.13. 선고 93다43545 판결).

[더 생각할 과제 - 법인격부인의 법리]

갑선박회사는 리베리아에 주사무소를 둔 리베리아회사로서 역시 리베리아회사로서 주사무소를 갑선박회사와 같이하는 을선박회사와의 사이에 A선박에 관한 선박관리계약을 체결하였다. 또한 을선박회사는 A선박에 관하여 홍콩에 사무소를 둔 병선박회사와 선박관리복대리계약을 체결하였으나, 실제 A선박의 소유자는 병선박회사이지만 그 소유명의는 갑선박회사로 되어 있었다. 그리고 을선박회사의 사실상의 주소지는 병선박회사와 같을 뿐 아니라 전화번호, 텔렉스번호도 같으며, 을선박회사의 회장은 X, 사장은 갑선박회사의 총무이사인 Y이고, 병선박회사의 이사는 X와 Y이며, 갑선박회사의 사장은 X이었는데, X와 Y 두 사람은 형제간이었다. 한편 A선박의 선장은 본사로부터 A선박을 현대미포조선소에서 수리하라는 지시를 받고 A선박을 울산항에 입항시켜 수리를 받게 되었다. 그런데 현대미포조선소는 선박수리비에 관한 대금결제계약서를 작성할 때에 A선박의 소유자가 병선박회사로 기재되어 있으므로, A선박을 병선박회사의 소유로 알고 A선박을 수리해 주었다. 그런데 병선박회사를 상대로 하여 그 수리비를 청구하였으나 병선박회사가 지급하지 않자, 현대미포조선소는 수리비채권의 집행을 보전하기 위하여 A선박을 가압류하였다. 갑선박회사는 현대미포조선소의 가압류에 대하여 A선박이 갑선박회사의 소유라고 주장하면서 이의를 제기할 수 있는가?

법인격부인이론은 법인격 자체를 박탈하지 않고 그 법인격이 남용된 특정한 경우에 한하여 그 회사의 독립적인 법인격을 제한하여 회사형태의 남용에서 생기는 폐단을 교정하고자 하는 이론이다. 법인격부인이론은 19세기 후반부터 주로 미국의 판례에 의하여 형성·발전되어 온 이론이나, 현재 미국에만 한정되지 않고 영국·독일·일본 등 모든 나라에서 공통적으로 인정되고 있다. 국내에서도 학설상 법인격부인이론이 도입되어야 한다고 주장하는 견해가 강하다(일부의 소수의견으로서 법인격부인이론 자체의 인정을 부정하는 견해도 있다).[296] 법인격부인이론의 실정법적 근거에 대하여는 민법 제2조 제2항의 권리남용금지에서 구하거나, 또는 민법 제2조 제1항의 신의칙에서 구하고 있다.

형식상으로는 법인이라고 하더라도 실체적으로는 그 법인을 지배하는 자연인 혹은 다른 법인의 꼭두각시인형에 불과하여 별도로 법인격을 인정하기가 적당하지 않은 경우에 법인격을 부인할 수 있다. 어떤 회사의 법인격이 부인되면 그 회사의 독립된 존재가 부인되고, 그 회사는 다른 회사(혹은 사원)와 동일한 실체로 취급된다. 그러므로 법인격이 부인된 회사의 채무는 바로 다른 회사(혹은 사원)의 책임으로 된다.

사례에서는 갑, 을, 병 3개의 선박회사가 외형상 별개의 회사로 되어 있으나, 갑선박회사 및 을선박회사는 A선박의 실제상 소유자인 병선박회사가 편의치적(便宜置籍)을 위하여 형식적으로 설립한 선박회사에 불과하다. 그러므로 법률의 적용을 회피하기 위하여 갑선박회사가 병선박회사와는 별개의 법인격을 가지는 선박회사라는 주장을 할 수 있는가가 문제된다.

판례는 선박의 실제의 소유자(병선박회사)가 선박의 편의치적(국제외항해운에 종사하는 선박소유자나 기업이 자신의 소속국가 또는 실제로 선박의 운항에 관하여 기업의 중추가 되는 회사가 존재하는 국가와는 별도의 국가, 주로 파나마, 리베리아에 해운기업상 편의를 위하여 형식적으로 개인명의 또는 회사를 설립하여 그 명의로 선박의 적을 두고 그 나라의 국기를 게양하여 항해하며 실제의 소유자는 별도의 명의로 이름뿐인 회사와 관리계약을 체결하여 마치 선박관리만을 담당하는 기업인 경우처럼 행동하여 자국과 선적국과의 사이에 발생하는 재무·노무·금융 등 각 부분의 수준차를 이용하고, 기타 사회상 여러 조건의 차이 및 행정상의 법령·법칙·단속감독

296) 법인격부인이론은 주로 상법학에서 논의가 활발하고, 민법학에서는 별로 논의가 많지 않다.

등을 이용하여 자유롭게 해운기업을 경영하기 위한 방편으로 이용하는 경우를 「편의치적」이라고 한다)을 위하여 형식적으로 설립한 회사(갑선박회사)의 법인격을 부인하는 한편, 그 근거로서 신의칙위반 내지 권리남용을 들고 있다. 법인격부인의 법리에 의하면 편의치적을 위하여 설립된 회사에 불과한 갑선박회사가 A선박의 소유자라고 주장하여 가압류집행의 불허를 구하는 행위는 선박의 편의치적이라는 일종의 편법행위가 용인되는 한계를 넘어서 채무면탈이라는 불법목적을 달성하려고 하는 의도에 지나지 아니하므로 신의칙상 허용될 수 없다. 그러므로 갑선박회사는 가압류에 대하여 A선박이 병선박회사의 소유가 아니라 갑선박회사의 소유라고 주장하면서 이의를 제기할 수 없다.

제 4 장

권리의 객체

제 1 절 총 설
제 2 절 물 건
제 3 절 동산과 부동산
제 4 절 주물과 종물
제 5 절 원물과 과실

제 4 장
권리의 객체

제 1 절 총 설

Ⅰ. 권리의 객체

권리의 객체란 권리를 통하여 일정한 사회적 이익을 향수하기 위하여 필요한 대상을 가리킨다. 물권에서는 물건 혹은 예외적으로 권리질권에서와 같이 권리가 권리의 객체이다. 채권에서는 채무자의 행위(급부), 형성권에서는 법률관계, 항변권에서는 청구권, 상속권에서는 상속재산, 친족권에서는 친족상의 지위, 지적재산권에서는 저작·발명·실용신안·상표·의장과 같은 사람의 정신적 산물이 권리의 객체가 된다. 인격권의 객체에 관하여는 권리주체 자신이 그 객체가 된다고 보는 견해가 있다. 그러나 권리주체 자신이 어떤 권리의 객체가 될 수는 없다고 보아야 한다. 인격권의 객체는 권리주체 자신의 인격적 이익(예컨대 생명·신체·명예·자유)으로 보아야 한다. 또한 친권의 객체도 미성년인 자녀라고는 볼 수 없다.

Ⅱ. 권리의 객체에 관한 민법규정

권리의 객체는 다종다양하다. 다만 민법은—권리의 주체에 대하여는 일반규정을 두고 있지만—권리의 객체 일반에 대하여 규정을 두고 있지 않다. 민법은 권리의 객체로 「물건」에 대하여만 규정하고 있다. 물건은 물권이라고 하는 직접적·배타적 지배권의 객체에 해당하는 동시에, 간접적으로는 가령 매매와 같은 계약에 의한 특정물인도를 목적으로 하는 채권의 객체와도 관련된다고 하는 측면에서 중요한 의의가 있다. 민법은 물건을 다시 동산·부동산, 주물·종물, 원물·과실로 구분하여 규정하고 있다.

[더 생각할 과제 - 물건에 대한 입법태도]

「물건」에 관한 규정을 입법적으로 물권편에 규정하는 태도가 타당하다는 지적이 있다. 입법례로 스위스민법이나 독일민법초안과 같이 물건에 관한 규정을 물권편에 규정하고 있는 경우도 있다.

제2절 물 건

Ⅰ. 물건의 의의

1. 유체물 또는 자연력

"본법에서 물건이라 함은 유체물 및 전기 기타 관리할 수 있는 자연력을 말한다"(§98). 민법상 물건은 유체물에 한하지 않고, 역시 자연력도 물건이 될 수 있다. 물건을 유체물에 한하는가 혹은 무체물도 포함시키는가에 관하여는 입법주의가 대립한다. 예컨대 독일민법[297]이나 일본민법은 유체물만을 물건으로 규정하고 있다. 그러나 민법은 물건의 개념에 무체물도 포함시키는 로마법·프랑스민법·스위스민법에 따라서 「자연력」을 물건에 포함시키고 있다.

유체물이란 일정한 공간을 차지하고, 시각·청각·후각·미각·촉각과 같은 감각을 통하여 볼 수도 있고, 만질 수 있고, 느낄 수 있는 유형적 형태를 가지는 물질(고체·액체·기체)을 가리킨다. 그리고 자연력이란 전기·열·광·음향·향기·에너지와 같이 어떤 형체가 없어 눈으로 볼 수 없을 뿐만 아니라, 만질 수도 없고, 단지 사고상의 존재에 지나지 않는 무체물을 일컫는다.

[더 생각할 과제 - 동물의 권리주체성]

> 김여사는 2009.3. 집에서 기르던 개 2마리를 동물사랑실천협회 동물보호소에 맡기게 되었다. 김여사는 유기동물구조활동을 하는 동물사랑실천협회가 운영하는 보호소이므로 믿을 만하다고 생각하였고, 개를 돌봐주는 대가로 매월 14만원을 지급하였다. 김여사는 2011.5.까지 2마리 개의 이름으로 꼬박꼬박 위탁료를 보냈고, 모두 308만원을 송금하였다. 그런데 동물사랑실천협회는 2011.3. 김여사가 맡긴 개 2마리를 실수로 버려진 유기견으로 오인하고 안락사시켰다. 김여사는 동물사랑실천협회에 대하여 자신이 입은 정신적 고통은 물론, 애완견이 입은 정신적 고통에 대한 위자료(마리당 200만원씩 400만원)까지를 청구할 수 있는가?

민법상 동물은 아무런 문제없이 물건의 개념에 포함된다고 본다. 민법 제98조에 의하면 유체물이고 사람이 아니면 모두 물건으로 보므로, 동물도 물건에 해당한다고 보는 견해에 이견이 없다. 그러나 독일민법 제90a조나 스위스민법 제641a조는 분명히 "동물은 물건이 아니다"(Tiere sind keine Sachen)고 규정하여 예컨대 집에서 기르는 애완견이 자연인과 같이 권리주체가 되어

---

297) 독일민법 제90조는 "본법에서 물건이란 유체물만을 말한다"(Sachen im Sinne dieses Gesetzes sind nur körperliche Gegenstände)고 규정하고 있다.

주인으로부터 유산을 상속받을 수는 없으나, 단순한 권리의 객체로서의 물건과는 다르다는 사실을 천명하고 있다.

독일이나 스위스에서는 동물을 물건이라고 보지 않으므로, 사례와 같이 재산증식이나 영리를 목적으로 하지 아니하는 애완견을 상해하거나 살해한 경우에 동물보유자나 그의 가족에게 애호가치의 훼손에 따른 정신적 고통에 대한 배상(위자료)을 청구할 권리가 인정될 뿐만 아니라, 동물 자신의 위자료청구권이 인정될 여지가 있다. 미국의 경우에는 보통법(common law)의 개념으로는 동물이 일종의 재산으로 여겨져, 동물을 다치게 하거나 죽일 경우에 물건처럼 동물의 시장가격을 적용하여 손해배상을 하면 충분하다고 보나, 다만 불법행위로 인한 동물의 죽음이나 부상에 대한 정신적 고통을 부분적으로 참작한 판결도 있고, 「반려동물은 사람과 재산 사이에서, 일반적 재산 이상의 지위를 지닌다」고 밝힌 판결도 있다. 그러나 국내에서는 아직 민법이나 다른 법률에 동물의 권리능력을 인정하는 규정이 없고, 역시 관습법도 존재하지 아니한다. 그러므로 동물 자체는 비록 애완견과 같은 반려동물이라 할지라도 위자료청구권을 가질 수 없다고 보아야 한다. 결국 김여사는 동물사랑실천협회에 대하여 개 2마리의 죽음으로 인하여 자기가 받은 정신적 고통에 대한 위자료는 청구할 수 있으나, 개 2마리 자체의 위자료에 대한 청구는 할 수 없다. 역시 판례도 동물은 법적으로 권리주체로 인정되지 않으므로, 개의 위자료청구권은 인정될 수 없고, 개의 위자료청구권이 개주인인 김여사에게 상속될 수도 없다고 본다.[298] 물론 안락사당한 개 2마리 자체의 위자료청구를 인정하지 아니하는 대신에 그 사정까지 참작하여 개주인 김여사의 위자료를 산정할 수는 있다.

2. 물건이 되기 위한 유체물·자연력의 요건

(1) 관리가능성

물건은 유체물인 경우에도 인간이 배타적으로 지배하거나 관리할 수 없다고 하면 의미가 없다. 인간이 지배·관리할 수 없는 물건은 법률상 사용·수익·처분할 수 없으므로—비록 유체물이라고 하더라도—권리의 객체가 될 수 없다. 가령 지배·관리가 불가능한 천체(예컨대 해·달·별), 누구나 자유롭게 이용할 수 있고 거래가치가 전혀 없는 공기[299] 또는 해양(바다)[300]은 법률상 물건의 개념에서 제외된다.

자연력도 역시 지배·관리할 수 있는 경우에만 물건에 해당한다. 대기 속에 퍼져있는 전파와 같이 배타적 지배가능성의 한계를 벗어난 자연력은 물건이 아니다.

(2) 비인격성

1) 서 설

인격을 가진 살아있는 인간의 신체 혹은 그 일부를 권리의 객체로 하는 배타적·전면적 지배권은 인정되지 아니한다. 물건이 되기 위해서는 '外界의 一部'에 해당하여야 하고,

---

298) 대법원 2013.4.25. 선고 2012다118594 판결.

299) 공기는 물건이 아니나, 일정한 용기에 모아 놓으면 물건으로 된다. 예컨대 용기에 담긴 설악산의 신선한 공기는 물건으로 권리의 객체가 된다(중국에서는 오염되지 않은 티베트와 칭하이(青海), 산시(陝西)성 옌안(延安), 탈공업화된 대만 등 청정지역에서 포집한 「캔 공기」가 불티나게 팔리고 있다고 한다).

300) 예를 들어 해빈지대에 토사의 퇴적으로 인하여 일정한 면적에 풀이 자라고 다년간 그 풀을 점유하여 거두어 들인 사실이 있더라도 조수의 출입으로 아직 해면으로 볼 수 있는 한 그에 대한 소유권은 취득할 수 없다.

「비인격성」이 요구된다. 인체의 일부나 인위적으로 인체에 부착된 의치·의안·의수·의족도 물건이 아니다. 다만 신체로부터 분리된 치아·모발·장기·혈액·균은 물건이 되고, 원칙적으로 분리당한 사람의 소유권에 복종한다. 그리고 인체로부터 인체의 일부를 분리시키는 계약이나 분리된 인체의 일부에 대한 처분행위도 강행법규나 선량한 풍속 기타 사회질서에 반하지 않는 한 유효하다.[301)]

2) 생식세포나 배아의 법적 지위

(a) 난자의 법적 지위

난자도 분리된 때에는 물건성을 인정할 수 있는가? 물론 극단적으로 난자도 다른 신체조직(예컨대 장기, 혈액이나 모발 등)과 마찬가지로 인체의 한 조직에 불과하므로, 분리된 때에는 물건으로 보아야 한다고 하는 견해도 있다. 또한 난자에 대해서까지 인간과 동일하게 파악하여 인간과 동일한 법적 지위를 인정하는 견해도 있다. 물론 난자는 직접적으로 인간과 동일하게 취급할 수는 없다. 다만 난자는 장차 인간으로 발달한 가능성을 가진 잠정적인 존재로서의 가치를 지니고 있으므로, 비록 외부로 채취된 경우라고 하더라도 물건과 동일하게 취급하기는 곤란하다.[302)] 난자는 대부분 수정·포태를 예정하여 외부에 채취되고, 장차 정자와 결합하여 모태에 착상하게 되면 물건이 아니라, 인격으로서의 성질을 가지는 태아·인간으로 발전할 잠재력을 가진 존재라고 하지 않을 수 없다. 그러므로 난자는 완전한 인간과 동일한 법적 보호를 받는다고 볼 수는 없으나, 다른 한편 물건의 경우와 같이 완전한 소유권의 객체로 인정하기도 곤란하다.

(b) 냉동정자를 보관시킨 남편이 사망한 후에 그 아내가 냉동정자의 반환을 청구할 수 있는가?

방광암에 걸린 남성 A가 화학요법에 의한 치료를 받게 되어 치료과정에서 생식불능이 될 가능성이 있으므로, 의사는 장차의 생식을 위하여 미리 정자를 냉동보존할 필요가 있다고 조언하였다. A는 의사의 조언에 따라서 1981.12.7. 정자은행에 정자를 냉동보관하고, 필요한 경우에 정자를 A에게 반환하기로 약정하는 정자냉동보관계약을 맺었다. 그리고 A는 1983.12.23. 그 동안 사실혼관계를 유지한 여성 B와 혼인하였고, 그 이틀 후에 A는 사망하였다. B는 남편 A가 사망한 다음 해인 1984.2.초 냉동보존된 정자를 찾아 인공수정에 의한 사후포태를 할 생각으로 정자은행에 대하여 사망한 A의 냉동보관된 정자를 인도하라고 하였으나, 정자은행으로부터 정자를 인도할 수 없다고 하는 회신을 받았다. B와 A의 부모는 정자은행에 대하여 정자의 반환을 청구할 수 있는가?

---

301) 장기 등 이식에 관한 법률 제7조는 금전 또는 재산상의 이익, 그 밖의 반대급부를 주고 받거나 주고 받기로 약속하고 자신의 장기 등을 다른 사람에게 주거나 다른 사람의 장기 등을 자신에게 이식하기 위하여 받는 행위나 그 약속을 금지하고 있고, 생명윤리 및 안전에 관한 법률 제23조는 금전, 재산상의 이익 또는 그 밖의 반대급부(反對給付)를 조건으로 배아나 난자 또는 정자의 제공을 약속할 수 없다고 규정하고 있으므로, 유상의 장기기증약정이나 배아 및 난자, 정자의 제공약정은 그 효력이 인정될 수 없다.

302) 정자의 기증에 관하여는 특별한 규율이 없다. 그러나 난자기증은 생명윤리 및 안전에 관한 법률 제27조에 의하여 엄격하게 규율된다.

우선 냉동정자의 법적 지위가 문제된다. 냉동정자에 대해서까지 인간으로서의 의미를 부여한다고 하면 냉동정자에 대한 폐기·연구 및 실험, 냉동보존 등을 모두 금지하여야 하므로, 너무 극단적이라고 하지 않을 수 없다. 또한 냉동정자를 신체의 한 조직에 불과하다고 파악하여 물건의 일종으로 취급하기도 곤란하다. 냉동정자는 다른 조직과 같은 단순한 물건도 아니고, 장차 인간으로의 발전을 예정하고 있는 특별한 중간분류에 해당한다.

정자의 냉동보관중에 정자제공을 한 사람이 사망하면 정자은행에 대한 반환청구권이 배우자 기타 상속인에게 승계되는가? 사례는 1984년에 프랑스법원에서 실제로 다루어진 사건이다. 예컨대 화학적 위험에 노출되는 군인, 항암제 및 방사선치료로 인한 후유증으로 인하여 불임이 될 가능성이 있는 암환자나 성기에 피해를 입기 쉬운 운동을 하는 선수, 우주공간을 여행하고 돌아오는 우주비행사가 만약의 사태에 대비하여 자기의 정자를 정자은행에 보관하면 사후에나 유사시에도 냉동보관된 정자를 이용한 포태를 할 수 있으므로, 사후포태를 위하여 정자를 냉동보관하는 경우가 있다. 실제로 2003년 1월 이라크전쟁이 발발하여 수천명의 미군이 중동으로 파병될 당시 많은 군인이 정자은행을 찾아 자기의 정자를 냉동보관한 경우가 있고, 역시 걸프전(1991년) 때에도 파병된 군인이 자신의 정자를 냉동보관한 사례도 많이 있다고 한다.

정자냉동보관계약의 법적 성질을 임치계약으로 본다고 하면 역시 정자제공을 한 사람이 사망한 경우에 그 배우자나 상속인이 냉동정자의 반환청구권을 승계하여 정자은행에 대하여 정자의 반환을 청구할 수 있다. 그러나 임치계약의 성질을 정자냉동보관계약에 그대로 적용할 수는 없다(엄밀한 의미에서 정자냉동보관계약은 임치계약에 유사한 무명계약이라고 할 수 있다). 만약 냉동정자의 반환청구권이 제한 없이 승계될 수 있다고 하면 정자에 대하여 물건성을 인정하고 소유권의 개념을 적용하는 결과가 된다. 그러나 생명윤리 및 안전에 관한 법률 제23조 제2항 제2호는 '사망한 사람의 난자 또는 정자로 수정하는 행위'를 금지하고 있다. 또한 사망한 남자의 정자를 이용한 인공임신은 공서양속에 반할 뿐만 아니라, 아버지 없이 태어날 아이에게 야기될 심리적 피해도 적지 않다고 보아야 한다. 사례에서 사후포태를 목적으로 A의 냉동정자를 반환하라는 B와 A의 부모의 청구는 허용되기 어렵다.

(c) 배아를 다른 사람의 임신이나 연구목적을 위하여 기증할 수 있는가?

인간의 생명이 잉태된 때, 즉 배아가 자궁에 착상한 때에 인간생명이 개시된다고 보면[303] 착상이 이루어지지 아니한 배아는 아직 태아와 동일한 법적 지위를 누린다고 보기는 어렵다. 배아는 아직 모체에 착상되거나 원시선[304]이 나타나지 않은 이상 독립된 인간과 배아간의 개체적 연속성을 확정하기 어렵다고 보아야 한다. 또한 배아의 경우에 현재

303) 인간생명이 언제부터 시작되는가에 관하여 판례는 '인간의 생명은 잉태된 때부터 시작'되고, '회임된 태아는 새로운 존재와 인격의 근원으로서 존엄과 가치'를 지닌다고 판시하고 있다(대법원 1985.6.11. 선고 84도1958 판결).

304) 수정 후에 대략 14일이 지나면 원시선(primitive streak)이 나타나고, 원시선은 척추와 척수로 발달하고 그때부터 각 세포도 각 기관으로 발달한다.

의 과학기술의 수준에서 모태 속에 수용될 때 비로소 독립적인 인간으로의 성장가능성을 기대할 수 있고, 특히 수정후 착상전의 배아가 인간으로 인식된다거나 인간과 같이 취급하여야 할 필요성이 있다는 사회적 승인이 존재한다고 보기 어려운 사정을 종합적으로 고려할 때 배아에 대하여 인간으로서의 지위를 인정하기는 곤란하다.[305] 그러나 배아는 태아로서의 지위를 인정할 수 없다고 할지라도 형성중인 생명의 첫 단계에 들어있다고 보지 않으면 안되므로, 물건과 완전히 동일하게 취급할 수도 없다.

배아는 매매와 같은 거래의 대상이 될 수 없다. 다만 생명윤리 및 안전에 관한 법률 제23조 제4항은 누구든지 금전, 재산상의 이익 또는 그 밖의 반대급부를 조건으로 배아를 제공 또는 이용하여서는 아니된다고 규정하고 있으므로, 반대해석하면 유상의 배아제공이 아닌 한 배아의 제공이나 이용이 허용된다는 의미로 볼 수 있다. 그러므로 배아는 임신의 목적으로만 생성할 수 있으나(생명윤리 및 안전에 관한 법률 §23 I), 잔여배아가 있는 경우에는 잔여배아를 다른 사람의 임신이나 연구목적으로 무상제공을 할 수 있다.

3) 시체의 물건성

(a) 시체가 소유권의 객체가 되는가

시체는 물건인가 하는 문제는 시체가 소유권의 객체가 되는가 하는 문제와 같다. 시체에 대한 소유권의 성립 여부에 관하여는 견해가 대립하고 있다. 학설상 시체가 물건으로서 소유권의 객체가 되는가 하는 문제를 둘러싸고 특수소유권설, 관습법상 관리권설, 인격잔영설이 대립하고 있다.

(i) 특수소유권설은 사람의 사망으로 생전에 신체가 속하던 그 「사람」은 사라지고, 유체의 처리는 살아 있는 상속인의 일이 되며, 다만 유체가 이제 「물건」이 되어서 그에 대하여 소유권이 성립한다고 하더라도, 그 소유권은 오로지 장례와 같은 사후처리, 나아가 제사·공양 등을 할 수 있는 권능과 의무가 따르는 특수한 종류의 소유권이라고 본다.[306] 보통의 소유권에서는 소유자가 사용·수익·처분할 수 있는 권리를 가지나(§211), 특수소유권설에 의하면 시체에 관하여는 사용·수익·처분을 할 수는 없고, 단지 매장이나 제사·공양 등을 할 수 있는 권능과 의무가 따를 뿐이다. 시체에 대한 특수소유권은 제사를 주재하는 자, 즉 상주(喪主)에게 귀속한다고 본다.

(ii) 관습법상 관리권설은 시체에 대한 권리는 소유권이라고 볼 수 없고, 매장이나 제사·공양하는 권리에 불과하며 양도·포기할 수 없는 관습법상의 관리권에 해당한다고 본다. 관습법상 관리권설에 의하면 시체에 대한 권리는 관습법상의 상주에게 속한다.

(iii) 인격잔영설은 인간의 존엄이 그의 사망에 의하여 완전한 무(無)로 돌아가지는 아니하며, 살아 있는 사람에 대한 인격보호의 필요는 사망으로 인하여 완전히 소멸하지 아니하므로, 시체는 단순한 물건이라고는 볼 수 없고, 사망을 초월하여 존재하는 인격의 잔영

---

305) 헌법재판소 2010.5.27. 자 2005헌마346 전원재판부.

306) 시체는 그 사물의 성질상 매장, 관리, 제사 등의 목적적 제한을 받기는 하나, 하나의 유체물로서 소유권의 객체가 된다고 볼 수 있다는 견해가 국내에서는 압도적 다수설이라고 볼 수 있다.

내지 잔재라고 본다. 인격잔영설에 의하면 사자도 당연히 인격의 잔영 내지 잔재로서의 성질을 가지므로, 사자 자신에게도 인격권이 귀속된다고 본다. 물론 인격잔영설에 의하더라도 사체가 「미이라」나 학술용 유골과 같이 더 이상 인간의 존엄과 가치에 대한 인식이나 감정을 자극하지 않게 된 경우에는 인격의 잔영으로서의 성질을 상실하므로, 사체의 물건성이 인정되고 더 이상 사후적 인격권이 문제되지 않을 수 있다.

분명히 시체는 단순한 물건이 아니고, 인격의 잔여, 잔영, 잔존, 잔재, 후광 등으로 인정하여 보호하여야 할 필요가 있다. 시체라고 할지라도 직접적인 소유권의 객체가 된다고 볼 수는 없다. 그러므로 시체에도 인격의 잔유물(Residuum) 내지 잔여가 여전히 존속하게 된다고 보는 이른바 인격잔영설이 가장 타당하다고 본다.

(b) **유체·유골에 대한 권리는 누구에게 귀속되는가?**

> 망인 A는 1947년 B와 혼인하여 그 사이에 C 등 3남 3녀를 두었는데, 1961년경부터 B와 떨어져 D와 동거에 들어간 이래 2006년 사망할 때까지 약 44년간 D와 함께 살면서 그 사이에 E 등 1남 2녀를 두었다. A 및 그와 사실혼관계에 있는 D 사이에서 출생한 E 등(가족관계등록부에는 모가 C 등의 생모인 B로 등재되어 있다)은 A가 사망하자 A의 유체를 공원묘지에 안장하였다. 그러나 A와 법률혼관계에 있는 B에게서 출생한 3남 3녀 중 장남인 C는 A의 유체를 선산에 미리 준비해 놓은 묘터에 모셔야 한다면서 이장을 요구하였으나, E 등이 거부하였다. C는 E 등을 상대로 A의 유체에 대한 인도를 청구할 수 있는가? [대법원 2008.11.20. 선고 2007다27670 전원합의체 판결]

사람의 유체·유골은 매장·관리·제사·공양의 대상이 될 수 있는 유체물로서 분묘에 안치되어 있는 선조의 유체·유골은 민법 제1008조의3 소정의 제사용 재산인 분묘와 함께 그 제사주재자에게 승계된다. 사례에서 A의 유체·유골도 역시 제사용 재산에 준하여 그 제사주재자에게 승계된다.

누가 제사주재자인가? 판례는 제사주재자는 우선적으로 망인의 공동상속인 사이의 협의에 의하여 정한다고 본다. 우선 적서간의 차별 없이 상속인이 될 수 있으므로, A와 B 사이에서 태어난 C 등과 A와 D 사이에서 태어난 E 등 전체 가족구성원의 자율적인 의사에 의하여 A의 유체를 어디에 모셔야 할지를 결정할 수 있다. 만약 공동상속인 사이에서 협의가 이루어지지 않는 경우에는 제사주재자의 지위를 유지할 수 없는 특별한 사정이 있지 않은 한 망인의 장남(장남이 이미 사망한 경우에는 장남의 아들, 즉 장손자)이 제사주재자가 된다(공동상속인 중 아들이 없는 경우에는 망인의 장녀가 제사주재자가 된다).[307] 사례에서는

---

307) 제사주재자는 우선 공동상속인의 협의에 의하여 정하되, 협의가 이루어지지 않는 경우에는 다수결에 의하여 정하여야 타당하다는 반대견해, 민법 제1008조의3에 정한 제사주재자라 함은 조리에 비추어 제사용 재산을 승계받아 제사를 주재하기에 가장 적합한 공동상속인을 의미하는데, 공동상속인 중 누가 제사주재자로 가장 적합한가를 판단함에 있어서 공동상속인 사이에 협의가 이루어지지 아니하여 제사주재자의 지위에 관한 분쟁이 발생한 경우에는 민법 제1008조의3의 문언적 해석과 그 입법취지에 충실하면서도 인격의 존엄과 남녀의 평등을 기본으로 하고 가정평화와 친족상조의 미풍양속을 유지·향상한다고 하는 가사에 관한 소송의 이념 및 다양한 관련요소를 종합적으로 고려하여 개별사건에서 당사자의 주장의 당부를 심리·판단하여 결정하여야 한다는 반대견해가 있다(대법원 2008.11.20. 선고 2007다27670 전원합의체 판결).

C가 제사주재자가 된다.

사례에서 A가 사망할 때까지 44년간 C 등과는 절연한 채 D와 동거하면서 E 등과 함께 생활한 사정이 인정된다. 그러나 AC 서로 사이의 왕래, 부모로서의 자식양육, 자식으로서의 부모부양 등에 비추어 C가 가족구성원으로서의 최소한의 가족애조차 없다고 할지라도 예컨대 중대한 질병, 심한 낭비와 방탕한 생활, 장기간의 외국거주, 생계가 곤란할 정도의 심각한 경제적 궁핍, 평소 부모를 학대하거나 심한 모욕 또는 위해를 가하는 행위, 선조의 분묘에 대한 수호·관리를 하지 않거나 제사를 거부하는 행위, 합리적인 이유 없이 부모의 유지 내지 유훈에 현저히 반하는 행위 등과 같이 정상적으로 제사를 주재할 의사나 능력이 없다고 인정되는 사정이 있지 않은 한, C는 장남이므로 제사주재자로서 A의 유체를 승계한다고 보아야 한다. 결국 C는 E 등에 대하여 A의 유체에 대한 반환을 청구할 수 있다.

사례에서 A가 생전에 자신의 유체·유골을 매장할 장소를 지정한 경우에 제사주재자가 그 의사에 구속되는가? 판례는 A가 생전행위 또는 유언으로 자신의 유체·유골의 매장장소를 지정한 경우에 선량한 풍속 기타 사회질서에 반하지 않는 이상 그 의사는 존중되어야 하고, 역시 제사주재자로서도 마찬가지로 그 의사를 존중하여야 하지만, A의 의사를 존중하여야 하는 의무는 도의적인 의무에 그치고, 제사주재자가 무조건 A의 의사에 구속되어야 하는 법률적 의무까지 부담한다고 볼 수는 없다고 본다.[308] 그러므로 비록 A가 생전에 생전행위 또는 유언으로 자기의 유체·유골을 매장할 장소를 지정한 경우라고 할지라도 A의 의사가 제사주재자인 C를 법률적으로 구속한다고 보기는 어렵다.

(c) 사체·유해에 대한 처분행위(대학병원에의 시신기증, 사체로부터의 장기이식)는 가능한가?

사람이 자신의 사망 후에 일어나는 사체·유해의 처분에 대하여 관심을 표명하고,[309] 사체·유해의 처분에 관하여 자신의 의사를 종국적으로 정하여 그대로 실행되기를 원하는 태도는 너무나 당연하고 자연스러운 일이다. 민법이 망인이 생전에 가지고 있었던 재산에 대하여 행한 그의 종국적인 사인행위에 대하여 유언 또는 사인증여라는 이름으로 법적 효력을 주고 있다시피, 망인이 소유하는 어떤 물건보다도 더욱 현저하게 그에게 속하여 그 의사에 의하여 지배되던 그의 몸에 대한 처분에 관하여는 그 성질상 더욱 망인의 의사가 존중되어야 한다. 다만 사체·유해의 처분에 대한 망인의 종국적인 의사는 유언과 같이 방식을 반드시 지켜야 하지는 아니지만 명확하게 표시되어야 한다.[310]

308) 망인이 자신의 장례 기타 유체를 그 본래적 성질에 좇아 처리하도록 생전에 종국적인 의사를 명확하게 표명한 경우에 만약 망인의 의사에 좇아 장례가 행하여지고 분묘가 개설된 후에 분묘를 파헤쳐 유체를 제사주재자 자신에게 인도하기를 청구한다면 그 유체인도청구는 망인 자신이 종국적으로 밝힌 유체의 사후처리에 관한 의사에 반하므로, 망인에 대한 추모나 경애·존승의 표현이라는 제사 등의 본래 취지에 맞지 않을 뿐만 아니라, 그 제사나 공양 등은 반드시 분묘를 파헤쳐 유체를 인도받지 않더라도 행할 수 있고, 유족이 제사 등을 위하여 분묘에 참배하는 행위 등이 방해받는다면, 그 금지 등 법적 구제수단을 모색하면 족하므로, 다른 특별한 사정이 없는 한 유체의 소유자라고 하더라도 그 소유권에 기하여 그 분묘를 파헤쳐 유체를 자신에게 인도하기를 청구할 수 없다고 보아야 한다는 반대견해도 있다(대법원 2008.11.20. 선고 2007다27670 전원합의체 판결).

309) 유체의 처분행위와 관련한 법률로 형법 제159조 내지 제161조, 경범죄처벌법 제1조 제4호, 장사 등에 관한 법률, 장기 등 이식에 관한 법률, 인체조직 안전 및 관리 등에 관한 법률 등이 있다.

예컨대 장기 등 이식에 관한 법률도 유체에 대한 망인의 의사지배를 기본적으로 인정하는 바탕 위에 서 있다. 사망한 사람의 유체로부터 장기를 적출하기 위한 기본요건을 정하는 장기 등 이식에 관한 법률 제22조 제3항을 보면 본인이 장기의 적출에 관하여 자신의 종국적인 의사를 밝힌 한에서는 그 의사가 1차적인 기준이 되며, 유족의 의사는 부차적으로만 고려하고 있다. 망인이 생전에 장기기증에 반대한 때에는 어떤 경우에도, 즉 유족이 장기기증에 적극적으로 동의하는 경우에도 그 유체로부터 장기를 적출할 수 없고, 망인이 사망하기 전에 장기기증에 동의하거나 반대한 사실이 확인되지 아니한 경우에만 그 유족의 동의에 의하여 장기의 적출이 이루어질 수 있다(장기이식법 §22 III ii). 망인이 사망하기 전에 장기적출에 동의하거나 반대한 사실이 확인되지 아니한 경우로서 그 유족이 장기적출에 동의하는 경우에 배우자→직계비속→직계존속→형제자매→4촌 이내의 친족의 순서에 따른 선순위자 1명의 서면동의가 있으면 유체로부터의 장기적출이 가능하다(장기이식법 §12 II ii).[311] 만약 망인이 장기기증에 동의한 경우라면 원칙적으로 그에 따르나, 유족의 명시적인 거부가 있으면 유체로부터 장기를 적출할 수 없다(장기이식법 §22 III i 단서).[312] 망인의 유체로부터의 장기적출에 관하여 예외적으로 유족의 명시적 거부의사에 의하여 유체의 처분에 대한 본인의 의사를 배제하는 태도는 장기의 적출이 예외 없이 유체의 의식적인 훼손이 되므로, 그 한도에서 유족의 감정 기타 인격적 이익을 특별히 배려하여 마치 재산에 관한 유언에서 유족의 재산적 이익을 고려하기 위하여 유류분제도가 마련된 경우와 같이 이해할 수 있다. 그러므로 유체로부터의 장기적출에 관한 본인의 동의에도 불구하고 그 유족이 장기적출을 명시적으로 거부하면 장기적출을 할 수 있다고 하는 장기 등 이식에 관한 법률 제22조 제3항 제1호 단서를 장례 기타 유체의 처리 일반에 관한 유족의사의 우월성 내지 1차적 기준성을 뒷받침하는 법적 근거로 이해하는 태도는 경계되어야 한다.[313]

---

310) 장기 등 이식에 관한 법률 제12조 제1항 제1호는 장기기증에 관한 본인의 동의는 본인이 서명한 문서에 의한 동의 또는 민법의 유언에 관한 규정에 따른 유언의 방식으로 한 동의이어야 한다고 규정하고 있다.

311) 선순위자 1명이 미성년자이면 그 미성년자와 미성년자가 아닌 다음 순서의 유족 1명이 함께 동의하여야 하고, 선순위자가 행방불명이거나 그 밖에 대통령령으로 정하는 부득이한 사유로 동의를 할 수 없으면 그 다음 순위자가 동의할 수 있다(장기이식법 §12 I ii 단서). 선순위자 1명을 확정할 때 선순위자에 포함되는 사람이 2명 이상이면 그 중 촌수·연장자순(촌수가 우선한다)에 따른 1명으로 한다(장기이식법 §12 III).

312) 망인이 장기기증을 동의한 경우에도 불구하고 장기적출에 관하여 그 유족이 거부의 의사표시를 하는 경우에는 배우자→직계비속→직계존속→형제자매→4촌 이내의 친족의 순서에 따른 선순위자 1명이 하여야 한다(장기이식법 §12 II).

313) 장기 등 이식에 관한 법률 제2조 제2항에서 장기를 기증하고자 하는 사람이 자신의 장기기증에 관하여 표시한 자발적인 의사는 존중되어야 한다고 규정하면서도, 장기 등 이식에 관한 법률 제22조 제3항 제1호 단서에서는 본인이 사망 전에 장기 등의 적출에 동의한 경우에도 그 가족 또는 유족이 장기 등의 적출을 명시적으로 거부하는 경우에는 장기 등을 적출할 수 없도록 규정함으로써 망인의 의사에 반하는 유족의 의사에 법률적 구속력을 인정함과 아울러 장기 등 이식에 관한 법률 제2조 제2항을 선언적 의미의 규정으로 삼은 취지는 유족의 망인에 대한 경애·추모의 감정 등 유족 고유의 인격권을 보호하기 위한 의미라고 볼 수 있다는 견해가 있다.

3. 독립성

물건은 다른 물건으로부터 독립하여 존재하는 경우에 한하여 권리의 객체가 된다. 예컨대 논(田)의 유지보호상 절대적으로 필요불가결한 둑은 그 논의 구성부분에 불과하고, 독립한 물건이 아니다.[314] 그러나 임야에 있는 자연석을 조각하여 제작한 석불은 임야와는 독립한 물건으로 취급된다.[315]

다수의 물건이 서로 분리되기 곤란하게 결합된 합성물은 1개의 물건이 되지만, 물건의 일부는 독립성이 없고 물건이 되지 아니한다. 예를 들어 건물의 옥개부분은 그 자재와 형태를 불문하고 건물의 구성부분에 불과하다.[316] 역시 시설부지에 정착된 「레일」은 사회통념상 그 부지에 계속적으로 고착되어 있는 상태에서 사용되는 시설의 일부에 해당한다.[317]

[더 생각할 과제 - 건축중의 건물의 독립성]

건축중의 건물이 언제 독립한 건물로 되는가는 사회관념에 따라서 결정된다. 일반적으로 건축중의 건물은 최소한 「기둥과 지붕 그리고 주벽」을 구비하여야 부동성을 갖고 법률상 건물로 인정할 수 있다고 본다.[318] 신축중인 건물의 지상층 부분이 아직 골조공사만 진행된 경우라고 하더라도 지하층 부분만으로도 독립된 건물로서의 요건을 갖추고 있고 구분소유권의 대상이 될 수 있는 구조라면 그 지하층 부분만으로 독립된 건물로서의 요건을 갖출 수 있다.[319] 그러나 4개의 나무기둥을 세우고 그 위에 유지로 만든 지붕을 얹고, 4면 중 앞면을 제외한 3면에 송판을 띠엄띠엄 가로질러 놓았으나 벽이라고 볼만한 시설이 되어 있지 않은 때에는 쉽게 해체·이동이 가능하여 토지의 정착물, 즉 부동산이라고 볼 수 없다.[320]

Ⅱ. 물건의 일부·단일물·합성물·집합물

1. 물건의 일부

일물일권주의[321]의 원칙상 물건의 일부만에는 권리가 인정되지 아니한다. 물건의 일부

---

314) 대법원 1964.6.23. 선고 64다120 판결.

315) 대법원 1970.9.22. 선고 70다1494 판결.

316) 대법원 1960.8.18. 선고 4292민상859 판결.

317) 대법원 1972.7.27. 자 72마741 결정.

318) 대법원 2003.5.30. 선고 2002다21592, 21608 판결.

319) 대법원 2003.5.30. 선고 2002다21592 판결.

320) 대법원 1966.5.31. 선고 66다551 판결. 역시 콘크리트지반 위에 볼트조립방식으로 철제파이프 또는 철골기둥을 세우고 지붕을 덮은 다음 3면에 천막이나 유리를 설치한 세차장구조물은 민법상 부동산인 '토지의 정착물'에 해당하지 않는다(대법원 2009.1.15. 선고 2008도9427 판결).

321) 1개의 물건 위에는 그 내용이 서로 양립할 수 없는 물권이 오로지 하나만 성립할 수 있다고 하는 원칙을 「일물일권주의」라고 한다.

만에 권리가 성립하기 위하여는 물건을 두 부분으로 분리하여야 한다. 다만 일물일권주의의 성질상 (i) 물건의 일부에 권리를 인정하여야 할 필요성이나 실익이 있고, (ii) 어느 정도 공시가 가능하거나 또는 공시와 관계가 없는 때에는 그 범위 내에서 예외가 인정된다. 예컨대 미분리의 과실은 수목이나 토지의 일부이고, 수목의 집단은 토지의 일부이지만, 명인방법이라는 관습법상의 공시방법을 갖추면 독립한 부동산으로서 소유권의 객체가 된다. 또한 부동산의 일부는 용익물권의 객체가 될 수 있다(부동산등기법 §§136·137·139).

2. 단일물

단일물이란 형체상 단일한 일체를 형성하고 그 구성부분이 개성을 상실하고 있는 물건을 가리킨다. 예컨대 책 1권, 숟가락 1개, 연필 1자루와 같은 보통의 물건은 단일물이다.

3. 합성물

합성물이란 물건의 구성부분이 개성을 상실하지 않고 결합하여 단일한 형체를 형성하고 있는 물건을 가리킨다. 예컨대 건물·선박·자동차·다이아몬드반지가 합성물이다. 합성물은 그 자체가 하나의 권리의 객체에 해당하는 물건이다.

4. 집합물

(1) 서 설

집합물이란 경제적으로 단일한 가치를 가지고 있는 2개 이상의 단일물 혹은 합성물이 단일의 경제적 목적을 위하여 집합하여 거래상 일체로 취급되는 경우를 가리킨다. 예컨대 창고에 쌓인 동종상품, 돈사에서 대량으로 사육되는 돼지, 공장의 시설과 기계, 상점에 진열된 상품 전체, 도서관의 장서가 집합물에 해당한다. 판례는 집합물이 다른 물건과 구별될 수 있도록 그 종류, 장소 또는 수량지정 등의 방법에 의하여 특정되어 있으면 그 전부를 하나의 물건으로 보아 권리의 객체로 삼을 수 있다고 본다.[322] 예컨대 논노창고 내의 의류,[323] 양식장 내의 뱀장어,[324] 축사(돈사)에서 대량으로 사육되는 돼지,[325] 일신제강회사의 자재보관장소에 쌓여있는 원자재[326] 등이 집합물로서 이른바 양도담보의 객체로 될 수 있다.

---

322) 대법원 1990.12.26. 선고 88다카20224 판결.

323) 대법원 1999.9.7. 선고 98다47283 판결.

324) 대법원 1990.12.26. 선고 88다카20224 판결.

325) 대법원 2004.11.12. 선고 2004다22858 판결; 대법원 2003.3.14. 선고 2002다72385 판결; 대법원 2007.2.22. 선고 2006도8649 판결.

326) 대법원 1988.12.27. 선고 87누1043 판결.

A는 B와 당시 B가 부담하고 있던 채무 4억1천만원과 장래 부담하게 될 채무를 한도액 14억원으로 하여 그 채무를 담보할 목적으로 양만장 내에 있던 뱀장어를 약 1,000,000마리로 추산하여 일괄하여 A에게 소유권을 양도하고 인도하되 점유개정에 의하여 B가 계속하여 뱀장어를 점유하고 관리, 사육하면서 A의 승낙하에 뱀장어를 처분할 수 있음과 동시에 장래에 있어서 양만장에 입식하는 뱀장어도 담보의 목적으로 하기로 하는 내용의 양도담보계약을 체결하였다. 그리고 계약 당시 A가 뱀장어의 소유권을 갖기로 하되 뱀장어는 치만(새끼뱀장어)을 구입하여 양만장에 입식시킨 후 약 1년 내지 1년 6개월 정도 사육한 성만이 되었을 때가 그 성장도와 경제성에 비추어 상품으로서의 가치가 가장 높아 그때에 처분하여야 하고, 또 계속적으로 치만을 구입하여 양만장에 입식시켜야 하는데, B도 양만장 내에 있던 뱀장어 중 적정크기의 뱀장어를 A의 승낙하에 처분하여 그 대금을 채무변제와 인건비, 사육비 및 치만구입비 등에 사용하기로 약정하였다. 그 후 B에 대한 다른 채권자 C가 양만장에 있는 뱀장어에 대하여 가압류를 하였는데, 당시 양만장에 있던 뱀장어 26,500킬로그램을 경매하여 그 환가대금 1억7천만원을 보관하자 그 보관금에 대하여 C가 강제집행을 하였다. A는 C에 대하여 C가 강제집행한 뱀장어와 환가대금에 대한 권리를 주장할 수 있는가?

사례를 보면 양도담보계약상 목적물이 양만장 내의 뱀장어, 수량 약 1,000,000마리라고 기재되어 있다. 그러므로 우선 양만장 내의 뱀장어와 같은 집합물에 대하여도 양도담보계약이 성립하는가, 또한 수량을 약 1,000,000마리로 정하고 있으므로 그 의사해석이 문제된다.

우선 양만장 내의 뱀장어에 대하여도 양도담보권이 성립할 수 있는가 하는 문제에 관하여 판례는 집합동산양도담보를 이른바 「집합물론」(집합물을 그 구성요소인 개별동산의 변동에도 불구하고 개별동산과는 별개·독립된 하나의 권리객체로 보아 집합물 자체를 양도담보의 객체로 보는 이론이다)의 입장에서 긍정하고 있다.[327] 비록 성장을 계속하는 어류일지라도 기본적으로는 원자재, 제품의 원료, 재고상품과 달리 볼 아무런 이유가 없어 집합물양도담보의 대상이 될 수 있고, 특정의 양만장 내의 뱀장어 등 어류 전부에 대한 양도담보계약도 그 담보목적물이 특정되어 있다고 볼 수 있으므로 유효하게 성립한다고 본다.

사례에서는 양만장 내의 뱀장어 중 약 1,000,000마리로 그 수량을 지정하여 담보의 범위를 정하고 있는데, 양도담보계약서에 기재된 수량이 양도담보의 범위를 1,000,000마리의 뱀장어로 한정한 의미인지가 문제된다. 양도담보계약서상의 1,000,000마리라는 수량은 단순히 계약 당시 양만장 내에 보관하고 있던 뱀장어 등의 수를 개략적으로 표시한 경우에 불과하고 당사자는 양만장 내의 뱀장어 등 어류 전부를 그 목적으로 하고 있다고 볼

327) 현재는 지난 2010년에 「동산·채권 등의 담보에 관한 법률」이 제정되어 여러 개의 동산(장래에 취득할 동산을 포함한다)이더라도 목적물의 종류, 보관장소, 수량을 정하거나 그 밖에 유사한 방법으로 특정할 수 있는 경우에는 그 여러 개의 동산을 목적으로 양도담보 등 그 명칭을 불문하고 담보약정을 할 수 있고, 동산담보등기부에 등기를 할 수 있다. 다만 동산담보권을 이용할 수 있는 자는 법인 또는 「상업등기법」에 따라 상호등기를 한 사람으로 한정되므로, 개인간에는 여전히 관습법상의 양도담보가 행하여질 여지가 있다.

수 있다. 결국 양만장 내의 어류를 구성하는 뱀장어가 변동되더라도 1개의 물건으로서의 동일성을 잃지 아니한 채 양도담보권의 효력은 항상 현재의 양만장 내의 뱀장어에 미치므로, C의 강제집행은 채무자 B가 아니라 A에게 속하는 물건의 환가대금에 대하여 행하여진 경우로서 부당하다. 그러므로 A는 C가 강제집행한 뱀장어에 대한 권리를 주장할 수 있고, 그 환가대금의 반환을 청구할 수 있다.

(2) 단일물과 집합물의 구분

어떤 물건이 단일물인가 집합물인가에 관한 구별이 곤란한 경우도 많다. 예컨대 지하실에 쌓여 있는 숯덩이는 그 전체로 단일물인가, 혹은 개별적 숯조각마다 단일물이고 전체는 집합물인가를 비롯하여 화투나 우표수집첩, 커피세트와 같은 경우에도 전체가 단일물인가, 외형상 나타나는 개별적 조각마다 각각 단일물로 존재하는가 하는 문제가 제기된다. 일반적으로 단일물인가 집합물인가는 외형적 요소보다는 사회통념, 특히 통일적 사용목적이나 사실상의 이용에 의하여 결정된다.

Ⅲ. 물건의 분류

1. 거래능력의 유무에 의한 분류

(1) 융통물·불융통물

물건은 거래능력의 유무에 따라서 융통물과 불융통물로 구분된다. 융통물은 사법상 거래의 객체가 될 수 있는 물건을 가리키고, 불융통물은 거래가 금지되거나 제한되는 물건을 일컫는다.

(2) 불융통물의 종류

불융통물은 다시 공용물, 공공용물, 금제물로 구분된다. 공용물은 국가·공공단체에 의하여 공적 목적에 사용되는 물건(예컨대 관공서의 청사·국공립학교의 건물), 공공용물은 공중의 일반적 사용에 제공되는 물건(예컨대 도로·하천·공원·항만)을 가리킨다. 그리고 금제물에는 소지금제물과 거래금제물이 있다. 소지금제물은 법령에 의하여 소지가 금지되는 물건으로서 예컨대 아편·아편흡입기구(형법 §§198 이하), 음란문서·도서 기타 문서(형법 §§243·244), 위조·변조통화와 그 유사물(형법 §§207 이하)이 해당하고, 거래금제물은 거래가 금지되는 물건으로서 국보·지정문화재(문화재보호법 참조)가 해당한다.

2. 대체성의 유무에 의한 분류

(1) 대체물·부대체물

물건은 대체성의 유무에 따라서 대체물과 부대체물로 구분된다. 대체물은 물건의 개성이 중요시 되지 않고 단순히 종류·품질·수량에 착안하며, 다른 동종·동질·동량의 물건으로 교환하여도 당사자에게 영향을 주지 않는 물건이다. 부대체물은 일반거래상 물건의 개성이 중요시되고, 다른 물건으로 대체하면 거래목적을 달성할 수 없는 물건이다. 예컨대 금전·서적·술·곡식(보리·쌀·밀)은 대체물이고, 그림이나 골동품, 동물(소·말·돼지), 건물은 부대체물이다.

(2) 구별실익

대체물과 부대체물의 구별실익은 소비대차·소비임치에서 나타난다. 대체물에 대하여만 소비대차·소비임치가 인정된다.

3. 분할의 유무에 의한 분류

(1) 가분물·불가분물

물건은 분할의 유무에 따라서 가분물과 불가분물로 구분된다. 가분물은 물건의 성질 또는 가격을 현저하게 손상하지 않고도 분할할 수 있는 물건이다. 불가분물은 분할에 의하여 물건의 성질 또는 가격이 현저하게 손상되는 물건이다. 예컨대 금전·곡물·토지는 가분물이고, 소·말·건물은 불가분물이다.

(2) 구별실익

가분물과 불가분물의 구별의 실익은 공유물의 분할과 다수당사자의 채권관계에서 나타난다. 가분물에 관하여만 공유물의 분할(§269)이 가능하다. 다수당사자의 채권관계로서의 분할채권관계(§408)도 가분물에만 성립할 수 있다.

4. 당사자의 주관적 기준에 의한 분류

(1) 특정물·불특정물

당사자의 주관적 기준에 따라서 물건은 특정물과 불특정물로 구분할 수 있다. 특정물은 당사자가 물건의 개성을 중요시하여 동종의 다른 물건으로 바꾸지 못하게 한 물건이고, 불특정물은 물건의 개성이 중요시되지 아니하여 동종의 다른 물건으로 바꾸어도 상관없는 물건이다.[328]

(2) 구별실익

특정물과 불특정물의 구별실익은 채권의 목적물의 보관의무(§374), 채무변제의 장소(§467), 매도인의 담보책임(§§570 이하)에서 나타난다.

5. 반복사용의 가능성 여부에 의한 분류

(1) 소비물·비소비물

물건은 반복사용의 가능성 여부에 따라서 소비물과 비소비물로 구분된다. 소비물은 물건의 성질상 그 용도에 따라서 1회 사용하면 다시 동일한 용도로 사용할 수 없는 물건이다. 비소비물은 물건의 용도에 따라서 반복하여 사용·수익할 수 있는 물건이다. 예컨대 술·음료수·곡물·식품·금전은 소비물이고, 서적·건물·토지는 비소비물이다.

(2) 구별실익

소비물과 비소비물의 구별실익은 소비대차와 사용대차·임대차에서 나타난다. 소비물만이 소비대차(§598)의 목적물이 되고, 사용대차(§609)나 임대차(§618)의 목적물은 비소비물만이 될 수 있다.

제 3 절 동산과 부동산

Ⅰ. 동산과 부동산의 구별의의

민법은 우선 물건을 동산과 부동산으로 구분하고 있다. 동산과 부동산의 구별은 물건의 분류 중 가장 중요하다. 동산과 부동산의 구별의의는 주로 공시방법의 차이 혹은 공신력의 유무에 있지만, 그 이외에도 무주물의 취급, 부합, 용익물권의 인정 여부, 재판관할, 강제집행에서도 나타난다.

동산과 부동산의 차이를 알기 쉽게 정리하면 아래와 같다.

---

328) 예컨대 여름철 리어카에서 팔고 있는 수박을 살 때에 손바닥으로 수박을 두드려 보거나 냄새를 맡아 보는 등 한참을 고심한 끝에 수박 하나를 골라 사면 그 매매는 특정물매매가 된다. 그러나 리어카에 수북이 쌓여 있는 수박이 모두 잘 익은 수박이라고 믿고 아무 수박이나 하나 돌라고 하면 바로 불특정물매매가 된다.

내 용	동 산	부 동 산
공시방법	인도(§188 I)	등기(§186)
공신의 원칙	인정된다(§249)	인정되지 아니한다
무주물선점(§252)	점유자에 소유권이 귀속	국가에 귀속
부합의 효과	합성물의 소유권은 주된 동산의 소유자에게 귀속(§257)	부동산의 소유자가 부합한 물건의 소유권을 취득(§256)
용익물권의 인정 여부	불인정	인정
재판관할의 특별규정	없다	민사소송법 제20조(부동산이 있는 곳의 법원에 소를 제기할 수 있다)
강제집행의 절차·방법	민사집행법 제188조 이하	민사집행법 제78조 이하

Ⅱ. 부동산

1. 서 설

"토지 및 그 정착물은 부동산이다"(§99 I). 입법례에 따라서 토지만을 부동산으로 보는 경우도 있고,329) 토지와 그 정착물(특히 건물)을 각각 별개의 독립한 부동산으로 보는 경우도 있다. 민법은 토지는 물론, 토지의 정착물도 독립한 부동산으로 취급하고 있다.

2. 토 지

토지는 형식적으로 보면 일정범위의 지표면만을 의미한다. 그러나 민법 제212조의 취지에서 해석하면 토지는 지표면을 중심으로 그 수직의 상하(공중 및 지중)를 포함하는 입체적 존재라고 생각할 수 있다. 그리고 토지는 연속되어 있으나 인위적으로 그 지표에 선을 그어 구별하며, 토지의 개수는 「필」(筆)로서 계산된다. 등기부상 1개의 물건으로 표시된 토지를 1필의 토지라고 한다. 1필의 토지를 여러 필로 분할하거나 여러 필의 토지를 1필로 합병하기 위하여는 분필 또는 합필의 절차가 필요하다(측량·수로조사 및 지적에 관한 법률 §§79-80, 부동산등기법 §§93 이하).

① 미채굴의 광물 지중의 광물이나 암석·토사·지하수도 토지 그 자체를 구성하는 분자에 불과하여 토지와 별개의 물건이라고 볼 수 없다. 다만 광업법은 일정한 광물에 대하여 국가에게 배타적 채굴허가권을 유보하고 있다(광업법 §3). 미채굴광물의 법적 성질에 대하여는 국유에 속하는 독립한 부동산으로 보는 견해와 국가의 배타적 채굴취득허가권의 객체라고 보는 견해가 대립하고 있다. 토지의 구성부분 중 미채굴광물에 대하여만

329) 독일민법이나 스위스민법은 동산과 토지를 대립시키고, 건물·수목과 같은 정착물은 토지의 본질적 구성부분을 이룬다고 본다.

국가의 독립한 소유권이 성립한다고 볼 수는 없다. 역시 미채굴광물도 토지소유자의 소유에 해당되지만 국가의 배타적 채굴취득허가권의 객체가 되어 그 한도에서 토지소유자의 소유권이 제한된다고 해석하는 태도가 타당하다.

② 바다 바다(海)에 관하여는 어업권·공유수면사용권·공유수면매립권과 같은 이용권은 성립할 수 있지만 사적 소유권의 성립은 부정된다. 토지와 바다를 구분하는 경계선은 그 토지 일대의 약최고만조위(해면이 가장 많이 올라간 상태)를 기준으로 삼는다.[330),331)] 특히 토지가 바닷물이나 적용하천의 물에 개먹어 무너져 바다나 적용하천에 떨어져 그 원상복구가 불가능한 상태에 이른 경우를 「포락」(浦落)이라고 한다. 포락은 토지소유권의 상실원인으로서 포락이 되면 본래 소유권의 대상이 된 토지라고 하더라도 토지소유권이 상실되고 해면이 된다.

③ 하천 하천을 구성하는 토지와 그 밖의 하천시설에 대하여는 사권(私權)을 행사할 수 없다(하천법 §4 II 본문). 다만 소유권을 이전하는 경우, 저당권을 설정하는 경우, 하천점용허가(소유권자 외의 자는 소유권자의 동의를 얻은 경우에 한한다)를 받아 그 허가받은 목적대로 사용하는 경우에는 사권의 행사가 인정된다(하천법 §4 II 단서).

④ 도로 도로를 구성하는 부지, 옹벽, 그 밖의 시설물에 대해서는 사권(私權)을 행사할 수 없고, 다만 소유권을 이전하거나 저당권을 설정하는 경우에는 사권을 행사할 수 있다(도로법 §4).

3. 토지의 정착물

(1) 정착물의 의의

토지의 정착물이란 토지에 고정적으로 부착하여 용이하게 이동할 수 없고, 고착된 사용이 그 물건의 거래관념상의 성질로 인정되는 물건을 가리킨다. 건물·수목·교량·돌담·도로의 포장이 토지의 정착물에 해당한다. 그러나 판잣집, 공중전화박스, 가식중의 수목, 토지나 건물에 충분히 고착되지 않은 기계는 토지의 정착물에 해당하지 아니한다(동산으로 취급된다).

토지의 정착물은 독립정착물, 반독립정착물, 종속정착물로 구분된다. 독립정착물이란 사회관념상 당연히 토지와 별개의 부동산으로 취급되는 정착물로서 예컨대 건물이 해당한다. 반독립정착물은 통상 토지와 일체로 취급되지만 경우에 따라서 토지와 별개의 부동산으로 취급될 수 있는 정착물이며, 예컨대 입목·농작물·공작물이 대표적인 반독립정착물이다. 종속정착물이란 거래관념상 토지의 구성부분으로 취급되고 토지와 별개의 부동

330) 대법원 1992.9.25. 선고 92다24677 판결.

331) 측량·수로조사 및 지적에 관한 법률 제6조 제1항 제4호는 "해안선은 해수면이 약최고고조면(略最高高潮面: 일정 기간 조석을 관측하여 분석한 결과 가장 높은 해수면)에 이르렀을 때의 육지와 해수면과의 경계로 표시한다"고 규정하고 있다.

산으로 취급되지 않는 정착물이고, 예컨대 주택의 돌계단·도랑·돌담이 해당한다.

(2) 별개의 부동산으로 취급될 수 있는 정착물

1) 건 물

건물은 토지의 정착물이지만, 항상 토지로부터 완전히 독립한 별개의 부동산이다. 건물에 대하여는 토지와 별도로 건물등기부가 있다.

건물은 토지와 별개로 권리의 객체가 된다. 1동의 건물의 일부는 구분소유권(§215)과 「집합건물의 소유 및 관리에 관한 법률」에 의하여 독립하여 소유권의 객체가 될 수 있다. 다만 건물의 일부분이 구분소유권의 객체로 될 수 있으려면 그 부분이 구조상으로나 이용상으로 다른 부분과 구분되는 독립성이 있어야 한다.

건축중의 건물을 A로부터 구입한 B가 스스로 그 건물을 완성하였다. 그런데 B가 그 건물에 대한 소유권보존등기를 하지 않고 있는 사이에, A가 몰래 자기 명의로 소유권보존등기를 행하고, 바로 C에게 건물을 양도하였다. BC 사이의 법률관계는 어떤가?

만일 A로부터 B에게의 매각 당시 아직 독립한 부동산으로 인정될 정도로 건축이 진행되지 않은 때에는 A로부터 B에게로 이전한 물건은 적어도 「건물」은 아니고, 결국 건물소유권은 B에 의하여 원시취득된다. 그러나 A로부터 B에게의 매각 당시 독립한 부동산이라고 할 정도로 건축이 진행된 때에는 건물소유권은 우선 A에게 귀속하고, 매각에 의하여 B에게 이전하여 B에 의한 원시취득이라고 볼 수 없다. 그러므로 우선 건축중의 건물이 언제부터 독립한 부동산으로서의 「건물」이 되는가를 확정하여야 한다. 건축중의 건물이 어느 시점부터 독립한 부동산으로 인정되고, 또한 등기가 가능한가에 관하여는 판례가 독립된 부동산으로서의 건물이라고 하기 위해서는 최소한의 기둥과 지붕 그리고 주벽이 이루어지면 된다고 보고 있다.332)

사례에서는 건축의 진행의 정도가 명확하지 아니하여 매각 당시 건물이 독립한 부동산인지 아닌지가 분명하지 않다. 그러므로 BC 사이의 법률관계는 아직 독립한 부동산으로 볼 수 없는 경우와 독립한 부동산으로 인정될 정도로 건축이 진행된 경우로 구분하여 살펴볼 필요가 있다.

(i) 매각 당시 사회통념상 독립한 건물로 볼 수 없는 때에는 B가 건물소유권을 원시취득하며, A 명의의 소유권보존등기는 사실에 반하여 무효이다. 그리고 소유자가 아닌 A가 그 건물을 C에게 양도할 수는 없으므로, C는 건물소유권을 취득할 수 없다. 건물의 소유권은 B에게 있고, C는 소유권자가 아니다. 소유권을 원시취득한 B는 등기 없이도 소유권의 귀속을－이미 C에게 등기가 경료된 경우라고 하더라도－C에 대하여 주장할 수 있다.

(ii) A가 B에게 이미 독립한 부동산으로 인정되는 건물을 매각한 때에는 전형적인 이중

---

332) 대법원 2003.5.30. 선고 2002다21592, 21608 판결.

양도에 해당한다. 그러므로 원칙적으로 B와 C 중 누구든지 먼저 소유권이전등기를 받으면 소유권의 취득을 타방에 대하여 주장할 수 있다. 만일 A가 C에게 그 건물을 이중으로 매각하고 먼저 소유권이전등기를 경료한 경우에는 B는 C에 대하여 소유권을 주장할 수 없다. 다만 C에게의 건물의 매각이 C가 A의 배임행위에 적극 가담하여 이루어진 때에 한하여 건물의 매각은 선량한 풍속 기타 사회질서에 반하여 무효가 될 수 있다.[333] 만약 AC 사이의 매매계약이 이중매매로서 무효라고 하면 비록 A로부터 C에게 소유권이전등기가 경료되어 있더라도 그 소유권이전등기는 원인무효의 등기로서 소유권이전의 효과가 생길 수 없다. 다만 C에게의 건물매각이 이중매매로서 무효라고 하더라도 등기부상 C가 소유자로 등기되어 있는 때에는 B는 AC 사이의 건물매각이 무효라고 주장하여 C에 대하여 직접 등기말소를 청구할 수 없으나, A를 대위하여 C에 대하여 등기말소청구를 할 수 있다. 만약 B는 채권자대위권에 기하여 C에게 등기말소청구를 하여 A 명의로 등기가 복귀하게 되면 A에 대하여 소유권이전등기를 청구할 수 있다.

2) 입 목

(a) 입목법에 의한 입목

본래 입목(立木)은 벌채되면 동산이 된다. 그러나 입목이 토지로부터 분리되지 않은 상태에서는 토지의 구성부분으로 토지의 일부일 뿐이며, 독립한 물건이 되지 아니한다. 다만 1필의 토지 혹은 그 일부에서 자라고 있는 수목의 집단으로 「입목에 관한 법률」에 의한 등기를 갖춘 입목은 토지로부터 완전히 독립한 부동산으로 취급된다. 입목등기를 갖춘 입목은 소유권과 저당권의 객체로만 될 수 있을 뿐이고, 다른 권리의 목적으로는 할 수 없다(입목법 §3).

(b) 입목법의 적용을 받지 않는 수목의 집단

> A가 2008.8.13. 임야의 소유자인 B로부터 임야 위에 서 있는 입목을 매수하고, 2008.10.5. A는 입목소유자로서 입산을 금지시키기 위하여 「입산금지 소유자 아무」라는 판자푯말을 임야 내의 여러 곳에 부쳐놓았다. 그 후 C가 임야의 소유자 B로부터 임야를 매수하고 소유권이전등기를 넘겨받았다. A는 C에 대하여 입목의 소유권을 주장할 수 있는가?

입목법의 적용을 받지 않는 수목의 집단이나 수목은 본래 토지의 정착물로서 토지의 일부에 불과하다.[334] 다만 수목의 집단이라도 명인방법(明認方法)이라는 관습법상의 공시방법을 갖춘 경우에는 독립한 부동산으로 거래의 목적이 될 수 있다(집단이 아닌 개개의 수목이라도 거래상의 필요가 있으면 명인방법을 인정할 필요가 있다). 예를 들어 새끼줄을 치고

---

333) 대법원 1994.3.11. 선고 93다55289 판결.

334) 예를 들어 늦은 가을 창밖에 서 있는 플라타너스나무에 마지막 잎새가 대롱대롱 매달려 있는 때에는 그 나뭇잎은 나무의 일부에 불과하고, 또한 나무는 생육하고 있는 토지의 일부에 불과하므로 결국 나뭇잎은 부동산인 토지의 일부에 불과하나, 마지막 잎새가 때마침 불어온 바람에 흔들려 떨어지면 그 순간 나뭇잎은 동산으로 변한다.

또는 철인으로 0표를 하고 요소에 소유자를 게시한 경우,[335] A가 입목소유권확인판결을 받아 확정된 후 법원으로부터 집행문을 부여받아 집달관에게 의뢰하여 그 집행으로 집단관이 임야의 입구부근에 그 지상입목이 A의 소유에 속한다는 공시문을 붙인 팻말을 세운 경우,[336] 임야의 여러 장소에 「입산금지 소유자 아무」라는 푯말을 써서 붙인 경우[337]에는 입목수유권의 취득을 위한 명인방법으로 부족하지 않다. 그러나 토지의 주위에 울타리를 치고 그 안에 수목을 정원수로 심어 가꾸어 온 사실,[338] 법원의 검증 당시 재판장이 수령 10년 이상된 수목을 흰 페인트로 표시하라는 명에 따라서 측량감정인이 포플러나무의 표피에 흰 페인트칠을 하고 편의상 그 위에 일련번호를 붙인 경우[339]에는 명인방법으로 볼 수 없다. 또한 특정 없는 입목에 대하여는 비록 명인방법을 취한다고 하더라도 명인방법으로 효력이 생길 수 없다.[340]

사례에서 임야지반과 분리하여 입목을 매수하여 입목의 소유권양도를 받은 A가 임야의 여러 개소에 「입산금지 소유자 아무」라는 푯말을 써서 붙인 경우라고 하면 입목소유권의 취득을 위한 명인방법으로 부족하다 할 수 없다. 그러므로 입목에 대하여는 A의 소유권이 인정될 수 있다.

3) 미분리의 과실

(a) 공시방법으로서의 명인방법

> A는 B의 밭에서 자라고 있는 입인삼을 그대로 매수하였다. A가 수확시까지 기다리며 입인삼을 경작하고 있는 경우에 입인삼의 소유권을 취득하는가? 그 후 C가 B로부터 입인삼이 자라고 있는 밭을 매수하여 양도받은 경우에 자기가 입인삼의 소유자라고 주장할 수 있는가?

미분리의 과실(예컨대 과수의 열매·입도·엽연초·뽕입·밀감)은 수목의 일부에 불과하지만, 명인방법을 갖춘 경우에는 독립한 물건으로서 거래의 목적으로 할 수 있다. 예를 들어 밀감의 경우에 매수인의 성명, 매매의 월일을 기재한 목찰 몇 개를 밀감밭의 곳곳에 설치하거나 쪽파와 같은 수확되지 아니한 농작물의 경우에는 매수한 취지의 목찰을 그 토지의 각 필지에 설치하는 방법으로 명인방법을 실시하여야 그 소유권을 취득할 수 있다.[341] 사례에서 입인삼에 대한 물권변동의 유효요건인 공시방법은 점유이전만으로는 부족하고 권리변동이 있음을 일반인에게 알리는 문구를 기재한 푯말을 인삼포를 통과하는 사람이면 누구나 쉽게 볼 수 있는 곳에 설치하는 명인방법으로 하여야 한다.[342] 만약 A가 명인방법

---

335) 대법원 1976.4.27. 선고 76다72 판결.
336) 대법원 1989.10.13. 선고 89다카9064 판결.
337) 대법원 1967.12.18. 선고 66다2382, 2383 판결.
338) 대법원 1991.4.12. 선고 90다20220 판결.
339) 대법원 1990.2.13. 선고 89다카23022 판결.
340) 대법원 1972.12.12. 선고 72다1351 판결.
341) 대법원 1996.2.23. 선고 95도2754 판결.

을 확실히 취한 경우라고 하면 C에 대하여 입인삼의 소유권을 주장할 수 있다.

(b) 미분리의 과실의 법적 성격

미분리의 과실은 동산인가 부동산인가? 미분리의 과실을 동산으로 보는 견해(소수설)가 있다. 미분리의 과실은 그 가치가 미미하므로, 부동산으로 보기 어렵고 동산으로 보아야 한다고 주장한다. 민사집행법 제189조 제2항 제2호는 「토지에서 분리하기 전의 과실」을 유체동산으로 취급하고 있다. 그러나 미분리의 과실을 동산으로 보면 예컨대 감나무에 감이 500개 달려있는 경우에 명인방법이 갖추어져 있다면 1개의 감이 각각 동산이 되는가, 그 감나무에 달려있는 감 500개가 전체로서 하나의 동산으로 취급되는가 하는 복잡한 문제가 생긴다. 그러므로 아직 수목으로부터 분리되기 전에는 미분리의 과실도 토지의 정착물로서 명인방법을 갖춘 전체가 하나의 부동산으로 된다고 보아야 타당하다고 여겨진다.

4) 농작물

(a) 서 언

토지에서 경작·재배되고 있는 농작물은 원칙적으로 토지의 일부에 해당한다. 다만 정당한 권원에 의하여 타인의 토지에서 농작물을 경작·재배한 경우에 그 농작물은 토지에 「부합」하지 않고, 토지와는 별개의 독립한 부동산으로 취급된다(§256 단서).

(b) 무단경작한 농작물의 소유권

만일 아무런 권원 없이 타인의 토지에서 농작물을 경작·재배하면 그 농작물의 소유권은 누구에게 귀속하는가? 학설상으로는 경작자소유설과 토지소유자귀속설로 대립한다. 판례는 농작물의 소유권은 언제나 그 경작자에게 있다고 본다.

토지소유자귀속설은 아무런 권원 없이 타인의 토지에서 경작·재배한 농작물은 토지와는 별개의 부동산으로 다룰 수 없고, 독립성이 없는 단순한 정착물로 「부합」(§256 본문)에 의하여 토지소유자에게 귀속한다고 보는 견해(토지소유자귀속설)가 있다. 그러나 농작물은 파종으로부터 수확까지 불과 몇 개월밖에 소요되지 아니하여 경작자에게 그 소유권을 인정한다고 하더라도 토지소유자의 이익을 중대하게 침해하지는 아니한다. 비록 경작자가 아무런 권원 없이 타인의 토지에서 농작물을 경작·재배한 경우에도 그 소유권은 언제나 경작자에게 있다고 보는 견해(경작자소유설이라고 부르고, 다수설이다)가 타당하다.

판례는 아무런 권원 없이 타인의 토지에서 경작·재배한 경우, 심지어 경작자가 위법하게 토지소유자를 배제하고 농작물을 경작한 경우에서조차도 그 농작물의 소유권은 언제나 경작자에게 있다고 본다.[343] 다만 판례가 취하는 경작자소유설은 경작자를 보호하기 위한 정책적 고려가 담긴 입장이며, 오직 농작물[344]에 대하여만 인정되고 타인의 임야에

342) 대법원 1972.2.29. 선고 71다2573 판결.

343) 대법원 1968.6.4. 선고 68다613, 614 판결; 대법원 1979.8.28. 선고 79다784 판결. 다만 경작자소유설을 취하는 판례의 태도에 대하여 그 타당성이 매우 의심스러우며 부당하다고 보는 견해가 있다.

344) 판례에서 문제가 된 농작물로는 예컨대 묘판에서 자라고 있는 모, 입도, 약초, 양파, 마늘, 고추 등을 들 수 있다.

수목을 식재한 경우에는 민법 제256조 본문에 의하여 임야소유자에게 그 소유권이 귀속된다.345)

> A는 갑토지를 점유하여 농지로서 경작을 하고 있었는데, 농지개혁법(현행 농지법) 시행 후에도 농지분배를 받은 바 없이 갑토지를 계속 경작하였다. 그런데 농지개혁법 시행 전에 X, Y, Z 3인 공동소유였던 갑토지는 B가 매수하였고, 1965.6.3. 소유권이전등기를 하였다. 그리고 B는 1965.6.3. 소유권이전등기를 한 후 갑토지를 자기 소유라면서 A가 경작하고 있는 갑토지에 침입하여 '드문 드문' 모를 심어놓자, A는 다시 모를 제대로 심었고, AB는 서로 경작을 방해하면서 서로 잡풀을 잘 골라서 뽑아 없애고 시비를 하면서 갑토지를 경작하였다. 그리고 A는 1965년 가을 갑토지에서 수확된 벼 33두를 자기 소유라 하여 수확하여 갔다. B는 A에 대하여 수확된 벼의 반환을 청구할 수 있는가?

갑토지에 관하여 B 앞으로 소유권이전등기가 경료되어 있으나, 갑토지에서 A와 B가 서로 경작을 방해하면서 모를 심어 김을 매고 시비를 하며 입도(立稻)를 경작한 사정이 인정된다. 그리고 A는 1965년 가을 갑토지에서 수확된 벼 33두를 자기의 소유라 하며 수확하여 간 경우이므로, 수확된 벼 33두가 누구의 소유인가가 문제된다.

만일 농작물이 토지에 부합한다고 하면 갑토지에서 경작된 벼에 대한 소유권은 갑토지의 소유자에게 귀속된다. 그러나 농작물재배의 경우에는 파종시부터 수확까지 불과 수개월밖에 걸리지 아니한다. 그리고 농작물에 대하여는 경작자의 부단한 관리가 필요하며 그 점유의 귀속이 비교적 명백하고, 경작자는 농작물을 토지소유자의 조력 없이도 얼마든지 수거할 수 있다. 또한 농작물의 소유권을 토지소유자에게 귀속시키고, 그 대신 경작자로 하여금 부당이득반환청구권을 행사하게 하여 그 농작물을 반환받도록 하는 방법보다는 오히려 타인의 토지에서 경작·재배한 농작물에 대하여 토지에의 부합을 인정하지 않고 직접 경작자에게 농작물의 소유권이 귀속된다고 처리하는 방법이 간단하다.

판례는 타인의 토지에 경작한 농작물의 토지에의 부합을 인정하지 않고, 경작자에게 농작물의 소유권이 귀속한다고 본다. 물론 농작물의 소유권이 경작자에게 귀속하는 한편, 토지소유자는 불법경작자에게 방해배제청구권(§241), 부당이득반환청구권 또는 불법행위에 기한 손해배상청구권을 행사할 수 있다.

사례에서 AB는 서로 자기에게 경작권이 있다고 하며 갑토지를 함께 경작하여 결국 동일한 갑토지를 공동경작한 경우로 된다. 그러므로 수확한 벼 33두에 대한 소유권은 공동경작자인 AB의 공유에 속하게 된다.

A가 수확하여 간 벼 33두는 AB의 공유로 되므로, B는 A에 대하여 수확된 벼 33두 전부에 대한 반환청구를 할 수는 없다. 다만 B는 A에 대하여 자기의 지분에 따른 벼의 반환을 청구할 수 있고, 각자의 지분은 특별한 사정이 없으면 절반씩으로 된다. B는 A에 대하

345) 대법원 1970.11.30. 선고 68다1995 판결.

여 수확하여 간 벼 33두의 절반을 반환청구할 수 있다. 만일 B가 토지소유자라고 하면 B는 A에 대하여 갑토지의 무단사용에 의하여 얻은 이익의 반환으로서 차임 상당액의 부당이득반환을 청구할 수 있다. 또한 A의 무단경작이 토지소유자인 B에 대한 관계에서 불법행위가 된다고 하면 불법행위에 기한 손해배상청구를 할 수 있다.

Ⅲ. 동 산

1. 동산의 의의

"부동산 이외의 물건은 동산이다"(§99 Ⅱ). 역시 전기 기타 관리할 수 있는 자연력도 동산이다. 토지에 부착된 물건이더라도 정착물이 아닌 경우(예컨대 가식중의 수목)는 동산에 해당한다.

[더 생각할 과제 - 동산에 대한 특별한 법적 취급]

아래와 같이 동산을 특별히 취급하는 경우도 있다.

(i) 건설기계, 소형선박, 자동차, 항공기는 본래 동산이다(특정동산이라고 부른다). 그러나 「자동차 등 특정동산 저당법」에 의하여 특정동산은 등록하여야 하고, 특정동산은 저당권의 목적물로 할 수 있다.

(ii) 선박도 성질상 동산에 해당한다. 선박은 「선박등기법」에 의하여 등기하여야 하고, 소유권은 물론 저당권이나 임차권의 객체가 될 수 있다.

(iii) 「동산·채권 등의 담보에 관한 법률」에 의하여 동산(장래에 취득할 동산을 포함한다) 또는 여러 개의 동산이더라도 목적물의 종류, 보관장소, 수량을 정하거나 그 밖에 유사한 방법으로 특정할 수 있는 경우에는 그 여러 개의 동산을 목적으로 담보등기를 할 수 있다.

2. 특수한 동산 – 금전

금전 혹은 화폐는 어떤 법적 성질을 가지는가? 금전이 기념주화, 고전(古錢), 봉금으로 취급되는 때에는 동산에 해당한다. 그러나 일반적으로 금전은 개성이 없고, 단지 일정한 금전적 가치를 표상할 뿐이므로 보통의 동산과 다르다. 예를 들어 금전이 절취되거나 편취된 경우라고 하더라도 금전 내지 화폐에는 물권적 반환청구권이 인정될 여지가 없다. 금전이나 화폐가 타인의 점유에 들어간 경우에는 단지 채권적 청구권(부당이득청구권 내지 불법행위법상의 청구권)만이 인정되고, 소유권에 기한 반환청구권을 주장할 수는 없다. 또한 금전이나 화폐에 관하여는 간접점유가 인정될 여지도 없다.

동산에 적용되는 규정 중에는 금전에는 적용되지 못한다고 보아야 할 경우가 적지 않다. 특히 금전에 관하여도 선의취득이 인정되는가가 문제된다. 금전도 민법 제249조에 의한 선의취득의 대상이 된다고 보는 견해가 있다. 그러나 금전은 동산의 일종이기는 하지만 보통 물건이 가지는 개성을 갖고 있지 아니하고 가치 그 자체라고 생각하여야 한다.

보통의 금전은 가치의 상징으로서 유통되므로, 물건으로서의 개성은 문제가 되지 않는다고 새겨야 한다. 「금전은 그 점유가 있는 곳에 소유권도 있다」고 하는 법언과 같이, 금전에는 항상 소유와 점유가 일치하여 금전의 점유가 언제나 그 소유의 권원이 되므로, 선의취득을 문제삼을 여지가 없다고 보아야 한다(오로지 부당이득반환청구권으로 뒷처리가 행하여질 뿐이다).

금전이 언제나 가치의 상징으로만 유통되지는 아니한다. 경우에 따라서 금전을 단순한 물건(동산)으로서 주고받기도 한다. 예컨대 금전을 기념주화나 고전으로 거래한 경우, 진열을 목적으로 특정의 화폐를 인도한 경우, 금전을 봉투나 자루, 현금가방에 넣은 채로 맡긴 경우를 그 예로 들 수 있다. 예외적으로 금전이 물건으로 거래된 때에는 당연히 그 금전은 동산으로서의 성질을 그대로 가지고, 역시 민법 제249조가 적용된다.

[더 생각할 과제 - 무기명채권]

상품권·승차권·입장권·무기명국채와 같이 채권자를 특정하지 않고 채권의 성립·존속·행사가 모두 증권의 존재를 요건으로 하는 무기명채권은 민법상 물건이라고 볼 수 없다. 무기명채권은 단지 채권으로서 채권법의 규율을 받는다.

제4절 주물과 종물

Ⅰ. 주물·종물의 의의

예컨대 A물건의 소유자가 A물건의 상용에 공하기 위하여 자기 소유인 다른 B물건을 A물건에 부속하게 한 때에는 그 부속물인 B물건은 종물이다(§100 Ⅰ). 2개의 독립성을 갖는 물건 사이에 사회적·경제적 기능에서 일방이 타방의 효용을 돕는 관계에 있는 경우에 도움을 받는 물건을 주물, 도움을 주는 물건을 종물이라고 한다. 예컨대 책과 그 케이스, 배와 노, 자물쇠와 열쇠, 주택과 딴 채로 된 광, 시계와 시계줄, 발전소와 발전용 철탑은 주물과 종물의 관계에 있다.

Ⅱ. 종물의 요건

1. 주물의 상용에 공여

종물은 '주물의 상용에 공'하여야 한다. 종물이기 위해서는 주물의 상용에 이바지되어야 하는 관계가 있어야 하고, 주물의 상용에 이바지한다고 하는 의미는 사회관념상 계속하여 주물 그 자체의 경제적 효용을 보완하는 작용을 하는 경우를 말한다('경제적 일체성'이 필요하다). 주물의 소유자나 이용자의 상용에 공여되고 있더라도 주물 그 자체의 효용과는 직접 관계없는 물건의 종물이 아니다.

(i) 판례를 보면 아래와 같은 경우에 주물과 종물의 관계를 인정한다.

i) 공장토지와 그 토지 및 인접한 타인 소유의 토지에 걸쳐서 설치된 폐수처리시설은 공장건물이 종물이 된다.[346]

ii) 백화점건물의 지하 2층 기계실에 설치된 전화교환설비는 백화점건물의 종물이 된다.[347]

iii) 횟집으로 사용할 점포건물에 거의 붙여서 횟감용 생선을 보관하기 위하여 신축한 수족관은 횟집건물의 종물이 된다.[348]

iv) 본채에서 떨어져 축조된 낡은 가재도구 등의 보관장소로 사용되고 있는 방과 연탄창고 및 공동변소[349]는 본채의 종물이 된다.[350]

v) 정화조는 건물의 상용에 공하기 위하여 건물에 부속시킨 시설물로서 건물에 대한 종물이라 할 수 있다.[351]

(ii) 건물 그 자체의 효용과 직접 관계가 없는 식기·침구·난로·책상은 건물의 종물이 아니다. 신·구폐수처리시설이 있는 경우에 신폐수처리시설은 구폐수처리시설 그 자체의 경제적 효용을 다하게 하는 시설이라고 할 수 없으므로, 종물이 아니라고 본다.[352]

> A는 주유소를 경영하고자 B 소유의 갑토지를 임차하여 그 지상에 주유소영업을 위하여 주유소사무실 등으로 사용되는 을건물을 건축하였다. 그리고 A는 갑토지의 지하를 굴착하여 콘크리트옹벽을 쳐 탱크박스를 만들어 그 안에 저장탱크를 설치한 후 콘크리트로 덮개를 타설하여 탱크박스를 매설하는 방법으로 유류저장탱크 3개를 만들고, 을건물과는 별개로 갑토지상에 철파이프조 스라브지붕 단층 캐노피(주유장소 위의 천정시설물)를 축조한 후 그 밑에 콘크리트로 받침대를 설치하고 거기에 볼트를 고정하는 방법으로 주유기 4개를 설치하여 유류저장탱크와의 사이에 지하를 통하여 관으로 연결한 후 갑토지 및 을건물과 함께 주유소영업에 사용하면서 주유소의 정상적인 영업을 개시하였다. 한편 그 후에 A는 주유고객의 유치와 편의 등을 위하여 을건물 뒤편에 자동세차기 1대를 설치하였다. 유류저장탱크, 주유기 및 자동세차기는 을건물의 종물인가?

사례에서 유류저장탱크, 주유기 및 자동세차기는 을건물의 종물에 해당하는가? 판례는

346) 대법원 1997.10.10. 선고 97다3750 판결.
347) 대법원 1993.8.13. 선고 92다43142 판결.
348) 대법원 1993.2.12. 선고 92도3234 판결.
349) 대법원 1991.5.14. 선고 91다2779 판결.
350) 대법원 1993.2.12. 선고 92도3234 판결.
351) 대법원 1993.12.20. 선고 90다42399 판결.
352) 대법원 1997.10.10. 선고 97다3750 판결.

분명히 주유기[353]는 주유소건물의 상용에 공하기 위하여 부속시킨 종물에 해당한다고 본다. 그러나 토지의 지하에 설치된 유류저장탱크에 관하여는 종물이라고 본 경우도 있고,[354] 토지에 부합된 경우로 본 사례도 있다.[355]

① 주유기　　사례에서 주유기 4개가 주유소영업을 위하여 건축한 을건물이 있는 갑토지의 지상에 설치되어 있고, 그 주유기가 설치된 을건물은 당초부터 주유소영업을 위한 건물로 건축된 사정 등을 종합하여 볼 때에 주유기는 계속해서 주유소건물인 을건물 자체의 경제적 효용을 다하게 하는 작용을 하고 있다. 그러므로 주유기는 비록 독립된 물건이기는 하나, 유류저장탱크에 연결되어 유류를 고객에게 공급하는 기구로서 을건물의 상용에 공하기 위하여 부속시킨 종물이라고 볼 수 있다.

② 유류저장탱크　　판례는 유류저장탱크는 지하에 매설되어 있고, 토지로부터 분리하는 데 과다한 비용이 들며 유류저장탱크를 분리하여 발굴할 경우에 그 경제적 가치가 현저히 감소한다는 사실이 분명하다는 이유로 토지에 부합되어 있다고 본다.[356] 유류저장탱크는 그 매설위치와 물리적 구조, 용도 등을 감안할 때에 유류저장탱크를 갑토지로부터 분리하는 데 과다한 비용을 요하거나 분리하게 되면 경제적 가치가 현저히 감소되므로 토지에 부합된 경우로 볼 수 있다. 그러나 유류저장탱크는 지하에 설치되어 있는 관계로 콘크리트 덮개 부분을 떼어낸 후 배관을 분해하면 그 해체 및 이관이 가능하므로, 사실상 분리복구가 불가능하여 거래상 독립한 권리의 객체성을 상실하고 토지와 일체를 이루는 구성부분이 되어 있다고는 보기 어렵다. 또한 유류저장탱크는 콘크리트 덮개부분을 떼어낸 후 배관을 분해하면 그 해체 및 이관이 불가능하지 아니하여 독립한 물건이라고 볼 여지도 있다.

사례에서는 A가 토지소유자 B에게서 갑토지를 임차한 후 임차권에 기하여 주유소영업을 위하여 지하에 유류저장탱크를 매설한 경우이므로, 유류저장탱크는 A가 권원에 의하여 부속시킨 물건으로서 갑토지에 부합이 일어나지 아니하고, 민법 제256조 단서에 의하여 A의 소유에 속한다고 보아야 한다.[357] 다만 유류저장탱크가 A의 소유에 속한 을건물의 종물인가가 문제된다. 주유소영업을 위하여 건축된 을건물에 설치된 유류저장탱크는 주유기 4개와의 사이에 지하로 관을 통하여 연결되어 주유소영업을 위한 을건물에 필요불가결한 부대설비로서 주유소건물인 을건물의 상용에 제공된 종물이라고 볼 수 있다.

③ 자동세차기　　사례에서 자동세차기는 주유소건물로 쓰이는 을건물의 뒤편에 설치되어 과다한 비용을 들이지 않고도 분리할 수 있고, 분리하더라도 동산으로서의 가치를 지니는 독립한 물건이다. 그러나 주요소건물로 사용되는 을건물에 설치된 자동세차기는

353) 주유소의 주유기를 종물로 본 판례로 대법원 1995.6.29. 선고 94다6345 판결; 대법원 2000.10.28. 자 2000마5527 결정 등 참조.

354) 대법원 2000.10.28. 자 2000마5527 결정.

355) 대법원 1995.6.29. 선고 94다6345 판결.

356) 대법원 1995.06.29. 선고 94다6345 판결.

357) 대법원 2012.01.26. 선고 2009다76546 판결.

그 용도, 설치된 위치와 그 위치에 해당하는 건물의 용도, 건물의 형태나 목적에 대한 관계를 종합하여 볼 때 을건물의 뒤편에 설치되어 주유소건물인 을건물의 효용과 기능을 다하기에 필요한 설비로서 객관적, 경제적으로 주요소영업을 위한 을건물의 상용에 제공된 종물이라고 볼 여지가 있다.

2. 밀접한 장소적 관계

특정의 주물에 「부속」된다고 인정될 정도로 밀접한 장소적 관계가 있어야 한다('근접성'이 필요하다).[358] 그러나 낡은 가재도구의 보관장소로 사용되고 있는 방과 연탄창고, 공동변소가 본채에서 떨어져 축조되어 있더라도 본채의 종물이다.[359] 그리고 배에 딸린 노가 강가에 있지 않고 집안에 보관되어 있더라도 여전히 배의 종물이다.

3. 독립한 물건

주물·종물은 모두 독립한 물건에 해당하여야 한다('독립성'이 필요하다). 물건의 구성부분은 종물이 될 수 없다. 다만 주물·종물은 모두 동산이든 부동산이든 상관없다.[360]

4. 동일한 소유자의 소유

주물·종물이 동일한 소유자에 속하여야 한다. 다만 물건의 경제적 효용을 보완하기 위한 객관적 결합은 소유자가 다른 물건에 의하여도 성립할 수 있으므로, 타인이 부속시킨 물건에 대하여도 제3자의 권리를 해하지 않는 범위에서 주물·종물의 관계를 인정할 필요가 있다. 입법례로 독일민법이나 스위스민법은 주물·종물이 모두 같은 소유자의 소유에 속하여야 한다고 요구하지 않고 있다.

Ⅲ. 주물·종물의 관계

1. 주물의 처분에 따른 종물의 운명

"종물은 주물의 처분에 따른다"(§100 II). 그러므로 당사자 사이에 별도의 의사표시가 없는 한, 원칙적으로 주물의 처분은 종물에도 그 효력이 미친다. 예를 들어 시계를 처분하면 그 시계에 딸린 시계줄도 처분된다. 그러나 유지(溜地)의 부지에 대한 소유권과 유지의 유수이용권은 별개의 권리이므로, 몽리답을 매매할 때에 유지의 소유권과 유지의 유수이용

---

358) 참고로 독일민법 제97조 제1항은 종물이 되기 위해서는 주물에 부속된다고 인정될 만한 장소적 관계가 있어야 한다고 명문으로 규정하고 있다.

359) 대법원 1991.5.14. 선고 91다2779 판결.

360) 입법례(§97 I I BGB)에 따라서는 종물을 동산에 국한하는 경우도 있다.

권이 당연히 따른다고 볼 수 없다.

민법 제100조 제2항은 강행규정이 아니다. 그러므로 당사자가 주물·종물의 법률적 운명을 달리하는 의사표시를 한 경우에는 종물이 주물의 처분과 운명을 같이 하지 아니할 수도 있다. 종물만의 처분도 가능하다.

> 골동품수집가 A는 산책을 하던 도중에 우연히 어느 집 앞에서 커다란 개가 밥그릇(고가의 이조백자로 추정)에 담긴 개밥을 먹고 있는 장면을 목격하였다. A는 밥그릇을 소유할 생각으로 개주인 B와 개를 비싼 값에 팔도록 흥정하여 시가의 3-4배가 넘는 돈을 주고 개를 샀다. A는 B에 대하여 밥그릇의 인도까지를 요구할 수 있는가?

만약 밥그릇이 개의 종물이라고 하면 원칙적으로 밥그릇까지 인도되어야 한다. 그러나 일반적으로 밥그릇은 개의 종물이라고 볼 수 없으므로(예컨대 개에 딸려 있는 개목걸이는 개의 종물로 볼 수 있다), A는 B에 대하여 밥그릇의 인도까지를 요구할 수는 없다.

2. 종물에 대한 저당권의 효력

저당권의 효력은 저당부동산의 종물에 미친다(§358). 저당권의 효력이 미치는 저당부동산의 종물이라 함은 민법 제100조가 규정하는 종물과 같은 의미이다.

> A는 10층 백화점건물을 소유하고 있었는데, 자금이 여의치 않자 B은행으로부터 금전을 빌리면서 채무의 담보로 백화점건물에 B은행을 위하여 저당권을 설정하고 그 등기를 경료하여 주었다. 그리고 후에 B은행의 신청으로 개시된 임의경매절차에서 C가 백화점건물을 매수하여 소유권이전등기를 마쳤다. 한편 백화점건물의 지하 2층에는 전화교환설비가 설치되어 있었다. C는 전화교환설비에 대하여도 소유권을 주장할 수 있는가?

본래 백화점건물에 설치된 전화교환설비는 과다한 비용을 들이지 않고도 용이하게 백화점건물로부터 분리할 수 있는 독립한 물건이다. 그러나 백화점건물에 설치된 전화교환설비는 그 용도, 설치된 위치와 그 위치에 해당하는 건물의 용도, 건물의 형태·목적에 대한 관계를 종합하여 볼 때 건물에 연결되거나 부착하는 방법으로 설치되어 건물인 백화점의 효용과 기능을 다하기에 필요불가결한 시설물로서 객관적·경제적으로 백화점건물의 상용에 이바지하는 물건이라고 볼 수 있다. 그러므로 백화점건물의 전화교환설비는 종물에 해당한다. 역시 판례도 전화교환설비는 백화점건물의 부속시설이며, 백화점건물은 당초부터 그 시설을 수용하는 구조로 건축되어 있고, 또한 전화교환설비는 단지 전선 등으로 각층 각 방실로 연결되어 있을 뿐이어서 용이하게 분리할 수 있고, 분리하더라도 독립한 동산으로서 가치를 지니며, 그 자리에 다른 물건으로 대체할 수 있다는 사실을 인정할 수 있으므로, 백화점건물의 상용에 제공된 종물이라고 판단하고 있다.[361)]

부동산의 종물은 주물의 처분에 따르고(§100), 저당권은 그 목적부동산의 종물에 대하여도 그 효력이 미친다(§358). 그러므로 사례에서 B은행의 저당권의 효력이 전화교환설비에 대하여도 미친다. 저당권의 실행에 의한 임의경매절차에서 백화점건물을 매수한 C로서는 당연히 전화교환설비에 대하여도 소유권을 주장할 수 있다.

3. 권리의 주종관계

가령 원본채권과 이자채권, 건물소유권과 대지사용권과 같이 권리에서도 주종의 관계가 성립할 수 있다. 2개의 권리 사이에 주종의 관계가 성립하는 경우에는—민법 제100조를 유추적용하여—주된 권리에 대한 처분의 효력은 종된 권리에도 미친다고 해석된다.

제 5 절 원물과 과실

Ⅰ. 원물·과실의 의의

원물로부터 생기는 경제적 수익을 과실이라고 한다. 과실을 생기게 하는 물건이 원물이다. 민법은 과실을 천연과실과 법정과실로 구분하고 있고, 과실의 수취권자가 누구인가에 관한 원칙적 규정을 두고 있다.

Ⅱ. 천연과실

1. 천연과실의 의의

「물건의 용법에 의하여 수취하는 산출물」(§101 I), 즉 원물의 정상적인 경제적 기능에 따라서 수취되는 경제적 수익을 천연과실이라고 한다. 예컨대 과수의 열매·곡물·야채·우유·양모·가축의 새끼·광물·석재·토사가 천연과실에 해당한다.

「물건의 용법」이란 어떤 의미인가? 민법 제101조 제1항에서 말하는 「물건의 용법」이라는 의미에 관하여는 학설이 대립한다. 「물건의 용법」이라고 하는 의미를 엄격히 해석하여 원물의 경제적 사명에 따라서 수취하는 산출물에 한하여 천연과실이 된다고 본다. 반면에 물건의 용법이라고 하는 개념을 넓게 이해하여 반드시 원물의 경제적 사명에 따르지 않는 경우에도 천연과실이 되며, 예를 들어 관상용으로 화분에서 자란 나무의 열매, 승마용 말(馬)의 새끼, 농사일에 사용하는 소로부터의 우유, 폭풍우로 부러진 나무의 가지도 천연

---

361) 대법원 1993.8.13. 선고 92다43142 판결.

과실이 될 수 있다고 보는 견해도 있다. 그러나 천연과실의 관념은 과실을 분리할 때에 누구의 소유에 속하는가를 결정하는 데 실익이 있으므로, 천연과실로 보는가 아닌가를 원물의 경제적 사명에 따르는가 아닌가로 파악하기 보다는 그 물건이 누구의 소유로 돌아가는가 하는 측면에서 검토하는 태도가 타당하다고 여겨진다. 예컨대 A가 B에게 관상용 화분을 빌려준 경우에 B가 수익까지도 하기로 약정한 때에는 그 화분에서 자란 나무의 열매는 천연과실로 되고, B가 과실수취권을 가진다고 해석할 수 있다.

2. 천연과실의 귀속

(1) 서 언

천연과실은 원물로부터 분리되지 않고 있는 동안에는 원칙적으로 원물의 일부에 불과하다. 그러나 천연과실이 원물로부터 분리되면 독립한 동산이 되는 동시에 그 소유권은 수취권자에게 귀속한다.

(2) 생산주의 vs 분리주의

천연과실은 누구에게 귀속되는가? 입법례로서는 생산주의와 분리주의가 대립한다. 게르만법의 생산주의는 「씨를 뿌린 자가 거두어들인다」고 하는 원칙에 따라서 생산자가 천연과실의 수취권자라고 하는 입법례이다. 생산주의에 의하면 과실을 수취할 때에 원물의 소유권을 상실한 경우에도 생산자가 과실수취권을 가진다. 로마법의 분리주의(원물주의)는 — 민법 제102조 제1항과 같이 — 원물로부터 분리될 때에 수취할 권리자에게 천연과실이 귀속한다고 보는 입법례이다.

(3) 민법상의 규정

민법은 "천연과실은 그 원물로부터 분리하는 때에 이를 수취할 권리자에게 속한다"(§102 I)고 하여 분리주의를 따르고 있다. 민법상 과실수취권은 원칙적으로 원물의 소유자가 가진다. 다만 예외적으로 선의의 점유자(§210), 지상권자(§279), 전세권자(§303), 유치권자(§323), 질권자(§343), 저당권자(§359), 매도인(§587), 사용차주(§609), 임차인(§618), 친권자(§923), 유증의 수증자(§1079)에게도 과실수취권이 인정된다.

Ⅲ. 법정과실

1. 법정과실의 의의

'물건의 사용대가로 받는 금전 기타의 물건'을 법정과실이라고 한다(§101 Ⅱ). 토지·건물의 사용대가로 받는 지료·집세는 법정과실에 해당한다. 다만 이자도 법정과실에 해당하는가에 관하여는 이자는 물건의 수익이 아니라 원본채권의 수익에 해당하여 법정과실이라고 볼 수 없다고 하는 견해가 있으나, 금전도 물건에 해당하여 그 이용대가인 이자는 법정과실이라고 보는 견해(다수설)가 타당하다. 그리고 권리사용의 대가(예컨대 특허권의 사용료)나 노동의 대가도 법정과실에 해당하는가에 관하여도 견해가 대립한다. 법정과실에 관한 규정은 원물이 「물건」인가 「권리」인가에 따라서 그 적용을 달리 할 이유가 없는 결과, 권리사용의 대가나 노동의 대가도 법정과실로 보아야 한다고 하는 견해가 있다. 그러나 원물과 법정과실은 모두 물건이어야 하고, 권리사용의 대가·노동의 대가는 법정과실이 되지 못한다고 보는 견해(통설)가 타당하다. 원물의 사용대가를 받을 수 있는 권리도 과실은 아니다.

2. 법정과실의 귀속

법정과실은 수취할 권리의 존속기간에 따라서 그 일수의 비율, 즉 일할로 취득한다(§102 II). 만일 수취권자의 교체가 있는 경우에는 각각의 권리를 존속기간의 일할계산에 의하여 분배된다.

제 5 장

권리의 변동

제 1 절 권리변동의 의의·종류·원인
제 2 절 법률행위 일반
제 3 절 의사표시
제 4 절 대 리
제 5 절 법률행위의 무효와 취소
제 6 절 조건과 기한
제 7 절 기 간
제 8 절 소멸시효

제 5 장
권리의 변동

제 1 절 권리변동의 의의 · 종류 · 원인

Ⅰ. 권리변동의 의의

일정한 법률상의 원인이 있는 경우에 법률관계는 변동된다. 법률관계의 변동에 대한 원인을 「법률요건」이라고 하고, 그 결과를 「법률효과」라고 한다.

법률관계는 보통 권리의무관계를 가리킨다. 그러므로 법률관계의 변동이란 결국 권리의무관계의 변동을 일컫는다. 또한 권리를 중심으로 보면 법률관계의 변동은 권리의 변동을 의미한다. 권리의 발생·변경·소멸을 약칭하여 권리의 변동이라고 한다. 권리자로부터 보면 권리의 취득·변경·상실, 즉 권리의 득실변경이 권리의 변동이 된다.

Ⅱ. 권리변동의 종류

1. 권리의 취득

(1) 원시취득

원시취득이란 권리가 절대적으로 발생하는 경우를 가리킨다. 즉 권리취득자가 타인의 권리에 기초하지 않고 원시적으로 권리를 취득하는 경우가 원시취득이다. 예컨대 무주물선점, 유실물습득, 매장물발견, 부합·혼화·가공, 건물의 신축, 취득시효, 선의취득, 저작권법적으로 보호되는 작품의 완성에 의한 저작권의 취득, 출생에 의한 인격권이나 가족권의 취득이 원시취득에 해당한다.

(2) 승계취득

승계취득이란 권리가 상대적으로 발생하는 경우를 가리킨다. 즉 권리취득자가 구권리자의 권리에 기하여 승계적으로 권리를 취득하는 경우가 승계취득이다. 예를 들어 소유자를 통한 물건의 양도에 의한 소유권취득, 권리자로부터 채권 혹은 양도가능한 권리의 취득, 상속재산의 취득이 승계취득에 해당한다. 승계취득은 다시 이전적 승계와 설정적 승계, 특정승계와 포괄승계로 구분된다.

① 이전적 승계·설정적 승계 이전적 승계란 구권리자가 가지고 있던 권리가 그 동일성을 유지하며 그대로 신권리자에게 이전하는 경우를 가리킨다. 예컨대 매매·상속에 의한 권리취득이 이전적 승계에 해당한다. 설정적 승계란 권리자가 그 권리를 그대로 보유하며, 다만 그 권리에 근거하여 발생한 새로운 권리를 권리취득자가 취득하는 경우를 의미한다. 대표적으로 소유자에 의하여 물건에 제한물권이 설정되는 경우가 설정적 승계에 해당한다.

② 특정승계·포괄승계 특정승계란 개개의 권리가 개개의 취득원인에 의하여 개별적으로 취득되는 경우를 가리킨다. 대표적으로 매매에 의한 소유권취득이 특정승계에 해당한다. 포괄승계란 1개의 취득원인에 의하여 다수의 권리가 일괄하여 취득되는 경우를 의미한다.[362] 예를 들어 상속, 회사나 법인의 합병, 포괄유증 등이 포괄승계에 해당한다.

2. 권리의 변경

(1) 주체의 변경

주체의 변경이란 A가 가지고 있던 권리가—예컨대 매매·상속에 의한 권리의 이전적 승계를 통하여—그 형태대로 B에게 이전하여 권리주체가 A로부터 B로 변경된 경우를 가리킨다. 주체의 변경은 권리자의 교체를 의미하고, 권리의 이전적 취득의 이면에 해당한다.

(2) 내용의 변경

내용의 변경이란 권리자가 가지고 있는 권리의 내용이 변경되는 경우를 가리킨다. 내용의 변경은 다시 성질적 내용변경과 수량적 내용변경으로 구분할 수 있다. 예를 들어 물건의 인도를 목적으로 하는 채권이 금전손해배상채권으로 변하는 경우가 성질적 변경이다. 그리고 소유권에 제한물권이 설정되거나 제한물권이 소멸하여 소유권이 회복되는 경우, 부합에 의하여 부동산의 소유자가 부합물의 소유권을 취득하는 경우가 수량적 변경이다.

(3) 작용의 변경

작용의 변경이란 권리자가 가지고 있는 권리의 작용이 변경되는 경우를 가리킨다. 저당권의 순위가 2번저당권에서 1번저당권으로 승진하거나, 부동산임차권의 등기·채권양도의 통지에 의하여 대항력을 갖추는 경우가 작용의 변경에 해당한다.

---

362) 예컨대 법인의 권리의무가 법률의 규정에 의하여 새로 설립된 법인에게 포괄승계되는 경우에는 특단의 사유가 없는 한 계속중인 소송에 있어서 그 법인의 법률상의 지위도 새로 설립된 법인에게 승계된다(대법원 1984.6.12. 선고 83다카1409 판결).

3. 권리의 소멸

(1) 상대적 소멸

권리승계와 같이 구권리자가 권리를 상실하고, 그 권리가 동일성을 유지하며 신권리자에게 이전되는 경우를 상대적 소멸이라고 한다. 상대적 소멸은 권리주체로부터 볼 때에는 단순한 권리주체의 변경이 된다.

(2) 절대적 소멸

지금까지 존재한 권리 자체가 세상에서 없어지는 경우를 절대적 소멸이라고 한다. 목적물의 멸실에 의한 소유권상실, 변제에 의한 채권상실, 권리자의 사망에 의한 귀속상의 일신전속권의 상실이 절대적 소멸에 해당한다.

Ⅲ. 권리변동의 원인

1. 법률요건

(1) 법률요건의 의의

일정한 법률효과를 생기게 하는 사실, 즉 권리변동의 원인을 총괄하여 「법률요건」이라고 한다. 법률요건으로서 가장 중요한 경우는 법률행위이다. 법률행위에서는 1인의 의사표시만으로 법률요건이 되는 경우(단독행위)도 있고, 2인 이상의 서로 합치하는 의사표시를 필요로 하는 경우(계약·합동행위)도 있다.

(2) 법률효과와 법률요건·법률사실

권리의무는 어떤 일정한 요건이 구비되면 변동된다. 의사표시에 의한 계약을 통하여 권리의무가 발생하기도 하고, 의사표시에 기하지 않은 불법행위나 취득시효에 의하여도 권리의무가 발생한다. 계약·불법행위에 의하여 권리의무가 발생하거나 취득시효에 의하여 권리를 취득하는 경우와 같은 권리의무의 변동을 「법률효과」라고 한다. 권리변동이라고 하는 일정한 법률효과를 생기게 하기 위하여 필요한 일정한 원인은 법률요건이고, 법률요건을 구성하는 개개의 사실은 「법률사실」이라고 한다.

예컨대 매매계약은 청약과 승낙이라고 하는 2개의 의사표시의 합치에 의하여 성립하는 법률요건이다(의사표시는 법률사실이다). 매매계약이라고 하는 법률요건에 의하여 매매관계라고 하는 법률관계가 성립하며 그 법률효과로 매수인의 목적물인도청구권과 매도인의 대금지급청구권이라고 하는 권리가 발생한다. 그리고 유언에서는 1개의 법률사실(유언자의 의사표시) 자체가 그대로 법률요건을 구성하여 유언자가 사망하면 유언에 따른 법률효과가 생긴다.

2. 법률사실의 종류

(1) 사람의 정신작용에 기한 법률사실(용태)

1) 외부적 용태(행위)

사람의 정식작용이 외부에 표현되는 법률사실을 외부적 용태 혹은 「행위」라고 한다. 외부적 용태인 행위에는 적극적 행위인 작위와 소극적 행위인 부작위가 있다.

외부적 용태는 법률상 가치가 있다고 평가되어 법률이 허용하는 적법행위와 법률이 허용하지 아니하여 행위자에게 불이익한 효과를 발생하게 하는 위법행위(채무불이행·불법행위)가 있다. 적법행위는 일정한 법률효과의 발생을 목적으로 의사를 외부에 표시하는 「의사표시」와 법률행위와 같은 효과의사를 수반하지 않더라도 어떤 의사적 요소에 의하여 법률효과가 발생하는 「준법률행위」로 구분된다. 준법률행위는 다시 의식내용 그 자체가 외부에 표현되지만 법률효과는 법률의 규정에 따라서 발생하는 「표현행위」와 단지 일정한 사실만으로 법률이 법률효과를 인정하는 「비표현행위」(사실행위)로 분류된다.

① 의사표시　　의사표시란 일정한 법률효과의 발생을 목적으로 하는 의사의 표시행위이다. 의사표시는 법률행위에서는 없어서는 안되는 꼭 필요한 필수적 요소이다.

② 준법률행위　　의사표시와 같이 당사자의 의사에 기하여 법률효과가 인정되지 않고, 표의자가 의욕하지 않더라도 법률이 일정한 법률효과를 인정하는 적법행위를 준법률행위라고 한다. 준법률행위의 종류에는 표현행위와 비표현행위(사실행위)가 있다.

ⓐ 표현행위　　표현행위는 다시 의사의 통지, 관념의 통지, 감정의 표시로 구분된다. 추인하는가 아닌가에 대한 최고(§15), 시효중단을 위한 최고(§174), 선택권의 행사 여부에 대한 최고(§381)와 같은 각종의 최고나 거절(§§16·132)과 같이 표의자의 의사가 있지만 그 의사가 직접적으로 법률효과를 발생하게 하지는 않고, 단지 법률이 부여한 법률효과를 생기게 하는 경우를 「의사의 통지」라고 한다. 사원총회소집의 통지(§71), 대리권수여의 표시(§125), 채권양도의 통지나 승낙(§450), 채무의 승인(§168), 공탁의 통지(§488 Ⅲ), 승낙연착의 통지(§528 Ⅱ)와 같이 일정한 사실의 통지로 법률이 일정한 법률효과를 인정하는 경우를 「관념의 통지」라고 한다.[363] 용서[364]와 같이 감정을 표현하여 법률효과가 발생하는 경우를 「감정의 표시」라고 한다.

ⓑ 비표현행위(사실행위)　　사실행위는 다시 순수사실행위, 혼합사실행위, 의사사실

---

363) 판례를 보면 민법 제451조 제1항에서 정한 이의를 보류하지 아니한 채권양도의 승낙이라 함은 채무자가 채권양도의 사실에 관한 인식을 표명하는 경우로서 그 법적 성질은 이른바 관념의 통지에 해당한다(대법원 2013.06.28. 선고 2011다83110 판결).

364) 민법전에 「용서」라고 하는 표현이 사용된 경우로는 두 조항이 있다. 수증자의 망은행위에 의한 해제권은 증여자가 수증자에 대하여 용서의 의사를 표시한 때에는 소멸하고(§556 Ⅱ), 배우자에게 부정행위가 있더라도 사후 용서를 한 때에는 이혼을 청구하지 못한다(§841).

행위로 구분된다. 특허법상의 발명이나 매장물의 발견, 가공과 같이 일정한 사실적 결과만 존재하면 법률이 법률효과를 부여하는 경우를 「순수사실행위」, 유실물습득·무주물선점에 의한 소유권취득과 같이 일정한 사실적 결과의 발생과 어떤 사실적 의사 혹은 의식내용이 있으면 법률효과가 부여되는 경우를 「혼합사실행위」, 사무관리나 부부의 동거(§826)와 같이 사실적 결과와 어느 정도 독립성을 가진 의사적 요소가 있으면 법률효과가 인정되는 경우를 「의사사실행위」라고 한다.

2) **내부적 용태**

행위로 외부에 나타나지 않는 내심의 의식작용 혹은 심리적 상태에 해당하는 법률사실을 내부적 용태라고 한다. 내부적 용태는 관념적 용태와 의사적 용태로 구분된다. 선의·악의, 정당한 대리인이라고 하는 신뢰(§126)와 같이 일정한 사실에 대한 관념 여부에 따라서 법률효과가 부여되는 경우를 「관념적 용태」라고 한다. 소유의 의사(§197)·제3자변제에서 채무자의 허용과 불허용의 의사(§469), 사무관리에서 본인의 의사(§734)와 같이 어떤 사람이 가지는 일정한 의사 여하에 따라서 법률효과가 부여되는 경우를 「의사적 용태」라고 한다.

(2) 사람의 정신작용에 의하지 않은 법률사실(사건)

사람의 정신작용과 관계없이 법률에 의하여 법률상의 의미가 인정되는 법률사실을 사건이라고 한다. 예컨대 사람의 출생과 사망, 실종, 기간의 경과, 물건의 자연적 발생과 소멸이 사건에 해당한다. 물건의 파괴, 과실의 분리, 부합, 혼화와 같이 사람의 정신작용에 의하여 발생할 수 있더라도 사람의 정신작용에 의하지 않고도 동일한 효과가 생길 수 있는 경우도 사건에 포함된다.

제 2 절 법률행위 일반

Ⅰ. 서 설

1. 사적 자치와 법률행위자유의 원칙

사적 자치는 개인이 자기결정에 따라서 자유롭게 행동하여 법률관계를 형성할 수 있는 원칙이다. 법률행위는 사적 자치를 실현하는 수단이며, 당연히 사적 자치의 원칙으로부터 법률행위자유의 원칙이 도출된다(사적 자치→개인의 행동자유→법률관계형성의 자유). 법률행위자유는 소극적 측면에서는 법률행위에 대한 국가의 간섭배제를 의미하고, 적극적 측면에서는 당사자의 자유의사에 의한 법률효과의 발생을 의미한다.

법률행위자유에는 계약자유·유언의 자유·단체설립의 자유가 포함된다. 법률행위의 자유, 특히 계약자유는 구체적으로 (i) 체결의 자유(계약의 체결 여부를 결정할 수 있는 자유), (ii) 상대방선택의 자유(누구하고 체결하는가를 자유로 결정할 수 있는 자유), (iii) 내용결정의 자유(계약의 내용을 계약당사자 쌍방이 결정할 수 있는 자유), (iv) 방식의 자유(계약방식을 임의로 결정할 수 있는 자유)로 구성된다.

법률행위자유의 원칙은 아래와 같이 일정한 제한(일반적·내재적 제한과 개별적 제한)에 복종한다.

(i) 대기업이 행하는 부합계약[365]에 대하여는 행정청의 감독이나 개입(허가·인가)을 통하여 계약내용의 적정을 유지하고 있다.

(ii) 시장의 독점지배에 관하여는 공정거래제도(독점규제 및 공정거래에 관한 법률)를 통하여 시장질서의 공정을 도모하고 있다.

(iii) 노사 사이에서는 노동조합의 결성을 보장하여 단체에 의한 힘의 강화를 인정하고 있다(예컨대 노동조합 및 노동관계조정법).

(iv) 개인간의 계약에서 적정을 확보하기 곤란한 계약관계에 대하여는 개별적으로 특별법(예컨대 주택임대차보호법·상사건물임대차보호법)을 제정하여 불공정을 시정하고 있다.

[더 생각할 과제 - 법률행위자유의 순기능과 역기능]

법률행위자유는 순기능과 역기능을 함께 가지고 있다. 법률행위자유의 순기능으로는 (i) 자유주의의 원칙에 적합하고, (ii) 사회생활의 다양성에 대응하기 용이하고, (iii) 당사자가 서로 합의하여 계약을 체결하므로 계약의 내용이 공평하고, (iv) 경제적 경쟁심을 자극하여 경제활동을 활발하게 하고, (v) 국가의 경제력이 결핍된 시대에 국가로서 어떤 배려도 할 필요가 없는 명분이 된다고 하는 사실을 들 수 있다. 한편 법률행위자유는 역기능도 있다. 예컨대 (i) 부합계약의 출현, (ii) 기업에 의한 시장독점의 출현, (iii) 수급관계의 불균형(물자불족과 과잉생산)의 발생, (iv) 경제적 강자와 약자 사이의 계층적 분열의 조장과 같은 사실을 법률행위자유의 역기능으로 생각할 수 있다.

2. 법률행위의 의의

법률행위란 일정한 법률효과의 발생을 목적으로 하는 1개 혹은 수개의 의사표시에 의하여 성립하는 법률요건을 가리킨다. 법률행위는 의사표시를 불가결의 요소로 하며, 그 의사표시를 통하여 행위자가 의도한 사법상의 효과를 발생하게 한다.

[더 생각할 과제 - 호의행위]

서울에서 직장에 다니는 A는 토요일 오후에 직장동료의 결혼식에 참석차 자동차를 직접 운전하고 수원에 가게 되었다. 마침 같은 직장에 다니는 B도 그 결혼식에 참석하고자 하였는

365) 부합계약이란 당사자 한쪽이 계약의 내용을 마음대로 결정하고, 상대방은 그 계약조건을 그대로 받아들이든가, 계약을 맺지 않든가 하는 자유밖에 없는 계약을 말한다.

데, B가 A의 자동차에 동승하였다. A는 B를 태운 채 자동차를 운전하고 수원으로 가다가 전신주를 들이받아 자동차에 타고 있던 B가 크게 부상을 당하였다. B는 A에 대하여 손해배상책임을 물을 수 있는가?

단순한 호의에 의하여 어떤 이익을 주고받는 행위를 호의행위(好意行爲)라고 한다. 특히 차량의 운행자가 아무런 대가를 받지 아니하고 동승자의 편의와 이익을 위하여 동승을 허락하고, 동승자도 그 자신의 편의와 이익을 위하여 그 제공을 받는 경우를 이른바 「호의동승」이라고 한다. 타인을 무상으로 자신의 차에 태워주는 호의동승도 호의관계의 전형적인 예이다. 호의행위나 호의동승은 원칙적으로 법적 구속을 받을 의사 없이 하는 행위로 법적 구속이 따르지 아니한다. 다만 호의행위나 호의동승이라고 하더라도 때에 따라서는 법률관계가 생기는 경우가 있다.

사례에서는 차량의 운행자 A가 아무런 대가를 받지 아니하고 동승자 B의 편의와 이익을 위하여 동승을 허락하고 B도 그 자신의 편의와 이익을 위하여 그 제공을 받은 경우이다. 호의동승의 사실만으로 손해배상책임이 배제되거나, 손해배상액을 감경할 수 있는가? 사례에서 B가 호의동승한 사실만으로 무조건 손해배상책임이 면제되지는 않는다. 또한 A가 차량에 단순히 호의로 동승한 사실만 가지고 바로 손해배상액의 경감사유로 삼을 수 있지는 않다(판례의 입장이다[366]). 다만 운행목적, AB의 인적 관계, B가 A의 자동차에 동승한 경위, 특히 B가 동승을 요구한 목적과 적극성 등 여러 사정에 비추어 A에게 일반의 교통사고와 동일한 책임을 지운다고 하면 신의칙이나 형평의 원칙으로 보아 매우 불합리하다고 인정될 때에 비로소 손해배상액을 경감할 수 있다.

3. 법률행위의 요건

(1) 법률행위의 성립요건

1) 일반성립요건

모든 법률행위에 공통적으로 요구되는 법률행위의 일반성립요건으로는 (i) 당사자, (ii) 목적, (iii) 의사표시 세 가지가 있다. 결국 법률행위가 성립하기 위하여는 당사자가 어떤 내용(목적)을 가진 의사표시를 하여야 한다. 의사표시는 단독의 의사표시도 있지만(단독행위의 경우), 보통 2인 의상의 의사표시의 합치가 필요하다(계약이나 합동행위의 경우).

2) 특별성립요건

어떤 법률행위에 대하여는 개별적으로 특별성립요건이 요구되는 경우가 있다. 요식행위에서는 일정한 「방식」이 구비되어야 법률행위가 성립하고, 요물계약에서는 「목적물의 교부」가 계약의 성립요건이다.

366) 판례는 호의동승의 경우에는 여러 사정(예컨대 운행목적, 동승자와 운행자의 인적 관계, 그가 차에 동승한 경위, 특히 동승을 요구한 목적과 적극성 등)에 비추어 가해자에게 일반 교통사고와 동일한 책임을 지우기가 신의법칙이나 형평의 원칙으로 보아 매우 불합리하다고 인정될 때에는 그 손해배상액을 경감할 수 있으나, 사고차량에 단순히 호의로 동승한 사실만 가지고 바로 손해배상액의 경감사유로 삼을 수는 없다고 본다(대법원 1999.2.9. 선고 98다53141 판결).

(2) 법률행위의 효력요건(유효요건)

1) 당사자=의사능력·행위능력

당사자가 의사능력·행위능력을 갖추고 있어야 법률행위가 효력이 생긴다. 법률행위가 일단 성립하더라도 당사자가 의사무능력자이면 무효가 된다. 또한 제한능력자이면 취소로 인하여 그 효력이 소급적으로 상실될 수 있다.

2) 목적=확정·가능·적법·사회적 타당

법률행위의 목적이 확정성, 가능성, 적법성, 사회적 타당성(공서양속성)을 가져야만 법률행위는 그 효력이 인정된다. 만약 법률행위의 목적이 불확정적이거나, 원시적 불능에 해당하거나, 적법성이 없거나, 비공서양속적인 경우에는 효력이 생기지 아니한다.

3) 의사표시=의사와 표시의 일치·무하자

의사표시가 의사와 표시의 불일치(비진의표시, 허위표시, 착오)나 의사표시의 하자(사기나 강박)가 없는 정상상태에 있어야 한다. 만약 의사와 표시가 불일치하거나 의사표시에 하자가 있으면 의사표시가 무효로 되거나 취소할 수 있으므로, 법률행위의 효력이 생기지 아니한다.

(3) 법률행위의 효과귀속요건

일단 발생한 법률행위의 효력이 다시 당사자나 제3자 혹은 물건에 미치기 위하여 요구되는 요건을 법률행위의 효과귀속요건이라고 한다. 가령 대리인을 사용하여 행위를 한 경우에 그 법률효과가 본인에게 귀속하기 위해서는 「대리권」이 필요하다. 그리고 타인의 물건에 대한 처분행위의 효력이 그 물건이나 소유자에게 미치기 위해서는 「처분권」이 요구된다.

(4) 법률행위의 효력발생요건

법률행위가 유효하게 성립하고도 그 효력의 발생을 위하여는 다시 효력발생요건이 요구되는 경우가 있다. 유언에서는 유언자가 유언을 하면 일단 유언으로서의 법률행위가 유효하게 성립하나, 그 효력이 발생하기 위해서는 유언자의 사망·수유자의 생존과 같은 「법정조건」이 충족되어야 한다. 그리고 당사자의 의사에 의하여 법률행위의 효력의 발생·소멸 혹은 그 시기가 좌우되는 「조건」과 「기한」도 법률행위의 효력발생요건이다.

Ⅱ. 법률행위의 종류

1. 단독행위 · 계약 · 합동행위

(1) 단독행위

단독행위란 당사자 한쪽에 의한 1개의 의사표시만에 의하여 성립하는 법률행위를 가리킨다. 단독행위는 상대방 있는 단독행위와 상대방 없는 단독행위로 구분된다. 상대방 있는 단독행위에는 동의 · 채무면제 · 상계 · 추인 · 취소 · 해제 · 해지가 해당하고, 상대방 없는 단독행위에는 유언 · 재단법인의 설립행위 · 권리의 포기가 해당한다.

(2) 계 약

계약이란 2인 이상의 당사자가 서로 대립하는 의사표시를 하여 그 합치로 성립하는 쌍방적 법률행위를 가리킨다. 예를 들어 A가 B에게 아파트를 2억원에 판다고 청약의 의사표시를 하고, B가 A의 청약에 대응하여 그 아파트를 2억원에 산다고 하는 승낙의 의사표시를 하면 매매라고 하는 계약이 성립한다.

계약은 협의의 계약과 광의의 계약으로 구분된다. 협의의 계약은 채권계약을 의미한다. 광의의 계약에는 채권계약은 물론, 물권계약 · 준물권계약 · 가족법상의 계약을 포함한다. 일반적으로 계약이라고 하면 협의의 계약을 의미한다. 민법은 14가지 전형계약을 규정하고 있지만, 계약자유의 원칙상 당사자의 합의에 의하여 민법이 규정하지 않은 새로운 종류의 계약도 얼마든지 체결할 수 있다.

(3) 합동행위

합동행위란 동일방향을 향하는 2개 이상의 평행적 · 구심적 의사표시가 합치하여 성립하는 법률행위를 가리킨다. 대표적으로 사단법인의 설립행위가 합동행위에 해당한다.

사단법인의 설립행위와 같은 성질의 합동행위를 「필요적 합동행위」라고 하고, 법률행위의 성질상 단독행위인 법률행위를 우연히 2인 이상이 공동으로 하는 경우를 「임의적 합동행위」라고 부르기도 한다. 그러나 임의적 합동행위는 외형상 합동행위와 비슷할 뿐이지, 본질상으로는 합동행위가 아니라 단독행위의 경합에 불과하다.

[더 생각할 과제 - 「합동행위」 개념의 인정 여부]

합동행위라고 하는 개념을 계약과 별도로 인정할 필요가 있는가? 학설상 합동행위를 계약으로 보면 충분하고, 별도로 합동행위라는 개념을 인정할 필요가 없다고 보는 견해가 있다. 그러나 계약과는 별개로 합동행위라고 하는 개념을 인정할 필요가 있다고 본다. 합동행위는 복수의 의사표시의 합치로 성립한다고 하는 측면에서는 계약과 유사하지만, 의사표시의 내용이 계약에서는 「대응하는 별개의 내용」이고 합동행위에서는 「동일방향을 향한 동일내용」이며, 2개의 의사표시가 계약에서는 「교차합치」하고 합동행위에서는 「평행합류」한다고 하는 차이가 있다. 그리고 합동행위에서는 계속적 단체와 그 단체에 불가결한 조직이 성립되고, 참가자의 1인의 의사표시가 무효가 되더라도 나머지 의사표시는 영향을 받지 않고 유효하여 본래의 법률효과가 발생한다.

2. 요식행위·불요식행위

(1) 요식행위

요식행위란 서면 기타 일정한 방식(예컨대 서면, 증서, 공증인의 공증, 관청에 대한 신고, 검인)에 따라서 하여야 하는 법률행위를 가리킨다. 요식행위는 의사표시를 신중 혹은 명확하게 할 필요가 있는 경우에 흔히 요구된다. 대표적으로 법인설립행위·유언·혼인·파양·수표어음행위가 요식행위에 해당한다. 그리고 후견계약도 공정증서로 체결하여야 하는 요식행위이다(§959의14 II). 또한 지난 2008년에 제정된 보증인 보호를 위한 특별법 제3조 제1항는 "보증은 그 의사가 보증인의 기명날인 또는 서명이 있는 서면으로 표시되어야 효력이 발생한다"고 규정하여 보증계약에 요식주의를 채택하고 있다.

(2) 불요식행위

불요식행위란 서면 기타 방식이 요구되지 않는 법률행위를 가리킨다. 법률행위에 대하여는 원칙적으로 방식의 자유가 인정된다. 예컨대 매매·소비대차·위임과 같은 거의 모든 법률행위는 불요식행위이다. 불요식행위에서는 당사자의 합의만으로 법적 구속력이 생긴다.

3. 생전행위·사후행위

(1) 생전행위

생전행위란 표의자의 생존중에 이미 그 법률효과가 생기는 법률행위를 가리킨다. 법률행위는 거의 대부분이 생전행위이다.

(2) 사후행위(사인행위)

사후행위란 행위자의 사망으로 인하여 비로소 그 법률효과가 생기는 법률행위를 가리킨다. 대표적으로 유언·사인증여가 사후행위에 해당한다.

4. 채권행위·물권행위

(1) 채권행위

채권행위란 채권의 발생을 목적으로 하며, 채무자의 이행에 의하여 종국적 목적이 실현되는 법률행위를 가리킨다. 예를 들어 증여·매매·임대차와 같은 계약이 채권행위이다.

(2) 물권행위

물권행위란 물권의 변동을 목적으로 하며, 이행을 필요로 하지 않고 바로 목적이 실현되는 법률행위를 가리킨다. 예컨대 소유권의 양도·저당권의 설정행위가 물권행위에 해당한다.

[더 생각할 과제 - 준물권행위]

물권 이외의 권리(예컨대 채권·지식재산권)를 종국적으로 변동시키고 이행이라는 문제를 남기지 않는 법률행위를 준물권행위라고 한다. 채권·지식재산권의 양도, 채무면제가 준물권행위이다.

5. 출연행위·비출연행위

(1) 출연행위

출연행위란 자기의 재산을 감소시키고 타인의 재산을 증가하게 하는 효과를 발생시키는 법률행위를 가리킨다. 매매·증여·소유권의 양도와 같은 보통의 재산행위가 출연행위이다. 출연행위는 다시 유상행위·무상행위로 구분할 수 있다.

① 유상행위　　유상행위는 자기의 출연과 상대방의 출연이 서로 교환조건적·대가적 관계에 있는 출연행위를 일컫는다. 예컨대 매매·교환·임대차가 유상행위에 해당한다.

② 무상행위　　무상행위는 상대방으로부터는 출연을 받지 않고 당사자 일방만이 출연의무를 부담하는 출연행위를 일컫는다. 예컨대 증여·사용대차가 무상행위에 해당한다.

(2) 비출연행위

비출연행위란 타인의 재산에 대한 증가 없이 행위자의 재산만이 감소하거나 직접 재산의 증감을 초래하지 않는 법률행위를 가리킨다. 예컨대 소유권의 포기·대리권의 수여가 비출연행위이다.

6. 유인행위·무인행위

(1) 유인행위

유인행위란 원인이 된 행위의 불성립이나 무효가 당연히 그 법률행위의 효력에 영향을 미치는 법률행위를 가리킨다. 가령 A행위(예컨대 소유권이전)가 B행위 혹은 B관계(예컨대 매매)에 기한 경우에 B행위 혹은 B관계를 A행위의 원인이라고 하며, A행위의 효력이 B행위 혹은 B관계의 효력에 좌우되는 경우가 유인행위이다.

(2) 무인행위

무인행위란 원인이 된 행위의 불성립이나 무효가 법률행위의 효력에 영향을 미치지 않는 법률행위를 가리킨다. 어음행위는 일반적으로 무인행위라고 본다. 물권행위나 대리권 수여행위(수권행위)에 대하여는 유인행위인가 무인행위인가에 대한 대립이 있다.

7. 신탁행위·비신탁행위

(1) 신탁행위

신탁행위란 상대방을 신뢰하고 재산권을 이전하는 형태를 취하지만 실질상으로는 당사자 사이에 목적을 한정하는 약정을 하는 법률행위를 가리킨다(비신탁행위란 당사자 일방이 상대방에게 신탁을 주지 않는 법률행위를 가리킨다). 신탁행위는 다시 신탁법상의 신탁행위와 민법상의 신탁행위로 구분된다.

① 신탁법상의 신탁행위　　신탁법상의 신탁행위는 어떤 자가 법률행위를 통하여 상대방에게 재산권을 이전하는 동시에 그 재산권을 일정한 목적에 따라서 자기 혹은 제3자를 위하여 관리·처분하게 하는 법률관계(신탁)를 설정하는 계약 또는 유언을 일컫는다. 신탁법상의 신탁에는 관리신탁·처분신탁·공익신탁이 있다.

② 민법상의 신탁행위　　민법상의 신탁행위는 어떤 경제적 목적을 달성하기 위하여 당사자 일방이 타방에게 그 목적달성에 필요한 정도를 넘는 권리를 이전하고, 다른 한편으로는 수탁자에게 이전받은 권리를 그 당사자가 달성하려고 하는 경제적 범위를 넘어서 행사하여서는 아니될 의무를 부담하게 하는 법률행위를 일컫는다. 예컨대 양도담보나 추심을 위한 채권양도가 민법상의 신탁행위에 해당한다.

8. 독립행위·보조행위

독립행위란 직접적으로 실질적인 법률관계의 변동을 일어나게 하는 법률행위를 가리킨다. 보조행위란 다른 법률행위의 효과를 단순히 형식적으로 보충하거나 확정하는 목적을 가진 법률행위를 가리킨다. 예를 들어 동의·추인·대리권수여행위가 보조행위이다.

9. 주된 행위·종된 행위

주된 행위는 어떤 법률행위가 유효하게 성립하기 위하여 전제가 되는 법률행위를 의미하고, 종된 행위는 유효하게 성립하기 위하여 다른 법률행위의 존재를 논리적 전제로 하는 법률행위를 가리킨다. 예컨대 채권행위와 담보계약, 혼인과 부부재산계약이 주된 행위와 종된 행위의 관계에 있다.

Ⅲ. 법률행위의 목적

1. 확정성

법률행위는 어떤 법률적 수단의 실현을 목적으로 하는가를 판별할 수 있고, 그 내용이 무엇인가가 확정되어 있거나 확정할 수 있어야 한다. 법률행위의 목적내용이 행위 그 자체로부터 명백하지 않은 경우에는 그 내용을 명확히 하기 위한 보조적 작업으로 법률행위의 해석이 필요하다.[367] 법률행위의 해석에도 불구하고 목적이 불확정한 법률행위는 외형적으로는 법률행위의 모습을 갖추고 있더라도 무효이다.

2. 실현가능성

(1) 구별기준 – 사회관념설

법률행위가 유효하기 위해서는 그 실현이 가능하여야 한다. 법률행위가 실현가능한지 불능인지는 물리적·논리적으로 결정되지 않고, 사회관념(거래관념)에 따라서 결정하여야 한다. 가령 바다 밑에 있는 보석을 물리적으로는 건져낼 수 있다고 하더라도 사회관념상 불가능하다고 보아야 하는 때에는 법률행위의 불능이 된다.

(2) 일시적 불능·항구적 불능

1) 일시적 불능

일시적 불능은 불능을 이루고 있는 사유가 곧 제거된다고 예상되는 잠정적 불능을 가리킨다. 예컨대 지하철파업으로 지하철이 1일 동안 운행정지된 경우가 일시적 불능이다.

2) 항구적 불능

항구적 불능은 잠정적 불능이 아닌 확정적 불능을 가리킨다. 법률행위를 무효로 하는 불능은 항구적 불능만이 해당한다.

(3) 물리적 불능·사실적 불능·법률적 불능·경제적 불능

1) 물리적 불능

물리적 불능은 예컨대 화재로 지난 밤에 소실된 건물의 매매, 이미 변제로 소멸한 채권의 양도와 같이 물리적·자연적으로 불능인 경우를 가리킨다. 다만 법적으로 불능이라는

---

367) 예컨대 백화점에 가서 막연히 상품을 산다고 하는 때에는 무엇을 원하는지를 알 수 없으므로 원칙적으로 무효로 되나, 해석에 의하여 확정할 수 있는 때에는 유효로 될 수 있다. 또한 A가 자기가 소유하고 있는 오토바이 혹은 자동차 중 하나를 B에게 준다고 하는 경우에는 장차 선택에 의하여 확정될 수 있으므로, 법률행위는 유효하다.

함은 단순히 절대적·물리적으로 불능인 경우가 아니라(물론 물리적·자연적으로 불능이라면 법적으로도 불능에 해당한다), 사회생활에서의 경험법칙 또는 거래상의 관념에 비추어 볼 때 법률행위에 따른 의무이행의 실현을 기대할 수 없는 경우를 말한다.

> A는 1975년 북극탐험을 하다가 사고로 죽음을 맞게 되었는데, 즉시 영하 196℃의 액체질소에 넣어 냉동된 후에 냉동보관캡슐에 담겨 냉동인간으로 보관되었다. B가 A를 다시 부활시키기로 약정한 경우에 그 효력이 있는가?

냉동인간의 소생은 과연 물리적 내지 자연적으로 불능인가? 1967년 미국에서 최초로 인간이 냉동보존된 후에 현재까지 100여구의 냉동인간이 부활을 기다리고 있다고 한다. 물론 냉동인간의 소생은 확률은 떨어지지만 기술적으로만 따져보면 가능성이 있다는 의견이 지배적이라고 한다.[368] 냉동인간을 해동하는 과정에서 얼음이 뭉치고 커지면서 세포를 파괴하는 결빙현상을 막아주는 해동기술, 혈액을 대체할 수 있는 기술, 냉동과정과 보관중에 인체 여러 곳에 발생한 손상을 치료할 수 있는 나노기술 등이 모두 실현된다면 냉동인간을 살릴 가능성은 얼마든지 있다고 한다. 어느 날 두 눈이 반쯤 감긴 채 입을 벌리고 냉동인간으로 누워있는 A가 다시 걸을 수 있을지 관심이 모아지고 있다. 그러나 현재로서는 냉동인간의 부활은 물리적 불능이라고 보지 않을 수 없다. 결국 냉동인간을 부활시킨다는 약정의 법적 효력을 인정하기는 어려우므로, B가 A를 다시 부활시킬 법적 의무를 부담한다고 볼 수는 없다.

2) 사실적 불능

바다 속에 빠진 반지나 보석을 찾아낸다고 하는 경우는 비록 물리적·기술적으로는 그 실현이 가능하다고 하더라도 사실상 실현이 불가능하다.[369] 사실적 불능도 역시 법적 의미에서도 불능으로 이해된다.

3) 법률적 불능

법률적 불능은 법률적으로 허용되지 않는 경우를 가리킨다. 예를 들어 범죄행위를 목적으로 하는 법률행위는 법률적 불능에 해당한다. 또한 현행법상 부동산질권이 인정되지 않는데도 부동산에 대한 질권설정계약을 체결하거나, 동산저당권이 인정되지 않는데도 동산에 대한 저당권설정계약을 체결하면 법률적 불능에 해당한다.

---

368) 최근 영국에서 생존율이 5%에 불과한 치명적인 병인 심실상성 빈맥에 걸린 신생아의 심장박동수를 줄여 장기손상을 감소시킬 목적으로 냉동제가 채워진 바구니에 넣고, 체온을 섭씨 3.5도까지 떨어뜨려 냉동시켜 심장박동을 안정시킨 후에 다시 12시간 동안 체온을 서서히 올려 소생시킨 경우가 있다.

369) 언론보도에 의하면 결혼한지 3개월이 된 남성이 뉴질랜드 수도 웰링턴의 항구에 외래종 식물이 있는지 파악하는 과정에서 약 3m 깊이의 바다에 결혼반지를 빠트리고, 그 후 바로 결혼반지가 빠진 지점을 표시하기 위하여 배 밖으로 닻을 던진 뒤 포기하지 않고 그 주변을 열심히 수색하여 결국 16개월만에 탁한 바닷물 속에서 빠트린 결혼반지를 다시 찾아낸 경우가 있다고 한다.

4) 경제적 불능

경제적 불능은 법률행위의 목적을 실현하기 위하여 상당한 경제적 손실이 초래되어 채무자에게 그 실현이 기대되기 곤란한 경우를 가리킨다.

(4) 원시적 불능·후발적 불능

1) 원시적 불능

> 골동품수집가 A는 레스토랑에서 우연히 골동품가게를 운영하는 B를 만났는데, B로부터 자기가 평소 구입하고자 한 고려청자를 자기가 마음 속에 생각하고 있는 가격보다 아주 좋은 조건으로 판다고 하는 제안을 받고, 그 자리에서 망설임 없이 승낙하여 B와 고려청자를 구입하는 매매계약을 체결하였다. 그런데 A가 구입한 고려청자는 계약체결하기 하루 전부터 이미 파괴되어 산산조각이 나 있었다. A는 B에 대하여 이행불능에 따른 책임을 물을 수 있는가? 만약 고려청자에 대한 매매계약을 체결하기 전에 B의 종업원이 고려청자를 다른 고객 C에게 매도하고 인도한 경우라고 하면 어떤가?

(i) 사례는 AB 사이의 매매계약이 성립한 때에 이미 이행할 수 없는 경우이므로, 원시적 불능의 경우에 해당한다. 「원시적 불능은 채무를 성립시키지 아니한다」(impossibilium nulla obligation)고 하는 법언과 같이, 원시적 불능에 의하여는 채무가 발생하지 아니한다고 하는 원칙이 로마법 이래의 오랜 전통이다.370) 민법상 명문규정은 없으나, 이견 없이 원시적 불능을 무효로 해석하고 있다.371)

사례에서는 고려청자가 AB 사이의 매매계약이 체결되기 전에 파괴되어 채권의 성립시 이미 급부가 누구에게나 실현불능하게 된 경우로서 원시적·객관적·영속적 불능에 해당한다. AB 사이의 매매계약이 원시적 불능인 때에는 그 법률행위는 무효로 되고, 결국 매매계약에 기한 법률관계, 즉 채권·채무관계가 성립하지 아니한다. 그러므로 고려청자가 매매계약의 체결 전에 이미 파괴된 경우에 A는 B에 대하여 고려청자의 인도를 청구할 수 없고, 역시 B도 A에 대하여 매매대금의 지급을 청구할 수 없다. 물론 계약체결 전에 이미 고려청자가 파괴되어 매매계약이 원시적 무효로 된 경우에 B는 A에 대하여 민법 제535조

370) 프랑스민법은 로마법의 영향을 받아 원시적 불능을 무효로 보는 태도(à l'impossible nul n'est tenu)를 취하고 있다. 독일에서는 종래 원시적 불능은 무효(nichtig)로 된다고 한 명문규정을 채권법의 개혁을 통하여 개정하여 현재 독일민법은 원시적 불능과 후발적 불능을 구분하지 아니하고 「불능」(Unmöglichkeit)이라는 개념 하나로 통일하여 규율하고 있다. 독일민법은 불능인 경우에 계약은 유효하나(§311 a I BGB), 주된 급부의무가 배제된다고 규정하고 있다(§275 I BGB).

371) 최근 원시적 불능을 무효로 보는 입장에 대하여는 강한 비판도 있다. 대표적으로 원시적 불능론에 대하여 (i) 채무의 성립과 불능사유의 선후라고 하는 우연한 사실에 의하여 채무의 발생·불발생이라고 하는 중요한 법률효과의 차이를 인정하는 태도는 합리적이지 못하고, (ii) 타인의 권리의 매매는 처음부터 매수인이 타인으로부터 그 소유권을 취득할 수 없는 경우에도 무효로 하지 아니하여(§569) 원시적 불능을 무효로 보는 경우와 균형을 상실하고 있다고 하는 비난이 있다.

에 의한 계약체결상의 과실책임을 부담할 수 있다. 만일 매도인 B가 고려청자의 파괴를 알았거나 알 수 있었고, 반면에 매수인 A는 고려청자의 파괴에 대하여 알았거나 알 수 있었을 경우가 아닌 때에는 A는 B에 대하여 계약체결상의 과실을 이유로 손해배상청구를 할 수 있다. 다만 AB 사이의 매매계약이 원시적 불능인 경우에 일응 체결된 매매계약이 무효로 되어 계약의 이행이 전혀 고려되지 아니하므로, A가 B에 대하여 청구할 수 있는 손해는 이행이익의 범위 내의 신뢰이익에 한한다.

(ii) 계약체결 전에 고려청자가 다른 고객 C에게 매도되고 인도된 때에도 역시 계약체결 시에 이미 급부가 실현불가능한 원시적 불능이 되지만, 급부의 실현이 절대적·객관적으로 불능하다고 볼 수는 없다. 단지 B에게만 불능한 경우로서 원시적·주관적 불능이 된다.

민법상 타인의 권리의 매매, 이른바 「타인물매매」도 유효로 보고(§569), 타인의 물건을 매매한 경우에도 매도인은 재산권이전의무를 부담한다(다만 매도인이 매매의 목적인 재산권을 취득하여 매수인에게 이전할 수 없는 경우에는 담보책임을 진다). 사례에서 B의 종업원이 고려청자를 계약체결 전에 다른 고객 C에게 매도하고 인도한 경우라고 하더라도 매매계약은 타인의 권리의 매매로서 유효하므로, B는 — C로부터 그 고려청자를 다시 매입하여 — A에게 고려청자의 소유권을 이전할 의무를 부담한다. 만약 B가 C로부터 고려청자를 다시 취득하여 A에게 이전할 수 없는 경우에는 — 매매계약이 원시적 불능을 이유로 무효로 되지는 아니하나 - B는 A에 대하여 담보책임을 부담하여야 한다(§570). C가 고려청자를 전혀 B에게 다시 양도할 의사가 없는 경우에 A는 — 악의이든 선의이든 상관없이 — B에 대하여 담보책임을 물어 해제권과 손해배상청구권을 행사할 수 있다(§570). 다만 B는 자신이 선의인 경우에 A가 선의이면 손해배상을 하고, A가 악의이면 손해배상을 하지 아니하고 계약을 해제할 수 있다(§571).

2) 후발적 불능

> A는 동해안 화진포 언덕 위에 호화별장을 소유하고 있었는데, 2013.4.5. B에게 호화별장을 파는 매매계약을 체결하였다. AB는 2013.6.5. 매매잔대금의 지급과 상환으로 호화별장에 대한 소유권이전등기를 경료하여 주기로 약정하였다. 그런데 2013.5.5. 밤에 일어난 화재로 인하여 호화별장이 전소되었다. AB 사이의 법률관계는 어떤가?

사례와 같이 법률행위의 성립 당시는 이행이 가능하지만 그 이행 전에 불능으로 되는 경우를 「후발적 불능」이라고 한다. 후발적 불능에서는 우선 호화별장의 전소에 의한 불능이 누구의 귀책사유로 야기된 경우인가가 중요하다. 그러므로 AB 사이의 법률관계는 A나 그 이행보조자의 귀책사유로 화재가 발생한 경우인가, A의 귀책사유와는 무관하게 화재로 인하여 호화별장이 전소된 경우인가로 나누어 살펴보아야 한다.

(i) 매매계약이 체결된 후 호화별장이 전소되면 채무불이행으로서의 이행불능(특히 물리적 불능)의 문제가 된다. 물론 채무불이행으로서의 이행불능이 되기 위해서는 그 이행불능이 채무자의 책임 있는 사유, 즉 귀책사유로 인하여 발생하고 위법성이 있어야 한다. 그러

므로 사례에서 호화별장의 전소가 A(또는 민법 제391조에서 가리키는 이행보조자)의 과실에 의한 경우에는 이행불능의 문제가 생기고, A는 B에 대하여 이행불능에 따른 책임을 부담한다. 우선 B는 A에 대하여 이행불능의 효과로서 전보배상을 청구할 수 있다. 호화별장에 대한 인도의 물리적 불능(전부불능)에 의하여 본래의 급부를 목적으로 하는 B의 청구권은 소멸하고, 그 대신에 B는 A에 대하여 본래의 이행에 갈음하는 전보배상청구를 할 수 있다. 또한 B는 계약을 해제할 수 있고, 계약해제권의 행사는 손해배상청구를 방해하지 아니하므로(§551) 해제를 하고도 손해가 있으면 B는 A에게 손해배상을 청구할 수 있다. 그리고 이행불능을 생기게 한 원인과 동일한 원인에 의하여 채무자가 이행의 목적물에 갈음하여 이익을 얻는 경우에 채권자가 채무자에 대하여 그 이익의 인도·양도를 청구할 수 있는 권리를 「대상청구권」이라고 한다. 비록 민법상 대상청구권을 인정하는 명문규정은 없으나, 판례는 해석상 이행불능의 효과로서 대상청구권이 인정된다고 본다.[372] 그러므로 A가 호화별장의 전소로 인하여 불타 없어진 호화별장에 갈음하는 이익, 예컨대 화재보험금 등을 취득한 경우에는 B는 그 이익의 인도·양도를 구하는 대상청구권을 행사할 수 있다.

(ii) 쌍무계약에서 채무자의 귀책사유 없이 급부의 실현이 불능으로 된 경우(예컨대 화재가 자연력에 의하여 일어난 경우이든 제3자의 행위에 의하여 야기된 경우이든 묻지 아니한다)에 그 위험을 누가 부담하는가 하는 문제를 위험부담이라고 한다. 민법은 위험부담에 관하여 원칙적으로 채무자주의를 채택하고 있다(§537). 그러므로 호화별장이 AB 양쪽의 책임 없는 사유로 화재가 야기되어 전소된 때에는 원칙적으로 채무자주의에 의하여 A는 호화별장을 B에게 인도하거나 소유권이전등기를 경료할 의무를 면하는 동시에, —그 대가적 관계에 있는 B의 대금지급채무도 소멸하여—B에 대하여 매매대금의 지급을 청구할 수 없다. 만일 B가 이미 A에게 매매대금을 지급한 경우라고 하면 B는 A에 대하여 목적소멸에 의한 부당이득을 이유로 이미 한 급부의 반환을 청구할 수 있다(§741). 호화별장이 전소된 사실을 알지 못하고 그 후에 매매대금을 지급한 경우라고 하면 B는 A에 대하여 이른바 비채변제에 의한 부당이득으로서 반환청구권을 가지게 된다(§742).

예외적으로 위험부담에 관하여 채권자주의가 적용되는 경우도 있다. 예를 들어 B가 호화별장을 인도받기 위하여 2013년 5월 5일 밤에 호화별장을 둘러보는 과정에서 잘못하여 화재가 일어난 경우와 같이 B의 귀책사유로 호화별장이 전소된 때에는 채권자주의에 의하여 A는 호화별장의 인도의무나 소유권이전의무를 면하고, 한편 B에 대하여는 반대급부, 즉 매매잔대금의 지급을 청구할 수 있다(§538 I).

(5) 전부불능·일부불능

1) 전부불능

전부불능은 법률행위의 목적의 전부가 불능인 경우를 가리킨다. 예컨대 화재로 건물이

---

372) 대상청구권을 인정한 대표적인 판례로서는 대법원 1996.10.29. 선고, 95다56910 판결; 대법원 1995.12.22. 선고, 95다38080 판결; 대법원 1995.2.3. 선고, 94다27113 판결; 대법원 1992.5.12. 선고, 92다4581, 92다45 판결 참조.

전소되면 전부불능이 된다.

2) 일부불능

> A건설회사는 B지방자치단체가 시행하는 토지구획정리사업을 맡아 공사를 수행하였는데, 공사비에 갈음하여 B지방자치단체로부터 체비지를 받기로 약정하였다. 그리고 A건설회사는 토지구획정리사업의 공사금 명목으로 받게 될 체비지 9천㎡를 C 등 3명에게 대금 15억원에 사전분양하고, 2013.12.10.까지 C 등에게 소유권이전등기를 마쳐 주기로 하는 내용의 매매계약을 체결하였다. 그런데 A건설회사는 2013.4.22. 최종적으로 부도처리가 되어 더 이상 토지구획정리사업을 맡아 공사할 수가 없게 되었고, 당시까지 B지방자치단체로부터 받게 될 공사기성금 10억원에 해당하는 체비지는 6천㎡에 불과하였다. A건설회사와 C 사이의 법률관계는 어떤가?

법률행위의 목적 중 일부만이 불능인 경우를 일부불능이라고 한다. 사례에서 A건설회사가 2013년 4월 22일 최종부도 당시까지 B지방자치단체로부터 받게 될 공사기성금 10억원에 해당하는 체비지[373]는 6천㎡인데 A건설회사가 3명에게 사전분양한 체비지의 면적은 9천㎡가 되어 A건설회사는 기성고로 받게 될 체비지를 C 등에게 소유권이전을 하여 준다고 하더라도 분양면적 전부를 이전하여 주지는 못하고 분양대금에 비례하여 각자의 지분으로 소유권이전등기를 하여 주어야 할 형편에 있다. 그러므로 A건설회사가 B지방자치단체로부터 체비지를 받아서 C 등에게 소유권이전등기를 마쳐 줄 의무는 일부불능이 되어 있다고 보아야 한다.

사례에서 C 등은 이행불능을 이유로 A건설회사에 대하여 분양계약을 해제할 수 있는가? 계약의 이행이 일부불능인 경우에는—일부무효의 법리(§137)를 유추적용하여—이행이 가능한 나머지 부분만의 이행으로 계약의 목적을 달할 수 없을 경우에만 계약 전부의 해제가 가능하다. 그러므로 C 등이 이행불능을 이유로 분양계약 전부를 해제하기 위해서는 먼저 이행이 가능한 부분, 즉 분양대금에 비례하여 소유권이전등기를 하여 줄 수 있는 각자의 지분만의 이행으로 분양계약의 목적을 달성할 수 있는지 여부에 관하여 먼저 판단을 하여야 한다. 만약 C 등이 이행불능으로 된 부분이 없더라도 분양계약의 목적을 달성할 수 있다고 하면 이행불능으로 된 부분을 제외한 나머지 부분에 대한 분양계약은 유효하므로, 이행불능으로 된 부분에 대하여만 해제를 할 수 있다.

3. 적법성

(1) 적법성의 의미

민법 제105조를 반대해석하면 법률행위의 당사자는 '법령중의 선량한 풍속 기타 사회

373) 체비지란 정부 또는 지방자치단체 등의 토지구획정리사업의 시행자가 필요한 경비에 충당할 목적으로 환지에서 제외하여 유보한 땅을 가리킨다.

질서에 관한 규정'과 다른 의사표시를 하더라도 그 의사표시는 법적으로 효력이 인정되지 않고 무효이다. 예컨대 의료법 제33조 제2항은 의료인이나 의료법인 등이 아닌 자가 의료기관을 개설하여 운영하는 경우에 초래될 국민보건위생상의 중대한 위험을 방지하기 위하여 제정된 이른바 강행법규에 속하므로, 의료법 제33조 제2항에 위반하여 이루어진 약정은 무효라고 보아야 한다.

(2) 강행규정과 임의규정

강행규정은 당사자의 의사에 의하여 그 적용을 배제할 수 없는 공적 질서에 관한 규정을 가리킨다. 임의규정은 법률규정의 내용과 다른 의사를 당사자가 표시한 경우에 그 당사자의 의사가 법률규정에 우선하는 효력이 인정되는 규정을 일컫는다.

강행규정은 사적 자치를 배제하는 기능을 갖고, 임의규정은 단지 당사자의 사적 자치를 보충하는 가능을 갖는 특징이 있다. 대표적으로 아래와 같은 경우에 일반적으로 강행규정으로서의 성질을 가진다.

(i) 사회의 기본적 윤리관을 반영하는 규정(친족상속편의 많은 규정이 해당하고, 민법 제130조도 같은 취지이다)

(ii) 가족관계질서의 유지에 관한 규정(친족상속편의 대부분의 규정이 해당한다)

(iii) 법률질서의 기본구조에 관한 규정(권리능력·행위능력·법인제도에 관한 규정이 해당한다)

(iv) 사적 소유권질서의 유지를 목적으로 하거나 제3자의 이해에 직접 중요한 영향을 미치는 규정(물권편의 많은 규정이 해당한다)

(v) 거래안전을 위한 규정(유가증권제도 등이 해당한다)

(vi) 경제적 약자의 보호를 위한 사회정책적 규정(특별법상의 규정이 주로 해당하며, 재산법에도 다수 포함되어 있고, 민법 제104조 같은 맥락의 규정으로 이해할 수 있다)

(3) 단속법규

1) 단속법규의 의의

단속법규는 행정상의 목적에 의하여 사법상의 행위를 제한하는 규정을 가리킨다. 예를 들어 일정한 행위에 대하여 국가가 면허를 요구하거나 물자의 유통 혹은 가격을 통제하는 법규가 단속법규이다.

[더 생각할 과제 - 강행규정과 단속법규의 관계]

단속법규가 강행규정과 어떤 관계에 있는가에 관하여는 학설이 대립한다. 강행규정에는 단속법규가 포함되고, 단속법규는 단지 강행규정의 한 종류로서 효력규정에 대비하여 이해하는 견해가 있다. 그러나 단속법규를 강행규정과 대립하는 개념으로 파악하고, 단속법규에는 다시 위반한 경우에 법률행위가 무효로 되는 「효력규정」과 위반하더라도 법률행위를 무효로 하지 않고 단지 위반하는 행위에 대하여 처벌과 같은 불이익을 가하는 「단순한 단속법규」가 있다고 보는 견해가 타당하다. 그러므로 단속법규에 위반한 행위에 대하여는 단속법규의 입법취지에 따라서 사법상의 효력을 판단하여야 한다. 단속법규에 위반한 경우에 일정한 벌칙을 받지만 위반에도 불구하고 사법상의 효과가 부인되지 않는 경우도 있고(단순한 단속법규 혹은 「공익규정」), 단속법규에 위반한 행위의 사법상의 효과가 부인되는 경우도 있다(효력규정).

2) 행정법규에 의하여 금지되는 행위를 위반한 경우

(a) 거래규제법규위반행위

거래규제법규를 위반한 행위가 경제통제법규의 위반으로서 무효인가 혹은 단순한 단속법규의 위반으로서 유효인가는 입법취지, 위반에 대한 사회적 비난의 강도, 거래안전에 대한 영향을 고려하여 판단하여야 한다. 금제품·위험물·유독물과 같이 거래가 금지되거나 제한되고 있는 경우에 거래내용을 규제하는 규정에 위반하는 법률행위는 효력규정의 위반으로서 무효가 될 수 있다.

(b) 명의대여계약

영업자가 타인에게 명의를 대여하여 자기의 이름으로의 영업을 허용하는 경우를 명의대여계약이라고 한다. 법률행위자유의 원칙으로부터 일반적으로 명의대여계약도 유효하다. 그러나 명의대주가 제3자에 대하여 책임을 부담하는 경우가 있을 수 있다(§125, 상법 §24). 그리고 특별히 법률이 일정한 영업에 대하여 영업자의 자격을 법정하고 명의대여를 금지하고 있는 때에는 명의대여계약이 사법상으로도 무효로 될 수 있다. 예를 들어 금융투자업자는 자기의 명의를 대여하여 타인에게 금융투자업을 영위하게 할 수 없고(자본시장과 금융투자업에 관한 법률 §39), 의사·약사의 자격명의의 대여는 금지된다(의료법 §87, 약사법 §6)고 규정하고 있으므로, 그 명의대여계약은 사법상 무효가 되며, 다만 명의차주가 제3자와 한 거래는 유효로 본다.

(c) 덕대계약

덕대계약이란 광업권자가 광물의 채굴에 관한 자신의 권리를 제3자에게 주고, 제3자는 자신의 자본과 관리 아래 광물을 채굴하고 그 대가를 지급하기로 약정하는 계약을 말한다(덕대계약을 체결한 제3자를 「德大」[374]라고 부른다). 광업법상 일정한 요건 아래 조광권(광업법 §47)의 설정에 의하여 광업권의 임대차가 허용되지만, 조광권의 요건을 충족하지 않은 덕대계약은 무효라고 해석된다(광업법 §11). 판례도 광업권자가 조광권자나 광업대리인이 아닌 자에게 채굴의 권리 및 광업의 관리를 일임하여 광물을 채굴수익하게 하는 계약은 조광권자나 광업대리인이 아닌 자가 그의 자녀라거나 그 수익의 분배비율이나 임대차 여부 등에 관계없이 본래의 광업권자가 광업의 관리경영에 참여하지 아니하는 이상 광업자영주의를 규정한 강행법규인 광업법 제11조에 위배되어 무효라고 본다.[375]

---

374) 국어사전적 의미에서 「덕대」란 "광산 임자와 계약을 맺고 광산의 일부를 떼어 맡아 광부를 데리고 광물을 캐는 사람"을 일컫는다.

375) 대법원 1995.5.23. 선고 94다23500 판결.

3) 행위의 전제로 요구된 행정법규상의 요건을 위반한 경우

일정한 행위·영업에 대하여 행정상의 허가·인가·신고·등록이 요구되는 경우에 그 절차를 거치지 않고 그 행위·영업을 한 경우에는 거래행위 자체에 영향이 없고 유효하다고 해석된다. 예를 들면 (i) 무허가의 단란주점영업과 유흥주점영업(식품위생법 §37), (ii) 공무원의 영리행위(국가공무원법 §64), (iii) 허가 없는 총포화약류의 거래행위(총포·도검·화약류 등 단속법 §§4·6·9·21·70·71), (vi) 무허가신용조사행위(신용정보의 이용 및 보호에 관한 법률 §4)는 사법상 유효하다.

(4) 탈법행위

1) 탈법행위의 의의

탈법행위란 강행법규에 직접 위반하지 않는 방법으로, 즉 회피수단에 의하여 강행법규가 금지하고 있는 사항을 실질적으로는 실현하는 법률행위를 가리킨다. 법률상 탈법행위를 명문으로 금지하고 있는 경우도 있다(독점금지 및 공정거래에 관한 법률 §§15·19 V, 하도급거래공정화에 관한 법률 §20). 그러나 법률상 탈법행위를 금지하는 명문규정이 없더라도 탈법행위는 원칙적으로 무효이다. 물론 법률행위의 일부가 탈법행위인 경우에는 일부무효의 법리에 따라서 처리된다.

강행법규에 의한 금지를 간접적으로 회피하는 탈법행위는 모두 무효인가? 강행법규가 그 위반행위에 의하여 생기는 효과를 절대로 인정하지 않거나 금지하려는 목적을 가질 때에는 다른 회피수단에 의하여 동일한 결과나 효과를 생기게 하는 경우도 인정하지 않는다고 보아야 하므로, 그 회피수단은 탈법행위로서 언제나 무효가 된다. 그러나 강행법규가 단지 어떤 결과나 효과를 생기게 하는 특정의 행위 자체를 금지하기 위한 의도를 가지고 있을 뿐인 때에는 금지된 행위와는 다른 수단으로 동일한 결과나 효과를 생기게 하더라도 탈법행위로서 무효가 되지는 않고 그 회피수단은 유효하다고 본다. 예컨대 민법상 비점유질(非占有質)과 유질계약[376]을 금지하는 규정(§§332·339)을 회피하는 탈법행위로서의 동산양도담보에 관하여는 일반적으로 그 유효성이 인정되고 있다.

> A는 B로부터 2억원을 차용하면서 법령상 이자제한의 범위 내인 연 30%의 이자율로 이자를 지급하기로 약정하였다. 한편 급히 자금이 필요한 A는 B로부터 2억원을 빌릴 때에 이자라고 하는 용어를 사용하지 아니하고 별도로 B에게 사례금 내지 수수료, 공제금이라고 하는 명목으로 500만원을 더 지급하였다. A는 B에 대하여 500만원의 반환을 청구할 수 있는가?

이자제한법이나 대부업 등의 등록 및 금융이용자 보호에 관한 법률은 법령상의 이자제한을 면탈하고자 하는 탈법행위를 방지하기 위하여 간주이자에 관한 규정을 두고 있다.

376) 유질계약이란 채무변제기 전의 계약으로 질권설정자가 질권자에게 변제에 갈음하여 질물의 소유권을 취득하게 하거나, 법률이 정한 방법에 의하지 아니하고 질물을 처분하게 하는 약정을 가리킨다.

이자제한법 제4조는 예금(預金), 할인금, 수수료, 공제금, 체당금(替當金) 기타 어떤 명칭을 사용하더라도 금전대차와 관련하여 채권자가 금전을 지급받으면 이자로 간주된다. 역시 대부업 등의 등록 및 금융이용자 보호에 관한 법률 제8조도 이자율을 산정할 때 사례금, 할인금, 수수료, 공제금, 연체이자, 체당금 등 그 명칭이 무엇이든 대부와 관련하여 대부업자가 받는 금전은 모두 이자로 본다.

사례에서 B가 A로부터 더 받은 500만원은 법령상의 이자제한에 관한 규정을 회피하기 위하여 사례금 내지 수수료, 공제금이라고 하는 명목으로 수수된 금전으로서 사례금 내지 수수료, 공제금이라고 하는 명목으로 500만원을 수수한 행위는 탈법행위로 평가된다. 탈법행위는 본래 무효이나, 이자제한법이나 대부업 등의 등록 및 금융이용자 보호에 관한 법률이 편의상 사례금 내지 수수료, 공제금이라고 하는 명목으로 수수된 금전을 이자로 간주하고 있다. 그러므로 사례에서 A가 B에 대하여 500만원의 반환을 청구할 수 있지는 아니하고, 그 500만원은 이자로 처리된다.

2) 연금추심의 위임에 의한 연금담보

연금법상 연금을 받을 권리(연금수급권)는 대통령령으로 정한 금융기관 이외에는 담보로 공여할 수 없다고 규정되어 있다(공무원연금법 §32, 군인연금법 §7). 그러나 연금수급권자가 연금수급권을 담보로 금전을 빌릴 목적으로 채권자에게 연금증서를 교부하는 동시에 대리권을 수여하고 연금의 추심을 위임한 다음, 추심한 연금을 변제에 충당하는 방법에 의하여 연금수급권의 담보금지규정을 회피할 수 있다. 만약 연금추심을 위임하는 동시에 원금과 이자가 모두 변제될 때까지 연금추심의 위임을 해제하지 아니한다는 특약을 두면 실질적으로 연금수급권의 담보와 동일한 효과를 달성하는 탈법행위가 된다. 그리고 탈법행위에 해당하는 연금추심의 위임을 통한 연금담보는 무효로 된다.

3) 양도담보

동산에는 질권의 설정이 가능하지만 질권을 설정하는 때에는 점유를 이전하여야 하고, 동산은 저당권의 목적이 될 수 없다. 그러므로 동산 이외에 다른 유력한 담보물을 가지고 있지 않는 기업가는 담보의 목적으로 특정동산의 소유권을 채권자에게 양도하는 한편, 다만 그 점유를 점유개정[377]의 방법으로 이전하고 계속 그 목적물을 사용하는 양도담보(매도담보)를 이용한다. 양도담보는 동산질권의 설정을 위해서는 점유를 이전하여야 한다는 규정(§332)이나 채무불이행의 경우에 유질계약을 금지하는 규정(§339)을 회피하는 탈법행위라고 할 수 있다. 그러나 판례와 학설은 거래계의 요청과 담보제도의 불비를 이유로 양도담보의 유효성을 인정하고 있다.

377) 점유개정은 동산에 관한 물권을 양도하는 한 방법으로 당사자의 계약으로 양도인이 그 동산의 점유를 계속하는 때에는 양수인이 인도받은 경우로 보는 점유이전을 가리킨다.

4. 공서양속성 내지 사회적 타당성

(1) 서 론

법률행위의 내용이 개개의 강행규정에 위반하지 않더라도 「선량한 풍속 기타 사회질서」에 반하는 때에는 그 효력을 인정하기 곤란하다. 바로 민법 제103조가 선량한 풍속 기타 사회질서, 즉 「공서양속」에 위반하는 행위를 무효로 규정하고 있다.

개인의 의사를 절대적으로 존중하는 원칙에 따른 법률행위의 자유 아래에서는 선량한 풍속 기타 사회질서의 위반을 이유로 법률행위를 무효로 하는 태도는 개인의 의사를 제한하는 경우가 된다. 그러나 법률행위의 자유도 특히 법률이 인정하는 범위에서만 가능하다. 그리고 비록 명시적으로 법률이 법률행위의 자유를 제한하는 강행규정을 두고 있지 않더라도 법률이 가지는 이상에 해당하는 선량한 풍속이나 사회질서에 위반하는 법률행위에 대해서까지 그 효력을 인정하기는 곤란하다. 그러므로 민법 제103조는 법률이 법률행위의 목적을 규율하는 개별적 강행규정을 모두 망라하여 둘 수 없는 사정을 고려하여 각각의 법률행위의 내용이나 목적이 어느 경우에 타당한가에 대한 일반적·포괄적 근본이념으로서의 선량한 풍속 기타 사회질서의 준수를 선언하고 그 위반행위를 무효로 하고 있다고 이해할 수 있다.

(2) 선량한 풍속 및 사회질서의 의의

민법 제103조에서 말하는 「선량한 풍속」 또는 「사회질서」란 무엇인가? 선량한 풍속이나 사회질서가 무엇인가가 학설이나 판례를 통하여 의문 없이 설명되어 있지는 않다.

우선 「선량한 풍속」(gute Sitte)이란 '윤리(도덕)의 관념'을 가리킨다. 다만 선량한 풍속이 윤리를 가리킨다고 하는 경우에 그 윤리는 엄격한 의미에서의 윤리, 즉 공자·맹자의 도덕율이나 칸트의 윤리법칙, 신약·구약성서의 계명과 같은 기독교적 윤리를 의미하지는 않고, 현대사회의 '지배적 도덕' 내지 국민으로서 지켜야 할 최소한도의 도덕률을 일컫는다. 그러므로 민법 제103조는 선량한 풍속이라고 하는 표현을 통하여 '고상한 도덕적 사회의 이상'을 실현하려고 한다고 보기 보다는 반공서양속행위에 대한 법적 보호의 부인에 의하여 법적 거래에서 최소한의 윤리적 행동방식을 강제하려고 하는 의도를 가지고 있다.

「사회질서」란 어떤 의미인가? 프랑스민법 제1133조는 「공공의 질서」(ordre public), 일본민법 제90조는 「공의 질서」라는 표현을 사용하고 있다. 민법은 프랑스민법이나 일본민법과 달리 공공의 질서라는 표현을 사용하지 않고 사회질서라고 표현하고 있다. 공공의 질서와 사회질서 사이에는 어떤 차이가 있는가? 공공의 질서와 사회질서 사이에 본질적인 차이는 없다고 본다. 그러므로 사회질서란 국가·사회의 공공적 이익과 사회의 일반적 이익을 포함하여 의미한다고 이해할 수 있다.

민법 제103조에서 「선량한 풍속」과 「사회질서」는 어떤 관계에 있는가? 법률행위의 목적의 사회적 타당성으로 선량한 풍속만을 규정하고 있는 독일민법에서는 선량한 풍속 속에 사회질서(정확하게는 공공의 질서)가 포함된다고 본다. 그러나 민법 제103조는 「선량한 풍속 기타 사회질서」를 법률행위의 목적의 사회적 타당성으로 규정하여 양자의 관계에 대하여 심한 의견대립이 있다. 그러나 사회질서는 순수한 공공의 질서를 의미할 뿐만 아니라, 법질서에 내재하는 윤리적 가치와 원칙 혹은 현대사회를 지배하는 도덕의 행동원칙에 대한 관계까지를 포함하고 있다고 해석된다. 그러므로 선량한 풍속은 윤리개념이고 사회질서는 공익개념이라고 하는 구별은 이유가 없다고 보며, 역시 선량한 풍속은 단지 성생활이나 가족생활의 영역에서만 준수되는 도덕률을 의미하고, 거래윤리는 제외된다고 해석할 근거도 없다. 결국 선량한 풍속과 사회질서는 엄밀하게 구별되는 별개개념이라고 할 수 없고, 사회질서는 선량한 풍속을 포함하는 포괄개념으로 이해되어야 한다. 전체적으로는 양자를 총괄하여 「공서양속」이라고 표현할 수 있다.

(3) 공서양속위반행위의 유형

1) 법률질서 혹은 정의의 관념에 반하는 행위

예를 들어 살인청부계약과 같이 A가 B에게 범죄행위(예컨대 살인 또는 강도)를 해 주면 그 대가로 금전을 지급한다고 약정하는 경우에는 정의관념에 반하여 무효가 된다. 위조지폐를 찍기 위한 인쇄기를 구입하기 위하여 자금을 낸다고 약정하거나 밀수입을 하기 위하여 돈을 빌리거나 출자계약을 맺는 경우 혹은 장물에 대한 처분을 약정하는 경우, 입찰의 담합행위도 반공서양속적 행위가 해당한다. 비행(非行)을 하지 않는 대가로 금전을 준다고 하는 계약이나 소송에서 진실한 증언에 대한 대가를 증인에게 지급한다고 하는 계약, 강제집행을 면할 목적으로 부동산에 허위의 근저당권설정등기를 경료하는 행위도 역시 무효이다.

예컨대 A가 B에게 장차 자기가 불법행위나 범죄행위를 하면 일정한 재산을 준다고 하는 계약은 무효로 되지 아니한다. 그리고 매매계약의 체결 당시 정당한 대가를 지급하고 목적물을 매수하는 계약을 체결한 경우라면, 비록 그 후 목적물이 범죄행위로 취득된 사실을 알게 되더라도, 그 사유만으로 당초의 매매계약에 기하여 목적물에 대한 소유권이전등기를 구하는 행위가 민법 제103조의 공서양속에 반하는 행위라고 단정할 수 없다.[378)]

이중양도나 이중처분도 정의관념에 반하는 반공서양속적 행위로 되는가? 이중양도 내지 이중처분으로서 반공서양속적 행위인지가 문제되는 사례로는 아래와 같은 경우가 있다.

(i) 부동산의 이중매매는 제2매수인이 매도인의 배임행위에 적극 가담하여 이루어진 경우에 한하여 무효로 된다. 제2매수인이 매도인의 배임행위에 적극 가담한 경우라고 하기 위해서는 다른 사람에게 매매목적물이 매도된 사실을 안 경우만으로는 부족하고, 적어도 그 매도사실을 알고도 매도를 요청하여 매매계약에 이르는 정도가 되어야 한다.[379)] 예컨대 2중매매는 "민·형사상 아무 문제가 없고 만일 문제가 되면 자기가 전부 책임을 진다"

378) 대법원 2001.11.9. 선고 2001다44987 판결.

379) 대법원 1994.3.11. 선고 93다55289 판결. 다만 매도인과 제2매수인이 배임죄로 처벌받은 사실만으로는 매수인이 매도인의 배임행위에 적극 가담한 경우로 볼 수 없다(대법원 1974.2.26. 선고 73다120 판결).

고 하는 감언이설로 매도인을 적극 기만하여 그 말을 믿게 한 때에는 매도인의 배임행위에 적극 조성·가담하여 2중매매가 성립한 경우로 본다.380)

(ii) 매도인이 타인에게 이미 부동산을 매도한 사실을 알면서 증여받은 행위, 즉 부동산의 매매와 증여가 이중으로 된 경우에도 수증자가 매도인의 매수인에 대한 배임행위에 적극 가담한 결과로 이루어진 때에는 공서양속위반의 행위로서 무효이다.381)

(iii) 이미 매도된 부동산에 관하여 저당권설정계약이 체결된 경우(부동산의 매도와 저당권설정계약이 이중으로 된 경우)에도 저당권자가 매도인의 배임행위에 적극 가담한 때에는 공서양속위반의 행위로서 무효가 된다.382)

(iv) 부동산의 소유자가 자신의 부동산에 대하여 취득시효가 완성된 사실을 알고 그 부동산을 제3자에게 처분하여 소유권이전등기를 넘겨줌으로써 취득시효완성을 원인으로 한 소유권이전등기의무를 이행불능에 빠뜨려 시효취득을 주장하는 자에게 손해를 가하면 불법행위를 구성하며, 만약 부동산을 취득한 제3자가 부동산의 소유자의 불법행위에 적극 가담한 경우라고 하면 그 처분행위는 사회질서에 반하는 행위로서 무효이다.383) 예를 들어 취득시효가 완성된 부동산의 소유자가 그 부동산을 아들에게 증여하여 소유권이전등기를 넘겨준 경우에 그 증여행위는 시효취득자에 대한 소유권이전등기의무를 회피하기 위한 목적으로 한 경우라고 볼 수 있고, 수증자인 아들이 그 증여행위에 적극 가담한 경우로써 아들 명의의 등기는 그 원인행위가 사회질서에 반하거나 통정허위표시에 의한 무효의 등기라고 추단할 여지가 있다.

> 갑토지는 A의 소유였는데, B는 A로부터 갑토지를 매수하였다. 그런데 C는 갑토지가 B에게 매도된 사실을 알고서 B와 매매교섭을 하다가 결렬되자, 갑토지의 이전등기가 아직 A에게 남아 있음을 기화로 A에게 이중매도를 권유하여, AC간에 갑토지의 매매계약이 체결되었다. 그 후 C는 자신의 명의로 소유권보존등기를 경료받았다. C 명의의 소유권이전등기는 유효한가?

매도인이 제1매수인과 매매계약을 체결한 후에 다시 제2매수인과 동일목적물에 대한 매매계약을 체결하는 경우를 부동산의 2중매매라고 한다. 2중매매는 원칙적으로 얼마든지 가능하고, 우선 채권계약으로서는 동일목적물에 대한 매도인과 제1매수인 사이의 매매계약과 매도인과 제2매수인 사이의 매매계약이 완전유효하게 성립한다. 그리고 매매계약의 선후와 관계없이 먼저 등기를 경료한 매수인이 소유권을 취득하게 된다. 매도인이 어느 한 매수인에게 이행을 한 때, 예컨대 제2매수인 앞으로 소유권이전등기를 경료한 때에는 제1매수인에 대한 채무불이행이 문제될 뿐이다.

2중매매는 항상 유효한가? 부동산의 2중매매가 반사회성을 띠는 경우에는 민법 제103

---

380) 대법원 1969.11.25. 선고 66다1565 판결.

381) 대법원 1983.4.26. 선고 83다카57 판결.

382) 대법원 1997.7.25. 선고 97다362 판결.

383) 대법원 1995.6.30. 선고 94다52416 판결.

조에 의하여 무효로 된다고 본다. 그리고 2중매매가 반사회성을 띠기 위해서는 제2매수인이 매도인의 배임행위(배신행위)를 유인·교사하거나 그 배임행위에 협력하는 등 적극적으로 가담하여야 한다.[384] 다만 어떤 부동산에 관하여 소유자가 양도의 원인이 되는 매매 기타의 계약을 하여 일단 소유권양도의 의무를 짐에도 다시 제3자에게 매도하는 등으로 같은 부동산에 관하여 소유권양도의 의무를 이중으로 부담하고, 나아가 그 의무의 이행으로, 그러나 제1의 매수인(즉 양도채권자)에 대한 양도의무에 반하여, 소유권의 이전에 관한 등기를 그 제3자 앞으로 경료함으로써 그 부동산을 처분한 경우에 소유자의 그 제2의 소유권양도의무를 발생시키는 원인이 되는 매매 등의 계약이 소유자의 의무위반행위를 유발시키는 계기가 된다는 사정만을 이유로 공서양속에 반하여 무효라고 할 수는 없다. 제2의 부동산처분행위가 공서양속에 반한다고 하려면, 다른 특별한 사정이 없는 한 상대방에게도 그 무효의 제재, 보다 실질적으로 말하면 나아가 그가 의도한 권리취득 자체의 좌절을 정당화할 만한 책임귀속사유가 있어야 한다. 제2의 매수인에게 그 사유가 있는지를 판단함에 있어서는, 그가 당해 계약의 성립과 내용에 어떤 방식으로 관여하였는지(판례가 이중양도의 문제와 관련하여 제시한 '소유자의 배임행위에 적극 가담하였는지' 여부라는 기준이 대체로 여기에 해당한다)를 일차적으로 고려하여야 하고, 나아가 계약에 이른 경위, 약정된 대가 등 계약내용의 상당성 또는 특수성, 그와 소유자의 인적 관계 또는 종전의 거래상태, 부동산의 종류 및 용도, 제1매수인의 점유(점유를 이전받아 「사실상 소유자」의 지위에 있는지) 여부 및 그 기간의 장단과 같은 이용현황, 관련규정의 취지·내용 등과 같이 법률행위가 공서양속에 반하는지 여부의 판단에서 일반적으로 참작되는 제반사정을 여기서도 종합적으로 살펴보아야 한다.[385]

사례에서 AB 사이의 매매계약에 의하여 여전히 B는 A에 대하여 소유권이전등기청구권을 가진다. AC 사이의 이중매매가 무효로 되면 A는 C에 대하여 소유권이전등기청구권의 말소등기청구권을 가지는가? C가 A의 배임행위에 적극 가담하여 이중매매가 된 경우에 반사회적 법률행위에 해당하여 무효라고 하면 반사회적 법률행위로서의 이중양도로 인한 등기의 이전은 불법원인급여(§746)에서의 급여가 아니라고 할 수 없다(불법원인급여의 경우에는 급여자는 수익자에 대하여 그 이익의 반환을 청구하지 못한다). 결국 A는 C에 대하여 부당이득반환청구권뿐만 아니라, 소유권에 기한 반환청구도 할 수 없는 상황이 된다. 이중양도에서의 제1양수인 B를 보호하기 위하여 불법원인급여에 관한 규정의 적용을 제한할 수 있는가가 문제되나, 이른바 불법성비교형량설[386]에 의하여－C의 불법성이 A의 불법성보다 현저히 크므로－A는 C에 대하여 부당이득반환청구권을 가진다고 본다. 다만 AC 사이의 이중매매가 무효라고 하더라도 B가 C에 대하여 직접 소유권이전등기의 말소

---

384) 대법원 1989.11.28. 선고 89다카14295, 14301 판결.

385) 대법원 2013.10.11. 선고 2013다52622 판결.

386) 불법성비교형랼설이란 수익자의 불법성이 급여자의 불법성보다 현저히 큰 데 반하여 급여자의 불법성은 미약한 경우에도 급여자의 반환청구가 허용되지 않는다면 공평에 반하고 신의성실의 원칙에도 어긋나므로, 그 경우에는 민법 제746조 본문의 적용이 배제되어 급여자의 반환청구는 허용된다(대법원 1999.09.17. 선고 98도2036 판결)는 견해를 말한다.

등기청구권을 가지지는 아니한다. 단지 B는 자기의 A와의 매매계약에 의한 소유권이전등기청구권에 기하여 A의 C에 대한 소유권이전등기의 말소등기청구권를 대위행사할 수 있을 뿐이다.

[더 생각할 과제 - 이중매매가 무효인 경우에 전득자의 지위]

> 갑토지에 관한 AB간의 매매계약이 체결되고, AC간의 이중매매가 체결되었다. 그 직후 A로부터 C 명의로 갑토지에 관한 소유권이전등기가 경료되었고, 다시 C로부터 D 명의로 소유권이전등기가 경료되었다. 그런데 AC간의 이중매매가 반사회적 이중매매로 무효로 되었다. B는 C 명의의 소유권이전등기는 무효이므로, 무효인 등기에 터잡아 경료된 D 명의의 소유권이전등기도 역시 무효라고 주장할 수 있는가?

이중매매의 문제를 공서양속의 위반으로 보는 한 비록 선의의 전득자라고 하더라도 보호를 받지 못한다는 설명은 당연한 결론이다. 판례도 부동산의 이중매매가 반사회적 법률행위에 해당하는 경우에는 이중매매계약은 절대적으로 무효이므로, 당해 부동산을 제2매수인으로부터 다시 취득한 제3자는 설사 선의라고 하더라도, 즉 제2매수인이 당해 부동산의 소유권을 유효하게 취득한 경우로 믿고 매매계약을 체결한 때에도 이중매매계약이 유효하다고 주장할 수 없다고 본다.387)

사례에서 D의 지위는 전혀 보호받지 못하는가? D의 지위를 보호하려는 논의가 있다. 학설상 통정허위표시유추적용론(등기가 유효하다고 믿고 이해관계를 맺은 제3자가 있으면 허위표시에서의 선의의 제3자보호에 관한 민법 제108조 제2항을 유추적용하여 진실한 권리자는 무효를 주장하지 못한다고 하여 부동산등기에 공신력이 인정되지 않고 있는 결함을 어느 정도 보완하여야 한다고 본다), 무인성론, 공신력설을 비롯하여, 사해행위취소론에 의한 전득자의 보호(민법 제406조 제1항 단서에 따라서 전득자가 선의인 때, 즉 '채권자를 해함을 알지 못하는 경우'에는 보호된다), 불법행위로 인한 원상회복론에 의한 해결(제1매수인의 제2매수인에 대한 원상회복청구권은 채권적인 성질을 지닐 뿐이므로, 제2매수인으로부터의 전득자에 대하여는 그가 선의인 한 대항하지 못하게 된다) 등과 같이 여러 견해가 있다. 그러나 판례에 의하면 이중매매가 무효인 경우에 갑토지를 제2매수인 C로부터 다시 취득한 제3자 D는 설사 선의라고 하더라도 이중매매계약이 유효하다고 주장할 수 없으므로, B는 A와 C를 순차적으로 대위하여 D에 대하여 소유권이전등기의 말소를 구할 수 있다.

2) 윤리적 질서에 반하는 행위

아들이 부모에 대하여 불법행위에 의한 손해배상을 청구하는 행위, 부자가 동거하지 아니한다고 하는 약정, 아내가 남편과 동거하지 아니한다고 하는 약정과 같이 친자나 부부간의 도의에 반하는 행위도 현저한 경우에는 공서양속에 위반하여 무효이다. 그리고 윤리적 질서에 반하는 행위로서 공서양속의 위반이 문제되는 사례로는 아래와 같이 혼인질서에 반하는 행위, 장기기증 등이 있다.

---

387) 대법원 1996.10.25. 선고 96다29151 판결.

① 부첩계약

A는 해군의 고급장교로서 처자가 있음에도 1974년경부터 B여와 부첩관계를 맺고 지내왔다. 그런데 군인생활에 지장이 있고, A의 처 C여도 부첩관계의 단절을 요구하여 C여의 주선으로 B여에게 3백만원을 지급한 후 부첩관계를 단절하였다. 그러나 A와 B여는 다시 결합하여 두 딸을 낳고 살았다. 그 후 A는 다시 B여와의 사이에 부첩관계를 완전 청산키로 합의하고 그 대신 B여에게 1천만원을 두 차례에 걸쳐 지급키로 하며, 아울러 두 딸의 양육비로 월 5만원씩 지급하기로 약정하였고, 그 뒤에 부첩관계가 완전 청산되었다. B여는 A에 대하여 이별금 1천만원과 두 딸에 대한 양육비로 월 5만원의 지급을 청구할 수 있는가?

아내가 있는 남자가 다른 여자와 정교를 맺고 사통관계를 유지하기로 하는 계약을 부첩계약(夫妾契約)이라고 한다. 부첩계약은 부부간의 인륜에 반하는 대표적인 예로서 아내의 동의 유무를 불문하고 언제나 선량한 풍속 기타 사회질서에 반하여 무효이다.[388] 또한 아내가 있는 남자가 다른 여자와 맺은 혼인예약도 인륜에 반하는 행위로 무효이다. 역시 혼인예약 중 동거를 거부하는 경우에 금전을 지급하기로 하는 약정도 무효이다.

불륜관계를 단절하면서 첩(妾)의 생활비를 지급하거나 자녀의 양육비를 지급하는 계약도 무효인가? 물론 남자가 여자에게 부첩관계의 대가로 금전을 지급하기로 약정하는 경우에는 선량한 풍속 기타 사회질서에 반하여 무효라고 볼 수 있다. 그러나 부첩관계를 끝내고 헤어지는 마당에 이루어진 금전지급의 약정이 그 동안 유지되어 온 부첩관계에 대한 대가가 아니라, 부첩관계의 청산 후에 혼자 생활을 영위하여야 하는 여자를 위한 위자료 내지 생활대책비로 볼 때에는 선량한 풍속 기타 사회질서에 반하지 아니하고 유효하다고 판단된다. 그리고 부첩관계에서 생긴 자녀의 양육비를 지급하기로 하는 계약은 부첩관계의 청산의 대가로 보여지지 아니하므로 유효하다.[389]

사례를 보면 처자가 있는 A가 미혼여성인 B여와 부첩관계를 맺고 두 딸까지 낳고 지내오던 중 B여에게 1천만원을 두 차례에 걸쳐 지급키로 하며, 아울러 두 딸의 양육비로 매월 5만원씩 지급하기로 약정하고 그 대신 부첩관계를 완전 청산키로 합의한 사실이 인정된다. 그러므로 B여가 A에게 1천만원과 두 딸의 양육비 5만원을 청구할 수 있는가가 문제된다.

사례에서 A는 B여와 부첩관계를 해소하기로 하는 마당에 그 동안 B여가 A를 위하여 바친 노력과 비용 등 희생을 배상 내지 위자(慰藉)하고, 또한 B여가 부첩관계의 단절 후에 어려운 생활에서 홀로 두 딸을 키우고 지내야 하는 장래의 생활대책을 마련해 준다고 하는 뜻에서 금원을 지급하기로 약정한 경우라고 보여진다. 본래 본처가 있다는 사실을 알고 부첩관계를 맺은 후에 부첩관계의 청산을 조건으로 위자료를 청구하는 행위는 일반적으로 허용되지 않으나, 부첩관계를 청산하는 마당에 금품지급약정이 자유로운 의사에 의

388) 대법원 1967.10.6. 선고 67다1134 판결.
389) 대법원 1980.6.24. 선고 80다458 판결.

하여 이루어진 경우에는 선량한 풍속 기타 사회질서에 반하지 않는다. 그러므로 A의 B여에 대한 금전지급약정은 공서양속에 반하지 않는다고 본다. 또한 A의 두 딸에 대한 양육비지급약정은 부첩관계의 청산의 대가이거나 그 조건으로 한 경우로 볼 수 없으므로 당연히 유효하다. 결국 B여와 두 딸은 A에 대하여 이별금 1천만원과 양육비로 월 5만원의 지급을 청구할 수 있다.

[더 생각할 과제 - 중혼적 내연관계에 있는 여성에 대한 증여 · 유증]

불륜관계의 유지를 목적으로 하는 증여·유증은 인륜에 반하여 무효라고 보아야 하는가? 내연관계에 있는 여성에 대한 증여(또는 유증)가 불륜한 관계의 유지계속을 목적으로 하지 않고, 전적으로 생계를 남성에게 의존하고 있는 여성의 생활이나 자녀의 성장을 보장하기 위한 증여인 경우에는 유효라고 하여야 한다. 그러므로 불륜한 관계에 있는 여성에 대한 증여가 유효한가 아닌가 여부의 판단은 증여가 증여자와 수증자 사이의 불륜한 남여관계의 유지·계속을 목적으로 하는가, 증여의 결과로 불륜관계가 더 깊어지는가 혹은 단순한 부양료지급의 목적인가, 유증인 경우에 유언자의 사망 후에 수증자의 생존이 유증목적물의 존부에 달려 있는가 하는 문제를 종합적으로 고려하여야 한다.

② 결혼을 조건으로 하는 금전증여

결혼이 급한 노총각 A는 평소 알고 지내던 티켓다방에서 일하는 B여에게 청혼하였다. B여는 A와 결혼을 조건으로 자신이 티켓다방에서 나올 수 있도록 이른바 '정산비용'을 대신 지급하여 주기를 요구하였다. A는 선불금의 명목으로 우선 1,470만원을 B여에게 송금하였다. 그러자 B여는 티켓다방을 그만두고 A를 피하기 시작하더니 급기야 교제까지도 거부하였다. 화가 난 A는 그녀에게 보내준 1,470만원의 반환을 청구할 수 있는가?

A가 B에게 지급한 금전은 결혼이나 교제의 불성립을 해제조건으로 이루어진 증여로 이해할 수 있다. 물론 결혼이나 교제를 조건으로 하는 금전증여가 선량한 풍속 기타 사회질서에 반한다고 보아야 하는가 하는 문제가 있으나(만약 공서양속에 반다고 하면 증여계약이 무효로 된다고 할지라도 불법원인급여가 되므로, 반환을 청구할 수 없다), 불법조건이 아닌 한 결혼이나 교제를 조건으로 하는 증여도 유효로 볼 수 있다(예컨대 혼수나 예단비를 수수하는 증여도 혼인의 불성립을 해제조건으로 하는 증여로서 유효하다). 그러므로 결혼을 조건으로 티켓다방의 정산비용을 지급하기로 한 A와 B여 사이의 약정은 법적으로 인정될 수 있다. B여가 A로부터 금전을 받고 동거나 교제를 거절하는 등 A와의 약속을 불이행한 경우에는 금전을 반환할 책임이 있다.

③ 씨받이계약 　인간에게 종족보존에 대한 본능은 아주 근본적인 본능이므로, 임신을 못하는 아내로 인하여 아내 이외의 다른 여인과 성관계를 가져서 혈통과 대(代)를 잇기 위한 자녀를 출산케 하는 대리모의 풍습은 어느 사회 어느 시대에서나 흔히 볼 수 있었던 예라고 할 수 있다.[390] 그러나 현대사회에서는 「씨받이」와 같이 자연적 방법에 의한 대리임신이나 대리출산이 더 이상 허용되지 아니한다.

> A는 19세가 되던 해에 당시 45세의 나이로 본처와 딸만 셋을 두고 아들을 낳아줄 처녀를 찾고 있는 B를 소개받았다. B는 A에게 아들을 낳아주면 20평짜리 아파트 한 채와 일금 1억원을 지급해 주기로 약정하고 동거를 시작하였다. 그리고 A는 동거를 시작하면서 B로부터 5천만원을 받았고, 나머지 아파트와 5천만원은 아들을 낳아주면 그때에 지급받기로 약정하였다. 그 후 A는 B의 아들 C를 낳았고, C는 본처가 낳은 아들로 가족관계등록부에 기재되었다. 그런데 A가 아파트와 5천만원의 지급을 요구하여도 B는 더 이상 지급할 생각을 않고 있다. A는 B에게 아파트와 5천만원의 지급을 청구할 수 있는가?

우선 B가 A에게 아파트와 5천만원을 청구하려면 AB 사이에 유효한 계약이 체결되어 있어야 한다. 계약은 당사자가 있고, 일정한 목적을 가진 청약·승낙의 의사표시가 합치하면 일단 성립하지만, 성립한 계약이 무효로 되지 않고 유효하기 위해서는 유효요건을 갖추어야 한다. AB 사이의 아들을 낳아준다고 하는 약정에는 당사자, 목적, 의사표시가 존재하여 일응 계약으로 성립하지만, 계약의 유효요건으로 고려되는 사회적 타당성과 관련하여 문제가 된다.

민법 제103조에 의하여 선량한 풍속 기타 사회질서에 위반한 사항을 내용으로 하는 법률행위는 무효이다. 그리고 선량한 풍속 기타 사회질서에 반하는 행위의 하나로 윤리적 질서, 특히 혼인질서에 반하는 행위가 해당한다. 부첩계약뿐만 아니라, 아내 아닌 여성을 이용하여 아들을 출산케 하고 대(代)를 잇는 이른바 씨받이계약도 혼인질서에 반한다고 할 수 있다. 물론 인공수정과 같이 남여 사이의 자연적 성관계를 통하지 않고도 아이를 출산하는 방법이 윤리적·법적으로 허용되기도 하지만, 씨받이계약에서는 남편은 아내가 아닌 다른 여성과 직접 혼인 외의 자연적 성관계를 가지며, 보통 대리임신을 통하여 아이를 얻는 대가로 금전 기타 유가물이 지급된다고 하는 의미에서 사회적 타당성이 없다.

AB 사이의 약정은 씨받이계약에 해당한다. 법률상 아내가 있는 B가 경제적 대가를 받고 아들을 낳아준다고 한 처녀 A와 체결한 씨받이계약은 선량한 풍속 기타 사회질서에 반하여 무효이다(§103). 그러므로 AB 사이에서는 계약에 따른 법률효과가 생기지 아니하여 B는 A에게 아파트와 5천만원의 지급을 청구할 수 있는 권리가 없다.

사례에서 AB 사이의 씨받이계약이 무효로 된 경우에 B는 A에 대하여 이미 지급한 5천만의 반환을 청구할 수 있는가? 무효인 계약에 의하여 이미 이행이 된 때에는 원상회복의 문제가 생긴다. 다만 부당이득에서는 민법 제746조에 의하여 불법의 원인으로 재산을 급여한 때에는 불법원인이 수익자에게만 있는 경우가 아닌 한 그 반환을 청구하지 못한다.

---

390) 옛날 한국의 전통사회에서는 불임에도 불구하고 대를 잇고 가(家)를 계승하기 위한 풍습으로 「씨받이」가 행하여지고, 「씨받이」는 한국형 대리모제도라고 할 수 있다(씨받이란 본처가 임신을 못하는 경우에 토지 및 곡식 등을 대가로 주는 조건으로 가난한 집의 처녀나 과부를 구해서 남편이 직접 동침하여 자연적 성접촉을 가짐으로써 혈통을 이을 자를 출산시키는 풍습이나 그 방법으로 대리임신한 여인을 가리킨다). 또한 대를 잇기 위한 풍습으로 「첩」(妾)제도가 이용되는 경우도 있다(「첩」이란 법률상의 아내가 있는 남성으로부터 경제적 지원을 받고 성적 결합관계를 계속하는 여자를 가리킨다). 물론 첩이 꼭 본처의 불임을 극복하기 위한 수단으로만 이용된 경우는 아니지만, 역시 가를 계승할 후손이 없는 경우에 첩을 두는 일이 흔하였다.

그러므로 AB 사이의 계약이 민법 제103조에 따라서 무효로 되어 부당이득에 의한 원상회복관계가 생긴다고 할지라도 B의 A에 대한 5천만원의 지급은 불법원인급여에 해당하여 B는 A에 대하여 그 이익의 반환을 청구할 수 없다(사례에서 만약 B가 A에게 아파트의 소유권이전등기를 이미 넘겨준 경우라고 하면 씨받이계약의 무효를 이유로 소유권에 기한 반환청구권도 행사할 수 없다). 만일 불법원인이 A에게만 있는 경우라면 B는 A에게 원칙적으로 5천만원의 반환을 청구할 수 있으나, AB 사이에서는 불법원인이 A에게만 있다고는 볼 수 없다. 오히려 혼인 외의 다른 여성을 통하여 아들을 낳으려고 하는 B에게 더 큰 불법원인이 있다고 볼 수 있으므로, B의 부당이득반환청구는 인정되지 아니한다.

④ 대리모계약

> A부인이 B라고 하는 남자와 서울에 소재한 불임센터의 소개로 건강한 아이를 출산하면 출산 후에 바로 입양계약에 서명하여 친권을 포기하기로 하는 내용으로 대리모계약을 체결하게 되었다. 그 후 A부인은 B의 정자에 의한 인공수정을 통하여 임신을 하고, 아이를 출산하였다. 그러나 A부인은 아이를 포기할 수 없다고 주장하며 아이의 인도를 거부하였다. B는 아이의 인도를 청구할 수 있는가?

불임을 극복하기 위한 수단으로 대리임신(혹은 대리생식)도 가능하고, 또한 대리임신은 아주 오래 전부터 실시된 불임의 극복수단이라고 할 수 있다.[391] 특히 대리모계약(surrogate contract)은 인공임신의학의 발달에 의하여 생겨난 극히 새로운 개념이다. 아직 대리모계약의 정확한 의의가 정립되어 있지 않지만, 일반적으로 설명하면 대리모계약이란 자궁유착, 자궁적출 등 자궁기능의 장애로 인하여 자신의 자궁에 의한 임신이 불가능한 부인이 그 남편과 함께 아기를 갖기 위하여—보통 일정한 반대급부의 대가로—대신하여 포태·출산하여 줄 다른 여인을 구하여 그 자궁을 10개월간 빌려 임신하게 하고, 아이가 태어나면 아이를 갖기 원하는 희망부모가 대리모로부터 그 아이를 입양의 방식으로 인수할 의무를 부담하는 내용으로 희망부모와 대리모 사이에 체결되는 계약을 가리킨다고 말할 수 있다.

대리모계약은 유효한가? 대리모계약을 유효로 보는 견해도 있고, 무효로 보아야 한다는 견해도 있다. 대리모에 의한 아이의 출산은 가족법의 근본원칙에 반하여 대리모계약의 효력을 인정할 수 없다고 보는 견해가 있다. 대리모계약의 효력을 부정하는 견해에 의하면 특히 금전지급에 대한 반대급부로 대리임신 내지 대리출산을 약정하는 대리모계약은 아이를 사고 파는 경우와 다를 바 없고, 또한 여성을 임신기계로 도구화하여 자궁을 상품화하므로, 민법상의 「선량한 풍속 기타 사회질서」(§103)에 대한 위반이 된다고 본다. 분명히 아기매매 혹은 입양암거래와 유사한 유상의 대리모계약은 민법 제103조의 반사회질서

391) 인류역사상 최초의 대리모는 구약성경 창세기에 나오는 「하갈」이라고 하는 여인이라고 할 수 있다. 성경에 의하면 아브라함의 아내인 사래는 스스로는 임신을 할 수 없으므로 자기의 남편을 자신의 여종 하갈과 동침하게 하여 이스마엘이라는 아들을 얻은 사실이 기록되어 있다(창세기 16:1-16: "아브라함의 아내 사래는 생산치 못하였고 그에게 한 여종이 있으니 애굽 사람이요 이름은 하갈이라. 사래가 아브라함에게 이르되 여호와께서 나의 생산을 허락지 아니하셨으니, 원컨대 나의 여종과 동침하라. 내가 혹 그로 말미암아 자녀를 얻을까 하노라. … 하갈이 아브라함의 아들을 낳으매 아브라함이 하갈의 낳은 그 아들을 이름하여 이스마엘이라 하였더라").

적인 법률행위로서 무효로 된다고 보지 않을 수 없다. 그러나 대리모에 의한 임신·출산이 절대적 불임부부(가임부부의 약 15% 정도가 불임부부라고 한다)의 불임극복을 위한 최후수단이고, 또한 유일한 방법인 경우에 만약 안정된 혼인생활을 영위하는 불임부부가 간절히 아이를 원하는 때에는 대리모계약의 효력을 인정하여 종족보존과 아이(子)의 양육을 바라는 불임부부의 희망을 성취시켜 주어야 한다고 보는 견해가 타당하다. 대리모계약 자체는 아기매매나 입양암거래와 같이 아이를 사고파는 계약이 아니라 대리모의 자유의사에 의한 친권포기와 입양합의를 내용으로 하는 계약으로 가족법에 위반한다고 볼 수 없고, 대리모계약을 인정하여 불임부부가 아이를 양육하도록 하는 태도가 '아이(子)의 복리'에도 부합한다고 볼 수 있으므로, 만약 애타적인 감정에 의한 무상의 대리모계약이고, 그 대리모계약이 불임의 극복을 위한 최후의 유일한 수단(ultima ratio)인 경우에는 그 유효성을 인정하여야 좋다.

케이스는 미국에서 실제로 문제가 된 이른바 「베이비M사건」[392)]과 유사한 사례이다. 우선 A부인과 B 사이의 대리모계약이 유효한가가 문제된다. 만약 친권의 포기와 아이의 인도의 대가로 금전이 보수로 지급된 경우, 즉 대리모가 금전지급의 반대급부로 친권을 포기하기로 한 계약이라고 하면 선량한 풍속에 위반되므로, A부인과 B 사이의 대리모계약은 무효라고 보아야 한다. 물론 아이를 입양 또는 양도하는 대가로 금전을 지급하지 아니한 경우라고 하면 일단 대리모계약이 유효하다고 보아야 한다.

만약 대리모계약이 유효하다고 하면 B는 A부인에 대하여 아이의 인도를 강제할 수 있는가(반대로 B가 아이의 인수를 거절하는 경우에 아이의 인수를 강제할 수 있는가 하는 문제도 생긴다)? 대리모계약이 유효한가 하는 문제와 아이가 누구에게서 양육되어야 하는가는 별개의 문제라고 보아야 한다. 대리모에 의하여 출생한 아이에 대한 친권이나 양육권이 누구에게 있는가를 결정하기 위하여는 「솔로몬의 재판」과 같은 지혜가 필요하다. 대리모계약을 통하여 B부인과의 양자관계가 성립하는가, B부부의 친권 및 양육권을 인정하는가는 계약상의 의무이행에 관한 문제가 아니라, 아이가 누구에서 양육되어야 이른바 「자녀의 최선의 이익」(best interest of child)이 보장되는가 하는 문제에서 찾아야 한다. 물론 「자녀의 최선의 이익」이 어떤 경우에 보장되는가에 대하여는 한 마디로 결정하기 곤란하다. 예를 들어 (i) 아이를 가지려는 계획, (ii) 가정환경(가족의 안정과 평화), (iii) 아이를 기를 부모의 정서적 안정성, (iv) 아이의 교육에 대한 가정의 태도, (v) 부모로서의 능력 등을 고려하여 자녀의 최선의 이익이 누구에게서 더 잘 보장되는가를 판단하여야 한다. 또한 비록 대리모계약이 무효라고 하더라도 대리모계약의 무효를 이유로 바로 B는 아이의 인도를 청구

392) 베이비M사건이란 윌리엄 스턴(William Stern)이 그의 아내가 다발성 경화증을 가지고 있어서 임신하기가 어렵게 되어 마리 베스 화이트헤드(Mary Beth Whitehead)와의 사이에서 자기의 정자를 주입하여 임신시키고 (화이트헤드부인이 난자를 제공하여 아이의 유전적인 어머니이다) 아이의 권리는 스턴부부가 가진다는 대리모계약을 체결하고, 그 대리모계약에 의하여 화이트헤드부인은 1986년 3월 27일 딸을 낳은 후에 24시간 내에 스턴부부에게 넘기기로 되어 있지만 아이(처음 대리모에 의하여 Sara Elizabeth Whitehead로 이름이 지어진 후에 스턴부부에 의하여 이름이 Melissa Stern으로 변경)를 넘기기 싫어서 자기 살던 미국 뉴저지주를 떠나 도피하자 스턴부부가 화이트헤드부인에게 아이의 인도를 청구한 경우로 세계적으로 대리모계약의 유효성 등이 문제된 최초의 사건이다.

할 수 없다고 단정할 수도 없다. 대리모계약의 무효에도 불구하고 아이의 양육에 대하여는 가정환경과 경제적 여건 등 여러 가지 사정을 고려하여 누구에게서 아이가 양육될 때에 「자녀의 최선의 이익」에 합치되는가를 판단하여 B에게 양육권을 인정할 수도 있다.

[더 생각할 과제 - 대리임신에서 태아의 낙태]

> 대리모인 A부인이 B부부의 아이를 임신하였는데, 초음파검사에서 태아에게 건강상의 문제가 있다고 나타나 정밀검사를 실시하였다. 그리고 정밀검사의 결과 A부인이 임신한 태아가 다운증후군을 가지고 태어날 가능성이 매우 크다고 하는 사실이 밝혀졌다. B부부는 A부인에게 낙태를 요구할 수 있는가?

실제로 미국에서 대리모가 희망부모의 낙태요구를 거부하고 선천성 기형을 가진 아이를 출산하여 사회적 논란을 불러일으킨 경우가 있다.393) 희망부모는 대리모에게 태아의 낙태를 강요할 권리가 있는가? 우선 대리모계약에서 낙태에 관한 약정을 별도로 한 경우이냐 아니냐로 구분하여 생각할 필요가 있다. 만약 태아가 다운증후군 등을 가진 기형아로 태어날 가능성이 있는 경우에 대리모는 태아를 낙태하여야 한다는 약정을 한 경우라면 그 약정에 기하여 희망부모가 낙태를 요구할 수 있는가 하는 문제가 있다. 그러나 형법상 낙태가 엄격하게 금지되고(형법 §§269, 270), 모자보건법 제14조는 예외적으로 인공임신중절수술을 할 수 있는 경우를 규정하고 있으나, 태어날 아이의 다운증후군 등은 인공임신중절수술의 허용대상에 해당하지 않는다.394) 또한 다운증후군 등을 가진 기형아의 출산을 이유로 낙태를 하기로 한 약정은 민법 제103조가 정한 선량한 풍속 기타 사회질서에 위반하여 그 효력을 인정하기 어렵다. 그러므로 비록 태아의 다운증후군을 이유로 하는 낙태에 관한 약정이 A부인과 B부부 사이에 있다고 하더라도 B부부는 A부인에게 낙태를 강요할 수 없다. 그리고 대리모계약이 전체적으로 유효라고 할지라도 A부인과 B부부 사이에 낙태에 관한 약정이 없는 경우에는 더욱 B부부가 A부인에게 낙태를 강요할 권리는 없다. 역시 A부인 자신도 태어날 아이의 다운증후군을 이유로 인공임신중절수술을 하여 태아를 지울 수 없다.

---

393) 최근 미국 코네티컷주에서 두 딸을 키우며 경제적으로 곤궁한 상태에 있던 이혼녀 크리스털 켈리부인(31)은 2011년 8월 불임부부를 돕기 위하여 2만2,000달러를 받고 대리모가 되기로 결심하고, 대리모주선회사를 통하여 이미 3명의 자녀를 두고 4번째 아이를 원하지만 더 이상 임신이 불가능하다는 판정을 받은 의뢰부부의 냉동보관 중이던 수정란을 자기의 자궁에 착상시키는 방법으로 임신을 한 후에 임신 4개월째인 2012년 2월에 실시한 태아산전검사의 결과 심장기형 등이 있다고 밝혀져 아이가 태어나면 수차례 심장수술을 받아야 하고 출생 후에 정상생활을 할 확률은 25% 정도라는 진단이 내려지자 희망부모는 태어날 아이의 고통을 생각하여 낙태를 요청하고, 대리모는 부모라도 아이의 생명을 멋대로 빼앗을 수 없다고 하며 출산을 고집하여 결국 몇 차례의 심장수술을 받아야 하고, 생존하게 되더라도 걷거나 말하지 못할 확률이 50%쯤 되는 선천성 기형아를 출산한 경우가 있다.

394) 모자보건법 제14조 제1항 제1호는 인공임신중절수술을 할 수 있는 경우로 산모 본인 또는 배우자가 대통령령이 정하는 우생학적 또는 유전학적 정신장애나 신체질환이 있는 경우를 규정하고 있고, 모자보건법 시행령 제15조 제2항은 인공임신중절수술을 할 수 있는 우생학적 또는 유전학적 정신장애나 신체질환으로 혈우병과 각종 유전성 질환을 규정하고 있을 뿐이므로, 다운증후군(염색체의 이상으로 발생하는 질환으로 정상인은 염색체가 2개의 쌍으로 이루어져 있지만 다운증후군은 21번 염색체가 3개이며, 염색체의 이상으로 인하여 특징적인 외모와 정신지체가 나타난다)은 인공임신중절사유에 해당하지 않음이 명백하다. 부모는 태아가 다운증후군에 걸려 있다는 사실을 알더라도 태아를 적법하게 낙태할 권리를 가지고 있다고 보기 어렵다(대법원 1999.6.11. 선고 98다22857 판결)

⑤ 장기기증계약

> A는 8년 전에 B형 간염으로 인한 간경화의 진단을 받은 뒤 최근에는 점점 간암으로 상태가 악화되고 있다는 사실을 알게 되었다. A는 6개월 전에는 갑자기 어지럼증을 느끼며 쓰러지기까지 하였는데, 의사로부터 속히 간이식을 받지 않으면 생명이 위험하다는 경고를 받았다. A는 우연히 서울역 앞에서 노숙을 하며 하루 하루를 힘겹게 살아가고 있는 B의 간이 자기에게 이식하기에 적합하다는 사실을 알게 되었다. A는 어렵게 B를 찾아 만났는데, 간을 제공하여 주기를 간청하여 B가 A에게 간을 떼어 주기로 약정하였다. 그런데 B는 A에게 간을 떼어 주기로 약속한 후에 마음이 변하여 간이식을 하기로 한 날에 병원에 나타나지 않고 종적을 감추었다. A는 B에게 간의 제공을 청구할 수 있는가?

장기이식을 하기 위해서는 필요한 장기가 장기기증자로부터 장기수령자에게 제공되어야 하는 장기의 「기증」이 필요하다. 장기기증은 법적인 의미에서는 장기기증계약에 의하여 규율된다. 장기기증계약이란 '당사자 한쪽이 무상으로 장기를 상대방에게 수여하는 의사를 표시하고, 상대방이 그 의사표시를 승낙하여 그 효력이 생기는 계약'을 의미한다고 정의할 수 있다.

장기기증계약도 유효한가? 장기기증계약의 유효성 여부는 선량한 풍속 기타 사회질서(§103)에 의하여 결정된다. 장기를 제공하고 수령한다는 합의가 선량한 풍속이나 기타 사회질서에 위반되지 않는 한, 원칙적으로 장기기증계약의 효력이 인정된다.

필요한 장기를 제공하는 대가로 금전을 수수하는 「장기매매」 혹은 「장기뒷거래」는 공서양속에 반하므로 금지되어야 한다.[395] 장기기증자는 항상 '무상기증자'에 머물러야 하며, 인간의 장기가 '상품'으로 영리적 거래의 목적이 되어서는 안된다. 그러므로 A가 B로부터 간을 제공받는 대가로 금전을 지급하기로 약정한 경우에는 장기매매로서 민법 제103조에 의하여 그 효력이 인정되지 아니한다. 다만 장기기증자에 대한 필요한 비용의 상환의 약정은 장기기증과 비용상환이 서로 대가적 의미를 지니고 있지 아니하므로, 장기기증계약의 무상성에 위반되지 아니한다. 장기기증자가 장기의 제공을 위하여 실제로 지출한 비용이나 상실한 수입, 예컨대 노동시간의 일실로 인한 수입의 감소·교통비 등에 대한 지급약정이나 청구는 인정할 수 있다.

사례에서 A가 B에게 금전을 지급하기로 하고 간을 제공받기로 한 경우인가 아닌가가 우선 문제된다. 만약 유상의 장기기증계약이라고 하면 장기기증계약이 선량한 풍속 기타 사회질서에 반하여 무효로 되므로, A는 B에 대하여 간의 제공을 청구할 수 없다. AB 사이의 장기기증계약이 무상으로서 유효하다고 하면 B에 대하여 간의 제공을 강제할 수 있는가? 장기기증계약이 유효하다고 하더라도 B의 의무는 그 강제를 하는 경우에 B의 인격존중에 반하는 채무에 해당하므로, 장기제공의무의 이행을 직접강제하거나 간접강제할

395) 장기 등 이식에 관한 법률 제7조도 자신의 장기를 다른 사람에게 주거나 다른 사람의 장기를 자신에게 이식하기 위하여 금전 또는 재산상의 이익, 그 밖의 반대급부를 주고받거나 주고받기로 약속하는 행위를 하여서는 아니된다고 규정하고 있다.

수 없다. 특히 장기 등 이식에 관한 법률 제22조 제4항은 명문으로 장기기증에 동의한 사람은 장기를 적출하기 위한 수술이 시작되기 전까지는 언제든지 장기기증에 관한 동의의 의사표시를 철회할 수 있다고 규정하고 있다.[396] 그러므로 B가 간이식을 하기로 한 날에 병원에 나타나지 않고 종적을 감춘 때에는 장기기증계약을 철회한 경우로 보아야 한다.

3) 개인의 자유·인권을 심히 해하는 행위

타인의 신체상의 자유를 극도로 제한하여 인권을 해하는 행위는 공서양속에 반한다. 예를 들어 평생 혼인을 하지 아니한다고 하는 혼인금지계약, 어떤 경우라도 이혼하지 아니한다고 하는 이혼금지계약[397] 혹은 인신을 구속하는 인신매매, 걸그룹이나 아이돌스타를 부당하게 속박하는 전속계약, 어떤 직업에 종사하는 한 혼인하지 않고 혼인하면 퇴직한다고 하는 독신계약(여교사의 채용시 재직기간 중 혼인금지약관을 둔 경우)은 개인의 개인적·직업적 자유를 극심하게 제한하는 속박계약(혹은 노예계약)으로 무효가 된다. 출판사가 저자와 만일 책을 한권 출판하여 주면 장차 저술하는 모든 책을 그 출판사에서 출판하여야 한다고 하는 계약과 같이 과도한 경제활동자유의 제한도 공서양속에 반하여 무효로 될 수 있다. 또한 사람이 가지는 사상·신조의 자유를 현저히 해하는 행위나 사람을 차별하는 행위도 공서양속에 반한다. 다만 해외연수 후 일정기간 동안 근무하여야 한다는 사규나 약정은 공서양속에 반하지 아니한다.[398]

> A회사는 신장병 치료약 및 치료기구 등을 비롯한 의약품 및 의료기구를 수입, 판매하는 한국법인인데, B는 1992.6.17. A회사에 입사하면서 퇴직 후 1년 동안 A회사와 경쟁관계에 있는 회사에서 직·간접적으로 업무에 종사하지 아니하기로 약정하였다. 그런데 A는 1997.2.28. A회사를 퇴직하고, 바로 신장병의 치료를 위한 복막투석액 등 의약품 및 의료기구를 수입, 판매하는 C회사(외국회사)에 취업하였다. A회사는 B에 대하여 경업금지의무의 위반을 주장할 수 있는가?

사례에서 A회사와 B 사이에 체결된 전직금지약정은 선량한 풍속 기타 사회질서에 반하여 무효로 되는가? B가 A회사에 입사하면서 체결한 전직금지약정의 목적이 B로 하여금 퇴사 후 그가 취직중 알게 된 판매방법 등에 관한 정보 및 고객명단 등을 이용하여 동종의 영업분야에서 일하거나 다른 경쟁제약판매회사 등에 취업함으로써 결국 A회사에 손해를 끼치는 행위를 막기 위한 경우라고 할 수 있다. A회사와 B 사이의 전직금지약정은 일종의 경업금지약정으로서, 그 체결된 배경이나 그 내용 및 기간에 합리성이 인정되는 경우에는 헌법상 보장된 직업선택의 자유를 침해하지 않는 경우로서 공서양속위반으로 볼 수 없다.[399] 사례에서 전직금지기간이 1년으로서 B에게 과도한 제약이 되지 아니하

---

396) 민법상으로는 장기기증의 의사가 서면으로 표시되지 아니한 경우에만 임의로 해제할 수 있다(§555).

397) 예컨대 A여가 B남과 혼인하면서 어떤 일이 있어도 B남과 이혼하지 아니한다고 하는 취지로 각서를 써 준 경우에 후에 B남이 부정행위(不貞行爲)를 저지르면 어떤 일이 있어도 이혼하지 아니한다는 약정은 본래부터 무효이므로, A여는 이혼 및 위자료의 청구를 할 수 있다.

398) 대법원 1982.6.22. 선고 82다카90 판결.

는 사정을 고려하면 A회사와 B 사이의 전직금지약정은 유효한 경업금지약정으로 보아야 한다. 그러므로 B가 A회사가 수입·판매하고 있는 의약품 및 의료기구와 같은 복막투석액의 수입판매를 하는 C회사에서 일을 하고 있는 이상, 그 경업금지를 구하는 A회사의 청구는 인정된다고 보아야 한다. B는 퇴직일로부터 1년이 되는 날까지 C회사에 취업하여 근무하거나 그 업무에 종사하여서는 안된다. 다만 경업금지약정(혹은 전직금지약정)이 아무런 대가 없이 B에게 의무만 부과하고 있는지, 피고용자의 지위에 있던 B가 거절하기 어려운 사정 아래에서 그 경업금지약정을 체결한 경우인지, B의 경업이나 전직으로 A회사의 영업비밀 등이 구체적으로 어느 정도 침해되는지, B의 퇴직경위 등에 특별히 배신성이 엿보이는 사정이 있는지 등을 판단하여 경업금지약정이 헌법상 보장된 근로자의 직업선택자유와 근로권 등을 과도하게 제한하거나 자유로운 경쟁을 지나치게 제한한다고 하면 민법 제103조에서 정한 선량한 풍속 기타 사회질서에 반하는 법률행위로서 무효로 될 수도 있다.

4) 생존의 기초가 되는 재산의 처분행위

예컨대 사찰이 그 존립에 필요불가결한 재산인 임야를 증여한 경우와 같이 타인의 생존의 기초가 되는 재산을 잃게 하는 행위는 공서양속에 반하여 무효이다.[400)]

5) 사행행위

> A는 B와 도박을 하던 중에 1억원의 도박채무를 지자 그 담보를 위하여 자기 소유의 갑부동산에 대하여 B 명의로 근저당권을 설정하여 주었다. 한편 A는 B가 도박채무의 변제를 독촉하므로 다른 도박판에 가서 돈을 따서 도박채무를 갚는다고 하면서 자금이 필요하니 자기 소유의 을부동산을 매수하여 주기를 B에게 간청하였다. B는 A의 간청에 못 이겨 을부동산을 5,000만원에 매수하고 B 앞으로 소유권이전등기까지 마쳤다. 돈을 모두 탕진한 A는 B에 대하여 갑부동산의 근저당권설정등기와 을부동산의 소유권이전등기의 말소를 청구할 수 있는가?

사행계약이라고 하여 반드시 무효로 되지는 아니한다. 그러나 지나치게 사행적인 행위는 사회질서에 반하여 무효로 된다(§103). 일반인의 근로의욕을 상실하게 하고, 또한 현저한 손해를 유발할 가능성이 있는 사행행위는 건전한 재산질서에 반하여 무효이다.[401)] 대표적으로 도박행위가 사행행위이다. 예컨대 도박자금을 빌려주는 행위, 도박으로 부담한 채무의 변제로서 토지를 양도하는 계약, 도박에 진 빚을 토대로 하여 그 노름빚을 갚기로 하는 계약과 같이 어떤 행위가 도박과 관련하여 무효가 되는 경우도 있다.

---

399) 판례는 경업금지약정이 헌법상 보장된 근로자의 직업선택의 자유와 근로권 등을 과도하게 제한하거나 자유로운 경쟁을 지나치게 제한하는 경우에 민법 제103조에 정한 선량한 풍속 기타 사회질서에 반하는 법률행위로서 무효라고 본다(대법원 2010.3.11. 선고 2009다82244 판결).

400) 대법원 1970.3.31. 선고 69다2293 판결.

401) 만일 사행행위에 기하여 이미 이행을 한 경우에는 이행된 급부가 이행을 받은 자의 소유로 되고, 이행을 한 자는 더 이상 부당이득으로 그 반환청구를 할 수 없다(§746).

사례에서 도박계약에 의하여 A가 B에게 부담한 1억원의 채무는 무효이다. 그리고 AB 사이에 피담보채권이 존재하지 아니하므로, B 명의의 근저당권설정등기는 그 부종성으로 인하여 무효이다. 다만 불법의 원인으로 재산을 급여하거나 노무를 제공한 경우, 즉 불법원인급여인 경우에는 그 이익의 반환을 청구하지 못하므로(§746), AB 사이의 도박계약이 무효로 되는 경우에 B 명의의 근저당권설정등기는 불법원인급여가 되는가 하는 문제가 있다. 만일 B 명의의 근저당권설정등기가 불법원인급여라고 하면 A는 B에 대하여 도박계약의 무효를 이유로 근저당권설정등기의 말소청구를 할 수 없다. 그러나 B 명의로 단순히 근저당권설정등기만이 경료된 경우에는 B가 그 이익을 향수하려면 경매신청과 같은 별도의 조치를 취하여야 하여 불법원인급여로 인한 이익이 종국적이라고 할 수 없으므로, A는 B에 대하여 무효인 근저당권설정등기의 말소를 청구할 수 있다.

A가 B와 도박자금을 마련하기 위하여 매매계약을 체결하면 이른바 「동기의 불법」이 있는 매매계약이 된다. 동기불법의 경우에 표시되거나 인식된 동기(동기란 표의자가 의사표시를 하게 된 이유를 가리키며, 동기는 의사표시에 선행하는 사람의 심리적 과정에 불과하여 본래 의사표시의 구성요소는 아니다)는 법률행위의 내용을 이루고, 만일 표시되거나 인식된 동기가 반사회성을 가지면 그 법률행위는 무효가 된다고 본다(표시설 내지 인식설이 다수설이다). 그러므로 A가 B의 채무변제에 대한 독촉을 받고 다른 도박판에 가서 돈을 따 채무를 변제하기 위하여 자금이 필요하다고 분명히 표시하고, 그 자금을 마련하기 위하여 부동산을 매수하여 주기를 B에게 간청한 사실로부터 AB 사이의 매매계약은 「동기의 불법」으로 인하여 민법 제103조에 따라서 무효로 된다. AB 사이의 매매계약이 동기의 불법에 의하여 무효로 된다고 하면(§103) A는 B에게 B 명의로 경료된 소유권이전등기의 말소청구를 할 수 있는가? 동기에 불법이 있더라도 그 동기가 표시되거나 혹은 당사자에게 알려져 있는 때에는 급부원인의 불법성이 인정되어 불법원인급여가 되므로, 원칙적으로 도박자금을 마련하기 위한 불법의 동기로 체결된 무효인 매매계약에 의하여 경료된 소유권이전등기는 불법원인급여로서 그 말소청구를 할 수 없다(역시 A는 소유권에 기한 반환청구도 할 수 없다). 다만 판례는 수익자의 불법성이 급부자의 불법성보다 현저히 크고 그에 비하여 급부자의 불법성이 미약한 때에는 급부자의 반환청구가 허용된다고 보므로, 이른바 불법성비교형량설을 통하여 A의 소유권이전등기의 말소청구가 인정되는가가 문제될 수 있다.[402] 사례에서는 A가 B에게 부동산의 매수를 간청하여 매매계약이 이루어진 사실에 비추어 B에게만 불법원인이 존재하거나 B의 불법이 A의 불법보다 더 크다고 볼 수 없으므로, A는 민법 제746조 단서를 근거로 소유권이전등기의 말소청구를 할 수도 없다.

6) 우월적 지위를 이용하여 부당한 이득을 얻는 행위

예를 들어 과도한 고리의 약정, 과대한 손해배상액의 예정이나 위약금약정, 가혹한 계약조항은 양속질서에 반하여 무효이다. 예컨대 연예전속계약에서 계약기간, 이익의 분배, 계약의 해지, 손해배상 등 계약의 중요한 사항이 당사자 한쪽인 연예인에게 일방적으로

402) 대법원 1997.10.24. 선고 95다49530, 49547 판결.

불공정한 내용이면 양속질서에 반하여 무효이다(나머지 계약조항만으로는 연예전속계약 자체의 목적을 달성할 수 없을 뿐만 아니라, 당사자도 역시 나머지 조항만으로 연예전속계약을 체결할 경우로 보이지 아니하므로, 전부무효가 된다).

(3) 공서양속위반의 모습

공서양속위반의 모습으로는 아래와 같은 경우를 생각할 수 있다.

① 법률행위의 중심적 목적이 공서양속에 반하는 경우　　예를 들어 첩관계의 유지나 살인과 같은 범죄행위, 부정행위, 매음행위를 약정하는 계약, 혼인 외의 자연적 성관계를 통하여 아이를 임신·출산하여 주기로 하는 씨받이계약 등은 그 중심적 목적이 공서양속에 반하여 무효이다.

② 어떤 사항 그 자체가 사회질서에 위반하지는 않으나, 계약적으로 강제되어 공서양속에 반하는 경우　　예컨대 A와 전처 B가 호주제가 폐지되는 대로 딸 C를 A의 가족관계등록부에서 삭제하고 B의 가족관계등록부에 등록하기로 하되 위반시에는 B가 A에게 일정한 금원을 지급하기로 약정한 경우에 C를 A의 가족관계등록부에서 삭제하고 B의 가족관계등록부에 등록하기 위하여는 종전의 친생부모를 비롯한 모든 친족관계를 종료시키고 양부모와 양자를 친생자관계로 하고 양부모와의 친족관계만을 인정하는 친양자제도를 이용하여야 하며, 친양자제도는 B의 재혼을 요건으로 하고 있다. B로 하여금 약정상의 의무를 강제적으로 이행하게 하려면 B의 재혼, 즉 B의 신분행위의 의사결정을 구속 또는 강제하게 되므로, 그 약정은 민법 제103조에 위배되어 무효라고 보아야 한다.

③ 어떤 사항 자체는 반공서양속성이 없지만, 금전적 이익과 관련되어 공서양속에 반하는 경우　　공무원의 정당한 직무의 대가로 뇌물을 주고받는 계약,[403] 범죄행위를 하지 않는 대가로 금전을 지급하는 계약, 어떤 사실을 누설하지 않는 대가로 반대급부를 약정하는 계약, 종교를 바꾸거나 바꾸지 않는 대가로 금전지급을 약정하는 계약, 장기를 제공하는 대가로 금전을 받는 계약, 불임부부를 위하여 정자·난자를 기증하거나 대리임신을 통하여 아이를 출산하여 주는 대가로 금전을 받는 계약은 금전적 이익과 관련하여 무효가 된다. 또한 예컨대 타인의 소송에서 사실을 증언하는 증인이 그 증언을 조건으로 그 소송의 당사자 일방으로부터 통상적으로 용인될 수 있는 수준(예컨대 증인에게 일당 및 여비가 지급되기는 하지만 증인이 증언을 위하여 법원에 출석함으로써 입게 되는 손해에는 미치지 못하는 경우에 그 손해를 전보하여 주는 정도)을 넘어서는 대가를 제공받기로 하는 약정은 국민의 사법참여행위가 대가와 결부됨으로써 사법작용의 불가매수성 내지 대가무관성이 본질적으로 침해되는 경우로서 반사회적 법률행위에 해당하여 무효이다(증언거부권이 있는 증인이 그 증언거부권을 포기하고 증언을 하는 경우라고 하여도 마찬가지이다).[404]

---

403) 지방자치단체가 골프장사업계획승인과 관련하여 사업자로부터 기부금을 지급받기로 한 증여계약은 공무수행과 결부된 금전적 대가로서 그 조건이나 동기가 사회질서에 반하여 민법 제103조에 의하여 무효이다(대법원 2009.12.10. 선고 2007다63966 판결).

404) 대법원 2010.7.29. 선고 2009다56283 판결.

④ 사회질서에 반하는 사항을 조건으로 하여 공서양속에 반하는 경우 범죄행위를 한다는 조건에 의한 증여계약, 범죄행위를 하려던 생각을 버린다는 조건에 의한 증여계약은 공서양속에 반하여 무효이다. 다만 불륜관계를 끊는다는 조건으로 금전지급을 약정한 증여계약은 유효하다.

⑤ 동기의 불법 법률행위 그 자체가 아니라 동기에 불법이 있는 경우, 예를 들어 도박의 자금으로 금전을 빌리거나, 살인을 위하여 무기를 구입하거나, 매춘을 위하여 집을 빌린 경우와 같이 법률행위의 동기가 사회질서에 위반하는 때에 그 소비대차, 매매 혹은 임대차는 유효한가? 표의자가 의사표시를 하게 된 이유를 가리키는 동기는 의사표시에 선행하는 사람의 심적 과정에 지나지 않고 의사표시의 구성요소는 아니다. 그러나 일반적으로 동기의 불법도 법률행위의 효력에 영향을 미친다고 본다. 다만 동기의 불법이 법률행위의 효력에 어떤 영향을 미치는가에 관하여 여러 견해가 대립한다.

동기의 표시나 인식 여부와 관계없이 동기의 위법성의 정도(위법성이 강하면 무효)와 동기의 위법성에 대한 상대방의 관여 내지 활동의 정도, 인식의 유무를 종합적으로 참작하여 법률행위의 반사회성을 결정하여야 한다고 보는 견해가 있다. 그러나 동기가 일반적으로 법률행위를 할 때에 표시되지 않는 수가 많고, 만일 표의자가 주관적·내심적으로 가지고 있는 표시되지 않은 동기가 사회질서에 반한다고 하여 언제나 무효라고 하면 거래의 안전을 해치게 된다. 동기의 불법으로 법률행위가 무효로 되려면 반사회적인 동기가 '적어도' 법률행위의 내용으로 표시되거나 발표되어야 할 필요가 있다. 그러므로 우선 동기가 반사회성을 갖더라도 그 법률행위는 무효로 되지 않고, 다만 동기가 표시되거나 발표된 때에는 동기가 법률행위의 내용을 이루고 그 동기가 사회질서에 반하면 그 법률행위는 무효가 된다고 보는 태도(표시설이라고 한다)가 타당하다.

상대방이 동기의 불법을 인식한 때에는 어떤가? 동기가 표시된 경우는 물론, 표시되지 않은 때에도 상대방이 알고 있는 경우 혹은 통상인이라면 동기를 알 수 있을 경우에는 동기의 불법으로 법률행위는 무효가 된다고 보아야 한다는 견해(인식설이라고 부른다)가 있다. 동기에 불법이 있더라도 표시되지 않은 이유로 그 법률행위를 언제나 유효로 한다면 민법이 반사회성을 띤 행위를 금지하는 취지가 현저히 손상될 우려가 크고 살인이나 도박을 한다는 사실을 알고도 흉기를 팔거나 금전을 빌려주는 자를 보호하는 태도도 반사회질서의 행위를 촉진하는 결과가 된다. 그러므로 반사회질서의 행위를 무효로 하는 민법 제103조의 취지를 제대로 살리기 위하여는 동기가 표시되지 않더라도 상대방에게 동기가 알려진 경우에는 그 법률행위를 무효로 하여야 할 필요가 있다. 판례는 초기에 취한 표시설에 입각한 견해[405]를 버리고, 현재는 '상대방에게 표시되거나 알려진 법률행위의 동기가 반사회질서적인 경우'에 법률행위는 무효가 된다고 하는 입장[406]을 취하여 표시설과 인식설을 함께 고려하고 있다.

---

405) 대법원 1972.10.31. 선고 72다1271, 1272 판결.

406) 대법원 1994.3.11. 선고 93다40522 판결.

> A는 자신의 경제사정이 악화되자, 자기의 아내 B를 피보험자로 하여 생명보험에 가입한 다음 B를 살해하고서 보험사고로 위장하여 보험금을 편취하기로 마음먹었다. A는 1997.6. 초순경 자기의 친구 C와 사이에 교통사고로 가장하여 B를 살해하기로 공모하고, 살인청부업자 D를 소개받은 다음, 갑생명보험회사와 사이에 보험계약자 및 피보험자를 B, 보험수익자를 상속인으로 하여 여러 건의 생명보험계약을 B 몰래 각각 체결하고서 제1회 보험료를 납부하였다. 그 후 A는 D에게 착수금으로 1천만원을 지급하고 D와 함께 B를 살해하려고 수차 시도해 오던 중, 1997.9.4. 02:10경 공사장에서 D가 택시를 운전하여 A가 그 장소에 데리고 나온 B를 들이받아 그 자리에서 사망하게 하였다. A 혹은 다른 공동상속인은 갑생명보험회사에 대하여 보험금의 지급을 청구할 수 있는가? [대법원 2000.2.11. 선고 99다49064 판결]

보험계약자가 다수의 보험계약을 통하여 보험금을 부정취득할 목적으로 보험계약을 체결한 경우에도 유효한가? 생명보험계약은 사람의 생명에 관한 우연한 사고에 대하여 금전을 지급하기로 약정하는 계약이어서 금전을 취득할 목적으로 고의로 피보험자를 살해하는 등의 도덕적 위험의 우려가 있으므로, 그 계약체결에 관하여 신의성실의 원칙에 기한 「선의」가 강하게 요청된다. 생명보험계약은 이른바 선의계약성이 강하다. 그러나 당초부터 오로지 보험사고를 가장하여 보험금을 취득할 목적으로 생명보험계약을 체결한 경우에는 사람의 생명을 수단으로 이득을 취하고자 하는 불법적인 행위를 유발할 위험성이 크다. 또한 보험금의 부정취득을 목적으로 체결된 생명보험계약에 의하여 보험금을 지급하게 하면 보험계약을 악용하여 부정한 이득을 얻고자 하는 사행심을 조장함으로써 사회적 상당성을 일탈하게 될 뿐만 아니라, 합리적인 위험의 분산이라는 보험제도의 목적을 해치고 위험발생의 우발성을 파괴하며 다수의 선량한 보험가입자의 희생을 초래하여 보험제도의 근간을 해치게 된다. 그러므로 보험금을 부정취득할 목적으로 체결한 생명보험계약은 민법 제103조 소정의 선량한 풍속 기타 사회질서에 반하여 무효이다.

사례에서 당초부터 피보험자인 B를 살해하여 보험금을 편취할 목적으로 체결한 생명보험계약은 사회질서에 위배되는 행위로서 무효이다. 그러므로 A는 보험금의 지급을 청구할 수 없다. 또한 A가 체결한 생명보험계약 자체가 무효이므로, A뿐만 아니라 보험수익자로서 B의 다른 공동상속인도 자신이 고의로 보험사고를 일으키지 않은 경우라고 하더라도 보험자인 갑생명보험회사에 대하여 보험금을 청구할 수 없다 .

⑥ 법률행위의 성립과정에서 불법적 방법이 사용된 경우

> 1984년경에 밀어닥친 국내적, 국제적 경기의 침체로 K그룹이 자구노력에 따른 재무구조개선에도 불구하고 만성적인 적자와 자금부족으로 경영의 정상화가 어렵게 되자, J은행은 K그룹의 주거래은행으로서 1985.2.경에 K그룹의 정리방안을 마련하게 되었다. 대통령의 지시를 받아 K그룹의 해체방침을 결정한 해당 주무부처의 장관이 주거래은행인 J은행에 그 사실을 통보하여 언론에 보도되도록 한 후 J은행이 K그룹

> 의 해체를 추진하게 되었는데, J은행은 K그룹에 대한 정리방안의 일환으로 K그룹의 대표 A에 대하여 그 주식 전부를 H그룹에게 양도하게 하였다. 그리고 K그룹의 자산과 부채를 실사한 결과 1985.6.30. 기준으로 자산총액과 부채총액의 차이는 3,752억원인데 A의 재산을 처분한 136억원을 차감하면 결손이 3,616억원이 되므로 주식의 자산적 가치는 부(負)인 상태라 평가하고, 주식매매가격을 형식상 1주 당 1원으로 결가하여 A는 K그룹의 주식 전부를 H그룹에 매각하였다. A는 H그룹과의 주식매매계약이 공서양속에 반하여 무효라고 주장할 수 있는가?

대통령의 지시를 받아 K그룹의 해체방침을 결정한 해당 주무부처의 장관이 주거래은행인 J은행에 그 사실을 통보하고 언론에 보도되도록 한 후 J은행으로 하여금 K그룹의 해체를 추진하게 한 일련의 행위는 통상의 행정지도의 한계를 넘어서는 권력적 사실행위로서 헌법상 법치국가의 원리, 시장경제의 원리, 경영불간섭의 원칙, 평등권 등 헌법상의 각 규정을 침해한 경우로 헌법에 위반된다.[407] 그러나 사례에서는 주식의 매매를 목적으로 하는 법률행위의 목적인 권리의무의 내용 자체가 선량한 풍속 기타 사회질서에 위반되지는 아니하고, 그 조건이나 대가관계로 인하여 반사회질서적 성격을 띠지도 아니한다. 또한 주식매매를 할 때에 표시되거나 알려진 법률행위의 동기는 부실화된 K그룹의 정상화라고 할 수 있으므로 그 동기가 반사회질서적이라고 할 수도 없다. 다만 대통령의 지시를 받아 해당 주무부처의 장관이 은행에 내린 K그룹의 해체지시 내지 공권력의 행사는 위헌적 행정지도라고 할 수 있으나, 법률행위의 성립과정에서 불법적 방법이 사용된 데 불과한 때에는 그 불법이 의사표시의 형성에 영향을 미친 경우에는 의사표시의 하자를 이유로 그 효력을 논의할 수는 있을지언정(예컨대 민법 제110조가 정한 강박에 의한 의사표시로서 취소할 수 있으나, 최소권의 행사기간이 문제되고, 다른 한편 강박으로 인하여 의사결정을 스스로 할 수 있는 여지를 완전히 박탈당한 상태에서 이루어진 의사표시로서 무효인가 하는 문제가 있다), J은행이 A와 H그룹에게 주식의 매매를 권유하고 A와 H그룹이 제안을 받아들여 주식매매계약이 성립된 이상, 반사회질서의 법률행위로서 무효라고 할 수는 없다.

(4) 공서양속위반의 효과

선량한 풍속 기타 사회질서에 위반한 법률행위는 무효가 되므로 그 법률행위에 의하여 발생시키려고 목적한 법률효과가 발생되지 아니한다. 특히 공서양속위반에 의한 무효는 절대적 무효로 추인에 의하여도 유효로 되지 아니한다.

채권행위인 법률행위가 공서양속의 위반인 경우에 아직 이행 전이라면 채권의 효력이 생기지 아니하여 이행할 필요가 없다. 다만 공서양속에 위반한 법률행위의 급부가 이행된 후에는 그 급부는 불법원인급여로 반환청구가 허용되지 아니한다(§746).

407) 헌법재판소 1993.7.29. 자 89헌마31 결정.

5. 불공정한 법률행위-폭리행위

(1) 폭리행위의 의의

1) 서 설

당사자의 궁박·경솔·무경험에 의하여 자기의 급부와 비교할 때 현저하게 균형을 잃은 반대급부를 하게 하여 부당한 재산적 이익을 얻는 행위를 불공정한 법률행위(폭리행위)라고 한다. 민법 제140조는 불공정한 법률행위, 즉 폭리행위를 무효로 한다. 민법 제104조 이외에도 폭리행위를 금지하는 취지를 가진 규정을 유질계약[408]의 금지, 손해배상액의 예정(§398 II), 대물반환의 예약(§§607·608)에서도 찾아볼 수 있다. 또한 형법에서는 사람의 궁박한 상태를 이용하여 현저하게 부당한 이익을 얻거나 제3자로 하여금 부당한 이익을 얻게 하는 행위를 「부당이득죄」로 벌하고 있다(형법 §349).

2) 민법 제104조가 적용되는 영역

불공정한 법률행위는 금전의 소비대차에 한하지 않고, 모든 재산상의 유상계약에 관하여 적용된다. 다만 증여와 같은 무상행위나 단독행위에서도 불공정한 법률행위가 문제되는가에 관하여는 학설이 대립한다.

① 단독행위　　불공정한 법률행위는 보통 매매와 같은 쌍무·유상행위의 급부와 반대급부의 불균형에서 문제가 된다. 채권의 포기나 형성권의 행사와 같은 단독행위에서도 불공정한 법률행위가 성립할 여지가 있는가에 관하여는 견해가 대립한다.

폭리행위는 객관적으로 급부와 반대급부 사이에 현저한 불균형이 존재하여야만 성립하여, 불공정성이 생길 우려가 거의 없는 단독행위에서는 불공정한 법률행위가 문제될 수 없다고 보는 견해가 있다. 그러나 경솔·궁박으로 소유권을 포기하는 경우와 같은 단독행위에도 불공정한 법률행위는 성립할 수 있다고 보는 태도가 타당하다. 판례는 구속된 남편을 구하기 위하여 채무자인 회사에 대한 물품외상대금채권을 포기한 경우에 불공정한 법률행위로 무효가 된다[409]고 판시하여 채권자의 채권포기행위와 같은 단독행위에도 민법 제104조가 적용된다고 본다.

② 무상행위　　민법 제104조는 교환적·조건적 관계에서 상호간의 재산의 출연이 있는 쌍무·유상행위에만 적용되는가, 편무·무상행위에서도 불공정한 법률행위가 문제되는가? 학설상 견해가 대립한다.

불공정한 법률행위는 재산상의 유상행위에 대하여만 인정되고, 증여계약이나 기부행위와 같은 편무·무상행위에서는 급부와 반대급부의 불균형이라고 하는 문제가 생기지 아니

---

408) 질권설정자가 채무변제기 전의 계약으로 질권자에게 변제에 갈음하여 질물의 소유권을 취득하게 하거나 법률에 정한 방법에 의하지 아니하고 질물을 처분하게 하는 경우를 「유질계약」이라고 한다. 민법상 유질계약은 금지된다(§339).

409) 대법원 1975.5.13. 선고 75다92 판결.

하여 불공정한 법률행위가 될 수 없다고 보는 견해가 있다. 판례는 민법 제104조가 규정하는 현저히 공정을 잃은 법률행위라 함은 자기의 급부에 비하여 현저하게 균형을 잃은 반대급부를 하게 하여 부당한 재산적 이익을 얻는 행위를 의미하므로, 기부행위와 같이 아무런 대가관계 없이 당사자 일방이 상대방에게 일방적인 급부를 하는 법률행위는 그 공정성 여부를 논의할 수 있는 성질의 법률행위가 아니라고 본다.[410] 그러나 부담부 증여[411]에서 부담이 과도한 때, 강박에 의하여 기부라고 하는 명목으로 재산을 빼앗긴 때와 같이 비록 대가관계가 없는 증여계약이나 기부행위의 경우라고 할지라도 현저하게 공정을 잃은 때에는 민법 제104조를 적용하여 무효로 하여야 한다고 보는 태도가 타당하다.

③ 경매　　경매의 경우에는 불공정한 법률행위에 관한 민법 제104조가 적용될 여지가 없다.[412]

3) 민법 제103조와 제104조의 관계

「반사회질서의 법률행위」에 관하여 규정하고 있는 민법 제103조와 「불공정한 법률행위」에 대한 민법 제104조의 관계에 관하여는 학설이 대립한다. 민법 제104조는 민법 제103조의 예시에 불과하다고 보는 견해와 민법 제103조와 민법 제104조는 각각 별개의 규정이라고 보는 견해가 주장되고 있다.

제도적 측면에서 독일민법 제138조 제2항은 폭리행위를 「특히」(insbesondere)라고 하여 독일민법 제138조 제1항의 양속위반행위의 한 유형으로 규정하고 있지만, 민법은 민법 제103조와 달리 불공정한 법률행위에 대하여 별개의 독립된 규정을 두고 있고, 요건·효과적 측면에서도 차이가 있다. 그러므로 양자는 전혀 별개의 제도라고 보는 견해가 있다. 그러나 민법 제104조의 불공정한 법률행위를 민법 제103조의 사회질서위반의 법률행위의 「예시」로 보는 태도(예시설이라 한다)가 타당하다. 불공정한 법률행위 혹은 폭리행위는 성질상 일종의 반사회질서의 행위이므로, 비록 민법 제104조의 요건을 완전히 갖추지 못한 경우에도 그 행위는 민법 제103조에 위반하는 반사회질서적 행위로서 무효가 될 수 있다. 판례도 본래 민법 제103조나 제104조는 다 같이 구민법 제90조의 공공의 질서 또는 선량한 풍속에 반하는 사항을 목적으로 하는 법률행위의 범주에 속하며, 전자가 행위의 객관적인 성질을 기준으로 하여 반사회질서적인가 여부를 판단하는 반면에 후자는 행위자의 주관적인 사항을 참작하여 그 행위가 현저하게 공정을 잃은 경우인지의 여부를 판단하는 차이가 있음에 지나지 않는다[413]고 판시하여 민법 제104조의 폭리행위는 민법 제103조의 반사회질서행위의 하나로 보고 있다.

---

410) 대법원 1993.3.23. 선고 92다52238 판결.

411) 부담부 증여란 수증자가 증여를 받는 동시에 일정한 부담, 즉 일정한 급부를 하여야 할 채무를 부담하는 증여를 말한다.

412) 대법원 1980.3.21. 자 80마77 결정.

413) 대법원 1965.11.23. 선고 65사28 판결.

(2) 폭리행위의 요건

1) 객관적 요건

폭리행위가 되기 위해서는 객관적으로 급부와 반대급부의 사이에 현저한 불균형이 존재하여야 한다. 급부와 반대급부의 현저한 불균형은 당사자 한쪽의 급부가 상대방이 자기 혹은 제3자에게 약정하거나 공여한 반대급부와 비교하여 현저히 균형을 잃은 경우에 성립한다.

급부와 반대급부 사이의 현저한 불균형이 있는지 여부는 구체적인 경우에 법관의 재량에 따라서 당사자의 주관적 가치가 아니라 객관적 가치에 의하여 판단하여 결정하여야 한다.[414] 급부와 반대급부 사이의 불균형을 판정하는 시기가 계약을 체결한 때, 즉 행위를 한 시기인가 이행기인가가 문제되지만, 행위를 한 시기를 표준으로 하여야 타당하다.

2) 주관적 요건

폭리행위가 되기 위해서는 상대방이 궁박·경솔·무경험의 상태에 있어야 한다. 상대방이 궁박·경솔 또는 무경험의 상태에 있는지 여부는 그의 나이와 직업, 교육 및 사회경험의 정도, 재산상태 및 그가 처한 상황의 절박성의 정도 등 제반사정을 종합하여 구체적으로 판단하여야 한다.[415] 다른 한편 당사자 한쪽이 상대방의 궁박·경솔·무경험을 약점으로 이용한 사정이 존재하여야 한다.

① 궁박·경솔·무경험 궁박·경솔·무경험 중 어느 하나를 갖추어야 폭리행위가 된다(세 가지 모두를 동시에 갖추어야 하지는 않는다). 궁박·경솔·무경험의 각 의미는 아래와 같다.

ⓐ 궁 박 궁박은 「급박한 곤궁」 또는 벗어날 길이 없는 어려운 상태와 같이 폭리

414) 판례를 살펴보면 (i) 시가가 채권액의 3·4배나 되는 부동산을 매도담보로 제공한 경우(대법원 1954.12.23. 선고 4287민상70 판결), (ii) 시가 3,400만원 상당의 임야를 대금 600만원에 매매한 경우(대법원 1959.7.7. 선고 4288민상66 판결), (iii) 매매가격이 시가의 약 1/8 정도의 현저한 차이가 있고, 매수인이 매수한 후 약 3개월 후에 매수가격의 4·5배 정도로 전매한 부동산매매의 경우(대법원 1977.12.13. 선고 76다2179 판결), (iv) 임야 등 시가 약 255만원 상당의 재산을 시가 약 60만원 내지 90만원 상당의 가옥과 교환한 경우(대법원 1980.6.24. 선고 80다558 판결), (v) 사고로 인하여 받을 수 있는 손해배상금의 1/8도 안되는 금액으로 합의한 경우(대법원 1987.5.12. 선고 86다카1824 판결), (vi) 시가 1억원 이상인 토지를 감정가의 30%에도 크게 못미치는 가격으로 매매계약을 체결한 경우(대법원 1992.2.25. 선고 91다40351 판결)에 폭리행위가 되는 급부와 반대급부의 현저한 불균형이 인정된다.

415) 판례는 (i) 무학무식하며, 남편을 여의고 아무런 생업 없이 어린 3남매를 부양할 길조차 없어 방황하다가 아이들을 고아원에 맡기고 자신은 유리걸식하는 상태에 있는 부녀자(대법원 1964.12.29. 선고 64다1188 판결), (ii) 부동산매도 당시 가친의 병이 위독하여 그 치료비 등 비용관계로 할 수 없이 처분하게 된 궁박한 사정(대법원 1968.7.30. 선고 68다88 판결), (iii) 사회적 경험이 부족한 가정부인이 구속된 자기 남편을 구제하려는 일념에 의한 경제적·정신적 궁박상태(대법원 1975.5.13. 선고 75다92 판결), (iv) 농촌에서 농사만 짓고 사고를 처음 당하는 무경험한 유족이 가장을 잃어 경제적으로나 정신적으로나 경황이 없는 궁박한 상태(대법원 1979.4.10. 선고 78다2457 판결), (v) 무학문맹이고 고혈압으로 보행이 자유롭지 못한 67세의 노파(대법원 1979.4.10. 선고 79다275 판결), (vi) 고령으로 섬에 살면서 사회적 경험이 적으며 자식에게 어떤 변이 일어날지도 모른다는 궁박한 상태(대법원 1980.6.24. 선고 80다558 판결), (vii) 별로 교육을 받지 못하고 시골에서 날품팔이로 생계를 유지하는 66세의 노인(대법원 1987.5.12. 선고 86다카1824 판결)을 궁박·경솔·무경험에 해당한다고 보고 있다.

행위의 체결을 강제하는 급박하고 피할 수 없는 상황을 가리킨다. 궁박은 경제적 원인에 기인할 수도 있고, 또한 정신적 또는 심리적 원인에 기인할 수도 있다. 그리고 궁박의 상태가 계속적이든 일시적이든 무방하다. 다만 궁박의 상태에 있는지 여부는 당사자 양쪽의 신분과 상호간의 관계, 피해당사자가 처한 상황의 절박성의 정도, 그 거래를 통해 추구하고자 한 목적을 달성하기 위한 다른 적절한 대안의 존재 여부 등 제반상황을 종합하여 구체적으로 판단하여야 한다.

ⓑ 경 솔　　경솔은 사려의 부족, 즉 '의사결정을 할 때에 그 행위의 결과나 장래에 관하여 보통인에게 필요한 주의를 하지 아니하는 심리적 상태'를 가리킨다.[416] 다만 경솔은 '선천적 경솔' 혹은 '계약체결 당시 주위사정으로 피할 수 없는 고려의 부족상태'를 의미한다고 하여 경솔을 협의로 이해하는 견해가 있다.

ⓒ 무경험　　무경험은 일반적인 생활경험이나 생활지식이 결여된 경우를 가리킨다. 다만 무경험은 어느 특정영역에서의 경험이나 지식의 결여가 아니라 거래 일반에 대한 경험이나 지식의 부족을 말한다.

② 궁박·경솔·무경험에 대한 폭리자의 악의?　　불공정한 법률행위가 되기 위하여는 상대방의 궁박·경솔·무경험을 폭리자가 약점으로 이용한 사정이 존재하여야 한다. 다만 폭리자에게 피해자의 궁박·경솔·무경험에 편승하여 그 약점을 이용한다고 하는 인식이 있으면 충분한가, 혹은 상대방의 약점을 적극적으로 이용하려고 하는 의도, 즉 악의가 존재하여야 하는가에 관하여 학설이 대립한다.

상대방의 궁박·경솔·무경험에 대한 폭리자의 편승의도나 편승인식은 불공정한 법률행위의 요건이 아니라고 보는 견해가 있다. 폭리자의 악의나 이용의도가 필요 없다고 보는 견해는 (i) 민법 제104조가 단지 궁박·경솔·무경험으로 「인하여」 법률행위를 한 사실만을 요구하여 상대방의 궁박·경솔·무경험을 이용하려고 하는 의도나 인식을 불공정한 법률행위의 요건으로 보는 견해는 법적 근거가 없고, (ii) 실제로 불공정한 법률행위로서 무효라고 주장하는 자가 폭리자의 의도나 인식을 증명하기는 매우 어렵다고 주장한다. 그리고 폭리자가 상대방의 궁박·경솔·무경험에 편승하여 그 상태를 이용하려는 악의가 있어야 한다고 보는 견해도 있다. 그러나 폭리자의 편승이나 이용에 대한 의도나 악의까지는 필요하지 않으나, 상대방의 궁박이나 경솔 또는 무경험에 편승하거나 이용한다고 하는 인식이 있으면 충분하다고 보는 견해가 타당하다. 판례는 폭리자가 궁박·경솔·무경험을 알면서 이용하려고 하는 의사, 즉 악의가 있어야 한다고 하거나[417] 혹은 궁박·경솔·무경험의 상태에 대한 인식·편승·이용이 있어야 한다고 하는 다양한 표현을 사용하고 있다.[418]

---

416) 2004년에 마련된 민법중개정법률안은 민법 제104조의 「경솔」을 '판단력의 부족'으로 바꾸어 표현하고 있다.

417) 대법원 1992.5.26. 선고 92다84 판결.

418) 대법원 1990.6.8. 선고 89다카30219 판결.

학교도 다니지 못하여 글자나 숫자도 모르고 오로지 한평생 농사만을 짓고 살아온 사회경험이 없고 망녕의 기색까지 있는 80세의 노인 A는 B에게 토지 761평를 그 시가가 5,143만원 이상인데도 한국감정원의 감정가격의 30%에도 미치지 못하는 1,500만원에 매도하였다. 그리고 AB 사이의 매매계약은 계약금으로 매매대금의 3분의 1 이상이 지급되었고, 매매계약 다음 날 중도금을 지급하여 계약금과 중도금을 합한 액수가 매매대금의 80%에 달한 정도로 이례적이었다. B가 잔대금을 제공하고 소유권이전을 청구하면 A는 소유권이전등기를 해 주어야 하는가? [대법원 1992.2.25. 선고 91다40351 판결]

상대방으로부터 자기의 급부에 비하여 현저하게 균형을 잃은 반대급부를 받아 부당한 재산적 이익을 얻는 행위를 불공정한 법률행위 혹은 폭리행위라고 한다. 그리고 불공정한 법률행위는 무효이다(§104). 다만 불공정한 법률행위로서 무효가 되기 위해서는 (i) 급부와 반대급부와의 사이에 현저한 불균형이 있어야 하고(객관적 요건), (ii) 피해자의 궁박·경솔·무경험을 이용하여야 한다(주관적 요건).

어느 정도의 급부와 반대급부 사이의 불균형이 현저한 불균형, 즉 「폭리」(暴利)가 되는가에 관하여는 일률적으로 판단할 수는 없다. 구체적인 경우에 법관의 재량에 따라서 제반사항을 고려하여 판단된다. 판례를 살펴보면 예컨대 양도담보에 제공한 목적물의 가격이 채권에 비하여 3, 4배에 달하는 경우에는 폭리가 된다고 본 경우가 있고,[419] 시가의 3분의 1에 미달하는 금액을 대금으로 하여 성립한 건물의 매매는 불공정한 법률행위로 인정한 경우도 있다.[420] 다만 급부와 반대급부의 차이가 3, 4배라고 하여 반드시 폭리가 된다고 할 수는 없고, 급부의 가액에 따라서는 배액이나 그 이하이더라도 폭리로 인정될 수 있다.[421] 사례에서 토지의 가격이 매매계약의 체결시를 가격시점으로 한 한국감정원의 감정평가액이 5,143만원이고, 매매가격이 그 30%에도 미치지 못하는 1,500만원이라고 하면 특별한 사정이 없는 한 매매계약은 객관적으로 급부와 반대급부 사이에 현저한 불균형이 존재하여 일단은 현저하게 균형을 잃은 거래라고 볼 수 있다.

불공정한 법률행위가 되기 위한 주관적 요건으로 당사자의 「궁박, 경솔, 무경험」이 요구된다. 다만 궁박, 경솔, 무경험이라고 하는 세 가지 요소가 모두 동시에 충족되어야 하지는 않고, 어느 한 요소만 있어도 불공정한 법률행위의 주관적 요건이 충족된다. 「궁박」이란 벗어날 길 없는 어려운 상태, 「경솔」이란 의사를 결정할 때에 그 행위의 결과나 장래에 관하여 보통인이 베푸는 고려를 하지 않는 심리상태, 「무경험」이란 일반적인 생활체험의 불충분을 의미한다. 사례에서는 A의 경솔과 무경험이 문제가 된다. 판례는 농촌에 거주하는 고령의 노인은 무경험으로 인하여 시가를 잘 알지 못하고, 또는 경솔하게 정당한 시가를 알아보지도 아니하고 거래를 한다고 보는 태도가 경험법칙에 합치된다고 판시

419) 대법원 1954.12.23. 선고 4287민상70 판결.
420) 대법원 1973.5.22. 선고 73다231 판결.
421) 대법원 1964.12.29. 선고 64다1188 판결.

하고 있다.[422] 물론 고령의 노인이라고 하여 항상 경솔하고 무경험하다고 판단할 수는 없지만, A가 학교도 다니지 못하여 글자나 숫자도 모르고 오로지 한평생 농사만을 짓고 살아온 사회경험이 없고 망녕의 기색까지 있는 80세의 노인이라는 사정은 A의 경솔·무경험으로 인하여 AB 사이의 불공정한 매매계약이 성립된 사실을 의미한다고 볼 수 있다.

불공정한 법률행위가 되려면 B가 A의 경솔·무경험을 이용하려는 의사를 가지고 있어야 한다. B가 계약 당일 계약금으로서 매매대금의 3분의1 이상을 지급하고, 또 그 다음날 중도금을 지급하기로 약정하여 실제로 매매계약일과 그 다음날에 총 매매대금의 80%에 해당하는 대금을 지급한 사실은 납득할 만한 사정이 없는 한 A가 경솔·무경험으로 인하여 극히 저렴한 가격으로 토지를 매도하려고 하고, B가 극히 저렴한 가격인 줄 알고 매매계약의 해제를 곤란하게 하려는 생각으로 매매계약의 내용을 이례적으로 정한 경우라고 볼 수 있다. 그러므로 B에게 A의 경솔·무경험을 이용하려는 악의가 있다고 볼 여지가 있다.

사례에서 AB 사이의 매매계약은 불공정한 법률행위에 해당하여 무효가 된다(§104). B는 A에 대하여 소유권이전을 청구할 수 없다. 비록 B가 잔대금을 제공하고 소유권이전을 청구한다고 하더라도 A는 B에게 소유권이전등기를 경료하여야 할 의무가 없다.

(3) 폭리행위의 효과

1) 무 효

객관적·주관적 요건을 모두 갖춘 불공정한 법률행위(폭리행위)는 무효이다. 그리고 매매계약과 같은 쌍무계약이 급부와 반대급부와의 불균형으로 말미암아 민법 제104조에서 정하는 불공정한 법률행위에 해당하여 무효라고 한다면, 그 계약으로 인하여 불이익을 입는 당사자로 하여금 그 불공정성을 소송 등 사법적 구제수단을 통하여 주장하지 못하도록 하는 부제소합의도 역시 다른 특별한 사정이 없는 한 무효라고 보아야 한다.[423]

2) 기이행·미이행인 급부의 효력

만일 불공정한 법률행위에 따른 급부를 아직 이행하지 않고 있는 때에는 반공서양속적 법률행위와 같이 채권의 효력이 생기지 아니하여 이행할 필요가 없다. 다만 불공정한 법률행위에 의한 급부가 기이행인 때에 이미 이행한 급부의 효력이 문제된다. 학설상으로 견해가 대립한다.

피해당사자의 폭리자에 대한 급부는 무효로 반환을 청구할 수 있지만, 폭리자의 피해당사자에 대한 급부는 유효하고 그 반환을 청구할 수 없다고 보는 견해(일방급부무효설이라 한다)가 있다. 불공정한 법률행위가 쌍무계약인 경우에 양급부가 모두 무효가 되지만, 불공정한 법률행위의 무효에서는 불법원인이 수익자, 즉 폭리자쪽에만 있는 경우에 해당하여 민법 제746조 단서를 적용하여 피해당사자는 폭리자에 대하여 급부반환을 청구할 수 있고, 폭리자는 피해당사자에 대하여 급부반환을 청구하지 못하여 결국 피해당사자는

422) 대법원 1992.2.25. 선고 91다40351 판결.

423) 대법원 2011.4.28. 선고 2010다106702 판결.

반사적으로 이득을 얻는 경우가 된다고 보는 견해(쌍방급부무효설이라 한다)가 타당하다.

[더 생각할 과제 - 무효인 폭리행위(소위「알박기」)의 전환]

A는 B재건축조합의 아파트건축사업부지내 귀퉁이부분에 위치한 마름모꼴의 갑토지(지목이 임야이고, 면적은 42.42㎡(12.83평)에 불과하다)를 1억9,000만원에 매수하여 자신 명의로 소유권이전이전등기를 마쳤다. 그리고 B재건축조합은 관할관청으로부터 "착공 전까지 갑토지의 소유권을 확보한다"고 하는 조건으로 아파트재건축사업에 관한 사업계획을 승인받았는데, A와 수차례에 걸쳐 매수협상을 가졌으나, 갑토지를 매수하지 못한 상태에서 착공신고를 하였다. 그러나 B재건축조합은 관할관청으로부터 "착공 전까지 갑토지를 확보한다는 조건으로 사업계획을 승인하였으므로, 그 소유권을 확보하지 못하면 착공신고 및 입주자모집은 불가하다"는 취지의 통지를 받았다. 그 후 B재건축조합은 A와 수차례 매수협상을 한 끝에 결국 갑토지를 9억원(㎡당 21,216,407원, 평당 70,148,090원이고, 한편 B재건축조합이 조합원에게 보상한 토지의 가격은 ㎡당 6,693,445원, 평당 22,127,090원에 불과하다)에 매수하였다. A와 B재건축조합 사이의 매매계약의 효력은 어떤가?

이른바「알박기」사건이다.[424] 우선 A와 B재건축조합 사이의 매매계약이 불공정한 법률행위인가가 문제된다. 불공정한 법률행위는 피해당사자가 궁박, 경솔 또는 무경험의 상태에 있고, 상대방이 피해당사자쪽의 사정을 알면서 그 사정을 이용하려는 폭리행위의 악의를 가지고 객관적으로 급부와 반대급부 사이에 현저한 불균형이 존재하는 법률행위를 한 경우에 성립한다(§104).

우선 사례에서는 B재건축조합의「궁박」('급박한 곤궁'을 의미한다)이 문제되나, B재건축조합이 재건축사업을 계속 추진하기 위해서는 반드시 갑토지를 매수하여야 하는 사정, 갑토지를 제외한 나머지 부분으로 사업범위를 축소·변경하여 사업계획승인을 받기는 사실상 불가능하여 갑토지를 매수하지 못할 경우에 사업계획승인이 취소될 상황에 처하게 된 사정, B재건축조합으로서는 재건축사업을 위하여 A가 요구하는 가격으로 갑토지를 매수하는 외에는 다른 대안이 없던 사정 등에 비추어 매매계약 당시 B재건축조합이 궁박한 상태에 있다고 판단할 수 있다. 그리고 A에게 B재건축조합의 궁박한 상태를 이용하고자 하는 폭리행위의 악의가 있는가가 문제된다. B재건축조합이 재건축사업을 수행하기 위하여 갑토지가 반드시 필요하다는 사정을 A가 알고 있다고 보이는 사정, 갑토지는 면적이 비교적 작고 그 지목이 임야로 A에게 별다른 효용이 없는 사정 등과 같은 제반사정을 종합하여 판단하면 충분히 A의 악의를 긍정할 수 있다. 또한 A가 갑토지를 1억9,000만원에 매수하여 9억원에 매도한 사정, B재건축조합이 각 조합원에게 보상한 토지의 가격이 평당 22,127,090원(㎡당 6,693,445원)에 불과한 사정 등을 고려하면 매매계약의 급부인 갑토지와 반대급부인 매매대금 사이에는 객관적으로 현저한 불균형이 존재한다고도 판단된다.

결국 A와 B재건축조합 사이의 매매계약(이른바「알박기」매매이다)은 약정된 매매대금의 과다로 말미암아 민법 제104조에서 정하는「불공정한 법률행위」에 해당하여 무효이다.[425] 그러나 갑토지에 관한 매매계약이 완전히 무효로 된다고 하면 B재건축조합의 재건축사업이 수포로 돌아갈 위험이 있다.[426] 그러므로 A와 B재건축조합 사이의 매매계약이 불공정한 법률행위에 해당하

---

424) 개발예정지의 땅 일부를 먼저 사들인 뒤 사업자에게 고가로 되파는 부동산투기수법을 속칭「알박기」라고 한다.

425) 알박기는 형법상으로도 부당이득죄(형법 §349)로 처벌될 수 있다.

426) 현재는 주택건설사업의 경우에 필요한 대지면적의 100분의 80 이상을 사용할 수 있는 권원(權原)를 확보하면 주택건설사업계획의 승인을 받을 수 있고(주택법 §16 IV i), 사업계획승인을 받은 사업주체는 해당 주택건설대지 중 사용할 수 있는 권원을 확보하지 못한 대지(건축물을 포함한다)의 소유자에게 그 대지를 시가(市價)로 매도하기를 청구할 수 있다(주택법 §18의2 I).

여 무효라고 하더라도 무효행위의 전환에 관한 민법 제138조를 적용하여 당사자 양쪽이 무효를 안 경우라고 하면 대금을 다른 금액으로 정하여 매매계약을 합의한다고 예외적으로 인정되는 때에는 그 대금액을 내용으로 하는 매매계약이 유효하게 성립하는가가 문제된다. 매매계약이 약정된 매매대금의 과다로 말미암아 민법 제104조에서 정하는 불공정한 법률행위에 해당하여 무효인 경우에도 무효행위의 전환에 관한 민법 제138조가 적용될 수 있다. AB 사이의 매매계약이 매매대금의 과다로 말미암아 불공정한 법률행위에 해당하지만 그 매매대금을 적정한 금액으로 감액하여 그 감액된 매매대금으로 하는 매매계약의 유효성을 인정할 수 있다. 다만 감액되는 적정한 금액은 매매계약이 무효임을 계약 당시 안 경우라고 하면 의욕할 당사자의 의사, 즉 가정적(假定的) 효과의사로서, 당사자 본인이 계약체결시와 같은 구체적 사정 아래 있다고 상정하는 경우에 거래관행을 고려하여 신의성실의 원칙에 비추어 결단할 금액을 의미한다. 다만 계약 당시의 시가와 같은 객관적 지표는 그 가정적 의사의 인정에 있어서 하나의 참고자료로 삼을 수는 있을지언정 그 사실이 일응의 기준이 된다고도 쉽사리 말할 수 없고, 어디까지나 당해 사건의 제반사정 아래서 각각의 당사자가 결단할 금액이 탐구되어야 한다(특히 가정적 의사에 기한 계약의 성립 여부 및 그 내용을 발굴·구성하여 제시하게 되는 법원으로서는 그 '가정적 의사'를 함부로 추단하여 당사자가 의욕하지 아니하는 법률효과를 그에게 계약의 이름으로 불합리하게 강요되지 아니하도록 신중을 기하여야 한다). 판례는 갑토지에 관한 매매계약에서 매매대금은 평당 5,000만원으로 계산한 641,500,000원(5,000만원 × 12.83평)이 정당하고, A와 B재건축조합은 매매계약에서 정한 매매대금이 무효일 경우에 그 금액을 매매대금으로 하여 매매계약을 유지하리라고 보아 무효행위의 전환을 인정한다.[427)]

3) 입증책임

불공정한 법률행위에 의한 무효를 주장하려면 주장자가 (i) 궁박·경솔·무경험의 상태, (ii) 상대방의 의도, (iii) 급부와 반대급부 사이의 현저한 불균형을 입증하여야 한다. 법률행위가 현저하게 공정을 잃은 경우라고 하여 곧 그 법률행위가 궁박·경솔하게 이루어진 경우로 추정되지는 않는다.[428)]

Ⅳ. 법률행위의 해석

1. 법률행위해석의 의의

A는 1주일 정도 여름휴가를 보내기 위하여 지리산 청학동 근처에 있는 B펜션에 방을 예약하기 위하여 "8월 5일부터 8월 12일까지 침대 3개 방 2개를 예약한다"고 하는 이메일을 보냈는데, B펜션으로부터 예약을 확인하는 메일을 받았다. A와 B펜션 사이에 어떤 내용의 계약이 체결되는가?

427) 대법원 2010.7.15. 선고 2009다50308 판결. 원심판결(서울고등법원 2009.5.14. 선고 2008나61655 판결)은 사례에 대하여 민법 제137조에 의한 일부무효의 법리를 적용하여 매매계약 중 매매대금 641,500,000원을 초과하는 부분만 민법 제104조에 의하여 무효라고 보고, A는 B재건축조합에게 무효부분에 해당하는 대금인 258,500,000원(= 9억원-641,500,000원)의 부당이득금 및 그 지연손해금을 지급할 의무가 있다고 판시하고 있다.

428) 대법원 1969.12.30. 선고 69다1873 판결.

사례에서 A는 침대 2개가 있는 방과 침대 1개가 있는 방, 즉 모두 3개의 침대를 요구한 반면에, B펜션은 각각 3개의 침대를 가진 방 2개, 즉 모두 6개의 침대를 요구한다고 이해하는 경우를 상상할 수 있다.429) 그러므로 A와 B펜션 사이에 어떤 내용의 계약이 체결되는가를 확정하기 위해서는 그 해석을 하여야 한다.

법률행위의 해석은 법률행위의 내용을 확정하는 작업을 가리킨다. 법률행위의 해석은 협의로는 당사자에 의하여 그 법률행위에 부여된 의미내용의 인식을 지칭하지만, 통상은 보다 넓게 당사자가 그 표시행위를 통하여 외부화한 의사표시의 의미내용을 확정하는 경우를 가리킨다. 법률행위의 해석을 통하여 표시행위를 이루는 언어·동작의 불완전하고 애매한 의미내용을 완전·명확하게 하고, 비법률적인 내용을 법률적으로 구성하며, 당사자가 달성하려는 목적에 법률이 조력할 수 있는 기초를 마련한다.

2. 법률행위의 해석은 언제 필요한가

(1) 의사표시인가 여부를 결정하여야 하는 경우

예컨대 「예」라는 대답이 의사표시인지 여부는 어떤 질문에 대한 대답인가를 고려하여 판단하여야 한다. A가 B에게 「예」라고 대답을 한 경우에 만일 "만년필을 10만원에 살 생각이 있는가?" 하는 물음에 대한 대답인 경우에는 승낙의 의사표시로 인정할 수 있다. 그러나 "어제 야구구경을 하였는가?" 하는 물음에 대한 대답인 경우에는 의사표시로서 의미가 없다. 그러므로 어떤 표현이 의사표시인지 여부를 결정하기 위하여 법률행위의 해석이 필요하다.

(2) 표시행위가 다의적인 경우

A와 B는 수출상품(의류)을 거래하면서 매매계약서에 매매목적물의 가격을 10만달러($)로 표시하여 매매계약을 체결하였다. 후에 A는 10만달러를 미국달러(1달러 1,100원)라고 주장하고, B는 10만달러가 홍콩달러(1달러 140원)라고 주장하였다. 매매계약은 미국달러로 체결되는가, 홍콩달러로 체결되는가?

사례에서는 매매대금이 단순히 $로만 표시되어 미국달러인가 홍콩달러인가가 분명하지 않다. 그러나 무조건 매매계약이 성립하지 아니한다고 보아서는 안된다. 예컨대 청약자·승낙자의 국적, 청약·승낙의 장소 혹은 전례, 목적물의 시가, 거래관행과 같은 사정을 고려하여 표시행위의 해석을 통하여 어떤 달러인가를 결정하여야 한다. 만약 미국에서 매매계약이 체결된 경우, 종래의 거래관계에 지속적으로 미국달러로 매매대금을 지급한 경우, 청약자나 승낙자의 국적이 모두 미국인 경우, 매매목적물의 거래에서는 통상 미국달

429) 다른 예로 2명이 이탈리안레스토랑에 가서 종업원에게 "스프와 파스타"를 주문한 경우에 손님은 1명당 스프와 파스타 각 하나씩을 먹는다고 생각하고, 종업원은 전체 스프와 파스타를 각 하나씩 주문한 경우로 이해하여 스프와 파스타를 하나씩 가져다 줄 수 있다.

러로 대금을 지급하는 거래관행이 있는 경우 등과 같은 사정이 있다고 하면 매매계약이 일단 미국달러로 체결된 경우로 해석할 수 있다.

(3) 의사와 표시의 불일치

> A는 B에게 자기가 소장하고 있는 화가 리히텐스타인의 그림(「행복한 눈물」)을 960만원에 팔 생각을 가지고 있었는데, "리히텐스타인이 그린 그림 「행복한 눈물」을 690만원에 판다"고 쓴 서신을 이메일로 보냈다. B는 그 동안의 거래관계 등을 통하여 A가 그 그림을 960만원에 팔려고 한다고 하는 사실을 알고 있고, 그 가격에 동의한다고 하는 생각으로 A에게 "그 그림을 96만원에 산다"고 이메일을 보냈다. A도 B가 960만원에 산다는 승낙의 의사표시를 잘못하여 96만원으로 오기한 사실을 안다고 하면 계약은 성립하는가?

계약의 청약을 할 때에 매매대금 960만원을 잘못하여 690만원으로 기재한 경우에 계약협의의 과정에서 교환된 의견·카탈로그를 통하여 오기라는 사실이 분명한 때에는 착오의 문제가 되지 않고, 법률행위의 해석에 의하여 매매대금이 960만원으로 결정될 수 있다. 사례에서 A는 화가 리히텐스타인의 「행복한 그림」을 960만원에 팔려고 하면서 표시행위를 690만원으로 하고, A의 청약의사표시에 대하여 승낙을 한 B도 이미 A의 진정한 의사를 알고 그 의사대로 매매계약을 체결할 의사를 가지고 있으면서 그림을 96만원에 산다고 표시행위를 한 경우이지만 그림에 대하여 매매대금을 960만원으로 하여 매매계약을 체결하려고 하는 A와 B의 의사가 일치하고 있다. A가 매매대금을 690만원으로 한 표시나 B의 승낙의사표시에 포함되어 있는 오기는 계약의 성립을 방해할 수 없고, 매매계약은 AB가 일치하는 내면적 의사에 의하여 원한 매매대금(960만원)에 의하여 성립한다. 그러므로 AB 어느 당사자도 의사표시의 불일치를 주장할 수 없고, 착오를 이유로 자기의 의사표시를 취소할 수 없다.

(4) 숨은 불합의

당사자가 서로 합의가 성립하고 있다고 믿고 있으나, 사실상의 합의가 부존재하는 경우를 숨은 불합의라고 한다. 숨은 불합의의 경우에는 원칙적으로 계약이 불성립한다. 다만 청약자·승낙자의 국적, 청약지나 승낙지는 물론, 목적물의 시가, 거래관행, 계속적 거래관계에서는 그 전례 등 모든 정황을 종합하여 계약의 성립을 인정할 수 있다. 예컨대 외국인인 표의자가 단어의 의미를 잘못 알고 「산다」(買)고 하는 청약을 「판다」(賣)고 한 경우에 여러 가지 정황에 비추어 오기라는 사실이 명백한 때에는 착오나 숨은 불합의의 문제로 취급하지 않고 법률행위의 해석에 의하여 「산다」는 효력을 인정한다.

(5) 약정의 흠결

표의자가 어떤 상황을 예상하지 못하여 중요한 사항에 관하여 의사표시를 하지 아니한 경우도 법률행위의 해석에 의하여 보충할 수 있다.

3. 법률행위해석의 방법

(1) 자연적 해석

1) 자연적 해석의 의의

표현의 문자적·언어적 의미에 구속되지 아니하고 표의자의 실제의 의사(진의), 즉 내심적 효과의사를 탐구하는 해석을 자연적 해석이라고 한다. 판례는 법률행위의 해석을 할 때에는 문서에 사용된 문언에만 구애를 받지 아니하고, '어디까지나 당사자의 내심의 의사가 어떤지에 관계없이' 그 문언의 내용에 의하여 당사자가 그 표시행위에 부여한 객관적 의미를 합리적으로 해석하여야 한다. 그러나 예컨대 (i) 상대방 없는 단독행위, (ii) 상대방이 표의자의 내심적 효과의사를 안 경우에는 외면적 의미보다 내심적 효과의사가 우선하여야 하므로, 표의자의 이익만이 고려될 뿐이고, 상대방의 이익이나 표시행위의 객관적 의미는 문제가 되지 아니한다.

2) 자연적 해석의 적용범위

(a) 계약상 「오표시」의 해석

오표시무해의 원칙430)에 의하여 오표시(잘못된 표시)는 아무런 해가 되지 아니한다. 표의자 및 그 상대방이 표시행위를 원래의 의미대로 이해하지 않고, 다른 의미로 이해한 때에는 법률행위는 표시대로가 아니라 표의자와 상대방이 실제로 이해한 의미대로 성립한다. 예컨대 매매계약서상 「사과 100상자를 구입한다」고 기재하고, 당사자가 사과를 수류탄을 의미하는 암호로 사용한 경우(合意誤表示)에는 당연히 사과가 아니라 수류탄이 계약의 목적물이 된다.

물론 계약당사자가 각각 다른 의미를 표시행위에 부여한 경우에는 「오표시무해의 원칙」이 적용되지 아니한다. 만일 당사자 한쪽이 부여한 의미가 객관적 의미와 일치하면 그 의미대로 계약이 성립하고 타방당사자는 착오를 문제삼을 수 있다.

① 독일판례상의 「Haakjöringsköd사건」

> 독일에서 A가 B에게 214톤의 「Haakjöringsköd」를 매도하는 매매계약을 체결하였다. 그런데 본래 Haakjöringsköd라는 단어가 노르웨이어로 상어고기를 의미하는데, AB는 Haakjöringsköd라는 단어가 고래고기를 의미한다고 믿고, 또한 고래고기를 매매목적물로 생각하였다. A는 B에게 상어고기를 인도하면 되는가, 고래고기를 인도하여야 하는가?

---

430) 오표시무해의 원칙이란 이미 로마법에서 인정된 「잘못된 표시(오표시)는 해가 되지 아니한다」(falsa demonstatio non nocet)고 하는 법언에 따라서 표의자가 다의적 표현을 하거나 의사에 부합하지 않는 부정확한 표시(오표시)를 하더라도 수령자가 그 의사표시를 표의자와 동일한 의미로 이해한 경우에는 다의적 표현이나 오표시가 표의자에게 불리한 결과를 야기하지 아니한다고 하는 원칙을 가리킨다.

국내에도 많이 소개된 독일판례인 「Haakjöringsköd사건」이다. 사례를 보면 B가 A로부터 고래고기를 살 생각으로 Haakjöringsköd를 매매목적물로 하여 매매계약을 체결하고, 후에 Haakjöringsköd가 노르웨이어로 「상어고기」를 의미한다는 사실이 밝혀져 과연 매매목적물이 고래고기인지 상어고기인지가 문제된다.

사례에서와 같이 표의자와 상대방이 표시행위를 본래의 의미대로 이해하지 않고, 다른 의미로 이해한 경우를 「오표시」(falsa demonstratio)라고 한다. 오표시의 경우에는 법률행위의 효력이 표시대로 성립하는가, 혹은 AB가 실제로 이해한 의미대로 성립하는가 하는 문제가 생긴다. 표시대로 법률행위의 효력이 생긴다고 하면 매매목적물이 상어고기가 된다. 그러나 이른바 「오표시무해의 원칙」에 따라서 A에 의하여 이해된 의미와 동일한 의미에서 B도 역시 표시행위를 이해한 때에는 표시행위의 본래의 의미가 따로 있다고 하더라도 당사자 양쪽에 의하여 이해된 의미에 따라서 법률행위가 해석된다고 보아야 한다. 그러므로 매매계약의 대상은 Haakjöringsköd의 본래의 의미에 해당하는 상어고기가 아니라, AB가 같이 이해한 고래고기가 된다.

② 지번에 관한 착오를 일으켜 계약서상 목적물을 잘못 표시한 경우

> A는 실제로는 을토지에 인접한 국유지인 XX시 00동 969의 39에 있는 갑토지를 점유하고 있었는데, 국유재산인 갑토지를 불하받으려고 하는 과정에서 자신이 점유하는 토지의 지번이 인접하고 있는 을토지의 지번인 XX시 00동 969의 36라고 착각하여 착오로 역시 국유지인 XX시 00동 969의 36에 소재한 을토지에 관하여 매수신청을 하여 국가로부터 불하받은 후 그 명의로 소유권이전등기를 경료하였다. 그리고 을토지에 관하여는 A 명의로 소유권이전등기가 경료되었다가 그 후 순차 B, C, D를 거쳐 X 명의로 소유권이전등기가 경료되었으나 그 점유는 계속 갑토지에 관하여만 승계되어 왔다. 한편 Y는 을토지상에 건물을 소유하면서 을토지를 계속 40년 이상 점유하여 왔는데, 근래에 이르러 을토지를 불하받으려는 과정에서 비로소 사실이 밝혀지게 되었고 X도 그때에야 사실을 알게 되었다. X는 Y를 상대로 을토지상의 건물의 철거 및 을토지의 인도를 구할 수 있는가? [대법원 1993.10.26. 선고 93다2629, 2636 판결]

사례는 갑토지의 매매계약에서 당사자 양쪽이 착각을 일으켜 합의하지 아니한 다른 토지(을토지)의 지번을 매매목적물로 기재한 경우로서 법률행위의 해석방법으로서 오표시무해의 원칙이 적용되는 전형적인 경우에 해당한다. 비록 계약서에는 당사자 양쪽의 의욕과 달리 을토지를 매매목적물로 표시하고 있더라도 계약서에 표시된 을토지는 잘못된 표시(오표시)에 불과하고, 계약의 성립에 아무런 해도 되지 아니한다. 매매계약은 당사자가 일치하여 의욕한 갑토지에 관하여 성립하고, 계약서에 잘못 기재된 을토지에 관한 매매계약은 결코 성립하지 아니한다. 그러므로 우선 X 명의로 현재 경료되어 있는 을토지의 소유권이전등기는 무효이다.

당사자가 쌍방의 동기착오로 계약서에 지번표시를 다르게 기재한 사정을 이유로 매매

계약을 취소할 수 있는가? 오표시무해의 원칙이 적용되는 경우에는 민법 제109조의 착오의 문제는 생기지 않는다. 단지 표시가 잘못된 경우에는 오표시무해의 원칙에 기하여 표의자나 상대방이 의욕한 대로 의사표시의 의미가 확정되므로, 당사자 양쪽 모두에게 의사와 표시가 일치하고, 그 결과 의사와 표시의 불일치, 즉 착오가 존재하지 아니한다. 사례에서 A와 국가 어느 당사자든 착오취소를 주장할 수 없다.

판례도 을토지에 관한 A 명의의 소유권이전등기는 원인이 없는 경우로서 무효라고 판단하고 있다. 본래 부동산물권변동을 일으키기 위한 등기는 원인행위와 부합하지 않으면 효력이 없으나, 사례에서는 매매계약이 갑토지에 관하여 성립된 경우로 되므로, 갑토지의 매매계약을 원인으로 한 을토지에 관한 A 명의의 소유권이전등기는 원인무효의 등기일 수밖에 없다. 을토지에 관한 시효취득과 같은 특별한 사정이 없는 한, A의 소유권이전등기에 터잡아 경료된 X 명의의 소유권이전등기도 무효이다. 결국 X는 Y에 대하여 을토지의 인도와 그 지상의 건물철거를 청구할 수 없다.

사례에서 매매계약은 갑토지에 관하여 성립하고, A가 갑토지를 인도받아 점유·경작하고 있으나, 등기는 을토지에 관하여 행하여져 있으므로, A는 아직 갑토지와 을토지에 대하여 소유권을 취득하지 못하고 있다. 우선 을토지의 소유자 Y는 A에 대하여 을토지에 관한 소유권이전등기의 등기말소를 청구할 수 있다. 그리고 A는 국가에 대하여 갑토지의 소유권이전등기청구를 할 수 있다. 물론 A의 등기청구권이 소멸시효에 걸린 경우인지 하는 문제가 있으나, A가 갑토지를 인도받아 점유·사용한 사정이 인정된다고 하면(혹은 제3자에게 전매하여 그 점유를 이전한 경우라고 하더라도 마찬가지이다), 소멸시효에 걸리지 않는다. A는 아무리 오랜 기간이 지난 경우라고 하더라도 국가에 대하여 소유권이전등기청구권을 행사할 수 있고, X는 A를 대위하여 국가에 대하여 갑토지에 대한 소유권이전등기청구권을 행사할 수 있다.

(b) 단독행위의 오표시

> A는 "내 친구 B에게 도서관을 유증한다"고 유언을 남겼다. 그런데 주위의 증언을 종합한 결과, A가 유언에서 지칭한 '도서관'은 지하포도주저장고를 의미한다는 사실이 밝혀졌다. A가 한 유증의 목적물은 도서관인가, 지하포도주저장고인가?

사례를 단독행위의 오표시라고 한다. 유언증서에 도서관을 유증한다고 기재되어 있지만 후에 친지의 증언 기타 다른 증거에 의하여 유증한 도서관이 사실은 지하포도주저장고로 밝혀지면 이른바 오표시무해의 원칙에 의하여 유증의 목적물은 도서관이 아니라, 지하포도주저장고가 된다.

(2) 규범적 해석

내심적 효과의사와 표시행위가 일치하지 않는 경우에 표의자의 진의가 아니라, 표시행위가 가지는 객관적 의미를 탐구하여 법률행위의 내용을 확정하는 해석을 규범적 해석이라고 한다. 규범적 해석은 표의자의 이익보다는 상대방의 시각(혹은 이해가능성)으로부터 표의자의 표시행위로부터 추단되는 의사를 탐구하여야 한다. 다만 상대방의 시각이란 상대방의 주관적인 시간을 가리키지는 않고, 상대방이 합리적인 사람으로서 어떤 내용으로 표의자의 의사를 이해하는가를 가리킨다. 그러므로 규범적 해석을 할 때에는 표의자가 표시한 문언의 형식과 내용, 법률행위가 이루어진 동기 및 경위, 표의자가 법률행위에 의하여 달성하려는 목적과 진정한 의사, 거래의 관행 등을 종합적으로 고려하여 사회정의와 형평의 이념에 맞도록 논리와 경험의 법칙, 사회일반의 상식과 거래의 통념에 따라서 합리적으로 해석하여야 한다.[431]

A가 밥을 먹으려 B식당에 갔는데, 마침 식탁 위에 다른 손님이 슬쩍 놓고 간 B식당의 구메뉴카드가 놓여 있었다. A는 구메뉴카드를 보고는 저렴하다고 생각하고 김치볶은밥을 주문하였다. 만약 현재 적용되는 메뉴카드의 가격이 구메뉴카드에 적힌 김치볶은밥의 가격보다 훨씬 비싸다고 하면 A는 어느 가격에 의하여 밥값을 지급하여야 하는가?

보통 식당의 주인은 현재 적용되고 있는 음식가격에 따라서 손님이 주문을 한다고 생각한다. 그러나 손님은 자기 앞에 놓여 있는 메뉴카드에 유효기간이 기재되어 있지 아니하여 현재 적용되는 메뉴카드라고 생각할 수 있다. A로서는 B식당의 주인에 의하여 이해된 표시행위의 의미(현재의 메뉴카드에 의한 음식가격)에 대한 기대가능성이 없다. 일단 B식당의 주인은 현재의 음식가격에 의한 주문을 승낙하고, A는 자기가 이해한 구메뉴카드의 가격에 대한 청약을 한 경우로 해석할 수 있다. 다만 구메뉴카드가 식탁 위에 놓여 있을 수 있다고 하는 사실은 A와 B식당의 주인 모두에게 예견이 가능하지 아니하나, 식탁 위에 놓여 있는 구메뉴카드에 대한 책임은 A보다는 B식당의 주인에게 있다고 볼 수 있으므로, B식당의 주인에게는 그 승낙의 의사표시의 의미가 어느 정도는 기대가능하다고 하지 않을 수 없다. 그러므로 계약은 A와 B식당의 주인 양쪽에게 기대가능한 표시행위의 내용, 즉 구메뉴카드에 적힌 가격으로 성립한다고 해석된다.

(3) 보충적 해석

A와 B는 로스쿨을 함께 다닌 변호사인데, A는 전주에서 개업하고 있었고, B는 수원에서 개업하고 있었다. 그런데 A와 B는 어느 날 모임에서 만나 서로 변호사사무실을 바꾸기로 하고, 변호사사무실교환계약을 체결하였다. 그런데 수원으로 변호사사무실을 옮긴 A는 사건이 별로 많지 않아 수입이 신통치 않자, B와 맺은 변호사사무실교환계약에 대하여 후회하기 시작하였다. 그리고 A는 자기가 전에 개업하고 있던 전주로 돌아와 현재 B가 개업하고 있는 변호사사무실 옆에 다시 변호사사무실을 열었다. B는 A에 대하여 계약상 의무의 위반을 들어 전주에서의 개업금지를 청구할 수 있는가?

431) 대법원 2010.10.14. 선고 2009다67313 판결.

AB 두 변호사가 변호사사무실교환계약을 체결하면서 명시적으로 귀환금지를 약정한 경우라고 하면 문제가 없다. 그러나 사례처럼 AB가 명시적인 귀환금지를 약정하지 아니한 경우라고 하면 후에 귀환하더라도 상관없는가 하는 문제가 생긴다.

법률행위의 내용에 흠결(혹은 간격 내지 틈)이 있는 경우에는 해석을 통하여 그 흠결을 보충할 수 있다. 법률행위의 내용에 있는 흠결을 해석을 통하여 보충하는 경우를 보충적 해석이라고 한다. 사례에서는 AB 사이에 체결된 변호사사무실교환계약의 내용을 당사자의 가상적 의사를 탐구하여 보충하여야 한다. AB가 변호사사무실을 바꾸는 교환계약을 체결한 경우라면 단지 변호사사무실의 양도뿐만 아니라, 현재 수행하고 있는 사건은 물론 단골의뢰인까지를 넘겨준다는 의미가 있고, 또한 향후 A는 수원, B는 전주에서 각각 개업을 하여 서로 경쟁을 하지 아니한다는 취지가 포함되어 있다고 해석할 수 있다. 그리고 AB 사이의 변호사사무실교환계약의 목적을 달성하기 위해서는 A가 적어도 일정한 기간 동안 자기가 전에 개업한 지역으로 돌아와서 같은 영업을 하는 경우를 막아야 할 필요가 있다. 결국 보충적 해석을 통하여 변호사사무실계약상 A든 B든 자기가 전에 개업하고 있던 장소로 다시 귀환하지 않을 의무를 부담한다고 보아야 하므로, B는 A의 귀환을 금지시킬 수 있다.

3. 법률행위해석의 표준

(1) 당사자가 기도한 목적

당사자가 기도한 목적이란 당사자가 그 법률행위를 통하여 달성하고자 하는 사실상·경제상의 자치적 목적을 가리킨다. 당사자의 목적은 될 수 있는 한 달성되도록 해석하여야 한다. 법률행위 중 모순되는 조항은 되도록 통일적으로 해석하고, 행위의 내용이나 목적은 될 수 있는 대로 가능하고 유효하도록 해석하여야 한다.

(2) 사실인 관습

1) 사실인 관습의 의의

사실인 관습은—관습법에 대응하는 개념으로—아직 법적 확신을 얻지 못한 관행을 가리킨다. 사실인 관습은 강행법규에 반하지 않는 한 당사자의 약정이 없는 사항에 대하여 당사자의 의사를 보충한다.

2) 민법 제106조의 적용요건

"법령중의 선량한 풍속 기타 사회질서에 관계 없는 규정과 다른 관습이 있는 경우에 당사자의 의사가 명확하지 아니한 때에는 그 관습에 의한다"(§106). 민법 제106조가 적용되기 위하여는 우선 사회 일반이나 특정한 지역 혹은 당사자가 속한 계층과 직업에서 각각 공통한 관습이 존재하여야 한다. 판례를 보면 파계(破契)되지 아니한 채 계가 종료되면 계원은 급부금을 탄 후 아직 물지 못한 계금을 계주에게 지급하며 계주는 급부금을 타지 못한 계원으로부터 받은 계금을 이자 없이 계원에게 돌려주어야 하는 관습,[432] 꽁치냉동을 위한 임치계약에서 출고시 임치인이 이상 없이 꽁치를 반환받으면 수탁자의 책임이 면제되는 관습,[433] 갑수출업자가 을수출업자 명의의 신용장에 의하여 수출을 하는 수출대행계약에서는 수출에 따른 수입권·수출보상금 등의 수입이 갑수출업자에게 귀속하는 관습,[434] 평소에 종장(宗長)이 선임되어 있지 아니하고 그 선임에 관한 종중규약이나 관례가 없으면 생존하는 종중원 중 항열(行列)이 가장 높고 나이가 많은 연고항존자가 종장이 되는 관습[435]이 있다고 인정된다. 다만 계가 파계된 경우에 기불입금만을 불입계원에게 반환시켜주는 관습은 인정되지 않는다고 본다.[436]

관습이 선량한 풍속 기타 사회질서에 반하지 않아야 한다. 만일 관습이 존재하더라도 강행법규에 반하면 당사자의 의사표시를 보충할 수 없다. 또한 당사자의 의사가 명확하지 않은 경우에 한하여 관습에 의하고, 당사자가 관습의 존재를 알고 반대의 의사를 분명히 한 때에는 관습에 의할 수 없다.

[더 생각할 과제 - 서로 다른 관습이 수개 있는 경우에 표준이 되는 관습]

지역이 다른 사람 사이의 거래, 상인과 비상인 사이의 거래와 같이 각 당사자가 속하고 있는 지역·계층에 의하여 사실인 관습이 상이한 때에는 의사표시는 원칙적으로 상대방이 속하고 있는 지역·계층의 거래관행에 의하여 해석한다.[437] 다만 상대방이 표의자의 지역·계층의 거래관행이 자기와 상이하다는 사실을 안 때에는 표의자의 지역·계층의 관행에 의하여 해석하여야 한다.

3) 사실인 관습과 관습법의 관계

(a) 사실인 관습과 관습법의 의의

사실인 관습은 단순한 관행이고, 관습법은 법규범의 수준에 달하여 법적 의무 혹은 법적 강제를 수반하는 관습이다. 사실인 관습이란 여러 사람이 상당한 기간 누차 반복하여 행한 관례로서 아직 법적 확신을 갖추지 못한 관행이라는 측면에서 관습법과 구별된다. 사실인 관습은 법령중의 선량한 풍속 기타 사회질서에 관계없는 규정과 다른 관습으로 당사자의 의사가 명확하지 아니한 때에 법률행위해석의 기준이 되는 관행이고, 관습법은 민사에 관하여 법률에 규정이 없으면 적용되는 법원(法源)이다.

[더 생각할 과제 - 민법 제1조와 민법 제106조의 관계]

통설은 민법 제1조에 의하면 적용순서가 강행법규 → 임의법규 → 관습법이 되고, 민법 제106조에 의하면 강행법규→사실인 관습→임의법규→관습법이 되므로, 규범성이 강한 관습법이 임의

432) 대법원 1962.11.15. 선고 62다240 판결.
433) 대법원 1967.12.18. 선고 67다2093, 2094 판결.
434) 대법원 1964.12.29. 선고 64다1246 판결.
435) 대법원 1987.6.23. 선고 86다카2654 판결.
436) 대법원 1959.7.30. 선고 4291민상801 판결.
437) 지역적으로 상이한 사실인 관습이 있는 경우에는 표의자가 속하는 지역·계층의 관습이 원칙적인 기준이 된다고 하는 이견도 있다.

법규에 열등하고 규범성이 약한 사실인 규범이 임의법규에 우선하는 모순이 생긴다고 본다. 그러나 민법 제1조는 제정법 일반에 대한 관습법의 보충적 효력을 인정하고, 민법 제106조는 특히 사적 자치가 인정되는 분야에 관하여 사실인 관습이 임의법규에 우선하여 법률행위의 보충적 해석의 기준이 되는 효력을 인정하고 있을 뿐이다. 그러므로 민법 제1조와 민법 제106조에 의하여 법률적용에 모순이 야기되지는 아니한다.

(b) 관습법과 사실인 관습의 차이

관습법이란 사회의 거듭된 관행으로 생성한 사회생활규범이 사회의 법적 확신과 인식에 의하여 법적 규범으로 승인·강행되기에 이른 법원을 말한다. 반면에 사실인 관습은 사회의 관행에 의하여 발생한 사회생활규범인 측면에서 관습법과 같으나 사회의 법적 확신이나 인식에 의하여 법적 규범으로서 승인된 정도에 이르지 않은 경우를 말한다.[438] 관습법은 바로 법원으로서 법령과 같은 효력을 갖는 관습으로서 법령에 저촉되지 않는 한 법칙으로서의 효력이 있으나, 반면에 사실인 관습은 법령으로서의 효력이 없는 단순한 관행으로서 법률행위의 당사자의 의사를 보충함에 그친다. 사실인 관습은 사적 자치가 인정되는 분야, 즉 그 분야의 제정법이 주로 임의규정일 경우에는 법률행위의 해석기준으로서 또는 의사를 보충하는 기능으로서 사실인 관습을 재판의 자료로 할 수 있으나, 그 이외의 분야, 즉 그 분야의 제정법이 주로 강행규정일 경우에는 그 강행규정 자체에 결함이 있거나 강행규정 스스로가 관습에 따르도록 위임한 경우 등 이외에는 법적 효력을 부여할 수 없다.

사실인 관습과 관습법의 차이를 알기 쉽게 도표로 정리하면 아래와 같다.

사실인 관습	관 습 법
법적 확신이 결여된 단순한 사실인 관행	법적 확신을 갖춘 법
당사자가 주장하는 때에 한하여 법원은 사실인 관습의 존재 여부를 심사	관습법의 존재 여부는 법원이 직권으로 조사
강행법규에 위반하지 않는 한 법률행위해석의 기준	강행법규·임의법규가 존재
당사자의 의사가 불분명한 때에 그 의사를 확정하는 자료	법률사실에 적용
법률행위에만 관계	모든 민사에 관계

(4) 임의규정

1) 임의규정의 의의

법령중의 선량한 풍속 기타 사회질서와 관계있는 규정이 「강행규정」이다. 그리고 법령중의 선량한 풍속 기타 사회질서와 관계없는 규정으로 당사자의 의사에 의하여 배제할 수 있는 규정이 「임의규정」이다. 어떤 규정이 강행규정인가 임의규정인가는 그 규정의 취

438) 대법원 1983.6.14. 선고 80다3231 판결.

지에 의하여 판단하지만, 일반적으로 법률행위의 당사자의 이해조정에 관한 규정, 예컨대 채권법의 대부분의 규정은 임의규정이다. 어떤 의사표시가 민법 제103조 기타의 강행규정에 위반하는 경우에는 그 의사표시는 무효로 되어 법률행위의 내용으로 될 수 없다.

"법률행위의 당사자가 법령중의 선량한 풍속 기타 사회질서에 관계없는 규정과 다른 의사를 표시한 때에는 그 의사에 의한다"(§105). 그러므로 의사표시의 내용이 임의규정과 다를 때에는 임의규정는 배척된다. 임의규정은 특별한 의사표시가 없거나 의사표시가 불완전·불명확한 때에 한하여 적용된다.

2) 임의규정의 종류

임의규정은 의사의 내용이 불명확한 경우에 그 의미를 정하는 해석규정과 의사표시에 흠결이 있는 경우에 흠결부분을 보충하는 보충규정으로 구분된다. 해석규정에서는 법문에 「추정한다」고 하는 표현이 사용된다. 보충규정에서는 흔히 「다른 규정이 있는 때」 또는 「특별한 규정이 없는 한」과 같은 표현이 사용된다.

(5) 신의칙-조리

당사자가 기도한 목적, 사실인 관습, 임의법규에 의하여 법률행위의 내용을 확정할 수 없는 경우에 법률상의 행동원리인 신의칙 또는 법의 근본이념인 조리도 법률행위의 해석의 최후기준이 된다. 그러므로 신의칙에 의하여 당사자의 표시행위를 수정하거나 효력의 유무를 판정할 수 있다. 예를 들어 계약당사자 한쪽이 미리 준비한 부동문자로 된 계약서의 조항에 대하여 당사자가 별도로 합의를 한 경우라고 하더라도 신의칙에 비추어 법적 구속력을 갖지 아니한다고 해석할 수 있다.

대량거래에서 흔히 사용되는 일반거래약관은 경제적 강자인 기업자에게 일방적으로 유리한 조항이 삽입되어 있고, 고객에게는 불리한 내용으로 작성되는 경우가 적지 않다. 그러나 당사자 한쪽이 일방적으로 작성한 조항은 「예문」(例文)에 불과하다. 예문해석을 통하여 상대방에게 지나치게 불리한 조항은 조리나 신의칙에 반하고 상대방의 진정으로 구속당할 의사를 수반하지 아니하므로 그 법적 구속력이 인정되지 아니한다고 해석할 수 있다.

Ⅴ. 법률행위해석의 성질

법률행위해석의 성질에 대하여는 견해가 대립하고 있다. 법률행위의 해석을 법률문제로 보는 견해도 있고, 사실문제로 이해하는 견해도 있다. 법률행위의 해석이 법률문제인지 사실문제인지는 특히 소송상 중요하다. 만약 법률행위의 해석을 사실문제로 보면 상고이유가 되지 못하나, 법률문제로 보면 상고이유가 된다(민사소송법 §432 참조).

사실문제로 보는 견해(사실문제설)는 법률행위의 해석은 표의자의 실존하는 의사 또는 가상적 의사를 확정하는 사실문제라고 본다. 법률행위의 해석은 일반적으로 법률적인 가치판단이다. 그러므로 법률행위의 해석은 사실문제가 아니라 법률문제라고 보는 견해(법률문제설)가 타당하다. 판례는 의사표시와 관련하여, 당사자에 의하여 무엇이 표시되었는가 하는 사정과 그 의사표시로써 의도하려는 목적을 확정하는 경우에는 사실인정의 문제이고, 인정된 사실을 토대로 그 의사표시가 가지는 법률적 의미를 탐구·확정하는 경우는 이른바 의사표시의 해석으로서, 그 의사표시의 해석은 사실인정과는 구별되는 법률적 판단의 영역에 속한다고 본다.[439] 어떤 목적을 위하여 한 당사자의 일련의 행위가 법률적으로 다듬어지지 아니한 탓으로 그 행위가 가지는 법률적 의미가 명확하지 아니하여서 그 행위를 법률적인 관점에서 음미, 평가하여 그 법률적 의미가 무엇인가를 밝히는 경우 역시 단순한 사실인정의 문제가 아니라 의사표시해석의 영역에 속한다고 볼 수밖에 없고, 그 행위가 가지는 법률적 의미는 당사자의 관계, 행위의 동기 및 경위, 당사자의 진정한 의사와 목적 등을 종합적으로 고찰하여 논리와 경험칙에 따라 합리적으로 해석하여야 한다.

Ⅵ. 법률행위의 해석에 관한 판례

1. 예문해석

부동산의 임대차·전세·금전소비대차와 같은 계약이나 대량거래에서는 흔히 경제적 강자에게 일방적으로 유리한 조항이 인쇄·삽입되어 있는 관행서식 혹은 약관이 이용된다. 바로 관행서식이나 약관에 들어 있는 조항을 보통 「예문」(단순한 예로서 늘어놓은 문언)이라고 한다. 예문은 당사자가 진정으로 구속당할 의사가 없으므로, 예문이 포함된 계약 혹은 그 조항을 무효라고 보는 해석을 「예문해석」이라고 한다. 판례는 (i) 시(市)가 무단점유하던 토지를 소유자로부터 매수하기로 하여 작성된 매매계약서상에 부동문자로 인쇄된 계약일 이전의 그 토지에 대한 권리의 포기조항은 단순한 예문에 불과하여 소유자가 시에 대한 부당이득반환청구권을 포기한 경우로 볼 수 없고,[440] (ii) 부동산매매계약서상 "매도인이 위약시에는 계약금의 배액을 매수인에게 배상하고 매수인이 위약시에는 계약금을 포기하기로 하여 계약은 통지 없이 해약하기로 한다"는 내용이 부동문자로 인쇄되어 있는 경우에 당사자 사이에서 진정하게 이루어진 합의의 내용으로서 구속력이 있는 기재라고 볼 수 없고 단순한 예문조항으로서 무효라고 본다.[441]

판례상 예문해석으로 해석되는 중요한 사례로 근저당설정계약서의 경우를 들 수 있다. 근저당권[442]설정계약은 대부분 미리 작성해 둔 약관이나 일정한 문구가 인쇄된 표준계약

439) 대법원 2011.1.13. 선고 2010다69940 판결.
440) 대법원 1997.11.28. 선고 97다36231 판결.
441) 대법원 1992.2.11. 선고 91다21954 판결.
442) 근저당권이란 계속적 거래관계로부터 발생하는 다수의 불특정채권을 장래의 일정시기(결산기)에 일정한 한도(채권최고액)까지 담보하는 저당권을 말한다.

서를 이용하여 체결되므로, 예문으로 해석될 가능성이 크다. 예컨대 근저당설정계약서는 처분문서[443]이므로, 특별한 사정이 없는 한 그 계약서의 문언대로 해석하여야 하나, 근저당권설정계약서가 금융기관 등에서 일률적으로 일반거래약관의 형태로 부동문자로 인쇄하여 두고 사용하는 계약서인 경우에 그 계약조항에서 피담보채무의 범위를 그 근저당권 설정으로 대출받은 당해 대출금채무 외에 기존의 채무나 장래에 부담하게 될 다른 원인에 의한 모든 채무도 포괄적으로 포함된다고 기재되어 있더라도, 당해 대출금채무와 장래채무의 각 성립경위 등 근저당설정계약체결의 경위, 대출관행, 각 채무액과 그 근저당권의 채권최고액과의 관계, 다른 채무액에 대한 별도의 담보확보 여부 등 여러 사정에 비추어 인쇄된 계약문언대로 피담보채무의 범위를 해석하면 오히려 금융기관의 일반대출관례에 어긋난다고 보여지고 당사자의 의사는 당해 대출금채무만을 그 근저당권의 피담보채무로 약정한 취지라고 해석하는 경우가 합리적일 때에는 계약서의 피담보채무에 관한 포괄적 기재는 부동문자로 인쇄된 일반거래약관의 예문에 불과하다고 보아 그 구속력을 배제하는 태도가 타당하다고 본다.[444] 그리고 공공임대주택건설의 사업자가 국민주택기금 수탁기관으로부터 주택건설에 관한 건설자금을 대출받으면서 체결한 근저당권설정계약서에 포괄근저당의 조항이 있으나, 그 피담보채무의 범위에 그 사업자가 그 후 별도로 대출받은 중도금지원자금대출채무는 포함되지 않고, 주택건설사업시행자가 국민주택기금을 대출받으면서 체결한 근저당권설정계약서에 「포괄근보증」이라는 근저당권설정자의 자필 기재가 있으나, 그 피담보채무의 범위에 사업시행자가 그 후 별도로 대출받은 운전자금채무, 건설업자 주택자금채무는 포함되지 않고, 근저당권을 담보로 하는 기존의 대출금채무와 대환[445]으로 처리한 각각의 대출은 기존대출과 동일종류의 여신에 해당하지만, 그 중 별도의 신용보증서를 담보로 하는 대출금채무는 근저당권의 피담보채무에 포함되지 않고, 근저당권설정계약서상의 "현재 부담하고 있는 채무와 장래 부담하게 될 모든 채무를 담보한다"는 약관상 근저당설정계약서상의 피담보채무의 범위에 관한 기재 중 '현재 부담하고 있는 채무'라는 부분은 부동문자로서 인쇄된 예문에 불과하다.[446]

443) 증명하고자 하는 법률행위(처분)가 그 문서 자체에 의하여 이루어진 경우의 문서를 「처분문서」라고 한다. 예컨대 계약서, 약정서, 각서, 차용증서, 합의서, 영수증, 유언서, 해약통지서, 어음·수표 등의 유가증권, 행정처분서 등과 같이 법률행위 자체가 그 문서의 기재(작성)에 화체(化體)되어 있는 경우의 문서가 처분문서에 해당한다.

444) 대법원 1997.5.28. 선고 96다9508 판결.

445) 현실적인 자금의 수수 없이 형식적으로만 신규대출을 하여 기존채무를 변제하는 경우를 「대환」이라고 한다. 이른바 대환은 특별한 사정이 없는 한 형식적으로는 별도의 대출에 해당하나 실질적으로는 기존채무의 변제기의 연장에 불과하므로 그 법률적 성질은 기존채무가 여전히 동일성을 유지한 채 존속하는 준소비대차로 보아야 하고, 대환의 경우에는 채권자와 보증인 사이에 있어서 사전에 신규대출형식에 의한 대환을 하는 경우에 보증책임을 면하기로 약정하는 등의 특별한 사정이 없는 한 기존채무에 대한 보증책임이 존속한다.

446) 대법원 1984.6.12. 선고 83다카2159 판결.

A는 무허가건물과 그 부지를 B에게 특정하여 매도함에 있어서 그 계약서상에 등기부상에는 공유지분으로 있다는 사실과 건물부지의 일부는 도로에 들어있고 A가 도로부분에 관하여 당국에 점용료를 납부하고 있다는 사실을 명시하였다. B는 매매 당시 A에게 후일 매매평수에 이상이 있음이 발견되면 대금계산을 새로이 하자는 제의를 하였으나, A는 특정물을 현상태 그대로 매도하는 계약이라는 이유로 반대하여, 매매대금를 대지와 건물을 합하여 7억5,000만원으로 정하여 매매계약을 체결하였다. AB는 매매계약을 체결하면서 부동문자로 인쇄된 매매계약서를 사용하였는데, 매매계약서상 "면적이나 대금총액에 착오가 있을 때는 등기부상의 면적과 평당가격으로 재청산한다"고 하는 문구가 기재되어 있었다. 그런데 매매계약이 이루어진 후에 B는 대지의 실제평수가 매매계약서상의 토지평수보다 적다는 사실을 알게 되었다. B는 매매계약서상의 규정을 들어 면적부족에 따른 매매대금 일부의 반환을 청구할 수 있는가?

A가 B에게 매매대금의 일부를 부당이득을 이유로 반환청구하기 위하여는 매매계약서상의 내용대로 매매계약이 유효하게 체결되어 있어야 한다. 매매계약서상 "면적이나 대금총액에 착오가 있을 때는 등기부상의 면적과 평당가격으로 재청산한다"고 규정되어 있으므로, 만약 매매계약서상의 내용대로 효력이 있다고 하면 B는 A에게 매매대금 일부의 반환을 청구할 수 있다. 그러나 판례는 매매계약서상 "면적이나 대금총액에 착오가 있을 때는 등기부상의 면적과 평당가격으로 재청산한다"고 하는 문구는 부동문자로 인쇄된 하나의 예문에 지나지 않아 AB 사이의 진정한 합의내용이라고 볼 수 없다고 판단하고 있다. 그러므로 B는 계약서상의 대지평수와 실제평수상의 부족에 따른 매매대금 일부의 반환을 청구할 수 없다.

2. 계약당사자의 확정

계약을 체결하는 행위자가 다른 사람의 이름으로 법률행위를 한 경우에 표의자 또는 명의인 중 누구를 계약의 당사자로 보아야 하는가? 만약 상대방의 의사가 일치하는 경우에는 일단 그 일치한 의사대로 표의자 또는 명의인을 계약의 당사자로 확정하여야 한다(자연적 해석). 다만 표의자와 상대방의 의사가 일치하지 않는 경우에는 계약의 성질·내용·목적·체결경위 등 그 계약체결 전후의 구체적인 여러 사정을 토대로 상대방이 합리적인 사람이라면 표의자와 명의자 중 누구를 계약당사자로 이해하는가에 의하여 당사자를 결정하여야 한다(규범적 해석 혹은 필요한 경우에 보충적 해석).

자신의 명의로 사업자등록을 할 수 없던 A는 평소 친분이 있던 B 모르게 B의 명의로 문구류판매업을 시작하면서 C회사와의 사이에 대리점계약을 체결하고, 대리점계약상의 영업보증금의 지급담보를 위하여 B의 승낙도 없이 마치 자신이 B인 경우처럼 임의로 B의 명의를 사용하여 D보험회사와의 사이에 피보험자를 C회사로 하는 지급보증보험계약을 체결하였다. 그 후 A가 영업보증금의 지급을 지체하자 C회사가

> 대리점계약을 해지하고 D보험회사에게 보험금의 지급을 청구하여 D보험회사가 C회사에게 보험금을 지급하였는데, 나중에 사실을 알게 된 D보험회사가 C회사를 상대로 보험계약은 무효라고 주장하면서 그 지급받은 보험금을 부당이득으로서 반환을 구하였다. D보험회사와의 사이에 체결한 보험계약의 당사자는 누구인가?

A와 D보험회사 사이의 보험계약은 A가 B의 이름을 도용·모용하여 체결한 차명계약에 해당한다. 차명계약의 경우에는 누가 당사자인가?

D보험회사는 A가 B인 줄로만 알고 보험계약을 체결한 경우이므로, D보험회사와 A 사이에 A을 보험계약의 당사자로 하기로 하는 의사의 일치가 존재한다고 볼 여지는 없다. 특히 보험계약은 채무자인 보험계약자의 신용상태가 그 계약체결의 여부 및 조건을 결정하는 경우에 중요한 요소로 작용한다고 보아야 하는데, D보험회사는 실제로 계약을 체결한 A가 서류상에 보험청약자로 되어 있는 B인줄로만 알고 보험계약을 체결한 경우로 여겨진다. 그러므로 D보험회사와 보험계약을 체결한 당사자는 A가 아니라 B라고 보아야 한다(주채무자인 A에 대한 관계에서 보험계약은 무효이다). 실제는 A가 B로부터 아무런 권한도 부여받지 아니하고 임의로 B의 이름을 사용하여 보험계약을 체결한 경우라면 그 보험계약은 특별한 사정이 없는 한 그 계약내용대로 효력을 발생할 수는 없다.

제 3 절 의사표시

Ⅰ. 서 설

1. 의사표시의 의의

의사표시란 법률행위의 불가결의 요소가 되는 법률사실이다. 일정한 법률효과의 발생을 원하는 내적 의사(효과의사)를 표시행위에 의하여 외부에 나타내는 과정을 통하여 의사표시가 이루어진다(의사표시=효과의사+표시행위). 의사표시는 외형적·표현적 명확성이 높은 표시행위인 명시적 의사표시와 그 명확성이 낮은 표시행위인 묵시적 의사표시로 구분된다.

[더 생각할 과제 - 의사표시와 법률행위의 관계]

의사표시 그 자체만으로는 표의자가 원하는 법률효과가 발생하지 않고, 의사표시가 법률행위가 되는 경우에 비로소 소기의 법률효과가 발생한다(의사표시→법률행위→법률효과). 의사표시는 1개의 의사표시만에 의하여 법률행위가 되는 경우도 있지만(단독행위), 대부분 다른 의사표시와 결합하여 법률행위가 된다(계약·합동행위). 또한 법률행위가 법률효과를 발생케 하려면 물건의 인도, 서면의 작성, 관청의 협력(예컨대 허가)과 같은 의사표시 이외의 다른 법률사실을 필요로 하는 경우도 있다.

2. 의사표시의 구성

의사표시는 동기에 기하여 형성된 효과의사, 효과의사를 외부에 발표하려는 표시의사, 표시의사를 표명하는 표시행위를 통하여 완성된다. 예컨대 보석가게에서 보석을 구입하는 매매계약을 보면 (i) 며칠 후에 생일을 맞는 애인에게 줄 선물로 무엇이 좋을까 하는 생각을 하면 동기가 성립하고, (ii) 아무래도 보석을 좋아 할거야, A쥬얼리에 가서 보석을 사야지 하고 의욕을 하면 효과의사가 형성되며, (iii) A쥬얼리에 들어가 보석을 고른 후에 그 선택한 보석을 산다고 하는 사실을 점원에게 말할 결의를 하면 표시의사가 형성되며, (iv) 점원에게 그 보석을 산다고 표시하면 표시행위가 외부에 표현된다.

3. 동 기

1) 동기의 의의

동기란 어떤 의사표시를 하게 된 연유로 의사표시에 선행하는 심리과정을 가리킨다. 예컨대 제주도감귤을 사고자 하는 경우에 우선 특별히 제주도산의 감귤을 사고자 하는 동기가 있다. "제주도산의 감귤이 싸고 맛이 좋으므로, 제주도산으로 사야지" 하고 생각한 경우에 그 사정이 동기가 된다.[447] 흔히 어떤 동기에 이끌려 의사표시를 하게 되나, 동기는 의사표시의 구성요소에 해당되지 아니한다. 그러나 동기도 완전히 무의미하지는 않고, 불법동기로 한 법률행위는 반사회질서적 법률행위(§103)로 무효가 되거나 혹은 불법동기가 조건이 되는 경우, 동기에 착오가 있는 경우에 법률행위·의사표시의 효력에 영향을 미칠 수 있다. 경우에 따라서는 동기에 불법성이 있거나 착오로 동기가 형성되는 경우가 있으므로, 동기의 불법은 의사표시의 효력에 어떤 영향을 미치는가, 동기의 착오가 있으면 착오에 의한 법률행위가 되는가와 같은 문제가 생긴다.

2) 동기의 불법

법률행위에 동기의 불법이 있어도 민법 제103조가 정한 선량한 풍속 기타 사회질서에 반하여 무효로 되는가? 의사표시를 하게 된 연유에 반사회질서적 요소가 있는 경우를 동기의 불법이라고 한다. 동기가 불법한 경우에 법률행위의 내용 자체는 사회질서에 반하지 않으므로, 동기의 불법에도 불구하고 법률행위가 유효로 되는가? 동기는 법률행위의 내용에 포함되지 아니하므로, 원칙적으로 동기의 불법을 이유로 언제나 법률행위가 무효로 된다고 보기는 어렵다. 다만 당사자 쌍방이 불법한 동기를 법률행위의 내용으로 삼기로 한

---

447) 동기에 이끌려 마음 속에서 "1상자에 10만원으로 제주도감귤 100상자를 구입해야지" 라고 생각하면 「효과의사」(표시된 의사에 대응하는 내심의 의사)가 형성되고, "이메일 혹은 편지를 써서 1상자에 10만원씩 감귤 100상자에 대한 매매계약을 청약해야지" 하는 경우를 「표시의사」, 그 내용을 담은 이메일이나 편지를 실제로 쓴 경우를 「표시행위」라고 한다.

경우는 물론, 표시되거나 상대방에게 알려진 동기가 반사회질서적인 경우라면 법률행위의 내용 자체가 반사회질서적이 아니라고 하더라도 선량한 풍속 기타 사회질서에 위반되어 민법 제103조에 의하여 무효로 된다.

3) 동기의 착오

법률행위의 내용 자체가 아니라, 동기에만 착오가 존재하는 경우를 동기의 착오라고 한다. 동기의 착오가 법률행위의 내용의 중요부분의 착오에 해당하는가가 문제되나, 동기의 착오를 이유로 표의자가 법률행위를 취소하려면 그 동기를 당해 의사표시의 내용으로 삼는다고 상대방에게 표시하고 의사표시의 해석상 법률행위의 내용으로 되어 있다고 인정되면 충분하다.[448] 다만 당사자 사이에 별도로 동기를 의사표시의 내용으로 삼기로 하는 합의까지 이루어질 필요는 없다.

4. 효과의사·표시행위·표시의사

(1) 의사와 표시

의사표시는 의사와 표시로 구성된다. 의사는 효과의사를 의미하며 표시는 표시행위를 의미한다. 효과의사를 표시한다고 하는－의사와 표시 사이에 존재하는－「표시의사」는 의사표시의 구성요소에 해당하지 아니한다고 본다(다수설).

(2) 행위의사

「행위의사」란 어떤 행위를 한다는 인식이다. 행위의사가 결여되면 의사표시가 아니라고 보는 견해에 이견이 없다. 예컨대 비싼 음식의 주문을 묻는 식당종업원의 질문에 졸고 있는 고객이 고개를 끄덕거린 경우와 같이 표의자가 어떤 행위를 하고 있다는 사실을 전혀 모르거나, 강박의 정도가 단순한 불법적 해악의 고지로 상대방으로 하여금 공포를 느끼도록 하는 정도가 아니고, 표의자로 하여금 의사결정을 스스로 할 수 있는 여지를 완전히 박탈한 상태(vis absoluta)에서 의사표시가 이루어져 단지 법률행위의 외형만이 만들어진 경우에 불과한 정도인 때에는 행위의사가 결여되어 의사표시라고 할 수 없다.

(3) 효과의사

1) 효과의사의 의미

「효과의사」란 일정한 효과를 원하는 의사를 의미한다. 효과의사의 내용이 사실적 효과를 의미하는가, 법률적 효과를 의미하는가에 관하여 학설이 대립한다. 효과의사란 경제적·사회적 결과, 즉 사실적 결과의 의욕이라고 보는 견해가 있다. 그러나 일정한 법률효과를 지향하는 의사가 바로 효과의사이며, 예컨대 단순한 도의적·종교적·사교적·의례적 효과를 원하는 의사를 가지고는 효과의사라고 할 수 없다.

---

448) 대법원 2010.7.22. 선고 2010다1456 판결.

2) 효과의사의 본체

효과의사는 내심적 효과의사와 표시상의 효과의사로 구분된다. 내심적 효과의사는 표의자가 실제로 가지고 있는 의사, 즉 내심·마음 속의 의사를 말한다. 표시상의 효과의사는 표시행위로부터 추측·판단되는 효과의사를 가리킨다.

효과의사의 본질은 무엇인가? 효과의사란 내심적 효과의사일 뿐이고, 표시상의 효과의사는 존재조차 하지 않는다고 보는 견해가 있다. 내심적 효과의사를 강조하는 견해에 의하면 표시상의 효과의사와 내심적 효과의사가 일치하지 않는 경우에 표시상의 효과의사대로 계약이 성립한다고 하면 효과의사가 존재하지 않는 의사표시의 성립을 인정하는 경우가 되어 사적 자치의 원칙에 반한다고 본다. 그러나 내심적 효과의사를 직접적으로 알기는 곤란하다. 서면이나 언어에 의하여 외부화된 표시행위로부터 추측·판단되는 효과의사, 즉 법률상·표시상의 효과의사가 효과의사라고 해석할 수밖에 없다. 그러므로 의사표시의 요소가 되는 효과의사란 내심적 효과의사가 아니라 표시상의 효과의사, 즉 표시행위를 통하여 외부에서 추측·판단되는 효과의사라고 보는 태도가 타당하다. 내심적 효과의사와 표시상의 효과의사가 일치하지 않는 경우에도 일단 의사표시가 성립하고, 다만 의사표시의 불일치에 따른 문제가 생긴다.

(4) 표시의사

「표시의사」는 표의자가 표시행위를 한다고 하는 인식, 즉 자기의 동작이 일정한 법적 효과를 가지는 표시라고 하는 인식을 가리킨다. 표시의사가 의사표시의 구성요소인가? 학설상으로는 의사표시가 성립하기 위하여 표시의사가 있어야 하는가에 관하여 견해가 대립하고 있다. 예컨대 길을 걷던 중 건너편을 지나가는 친구와 우연히 눈이 마주쳐 반갑다고 손을 흔드는 순간, 마침 그 앞으로 지나가던 택시가 멈춰서더니, 어서 타라고 하는 경우에 택시기사와의 운송계약이 체결되는가 하는 문제에서 표시의사가 존재하지 아니하여 의사표시가 성립하지 않으므로 운송계약이 성립하지 아니한다고 보는 견해가 있다. 그러나 표시의사가 없는 경우에도 의사표시의 성립에 의하여 운송계약이 체결되고, 다만 착오에 의한 의사표시로 취소의 대상이 될 수 있다고 생각하는 견해가 타당하다. 의사표시의 구성요소로 표시의사까지 요구하는 설명은 너무 기교적이라고 생각되며, 표시의사가 없더라도 일단 의사표시가 성립한다고 보는 태도가 옳다.

> 독일 트리어지방에는 포도주경매를 할 때에 손을 들면 경매에 응하는 표시라는 관행이 있는데, 어느 날 트리어시에 관광차 들린 외지인 A가 포도주경매를 구경하다가 건너편에서 역시 포도주경매를 구경하고 있는 친구 B를 발견하고 반갑다고 손을 들어 흔들었다. 그런데 그때 마침 아주 고가의 포도주에 대한 경매가 진행중이었고, A의 거수행위가 고가의 포도주에 대한 청약의 의사표시로 되어 A는 졸지에 고가의 포도주를 구입하여야 하는 처지에 놓이게 되었다. A는 고가의 포도주를 구입하여야 하는가?

독일의 유명한 트리어(Trier)포도주경매사건이다. 사례에서 포도주경매의 진행은 청약의 유인으로서의 성질을 가지고, 최고가격을 제시한 자의 매수신청이 청약이 된다. 그러므로 거수행위를 통한 A의 매수신청이 최고가격이라고 하면 청약의 의사표시가 되고, 포도주경매회사쪽의 승낙에 의하여 경매가 성립한다. 다만 A가 독일 트리어지방의 포도주경매에서는 손을 들어 흔드는 행위가 더 비싸게 포도주를 산다고 하는 청약을 의미한다고 하는 사실을 모르고, 건너편에 있는 친구를 향하여 반갑다는 인사로 손을 들어 흔든 경우이므로, A가 자기의 동작이 일정한 법적 효과를 가지는 표시라고 하는 인식, 즉 표시의사를 가지고 있다고 보기 어렵다.

사례에서 경매가 성립하는가는 A의 표시의사가 의사표시의 요소인가 여부에 달려있다. 만약 표시의사가 의사표시의 성립에 필요한 요소라고 하면 A의 거수행위에는 표시의사가 존재하지 않으므로, 고가의 포도주에 대한 청약의 의사표시로 인정될 수 없어 매매계약이 성립할 수 없다. 그러나 표시의사를 의사표시의 요소로 보지 아니하면 A의 거수행위는 청약의 의미를 갖는 유효한 의사표시가 되어 포도주경매회사쪽은 A에게 매각결정을 내릴 수 있고, 다만 A는 표시상의 착오를 이유로 그 의사표시를 취소할 수 있는가가 다시 문제된다. 표시의사는 의사표시의 요소가 아니라고 보아야 하므로, A와 포도주경매회사 사이에 일단 고가의 포도주에 대한 매매계약이 성립한다.

(5) 표시행위

표시행위는 서면이나 언어 혹은 거동을 통하여 효과의사를 외부화하는 행위를 가리킨다. 표시행위는 크게 명시적 표시행위와 묵시적 표시행위로 구분된다. 묵시적 표시행위에는 (i) 거동에 의한 의사표시, (ii) 「포함적 의사표시」(예컨대 유상으로 제공된 급부의 수령·추인행위·소제기행위), (iii) 전혀 표시가 없으나 주위사정으로 인정되는 의사표시(예컨대 취소할 수 있는 법률행위에 의하여 취득한 물건의 소비), (iv) 침묵에 의한 의사표시[449]가 있다. 특별한 경우에는 서면과 같은 명시적 의사표시가 반드시 요구될 수 있으나, 일반적으로는 명시적 의사표시이든 묵시적 의사표시이든 그 효력에 차이가 없다.

3. 의사표시의 이론

(1) 의사표시이론의 의의

의사표시이론이란 의사표시는 기본적으로 의사(意思)와 표시(表示)라는 두 요소로 구성된다고 이해하고, 만일 의사표시에서 의사적 요소가 존재하지 않거나 또는 존재하더라도 어떤 하자가 있는 경우에 그 표시에 어떤 효력이 생기는가를 둘러싼 이론을 가리킨다. 의사표시이론으로는 의사주의와 표시주의의 대립과 절충주의가 있다.

---

449) 「침묵은 승낙을 의미한다」는 원칙이 일반적으로 인정되지는 아니한다. 침묵은 원칙적으로 승낙으로도, 거절로도 효력이 생기지 아니한다. 다만 (i) 당사자 사이의 합의, (ii) 특별한 정황(관행·인접의 의사표시), (iii) 침묵이 의사표시가 된다고 하는 사실에 대한 침묵자의 인식이 있는 경우에 한하여 침묵도 표시행위가 될 수 있다.

(2) 의사주의 vs 표시주의

1) 의사주의

의사주의는 근대민법의 원리를 존중하여 표의자의 의사(내심적 효과의사)를 의사표시의 지상·절대의 요소로 보는 견해이다. 의사주의에 의하면 의사표시 혹은 법률행위가 효력을 가지는 이유는 어디까지나 의사표시가 표의자의 의사에 부합하는 결과라고 본다. 그러므로 의사주의에서는 표시행위가 존재하더라도 표시에 부합하는 의사가 없는 한 표시는 의미를 상실하고 의사표시는 법적으로 효력이 없다. 예컨대 청약서에 96만원을 잘못하여 69만원으로 기재한 경우에 69만원이라는 표시행위는 존재하여도 69만원에 청약한다는 효과의사가 존재하지 아니하므로 청약의 의사표시는 무효가 된다.

의사주의는 근대민법 이래 대원칙인 개인의사의 자유·절대의 이념과 개인주의적 가치관에 철저한 주의이며, 주로 개개의 표의자의 보호에 중점을 둔다. 의사주의에 의하면 표의자는 상대방이 수령한 표시를 의욕하지 않은 사실을 주장하여 표시에 구속되지 않을 수 있다. 그러므로 의사주의는 표의자의 보호에 치중하는 반면, 상대방에게 불이익을 입힐 위험이 크다.

2) 표시주의

표시주의는 의사표시의 법률상 취급에서 표의자의 의사보다 표시행위에 중점을 두는 견해이다. 표시주의에 의하면 법률행위 혹은 의사표시의 효력의 근거를 의사에 두는 경우에는 전혀 내심에서 무엇을 의욕하는가를 알 수 없으므로, 법적으로는 표시를 기준으로 하고 표시로부터 추측할 수 있는 의사를 존중하면 충분하다고 본다. 예컨대 96만원에 청약하려고 하고 잘못 타자하여 청약서에 69만원으로 기재한 경우에 69만원의 청약이 유효하게 성립하고, 다만 착오에 의한 의사표시(§109)로 취소가 가능할 뿐이다. 표시주의에 의하면 의사표시에 대한 사회적 신뢰를 보호하여 상대방을 보호하고 사회의 거래안전과 신속을 기할 수 있지만, 표의자가 불이익을 입을 우려가 있다.

(3) 절충주의

절충주의는 내심의 의사와 표시 중 어느 하나를 주로 하고 다른 하나를 적당히 고려하여 가미하는 태도이다. 절충주의에 의하면 표의자를 보호할 필요가 있으면 의사주의, 상대방을 보호할 필요가 있으면 표시주의를 적용하여 해결하면 충분하다고 본다.

의사주의와 표시주의의 대립은 의사도그마와 신뢰원칙의 대립이나, 민법은 의사표시이론에 관하여 어떤 경우에는 표시주의적으로, 어떤 경우에는 의사주의적으로 규정하고 있다. 예를 들어 민법상 의사주의적 요소로는 (i) 비진의표시(§107 I 단서)·허위표시(§108 I)를 무효로 한 경우를 들 수 있다. 그러나 민법 제107조 제2항, 제108조 제2항, 제109조 제2항, 제110조 제3항에서 의사표시의 무효나 취소로 선의의 제3자에게 대항하지 못한다고 정한 의미는 표시를 중시하는 표시주의를 나타낸다. 착오의 경우에 의사주의를 엄격하게 적용하면 착오의사표시는 의사표시의 불성립이 되거나 적어도 무효가 되어야 하고,[450] 표시주의에 의하면 표시대로 유효한 의사표시가 되어야 한다. 민법 제109조는 착오에 의한 의사표시를 취소할 수 있다고 규정하고 있으므로, 민법은 착오에 의한 의사표시를 무효로 하지도 않고, 또한 완전유효한 의사표시로도 하지 아니하여 절충주의를 취하고 있다. 다만 민법 제109조 제1항 단서에서 착오가 표의자의 중대한 과실로 인한 때에는 취소할 수 없다고 한 입장은 표시를 중시하는 표시주의의 입장을 가미하고 있다고 할 수 있다. 역시 하자(사기·강박)가 있는 의사표시를 취소할 수 있다고 하는 의미도 절충주의를 취하고 있다고 본다.

[더 생각할 과제 - 의사표시이론의 과제]

의사표시이론은 의사주의가 근대민법의 원점에 해당하고, 거래안전을 존중하는 입장이 우위로 등장하는 경향과 함께 표시주의가 민법을 지배하는 태도로 전환된 사실을 부인할 수 없다. 그러나 최근에는 표시주의의 일변도에 대한 의문이 제기되고 있고, 의사주의의 재생이 강조되는 경향이 있다. 특히 소비자거래, 대기업 사이의 거래, 국제거래, 컴퓨터프로그램을 이용한 거래와 같이 법률행위의 종류에 따라서 의사의 기능과 구조가 차이가 있다는 사실을 유의하여 의사이론 혹은 법률행위이론을 전개할 필요성이 있다는 사실을 간과할 수 없다.

5. 의사의 흠결과 하자 있는 의사표시

민법은 법률상 문제가 있는 의사표시로 의사의 흠결과 하자 있는 의사표시를 규정하고 있다. 의사의 흠결에는 진의 아닌 의사표시·허위표시·착오가 있고, 하자 있는 의사표시에는 사기와 강박이 있다.

「의사의 흠결」이란 표시가 있더라도 내심의 의사가 없는 경우를 가리킨다. 달리 표현하면 표시에 대응하는 의사가 없는 결과 의사와 표시의 불일치가 생긴 경우를 의사의 흠결이라고 한다. 「하자 있는 의사표시」는 의사표시 자체에 결함은 없지만, 의사를 형성하는 과정에 결함이 있는 의사표시를 가리킨다. 하자 있는 의사표시는 표시에 대응하는 의사가 존재하여 표시와 의사 사이에 불일치가 없으나 의사의 형성이 외부로부터 사기·강박에 의하여 생기는 경우이다.

의사의 흠결이나 하자 있는 의사표시가 유효인가 무효인가 혹은 취소의 대상인가는 입법정책의 문제에 해당한다. 민법은 의사의 흠결 중 진의 아닌 의사표시는 원칙적으로 유효로 하고, 허위표시는 무효, 착오는 취소의 대상으로 하며, 하자 있는 의사표시를 모두 취소의 문제로 삼고 있다.

의사표시의 장애와 관련한 내용을 정리하면 아래와 같다.

450) 일본민법 제95조는 법률행위의 요소에 착오가 있는 의사표시는 무효로 된다고 규정하고 있다.

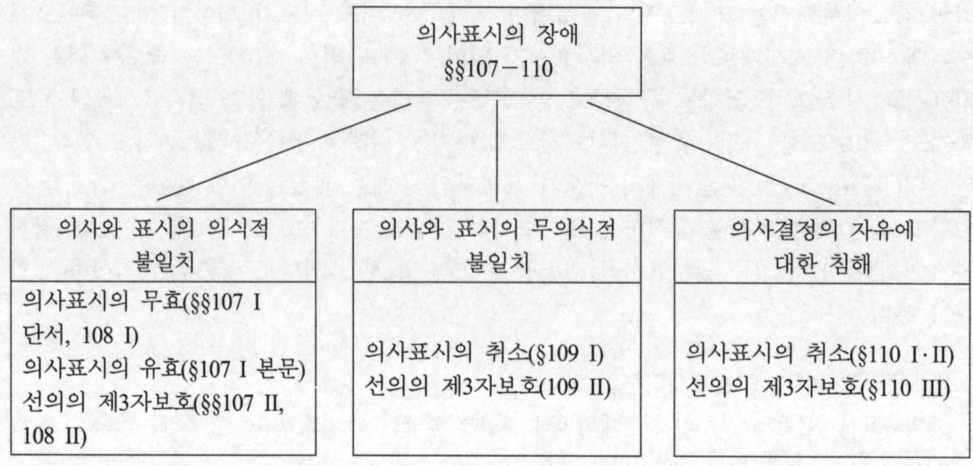

Ⅱ. 의사와 표시의 불일치

1. 진의 아닌 의사표시(비진의표시)

(1) 비진의표시의 의의

비진의표시(진의 아닌 의사표시)란 표시행위가 표의자의 진의와 다른 의미로 이해된다는 사실, 즉 의사와 표시의 불일치를 표의자 스스로 알면서 하는 의사표시를 가리킨다. 비진의표시는 달리 진의를 마음에 유보한다고 하여 「심리유보」(心裡留保)라고도 한다. 비진의표시는 의사와 표시의 불일치를 표의자만이 안다고 하는 측면에서 허위표시와 다르고, 의사의 흠결에 대하여 표의자가 인식한다고 하는 측면에서－허위표시와 공통성을 갖지만－착오와 다르다.

(2) 비진의표시의 요건

(i) 비진의표시가 성립하기 위해서는 표시행위가 존재하여야 한다. 명백한 농담, 배우의 대사, 교수가 강의용으로 어음·수표를 제시하는 경우와 같이 일정한 효과의사를 추단할 만한 가치가 없는 경우에는 표시행위가 되지 않고, 비진의표시도 문제가 될 수 없다. 희언(웃음거리의 실없는 말)·농담은 비록 상대방 또는 제3자가 표의자의 진의를 이해한다는 기대 아래 하는 경우에도 비진의표시가 된다. 다만 비진의표시에서의 진의란 특정한 내용의 의사표시를 하고자 하는 표의자의 생각을 말하고, 표의자가 진정으로 마음 속에서 바라는 사항을 뜻하지는 아니한다.[451] 그러므로 표의자가 의사표시의 내용을 진정으로 마음 속

451) 예컨대 채권의 총액 57만원 중 36만원을 받으면서 영수증에 「총완결」이라고 쓰지 아니하면 돈을 주지 아니한다고 하여 당시 궁박한 사정 아래 우선 돈을 받기 위하여 영수증에 「총완결」이라는 문언을 거짓으로 쓴 경우(대법원 1969.7.8. 선고 69다563 판결), 교수가 학내에서 일어난 사태수습을 위하여 수리되지 아니한다고

에서 바라지는 아니한 경우라고 하더라도 당시의 상황에서는 어떤 의사표시의 내용을 최선이라고 판단하여 그 의사표시를 한 경우, 예컨대 표의자에게 재산을 강제로 뺏긴다는 생각이 본심으로 잠재되어 있다고 하여도 표의자가 강박에 의하여서나마 증여를 하기로 하고 그에 따른 증여의 의사표시를 한 이상 증여의 내심의 효과의사가 결여된 경우라고 할 수 없으므로, 비진의표시라고 볼 수 없고,[452] 그대로 증여로서의 효력이 인정된다.[453]

(ii) 비진의표시는 표시와 내심의 효과의사의 불일치가 존재하여야 성립한다. 다만 비진의표시가 되기 위해서는 표시와 내심의 효과의사의 불일치를 표의자가 알아야 한다. 만일 표의자가 내심의 효과의사와 표시의 불일치를 모른 경우에는 착오가 되며, 내심의 효과의사와 표시의 불일치를 상대방과 통모한 때에는 허위표시가 된다.

(3) 비진의표시의 적용범위

비진의표시는 계약뿐만 아니라 단독행위·합동행위를 위한 의사표시에도 적용된다. 또한 상대방 있는 의사표시뿐만 아니라 상대방 없는 의사표시에도 비진의표시가 적용된다. 다만 상대방 없는 단독행위에서는 민법 제107조 제1항 단서가 적용되지 아니하여 비진의표시가 항상 유효하다는 이견이 있다. 의사표시 이외에 관념의 통지나 의사의 통지와 같은 준법률행위에도 비진의표시가 준용된다.

가족법상의 행위(예컨대 혼인·입양)에는 당사자의 진의가 절대적으로 요구되어 비진의표시가 적용되지 않고 항상 무효가 된다. 행정처분이나 획일적 처리를 필요로 하는 주식인수의 청약(상법 §302 III)에 대하여도 민법 제107조는 적용이 없다. 판례는 공무원이 사직의 의사표시를 하여 의원면직처분을 받은 경우에 사직의 의사표시와 같은 사인의 공법행위에는 민법 제107조가 준용되지 아니하여 그 의사가 외부에 표시된 이상 표시된 대로 효력이 생긴다고 본다.[454]

(4) 비진의표시의 효과

1) 상대방이 선의·무과실인 경우

비진의표시는 의사와 표시의 불일치에 대하여 표의자의 인식이 있으므로, 표시대로 효과를 부여하더라도 표의자가 불측의 손해를 입지 아니한다. 민법은 의사표시는 표의자가 진의 아님을 알고 한 경우라도 그 효력이 있다(§107 I 본문)고 하여 표의자의 표시에 대한 상대방의 신뢰보호에 중점을 두고 있다.

믿고 사직원을 제출한 경우(대법원 1980.10.14. 선고 79다2168 판결)에 만약 그 특정한 내용의 의사표시를 하고자 하는 생각을 가지고 있지 않으면서 총완결이나 사직이라고 의사표시를 한 때에는 비진의표시로 된다.

452) 대법원 1993.7.16. 선고 92다41528, 92다41535 판결.

453) 대법원 2002.12.27. 선고 2000다47361 판결.

454) 대법원 1997.12.12. 선고 97누13962 판결.

> A는 자기가 평소 아끼는 오토바이를 탐내는 가정형편이 어려운 친구 B에게 설마 B가 그 오토바이를 사지는 않으리라고 생각하고, 진심으로 팔 생각이 없으면서 100만원을 주면 팔겠다고 청약을 하였다. 그런데 B가 사고 싶다고 승낙을 한 후에 어디에선가 100만원을 구하여 왔다. AB 사이에 매매계약이 성립하는가?

A가 행한 매매계약의 청약의사표시가 전형적인 비진의표시이다. 사례에서 외형적으로는 계약의 성립에 아무런 결함이 없는 듯이 보인다. A가 본심으로는 청약을 할 생각을 가지고 있지 않으나, 외형적으로는 청약의 의사표시가 분명히 있고, B의 승낙도 유효하게 존재한다. 그러나 A에게는 표시에 대응하는 내심의 효과의사가 결여되어 있으므로, 의사주의에 의한 의사표시의 개념으로부터 보면 청약의 의사표시는 무효로 된다. 반면에 의사주의에 따르면 청약을 받은 상대방 B의 이익이 침해된다. B는 A가 정말로 오토바이를 팔려고 한다고 생각하고 100만원을 마련하기 위하여 교통비나 이자를 지급하는 등 비용의 지출이 필요하다. A와 B의 이익을 비교하면 멋대로 거짓말을 한 A보다는 그 진의 아닌 의사표시를 순진하게 신뢰한 B를 보호하여야 할 필요가 크다. 바로 민법 제107조 제1항 본문은 원칙적으로 비진의표시를 유효로 하고 있다. 그러므로 A가 본심으로는 오토바이를 팔 생각이 없다고 하더라도 AB 사이에 매매계약이 유효하게 성립한다.

사례에서 예컨대 B가 과실 없이 A의 청약의 의사표시를 믿고 매매계약의 승낙을 한 후에 실은 A가 진심으로는 오토바이를 팔 생각이 없다고 하는 사실을 알고, 만약 A가 팔고 싶지 않다면 자기로서도 별로 오토바이가 필요 없다고 하며 매매계약의 무효를 주장하는 경우가 있을 수 있다. B로서는 민법 제107조 제1항 본문에 의하여 유효인 매매계약에 대하여 무효를 주장할 수 있는가? 민법 제107조 제1항 본문은 본래 진의 아닌 의사표시의 상대방을 보호하기 위한 규정이므로, 그 상대방이 스스로 무효를 주장하더라도 상관없다고 생각된다. 일단 계약을 의욕한 상대방으로부터의 무효주장은 인정되지 아니한다고 보는 견해도 있으나, 민법 제107조 제1항 본문의 취지로부터 보면 쓸데없는 주장이라고 여겨진다. 다만 B로부터의 무효주장을 다시 A가 다투는 경우에는 본래 정말로 비진의표시인가 아닌가가 문제된다.

2) 상대방이 악의·과실인 경우

(a) 서 언

> A가 평소에도 가난한 친구 B를 놀리며 팔 생각도 없이 오토바이를 사라고 하는 버릇이 있었다. A는 어느 날도 B에게 장난으로 100만원에 오토바이를 사라고 하였는데, B가 대금을 지급하고 오토바이까지 인도받았다. 자기를 놀리기 위하여 오토바이를 100만원에 판다고 한 사실을 B가 안 때에 매매계약의 효력은 어떤가?

상대방이 표의자의 비진의표시에 대하여 악의이거나 알지 못한 데에 과실이 있는 경우까지 그 의사표시를 유효로 할 필요는 없다. 그러므로 민법 제107조 제1항 단서는 상대방이 표의자의 진의 아님을 알았거나 진의 아님을 알 수 있었을 경우에는 비진의표시를 무효로 한다고 규정하고 있다. 사례에서 B가 악의이거나 선의인 경우라도 과실이 있는 때에는 A의 청약의 의사표시가 무효로 되므로, B의 승낙도 무의미하게 되고, 매매계약은 성립하지 아니한다.

비진의표시는 표시주의로부터는 유효로 되지만, 의사주의로부터는 무효가 된다. 민법 제107조 제1항은 의사표시의 상대방의 주관적 태양에 따라서 양자를 그 본문과 단서에서 절충적으로 조화시키고 있다고 볼 수 있다.

[더 생각할 과제 - 사인의 공법행위와 민법 제107조]

> A는 XX도 OO시청에 지방공무원으로 근무하면서 업무처리의 소홀을 이유로 견책처분을 받게 되자 담당공무원에게 선처를 부탁하여 A의 공무원인사기록카드를 그 징계사실이 기재되지 아니한 공무원인사기록카드로 교체하여 비치하게 하였다. 그런데 그 후 A의 비위사실이 감사원에 의하여 적발되어 그에 대한 조사가 개시되고, XX도 감사실장 등이 A에게 공문서변조로 형사처벌될 가능성이 있으며 관련자 및 지휘감독자도 불이익처분을 받을 수 있음을 고지하자, A가 본인의 사정에 의거 사직원을 제출하오니 청허하여 달라는 내용의 사직원을 제출하였고 OO시청이 그 사직원을 수리하여 사직처리가 되고 말았다. A는 자기가 제출한 사직원은 감사원, XX도 감사실장 및 OO시청 등의 끈질긴 회유에 의하여 그 당시 사직의 진정한 의사가 없이 제출하였으며, OO시청으로서도 자기에게 사직의 의사가 없음을 알면서도 그 사직원을 수리하였으므로, 자기에 대한 의원면직처분은 효력이 없다고 주장할 수 있는가?

사례에서 A가 민법 제107조 제1항 단서를 적용하여 사직의 의사표시가 비진의표시로서 무효라고 주장할 수 있는가? 공무원이 사직의 의사표시를 하여 의원면직처분을 하는 경우에 그 사직의 의사표시는 그 법률관계의 특수성에 비추어 외부적·객관적으로 표시된 바를 존중하여야 한다.455) 그러므로 비록 사직원을 제출한 A의 내심의 의사가 사직할 뜻이 아니라고 하더라도 진의 아닌 의사표시에 관한 민법 제107조 제1항 단서는 그 성질상 사직의 의사표시와 같은 사인의 공법행위에는 준용되지 아니하여 비록 그 사실에 대하여 상대방인 행정관청이 악의이거나 유과실인 경우라고 하더라도 그 의사표시는 무효로 되지 아니한다. A의 사직의 의사가 외부에 표시된 이상 그 의사는 표시된 대로 효력이 생긴다.

사례에서는 다른 문제로 A의 사직서의 제출이 감사기관이나 상급관청 등의 강박에 의한 경우에 그 정도가 의사결정의 자유를 박탈할 정도에 이른 때에는 그 의사표시가 무효로 되고, 그 정도에 이르지 않고 의사결정의 자유를 제한하는 정도에 그친 경우라면 그 성질에 반하지 아니하는 한 의사표시에 관한 민법 제110조의 규정을 준용하여 그 효력을 따져 보아야 한다. 다만 만약 상급관청의 감사담당직원이 A에 대한 비리를 조사하는 과정에서 사직하지 아니하면 징계파면이 될 수밖에 없고, 또한 징계파면되면 퇴직금지급상의 불이익을 당하게 될 수 있다는 등의 강경한 태도를 취한 경우라고 할지라도 그 취지가 단지 비리에 따른 객관적 상황을 고지하면서 사직을 권고·종용한 경우에 지나지 않고 A가 그 비리로 인하여 징계파면이 될 경우에 퇴직금지급상의 불이익을 당하게 된다는 등 여러 사정을 고려하여 스스로 사직할 의사를 가지고 사직서를 제출한 경우라면 그 의사결정에 의원면직처분의 효력에 영향을 미칠 하자가 있다고는 볼 수 없다. 그리고 A의 사직의사표시가 성립하는 과정에 강박이라는 불법적 방법이 사용되어 민법 제103조의 반사회질서적 법률행위로서 무효인지도 문제가 될 수 있으나, 판례는 강박에 의한 의사표시의 하자나 의사의 흠결을 이유로 효력을 논의할 수는 있을지언정 반사회질서의 법률행위로서 무효

455) 대법원 1997.12.12. 선고 97누13962 판결.

라고 할 수는 없다고 본다.[456)]

(b) 相對方의 知·不知 및 과실 유무를 판단하는 기준시점

비진의표시라는 사실에 대한 상대방의 지·부지나 과실 유무를 판단하는 기준시점은 언제인가? 학설상으로는 도달시설과 요지시설(다수설)이 대립한다. 상대방에게 의사표시가 도달한 때를 기준으로 진의 아님에 대한 상대방의 지·부지나 과실 유무를 판단하여야 한다고 보는 견해가 있다. 그러나 상대방이 요지한 때를 기준으로 비진의라는 사실에 대한 지·부지나 과실 유무를 판단하여야 한다고 보는 요지설이 타당하다.

(c) 상대방의 지·부지 및 과실의 증명책임

> 물의를 일으킨 A사립대학교 B교수는 사직원이 수리되지 않으리라 믿고 사태수습을 위하여 일단 형식상 A사립대학법인 이사장 앞으로 사직원을 제출하였다. 그러나 의외로 A사립대학법인 이사회에서 "본인의 의사이니 하는 수 없다"고 하여 B교수의 사직원을 수리하였다. B교수는 자신의 사직원이 무효라고 주장할 수 있는가?

사례에서 B교수의 내심의 의사와 표시된 의사가 일치하지 아니하므로, 비진의표시로 인정될 수 있다. 그리고 비진의표시의 경우에는 B교수의 진의가 무엇이든 표시된 대로의 효력을 생기게 하여 거짓의 표시를 한 B교수를 보호하지 아니하는 반면에, 만약 B교수의 상대방인 A사립대학법인이 B교수의 진의 아님에 대하여 악의 또는 과실이 있는 경우라면 그때에는 A사립대학법인을 보호할 필요가 없이 B교수의 진의를 존중하여 그 비진의 표시를 무효로 돌려 버린다.

A사립대학법인에게 B교수의 표시의사가 진의 아님에 대하여 악의 또는 과실이 있는지 여부는 A사립대학법인과 B교수 사이의 의사표시의 형성과정과 그 내용 및 그로 인하여 나타나는 효과 등을 객관적인 사정에 따라 합리적으로 판단하여야 한다. 다만 사직의 의사표시가 무효로 되는 경우가 B교수에게 유리하므로, 민법 제107조 제1항 단서의 요건은 스스로 유리한 효과를 주장하는 B교수가 증명하지 않으면 안된다. B교수에게 증명책임이 있다(상대방의 악의 또는 과실의 유무를 무효를 주장하는 자가 증명하여야 한다). B교수에게 증명책임이 있다고 하는 법률적 의미는 B교수가 민법 제107조 제1항 단서의 사실(A사립대학법인의 악의 또는 과실)이 존재한다는 증명에 성공하지 못하면 민법 제107조 제1항 단서의 사실이 있는가 없는가가 불명인 채로 그친다고 하더라도 증명하여야 할 사실이 존재하지 아니한다고 확정된다는 뜻이므로(증명책임을 부담하는 자에게 불리한 판단이 내려진다), 민법 제107조 제1항 단서가 적용되지 아니하고, 다시 민법 제107조 제1항 본문으로 돌아가 A의 사직의 의사표시가 그대로 유효로 된다.

---

456) 대법원 1992.11.27. 선고 92다7719 판결.

(d) 비진의표시가 무효인 경우에 손해배상책임이 인정되는가

> A는 자기가 평소 아끼는 노트북을 탐내는 가정형편이 어려운 친구 B에게 설마 B가 그 노트북을 사지는 않으리라고 생각하고, 진심으로 팔 생각이 없으면서 10만원을 주면 팔겠다고 청약을 하였는데, B가 사고 싶다고 승낙을 한 후에 어디에선가 10만원을 구하여 왔다. 그러나 후에 B가 A의 진의가 아니라는 사실을 알았거나 알 수 있었을 경우에 해당한다고 하는 이유로 AB 사이의 노트북에 대한 매매계약이 무효로 되었다. 화가 난 B는 A에 대하여 손해배상을 청구할 수 있는가?

비진의표시가 무효로 된 경우에 표의자는 상대방에 대하여 불법행위에 기한 손해배상책임을 부담하는가 하는 문제가 있다. 사례에서 B가 스스로 악의인 경우라면 A에 대하여 손해배상청구를 할 여지가 없다. B에게 과실만 있는 경우라면 어떤가? 표의자의 진의 아닌 의사표시를 상대방이 진정한 의사표시로 신뢰하여 손해를 입은 때에는 표의자는 상대방의 신뢰이익의 침해에 대하여 불법행위책임으로서 혹은 계약체결상의 과실책임에 기하여 손해배상책임을 부담한다고 보는 견해가 있다. 다만 A의 손해배상책임이 긍정된다고 하더라도 B에게도 과실이 있으므로, 과실상계(§396)가 가능하다고 본다. 그러나 독일민법(§122 I BGB)과 달리 민법상으로는 의사표시의 흠결을 이유로 취소를 한 취소권자의 손해배상책임을 인정하는 명문규정이 없다. 그리고 계약체결상의 과실책임이 인정되기 위해서는 B가 선의·무과실이어야 하나, 민법 제107조 제1항 단서가 비진의표시로서 무효로 하기 위해서는 B의 악의 혹은 과실을 요건으로 하고 있는 측면에 미루어 비진의표시가 무효로 되더라도 A가 B에 대하여 손해배상책임을 부담하지는 않는다고 보아야 한다.

3) 제3자에 대한 효력

비록 비진의표시가 무효로 되더라도 그 무효는 '선의의 제3자에게 대항하지 못한다'(§107 II). 민법 제107조 제2항에서 말하는 제3자의 「선의」란 비진의표시라는 사정을 알지 못하는 경우를 가리키며 도덕적으로 선량하다는 의미가 아니고, 또한 선의이면 충분하며 무과실이어야 할 필요는 없다. 「제3자」란 비진의표시를 기초로 하여 새로운 이해관계를 맺은 자를 가리킨다. 그리고 「대항하지 못한다」란 표의자가 비진의표시의 무효를 제3자에 대하여 주장하지는 못하지만 제3자가 그 효력을 인정하는 경우는 무방하다는 의미이다.

> A는 자기가 소유하는 갑토지를 진심으로 팔 생각 없이 "판다"고 말하고, B는 그 사정을 잘 알면서도 "산다"고 대답하여 그 합의에 기하여 A로부터 B에게 소유권이전등기까지 마쳤다. 그 후 B는 갑토지를 선의의 C에게 전매하고, B로부터 C에게 소유권이전등기가 경료되었다. A는 자기에게 매도의 의사가 없고, B가 그 사정을 안 사실을 들어 C에 대하여 소유권이전등기의 말소를 구할 수 있는가?

사례에서 C는 선의이고, 민법 제107조 제2항에서 말하는 제3자에 해당한다. 비록 A의 비진의표시가 민법 제107조 제1항 단서에 의하여 무효로 된다고 하더라도 A는 선의의 제3자 C에 대하여는 그 무효를 주장할 수 없다. 결국 A는 B와의 매매계약의 무효를 이유로 C에 대하여 소유권이전등기의 말소를 청구하지 못한다.

[더 생각할 과제 - 배임적 대리행위에 대한 민법 제107조 제1항 단서의 유추적용]

대리인의 진의가 본인의 이익이나 의사에 반하여 자기 또는 제3자의 이익을 위한 배임적인 경우를 배임적 대리행위라고 한다. 예컨대 신용협동조합의 상무가 고객에게 정상이자와는 별도의 고율의 이자를 먼저 지급하고, 이른바 부외거래의 수법으로 고객으로부터 예탁금을 받아 예탁금으로서의 입금절차를 밟지 아니하고 자신이 경영하던 회사의 운영자금으로 유용한 경우, 생명보험회사의 직원이 생명보험회사를 대리하여 고객과 보험계약을 체결할 의사가 없음에도 불구하고 보험계약의 체결을 빙자하여 고객으로부터 보험료의 명목으로 금원을 교부받아 임의로 사용한 경우가 배임적 대리행위에 해당한다. 배임적 대리행위의 경우에는 고객과의 예금계약이나 보험계약의 체결의 의사표시는 신용협동조합이나 생명보험회사의 이익과 의사에 반하여 상무나 직원 자신의 이익을 위하여 이루어진 진의 아닌 의사표시에 해당한다고 볼 수 있다. 그러므로 원칙적으로는 고객과 신용협동조합과의 예금계약이나 고객과 생명보험회사와의 보험계약이 그대로 유효하다. 다만 고객이 적어도 통상의 주의를 기울인 경우라고 하면 예금계약이나 보험계약의 체결을 위한 의사표시가 진의가 아니라는 사실을 알 수 있는 경우라고 하면 민법 제107조 제1항 단서의 유추적용에 의하여 고객과 신용협동조합 사이의 예금계약이나 고객과 생명보험회사 사이의 보험계약은 무효가 된다.

2. 허위표시

(1) 허위표시의 의의

허위표시란 표의자가 상대방과 통정(통모)하여 내심의 의사를 감추고 내심의 의사와 일치하지 않는 효과의사를 표시하는 진의 아닌 의사표시를 가리킨다. 허위표시는 보통 통정허위표시라고 한다. 통정허위표시는 표시에 대응하는 의사가 없고, 의사와 표시의 불일치를 표의자가 안다고 하는 측면에서는 비진의표시와 공통하지만, 허위표시에 대하여 상대방과 통정한다고 하는 측면에서 비진의표시와 다르다.

예컨대 A와 B가 실제로는 매매계약 등을 맺지도 아니하고, AB 사이에서 부동산의 매매를 한 경우처럼 가장하는 경우가 허위표시에 해당한다. A의 청약도 B의 승낙도 모두 진의에 합치하지 아니하므로, AB 사이의 허위표시는 무효가 된다(§108 I). 표시주의의 입장에 서더라도 A와 B에 관한 한 계약의 효력을 생기게 하여야 할 의미가 없으므로, 동일한 결론이 된다. 그러나 AB 이외의 사람이 그 매매계약에 관하여 이해관계를 가지게 되면, 그 제3자에 대하여까지 무조건 무효라고 할 수는 없게 된다.

(2) 허위표시의 목적

어떤 이유로 허위표시가 이루어지는가? 허위표시가 흔히 이루어지는 장면으로는 예를 들어 채무자가 채권자의 집행을 면할 목적으로 친구와 결탁하여 자기 소유의 부동산을 매매계약을 위장하여 은닉하는 경우, 세금을 줄이기 위하여 상대방과의 합의 아래 매매대금을 실제의 금액보다 적게 기입하여 계약서를 작성하는 경우를 들 수 있다.

> A는 채권자 B로부터 5,000만원을 빌렸는데, 변제기를 넘겨서도 변제를 않고 있었다. A의 재산으로는 선조 대대로 물려 내려온 갑토지밖에 없었다. 한편 채권자 B는 불원간 갑토지를 강제집행하여 5,000만원의 채권을 회수할 생각을 가지고 있었다. B의 생각을 눈치챈 A는 갑토지를 매도할 생각을 가지고 있지 않으면서 친구 C에게 부탁하여 A가 C에게 갑토지를 매도한 경우로 가장하여 등기를 C에게 이전하였다. B는 갑토지를 강제집행할 수 있는가?

AC 사이의 매매계약은 통정허위표시로서 무효이다. 무효에 의하여 매매가 존재하지 아니한 경우와 마찬가지로 되므로, B는 AC 사이의 매매계약의 무효를 주장하여 등기를 다시 A 앞으로 되돌리고, 갑토지에 대하여 강제집행을 할 수 있다. 다만 AC가 모두 매매가 실제로 이루어진 사정을 주장하면 B로서는 통정허위표시라고 하는 증명을 하기가 어려울 수도 있다(물론 채권자로서 B가 취할 수 있는 다른 수단으로 채권자취소권이 있다). 그리고 흔히 문제가 되는 경우로 재산은닉이 감쪽같이 성공된 후에 A가 C에게 갑토지의 반환을 구하는 때에(구체적으로는 등기를 되돌려 달라는 청구) C가 거부하는 케이스도 있다. 통정허위표시가 증명되면 갑토지의 소유권은 A에게 있으므로, A는 C에게 등기를 되돌려 달라는 청구를 할 수 있다.

(3) 허위표시의 요건

1) 의사표시의 존재

법률행위의 유효한 존재라고 하는 허위의 외관을 당사자가 만들어야 한다. 허위의 외관은 구두의 계약보다도 서면작성이나 등기이전과 같은 외형이 수반하는 경우에 용이하게 인정될 수 있다.

2) 의사와 표시의 불일치

표시행위의 의미와 진의가 불일치하여야 한다. 표시행위에 대응하는 진정한 의사가 있으면 허위표시에 해당하지 아니한다. 단지 법적 효과와 경제적 목적이 상이한 신탁행위는 허위표시가 아니다.

3) 당사자의 고의와 통모

표의자가 표시와 진의의 불일치를 스스로 알고 있어야 하고, 진의 아닌 다른 표시를 하는 사실에 관하여 상대방과 통정을 하여야 한다. 그러므로 허위표시를 한 자가 스스로 그 사정을 인식하면서 그 상대방과의 허위표시에 대한 양해 아래 의사표시를 하여야 한다.

A는 갑은행 을지점에서 그 지점장인 B의 알선으로 두 차례에 걸쳐 1천만원과 2천만원을 각 대출받았다. 그런데 B가 갑은행 병지점으로 전보된 후 A가 갑은행 병지점에서 3천만원을 추가로 대출받으려고 하자, B는 갑은행의 내부영업지침에 정해진 동일인에 대한 여신한도의 제한으로 A 명의로는 더 이상 대출할 수 없으나, 그 당시 제3자 명의로 채권최고액 3천만원의 1번근저당권이 설정된 A 소유의 아파트에 갑은행의 명의로 2번근저당권을 설정하고 다른 사람을 채무자로 내세우면 대출할 수 있다고 설명하였다. 그리하여 A는 자기 친구의 친척인 C에게 그 사정을 설명하고서 명의를 빌려주기를 부탁하여 C의 승낙을 받고, 바로 A 소유의 아파트에 관하여 갑은행의 명의로 채권최고액 4천만원의 2번근저당권을 설정하였다. 그리고 C와 A는 갑은행 병지점에서 C는 주채무자, A는 연대보증인이 되어 소비대차계약을 체결하였다. 그리고 3천만원이 입금된 C 명의의 대출금통장이 A에게 교부되었고, 그 후 A는 자신의 계좌에서 대출금계좌로 자동이체하는 방법으로 대출금의 이자를 지급하여 왔다. 갑은행은 C에 대하여 대출금의 상환을 청구할 수 있는가? [대법원 1998.9.4. 선고 98다17909 판결]

동일인의 여신한도에 대한 금융기관의 제한을 회피하기 위하여 제3자가 금융기관과 사이에 자신을 주채무자로 하는 소비대차계약을 체결한 경우를 「차명대출」이라고 한다. 차명대출의 경우에 누가 채무자로 되는가? 사례에서 명의를 빌려준 C와 갑은행 사이에 대출계약이 유효하여 C가 갑은행에 대하여 변제책임을 지는가 하는 문제가 생긴다. 판례는 갑은행과 C 사이의 대출계약을 유효로 보는 경우도 있고, 무효로 보는 경우도 있다.

예컨대 C가 금전소비대차약정서 등 대출관련서류에 주채무자 또는 연대보증인으로서 직접 서명·날인한 경우라고 하면 C는 자신이 그 소비대차계약의 채무자임을 금융기관에 대하여 표시한 셈이고, C가 금융기관이 정한 여신제한 등의 규정을 회피하여 A로 하여금 C 명의로 대출을 받아 그 자금을 사용하도록 할 의사가 있다거나 그 원리금을 A의 부담으로 상환하기로 하더라도, 특별한 사정이 없는 한 그 사실은 소비대차계약에 따른 경제적 효과를 A에게 귀속시키려는 의사에 불과할 뿐, 그 법률상의 효과까지도 A에게 귀속시키려는 의사로 볼 수는 없다. 사례에서 C의 진의와 표시에 불일치가 있다고 보기는 어려워 비진의표시나 통정허위표시로 볼 수 없으므로, 비록 갑은행이 차명대출의 사실을 안 경우라고 할지라도 그 대출계약이 무효로 되지는 아니한다고 본다.[457)]

다른 한편 차명대출을 통정허위표시로 보아 갑은행과 C 사이에서는 무효라고 볼 여지도 있다. 판례는 1인에 대한 대출액의 한도를 제한한 법령이나 금융기관 내부규정의 적용을 회피하기 위하여 실질적인 주채무자가 실제 대출받고자 하는 채무액에 대하여 제3자를 형식상의 주채무자로 내세우고, 금융기관도 역시 양해하여 제3자에 대하여는 채무자로서의 책임을 지우지 않을 의도 아래 제3자 명의로 대출서류를 작성받은 경우에는 통정허위표시가 된다고 본다. 예를 들어 구체적으로 대출서류를 금융기관에서 작성하지 아니

457) 대법원 1998.9.4. 선고 98다17909 판결.

하고 대출명의자 C를 찾아가서 작성한 경우, 금융기관의 직원이 C에 대하여 궁극적 책임에 관하여 문제가 없다고 말한 경우, 실질대출자 A가 대출금을 인출한 경우, A가 대출금의 재원이 되는 신용부금을 납입한 경우, 대출의 실행이나 변제의 최고 등의 과정에서 A를 상대로 한 경우, 변제기 이후에 C에 대하여 강제집행 등의 조치를 취하지 아니한 경우, C의 신용조사를 하지 아니한 경우 등을 종합하여 갑은행이 C에 대하여는 책임을 지우지 않을 의도가 있다고 볼 수 있는 때에는 통정허위표시에 해당하여 갑은행과 C 사이의 소비대차계약은 무효로 될 수 있다.

(4) 허위표시의 적용범위

1) 서 언

허위표시는 계약(채권계약이든 물권계약이든 묻지 않는다)에는 문제없이 적용될 수 있다. 또한 허위표시는 반드시 쌍방행위에 한하지 않고, 상대방 있는 단독행위에도 적용된다. 다만 상대방 없는 단독행위에도 허위표시가 적용되는가 하는 문제에 대하여는 견해가 대립한다. 그리고 가족법상의 행위에 대하여도 허위표시가 적용되는가 하는 문제가 있다.

2) 상대방 없는 단독행위

상대방 없는 단독행위에도 허위표시에 관한 민법 제108조가 적용되는가? 학설상 부정설과 긍정설이 있다.

허위표시가 계약에 한하지 않고 상대방 있는 단독행위에는 인정될 수 있지만, 상대방 없는 단독행위에는 적용될 여지가 없다고 보는 견해가 있다. 그러나 상대방 없는 단독행위(예컨대 유언·사단법인설립행위)에 관하여도 허위표시의 성립이 인정된다고 보는 태도가 타당하다. 상대방 없는 단독행위에 대하여 민법 제108조의 적용을 부정하면 표의자가 상대방 없는 단독행위에 의하여 직접 수익을 얻는 사람과의 사이에 통보하여 허위의 의사표시를 한 경우에 그 수익을 원상으로 회복시킬 수 없게 되어 부당하다. 그러므로 상대방 없는 단독행위라도 실질적으로 이해관계를 가지는 사람이 있고 표의자가 그 사람과 통정하여 의사표시를 하면 허위표시로 된다고 보아야 한다.

3) 가족법상의 행위

가족법상의 행위에서는 본인의 진의가 절대적으로 존중되어야 하여 허위표시로 한 신분행위는 항상 무효이고, 민법 제108조 제2항에 위한 제3자보호의 문제도 생기지 아니한다. 다만 재산관계와 밀접한 관계가 있는 신분행위, 예를 들어 상속재산분할의 협의(§1013), 재산상속의 포기(§1041) 등에 관하여는 허위표시에 관한 민법 제108조가 적용된다고 본다.

(5) 허위표시의 효과

1) 법률행위의 무효

상대방과 통정한 허위의 의사표시는 무효로 된다(§108 I). 그러므로 허위표시는 당사자 사이에 아무런 효력도 생기지 아니한다. 만일 허위표시에 따른 급부가 아직 이행하기 전이면 이행할 필요가 없고, 이행 후이면 허위표시로 이익을 얻은 자는 부당이득반환의무(§741)를 부담하며 민법 제746조[불법원인급여]는 적용되지 않는다.

허위표시가 무효로 되는 이론적 근거에 대하여는 학설이 대립한다. 의사표시는 어떤 법률효과를 원한다는 표의자의 효과의사가 존재하여야 법률효과가 발생하지만, 허위표시에서는 당사자의 표시된 효과의사가 존재하지 아니하여 의사표시도 존재하지 않고 결국 무효로 된다고 보는 견해(효과의사부재설)가 있다. 그러나 허위표시가 무효인 근거가 당사자 양쪽이 표시대로 법률효과를 발생시키지 아니한다고 하는 합의, 즉 사적 자치의 원칙에 의한 당사자의 「무효로 하는 합의」에 있다고 보는 견해(합의설이라 하고, 다수설이다)가 타당하다.

[더 생각할 과제 - 허위표시에 대한 사해행위취소권]

> 다른 재산을 전혀 가지고 있지 않고, 오직 갑토지(시가 5,000만원)만을 소유하고 있는 A가 B에 대하여 5,000만원의 채무를 부담하고 있었다. 그런데 A는 B의 강제집행을 피하기 위하여 C와 통모하여 진의로는 갑토지를 매도할 생각이 없으면서 허위로 갑토지를 C에게 5,000만원에 매도하는 매매계약을 체결하였다. B는 채권자취소권을 행사하여 AC 사이의 매매계약을 취소할 수 있는가?

AC 사이의 매매계약은 갑토지에 대한 강제집행을 피하기 위한 수단으로 체결된 경우이므로, 그 매매계약은 통정한 허위의 의사표시에 기하여 한 경우로 무효이다. 다른 한편 A가 자기의 유일한 재산인 갑토지를 처분한 경우이므로, AC 사이의 매매계약은 채권자 B에 대한 관계에서 사해행위가 된다.

사례에서는 통정허위표시를 이유로 하는 무효와 채권자취소권에 의한 취소가 함께 고려된다. 1개의 법률행위가 무효의 요건과 취소의 요건을 모두 갖추는 경우에는 무효와 취소의 이중효가 문제된다. 법률행위의 무효를 완전한 「무」(無)로 이해하면 무효로 인하여 부존재하는 「없는 법률행위」를 취소한다고 하는 태도는 논리적으로 옳지 않으므로, 무효인 법률행위의 취소는 불가능하다고 생각할 수 있다(부정설). 그러나 학설이나 판례는 일반적으로 무효와 취소의 이중효를 긍정한다.[458] 무효사유와 취소사유를 모두 주장할 수 있는 당사자는 2개의 무기를 가진 경우와 같이 자유로 어느 무기든 선택하여 법률행위를 무효화시킬 수 있다고 보므로, 긍정설이 타당하다고 본다. 특히 사례에서는 채권자 B의 채권자취소권이 문제가 되므로(엄밀한 의미에서는 당사자 사이의 무효와 취소의 이중효와는 약간 다르다), AC 사이에서 통정의 가장매매계약이 무효로 되는 문제와는 별개로, 당연히 B의 채권자취소권이 인정될 필요가 있다.[459] B는 채권자취소권을 행사하여 AC 사이의 통정허위표시를 취소할 수 있다.

---

458) 예컨대 무효와 취소의 이중효를 인정한 사례로는 무효인 편입학허가에 대한 취소(대법원 1989.4.11. 선고 87다카131 판결)와 해제된 매매계약에 대한 착오를 이유로 한 취소(대법원 1991.8.27. 선고 91다11308 판결)와 같은 경우가 있다.

459) 대법원 1998.2.27. 선고 97다50985 판결.

2) 민법 제108조 제2항

(a) 민법 제108조 제2항의 의미

> A는 채권자 B로부터의 강제집행을 피하기 위하여 자기 소유에 속한 갑토지를 매매를 가장하여 C에게 은닉시켰다. 그런데 C는 자기에게 등기명의가 있다는 사실을 기화로 갑토지가 자기의 소유라고 속이고 D에게 매각하고, 등기도 이전하였다. A는 D로부터 갑토지를 되찾을 수 있는가?

민법 제108조 제2항은 허위표시에 의한 무효는 「선의의 제3자에게 대항하지 못한다」고 규정하고 있다(§108 II). 그러므로 D가 선의의 제3자에 해당하는 한, D는 허위표시의 무효로부터 보호된다.

민법 제108조 제2항에서 「대항하지 못한다」란 C는 물론 A로부터도 D에 대하여 매매가 허위표시로서 무효라는 주장을 하지 못하는 사실, 즉 D와의 관계에서는 AC 사이의 매매계약은 유효인 경우로 취급된다는 의미이다. 그러므로 D는 유효하게 갑토지의 소유권을 취득할 수 있다. 다만 민법 제108조 제2항은 D를 보호하기 위한 규칙이므로, D가 스스로 매매는 허위표시로서 무효라고 주장하더라도 무방하다. 결국 D는 어느 경우이든 선택할 수 있다.

왜 민법 제108조 제2항과 같은 규정이 필요한가? 만약 선의의 제3자를 보호하는 규정이 없다고 하면 D는 C로부터 갑토지를 매수하여 대금도 지급하고 등기까지 자기의 명의로 이전받은 후에도 돌연 A로부터의 소유권이전등기의 말소를 청구받은 경우에 속수무책으로 소유권이전등기를 되돌려주지 않으면 안된다. 물론 A의 청구에 의하여 갑토지를 되돌려준 경우에 매수인 D로서는 매도인 C에 대하여 CD 사이의 매매계약을 해제하는 동시에, 지급한 대금의 반환을 청구할 수 있고, 또한 손해가 있으면 손해배상청구도 가능하다. 그러나 C가 이미 대금변제의 자력을 상실한 경우도 있을 수 있으므로, D의 보호로서는 충분하지 않다. 그러므로 민법 제108조 제2항은 가장 직접적인 보호를 D에게 부여하고 있다. 선의의 D는 민법 제108조 제2항을 통하여 구입한 갑토지의 완전한 소유권을 안심하고 취득할 수 있다. 민법 제108조 제2항이 직접적인 보호를 제3자에게 부여하는 근거로는 (i) A가 스스로 등기를 C에게 이전하여 허위의 외관을 꾸며서 만든 경우이므로, A로서는 자업자득으로 참고 받아들여야 하고, (ii) D는 어디까지나 C가 진실한 소유자라고 신뢰하고 매수를 한 경우이므로, D의 신뢰를 보호하지 않으면 거래의 안전이 침해될 수 있다고 하는 사실을 들 수 있다.

(b) 「제3자」

(i) 「제3자」란 허위표시의 당사자 및 포괄승계인 이외의 자로서 허위표시에 의하여 외형상 존재하는 법률관계를 토대로 허위양수인과 새로운 법률원인으로 이해관계를 갖게 된 자를 의미한다.[460] 예를 들어 아래와 같은 경우에 민법 제108조 제2항의 제3자에 해당한다.

① 가장매매의 매수인으로부터 목적부동산을 매수하여 소유권이전등기를 마치거나 그 부동산에 저당권설정등기를 한 자

② 통정한 허위의 가등기 및 본등기가 경료되고, 그 본등기에 터잡아 부동산을 양수한 자 　통정허위표시를 원인으로 한 부동산에 관한 가등기 및 그 가등기에 기한 본등기로 인하여 A의 소유권이전등기가 말소된 후 다시 그 본등기에 터잡아 B가 부동산을 양수하여 소유권이전등기를 마친 경우에 B가 통정허위표시자로부터 실질적으로 부동산을 양수하고 또 통정허위표시자 명의의 각 가등기 및 본등기의 원인이 된 각 의사표시가 허위표시임을 알지 못한 경우라고 하면 A는 선의의 제3자인 B에 대하여는 그 각 가등기 및 본등기의 원인이 된 각 허위표시가 무효임을 주장할 수 없고, B에 대한 관계에서는 그 각 허위표시가 유효로 되므로 그 각 허위표시를 원인으로 한 각 가등기 및 본등기와 그 본등기를 바탕으로 그 후에 이루어진 B 명의의 소유권이전등기도 유효하다.[461)]

③ 가장매매에 의한 대금채권의 양수인

④ 가장소비대차에 의한 대여금채권의 양수인 　예컨대 갑은행과 A 사이의 통정허위표시에 의한 소비대차에 의하여 갑은행이 A에 대하여 가장채권을 취득하고, C가 갑은행으로부터 그 가장채권을 양수한 경우에 C는 민법 제108조 제2항의 제3자에 해당한다.

⑤ 통정허위표시에 의한 채권을 가압류한 경우에서의 가압류권자[462)]

> 실제로는 전세권설정계약을 체결하지 아니하였으면서도 A(임대인)가 B(임차인)의 임차보증금반환채권을 담보해 주기 위하여 통정허위표시로 B에게 전세권을 설정해 주어 전세금 6억원, 존속기간 2010.8.12.부터 2014.8.31.까지인 전세권설정등기를 경료하였다. 그런데 C는 그 사정을 잘 알면서도 자신의 채권을 담보하기 위하여 B로부터 전세권에 대하여 채권최고액 6억원인 저당권설정계약을 체결한 후 전세권저당권설정등기를 경료하였다. 그 후 D가 C의 전세권저당권부 채권을 가압류하였다가 다시 본압류로 이전하는 압류명령을 받았다. B는 D에 대하여 허위표시의 무효를 주장할 수 있는가?

실제로는 전세권설정계약을 체결하지 아니하고도 임대차계약에 기한 임차보증금반환채권을 담보할 목적 또는 금융기관으로부터 자금을 융통할 목적으로 임차인과 임대인 사이의 합의에 따라 임차인 명의로 전세권설정등기를 경료한 경우에 그 전세권설정계약이 통정허위표시에 해당하여 무효라 하더라도 전세권설정계약에 의하여 형성된 법률관계에 기초하여 새로이 법률상 이해관계를 가지게 된 제3자에 대하여는 그 제3자가 그 사정에 대하여 악의인 경우에만 그 무효를 주장할 수 있다. 그리고 민법 제108조 제2항에 의하여 선의의 제3자가 보호될 수 있는 법률상 이해관계는 그 전세권설정계약의 당사자를 상대로 하여 직접 법률상 이해관계를 가지는 경우 외에도 그 법률상 이해관계를 바탕으로 하

---

460) 대법원 1982.5.25. 선고 80다1403 판결.

461) 대법원 1996.4.26. 선고 94다12074 판결.

462) 대법원 2004.5.28. 선고 2003다70041 판결.

여 다시 그 전세권설정계약에 의하여 형성된 법률관계와 새로이 법률상 이해관계를 가지게 되는 경우도 포함된다.

사례에서 C의 전세권저당권부 채권은 통정허위표시에 의하여 외형상 형성된 전세권을 목적물로 하는 전세권저당권의 피담보채권이고, D는 C의 전세권저당권부 채권을 가압류하고 압류명령을 얻음으로써 그 채권에 관한 담보권인 전세권저당권의 목적물에 해당하는 전세권에 대하여 새로이 법률상 이해관계를 가지게 된 제3자라고 할 수 있다. 그러므로 D가 통정허위표시에 관하여 선의라면 B는 D에 대하여 전세권이 통정허위표시에 의한 경우라는 이유로 대항할 수 없다.

⑥ 가장소비대차의 대주가 파산선고를 받은 경우에서의 파산관재인 예컨대 A가 상대방 B와 통정한 허위의 의사표시를 통하여 가장채권을 보유하고 있다가 파산이 선고된 경우에 그 가장채권도 일단 파산재단에 속하게 되고, 파산선고에 따라서 파산자 A와는 독립한 지위에서 파산채권자 전체의 공동의 이익을 위하여 직무를 행하게 된 파산관재인은 그 허위표시에 따라 외형상 형성된 법률관계를 토대로 실질적으로 새로운 법률상 이해관계를 가지게 된 민법 제108조 제2항의 제3자에 해당한다.[463)]

⑦ 가장채무에 대한 보증인이 보증채무를 이행한 경우에서의 보증인 보증인이 주채무자의 기망행위에 의하여 주채무가 있다고 믿고 주채무자와 보증계약을 체결한 다음 그에 따라 보증채무자로서 그 채무까지 이행한 경우에 그 보증인은 주채무자의 채권자에 대한 채무부담행위라는 허위표시에 기초하여 구상권의 취득에 관한 법률상 이해관계를 가지게 되므로, 민법 제108조 제2항 소정의 제3자에 해당한다.[464)]

(ii) 가장양수인의 일반채권자, 채권의 가장양수인으로부터 '추심을 위하여' 채권을 양수한 자, 자기의 채권을 보전하기 위하여 가장양도인에 대한 가장양수인의 권리를 대위행사하는 자, 가장매매에 의한 손해배상채권의 양수인, 통정허위표시에 의한 가장의 채권양도에서의 채무자[465)], 대리인이 통정허위표시를 한 경우에서의 본인, 제3자를 위한 계약에서의 제3자, 제한물권이 가장포기된 경우에서의 후순위제한물권자 등은 제3자에 속하지 않는다.

[더 생각할 과제 - 제3자로부터의 전득자도 「제3자」에 속하는가]

A가 채권자 B의 강제집행을 회피하기 위하여 자기 소유의 갑토지를 C에게 매매한 경우처럼 거짓으로 꾸며 등기까지 이전하였는데, 그 후 C는 갑토지를 자기의 소유로 속여 D에게 전매하였다. 그리고 D로부터 다시 갑토지가 E에게 전매되어 등기까지 이전되고, D는 악의 또는 유과실인데 E는 선의·무과실이었다. A는 E로부터 갑토지를 반환받을 수 있는가? 만약 D는 선의·무과실이고 E는 악의이면 어떤가?

463) 대법원 2010.4.29. 선고 2009다96083 판결(파산관재인이 '선의'의 제3자인지 여부는 총파산채권자를 기준으로 판단하며, 파산채권자 모두가 악의로 되지 않는 한 파산관재인은 선의의 제3자라고 할 수밖에 없다).

464) 대법원 2000.7.6. 선고 99다1258 판결.

465) 대법원 1983.1.18. 선고 82다594 판결.

제3자로부터의 전득자도 민법 제108조 제2항에 의하여 보호되는가? 민법 제108조 제2항의 목적이 권리자가 작출한 외관에 대한 신뢰의 보호에 있다고 하면 동일한 논리가 E에 대하여도 타당하다고 생각된다. 즉 D가 악의(혹은 유과실)이어서 보호되지 못하는 경우에 A로서는 D로부터 일찍이 갑토지를 되돌려 받으면(정확하게는 D 명의의 등기를 말소시키면) D가 권리자라고 하는 외관을 제거할 수 있다. A가 바로 D 명의의 등기를 말소시키지 아니하여 후에 그 외관을 신뢰한 E가 출현한 때에는 직접의 제3자를 보호하는 경우와 완전히 동일한 이유에 의하여 E도 보호를 받을 수 있다. 그러므로 전득자도 민법 제108조 제2항의 제3자에 포함된다.

사례에서 반대로 D는 선의·무과실이고, E가 악의인 경우에는 어떤가? 고려되는 해결방법으로는 두 가지가 있다. 우선 어디까지나 신뢰보호를 강조한다고 하면 예컨대 前主(E에게는 D가 전주가 된다)가 선의라고 하더라도, 보호할 가치가 있는 신뢰를 가지지 아니하는 E는 당연히 보호할 필요가 없다. 허위표시의 효력을 제3자마다 상대적으로 판단하는 해석이므로, 「상대적 구성설」이라고 부를 수 있다. 다른 한편 거래의 안전을 강조하는 입장으로부터는 선의의 제3자가 확정적으로 소유권자가 된다고 하는 사실을 중시하여 예컨대 E가 악의라고 하더라도, 즉 AC 사이의 거래는 허위표시이고, D는 민법 제108조 제2항에 의하여 보호될 뿐이라는 사실을 안 경우라고 하더라도 진실한 권리자인 D로부터 유효한 계약에 의하여 갑토지를 취득한 경우이므로, A에 대한 관계에서도 완전한 소유권자로 된다고 생각할 수 있다. 선의의 제3자가 일단 나타난 후에는 누구에게든 절대적으로 소유권이 이전한다고 보므로, 「절대적 구성설」이라고 부를 수 있다.

논리적으로는 어느 경우이든 가능한 해석이 될 수 있다. 민법 제108조 제2항의 문언도 결정적인 근거가 되지 않는다. 그러므로 어느 해석이 민법 제108조 제2항의 취지에 합당한지를 검토하여야 한다.

우선 상대적 구성설을 채택하면 갑토지를 반환한 E는 매매계약을 해제하여 매도인 D에게 대금의 반환을 청구할 수 있다. 그러므로 선의의 제3자라고 할지라도 우연히 후의 매수인이 악의이면 전매대금을 반환하여야 하므로, 결국은 보호를 받지 못하는 셈이 된다(물론 D도 마찬가지로 C에게 자기가 지급한 대금의 반환을 청구할 수 있으나, 대단히 번잡한 일이고, 그 동안 C가 무자력이 된 때에는 그 리스크를 부담하여야 한다). 그러므로 상대적 구성설을 취하면 선의의 제3자를 보호한다는 민법 제108조 제2항의 취지가 무색하게 된다.

절대적 구성설을 취하면 A는 비록 E가 악의라고 하더라도 E로부터도 갑토지를 반환받지 못하게 된다. 그러나 A로서는 선의·무과실인 C의 손에 갑토지가 넘어간 시점에서 이미 한번 갑토지를 되돌려 받기를 체념을 한 경우이므로, 후에 우연히 악의인 E의 손에 갑토지가 넘어간 경우라고 하여 반드시 A를 보호하여야 할 필요는 없고, A를 보호하지 아니한다고 하더라도 결코 불합리하다고 할 수는 없다. 그러므로 절대적 구성설이 타당하다고 본다.

(c) 「선의」

민법 제108조 제2항은 「선의」의 제3자에게 대항하지 못한다고 규정하고 있다. 다만 제3자는 특별한 사정이 없는 한 선의로 추정된다.[466] 그러므로 제3자가 악의라는 사실에 관한 주장·증명책임은 그 허위표시의 무효를 주장하는 자에게 있다.[467]

제3자의 선의로 충분한가, 선의 이외에 무과실까지도 요구되는가 하는 문제가 있다. 학설을 살펴보면 아래와 같이 세 가지 견해가 대립한다.

---

466) 학설상으로는 제3자가 선의를 입증하여야 한다는 견해도 있으나, 허위표시의 당사자는 고의로 허위의 상태를 스스로 창출한 사정, 제3자가 허위표시의 사실을 알면서 이해관계를 맺는 경우는 이례에 속한다고 하는 사정 등에 비추어 볼 때 제3자의 선의는 추정된다고 보는 태도가 타당하다.

467) 대법원 2007.11.29. 선고 2007다53013 판결.

(i) 판례는 분명히 제3자가 선의이면 충분하고 무과실은 요건이 아니라고 본다.[468] 민법 제108조 제2항이 무과실을 요구하지 아니하므로, 문언대로 선의만을 요건으로 보면 충분하다고 보는 판례의 태도가 타당하다(무과실불요설이라 부르며, 학설상 다수설이다).

(ii) 학설상 제3자에게 악의와 동일시할 수 있는 중과실이 있는 경우에는 보호되지 아니한다는 견해도 있다(선의·무중과실설).

(iii) 최근 일본에서는 제3자의 요건으로서 선의에 더하여 무과실까지 요구된다고 보는 견해가 유력하게 주장되고 있다(무과실요구설). 무과실요구설은 이른바 권리외관의 법리[469] 혹은 표현법리에 따라서 신뢰가 보호되기 위해서는 그 신뢰가 정당하여야 하므로, 제3자가 비록 선의라고 하더라도 과실이 있는 경우에는 그 신뢰가 정당하다고 할 수 없어서 보호할 가치가 없고, 또한 실제로 권리외관의 법리를 적용하고 있다고 해석되는 다른 규정에서는 제3자가 보호되는 요건으로서 무과실까지 요구하는 경우가 많으므로, 민법 제108조 제2항의 해석에서도 제3자의 무과실까지 필요하다고 본다.

민법 제108조 제2항이 문언상 분명하게 「선의」만을 요구하고 있을 뿐 무과실까지 요구하고 있지 않으므로, 무과실불요설이 타당하다. 특히 허위표시의 당사자는 스스로 진실과 일치되지 않는 외관을 고의로 창출한 자이므로, 비록 제3자에게 과실(제3자에게 중과실이 있다고 하더라도 마찬가지이다)이 있다고 할지라도 그 과실을 탓하여 자기가 감행한 허위표시의 무효를 주장하지 못한다고 볼 필요가 있다.

(d) 「대항하지 못한다」

a) 「대항하지 못한다」의 의미

「대항하지 못한다」는 뜻은 허위표시의 무효를 주장할 수 없다는 의미이다. 그러므로 허위표시는 선의의 제3자에 대한 관계에서는 표시된 대로 효력이 생기고, 표의자뿐만 아니라 표의자의 채권자도 허위표시의 무효를 주장하지 못한다.

b) 선의의 제3자에 의한 무효주장의 가부

허위표시는 선의의 제3자에 대한 관계에서는 언제나 유효한가, 혹은 선의의 제3자는 허위표시의 무효를 주장하여도 상관없는가? 학설상 견해가 대립한다.

선의의 제3자는 스스로 허위표시의 무효를 주장할 수 없다고 보는 견해(불허용설)가 있다. 민법 제108조 제2항은 거래의 안전·제3자의 신뢰를 보호하려는 규정이고 제3자에게 유효·무효를 선택하게 하려는 규정이 아니며, 선의의 제3자는 허위표시의 당사자와 행한 법률행위를 유효로 하면 제3자는 처음에 기도한 대로의 법률효과가 달성되어 제3자의 보호로 충분하다고 보는 입장이다. 그러나 허위표시의 당사자나 표의자의 채권자는 선의의 제3자에 대하여 허위표시의 무효를 주장할 수 없지만, 선의의 제3자가 스스로 허위표시의

---

468) 대법원 2006.3.10. 선고 2002다1321 판결(민법 제108조 제2항에 규정된 통정허위표시에 있어서의 제3자는 그 선의 여부가 문제이지 선의에 관한 과실 유무를 따질 일이 아니다).

469) "진실한 권리자가 자기 이외의 자가 권리자인 경우와 같은 외관(外觀)을 작출한 때에는 그 외관을 신뢰한 제3자는 법적으로 보호되어야 하고, 스스로 그 외관을 만든 권리자는 권리를 잃더라도 어쩔 수 없다"고 하는 원칙을 권리외관의 법리(혹은 표현법리)라고 한다.

무효를 주장하더라도 상관없다고 보는 견해(허용설)가 타당하다. 왜냐하면 민법 제108조 제2항은 선의의 제3자를 보호하기 위한 규정으로 선의의 제3자가 스스로 보호를 받을 의사가 없는 때에는 보호를 포기하는 무효주장을 할 수도 있다고 보아야 하기 때문이다.

[더 생각할 과제 - 동산과 민법 제108조 제2항]

A는 정말 아끼는 산악자전거를 가지고 있었는데, 주말이면 산악자전거를 타곤 하였다. 그런데 A는 산악자전거를 타다가 부상도 많이 당하자, 부모가 산악자전거는 위험하다고 못타게 하면서 빨리 누구에게 팔라고 하므로, 친한 친구인 B에게 부탁하여 산악자전거를 A가 B에게 판 경우와 같이 매매계약서를 만들어 부모에게 보여주고(실제로는 판 경우가 아니고 A가 여전히 주말마다 산악자전거를 탔다), 산악자전거도 B의 집에 옮겨놓았다. 그런데 B의 집에 놀러왔다가 산악자전거를 본 C가 자기에게 산악자전거를 팔라고 하자, B는 자기의 산악자전거인양 C에게 팔고 바로 인도하였다. A는 C에게 산악자전거의 반환을 청구할 수 있는가?

부동산이든 동산이든 매매계약은 청약과 승낙의 의사표시에 의하여 성립하므로, 허위표시의 취급에 전혀 차이가 없다. 그러므로 허위표시에 의하여 외형상 형성된 법률관계가 비록 산악자전거와 같은 동산의 매매계약이라고 하더라도 그 법률관계를 토대로 실질적으로 새로운 법률상 이해관계를 가진 제3자는 민법 제108조 제2항에 의한 보호를 받을 수 있다.

한편 동산은 부동산과 달리 빈번하게 거래되므로, 매도인이 소유권을 가지지 못한 이유로 매수인이 산 물건을 반환하여야 한다고 하면 거래의 안전에 심각한 지장이 초래된다. 민법 제108조 제2항은 거래의 안전에 어느 정도 봉사할 수 있으나, 본래 허위표시를 상정한 규정이라고 하는 제약이 있다. 그러므로 동산에 대하여는 보다 일반적으로 거래의 안전을 보호하는 제도를 설계할 필요가 있다. 예컨대 매도인이 소유권자가 아니라고 하더라도 그 동산을 가지고 있고(여기서는 「점유」라고 한다), 그 권리자로서의 외관을 신뢰하여(이른바 선의·무과실로) 그 동산을 산 매수인이 인도를 받은 때에는 즉시 소유권을 취득한다(진실한 소유자는 소유권을 잃는다)고 하는 이른바 「선의취득」제도가 요청된다.

선의취득제도는 물권편에 있고, 총칙에 있는 허위표시에 대한 특별규정이 되므로, 동산의 매매에 관하여는 우선 선의취득이 적용된다. 그러므로 동산의 가장매매에서는 민법 제108조 제2항으로 제3자를 보호하여야 한다고 하는 사태가 별로 생기지 않는다. 다만 민법 제108조 제2항에서는 제3자가 선의이면 충분하고 무과실까지 요구되지 않으나, 민법 제249조의 선의취득에서는 선의에 더하여 무과실까지 요구가 되므로, 구체적으로는 적용상 약간의 차이가 생길 수 있다(물론 민법 제108조 제2항의 제3자도 선의뿐만 아니라, 무과실까지 필요하다고 보는 견해에 의하면 차이가 없다).

3) 허위표시의 철회

허위표시의 철회란 허위표시를 한 당사자가 합의에 의하여 외형상의 법률행위를 해소하고 진정권리자에게 증서·등기·등록과 같은 권리명의를 회복하게 하는 경우를 가리킨다. 당사자 사이에 허위표시를 철회할 수 있는가에 관하여는 학설이 긍정설과 부정설로 대립한다.

허위표시의 철회를 인정하는 견해가 타당하다(이견으로서 허위표시의 철회는 인정되지 않고 의사표시의 외관제거만이 가능하다고 보는 견해도 있다). 다만 철회의 합의만으로는 선의의 제3자에 대하여 허위표시의 철회를 가지고 대항할 수 없고, 철회 후에 생긴 선의의 제3자에 대하여 대항하기 위해서는 허위표시에 기하여 만들어진 외관 내지 외형을 제거하여야 한다.

(6) 허위표시와 구별하여야 할 개념

1) 은닉행위

> A가 당시 업무상 횡령 등의 혐의로 구속되어 수감중인 데다가 자신이 경영하던 기업이 부도가 나서 자기의 개인재산도 모두 채권자은행에 압류되어 있는 상태였는데, 그가 주식을 매도할 경우에 매매대금이 모두 은행에 귀속될 상황에 처하자, 그 사정을 잘 아는 B가 주식 80만주를 자기에게 매도하여 주면 매매계약서상의 매매대금은 1주당 1전씩으로 계산한 형식적인 8,000원으로 하고 나머지 실질적인 매매대금은 A의 아내와 상의하여 그녀에게 적절히 지급한다고 하는 청약을 하므로, 그 주식을 매도하였다. 다만 너무 저렴한 가격으로 주식을 처분하면 은행으로부터 의심을 받을 염려가 있으므로, AB는 의심을 피하기 위하여 상호합의하에 B는 A에 대하여 가지는 가지급금반환청구권을 포기한다는 내용을 삽입하여 주식매매계약을 체결하였다. A는 주식매매계약이 통정허위표시로서 무효라고 주장할 수 있는가?

예컨대 증여의 의사를 감추고 매매를 가장하는 경우에 매매를 「가장행위」라고 하고, 증여는 감추어진 행위로서 「은닉행위」라고 한다. 가장행위는 민법 제108조에 따라서 무효가 된다. 다만 은닉행위는 당연히 무효로 되지는 않고, 그 감추어진 행위(증여)로서의 요건이 갖추어져 있는가 여부에 따라서 그 효력이 결정된다.

사례에서 주식 80만주를 1주당 1전씩으로 계산하여 매매대금 8,000원에 매도하기로 하는 주식매매계약은 통정허위표시로서 무효이다. 다만 주식 80만주에 대하여 매매대금 8,000원으로 하는 주식매매계약은 적극적 은닉행위를 수반하는 통정허위표시라 할 수 있다. 통정허위표시에 해당하는 주식매매계약에 의하여 실제로 지급하여야 할 매매대금의 약정이 있는 이상, 그 매매대금에 관한 외형행위가 아닌 내면적 은닉행위는 유효하다. 그러므로 실제로 지급하기로 한 매매대금에 의한 AB 사이의 주식매매계약은 적법하게 성립한 유효한 계약으로서 통정허위표시라 할 수 없다.

2) 신탁행위

당사자가 의도하는 목적에 필요한 한도를 초과하는 권리를 상대방에게 수여하고, 상대방으로 하여금 그 목적의 범위 내에서만 그 권리를 행사하게 하는 행위를 신탁행위라고 한다. 추심을 위한 채권양도, 담보를 위한 동산소유권양도가 신탁행위에 해당한다. 예를 들어 채권자 A가 채무자에 대한 채권을—채권양도를 통하여—단지 채권추심을 목적으로 B에게 양도하면 B는 새로운 채권자가 된다. 다만 B는 채권추심의 범위에서만 권리를 가진다. 만일 채무자로부터 채권을 추심한 경우에 B는 채권추심을 통하여 얻은 수익을 A에게 교부하여야 할 의무를 부담한다. 채권추심을 위한 신탁행위는 채권추심이라는 경제적 목적을 위하여 진실로 권리를 이전하려는 의사표시 자체가 존재하여 결코 허위표시라고 볼 수 없다.

3) 허수아비행위

외부에 대한 신분노출을 기피하는 당사자가 제3자인 허수아비를 통하여 대리인이 아닌 본인으로서 법률행위를 하게 하고, 다만 실질적으로는 계산을 배후에 있는 진정한 당사자가 하며 그 이익도 당사자에게 귀속하는 법률행위를 허수아비행위(Strohmanngeschaft)라고 한다. 예를 들어 비싼 그림을 취득하려고 하는 A가 스스로 매수인으로 나서지 않고 배후에 머물러 있으면서 신분을 노출시키지 않으려고 하는 경우에 A는 허수아비 X를 내세워 X의 이름으로 그 그림을 사게 할 수 있다. X가 매수인으로서 그 그림을 팔려고 하는 매도인 B와 매매계약을 체결한 X만이 B의 계약상대방이 되고 B에 대하여 매매대금에 대한 채무를 부담하며, X가 그림을 인도받으면 그 그림의 소유자가 된다. 그러나 A와 X 사이의 약정에 의하여 X는 A에게 다시 그 그림을 인도할 의무를 부담하고, A는 X에 대하여 그림의 취득을 위하여 지급한 매매대금을 상환한 의무를 부담한다. 허수아비행위에서 X가 허수아비로서 B와 체결하는 거래는 일정한 법률효과를 분명히 의욕하는 의사표시가 존재하여 허위표시가 아니다.

4) 탈법행위

탈법행위(혹은 회피행위)는 법률이 금지하고 있는 어떤 결과를 금지규범이 규율하고 있지 않는 다른 방법으로 달성하려고 하는 법률행위를 가리킨다. 예를 들어 동산에 질권을 설정하기 위하여는 점유를 이전하여야 하고, 점유를 이전하지 않는 저당권은 동산에 설정될 수 없다. 만일 동산만을 담보로 제공할 수 있는 A가 금전을 빌리기 위하여 담보를 제공하여야 하는 경우에 A는－특히 어떤 동산이 생산활동에 필요한 한－점유를 이전하여야 하는 동산질권을 설정할 수는 없다. 그러므로 동산을 담보로 금전을 빌리기 위해서는 대주인 B에게 동산에 대한 소유권을 이전하고 다시 임대차의 형식으로 동산을 차주인 A가 계속하여 점유하며, A가 빌린 금전을 반환하면 그 동산의 소유권을 다시 취득하고, 만일 A가 빌린 금전의 반환을 못하면 B가 영구히 동산의 소유권을 취득하는 동산양도담보를 하여야 한다. 그러나 동산양도담보는 비점유질(§332)이나 질권자와 질권설정자 사이의 유질계약(§339)을 금지하는 민법규정을 회피하는 탈법행위이기는 하나, 허위표시와는 다르다.

3. 착오로 인한 의사표시

(1) 착오의 의의

착오란 사전적으로 정의하면 '인식과 사실이 일치하지 않고 어긋난 경우'를 가리킨다. 누가 하루라도 착오 없이 세상을 살 수 있을까? 누구나 착각, 오착(誤錯), 착류(錯謬), 오해, 오인, 오산, 오판(허방짚기), 허위진술, 오상(誤想), 간과, 착시, 오류, 실수, 배리(背理), 반리(反理), 역리(逆理), 오기, 미스프린트(誤植), 오자(誤字), 오타, 오보, 오역, 오진, 실패, 실책,

차질, 부주의 등으로 인하여 끊임없이 착오에 빠져 살아간다. 「인간은 애쓰는 한 착오에 빠진다」(Es irrt der Mensch, solang'er strebt)고 한 괴테의 말로써도 추측할 수 있다시피,[470] 사회생활은 착오의 연속이라고 할 수 있다. 그러므로 사회생활에서 일어나는 모든 착오가 법적 의미를 지녀서 법적 평가의 대상으로 될 수는 없다. 사회생활 속에서 일어나는 착오 중에는 법적 평가의 대상으로 삼을 수 없는 착오가 훨씬 더 많다.

법적 평가의 대상에 들어오는 착오란 어떤 의미인가? 착오의 의미에 관하여는 학설이 대립한다. 특히 각 학설에 따른 견해의 차이는 동기의 착오가 의사표시의 착오로 되는가 하는 문제에서 나타난다.

(i) 다수설은 착오에 의한 의사표시란 「표시로부터 추단되는 의사(표시상의 효과의사)와 진의(내심적 효과의사)가 일치하지 않는 의사표시」라고 보고, 착오에 의한 의사표시는 표의자 자신이 그 불일치를 모르는 측면에서 비진의표시나 허위표시와 다르다고 한다. 다수설에 의하면 동기의 착오는 원칙적으로 착오로서 고려하지 않고, 동기가 표시되거나 상대방이 알고 있는 경우에는 그 동기는 의사표시의 내용이 되어 그 범위 내에서 동기의 착오가 고려된다고 한다.

(ii) 소수설로 착오란 표의자가 의사표시의 과정 내지 의사표시 자체에서 스스로 지각하지 못하고 「사실」과 일치하지 않는 인식 또는 판단을 하고, 그 인식 혹은 판단에 기하여 의사표시를 하는 경우를 가리킨다고 보는 견해가 있다. 착오에 의한 의사표시를 '표의자의 인식과 실제의 사정이 일치하지 않는 의사표시'라고 정의하는 견해에 의하면 동기의 착오는 동기의 표시 여부를 묻지 않고 착오에 포함된다고 이해한다.

(iii) 다른 소수설로 착오를 「진의와 표시의 불일치」라고 보는 견해도 있다. 착오를 의사와 표시의 불일치라고 보는 견해에 의하면 동기의 착오에서는 표시상의 효과의사와 내심적 효과의사가 형식적으로나 실질적으로나 부합하여 불일치가 없고, 다만 내심적 효과의사를 결정하게 된 동기가 다를 뿐이므로 착오를 표시상의 효과의사와 내심적 효과의사가 일치하지 않는 경우라고 하는 견해는 동기의 착오까지를 포함하여 착오를 설명하기는 적당하지 않고, 동기의 착오까지를 포함하여 착오를 설명하기 위해서는 착오를 「진의와 표시의 불일치」라고 하여야 가장 적당하다고 본다.

(iv) 역시 소수설로서 민법상의 착오를 「내심적 효과의사와 표시행위의 불일치」라고 정의하고, 동기의 착오에 대하여는 그 동기가 법률행위에 중요한 의미를 가질 때에는 표시 여부를 묻지 않고 민법 제109조를 유추적용한다고 보는 견해도 있다.

판례는 착오를 '의사표시의 내용과 내심의 의사가 일치하지 않는다는 사정을 표시자가 모르는 경우'라고 정의한 경우가 있다.[471] 그러나 최근에는 법률행위를 할 당시에 '실제로 없는 사실을 있는 사실 또는 실제로 있는 사실을 없는 사실로 잘못 생각하듯이 표의자의 인식과 대조사실과가 어긋나는 경우'를 착오라고 본다.[472]

---

470) 괴테가 파우스트 1부(Prolog im Himmel 1, 317)에서 한 말이다.

471) 대법원 1985.4.23. 선고 84다카890 판결.

472) 대법원 1972.3.28. 선고 71다2193 판결, 대법원 2010.5.27. 선고 2009다94841 판결, 대법원 2011.6.9. 선고 2010

A백화점은 단골고객인 B에게 막 독일에서 수입한 수제품 명품시계콜렉션에 대한 카타로그를 보냈는데, B는 상품목록에서 「상품번호 33호 가격 169만원」으로 적힌 시계를 구입하기로 작정하고 주문서에 상품번호 33호를 기입한 후 A에게 보냈다. 그런데 그 시계의 가격은 196만원이었으나, A백화점이 카타로그에 잘못하여 169만원으로 가격표시를 하였으며, A백화점은 B로부터의 주문을 받고 B에게 바로 시계를 송부하였다. 시계를 받고 그 가격을 169만원이라고 주장하는 B에 대하여 A백화점은 착오를 이유로 매매계약을 취소할 수 있는가?

착오에 의한 의사표시란 표시로부터 추단되는 의사와 진의가 일치하지 않는 의사표시이다. 착오는 표의자가 스스로 그 불일치를 모른다는 측면에서 비진의표시나 허위표시와 다르다고 본다(다수설). 오기(誤記), 오담(誤談)과 같이 표의자가 표시된 어떤 내용을 전혀 표시하려고 하지 않은 경우가 표시상의 착오가 되고, 표의자가 표시에 대하여 그 표시가 본래가 가지는 의미가 아닌 다른 의미를 부여한 경우가 내용상의 착오가 된다.

사례에서 A백화점의 상품카타로그는 청약의 유인에 해당하고 B의 주문서송부가 청약에 해당한다. 그러므로 A백화점의 오기를 착오에 의한 의사표시라고는 볼 수 없고, B의 상품번호 33호를 주문한다고 하는 청약의 의사표시에는 시계를 169만원에 주문한다는 표시가 포함되어 있다고 볼 수 있다. A백화점의 시계송부를 통하여 AB 사이에는 시계의 매매대금을 169만원으로 하는 매매계약이 성립하며, 다만 A백화점은 승낙의 의사표시를 할 때 승낙표시를 잘못 이해하여 본래 가지는 의미(196만원)가 아닌 다른 의미(169만원)를 부여한 내용의 착오에 빠져있다. 결국 A백화점은 내용상의 착오를 이유로 상품번호 33호에 대한 B와의 시계에 관한 매매계약을 취소할 수 있다. 만일 A백화점이 B에게 상품목록을 송부(청약의 유인)하지 않고 직접 잘못된 매매가격(196만원 대신에 169만원)으로 시계를 판다고 청약의 의사표시를 하고 B가 승낙한 경우에는 매매계약은 169만원으로 성립하고, 다만 A백화점은 청약의 의사표시에 대한 표시상의 착오를 이유로 매매계약을 취소할 수 있다.

[더 생각할 과제 - 착오와 비진의표시와의 비교]

착오는 표시행위로부터 추단되는 의사와 표의자의 진실의 의사가 서로 다르다는 측면에서는 비진의표시(혹은 허위표시)와 같다. 다만 비진의표시에서는 그 차이를 표의자가 스스로 알면서 의사표시를 한 경우이나, 반면에 착오는 표의자 자신이 그 차이를 눈치채지 못한 경우이다. 그러므로 착오의 경우에는 그 만큼 표의자를 보호하여야 할 필요가 크다고 볼 수 있으나, 너무 표의자의 보호를 강조하게 되면 거래의 안전을 해치므로, 양자의 조화가 중요한 과제이다.

A는 어떤 물건을 판매하는 계약을 체결할 때에 1,000파운드에 팔 생각을 가지고 있었으나, 매매가격을 1,000￡대신에 1,000＄로 적었다. A는 매매계약을 착오를 이유로 취소할 수 있는가?

사례와 같이 매매가격에 ￡라고 표시하는 대신에 ＄라 적은 경우가 착오의 전형적인 예이다.

다99798 판결; 대법원 2012.12.13. 선고 2012다65317 판결(미필적 인식에 기초한 단순한 기대가 이루어지지 않은 경우, 즉 표의자가 행위를 할 당시 장래에 있을 어떤 사항의 발생이 미필적임을 알아 그 발생을 예기한데 지나지 않는 경우에는 표의자의 심리상태에 인식과 대조사실의 불일치가 있다고 할 수 없으므로, 착오로 다룰 수는 없다) 등 참조.

사례에서 표의자 A로부터 보면 의사표시를 간단하게 취소를 하고 싶어 할 수 있으나, 무조건 취소를 할 수 있다고 인정하면 거래의 안전이 침해된다. 만약 A의 의사표시를 비진의표시라고 하면 어떤가? 예컨대 A가 파운드와 달러의 차이를 잘 알면서 진심으로는 1,000파운드에 팔 생각을 가지고 있으나, 일부러 $로 표시한 경우이면 비진의표시로 된다. 그리고 민법 제107조 제1항 단서에 의하면 표의자로서 A는 상대방이 표의자의 진의에 대하여 악의이거나 과실이 있는 경우라는 사실을 증명하면 의사표시(1,000$)를 무효로 할 수 있다(상대방이 A가 파운드로 팔 생각을 가지고 있다는 사실을 알았거나 적어도 알지 못한 데에 과실이 있으므로, 그 표시대로 계약이 유효하게 성립할 수 없다). 착오의 경우라면 어떤가? 민법 제109조 제1항은 착오를 이유로 의사표시를 취소할 수 있는 요건으로서 (i) 법률행위의 내용의 중요부분에 착오가 있어야 하고, (ii) 표의자에게 중대한 과실이 없어야 한다는 두 가지를 들고 있다. 물론 구체적으로는 각각의 의미가 크게 문제가 되나, (i)의 요건을 통하여 일정한 범위의 착오만에 법적 의미를 부여한다는 사실을 쉽게 알 수 있고, (ii)는 지나치게 부주의한 착오는 배제한다는 취지이다. 일정한 착오, 즉 법률행위의 내용의 중요부분에 관한 착오에 대하여는 중대한 과실이 없는 한, 상대방이 A의 착오를 눈치 챈 경우인지 아닌지를 묻지 아니하고, 의사표시를 취소할 수 있으므로, 비진의표시에 의한 표의자의 보호보다 표의자가 더 두텁게 보호된다.

(2) 착오의 유형

1) 서 언

민법 제109조 제1항은 우선 "의사표시는 법률행위의 내용의 중요부분에 착오가 있는 때에는 취소할 수 있다"고 규정하고 있다. 다만 어느 경우에 취소가 가능한지는 민법 제109조 제1항만으로는 분명하지 않다. 그러므로 해석에 의하여 구체적으로 어느 경우에 착오를 이유로 취소를 할 수 있는가를 분명하게 할 필요가 있다. 전통적 판례나 학설은 착오가 의사표시의 어느 단계에서 존재하는가에 따라서 (i) 동기의 착오, (ii) 표시상의 착오, (iii) 표시행위의 의미에 관한 착오(내용의 착오) 세 가지 경우로 구분하여 파악하고 있다(표시상의 착오와 표시행위의 의미에 관한 내용의 착오를 합하여 「표시행위의 착오」라고 한다). 표시행위의 착오의 내용을 알기 쉽게 정리하면 아래와 같다.

착오의 유형

내용의 착오	표시상의 착오
• 표시의 법적 의미에 대한 착오 예: 판다(진심으로 원한 의사)고 하는 대신에 산다(표시된 의사)고 하는 의사표시 • 동일성의 착오(당사자인 사람에 관한 착오, 목적물의 동일성에 관한 착오) • 성질의 착오 • 계산의 착오 • 법률효과의 착오 • 법률의 착오	• 표시행위시의 착오(오기, 오담) 예:상품에 대한 가격을 잘못 표시한 경우 • 표시기관의 착오 예: A가 사자에게 어떤 말을 전하게 한 경우에 그 말을 사자가 잘못 전하면 사자가 잘못 전한 말에 따른 효력이 발생하고 A는 착오를 이유로 취소할 수 있다.

2) 동기의 착오(연유의 착오)

(a) 동기의 착오의 의의

동기의 착오란 사실에 관한 잘못된 인식 혹은 판단이 내심의 효과의사를 결정하는 동기에 존재하여 본래 표의자가 의도한 내용과 다른 결과를 생기게 하는 의사표시를 한 경우를 가리킨다. 예컨대 금반지라고 믿고 도금한 구리반지를 매수하는 경우, 신공항이 건설된다고 생각하고 토지를 매수한 경우, 가격이 등귀한다고 믿고 물건을 다량 구입한 후에 사실은 물건가격이 오르지 않은 경우, 약혼이 취소될 줄 모르고 혼수를 구입하거나 예식장을 예약한 경우가 동기의 착오에 해당한다.

[더 생각할 과제 - 동기의 착오와 표시행위의 착오의 비교]

> 고서의 수집가 A는 어느 날 고서점에서 민법전의 기초자의 1인이 저술한 희귀본을 발견하고는 너무나 기쁜 나머지 당장 그 책을 10만원에 구입하였다. 그런데 집에 돌아와서 서고를 살펴보니, 그 책을 이미 소장하고 있었다. A는 고서점의 주인에 대하여 그 책에 대한 매매계약을 취소할 수 있는가?

현실적으로는 만약 A가 오랜 동안 그 고서점의 단골고객으로서 많은 다른 서적을 구입한 경우라고 하면 고서점의 주인이 A의 요구를 바로 들어줄 수도 있다. 고서점의 주인이 단골고객의 반환요청을 들어주는 경우는 어디까지는 당사자 쌍방의 합의에 의한 매매계약의 합의해제에 해당하고, 얼마든지 가능하다. 다만 고서점의 주인이 A의 요구를 거절하는 경우에 A가 무효나 취소를 주장할 수 있는가가 문제된다.

전통적인 의사표시이론에 의하여 A의 의사표시를 분석하여 보면 우선 가격을 표시하여 서적을 고서점에 진열한 경우를 매매계약의 청약을 이해할 수 있다고 하면 A가 고서점의 주인에 대하여 승낙의 의사표시를 하여 A와 고서점의 주인 사이에 매매계약이 성립한다고 해석할 수 있다. 그리고 매매계약을 맺을 당시 A는 고서점의 주인에게 그 고서(민법전의 기초자의 1인이 저술한 희귀본)를 제시하여 "이 책을 사고 싶다"고 말하면서 매매계약을 향한 승낙의사의 「표시행위」를 완전하게 행하고, 그 표시행위에 대응하는 내심의 의사, 즉 그 고서를 사고자 하는 「효과의사」도 가지고 있다. 그러므로 A에게 표시행위에 대한 착오는 없다. 단지 착오가 내심에 효과의사를 발생시키는 과정, 즉 「동기」의 부분에 존재할 뿐이다. 착오가 오로지 동기에 존재할 뿐이며 내심의 의사와 표시행위가 일치한다고 하는 측면에서 동기의 착오는 표시에 대응하는 의사가 본래 존재하지 아니하는 표시행위의 착오와 구별된다.

(b) 동기의 착오에 의한 의사표시의 취소는 가능한가

동기의 착오는 내심의 효과의사가 본래 표의자가 의도한 내용과 일치하지 않는 한편, 표시된 효과의사와는 일치하여 「의사의 흠결」이라고 볼 수 없다. 착오를 의식하지 않은 「의사의 흠결」이라고 하는 입장에 의하면 동기의 착오는 착오라고 할 수 없지만, 표의자의 보호가 필요하다고 하는 측면에서 「의사의 흠결」만을 기준으로 착오를 결정하는 태도는 타당하다고 할 수 없다.

> 광산의 갱도가 매몰되는 사고로 광부 A가 사망하였다는 소식을 광업회사로부터 듣고, 그 아내 B는 자기와 가족을 위한 상복을 200만원에 C상점으로부터 구입하였다. 그런데 3일 후 죽은 줄로만 알았던 A가 생존해 있다는 사실이 밝혀졌다. B는 상복에 대한 매매계약을 취소할 수 있는가?

몇 년 전 칠레에서 지하 700m에 매몰되어 있던 광부 33명이 69일만에 구출된 경우와 같이 지하갱도에 갇혀 죽은 줄로만 안 광부가 구사일생으로 구조되는 예가 가끔 있다. 사례에서 A의 생환을 이유로 B가 상복에 대한 매매계약을 취소하기 위하여는 취소사유가 존재하여야 한다. B의 취소사유로는 착오가 고려된다. 그러나 B는 분명히 상복을 구입하려는 의사가 있고, 또한 그 의사를 그대로 C상점에게 표시하여 상복을 구입한 경우이므로 외부적으로 나타난 표시와 의사가 일치하여 표시착오가 없다. 또한 B가 표시를 통하여 상복에 대한 매매계약을 체결하고, 역시 그 매매계약을 원한 사실이 분명하여 의사와 표시가 일치하므로, B의 의사표시에 내용의 착오도 존재한다고 볼 수 없다.

B의 상복에 대한 매매계약은 동기의 착오에 기인한 경우에 해당한다. 동기의 착오는 계약을 체결하는 과정에서 단지 중요한 의미가 있는 사정에 대하여 잘못된 인식을 하여 발생하며, 동기의 착오가 있더라도 의사와 표시는 일치한다. B의 남편인 광부 A의 사망은 매매목적물인 상복과 관련이 있는 사정이 아니고, 상복의 자연적 성질과도 관계가 없다. 그러므로 상복에 대한 매매계약과 직접적으로 관련이 있는 인적·물적 특성에 관한 착오가 존재한다고 할 수 없고, 오히려 A의 사망은 B가 체결한 매매계약에 대한 단순한 동기에 불과하여 동기의 착오가 존재한다고 볼 수 있을 뿐이다.

사례에서 주된 논점은 동기의 착오와 의사표시의 취소이다. 동기의 착오를 이유로 착오취소(§109)를 주장할 수 있는가에 관하여는 학설이 대립한다. 학설을 살펴보면 동기표시설, 동기포함설, 동기제외설로 대립한다.

(i) 동기표시설(다수설)은 동기의 착오만으로는 의사표시를 취소할 수 없고, 동기를 표시하여 의사표시의 내용으로 삼은 경우에 한하여 동기의 착오는 표시행위의 내용의 착오가 된다고 본다. 동기표시설에 의하면 동기의 착오가 동기의 불법과 동일하게 취급되고, 동기가 표시된 경우에 한하여 동기의 착오를 이유로 하는 취소를 인정하여 표의자 본인의 보호와 거래의 안전을 조화시킬 수 있다고 본다. 표의자 본인의 보호와 거래의 안전을 조화시키기 위하여 동기의 착오만으로는 의사표시를 취소할 수 없고, 동기가 표시되어 상대방이 알고 있는 경우에 한하여 민법 제109조의 착오가 된다고 보는 동기표시설이 타당하다.

(ii) 동기포함설은 동기의 착오도 다른 착오와 동일하게 취급하여 동기가 표시되거나 표시되지 않거나를 불문하고 법률행위의 중요부분에 대한 동기의 착오는 민법 제109조에 의하여 취소할 수 있다고 본다. 동기포함설에 의하면 (i) 실제상 착오는 그 동기가 표시되지 않은 경우에 문제가 되며 동기의 착오를 다른 착오와 구별하여 그 표시를 요구하면 민법 제109조의 실효성이 현저하게 제한되고, (ii) 법률행위의 해석을 통하여 동기가 법률행위의 내용으로 인정되는 경우에는 동기의 착오는 이미 동기의 착오가 아니라 법률행위의

내용의 착오가 되고, (iii) 거래안전의 침해가 단지 동기의 착오만에 의하여 야기되는 문제는 아니고 착오에 의한 의사표시의 취소를 통하여는 항상 거래안전이 침해될 수 있고, (iv) 동기의 착오도 법률행위의 내용의 중요부분에 착오가 있는 경우에 한하여 인정되므로 동기의 착오를 인정한다고 하더라도 반드시 착오가 너무 확대된다고 우려할 필요는 없다고 주장한다.

(iii) 동기제외설은 동기가 표시된다고 하더라도 동기는 여전히 의사표시와 관계 없는 사정이고, 보통 당사자 일방에게는 상대방이 왜 계약을 체결하는가 하는 동기에 전혀 관심이 없다고 하는 사정을 생각할 때 동기의 착오는 고려될 필요가 없다고 본다. 그러므로 동기제외설은 동기의 착오는 민법 제109조에서 고려되는 착오가 아니고, 비록 동기가 표시되어 상대방이 알고 있다고 하더라도 취소사유로 고려되지 아니하며, 다만 동기를 조건으로 삼은 때에는 조건의 법리에 의하여, 혹은 동기의 착오가 상대방에 의하여 유발된 때 혹은 쌍방의 동기착오가 있는 때에는 신의성실의 원칙을 적용하여 취소를 인정할 수 있다고 한다.

판례의 태도는 어떤가? 판례는 대체로 동기표시설을 따라서 동기의 착오는 원칙적으로 고려되지 않지만 동기가 표시되어 의사표시의 내용으로 된 때에 한하여 취소할 수 있다고 본다.[473] 다만 판례는 동기의 착오가 법률행위의 내용의 중요부분의 착오가 되려면 표의자가 그 동기를 의사표시의 내용으로 삼는다는 사실을 상대방에게 표시하고 의사표시의 해석상 법률행위의 내용으로 되어 있다고 인정되면 충분하고, 당사자 사이에 별도로 그 동기를 의사표시의 내용으로 삼기로 하는 합의까지 이루어질 필요는 없다고 판시하고 있다.[474]

판례나 다수설이 취하는 동기표시설이 타당하다. 예컨대 만년필이 없다고 생각하고 새로운 만년필을 산 후에 가방 속에 만년필이 있다는 사실을 발견한 경우를 생각하면 분명하다시피 동기의 착오를 이유로는 원칙적으로 착오취소가 허용되지 아니한다. 동기의 착오를 민법 제109조의 착오로부터 제외하는 태도는 표의자의 보호보다는 거래의 안전을 우선시키는 해석이고, 자유롭고 안전한 경제활동을 지향하는 사회의 요청에 합치한다. 다만 원칙에는 예외가 따를 수 있으므로, 예컨대 동기가 의사표시의 내용으로 표시된 때에는 민법 제109조의 착오가 될 자격이 부여된다. 예를 들어 A가 "아직 「해리포터와 혼혈왕자」를 가지고 있지 않으므로, 1권을 사고 싶다"고 표시한 때에는 비록 동기라고 하더라도 의사표시의 내용이 되므로 민법 제109조의 착오에 빠진 경우로 되고, 그 착오가 법률행위의 내용의 중요부분의 착오로 평가되면 의사표시는 취소될 수 있다고 볼 수 있다. 동기표시설에 의하면 사례에서는 만약 B가 상복을 구입하면서 C상점에게 남편 A가 어제 일어난 광산매몰사고로 사망하여 장례를 위하여 상복을 구입한다고 하는 표시를 한 경우라고 하면 상복에 대한 매매계약을—B에게 중과실이 없는 한—민법 제109조를 이유로 취소할 수 있다.

---

473) 대법원 2000.5.12. 선고 2000다12259 판결; 대법원 1989.1.17. 선고 87다카1271 판결.

474) 대법원 1989.12.26. 선고 88다카31507 판결.

동기포함설이나 동기제외설에 의하면 어떤가? 동기포함설에 의하면 비록 B가 왜 상복을 구입하는지를 표시하지 않은 경우라고 하더라도 착오를 이유로 매매계약을 취소할 수 있다고 본다. 그리고 동기제외설에 따르면 동기를 표시한 경우인가 아닌가를 묻지 않고 B는 착오를 이유로 상복에 대한 매매계약을 취소할 수 없다. 다만 동기제외설을 취하더라도 B가 상복에 대한 매매계약을 A의 사망을 정지조건으로 체결한 때에는 A의 사망에 의하여 비로소 B와 C상점 사이의 매매계약이 효력을 발생하며, A가 생존한 사실이 밝혀지면 자동적으로 상복에 대한 매매계약이 무효로 된다.

(c) 상대방에 의하여 유발된 동기의 착오

상대방의 부정한 방법에 의하여 유발되거나 상대방으로부터 제공된 동기에 이끌려 착오를 일으키는 경우가 있다. 바로 상대방이 유발하거나 제공한 동기의 착오로 인하여 의사표시를 하게 된 경우를 「상대방에 의하여 유발된 동기의 착오」라고 한다. 동기의 착오가 상대방의 부정한 방법에 의하여 유발되거나, 상대방쪽으로부터 제공된 경우에 동기가 표시되지 않더라도 그 법률행위를 취소할 수 있는가 하는 문제가 제기된다.

본래 민법 제109조는 「의사표시」에 관하여 착오가 있을 때에만 취소할 수 있다고 규정하고 있다. 그러므로 의사표시로 평가되지 않는 「동기」는 비록 그 동기에 착오가 있다고 하더라도 취소할 수 없다는 결론에 이르게 된다(학설이나 판례는 예외적으로 일정한 요건 아래 동기의 착오를 고려한다). 그러나 동기에 대한 착오를 표의자 스스로 형성하지 아니하고, 상대방이 제공하거나 유발시켜 동기의 착오에 빠지게 하고, 그 결과로 의사표시를 하게 된 경우에도 민법 제109조의 문언대로 그 동기가 의사표시가 아니라는 이유로 착오에 의한 취소를 부정하거나 판례와 같이 동기의 표시를 요구한다고 하면 부당하다고 하지 않을 수 없다. 그러므로 상대방에 의하여 유발되거나 상대방쪽으로부터 제공된 동기의 착오에 관하여는 특별한 고려가 필요하다.

판례는 동기의 착오가 상대방에 의하여 유발되거나 상대방쪽으로부터 제공된 경우에는 비록 동기가 표시되어 의사표시의 해석상 법률행위의 내용으로 되어 있지 아니한 경우라고 할지라도 법률행위의 내용의 중요부분의 착오로서 취소할 수 있다고 본다. 판례를 보면 건물에 대한 매매계약의 체결 직후 건물이 건축선을 침범하여 건축된 사실을 알고도 매도인이 법률전문가의 자문에 의하면 준공검사가 난 건물이므로, 행정소송을 통하여 구청장의 철거지시를 취소할 수 있다는 말을 믿고 매수인이 매매계약을 해제하지 아니하고 대금지급의무를 이행한 경우에 대하여 동기의 착오가 법률행위의 중요부분에 해당하고 착오가 상대방의 적극적 행위에 의하여 유발되는 등 제반사정에 비추어 표의자에게 중대한 과실이 없다고 하여 착오를 이유로 한 매매계약의 취소를 인정하고 있다.[475] 그리고 판례는 신용보증기금이 채무자에게 과거 연체가 없다는 채권자의 진술을 그대로 믿고 신용보증을 선 경우,[476] 시가 전체의 토지에 대한 손실보상협의요청서를 발송하고 매수협

475) 대법원 1997.9.30. 선고 97다26210 판결.
476) 대법원 1992.2.25. 선고 91다38419 판결.

의를 진행하여 지주가 그 소유의 토지 전부가 사업대상에 편입된 줄로 잘못 판단하고 시의 협의매수에 응한 경우,[477] 몇 십년 경작해온 상당한 가치의 토지가 귀속해제된 토지인데도 공무원이 귀속재산[478]이라고 하여 그 소유권자가 토지를 국가에 증여한 경우[479]에도 상대방에 의하여 유발된 동기의 착오로서 법률행위의 중요부분의 착오를 이루어 취소를 할 수 있다고 본다.

> 대구시의 도시계획결정에 따라 공원지구로 지정된 두류공원 내의 갑임야 19,921평방미터 중 위치가 특정된 1,200평방미터의 을토지가 두류공원의 휴게소부지로 결정되자 그 소유자인 A는 대구시에 대하여 휴게소부지 1,200평방미터 지상에 식당 및 휴게소시설을 건립하여 그 시설을 직영하기로 하는 내용의 공원시설설치, 관리허가에 관한 신청서를 제출하였다. A의 신청서를 받은 대구시는 허가의 전제조건으로 갑임야 전부와 휴게소건물을 대구직할시에 기부채납(증여)하여야 한다고 회신하였다. 역시 A는 대구시의 회시공문을 보고 또 담당공무원에게 다시 문의하였는데, 담당공무원으로부터도 역시 기부채납하여야 한다는 대답을 들었다. 그리하여 A는 기부채납을 하여야만 허가가 가능한 줄로 알고 갑임야 전부와 휴게소건물을 대구시에 기부채납하기로 하는 부관을 붙인 증여계약을 체결하였고, 대구시는 그에 따라 그 소유권이전등기를 하였다. 그런데 법률상 행정청이 아닌 도시계획사업시행자가 도시공원 내에 공원시설을 설치할 경우에는 그 공원시설이 공공시설에 해당하는 때에는 완공과 동시에 소유권이 그 시설을 관리할 국가나 지방자치단체에 무상으로 귀속하게 되어 있으나, 공공시설이 아닌 때에는 소유권이 당연히 국가나 지방자치단체에 귀속하게 되지는 아니하고, 또한 그 시설을 반드시 기부채납하여야 하지도 않았다. A는 휴게소부지 1,200평방미터인 을토지와 그 지상의 식당 및 휴게소시설에 대한 증여계약을 제외한 갑임야에 대한 증여계약을 취소할 수 있는가?

A가 대구시와 담당공무원이 제공한 동기에 이끌려 착오를 일으키고, 그 동기의 착오로 인하여 바로 의사표시를 하게 된 경우이므로, 「상대방에 의하여 유발된 동기의 착오」에 해당한다. 착오가 상대방에 의하여 유발되거나 착오적 동기를 상대방쪽이 제공한 경우에는 비록 동기의 착오라고 하더라도 그 동기의 표시 여부를 따지지 않고 법률행위의 중요부분의 착오에 해당한다고 본다. 사례에서 A가 갑임야 전부와 휴게소건물 등에 대한 기부채납을 하게 된 동기를 대구시와 관계공무원이 제공하고, 그 착오적 동기의 제공이 없었더라면 갑임야 전부를 선뜻 대구시에 기부채납하지는 아니한다는 사정을 인정할 수 있다. 그리고 A의 동기는 기부채납의 내용의 중요부분을 이룬다고 평가된다. 그러므로 A가 뒤늦게나마 그 착오를 알아차리고 증여계약을 취소하면 그 취소는 적법하다.

477) 대법원 1991.3.27. 선고 90다카27440 판결.

478) 귀속재산이라 함은 1948년 9월 11일부 대한민국정부와 미국정부간에 체결된 재정 및 재산에 관한 최초협정 제5조의 규정에 의하여 대한민국정부에 이양된 일체의 재산을 지칭한다(귀속재산처리법 §2). 귀속재산을 적산(敵産)이라고도 한다.

479) 대법원 1978.7.11. 선고 78다719 판결.

(d) 당사자 쌍방의 공통착오

당사자 한쪽만이 어떤 사실에 대한 인식을 잘못하고 있지 않고, 당사자 양쪽이 모두 부정확한 동기, 추측, 가정, 전제 혹은 기대에 근거하여 잘못된 의사표시를 한 경우를 「당사자 쌍방의 공통착오」라고 한다. 당사자 쌍방의 공통착오는 우선 그 착오가 서로 일치하는 경우와 상이한 경우로 나눌 수 있고, 또한 그 각각의 경우에 계약의 내용(법률행위의 내용의 중요부분)에 착오가 존재하는 경우와 단지 동기에 착오가 존재하는 경우가 있을 수 있다.

당사자 쌍방의 공통착오의 내용이 상이한 경우에는 계약의 내용에 착오가 존재하든 동기에 존재하든 민법 제109조를 각각의 이론에 따라서 그대로 적용할 수가 있으므로, 별로 문제가 없다. 그러나 당사자 쌍방의 공통착오의 내용이 서로 일치하는 경우에는 민법 제109조를 그대로 적용하여 취소를 하여야 하는가, 당사자 양쪽의 본래의 의도에 따라서 계약의 내용을 수정할 수 있는가 하는 문제가 생긴다.

당사자 양쪽이 일치하여 동기의 착오를 일으킨 경우에는 일방적인 동기의 착오와는 본질적으로 다르다. 그러나 본래 민법 제109조는 당사자 한쪽만이 착오에 빠진 경우를 규율하기 위한 규정이고, 당사자 양쪽이 모두 일치하여 일정한 사항에 관하여 공통착오에 빠진 경우를 예정하고 있지는 않다. 당사자 쌍방의 공통착오의 내용이 일치하는 때에는 무조건 취소를 인정하기 보다는 계약내용을 개별적인 관계에 맞게 수정하는 경우가 당사자의 진정한 의사나 이익에 부합한다고 보아야 한다. 또한 동기의 착오라고 하더라도 계약의 구속력으로부터 전혀 벗어나지 못하게 하면 부당한 경우가 있을 수도 있다. 그러므로 당사자 쌍방의 공통착오에는 민법 제109조를 그대로 적용하기 어렵게 된다. 우선 당사자 쌍방의 동기의 착오는 그 착오가 없었더라면 당사자 양쪽이 의욕할 가상적 의사를 확정하는 법률행위의 보충적 해석에 의하여 해결되어야 할 필요가 있다.[480] 그리고 가정적 의사에 의한 법률행위의 효력발생이 당사자 양쪽에게 기대불가능한 때에 한하여 동기의 착오를 이유로 민법 제109조를 적용하여 취소할 수 있는가를 검토하여야 한다.

> AB 두 사람이 어느 날 이른 아침 롯데호텔 커피숍에서 우연히 만났는데, 세상사를 놓고 이런 저런 이야기를 하던 도중 A는 B가 소유하고 있는 OO은행주식 1만주를 처분하려고 한다는 말을 듣게 되었고, A는 평소 OO은행주식에 관심을 가지고 있는 터여서 그 자리에서 B로부터 OO은행주식 1만주를 사기로 하였다. 그런데 AB는 당일 OO은행주식의 가격을 알아보기 위하여 마침 옆에 놓여있던 신문에서 주식시세를 보니, 주당 5,600원으로 인쇄되어 있으므로 1주당 5,600원으로 하여 OO은행주식 1만주를 사고 팔기로 하는 매매계약을 체결하였다. 그러나 후에 신문에 난 주식

480) 판례로 당사자 양쪽이 계약의 전제나 기초가 되는 사항에 관하여 같은 내용으로 착오에 빠지고, 그로 인하여 그에 관한 구체적 약정을 하지 아니한 경우라고 하면, 당사자가 그 착오가 없을 때에 약정한다고 보이는 내용으로 당사자의 의사를 보충하여 계약을 해석할 수 있고, 보충되는 당사자의 의사는 당사자의 실제의사 또는 주관적 의사가 아니라 계약의 목적, 거래관행, 적용법규, 신의칙 등에 비추어 객관적으로 추인되는 정당한 이익조정의사를 말한다고 판시한 경우가 있다(대법원 2006.11.23. 선고 2005다13288 판결).

시세에 당일 OO은행주식의 가격이 6,500원인데, 5,600원으로 잘못 인쇄된 사실이 밝혀졌다. B는 주식매매계약을 취소할 수 있는가?

당사자 한쪽만이 어떤 객관적 사실에 대한 인식을 잘못하고 있는 경우와 달리, 당사자 양쪽이 모두 부정확한 동기 등에 근거하여 의사표시를 한 경우를 「당사자 쌍방의 공통한 동기착오」라고 한다. 당사자 양쪽에게 공통적으로 동기착오가 있는 경우에도 동기의 착오에 관한 이론을 그대로 적용하는가? 당사자 쌍방의 공통한 동기착오의 경우에는 우선 동기의 착오가 없더라면 당사자 양쪽이 약정한 내용대로 계약을 변경시킬 수 필요가 있다. 만일 진실한 사정에 따른 계약내용의 변경이 불가능하거나, 당사자 양쪽에게 아무런 의미도 없는 경우 혹은 당사자 양쪽에 의하여 계약내용의 변경이 거절되거나 당사자 한쪽에게 기대불가능한 경우에 한하여 동기의 착오를 이유로 하는 취소가 허용될 수 있다.481)

사례에서 AB가 모두 OO은행의 주식시세에 관하여 동기의 착오를 일으킨 사정이 인정된다. 만약 B가 OO은행의 주식시세에 대하여 착오를 일으키지 않은 경우라고 하면 A와 주식매매계약을 체결하지 않거나, 아니면 적어도 그 내용으로는 주식매매계약을 체결하지는 아니한다는 사실이 명백하고, 더 나아가 A도 OO은행의 주식시세에 관하여 B와 동일한 착오에 빠져 주식매매계약을 체결한 사정을 알 수 있다. 그러므로 AB가 신문에 실린 OO은행의 주식시세가 잘못 인쇄되고, 실제로는 당일 OO은행주식의 가격이 6,500원이라고 하는 사실을 안 경우라고 하면 그 가격대로 주식매매계약을 체결한다고 인정할 만한 사정이 있는가를 판단하여야 한다. 만약 AB에게 OO은행주식의 가격에 관한 착오가 없다고 하면 그래도 실제의 가격에 따라서 주식매매계약을 체결한다고 하는 사정이 인정될 때에는 먼저 주식매매계약을 취소할 필요 없이 그 실제의 가격에 의한 주식매매계약의 효력을 인정할 필요가 있다. 그러나 실제의 가격에 의한 주식매매계약의 효력을 인정하기가 AB 모두나 B에게 기대불가능하다고 하면 B는 착오를 이유로 주식매매계약을 취소할 수 있다.

3) 표시상의 착오

표시상의 착오란 표시행위 그 자체에 관한 착오를 말한다. 예컨대 1,000만원을 쓸 때 1,000원이라고 하거나, ＄와 ￡를 잘못 쓴 경우(1,000＄를 적을 생각으로 1,000￡를 기입한 경우), 미래에셋증권에 근무하는 직원이 외국은행으로부터 외뢰받은 미국달러 선물스프레드에 관한 매수주문을 입력하면서 주문가격란에 0.80원을 80원으로 잘못 입력한 경우, 전통찻집에서 메뉴판에 가격을 적으면서 쌍화차의 가격이 본래 8000원인데 800냥이라고 적어넣은 경우(메뉴판의 가격을 청약의 의사표시로 이해하는 경우)와 같이 표시에 대응하는 효과의

481) 판례를 보면 매수인도 매도인이 납부하여야 할 세액에 관하여 매도인과 동일한 착오에 빠져 있다면 매도인의 착오는 매매계약의 내용의 중요부분에 관한 착오에 해당한다고 본 경우가 있다(대법원 1994.6.10. 선고 93다24810 판결). 또한 판례는 의료과실에 의한 환자의 사망을 전제로 의사가 유족에게 손해배상금을 지급하기로 하는 합의가 성립한 경우에 그 사인이 진료와는 관련이 없다고 판명되면 합의는 그 목적이 아닌 망인의 사인에 관한 착오로 이루어진 화해로서 착오를 이유로 취소할 수 있다(대법원 1991.1.25. 선고 90다12526 판결)고 하여 쌍방의 동기의 착오로 이루어진 계약을 착오를 이유로 취소할 수 있다고 본다.

사가 없을 뿐만 아니라, 그 의사를 표시한다고 하는 의식(표시의사)도 없는 경우가 표시상의 착오이다.

타인을 도구로 하여 의사표시를 하는 때에 사자(使者)와 같은 표시기관[482]의 표시가 본인의 진의와 다른 경우를 표시기관의 착오라고 한다. 예컨대 최참판이 머슴을 불러 건너마을 김진사에게 가서 "동구 밖 과수원을 판다"고 전하라고 한 경우에 덤벙되길 잘하며 주의성이 부족한 머슴이 "최참판께서 말뚝거리 근처에 있는 임야를 김진사에게 판다"고 전하거나, 혹은 A가 B에게 전보로 시계를 96만원에 판다는 청약을 하고자 한 경우에 전보를 접수받은 우체국 직원이 실수로 "A가 시계를 69만원에 판다"고 타전한 경우를 표시기관의 착오라고 한다. 표시기관의 착오도 역시 표시상의 착오가 된다. 다만 대리인에 의한 법률행위에서는 본인이 법률행위를 하지 아니하므로 대리인의 표시와 본인의 의사가 전혀 상이하더라도 착오가 되지 않고, 착오의 유무는 대리인에 관하여 결정한다(§116 I).

[더 생각할 과제 - 표시상의 착오와 오표시의 차이]

표시상의 착오와 오표시(falsa demonstratio)는 구별된다. 표시상의 착오란 표시행위 자체를 잘못하여 진의(내심적 효과의사)와 표시로부터 추측·판단되는 의사와의 불일치가 생긴 경우를 말한다. 그러나 오표시(誤表示)란 표의자의 그릇된 표시에도 불구하고 상대방이 그 올바르게 행하여지지 못한 표시를 표의자의 실제의 의사, 즉 진의를 제대로 밝힌 표시로 이해한 경우를 가리킨다. 오표시의 경우에는 객관적으로 표시가 잘못 행하여진 경우임에도 불구하고 당사자 양쪽의 의사의 완전한 일치가 인정된다. 그러므로 오표시의 경우에는 착오에 의한 취소가 문제되지 아니하고, 표시된 대로 법률효과가 생긴다. 예를 들어 AB가 사전접촉을 통하여 TV의 가격을 110,000만원으로 한다고 하는 약정이 되어 있다고 하면 비록 서면에 매매대금이 100,000만원으로 기입되어 있다고 하더라도 오표시는 당사자에게 해가 되지 않으므로, 미리 약정한 110,000만원에 유효한 매매계약이 성립하고, 착오를 이유로 하는 취소가 문제될 여지가 없다.

4) 내용의 착오(표시행위의 의미에 관한 착오)

내용의 착오란 표시행위 자체에는 착오가 없지만, 표시행위가 가지는 의미를 잘못 이해하는 경우를 가리킨다. 내용의 착오는 달리 표시내용의 착오 혹은 내용상의 착오라고 한다(「의미의 착오」로도 불린다). 예컨대 달러와 파운드를 같은 가치로 오해하고 1,000 £ 의 금액을 적을 생각으로 1,000 $ 을 기입한 경우, 그림을 사면서 A화가가 그린 그림을 살 생각으로 B화가의 그림을 지시하여 표시를 한 경우, 자기가 알고 있는 홍길동이라고 믿고 동명이인인 다른 홍길동에게 전화를 하여 사무처리를 위임한 경우에 내용의 착오가 된다.

482) 전달기관으로서의 사자는 표의자가 완성한 의사표시(예컨대 밀봉된 서신)를 오로지 전달할 뿐이므로, 원칙적으로 표의자의 진의와 전달기관의 표시가 어긋나는 경우가 생길 수 없다. 전달기관으로서의 사자에서는 표시상의 착오가 문제되지 아니하고, 표의자가 완성한 의사표시를 그대로 전달하면 임무가 완료된다. 만약 전달기관으로서의 사자가 표의자의 의사표시를 의식적으로 상대방에게 전달하지 아니하고, 제3자에게 전달하면 의사표시는 도달하지 아니하여 그 효력이 발생하지 아니하고, 전혀 착오에 의한 취소가 필요하지 않다.

(3) 법률행위의 내용의 중요부분의 착오

1) 법률행위의 내용의 중요부분의 착오에 대한 판단기준

민법 제109조가 적용되기 위해서는 법률행위의 내용의 중요부분에 착오가 있어야 한다(일본민법에서는 흔히 「요소의 착오」라고 부른다). 의사표시에 착오가 있더라도 그 착오가 법률행위의 내용의 중요하지 않은 부분에 착오가 있으면 취소하지 못한다. 다만 어떤 기준에 의하여 「법률행위의 내용의 중요부분」을 판단하는가가 문제된다. 학설상으로는 이중기준설, 일방기준설, 객관설이 있다.

(i) 이중기준설은 착오를 표의자가 착오가 없더라면 그 의사표시를 하지 않으리라고 생각될 정도로 중요하여야 한다고 보는 주관적 기준(표의자의 주관적 의도)과 일반인도 보통 표의자의 처지에 있다면 그 의사표시를 하지 않으리라고 생각될 정도로 중요하여야 한다고 보는 객관적 기준(錯誤의 客觀的 顯著性) 두 가지 판단기준에 의하여 결정하는 견해이다.

(ii) 일방표준설은 객관적 기준과 주관적 기준 중 어느 하나를 충족하면 법률행위의 내용의 중요부분의 착오가 된다고 보는 견해이다. 일방표준설은 착오의 중요성에 관하여 엄격한 기준을 요구하면 표의자가 진정으로 중요성을 둔 사항에 착오가 있는 경우에도 취소할 수 없게 될 우려가 있다고 보고, 표의자의 주관적 의도도 표시되면 중요부분이 된다고 한다.

(iii) 객관설은 착오가 법률행위의 내용의 중요부분에 관한 경우인지 여부에 대한 판단은 법률행위의 여러 사정을 고려하여 객관적으로 하여야 한다고 보는 견해이다. 객관설에 의하면 일반인이라면 그 정도의 착오가 있는 경우에는 표시된 대로의 법률효과를 의욕하지 않거나 그 정도의 착오는 법률행위의 효력을 유지시키기 곤란할 정도로 중대하다고 하는 객관적 판단이 있어야 착오의 중요성이 인정된다고 본다.

판례의 태도는 어떤가? 판례는 법률행위의 내용의 중요부분에 착오가 있는가 여부는 그 각 행위에 관하여 주관적·객관적 표준에 좇아 구체적 사정에 따라서 판단하여야 하고, 추상적·획일적으로 정할 수 없다고 판시하여 이중기준설을 취하고 있다.[483] 판례(학설상 다수설의 태도도 같다)와 같이 이중기준설이 타당하다고 본다.

2) 중요부분의 착오로 인정되는 경우

(a) 법률행위 성질에 관한 착오

임대차를 사용대차인 줄 알거나 사용대차를 증여로 오인하는 경우, 연대보증을 보통의 보증으로 잘못 안 경우는 중요부분의 착오가 성립한다. 그러나 상고심에서 패소한다고 믿고 법률행위를 하고 예상과 달리 승소한 경우라고 하더라도 중요부분의 착오가 아니다.

(b) 사람에 관한 착오

a) 사람의 동일성에 관한 착오

사람의 동일성에 관한 착오는 통상적인 재산거래에서는 반드시 내용의 착오가 된다고

483) 대법원 1985.4.23. 선고 84다카890 판결.

볼 수 없다. 그러나 특별히 당사자의 개성에 중점이 있는 거래(예컨대 무상계약, 편무계약, 표의자가 먼저 이행하여야 할 계약, 당사자의 의무 사이에 등가성·동시성이 없는 경우, 계속적 계약, 당사자가 누구인가에 따라서 급부의 내용에 현저한 차이가 있는 계약)의 경우에는 사람의 동일성에 관한 착오가 내용의 착오가 될 수 있다. 예를 들어 A는 가끔 자기의 보일러를 수리하여 만족스럽게 일을 처리한 홍길동1을 불러 다시 보일러의 수리를 맡기려고 인터넷을 검색하여 동명이인인 홍길동2를 홍길동1로 오해하고 홍길동1에게 일을 맡긴다고 생각하면서 홍길동2에게 일을 맡긴 경우에 인적 동일성에 관한 착오로 취소가 가능하다. 다만 근저당권설정계약 또는 보증계약을 맺을 때에 일반적으로 채무자가 누구인가에 관한 착오는 일응 의사표시의 중요부분에 관한 착오라고 볼 수 있으나,[484] 근저당권설정자 또는 보증인이 근저당권설정계약서나 보증계약서에 나타난 채무자가 마음 속으로 채무자라고 본 사람의 이름을 빌린 경우에 불과하여 계약 당시에 두 사람이 같은 사람이 아닌 사실을 안 경우라도 그 근저당권설정계약이나 보증계약을 맺는다고 보여지는 등 특별한 사정이 있는 경우에는 형식상 사람의 동일성에 관한 착오가 있은 경우처럼 보이더라도 그 착오를 가지고 법률행위의 중요부분에 관한 착오라고 볼 수 없다.[485]

b) 사람의 속성에 관한 착오

사람의 속성으로는 연령, 성별, 종교, 정치적 입장, 자격·능력·자력, 전과, 신용, 재산상태 등을 들 수 있다. 사람의 속성에 관한 착오는 그 자체로 반드시 법률행위의 내용의 착오가 되지는 아니하고, 법률행위의 내용이 사람의 속성과 직접적인 관계가 있는 경우에 한하여 법률행위의 내용의 착오가 된다.

예를 들어 자동차정비업소를 경영하는 A가 B를 고용하는 경우에 B의 속성은 단지 B가 해당 자격증을 가진 기술자인가 하는 사실만이 고용계약의 내용의 중요부분이 되며, B가 어느 정당에 가입되어 있는가 혹은 어떤 종교를 가지고 있는가, 부자인가 하는 등은 전혀 의미가 없다. 그러나 어떤 정치노선을 추구하는 A단체가 조직·운영부장을 고용하는 경우에 만약 조직·운영부장으로 고용된 B가 A단체가 추구하는 정치노선과 다른 정치적 입장을 가진 정당에 가입되어 있다고 하는 사실이 밝혀지면 사람의 속성에 관한 착오를 이유로 고용계약을 취소할 수 있다. 그리고 어떤 사람의 신용상태는 신용거래의 경우에는 법률행위의 내용의 중요부분이 되지만, 현금거래의 경우에는 법률행위의 내용의 중요부분이 되지 아니한다.

사람의 속성에 관한 착오는 실무상 흔히 보증계약에서 채무자의 신용상태와 관련하여 문제된다. 보증제도는 본질적으로 주채무자의 무자력으로 인한 채권자의 위험을 인수하는 제도이므로, 보증인은 항상 어느 정도 채무자의 지급능력의 저하에 따른 위험을 감수할 의사를 가지고 보증계약을 체결한다. 그리고 보증인이 주채무자의 자력에 대하여 조사

---

484) 예컨대 신용보증기관이 보증대상기업의 실제 경영주가 신용불량자라는 사실을 모르고 신용불량자가 아닌 신청명의인을 경영주로 오인하여 그 신청명의인을 전제로 기업의 신용도 등을 조사한 후 보증계약을 체결한 경우에 법률행위의 중요부분에 착오가 있다고 본다(대법원 2007.8.23. 선고 2006다52815 판결).

485) 대법원 1986.8.19. 선고 86다카448 판결.

한 후 보증계약을 체결할지 아닌지 여부를 스스로 결정하여야 하고, 채권자가 보증인에게 채무자의 신용상태를 고지할 신의칙상의 의무는 존재하지 아니한다.[486] 그러므로 설령 보증인이 채무자의 신용상태에 관하여 착오에 빠진 경우라고 하더라도 법률행위의 내용의 중요부분에 관한 착오가 된다고 볼 수 없다.[487]

(c) 물건에 관한 착오

a) 목적물의 동일성에 관한 착오

목적물의 동일성에 관한 착오는 일반적으로 법률행위의 내용의 착오가 된다. 예를 들어 A가 돼지고기만을 전문으로 파는 정육점에서 「고기 1근」을 산다고 한 경우에 A의 표시는 그 정육점에서는 돼지고기 1근으로 이해되지만, A가 그 정육점이 돼지고기만을 판다는 사실을 모르고 소고기 1근을 원하며 「고기 1근」이라고 표현한 경우라고 하면 A는 소고기를 산다고 생각하고 돼지고기를 산 경우이므로, 목적물의 동일성에 관한 착오에 빠진 경우로 된다. 목적물의 동일성에 관한 착오는 법률행위의 내용의 중요부분의 착오가 되므로, A는 취소할 수 있다.

b) 목적물의 속성에 관한 착오

물건의 속성에는 거래관계에서 가치를 형성하는 거래객체의 모든 요소가 해당한다. 물건의 속성에는 자연적 속성에 기인하는 특징은 물론, 속성이나 내구성에 기인하는 사용가능성 혹은 가치에 영향을 미치는 거래객체에 대한 사실적·법률적 관계도 포함된다. 예를 들어 물건이 가지는 질, 형태, 색, 향, 화학적 성질이나 성상·성능, 특히 구체적으로는 가축의 연령·수태능력, 기계의 성능, 광구의 품질, 그림의 진품·제작연대 등이 물건의 속성에 해당한다(거래객체의 가치나 가격은 스스로 어떤 물건의 가치를 형성하는 요소에 해당하지 않고, 시장상황에 의존되므로 물건의 성질이라고 할 수 없다).

목적물의 속성에 관한 착오가 법률행위의 내용의 중요부분에 관한 착오로 되는가는 구체적 사정에 따라서 결정된다. 일반적으로 어떤 물건에 특정한 속성이 있다고 하는 사실을 특별히 고려하여 의사표시를 한 사정이 인정되지 않는 한 목적물의 속성에 관한 착오는 보통 내용의 착오가 되지 아니한다.

c) 토지의 현황·경계에 관한 착오

토지의 현황에 관한 착오는 매매계약의 내용의 중요부분에 대한 착오에 해당한다. 예컨대 농지인 줄로 알고 매입한 토지의 상당부분이 하천이나 하천부지를 이루고 있다고 하면 법률행위의 내용의 중요부분에 관한 착오에 해당한다.[488] 또한 토지의 경계에 관한 착오는 법률행위의 중요부분에 관한 착오라고 본다. 가령 외형적인 경계(담장)를 기준으로 하여 AB 사이에 인접토지에 관한 교환계약이 이루어진 경우에 그 경계가 실제의 경계와

---

486) 대법원 2002.7.12. 선고 99다68652 판결.

487) 근저당권설정계약을 맺은 경우에 채무자의 신용상태나 다른 담보의 가치에 관하여 착오를 하더라도 마찬가지이다.

488) 대법원 1968.3.26. 선고 67다2160 판결; 대법원 1974.4.23. 선고 74다54 판결.

일치하지 아니함으로써 결국 B가 그 소유대지와 교환으로 제공받은 A의 대지가 대부분 B의 소유로 판명되면, 토지의 경계(소유권의 귀속)에 관한 착오로서 특단의 사정이 없는 한 법률행위의 내용의 중요부분에 관한 착오에 해당한다.489)

d) 시가나 환율의 착오

부동산매매에서 시가에 관한 착오는 그 부동산을 매매하려는 의사를 결정할 때에 동기의 착오에 불과할 뿐 법률행위의 내용의 중요부분에 관한 착오라고 할 수 없다.490) 역시 환율의 착오도 원칙적으로 동기의 착오로 될 뿐이다. 예를 들어 AB가 전동차제작납품계약을 체결할 때에 계약금액은 총액 확정하되 계약체결 후라도 계약금액결정에 착오가 나타나 계약금액을 감액하여야 할 사유가 발생할 때에는 A가 계약금액을 감액 또는 환수조치할 수 있도록 특약한 경우에 환율의 착오가 AB 사이에 체결된 감액특약상의 착오에 해당하기 위해서는 적어도 환율 자체가 계약금액결정에 의미가 있는 경우, 다시 말하자면 계약금액을 외화단위로 계산하고 환율을 단지 외화를 원화로 계산하기 위한 수단에 불과하다든지 하는 경우이어야 한다. 만약 AB가 원화에 의한 총액확정계약을 체결하고 계약체결시에 외화가액은 문제되지 아니한 경우라고 하면 환율은 계약금액결정의 동기적 요소에 지나지 아니하므로 환율의 변동은 AB 사이의 감액특약에서의 계약금액결정에 착오가 있는 경우에 해당하지 아니한다.491)

e) 금액 · 수량의 착오

예를 들어 한국도로공사가 교부한 입찰유의서상의 추정매출액에 터잡아 적정보증금의 3배가 넘는 금액으로 입찰에 응하여 고속도로휴게소운영권에 관한 임대차계약을 체결한 경우에 법률행위의 중요부분의 착오(동기의 착오)로 취소를 인정할 수 있다. 또한 전문건설공제조합이 도급금액이 허위로 기재된 계약보증신청서를 믿고서 조합원이 수급할 공사의 도급금액이 조합원의 도급한도액 내라고 잘못 알고 계약보증서를 발급한 경우에는 법률행위의 중요부분의 착오에 해당한다.492) 그러나 예컨대 임야 6,190평을 그 지상수목과 함께 688,990원에 매매할 때에 실측은 아니하고, 공부상 표시와 지적도에 따라서 그 지번의 평수와 위치를 확인한 후 그 지번의 임야 전부를 매매한 경우에는 후에 그 실지면적이 7,300평이라 1,100평이 많은 사실이 밝혀지더라도 그 매매는 특정된 임야 전체를 대상으로 하면서 다만 매매계약서에 그 지적을 6,190평으로 표시한 경우일 뿐이므로, 실평수의 착오를 법률행위의 내용의 중요부분에 착오라고 할 수 없다.493)

f) 계산의 착오

표의자가 합계나 계산의 기초가 되는 사정(계산요소)에 대하여 착오를 일으킨 경우를 계

489) 대법원 1993.9.28. 선고 93다31634, 31641 판결.
490) 대법원 1992.10.23. 선고 92다29337 판결.
491) 대법원 1990.11.23. 선고 90다카3659 판결.
492) 대법원 1997.8.22. 선고 97다13023 판결.
493) 대법원 1969.5.13. 선고 69다196 판결.

산착오라고 한다. 계산착오는 물건의 가격이나 수량 자체에 대하여 착오를 한 경우뿐만 아니라, 비용(원료비·인건비·광고비)이나 크기, 무게, 양, 단가 등과 같은 계산요소에 착오가 있는 경우에도 성립한다. 예를 들어 총량을 대충 계산하여 20톤으로 생각하고 고철을 시가에 따라서 판매하기로 한 매매계약에서 실제로 무게를 단 결과 50톤이 된 경우, 금은방에서 금의 무게나 단가를 잘못 계산하여 고객에게 실제보다 저렴하게 판 경우, A가 B로부터 건축공사를 도급받은 경우에 건평이나 시간당 임금을 잘못 계산하여 공사비를 싸게 정한 경우가 계산의 착오에 해당한다.

계산의 근거를 상대방에게 제시하지 않은 경우에 계산착오는 단순한 동기의 착오가 되고 취소를 할 수 없다. 예를 들어 A가 B에게 베란다에 섀시를 설치하는 비용으로 100만원을 요구하고 B가 승낙하여 베란다 섀시를 설치하기로 한 경우에 만일 A가 계산근거를 제시하지 않고 총액 100만원을 요구하여 도급계약이 체결되면 비록 후에 착오로 베란다의 면적을 잘못 계산하여 공사비를 적게 요구한 사실이 밝혀져도 계산의 착오를 이유로 하는 취소가 인정되지 아니한다.

상대방에게 계산이 인식가능하다고 하여 항상 계산의 착오가 법률행위의 내용의 중요부분에 관한 착오로 된다고 볼 수는 없다. 예컨대 상대방에게 알려진 개별적 가격을 잘못 합산하여 최종합계에 착오가 있는 경우에는 계산의 착오로 보지 아니하고, 의사표시의 해석에 의하여 표의자와 상대방이 합의한 개별적 가격에 근거한 정확한 총액을 최종금액으로 보면 된다. 다만 개별적 가격에 기한 재계산이 상대방에게 기대불가능하면 상대방에 의하여 인식된 최종합계에 대한 신뢰를 보호하여 최종합계가 매매대금으로 간주되고, 표의자는 자기가 의욕하지 않은 표시를 계산의 착오를 이유로 취소할 수 있다.

(d) 법률의 착오

법률의 규정 내지 어떤 법률이 가지는 의미에 관한 착오를 법률의 착오라고 한다. 표의자가 의사표시에 의하여 발생하는 법률효과에 대하여 착오를 하면 법률의 착오가 된다. 법률의 착오는 경우에 따라서 단순한 동기의 착오로 될 수도 있고, 법률행위의 내용의 중요부분에 대한 착오가 될 수도 있다.

법률이 의사표시에 일정한 법률효과를 부여하고 있고, 표의자가 그 법률효과에 대하여 착오를 일으키면 의사와 표시 사이의 상이라고 할 수 없으므로, 단순한 동기의 착오에 불과하다. 예를 들어 A가 B에게 자동차를 판 경우에 계약상 A의 하자담보책임에 대하여 규율하지 아니하면 민법(§580)에 의하여 규율된다. A가 착오로 계약상 하자담보책임을 별도로 약정하지 아니하여 매매목적물의 하자에 대하여 책임을 부담하지 아니한다고 생각하면 단순한 동기의 착오가 된다. 그러나 법률효과가 표시의 내용을 이루고, 표의자가 그 법률효과에 대하여 착오를 하면 표시가 의사와 상이하여 법률행위의 내용의 중요부분에 관한 착오로 될 수 있다. 예컨대 AB가 체결한 자동차에 대한 매매계약에서 권리하자담보책임은 배제된다고 약정한 경우에 A가 착오로 물건하자담보책임도 배제된다고 생각하면 A는 자기가 한 표시의 내용에 대한 착오를 이유로 매매계약을 취소할 수 있다.

(4) 착오의 적용범위

1) 상대방 없는 의사표시

민법 제109조는 상대방 있는 의사표시를 상정한 규정이지만, 상대방 없는 의사표시에도 적용된다. 상대방 없는 단독행위에서는 법률행위에 기하여 직접적으로 법적 이익을 받은 수익자가 취소의 상대방이 된다. 예를 들어 A가 K1교수가 쓴 「민법총칙」에 대한 소유권을 포기한다고 하고 생각하고 K2교수가 쓴 「민법총칙」을 쓰레기통에 버린 경우에 A는 상대방 없는 의사표시를 착오를 이유로 취소할 수 있다. 만일 B가 쓰레기통에 버려져 있는 K2교수가 쓴 「민법총칙」을 주운 경우에 취소의 상대방은 무주물인 K2교수가 쓴 「민법총칙」을 그 사이에 선점한 B가 된다. 물론 A가 버린 K2교수가 쓴 「민법총칙」이 아직 누구에 의하여도 선점되지 않은 무주물이라고 하면 A는 별도로 취소의 의사표시를 할 필요가 없고, K2교수가 쓴 「민법총칙」을 다시 점유하면 된다.

2) 가족법상의 행위

가족법상의 행위에서는 표의자의 진의가 정확히 반영되어야 하므로, 민법 제109조가 적용되지 않고 별도로 그 효력이 결정된다. 예컨대 부인이 혼인체결을 한 후에 남편이 이미 혼인 이전부터 불치의 질병에 걸려있다고 하는 사실을 아는 경우와 같이, 혼인을 하면서 배우자의 개인적 특성에 대한 착오에 기하여 혼인에 대한 의사표시를 하는 경우가 있다. 그러나 혼인체결을 할 때에 배우자의 개인적 특성에 대하여 착오에 빠진 경우라고 하여 착오취소의 의사표시를 통하여 혼인을 소급적으로 무효로 할 수는 없다. 물론 혼인취소제도에 의하여 혼인을 체결할 때에 '부부생활을 계속할 수 없는 악질 기타 중대한 사유'(§816 ii)에 대하여 착오에 빠진 당사자는 상대방에 대하여 혼인의 취소를 청구할 수 있고, 만일 법원이 인정을 하면 장래를 향하여(ex nunc) 혼인은 해소된다.

3) 주식의 인수

주식의 인수(상법 §320 I)와 같이 집단적으로 일괄하여 처리되어야 할 법률행위에는 민법 제109조가 적용되지 아니한다.

4) 화해계약

"화해계약은 착오를 이유로 하여 취소하지 못한다. 그러나 화해당사자의 자격 또는 화해의 목적인 분쟁 이외의 사항에 착오가 있는 때에는 그러하지 아니하다"(§733). 그러므로 화해계약에 의하여 종료된 분쟁의 목적인 권리에 대하여는 민법 제733조에 의하여 민법 제109조가 배제된다. 다만 화해의 목적인 분쟁 이외의 사항, 예컨대 다툼의 대상인 사항의 전제 내지 기초로서 당사자 양쪽이 당연히 예정한 경우이어서 상호양보의 내용으로 되지 않고 다툼도 의심도 없는 사실로서 양해된 사항에 대하여는 착오를 이유로 그 화해계약을 취소할 수 있다.

A는 감기몸살에 걸려 B의사로부터 치료를 받았는데, B의사는 A에게 맥페란을 주사하였다. 그런데 A는 B의사로부터 의료처치를 받은 후 불과 2시간만에 사망하였다. A쪽이 B의사에게 치료행위상의 과실이 있음을 전제로 3억5천만원의 손해배상금을 요구하였다. B의사는 A쪽에게 「손해배상금」으로 1억1천만원을 지급하기로 합의하여 A쪽과의 분쟁을 화해로 해결하였다. 그런데 후에 A가 B의사의 과실이 아니라, 치료행위와 전혀 무관한 「심관상동맥류내의 혈전형성으로 인한 심장성 돌연사」로 사망한 사실이 밝혀졌다. A쪽은 B의사에 대하여 1억1천만원을 청구할 수 있는가?

민법 제733조 단서에 의하면 「화해의 목적인 분쟁 이외의 사항에 착오가 있는 때」에는 착오를 이유로 취소할 수 있다. 그러므로 B의사의 민사상의 손해배상책임의 존재 그 자체가 분쟁의 대상이냐, 화해의 목적인 분쟁 이외의 사항이냐가 문제된다. 만약 B의사에게 과실이 있어서 손해배상책임이 있느냐 여부가 분쟁의 대상이라고 하면 민법 제733조 본문에 의하여 착오를 이유로 취소하지 못한다. 그러나 B의사의 손해배상책임 여부가 「화해의 목적인 분쟁 이외의 사항」, 즉 분쟁의 대상이 아니라 분쟁의 전제 또는 기초가 된 사항으로서 당사자 쌍방이 당연히 예정한 경우이어서 상호양보의 내용으로 되지 않고 다툼이 없는 양해된 사항인 때에는 착오를 이유로 취소할 수 있다. 케이스와 같이 환자가 의료사고로 사망한 줄로 잘못 알고 화해가 이루어진 후에 환자의 사인이 치료행위와는 전혀 무관하다고 판명된 경우에는 「화해의 목적인 분쟁 이외의 사항」에 대한 착오라고 본다.[494] 그러므로 A쪽과 B의사의 합의는 B의사의 과실을 전제로 한 경우로서 민사상의 손해배상책임의 존재 그 자체는 분쟁의 대상이 아니라, 합의의 당연한 전제가 되어 있으므로, B의사는 착오를 이유로 화해계약을 취소할 수 있다.

[더 생각할 과제 - 분쟁이 일어난 사항에 대한 착오]

A가 B에 대하여 B의 불법행위에 의한 손해를 입은 사실을 주장하며 1,000만원의 손해배상을 청구하였다. 그런데 B는 1,000만원의 손해배상은 너무 많다고 하며 500만원 정도밖에 줄 수 없다고 주장하였다. 결국 A는 B의 주장에 따라서 법적으로는 500만원밖에 청구할 수 없다고 오해하고 500만원만을 지급받고 나머지 청구를 포기하기로 하는 화해를 하였다. 그러나 후에 A가 법적으로 1,000만원 전액을 청구할 수 있다는 사실이 밝혀졌다. A는 착오를 이유로 화해계약을 취소할 수 있는가?

화해계약의 의사표시에 착오가 있더라도 당사자의 자격이나 화해의 목적인 분쟁 이외의 사항에 관한 착오가 아니고, 분쟁의 대상인 법률관계 자체에 관한 착오일 때에는 착오를 이유로 취소할 수 없다(§733 본문). 케이스와 같이 법적으로 1,000만원 전액을 청구할 수 있는가 아닌가에 대하여 분쟁이 일어나고, A가 화해액(500만원)이 진실과 다를 수 있다는 위험을 인수하며 화해를 한 경우이므로, 비록 착오가 있더라도 착오의 주장을 인정하기는 곤란하다.

---

494) 대법원 1990.11.9. 선고 90다카22674 판결; 대법원 1991.1.25. 선고 90다12526 판결; 대법원 2001. 10. 12. 선고 2001다49326 판결. 또한 교통사고에서 가해자의 과실이 경합되어 있는데도 피해자측이 오직 피해자의 과실로 인하여 사고가 발생한 경우로 착각하고 실제 손해액보다 훨씬 적은 금원의 합의금을 받고 일체의 손해배상청구권을 포기하기로 화해한 경우에도 착오취소를 인정한다(대법원 1997.4.11. 선고 95다48414 판결).

만약 B의 사기로 인하여 A의 착오가 야기된 경우에는 어떤가? 화해계약이 사기로 인하여 이루어진 경우에는 화해의 목적인 분쟁에 관한 사항에 착오가 있더라도 민법 제110조에 따라서 화해계약을 취소할 수 있다고 본다.[495] 그러므로 AB 사이의 화해계약이 B의 사기로 인하여 이루어진 경우에는 화해의 목적인 분쟁에 관한 사항에 착오가 있는 때에도 A는 사기를 이유로 취소할 수 있다.

(5) 착오의 효과

(i) 법률행위의 내용의 중요부분에 착오가 있는 때에는 그 의사표시를 취소할 수 있다(§109 I 본문). 일본민법과 같이 입법례에 따라서 착오에 의한 의사표시를 무효로 규정하고 있는 경우도 있으나, 민법은 표시주의에 따라서 상대방의 이익을 고려하려는 취지에서 착오의 효과를 취소로 규정하고 있다.

취소할 수 있는 법률행위가 착오를 이유로 유효하게 취소되면 법률행위는 처음부터 무효로 된다(§141). 착오로 인한 취소에 의해서는 착오가 있는 의사표시는 수정이 되지 않고, 오직 무효로 될 뿐이다. 그러므로 착오를 이유로 법률행위가 취소되는 경우에 착오에 의하여 의사의 흠결이 발생한 법률행위를 대신하여 착오가 없다고 하면 성립할 법률행위가 인정되지는 아니한다.

착오를 이유로 취소된 법률행위의 무효는 취소의 의사표시를 한 시점부터 비로소 발생하지 않고, 착오로 인한 취소는 법률행위를 처음부터, 즉 소급적으로(ex tunc) 무효로 한다. 착오를 이유로 법률행위가 취소되면 법률행위는 전혀 처음부터 존재하지 않은 경우가 된다. 착오에 의한 취소에 따른 소급적 무효는 이미 법률행위에서 발생한 급부가 실현된 계속적 법률관계(예컨대 고용관계, 임대차관계, 조합관계)에서는 청산과 관련하여 곤란한 문제를 야기한다. 그러므로 계속적 법률관계에서는 비록 착오에 의한 취소가 된다고 하더라도 이미 이행된 급부는 더 이상 소급적으로 무효로 할 수 없고, 다만 착오취소의 효과는 장래를 향하여만(ex nunc) 발생시킬 필요가 있다.

(ii) 착오가 표의자의 중대한 과실에 기인한 때에는 착오를 이유로 의사표시를 취소할 수 없다(§109 I 단서). 중대한 과실(중과실)은 통상인 일반에 대하여 결정하지 않고, 표의자의 직업·지식·경험, 법률행위의 종류·목적에 비추어 보통 요구되는 주의를 지나치게 결여한 상태를 가리킨다.[496] 예를 들어 주식매매를 영업으로 하는 자가 주식양도의 제한 여부에 대하여 정관을 조사하지 않은 경우, 보험회사가 피보험자의 사고에 대하여 사고관계자로부터 사정을 듣지 아니하여 만취운전에 의한 사고라는 사실을 알지 못하고 화해계약을 맺은 경우, 상품대금지급의무의 보증인이 된 자가 채권자와 채무자 사이에 두 종류의 상품거래가 있다고 하는 사실을 모르고 한 종류만을 보증할 의사로 대금한도액만을 기재한 보증증서를 날인한 경우가 중대한 과실에 해당한다. 표의자의 중대한 과실에 관한 증명책임은 상대방이 부담한다.

---

495) 대법원 2008.9.11. 선고 2008다15278 판결.

496) 대법원 1993.6.29. 선고 92다3881 판결.

A건설회사는 갑토지에서 주택개발사업을 시행하기 위하여 국가와의 사이에서 갑토지에 대한 매매계약을 체결하였다. 그런데 매매계약의 체결 당시 갑토지 일대의 용도지역이 도시지역 중 제1종 일반주거지역이었으나, 갑토지에 대한 매매계약을 체결한 후 갑토지 일대에 도시계획시설인 근린공원을 신설하기로 하는 도시관리계획결정이 고시되어 A건설회사는 갑토지에서 주택개발사업을 하기가 사실상 곤란하게 되었다. A건설회사는 착오를 이유로 국가와의 매매계약을 취소할 수 있는가?

갑토지에서 주택개발사업을 진행하기에 아무런 문제가 없다고 생각한 A건설회사로서는 동기의 착오에 빠져 국가와의 매매계약을 체결한 경우라고 할 수 있다. 그리고 A건설회사로서는 그 동기의 착오가 없었더라면 갑토지를 매수하지 않았거나 그 매매대금으로는 매매계약을 체결하지 않았을 경우라고 보이므로, A건설회사가 갑토지를 매수한 동기는 매매계약의 내용의 중요부분을 이루고 있다고 볼 수 있다. 다만 A건설회사는 주택개발회사이므로, A건설회사가 범한 동기의 착오는 주택개발사업을 진행하기 위한 부동산의 매수와 관련하여 통상 요구되는 주의를 현저히 결여한 경우라고 하지 않을 수 없다. 그러므로 A건설회사는 착오를 원인으로 매매계약에 대한 취소를 주장할 수 없다.

(iii) 착오에 의한 의사표시의 취소는 선의의 제3자에게 대항하지 못한다(§109 II). 민법 제109조 제2항에서 「선의」란 착오에 의한 의사표시가 있다는 사실을 알지 못한 경우를 가리킨다(선의인지 여부는 제3자가 새로운 이해관계를 가지게 된 때를 기준으로 판단하고, 제3자가 자신의 선의를 증명하여야 한다). 그리고 「제3자」란 착오에 기한 의사표시의 당사자와 그의 포괄승계인 외의 자로서 착오에 의한 의사표시로 인하여 생긴 법률관계를 토대로 새로운 이해관계를 가지게 된 자를 말한다. 또한 「대항하지 못한다」는 뜻은 착오에 의한 취소를 주장할 수 없다는 의미이다.

[더 생각할 과제 - 착오취소가 배제되는 경우]

(i) 표의자가 어떤 의사표시를 할 때에 그 의사표시에 따른 위험을 의식적으로 인수하고 그 위험이 구체화되는 모험적인 행위(예컨대 투기행위)를 하는 경우에는 착오를 이유로 취소를 할 수 없다. 예를 들어 A가 B로부터 어떤 그림을 진본이라고 생각하고, 진본가격으로는 의심스런 대금을 주고 구입하면 후에 그 그림이 모조품에 불과하다고 하는 사실이 밝혀져도 착오를 이유로 매매계약을 취소할 수 없다. A는 진본가격에 못 미치는 매매대금에 의한 그림의 구입을 통하여 스스로 의사표시에 따른 위험을 인수한 경우로 되므로, 착오를 이유로 자기에게 인정되는 취소권을 묵시적으로 '팔아버린' 셈이 된다.

(ii) 착오에 의하여 표의자에게 착오가 없는 경우보다 유리하게 된 경우에는 착오를 이유로 하는 취소가 배제된다.[497] 착오자는 착오에 의한 의사표시가 자기에게 불이익한 경우에 한하여 취소할 수 있고, 유익한 경우에는 취소할 수 없다. 예를 들어 A가 B에게 사실은 69만원에 팔려고 한 라디오를 96만원에 판다고 청약을 하고, 만일 B가 96만원에 산다고 승낙을 한 경우에는 비록 그 이후 라디오의 가격이 앙등하여 126만원이 되더라도 A는 착오를 이유로 매매계약을 취소할 수 없다.

497) 만일 착오로 인하여 표의자가 무슨 경제적인 불이익을 입은 경우가 아니라면 법률행위의 내용의 중요부분의 착오라고 할 수 없다(대법원 2006.12.7. 선고 2006다41457 판결).

(iii) 상대방이 착오자의 진의에 동의한 경우에는 더 이상 착오자는 취소의 주장을 할 수 없다. 특히 입법례로서 스위스채무법 제25조 제2항과 같이 "착오자는 상대방이 착오자의 진의대로 계약을 체결하고자 하는 의사를 표시하면 그 진의대로 효력을 발생시켜야 한다"고 하여 상대방이 착오 있는 의사표시에 대하여 착오자가 의욕한 대로 효력을 발생하게 할 용의가 있다고 표시하면 착오자의 취소주장이 배제된다고 하는 명문규정을 두고 있는 경우도 있다.

(iv) 당사자가 착오에 의한 취소를 할 수 없다고 하는 특약을 미리 한 경우에도 역시 착오자의 취소권은 배제된다. 민법 제109조는 강행규정이 아닌 임의규정으로 보는 견해에 이견이 없고, 당연히 당사자의 합의에 의하여 착오를 이유로 하는 취소가 배제될 수 있다고 본다. 다만 당사자 한쪽의 착오에 대한 취소배제의 합의가 상대방에 의하여 신의성실에 반하는 방법으로 이용되는 경우에는 그 특약의 효력이 인정되지 아니한다.

(v) 착오자가 취소권을 일단 포기한 경우에는 더 이상 착오에 기한 취소를 주장할 수 없다. 착오자는 착오의 의사표시에 의하여 생긴 취소권을 합의에 의하여 포기할 수도 있고, 착오의 인식 후에 추인의 법리(§§143 · 144)에 의하여 포기할 수도 있다.

(vi) 착오에 의한 의사표시가 있더라도 착오의 주장이 신의성실에 반하는 경우에는 허용되지 아니한다. 특히 입법례로서 스위스채무법은 명문으로 신의성실의 원칙에 반하는 방법으로는 착오로 인한 취소를 주장할 수 없다고 하는 규정을 두고 있다(§25 I OR). 예를 들어 고용 · 조합과 같은 계속적 채권관계에서 의사표시를 할 당시 법률행위의 내용의 중요부분의 착오가 있은 경우에도 계약실행의 과정에서 이미 착오를 이유로 하는 취소가 그 의미를 상실하면 착오취소는 신의성실의 원칙에 반하여 허용되지 아니한다.

(vii) 법률행위의 성질상 착오를 이유로 하는 취소가 허용될 수 없는 경우도 있다. 예컨대 연대보증계약에서 연대보증은 성질상 항상 채무자가 무자력이 되는 위험을 예상하고 그 위험을 부담하여야 하므로, 연대보증인이 채무자를 위하여 채권자와 연대보증계약을 체결한 경우에 만일 채무자가 무자력으로 될 사실을 착오로 알지 못하더라도 착오를 이유로 연대보증계약을 취소할 수 없다.

(viii) 민법은 "취소권은 추인할 수 있는 날로부터 3년 내에, 법률행위를 한 날로부터 10년내 행사하여야 한다"고 규정하고 있다(§146). 착오를 이유로 하는 취소권도 역시 민법 제146조가 정한 취소기간이 경과하면 더 이상 행사할 수 없다. 그리고 민법이 규정하고 있는 취소기간 이전에도 실효의 법리에 따라서 착오로 인한 취소권이 소멸하게 되는 수도 있다.

(6) 착오와 다른 제도의 경합의 관계

1) 착오와 사기

착오의 원인이 상대방 혹은 제3자에 의한 기망행위에 있는 경우에 표의자는 민법 제109조에 의한 착오를 이유로 하는 취소와 민법 제110조를 의한 사기를 이유로 하는 취소 중 어느 취소를 주장하여야 하는가? 착오나 사기에 의한 의사표시는 다 같이 취소할 수 있지만, 그 요건은 차이가 있고, 그 효과도 전적으로 동일하지는 않다. 특히 착오에서는 표의자에게 중대한 과실이 있는 경우에는 착오를 할 수 없고, 다른 한편 착오에서는 법률행위의 내용의 중요부분에 관한 착오라는 사실을 입증하여야 하며, 사기에서는 사기자의 고의를 입증하여야 하는 차이가 있다. 그러므로 학설은 착오와 사기의 이중효(二重效)를 인정하여 표의자는 어느 경우이든 그 요건을 입증하여 취소할 수 있다고 본다. 역시 판례[498]도 학설과 같은 입장이다. 그리고 상대방은 표의자가 착오를 주장하는 경우에 사기를 주장하거나, 사기를 주장하는 경우에 착오를 주장하여 반대하지 못한다.

2) 착오와 해제

매도인이 매수인의 중도금지급채무불이행을 이유로 매매계약을 적법하게 해제한 후라도 매수인으로서는 상대방이 한 계약해제의 효과로서 발생하는 손해배상책임을 지거나 매매계약에 따른 계약금의 반환을 받을 수 없는 불이익을 면하기 위하여 착오를 이유로 한 취소권을 행사하여 매매계약 전체를 무효로 돌리게 할 수 있다.[499)]

3) 착오와 하자담보책임

> 공무원인 A가 B로부터 뇌물을 받고 관계문서를 위조하여 국유지를 B의 명의로 소유권이전등기를 경료하여 주었다. 그리고 B는 그 국유지를 다시 C에게 매도하였고, 소유권이전등기까지 경료되었다. B와 C 사이에 매매계약이 체결될 당시 매수인인 C는 그 토지가 국유라는 사실을 모르고 체결하였는데, 그 후 A의 부정사실이 발각되었다. C는 B에 대하여 어떤 주장을 할 수 있는가?

사례에서 BC 사이의 매매계약은 민법 제569조에 의한 타인의 권리의 매매에 해당한다. 그러므로 B가 국가로부터 매매의 목적이 된 권리를 취득하여 C에게 이전할 수 없는 때에는 매도인의 담보책임이 문제된다. 또한 계약당사자가 매매목적물에 권리하자가 있다는 사실을 모르고 매매계약을 체결한 경우이므로, 착오에 의한 취소가 문제된다. 결국 BC 사이에서는 착오취소와 하자담보책임이 경합한다. BC 사이에 매매계약이 체결될 당시 매수인인 C도 토지가 국유라는 사실을 모르고 체결하여 의사표시의 중요부분에 관한 착오가 있을 때에 해당한다고 하면 타인의 권리의 매매로 인한 매도인의 담보책임에 관한 규정(§570)과 민법총칙의 착오에 관한 규정(§109) 중 어느 규정이든 선택적으로 적용되는가 하는 문제가 있다. 착오와 담보책임의 경합관계에 대하여는 학설상 여러 견해가 대립하고 있다.

학설상으로는 착오와 매도인의 담보책임은 그 요건과 효과가 다르므로 두 가지의 요건에 모두 해당될 때에는 양자를 경합적으로 인정하여 매수인은 착오나 담보책임 중 어느 경우이든 선택적으로 주장할 수 있다고 보아야 한다는 견해도 있고, 먼저 담보책임에 관한 규정을 적용하여 계약은 일단 유효하며 중대한 하자가 있으면 계약해제권이나 손해배상청구권과 같은 담보책임이 생기고, 다만 담보책임으로 원만히 해결되지 않는 경우에는 보충적으로 민법 제109조에 의하여 해결된다고 보거나, 착오와 담보책임이 경합하면 착오가 우선적으로 적용되고, 제2차적으로 담보책임이 고려된다고 보는 견해도 있다. 또한 하자가 법률행위의 내용의 중요부분에 해당하는 경우에는 착오규정이 적용되고 하자담보책임은 배제되며, 그 이외에 대하여는 담보책임규정이 적용된다고 보는 견해도 있다. 그러나 매도인의 담보책임이 성립하는 범위에서는 착오로 인한 취소는 배제된다고 보는 견해가 타당하다. 왜냐하면 착오취소보다는 담보책임을 적용하는 경우가 (i) 착오로 인한 취

---

498) 대법원 1969.6.24. 선고 68다1749 판결.

499) 대법원 1991.8.27. 선고 91다11308 판결.

소권은 훨씬 장기간 존속하지만 빈번하게 일어나는 매매 기타의 유상계약에서는 1년 또는 6월의 제척기간에 걸리는 담보책임을 인정하여 장기간 불확정한 상태에 두지 않을 필요가 있고, (ii) 담보책임은 상당히 과중하여 취소를 인정하지 않아도 매수인의 보호에 지장이 없고, (iii) 담보책임에 관한 규정은 착오에 관한 특별규정으로 이해되어야 하고, (iv) 착오를 이유로 하는 취소를 배제하는 태도가 당사자의 의사에도 부합하고 거래의 안전에도 기여하기 때문이다.

사례에서 B의 담보책임이 성립하는 범위에서는 민법 제109조에 의한 착오취소는 적용되지 아니한다. B는 타인의 권리의 매매로 인한 매도인의 담보책임(§570)을 부담한다. 다만 이미 하자담보책임의 제척기간(6개월)이 도과한 경우 혹은 당사자가 합의로 담보책임 배제의 특약을 한 경우에는 하자담보책임을 물을 수 없다.

4) 착오와 계약체결상의 책임

> A는 노트북을 3대(NO.101, NO.102, NO.103) 가지고 있다. A는 가장 오래된 구식의 NO.101 노트북을 50만원에 매도한다고 하는 광고를 중고노트북을 취급하는 웹사이트에 올렸는데, B는 그 광고를 보고는 A가 최신의 NO.103 노트북을 매도한다고 생각하였다. 그리고 B는 A에게 전화를 걸어 "당신이 팔려고 하는 노트북을 사고자 한다"고 청약을 하였고, A도 B의 청약에 대하여 바로 승낙을 하였다. 후에 B는 자기가 산다고 한 노트북이 최신의 NO.103가 아니라 가장 구형의 NO.101이라는 사실을 알고는 매매계약을 착오를 이유로 취소하였다. A는 B에 대하여 손해배상을 청구할 수 있는가?

과실로 착오에 빠진 표의자가 돌연히 의사표시를 취소한 경우에는 취소되는 의사표시를 유효하다고 믿고 있는 상대방에게 뜻하지 않은 손해가 발생할 수 있다. 표의자가 착오취소를 하여 상대방에게 손해가 생긴 경우에 만일 표의자에게 과실이 있다고 하면 계약체결상의 과실책임이 생기는가 하는 문제가 있다. 학설상 계약체결상의 과실책임을 인정하는 견해(다수설)도 있고, 착오로 의사표시를 한 표의자가 착오취소를 하더라도 손해배상책임은 인정되지 않는다고 보는 견해도 있다.

만약 착오를 이유로 의사표시를 취소한 표의자에 대하여 책임을 인정하는 견해(긍정설)에 의하면 표의자가 경과실로 착오에 의한 의사표시를 한 경우(표의자에게 중과실이 있으면 착오취소가 배제되므로 표의자의 경과실만이 문제된다)에 그 의사표시를 취소하면 계약체결상의 과실을 이유로 신뢰이익의 배상의무를 부담한다고 보므로, 사례에서 A는 B에 대하여 손해배상을 청구할 수 있다. B가 착오를 이유로 매매계약을 취소하면 A는 아무 잘못 없이 법률행위의 취소로 불이익을 입게 될 수 있다. 그러므로 착오취소한 경우에 최소한 A의 신뢰이익은 배상되어야 이익형평을 이루게 되고, 착오취소를 한 B에게 손해배상의무를 인정하는 태도가 자기책임의 원칙에 부합한다고 볼 필요가 있다. 물론 민법 제109조 제2항에서 제3자를 보호하는 내용만을 담고 있고, 상대방의 보호에 대하여는 전혀 규정하지 않고 있다. 또한 민법상으로는 취소자의 손해배상의무를 규정하고 있는 독일민법 제

122조 제1항과 같은 규정이 없다. 그러나 착오취소에 따른 손해배상책임을 인정하는 태도가 옳다고 본다. 학설상 계약체결상의 과실을 규정하고 있는 민법 제353조를 넓게 해석하여 원시적 불능의 경우 이외에까지 유추적용할 수 있다고 보는 견해가 다수이므로, 착오취소가 된 경우에 대하여도 민법 제535조를 유추적용할 수 있다고 보아야 한다. 물론 A는 착오에 대하여 선의·무과실이어야 하며(§535 II 참조), 만약 A가 악의이거나 과실이 있는 때에는 굳이 A를 보호할 필요가 없다. 사례에서는 B에게 비록 착오에 관하여 경과실이 있다고 할지라도 A는 선의·무과실인 경우에는 B에 대하여 착오취소된 매매계약이 유효하다고 믿음으로써 받은 손해(신뢰이익)에 대한 배상을 청구할 수 있다고 보아야 한다.

5) 착오와 불법행위

건설업법에 의한 도급한도액이 5억원인 A회사가 아파트신축공사 중 조립식 욕조의 제작·설치공사를 10억5천만원에 도급받게 되었는데, A회사와 B도시개발공사는 도급금액의 10%에 상당하는 계약보증금 1억5백만원 중 5백만원은 현금으로 납입하되 나머지 1억원은 전문건설공제조합이 발행하는 계약보증서의 교부로 대체하기로 하였다. A회사가 전문건설공제조합에게 계약보증서의 발급을 신청하면서 도급금액이 10억5천만원임에도 계약보증신청서에 도급금액을 5억원으로 기재함으로써 전문건설공제조합은 A회사가 수급할 공사의 도급금액이 5억원이라고 잘못 알고서 계약보증서를 발급하고, A회사는 그 계약보증서를 교부하여 B도시개발공사와의 사이에 도급계약을 체결하였다. 그 후 A회사가 도급계약상의 수급인의 의무를 다하지 못하게 되어 B도시개발공사가 전문건설공제조합에 보증책임을 묻게 되자, 전문건설공제조합은 착오를 이유로 B도시개발공사와의 보증계약을 적법하게 취소하였다. B도시개발공사는 전문건설공제조합에 대하여 손해배상책임을 물을 수 있는가? [대법원 1997.8.22. 선고 97다13023 판결]

불법행위로 인한 손해배상책임이 성립하기 위해서는 가해자의 고의 또는 과실 이외에 행위의 위법성이 요구된다. 그러나 전문건설공제조합이 계약보증서를 발급하면서 조합원이 수급할 공사의 실제 도급금액을 확인하지 아니한 과실을 범한 경우라고 하더라도 민법 제109조에서 중과실이 없는 착오자의 착오를 이유로 한 의사표시의 취소를 허용하고 있는 이상, 전문건설공제조합이 과실로 인하여 착오에 빠져 계약보증서를 발급한 경우이지만 그 착오를 이유로 보증계약을 취소하더라도 위법하다고 할 수는 없다고 본다. 민법 제109조는 분명히 표의자가 착오에 빠져 의사표시를 한 경우에는 표의자의 중과실이 없는 한 '취소를 할 수 있다'고 규정하고 있으므로, 법률상 보장된 취소권을 행사한 사실을 가지고 불법행위라고 할 수는 없다. 그러므로 전문건설공제조합의 계약취소로 B도시개발공사가 1억원 상당의 계약보증금을 지급받지 못함으로써 그 금액 상당의 손해를 입게 되더라도 전문건설공제조합이 착오를 이유로 B도시개발공사와의 보증계약을 적법하게 취소한 사실을 불법행위라고 주장하면서 전문건설공제조합에 대하여 손해배상책임을 물을 수는 없다.

Ⅲ. 하자 있는 의사표시

1. 하자 있는 의사표시의 의의

표의자가 표시에 대응하는 효과의사를 가지고 있지만, 그 의사가 타인의 기망에 의하여 형성된 경우나 타인의 강박에 의하여 어쩔 수 없이 의욕한 경우에는 완전하고 자유로운 의사표시라고 할 수 없다. 사기나 강박에 의하여 의사표시를 하면 하자 있는 의사표시가 된다. 민법은 고의로 타인을 기망하여 착오에 빠지게 하는 사기에 의한 의사표시 또는 고의로 해악을 준다고 위협하여 공포심을 일으키게 하는 강박에 의한 의사표시를 하자 있는 의사표시로 규정하고 있다. 하자 있는 의사표시는 표의자가 후에 취소하면 처음부터 소급하여 무효로 된다.

2. 사기에 의한 의사표시

(1) 사기의 의의

사기란 타인을 기망하여 착오에 빠지게 하고, 그 착오에 기하여 의사표시를 하게 하는 고의의 위법행위를 가리킨다. 표의자가 타인의 기망행위로 인하여 착오에 빠지고, 그 상태에서 한 의사표시를 사기에 의한 의사표시라고 한다.

사기는 형법상으로는 범죄(사기죄)가 되지만, 민법상의 사기는 형법상의 사기와 같은 개념은 아니다. 민법상 사기가 되더라도 형법상 사기죄의 구성요건을 항상 충족하지는 않는다. 또한 형법상 사기죄에 해당하는 경우가 모두 민법 제110조에게 가리키는 사기를 의미하지는 아니한다.

[더 생각할 과제 - 사기와 착오의 구별]

사기에 의한 의사표시란 타인의 기망행위로 말미암아 착오에 빠지게 된 결과 어떤 의사표시를 하게 되는 경우이므로 거기에는 의사와 표시의 불일치가 있을 수 없다. 사기에 의한 의사표시는 단지 의사의 형성과정, 즉 의사표시의 동기에 착오가 있는 경우에 불과하며, 그 측면에서 고유한 의미의 착오에 의한 의사표시와 구분된다.

(2) 사기에 의한 의사표시의 요건

1) 사기자의 고의

사기에 의한 의사표시가 되기 위해서는 사기자에게 「고의」가 필요하다. 사기자의 고의는 타인을 기망하여 착오에 빠지게 하려는 고의와 그 착오에 기하여 일정한 의사표시를 하게 하는 고의, 즉 2단계의 고의가 요구된다. 기망행위에 대한 고의, 착오의 야기에 대한 고의, 착오에 의한 의사표시를 하게 하려는 고의와 같이 3단계에서 고의가 요구된다는 견해(3단계고의설)가 있으나, 2단계의 고의로 충분하다고 본다.

사기에 의한 의사표시가 성립하기 위해서는 반드시 사기자의 고의가 필요한가 혹은 과실만으로도 사기가 될 수 있는가? 학설상 고의는 물론 과실에 의하여도 사기에 의한 의사표시가 될 수 있다고 보는 견해가 있으나, 사기자에게 고의가 있어야만 하고 과실만으로는 사기에 의한 의사표시가 되지 않는다고 보는 견해가 타당하다.

2) 기망행위의 존재

(a) 서 언

기망행위란 표의자에게 그릇된 인식 혹은 판단을 하게 하거나, 그 관념을 강화·유지하게 하는 모든 용태를 가리킨다. 적극적인 허위사실의 날조뿐만 아니라, 소극적으로 진실을 은폐하는 행위나 단순한 의견·평가의 진술도 기망행위가 된다. 경우에 따라서는 침묵도 기망행위가 될 수 있다.

A는 마침 자신이 운영하는 모텔이 영업정지를 당하고, 자기의 아들이 갑자기 아파 병원에 입원하는 등 집안에 우환이 끊이지 않자, 사업을 번창하게 해 준다는 광고를 낸 무속인을 찾아 갔다. 무속인의 권유에 따라서 A는 무려 22차례에 걸쳐 굿, 액땜 또는 비방 등을 하고, 그 대가로 자그마치 1억2,400여만원을 지급하였다. A는 무속인에 대하여 굿값의 반환을 청구할 수 있는가?

「굿」이란 무속인이 샤머니즘의 한 형태로 행하는 새신(賽神)의식을 총칭하여 일컫는다. 그리고 무속인이 음식을 차려 놓고 노래를 하고 춤을 추며 귀신에게 인간의 길흉화복을 조절하여 달라고 비는 의식을 맡아 하기로 약정하고, 고객이 그 대가로 사례를 지급하기로 약정하여 그 효력이 생기는 계약을 「굿계약」이라고 칭할 수 있다.

사례에서 A가 무속인의 사기를 이유로 굿계약을 취소할 수 있는가? 만약 굿계약이 취소될 수 있다고 하면 A는 부당이득반환청구로 굿값의 반환을 청구할 수 있다. 굿, 액땜 또는 비방 등을 통하여 사업을 번창하게 해 준다는 약정이 기망행위에 해당하는가가 문제된다. 굿과 같은 무속행위는 정신적이고 신비적인 세계를 전제로 하여 마음의 위안과 평정을 얻을 목적으로 행하므로, 그 결과가 발생하지 않더라도 무속인이 무속업계에서 이뤄지는 일반적인 굿을 실행한 이상 기망행위를 한 경우로 볼 수는 없다. 결국 A는 사기를 이유로 굿계약을 취소할 수 없고, 무속인으로부터 굿값을 돌려받을 수 없다.

(b) 판례에 나타난 사례

(i) 판례에 나타난 사례로서 기망행위로 인정되는 경우는 아래와 같다.

① 타인의 물건의 매매 　민법 제569조는 타인의 권리의 매매를 유효로 규정하고 있으나, 그 취지는 선의의 매수인의 신뢰이익보호에 있다. 그러므로 매수인이 매도인의 기망에 의하여 타인의 물건을 매도인의 물건으로 알고 매수한다는 의사표시를 한 경우에 만일 타인의 물건인줄 안 경우라고 하면 매수하지 아니할 만한 사정이 있는 경우에는 매

수인은 사기에 의한 의사표시로 매수의 의사표시를 취소할 수 있다.[500)]

② 목적물의 권리상황에 관하여 허위의 사실을 고지한 경우 　　예컨대 불법점유 중에 있는 국유임야를 사용허가를 얻어 정당하게 점유하고 있다고 하고, 또한 당시 이미 공원용지로 책정되어 개인에게 불하될 수 없게 된 토지인 데도 정당한 공원용지점유에 의한 연고권에 의하여 그 토지를 불하받을 수 있다고 적극적으로 기망한 경우에는 사기에 의한 법률행위라고 인정된다.[501)]

③ 백화점의 변칙세일 　　본래 상품의 선전, 광고와 관련하여 다소의 과장이나 허위가 수반되더라도 그 과장이나 허위가 일반 상거래의 관행과 신의칙에 비추어 시인될 수 있는 한 기망성이 결여된다. 예컨대 벼룩시장이나 짝퉁시장 등에서 물품을 판매하면서 이른바 '짝퉁'을 진품으로 속이더라도, 또는 품질을 다소 과장하거나 높은 가격을 받더라도 바로 기망행위에 해당한다고 보기는 어렵다. 상품의 선전이나 광고에서의 과장이나 허위가 기망행위로 되기 위해서는 거래상 중요한 사항에 관하여 구체적 사실을 신의성실의 의무에 비추어 비난받을 정도의 방법으로 허위로 고지하거나 과장하여야 한다. 예를 들어 소비자가 백화점을 이용하는 경우에 소비자가 갖는 상품의 품질이나 가격 등에 대한 정보는 대부분 백화점의 광고에 의존할 수밖에 없고, 백화점에서 판매되는 상품의 품질과 가격에 대한 소비자의 신뢰나 기대는 백화점 스스로의 대대적인 광고에 의하여 창출되어 그 광고는 크게 보호되어야 한다. 그러므로 대형백화점의 이른바 변칙세일(종전에는 높은 가격으로 판매되던 상품인데 할인특매기간에 한하여 특별히 대폭 할인된 가격으로 판매되는 경우처럼 광고를 하고, 할인판매기간이 끝난 후에도 판매가격을 환원하지 아니하고 할인특매기간 중의 가격으로 판매를 계속하는 일종의 판매기법을 가리킨다)은 기망행위에 해당한다.[502)]

(ii) 기망행위로 인정되지 않는 경우로서는 아래와 같은 사정이 있다.

① 시가를 고지하지 않거나 허위로 높은 가격을 시가로 고지한 경우 　　본래 매매거래에서 매수인은 될수록 염가로 매수하기를 바라고 매도인은 반대로 될수록 고가로 처분하기를 희망한다. 매수인과 매도인은 이해가 상반되는 지위에 있으므로 그 품질이나 시가에 대하여 묵비를 지켜 고지하지 아니한 경우라고 하여도 그 사실만을 가지고 곧바로 사기에 의한 법률행위라고 할 수는 없다.[503)]

예를 들어 A가 가진 갑건물과 B가 소유하는 을임야를 교환하는 경우에 일반적으로 교환계약을 체결하려는 AB는 서로 자기가 소유하는 목적물은 고가로 평가하고, 상대방이 소유하는 목적물은 염가로 평가하여, 보다 유리한 조건으로 교환계약을 체결하기를 희망하는 이해상반의 지위에 있고, 각자가 자신의 지식과 경험을 이용하여 최대한으로 자신의 이익을 도모한다고 예상된다. 그러므로 AB가 각자 알고 있는 정보를 상대방에게 사실대로 고지하여야 할 신의칙상의 주의의무가 인정된다고 볼만한 특별한 사정이 없는 한, 당사자 한

---

500) 대법원 1973.10.23. 선고 73다268 판결.

501) 대법원 1973.7.24. 선고 73다114 판결.

502) 대법원 1993.8.13. 선고 92다52665 판결.

503) 대법원 1959.1.29. 선고 4291민상139 판결.

쪽이 자기가 소유하는 목적물의 시가를 묵비하여 상대방에게 고지하지 아니하거나, 혹은 허위로 시가보다 높은 가액을 시가라고 고지하더라도 기망행위라고 볼 수 없다.504)

> 갑토지의 공유자로서 갑토지를 현지에서 관리하기로 한 A가 갑토지를 평당 1,000,000원에 매도하는 내용의 매매계약을 제3자 C와 체결하였다. 그런데 A는 다른 공유자인 B의 소유지분을 저렴한 가격에 취득하여 매수인 C에게 이전함으로써 그 전매차익을 취하려는 의도하에 B에게 C와의 계약사실을 숨기고 오히려 그 시가가 평당 700,000원 정도에 불과하다고 속이고 자신이 매도한 가격보다 현저히 저렴한 가격에 B의 소유지분을 매수하였다. B는 사기를 이유로 A와의 갑토지의 지분에 관한 매매계약을 취소할 수 있는가?

사례에서 A가 전매차익을 취하려는 의도하에 C에게 갑토지에 대한 매매계약을 체결한 사실을 숨기고 오히려 그 시가가 평당 700,000원 정도에 불과하다고 사실과 다른 말을 하여 자신이 매도한 가격보다 훨씬 저렴한 가격에 B의 소유지분을 매수한 행위는 적극적으로 B를 기망한 경우로 위법성이 있다고 보아야 한다. 특히 갑토지에 대한 가격의 차이가 평당 300,000원으로 B의 소유지분의 가격차액 총액이 적지 않은 금액이라는 사정에 비추어 보면 만약 그 사실을 B가 안 경우라고 하면 매매계약을 체결하지 않으리라는 사정을 짐작하기에 어렵지 않다. 그러므로 B는 사기에 의한 계약취소를 주장할 수 있다.505)

② 계약상의 목적물의 표시와 실제 사이에 근소한 차이가 있는 경우　　계약의 내용이 건물 및 그 부지(지분)를 현상태대로 매매하기로 한 경우에 부지(계약서상로는 4평으로 표시되어 있으나 실제로는 3.6평이고, 지분계산에 따른 면적은 3.399평)에 관하여 0.211평에 해당하는 매도인의 지분이 부족하다 하더라도 그 근소한 차이만으로써는 기망행위가 있다고 보기 어렵다.506)

③ 입찰담합행위의 경우　　예를 들어 A가 입찰의사가 없던 B와 담합하여 더 싼 값으로 같이 입찰하는 양 가장하게 한 경우라고 하여도 그 입찰담합행위는 심리유보에 지나지 아니하여 세무서장이 그 동기를 알지 못하고 유효한 입찰로 인정한다고 하더라도 기망으로 인한 경우라고 할 수 없다.507)

④ 수급인이 제3자를 이용하여 공사도급계약을 이행한 경우　　수급인이 제3자를 이용하여 공사를 하더라도 공사약정에서 정한 내용대로 그 공사를 이행하는 한 공사약정을 불이행한 경우라고 볼 수 없으므로, 수급인이 그의 노력으로 제3자와의 사이에 공사에 관한 약속을 한 후 도급인에게 그 약속사실을 알려주지 않은 경우라고 하더라도 그 사실을 두고 도급인에 대한 기망행위라고 할 수 없다.508)

---

504) 대법원 2001.7.13. 선고 99다38583 판결; 대법원 2002.9.4. 선고 2000다54406, 54413 판결.
505) 대법원 1997.11.14. 선고 97다36118 판결.
506) 대법원 1984.4.10. 선고 83다카1328, 1329 판결.
507) 대법원 1968.5.21. 선고 68다464 판결.
508) 대법원 2002.4.12. 선고 2001다82545, 82552 판결.

⑤ 상가를 분양하면서 그 운영방법 및 수익보장에 대하여 다소의 과장·허위광고가 수반된 경우 상품의 선전광고에 수반하는 다소의 과장허위는 일반상거래의 관행과 신의칙에 비추어 시인될 수 있는 한 기망성이 결여된다고 보아야 한다. 또한 용도가 특정된 특수시설을 분양받을 경우에 그 운영을 어떻게 하고, 그 수익은 얼마나 되는지와 같은 사항은 투자자의 책임과 판단하에 결정될 성질의 사항이므로, 상가를 분양하면서 그곳에 첨단오락타운을 조성하고 전문경영인에 의한 위탁경영을 통하여 일정수익을 보장한다는 취지의 광고를 한 경우라고 하여 그로써 상대방을 기망하여 분양계약을 체결하게 된 경우라고 할 수는 없다.[509)]

3) 기망에 기한 착오에 따른 의사표시(인과관계)

기망행위와 착오와 의사표시 사이에 인과관계가 존재하여야 사기에 의한 의사표시가 된다. 기망행위·착오·의사표시의 인과관계는 사회통념에 의하여 결정하지 않고, 표의자의 의사표시 당시 존재한 상황을 참작하여 결정한다.

4) 기망행위의 위법성

기망행위는 위법성이 있어야 한다. 기망행위가 위법한지 여부는 신의칙 및 거래관행 등을 고려하여 구체적인 경우에 따라서 판단하여야 한다. 예를 들어 대형백화점의 변칙세일은 물품구매동기에 있어서 중요한 요소인 가격조건에 관하여 기망이 이루어진 경우로서 그 사술의 정도가 사회적으로 용인될 수 있는 상술의 정도를 넘어 위법성이 있다고 판단할 수 있다.[510)]

(3) 사기에 의한 의사표시의 효과

1) 취소권의 발생

사기에 의한 의사표시는 취소할 수 있다(§110 I·II). 사기에 의한 의사표시의 취소권자는 표의자 및 그 대리인·승계인이다(§140).

제3자가 기망행위를 한 경우에는 상대방이 의사표시의 수령시 제3자가 사기를 한 사실에 대하여 '알았거나 알 수 있었을 경우', 즉 악의이거나 과실로 알지 못한 때에 한하여 취소권을 행사할 수 있다(§110 II). 물론 제3자의 사기로 「상대방 없는 의사표시」를 한 때에는 표의자는 언제든지 그 의사표시를 취소할 수 있다. 제3자의 사기의 경우에 상대방의 선의·악의 혹은 과실의 유무는 행위의 당시를 표준으로 하여 결정한다. 그리고 상대방의 대리인 등 상대방과 동일시할 수 있는 자(예컨대 상대방의 계약체결상 또는 계약교섭상의 보조자, 제3자를 위한 계약에서의 수익자, 간접대리에서의 본인 등을 들 수 있고, 판례는 단순히 상대방의 피용자이거나 상대방이 사용자책임을 져야 할 관계에 있는 피용자에 지나지 않는 자는 상대방과 동일시할 수 없다고 본다)의 사기는 제3자의 사기에 해당하지 아니한다(민법 제110조 제2항이 아

509) 대법원 2001.5.29. 선고 99다55601, 55618 판결.

510) 대법원 1993.8.13. 선고 92다52665 판결.

니라 제1항이 적용된다).[511)]

> 부동산중개업자 A는 토지소유자 B로부터 토지의 매도에 대한 알선을 의뢰받고, 평소 자기에게 간곡히 토지의 구매를 부탁한 C에게 연락하여 양자간의 토지매매를 알선하였다. A의 노력에 의하여 마침내 BC간의 매매계약이 성립하고, C는 토지를 인도받고 등기를 경료한 후에 그 토지를 다시 D에게 전매하였다. 그 후 B는 A가 C와의 공모로 B를 기망하여 부당하게 싼 가격으로 토지를 C에게 매도하게 한 사실을 알았다. ABCD간의 법률관계는 어떤가?

토지의 매도를 알선하는 부동산중개업자 A가 매수인 C와 짜고 매도인 B를 기망하여 토지를 부당하게 싼 가격으로 매도한 사정이 인정된다. 그러므로 사례에서는 (i) 제3자의 사기, (ii) 동기의 착오, (iii) 공동불법행위가 논점이 된다.

(i) 우선 제3자 A의 사기가 문제된다. BC간에 매매계약이 성립하고, 다만 A가 B를 기망하여 매매계약을 맺게 한 경우이므로, 제3자의 사기의 문제가 생긴다. 민법 제110조 제2항은 제3자의 사기의 사실을 상대방이 알았거나 알 수 있었을 경우에 한하여 사기를 이유로 의사표시를 취소할 수 있다고 규정하고 있다. AC가 서로 공모하여 B에게 부당한 가격으로 토지를 매도하도록 한 사실을 생각할 때 C는 제3자 A의 사기의 사실을 알고 있다고 볼 수 있다. 그러므로 B는 BC간의 매매계약을 취소할 수 있다. 취소 후의 BD의 관계는 민법 제110조 제3항에 의하여 D가 선의이면 B는 D에 대하여 토지의 반환을 청구할 수 없고, 악의이면 반환을 청구할 수 있다.

(ii) B가 동기의 착오를 이유로 C와의 매매계약을 취소할 수 있는가? B는 A와 C에게 기망을 당하여 부당히 싼 가격으로 토지를 매각한 사정이 인정되지만, B 자신으로서는 그 가격이 적정한 가격이라 믿고, 토지를 그 가격에 매도한다고 하는 의사결정을 하여 그 의사를 표시한 경우에 해당한다. 그러므로 B의 의사표시에는 내심의 효과의사와 표시행위와의 사이에 간격(흠)이 없고, 단지 의사결정을 한 동기에 착오가 있는 경우에 불과하다. 동기의 착오에서는 의사와 표시의 불일치가 없으므로, 이론적으로 민법 제109조에서 의미하는 「법률행위의 내용의 중요부분에 착오가 있는 때」에 해당하지 않다.

동기의 착오를 이유로도 의사표시를 취소할 수 있는가? 판례는 동기의 착오는 원칙적으로 고려되지 않지만 동기가 표시되어 의사표시의 내용으로 된 때에 한하여 취소할 수 있다고 본다(학설상으로는 동기표시설이라고 부르고, 다수설이다).[512)] 다만 동기의 착오가 법률행위의 내용의 중요부분의 착오가 되려면 표의자가 그 동기를 의사표시의 내용으로 삼는다는 사실을 상대방에게 표시하여 의사표시의 해석상 법률행위의 내용으로 되어 있다고 인정되면 충분하고, 당사자 사이에 별도로 그 동기를 의사표시의 내용으로 삼기로 하는 합의까지 이루어질 필요는 없다.[513)] 그러므로 판례에 의하면 B는 토지의 매매계약을

---

511) 대법원 1999.2.23. 선고 98다60828, 60835 판결.

512) 대법원 1984.10.23. 선고 83다카1187 판결; 대법원 1989.1.17. 선고 87다카1271 판결.

513) 대법원 1989.12.26. 선고 88다카31507 판결.

체결할 때 토지에 대한 가격을 결정한 연유나 동기를 표시한 경우에는 착오를 이유로 BC간의 매매계약을 취소할 수 있다(§109 I 본문). 그리고 사기에 의한 취소에서와 마찬가지로 B가 착오를 이유로 BC간의 매매계약을 취소한 경우에 D가 악의이면 B는 D에 대하여 토지의 반환청구를 할 수 있지만, 만일 D가 선의이면 토지의 반환을 청구할 수 없다(§109 II). 물론 B의 중대한 과실로 인하여 표시된 동기의 착오가 야기된 때에는 B는 착오를 이유로 매매계약을 취소할 수 없다(§109 I 단서).

(iii) AC의 공동불법행위가 되는가가 문제된다. AC가 공모하여 B에게 손해를 가한 경우에 해당하여 민법 제760조 제1항에 의한 공동불법행위가 성립하고, AC는 연대하여 B에 대하여 손해배상책임을 부담한다고 볼 수 있다. AC가 공동불법행위책임을 부담하는 경우에 각자가 부담하는 채무의 성질은 부진정연대채무라고 본다.

B로서는 사기나 착오에 의한 BC간의 매매계약을 취소하고, D가 선의이어서 토지의 반환을 청구하지 못하는 경우에 C에 대하여 부당이득반환청구권을 행사할 수도 있지만, B의 구제방법으로서는 부당이득반환청구권을 행사하는 방법보다는 공동불법행위에 의한 손해배상청구권을 행사하는 방법이 더 유리하다. 가령 B가 공동불법행위책임을 물을 경우에는 A와 C가 부진정연대채무자로서 책임을 부담하므로 B로서는 AC의 누구에게나 손해배상을 청구할 수 있다. 만일 C가 무자력이 된 때에도 B는 A로부터 구제를 받을 수 있다.

2) 사기취소와 선의의 제3자보호

사기를 이유로 의사표시를 취소한 경우에 선의의 제3자에 대하여는 대항할 수 없다(§110 III). 「제3자」는 누구를 말하는가? 「제3자」란 당사자 및 그 포괄승계인 이외의 자로서 사기에 의한 의사표시를 통하여 형성된 법률관계에 다른 원인에 의하여 새로운 법률상의 이해관계를 가진 자를 가리킨다.[514] 특히 사기에 의한 의사표시의 취소를 주장하는 자와 양립되지 않는 법률관계를 가진 때가 취소의 의사표시 이전인가 이후인가를 가릴 필요 없이 사기 및 그 취소사실을 모른 모든 제3자에게 대항하지 못한다.[515]

(4) 사기와 다른 제도의 경합의 관계

1) 사기와 민법 제109조와의 경합

(a) 사기와 착오는 어디가 다른가

사기나 착오에 의한 의사표시는 다 같이 취소할 수 있다. 다만 사기와 착오는 그 요건에 차이가 있고, 그 효과도 전적으로 동일하지는 않다. 사기는 착오를 생기게 한다고 하는 측면에서 단순한 착오와 차이가 없으나, 사기에 의한 의사표시는 타인의 기망행위로 말미암아 착오에 빠지게 된 결과 어떤 의사표시를 하게 된 경우이므로, 사기의 경우에는 의사와 표시의 불일치가 있을 수 없고, 단지 의사형성의 과정, 즉 의사표시의 동기에 착오가 있는 경우에 불과하며 그 의미에서 고유한 의미의 착오에 의한 의사표시와 구별된다. 사

514) 대법원 1997.12.26. 선고 96다44860 판결.

515) 대법원 1975.12.23. 선고 75다533 판결.

기의 경우에는 착오가 동기의 착오에 불과하더라도 상관없고, 법률행위의 중요부분의 착오인가 아닌가를 묻지 아니하며, 또한 표의자의 중대한 과실과 관계 없이 표의자가 보호될 필요가 있다. 그러므로 보호되는 착오의 범위는 사기의 경우가 민법 제109조에 의한 착오의 경우보다 넓다. 그러나 사기와 착오 양자가 중첩되는 경우도 적지 않다.

(b) 사기와 착오가 중첩되는 경우의 적용규정

착오의 원인이 상대방 혹은 제3자의 기망행위에 있는 경우에 표의자는 민법 제109조에 의한 착오를 이유로 하는 취소와 민법 제110조에 의한 사기를 이유로 하는 취소 중 어느 취소를 주장하여야 하는가? 학설은 착오와 사기의 이중효를 인정하여 표의자는 어느 경우이든 그 요건을 증명하여 취소할 수 있다고 본다.[516] 그러므로 기망행위에 의하여 법률행위의 내용의 중요부분에 착오가 야기된 경우에는 의사표시를 사기를 이유로 취소할 수도 있고, 착오를 이유로 취소할 수도 있다. 다만 상대방은 표의자가 착오를 주장하는 경우에 사기를 주장하거나, 사기를 주장하는 경우에 착오를 주장하여 반대하지 못한다.

A와 B는 신원보증서류라고 속여 갑보증보험회사와의 이행보증보험계약에 관한 제3자의 연대보증을 받아내기로 공모한 후, B가 A의 지시에 따라 자신의 매형인 C에게 "직장동료 중 가까운 사람에게 부탁하여 C의 아들인 D의 신원보증서류를 작성해 달라"고 요구하였고, C는 직장동료인 E에게 자기 아들 D의 신원보증을 하여 달라고 부탁하여, C에게 속은 E는 D를 위한 신원보증서류로 알고 이행보증보험약정서의 연대보증인란에 서명날인하였다. 갑보증보험회사는 E에 대하여 연대보증책임을 물을 수 있는가?

비록 E의 내심의 의사가 D의 신원보증을 하고자 한 경우라고 하더라도 E가 서명날인한 이행보증보험약정서에 드러난 E의 의사표시는 갑보증보험회사에 대하여 이행보증보험계약상 채무를 연대보증한다는 의사표시라고 보아야 한다. 그리고 갑보증보험회사가 E의 의사표시를 받아들임으로써 갑보증보험회사와 E 사이에 연대보증약정이 성립된다. 다만 E가 C의 기망행위로 말미암아 착오를 일으켜 이행보증보험약정서에 서명날인하게 된 사정이 인정되므로, E가 사기에 의한 의사표시를 이유로 연대보증약정을 취소할 수 있는가가 문제된다. 사례에서는 연대보증약정의 상대방은 갑보증보험이지만 E에 대하여 기망행위를 한 자는 갑보증보험회사가 아니라 제3자 C이므로, 계약상대방 아닌 제3자의 사기에 의하여 하자 있는 의사표시를 한 경우로 된다. 민법 제110조 제2항에 의하면 제3자가 사기를 행한 경우에는 상대방이 그 사실을 알았거나 알 수 있었을 경우에 한하여 그 의사표시를 취소할 수 있다. 갑보증보험회사가 C의 기망행위를 알았거나 알 수 있었을 경우에 한하여 E는 사기에 의한 의사표시의 취소를 주장하고 있으나, 사례에서 갑보증보험회사가 C의 기망행위를 알았거나 알 수 있었다고 볼 만한 아무런 증거도 없다. 결국 E로서는 C의 기망행위에 속은 사정만으로는 연대보증약정의 효력을 다툴 수 없게 된다. 그러나 사

516) 역시 판례도 학설과 같은 입장이다(대법원 1969.6.24. 선고 68다1749 판결).

례에서 E는 신원보증서류에 서명날인한다는 착각에 빠진 상태로 연대보증의 서면에 서명날인한 경우로서 결국 E의 행위는 강학상 기명날인의 착오(또는 서명의 착오), 즉 어떤 사람이 자신의 의사와 다른 법률효과를 발생시키는 내용의 서면을 그 내용을 제대로 읽지 않거나 올바르게 이해하지 못한 채 기명날인을 하는 이른바 표시상의 착오에 해당한다. E는 착오를 이유로 갑보증보험회사와의 연대보증약정을 취소할 수 있다. 비록 E의 착오가 제3자 C의 기망행위에 의하여 일어난 경우라 하더라도 그에 관하여는 사기에 의한 의사표시에 관한 법리, 특히 갑보증보험회사가 C의 기망행위 사실을 알았거나 알 수 있었을 경우가 아닌 한 의사표시자가 취소권을 행사할 수 없다는 민법 제110조 제2항의 규정을 적용하여서는 안되고, 착오에 의한 의사표시에 관한 법리만을 적용하여 취소권행사의 가부를 가려야 한다.517)

본래 착오를 이유로 하는 취소의 의사표시란 반드시 명시적이어야 하지는 아니하고, 취소자가 그 착오를 이유로 자신의 법률행위의 효력을 처음부터 배제하려고 한다는 의사가 드러나면 족하다. 또한 취소원인의 진술 없이도 취소의 의사표시는 유효로 될 수 있다. 사례에서 E가 신원보증서류에 서명날인하는 경우로 잘못 알고 이행보증보험약정서를 읽어보지 않은 채 서명날인한 경우일 뿐 연대보증약정을 한 사실이 없다는 주장을 한 사정이 인정된다고 하면 바로 그 주장은 착오를 이유로 연대보증약정을 취소한다는 취지로 볼 수 있다. 그러므로 E가 묵시적 의사표시로나마 착오를 이유로 갑보증보험회사와의 연대보증약정을 적법하게 취소한 사실이 인정된다고 하면 갑보증보험회사는 E에 대하여 연대보증책임을 물을 수 없다.

2) 사기와 하자담보책임의 경합

기망에 의하여 타인의 권리의 매매를 한 경우에 하자담보책임에 관한 규정(§570)이 적용되는가 혹은 사기에 관한 규정(§110)이 적용되는가? 학설상 통설은 사기로부터 표의자의 의사결정의 자유를 보호하여야 하므로 매수인은 하자담보청구권과 취소권을 선택적으로 행사할 수 있다고 본다. 역시 판례도 타인의 권리의 매매를 유효로 규정한 민법 제569조는 선의의 매수인의 신뢰이익을 보호하기 위한 규정이므로, 매수인이 매도인의 기망에 의하여 타인의 물건을 매도인의 물건으로 알고 매수한다는 의사표시를 한 경우에 만일 타인의 물건인 줄 안 경우라고 하면 매수하지 아니할 사정이 있는 때에는 매수인은 민법 제110조에 의하여 매수의 의사표시를 취소할 수 있다고 해석한다.518)

3) 사기와 불법행위의 경합문제

사기를 이유로 하는 의사표시의 취소와 동시에 불법행위에 기한 손해배상청구권을 행사할 수 있는가? 법률행위가 사기에 의한 경우로서 취소되는 때에는 그 법률행위가 동시에 불법행위를 구성하는 한편 취소의 효과로 생기는 부당이득반환청구권과 불법행위로

---

517) 대법원 2005.5.27. 선고 2004다43824 판결.

518) 대법원 1973.10.23. 선고 73다268 판결.

인한 손해배상청구권은 경합하여 병존하므로 채권자는 어느 경우라도 선택하여 행사할 수 있고, 다만 중첩적으로 행사할 수는 없다.[519] 그리고 당사자 한쪽 또는 제3자의 사기로 인하여 혼인을 하게 된 경우(예컨대 학력 등을 속인 경우)에 그로 인하여 그 혼인이 해소된 때에는 그 혼인해소의 방식에 구애되지 아니하고(혼인취소의 방법에 의하거나 재판상의 이혼 또는 협의에 의한 이혼이거나 상관없다) 손해배상청구를 할 수 있다.[520] 역시 제3자에 의한 사기행위로 계약을 체결한 경우에 그 계약을 취소하지 않고 제3자에 대하여 불법행위로 인한 손해배상청구를 할 수도 있다. 예를 들어 제3자의 사기행위로 인하여 피해자가 주택건설사와의 사이에 주택에 관한 분양계약을 체결한 경우에 제3자의 사기행위 자체가 불법행위를 구성하는 이상, 제3자로서는 그 불법행위로 인하여 피해자가 입은 손해를 배상할 책임을 부담하므로, 피해자가 제3자를 상대로 손해배상청구를 하기 위하여 반드시 그 분양계약을 취소할 필요는 없다.[521]

3. 강박에 의한 의사표시

(1) 강박의 의의

강박은 고의로 해악을 준다고 위협하여 공포심을 일으키게 하는 위법행위를 가리킨다. 강박에 의한 의사표시는 타인의 강박행위에 의하여 공포심을 가지게 되고, 그 해악을 피하기 위하여 마음에 없이 행한 의사표시를 의미한다. 강박에 의한 의사표시는 자기가 품고 있는 속마음과 표시가 일치하지 아니한다는 사실을 표의자가 알고 있다는 측면에서 비진의표시와 유사하고, 착오나 사기에 의한 의사표시와 다르다.

강박행위는 형법상 공갈죄와 같은 범죄의 구성요건을 충족하거나 민법상 불법행위를 구성할 수 있다. 다만 민법 제110조에서는 강박에 의한 의사표시의 효력만이 문제된다.

(2) 강박에 의한 의사표시의 요건

1) 강박자의 고의

강박에 의한 의사표시에서도 강박자의 고의는 상대방에게 불법하게 해악을 통지하여 공포심을 생기게 할 고의와 공포심에 의하여 의사표시를 하게 할 고의 2단계에서 요구된다. 다만 3단계의 고의가 필요하다고 보는 견해가 있으나, 2단계의 고의로 충분하다고 보는 태도가 타당하다.

2) 강박행위의 존재

(a) 서 언

우선 강박행위가 존재하여야 취소할 수 있는 강박에 의한 의사표시가 된다. 강박행위

519) 대법원 1993.4.27. 선고 92다56087 판결.

520) 대법원 1997.1.25. 선고 76다2223 판결.

521) 대법원 1998.3.10. 선고 97다 55829 판결.

의 방법이나 해악의 종류는 공포심을 생기게 하면 무엇이든 묻지 않고 아무런 제한이 없다. 침묵도 경우에 따라서는 강박행위가 될 수 있다. 강박행위가 되는 해악은 재산적 해악과 비재산적 해악은 물론, 현재의 해악과 장래의 해악을 묻지 아니한다.

(b) **판례에 나타난 사례**

(i) 판례가 강박행위로 보는 사례로는 아래와 같은 경우가 있다.

① 일반적인 불이익의 고지　　예를 들어 외국무역상인이 타인으로부터 그의 불성실한 태도를 신문에 보도케 하여 사업을 못하도록 한다는 해악의 고지를 받고 그 타인이 일방적으로 주장하는 비용 6,000불을 지급한다고 한 경우에는 강박에 의한 의사표시라고 본다.[522] 그리고 좌천된 공무원에게 정치적 압력을 가하여 그로 하여금 압력에 못이겨 그 직위를 보전하기 위하여 부득이 대통령선거에서 집권당의 후보를 부정한 방법으로 당선시킬 목적으로 발간된 서적을 국비로 공무원에게 기부, 열람시키기 위하여 그 서적의 주문서에 날인하게 한 경우에 그 의사표시는 강박에 의한 의사표시라고 인정할 수 있다.[523]

② 형사고소 등의 경우

> A는 B가 조합장으로 취임하자 B 등이 갑조합의 경비를 횡령한 사실로 당국에 고소를 제기하여 B 등을 궁지에 빠뜨렸다. 그 후 A는 갑조합에 의하여 신축될 점포 8동 중 6동을 자기에게 배정하는 계약을 체결하면 고소를 취소하지만 만일 응하지 않을 때에는 고소를 취소하지 않음으로써 형사책임은 물론 사회적으로도 상당한 지장이 있다고 암묵의 표시를 함으로 인하여 B는 고소를 취소하는 조건으로 A와의 사이에 마치 갑조합이 신축한 점포 8동 중 6동이 A의 소유인 경우처럼 전제하여 그 점포 8동 중 6동을 A가 갑조합에게 임대한다는 내용의 임대차계약서가 작성되었다. A와 갑조합 사이에 체결된 임대차계약은 유효한가?

일반적으로 부정행위에 대한 고소나 고발은 부정한 이익을 목적으로 하는 경우가 아닌 때에는 정당한 권리행사가 되므로, 그 결과 상대방이 공포심을 느끼더라도 위법한 강박행위로 인정되는 않는다. 그러나 형사고소나 고발이 부정한 이익의 취득을 목적으로 하는 경우에는 위법한 강박행위로 인정될 수 있다. 또한 비록 형사고소나 고발의 목적이 정당하다고 하더라도 그 행위나 수단 등이 그 목적에 비추어 부당한 때에는 위법한 강박행위로 인정될 수 있다.[524] 사례에서 강박자 A의 고의, 강박행위의 위법성, 인과관계의 존재

---

522) 대법원 1957.5.16. 선고 4290민상58 판결.

523) 대법원 1962.2.28. 선고 4294민상1295 판결.

524) 예를 들어 손해배상청구소송의 소송의뢰인 A가 소송대리인인 B변호사의 과실로 인하여 1심에서 패소하고 또 항소기간도 도과하게 된 사실을 주장하면서 B변호사의 사무실에서 농성함은 물론, 대통령을 비롯한 관계요로에 B변호사의 비행을 진정한다는 등의 위협을 하면서 B변호사의 업무수행을 방해하므로, B변호사는 하는 수 없이 손해배상금조로 소송의뢰인 A에게 약속어음을 발행, 교부하며 손해배상약정을 한 경우에는 강박에 의한 의사표시로 취소할 수 있고(대법원 1972.1.31. 선고 71다1688 판결), A가 동리이장인 B를 상대로 새마을자금 등을 횡령한 사실로 고소를 제기한 결과 B가 그 일부자금을 부락의 공채 및 이자로 대체지급한 경우만이 처벌되고, 나머지 고소사실은 모두 무혐의로 불기소처분된 후에도 A가 계속하여 B를 상대로 진정, 고발을 하고 불기소처분에 대한 항고 및 횡령금청구의 민사소송을 제기하자, B가 검사의 면전에서 A가 민사소송과

등이 충분히 인정될 수 있다고 할 수 있으므로, 임대차계약서가 A의 강박에 의하여 작성된 경우라고 볼 수 있다.[525] 그러므로 갑조합은 A와의 임대차계약을 강박을 이유로 취소할 수 있다.

③ 위법한 행정지도의 경우　　이른바 행정지도라 함은 행정주체가 일정한 행정목적을 실현하기 위하여 권고 등과 같은 비강제적인 수단을 사용하여 상대방의 자발적 협력 내지 동의를 얻어내어 행정상 바람직한 결과를 이끌어내는 행정활동으로 이해된다. 그리고 적법한 행정지도로 인정되기 위하여는 우선 그 목적이 적법한 경우로 인정될 수 있어야 한다. 예를 들어 주주에 대한 주식매각의 종용이 정당한 법률적 근거 없이 자의적으로 주주에게 제재를 가하는 경우라면 그 사실에서 벌써 행정지도의 영역을 벗어난다고 보아야 한다. 만일 정당한 법률적 근거 없이 주식매각을 종용하는 행위도 행정지도에 해당된다고 한다면 행정지도라는 미명하에 법치주의의 원칙을 파괴하는 경우라고 하지 않을 수 없다. 특히 주식매각의 종용을 거부한다는 주주의 명백한 의사표시에도 불구하고, 집요하게 위협적인 언동을 함으로써 주식매각을 강요한 경우라고 하면 위법한 강박행위에 해당한다고 하지 않을 수 없다.[526]

(ii) 일반적으로 강박행위를 부정하는 사례는 아래와 같은 경우가 있다.

i) 본래 강박에 의한 의사표시가 성립하려면 해악고지의 결과로 표의자가 공포심에 의하여 어느 정도 의사결정의 자유가 제약된 상태에서 의사표시를 하여야 하므로, 비록 어떤 불이익의 고지가 있더라도 그 결과 표의자가 의사결정에 제약을 받을 정도로 공포심을 느끼지 않는다면 강박행위의 성립이 부정된다. 예를 들어 어떤 해악의 고지가 아니라 단지 각서에 서명날인하기를 강력히 요구한 행위는 강박행위가 아니라고 본다.[527]

ii) A(작업반장인 근로자)는 B회사의 전직명령에 동의하고 이임인사를 하던 중 그 소속반원이 야간근무 중 집단취침하는 바람에 전직명령이 취소되고 인사위원회에 회부되어 무보직상태가 되자 곧바로 사직원을 제출한 경우에 A가 인사위원회의 심의결과를 보지도 않고 곧바로 사직원을 제출한 경위에 비추어 보면, A가 무보직상태에서 본인의 의사가 무시되는 데 반발하여 사직서를 제출한 경우라고 하더라도 B회사의 강박행위에 의한 사직이라고 할 수는 없다.[528]

iii) 공무원이 비리로 인하여 징계파면이 될 경우에 퇴직금지급상의 불이익을 당하게 되는 등 여러 가지 사정을 고려하여 사직서를 제출한 경우라면 그 의사결정이 강박에 의한 경우라고 볼 수 없다.[529]

항고를 취하하는 조건으로 부락민을 위하여 70만원을 변상지급한다는 내용의 각서를 A에게 작성교부한 경우에 그 각서내용과 같은 약정은 강박에 의한 의사표시라고 본다(대법원 1978.4.25. 선고 77다2430 판결).

525) 대법원 1964.3.31. 선고 63다214 판결.

526) 대법원 1994.12.13. 선고 93다49482 판결.

527) 대법원 1979.1.16. 선고 78다1968 판결.

528) 대법원 1991.10.25. 선고 90다20428 판결.

529) 대법원 1997.12.12. 선고 97누13962 판결.

iv) A가 자신이 최대주주이던 B금융회사로 하여금 실질상 자신 소유인 C회사에 부실대출을 하도록 개입하고 있다고 판단한 B금융회사의 새로운 경영진이 A에게 대출금채무를 연대보증하지 않으면 A 소유의 C회사에 대한 어음대출금을 회수하여 부도를 낸다고 위협하여 A가 법적 책임 없는 대출금채무를 연대보증한 경우에는 강박에 의한 의사표시에 해당하지 않는다고 한다.530)

3) 강박에 의한 공포심에 따른 의사표시(인과관계)

강박과 공포심과 의사표시 사이에 인과관계가 존재하여야 강박에 의한 의사표시가 된다. 표의자가 강박에 의하여 공포심을 가지고, 그 공포심에 의하여 의사표시를 하면 강박·공포심과 의사표시 사이에 인과관계가 인정된다. 강박·공포심과 의사표시 사이의 인과관계는 명시적·묵시적으로 고지된 해악이 객관적으로 중대한가 경미한가에 관계없이 그 해악에 의하여 표의자가 공포심을 가지고, 공포심에 의하여 의사표시를 하는 인과관계가 주관적으로 존재하면 충분하다. 다만 강박의 정도가 극심하여 표의자의 의사결정의 자유가 완전히 박탈된 정도라면 무효가 된다.531)

4) 강박행위의 위법성

강박에 의한 의사표시가 되기 위해서는 강박행위가 위법하여야 한다. 어떤 해악을 고지하는 강박행위가 위법하다고 하기 위해서는 강박행위 당시의 거래관념과 제반사정에 비추어 해악의 고지로써 추구하는 이익이 정당하지 아니하거나 강박의 수단으로 상대방에게 고지하는 해악의 내용이 법질서에 위배된 경우 또는 어떤 해악의 고지가 거래관념상 그 해악의 고지로써 추구하는 이익의 달성을 위한 수단으로 부적당한 경우 등에 해당하여야 한다.532)

(3) 강박에 의한 의사표시의 효과

1) 취소권의 발생

> 갑그룹을 경영하는 A는 B대통령과의 사이가 원만하지 아니하던 중 A가 B대통령의 정치자금요구를 거절하자 B대통령은 을그룹을 경영하는 C로부터 거액의 정치자금을 수수하면서 갑그룹을 을그룹에 인수시키기로 마음먹었다. 그리고 B대통령은 모권력기관에게 갑그룹을 을그룹에 인수시키도록 지시하였다. B대통령의 지시를 받은 모권력기관은 직권을 남용하여 A에게 불응하면 어떤 해악이 초래될지 모른다고 협박하는 등 A가 응할 수밖에 없도록 강요, 권고 또는 조정을 함으로써 갑그룹을 을그룹에 매도하게 하였다. A가 을그룹과 맺은 매매계약은 유효한가?

모권력기관의 강박에 의하여 A가 갑그룹을 을그룹으로 하여금 인수케 하는 의사표시

---

530) 대법원 2000.3.23. 선고 99다64049 판결.

531) 대법원 1999.2.27. 선고 97다38152 판결.

532) 대법원 2000.3.23. 선고 99다64049 판결.

를 한 경우이다. 사례에서 A의 의사표시가 어떤 효력을 가지는가에 관하여는 아래와 같이 세 가지가 고려된다.

(i) A에게 취소권이 발생하는가가 문제된다. 강박에 의한 의사표시가 있는 경우에 피강박자에게 취소권이 인정된다(§110 I). 다만 제3자가 강박을 한 경우에는 상대방 없는 의사표시인 때에는 표의자가 언제나 취소할 수 있으나, 상대방 있는 의사표시에는 의사표시의 상대방이 제3자의 강박에 대하여 '알았거나 알 수 있었을 경우', 즉 악의 혹은 과실이 있는 경우에 한하여 의사표시를 취소할 수 있다(§110 II). 물론 상대방의 대리인 등 상대방과 동일시할 수 있는 자의 강박은 제3자의 강박에 해당하지 아니하므로, 민법 제110조 제2항의 문제가 아니다.[533)]

사례에서는 제3자인 모권력기관이 A에게 강박을 한 경우이고, 모권력기관은 을그룹의 대리인 등 을그룹과 동일시할 수 있는 자가 아니므로 을그룹의 악의나 과실이 있어야 강박을 이유로 한 취소가 인정된다. 물론 A가 강박을 이유로 매각의 의사표시를 취소하기 위하여는 을그룹에 대하여 적어도 그 의사표시 자체에 하자가 있으므로 취소한다거나 또는 강박에 의한 매각이므로 갑그룹을 반환하라는 취지가 어느 정도 명확하게 표명되어야 한다. 그리고 강박에 의한 의사표시의 취소에서는 아래와 같은 제약이 있다.

i) 민법 제110조 제3항에 의하여 A는 취소를 선의의 제3자에게 대항하지 못한다. 그러므로 예컨대 을그룹이 갑그룹을 다시 다른 그룹에 매각한 경우와 같이 강박에 의한 의사표시에 의하여 성립한 법률관계를 기초로 하여 새로이 법률상 이해관계를 가진 선의의 제3자가 있는 경우에 A는 그 제3자에 대하여는 최소를 주장하여 갑그룹을 되찾을 수 없다.

ii) A가 강박을 이유로 매매계약을 취소하는 경우에는 취소권의 제척기간 내에 행사하여야 한다. 강박상태를 벗어나 추인할 수 있는 날로부터 3년, 법률행위를 한 날로부터 10년이 도과한 때에는 A는 더 이상 강박을 이유로 한 취소권을 행사할 수 없다(§146).

(ii) 강박에 의한 법률행위가 무효로 될 수 있는가가 문제된다. 강박에 의한 법률행위는 하자 있는 의사표시로서 취소되는 경우에 그치지 않고, 나아가 무효로 될 수도 있다. 다만 무효로 되기 위하여는 강박의 정도가 단순한 불법적 해악의 고지로 상대방으로 하여금 공포를 느끼도록 하는 정도가 아니고, 표의자로 하여금 의사결정을 스스로 할 수 있는 여지를 완전히 박탈한 상태에서 의사표시가 이루어져 단지 법률행위의 외형만이 만들어진 경우에 불과한 정도이어야 한다.[534)] 그러므로 아무리 A가 모권력기관의 강박에 외포되어 자유롭지 못한 의사표시를 한 경우라고 하더라도 그 강박에 의한 의사표시가 당연히 무효로 된다고는 볼 수 없다.

(iii) 법률행위의 성립과정에서 강박이라는 불법적 방법이 사용된 경우에 민법 제103조의 반사회질서적 법률행위로서 무효가 되는가가 문제된다. 사례를 보면 A가 갑회사를 을그룹에게 매각하는 과정에서 모권력기관의 강박이라는 불법적 방법이 사용된 사실을 알 수 있다. 그러므로 법률행위의 내용 자체가 반사회질서적 성질은 띠지 않고, 단지 법률행

---

533) 대법원 1999.2.23. 선고 98다60828, 60835 판결.

534) 대법원 2003.5.13. 선고 2002다73708, 73715 판결.

위의 성립과정에서 강박이라는 불법적 방법이 사용된 경우에도 법률행위가 무효인지가 문제된다. 민법 제103조에 의하여 무효로 되는 반사회질서행위는 법률행위의 목적인 권리의무내용이 선량한 풍속 기타 사회질서에 위반되는 경우는 물론, 그 내용 자체는 반사회질서적이지 않더라도 법률적으로 강제하거나 그 법률행위에 반사회질서적인 조건 또는 금전적 대가가 결부됨으로써 반사회질서적 성질을 띄게 되는 경우 및 표시되거나 상대방에게 알려진 법률행위의 동기가 반사회질서적인 경우가 해당한다. 그러나 사례에서는 오로지 A의 매각의사표시가 성립하는 과정에 강박이라는 불법적 방법이 사용된 경우일 뿐이고, 그 목적하는 권리의무의 내용이 사회질서에 위반되는 사항이라고 볼 수 없다. 또한 A가 맺은 갑그룹과의 매매계약에 반사회질서적인 이행강제 및 조건이나 금전적 대가가 결부되지도 않고, 법률행위의 동기가 반사회질서적이라고 볼 여지도 없다. A가 강박에 의한 의사표시의 하자를 이유로 취소할 수 있음은 별론으로 하고, A가 을그룹과 맺은 매매계약이 반사회질서의 법률행위로서 당연히 무효라고 할 수는 없다.

2) 강박취소와 선의의 제3자보호

민법은 강박취소에 대하여도 역시－사기취소와 같이－제3자보호의 규정을 두고 있다 (§110 Ⅲ).

[더 생각할 과제 - 하자 있는 의사표시의 적용범위]

하자 있는 의사표시에 관한 민법 제110조는 가족법상의 행위에 관하여는 그 적용이 없다.[535] 역시 외형을 신뢰하여 신속히 대량적으로 행하여지는 재산행위에 관하여도 민법 제110조의 적용이 제한된다. 그리고 공법행위(행정처분)나 소취하와 같은 소송행위에도 민법 제110조는 적용되지 아니한다. 판례도 민법상의 법률행위에 관한 규정은 민사소송법상의 소송행위에는 특별한 규정 기타 특별한 사정이 없는 한 적용되지 아니하여 소송행위가 강박에 의하여 이루어진 이유로 취소될 수는 없다고 본다.[536]

Ⅳ. 의사표시의 효력발생

1. 의사표시의 전달과정

의사표시는 표의자로부터 상대방에게 의사가 전달되는 방법으로 행한다. 직접적으로 대화를 하는 관계에 있는 대화자 사이에서는 의사표시의 전달과정에 문제가 없다. 그러나 격지자 사이의 서면에 의한 의사표시의 전달과정은 보통 (i) 표의자에 의하여 의사가 표백되는 서면의 작성, (ii) 상대방에 대한 서면의 발신, (iii) 상대방에 의한 수령(=도달), (iv) 상대방에 의한 의사표시의 내용의 요지 네 단계로 구성된다. 그러므로 서면에 의하여 다

535) 가족법상의 행위에 관하여도 특별규정이 없으면 민법 제110조가 적용되어야 한다고 보는 견해(소수설)가 있다.

536) 대법원 1997.10.10. 선고 96다35484 판결.

른 장소에 있는 격지자와의 사이에서 의사표시를 하는 경우에는 언제를 의사표시의 효력발생시기로 보는가 하는 문제가 생긴다.

2. 의사표시의 효력발생시기

격지자 사이의 의사표시가 언제 효력을 발생하는가? 의사표시의 효력발생시기로서는 표백(表白), 발신, 도달, 요지(了知) 네 가지 시점이 문제가 된다. 그러므로 의사표시의 효력발생시기에 대하여는 표백주의, 발신주의, 도달주의, 요지주의가 고려된다. 민법은 원칙적으로 의사표시의 통지가 상대방에게 도달한 때에 효력이 생기는 도달주의를 취하고 있다(§111 I). 다만 격지자간의 계약의 성립에 대하여는 승낙의 통지를 발한 때에 성립하는 발신주의를 취하고 있다(§531).

① 표백주의 　　표백주의란 의사표시가 외형적 존재를 가지게 된 때, 예컨대 서면의 작성이 끝난 때에 의사표의 효력이 발생한다고 보는 입법주의이다. 표백주의는 너무 표의자의 입장에 기울어진 입장이라고 하는 비난을 받고 있다.

② 발신주의 　　발신주의란 의사표시가 표의자의 지배를 떠나 상대방에게 발신된 때, 예컨대 서신을 우편함에 투입한 때에 의사표시의 효력이 발생한다고 보는 입법주의이다. 발신주의는 민활·신속을 요하는 거래, 다수자에 대한 동일한 통지를 하는 경우에 획일적으로 효력발생시기를 결정할 수 있는 장점이 있으나, 역시 표의자에게 치중된 입장이라는 비판이 있다.

③ 도달주의 　　도달주의란 의사표시가 상대방의 지배권 내에 들어간 때, 예컨대 서신이 상대방에게 배달된 때에 의사표시의 효력이 발생한다고 보는 입법주의이다. 그리고 도달주의는 당사자 쌍방의 이익을 가장 잘 조화하는 태도라고 본다.

④ 요지주의 　　요지주의란 상대방이 의사표시의 내용을 요지한 때, 예컨대 배달된 서신을 읽고 안 때에 의사표시의 효력이 발생한다고 보는 입법주의이다. 요지주의는 상대방의 보호에 기울고, 상대방이 요지한 시기를 입증하기 곤란하다고 하는 난점이 있다.

3. 도달주의의 원칙

(1) 서 언

"상대방 있는 의사표시는 그 통지가 상대방에 도달한 때로부터 그 효력이 생긴다"(§111 I). 도달이란 의사표시가 '상대방의 지배권 내에 들어가 사회통념상 일반적으로 요지할 수 있는 상태'를 의미한다(다수설).[537] 판례도 도달은 사회관념상 상대방이 통지의 내용을 알

537) 다수설인 요지가능상태설에 대하여 도달이란 순전히 객관적으로 「상대방의 영역 내에 진입」한 여부만을 가지고 판단하고, 상대방이 의사표시의 내용을 요지할 수 있는 상태인가는 「기한 내의 도착」에 관한 문제로 파악하여야 한다고 보는 진입설이 소수설로 주장되고 있다.

수 있는 객관적 상태에 놓여 있다고 인정되는 상태를 지칭하고 통지를 상대방이 현실적으로 수령하거나 그 내용을 알아야 할 필요까지는 없다고 본다.[538] 그러므로 상대방이 현실적으로 그 통지의 유무나 내용을 요지하고 있는가와 관계 없이 요지가능상태가 되면 의사표시의 효력이 발생하는 도달이 된다고 본다.

우편물이 우편함 혹은 사서함에 투입된 때, 서신을 동거하는 친족·가족·고용인이 수령한 때에 도달이 된다. 상대방 이외의 자가 수령한 경우라고 하더라도 수령자가 상대방의 동거가족이나 가정부[539] 혹은 상대방이 근무하는 관공서·회사의 직원인 경우와 같이 통상 상대방의 지배권 내에 진입하여 상대방에게 전달된다고 인정될 때에는 도달로 된다.[540]

상대방이 의사표시의 수령을 거부한 때에도 도달이 되는가 아닌가가 문제될 수 있다. 상대방이 정당한 이유 없이 의사표시의 수령을 거절한 때에는 도달로 인정될 수 있다.

(2) 격지자와 대화자의 구별

민법 제111조는 격지자와 대화자를 구분하고 있지 않다.[541] 격지자 사이에서나 대화자 사이에서나 항상 도달주의가 적용된다.

(3) 도달주의의 결과

의사표시가 도달하지 않으면 효력이 생기지 아니한다. 의사표시의 불착·연착은 모두 표의자의 불이익으로 돌아간다. 그리고 표의자가 의사표시를 발신한 후 사망하거나 행위능력을 상실하여도 의사표시의 효력에는 아무런 영향이 없다(§111 II).

의사표시는 발신후 도달 전에는 철회할 수 있다. 다만 철회의 통지는 늦어도 먼저 발신한 의사표시와 동시에 도달하여야 한다. 일단 의사표시의 도달 후에는 상대방이 아직 요지하기 전이라고 하더라도 더 이상 철회할 수 없다.[542]

---

538) 대법원 1983.8.23. 선고 82다카439 판결.

539) 채권양도의 통지서가 들어 있는 우편물을 채무자의 가정부가 수령한 직후 같은 집에 거주하고 있는 통지인인 채권자가 그 우편물을 바로 회수하여 버린 때에는 그 우편물의 내용이 무엇인지를 그 가정부가 알고 있다는 등의 특별한 사정이 없는 이상 그 채권양도의 통지는 사회관념상 채무자가 그 통지내용을 알 수 있는 객관적 상태에 놓여 있는 경우라고 볼 수 없으므로 그 통지는 채무자에게 도달된 경우로 볼 수 없다(대법원 1983.8.23. 선고 82다카439 판결).

540) 판례가 아파트경비원이 집배원으로부터 우편물을 수령한 후 그 우편물을 우편함에 넣어둔 사실만으로 수취인이 그 우편물을 실제로 수취한 경우로 추단할 수 없다고 한 사례가 있다(대법원 2006.3.24. 선고 2005다66411 판결).

541) 「격지자」와 「대화자」는 서로 대립하는 개념이나, 장소적으로 서로 떨어져 있더라도 전화로 의사표시를 하는 때에는 대화자간의 의사표시로 되므로, 격지자나 대화자란 단순한 장소적 개념이 아니라 시간적 개념이라고 할 수 있다.

542) 사직의 의사표시는 특별한 사정이 없는 한 근로계약의 해지통고로 볼 수 있으므로, 사직의 의사표시가 사용자에게 도달한 경우에는 근로자로서는 사용자의 동의 없이는 그 의사표시를 철회할 수 없다(대법원 2000.9.5. 선고 99두8657 판결).

4. 도달의 특수문제

(1) 숨겨진 의사표시

표의자가 원하는 동안 의사표시를 상대방으로 하여금 모르게 하는 숨겨진 의사표시에서는 상대방이 사실상 안 때에 비로소 의사표시가 도달한다.

(2) 서신·텔렉스에 의한 도달

우편함에 투입되거나 수신기에 투시되는 경우에는 서신이 주거·사무소에 부착된 우편함에 투입된 때 혹은 의사표시가 수신기에 투시된 때에 도달이 된다. 야간에 투입되거나 투시된 경우에는 실제로 읽을 수 있는 상태에 있는 때, 즉 다음날 아침에 도달이 된다. 그리고 일요일·공휴일에 서신이 투입되거나 수신기에 투시된 때에는 거래관행상 상대방의 요지가 기대되는 때, 즉 익일 영업개시시에 의사표시가 도달된다. 다만 야간 혹은 일요일·공휴일에 우편함에 투입되거나 수신기에 투시된 경우에도 의사표시는 당일로 도달이 되고, 수령자는 단지 기한 내에 요지할 수 있는 상태에 있지 않은 사실을 항변할 수 있을 뿐이라고 보는 견해(소수설)가 있다.

[더 생각할 과제 - 수신불명인의 서신]

누구에게 온 서신인지가 의심스러워 개봉하지 않은 경우에는 불도달이 된다. 또한 수취인이 부재중으로 등기우편이 전달되지 못한 경우도 불도달이 된다.

(3) 전자우편의 도달

1) 전자메일박스시스템에의 이메일의 도달

물론 수신자가 이메일을 요지한 때에는 도달이 된다. 다만 이메일에서는 메일박스와 같은 수신장치에 저장이 되면 아직 요지하지 아니한 때에도 요지가능한 상태로서 도달로 볼 수 있는가, 다시 말하면 메일박스를 우편함과 같이 수신시설로서 수신자의 지배영역으로 볼 수 있는가 하는 문제가 제기된다.

우편함은 거의 어느 가정이나 가지고 있다. 또한 거래관념상 적절한 기간적 간격을 두고, 특별한 사정이 없는 한 적어도 매일 우편함을 확인하고, 투함된 편지나 문서의 형태를 가진 의사표시를 요지한다고 하는 기대를 누구나 한다. 그러므로 우편함의 경우에는 서신이 우편함에 투함되면 비록 수신자가 실질적으로 요지를 하지 아니한 때에도 의사표시가 도달한다고 볼 수 있다.

추상적으로 보면 메일박스도 역시 우편함과 같은 기능을 한다. 이메일이 메일서버에 전달되면 수신자의 메일박스영역에 저장된다. 그리고 수신자는 언제든지 메일박스를 확인할 수 있고, 이메일의 내용을 요지할 수 있는 상태가 된다. 다만 메일박스의 확인과 전달된 이메일의 요지가 수신자로부터 기대가능한가에 관하여는 문제가 있다. 요지할 수 있는 상태가 되거나 요지가 기대가능하기 위하여는 「확인책무」가 수신자에게 부담될 수 있어야 한다고 본다. 각 가정에 우편함을 설치하는 경우에는 그 설치를 통하여 일정한 간격으로 우편물의 투입 여부를 확인하거나 조사한다고 하는 의사를 표시한 경우라고 해석할 수 있다. 다시 설명하면 우편함의 설치자는 우편함을 통하여 의사표시를 수령할 준비가 되어 있다고 하는 표시를 한 경우로 볼 수 있다. 일반적으로 우편함은 의사표시의 수령에 봉사한다. 우편함이 의사표시의 수령에 봉사한다고 하는 근거로서는 우편체계는 어느 국가이든 갖추고 있고, 각 가정이 거의 모두 우편체계와 연결되어 있다고 하는 사정을 들 수 있다. 그러나 적어도 현재로서는 이메일시스템이 우편체계와 같은 의사표시의 일반적인 전달체계로서의 지위에 있다고 볼 수는 없다. 아직은 이메일을 통한 의사표시가 반드시 일반적인 일상이라고 할 수는 없고, 또한 이메일을 통한 의사표시의 수령이－우편처럼 누구에게나－무조건 기대가능하다고 볼 수도 없다.

이메일을 통한 의사표시의 수령을 위해서는 이메일주소의 단순한 소지 이외에 부가적인 행위가 요구된다고 하지 않을 수 없다. 예를 들어 메일박스의 소지자가 법률행위나 법적 거래에서 이메일주소를 사용한 때에는 이메일을 통한 의사표시의 수령이 준비된 경우로 볼 수 있다(거래행위의 영역에서 편지봉투나 명함에 이메일주소를 인쇄하여 사용한 경우를 생각할 수 있다). 또한 거래행위상의 특수성에 의하여 이메일을 의사표시의 도달을 인정할 수 있는 상대방의 지배영역으로 인정할 수 있는 경우도 있다. 예컨대 인터넷이나 통신과 관련되는 거래를 하는 경우라고 하면 굳이 이메일을 통하여 의사표시를 수령할 준비가 되어 있다고 하는 표시를 명시적으로 하지 아니한 때에도 공개된 이메일을 통한 의사표시의 수령이 준비되어 있다고 볼 수 있다. 역시 사인에게도 이메일주소의 소지가 의사표시의 도달로 인정되는 지배영역의 설치로 인정될 수 있는 경우가 있다. 물론 이메일주소가 일반적으로 의사표시의 도달을 위한 지배영역이 될 수 없으나, 가령 상대방에 대하여 이메일주소의 제시와 함께 의사표시를 한 경우에는 그 상대방에 대한 관계에서는 그 이메일주소로의 의사표시의 저장을 지배영역에의 진입이라고 해석할 수 있다.

2) 야간이나 일요일·공휴일 혹은 일과 후에 이메일이 도달한 경우

서신의 형식에 의한 의사표시는 거래관념상 요지할 수 있는 객관적 상태에 놓인 때에 도달의 효력이 생긴다(보통 우편함에 우편물이 투함된 때를 가리킨다). 다만 상대방이 잠자고 있는 야간이나 근무를 하지 않는 일요일·공휴일 혹은 일과 후에 의사표시가 전달되면 익일 혹은 정상근무일에 도달된다고 본다. 역시 이메일시스템에서도 의사표시의 도달시기에 관하여 오프라인에 적용되는 원칙이 그대로 적용될 수 있는가 하는 문제가 있다. 서신교환과 달리, 메일박스시스템에서는 소식이 밤낮을 가리지 않고 언제든지 전달되거나 교환될 수 있다. 학설상 메일박스는 하루에도 몇 번이고 확인을 하여야 한다고 하는 견해도 있으나, 단지 매일 적어도 1회의 메일박스의 확인이 기대된다고 보는 견해도 있다. 이메일주소의 소지가 의사표시의 도달을 위한 지배영역의 설치로 인정되는 경우에 정상적인 근무시간 중에 적어도 1회 이상의 메일박스의 확인이 기대된다고 보아야 한다. 그리고 이메일주소의 소지나 이용에서도 거래시간의 제한이 적용된다고 본다. 결국 이메일을 통한 의사표시의 도달시기에 관하여는 서신의 형식에 의한 의사표시의 도달시기에 관한 원칙이 그대로 준용된다.

3) 전자우편의 도달장애

기술적인 문제로 인하여 메일박스시스템에서도 도달장애가 발생할 수 있다. 물론 기술적 문제의 해결을 통하여 점차 도달장애(예컨대 의사표시의 부도달, 지연 혹은 내용변경)는 거의 발생하지 아니하고 있으나, 가능성은 얼마든지 있다. 이메일의 도달이 지연된 경우에 수신자에게 그 도달장애가 예상가능한 때에는 지연된 도달의 항변을 할 수 있고, 지연된 도달의 항변이 인정되는 때에는 의사표시의 도달로 인정될 수 있다(§528 II). 또한 의도적으로 이메일의 도달을 좌절시킨 경우에는 반신의행위를 금지하는 원칙(예컨대 민법 제150조)을 유추적용하여 도달로 의제할 수 있다.

자주 발생하는 도달장애는 메일박스의 용량을 넘는 경우에 발생한다. 예컨대 저장용량이 한정된 메일박스를 사용하는 경우에 용량의 초과로 인하여 도달이 되지 아니하거나 지연되는 사고가 생길 수 있다. 다만 수신자는 스스로 자기의 메일박스를 규칙적으로 확인하지 아니하는 경우에는 메일박스에 특히 원치 않는 스팸메일과 같은 대량의 메일이 저장되어 중요한 메일을 수신하지 못할 수 있고, 때로는 자기의 메일서버운영자에게 결함이 생길 수 있다고 하는 사실을 인식하여야 한다. 물론 수신자가 스스로 서비스제공자의 급부상태에 관한 위험을 부담하며, 신용이 충분하고 급부능력이 있는 서비스제공자의 선택에 관한 책임은 수신자 스스로에게 있다. 그러므로 도달장애에 따른 위험은 일반적으로 수신자가 부담한다고 본다.

(4) 전달자에 대한 도달

전달자가 수령권한이 있는 경우(수령사자)에는 의사표시가 전달자에게 교부되는 동시에 도달이 된다. 다만 수령권한 없는 전달자에 대한 의사표시는 전달자가 상대방에게 의사표시를 전달한 때에 도달한다. 그러나 대리인에 대한 의사표시는 상대방에게 한 의사표시와 동일한 효력이 있다.

(5) 도달방해

상대방이 도달을 방해하여 의사표시가 도달하지 아니한 경우에는 방해가 없더라면 도달할 시점에 의사표시가 도달한 경우로 해석된다.

5. 공시에 의한 의사표시

공시에 의한 의사표시는 (i) 표의자가 의사표시의 상대방을 알 수 없는 경우, (ii) 표의자가 상대방의 소재를 알 수 없는 경우에 할 수 있다. 공시송달에 대하여는 민사소송법에 규정이 있다. 공시송달의 사유는 법원게시장에 게시하여야 하고, 법원은 신문지상에 공고를 명할 수 있다(민사소송법 §194). 공시에 의한 의사표시는 게시한 날로부터 2주일이 경과한 때에 상대방에게 도달한 경우로 간주되고, 동일당사자에 대한 그 후의 공시송달은 실시한 다음날부터 효력이 생긴다(민사소송법 §196 I).

외국에서 할 공시송달에 대하여는 재판장이 그 나라에 주재하는 대한민국의 대사·공사·영사 또는 그 나라의 관할 공공기관에 촉탁하여 한다(민사소송법 §191). 외국에서 할 공시송달의 효력은 최초의 송달이면 게시한 날로부터 2개월이 경과하여야 생긴다(민사소송법 §196 II).

6. 의사표시의 수령능력

타인의 의사표시의 내용을 수령할 수 있는 능력을 의사표시의 「수령능력」이라고 한다. 민법은 일정한 정신능력을 갖추지 아니하여 수령의 의미를 이해할 수 없는 제한능력자를 수령제한능력자로 하고 있다. 제한능력자에게 의사표시를 한 경우에는 제한능력자에 대하여 대항할 수 없고, 다만 법정대리인 혹은 제한능력자 본인이 능력회복 후에 수령한 때에는 의사표시의 효력발생을 주장할 수 있다(§112).

제4절 대 리

Ⅰ. 서 설

1. 대리의 의의

대리란 타인(대리인)이 본인의 이름으로 법률행위(의사표시)를 하거나 수령하여 그 법률효과가 직접 본인에 관하여 생기는 제도를 가리킨다. 대리제도가 필요한 이유는 사적 자치의 확대와 사적 자치의 보충에 있다.

대리는 본인이 대리인에게 대리권을 수여하고, 대리인이 대리권에 기하여 법률행위를 하면 그 법률행위의 효과가 본인에게 귀속하는 3면적 법률관계로 구성된다. 대리의 3면적 법률관계는 본인·대리인 사이의 대리관계, 대리인·상대방 사이의 대리행위관계, 상대방·본인 사이의 법률효과귀속관계로 구분된다.

A는 서울의 번화가에 건물을 하나 사고 싶은 생각을 가지고 있다. 그런데 A는 부동산의 매매에 별로 경험이 없는 관계로 그 방면에 경험이 풍부한 친구 B에게 건물의 매매를 부탁하였다. B는 A의 대리인으로서 건물을 판다고 하는 C에게 가서 건물

을 점검하고, 대금액과 지급방법 등을 협의한 후 계약을 체결하였다. 그 후 B는 C에게 대금을 지급하고, 등기명의를 A에게 이전하는 일체의 절차를 마쳤다. 그리고 B는 A로부터 약정한 보수를 받았다. ABC 사이의 법률관계는 어떤가?

사례에는 A, B, C 3인의 인물이 등장한다. A, B, C 3인을 둘러싼 3면의 법률관계를 대리의 법률관계라고 한다. 그리고 대리의 법률관계는 AB 사이의 대리관계, BC 사이의 대리행위, AC 사이의 대리효과의 귀속으로 구성된다.

(i) AB의 법률관계는 어떤가? B는 A의 대리인이다. B가 A의 대리인이라고 하는 의미는 B가 체결한 계약의 효과가 직접 A에게 귀속한다는 사실, 즉 A가 건물에 대한 매매계약상의 당사자가 된다고 하는 사실을 나타낸다. A에게 직접 효력이 생기는 계약을 체결할 수 있는 B의 권한, 즉 대리인으로서의 권한을 대리권이라고 한다. AB 사이에서 A가 B에게 대리권(A를 위하여 건물을 구입할 수 있는 권한)을 수여하는 관계를 대리관계라고 한다. 사례에서와 같은 임의대리에서는 A와 B 사이의 계약에 의하여 대리권이 수여된다. 그리고 대리권을 부여하는 계약은 보통 위임계약이라고 부르지만, 반드시 위임계약일 필요는 없다. 다른 유형의 계약(예컨대 고용계약, 도급계약, 조합계약)에 의하여도 대리권이 수여될 수 있다.

B는 A로부터 대리관계에서 수여받은 대리권의 범위 내에서 행위를 하여야 한다. 만일 대리권의 범위를 초과하면, 예컨대 건물을 사지 않고 임야를 구입하는 계약을 체결하면 표현대리가 되거나, B가 행한 법률행위의 효과가 A에게 귀속하지 않고 무권대리가 된다.

(ii) BC 사이에서는 어떤 법률관계가 생기는가? BC 사이에는 매매계약이 체결되지만, 매매계약은 B의 대리행위, 즉 B의 대리권에 기한 행위에 의하여 성립하므로, 그 효과는 B에게 귀속하지 않고 A에게 생긴다. 만일 B가 대리권의 범위 외의 계약을 C와 체결하면 그 효과는 A에게 귀속하지 않는다. 다만 무조건 B가 한 대리권의 범위 외의 계약의 효과가 A에게 귀속하지 않는다고 하면 B에게 대리권이 있다고 믿은 C를 해하는 경우가 있을 수 있다. 그러므로 외관상 B의 행위가 대리권의 범위 내의 행위라고 볼 수 있고, C가 대리권의 범위 내라고 믿어도 무리가 없다고 볼 수 있는 경우에는 C를 보호하기 위하여 매매계약의 효과를 A에게 귀속시킬 필요가 있다. 비록 대리권의 범위를 넘은 행위를 한 경우라고 하더라도 일정한 요건 아래 대리의 효과를 인정하는 제도를 표현대리라고 한다.

(iii) AC 사이의 법률관계는 어떤가? A는 C에 대하여 아무런 의사표시를 하지 않고, BC 사이의 매매계약의 체결에 관여하지 않은 경우라고 하더라도 B가 체결한 계약은 실제로 AC 사이의 계약이 되고, 그 효과는 A에게 귀속된다.

[더 생각할 과제 - 대리제도에 의한 사적 자치의 확대와 사적 자치의 보충]

시민사회에서 개인의 생활관계는 원칙적으로 자유롭고 평등한 개인의 자발적 의사에 일임되어 있다. 그러나 사회경제의 발전에 수반하여 재산거래관계가 복잡화되고 그 규모나 범위도 확대되어 각자가 자기의 재산에 관한 모든 행위를 스스로 하기는 곤란하고, 사정에 따라서는 타인의 전문적 지식을 적극적으로 활용하여 개인이 누리는 사적 자치의 범위를 확대할 필요가 있다. 또한 권리능력은 있더라도 의사능력이나 행위능력을 갖추지 아니한 자(의사무능력자나 제한능력자)에 대하여는 재산보전의 견지에서 자기의 행위에 의하여 단독으로 완전히 유효한 법률행위를 형성하게 하면 곤란하므로, 친권자나 후견인이 대신하여 행위를 하여 제한능력자나 피후견인이 누리는 사적 자치의 범위를 보충할 필요가 있다.

2. 대리와 구별할 제도

(1) 간접대리

간접대리란 타인의 계산으로, 다만 자기의 이름으로 법률행위를 하고 그 법률효과는 행위자 자신에 관하여 생기며, 후에 행위자(간접대리인)가 취득한 권리를 타인(간접본인)에게 이전하는 법률관계를 가리킨다. 예컨대 상법에 규정된 위탁매매(상법 §101), 운송주선(상법 §114)이 간접대리에 해당한다. 대리에서는 대리인이 본인을 위하여 한다는 대리적 효과의사에 의하여 법률행위를 하고, 그 법률효과가 직접 본인에게 귀속되나, 반면에 간접대리에서는 법률효과가 일단 간접대리인에게 귀속한 후에 다시 간접대리인으로부터 간접본인에게 이전하는 측면에서 차이가 있다.

(2) 사 자

1) 사자의 의의

민법은 사자(使者)에 관하여 아무런 규정도 두고 있지 않다. 그러나 학설과 판례는 대리 이외에 사자를 인정하고 있다. 사자란 본인이 결정한 내심적 효과의사를 그대로 상대방에게 표시하거나 단순히 전달함으로써 표시행위의 완성에 협력하는 자를 가리킨다.

2) 사자의 유형

사자의 종류로는 우선 표시기관으로서의 사자와 전달기관으로서의 사자로 나눌 수 있다. 본인이 결정한 의사를 상대방에게 표시하여 그 의사표시를 완성시키는 사자를 표시기관으로서의 사자라고 하고, 본인이 결정한 의사표시를 그대로 상대방에게 전달하는 사자를 전단기관으로서의 사자라고 한다. 그리고 사자는 능동사자(상대방에게 본인의 의사표시를 하거나 전달하는 사자)와 수동사자(본인을 위하여 상대방의 의사표시를 수령하는 사자)로도 구분한다.

3) 사자와 대리인의 구별

대리에서는 의사표시가 어디까지나 대리인 자신의 의사표시이고, 반면에 사자에서는 효과의사는 본인이 결정하며 사자는 표시 혹은 전달을 하는 기관에 불과하다. 특히 「표시기관으로의 사자」는 대리와 비슷하다. 그러나 표시기관으로서의 사자도 효과의사를 본인이 결정한다고 하는 측면에서 본인이 아니라 대리인 자신이 효과의사를 결정하는 대리와 다르다. 그러므로 대리인은 의사능력자이면 충분하고 행위능력자일 필요가 없지만(§117), 사자는 의사능력자일 필요도 없다(본인이 행위능력을 가지고 있어야 한다). 그리고 의사표시의 효력에 영향을 미치는 의사의 흠결, 하자, 사실의 지·부지와 같은 사정의 존부는 대리에서는 원칙적으로 대리인을 기준으로 결정하고(§116), 사자에서는 본인에 대하여 결정한다.

(3) 신 탁

신탁이란 상대방(수탁자)에게 재산권을 귀속하게 하고, 동시에 재산권을 일정한 목적에 따라서 관리처분하게 하는 제도를 가리킨다. 신탁에서는 목적재산의 이전에 의하여 수탁자가 재산권의 명의자가 되고, 수탁자의 행위는 신탁재산을 구속하지만, 이익귀속주체(수익자)를 직접 구속하지 아니한다는 측면에서 대리와 다르다.

(4) 간접점유

간접점유란 타인(직접점유자)이 물건을 사실상 지배하고, 그 효과인 점유권을 본인(간접점유자)이 가지는 점유를 가리킨다. 점유는 자기가 이익을 받을 의사로 물건을 현실적으로 지배하는 사실상태이며 의사표시가 아니라는 측면에서 대리와 간접점유는 구별된다.

(5) 대 표

대표란 법인에서 법인의 기관으로 활동하는 이사 기타 대표자 혹은 그 활동을 가리킨다. 대표는 대표기관의 행위 자체가 법이론상 그대로 법인의 행위로 간주되고, 대표는 사실행위·불법행위에 관하여서도 성립하는 측면에서 대리와 차이가 있다.

(6) 제3자를 위한 계약

제3자를 위한 계약이란 계약당사자 일방(諾約者)이 제3자(受益者)에 대하여 직접 채무를 부담한다고 계약상대방(要約者)에게 약속하는 계약을 가리킨다. 예를 들어 매도인 A가 제3자 C에게 부담하는 채무를 변제하기 위하여 AB 사이의 매매계약에서 매매대금을 매수인 B로부터 직접 제3자 C에게 지급하도록 약정하는 경우에 제3자를 위한 계약이 된다.

제3자를 위한 계약은 3면적 법률관계(요약자와 낙약자 사이의 보상관계, 요약자와 수익자 사이의 대가관계, 낙약자와 수익자 사이의 수익관계가 성립한다)가 이루어지고, 행위자와 효과귀속자가 분리된다고 하는 측면에서 대리와 유사하다. 그러나 제3자를 위한 계약에서의 요약자는 계약의 당사자인 동시에 법률효과의 귀속자이며, 단지 법률효과 중 급부를 청구할 수 있는 권리만이 직접 제3자(수익자)에게 귀속한다. 수익의 의사표시가 있어야 비로소 수익자는 권리를 취득하며, 계약의 유효성이나 동시이행의 항변권은 계약당사자인 요약자와 낙약자에 대하여 판단한다고 하는 측면에서 제3자를 위한 계약은 대리와 구별된다.

3. 대리의 종류

(1) 임의대리·법정대리

본인의 의사 혹은 신임에 기하여 대리인이 되는 대리를 임의대리라고 한다. 반면에 본인의 의사에 기하지 않고 법률의 규정·법원의 선임·본인 이외의 자의 지정에 의하여 대리권이 부여되는 대리를 법정대리라고 한다. 친권자나 후견인이 미성년자나 피후견인을 대리하는 관계, 본인이 두지 않은 부재자의 재산관리인으로 부재자를 대리하는 관계, 상속재산관리인·유언집행자로 상속재산을 관리하거나 유언을 집행하는 관계가 법정대리이다. 임의대리와 법정대리의 구별실익은 주로 대리인의 복임권과 대리권의 소멸에서 나타난다.

(2) 능동대리·수동대리

본인을 위하여 상대방에 대하여 의사표시를 하는 대리를 능동대리라고 하고, 본인을 위하여 상대방의 의사표시를 받는 대리를 수동대리라고 한다. 대리인이 일정한 법률행위에 대한 대리권을 가지고 있는 경우에는 특별한 사정이 없는 한 그 법률행위에 관한 능동대리는 물론 수동대리도 할 수 있다.

(3) 유권대리·무권대리

대리인이라 칭하여 행동하는 자가 정당한 대리권을 가진 대리를 유권대리라고 하고, 대리인이라 칭하는 자가 대리권을 가지고 있지 않는 대리를 무권대리라고 한다. 무권대리에는 대리권이 전혀 없는 협의의 무권대리와 표현대리 양자가 포함된다.

(4) 개별대리·포괄대리

본인을 위하여 일정한 법률행위만을 행하는 대리를 개별대리라고 한다. 본인의 사업전반에 대하여 포괄적으로 대리행위를 할 수 있는 대리를 포괄대리라고 한다.

(5) 본대리·복대리

본래의 대리를 본대리라고 한다. 대리인이 자기의 이름으로 본인의 대리인인 복대리인을 선임하여 본인을 대리하게 하는 대리를 복대리라고 한다.

5. 대리가 허용되지 않는 경우

(1) 대리에 친하지 않은 법률행위

예컨대 약혼·인지·유언 등과 같은 가족법상의 행위는 본인의 의사결정을 절대적으로 필요로 하므로 대리에 친하지 않다(달리 「대리를 가까이 하는 않는 행위」라고도 부른다).

(2) 준법률행위

1) 의사의 통지·관념의 통지

준법률행위에는 그 성질상 원칙적으로 대리가 허용되지 아니한다. 다만 의사의 통지나 관념의 통지와 같이 의사표시와 유사한 준법률행위(표현행위)에는 의사표시에 관한 규정

을 유추적용할 수 있으므로 대리규정이 유추적용될 수 있다.[543]

2) 사실행위(비표현행위)

사실행위에는 대리가 허용되지 아니한다. 그러므로 사실행위에 대하여 제3자의 협력이 있더라도 대리라고는 할 수 없고, 사실상의 보조행위에 불과하다.

점유의 이전, 즉 인도에 관하여도 대리가 인정되는가? 현실의 인도는 사실행위이므로 대리가 허용되지 아니한다는 견해에 이견이 없다. 간이인도나 점유개정, 목적물반환청구권의 양도에 의한 인도에 관하여 대리가 허용되는가에 대하여는 견해가 대립한다. 간이인도나 점유개정, 목적물반환청구권의 양도에 의한 인도의 경우에는 점유의 이전에 적어도 당사자의 의사표시 내지 계약이 필요하고, 당사자의 의사표시나 계약이 있으면 점유가 이전되므로, 대리인에 의한 의사표시나 계약에 의하여도 점유이전의 효력이 생길 수 있다고 보는 견해가 있다. 그러나 간이인도나 점유개정, 목적물반환청구권의 양도에 의한 인도에 대하여 굳이 대리가 가능하다고 해석할 필요는 없고, 단순한 점유보조행위나 점유매개행위를 통하여 본인이 점유를 취득하거나, 그 요건이 되는 법률행위의 대리의 효과로 점유를 취한다고 보면 충분하다.

(3) 불법행위

불법행위에는 대리가 허용되지 않는다. 다만 대리인이 동시에 본인의 피용자에 해당하는 경우에는 본인이 대리인의 불법행위에 대하여 책임을 부담할 수 있으나, 그 불법행위책임은 대리인의 불법행위에 대한 본인으로서의 책임이 아니라 본인은 피용자인 대리인의 사용자로서 손해배상책임을 부담할 뿐이다(§756 I). 그리고 법인은 이사 등 대표자의 불법행위에 대하여 책임이 있다고 규정하고 있지만(§35 I), 민법 제35조 제1항은 대표기관의 불법행위에 대한 법인의 손해배상책임일 뿐이고 불법행위의 대리를 인정하고 있지는 않다.

Ⅱ. 대리권(본인·대리인의 관계)

1. 대리권의 의의·성질

(1) 대리권의 의의

대리권이란 본인의 이름으로 의사표시를 하거나 의사표시를 받음으로써 본인에게 직접 법률효과를 귀속시킬 수 있는 타인(대리인)의 본인에 대한 법률상의 지위·자격 또는 능력을 가리킨다.

---

543) 민법 제451조 제1항에서 정한 이의를 보류하지 아니한 채권양도의 승낙이라 함은 채무자가 채권양도 사실에 관한 인식을 표명하는 경우로서 이른바 관념의 통지에 해당하고, 대리인에 의하여도 그 승낙을 할 수 있다(대법원 2013.06.28. 선고 2011다83110 판결).

(2) 대리권의 성질-권리인가 자격인가?

대리인이 가지는 「대리권」의 법적 성질이 문제된다. 학설상 대리권의 성질에 관하여는 여러 견해가 있다. 극단적으로 본인과 대리인 사이의 위임 기타의 기초적 법률관계로부터 독립된 대리권의 존재를 인정하지 않는 견해도 있고, 대리권을 일종의 형성권으로 이해하는 견해도 있다. 그러나 능동대리에서는 몰라도 수동대리에서는 대리인이 적극적으로 자기의 의사표시에 의하여 법률관계를 형성하지 아니하므로 대리권을 형성권으로 볼 수 없다. 또한 대리권은 용어상으로는 권리의 일종처럼 표현되고 있으나, 「권리」라고 보기는 어렵다. 그러므로 대리권은 권리가 아니라 행위능력과 같이 법률상 일정한 법률효과를 발생하게 하는 능력 또는 자격이라고 보는 견해가 타당하다(학설상으로는 자격설 또는 능력설이라고 부르며, 통설이다). 대리권은 엄밀한 의미에서는 「대리권한」이라고 하는 표현이 더 정확하다.

2. 대리권의 발생원인

(1) 법정대리권의 발생원인

1) 당연한 발생

친권을 행사하는 부모와 같이 본인에 대한 일정한 법적 지위에 있는 자가 법률상 당연히 대리인이 되는 경우가 있다(§§911·920).

2) 지정행위에 의한 발생

지정미성년후견인(§931), 지정유언집행자(§1093)의 법정대리권과 같이 지정권자의 지정행위에 의하여 대리권이 발생하는 경우가 있다.

3) 선임행위에 의한 발생

부재자재산관리인·상속재산관리인·유언집행자의 대리권과 같이 법원의 선임행위에 의하여 대리권이 발생하는 경우도 있다.

(2) 임의대리권의 발생원인

1) 대리권수여행위(수권행위)

임의대리에서는 대리권이 발생하기 위하여 본인으로부터 대리인에 대한 대리권수여행위, 즉 수권행위가 필요하다. 수권행위의 상대방은 직접 대리권을 취득하는 당사자인 대리인이다. 만일 대리행위의 상대방에게 대리권수여의 의사표시를 한 때에는 수권행위가 될 수 없고, 단지 민법 제125조에 의한 「대리권수여의 표시」로서의 의미를 가질 뿐이다.

대리권수여행위와 기초적 내부관계와는 어떤 관계에 있는가? 보통 수권행위는 타인에게 일정한 행위를 의뢰하고 자기의 대리인으로서 행위를 해 주기를 부탁하는 형식으로 한다. 다만 타인에게 일정한 행위를 의뢰한 사실 자체가 당연히 그 타인에게 대리권을 수여한 의미로 해석할 수는 없다. 보통 본인과 대리인 사이의 실질적 권리·의무관계(외부관계)는 위임·도급·고용 및 법률의 규정(내부관계)에 의하여 발생한다. 타인에게 어떤 사무를 의뢰하는 위임·고용·도급·조합과 함께 대리권이 수여되는 경우도 많지만, 반대로 항상 대리권이 수반되지는 아니한다. 물론 대리권수여가 기초적 법률행위의 한 내용이 될 수 있지만, 일반적으로 대리권은 기초적 법률행위와 별개 독립한 대리권수여행위에 의하여 발생한다고 본다(소수설로 대리권은 위임 기타의 내부적 계약관계에 의하여 직접 발생하고, 계약과는 별도로 「수권행위」라는 개념을 특별히 인정할 필요가 없다고 보는 「융합계약설」을 주장하는 견해가 있다). 비록 대리권수여행위(줄여서 수권행위라고 한다)가 내부관계를 발생하게 하는 기초적 법률행위와 외형상 일체로 행하는 경우라고 할지라도 수권행위와 기초적 법률행위는 관념상 전혀 별개이다(수권행위의 독자성). 기초적 법률행위가 있더라도 수권행위가 없는 경우가 있고, 수권행위만을 독립하여 행할 수도 있다.

[더 생각할 과제 - 위임과 대리권수여와의 관계]

위임과 대리권수여는 각각 별개의 독립된 행위이다. 위임은 위임인과 수임인간의 내부적인 채권·채무관계를 말하고, 대리권은 대리인의 행위의 효과가 본인에게 미치는 대외적 자격을 말한다. 그러므로 위임계약에 대리권수여가 부수되는 일은 있으나, 위임계약만으로는 그 효력이 위임인과 수임인 이외에는 미치지 아니한다. 예를 들어 민법 제692조는 위임종료의 사유는 그 사실을 상대방에게 통지하거나 상대방이 그 사유를 안 때가 아니면 그로써 상대방에게 대항하지 못한다고 규정하고 있으나, 그 취지는 위임종료의 사유를 상대방에게 통지하거나 상대방이 그 사정을 안 때가 아니면 위임인과 수임인간에는 위임계약에 의한 권리의무관계가 존속한다는 취지에 불과하고 대리권관계와는 아무런 관계가 없다.[544)]

2) 수권행위의 법적 성질

대리권수여행위의 법적 성질에 관하여는 견해가 대립한다. 대표적으로 무명계약설과 단독행위설(다수설)이 대립하고 있다. 수권행위를 본인과 대리인 사이에 체결되는 위임과 유사한 일종의 무명계약으로 보는 견해(무명계약설)가 있다. 반면에 수권행위를 대리인의 수령을 요하는 단독행위로 보는 견해(단독행위설)도 있다. 양 견해의 근본적인 차이는 대리권수여와 관련하여 대리인의 의사표시를 필요로 하는가 아닌가 하는 문제와 관련하여 나타난다. 대리인의 의사표시에 행위능력의 제한, 의사의 흠결, 사기·강박과 같은 하자가 있는 경우에 수권행위를 무명계약으로 보면 수권행위는 영향을 받고, 단독행위로 보면 수권행위는 아무런 영향도 받지 아니한다. 대리권의 행사에 의한 효과가 모두 본인에게 귀속하여 대리인은 아무런 불이익도 받지 아니하며 민법상 대리인의 행위능력이 요구되지 않고 있는 사실(§117)이나 민법이 표현상 수권행위와 관련하여 대리권의 부여(§120), 대리권의 수여(§128 전문) 혹은 수권행위의 철회(§128 후문)라고 하는 용어를 사용하고 있는 사정을 고려하면 수권행위를 단독행위로 이해하는 견해가 타당하다.

---

544) 대법원 1962.5.24. 선고 61다251, 252 판결.

[더 생각할 과제 - 물권행위의 유인성·무인성과 수권행위의 유인성·무인성]

(i) 물권행위를 채권행위와는 구분되는 별개의 법률행위로 인정하여 채권계약에 의하여는 단지 당사자간에 채권·채무를 발생하게 할 뿐이고, 채권계약으로부터 물권변동이 생기기 위하여는 그 채권계약과는 별개의 물권행위(물권변동을 목적으로 하는 의사표시+공시방법)를 하여야 한다고 보는 경우를 물권행위의 독자성이라고 한다. 그리고 물권행위의 독자성을 전제로 원인행위인 채권행위가 존재하지 않거나(불성립), 무효·취소되거나, 해제가 된 경우에 채권행위의 이행행위로 행하여진 물권행위도 무효로 되는가(유인성), 아무런 영향을 받지 않는가(무인성) 하는 문제를 물권행위의 유인성·무인성이라고 한다.

(ii) 본인과 대리인 사이의 기초적 법률관계(예컨대 위임·고용·도급 등)가 무효·취소 기타 사유로 실효된 경우에 수권행위도 효력을 상실하는가 하는 문제에 대하여는 크게 유인설과 무인설이 대립한다. 유인설에 의하면 무효·취소·해제에 의하여 기초적 법률관계가 실효되면 수권행위도 실효되고, 무인설에 의하면 기초적 법률관계가 실효되더라도 수권행위만으로서 유효하다.[545] 민법이 수권행위와 그 기초적 법률관계 사이의 내부관계에 대하여 "법률행위에 의하여 수여된 대리권은 그 원인된 법률관계의 종료에 의하여 소멸한다"(§128 전문)고 규정하고 있으므로, 수권행위의 유인성이 인정된다고 보는 견해가 타당하다. 그러므로 기초적 법률관계(혹은 원인관계)의 무효는 수권행위의 무효를 가져오고, 또한 기초적 법률관계가 취소·해제되면 당연히 수권행위도 효력을 잃는다.

3) 수권행위의 방법

대리권수여행위는 방식이 자유이고 묵시적·명시적(구두 혹은 서면)으로 가능하다. 예컨대 아버지가 아들의 채무에 대한 담보제공을 위하여 아들에게 인감도장과 인감증명서를 교부한 때에는 아들에게 복임권을 포함하여 채무담보를 위한 일체의 대리권을 준 경우라고 보고,[546] 자기 명의의 영업허가를 구청에서 내달라고 부탁한 후 거기에 사용하라고 자기의 인감인장을 내어 준 경우에는 대리권을 수여한 경우로 보아도 좋다.[547] 또한 부동산처분에 관한 소요서류를 구비하여 타인에게 교부한 때에는 타인에게 부동산처분에 관하여 대리권을 수여한 취지를 표시한 경우로 볼 수 있다.[548] 그러나 미국에 가 있는 동안 그 인장을 아버지에게 보관시킨 사실만 가지고서는 대리권을 수여한 경우라고 볼 수 없다.[549]

보통 대리권의 수여를 위하여 위임장이 이용된다. 다만 위임장은 단지 수권행위의 존재를 추단하는 중요한 자료에 불과할 뿐이다. 위임장의 존부에 의하여 수권행위 여부가 판단되지는 아니한다. 위임장 없이도 얼마든지 수권행위가 가능하다. 또한 위임장이 있다고 하여 반드시 정당한 수권행위가 있다고 할 수는 없다.

대리행위가 요식행위인 경우에 수권행위도 그 방식에 따라야 하는가? 학설상 방식에 관한 규정을 수권행위에 적용하지 않으면 그 규정의 존재의의가 몰각되는 경우에는 수권

545) 수권행위를 외부적 수권과 내부적 수권으로 구분하고, 어느 경우나 유인이지만 외부적 수권의 경우에는 민법 제129조가 적용되어 유인성이 제한된다고 보는 견해가 있다.

546) 대법원 1996.2.9. 선고 95다10549 판결.

547) 대법원 1965.3.30. 선고 65다44 판결.

548) 대법원 1959.7.2. 선고 4291민상329 판결.

549) 대법원 1964.5.26. 선고 63다955 판결.

행위도 그 방식에 따라야 한다고 보는 견해가 있다. 그러나 비록 대리행위가 요식행위라고 하더라도 수권행위는 자유로운 형태로 할 수 있다고 보는 견해가 타당하다.

[더 생각할 과제 - 백지위임장]

대리인의 성명이나 대리권의 내용을 기재하지 않은 위임장을 백지위임장이라고 한다. 대리인의 성명을 공란으로 둔 백지위임장에서는 최후의 소지인이 백지로 되어 있는 부분에 대리인으로서 자기의 이름을 적어 넣으면 두 사람 사이에 위임계약이 성립하여 수임인으로서의 권리·의무를 취득한다. 대리권의 내용이 공란으로 되어 있는 백지위임장에서는 대리인으로 표시된 자가 대리권의 내용을 기입하면 수권행위가 성립한다. 다만 본인이 백지위임장을 교부할 때에 일정한 범위를 정하여 이미 수권행위를 한 때에는 그 대리인이 본인이 위탁하지 않은 사항을 보충하여 대리행위를 하면 민법 제126조에 의한 「권한을 넘은 표현대리」가 성립할 수 있다. 그리고 대리인의 성명과 대리권의 내용이 모두 공란으로 되어 있는 백지위임장에서는 최후의 소지인이 자기의 이름과 대리권의 내용을 보충하면 본인과 그 소지인 사이에 위임계약이 성립하는 동시에 수권행위가 성립한다.

4) 수권행위의 철회

법률관계의 종료 전에 본인이 수권행위를 철회하면 법률행위에 의하여 수여된 대리권, 즉 임의대리권은 소멸한다(§128). 수권행위에 대한 철회의 의사표시는 대리인 또는 상대방에 대하여 할 수 있다. 수권행위가 철회되면 도달한 때로부터 장래를 향하여 대리권이 소멸한다.

3. 대리권의 범위

(1) 법정대리권의 범위

대리인이 어떤 범위까지 대리권을 가지는가는 대리권의 발생원인에 의하여 결정된다. 법정대리에서는 대리권의 범위가 법률상 개별적으로 결정된다.

(2) 임의대리권의 범위

1) 수권행위로 정한 범위

임의대리에서는 그 대리권의 범위가 보통 대리권의 발생원인인 대리권수여행위(수권행위)를 통하여, 즉 본인이 어디까지 대리권을 수여하는가 하는 본인의 의사에 의하여 결정된다. 본인의 의사가 불명한 경우에는 수권행위의 해석에 의하여 대리권의 범위를 판단한다.

본인은 대리인에게 특정수권이나 포괄수권을 할 수 있다. 대리권을 일정한 행위로 제한하거나(예컨대 임대료의 취득) 특정한 행위를 제외하는 방법(예컨대 100만원 이상의 매매대금에 해당하는 거래를 제외)에 의한 수권이 특정수권이다. 제한 없이 모든 거래행위를 허용하는 수권이 포괄수권에 해당한다.

수권행위의 범위와 관련한 판례를 살펴보면 아래와 같은 경우가 있다.

(i) 임의대리권은 상대방의 의사표시를 수령하는 수령대리권을 포함한다.550)

(ii) 매매계약을 체결할 대리권을 수여받은 대리인은 상대방에 대하여 약정된 매매대금 지급기일을 연기하여 줄 권한도 가지고,551) 부동산의 소유자를 대리하여 매매계약을 체결할 권한을 가지는 대리인은 잔대금을 수령할 권한도 있다.552)

(iii) 소비대차계약의 체결을 위한 대리권은 그 계약내용을 이루는 기한을 연기하고 이자와 대금을 수령한 권한이 있다.553)

(iv) 재판상 화해를 할 수 있는 대리권은 재판외의 화해를 하고 그 화해에 의한 이행을 수령할 권한이 있다.

(v) 매매계약 혹은 금전소비대차 내지 담보권설정계약을 체결할 권한을 수여받은 대리인은 계약관계를 해제할 권한까지 당연히 가지고 있다고 볼 수 없다.554)

(vi) 채권자가 채무담보의 목적으로 채무자를 대리하여 부동산을 처분하는 권한을 위임받은 경우에 그 부동산의 가치를 임의로 평가하여 자신의 채권자에게 대물변제할 권한까지 부여받은 경우로 볼 수 없다.555)

(vii) 대여금의 영수권한만을 위임받은 대리인이 그 대여금채무의 일부를 면제하기 위하여는 본인의 특별수권이 필요하다.556)

(viii) 경매입찰대리인의 대리권의 범위에 채권자의 강제매수신청취하에 동의할 권한까지 포함하지는 않는다.557)

2) 대리권의 범위가 불명한 경우

> 20년 전에 전주 인근의 본가를 떠나 상경하여 서울에서 활동하고 있는 사업가 A는 본가의 이웃에 살고 있는 B에게 현재에 이르기까지 본가의 텃밭과 건물의 관리를 맡기고 있다. B가 어릴 때부터 친하게 지낸 사람이므로, A는 "갑토지, 을건물에 대하여 관리를 B에게 맡긴다"고 하는 짧은 내용의 서신만을 B에게 넘겨주었다. 예컨대 (i) 을건물에 지붕의 기와가 일부 무너져 장마철에 비가 새는 상태가 된 경우, (ii) 을건물의 외벽에 곰팡이가 심하게 발생하여서 건축업자의 추천에 따라서 외벽을 드라이비트공법으로 리모델링하려고 하는 경우, (iii) C가 "을건물을 임대하고 싶다. 임대해 주면 매월 임대료를 지급한다"고 청하여 을건물을 임대하려고 하는 경우, (iv) 인근지역 전체에 금번 도시가스를 시설하게 되어 도시가스사업자로부터 을건물에도 도시가스를 공급받을지, 갑토지 밑으로 가스관을 매설하여도 되는가 하는 문의

550) 대법원 1994.2.8. 선고 93다39379 판결.
551) 대법원 1992.4.14. 선고 91다43107 판결.
552) 대법원 1991.1.29. 선고 90다9247 판결.
553) 대법원 1948.2.17. 선고 4280민상236 판결.
554) 대법원 1997.9.30. 선고 97다23372 판결.
555) 대법원 1997.9.9. 선고 97다22720 판결.
556) 대법원 1981.6.23. 선고 80다3221 판결.
557) 대법원 1983.12.2. 선고 83마201 판결.

> 를 받아 도시가스공급을 신청하고, 가스관의 매설을 허가하려고 하는 경우에 B는 어떤 권한을 가지는가?

대리권의 범위가 불명한 경우에 권한을 정하지 않은 대리인은 보존행위, 이용 또는 개량하는 행위만을 할 수 있다(§118). 다만 이용행위 또는 개량행위는 대리의 목적인 물건이나 권리의 성질을 변하지 아니하는 범위에서만 가능하다(§118 i).

① 보존행위　　보존행위란 재산의 현상을 유지·보전하기 위하여 필요한 행위를 가리킨다. 구체적으로 가옥의 수선, 권리의 소멸시효를 중단하는 행위, 미등기부동산의 등기, 부동산에 관한 소유권이전등기말소등기절차이행청구나 인도청구, 기한이 도래한 채무의 변제, 채권의 추심과 같은 경우가 보존행위에 해당한다. 대리인에게 보존행위는 무제한으로 가능하다. 사례에서 장마철을 대비하여 무너진 지붕의 기와를 보완하는 작업은 을건물에 대한 보존행위로서 B에게 무제한으로 가능하다.

② 이용행위　　이용행위는 재산의 수익을 꾀하는 행위를 말한다. 구체적으로 물건의 임대,[558] 금전의 이자부 대여가 이용행위에 해당하고, 이용행위는 단지 대리의 목적인 물건·권리의 성질을 변하게 하지 않는 범위 내에서만 가능하다. 사례에서 B가 을건물을 임대하고 임대료를 받는 행위, 갑토지의 지하에 가스관을 매설케 하는 행위는 이용행위에 해당하므로, 을건물 자체나 그 권리의 성질을 변하게 하지 않는 한 허용될 수 있다.

③ 개량행위　　개량행위는 물건이나 권리의 사용가치 또는 교환가치를 증가시키는 행위를 가리킨다. 무이자채권을 이자부채권으로 전환하는 행위, 가옥에다가 새로 장식이나 설비를 설치하는 행위가 개량행위에 해당한다. 개량행위는 단지 대리의 목적인 물건·권리의 성질을 변하게 하지 않는 범위 내에서만 가능하다. 사례에서 을건물의 외벽에 발생한 곰팡이를 제거하기 위하여 외벽을 드라이비트공법으로 리모델링하는 행위나 도시가스를 공급받는 행위는 개량행위로서 을건물 자체나 그 권리의 성질을 변하게 하지 않는 한 허용된다.

4. 대리권의 제한

(1) 공동대리

대리인이 여러 명 있는 경우에 공동대리인가 단독대리인가? 민법은 명문으로 대리인이 각자 본인을 대리하는 각자대리를 원칙으로 채택하고 있다(§119). 일반적으로 각자대리의 원칙이 적용된다. 그러나 대리인이 여러 명인 경우에 그 여러 명의 대리인이 공동으로만 대리하여야 하는 대리도 있다. 공동대리라고 한다. 공동대리는 대리인에 의한 대리권의 제한을 의미한다.

---

558) 예를 들어 부재자재산관리인이 부재자를 위한 소송비용 때문에 타인으로부터 돈을 차용하고, 그 돈을 임대보증금으로 하여 임야를 골프장을 하는 타인에게 임대한 경우라고 하면 민법 제118조 소정의 물건의 성질을 변하지 아니한 이용행위로서 법원의 허가를 요하지 아니한다(대법원 1980.11.11. 선고 79다2164 판결).

① 「공동」의 의미 공동대리에서 의미하는 「공동」이란 여러 명의 대리인이 의사결정을 공동으로 하여야 한다는 의미인가, 표시행위까지를 공동으로 하여야 한다는 의미인가 하는 문제가 있다. 공동대리의 「공동」을 표시행위까지도 공동으로 하여야 하는 의미로 이해하는 견해가 있다. 그러나 공동대리의 「공동」을 의사결정의 공동으로 이해하여 내부적으로 공동대리인 전원의 합의가 있는 한, 외부적으로 그 합치된 의사의 표시는 공동대리인 중 일부가 하여도 무방하다고 보는 견해가 타당하다.

② 수동대리의 공동대리 수동대리에도 공동대리가 적용되는가 하는 문제가 있다. 학설상으로는 대리인이 단독으로 수령할 수 있다고 하는 견해(다수설)와 수동대리에서도 대리인은 공동으로만 상대방의 의사표시를 수령할 수 있다고 하는 견해가 대립한다. 상대방의 보호·거래상의 편의를 위하여 공동대리인의 경우에도 수동대리에서는 각 대리인이 단독으로 상대방의 의사표시를 수령할 수 있다고 본다.

③ 공동대리의 한계 공동대리에 의하면 경솔한 대리권의 행사나 남용을 방지할 수 있지만, 다른 한편 본인을 위한 사무처리의 속도가 저하될 우려가 있다. 그러나 공동대리의 제한에 반하여 1인의 대리인이 단독으로 혹은 일부의 대리인을 결한 수인이 본인을 위하여 한 대리행위의 효과는 본인에게 귀속하지 아니한다. 다만 공동대리의 제한에 반한 대리행위는 무권대리행위로서 본인의 추인에 의하여 소급적으로 그 효과가 본인에게 귀속할 수 있다.

(2) 자기계약·쌍방대리의 금지

1) 의 의

예를 들어 A의 대리인 B가 한편으로는 본인인 A를 대리하고 다른 한편으로는 자기 자신의 자격으로 자기 혼자서 본인·대리인 사이에 체결하는 계약을 자기계약이라고 한다. 그리고 B가 AC 양쪽의 대리인으로서 AC 사이의 계약을 체결하는 행위를 쌍방대리라고 한다.

대리인은 본인의 허락이 없으면 본인을 위하여 자기와 법률행위를 하는 자기계약이나, 동일한 법률행위에 관하여 당사자 양쪽을 대리하는 쌍방대리를 하지 못한다(§124 본문). 그러나 채무의 이행은 할 수 있다(§124 단서).

2) 자기계약·쌍방대리금지의 예외

자기계약·쌍방대리는 원칙적으로 본인의 이익을 해할 위험이 크다고 하는 이유에 의하여 금지된다. 그러므로 당사자 사이에 이해의 충돌이 없는 때에는 자기계약·쌍방대리가 허용되어도 상관없다.[559)]

① 본인의 허락 본인이 미리 대리인에 대하여 자기계약·쌍방대리를 허락하거나 대리권의 수여로 인정한 경우에는 그 대리행위는 유효하다(§124 본문).

---

559) 판례는 변호사가 쌍방대리를 한 경우에 당사자가 이의를 제기하지 않으면 소송행위는 유효하다고 본다(대법원 2004.2.13. 자 2003마44 결정).

② 채무의 이행　　채무의 이행에 대하여도 자기계약·쌍방대리가 인정된다(§124 단서). 예를 들어 금전출납권이 있는 대리인이 본인에 대한 채권을 가지고 있는 경우에 그 기간이 도래하면 본인의 예금으로부터 돈을 찾아 변제에 충당할 수 있다. 그리고 A로부터 B에게 토지가 매도된 경우에 계약의 이행행위의 하나로서 등기를 이전하여야 하지만, 그 절차는 일반인에게는 생소하다.[560] 그러므로 등기신청[561]을 법무사에게 대리하여 하도록 하는 경우가 많고, 형식상 쌍방대리가 된다. 그러나 법무사에 의한 등기신청은 매매계약상의 채무의 이행에 불과하므로 허용된다(물론 사전의 동의가 있는 경우도 있다). 다만 다툼이 있는 채무의 이행이나 새로운 이해관계를 생기게 하는 대물변제(§466)인 경우에는 자기계약·쌍방대리가 허용되지 않는다.

A는 사채알선업자인데, B로부터 8천만원 정도의 사채를 얻어 달라는 의뢰를 받고 C에게 사채를 놓으라고 권유하여, C로부터 그 금원을 받아 B에게 전달하였다. 그 후 B는 A에게 차용금을 변제하였는데, A가 B로부터 받은 차용금을 C에게 전달하지 않았다. C는 B에 대하여 차용금의 변제를 청구할 수 있는가? [대법원 1997.7.8. 선고 97다12273 판결]

먼저 BC간의 소비대차계약이 유효한가 하는 문제가 있다. A가 쌍방대리를 한 경우이므로, BC간의 소비대차계약이 유효하려면 A의 쌍방대리가 허용되어야 한다.

사채는 본래 사채를 얻는 쪽이나 놓는 쪽 모두 상대방이 누구인지 모른 채, 또한 상대방이 누구인지 상관하지 아니하고 사채알선업자를 신뢰하여 그로 하여금 사채를 얻는 쪽과 놓는 쪽 양쪽을 대리하여 금전소비대차계약과 담보권설정계약을 체결하도록 하는 방식으로 운영된다. 그리고 사채알선업자는 사채를 얻으려는 사람으로부터 금전차용을 의뢰받을 때에 담보물이 확실하면 담보관계서류를 받아 두고, 사채를 놓으려는 사람이 돈을 놓아 달라고 하면 사채를 얻으려는 사람으로부터 미리 확보해 놓은 담보물 중 적당한 물건을 담보로 하여 돈을 대여하도록 한다. 사례에서 A와 같은 사채알선업자는 소비대차계약의 체결에 있어서 대주(貸主)에 대하여는 차주(借主)의 대리인으로서의 역할을 하고, 반대로 차주에 대하여는 대주의 대리인으로서의 역할을 하게 된다. 사채를 놓으려는 사람(대주)으로부터 소비대차계약을 체결할 대리권을 수여받은 사채알선업자는 특별한 사정이 없는 한 그 소비대차계약에서 정한 바에 따라서 사채를 얻은 사람(차주)으로부터 변제를 수령할 권한도 있다고 보아야 한다. 결국 사례에서 B가 A에게 한 변제는 유효하므로, C는 다시 B에게 차용금의 변제를 청구할 수 없다.

---

560) 현재는 대법원 인터넷등기소(http://www.iros.go.kr/)를 통하여 등기부의 발급·열람뿐만 아니라, 인터넷을 통한 등기신청도 가능하여 누구나 불편없이 등기신청을 할 수 있다.

561) 본래 등기신청행위는 정확하게는 사법상의 권리의무의 변동에 관한 이른바 「법률행위」가 아니고, 공법상의 행위이다. 그러나 자기계약·쌍방대리를 금지하는 민법 제124조는 법률행위뿐만 아니라, 그 이외의 행위에도 널리 유추적용될 수 있다. 그러므로 민법 제124조의 적용과 관련하여 엄밀한 의미에서 「법률행위」인지 여부를 따질 필요가 없다.

3) 자기계약·쌍방대리의 효과

(a) 자기계약의 효과

> A는 B로부터 가족이 함께 살 집을 구입하여 달라고 하는 부탁을 받아 B의 대리인이 되었다. 그런데 때마침 A 자신도 팔려고 하는 집을 한 채 가지고 있었으므로, 잘됐다고 생각하고 그 집을 B에게 파는 매매계약을 체결하였다. AB 사이의 매매계약은 유효한가?

사례는 A가 B의 대리인으로서 자기의 집을 B에게 판 경우이다(자기계약). 만약 자기계약을 허용한다면 A가 나쁜 맘을 먹고 있는 경우에 팔려고 해도 팔리지 않던 자기의 집을 터무니없이 비싼 가격에 B에게 팔아 치워서 본인 B에게 손해를 가하고 스스로의 이익을 취할 수 있다.

물론 B가 사정을 알고 사전에 동의하거나, 사후에 추인한 경우에는 B에게 효과가 귀속된다고 하더라도 별 문제가 없다. 그러므로 자기계약이 확정적 무효로 되지는 아니한다(자기계약은 B의 추인 여부가 결정될 때까지 유동적 무효의 상태로 된다). 그러나 B가 추인하지 않는 한, B에게 자기계약으로 체결된 매매계약의 효과가 귀속하지는 아니하고, A는 무권한으로 대리행위를 한 경우로서 자기계약은 무권대리행위가 된다.

(b) 쌍방대리의 효과

> B는 A로부터 자기의 주택을 팔아 달라는 대리권을 수여받았는데, 마침 가족과 함께 살기 위하여 자기의 주택을 사려고 하는 C로부터도 적당한 주택을 구입하여 달라는 부탁을 받았다. B는 C 소유의 주택에 대하여 쌍방의 대리인으로서 AC간의 매매계약을 체결하였다. B가 대리행위로 한 매매계약은 유효한가?

사례는 쌍방대리에 해당한다. 쌍방대리에서는 대리인이 어느 한쪽에게 아주 불리하거나, 어느 한쪽에게 유리한 계약을 체결할 우려가 있다. 그러므로 쌍방대리는 민법 제124조에 의하여 무효이다. 다만 쌍방대리는 절대무효가 아니라 무권대리행위로 되며, 일종의 유동적 무효로서 본인이 사후에 추인하면 완전히 유효하다. 또한 본인이 사전에 쌍방대리를 동의한 경우에도 유효한 대리행위로 된다. 그러므로 A가 사전에 쌍방대리를 허락하지 않은 한, B의 쌍방대리행위는 일단 무권대리행위가 된다. 물론 B의 쌍방대리행위는 무권대리가 되므로, 사후에라도 A가 추인하면 매매계약이 유효로 될 수 있다.

[더 생각할 과제 - 실질적 이해상반행위의 금지]

형식적으로 자기계약·쌍방대리에 해당하지 아니한다고 하더라도 실질적으로 민법 제124조의 취지에 저촉되어 이해상반행위가 되는 경우에도 대리권이 제한된다고 본다. 예를 들어 임차인이 건물의 임대차계약을 체결할 때에 집주인과의 사이에 분쟁이 생길 경우에는 집주인이 임차인의 대리인과 분쟁을 해결하도록 하기 위하여 집주인에게 임차인의 대리인을 선임하도록 위임한다는 계약(대리인란을 공란으로 한 백지위임장을 교부)을 미리 체결하면 민법 제124조의 취지를 고려하여 그 위임은 무효라고 볼 수 있다. 역시 민법이 명문으로 법정대리인인 친권자와 그 자녀 사이 혹은 친권에 복종하는 여러 명의 자녀 사이에 이해상반되는 행위를 하는 경우에는 특별대리인의 선임을 법원에 청구하여야 하고(§921), 법인과 이사의 이익이 상반하는 사항에 관하여는 이사에게 대표권이 없고 특별대리인을 선임하여야 한다(§64)고 규정하고 있는 경우도 민법 제124조와 같은 취지이다. 상법에서도 이사와 회사 사이에서 행해지는 자기거래를 제한하는 규정을 두고 있다(상법 §398).

4. 대리권의 남용

(1) 대리권남용의 의의

대리인은 대리행위를 통하여 본인의 이익을 도모하여야 한다. 그러나 대리인이 자기 혹은 제3자의 사복을 채우기 위하여 대리권의 범위 내에서 대리행위를 하여 본인의 이익을 해하는 경우가 있다. 바로 대리인이 자기나 제3자의 이익을 위하여 대리행위를 하여 본인의 이익을 해는 경우를 대리권의 남용이라고 한다.

(2) 대리권남용이론

> A는 X회사의 대리인으로서 X회사가 제조·판매하는 상품의 원재료를 구입하는 권한을 가지고 있었다. 그런데 A는 그 권한을 이용하여 자기의 이익을 도모할 생각으로 Y회사로부터 원재료를 X회사의 명의로 구입한 후에 그 원재료를 타인에게 전매하여 이익을 착복하였다. Y회사는 X회사에 대하여 원재료의 대금의 지급을 청구할 수 있는가?

사례에서 A는 대리권을 남용하고 있지만, 형식적으로 대리권의 범위 내의 대리행위를 행한 경우이다. 그러나 우연히 대리인이 자기나 제3자의 이익을 도모하기 위하여 대리권을 남용한 경우라고 하는 이유를 들어 대리로 체결된 계약의 효력이 본인에게 귀속되지 아니한다고 하면 본인과 거래한다고 믿고 계약을 맺은 Y회사의 이익(거래의 안전)을 해치게 된다. 오히려 A를 대리인으로 선임한 X회사가 리스크를 부담하여야 옳다. 그러므로 Y회사와의 계약의 효과는 대리권남용에도 불구하고 원칙적으로 X회사에 귀속한다.

만약 Y회사가 실은 A가 사리(私利)를 위하여 행동한다고 하는 사실을 안 경우(혹은 적어도 알 수 있었을 경우)라고 하면 어떻게 될까? 마찬가지로 악의의 Y회사로부터도 X회사에 대한 청구를 인정할 필요가 있는가?

(i) 비진의표시유추적용설이 있다. 본인(X회사)과 대리인(A)을 일체로서 보면 대리권의 남용은 그 진의(X회사의 의사)에 반하는 의사표시를 행한 경우가 될 수 있다. 어떤 사람이 의도적으로 진의에 반하는 의사표시를 한 경우의 효과에 대하여 정한 규정이 바로 민법 제107조의 비진의표시이다. 그러므로 대리권남용의 경우에도 민법 제107조를 유추적용하여 Y회사(상대방)가 「진의」를 안 때(혹은 적어도 알 수 있었으나, 과실로 알지 못한 때), 즉 A의 행위가 X회사를 위한 행위가 아니고, 대리권의 남용이라는 사실을 안 때 또는 알 수 있었을 때에는 A에 의하여 한 대리행위의 효과는 X회사에 귀속하지 아니한다고 본다. 판례는

비진의표시유추적용설을 취하고, 리딩 케이스로 이른바 「명성사건」이 있다.

(ii) 신의칙 혹은 권리남용의 법리에 의하여 상대방이 악의 또는 중과실인 때에는 대리행위의 유효성을 본인에게 대항할 수 없다고 구성하는 견해가 있다. 이른바 신의칙설과 비진의표시유추적용설과의 차이는 신의칙설의 경우에는 상대방이 악의 또는 중과실일 때에만 대리행위의 효력이 부정된다(경과실의 상대방은 보호받는다)는 요건을 도입한 사실에 있다. 그러나 신의칙설에 관하여는 민법 제107조 본래의 경우(본인이 진의 아닌 의사표시를 한 때)에서조차 보호되는 상대방은 무과실을 요구한다는 경우와의 균형이 어긋난다고 하는 비난이 있다.

(iii) 대리권남용을 무권대리로 구성하는 견해가 있다. 비진의표시유추적용설은 대리권남용도 대리권의 범위 내라고 하는 전제에서 논의를 하고 있으므로, 유권대리적 구성이라고 할 수 있다. 그러나 무권대리설은 대리권남용을 대리권의 범위 외의 행위라고 본다. 다만 상대방보호의 요건은 무권대리설도 비진의표시유추설과 동일하지만, 무권대리설의 특색은 이론상의 특징에 있다. 무권대리설은 무권대리를 '본인의 이익을 위하여 행동하여야 할 의무에 반하는 행위'로까지 확대하여 해석하고, 대리권남용과 대리권의 범위를 넘은 표현대리를 연속적으로 포착하여 만약 표현대리의 요건을 충족시키면 상대방이 보호된다고 본다. 다만 무권대리설은 이론적으로 일관성이 있으나, 대리권의 범위가 주관적으로 포착된다고 하는 문제가 있다고 하는 비난이 있다.

> 은행고객 A는 갑은행의 지점장대리 B와 정상적인 거래시간과 장소에서 금전을 제공하고 예금계약을 체결하였다. 그런데 A의 예금계약은 통상의 예금과 달리 갑은행의 정규예금금리의 약 3배에 달하는 사채이율에 따른 이자가 지급되는데 사채이자와 갑은행의 정규예금이자와의 차액이 사채중개인을 통하여 정기적으로 지급될 뿐만 아니라, 갑은행의 여러 지점 중에서도 오로지 OO지점에서만 그 예금이 가능하고 예금을 할 때도 반드시 사채중개인 등이 알려준 암호대로 창구직원에게 "3개월 만기의 통장식 정기예금을 하러왔다"고 말하여야 하며 예금거래신청서의 금액란도 빈칸으로 하여 제출하여야 하는 한편, 예금통장도 통상적인 방법인 컴퓨터에 의한 기계식 통장으로 하지 아니하고 수기식 통장으로 만들어 교부되는 등 비정상적인 방법으로 이루어졌다. A와 갑은행 사이에 금전을 주고받은 관계가 외형상으로는 예금계약의 형식을 띠고는 있지만 사실은 B가 명성그룹 회장인 C의 사업자금을 마련하기 위하여 사채자금을 끌어 모은 경우로 B는 예금의 형식으로 조성된 자금을 아무런 원장의 작성없이 그대로 혹은 정상예금으로 처리한 뒤 수시로 인출하여 C에게 사업자금으로 제공하였고, A에 대하여 그 이자나 사례비는 B의 비축구좌에서 인출한 자금으로 지출하여 오고 있었다. A는 갑은행에 대하여 예금의 반환을 청구할 수 있는가? [대법원 1987.11.10. 선고 86다카371 판결]

예금계약은 일응 갑은행에게 그 효력이 있다고 보여지나, 갑은행의 지점장대리 B의 진의가 본인인 갑은행의 이익이나 의사에 반하여 자기 또는 제3자 C의 이익을 위한 배임적인 대리행위 혹은 대리권남용의 경우라고 할 수 있다. 판례는 대리권남용에 관하여 비진의표시유추적용설을 취하여 대리인의 진의가 본인의 이익이나 의사에 반하여 자기 또는 제3자의 이익을 위한 배임적인 행위임을 그 상대방이 알았거나 알 수 있었을 경우에는 민법 제107조 제1항 단서의 유추해석상 그 대리인의 행위는 본인의 행위로 성립할 수 없다고 본다. 그러므로 A가 B의 대리권남용을 알았거나 알 수 있었을 경우에는 민법 제107조 제1항 단서의 유추해석상 B의 행위는 갑은행의 행위로 성립할 수 없다. 사례에서 예금계약이 은행의 정규예금금리보다 훨씬 높은 이자가 정기적으로 지급되고 은행의 많은 지점 가운데서도 오로지 하나의 지점에서만 이 예금이 가능할 뿐더러 예금을 할 때 암호가 사용되어야 하며, 예금거래신청서의 금액란도 빈칸으로 한 채 통상의 방법이 아닌 수기식 통장이 교부되는 사정이라면 A가 B의 예금계약의사가 진의가 아님을 알았거나 적어도 통상의 과실로 알지 못한 채 예금계약을 체결한 경우라고 할 수 있다. A와 갑은행과의 관계에서는 예금계약 자체가 성립되지 아니한다고 보아야 한다. 결국 A로서는 갑은행에 대하여 C의 사용자임을 이유로 불법행위를 원인으로 한 책임을 묻는 문제는 별론으로 하고, 정당한 예금계약이 성립된 사실을 전제로 하는 예금반환청구는 할 수 없다.

[더 생각할 과제 - 대표권남용의 경우]

법인의 이사가 그 대표권의 범위 내에서 한 행위는 설사 이사가 회사의 영리목적과 관계없이 자기 또는 제3자의 이익을 도모할 목적으로 그 권한을 남용한 경우라 할지라도 일단 법인의 행위로서 유효하다. 다만 이사가 대표권을 남용하여 자기나 제3자의 이익을 꾀하는 사실을 상대방이 알았거나 알 수 있었을 때에는 법인에 대하여 무효가 된다.

5. 대리권의 소멸

(1) 공통의 소멸원인

1) 본인의 사망

본인의 사망은 대리권소멸의 독립한 사유이다(§127 i). 역시 본인이 실종선고를 받은 경우에도 대리권은 소멸한다. 다만 긴급한 사정(§691), 대리권불소멸의 합의에 의하여 예외적으로 본인의 사망에도 불구하고 대리권이 소멸하지 않을 수 있다. 또한 상행위의 위임에 의한 대리권은 본인의 사망으로 소멸하지 않고(상법 §50), 소송대리권은 당사자의 사망으로 소멸하지 않는다(민사소송법 §95).

2) 대리인의 사망

대리인이 사망한 경우에 그 상속인이 대리인으로 계속하여 대리행위를 한다고 하면 대리제도에 반한다. 대리인의 사망은 대리권의 소멸사유가 된다(§127 ii). 다만 임의대리에서 당사자 사이에 대리인이 사망하면 그 상속인이 대리권을 승계하기로 한 약정은 유효하다. 그리고 급박한 사정이 있는 때에는 대리인이 사망하더라도 본인이 그 사무를 처리할 때까지는 대리인의 상속인이나 법정상속인에게 대리권이 존속한다고 본다.

3) 대리인의 성년후견의 개시·파산

피성년후견인·파산자는 대리인이 될 수 있다. 그러나 대리인인 자가 후에 성년후견개시심판·파산선고를 받은 때에는 대리권발생의 기초가 된 본인·대리인 사이의 신임관계, 경제적 신용이 소멸하므로, 대리인의 성년후견의 개시와 파산도 역시 대리권의 소멸사유가 된다(§127 ii).

(2) 임의대리권에 특유한 소멸사유

1) 원인된 법률관계의 종료

수권행위는 그 원인된 법률관계를 실현하는 수단으로 당연히 원인된 법률관계가 종료하면 대리권도 소멸한다(§128 전단). 다만 민법 제128조의 전단은 임의규정이며, 본인은 원인된 법률관계가 종료한 후에도 대리권만을 그대로 존속시킬 수 있다.

2) 수권행위의 철회

원인된 법률관계가 아직 존재하고 있더라도 본인은 수권행위를 철회하여 대리권을 소멸시킬 수 있다(§128 후단). 역시 민법 제128조 후단은 임의규정으로 원인된 법률관계의 종료 전에는 수권행위를 철회하지 않는다는 특약은 유효하다.

[더 생각할 과제 - 본인의 파산]

본인의 파산이 임의대리권의 소멸사유에 해당하는가? 수권행위는 본인·대리인 사이의 신뢰관계를 기초로 하므로, 본인이 파산하면 임의대리권이 소멸한다고 볼 필요가 있다. 다만 본인의 파산으로 당연히 대리권이 소멸한다고 할 필요가 없다고 보는 견해도 있다.

(3) 법정대리권에 특유한 소멸사유

법정대리권이 소멸하는 특유사유로 (i) 부재자재산관리인의 선임이 취소되는 해임(§§22·23), (ii) 친권자의 친권상실의 선고(§924), (iii) 친권자의 대리권의 상실선고(§925), (iv) 친권자의 대리권의 사퇴(§927), (v) 후견인의 결격사유의 발생(§937), (vi) 후견인의 사임(§939), (vii) 후견사무의 종료(§957)와 같은 경우가 있다.

Ⅲ. 대리행위(대리인·상대방의 관계)

1. 대리행위의 성립요건

(1) 대리행위의 성립

대리행위가 성립하기 위해서는 대리인의 의사표시(능동적인 의사표시 혹은 수동적으로 의사표시의 수령)가 있어야 한다. 그리고 대리인은 대리행위를 하는 경우에 본인을 위하여 법률행위를 한다고 하는 현명(顯名), 즉 대리인이 한 법률행위의 효과가 대리인이 아니라 타인(본인)에게 미친다고 하는 사실을 상대방에게 알리는 행위가 필요하다.

(2) 현 명

1) 현명주의

대리인이 그 권한 내에서 본인을 위한 행위임을 표시한 의사표시는 직접 본인에게 대하여 효력이 생긴다(§114 I). 대리인의 행위가 대리행위로 성립하려면 대리의사를 표시하여 '본인의 이름으로'[562] 의사표시를 하여야 한다고 하는 원칙을 「현명주의」라고 한다.

[더 생각할 과제 - 본인을 위한 행위임을 표시한다는 의미]

민법 제141조 제1항이 규정한 '본인을 위한 것임을 표시'한다고 하는 의미는 무엇인가? 주관적으로는 대리인이 자기나 제3자의 이익을 꾀할 의사를 가지고 있더라도 객관적으로 본인에게 대리행위에 따른 효과를 귀속시키려는 의사, 즉 대리적 효과의사가 인정된다고 하면 '본인을 위한 것임을 표시'한 경우로 보아도 충분하다(이른바 객관설이 타당하다). 대리인이 본인의 이익을 꾀할 의사가 아니라, 자기나 제3자의 이익을 꾀하기 위하여 대리행위를 한 때에도 '본인을 위한 것임을 표시'한 경우로 되므로 유효한 대리행위가 된다. 굳이 주관적으로 본인의 이익을 꾀할 의사까지 대리인이 가지고 있어야 한다고 볼 필요는 없다.

2) 현명의 방법

(a) 비요식성

A는 자기가 쓰던 노트북을 팔라 달라고 하는 대리권을 B에게 수여하였다. B는 마침 노트북을 사려고 하는 사람 C를 만나게 되어 매매계약서를 작성하려고 한다. B는 매매계약서에 어떤 내용으로 서명하여야 하는가?

대리관계의 표시방법에 대하여 특별한 규정이 없으므로 명시·묵시의 현명이 가능하다. 보통 매매계약서와 같은 서면에 「A의 대리인 B」라고 기재하여 현명한다. 또한 회사명이나 직명 등을 적는다든지, 일정한 영업소 내에서의 피용자가 행위를 한다든지 하면 특별한 표시 없이도 회사나 영업주를 위하여 행한 경우로 본다. 판례를 보면 어음상에 대리인 자신을 위한 어음행위가 아니고 본인을 위하여 어음행위를 한다는 취지를 인식할 수 있을 정도의 표시가 있으면 되며, 예컨대 「○○주식회사 이사 ○○○」라고 표시하면 현명이 된다고 본다.[563]

---

562) 가령 「A의 대리인 B」 혹은 「OO주식회사 이사 OOO」라고 하는 경우와 같이 현명을 하나, 반드시 본인의 성명을 밝혀야 하지는 않고, 본인의 이름을 분명히 밝히지 않더라도 주위의 사정으로부터 본인이 누구인지 알 수 있으면 된다.

563) 대법원 1973.12.26. 선고 73다1436 판결.

(b) 본인의 이름으로 한 거래

> A는 다니는 회사로부터 2년간 모스크바에 있는 해외사무소에서 근무하라고 하는 명을 받고, 혼자서 모스크바에 부임하였다. 그런데 출국 전에 갑잡지회사로부터 정기구독하고 있는 바둑잡지의 해약을 잊어버린 A는 아내 B에게 연락하여 그 잡지를 해약하도록 부탁하였다. B는 A의 이름을 대서(代書)하는 동시에, A의 인장을 찍은 해약통지의 편지를 갑잡지회사 앞으로 보냈다. 해약통지는 유효한가?

현실적으로 대리인의 성명을 대지 아니하고 직접 본인의 이름으로 계약을 체결하는 대리행위(흔히 署名代理라고 부른다)가 적지 않다. 법인의 대표행위에서 법인직인을 찍는다든지, 개인의 대리에서도 예컨대 제한능력자의 법정대리(친권자가 의사능력이 없는 자녀를 위하여 거래를 하는 경우) 등에도 서명대리는 흔히 있다. 어느 경우이든 상대방으로서는 계약의 당사자에 대하여 정확한 정보를 알고 있으므로, 특별한 경우(예를 들어 당사자가 누구인가가 대단히 중요한 계약에서 행위자를 본인이라고 믿고, 그 사실을 고려하여 계약을 한 경우 등)를 제외하고, 현명주의에 저촉되지 아니하고, 대리행위로서 유효로 된다. 역시 판례도 대리인은 대리인임을 표시하여 의사표시를 하여야 하지는 않고, 본인의 명의로도 할 수 있다고 판시하고 있다.[564)]

(c) 대리인 스스로의 이름에 의한 거래

> 급하게 목돈이 필요하게 된 A는 B에게 자금을 빌려줄 사람을 찾아 5,000만원을 빌려 달라는 부탁을 하였다. B는 C로부터 5,000만원을 빌리는데 성공하였는데, 계약체결의 과정에서 B는 A의 이름을 대지 아니하고, 또한 차용계약서에도 자기의 이름으로 서명하고 자기의 인장을 찍었다. 변제기한이 도래하였는데도 A가 원금의 반환을 하지 아니하자, C는 B에게 지연이자를 포함한 5,500만원의 지급을 구하였다(알고보니 A에게는 쓸만한 재산이 전혀 없었다). B는 C에게 5,500만원을 상환하여야 하는가?

사례에서는 금전소비대차계약이 원칙적으로 BC간에 성립한 경우로 취급된다. 현명을 하지 아니한 경우에 상대방은 자기에 대하여 의사표시를 한 대리인 그 사람 자신이 법률행위의 당사자라고 통상적으로 생각하므로, 그 상대방의 신뢰를 보호할 필요가 있기 때문이다. 그러므로 현명을 해태한 대리인은 스스로가 만든 법률행위의 효과가 스스로에게 귀속하는 효력을 거부할 수 없다. B로서는 대리인이라는 사실을 주장·증명하더라도 착오취소를 주장할 수 없다.

대리인이 자신의 이름을 사용한 경우에는 절대 현명으로 인정될 수 없는가? 예외적으로 대리인이 자신의 이름을 사용한 경우에도 현명행위로 인정될 수 있다고 본다. 예를 들어 위임장을 제시하고 소비대차계약을 체결하는 자는 특단의 사정이 없는 한 차주를 대리하여 돈을 빌린다고 보아야 하고, 차용계약서에 대리관계의 표시 없이 그 자신의 이름

---

564) 대법원 1963.5.9. 선고 63다67 판결. 다만 「甲」이 마치 자기가 「乙」인 경우와 같이 행세하여 「乙」의 이름으로 계약을 체결하면 그 계약의 효력은 「乙」에게 미치지 않는다(대법원 1974.6.11. 선고 74다165 판결).

을 기재한다고 하여 그 사실만으로 그 자신이 차주로서 소비대차계약을 체결한 경우라고 볼 수는 없다.[565] 그러므로 사례에서 B가 위임장을 제시하고 소비대차계약을 체결한 경우라고 하면 반드시 B 자신이 차주로서 소비대차계약을 체결한 경우라고 볼 수는 없고, A를 차주로 볼 수도 있다.

4) 불현명(不顯名)의 효과

예를 들어 B가 자기로서는 A의 대리인으로서 행동을 할 생각으로, 그러나 A의 대리인이라는 사실을 현명하지 않으면 어떻게 되는가? 만약 A의 대리인 B가 C 소유의 부동산을 매수한 경우에 B가 C의 집에 와서는 단지 "당신의 부동산을 1억원에 사고 싶다"고 청약의 의사표시를 하고, C가 그 청약에 대하여 승낙을 하면 C로서는 B가 매수인이라는 사실밖에 알 수가 없다. 민법은 현명을 하지 않은 경우에 원칙적으로 대리인이 '자기를 위한' 의사표시를 한 경우로 본다(§115 본문). 그러므로 계약의 효과는 B에게 귀속하고, BC간에 계약이 성립한다. 대리인 B에게는 계약의 당사자와 관련하여 착오에 빠져 있다고 할 수 있으나, B로서는 착오에 의한 취소를 주장할 수 없다(B 자신을 위하여 계약을 한 경우로 「간주」되므로, 착오를 이유로 그 간주의 효력을 뒤집을 수는 없다). 그러나 만약 C가 B는 대리인이라고 하는 사실을 안 때, 보통의 주의를 하면 알 수 있는 때에는 굳이 B의 희생을 강요하며 계약을 BC간에 성립시킬 필요가 없다. 바로 민법 제115조 단서는 그 경우에는 유효한 대리행위로 취급한다.

민법 제115조는 수동대리에는 그 적용이 없다. 그러므로 상대방이 본인에게 효과를 미칠 의사를 가지고 현명하지 않고 대리인에게 의사표시를 한 때에는 일반적으로 효력이 발생하지 않는다.

5) 현명주의의 예외

(i) 상행위에서는 기업활동의 비개인성이라는 특수성으로 인하여 현명주의가 적용되지 아니한다(상법 §48).

(ii) 민법상의 법률행위에서도 비개인성을 띠는 민사거래에 대하여는 현명주의의 예외를 인정할 수 있는가? 입법례로서 스위스채무법 제32조 제3항은 명문으로 민법상의 법률행위에 대하여도 경우에 따라서 현명주의의 예외를 인정한다. 그러나 국내에서는 명문규정이 없는 민법의 해석으로 민법상의 법률행위에 대하여 현명주의의 예외를 인정하기는 무리이고, 주위사정에 의하여 「대리의사의 표시」가 있다고 할 수 있는 경우가 많아 굳이 현명주의의 예외를 인정할 실익도 없다고 보는 견해가 강하다. 그러나 상법상의 비현명주의의 정신을 일상적 현금거래와 같이 법률행위의 성질상 거래상대방이 누구이든 상관없는 민법상의 거래에 유추적용할 수 있다고 보아도 무방하다고 여겨진다.

[더 생각할 과제 - 귀속행위이론]

법률행위의 성질상 그 상대방이 누구인가가 의미가 없고, 주위사정에 비추어 자기를 위하여

565) 대법원 1982.5.25. 선고 81다1349, 81다카1209 판결.

법률행위를 하지 않고 타인을 위하여 한다고 하는 사실이 분명한 경우를 「귀속행위」(Geschäft für den, den es angeht)라고 한다. 예컨대 일상생활에서 빈번히 일어나는 현금매매와 같이 누구와 법률행위를 하는가가 전혀 무의미한 귀속행위에서는 본인의 이름으로 법률행위를 하지 않은 경우라고 하더라도 직접 본인에 대하여 법률효과가 발생한다고 하는 견해를 「귀속행위이론」이라고 한다. 특히 독일민법에서 학설·판례는 귀속행위이론을 통하여 상행위나 민법상의 법률행위에 현명주의의 예외를 인정하고 있다.

> A는 미국에서 온 친구 갑에게 줄 선물로 긴급히 「뻐꾸기시계」가 필요하였다. 그래서 A는 B를 손으로 직접 만든 뻐꾸기시계를 판다고 생활정보지 「번영로」에 광고를 낸 C에게 보내서 뻐꾸기시계를 사오게 하였다. B는 C에게 가서 아주 멋진 뻐꾸기시계를 샀고, 바로 대금도 지급하였다. 그런데 A로부터 뻐꾸기시계를 받은 친구 갑이 뻐꾸기시계의 뻐꾸기가 울지 않는다고 하면서 뻐꾸기시계를 A에게 되돌려 주었다. 그리고 친구 갑은 바로 미국으로 떠났다. 뻐꾸기시계는 제조상의 결함으로 인한 고장이 있었고, A는 뻐꾸기시계를 C에게 가지고 가서 환불을 요구하였다. C는 뻐꾸기시계의 결함을 인정하기는 하였으나, 환불을 요구할 수 있는 사람은 A가 아니고 B라고 주장하였다. 그리고 C는 A를 전에 본 적조차 없다고 하면서 환불을 거절하였다. A는 C에 대하여 매매대금의 반환을 청구할 수 있는가?

A가 C에 대하여 하자담보책임을 묻기 위해서는 AC 사이에 매매계약이 성립하고 있어야 한다. 사례에서 뻐꾸기가 울지 않는 뻐꾸기시계는 민법 제581조에서 의미하는 하자라고 볼 수 있다. 만일 AC 사이에 매매계약이 성립한 경우라고 하면 A는 C에게 매매계약상의 하자담보책임을 물어 계약목적달성의 불능을 이유로 매매계약을 해제할 수 있고(§581), 계약의 해제에 따른 원상회복의무에 기하여 이미 지급한 매매대금의 반환을 청구할 수 있다(§548 Ⅰ). 다만 A가 스스로 뻐꾸기시계를 구입하지 아니한 경우이므로, B가 A의 대리인으로 행위를 한 경우에 한하여만 AC 사이에 매매계약이 유효하게 성립할 수 있다(§114 Ⅰ).

B의 대리권은 A의 B에 대한 수권행위를 통하여 성립하며, A가 B에게 C시계점에 가서 뻐꾸기시계를 구입하여 달라고 한 부탁은 수권행위로 해석할 수 있다. 그러므로 B는 A의 대리인으로 볼 수 있다.

원칙적으로 대리행위의 효과는 '본인을 위한 것임을 표시'하여야 발생한다(민법 제114조에 의한 현명주의의 결과이다). 만일 대리인이 행위의 효과를 본인에게 귀속시키려고 하는 대리의사를 표시하지 않은 때에는 그 대리인 스스로를 위하여 한 행위로 본다(§115 본문). 물론 상대방이 대리인으로서 행위를 한 사실을 알았거나 알 수 있었을 때에는 비록 현명을 하지 않은 경우라고 하더라도 대리행위로서의 효력이 발생한다(§115 단서).

고객이 시계를 파는 사람으로부터 뻐꾸기시계를 구입하는 경우와 같이 행위의 상대방이 누구이든 그 개별성에 중점을 두지 않는 거래에서도 대리행위에 현명주의가 엄격하게 적용되는가? 학설은 상행위에 관하여 비현명주의를 취하는 경우(상법 §48)와 같이 거래의 주체가 누구인가를 중요하게 보지 않는 민법상의 거래행위에서는 현명주의를 적용할 필요가 없다고 보는 견해(긍정설)와 민법의 해석상으로는 현명주의의 예외를 인정하기가 무리라고 보는 견해(부정설)로 대립한다. 법률행위의 성질상 누구와 거래행위를 하는지가 전혀 의미가 없는 민법상의 거래행위(예컨대 일상생활에서의 빈번한 현금거래)에서는 독일의 학설·판례에서 인정되고 있는 소위 「귀속행위」이론과 같이 '본인을 위한 것임을 표시'하지 않은 경우라고 하더라도 직접 본인에 대하여 효과가 발생한다고 볼 필요가 있다.

뻐꾸기시계에 대한 매매는 현금거래로서 전형적으로 상대방이 누구인가가 무의미한 법률행위이다. 보통 C는 뻐꾸기시계를 파는 경우에 단지 매매대금을 받고, 자기의 급부를 이행하여 채무를 면하려는 관심만이 있을 뿐이지 매수인이 누구인가, 누가 뻐꾸기시계에 대하여 종국적으로 소유권을 취득하는가에 대하여는 별로 이해관계가 없다. 그러므로 뻐꾸기시계에 대한 매매계약의 효력이 A에게 발생하는 경우를 막을 필요가 없다. 결국 A는 종류물매매에 따른 하자담보책임(§581)을 물어 매매계약을 해제(친구가 미국으로 떠나서 계약목적달성이 불능이다)할 수 있고, 뻐꾸기가 울지 않는 고장난 뻐꾸기시계를 반환하고 매매대금의 반환을 청구할 수 있다(§548 I).

2. 대리행위의 유효요건

(1) 서 설

대리인은 본인의 이름으로 법률행위를 하지만, 법률행위의 효력에 관계되는 요건의 존부는 기본적으로 대리인 자신에 대하여 판단한다.

(2) 대리행위의 하자를 결정하는 표준

의사표시의 효력이 의사의 흠결, 사기, 강박 또는 어느 사정을 알았거나 알지 못한 이유로 인하여 영향을 받을 경우에는 그 사실의 유무는 대리인을 표준하여 결정한다(§116 I). 그러나 대리행위의 하자로 인하여 생기는 효과는 본인에게 귀속한다.

① 착오

A는 B의 대리인으로서 C 소유의 갑건물을 매수하였는데, 건물의 소재에 대하여 C의 설명이 정확하지 않았다(등기부의 기재도 부정확하다). 현지를 답사한 A는 아니나 다를까 바로 옆의 을건물을 매수하려고 하면서 갑건물을 을건물이라고 생각하고 매매계약을 체결하였다. 그러나 실은 A가 착각하여 건물을 잘못 보았고, 만약 A가 정확하게 C 소유의 갑건물을 보았더라면 말할 필요도 없이 갑건물을 사지 않았다. B는 C와의 매매계약을 착오를 이유로 취소할 수 있는가?

대리행위의 착오 여부는 대리인 A에 대하여 판단하여야 한다. A는 착오에 빠져 있고, 그 착오가 C의 설명의 부정확함에서 유래한다고 하면 C에게 과실이 있다. 그러므로 착오취소의 요건을 충족시키고 있고, B는 C와의 매매계약을 취소할 수 있다.

② 사기·강박 대리인이 사기·강박을 받아 의사표시를 한 경우에는 민법 제110조에 의하여 취소할 수 있다. 다만 대리인이 상대방에 대하여 사기·강박을 한 경우에는 대리인의 의사표시에 하자가 있지 않고 상대방의 의사표시에 하자가 있는 경우가 되므로 민법 제116조의 문제와 다르다. 만일 대리인이 민법 제110조 제2항에 일컫는 제3자라고 하면 본인이 대리인의 사기·강박을 알지 못하거나 알 수 없을 때에는 대리인으로부터 사기·강박을 당하고도 상대방은 취소를 할 수 없게 되어 부당하다. 그러므로 대리인에 의한 사기·강박은 제3자의 사기·강박이 되지 아니하며, 상대방은 민법 제110조 제1항에 따라서 본인의 지·부지를 묻지 않고 취소할 수 있다고 해석된다.

③ 허위표시

> A는 B로부터 그림의 구입에 대한 대리권을 수여받았는데, 매도인 C와 교섭하여 매매계약을 체결하고, C로부터 B에게 그림이 인도되었다. 그런데 실은 그 그림은 X가 자기의 채권자 Y로부터의 강제집행을 피하기 위하여 C와 통모하여 허위로 양도하고는 일시적으로 C에게 맡겨 놓았는데, A는 그 사실을 알지 못하였으나, B는 알고 있었다. B는 그림의 소유권을 취득할 수 있는가?

사례에서 XC 사이의 양도는 허위표시이므로, 무효로 된다. 다만 민법 제108조 제2항에 의하여 비록 XC 사이의 양도가 무효라고 하더라도 선의의 제3자에게 대항하지 못하므로, 제3자가 허위표시의 사실에 대하여 선의인가 아닌가, 선의·악의는 누구를 기준으로 결정하는가가 문제된다. 선의·악의는 대리인에 대하여 판단하므로, 예컨대 본인 B가 아무리 악의라고 하더라도 대리인 A가 그 사정을 알지 못하여 선의인 때에는 B는 그림의 소유권을 취득할 수 있다.

④ 선의취득　　선의취득(§249)의 성부가 문제되는 경우에 그 선의·무과실은 본인이 아니라 대리행위를 한 대리인에 대하여 판단한다.

(3) 본인의 지시에 의한 대리행위

> A는 B로부터 그림을 사기로 결정한 후에, 매매계약의 체결 및 그에 수반하는 절차를 C에게 부탁하였는데, C는 A의 지시대로 필요한 사무를 수행하였다. 그런데 그 그림은 실은 X가 자기의 채권자 Y로부터의 강제집행을 피하기 위하여 C와 통모하여 양도하고는 일시적으로 C에게 맡겨 놓았는데, 당시 A는 그 사실을 알 수 있었으나, C는 그 사실을 전혀 알지 못하였다. A는 그림의 소유권을 취득할 수 있는가?

대리권의 범위가 넓으면 넓을수록 대리인은 본인과는 독립적으로 의사를 결정하여 계약을 체결할 수 있다(법정대리인의 포괄적 대리권이 전형적인 경우이다). 그리고 포괄적 대리권이 부여된 경우에는 상대방의 사정에 대한 지·부지를 전적으로 대리인을 표준으로 판단하여도 상관없다. 반면에 대리권의 범위가 협소하게 되면 사실상 의사결정을 할 때에 대리인의 의사가 개입될 여지가 적다.[566] 가령 실질적으로 본인이 의사결정을 하고, 대리인은 그 의사에 따라서 움직일 뿐인 경우에는 상대방의 사정에 대한 知·不知에 대하여 오히려 본인이 표준이 되어야 마땅하다. 그러므로 민법 제116조 제2항은 특정한 법률행위를 위임한 경우에 대리인이 본인의 지시에 좇아 그 행위를 한 때에는 본인은 자기가 안 사정 또는 과실로 인하여 알지 못한 사정에 관하여 대리인의 부지를 주장하지 못한다고 규정하고 있다.

---

566) 대리권의 범위가 아주 협소한 경우, 특히 본인의 계약청약의 의사표시를 상대방에게 전달하고, 상대방의 승낙의 의사표시를 본인에게 전달할 뿐인 극한의 경우에는 대리인 자신이 의사표시를 할 여지가 없으므로, 더 이상 대리가 아니고, 「사자」(使者)라고 부른다.

본래 A가 민법 제108조 제2항에 의하여 허위표시의 무효로 대항하지 못하는 선의의 제3자인지 여부는 대리인 C를 표준으로 결정하여야 하므로(§116 I), C를 표준으로 하면 C가 선의이므로 A는 비록 허위표시라는 사실을 알지 못한 과실이 있더라도 그림의 소유권을 취득할 수 있다. 그러나 사례에서는 C가 본인 A의 지시에 좇아 대리행위를 한 경우이므로, 민법 제116조 제2항에 의하여 A는 자기가 안 사정 또는 과실로 인하여 알지 못한 사정에 관하여 C의 부지를 주장하지 못한다. 비록 C가 선의라고 하더라도 A는 민법 제108조 제2항에서 말하는 선의의 제3자가 될 수 없으므로, 그림의 소유권을 취득할 수 없다.

3. 대리인의 능력

(1) 의사능력

대리인도 법률행위를 행하는 「행위자」로서 의사능력을 필요로 한다. 그러므로 의사무능력인 대리인이 한 대리행위는 대리행위로서의 효력이 생길 수 없다.

(2) 행위능력

1) 민법 제117조의 규정

"대리인은 행위능력자임을 요하지 아니한다"(§117). 민법은 대리인에 대하여 행위능력이 필요하지 않다고 규정하고 있다. 그러므로 본인은—본인이 굳이 제한능력자를 대리인으로 한 이상 - 대리인이 제한능력자라는 이유로 법률행위를 취소할 수 없다.

2) 법정대리인의 행위능력

법정대리인에 대하여는 민법 제117조가 적용되지 아니한다. 특히 명문상 미성년자나 피후견인 등 제한능력자는 법정대리인이 될 수 없다고 하는 특별규정이 있는 경우가 많다(§§937·1098). 다만 학설상 법률에 명문규정이 없는 한 제한능력자라고 하더라도 법정대리인이 될 수 있다고 하는 이견이 있다.

3) 제한능력자인 대리인과 본인 사이의 관계

대리인이 제한능력자인 경우에는 본인과의 관계에서 아래와 같이 세 가지 문제가 생긴다.

(i) 우선 제한능력자인 대리인은 제한능력에 관한 일반원칙에 따라서 제한능력을 이유로 본인과 맺은 기초적 내부관계(예컨대 위임·고용·도급)를 소급적으로 취소할 수 있다.

(ii) 제한능력자인 대리인이 제한능력을 이유로 수권행위를 취소할 수 있는가에 관하여는 수권행위의 성질을 계약으로 보는가, 단독행위로 보는가에 따라서 견해가 다르다. 수권행위를 일종의 무명계약으로 보는 견해(소수설)는 만약 대리인이 미성년자라고 하면 수권계약이 미성년자인 대리인에게 어떤 구속이나 불이익을 생기게 하지 아니한다고 하는 이유로 수권계약을 민법 제5조 제1항 단서가 말하는 예외적으로 미성년자가 단독으로 유

효하게 할 수 있는 행위로 보아 미성년자는 수권계약을 취소할 수 없다고 본다. 그리고 대리인이 피성년후견인인 때에는 수권계약이 예외적으로 허용되는 경우로 될 수 없고, 만약 대리인이 민법 제10조에 의하여 수권계약을 취소하면 대리행위는 소급적으로 무권대리가 되고, 다만 표현대리의 법리에 의하여 상대방이 보호될 뿐이다. 그러나 수권행위는 본인의 단독행위라고 보면 대리인이 미성년자이든 피성년후견인이든 대리인으로서는 수권행위를 취소하지 못하므로, 대리행위의 효력에 관한 안정적인 결과를 얻을 수 있다.

(iii) 기초적 내부관계가 제한능력을 이유로 취소된 경우에 수권행위도 소급하여 효력을 상실하는가? 기초적 내부관계와 수권행위의 관계에 대하여 무인설을 취하는가 유인설을 취하는가에 따라서 그 결론이 달라진다.

이른바 무인설을 취한다고 하면 대리인의 능력제한을 이유로 기초적 내부관계가 취소되더라도 수권행위 자체의 효력에는 아무런 영향이 없다. 설령 기초적 내부관계를 종료시키면서 함께 수권행위를 철회한다고 하더라도 수권행위의 철회를 통해서는 수권행위가 소급적으로 효력을 잃지 아니하고 다만 장래를 향하여만 대리권이 소멸하는 효과가 생길 뿐이므로, 이미 행하여진 대리행위는 그대로 유효하다. 그리고 유인설을 따르는 경우에는 기초적 내부관계가 효력을 잃게 되면 수권행위도 자동적으로 효력을 잃게 되므로, 대리인의 제한능력을 이유로 기초적 내부관계가 취소되면 수권행위도 당연히 소급적으로 효력을 상실하게 된다. 다만 수권행위가 소급적으로 효력을 잃게 되면 그 전에 이미 행하여진 대리행위가 소급적으로 무권대리로 되므로, 거래의 안전이나 상대방의 보호를 위협하게 된다. 그러므로 유인설을 취하는 입장에서도 기초적 내부관계의 상실에 의하여 수권행위가 효력을 잃게 된 경우에는 대리권은 소급적으로 소멸하지 아니하고, 단지 '장래를 향하여만' 소멸할 뿐이고, 이미 행하여진 대리행위의 효과는 실효되지 아니한다고 본다.

Ⅳ. 대리의 효과(본인·상대방의 관계)

1. 본인에 대한 효과귀속

대리인이 행한 의사표시의 효과는 모두 「직접」 본인에게 귀속한다. 불법행위·사실행위에 관하여는 대리가 인정되지 아니하므로, 그 효과는 대리인에 대하여 발생하고, 본인에 대하여는 발생하지 아니한다.

2. 본인의 능력

대리행위에서는 본인이 스스로 의사표시 내지 법률행위를 하지는 아니한다. 그러므로 본인은 의사능력·행위능력을 가질 필요는 없다. 다만 본인도 권리능력은 반드시 가지고 있어야 한다. 물론 본인이 수권행위나 그 원인된 법률행위를 하기 위해서는 의사능력·행위능력을 필요로 한다.

Ⅴ. 복대리

1. 복대리·복대리인·복임권의 의의

대리인이 자기의 권한범위 내의 행위에 대하여 본인을 대리하게 하기 위하여 대리인 자신의 이름으로 본인의 대리인을 선임하는 경우를 「복대리」라고 한다. 대리인에 의하여 선임된 대리인을 「복대리인」이라고 하고, 복대리인을 선임할 수 있는 대리인의 권한을 「복임권」이라고 한다.

본인과 대리인, 복대리인, 상대방 사이의 각 법률관계를 알기 쉽게 도표로 정리하면 아래와 같다.

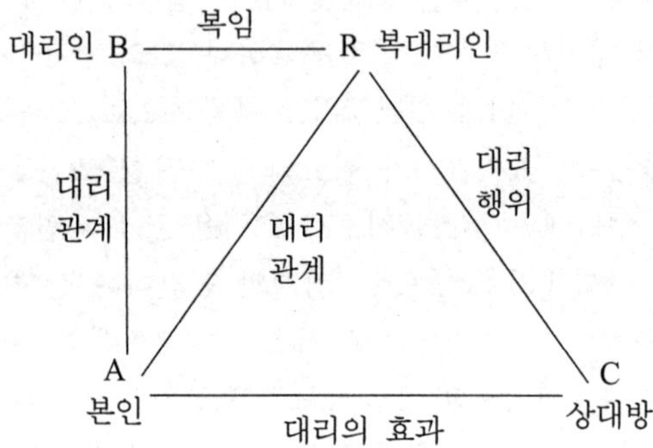

2. 복대리인의 법적 성질

복대리인은 직접 '본인의 대리인'이다(§123). 복대리인은 대리인의 대리인이 아니다. 그리고 복대리인은 대리인이 '자기의 이름으로' 선임한 자이므로, 대리인이 대리권에 기하여 본인의 이름으로 선임한 자는 복대리인이 아니고, 본인의 대리인이다.

3. 대리인의 복임권

(1) 서 설

대리는 본인과 대리인의 신뢰관계로 성립하여 대리인은 타인을 대리행위의 보조로 이용할 수 있지만, 원칙적으로 대리행위 자체를 타인에게 맡길 수는 없다. 대리인이 타인을 본인의 대리인으로 선임하는 복대리는 민법상 법정대리에서는 광범하게 허용되나, 임의대리에서는 예외적으로만 허용된다.

(2) 임의대리인의 복임권

1) 서 언

> 대전에서 가장 잘 나가는 A변호사는 고객 B로부터 대리권남용과 관련한 소송사건의 수행을 위임받게 되었다. 그런데 재판의 기일이 2013년 5월 11일로 잡혔으나, A변호사는 마침 그 날짜에 제주도에서 중요한 세미나가 열려 제주도에 가지 않으면 안되게 되었다. A변호사는 옆 건물에 변호사사무소를 가지고 있는 C변호사에게 부탁하여, C변호사로 하여금 B가 자기에게 맡긴 소송사건을 변론하게 할 수 있는가?

사례에서 A변호사는 고객 B로부터 법률행위에 의하여 대리권을 수여받은 임의대리인이다. 임의대리인은 본인의 승낙이 있거나 부득이한 사유가 있는 때가 아니면 복대리인을 선임하지 못한다(§120). 그러므로 A변호사는 원칙적으로 복임권이 없고, 예외적으로 (i) 본인의 승낙이 있거나, (ii) 부득이한 사유가 있는 때에 한하여 복임권이 인정된다. 다만 판례는 대리의 목적인 법률행위의 성질상 대리인 자신에 의한 처리가 필요하지 않은 경우에는 본인이 복대리금지의 의사를 명시하지 않는 한 복대리의 선임에 관하여 묵시적 승낙이 있다고 하여야 타당하다고 본 사례가 있다.[567] 그러나 소송사건은 그 성질상 변호사의 능력에 따라서 그 승패 여부가 좌우된다고 보아야 하므로, 소송사건을 직접 위임받은 변호사 자신에 의한 처리가 필요한 경우라고 하지 않을 수 없다. 고객 B가 A변호사에게 소송사건을 맡길 때 복대리금지의 의사를 명시하지 않은 경우라고 하더라도 A변호사는 B의 승낙이나 부득이한 사유가 없는 한 C변호사를 복대리인으로 선임하여 소송사건을 변론하게 할 수 없다.

2) 복대리인에 대한 선임·감독의 책임

임의대리인이 복대리인을 선임한 때에는 본인에 대하여 그 선임감독에 관한 책임이 있다(§121 I). 다만 임의대리인이 본인의 지명에 의하여 복대리인을 선임한 경우에는 그 부적임 또는 불성실함을 알고 본인에 대한 통지나 그 해임을 태만한 때가 아니면 책임이 없다(§121 II).

[더 생각할 과제 - 복위임과 하도급]

당사자 사이의 신뢰관계를 기초로 하는 위임[568]의 성질상 수임인은 스스로 위임사무를 처리하여야 하고(自己服務의 原則), 타인에게 사무처리를 대행하도록 하는 復委任을 할 수 없다. 다만 예외적으로 (i) 위임인의 승낙이 있는 때, (ii) 부득이한 사유가 있는 때에 한하여 복위임이 허용된다(§682 II). 그러나 도급[569]은 일의 완성을 목적으로 하는 계약으로 일 자체를 반드시 수급인

---

567) 대법원 1996.1.26. 선고 94다30690 판결.

568) 위임은 당사자의 일방(위임인)이 상대방에 대하여 「사무의 처리」를 위탁하고, 상대방(수임인)이 승낙하여 성립하는 계약이다.

569) 도급은 당사자의 일방(수급인)이 어떤 일의 완성을 약정하고, 상대방(도급인)이 그 일의 결과에 대하여 보수의 지급을 약정하여 성립하는 계약이다.

자신이 하여야 할 필요는 없고, 제3자에게 다시 일의 완성을 맡길 수도 있다. 수급인이 맡은 일의 전부나 일부를 다시 제3자에게 맡기는 경우를 「하도급」(속칭 下請)이라고 한다. 하도급은 수급인과 하수급인 사이에 성립하는 별개의 도급계약(하도급계약 혹은 하청계약)이다. 하도급계약을 통하여는 원수급인과 하수급인 사이에 도급관계가 생길 뿐이고, 하수급인이 직접 원도급인에 대하여 권리·의무를 가지지는 않는다.

(3) 법정대리인의 복임권

> 미성년자 A의 아버지 B는 A의 법정대리인으로서 A의 소유에 속한 갑토지를 C에게 매도하는 교섭을 한참 진행하고 있었다. 그런데 B는 미국에 거주하고 있는 모친이 교통사고를 당하여 생명이 위독하다는 소식을 듣고 갑자기 미국을 가게 되었다. B는 갑토지에 대한 C와의 매매계약의 체결에 관한 사무를 D에게 부탁할 수 있는가?

법정대리인은 그 책임으로 복대리인을 선임할 수 있다(§122 본문). 미성년자 A의 아버지 B는 친권자로서 법정대리인이다. B는 언제든지 자기의 책임 아래 복임권이 있으므로, C와의 매매계약의 체결에 관한 사무를 D에게 부탁할 수 있다. 다만 법정대리인은 복대리인에 대하여 과실의 유무를 묻지 않고 항상 모든 책임을 부담한다. 물론 법정대리인이 '부득이한 사유'(예컨대 질병이나 여행)로 복대리인을 선임한 경우에는 그 책임이 감경되어 복대리인의 선임·감독에 대하여만 본인에게 책임을 부담한다(§122 단서).

4. 복대리의 법률관계

(1) 복대리인과 본인의 관계

복대리인은 대리인에 의하여 대리인의 이름으로 선임되고 복대리인과 본인 사이에 별도로 선임행위가 없으므로 본인과 아무런 내부적 관계를 가지지 아니한다. 다만 민법 제123조 제2항은 편의상 복대리인과 대리인 사이에도 대리인과 본인 사이에서와 같은 내부관계가 생긴다고 규정하고 있다. 그러므로 대리인이 수임인인 때에는 복대리인도 본인에 대하여 수임인으로서의 권리·의무를 가진다.

(2) 복대리인과 대리인의 관계

복대리인은 대리인의 복임권에 기하여 선임되므로 대리인의 선임·감독을 받고, 그 권한도 대리인의 대리권의 존재·범위에 의존한다. 그러므로 복대리권은 대리권의 범위를 초과할 수 없다. 대리권이 소멸하면 복대리권도 따라서 소멸한다.

(3) 복대리인과 상대방의 관계

복대리인은 그 권한 내에서 본인을 대리하며, 상대방에 대하여도 대리인과 동일한 권리의무가 있다(§123). 복대리인은 대리인의 대리인이 아니고 본인의 대리인이다. 복대리인도 본인의 이름으로 상대방과 대리행위를 한다.

(4) 대리인과 본인의 관계

복대리인의 선임 후에도 대리인은 대리권을 상실하지 아니한다. 대리인·복대리인은 동등한 입장에서 함께 본인을 대리한다.

[더 생각할 과제 - 복대리인의 복임권]

복대리인에게 다시 복임권이 인정되는가 하는 문제가 있으나, 일반적으로 긍정된다. 복대리인은—임의대리인의 복대리인이든 법정대리인의 복대리인이든—임의대리인과 동일한 여건 아래 다시 복임권을 가지고 그 책임을 부담한다.

5. 복대리권의 소멸

대리권 일반의 소멸원인(§127)에 의하여 역시 복대리권도 소멸한다. 그리고 복대리권은 (i) 본인·대리인 사이의 원인된 법률관계의 소멸(§§123 II·128), (ii) 대리인·복대리인 사이의 원인된 법률관계의 종료(§128 전문), (iii) 대리인의 복임행위의 철회(§128 후문), (iv) 모권인 대리인의 대리권의 소멸에 의하여도 소멸한다. 만약 본인 또는 대리인의 사망에 의한 복대리권의 소멸후 복대리인이 대리행위를 한 경우에는 민법 제129조의 표현대리가 인정된다.[570)]

Ⅵ. 무권대리

1. 서 설

(1) 무권대리의 의의

대리인으로 행위(대리행위)를 한 자가 대리권을 가지지 못한 경우를 무권대리라고 한다. 무권대리에는 (i) 전혀 대리권이 없는 경우, (ii) 대리권의 범위를 넘은 경우로 구분할 수 있다. 특히 대리행위를 한 자에게 전혀 대리권이 없는 경우에는 처음부터 전혀 대리권이 없는 경우와 일단 수여된 대리권이 소멸한 경우를 포함한다.

(2) 무권대리제도의 필요성과 민법의 규정

> A는 전혀 대리권을 가지고 있지 않았는데, B의 대리인이라고 칭하고 C와의 사이에서 B 소유의 주택을 C에게 매도하는 매매계약을 체결하였다. A가 체결한 매매계약은 어떤 효력을 가지는가?

사례는 무권대리가 되므로, A에 대하여 아무런 효과가 생기지 않는다. 그러므로 C는 B에게 소유권이전등기 등 계약상 의무의 이행을 청구할 수 없다. 그러나 무권대리의 경우

570) 대법원 1998.5.29. 선고 97다55317 판결.

에 아래와 같은 두 가지 고려하여야 할 사항이 있다.

(i) 우선 B에게 아무런 효과가 생기지 아니한다고 하는 처리만으로는 상대방 C를 해치게 된다. 예를 들어 C가 이미 계약금으로서 금전을 A에게 지급한 경우라고 하면 A를 상대방으로 하여 그 반환을 청구할 수 있지만, A의 무자력에 대한 리스크는 C 스스로가 부담하여야 한다. 또한 A와의 계약조건으로 즉시 입주하여야 한다고 하므로, C가 매매대금을 급히 마련하기 위하여 이미 자신이 거주하던 주택을 처분한 경우라든지, 은행으로부터 매매대금을 빌린 경우라든지 C에게 매매계약의 효력을 믿어 발생하는 손해가 있을 수도 있다. 그러므로 상대방 C를 보호하기 위한 조치가 필요하다.

(ii) 무권대리라고 하는 이유로 본인에게 효과가 귀속하지 아니한다고 하는 의미는 그 처리가 어디까지나 본인의 이익에 합치하기 때문이다. 무권대리는 예컨대 절대적으로 무효로 되는 선량한 풍속 기타 사회질서에 반하는 행위와는 다르다. 그러므로 본인이 사후의 승낙을 하게 되면 상대방의 보호와도 일치하므로, 유효한 대리(유권대리)로 취급하여도 좋다. 본인이 유효한 대리행위로 인정할 여지가 있다는 의미에서 무권대리의 무효는 「유동적 무효」라고 할 수 있다.

사례와 같이 A에 의하여 무권대리가 행하여진 때에 유동적 무효의 상태에서 본인 B가 취할 수 있는 수단으로는 아래와 같이 세 가지가 있다.

i) 본인은 추인(§133)을 할 수 있다. 만약 본인이 무권대리행위를 추인하면 대리권 있는 대리인이 한 행위와 동일하게 된다. 원칙적으로 무권대리행위에 대한 추인의 효과는 계약시에 소급하여 생기나, 추인은 제3자의 권리를 해하지 못한다.

ii) 본인은 추인거절을 할 수 있다. 만약 본인이 추인거절을 하면 대리행위의 효과는 본인에게 귀속하지 아니한다고 확정된다.

iii) 본인은 아무런 수단도 취하지 아니할 수 있다. 다만 본인은 언제든지 (i) 혹은 (ii)의 수단을 취하여 불확정한 상태를 끝낼 수 있다.

(iii) 무권대리의 상대방 C가 취할 수 있는 수단도 있다. C는 아래와 같이 네 가지 수단을 취할 수 있다.

i) 상대방은 상당한 기간을 정하여 본인에게 무권대리행위의 추인 여부의 확답을 최고할 수 있다(§131). 최고는 상대방이 이니셔티브를 잡고 본인의 태도결정을 압박하는 수단이다. 만약 본인이 추인기간 내에 확답을 발하지 아니한 때에는 추인을 거절한 경우로 되어 무권대리행위로 확정된다.

ii) 상대방은 무권대리인이 한 계약을 본인의 추인이 있을 때까지 본인이나 그 대리인에 향하여 철회할 수 있다(§134). 무권대리계약의 철회는 상대방이 스스로 대리인과의 계약을 해소시키는 수단이다.

iii) 상대방은 무권대리인의 책임을 추궁할 수 있다. B가 추인을 거절한 때, 혹은 적어도 추인을 하지 않는 때, 즉 계약의 효력을 B에게 귀속시킬 수 없는 경우에 C로서는 B의 주택을 구입하는 계약을 체결하면서 대리권이 없는데도 불구하고 대리인으로 행동한 A의 책임을 물을 수 있다(§135 I). C가 이행 혹은 손해배상 두 가지 중 하나를 고를 수 있는 선택권을 가진다. 물론 C가 A에 대하여 민법 제135조에 따라서 무권대리책임을 추급하기 위하여는 무권대리이어야 하고, 본인의 추인이 없어야 하고, 상대방이 스스로 철회권을 행사하지 않아야 하고(철회하면 본래 무권대리에 의한 계약도 없던 경우로 된다), 대리권이 없다는 사실을 안 경우 혹은 과실에 의하여 알지 못한 경우가 아니어야 하고(대리권이 없다는 사실에 대하여 선의·무과실이어야 한다), 무권대리인이 행위능력을 가지고 있어야 한다(제한능력자보호의 요청으로부터 추가된 요건이다).

(α) C가 B에 대하여 이행의 청구를 선택하면 흡사 BC간에 유효한 계약이 성립한 경우와 동일하게 되므로, C는 B에게 계약의 이행을 청구할 수 있다. 다만 사례에서와 같이 A의 주택를 매매하는 경우에는 B는 본래의 이행을 할 수 있는 처지에 있지 않으므로, 이행을 선택하더라도 의미가 없다. 그러나 목적물이 B 자신도 소유하고 있는 물건인 경우 혹은 시장에서 구할 수 있는 상품(대체물이라고 한다)인 경우라고 하면 본래의 이행을 선택하는 메리트가 있다. C가 이행을 선택하여 BC간에 유효한 계약이 성립한 경우로 되면 B는 의무를 부담할 뿐만 아니라, 계약상의 권리도 취득하므로, C에게 대금을 청구할 수 있다.

(β) C가 손해배상의 청구를 선택한 경우에 C는 B에게 AC간의 계약이 이행되게 되면 얻을 수 있는 이익을 손해배상으로 청구할 수 있다. 예를 들어 C가 유리한 전매계약을 체결한 경우에는 전매에 의하여 얻을 수 있는 이익을 배상청구할 수 있다. 그러나 당연히 손해배상에 의한 구제는 무권대리인에게 자력이 없는 때에는 실효성이 없다.

iv) C가 무권대리와 표현대리를 함께 주장할 수 있는가 하는 문제가 있다. 학설상으로는 상대방이 무권대리를 주장하여 무권대리인의 책임, 즉 민법 제135조에 의한 이행 또는 손해배상을 묻든가, 표현대리를 주장하여 본인에게 이행책임을 묻는가를 선택적으로 할 수 있다고 보려는 견해가 있다. 그러나 일단 표현대리로 보호를 받으면 상대방은 유권대리와 마찬가지의 보호를 받게 되므로, 더 나아가 무권대리의 책임까지 인정할 필요가 없다(상대방이 무권대리와 표현대리를 선택적으로 묻을 수 있어서 유권대리의 상대방보다 더 유리한 지위를 누리게 된다)고 보는 견해가 타당하다.

사례에서 B가 무권대리행위를 한 사실에 대하여 A에게도 귀책사유가 있고, 또한 C가 확실히 B가 A의 대리인이라고 믿고, 그 믿음(신뢰)에 정당한 사유가 있다고 하면 거래의 안전을 위하여 C의 신뢰를 보호할 필요가 있다. 바로 특별히 B의 무권대리행위의 효과를 A에게 귀속시킬 수 있도록 하는 제도가 「표현대리」(表見代理)이다. 표현대리는 이른바 「權利外觀法理」(혹은 표현법리)[571])가 발현되는 경우의 하나로 C로서는 고마운 제도이지만, A에게는 전혀 예측하지 못한 손해를 가져오는 제도이다. 표현대리는 상대방의 보호를 위하여 대리권이 존재하는 경우와 동일하게 취급하는 제도라고 이해할 수 있으므로, 이른바 「추인」(追認)을 한 경우와 동일하게 되고, 상대방으로는 당연히 표현대리를 우선적으로 주장하려고 한다고 볼 수 있다. 그러므로 무권대리인의 책임을 물을 수 있다고 규정하고 있

571) 진실한 권리자(A)가 자기 이외의 자(B)가 권리자인 경우와 같은 외관(外觀)을 만든 때에는 그 외관을 신뢰한 제3자(C)는 법적으로 보호되어야 하고, 스스로 그 외관을 만든 권리자는 권리를 잃거나 어떤 의무를 지더라도 어쩔 수 없다.

는 민법 제135조는 표현대리가 성립하지 아니하는 경우를 위한 보충적 규정으로 보아야 한다(보충적 책임).

(3) 표현대리와 협의의 무권대리의 관계

표현대리는 유권대리에 속하는가, 아니면 무권대리로 보아야 하는가? 표현대리의 성질에 관하여는 여러 견해가 대립한다. 표현대리는 무권대리의 범주에 속한다고 보는 견해(무권대리설)도 있고, 표현대리를 무권대리에 포함시키지 않고 유권대리로 이해하는 견해(유권대리설)도 있다. 또한 표현대리를 유권대리와 무권대리의 중간에 존재하는 독자적인 대리유형으로 파악하려는 견해(절충설)도 있다. 일단 표현대리는 무권대리의 일종이라고 보는 견해가 타당하다. 일반적으로 표현대리는 무권대리의 일종으로 보고 표현대리와 협의의 무권대리를 광의의 무권대리로 이해하는 태도가 무난하다고 본다(광의의 무권대리 = 표현대리 + 협의의 무권대리). 그러므로 표현대리는 오로지 거래상대방의 보호, 거래안전의 유지라는 목적을 위하여 본인을 구속하는 제도에 불과하며, 그 이외에는 여전히 「무권대리」로서의 성질을 가진다.

판례는 표현대리를 분명히 무권대리의 일종으로 본다. 대리권에 기한 대리의 경우나 표현대리의 경우나 모두 제3자가 행한 대리행위의 효과가 본인에게 귀속된다는 측면에서 차이가 없으나, 유권대리에서는 본인이 대리인에게 수여한 대리권의 효력에 의하여 법률효과가 발생하는 반면, 표현대리에서는 대리권이 없음에도 불구하고 법률이 특히 거래상대방의 보호와 거래안전의 유지를 위하여 본래 무효인 무권대리행위의 효과를 본인에게 미치게 한 경우로서 표현대리가 성립된다고 하여 무권대리의 성질이 유권대리로 전환되지는 아니하므로, 양자의 구성요건해당사실, 즉 주요사실은 서로 다르다고 볼 수밖에 없다고 본다.[572)]

2. 표현대리

(1) 표현대리의 의의

표현대리[573)]란 대리인에게 대리권이 없음에도 불구하고 마치 대리권이 있는 경우와 같

---

572) 유권대리에 관한 주장 가운데 무권대리에 속하는 표현대리의 주장이 포함되어 있다고 볼 수 없으며, 따로 표현대리에 관한 주장이 없는 한 법원은 나아가 표현대리의 성립 여부를 심리판단할 필요가 없다(대법원 1983.12.13. 선고 83다카1489 판결).

573) 민법전에는 「表見代理」로 적혀 있으므로(表見代理는 순수한 한글은 아니고 일본민법을 통하여 들어온 한자어이다), 그 독음과 관련하여 '표현대리'냐, '표견대리'냐에 관한 논의가 있다(한글화가 이루어진 상법전에서는 표현지배인 또는 표현대표이사와 같이 '표현'으로 읽고 있다). 본래 「見」이라고 하는 한자는 '볼 견'이라고 하는 의미로 일반적으로 사용되지만, 한편 「見」은 '나타날 현' 혹은 '드러날 현'이라는 뜻으로 사용되기도 한다. 생각건대 표견대리는 대리권이 없으나 외부에서 볼 때 대리권이 있는 경우처럼 보인다고 하는 의미로 이해가 되고, 표현대리는 대리권이 없으나, 어떤 사정에 의하여 대리권이 있는 경우처럼 외부에 드러내고 있다고 하는 뜻으로 이해된다. 그러므로 表見代理를 표현대리로 읽어서 표현대리라 함은 사실은 존재하는 아니하는 대리권이 존재하는 경우처럼 외부를 향하여 외관상 나타내고 있고, 그 외관을 신뢰한 상대방에 대하여 대리권이 있는 경우와 마찬가지로 법률효과를 생기게 하는 제도로 이해할 필요가 있다고 본다. 대법원판례는 대부분 표현대리라고 표현하고 있으나, 대법원 2009.5.28. 선고 2008다56392 판결에서는 굳이 '표견대리'라고

은 외관이 있고, 그 외관의 발생에 대하여 본인이 어느 정도의 원인을 주고 있는 때에 그 외관을 신뢰한 선의·무과실의 제3자를 보호하고 거래안전을 보장하며, 대리제도의 신용을 유지하기 위하여 무권대리행위에 대한 본인의 책임을 인정하는 제도이다. 외관상 상대방으로 하여금 대리권의 존재를 믿게 하는 특별한 사정이 무엇인가에 따라서 표현대리는 (i) 대리권수여의 표시에 의한 표현대리, (ii) 권한을 넘은 표현대리, (iii) 대리권소멸후의 표현대리로 구분된다.

(2) 대리권수여의 표시에 의한 표현대리

1) 의 의

A는 자기가 판매하는 상품의 영업에 관한 사무를 B에게 맡긴다고 C에게 말하였다. 그런데 B의 신용을 높이기 위하여 B에게 영업사무를 맡긴다고 말하였을 뿐, 사실은 B에게 대리권을 수여하지는 않았다. 그런데 B는 A의 대리인으로서 상품을 C에게 판매하는 계약을 체결하였고, C로부터 계약금을 받아 착복한 채 도주하였다. C는 잔금을 제공하고 A에게 상품의 인도를 청구할 수 있는가?

본인이 제3자에 대하여 타인에게 대리권을 수여한다고 표시를 하고 아직 사실상 대리권이 수여되지 않은 상태에서 그 타인이 그 대리권의 범위 내에서 제3자와 대리행위를 하면 대리권수여의 표시에 의한 표현대리(표시표현대리)가 된다. 사례는 대리권수여의 표시에 의한 표현대리의 전형(典型)이라고 할 수 있다. B는 아직 대리권을 실제로 수여받지 않은 상태이므로 무권대리인이지만, C에 대하여 B에게 대리권을 수여한다고 하는 뜻을 표시한 A는 B가 무권대리행위를 한 데에 대하여 책임이 없다고 할 수 없다. A는 B가 '그 대리권의 범위 내에서' BC 사이에서 행한 행위에 대하여 '책임이 있다'(§125 본문). 그러므로 유권대리와 마찬가지의 효과를 C는 향유할 수 있다.

[더 생각할 과제 - 상법 제14조의 「표현지배인」와 상법 제395조의 「표현대표이사」]

본래 상법상 지배인은 영업주에 갈음하여 영업에 관하여 일체의 행위를 할 권한을 가지는 상업사용인이다. 그러나 지배인이 아닐지라도, 본점 또는 지점의 영업주임 기타 유사한 명칭을 가진 사용인에 대하여 그 명칭을 신뢰한 상대방은 지배인이 아니라는 사실을 알지 못한 때, 즉 선의인 때에는 보호된다(민법 제125조보다 보호가 두텁다). 그리고 사장, 부사장, 전무, 상무 기타 회사를 대표할 권한이 있다고 인정될 만한 명칭을 사용한 이사의 행위에 대하여는 그 이사가 회사를 대표할 권한이 없는 경우에도 회사는 선의의 제3자에 대하여 그 책임을 진다.

2) 요 건

(a) 대리권수여의 표시

a) 표시의 법적 성질

본인이 제3자에 대하여 타인(대리인이 될 자)에게 대리권수여의 표시를 하여 타인에게

칭하고 있다.

대리권이 존재하는 경우와 같은 외관이 형성되어야 한다. 본인이 상대방에게 한 대리권수여의 「표시」의 법적 성질에 관하여는 의사의 통지라고 이해하거나 본인이 상대방에게 하는 의사표시라고 보는 견해가 있으나, 관념의 통지라고 보는 견해가 타당하다. 대리권수여의 표시는 준법률행위이지만, 역시 민법총칙상의 능력이나 의사표시에 관한 규정이 유추적용되는 관념의 통지에 해당한다.

b) 표시의 방법

대리권수여의 표시방법은 구두이든 서면이든 상관없다. 예컨대 대리점명을 신문에 광고하는 방법과 같이 불특정인에 대한 대리권수여의 표시도 가능하다. 또한 대리권수여의 표시를 본인이 직접 하지 않고 대리인이 될 자를 통하여 하여도 상관없다.

c) 판례에 나타난 사례

판례는 「대리권수여의 표시」라고 하는 요건을 꽤 유연하게 해석한다. 예컨대 아래와 같은 경우에 대리권수여의 표시를 인정한다.

(i) 예컨대 장인이 사위에게 상호를 포함한 영업 일체를 양도하면서 그 상호를 사용하여 영업을 계속하게 하는 동안 자기의 당좌거래를 이용하여 대금결제를 하도록 하고, 또한 영업을 사위에게 양도한 이후에도 자기 명의의 당좌수표 및 약속어음이 사위로부터 제3자에게 물품대금으로 교부되어 그 대부분이 결제된 경우라고 하면 장인이 제3자로 하여금 사위가 장인 명의의 수표를 사용할 권한이 있다고 믿게 할 만한 외관을 조성한 경우로 인정되고, 사위가 그 외관을 가지고서 장인의 인장을 도용하여 수표를 위조한 행위는 대리권수여의 표시에 의한 표현대리에 해당한다고 본다.[574)]

(ii) 호텔이 타인이 시설이용우대회원모집계약을 체결하는 경우를 승낙 혹은 묵인하면 대리권수여의 표시에 의한 표현대리가 성립할 수 있다.[575)]

(iii) 세무회계상의 필요로 자기의 납세번호증을 이용하게 한 경우,[576)] 인감증명서만의 교부[577)]는 대리권수여의 표시가 아니다.

(b) 표현대리인의 대리행위

a) '표시된 대리권의 범위 내'에서의 대리행위

대리인으로 표시된 자가 그 표시에서 수여된다고 한 대리권의 범위 내에서 대리행위를 하여야 한다. '표시된 대리권의 범위 내'라고 하는 요건도 어느 정도 유연하게 해석된다. 예를 들어 백지위임장의 경우에는 처음부터 「타인」이 특정되어 있지 않지만, 대리행위를 한 자에 대한 수권행위로 인정된다. 또한 성명이나 상호의 사용을 허용한 경우에 「제3자」가 불특정하지만, 문제가 되지 아니한다. 그리고 당초 예상된 대리권의 범위를 넘는 대리행위를 하더라도 바로 민법 제125조의 보호가 거절되지 아니하고, 또한 민법 제126조의

---

574) 대법원 1987.3.24. 선고 86다카1348 판결.
575) 대법원 1998.6.12. 선고 97다53762 판결.
576) 대법원 1978.6.27. 선고 78다864 판결.
577) 대법원 1978.10.10. 선고 78다75 판결.

문제로 보호될 여지가 있다.

b) 표시의 통지를 받은 「상대방」과의 대리행위

대리권의 수여를 특정인에게 표시한 경우에는 표시를 통지받은 상대방과 대리행위를 하여야 대리권수여의 표시에 의한 표현대리가 된다.578) 다만 언론매체 등을 통하여 불특정다수인에게 대리권의 수여를 표시한 때에는 불특정다수인이 상대방이 된다.

(c) 상대방의 선의·무과실

표현대리가 권리외관의 법리에 기초하는 이상, 상대방의 선의·무과실은 당연히 요구된다. 권리외관의 법리 내지 신뢰보호의 법리에서 볼 때 상대방이 악의 혹은 과실이 있는 경우에까지 표현대리로 상대방을 보호하여야 할 필요는 없으므로, 대리권수여의 표시에 의한 표현대리가 인정되기 위하여는 상대방의 선의·무과실이 요구된다. 상대방의 「선의」란 대리권이 없음을 알지 못한 경우를 말하고, 「무과실」은 일반인의 주의에도 불구하고 대리권이 없음을 알지 못한 경우를 일컫는다(본인이 상대방의 악의·과실에 대한 증명책임을 진다).

3) 적용범위

(a) 법정대리

대리권수여의 표시에 의한 표현대리를 규정하고 있는 민법 제125조는 임의대리에 적용된다고 하는 사실은 분명하다. 민법 제125조가 임의대리 이외에 법정대리에도 적용될 수 있는가? 학설상으로 예컨대 부부간의 일상가사대리와 관련하여 허위의 혼인신고가 된 경우나 가족관계등록부상 친권자로 되어 있는 자를 믿고 거래를 한 경우와 같이 가족관계등록부상의 기재나 공고를 대리권수여의 표시에 준하여 취급할 수 있는 때에는 법정대리에도 민법 제125조가 적용되어야 하므로, 법정대리에도 대리권수여의 표시에 의한 표현대리가 성립한다고 보는 견해가 있다.579) 그러나 법정대리의 경우에는 민법 제125조가 적용되지 아니한다고 보는 견해가 타당하다. 본인이 대리인을 선임하지 않는 법정대리에서는 본인이 어떤 자에게 법정대리권을 수여한 뜻을 표시하거나 통지한다는 자체가 있을 수 없으므로 민법 제125조가 적용될 여지가 없다.

(b) 복대리

복대리에 대하여도 대리권수여의 표시에 의한 표현대리가 적용된다. 판례를 보면 A의 소유토지를 매수한 매수인 B가 제3자 C와 함께 A의 대리인 D에게 와서 소유권이전등기를 할 수 있는 서류를 해주면 딴 데 융통하여서 잔대금을 갚는다고 청하여 A의 대리인 D가 그들에게 등기권리증, A의 인감증명, 주민등록등본, 근저당권설정계약서 등의 서류를 해주어 제3자 C가 토지에 대하여 E의 명의로 근저당권설정등기를 경료한 경우에 E는 제3

578) 대리권수여의 표시의 통지를 우연히 옆에서 듣거나, 그 통지가 있음을 우연히 알게 된 제3자와의 사이에 대리행위가 행하여지더라도 대리권수여의 표시에 의한 표현대리가 아니다.

579) 민법 제125조가 법정대리에도 적용되지만, 제한능력자의 보호는 거래안전의 보호보다 우선하여 제한능력자의 법정대리에 관하여는 민법 제125조가 적용되지 아니한다고 보는 견해도 있다.

자 C를 A의 복대리인으로 믿은 데는 정당한 사유가 있다고 하여 복대리에서의 표현대리를 인정한다.[580)]

(c) 공법상의 행위 및 소송행위

공법상의 행위 혹은 소송행위에는 원칙적으로 표현대리가 적용되지 않는다. 판례를 보면 이행지체가 있으면 즉시 강제집행을 하여도 이의가 없다는 강제집행수락의 의사표시, 공정증서가 채무명의로서 집행력을 가질 수 있도록 하는 집행인낙표시는 소송행위라 하여야 하므로, 그 소송행위에는 민법상의 표현대리규정이 적용 또는 유추적용될 수는 없다고 한다.[581)] 다만 지방자치단체가 사경제주체로서 법률행위를 한 때에는 표현대리에 관한 법리의 적용이 있다.[582)]

4) 효 과

대리권수여의 표시에 의한 표현대리가 인정되면 본인은 대리행위의 효력이 자기에게 미쳐도 그 효력을 거부하지 못하고 책임을 진다. 물론 본인은 표현대리로 발생한 채무를 상대방에게 이행할 의무를 지는 동시에, 상대방에 대하여 채권 기타의 권리도 취득한다.

표현대리는 어디까지나 거래상대방의 보호, 거래안전의 유지를 위한 제도에 불과하다. 그러므로 표현대리의 효과는 상대방측만이 주장할 수 있다. 상대방이 주장하지 않는 한 본인측에서 표현대리의 효과를 주장할 수 없다.

민법 제125조의 요건이 충족되더라도 표현대리는 유권대리로 전환되지 않고, 여전히 무권대리로서의 성질을 가진다. 그러므로 상대방은 표현대리를 무권대리행위로서 철회할 수 있고(§134), 또한 본인은 추인을 통하여 상대방의 철회권을 소멸시킬 수 있다(§130). 그리고 상대방은 본인에 대하여 추인 여부의 확답을 최고할 수도 있다(§131).[583)]

표현대리의 요건이 충족되는 경우라고 하더라도 상대방은 표현대리를 주장하지도 않고, 또한 무권대리행위로서의 철회도 하지 않고 바로 민법 제135조에 의한 무권대리행위의 책임을 물을 수 있는가? 학설상으로는 표현대리에도 민법 제135조가 적용된다고 보는 견해가 있다. 그러나 표현대리는 민법 제135조가 적용되지 아니하여 표현대리가 성립하면 단지 본인에게만 책임을 물을 수 있고, 표현대리인에게는 책임을 물을 수 없다고 이해하는 견해가 타당하다. 표현대리가 인정되면 유권대리와 동일한 효력이 발생하여 상대방으로서는 소기의 목적을 달성하게 된다. 더 이상 무권대리인의 책임을 물을 필요가 없다. 만약 표현대리에 대하여 민법 제135조를 적용하면 그 상대방은 본인의 책임과 표현대리인의 책임을 선택적으로 묻게 되는 결과 유권대리인과 법률행위를 한 상대방보다 더 유리한 지위를 누리게 되어 너무 상대방의 보호에 치중하는 부당한 결과가 생긴다. 그러므

580) 대법원 1979.11.27. 선고 79다1193 판결.

581) 대법원 1983.2.8. 선고 81다카621 판결; 대법원 1994.2.22. 선고 93다42047 판결 참조.

582) 대법원 1961.12.28. 선고 4294민상204 판결.

583) 학설상 표현대리를 유권대리로 이해하는 견해를 취하여 민법 제130조 내지 제134조는 표현대리에 적용되지 않는다고 보는 견해(소수설)가 있다.

로 표현대리가 성립한 때에는 민법 제135조에서 말하는 본인의 추인이 있는 경우와 같이 취급하여 본인만이 확정적으로 책임을 부담하고, 더 이상 무권대리인으로서의 책임은 발생하지 않는다고 해석된다.

(3) 권한을 넘은 표현대리

1) 의 의

> 갑회사에 근무하는 A는 자기의 부친으로부터 지리산 근처에 1만핵터에 달하는 큰 산림을 상속하여 소유하고 있는데, 갑회사로부터 3년간 외국근무를 명받았다. 그리하여 A는 산림의 관리권한을 장남 B에게 맡기고(위임장이 있다), 현지에 부임하였다. 그런데 주식투자에 실패한 B는 A의 대리인으로서 산림을 C에게 매각하였고, A로부터 C에게로 소유권이전등기가 경료되었다. A는 C로부터 산림을 되찾을 수 있는가?

대리인이 기본대리권을 가지고 있지만, 대리행위가 그 기본대리권의 범위를 초과하면 권한을 넘은 표현대리(월권표현대리)가 된다(§126). 사례는 권한을 넘은 표현대리의 전형적인 예라고 할 수 있다.

민법 제125조와는 어떤 차이가 있는가? 민법 제125조는 대리권이 전혀 존재하지 않으나, 대리권이 존재하는 경우와 같은 외관이 있는 경우에 대한 규정인 반면에, 민법 제126조에 의한 권한을 넘은 표현대리는 일응 대리권이 있으나, 그 대리권을 초과하는 대리행위를 한 경우에 대한 규정이다. 양자는 모두 지향하는 목적은 동일하며(권리외관의 법리), 다만 본인이 책임을 부담하는 근거가 약간 다르다. 민법 제125조는 스스로 외관을 꾸며 만든 자는 그 책임을 부담하여야 한다는 원리가 근거가 되나(영미법상의 에스토펠(Estoppel)의 법리와 관계있는 원리이다), 민법 제126조는 신용할 수 없는 자를 대리인으로 선임한 본인이 스스로 리스크를 부담하여야 한다는 원칙이 근거라고 할 수 있다. 믿을 수 없는 장남 C를 대리인으로 택한 A는 스스로 그 리스크를 떠안아야 하므로, B의 권한 외의 법률행위는 권한을 넘은 표현대리가 되어 그 대리행위에 대하여 책임이 있다. 그러므로 C가 B에게 그 권한이 있다고 믿을 만한 정당한 이유를 가지는 한, A는 산림의 반환을 청구할 수 없다.

[더 생각할 과제 - 민법 제126조의 책임발생에 본인의 과실은 필요한가?]

본래 본인이 민법 제126조의 표현대리책임을 지는 이유는 본인이 자기를 배반한 대리인을 선택한 사실에 대하여 스스로 책임을 부담한다는 데 있으므로, 민법 제126조의 근거는 본인의 과실(엄밀하게는 잘못이나 부주의를 가리킨다)이라고 할 수 있다. 그러나 예전부터의 통설은 표현대리의 성립을 널리 인정하여 거래안전을 도모하고, 법정대리도 민법 제126조가 적용된다고 하는 사실을 근거로 본인에게 과실은 필요하지 않다고 본다. 그리고 판례도 역시 민법 제126조 소정의 권한을 넘은 표현대리규정은 거래의 안전을 도모하여 거래상대방의 이익을 보호하려는 데에 그 취지가 있으므로,[584] 법정대리라고 하여 임의대리와는 달리 그 적용이 없다고 할 수는 없다고 보

584) 대법원 1997.6.27. 선고 97다3828 판결.

므로, 간접적으로 본인의 과실이 요건은 아니라고 보고 있다. 분명히 불법행위의 성립요건과 같은 의미에서의 과실은 요구되지 않지만, 본인쪽의 귀책의 요소는 필요하다고 본다(물론 의사무능력상태에 있다든지, 피성년후견인이나 피한정후견인과 같이 정신적 제약으로 사무를 처리할 능력이 지속적으로 결여되거나 부족한 경우에는 본인측의 귀책의 요소를 요구하기 무리인 상황도 있다). 다만 본인쪽의 귀책의 요소를 「과실」로 표현하기는 적당하지 않으므로, 그 의미에서 과실은 요구되지 아니한다.

2) 요 건

(a) 대리인의 권한유월행위

예를 들어 대리권의 내용이 보증계약의 체결인데, 그 보증계약의 체결과는 이질적인 대리행위를 한 경우에 민법 제126조가 적용된다. 보증계약의 체결을 부탁받은 대리인이 타인의 부동산을 매수하는 계약을 체결한 경우에 권한유월행위로 인정되고, 다만 그 이질의 정도는 「정당이유」의 판단에 영향을 미칠 수 있다.

(b) 기본대리권의 존재

a) 서 설

민법 제126조는 '대리인이 그 권한 외의 법률행위를 한 경우'라고 표현하고 있으므로, 우선 대리인이라고 하는 사실, 즉 대리권이 존재하여야 한다. 본래의 대리권을 「기본대리권」이라고 한다. 전혀 대리권이 없는 경우에는 권한을 넘은 표현대리가 성립할 여지가 없다. 예컨대 대리권 없이 위임장 혹은 인감을 무단으로 사용하여 대리행위를 하더라도 민법 제126조는 적용되지 않는다.

기본대리권이 항상 명확한 형태로 수여되어 있어야 하는가? 기본대리권은 엄밀한 의미의 대리권에 한정되지 않고, 기본이 되는 권한, 즉 대리권과 유사한 권한(예컨대 백지보충권)이 있으면 권한을 넘은 표현대리를 인정할 수 있다. 판례도 역시 기본대리권의 요건을 어느 정도 완화하여 민법 제126조의 입구를 넓혀 놓고 있다.[585]

b) 기본대리권의 존재가 문제되는 경우

(가) 서 언

우선 왜 기본대리권이라고 하는 요건이 필요한가 하는 문제를 생각할 필요가 있다. 표현대리가 성립하면 본인으로서는 심각한 손해를 받으므로, 아무리 거래안전이 중요하다고 하더라도 상대방이 신뢰한 외관의 작출에 본인이 전혀 관여하지 아니한 경우까지 본인에게 책임을 지도록 할 수는 없다. 그러므로 본인에게 책임을 돌리기 위해서는 상대방이 신뢰한 외관의 작출에 대하여 본인이 어떤 형태로든 관여하여야 하고(이른바 권리외관법리의 기본이다), 바로 민법 제126조에 의한 권한을 넘은 표현대리에서는 본인이 표현대리인에게 준 기본대리권이 해당한다.

---

585) 판례는 대리인이 아니고 사실행위를 위한 사자라 하더라도 외관상 사자에게 어떤 권한이 있는 경우와 같은 표시 내지 행동이 존재하여 상대방이 외관을 믿고, 또한 그 믿음에 정당한 사유가 있다면 표현대리에 의하여 책임을 지워 상대방을 보호하여야 한다고 본다(대법원 1962.2.28. 선고 4294민상192 판결).

(나) 기본대리권으로서의 사실행위에 대한 권한수여

기본대리권이란 문자 그대로 해석한다면 「대리권」만이 될 수 있다. 그리고 민법상의 대리란 계약과 같은 법률행위(정확하게는 법률효과를 생기도록 하기 위하여 하는 의사표시)의 대리를 말한다. 다시 말하면 대리란 대리인에 의하여 의사표시가 행하여진다고 하는 사실에 중점이 있다. 예를 들어 유명한 사진작가가 상업용 사진의 촬영을 일부 조수에게 맡긴 경우에 조수가 사진작가의 이름을 팔아 촬영한 사진을 출판사에 팔아버리면 조수는 의사표시와는 무관한 사진촬영이라고 하는 행위(사실행위라고 부른다)의 대행권한을 수여받은 경우에 불과하므로, 기본대리권이 있다고 볼 수 없고, 조수가 범한 사진의 매매는 권한을 넘은 표현대리로 될 수 없다.

본인이 타인에게 법률행위 이외의 행위의 「대행」(代行)을 부탁한 경우, 즉 본인이 단지 사실행위만을 위임한 경우에는 민법 제126조에 의한 권한을 넘은 표현대리의 성립을 위한 기본대리권으로 절대 인정될 수 없는가? 학설상 권한을 넘은 표현대리가 성립하기 위해서는 기본대리권이 존재하여야 하고 사실행위에 대한 위임만으로는 민법 제126조가 적용되지 않는다고 보는 견해가 있다. 그러나 사실행위를 기본대리권으로 하여 민법 제126조에 의한 권한을 넘은 표현대리를 인정하여도 무방하다고 본다.

> 갑증권회사 지점장 A는 회사의 승낙 없이 회사의 직원도 아닌 B로 하여금 그 지점에서 투자상담실 부장으로 근무하게 하면서 고객을 유치하고 고객을 상대로 투자상담을 하게 하는 등 사실상 투자상담사로서의 직무를 하도록 하였다. 그런데 B가 고객 C로부터 받은 주식매수를 위한 예탁금을 횡령, 도주하였다. C는 갑증권회사에 대하여 예탁금의 반환을 청구할 수 있는가?

사례에서 B의 권한은 사실행위에 대한 권한에 불과하므로, 대리권이라고 볼 수 없다. 그러나 비록 사실행위라고 하더라도 대외적으로 법률행위에 못지않는 사회적, 경제적으로 중요성을 가지는 경우가 있으므로, 사실행위에 대한 권한도 민법 제126조의 권한을 넘은 표현대리의 성립에 필요한 기본대리권으로서의 요건을 충족한다고 볼 여지가 있다. 비록 사실행위라고 하더라도 법률행위에 못지않게 사회적·경제적으로 중요한 대외적 행위를 예상하고 타인에게 사실행위를 위임하고, 외부적으로 법률행위의 위임과 사실행위의 위임이 구별되기 어려운 경우라고 하면 법률행위를 할 수 있는 대리권을 가지지 않더라도 사실행위에 관한 권한을 가지고도 기본대리권의 요건이 충족되어 민법 제126조의 표현대리가 성립한다고 보아야 한다.

판례의 태도는 어떤가? 판례는 본인을 위하여 현금의 수령·청산을 보조할 뿐인 사자가 본인 명의의 수표를 발행하여 금전을 차용하는 경우와 같이 사자로서의 권한밖에 없는 자가 상대방에 대하여 대리권이 있는 경우처럼 행위한 때에도 민법 제126조가 적용된다[586]고 판시하여 사실행위를 기본대리권에 포함시킨 경우가 있다. 그러나 사례와 관련

586) 대법원 1962.2.8. 선고 4294민상192 판결.

해서는 판례가 증권회사로부터 위임받은 고객의 유치, 투자상담 및 권유, 위탁매매약정실적의 제고와 같은 업무는 사실행위에 불과하고, 그 사실행위를 기본대리권으로 하는 표현대리는 성립할 수 없다고 판시하고 있다.[587] 만약 사례에서 B가 위임받은 고객의 유치, 투자상담 및 권유 등의 업무는 사실행위에 불과하므로, 그 사실행위에 관한 권한에 기하여는 권한을 넘은 표현대리가 성립할 수 없다고 하면 C는 갑증권회사에 대하여 예탁금의 반환을 청구할 수 없다. 다만 B가 수행한 고객의 유치, 투자상담 및 권유 등의 업무는 모두 대외적 행위이고, C로 보아서는 법률행위의 위임인지 사실행위의 위임인지를 구별하기가 쉽지 않다. 비록 A에게 고객의 유치, 투자상담 및 권유 등과 같은 사실행위에 대한 권한만이 부여되어 있다고 할지라도 그 사실행위에 대한 권한을 기본대리권으로 하는 표현대리의 성립을 인정하여 C는 갑증권회사에 대하여 예탁금의 반환을 청구할 수 있다고 보는 태도가 타당하다.

(다) 기본대리권으로서의 표현적 대리권

대리권수여의 표시만 있거나 대리권이 이미 소멸한 경우와 같이 엄격한 의미에서 대리권은 없지만 표현적 대리권이 있다고 인정되는 때에도 그 표시된 대리권이나 소멸한 대리권의 범위를 넘는 행위를 하면 민법 제126조가 적용되는 표현대리가 되는가 하는 문제가 있다. 물론 민법 제126조는 현재 대리권을 가진 자가 그 권한을 넘어서 대리행위를 한 경우만을 예상하고 있고, 대리권수여가 표시된 경우나 대리권이 소멸된 후에 그 표시되거나 소멸한 대리권의 범위를 넘은 행위를 한 경우에는 적용되지 않는다고 보는 견해도 있다. 그러나 대리권수여의 표시에 의한 표현대리(§125)와 대리권소멸 후의 표현대리(§129)에서 표현대리인이 표시되거나 소멸한 대리권의 범위를 넘어 행위를 한 경우에도 민법 제126조에 의한 표현대리가 성립한다고 보는 견해가 타당하다. 판례도 대리권이 소멸한 후에 소멸한 대리권의 범위를 넘은 행위를 한 경우에는 권한을 넘은 표현대리가 성립한다고 본다.[588]

(라) 공법상의 행위를 할 권한

공법상의 행위를 할 권한도 기본대리권이 될 수 있는가? 예를 들어 기본대리권이 등기신청행위라 할지라도 권한을 넘은 표현대리의 기본대리권이 될 수 있다고 본다. 판례도 역시 등기신청을 할 수 있는 대리권을 가진 대리인이 그 권한을 유월하여 대물변제라는 사법행위를 한 경우에도 표현대리의 법리가 적용된다고 본다.[589]

(C) 기본대리권을 일탈한 표현대리행위의 존재

a) 권한을 넘은 대리행위의 존재

권한을 넘은 표현대리가 되기 위해서는 가령 본인으로부터 받아 보관중인 인감·권리증 기타 서류를 모용하여 문서를 변조·위조한 경우와 같이, 대리인의 권한 외의 행위, 즉 권

587) 대법원 1992.5.26. 선고 91다32190 판결.
588) 대법원 1979.3.27. 선고 79다234 판결.
589) 대법원 1978.3.28. 선고 78다282, 283 판결.

한일탈행위 내지 권한유월행위가 존재하여야 한다. 다만 권한을 넘은 표현대리는 대리인이 본인을 위한다는 의사를 명시 혹은 묵시적으로 표시하거나 대리의사를 가지고 권한 외의 행위를 하는 경우에 성립한다. 그러므로 속임수로 대리행위의 표시를 하지 않고 단지 본인의 성명을 모용하여 자기가 마치 본인인 경우처럼 기망하여 본인 명의로 직접 법률행위를 한 경우에는 특별한 사정이 없는 한 권한을 넘은 표현대리는 성립할 수 없다.590)

b) 기본대리권을 기초로 수행할 대리행위와 표현대리행위의 관계

권한을 일탈한 표현대리행위가 반드시 기본대리권과 같은 종류이거나 또는 유사하여야 하지는 않는다. 대리인이 가지고 있는 기본대리권과 전혀 별개의 행위를 한 경우에도 권한을 넘은 표현대리가 성립할 수 있다. 예컨대 기본대리권이 등기신청행위라고 할지라도 그 권한을 넘어서 대물변제를 한 경우에도 권한을 넘은 표현대리가 된다.591)

c) 표현대리행위의 상대방

권한을 넘은 표현대리의 상대방은 민법 제125조나 제129조에서와 마찬가지로 표현대리행위의 직접 상대방이 된 자만을 지칭한다. 예를 들어 약속어음의 보증은 발행인을 위하여 그 어음금채무를 담보할 목적으로 하는 보증인의 단독행위이므로, 그 행위의 구체적, 실질적인 상대방은 어음의 제3취득자가 아니라 발행인이어서 약속어음의 보증부분이 위조된 경우에 그 약속어음을 배서, 양도받는 제3취득자는 보증행위가 민법 제126조 소정의 표현대리행위로서 보증인에게 그 효력이 미친다고 주장할 수 있는 제3자에 해당하지 않는다.592)

(d) 정당한 이유의 존재

a) 서 설

권한을 넘은 표현대리는 제3자가 '그 권한이 있다고 믿을 만한 정당한 이유가 있는 때'에 성립한다. 다만 민법 제126조에서 일컫는 「정당한 이유」의 의의와 판단기준, 판단시기 및 입증책임에 관하여는 견해가 대립한다.

b) 민법 제126조에서 말하는 「정당한 이유」의 의의

민법 제126조에서 요구하는 「정당한 이유」는 대리권의 부존재에 대한 선의·무과실을 의미하는가, 「정당한 이유」의 유무는 객관적인 판단에 맡겨야 하는가? 학설은 대립한다.

우선 정당한 이유는 상대방의 선의·무과실과는 다른 개념이며, 정당한 이유는 '객관적으로 보아 대리권이 있다고 믿을 만한 사유'라는 의미로 이해하여야 한다고 보는 견해가 있다(정당한 이유의 판단을 보통사람을 기준으로 하는가 이성인을 기준으로 하는가, 표현대리행위 후 변론종결시까지의 사정도 고려의 대상이 되는가 표현대리행위 당시의 사정만 고려되는가와 관련하여 의견이 다시 나누어진다). 정당한 이유는 상대방의 선의·무과실보다는 좁은 개념으

590) 대법원 1993.2.23. 선고 92다52436 판결.

591) 대법원 1978.3.28. 선고 78다282, 283 판결.

592) 대법원 2002.12.10. 선고 2001다58443 판결.

로서 특히 민법 제126조가 분명히 '그 권한이 있다고 믿을 만한 정당한 이유가 있는 때'라고 표현하고 있으므로, 민법 제126조의 정당한 이유를 민법 제125조나 제129조와 같이 상대방의 선의·과실로 해석하여서는 문언과 합치되지 아니한다고 본다.

판례는 예컨대 A가 B에게 C 등을 대리하여 담보대출계약, 근질권설정계약의 체결이나 예금거래의 중도해약을 할 권한이 있다고 믿은 경우라고 하더라도 그와 같이 믿는 데에 과실이 있다고 할 수 있어서 민법 제126조 소정의 권한을 넘은 표현대리가 성립할 수 없다고 하거나[593] '대리인이라 믿은 데 과실이 있어' 민법 제126조의 표현대리주장은 허용될 수 없다고 한 경우[594]와 같이 정당한 이유를 바로 선의·무과실과 같은 의미로 이해한 경우가 있다. 그러나 판례가 정당한 이유를 반드시 선의·무과실과 같은 의미로만 바라보고 있지 않다. 예컨대 아내가 특별한 수권 없이 남편을 대리하여 타인의 채무를 보증한 경우에 그 보증계약이 민법 제126조 소정의 표현대리가 되려면 아내에게 일상가사대리권이 있다는 사실만이 아니라 상대방이 아내에게 남편이 그 행위에 관한 대리의 권한을 준 경우라고 하는 믿음을 정당화할 만한 객관적인 사정이 있어야 한다고 하거나[595] 남편 몰래 임의로 갖고 나온 남편의 인장, 아파트분양계약서 및 유효기간이 지난 인감증명서를 아내가 소지하고 있는 사실만으로는 남편이 아내에게 차용행위나 아파트매도행위에 대한 대리권을 수여하리라고 상대방이 믿음에 정당한 객관적 사정이 있다고 인정할 수 없어 민법 제126조의 표현대리가 부정된다고 하는 경우[596]와 같이 정당한 이유를 선의·무과실과는 달리 '대리권이 있다고 하는 믿음을 정당화할 만한 객관적 사정'이라고 해석한 듯한 판례도 있다. 전체적으로 판례의 태도는 정당한 이유를 선의·무과실과 비슷한 의미로 이해하고 있다고 판단된다. 그러므로 민법 제125조나 제129조와 같이 민법 제126조의 정당한 이유는 상대방의 선의·무과실을 의미한다고 이해하여도 무방하다고 여겨진다.

c) 「정당한 이유」의 판단시기

민법 제126조에서 말하는 정당한 이유를 언제를 기준으로 판단하여야 하는가? 학설상 정당한 이유의 판단시기는 표현대리행위 당시가 아니라 사실심의 변론종결시까지 존재하는 제반자료 및 사정을 종합하여 판단하여야 한다고 보는 견해가 있다. 그러나 정당한 이유의 존부를 판단하는 시기는 대리행위 당시를 기준으로 하여야 한다고 보는 견해(다수설)가 타당하다(정당한 이유의 의미를 선의·무과실로 보는 한 자동적으로 정당한 이유의 판단시기가 표현대리행위 당시로 되나, 정당한 이유를 '대리권이 있다고 하는 믿음을 정당화할 만한 객관적 사정'이라고 보는 견해에서는 정당한 이유를 언제를 기준으로 판단하는가 하는 문제와 관련하여 다시 대리행위 당시이며 그 후의 사정은 고려되지 아니한다고 보는 견해와 변론종결시까지의 제반자료와 사정을 고려하여야 한다고 보는 견해가 대립한다).[597] 그러므로 정당한 이유에 대한 판단요

---

593) 대법원 1992.6.23. 선고 91다14987 판결.
594) 대법원 1992.6.9. 선고 92다11473 판결.
595) 대법원 1998.7.10. 선고 98다18988 판결.
596) 대법원 1981.8.25. 선고 80다3204 판결.
597) 대법원 1987.7.7. 선고 86다카2475 판결.

소가 되는 구체적인 사정은 대리행위가 행하여질 때에 존재한 사정이어야 한다.

판례는 분명히 표현대리행위 당시를 정당한 이유의 판단시기로 본다. 예컨대 부동산의 매도를 위임받은 대리인이 자신의 채무지급에 갈음하여 그 부동산에 관하여 대물변제계약을 체결한 사건에서 정당한 이유의 존부는 자칭 대리인의 대리행위가 행하여 질 때에 존재하는 모든 사정을 객관적으로 관찰하여 판단하여야 하며, 당해 법률행위가 이루어지고 난 훨씬 뒤의 사정을 고려하여 그 존부를 결정하여야 하지는 않는다고 판단하고 있다.598)

d) 「정당한 이유」의 증명책임

권한을 넘은 표현대리에서 요구되는 「정당한 이유」에 대하여는 누가 증명책임을 부담하는가? 일반적으로 「정당한 이유」의 의의를 이해하는 태도에 따라서 다르다. 정당한 이유를 선의·무과실과 같은 의미로 이해하여 본인이 상대방의 악의·과실을 증명하여야 한다고 보는 견해나 선의의 증명책임은 상대방에게 있고, 과실의 증명책임은 본인이 부담한다고 보는 견해가 있다. 그러나 정당한 이유의 증명책임이 상대방에게 있다고 보는 태도가 타당하다. 민법 제126조는 정당한 이유를 기본대리권과 함께 권한을 넘은 표현대리의 적극적 요건으로 규정하고 있으므로, 당연히 민법 제126조의 표현대리를 주장하는 자가 적극적으로 정당한 이유의 존재를 증명하여야 한다. 판례도 표현대리행위를 유효하다고 주장하는 자에게 민법 제126조에 의한 표현대리로 인정된다는 사실에 대한 주장 및 증명책임이 있다고 하여 정당한 이유의 증명책임이 상대방에게 있다고 판시하고 있다.599)

e) 「정당한 이유」의 구체적인 사례

(가) 서 언

상대방이 대리인에게 그 권한이 있다고 믿을 만한 정당한 이유가 있는가 없는가는 어떤 일률적 기준에 의하여 판단할 수 없다. 정당한 이유의 존재 여부에 대한 판단은 구체적인 경우에 따라서 하여야 한다. 최근에는 상대방이 계약체결을 할 때에 본인에게의 확인이나 조회를 한 경우인가 아닌가를 중시하는 경향이 있다. 예를 들어 보증계약은 그 금액이 큰가, 보증기간이 정하여져 있는가 아닌가 등에 따라서 심히 본인에게 불리한 조건인 때에는 상대방에게 본인의 의사를 확인하는 등 대리권의 존부에 대하여 조사의무가 생기고, 간단히 정당이유가 있다고 할 수 없다. 상대방이 사업자나 전문가인 경우, 특히 금융기관인 때에는 더욱 그러하다.

(나) 본인과 대리인 사이의 긴밀한 관계

본인과 대리인 사이의 관계가 부부·친자·형제자매 기타 동거의 가족과 같이 밀접한 경우에는 기본대리권의 존재는 비교적 용이하게 인정할 수 있더라도 정당한 이유는 반드시 간단히 인정되지는 아니한다. 대리인이 본인의 가족인 때에는 실인이나 권리증 등을 입수하기가 용이하므로, 간단하게 정당이유가 있다고 보기 어려운 경우도 있다. 본인과 밀접한 관계에 있는 대리인이 중요한 법률행위를 하는 경우에는 상대방은 보통 본인의

598) 대법원 2009.11.12. 선고 2009다46828 판결.

599) 대법원 1968.6.18. 선고 68다694 판결.

진의를 확인하기 쉬운 위치에 있으므로, 만일 본인의 진의를 확인하지 아니하면 상대방에게 과실이 있는 경우가 되어 표현대리의 성립이 부인될 수 있다. 판례는 남편에게 아내의 금전차용 또는 부동산매매행위와 같은 중요한 처분행위에 대하여 처분의 대리권이 수여되는 경우가 이례적인 때에는 정당한 이유를 부인하고 있다.600)

판례를 보면 대리인과 본인 사이의 특수한 신분관계에 의하여 정당한 이유를 인정한 경우도 많다. 예컨대 아내가 장기간 정신병으로 입원중인 남편 소유의 대지와 그 지상건물을 적정가격으로 매도하여 그로써 남편의 입원비, 생활비, 자녀교육비 등에 충당하고 나머지로써 대신 들어가 살 집을 매수한 경우,601) 아내가 남편 몰래 남편의 인감도장·인감증명서를 소지하고 그 대리인으로 행세하여 금원을 차용하고 그 담보로 남편 소유의 부동산에 가등기를 경료하여 준 경우,602) 형이 동생으로부터 소유권이전등기절차를 의뢰받고 그 절차이행을 위하여 보관하고 있는 동생의 인장으로 자신의 채무담보를 위하여 동생의 명의로 약속어음을 발행한 경우,603) 신원보증계약을 위임받은 아내가 자동차대금채무에 대한 연대보증을 한 경우604)를 정당한 이유가 있다고 인정하고 있다.

(다) 인장의 교부

대리권을 상징하는 물건을 대리인이 소지하고 있는 경우에는 정당사유로 인정되기 용이하다. 예를 들어 대리인이 본인의 인장을 가지고 있다고 하면 대리권의 존재를 추정할 수 있으므로, 정당이유를 인정하기가 쉽다. 국내에서는 서명보다 인장을 중요하게 여기는 관습이 있고, 일상거래에서 실제적으로 인장(특히 인감도장605))은 아주 중요시되며, 본인은 대리인을 깊게 신뢰하는 경우에 한하여 대리인에게 인장을 맡긴다고 할 수 있다. 그러므로 상대방은 인장을 가지고 있는 대리인이 그 인장을 사용하여 거래를 하는 경우에 그 권한이 있다고 믿을 수 있고, 본인으로부터 인장을 받아 권한유월의 대리행위가 되면 특별한 사정이 없는 한 정당한 이유로 인정된다.606)

(라) 백지위임장의 교부

백지위임장이 교부된 경우에도 인장의 교부와 거의 같이 취급할 수 있다. 역시 인장과 같이 본인이 대리인을 신뢰하지 아니하면 백지위임장을 교부하지 아니한다고 하는 사정

600) 대법원 1970.3.10. 선고 69다2218 판결; 대법원 1980.9.9. 선고 80다1380 판결; 대법원 1981.8.25. 선고 80다3204 판결.

601) 대법원 1970.10.30. 선고 70다1812 판결.

602) 대법원 1981.6.23. 선고 80다609 판결.

603) 대법원 1971.12.28. 선고 71다2303 판결.

604) 대법원 1972.11.28. 선고 72다1534 판결.

605) 예컨대 중요한 거래에서 막도장을 사용한 경우라면 정당한 이유가 부정될 가능성이 높다.

606) 판례를 살펴보면 이장이 물자배급을 받기 위하여 가지고 있는 부락민의 도장으로 약속어음을 발행한 경우(대법원 1962.4.18. 선고 4294민상850 판결), 하천부지점유허가기간의 갱신절차와 관련하여 인장을 보관하고 있는 자가 그 인장 및 인장의 부정사용으로 작성·발급된 위임장과 인감증명서를 소지하고 부동산을 매도한 경우(대법원 1967.9.5. 선고 67다1394 판결), 토지의 매각을 부탁받고 인감도장을 보관하고 있는 자가 그 인감도장을 이용하여 위임장·인감증명과 같은 관계서류를 작성하여 저당권설정계약을 한 경우(대법원 1975.4.8. 선고 74다2244 판결)를 정당한 이유가 있다고 보고 있다.

을 고려할 때 대리인이 백지위임장을 소지하고 있는 경우에는 쉽게 상대방에게 대리권이 있다고 믿을 만한 정당한 이유가 있다고 인정할 수 있다.

(마) 거래에 필요한 서류를 소지하고 있는 경우

보통 거래에 필요한 서류(예컨대 정당하게 작성된 매도증서, 인감증명서 등 부동산등기신청에 필요한 서류)를 소지하고 있는 자가 대리행위를 하는 경우에는 상대방이 그 권한이 있다고 믿을 만한 정당한 이유가 있다고 본다.607)

(바) 재산관리권을 가진 관리자의 거래행위

재산관리권을 가진 관리자가 본인의 대리인으로 거래행위를 하는 경우에도 정당한 이유를 쉽게 인정할 수 있다. 가령 본인의 재산 전체를 관리하는 재산관리인이 본인의 인장과 등기필증을 도용하여 근저당권설정 및 소유권이전행위를 하면 상대방이 대리권이 있다고 믿을 만한 정당한 이유가 인정된다.608)

(사) 부동산거래의 경우

부동산거래는 가액이 커서 표현대리로 인정하게 되면 본인이 받는 불이익이 크므로, 정당이유의 인정에 신중한 판단이 필요하다.

(아) 보증계약의 경우

사소한 금액의 보증계약에 대하여는 본인과 대리인 사이의 관계나 대리인의 신뢰도와 같은 사정을 고려하여 보통 정당한 이유가 있다고 볼 수 있다. 최근에는 금액이 다액이거나 근보증과 같은 계약을 체결하는 경우에 상대방이 계약체결을 할 때에 본인에게의 확인이나 조회를 한 경우인가 아닌가를 중시하는 경향이 있다. 예를 들어 A가 X은행으로부터 융자를 받기 위하여 자기의 형인 Y의 대리인으로서, Y를 연대보증인으로 한 경우에는 X은행이 금융기관이고, 보증인으로서의 Y의 책임이 중하고, 채무자 A가 보증인의 대리인으로 연대보증계약을 대리한 사실 등으로부터 X은행에게 Y의 보증의사의 조사의무가 있다고 보아야 하므로, 정당이유가 부정되고, 결국 민법 제126조의 표현대리의 성립이 인정되기 곤란하다.

(자) 광범한 대리권을 나타내는 명칭을 사용한 경우

광범한 대리권을 가지고 있는 경우와 같은 명칭(예컨대 지점장 대리), 어떤 거래내용에 관한 권한이 부여된 경우와 같은 명칭이 대리인으로 행동한 자에게 붙어 있는 때에는 정당이유로 인정되기 쉽다.

(차) 대리인이 본인으로서 행동한 경우

---

607) 판례는 저당권설정등기절차를 위하여 본인의 인장·등기필증 및 위임장을 갖고 있는 자가 매매계약을 체결한 경우(대법원 1955.9.22. 선고 4288민상169 판결), 은행융자를 부탁받은 대리인이 필요서류 일체를 구비하고 타인으로부터 금원을 빌린 경우(대법원 1960.2.4. 선고 4291민상508 판결), 인감·인감증명서 기타 본인에 의한 부동산담보의 제공을 승낙하는 서류를 대리인이 제시한 경우(대법원 1978.1.17. 선고 77다2157 판결)를 정당한 이유가 있다고 인정하고 있다.

608) 대법원 1966.12.23. 선고 66다1755 판결.

A는 자기의 토지를 담보로 은행으로부터 융자를 받으려는 생각을 가지고, 그 절차를 B에게 맡겼다. 그러나 B는 C와의 사이에서 그 토지의 매매계약을 체결하여 버렸다. 그리고 B는 C로부터 대금을 수령하고, 등기를 C에게 이전하였다. 그런데 B는 매매계약을 체결할 당시, 자기가 A 본인인 경우와 같이 행동하여, C는 확실히 B가 A 본인이라고 믿었다. A는 C로부터 토지를 반환받을 수 있는가?

사실은 권한을 넘은 표현대리가 문제되는 사례이지만, 대리인이 스스로 본인으로서 행동한 경우이므로, 상대방에게는 대리권이 있는가 아닌가의 신뢰가 생길 여지가 없다. 그러므로 대리행위의 표시를 하지 아니하고 본인인 경우처럼 기망하여 본인 명의로 직접 법률행위를 한 때(예컨대 아내가 제3자를 남편으로 가장시켜 남편 소유의 부동산을 담보로 돈을 대출받는 경우)에는 민법 제126조의 표현대리가 성립하지 아니한다.[609]

대리의사를 가지고 본인 명의로 권한 외의 행위를 한 경우에는 어떤가? 특별한 사정이 없는 한 민법 제126조의 표현대리가 인정된다. 만약 민법 제126조가 유추적용된다고 하면 상대방의 정당이유는 무엇에 대하여 결정하여야 하는가가 문제된다. 본인 자신의 행위라고 믿은 사실에 대하여 정당이유가 있는 경우에는 민법 제126조를 유추적용할 수 있다고 본다.[610]

[더 생각할 과제 - 제3자는 직접의 상대방에 한하는가]

A회사의 경리직원으로 근무하는 B는 A회사의 사전 허락도 없이 직무상 보관하고 있는 A회사의 인장을 임의로 사용하여 약속어음을 C에게 배서하여 주었다. C로부터 그 약속어음을 수취하여 소지하고 있는 D는 A회사에 대하여 약속어음금의 지급을 청구할 수 있는가?

표현대리인이 임의로 본인 명의로 수표나 어음을 발행한 경우에 정당한 대리권에 기하여 발행된 수표나 어음이라고 믿은 수표·어음수취인이 민법 제126조의 「제3자」에 해당한다는 사실에는 이론이 없다. 다만 사례를 보면 직접의 어음수취인 C로부터 다시 D에게 약속어음이 배서·양도되어 있으므로, D가 민법 제126조의 「제3자」로서 권한을 넘은 표현대리를 주장하여 약속어음금의 지급을 청구할 수 있는가가 문제된다.

민법 제126조의 「제3자」란 표현대리인과 거래한 직접의 상대방에 한하는가? 판례는 수표·어음행위의 위조에 관하여도 민법상의 표현대리에 관한 규정이 적용 또는 유추적용되고, 다만 그 규정의 적용을 주장할 수 있는 자는 수표·어음행위의 직접 상대방에 한한다고 본다.[611] 그러므로 사례에서 직접의 어음수취인이 아닌 D로서는 어음을 발행한 B에게 권한이 있다고 믿은 사실에 정당이유가 있더라도 민법 제126조의 표현대리를 직접 주장할 수는 없다. 다만 C로부터 약속어음을 수취하여 소지하고 있는 D는 어음행위의 직접 상대방 C에게 표현대리가 인정되는 경우에 C의 표현대리를 원용하여 A회사에 대하여 자신의 어음상의 권리를 행사할 수가 있다. 그러나 C의 정당이유가 부정되는 때에는 D로서는 독자의 표현대리를 주장할 수 없으므로, A회사에 대하여 어음상의 권리를 행사할 수 없다.

---

609) 대법원 2002.6.28. 선고 2001다49814 판결; 대법원 1974.4.9. 선고 74다78 판결.

610) 판례로 대리인이 본임임을 사칭하고 본인을 가장하여 은행과 근저당권설정계약을 체결한 행위에 대하여 권한을 넘은 표현대리를 유추적용한 경우가 있다(대법원 1988.2.9. 선고 87다카273 판결).

611) 대법원 1999.1.29. 선고 98다27470 판결.

3) 적용범위

(a) 법정대리

권한을 넘은 표현대리가 법정대리에도 적용되는가? 다시 말하면 법정대리권이 기본대리권으로 될 수 있는가 하는 문제가 있다. 본래 민법 제126조의 근거는 본인이 스스로 불성실하거나 부정직한 대리인을 선임한 경우이므로, 그 불성실이나 부정직의 리스크를 본인이 부담하여야 한다고 보는 데 있다. 바로 본인의 귀책(잘못 또는 부주의)을 표현대리책임의 근거로 본다. 만약 본인의 귀책이 표현대리책임의 근거라는 법이론을 따르면 법정대리에는 민법 제126조가 적용될 여지가 없다. 그러나 철저하게 거래안전을 중시하는 해석론에 의하면 상대방의 신뢰를 보호하기 위한 제도로서의 표현대리에 일일이 본인의 귀책 여부를 따질 필요가 없다고 보므로, 당연히 법정대리에도 민법 제126조가 적용된다고 본다.

학설상으로는 제한능력자의 법정대리인에 대하여 민법 제126조의 표현대리를 적용하면 제한능력자를 보호하려는 제한능력자제도의 취지에 반하여 법정대리에는 민법 제126조가 적용되지 아니한다고 하거나, 동의권이나 대리권의 행사에 후견감독인의 동의를 요하는 경우(§950)에 후견인이 그 동의 없이 대리행위를 한 때에도 민법 제126조를 적용하면 관련조항이 사문화되므로 민법 제126조는 적용될 수 없다고 보는 견해가 있다. 또한 절충적으로 법정대리에 대한 민법 제126조의 적용이 모든 경우에 부인되지는 않고, 고도의 유통성을 지닌 유가증권 기타 거래와 같이 거래의 안전을 보호할 필요가 있을 때에는 예외적으로 법정대리에도 민법 제126조가 적용될 수도 있다고 보는 견해도 있다. 본래 민법 제126조의 근거를 본인이 스스로 불성실하거나 부정직한 대리인을 선임한 경우이므로, 그 불성실이나 부정직의 리스크를 본인이 부담하여야 한다고 보면서 어디까지나 본인에게 어떤 귀책의 요소가 있어야 민법 제126조를 적용할 수 있다고 하는 이론을 고집하면 본인에게 아무런 귀책이 없는 법정대리에 대하여 민법 제126조를 적용하기는 무리라는 주장도 일리가 있다. 그러나 상대방의 신뢰를 보호하기 위한 제도로서의 표현대리에 일일이 본인의 과실 여부를 따질 필요가 없다고 본다. 법정대리에도 민법 제126조가 적용된다고 볼 필요가 있다. 권한을 넘은 표현대리의 성립을 위하여 반드시 본인의 귀책이나 행위가 요구된다고 볼 필요는 없으므로, 법정대리에도 민법 제126조가 적용된다고 보는 태도가 타당하다.

판례는 민법 제126조 소정의 권한을 넘은 표현대리규정은 거래의 안전을 도모하여 거래상대방의 이익을 보호하려는 데에 그 취지가 있으므로 법정대리라고 하여 임의대리와는 달리 그 적용이 없다고 할 수 없다고 보고 있다.[612] 예컨대 후견인이 후견감독인의 동의를 얻지 않고 피후견인의 부동산을 처분하는 행위를 한 경우(§950)에도 권한을 넘은 표현대리가 성립하여 상대방이 후견감독인의 동의가 있다고 믿은 데에 정당한 사유가 있는 때에는 본인인 피후견인에게 그 효력이 미친다.

---

612) 대법원 1997.6.27. 선고 97다3828 판결.

(b) 복대리

복임권이 없는 대리인이 임의로 선임한 복대리인을 통하여 권한 외의 법률행위를 한 경우에 상대방이 그 행위자를 대리권을 가진 대리인으로 믿고, 또 그 믿는 데에 정당한 이유가 있는 때에는 복대리인의 선임권이 없는 대리인에 의하여 선임된 복대리인의 권한도 기본대리권이 될 수 있다.613)

(c) 일상가사대리

A남과 B여는 부부인데, A남은 자기의 C에 대한 다액의 채무를 변제할 수 없게 되자, B여의 대리인으로서 B여의 토지를 C에게 매각하였다. 그리고 A남은 그 매매대금으로 자기의 C에 대한 채무를 변제하였다. 그러나 B여는 그 사실을 전혀 알지 못하였다. 매매계약의 이행이 완료되고, 등기도 C에게 이전되고 난 후에 비로소 B여는 그 사실을 알게 되었는데, 분노한 B여는 A남과 이혼을 한 동시에, C에게 토지의 반환을 구하였다. C는 B여에게 토지를 반환하여야 하는가?

B여와 C 사이의 매매계약이 유효한가? A남의 행위는 원칙적으로 무권대리행위이다. 그러므로 A남의 행위가 C와의 관계에서 표현대리가 되는가 아닌가가 문제된다. 고려되는 표현대리는 민법 제126조의 표현대리이지만, 권한을 넘은 표현대리인지 여부와 관련하여 다음 두 가지 논점이 먼저 검토되어야 한다.

(i) A남에게 기본대리권이 있는가? A남에게 기본대리권이 있는가 하는 논의에서는 A남과 B여가 부부라는 사실이 문제된다.

(ii) 만약 A남과 B여와의 관계로부터 일상가사대리권이 도출된다고 할 때에 일상가사대리권에 기하여 민법 제126조의 적용이 인정되는가?

A남에게 기본대리권이 있는가? 일반적으로 부부간에는 명시적·묵시적으로 대리권이 수여된다고 인정할 수 있는 경우가 적지 않다. 예를 들어 B여가 어떤 사정에 의하여 A남에게 토지의 관리를 맡긴 경우라고 하면 대리권의 수여로 인정할 수도 있다. 그러나 어떤 특별한 사정이 없다고 하면 A남에게 대리권이 있다고 할 수 없다. 다만 B여로부터 명시적·묵시적으로 A남에게 대리권이 수여된 경우로 볼 수 없는 때에는 다시 민법 제827조가 문제된다.

민법 제827조는 부부는 '일상의 가사에 관하여'614) 서로 '대리권이 있다'고 규정하고 있다. 만약 부부 상호간에 대리권이 없다고 하면 일상의 가사를 처리하는 때에 불편이 생긴다. 그러므로 민법 제827조는 부부 상호간에 대하여 일상가사대리권을 인정하고 있다.

일상가사대리권이 민법 제126조의 기본대리권이 되는가? 민법 제827조의 일상가사대

613) 대법원 1998.3.27. 선고 97다48982 판결.

614) 일상가사란 통상 식량이나 의복의 구입, 차임의 지급, 상당한 범위 내에서의 가족의 보건·의료·교육·오락에 관한 계약 등을 지칭한다. 물론 일상가사의 범위는 구체적으로 부부의 수입, 직업, 지위 등에 의하여 다를 수 있으나, 거래의 상대방의 신뢰도 고려하여 객관적으로 결정된다. 그러나 배우자의 부동산의 처분 등은 정말 특별한 사정이 없는 한 일상가사의 범위에 들어가지 아니한다.

리권을 기본대리권으로 하여 일상가사의 범위에 들어가지 않는 행위에 대하여 민법 제126조를 적용할 수 있는가가 문제된다. 민법 제827조에서 인정하는 일상가사대리권은 법률상 당연히 인정되는 대리권이므로, 일종의 법정대리권이다. 그러므로 일상가사대리권을 기본대리권으로 하는 권한을 넘은 표현대리가 인정되는가 하는 문제는 법정대리권에 대하여 민법 제126조의 적용이 가능한가 하는 문제의 일종이라고 할 수 있다.

학설상 부부간의 일상가사대리권에 기하여 널리 일반적으로 민법 제126조의 표현대리의 성립을 인정하게 되면 「부부의 재산적 독립을 깨트린다」고 하는 사실을 들어 부정하는 견해도 있다. 일상가사대리에서는 월권행위가 부동산처분행위나 보증계약인 경우에 누구나 「일상가사」의 범위를 넘은 사실을 알 수 있고, 일상가사대리권을 기본대리권으로 인정하더라도 상대방의 신뢰는 언제나 정당한 이유가 없다고 판정되는 결과, 일상가사대리권에 민법 제126조를 적용된다고 하더라도 실제로는 그 요건을 갖추지 못하여 거래보호를 위하여 일상가사대리에 관하여 민법 제126조를 적용한다고 하는 의도는 전혀 유명무실하므로, 굳이 일상가사대리권에 대하여 민법 제126조를 적용할 필요가 없다고 주장한다. 그러나 부부간의 일상가사대리권을 기본대리권으로 하는 민법 제126조의 적용을 긍정할 필요가 있다고 본다. 물론 부부의 행위에 대하여 상대방이 「일상의 가사의 범위내의 행위」라고 믿을 만한 정당한 이유가 있는 때에 한하여 민법 제126조에 의한 표현대리가 성립한다. 특히 부부는 서로 밀접한 관계에서 인장이나 권리관계서류와 같은 권리의 외관을 용이하게 만들 수 있다는 사정을 고려하여 「정당한 이유」를 엄격하게 해석하면 일상가사대리권을 기본대리권으로 하는 표현대리를 인정하더라도 본인의 보호에 크게 불합리한 문제가 생기지 아니하므로, 일상가사대리권을 기본대리권으로 하는 민법 제126조의 표현대리를 인정하더라도 무방하다고 생각된다.

판례의 태도는 어떤가? 판례는 원칙적으로 부부 사이에서 일상가사대리권을 기본대리권으로 하는 권한을 넘은 표현대리를 긍정한다(사실혼관계에 있는 부부간에도 인정한다).[615] 예컨대 아내가 남편 몰래 남편의 인감도장, 인감증명서를 소지하고 그 대리인인 양 행세하여 금원을 차용하고 그 담보로 남편 소유의 부동산에 가등기를 경료하여 준 행위는 일상가사대리권을 넘은 표현대리행위라고 본다.[616]

사례에서 C가 A남의 행위가 일상가사에 관한 법률행위의 범위 내에 속한다고 믿은 사실에 관하여 정당한 이유가 있는 때에는 일상가사대리권을 넘은 표현대리행위가 인정될 수 있다. 만약 C에게 정당한 이유가 있다고 하면 표현대리의 성립이 인정되므로, C는 토지에 대한 소유권을 주장할 수 있다.

---

615) 예컨대 부부간에 서로 일상가사대리권이 있더라도 남편이 자신의 사업상의 채무에 대하여 아내 명의로 연대보증약정을 한 행위, 아내가 집에 둔 남편의 실인과 등기필증을 가지고 남편의 위임이 있다고 칭하여 남편 소유의 부동산에 관하여 근저당권설정계약과 같은 법률행위를 한 경우에는 상대방이 대리권이 있다고 믿은 사정을 정당화할 수 있는 객관적 사정이 있다고 할 수 없다(대법원 1968.11.26. 선고 68다1727, 1728 판결).

616) 대법원 1981.6.23. 선고 80다609 판결.

(d) 공법상의 행위의 대리권

민법 제126조의 기본대리권으로서 공법상의 행위의 대리권이라도 상관없는가? 민법 제126조가 기본대리권을 요구하는 취지는 본인의 귀책의 요소가 필요하다고 보기 때문이므로, 예를 들어 공법상의 대리권에서도 그 대리권이 대외적으로 보아서 기본대리권의 수여로 보아야 하는 경우에는 귀책의 요소가 충족된다고 하여도 좋다. 그러므로 어떤 대리권의 근거가 공법인가 사법인가를 구별할 이유는 없다.

A는 B은행으로부터 융자를 받기 위하여 자기의 형인 C의 대리인으로서, C를 연대보증인으로 하는 동시에, C의 부동산에 저당권을 설정하였다. 그런데 실은 A는 그 행위에 대하여 C로부터 아무런 대리권도 수여받지 않았는데, 이전에 C가 A에게 증여한 부동산에 대한 이전등기절차를 이행하기 위하여 A가 C로부터 인장 등을 받아 가지고 있었고, 그 인장 등을 무단으로 사용하여 무권대리행위를 행하였다. B은행이 C에 대하여 연대보증인으로서의 변제를 청구하였다. C는 B은행의 청구를 거절할 수 있는가?

사례에서 A가 C로부터 수여받은 권한은 증여받은 부동산의 이전등기절차에 관한 내용이다. 권한을 넘은 표현대리가 문제되는 경우에 과연 부동산등기절차의 대행에 대한 권한이 기본대리권이 될 수 있는가? 등기신청행위는 공법상의 행위이다. 그러나 예컨대 공법상의 행위에서도 그 행위가 특정한 사법상의 거래행위의 일환으로 되는 때에는 민법 제126조의 적용에 관하여 그 행위의 사법상의 작용을 간과할 수 없다. 그러므로 등기신청행위가 사례에서와 같이 사법상의 계약에 의한 의무의 이행을 위하여 행하여지는 때에는 그 권한을 기본대리권으로 하여 민법 제126조를 적용하고, 표현대리의 성립이 방해되지 아니한다고 보아도 무방하다.617)

(e) 법률의 목적에 의한 적용제한

예를 들어 학교법인을 대표하는 이사장이라 하더라도 이사회의 심의·결정을 거쳐야 하는 재산의 처분 등에 관하여는 법률상 그 권한이 제한되어 이사회의 심의·결정 없이는 재산의 처분 등을 대리하여 결정할 권한이 없으므로, 이사장이 한 학교법인의 기본재산처분행위에 관하여는 민법 제126조의 표현대리에 관한 규정이 준용되지 아니한다.618)

4) 효 과

(a) 서 설

권한을 넘은 표현대리가 성립하면 본인은 대리인의 권한 외의 행위라는 이유로 무효를

617) 판례를 보면 기본대리권이 등기신청행위라 할지라도 그 권한을 유월하여 대물변제를 한 경우(대법원 1978.3.28. 선고 78다282, 283 판결), 자기 명의의 영업허가를 구청에서 내달라고 부탁한 후 거기에 사용하라고 자기의 인감도장을 내어준 경우(대법원 1965.3.30. 선고 65다44 판결)에 민법 제126조의 표현대리가 적용된다.

618) 대법원 1983.12.27. 선고 83다548 판결.

주장할 수 없고 그 효력이 자기에게 귀속하는 효과를 거부할 수 없다.

(b) 다른 표현대리유형과의 결합

민법 제126조와 다른 표현대리가 경합하는 이른바 결합형 표현대리가 성립할 수 있다. 결합형 표현대리로는 민법 제126조와 제129조가 결합하는 경우와 민법 제126조와 제125조가 결합하는 경우로 구분할 수 있다.

① 민법 제126조와 제129조의 결합 　대리권의 소멸 후에 원래의 대리권의 범위를 넘은 대리행위가 행하여진 경우가 민법 제126조와 제129조의 결합형 표현대리에 해당한다. 민법 제126조와 제129조를 개별적으로 적용하면 대리권의 소멸 후에 대리권의 범위를 넘은 대리행위는 각각의 요건을 충족하지 아니하여 직접적으로는 민법 제126조에도 민법 제129조에도 해당하지 아니한다. 그러나 학설은 대체로 민법 제126조와 제129조의 결합에 의한 표현대리의 성립을 긍정한다. 민법상 표현대리에 관한 여러 규정은 항상 개별적으로만 해석·적용할 수는 없고, 경우에 따라서는 상호간 유기적으로 관련하여 해석·적용할 필요가 있다. 그러므로 민법 제126조와 제129조의 규정목적으로부터 추론하여 대리인이 가진 종전의 대리권의 소멸에 대하여 선의·무과실인 상대방이 대리인이 한 법률행위에 관하여 그 권한이 있다고 믿을 만한 정당한 이유를 가지고 있는 경우에도 민법 제126조의 표현대리의 성립을 인정하여 널리 상대방을 보호하는 태도가 타당하다고 본다.

② 민법 제126조와 제125조의 결합 　대리권수여가 단지 표시되기만 하고 아직 수권행위가 되지 아니한 경우에 그 표현대리인이 표시된 범위를 넘은 대리행위를 하면 민법 제126조와 제125조의 결합형 표현대리가 성립한다. 학설이나 판례[619]는 대리권수여의 표시에 의한 표현대리인이 권한을 넘은 대리행위를 한 경우에 대하여도 민법 제126조의 표현대리를 인정한다. 민법 제126조에서 의미하는 기본대리권은 반드시 현존하여야 할 필요는 없고 그 표시가 있더라도 충분하다고 보며, 결국 민법 제126조와 제125조의 결합에 의하여도 권한을 넘은 표현대리가 성립할 수 있다고 해석된다.

(4) 대리권소멸 후의 표현대리

1) 민법 제129조의 취지

> 고창에서 수박을 생산하는 A농가는 생산한 고창수박의 판매대리권을 그 동안 B에게 수여하였다. 그런데 B가 판매대금을 착복하고, 장부를 부정조작한 사실이 밝혀져 A농가는 B에 대하여 위탁판매계약을 해제하였다. 그 후에도 B는 A농가의 대리인으로서 C에게 A농가가 생산한 고창수박 100개를 매도하기로 하고 100만원의 매매대금을 선불로 받았다. 그리고 B는 C로부터 받은 100만원을 착복하였고, 아직 고창수박의 인도가 이루어지지는 않았다. C는 A농가에 대하여 고창수박 100개의 인도를 청구할 수 있는가?

619) 대법원 1963.6.13. 선고 63다191 판결; 대법원 1971.5.31. 선고 71다847 판결.

이전에 존재하던 대리권이 소멸한 후에 과거의 대리인이 그 대리권의 범위 내에서 대리행위를 하면 대리권소멸 후의 표현대리(멸권표현대리라고도 부른다)가 된다. 사례와 같이 C(상대방)가 대리권의 소멸사유에 의하여 대리권이 소멸한 사실을 모르고 과거에 A농가(본인)의 대리인으로 거래를 한 B와 계약을 체결한 경우가 전형적인 대리권소멸 후의 표현대리에 해당된다.

사례에서 B는 A농가로부터 고창수박의 판매에 대한 대리권을 수여받은 적이 있으나, B가 C와의 고창수박에 대한 매매계약을 체결할 때에는 이미 대리권을 상실한 상태이므로, 사실은 무권대리행위를 행한 경우가 된다. 그러나 민법 제129조는 대리권이 소멸한 후에 대리인으로서 행위를 한 경우에도 그 법률행위의 효과가 A농가에게 귀속한다고 인정하고 있다. 민법 제129조의 취지는 민법 제125조, 제126조와 동일하다.

2) 요 건

(a) 과거에 대리권의 존재

대리권소멸 후의 표현대리가 되기 위해서는 과거에 대리권이 존재한 사실이 필요하다. 처음부터 대리권이 존재하지 않은 경우에는 민법 제129조가 적용되지 아니한다.

(b) 대리권소멸 후의 대리행위

과거의 대리인이 대리권의 소멸 후에 대리행위를 한 경우에 대리권소멸 후의 표현대리가 성립한다.

(c) 상대방의 선의·무과실

a) 서 언

민법 제129조는 본문에서 "대리권의 소멸은 선의의 제3자에게 대항하지 못한다"고 규정하고 있고, 단서는 "제3자가 과실로 인하여 그 사실을 알지 못한 때에는 그러하지 아니하다"고 규정하고 있다. 민법 제129조의 표현형식이 민법 제125조나 제126조와는 다르나, 민법 제129조의 취지는 상대방이 악의이거나 과실에 의하여 대리권이 소멸한 사실을 알지 못한 때에는 대리권소멸 후의 표현대리가 인정되지 아니한다는 의미이다.

b) 「선의·무과실」의 증명책임

누가 선의·무과실을 증명하여야 하는가? 학설상 상대방에게 선의·무과실에 대한 증명책임이 있다거나, 본인이 상대방의 악의 또는 과실을 증명하여야 한다고 보는 견해가 있다(판례는 아직 없다). 그러나 민법 제129조는 「선의」를 본문에서 규정하고, 「무과실」을 단서에서 규정하고 있으므로, 선의에 대하여 상대방에게 증명책임이 있고, 상대방의 과실에 관하여는 본인에게 증명책임이 있다고 보는 견해가 타당하고, 민법 제129조의 법문상의 규정방식에 충실한 해석이라고 판단된다.

(d) 인과관계

대리권소멸 후의 표현대리가 되기 위해서는 대리권이 이전에 존재한 사실과 상대방의 신뢰 사이에 인과관계가 있어야 하는가 하는 문제가 있다. 학설상으로는 상대방의 선의·무과실의 요건에 인과관계의 존재가 포함되어 있으므로, 인과관계를 별도의 요건으로 할 필요는 없다고 보는 견해가 있다. 그러나 대리권이 이전에 존재한 사실과 상대방의 신뢰 사이의 인과관계가 민법 제129조에 의한 표현대리의 요건이라고 보는 견해가 타당하다.

3) 적용범위

(a) 법정대리에도 민법 제129조가 적용되는가

대리권소멸 후의 표현대리에 관한 민법 제129조는 법정대리에도 적용된다. 판례도 분명히 대리권소멸 후의 표현대리는 법정대리인의 대리권이 소멸한 경우에 관하여서도 그 적용이 있다고 본다. 예컨대 아들이 성년에 달할 때까지 모친이 아들의 법정대리인으로서 아들의 상속재산을 처리하고, 아들이 성년이 된 이후에도 아들은 객지에서 학업에 전념하고 있는 관계로 모친이 아들을 대리하여 아들 소유의 토지 여러 필지를 처분하여 학비조달 또는 채무정리 등을 하여 오다가 역시 아들 소유의 토지를 타인에게 매도한 경우에 그 매매계약은 법정대리에 대한 대리권소멸 후의 표현대리가 된다.[620]

(b) 대리권소멸 후에 선임된 복대리인의 대리행위도 표현대리가 되는가

> A는 자기 소유에 속하는 갑부동산의 처분권한을 B회사에 수여하였고, 그 후 B회사는 C공사에 갑부동산의 처분을 재위임하여 C공사는 D와 사이에 갑부동산에 관한 매매계약을 체결하였다. 그리고 D는 그 대금을 전액 지급하였다. 그런데 A는 B회사가 C공사에 갑부동산의 처분을 재위임하기 이전에 사망하였고, C공사가 B회사로부터 갑동산의 처분을 재위임받았을 때는 이미 A가 사망하여 B회사의 대리권이 모두 소멸한 후였다. D는 매매계약이 유효하다고 주장하며 A의 상속인에 대하여 소유권이전등기를 청구할 수 있는가?

B회사는 당초 적법한 대리권을 가지고 있었으나, 본인인 A의 사망으로 대리권이 소멸함으로써(§127 i) 복대리인으로 선임된 C공사에는 처음부터 적법한 대리권이 인정되지 아니한다. 그러나 B회사의 대리권소멸 후에 B회사가 C공사를 복대리인으로 선임하여 C공사가 A의 대리인으로서 갑부동산에 관한 매매계약을 체결한 때에는 대리권소멸 후의 대리행위로서 민법 제129조에 의한 표현대리가 성립할 수 있는 경우에 해당한다. 즉 D가 대리권소멸의 사실을 알지 못하여 복대리인 C공사에게 적법한 대리권이 있는 경우로 믿고, 그와 같이 믿은 데 과실이 없다면 민법 제129조에 의한 표현대리가 성립할 수 있다.

4) 효 과

대리권소멸 후의 표현대리가 성립하면 본인은 상대방에 대하여 대리권의 소멸을 이유로 '대항하지 못한다'(§129).[621]

---

620) 대법원 1975.1.28. 선고 74다1199 판결.

621) 민법 제129조는 표현대리가 성립하면 대리권의 소멸을 선의의 제3자에게 「대항하지 못한다」고 표현하고

[더 생각할 과제 - 민법 제129조와 제126조의 중복적용]

> A는 B로부터 필요한 돈을 빌리기 위하여 C를 대리인으로 삼고 C에게 인장 등 필요한 서류를 교부하였다. C는 A의 부탁대로 B로부터 융자를 받는 사무를 마쳐 C의 대리권이 소멸하였다. 그런데 후에 C는 A로부터 건네받은 인장을 돌려주지 않고 있다가 A의 인장을 무단히 사용하여 C가 스스로 갑은행으로부터 돈을 빌리는 기회에 A를 보증인으로 하는 계약을 갑은행과의 사이에 체결하였다. C가 채무를 변제하지 못하는 경우에 갑은행은 A에 대하여 변제를 구할 수 있는가?

사례에서 C가 본래 가지고 있던 대리권은 B로부터의 융자를 위한 대리권이다. 이미 융자에 관한 사무가 마쳐진 경우이므로, C의 대리권이 이미 소멸한 상태이다. 그 후 C가 A의 대리인으로서 A를 보증인으로 하는 보증계약을 갑은행과 체결한 경우이므로, 한편 C에게 보증계약을 체결할 대리권이 없을 뿐만 아니라, 예전부터 존재한 대리권의 범위를 넘는 행위를 한 경우가 된다. 그러므로 민법 제129조와 제126조를 중첩적으로 적용하여 갑은행이 보호될 수 있는가가 문제된다.

대리권이 소멸한 후 과거의 대리권의 범위를 넘는 대리행위를 하면 민법 제126조에 의한 표현대리와 민법 제129조에 의한 표현대리가 경합한다. 판례도 역시 민법 제129조의 대리권소멸 후의 표현대리로 인정되는 경우에 그 표현대리의 권한을 넘는 대리행위가 있을 때에는 민법 제126조의 표현대리가 성립될 수 있다고 본다.622) 그러므로 갑은행은 민법 제126조의 권한을 넘은 표현대리를 주장하여 A에 대하여 보증채무의 이행을 구할 수 있다.

3. 협의의 무권대리

(1) 무권대리의 의의

대리권 없는 자가 대리인이라고 칭하고 한 무권대리(광의의 무권대리) 중 표현대리라고 볼 수 있는 특별한 사정(§§125·126·129)이 존재하지 않는 경우를 협의의 무권대리라고 한다.623) 비록 표현대리의 요건이 충족되더라도 상대방이 표현대리를 주장하지 않으면 협의의 무권대리가 된다. 그리고 협의의 무권대리는 다시 계약의 무권대리와 단독행위의 무권대리로 구분된다.

(2) 계약의 무권대리

1) 무권대리의 효과

표현대리가 되지 않는 무권대리의 계약에 대하여는 본인을 보호할 필요가 있다. 무권대리계약에 대한 본인의 추인이 없는 한 당연히 본인에게는 아무런 효력도 생기지 않고, 무권대리인이 책임을 부담한다. 무권대리행위를 본인이 추인하지 않는 한 본인과 상대방 사이에서는 아무런 법률관계도 발생하지 아니한다(§130).

있고, 민법 제125조나 제126조는 표현대리행위에 대하여 「책임이 있다」고 표현하고 있다. 민법 제129조에서의 「대항하지 못한다」는 의미는 민법 제125조·제126조에서의 「책임이 있다」고 하는 경우와 같은 뜻이다.

622) 대법원 1979.3.27. 선고 79다234 판결.

623) 광의의 무권대리에서 표현대리를 빼면 협의의 무권대리가 된다.

2) 본인의 추인권

(a) 서 언

무권대리행위는 그 효력이 불확정상태에 있다가 본인의 추인 유무에 따라 본인에 대한 효력발생 여부가 결정된다. 무권대리행위의 추인은 무권대리행위가 있음을 알고 그 행위의 효과를 자기에게 귀속시키도록 하는 단독행위이다.624) 추인을 통하여 대리권의 흠결이 보충되므로, 무권대리행위를 본인이 추인하면 대리권 없이 한 대리행위라고 하더라도 대리권을 가지고 한 경우와 동일한 법적 효과가 본인에게 발생한다.

(b) 추인권자

본인은 당연히 무권대리를 추인할 수 있다. 법정대리인이나 본인으로부터 특별수권을 받은 임의대리인도 역시 무권대리를 추인할 수 있다.

(c) 추인의 상대방

추인은 무권대리인, 무권대리행위의 직접의 상대방 및 그 무권대리행위로 인한 권리 또는 법률관계의 승계인에 대하여 할 수 있다. 다만 무권대리인에 대하여만 추인한 경우에는 대리행위의 상대방이 추인의 사실을 알지 못한 때에는 추인의 효과를 대리행위의 상대방에 대하여 주장할 수 없다(§132). 그러므로 본인이 무권대리인에게 무권대리행위를 추인한 경우에 상대방이 그 추인을 알지 못하는 동안에는 본인은 상대방에게 추인의 효과를 주장하지 못하나, 상대방은 그때까지 민법 제134조에 의한 철회를 할 수 있고, 또한 무권대리인에 대한 추인이 행하여진 사실을 주장할 수도 있다.625)

(d) 추인의 방법

무권대리의 추인은 아무런 방식도 요구되지 아니한다. 서면이든 구두이든 상관없다. 다만 무권대리행위의 추인은 의사표시의 전부에 대하여 행하여져야 한다. 무권대리행위의 일부에 대하여 추인을 하거나 그 내용을 변경하여 추인을 한 경우에는 상대방의 동의를 얻지 못하는 한 무효이다.626)

무권대리행위에 대한 명시적 추인뿐만 아니라 묵시의 추인도 가능하다.627) 예컨대 아내가 승낙 없이 남편 소유의 부동산에 근저당권을 설정한 사실을 알게 된 남편이 그 정산에 관하여 합의하다가 그 후 합의가 결렬된 경우에는 무권대리의 추인이 된다.628) 그리고 타인의 권리를 자기의 이름으로 또는 자기의 권리로 처분한 후에 본인이 그 처분을 인정하면 특별한 사정이 없는 한 무권대리에서 본인의 추인의 경우와 같이 그 처분은 본인에 대하여 효력을 발생한다.629) 그러나 무권대리행위에 대하여 본인이 그 직후에 무권대리

---

624) 대법원 1995.11.14. 선고 95다28090 판결.

625) 대법원 1981.4.14. 선고 80다2314 판결.

626) 대법원 1982.1.26. 선고 81다카549 판결.

627) 대법원 1990.4.27. 선고 89다카2100 판결.

628) 대법원 1995.12.22. 선고 94다45098 판결.

행위가 자기에게 효력이 없다고 이의를 제기하지 않고 장시간에 걸쳐 방치한다고 하여 무권대리행위를 추인한 경우로 볼 수 없다.630)

[더 생각할 과제 - 무권대표행위의 추인]

> 갑법인의 공동대표이사 중 1인 A가 단독으로 B와 주차장관리 및 건물경비에 관한 갱신계약을 체결하였다. 그런데 갑법인은 종전계약의 기간만을 연장한 갱신계약의 체결사실을 인식하고 있으면서 계약기간의 만료 후의 계속적인 주차장관리 및 건물경비의 업무수행에 대하여 어떠한 이의를 제기하거나 퇴거를 요구하지도 않고 있다가 B에게는 각서를 이행하여 주기 바라며 만약 각서를 이행하지 않아 상가 내에서 상인의 불이익과 갑법인의 건물관리업무에 방해와 저해가 발생하지 않도록 주차장관리와 건물경비의 업무에 최선을 다하여 주기를 분명하게 통고한다는 서면까지 발송하였다. 종전 계약기간이 만료된 이후 7개월이나 경과된 시점에서 갑법인은 B에 대하여 갱신계약의 무효를 주장하면서 퇴거를 주장할 수 있는가? [대법원 2010.12.23. 선고 2009다37718 판결]

사례에서 갑법인의 공동대표이사 중 1인 A가 단독으로 B와 주차장관리 및 건물경비에 관하여 맺은 갱신계약은 무권대표행위에 해당한다. 무권대표행위를 추인할 수 있는가, 추인이 가능하다면 어떤 방법으로 추인할 수 있는가? 무권대표행위는 추인이 가능하고, 그 추인은 무권대표행위가 있음을 알고 그 행위의 효과를 자기에게 귀속시키도록 하는 단독행위로서 그 의사표시의 방법에 관하여 일정한 방식이 요구되지는 아니한다. 무권대표행위의 추인은 명시적이든 묵시적이든 묻지 않는다. 다만 묵시적 추인으로 인정되기 위해서는 본인이 그 행위로 처하게 될 법적 지위를 충분히 이해하고, 그 처하게 될 법적 지위에도 불구하고 진의에 기하여 그 행위의 결과가 자기에게 귀속됨을 승인한 경우로 볼 만한 사정이 있어야 한다. 그러므로 무권대표행위의 묵시적 추인 여부를 판단할 때에는 관계되는 여러 사정을 종합적으로 검토하여 신중하게 하여야 한다.

사례에서 갑법인은 종전계약의 기간만을 연장한 갱신계약이 체결된 사실을 인식하고 있으면서 B에게 계약기간이 만료된 종전계약의 계속적인 이행을 요구하는 통고를 발송하여 갱신계약의 효과가 갑법인에게 귀속됨을 승인함으로써 갱신계약을 묵시적으로 추인한 경우로 볼 수 있다. 결국 갑법인은 B에 대하여 갱신계약의 무효를 주장하면서 퇴거를 주장할 수 없다.

(e) 추인의 효과

추인은 원칙적으로 계약시에 소급하여 그 효력이 생긴다. 다만 추인의 소급효는 '다른 의사표시'가 있는 때에는 배제되고(§133 본문), 추인의 소급효로 '제3자의 권리를 해하지 못한다'(§133 단서).

(f) 추인의 거절

본인은 추인을 거절할 수도 있다. 본인이 추인을 거절하면 무권대리인이 한 법률행위의 효과는 본인에게 더 이상 귀속하지 아니한다고 확정된다. 본인은 추인을 무권대리인이나 대리행위의 상대방에 대하여 할 수 있지만, 대리행위의 상대방에게 하지 아니하면 그 사실을 알지 못하는 한 대항할 수 없다(§132).

---

629) 대법원 1981.1.13. 선고 79다2151 판결.

630) 대법원 1990.3.27. 선고 88다카181 판결.

> A는 부주의로 B가 운영하는 점포의 유리창을 파손하였다. A는 B에게 즉시 사과하고 유리창을 갈아 끼워주겠다고 약속하였다. A는 유리업자 C에게 자신이 B의 대리인이라고 거짓말을 하고 유리창을 갈아 끼워주기를 의뢰하였다. C는 의뢰받은 대로 B의 점포에 가서 유리창을 갈아 끼워주었다. 만약 유리창의 교체비용이 30만원이고 그 원가는 25만원이라고 하면 ABC 사이에 어떤 법률관계가 문제되는가?

무권대리의 법률관계가 문제된다. 대리권이 없는 자가 대리인이라고 칭하고 대리행위를 한 경우에는 무권대리가 된다. 사례에서 A가 B로부터 전혀 대리권을 수여받지 않고서 B의 대리인이라고 속이고 C와의 계약을 체결한 경우에는 무권대리가 된다. 무권대리는 본인이 추인하지 않는 한 본인에 대하여 아무런 효과도 생기지 않고(§130), 본인이 추인하면 계약시에 소급하여 그 효력이 생긴다(§133). 그러므로 ABC 사이의 법률관계는 본인 B가 무권대리행위를 추인하는가 여부에 따라서 다르다.

(i) B의 추인이 있는 경우에는 어떤가? B가 무권대리행위를 추인하면 유리창의 교체에 관한 계약이 본인 B와 유리업자 C 사이에 성립한다. 추인은 명시적으로 뿐만 아니라 묵시적으로도 할 수 있지만, B가 C에 의한 유리창교체를 묵과한 사실이나 A의 무권대리행위를 알고도 이의를 제출하지 않은 사실만으로는 추인이 되지 않는다.[631] 그러나 서면 혹은 구두에 의한 명시적이거나 묵시적인 B의 추인이 있는 때에는 BC 사이에 계약이 성립하여 계약상의 권리·의무가 B에게 발생하고, C는 B에 대하여 계약상의 채무로서 유리창의 교체에 따른 비용 30만원의 지급을 청구할 수 있다.

다른 의사표시가 없는 한 B의 추인에 의하여 A의 무권대리행위는 계약시에 소급하여 유권대리와 동일한 법률효과가 발생한다. 그러므로 추인이 있으면 A는 처음부터, 즉 소급적으로 대리권이 있는 대리인인 경우와 같이 취급되고, 무권대리행위에 대하여 A는 더 이상 아무런 책임도 부담하지 않는다.

(ii) B의 추인이 없는 경우에는 어떤가? A의 무권대리행위는 B가 그대로 내버려 두더라도 B에게는 아무런 효력이 생기지 않는다. 또한 B에게는 적극적으로 추인의 의사가 없다는 사실을 표시하여 무권대리행위를 무효로 할 수 있는 추인거절권이 있다. 그리고 C는 B에 대하여 상당한 기간을 정하여 A의 무권대리행위를 추인하는지 아닌지의 확답을 독촉하는 최고를 할 수 있고, 만일 B가 그 최고기간 내에 확답을 발하지 않으면 추인을 거절한 경우로 본다(§131).

B가 무권대리행위를 추인하지 않고 그대로 두거나 적극적으로 추인거절권을 행사한 때 혹은 C의 최고를 받고도 최고기간 내에 추인의 확답을 발하지 않는 때에는 C는 B에 대하여는 아무런 권리가 없다. B는 A에 대하여만 민법 제135조의 무권대리책임을 물을 수 있다. 무권대리책임으로 C는 A에 대하여 선택적으로 계약의 이행을 청구하거나 또는 손해배상을 청구할 수 있다(§135). 이행의 책임이란 만일 무권대리행위가 본인에 대하여 효력이 발생한 경우라고 하면 본인이 상대방에게 부담하여야 할 채무와 같은 내용의 채

631) 대법원 1990.3.27. 선고 88다카181 판결.

무를 무권대리인이 이행할 책임을 부담한다는 의미이다. 그러므로 C가 무권대리인 A에 대하여 계약의 이행을 청구하면 A는 유리창교체비용 30만원을 지급하여야 한다. 그리고 C가 손해배상을 청구한 경우에 그 배상의 범위에 관하여는 이행이익의 배상인가, 신뢰이익의 배상인가 혹은 양자를 모두 포함하는가가 문제된다. 학설은 이행에 갈음하는 손해의 배상, 즉 적극적 계약이익인 이행이익의 배상을 인정하고 있다고 해석한다. 그러므로 C가 A에게 손해배상을 청구하는 경우에 C는 A에게 이행이익인 30만원을 손해배상으로 청구할 수 있다.

3) 상대방의 최고권

무권대리인의 상대방은 본인에 대하여 무권대리행위의 추인 여부에 대한 확답을 독촉하는 최고권을 가진다(§131). 최고는 무권대리행위의 상대방이 (i) 상당한 기간을 정하여, (ii) 문제의 무권대리행위를 추인하는지 여부를 확답하라는 뜻을 표시하여, (iii) 본인에게 한다. 본인이 최고기간 이내에 확답을 '발하지 아니한 때'(發信主義)에는 추인의 거절로 간주된다(§131 후문).

4) 상대방의 철회권

무권대리행위의 상대방은 무권대리인이 한 계약을 본인의 추인 이전에 확정적으로 무효로 하는 철회권을 가진다(§134 본문). 다만 계약 당시 무권대리행위의 상대방이 대리인이라고 칭하는 자에게 대리권이 없다고 하는 사실을 안 때에는 철회권이 인정되지 아니한다(§134 단서).

(3) 단독행위의 무권대리

1) 상대방 없는 단독행위의 무권대리

상대방 없는 단독행위의 무권대리는 언제나 확정적·절대적으로 무효이다. 본인의 추인에 의하여도 상대방 없는 무권대리는 아무런 효력이 발생하지 아니한다.

2) 상대방 있는 단독행위의 무권대리

상대방 있는 단독행위의 무권대리는 원칙적으로 무효이다. 상대방 있는 단독행위의 능동대리는 상대방이 대리권 없는 행위에 동의한 때, 대리권을 다투지 아니한 때에는 무권대리를 절대적으로 무효라고 할 필요는 없고, 계약과 같이 본인의 추인에 의하여 유효로 될 수 있다. 상대방 있는 단독행위의 수동대리는 무권대리인의 동의를 얻어 그 단독행위자의 의사표시를 수령한 경우에 한하여 계약과 같이 취급된다.

(4) 무권대리행위와 상속

1) 무권대리인과 본인의 법적 지위의 일체화

무권대리인이 본인을 상속하여 그 지위를 승계하는 경우 혹은 본인이 무권대리인을 상속하여 그 지위가 동일인에게 귀속한 경우에는 무권대리인과 본인의 법적 지위가 동일인에게 귀속한다. 상속에 의하여 무권대리인과 본인의 지위가 동일화되면 본인이 스스로 법률행위를 한 경우와 같은 법률상의 지위가 생기는가, 혹은 추인을 거절하여 대리행위의 효과가 자기에게 귀속하는 효력을 회피할 수 있는가 하는 문제가 제기된다.

2) 무권대리인이 본인을 상속한 경우

> A의 아들 X는 A의 인감을 무단으로 사용하여 스스로를 A의 대리인인 경우와 같은 외관을 만들어 A 소유의 토지를 Y에게 매각하고 소유권이전등기를 경료하였다. 그 후 A가 사망하고, X가 A를 단독으로 상속하였다. 그런데 X는 전에 Y에게 한 토지의 매도는 무권대리행위로 한 경우이므로, 상속에 의하여 승계한 A의 지위에서 소유권이전등기의 말소와 토지의 점유를 이유로 한 부당이득반환을 청구하였다. Y는 소유권이전등기의 말소등기를 하거나 부당이득반환을 하여야 하는가?

상식적으로 생각하더라도 X의 기회주의적인 주장은 허용될 수 없다고 판단된다. 그러나 X의 주장이 허용되지 아니한다고 하는 입장을 어떤 논리로 법률적 구성을 할 수 있는가가 문제된다.

우선 A가 사망하지 아니하고 생존하고 있다고 가정하면 A는 스스로 Y에게 소유권이전등기의 말소등기청구(즉 토지를 반환하라고 하는 청구)를 할 수 있는가? 본인 A는 Y에 대하여 토지를 반환하라고 하는 청구를 할 수 있다. 표현대리가 성립하는 경우를 일단 제외하고 생각하면 Y로서는 A에게 이길 수 없으므로, 토지를 반환하고 X의 책임을 물을 수밖에 없다.

당시 마침 X가 문제의 토지를 A로부터 매수하거나 증여를 받아 취득한 경우에는 어떤가? Y가 X의 무권대리책임을 물어 민법 제135조의 이행청구를 선택하면 XY간에 매매계약이 체결된 경우와 마찬가지로 취급되고, X의 법적 지위는 타인(A)의 소유에 속한 토지를 매도하는 계약을 Y와 맺고, 그 후 그 토지에 대한 소유권을 취득한 매도인과 유사하다(민법 제599조 참조). 그러므로 X는 A로부터 토지를 취득한 시점에서 이행이 가능하게 된 토지의 소유권을 Y에게 이전할 의무를 부담하므로, Y 명의의 소유권이전등기는 그대로 유효로 된다.

사례는 X가 A의 법적 지위를 내지 자격을 상속한 경우이다. 즉 무권대리인이 본인을 상속한 경우632)이다. 상속에 의하여 무권대리인으로서의 X의 지위와 본인으로서의 A의 지위가 일체가 된 경우에는 추인이 된 경우와 마찬가지로 무권대리가 치유되는가, X는 A의 지위에서 추인을 거절할 수 있는가 하는 두 가지 문제에 대한 검토가 필요하다.

(i) 이른바 비당연유효설(추인거절인정설)은 본인을 상속한 무권대리인도 본인의 자격에서 추인거절을 할 수 있다고 본다. 그러므로 비당연유효설에 의하면 무권대리행위가 당연히 유효로 되지는 아니하며, 만일 무권대리인 X가 본인 A의 자격에 기하여 추인거절을

632) 상속인인 자녀가 부모의 무권대리인으로서 부모의 재산을 무단히 처분하고, 후에 부모의 사망에 의하여 그 지위를 상속한 경우를 예로 들 수 있다.

하면 무권대리행위로서의 AY 사이의 매매계약은 무효로 되고, Y는 X에 대하여 무권대리 책임을 추급할 수 있을 뿐이라고 본다. 비당연유효설은 그 근거로서 (i) 무권대리인으로서 책임을 부담하지 않는 경우(§135 II)에 본인을 상속한다고 하는 한 가지 사실만으로 당연히 책임을 부담하여야 한다고 하면 타당하지 않고, (ii) 상대방이 가지는 철회권(§134)이 본인을 상속한다고 하는 우연한 사정에 의하여 박탈된다고 하면 옳지 않다고 하는 사실을 지적한다.

여하튼 비당연유효설의 입장에 서면 X가 추인을 거절하는 한, Y로서는 소유권이전등기의 말소등기를 하여야 하고, X에 대하여 민법 제135조의 책임을 물을 수밖에 없다. 그리고 X가 토지의 소유권이전이라고 하는 본래의 이행을 하지 아니한다면(혹은 할 수 없다면) 결국 손해배상청구를 할 수밖에 없다. 물론 X가 본래의 이행을 할 수 있는가 아닌가는 여러 사정, 예컨대 공동상속인가 단독상속인가, 유산분할의 전인가 후인가, 어떤 내용으로 유산분할이 되는가 등에 따라서 극히 세밀한 판단이 요구되는 문제이다.

(ii) 이른바 당연유효설은 무권대리인이 본인을 상속하여 본인과 무권대리인의 자격이 동일인에게 귀속하는 경우에는 무권대리행위는 당연히 추인되어 유효로 된다고 본다. 다만 당연유효설에 대하여는 만일 당연히 유효라고 한다고 하면 다른 공동상속인은 본인이 갖는 추인거절권을 승계하고도 그 권리를 박탈당하는 경우가 되고, 상대방도 무권대리인에 의한 본인의 상속이라고 하는 우연한 사실에 의하여 철회권을 상실한다고 하는 결과가 되어 불합리하다고 하는 비난이 있다.

당연유효설에 서는 경우에는 그 근거와 관련하여 다시 아래와 같이 몇 가지 견해가 있다.

i) 대리권추완설은 무권대리인과 본인이 동일한 지위 또는 상태에 놓이게 되어 대리권의 흠결이 추완된다고 생각하여 무권대리인이 한 법률행위를 본인 자신이 스스로 한 행위로 보는 견해이다.

ii) 신의칙설은 적어도 신의칙상 본인을 상속한 무권대리인이 본인의 자격으로 추인을 거절할 수는 없으므로 무권대리행위는 당연히 유효하다고 본다. 무권대리인이 본인을 상속한 경우에는 상속인은 무권대리행위를 스스로 범한 자로서 상속인으로서의 이익을 배려할 필요가 없다고 볼 때, 무권대리인이 상속을 기화로 추인을 거절하는 태도는 신의칙에 반한다고 보는 태도가 타당하다고 본다. X는 신의칙상 추인을 거절할 수 없다고 보는 입장에 의하면 사례에서 X의 무권대리행위는 추인한 경우로 되므로, Y는 소유권이전등기의 말소등기나 부당이득반환을 할 필요가 없다.

iii) 인격융합설은 상속에 의하여 본인과 무권대리인의 자격이 동일인격에 융합하게 되므로, 자기를 위한 법률행위로 되어 유효로 된다고 본다.

판례의 태도는 어떤가? 판례는 바로 신의칙설을 취한다. 판례는 대리권한 없이 타인의 부동산을 매도한 자가 그 부동산을 상속한 후 소유자의 지위에서 매매행위가 무권대리행위여서 무효라는 이유로 경료된 소유권이전등기가 무효의 등기라고 주장하여 그 소유권이전등기의 말소를 청구하거나 부동산의 점유로 인한 부당이득반환을 구하는 경우에는

금반언의 원칙이나 신의성실의 원칙에 반하여 허용될 수 없다고 본다.[633]

무권대리인 X가 본인 A를 상속한 경우에는 X는 무권대리행위를 스스로 범한 자로서 본인으로서의 이익은 전혀 배려할 필요가 없다고 보아야 한다. 그러므로 X가 무권대리행위를 행하고도 상속을 기화로 본인으로서의 지위에서 추인을 거절하는 태도는 신의칙에 반한다고 하지 않을 수 없고, 판례가 신의칙설을 취하여 X가 무권대리행위로서의 무효를 주장할 수 없다고 한 태도는 타당하다고 생각된다. X가 무권대리인으로서 민법 제135조 제1항의 규정에 의하여 매수인인 Y에게 토지에 대한 소유권이전등기를 이행할 의무가 있는 데도 불구하고, 자신이 A로부터 토지를 상속받아 스스로 소유권이전등기이행의무의 이행이 가능하게 된 시점에서 소유자라고 하여 무권대리행위의 상대방 Y에게 원래 자신의 매매행위가 무권대리행위여서 무효라고 주장하는 행위는 금반언의 원칙이나 신의성실의 원칙에 반하여 허용될 수 없다. 결국 X는 Y 앞으로 경료된 소유권이전등기가 무효의 등기라고 주장하여 그 등기의 말소를 청구하거나 토지의 점유로 인한 부당이득금의 반환을 구할 수 없다.

3) 본인이 무권대리인을 상속한 경우

예컨대 무권대리인 A가 본인 B의 부동산을 처분한 후에 사망하여 B가 A를 상속한 경우와 같이 본인이 무권대리인을 상속하는 경우도 있다. 본인이 무권대리인을 상속한 때에는 상속인인 본인이 피상속인의 무권대리행위의 추인을 거절하더라도 전혀 신의에 반한다고 볼 수 없으므로, 본인이 상속한 무권대리행위가 당연히 유효로 되지는 아니한다고 보아야 한다.[634] 학설상으로는 본인이 무권대리인의 책임을 상속한다는 사정을 생각한다면 그때에도 그 무권대리행위는 유효로 되고 본인은 추인을 거절하지 못한다고 새겨야 타당하다는 견해도 있으나, 본인이 무권대리인을 상속한 경우에는 본인으로서의 지위에서 추인을 거절하여도 무방하다고 보는 태도가 옳다.

무권대리인을 상속한 본인이 추인을 거절하고도 무권대리인으로 책임을 부담하지 아니한다고 하면 같은 공동상속인이 있는 경우에 다른 상속인은 민법 제135조의 책임을 부담하고 본인만이 그 책임을 면하여 불공평한 결과가 야기된다. 그러므로 본인이 무권대리인을 상속하더라도 당연히 유효로 되지는 아니한다고 하는 의미는 추인거절과 동시에 본인은 별도로 민법 제135조의 책임을 부담한다고 하는 뜻으로 해석된다.

> A에게는 상속인으로서 BC라고 하는 2명의 아들만이 있다. 그런데 B가 대리권도 없이 A 소유의 토지를 A의 대리인이라고 칭하고 D에게 매도하였다. 다른 한편 C는

633) 대법원 1994.9.27. 선고 94다20617 판결.

634) 판례는 A가 B 소유의 부동산을 C에게 처분한 후 사망하고 B가 A의 지위를 상속한 경우에 B는 원래 부동산의 소유자로서 타인의 권리에 대한 계약을 체결한 C에 대하여 그 이행에 관한 아무런 의무가 없고 이행을 거절할 수 있는 자유가 있으므로, A의 사망으로 인하여 B가 상속지분에 따라 A의 의무를 상속하게 된다고 하더라도 신의칙에 반한다고 인정할 만한 특별한 사정이 없는 한 원칙적으로 B는 C에게 A의 부동산처분계약에 따른 의무의 이행을 거절할 수 있다고 본다(대법원 2001.9.25. 선고 99다19698 판결).

> “가까운 장래에 A로부터 물려받을 예정이다”고 E에게 말하고, A 소유의 토지를 E에게 매도하였다. BC가 항공기사고로 함께 사망하여 A가 BC를 상속하게 된 경우 ADE 사이의 법률관계는 어떤가?

사례는 무권대리인의 사망으로 인하여 본인이 무권대리인을 상속한 경우이다. 무권대리인 B나 C의 사망으로 그 지위를 본인인 A가 상속하여 무권대리인인 자격과 본인인 자격을 A가 모두 가지는 때에는 A의 지위가 문제된다. 본인이 무권대리인을 상속한 경우에는 A가 본래 가지고 있는 추인거절권이 무권대리인의 지위를 상속함으로 인하여 소멸하는가 하는 문제가 생긴다.

학설상으로는 무권대리인 B의 사망에 의한 본인상속으로 무권대리행위는 유효하게 되고 A는 추인을 거절하지 못한다고 하여 추인거절권을 부인하는 견해가 있다. 그러나 무권대리인의 상속인은 본인으로서의 지위에서 추인을 거절하더라도 신의칙에 반한다고 볼 수 없다는 견해(다수설)가 타당하다. B의 무권대리행위는 일반적으로 A의 상속에 의하여 당연히 유효로 되지는 않고, 상속인인 A가 B의 무권대리행위의 추인을 거절하더라도 전혀 신의칙에 반하지 않는다고 보아야 한다.

물론 A의 추인거절권을 인정하는 경우에 A가 추인을 거절하면 D가 민법 제135조에 의한 무권대리인의 책임을 묻기 위하여 무권대리인 B의 지위를 상속한 A에 대하여 이행책임을 구할 수 있는가 하는 문제가 제기된다. 만일 추인을 거절한 A가 무권대리인의 상속인으로서의 지위에서 이행책임을 부담하여야 한다고 하면 A는 추인을 거절하더라도 D에 대하여 토지를 인도하여야 하여 추인거절의 의미가 상실된다. 그러므로 A가 추인을 거절한 경우에는 실제상 D는 B에 대하여 손해배상밖에 청구할 수 없다고 하는 사실을 고려할 때 B의 사망으로 A는 그 지위를 상속한 경우로 이해하여 D는 A에 대하여 손해배상청구만을 할 수 있다고 해석된다.

[더 생각할 과제 - 타인의 권리에 대한 매도인을 소유자가 상속한 경우]

> 채권자 A가 채무자인 B 소유의 부동산에 대하여 강제경매신청을 하여 자기의 자녀인 C 명의로 그 부동산을 경락받았다. 그런데 채권자 A가 채무자 B와 사이에 채권액의 일부를 지급받고, 그 대신에 자녀인 C 명의로 경료된 소유권이전등기를 말소하여 주기로 합의하였다. 그 후 A가 사망하였는데, C가 A의 지위를 상속하였다. B는 C에게 갑부동산에 대한 소유권이전등기의 말소등기를 청구할 수 있는가? [대법원 2001.9.25. 선고 99다19698 판결]

타인의 물건에 대한 매매계약도 유효하고, 단지 매도인은 그 타인으로부터 매매목적물의 소유권을 취득하여 매수인에게 이전하여야 할 의무를 부담한다(§569). 다만 소유자는 매매목적물을 매도인에게 이전하는가 아닌가를 자유로이 결정할 수 있고, 만일 매도인이 매매목적물을 소유자로부터 취득하여 매수인에게 이전할 수 없는 때에는 매수인은 계약을 해제할 수 있고, 또 매매계약 당시 매수인이 매매목적물이 매도인에게 속하지 않는다는 사실을 알지 못한 때에는 손해배상을 청구할 수 있다(§570).

사례와 같이 매도인이 타인의 물건을 매도한 경우에 매도인의 사망으로 매매목적물의 소유자가 그 지위를 상속하면 매수인은 상속인에 대하여 의무의 이행을 청구할 수 있는가 하는 문제가 있다. 학설상 우선 상속인이 한정승인을 하지 않은 때에는 상속인은 포괄적으로 피상속인의 권리의무를 승계하여 매매계약상의 매도인으로서의 의무이행을 거절할 수 없다고 하는 견해가 있을 수 있다. 그러나 매매목적물의 소유자가 고유의 권리로서 가지고 있는 매매목적물의 이전 여부를 결정할 수 있는 자유가 상속이라고 하는 우연한 사실에 의하여 박탈될 수 없고, 또한 무권대리인의 사망에 의하여 본인이 무권대리인을 상속한 경우에 관한 다수설의 태도와의 균형상 상속인은 상속에 의하여 매도인의 의무 혹은 지위를 승계하더라도 상속 전과 마찬가지로 매도인이 매도한 목적물에 대한 권리의 이전 여부를 결정할 수 있는 자유를 보유한다고 보아야 한다. 그러므로 신의칙에 반한다고 볼 수 있는 특별한 사정이 없는 한, 타인의 권리에 대한 매도인을 상속한 본인은 매매계약상의 매도인으로서의 의무이행을 거절할 수 있다고 보는 견해가 타당하다.

사례에서 부동산의 소유자는 매수인(경락인)인 자녀 C라 하여야 하므로, 채권자 A와 채무자인 B 사이의 약정은 일종의 타인의 권리의 처분행위에 해당한다. 그러나 타인의 권리의 처분에 관한 AB 사이에서 합의는 유효하고, A는 C로부터 부동산을 취득하여 B에게 그 소유권이전등기를 마쳐주어야 할 의무를 부담한다. 다만 C는 원래 부동산의 소유자로서 타인의 권리에 대한 계약을 체결한 채무자 B에 대하여 그 이행에 관한 아무런 의무가 없고 이행을 거절할 수 있는 자유가 있다. 그러므로 A의 사망으로 인하여 C가 상속에 의하여 A의 의무를 상속하게 되더라도, 신의칙에 반한다고 인정할 만한 특별한 사정이 없는 한 원칙적으로 본인으로서의 지위에서 의무의 이행을 거절할 수 있다. 만약 C가 갑부동산에 대한 소유권이전등기의 말소등기를 거절하면 B는 민법 제570조에 의하여 C에 대하여 계약의 해제만이 가능하다(B가 당시 갑부동산의 소유권이 A에게 속하지 아니한다는 사실을 안 경우이므로, 민법 제570조 단서에 의하여 손해배상청구는 할 수 없다).

(5) 무권대리인의 책임

1) 무권대리인의 책임(무과실책임)

무권대리행위가 본인의 추인거절에 의하여 무효로 확정되면 무권대리인은 상대방의 선택에 따라서 계약의 이행 혹은 손해배상책임을 부담한다(§135 I). 무권대리인의 책임은 무권대리인에게 과실이 있는가 없는가에 관계없이 인정되는 무과실책임이다. 다만 무권대리인이 제한능력자인 경우 또는 상대방이 무권대리인에게 대리권이 없다고 하는 사실에 대하여 선의·무과실이 아닌 경우에는 민법 제135조의 책임을 물을 수 없다(§135 II).

2) 무권대리인책임의 요건

무권대리인의 책임을 묻기 위해서는 아래와 같은 요건이 충족되어야 한다.

(i) 대리권을 증명할 수 없어야 한다.

(ii) 본인의 추인이 없어야 한다.

(ii) 상대방이 스스로 철회권을 행사하지 않아야 한다(철회하면 본래 무권대리에 의한 계약이 없던 경우로 된다).

(iv) 상대방이 대리권이 없다는 사실을 안 경우, 혹은 과실에 의하여 알지 못한 경우가 아니어야 한다(대리권이 없다는 사실에 대하여 선의·무과실이어야 한다, §135 II 전단).

(v) 무권대리인이 행위능력을 가지고 있어야 한다(제한능력자보호의 요청으로부터 추가된 요건이다, §135 II 후단).

3) 이행책임과 손해배상책임

> A는 아무런 대리권을 가지고 있지 않았는데, B의 대리인이라고 칭하고 C와의 사이에서 B 소유의 주택에 대한 매매계약을 체결하였다. C는 A에 대하여 어떤 책임을 물을 수 있는가?

사례에서 B가 추인을 거절한 때, 혹은 적어도 추인을 하지 않는 때, 즉 계약의 효력을 B에게 귀속시킬 수 없는 때에 C로서는 B 소유의 주택을 구입하는 매매계약을 체결하면서 아무런 대리권이 없는데도 있는 경우와 같이 행동한 A의 책임을 물을 수밖에 없다(§135 I). C가 A에게 물을 수 있는 책임은 이행이냐, 손해배상이냐 두 가지이다(선택채권이 성립하고, C에게 선택권이 있다).

(i) 우선 이행책임이 문제된다. C가 A에 대하여 이행을 청구하면 흡사 AC 사이에 유효한 계약이 성립한 경우와 동일하게 되므로, C는 A에게 계약의 이행을 청구할 수 있다. 다만 사례에서와 같이 B 소유의 주택을 매매한 경우에는 A는 본래의 계약상의 의무를 이행을 할 수 있는 처지에 있지 않으므로, 이행을 선택하더라도 의미가 없다. 그러나 목적물을 B 자신도 소유하고 있는 물건인 경우 혹은 시장에서 구할 수 있는 상품(대체물이라고 한다)인 경우라고 하면 본래의 이행을 선택하는 메리트가 있다. 그리고 C가 A에 대하여 이행책임을 묻는 경우에는 A는 의무를 부담할 뿐만 아니라, 계약상의 권리도 취득하므로, C에게 대금을 청구할 수 있다.

(ii) C는 선택적으로 손해배상을 청구할 수 있다. C가 손해배상을 청구한 경우에 C는 B에게 AC간의 계약이 이행된 경우라고 하면 얻을 수 있는 이익을 손해배상으로 청구할 수 있다. 예를 들어 C가 유리한 전매계약을 체결한 경우에는 전매에 의하여 얻을 수 있는 이익을 배상청구할 수 있다. 그러나 당연히 손해배상에 의한 구제는 무권대리인에게 자력이 없는 때에는 실효성이 없다.

제5절 법률행위의 무효와 취소

Ⅰ. 서 설

1. 무효와 취소의 의의

무효는 법률행위의 효과가 처음부터 발생하지 아니하는 경우를 가리킨다. 취소는 일응 법률행위의 효과가 발생하지만, 당사자 일방이 그 효과를 처음부터 소급하여 존재하지 아니한 상태로 할 수 있는 경우를 일컫는다.

민법은 법률행위가 일정한 요건을 구비한 경우에 「효력이 있다」, 「유효하다」고 규정하고 있고, 또한 일정한 경우에는 「효력이 없다」, 「무효이다」고 규정하고 있다. 그러나 법률행위의 효력이 「유효하다」, 「무효이다」고 하는 양자택일에 의하여 결정되기 곤란한 경우도 있다. 법률행위에 흠결이나 하자가 있는 경우에 어떤 효력을 인정하는가에 대하여는 각종의 법률행위에 대한 법적 가치판단에 따라서 아래와 같이 여러 단계가 있을 수 있다.

① 효력의 확정도에 의한 구분　　법률행위의 효력은 효력의 확정성의 정도에 따라서 (i) 확정적 무효(의사무능력·양속질서위반), (ii) 미확정적 무효(무권대리·무권리자의 처분행위), (iii) 미확정적 유효(무능력, 착오, 사기·강박), (iv) 확정적 유효로 구분할 수 있다.

② 효력주장권자에 의한 구분　　법률행위의 효력은 효력주장권자를 표준으로 하여 (i) 모든 자에 의하여 주장될 수 있는 무효(양속질서위반행위), (ii) 특정인에 의하여만 주장될 수 있는 무효(취소), (iii) 특정인에 의하여만 주장될 수 있는 유효(선의의 제3자에 대하는 무효를 주장할 수 없는 §§107 Ⅱ·108 Ⅱ·109 Ⅱ·110 Ⅲ 참조), (iv) 모든 자에 의하여 주장될 수 있는 유효로 구분할 수 있다.

③ 상대방의 범위에 의한 구분　　법률행위의 효력은 효력을 주장하는 상대방을 기준으로 하여 (i) 모든 자에 대하여 주장할 수 있는 무효(사회질서위반, 착오나 사기·강박의 취소, 무능력취소), (ii) 특정인에 대하여는 주장할 수 없는 무효,[635] (iii) 특정인에 대하여만 주장할 수 있는 유효, (iv) 모든 자에 대하여 주장할 수 있는 유효로 구분할 수 있다.

④ 효력부정의 기준시기에 의한 구분　　법률행위의 효력은 효력이 부정되는 시기를 기준으로 하여 (i) 처음부터 효력이 없는 무효, (ii) 처음으로 소급하여 효력이 소멸하는 무효(취소), (iii) 장래에 향하여만 효력이 소멸하는 무효(단체설립행위·단체가입행위, 특히 계속계약의 무효·취소)로 구분할 수 있다.

⑤ 효력부정을 주장하는 기간적 제한에 의한 구분　　법률행위의 효력은 효력을 부인하는 시간적 한계가 있는가에 따라서 (i) 시간적 제한이 없는 무효, (ii) 일정한 시간적 제한에 복종하는 무효(취소권의 주장)로 구분할 수 있다.

⑥ 효력부정을 위한 수단에 의한 구분　　법률행위의 효력은 효력을 부인하기 위하여 재판절차를 거쳐야 하는가에 따라서 (i) 재판 외에서 소송의 전제로 실체법상 주장할 수 있는 무효·취소, (ii) 재판절차를 거치지 아니하면 주장할 수 없는 무효·취소(예컨대 혼인의 무효·회사설립무효)로 구분할 수 있다.

2. 무효와 취소의 차이

무효인 법률행위는 특정인에 의한 무효의 주장을 기다리지 않고 처음부터 아무런 효과도 생기지 아니한다. 그리고 취소할 수 있는 법률행위는 특정인에 의한 취소의 주장이 있

635) 예컨대 선의의 제3자가 보호되는 민법 제107조 제2항, 제108조 제2항, 제109조 제2항, 제110조 제3항이 해당한다.

을 때까지는 일응 유효하고, 취소가 되면 비로소 처음부터 무효로 되어 효력이 소급적으로 부정된다.

무효인 법률행위는 추인에 의하여도 유효로 되지 않고, 다만 무효임을 알고 추인한 때에는 새로운 법률행위로 본다(§139 단서). 취소할 수 있는 법률행위는 추인에 의하여 확정적으로 유효로 된다. 또한 무효인 법률행위는 시간의 경과에 의하여 보정되지 않고 언제까지나 효력이 생기지 않지만, 취소할 수 있는 법률행위는 취소권이 일정기간의 경과에 의하여 소멸하여 그 이후에는 유효로 확정된다.

무효로 되는 경우와 취소할 수 있는 경우의 차이를 알기 쉽게 비교하면 아래와 같다.

<table>
<tr><td rowspan="5">무효로되는경우</td><td>일반효력요건을 충족시키지 못한 때</td><td>목적의 불확정, 원시적 불능, 강행법규위반, 공서양속위반</td></tr>
<tr><td>특별효력요건을 충족시키지 못한 때</td><td>방식의 불준수(혼인, 입양, 유언[636])
허가의 미취득(예컨대 허가구역 내의 토지거래에 관한 허가의 미취득은 유동적 무효로 된다)</td></tr>
<tr><td>급부와 반대급부의 현저한 차이</td><td>폭리행위</td></tr>
<tr><td>법률행위(계약)의 불가결한 요소인 의사표시(청약·승낙)에서 표시에 대응하는 의사가 흠결된 때</td><td>의사무능력
비진의표시(예외)
허위표시
극도의 강박(판례)</td></tr>
<tr><td>대리권이 흠결된 때</td><td>무권대리(다만 본래의 무효와는 달리 본인에의 효과불귀속으로서 본인에게 유동적 무효로 된다)</td></tr>
<tr><td rowspan="3">취소할수있는경우</td><td>제한능력자의 의사표시</td><td>미성년자, 피성년후견인, 피한정후견인</td></tr>
<tr><td>의사와 표시의 불일치</td><td>착오</td></tr>
<tr><td>의사표시의 과정에 하자가 있는 때</td><td>사기
강박</td></tr>
</table>

[더 생각할 과제 - 무효와 취소의 사유]

어떤 법률행위(의사표시)를 무효로 하고 혹은 취소할 수 있는 경우로 하는가는 입법정책에 해당하며, 다분히 편의적이고 절대적인 원칙이 존재하지는 아니한다. 민법은 대체로 (i) 법질서 전체의 이념에 비추어 개인의 의사를 묻지 않고 당연히 효력을 인정할 수 없다고 인정할 만한 이유가 있는 경우에는 무효로 하고, (ii) 효력의 부인을 특정인의 의사에 의하여 좌우하게 하여도 무방한 경우에는 취소로 보는 수가 많다.

636) 민법 제1065조 내지 제1070조가 유언의 방식을 엄격하게 규정한 의미는 유언자의 진의를 명확히 하고 그로 인한 법적 분쟁과 혼란을 예방하기 위한 취지이므로, 법정된 요건과 방식에 어긋난 유언은 그 유언이 유언자의 진정한 의사에 합치하더라도 무효라고 하지 않을 수 없다(대법원 2006.3.9. 선고 2005다57899 판결).

무효와 취소의 차이를 알기 쉽게 도표를 통하여 정리하면 아래와 같다.

구 분	무 효	취 소
주장	누구나 무효를 주장할 수 있다	취소권자만이 취소할 수 있다
방치하는 경우	유효로 되지 아니한다	취소가 불가능하게 된다
추인	무효임을 알고 추인하면 새로운 법률행위를 한 경우로 간주된다	추인하면 처음부터 유효인 효력이 그대로 확정된다
주장의 기간	제한이 없다	일정기간에 한한다

3. 별도의 의미로 사용되는 무효·취소

(1) 별도의 의미로 사용되는 무효

무권대리행위·처분권 없는 자의 처분행위의 효력도 보통 무효로 이해하지만, 정확하게 말하면 「效果不歸屬」을 의미한다.

(2) 별도의 의미로 사용되는 취소

(i) 민법상 취소라는 용어는 협의의 취소를 의미하는 이외에 여러 가지 다양한 의미로 사용되고 있다. 민법은 취소와 「철회」를 구별하여 단독행위의 효과가 확정적으로 생기기 이전에 행위자가 그 효과의 발생을 원하지 아니하여 그 행위를 없던 상태로 하는 의사표시를 「철회」(撤回)라고 하고 있다. 상속의 승인 또는 포기의 취소(§1024 I), 제한능력자에 대한 영업허락의 취소(§8)에서 말하는 「취소」는 그 표현과 달리 철회를 의미한다.

(ii) 채권자의 사해행위의 취소(§406), 부부간의 계약의 취소(§828)는 일단 완전히 유효하게 성립한 법률행위의 효력을 부정하고 원상회복에 의하여 법적 효과를 소멸하게 한다.

(iii) 실종선고의 취소(§29), 법인설립허가의 취소(§38)는 법원의 행위와 행정처분의 취소로서 법률행위의 취소와 다르다.

4. 무효와 취소의 이중효

(1) 의 의

1개의 법률행위가 무효의 요건과 취소의 요건을 모두 갖추는 경우가 있다. 예를 들어 의사무능력의 상태에서 제한능력자가 법률행위를 한 경우, 사기·강박에 의하여 사회질서위반의 법률행위나 폭리행위를 한 경우, 혹은 통정허위표시의 요건을 갖춘 동시에 사해행위로서 취소할 수 있는 요건을 갖추는 경우가 바로 그 경우에 해당한다. 만약 1개의 법률행위에 의사무능력을 이유로 하는 무효와 행위무능력을 이유로 하는 취소, 사기·강박에 의한 취소와 사회질서위반의 법률행위나 폭리행위로서의 무효, 통정허위표시를 이유로 하는 무효와 채권자취소권에 의한 취소가 함께 고려된다고 하면 무효와 취소가 모두 가능한가?

본래 이중효란 그 자체로서는 동일한 법률효과가 다수의 원인에 의하여 혹은 다수의 동일한 법률효과가 다른 원인에 의하여 발생할 수 있는가 하는 문제를 가리킨다. 그러므로 넓게 이해하면 법률효과로서 동일한 내용의 권리가 다수의 다른 원인에 의하여 동시 또는 순차적으로 취득할 수 있는가 혹은 법률효과의 무효에 관하여 무효·취소·해제가 함께 고려될 때에 모두가 경합하는가, 무효행위의 취소 또는 취소된 행위의 취소가 가능한가 하는 경우를 이중효의 문제라고 할 수 있다.

(2) 이중효에 관한 학설

예컨대 18세의 미성년자가 만취상태에서 계약을 체결한 경우에 행위자는 의사무능력에 의한 무효를 주장하거나 행위무능력에 기한 취소를 주장하거나 자유로 선택할 수 있는가 하는 문제가 있다. 현재 통설은 무효와 취소가 경합하는 때에는 법률행위를 무효화하기 위하여 당사자가 어느 경우이든 주장할 수 있다고 본다. 무효인 법률행위인가 취소할 수 있는 법률행위인가는 어떤 자연적 속성이라고 볼 수는 없고 단지 일정한 법률효과를 뒷받침하는 법률상의 근거에 지나지 아니하므로, 무효사유와 취소사유를 모두 주장할 수 있는 당사자는 2개의 무기를 가진 경우와 같이 자유로 어느 무기이든 선택하여 법률행위를 무효화할 수 있다고 볼 필요가 있다.[637] 그리고 착오를 취소사유로 하여 취소한 경우라고 하더라도 착오취소보다 요건이나 입증에 있어서 취소권자에게 유리한 다른 취소사유, 예컨대 미성년자이거나 피후견인인 경우에는 다시 제한능력을 이유로 법률행위를 취소할 수 있다고 본다.

(3) 이중효에 관한 판례

판례도 무효와 취소의 이중효를 긍정한다. 넓은 의미에서 무효와 취소의 경합을 인정한 판례로서는 여러 경우가 있다. 예를 들어 학력을 속인 무효의 편입학행위를 취소할 수 있다고 보고, 통정허위표시에 기한 가장매매도 채권자취소권의 대상이 되며, 이미 해제된 계약을 착오를 이유로 다시 취소할 수 있고, 유동적 무효상태에 있는 계약에 대하여도 무효·취소 및 해제가 가능하고, 강박에 기한 의사표시는 취소가 될 뿐만 아니라 극도의 강박인 경우에는 무효로 될 수도 있다고 본다.

① 무효인 편입학허가에 대한 취소 　예컨대 학력을 속여 학교법인으로부터 편입학허가를 받은 학생에 대하여 무효행위인 편입학허가를 다시 취소할 수 있는가? 판례는 대학교의 편입학허가를 비롯한 대학교졸업인정, 대학원입학, 공학석사학위수여가 그 자격요건을 규정한 교육법에 위반되어 무효라고 하더라도 학교법인은 당연무효의 행위를 그 편입학허가 등의 행위가 처음부터 무효라는 사실을 당사자에게 통지하여 확인시켜 주는 의미에서의 취소를 할 수 있다고 본다.[638]

---

637) 법률행위의 무효를 완전한 「無」로 이해하여 무효로 인하여 부존재하는 「없는 법률행위」를 취소한다고 하는 경우는 논리적으로 불가능하다고 하는 이유로 무효와 취소의 이중효를 부정하는 견해도 있다.

638) 대법원 1989.4.11. 선고 87다카131 판결.

② 통정허위표시에 기한 가장매매에 대한 사해행위취소

> 채무자 A는 채권자 B에게 1억원의 채무를 부담하고 있었는데, 자기의 유일한 재산인 건물에 대한 강제집행을 회피할 목적으로 C와 통모한 후 건물에 관하여 가장으로 매매계약을 체결한 후 매매를 원인으로 하여 건물에 관한 소유권이전등기를 경료하였다. B는 A와 C 사이의 매매계약을 사해행위를 이유로 취소하고 원상회복을 청구할 수 있는가?

A와 C 사이의 건물매매계약은 실제로 그에 따른 법률효과를 발생시킬 의도로 체결된 경우가 아니라, 건물에 대한 강제집행을 피하기 위한 수단으로 체결된 경우이므로, 통정허위표시로서 무효이다. 그러므로 무효인 통정허위표시에 의한 법률행위가 채권자취소권의 대상이 되는지가 문제된다. 판례는 분명히 채무자의 법률행위가 통정허위표시인 경우에도 채권자취소권의 대상이 된다고 본다.[639] 또한 채권자취소권의 대상으로 된 채무자의 법률행위라도 통정허위표시의 요건을 갖춘 경우에는 무효라고 본다. 사례에서 B는 통정허위표시로서 무효인 A와 C의 매매계약을 사해행위를 이유로 취소하고 원상회복을 청구할 수 있다. 한편 A와 C의 매매계약은 채권자취소권의 대상이 되더라도 또한 통정허위표시의 요건을 갖추고 있으므로 무효이다.

③ 매매계약이 해제된 후에 그 매매계약에 대한 착오를 이유로 한 취소

> A는 자기 소유에 속한 부동산을 B에게 매도하는 매매계약을 체결하였다. 그런데 B가 매수한 부동산은 무허가건물관리대장상의 지번과 실제지번이 불일치하였고, 법령상 부동산 전부를 불하받을 수도 없었다. 한편 A는 B에 대하여 매매대금의 중도금지급을 요구하였는데, B가 응하지 않았다. A는 이행지체를 이유로 매매계약을 해제하는 통고를 하였다. A가 매매계약을 해제하고 난 후에 B는 부동산의 무허가건물관리대장상의 지번과 실제지번이 불일치하고, 부동산 전부를 불하받을 수 없다는 사실에 착오가 있음을 이유로 매매계약을 취소할 수 있는가? [대법원 1991.8.27. 선고 91다11308 판결]

해제된 매매계약을 착오를 이유로 다시 취소할 수 있는가? A가 매매계약을 적법하게 해제한 사실이 인정되므로, 매매계약은 효력을 잃는다. 반면에 B가 착오에 빠진 사실도 인정된다. 다만 우선 B의 착오는 동기의 착오에 불과하므로, 그 동기의 착오가 매매계약의 내용의 중요부분에 관한 착오로 되는지가 문제된다. 만약 A와 B가 매매가격을 부동산을 모두 불하받을 수 있으리라는 전제하에서 결정하고, 또한 실제로는 건물지번이 상이하여 불하받기 어렵거나 불하받더라도 그 일부분에 그친다는 사실을 B가 안 경우라고 하면 그 부동산을 매수하지 않으리라는 사정을 쉽사리 짐작할 수 있으므로, 그 B의 의사가 매매계약 당시 표시되어 A도 알고 있다고 하면 B의 동기의 착오는 계약의 중요부분의 착오에 해당한다. 다만 A에 의하여 이미 매매계약이 해제된 상태이므로, 다시 B가 이미 해제

---

639) 대법원 1998.2.27. 선고 97다50985 판결.

된 매매계약을 착오를 이유로 취소를 할 수 있는가 하는 문제가 생긴다. 그러나 A가 B의 중도금지급채무불이행을 이유로 매매계약을 적법하게 해제한 후라도, B로서는 A가 한 해제의 효과로서 발생하는 손해배상책임을 지거나 매매계약에 따른 계약금의 반환을 받을 수 없는 불이익을 면하기 위하여 착오를 이유로 한 취소권을 행사하여 매매계약 전체를 무효로 돌리게 할 필요가 있다. 그러므로 B는 이미 해제되어 무효로 된 매매계약에 대하여도 착오를 주장하여 다시 취소할 수 있다.

④ 강박에 의한 의사표시의 무효와 취소 　　강박에 의한 의사표시는 원칙적으로 취소할 수 있다(§110). 그러나 만일 강박의 정도가 단순한 불법적 해악의 고지로 상대방으로 하여금 공포를 느끼도록 하는 정도가 아니고, 의사표시자로 하여금 의사결정을 스스로 할 수 있는 여지를 완전히 박탈한 상태에서 의사표시가 이루어져 단지 법률행위의 외형만이 만들어진 경우에 불과한 정도인 때에는 강박에 의한 법률행위가 하자 있는 의사표시로서의 취소에 그치지 않고 나아가 무효로 된다.[640]

⑤ 유동적 무효와 거래계약의 무효·취소 및 해제

ⓐ 유동적 무효인 계약의 무효·취소 　　유동적 무효상태에 있는 토지거래가 계약당사자의 의사와 표시의 불일치 혹은 사기·강박과 같은 하자 있는 의사표시에 의하여 이루어진 경우에 그 사유에 의하여 매매계약의 무효·취소를 주장할 수 있는가? 판례는 유동적 무효상태의 토지거래가 계약당사자의 표시와 불일치한 의사(비진의표시, 허위표시 혹은 착오) 또는 사기·강박과 같은 하자 있는 의사에 의하여 이루어진 경우에는 그 사유에 의하여 그 토지거래의 무효 또는 취소를 주장할 수 있는 당사자는 거래허가를 신청하기 전 단계에서 그 사유를 주장하여 거래계약을 확정적으로 무효화시키고 자신의 거래허가절차에 협력할 의무를 면할 수 있다고 본다.[641]

ⓑ 유동적 무효인 계약의 해제 　　유동적 무효상태에 있는 계약을 채무불이행을 이유로 해제할 수 있는가? 판례는 국토이용관리법상[642] 허가구역지역 내에 있는 토지의 매매계약이 관할관청으로부터 토지거래허가를 아직 받지 못한 때에는 그 계약내용대로의 효력이 있을 수 없는 결과 당사자는 그 계약내용에 따른 의무를 부담하지 아니하여 매매계약의 내용에 따른 채무불이행을 이유로 계약을 해제할 수 없다고 본다.[643] 그리고 유동적 무효의 상태에 있는 거래계약의 당사자는 상대방이 그 거래계약의 효력이 완성되도록 협력할 의무를 이행하지 아니한 사정을 들어 일방적으로 유동적 무효의 상태에 있는 거래계약 자체를 해제할 수 없다.[644] 다만 당사자 한쪽이 계약 당시 상대방에게 계약금을 교부한 경우에는 특별한 사정이 없는 한 국토이용관리법상의 토지거래허가를 받지 않아

640) 대법원 1998.2.27. 선고 97다38152 판결.

641) 대법원 1997.11.14. 선고 97다36118 판결.

642) 현재 국토이용관리법은 폐지되고, 종래의 국토이용관리법과 도시계획법을 통합하여 「국토의 계획 및 이용에 관한 법률」(2003.1.1)이 시행되고 있다.

643) 대법원 1995.1.24. 선고 93다25875 판결.

644) 대법원 1999.6.17. 선고 98다40459 판결.

유동적 무효상태인 매매계약에서도 매도인은 계약금의 배액을 상환하고 계약을 해제할 수 있다.645)

Ⅱ. 무 효

1. 무효의 의의

어떤 법률행위가 무효이면 당사자가 의도한 법률효과가 처음부터 발생하지 아니한다. 무효의 주장은 원칙적으로 누구도 모든 자에 대하여 할 수 있다. 그리고 무효는 언제나 주장할 수 있고 시간적 제한이 없다.

무효인 법률행위에 기하여 외견상 발생한 채권은 그 이행을 청구할 수 없다. 만일 무효인 법률행위에 기하여 사실상 이미 이행이 된 경우에는 원상회복이 필요하며, 법률상의 원인을 결한 이행으로 부당이득의 문제가 제기된다.

[더 생각할 과제 - 법률행위의 「무효」와 법률행위의 「불성립」의 구별]

법률행위가 성립요건을 갖추지 못하면 법률행위의 불성립 혹은 법률행위의 부존재가 되고, 법률행위가 성립요건을 구비하고 있지만 효력요건을 갖추지 못한 경우에는 법률행위의 무효가 된다. 그러므로 법률행위의 무효는 법률행위의 성립을 전제로 하고, 법률행위가 불성립하거나 부존재하는 경우에는 처음부터 유효·무효가 문제되지 아니한다.

2. 무효사유

민법상 인정되는 무효사유로는 아래와 같은 경우가 있다.

① 의사능력이 없는 자가 법률행위를 한 경우 자신의 행위의 의미나 결과를 정상적인 인식력과 예기력을 바탕으로 합리적으로 판단할 수 있는 정신적 능력 내지는 지능을 갖추지 못한 의사무능력자의 법률행위는 무효이다.

② 급부가 불능인 경우 원시적 불능을 목적으로 하는 법률행위는 무효가 된다.646)

③ 법률행위의 내용과 관련하여 무효가 되는 경우 선량한 풍속 기타 사회질서에 반하는 법률행위(§103) 또는 불공정한 법률행위(§104)는 무효이다.

④ 당사자의 의욕에 따라서 무효가 되는 경우 허위표시(§108 I), 상대방이 표의자의 진의 아님을 알았거나 알 수 있었을 비진의표시(§107 I 단서)는 당사자의 의욕에 따라서 무효로 된다.

---

645) 대법원 1997.6.27. 선고 97다9369 판결.

646) 당사자 일방의 채무가 원시적 이행불능이면 계약은 무효로 되므로, 원시적 불능의 경우에 상대방은 계약체결에 있어서의 과실을 이유로 하는 신뢰이익의 손해배상을 구할 수 있을지언정 이행에 대신하는 전보배상을 구할 수는 없다(대법원 1975.2.10. 선고 74다584 판결).

⑤ 법률행위를 할 수 있는 지위와 관련하여 무효인 경우　　　대리권이나 대표권이 없는 자의 대리행위, 즉 무권대리행위(§130) 또는 무권대표행위는 본인이나 법인이 추인하지 않으면 무효이다.

⑥ 방식과 관련하여 무효인 경우　　　혼인신고가 없는 혼인(§812), 입양신고 없는 입양(§878)은 신분행위로서의 효력이 생기지 아니하고 무효이다.

⑦ 법질서가 예정하고 있지 않는 법률행위를 하는 경우　　　법률·관습법에 의하여 인정되지 않는 물권의 창설을 목적으로 하는 법률행위(§185), 민법 제450조 이하의 규정과 다른 방법에 의하여 하기로 하는 채권양도는 무효이다.

3. 무효의 종류

(1) 절대적 무효·상대적 무효

무효는 누구에 대하여, 누구에 의하여 언제든지 주장할 수 있는 절대적 무효가 원칙이다. 대표적으로 의사무능력자의 행위·반사회질서의 행위가 절대적 무효에 해당한다. 예외적으로 선의의 제3자에 대하여 주장할 수 없는 비진의표시·허위표시의 무효(§§107 II·108 II)와 같이 특정인에 대하여는 무효를 주장할 수 없는 상대적 무효도 있다.

(2) 당연무효·재판상의 무효

법률행위를 무효로 하기 위하여 어떤 특별한 행위나 절차를 필요로 하지 않는 무효를 당연무효라고 한다. 회사설립의 무효(상법 §184), 회사합병의 무효(상법 §236)와 같이 소에 의하여만 무효를 주장할 수 있는 경우를 재판상의 무효라고 한다.

(3) 전부무효·일부무효

무효의 원인이 법률행위의 내용의 전부에 존재하는 무효를 전부무효라고 한다. 무효의 원인이 법률행위의 내용의 일부에만 존재하는 무효를 일부무효라고 한다. 법률행위의 내용의 일부에 무효의 원인이 존재하는 때에는 당연히 그 부분은 무효가 되고, 나머지 부분의 효력은 일부무효의 법리(§137)에 따라서 결정된다.

[더 생각할 과제 - 무효의 절대적 효력]

무효는 제3자에 대한 관계에서도 원칙적으로 효력이 생기지 아니한다. 그러므로 무효인 법률행위에 기하여 외견상 발생한 채권을 양수한 양수인이 있더라도 그 양수인에게 이행할 의무가 없고, 역시 무효인 법률행위에 기하여 외견상 이전된 물건을 상대방으로부터 다시 전득한 제3자가 있더라도 그 제3자는 목적물에 대한 권리를 취득하지 못한다. 다만 예외적으로 거래안전의 보호를 위하여 무효의 효과를 일정한 제3자에 대하여는 주장할 수 없는 경우가 있다(§§107 II·108 II). 그리고 선의취득자·시효취득자·채권의 준점유자에 대한 변제자는 무효를 주장할 수 없다.

4. 무효행위의 추인

(1) 민법상의 추인

① 소급적 추인　　무효행위는 본래 추인의 대상이 되지 아니하여 당사자가 추인을 하여도 처음에 소급하여 효력을 발생하지 않는다(§139 본문). 그러므로 무효행위를 추인한 때에는 달리 소급효를 인정하는 법률규정이 없는 한 새로운 법률행위를 한 경우로 보아야 한다(예컨대 법인의 무효인 결의를 사후에 적법하게 추인하는 경우에도 마찬가지이다). 다만 학설·판례[647]는 당사자 사이에서 또는 제3자의 권리를 해하지 않는 범위에서는 제3자에 대한 관계에서도 소급적으로 추인할 수 있다고 해석한다.

② 비소급적 추인　　당사자가 그 행위가 무효라는 사실을 알고 추인한 때에는 새로운 법률행위를 한 경우로 간주된다(§139 단서). 다만 강행법규위반의 행위, 반사회질서적 행위, 불공정한 법률행위로서 무효인 경우에는 추인에 의하여 무효인 법률행위가 유효로 될 수 없다.[648]

무효행위의 비소급적 추인을 위해서는 추인시에 법률행위의 유효요건이 존재하여야 한다. 가령 미상환농지에 관한 매매계약의 무효는 상환완료 후에 매도인이 추인하는 경우에 한하여 유효로 된다.

(2) 약정에 의한 추인

① 채권적·소급적 추인　　무효행위의 추인에는 원칙적으로 소급효가 없다. 다만 무효인 법률행위를 당사자 사이에서만 처음부터 유효로 하는 채권적 소급적 추인은 인정하여도 아무런 부당한 결과가 초래되지 아니하여 인정된다.

② 물권적·소급적 추인　　무효행위의 물권적 추인은 다만 제3자의 권리를 해하지 않는 경우에 한하여 소급효가 인정된다.

5. 일부무효

(1) 일부무효의 의미

일부무효란 무효의 원인이 법률행위의 내용의 일부에 있는 경우를 가리킨다. 법률행위의 일부가 무효인 경우에 그 법률행위 전체가 무효가 되는가, 아니면 일부무효에도 불구하고 적어도 무효인 부분을 제외한 나머지 부분은 유효로 되는가 하는 문제가 법률행위의 일부무효의 법리이다.

647) 대법원 1966.10.21. 선고 66다1596 판결.
648) 대법원 1994.6.24. 선고 94다10900 판결.

(2) 전부무효의 원칙과 예외

법률행위의 일부분이 무효인 경우에는 원칙적으로 그 전부를 무효로 한다(§137 본문). 예외적으로 법률행위의 무효부분이 없더라도 법률행위를 한다고 하는 사정이 인정되는 경우에 한하여 나머지 부분은 유효하다(§137 단서).[649]

민법 제137조는 일부무효의 효과에 대하여 법률이 스스로 규정하고 있지 않은 때에 한하여 적용된다. 법률상 일부무효의 효력에 대하여 달리 규정하고 있는 경우에는 그 적용이 배제된다. 민법상 일정한 일부무효에 대하여는 그 무효부분만을 무효로 하고 나머지 부분은 그대로 유효로 한다고 하는 규정이 있다(§§385, 591 I, 651 I). 또한 특별법상으로도 약관의 규제에 관한 법률[650], 근로기준법에 일부무효의 효력에 관한 특별규정이 있다.

> 상호저축은행법 제18조의2는 '채무의 보증 또는 담보의 제공'을 하는 행위를 금지하고 있는데, A저축은행과 B저축은행은 각 자회사에 대하여 서로 상호대출을 하면서 각자 자신이 상대방 저축은행의 자회사에 대출하는 채권의 담보를 위하여 자신의 채권에 대한 이행지체 등의 사유가 발생하는 경우를 조건으로 자신의 자회사에 대한 상대방 저축은행의 대출금채권을 '대위행사'하여 자신의 상대방 저축은행의 자회사에 대한 대출금채권의 변제에 우선 충당할 수 있는 권리를 유보하였다. A저축은행과 B저축은행 사이의 대출약정의 효력은 어떤가? [대법원 2004.6.11. 선고 2003다1601 판결]

우선 '채무의 보증이나 담보의 제공'을 하는 행위를 금지하고 있는 상호저축은행법 제18조의2의 성질이 문제된다. 상호저축은행법 제18조의2는 상호저축은행(서민과 소규모기업의 금융편의를 도모하고 거래자를 보호하며 신용질서를 유지함으로써 국민경제의 발전에 이바지함을 목적으로 한다)이 무분별하고 방만한 채무부담행위로 인한 자본구조의 악화로 부실화됨으로써 그 업무수행에 차질을 초래하고 신용질서를 어지럽게 하여 서민과 소규모기업거래자의 이익을 침해하는 사태가 발생함을 미리 방지하려는 데에 그 입법취지가 있으므로, 단순한 단속규정이 아닌 효력규정이라고 보아야 한다. 그러므로 효력규정인 상호저축은행법 제18조의2를 위반한 약정은 효력이 없다.

A저축은행과 B저축은행의 자회사 사이의 대출약정이 상호저축은행법 제18조의2에 위배되는가가 문제된다. 사례를 보면 각 자회사도 채권자인 상대방 상호저축은행에게 직접 변제하는 경우에 갈음하여 자신의 모회사인 저축은행에게 '대위변제'할 수 있고, 각 저축

649) 민법상 일부무효의 법리에 관한 내용은 계약충실의 원칙과 현실의 적용례에 비추어 원칙과 예외가 반대로 규정되어 있다는 논란이 있다. 그러므로 법률행위의 일부분이 무효인 때에도 원칙적으로 나머지 부분은 효력이 있고, 다만 효력 있는 부분만으로는 법률행위를 하지 아니할 사정이 인정되는 때에는 그 전부를 무효로 한다고 하는 내용으로 일부무효의 법리를 개정할 필요가 있다.

650) 약관의 규제에 관한 법률 제16조는 약관의 전부 또는 일부의 조항이 계약의 내용이 되지 못하는 경우나 무효인 경우에 계약은 나머지 부분만으로 유효하게 존속하고, 다만 유효한 부분만으로는 계약의 목적달성이 불가능하거나 일방 당사자에게 부당하게 불리한 때에는 당해 계약을 전부무효로 한다고 규정하고 있다.

은행(채권자)은 상대방 저축은행의 채권을 '대위행사'함으로써 자신의 상대방 저축은행의 자회사에 대한 채권이 소멸하는 한편, 각 저축은행의 자회사(채무자)는 상대방 저축은행의 자회사의 채무를 대위변제함으로써 자신의 상대방 저축은행에 대한 채무를 면하게 되고, 다만 각 저축은행 사이에 서로 정산의무만 남으므로 A저축은행과 B저축은행 사이의 대출약정에는 조건부 채권양도 또는 채권질권에 유사한 비전형담보계약이 포함되어 있다고 볼 수 있다. 결국 A저축은행과 B저축은행 사이의 각 담보제공약정은 상호저축은행법 제18조의2에 위배하여 무효라고 할 수 있다.

사례에서 예컨대 A저축은행이 무효를 주장한다고 하면 강행법규에 위반한 자가 스스로 그 약정의 무효를 주장하는 꼴이 된다. 그러므로 우선 강행법규에 위반한 자가 스스로 그 약정의 무효를 주장하면 신의칙에 반하는지가 문제된다. 강행법규를 스스로 위반한 A저축은행에 대하여 신의칙에 위반되는 권리의 행사라는 이유로 무효의 주장을 배척한다면, 오히려 강행법규에 의하여 배제하려는 결과를 실현시키는 셈이 되어 입법취지를 완전히 몰각하게 된다. 또한 신의성실의 원칙에 위배된다는 이유로 그 권리의 행사를 부정하기 위해서는 A저축은행이 B저축은행에게 신의를 공여한 경우이거나 객관적으로 보아 B저축은행이 신의를 가짐이 정당한 상태에 있어야 하고, B저축은행의 신의에 반하여 권리를 행사하는 경우가 정의관념에 비추어 용인될 수 없는 정도의 상태에 이르러야 한다. 그러나 A저축은행이 강행법규인 상호저축은행법 제18조의2에 위반하여 B저축은행의 자회사에 대한 대출금채권을 B저축은행에 담보로 제공하는 약정을 하고, B저축은행도 역시 그 약정에 한 당사자로 참여하고 있으므로, B저축은행이 강행법규에 위반한 담보제공약정이 유효하다고 믿은 사실이 정당하다고 할 수 없어 그 믿음이 보호되어야 할 가치가 있다고 할 수 없다. 결국 특별한 사정이 없는 한 강행법규를 위반한 A저축은행이 스스로 담보제공약정을 무효라고 주장하더라도 신의칙에 반한다고 할 수 없다.

각 저축은행의 담보제공약정이 효력규정인 상호저축은행법 제18조의2에 위반하여 무효라고 하면 그와 일체로 이루어진 대출약정까지 무효로 되는가? 사례에서 A저축은행과 B저축은행 사이에 체결된 대출약정까지 무효가 된다고 본다면, 서민과 소규모기업의 금융편의를 도모하고 거래자를 보호하며 신용질서를 유지하려는 상호저축은행법의 입법취지 및 상호저축은행법 제18조의2조 취지에 명백히 반하는 결과가 초래된다. 그러므로 담보제공약정이 상호저축은행법 제18조의2의 규정에 위반되어 무효라고 하더라도 나머지 부분인 대출약정까지 무효가 되지는 아니한다.

(3) 일부무효의 법리를 적용하기 위한 요건

1) 법률행위의 일체성

법률행위의 일부분이 무효로 되기 위해서는 법률행위상의 다수의 약정이 전체적으로 일체적 행위를 이루는 경우에 한하고, 다수의 독자적 법률행위가 성립하는 때에는 일부무효가 문제되지 않는다. 어느 경우에 법률행위의 일체성이 인정되는가는 당사자가 그 법률행위를 일체로 원하는가 아닌가, 혹은 당사자의 의사에 의하여 법률행위를 서로 의존적으로 성립·소멸하게 하는가 아닌가에 따라서 결정된다. 하나의 구두에 의한 의사표시나 하나의 서면에 의하여 다수의 약정이 포함된 계약을 체결한 경우와 같이 법률행위의 성립이 단일하거나 토지와 그 토지에 적재된 건축자재를 매입하는 경우와 같이 1개의 매매계약으로 여러 가지 목적물을 매매하면 일체적 행위로 인정할 수 있다.

2) 법률행위의 분할가능성

민법 제137조가 적용되기 위해서는 일체성이 인정되는 법률행위가 그 성격의 변경 없이 무효부분과 나머지 부분으로 분할될 수 있고, 무효부분이 없더라도 나머지 부분은 여전히 독립된 효력을 가질 수 있어야 한다.

① 분할이 불가능한 경우 예를 들어 계약을 체결할 때에 청약의 의사표시가 무효이면 승낙의 의사표시는 그 자체로서 독립한 존재의의를 가질 수 없으므로 민법 제137조가 적용되는가를 물을 필요 없이 계약은 당연히 성립하지 않는다. 그리고 매매계약의 체결시 매매가격에 관한 합의가 반공서양속적 행위로서 무효이면 목적물에 관한 합의만으로는 독립하여 존속할 의미가 인정되지 아니하여 매매계약은 전체적으로 무효가 되므로 일부무효의 문제가 생길 여지가 없다.

② 분할이 가능한 경우 법률행위의 분할가능성은 일반적으로 양적 개념을 전제로 하여 어느 일방의 급부 혹은 쌍방의 급부가 양적으로 분할될 수 있는 경우에 인정된다. 예를 들어 매매목적토지 중 일부만이 토지거래허가대상인 토지이고 나머지 부분은 토지거래허가대상인 토지가 아닌 경우에 자연녹지지역에 해당하는 거래허가대상지역에 관하여 관할관청으로부터의 거래허가를 받아야 하는 데도 허가를 받지 못하면 그 부분에 대한 매매계약은 효력이 없고, 결국 매매계약이 그 목적물 중 자연녹지지역에 관한 부분에 관하여서만 무효라고 하더라도, 민법 제137조에 따라서 원칙적으로 매매계약 전부가 무효가 되며, 다만 무효부분이 없더라도 매매계약을 체결하였을 경우로 인정될 때에 한하여 나머지 부분은 무효가 되지 아니한다.[651] 또한 불하한 국유임야중의 일부분이 처분할 수 없는 행정재산인 경우에 매수인이 잔여부분만이라도 매수할 의사가 있다면 행정재산부분에 대한 국유재산처분이 무효하다 하여 나머지 국유재산의 매매행위까지 무효로 되지는 않는다.[652] 역시 계속적 채권관계에서 그 기간에 따라서 급부를 다양한 부분으로 분할할 수 있는 경우에도 법률행위의 분할가능성을 인정할 수 있다. 그리고 복수당사자 사이의 합의 중 일부당사자의 의사표시가 무효인 경우에도 분할가능하여 나머지 당사자 사이의 합의가 유효한지는 민법 제137조에 따라서 판정된다.[653]

3) 가상적 의사

전부무효인가 혹은 나머지 부분이 유효인가는 당사자의 가상적 의사를 기준으로 판단

651) 대법원 1993.12.14. 선고 93다45930 판결.
652) 대법원 1967.12.26. 선고 67다2405 판결.
653) 대법원 1996.2.27. 선고 95다38875 판결.

한다. 무효부분이 없더라도 법률행위를 한다고 하는 당사자의 가상적 의사가 인정되면 나머지 부분은 유효가 되고, 아니면 전부무효가 된다. 가상적 의사는 계약해석이나 심리적 사실의 확정에 의하여 결정되지 않고, 당사자의 이익의 형량 혹은 거래의 관행과 신의성실의 원칙에 따라서 결정한다.

(4) 일부무효의 구체적인 사례

1) 계약의 수량적인 결합

일체로 체결된 계약이 수량적으로 복수의 계약으로 구분될 수 있는 경우에 그 일부의 계약에 무효원인이 있더라도 원칙적으로 그 부분의 계약만이 무효가 된다고 보아야 한다. 다만 당사자가 무효인 계약을 제외한 나머지 계약만으로는 계약의 목적을 달성할 수 없다고 하면 어느 한 계약의 무효로 인하여 전부무효가 초래될 수도 있다.

① 주식매매거래계좌설정약정, 일임매매약정, 투자수익보장약정 세 가지 형태의 계약이 결합한 경우

> A는 B가 자신에게 주식투자를 일임하면 A의 주식투자금에 대하여 최소한 투자원금과 연 10%의 이자, 연 6%의 수익 및 거래관계가 종료되는 경우 그 익일부터 원금과 보장수익에 대한 연 25%의 비율에 의한 지연손해금의 지급을 보장하겠다고 제의를 하자, A는 그 제의를 수락하고 B로부터 서약서를 받은 다음 갑증권회사와 주식매매거래계좌설정약정과 일임매매약정을 체결하고 B에게 주식투자를 일임하였다. 그런데 이후 B가 A의 예탁금으로 주식투자를 한 결과 전반적인 주가의 하락으로 투자원금의 손실이 발생하였다. A는 투자수익보장약정이 강행법규에 위반되어 무효라면 그와 일체로 체결된 주식매매거래계좌설정약정과 일임매매약정도 법률행위의 일부무효의 법리에 따라 그 전체가 무효로 되고, 결국 갑증권회사는 법률상 원인 없이 A로부터 금원을 예탁받은 경우로서 갑증권회사는 부당이득에 해당하는 예탁원금의 손실액 상당을 반환할 의무가 있다고 주장할 수 있는가?

사례에서는 주식매매거래계좌설정약정, 일임매매약정, 투자수익보장약정과 같은 세 가지 형태의 계약이 결합되어 있다. 세 가지 계약 중 투자수익보장약정은 강행법규에 위반하여 무효가 되므로, 그 무효가 다른 주식매매거래계좌설정약정, 일임매매약정에 어떤 영향을 미치는가가 문제된다. 원칙적으로 어느 한 약정이 무효가 되면 단지 그 약정만이 무효로 될 뿐이고, 다른 약정에 영향을 미치지 아니한다. 특히 주식매매거래계좌설정약정 및 일임매매약정에 기하여 주식거래가 계속되어 새로운 법률관계가 계속적으로 형성된 사정을 고려하면 투자수익보장약정의 무효를 이유로 주식매매거래계좌설정약정이나 일임매매약정까지 무효가 된다고 할 수는 없다.[654] 그러므로 사례에서는 투자수익보장약정이 무효가 되면 단지 그 약정만이 무효로 될 뿐이고, 다른 약정에 영향을 미치지 아니한다.

---

654) 대법원 1996.8.23. 선고 94다38199 판결 참조.

② 증권거래계약과 손실보전약정이 결합한 경우

> 갑증권회사는 고객 A와 증권거래계약을 맺을 때에 B에 대하여 증권거래와 관련하여 발생한 손실을 보전하여 주기로 하는 약속을 하였다. 손실보전의 약정이 사회질서에 위반되어 무효라고 할 때에 갑증권회사와 A 사이의 증권거래계약도 무효로 되는가?

증권거래와 관련하여 발생한 손실을 보전하여 주기로 하는 약속은 증권시장의 본질을 훼손하고 안이한 투자판단을 초래하여 가격형성의 공정을 왜곡하는 행위로서, 증권투자에서의 자기책임원칙에 반하며 사회질서에 위반되어 무효라고 할 수 있다. 다만 증권투자에 따른 손실보전의 약정에 무효원인이 있는 경우에 그 손실보전약정만이 무효로 되는가, 증권거래계약까지도 무효로 되는가 하는 문제가 있다. 원칙적으로 손실보전약정만이 무효로 된다고 본다.

2) 주종의 관계가 있는 경우

> A가 B에게 1억원을 빌려주는 소비대차계약을 체결하였는데, 또한 그 당시 A와 B는 1억원의 채권을 담보하기 위하여 B 소유의 토지 위에 저당권을 설정하는 저당권설정계약을 맺었다. 후에 어떤 사유에 의하여 저당권설정계약이 무효가 된 경우에 A는 B에 대하여 소비대차계약의 무효를 주장할 수 있는가?

복수의 계약이 서로 주종의 관계에 있는 경우에는 주된 계약에 무효원인이 있는가, 종된 계약에 무효원인이 있는가에 따라서 결론이 달라진다. 예를 들어 금전소비대차계약과 담보설정계약 혹은 보증계약, 임대차계약과 보증금계약과 같이 일체로 성립하는 여러 계약이 서로 주종의 관계에 있는 경우에는 주된 계약이 무효가 되면 종된 계약까지도 무효로 된다. 그러나 종된 계약에 무효원인이 있는 때에는 원칙적으로 그 종된 계약만이 무효로 되고, 다만 그 종된 계약이 없다고 하면 주된 계약을 체결하지 아니한 사정이 인정되는 경우에 한하여 종된 계약의 무효로 주된 계약까지 무효로 될 수 있다.

사례와 같이 A가 B에게 금전을 소비대차할 때에 저당권설정계약을 체결한 경우에는 저당권설정계약은 독자적으로 존재한다고 볼 수 없고, 금전소비대차계약과 결합하여 그 전체가 경제적, 사실적으로 일체로서 행하여진 경우로 생각할 수 있다. 그러므로 저당권설정계약의 무효는 소비대차계약을 포함한 전체에 대하여 무효가 초래된다.[655)]

3) 복수의 계약이 밀접불가분하게 결합되어 있는 경우

> A는 본래 자기 소유의 토지에 건물을 건축하려고 준비중이었는데, 그 토지와 토지에 적재되어 있는 건축자재를 함께 B에게 매각하였다. 후에 토지에 대한 매매계약이 무효가 된 경우에 건축자재계약도 무효로 되는가?

---

655) 대법원 1994.9.9. 선고 93다31191 판결 참조.

우선 토지매매계약과 건축자재매매계약이 각각 별개의 계약인가 일체적인 하나의 계약인가 하는 의문이 생길 수 있다. 예를 들어 A가 B에게 우선 토지를 매각하고, 얼마 후 건축자재를 매각한 경우에는 적어도 외형적으로는 토지매매계약과 건축자재매매계약을 별개로 볼 수 있다. 그러나 만일 후에 체결한 건축자재매매계약이 토지매매계약과 경제적으로 아주 밀접한 관계에 있는 경우에는 건축자재매매계약을 토지매매계약을 보충하거나 변경하는 합의로 인정하여 양 계약을 일체적 법률행위라고 생각할 수도 있다. 물론 아무리 경제적으로 밀접한 사정이 있더라도 토지매매계약을 서면에 의하여 체결되고, 그 이후 구두로 건축자재계약이 체결된 경우와 같이 계약이 각각 별도의 절차와 방법에 의하여 체결된 경우에는 법률행위의 일체성을 인정하기 어려울 수도 있다.

사례에서 토지매매계약의 유효를 사후에 체결하는 건축자재매매계약의 조건이나 「행위기초」로 한 때에는 토지매매계약이 어떤 이유에 의하여 무효가 되는 경우에 역시 건축자재매매계약도 무효가 될 수 있다. 또한 건축을 위한 토지매매계약과 건축자재매매계약이 밀접불가분한 경우에 그 하나의 계약이 무효가 되면 다른 계약에도 영향을 미치는가에 관하여는 (i) 당사자가 무효로 된 계약이 없다고 하면 다른 계약도 체결하지 아니한 사정이 인정되면 전부무효로 되고, (ii) 어느 계약을 무효로 하는 규범의 목적을 달성하기 위하여는 전부무효로 하여야 할 필요가 있는 경우에는 역시 전부무효가 된다.

4) 약관이 무효인 경우

> A회사와 B가맹점간에 프랜차이징계약을 체결할 때에 약관상 A회사가 아무런 제약 없이 언제라도 B가맹점의 점포와 동일지역 내에 직영점을 개설하거나 가맹점을 둘 수 있도록 하는 조항을 두었다. B가맹점에 대하여 부당하게 불리한 약관상의 조항이 약관의 규제에 관한 법률 제6조 제1항에 의하여 무효라고 할 때에 가맹점계약도 무효로 되는가?

약관의 전부 또는 일부의 조항이 계약의 내용이 되지 못하는 경우나 무효인 경우에 계약은 나머지 부분만으로 유효하게 존속한다(약관규제법 §16 본문). 다만 유효한 부분만으로는 계약의 목적달성이 불가능하거나 당사자 한쪽에게 부당하게 불리한 때에는 계약이 전체적으로 무효로 된다(약관규제법 §16 단서). 그러므로 A회사가 아무런 제약 없이 언제라도 B가맹점의 점포와 동일지역 내에 직영점을 개설하거나 가맹점을 둘 수 있도록 하는 불공정조항만이 무효로 되고, 가맹점계약의 나머지 부분은 유효하다.

5) 위약금·손해배상액의 예정이 부당히 과다한 경우

> A는 B회사와 위탁판매계약을 체결하였는데, 계약체결시 A가 매출금액을 누락시켜 입금하지 아니할 경우에는 누락금액의 10배에 해당하는 금액을 벌칙금으로 B에게 지급하기로 하였다. A가 매출신고를 누락하는 경우에 매출신고누락분의 10배에 해당하는 벌칙금을 임대인에게 배상하기로 한 위약벌의 약정이 공서양속에 반한다고 볼 때에 위약벌의 약정이 무효로 되는가, 혹은 단순히 그 액이 적당히 감액될 뿐인가?

손해배상의 예정액이 부당하게 과다한 경우에는 법원은 당사자의 주장이 없더라도 직권으로 그 액을 감액할 수 있다(§398 II). 그러므로 손해배상의 예정에서는 부당히 과다하다고 하더라도 그 계약이 전부무효로 되지 아니하고, 부당히 과다한 부분의 감액을 할 수 있다. 역시 위약금의 약정은 특별한 사정이 없는 한 손해배상액의 예정으로 추정되므로,[656] 위약금의 약정이 일반사회인이 납득할 수 있는 범위를 넘는 경우라면 그 초과한도에 대하여는 감액을 할 수 있다. 그러나 위약벌[657]의 약정은 채무의 이행을 확보하기 위하여 정하며 손해배상의 예정과는 그 내용이 다르므로, 손해배상의 예정에 관한 민법 제398조 제2항을 유추적용하여 그 액을 감액할 수는 없다. 다만 본래의 의무의 강제에 의하여 얻어지는 채권자의 이익에 비하여 약정된 위약벌이 과도하게 무거울 때에는 위약벌약정의 일부 또는 전부가 공서양속에 반하여 무효로 될 수 있다.

6) 유동적 무효와 일부무효의 법리

유동적 무효의 경우에도 민법 제137조에 의한 일부무효의 법리가 적용되는가? 판례는 A가 B로부터 허가구역 내에 있는 토지와 그 지상건물을 매수한 경우에 관할관청의 허가를 받기 전에는 AB 사이의 매매계약 중 토지에 관한 부분은 무효(정확하게는 유동적 무효)이므로, 그 매매계약의 내용에 따른 이행청구 내지 채무불이행으로 인한 손해배상청구를 할 수 없고, 또한 일반적으로 토지와 그 지상의 건물은 법률적인 운명을 같이 하게 하는 경우가 거래의 관행이고 당사자의 의사나 경제의 관념에도 합치되므로 A가 토지에 관한 허가가 없으면 건물만이라도 매수한다고 볼 수 있는 특별한 사정이 인정되는 때를 제외하고는 토지에 대한 허가를 받기 전의 상태에서는 건물만에 대한 소유권이전등기를 청구할 수 없다고 본다.[658]

[더 생각할 과제 - 일부무효의 법리와 강행규정]

> 갑의료법인은 서울특별시장으로부터 그 소유의 을토지에 관하여 담보한도액을 20억 원으로 한 기본재산담보제공에 관한 허가만을 받았다. 그런데 갑의료법인은 병신용금고에게 그 허가된 한도액을 초과하여 을토지에 관하여 채권최고액을 31억2,000만원으로 하는 근저당권을 설정하여 주었다. 을토지에 대한 근저당권설정계약의 효력은 어떤가?

민법 제137조는 임의규정으로서 의사자치의 원칙이 지배하는 영역에서 적용된다고 보아야 한다. 그러므로 법률행위의 일부가 강행법규인 효력규정에 위반되어 무효가 되는 경우에 그 부분의 무효가 나머지 부분의 유효·무효에 영향을 미치는가 여부를 판단할 때에는 개별법령이 일부무효의 효력에 관한 규정을 두고 있는 경우에는 그에 따라야 하고, 그 규정이 없다면 원칙적으로 민법 제137조가 적용되나, 당해 효력규정 및 그 효력규정을 둔 입법취지를 고려하여 볼 때 나머

656) 위약금은 채무불이행의 경우에 채무자가 채권자에게 지급한다고 약정한 금전을 가리킨다. 위약금은 보통 위약벌 혹은 손해배상액의 예정으로 해석할 수 있지만, 민법은 당사자 사이의 분쟁을 방지하기 위하여 위약금을 손해배상액의 예정으로 추정하고 있다(§398 IV).

657) 위약벌이란 위약금을 교부한 자가 계약을 이행하지 아니할 때에 상대방이 그 위약금을 몰수하며, 위약금과 동시에 채무불이행에 의하여 현실적으로 입은 손해배상을 따로 청구할 수 있는 위약금을 가리킨다.

658) 대법원 1994.1.11. 선고 93다22043 판결.

지 부분까지를 무효로 한다면 당해 효력규정 및 그 취지에 명백히 반하는 결과가 초래되는 경우에는 나머지 부분까지 무효가 된다고 할 수는 없다. 의료법 제48조 제3항은 의료법인은 그 재산을 처분하고자 할 경우에 시·도지사의 허가를 받도록 규정하고 있고, 그 규정은 의료법인이 그 재산을 부당하게 감소시키는 경우를 방지함으로써 항상 그 경영에 필요한 재산을 갖추고 있도록 하여 의료법인의 건전한 발달을 도모하여 의료의 적정을 기하고 국민건강을 보호·증진케 하려는 입법목적을 달성하기 위하여 둔 강행규정인 효력규정이라고 할 수 있다. 사례에서 갑의료법인이 허가받은 한도액을 초과하여 한 근저당권설정약정은 무효라고 하지 않을 수 없다. 다만 근저당권설정약정 중 일부가 의료법 제48조 제3항에 따른 허가를 받은 범위를 초과하는 경우이어서 무효라는 이유로 허가받은 나머지 근저당권설정약정까지도 무효가 된다고 본다면 갑의료법인으로 하여금 이미 허가받은 범위의 담보제공에 따른 피담보채무까지 상환할 수밖에 없도록 하여 결국, 재산처분에 대한 허가제도를 통하여 거래당사자의 한쪽인 갑의료법인을 보호하고 건전한 발달을 도모하려는 의료법 제48조 제3항의 취지에 명백히 반하는 결과를 초래하게 된다. 결국 을토지에 관한 근저당권설정약정 중 피담보채무가 20억원을 초과하는 부분만이 의료법 제48조 제3항에 위반되어 무효로 될 뿐이고, 이미 허가받은 나머지 부분의 근저당권설정약정까지 무효가 된다고 할 수는 없다.

6. 무효행위의 전환

(1) 의 의

무효행위의 전환이란 무효의 법률행위가 다른 법률행위의 요건을 구비하고 있는 경우에 무효의 법률행위를 다른 법률행위로 효력을 인정하는 제도를 가리킨다. 무효행위의 전환에 의하여 A라는 행위로는 무효인 법률행위가 B라는 법률행위로 요건을 구비하고 있는 경우에 무효인 A행위를 B행위로 그 효력을 인정한다. 예컨대 연착된 승낙(§530), 조건을 붙이거나 변경을 가한 승낙(§534)을 새로운 청약으로 보는 경우, 비밀증서에 의한 유언이 그 방식에 결함이 있는 때에 그 증서가 자필증서의 방식을 갖추고 있으면 자필증서의 유언으로 효력을 인정하는 경우(§1071)가 무효행위의 전환에 해당한다.

(2) 요 건

1) 법률행위의「무효」

무효행위의 전환이 인정되기 위해서는 일단 성립한 제1의 법률행위가 어떤 이유로 무효로 되어야 한다.

2)「다른 법률행위」의 의욕

당사자가 제1의 법률행위의 무효를 안 경우라고 하면 유효로 전환될 수 있는 제2의 다른 법률행위를 의욕한다고 하는 사정이 인정되어야 한다.

3) 다른 법률행위의「요건의 충족」

무효인 제1의 법률행위가 유효로 되는 제2의 다른 법률행위의 요건을 갖추고 있어야 무효행위의 전환은 인정될 수 있다.

4) 다른 법률행위의 「내포성」

유효로 되는 제2의 다른 법률행위는 그 법률효과가 무효인 원래의 제1의 법률행위보다 작아서 제1의 법률행위에 포함될 수 있어야 한다.

[더 생각할 과제 - 제2의 법률행위가 요식행위인 경우]

무효인 제1의 법률행위가 요식행위이고 제2의 법률행위가 불요식행위인 경우에는 전환이 가능하다는 사실에 대하여 의문이 없다. 그러나 무효인 제1의 법률행위는 불요식행위이고 제2의 법률행위가 요식행위이면 전환이 인정되기 곤란하다. 그리고 무효인 제1의 법률행위와 제2의 법률행위가 모두 요식행위인 경우에는 일정한 형식 자체가 요구되는 요식행위(어음행위)로의 전환은 인정할 수 없으나, 확정적인 의사를 서면에 나타낼 필요로 요식이 요구되는 때에는 그 전환이 일반적으로 인정된다고 본다.

(4) 무효인 단독행위의 전환

1) 서 언

단독행위가 무효인 경우에도 유효한 법률행위로의 전환이 인정되는가? 무효인 단독행위의 전환에 대하여는 학설상이 대립이 있다. 단독행위의 성질상 무효인 단독행위의 전환은 인정할 수 없다고 보는 견해가 있다. 본다. 그러나 민법상 비밀증서에 의한 유언이 그 방식을 결여하여 무효이더라도 자필증서의 방식을 갖춘 경우에는 자필증서에 의한 유언으로 효력을 인정하고 있고(§1071), 연착한 승낙(§530)·변경을 가한 승낙(§534)은 각각 새로운 청약으로 본다는 규정을 통하여 무효인 단독행위의 전환이 인정되고 있다. 또한 판례도 타인의 자녀를 자기의 출생자로 출생신고한 경우에 입양의 효력을 인정하고,[659] 혼인외의 출생자를 혼인중의 출생자로 출생신고를 한 경우에는 친생자출생신고는 무효이지만 인지신고로서의 효력을 인정하고 있다.[660] 그러므로 무효인 단독행위의 전환도 인정된다고 보는 견해가 타당하다.

① 비밀증서에 의한 유언의 전환

> 갑부 A에게는 아내 B와 자녀 C, D가 있다. A는 "자기의 재산을 전부 아내 B에게 물려준다"고 하는 유언을 작성하여 비밀증서유언의 형태로 보관하였다. A의 사망 후에 법원이 유족의 참여 아래 그 유언증서를 개봉하였는데, 유언증서에 사용된 인장과 그 유언증서를 넣은 봉서표면에 찍은 인장이 다르다는 사실이 밝혀졌다. A의 유언은 유효한가?

비밀증서유언이 되려면 유언자가 필자의 성명을 기입한 증서를 엄봉날인하고 그 증서를 2인 이상의 증인의 면전에 제출하여 자기의 유언서임을 표시한 후 그 봉서표면에 제출

---

659) 대법원 1977.7.27. 선고 77다492 판결.
660) 대법원 1971.11.15. 선고 71다1983 판결.

년월일을 기재하고 유언자와 증인이 각자 서명 또는 기명날인하여야 한다(§1069 I). 사례에서 A의 유언은 유언증서의 인장과 봉서표면에 날인한 인장이 다르므로, 비밀증서유언으로서는 무효가 된다. 다만 A의 유언증서가 비밀증서유언으로서는 무효로 되나, 자필증서유언은 유언자가 그 전문과 연월일, 주소, 성명을 자서하고 날인하면 충분하므로(§1066 I), A의 유언이 자필증서유언으로서의 요건은 충족시킬 수 있다. A의 유언이 자필증서유언의 요건은 충족시킨다면 자필증서유언으로서는 유효로 된다. 민법 제1071조가 명문으로 무효인 비밀증서유언의 자필증서유언으로의 전환을 인정하고 있다.

② 허위의 친생자출생신고와 입양의 효력 생후 얼마 안된 타인의 갓난아이를 받아서 그 아이를 부부의 친생자로 출생신고를 하여 기르는 행위는 오래 전부터 내려온 관습이라고 할 수 있다. 실제로 사례도 적지 않다. 타인의 자녀를 부부의 친생자로 출생신고한 경우에 부부와 자녀가 원만하게 생활하는 한 사실상 별로 문제가 생기지 아니한다. 부부와 자녀 사이의 관계가 벌어지거나, 부부의 사망으로 인하여 상속이 개시되게 되면 부부의 다른 자녀(혹은 다른 자녀가 없는 때에는 부모, 형제자매, 4촌 이내의 친족)가 친생자로 출생신고된 자녀의 상속권을 다투는 경우가 생겨 복잡한 문제가 야기될 수 있다.

민법상 타인의 자녀를 친생자로서 출생신고를 하더라도 출생신고에 의하여 부부와 그 자녀 사이의 친생자관계가 발생하지는 않는다는 사실은 말할 나위도 없다. 다만 만일 부부와 자녀 사이에 사실상 양친자관계로서의 생활사실이 있다면 법률상으로도 부부와 자녀의 관계를 입양으로 볼 수 있는가 하는 문제가 제기된다. 학설상 긍정설과 부정설이 대립하고 있다.

우선 민법이 입양을 요식행위로 규정한 입법이유는 가족관계등록부상 창설된 신분관계를 공시하여 신분관계의 혼란과 각종 분쟁의 씨를 미연에 방지하고 입양의 실질적 성립요건의 위반을 사전에 방지하는 기능을 부여하는 데 있다고 볼 수 있으므로, 입양의 요건을 구비하지 아니한 친생자출생신고에 대하여 입양신고로서의 효력을 인정할 수는 없다고 보는 견해이다. 허위의 친생자출생신고에 입양의 효력을 인정하지 않는 견해는 그 근거로 (i) 양부의 친생자출생신고의 의사를 입양의 신고의사로 보더라도 기타의 당사자(대상사건에서는 대락자)는 물론 성년증인 2인의 연서가 없고, (ii) 유아인 때에 입양된 자녀는 자기가 양자라는 사실을 알지 못할 수도 있으므로, 양자에게서 파양권을 사실상 박탈할 뿐만 아니라, 그 실부모가 누구인지 찾기 곤란한 비인도적이고 비정한 결과를 가져오기까지 하고, (iii) 양자는 비록 실가(實家)에서 이적하더라도 그 실가와의 친족관계는 계속 유지된다고 보므로 양자는 실가에서도 일정한 상속권, 부양의 권리의무가 있으나, 그 공시가 없으므로 제3자에게도 의외의 불편, 손해를 주며 양자는 이 권리를 박탈당할 수도 있고, (iv) 양자가 실가를 모를 경우에는 심지어 극단의 경우에는 신분상 혼인이 금지된 근친결혼이 사실상 성립될 우려가 있고, (v) 사생자(私生子)를 혼인중의 출생자로 출생신고를 한 경우에 인지신고로서의 효력을 인정하는 판례의 정신과 비교하여 친생자신고에 입양의 효력을 인정하자는 주장이 있으나, 인지는 아버지(父)의 '단독행위'이나 입양은 당사자간의 '합의'에 의한 적법한 입양신고에 의하여만 성립한다고 볼 때에 본질적으로 인지와 입양은 다르다는 이유를 든다. 그러나 허위의 친생자출생신고라도 당사자간에 법률상 친자관계를 설정하려는 의사표시가 명백히 나타나 있고, 양친자관계는 파양에 의하여 해소될 수 있다는 사실을 제외하고는 법률적으로 친생자관계와 똑같은 내용을 가지고 있으므로 허위의 친생자출생신고는 법률상 친자관계의 존재를 공시하는 신고로서 입양신고의 기능을 발휘한다고도 볼 수 있다고 보는 견해가 타당하다. 친생자출생신고의 형식을 빌린 양친자관계가 진실의 친자관계로서의 양육을 수반한 경우에는 입양의 요식성에 구애받지 않고 무효행위의 전환을 적용하여 법률상으로도 양친자관계의 성립을 인정하는 태도가 '키운 부모'를 위하여도, 자녀의 복리를 위하여도 합리적인 해결이라고 본다.

판례는 종래 입양의 요식성을 이유로 친생자의 출생신고를 입양신고로 전환된다는 주장을 배척한 경우가 있다.[661] 그러나 그 후의 판례에서는 종전의 태도를 변경하여 허위의 친생자출생신고에 입양신고로서의 효력을 인정할 수 있다고 본다. 혼인신고가 위법하여 무효인 경우에도 무효한 혼인중 출생한 자녀를 그 가족관계등록부에 출생신고하여 등재한 이상 그 자녀에 대한 인지의 효력이 있다는 판례[662]와 대비하여 볼 때에 판례가 허위의 친생자출생신고라고 하더라도 분명히 입양신고로서의 효력을 가질 수 있다고 보는 태도는 타당하다고 본다.

A는 그 아내와의 사이에 아들이 없어 9촌 조카인 B를 데려와 양자로 삼았으나 입양신고를 하지 아니하고 입양신고에 갈음하여 친생장남으로 출생신고를 하였다. 그 후 A는 다른 여인을 소실로 얻어 동거하던 중 그 사이에 C를 출산하였고, 아내가 사망하자 그 여인과 혼인신고를 하여 C가 호적상 친생차남으로 되었다. 그리고 A는 C가 출생한 후로는 B를 자식(양자)으로 생각하지 아니하고 B 자신도 자식으로 행세하지 아니하였으므로 서로 따로 살아왔으며, A의 봉양을 C가 맡았고 A가 사망하자 C와 함께 B도 상주노릇까지 하였으나 복상·제사 등은 C만이 단독으로 하였으며 그 유산도 사실상 C가 관리하였다. B에 대한 무효인 친생자출생신고가 입양신고로 전환되어 A와 B 사이의 양친자관계가 인정될 수 있는가? [대법원 1977.7.26. 선고 77다492 전원합의체 판결]

A는 그 아내와의 사이에 아들이 없어 타인의 자녀인 B를 데려와 양자로 삼으면서 입양신고를 하지 아니하고 친생자로 출생신고를 한 사정이 인정된다. 그러므로 B가 친생자로 인정되는가, 아니면 B에 대한 출생신고가 친생자출생신고로서는 무효이나 입양신고로 전환될 수 있는가 하는 문제가 제기된다.

분명히 민법은 입양에 대하여 일정한 요건을 요구하고 있고, 만일 입양의 실질적 요건을 구비하지 않는 경우에는 입양이 무효 내지 취소가 될 수 있다. 그러나 친족법상의 행

661) 대법원 1967.7.1. 선고 67다1004 판결.
662) 대법원 1971.11.15. 선고 71다1983 판결.

위에 신고가 요구되는 이유가 친자관계를 인정하려는 의사표시의 확인에 있다고 하면 친생자관계의 성립에 형식상 다소 잘못이 있더라도 큰 문제가 되지 아니한다. 그리고 신고를 통한 공시의 목적도 거래의 경우와 달라서 가족법상의 행위에서는 방식 그 자체에 비중을 두지는 아니하고, 실질상으로는 양자와 친생자라고 하여 큰 차이가 없다(양친자관계는 파양에 의하여 해소될 수 있다는 차이가 있을 뿐이다).

입양신고보다 강한 친생자관계를 창설하려는 의사에 의한 출생신고에 대하여는 비록 법률상·형식상으로 입양의 의사 자체가 존재하지 아니한다고 하더라도 의제적 친자관계인 양친자관계를 가지려는 의사를 인정할 수 있다고 본다. 물론 친생자출생신고에 입양의 효력을 인정하는 경우에 몇 가지 기술적인 문제가 생기나, (i) 실체적으로 입양의 성립을 인정한다면 양친자관계존재확인의 판결을 얻어서 실체에 합치하도록 가족관계등록부를 정정할 수 있고, (ii) 후에 파양할 필요가 생기면 당사자로부터 양친자관계라는 사실과 파양원인이 있음을 주장하여 가족관계등록부를 입양으로 정정한 후에 파양의 기재를 하는 방법으로 해결할 수 있고, (iii) 양부모가 친생자관계부존재확인의 청구를 하는 경우에는 신의칙상 금반언의 원칙을 이유로 그 주장을 제한하여야 하고, (iv) 양친자관계의 성립의 시기에 대하여는 입양관계가 친생자출생신고의 수리시부터 성립한다고 해석하여도 무방하다.

사례에서는 입양신고 대신 친생자출생신고가 되어 있기는 하나, A에게 양친자관계를 창설하려는 명백한 의사가 있고, 기타 입양의 성립요건이 모두 구비된 경우라고 하면 형식에 다소 잘못이 있더라도 입양신고로서의 효력이 있다고 해석하는 태도가 타당하다. 그러므로 B는 양자(養子)로서의 법적 지위를 가지고, A의 상속인이 될 수 있다.

[더 생각할 과제 - 친양자제도]

2008년부터 시행된 개정민법에 의하여 완전양자(full adoption)제도로서 친양자제도가 도입되어 있다. 친양자제도는 양자와 친생부모와의 관계가 완전히 단절되고, 양자가 법적으로 뿐만 아니라 실제생활에서도 마치 양부모의 친생자와 같이 완전히 양가의 구성원으로 흡수·동화되도록 하는 양자제도의 한 형태이다. 친양자는 부부의 혼인중 출생자로 본다(§908의3 I). 그러므로 친양자는 양부모의 친생자와 동일한 효력이 발생하고, 양부모의 가족관계등록부에 친생자로 기재된다. 그리고 친양자가 되면 양자는 법원의 허가를 받아 양부모의 성과 본을 따르고(§781의6), 파양이 원칙적으로 허용되지 않는다.

③ 혼인 외의 출생자를 혼인중의 출생자로 출생신고한 경우와 인지의 효력

A남과 B여는 부부인데, B여는 결혼 얼마 후인 2010.10.25. A남이 사망하자, 가족관계등록부상 A남의 아내로 등재되어 있는 채로 C남과 재혼하였다. 그러나 B여와 C남간에는 혼인의 효력이 생길 수 없어서 무효이나, B여는 C남과 동거하면서 그 사이에 2011.3.16. 갑을 출산하여 C남은 갑을 출생신고하여 그 가족관계등록부에 그 자녀로서 등재케 하였다. C남이 사망한 경우에 갑은 상속권을 가지는가?

생부가 혼인 외의 출생자를 자기의 자녀로 하기 위해서는 인지신고를 하여야 한다

(§§855·859). 본래 혼인 외의 출생자가 출생한 때에 그 자녀에 대한 출생신고는 어머니가 하도록 되어 있다(가족관계등록법 §46 II). 그러나 현실에서는 생모가 혼인 외의 출생자에 대하여 출생신고를 하는 예가 많지 않으며, 생부가 출생신고를 하지 않을 때에 마지못해 하는 경우가 보통이다. 그러므로 생부가 그 혼인 외의 출생자를 인지하고자 할 때에 생모의 출생신고가 없는 경우가 보통이므로, 바로 생부가 친생자출생신고를 하는 사례가 많다.

판례는 사례와 같은 경우에 부모의 혼인신고가 무효인 경우에도 혼인중의 출생자로서의 출생신고에 대하여 인지의 효력을 인정하고 있다.663) 그러므로 혼인 외의 출생자에 대한 생부의 인지에 대하여는 인지신고에 의한 인지만을 고집하고 있지 않다. 혼인 외의 출생자를 보호하기 위한 취지이다. 사례에서 갑에 대하여 인지로서의 효력이 인정되므로, 갑은 C남의 사망에 따른 상속권을 가진다.

(5) 불공정한 법률행위에서 무효행위의 전환

매매계약이 약정된 매매대금의 과다로 말미암아 민법 제104조에서 정하는 불공정한 법률행위에 해당하여 무효인 경우에도 무효행위의 전환에 관한 민법 제138조가 적용될 수 있는가? 예컨대 재개발예정지역의 알짜배기 땅을 미리 조금 사 놓고 주변시세보다 터무니없이 높은 땅값을 불러 개발을 방해하며 많은 돈을 뜯어내려는 행위(속칭 「알박기」라고 부른다)는 민법 제104조에서 정하는 불공정한 법률행위에 해당하여 무효이다. 다만 알박기매매가 완전히 무효로 된다고 하면 그 땅을 반드시 필요로 하는 재개발사업의 추진이 문제가 된다. 그러므로 알박기매매가 불공정한 법률행위에 해당하여 무효라고 할지라도 무효행위의 전환에 관한 민법 제138조를 적용하여 당사자 양쪽이 무효를 안 경우라고 하면 대금을 다른 액으로 정하여 매매계약을 합의한다고 예외적으로 인정되는 때에는 그 대금액을 내용으로 하는 매매계약이 유효하게 성립한다고 인정할 필요가 있다. 판례는 당사자 쌍방이 알박기매매가 불공정한 법률행위로서 무효라는 사실을 안 경우라고 하면 대금을 다른 액으로 정하여 매매계약에 합의하리라고 예외적으로 인정되는 경우에는 그 대금액을 내용으로 하는 매매계약이 유효하게 성립하며, 그 대금액에 대한 당사자의 의사는 매매계약이 무효임을 계약 당시에 안 경우라고 하면 의욕할 가정적 효과의사로서, 당사자 본인이 계약 체결시와 같은 구체적 사정 아래 있다고 상정하는 경우에 거래관행을 고려하여 신의성실의 원칙에 비추어 결단할 의사를 의미한다고 본다.664)

[더 생각할 과제 - 무효등기의 유용]

처음에는 유효한 등기가 실체관계를 상실한 후에 처음의 실체관계와 별개 혹은 유사한 실체관계가 생긴 때에 처음의 등기를 후의 실체관계의 등기로 사용하는 경우를 「무효등기의 유용」 혹은 구등기의 유용이라고 한다. 가령 멸실된 건물의 등기를 신축건물의 등기로 유용하거나 피

---

663) 대법원 1971.11.15. 선고 71다1983 판결.

664) 대법원 2010.7.15. 선고 2009다50308 판결(가정적 의사에 기한 계약의 성립 여부 및 그 내용을 발굴·구성하여 제시하게 되는 법원으로서는 그 '가정적 의사'를 함부로 추단하여 당사자가 의욕하지 아니하는 법률효과를 당사자에게 계약의 이름으로 불합리하게 강요하는 경우가 되지 아니하도록 신중을 기하여야 한다).

담보채권의 변제로 저당권이 소멸한 저당권등기를 후에 다시 동일한 내용의 저당권을 설정하여 구등기를 사용하는 경우가 무효등기의 유용에 해당한다. 다만 무효등기의 유용이 허용된다고 하더라도 물권변동의 효력이 생기는 시점은 유용의 합의가 있는 때이고, 등기시점으로 소급하지는 않는다.

(i) 멸실된 건물의 등기를 신축건물의 등기로 유용할 수 있는가? 예를 들어 해안에 인접한 곳에 있는 건물이 쓰나미에 쓸려간 후에 같은 모양의 건물을 짓고 구건물의 등기를 그대로 유용할 수 있는가 하는 문제를 「표제부등기의 유용」이라고 한다. 표제부등기의 유용은 부정된다. 그러므로 비록 구건물에 대한 등기부의 표제부를 신건물의 구조, 면적과 일치시켜 표시변경등기를 마친 경우라고 하더라도 신건물을 표상하는 등기라고 할 수 없다.

(ii) 무효인 저당권등기의 유용에 대하여는 긍정한다. 다만 무효인 저당권등기의 유용 전에 새로운 이해관계를 가진 제3자에 대하여는 무효가 되고, 유용 후에 나타난 제3자에 대하여는 유효가 된다. 그러므로 실질관계의 소멸로 무효로 된 저당권등기의 유용은 그 등기를 유용하기로 하는 합의가 이루어지기 전에 등기상 이해관계가 있는 제3자가 생기지 않은 경우에 한하여 허용된다.665)

(iii) 가등기의 유용도 허용되는가? 원인소멸로 무효가 된 가등기에 관하여 등기유용의 합의가 이루어져서 소유권이전의 본등기가 경료된 경우에 그 가등기의 유용은 등기유용에 관한 합의가 이루어지기 전에 소유권이전등기를 한 이해관계인이 없는 경우에 한하여 허용된다.666)

7. 무효행위의 추인

무효의 법률행위는 최초부터 당연히 효력이 생기지 않으므로, 추인이 허용되지 아니한다. 그러나 무효의 법률행위를 당사자가 무효라는 사실을 안 채 새로운 법률행위로 이용하여도 상관없는 경우도 있다. 무효행위의 추인이란 바로 당사자가 무효행위에 대하여 무효임을 알고 추인하여 새로운 법률행위로 삼는 경우를 말한다.

당사자가 무효라는 사실을 알고 추인한 때에는 추인에 의하여 새로운 법률행위를 한 경우로 본다. 추인한 때에 새로운 법률행위를 한 경우로 취급되므로, 그 시점에서 성립요건·유효요건이 필요하고, 당연히 효과가 처음으로 소급하지 아니한다.667)

무효행위의 추인과 관련한 대표적인 판례로는 아래와 같은 경우가 있다.

(i) 추인은 법률행위이므로, 위조서류에 의한 혼인신고 후에 A여가 B남의 직장에 찾아와 본처라면서 소동을 피우므로 A여를 달래고 무마하는 과정에서 A여와 몇 차례 육체관계를 가진 경우라고 하더라도 그로써 곧 B남이 그 이전에 A여가 혼인신고서를 위조하여 신고한 무효인 혼인을 추인한 경우라고 보기 어렵다.668)

(ii) 이미 법률행위가 취소된 경우라도 무효행위의 추인의 요건에 따라 추인할 수 있는가? 취소한 법률행위는 처음부터 무효인 경우로 간주되므로 취소할 수 있는 법률행위가

665) 대법원 2002.12.6. 선고 2001다2846 판결.

666) 대법원 1989.10.27. 선고 87다카425 판결.

667) 예컨대 무효인 입양행위라도 그 내용에 맞는 신분관계가 실질적으로 형성되어 당사자 쌍방이 이의 없이 그 신분관계를 계속하여 온 경우라면 추인의 소급효과 인정될 수 있다.

668) 대법원 1983.9. 27. 선고 83므22 판결.

일단 취소된 이상 그 후에는 취소할 수 있는 법률행위의 추인에 의하여 이미 취소되어 무효인 경우로 간주된 당초의 의사표시를 다시 확정적으로 유효하게 할 수는 없고, 무효인 법률행위의 추인의 요건과 효력으로서 추인할 수는 있다. 다만 무효행위의 추인은 그 무효원인이 소멸한 후에 하여야 그 효력이 있으므로, 강박에 의한 의사표시임을 이유로 일단 유효하게 취소되어 당초의 의사표시가 무효로 된 후에 추인한 경우에는 그 추인이 효력을 가지기 위하여는 그 무효원인이 소멸한 후이어야 하며, 그 무효원인이란 바로 의사표시의 취소사유라 보아야 하고, 결국 무효원인이 소멸한 후란 당초의 의사표시의 성립과정에 존재한 취소의 원인이 종료된 후, 즉 강박상태에서 벗어난 후라고 보아야 한다.[669]

(iii) 상속재산 전부를 상속인 중 1인에게 상속시킬 방편으로 나머지 상속인 전원이 상속포기신고를 한 경우에 그 상속포기가 민법 제1019조 제1항의 기간을 도과한 후에 신고되어서 상속포기로서의 효력이 없다고 하면 상속재산협의분할로서의 효력은 인정될 수 있다.[670]

> 사업가 A는 아직 사업이 잘 나가던 4월 1일에 B에게 자기 소유의 그림(명화)을 무상으로 보관시켰는데, 그 당시 아내와의 이혼, 재산분할 등에 관한 논의가 구체화되던 시기였으므로, A는 B와 통모하여 A가 B에 대하여 자기 소유의 그림을 3,000만원에 매각하는 경우와 같이 매매계약을 가장하였다. 그 후 거래처의 부도로 인하여 사업이 급속히 악화된 A는 11월 1일에 B와의 사이에서 새삼스럽게 4월 1일의 매매계약의 내용을 확인하고, 정식으로 그 그림의 매매에 대하여 합의하였다. 매매계약은 유효한가?

당사자끼리는 계약의 효력을 본래의 계약체결시까지 소급시키는 합의를 자유로 할 수 있다. 사례에서 본래 AB 사이의 그림에 관한 매매계약은 통정허위표시로서 무효이나, AB는 허위표시에 의한 그림매매계약을 처음부터 유효로 하는 합의를 할 수 있다. 물론 당사자끼리의 합의일 뿐이므로, 제3자와의 관계에서는 의미가 없다. 다만 제3자의 권리를 해하지 않는 범위에서는 제3자에 대한 관계에서도 소급적 추인이 가능하다.

> A에게는 처자가 있는데, 직장의 동료 B와 2년 전부터 불륜의 관계에 있다. A는 B와의 사이에 매월 50만원의 대가를 주기로 약정하였다. 그리고 A는 불륜의 관계에 들어간지 2년째 되던 해 어느 날 새삼스럽게 그 약정을 다시 확인하였다. AB 사이의 약속은 유효한가?

추인되는 법률행위는 추인시에 새로운 법률행위로서의 성립요건과 유효요건을 갖추어야 한다. 새로운 법률행위의 요건을 구비하지 아니한 경우(예컨대 국가·사회질서의 유지를 목적으로 하는 공서양속위반의 법률행위, 강행법규위반의 법률행위)에는 몇 번 추인하더라도 무

669) 대법원 1997.12.12. 선고 95다38240 판결.
670) 대법원 1991.12.24. 선고 90누5986 판결.

의미하다. 사례에서 AB 사이의 약정은 선량한 풍속 기타 사회질서에 반하여 무효이다. AB 사이의 약정이 추인에 의하여 새로운 법률행위로 되기 위하여 추인을 할 때에 새로운 법률행위로서의 성립요건·유효요건이 충족되어야 한다. 그러나 2년 후에 다시 불륜의 대가를 주기로 한 약정을 추인하더라도 역시 그 약정이 선량한 풍속 기타 사회질서에 반한다는 사실에는 변함이 없으므로, 유효로 될 수 없고 여전히 무효이다.

[더 생각할 과제 - 무권리자에 의한 타인의 재산의 처분과 추인]

A는 자기의 부(父) B의 소유에 속한 갑토지를 아무런 권한이 없는데도 불구하고 필요한 서류를 위조하여 임의로 자기의 토지라고 칭하고 C에게 매도하였다. ABC 사이에 어떤 법률관계가 성립하는가?

무권리자에 의한 타인의 재산의 처분은 무효인가? 무효가 아니다. 계약 자체는 유효하고, 다만 처분행위자에게 재산관리·처분권한이 없으므로, 본인에게 효과가 귀속하지 않을 뿐이다.

무권리자가 타인의 재산을 처분하는 사례로는 다음 두 가지 경우가 있다. (i) 무권대리행위를 하는 경우가 있고, (ii) 타인물매매의 경우가 있다.

(i) 무권대리의 추인은 무효행위의 추인과는 다르다. 본래 무권대리는 무효는 아니고, 본인에게 효과가 귀속하지 아니한다고 하는 중간적 상태(유동적 무효)이다. 그러므로 추인이 있으면 무권대리행위는 소급적으로 유효로 된다(§133).

(ii) 무권대리의 추인과 대단히 유사하기는 하지만 구분되는 상황으로, 타인의 물건을 어떤 기회에 자기의 물건으로 처분한 후에 진정한 권리자가 추인하는 경우가 있다. 타인의 물건의 매매도 유효하다. 타인의 물건의 매매라 하더라도 그 효과가 생기므로, 매도인은 진정한 소유자로부터 소유권을 취득하여 그 소유권을 매수인에게 이전하여야 한다. 그러나 타인의 물건의 처분으로 되는가, 무권대리인의 처분으로 되는가의 차이는 현실적으로 종이 1장의 차이에 불과하다. 그러므로 타인물매매에 대하여 민법 제133조를 유추적용하여 무권대리의 추인에서와 마찬가지로, 진정한 소유자의 추인에 의하여 당초부터 진정한 소유자와의 유효한 매매계약이 성립한다고 보아도 무방하다. 판례도 같은 취지이다.[671)]

사례에서 AC 사이에 체결된 갑토지의 매매계약은 유효하다. 민법 제569조는 그 매매계약이 유효하다는 사실을 전제로, A에 대하여 소유자 B로부터 소유권을 취득하여, 그 소유권을 C에게 이전할 의무를 부과시키고 있다. 그러므로 A는 C에 대하여 B로부터 갑토지에 대한 소유권을 취득하여 이전할 의무를 부담한다.

만약 B가 소유권의 이전을 거부하면 어떤가? 바로 민법 제570조, 제571조의 문제로 된다. 그리고 B가 소유권의 이전에 동의한 때에는 진정한 권리자에 의한 무권리자의 처분행위의 추인이라고 하는 상황이 된다. 물론 무권리자의 처분행위를 추인을 통하여 처리하는 방법에 대하여 민법상 규정은 없다. 그러나 판례와 학설은 무권대리인의 행위를 본인이 추인의 경우와 마찬가지로 취급하여 민법 제133조를 유추적용하여 처리한다.[672)]

671) 판례도 무권리자가 타인의 권리를 자기의 이름으로 또는 자기의 권리로 처분한 경우에 권리자는 후일 추인함으로써 그 처분행위를 인정할 수 있고, 특별한 사정이 없는 한 추인에 의하여 권리자 본인에게 처분행위의 효력이 발생함은 사적 자치의 원칙에 비추어 당연하고, 그 경우 추인은 명시적으로뿐만 아니라 묵시적인 방법으로도 가능하며 그 의사표시는 무권리자나 그 상대방 어느 쪽에 하여도 무방하다고 본다(대법원 2001.11.9. 선고 2001다44291 판결).

672) 대법원 1981.1.13. 선고 79다2151 판결; 대법원 1988.10.11. 선고 87다카2238 판결; 대법원 1992.2.28. 선고 91다15584 판결; 대법원 1992.9.8. 선고 92다15550 판결; 대법원 1994.8.26. 선고 93다20191 판결; 대법원 2001.11.9.

8. 유동적 무효

(1) 유동적 무효의 의의

유동적 무효란 법률행위의 효력이 유동적으로 무효인 상태를 말한다. 유동적 무효는 당사자 사이에 성립한 계약의 구속력이 없다는 의미의 무효를 뜻하지 않고, 예를 들어 본인의 수권이 없는 무권대리인의 법률행위, 관할관청의 허가 없는 토지거래와 같이 법정선결요건의 흠결로 후에 추인·허가와 같은 법정요건의 충족 여부가 확정되기까지는 법률행위의 무효를 확정할 수 없는 이른바 유동상태에 있다고 하는 의미한다. 예컨대 민법상 대리권 없는 사람이 대리인으로 한 계약은 본인이 추인할 때까지는 본인에 대하여 무효이나, 본인이 추인하면 계약시에 소급하여 그 효력이 생기고 추인을 거절하면 확정적으로 무효로 되는 측면에서 무권대리의 추인에 관한 민법 제130조는 유동적 무효에 관한 규정이라고 할 수 있다.

> A는 B로부터 국토의 계획 및 이용에 관한 법률상의 허가구역내의 갑토지를 매수하는 매매계약을 체결하였다. 그런데 국토의 계획 및 이용에 관한 법률 제118조에 의하면 허가구역내의 토지거래계약에 체결하려는 당사자는 미리 관할관청의 허가를 받아야 하지만, AB는 아직 허가를 받지 아니하였다. AB 사이의 토지거래계약은 어떤 효력을 가지는가?

국토의 계획 및 이용에 관한 법률상의 허가구역 내의 토지거래계약에 관한 허가와 관련한 관계규정의 내용과 그 입법취지에 비추어 볼 때 AB 사이에 체결된 허가구역 내의 갑토지에 관한 거래계약은 관할관청의 허가를 받아야만 그 효력이 발생하고, 허가를 받기 전에는 물권적 효력은 물론 채권적 효력도 발생하지 아니하여 무효라고 보아야 한다. 다만 허가를 받기 전의 AB 사이의 거래계약이 처음부터 허가를 배제하거나 잠탈하는 내용의 계약일 경우에는 확정적으로 무효로서 유효화될 여지가 없다. 향후 허가를 받는다고 하고 갑토지에 관한 거래계약(허가를 배제하거나 잠탈하는 내용의 계약이 아닌 계약이 여기에 해당한다)을 맺은 경우에는 허가를 받을 때까지는 법률상 미완성의 법률행위로서 토지거래계약의 효력이 전혀 발생하지 아니한다는 측면에서는 확정적 무효의 경우와 다를 바 없다. 다만 사후에라도 일단 관할관청의 허가를 받으면 AB 사이의 토지거래계약은 소급하여 유효한 계약이 되고, 달리 불허가가 된 때에는 무효로 확정되므로 허가를 받기까지는 유동적 무효의 상태에 있다고 볼 필요가 있다. 그러므로 AB 사이의 토지거래계약은 허가를 배제하거나 잠탈하는 내용의 계약이 아닌 한, 일단 유동적 무효가 된다.

사례에서 관할관청으로부터 허가를 받기까지는 AB 사이의 토지거래계약이 그 계약내용대로의 효력을 가질 수 없어서 A(매수인)로서도 그 계약내용에 따른 대금지급의무가 있

선고 2001다44291 판결.

다고 할 수 없고, 설사 계약상 A의 대금지급의무가 B(매도인)의 소유권이전등기의무에 선행하여 이행하기로 약정되어 있다고 하더라도 A에게 아직 대금지급의 의무가 없다.[673] 다만 AB는 공동으로 관할관청의 허가를 신청할 의무가 있고, 만약 B가 협력의무에 위배하여 허가신청절차에 협력하지 않으면 A는 협력의무의 이행을 소송으로써 구할 이익이 있다.[674] 그리고 협력의무를 소구당한 B는 관할관청으로부터 토지허가를 받을 수 없다는 사유를 들어 그 협력의무 자체를 거절할 수 없다.[675]

(2) 유동적 무효의 법률관계

1) 계약의 이행청구

유동적 무효상태에서는 아직 당사자간에 아무런 법률관계도 존재하지 않는다. 유동적 무효의 경우에는 물권적 효력은 물론 채권적 효력이 전혀 발생하지 않으므로, 각 당사자는 소유권 등 권리의 이전 또는 설정에 관한 어떤 내용의 이행청구도 할 수 없다.

허가를 받지 않아 유동적 무효인 계약에서 이행불능으로 인한 계약해제 및 손해배상청구가 가능한가 하는 문제가 있다. 판례는 허가구역 내에 있는 토지를 허가대상이 아닌 다른 부동산과 교환하기로 하는 내용의 교환계약을 체결한 경우에 관할관청의 허가를 받지 않은 이상 허가를 받기까지는 유동적 무효의 상태에 있으므로, 교환계약의 당사자로서는 허가받기 전의 상태에서 상대방의 교환계약상 채무불이행을 이유로 교환계약을 해제하거나 그로 인한 손해배상을 청구할 수 없다고 본다.[676]

2) 당사자간의 협력의무

유동적 무효인 계약이 체결된 경우에 계약을 체결한 당사자 사이에는 서로 협력할 의무가 있다. 판례는 유동적 무효상태 아래에서도 당사자는 허가신청절차에 대한 협력의무를 부담한다고 판시하고 있으나, 협력의무를 인정하는 근거를 분명히 밝히지 않고 있다. 학설상으로는 유동적 무효상태인 계약에서 당사자간에 인정되는 협력의무의 근거에 관하여 견해가 대립한다. 토지의 거래계약이 체결된 사실이 있으면 허가 여부를 결정할 필요가 있으므로, 법률에 의하여 매도인에게 허가신청절차에 협력할 의무가 부과된다고 보는 견해(법률규정설), 당사자는 허가구역 내의 토지에 관한 매매계약을 체결할 때에 통상 2개의 약정을 하는데, 하나는 매매의 합의이고 다른 하나는 매매의 유효성립, 즉 관할관청의 허가의 획득을 위하여 노력할 채무를 발생시키는 부수약정이며, 매도인의 허가를 위한 협력의무는 후자의 약정에 의하여 생긴다고 보는 견해(부수약정설)가 있다. 그러나 허가 혹은 불허가처분이 있을 때까지 중간기간 동안 당사자는 허가를 받기 위하여 신의성실의

---

673) 대법원 1991.12.24. 선고 90다12243 전원합의체 판결(1994년 8월에 '우리시대의 대표적 판결문'으로 선정되고 서울 정도(定都) 6백년을 기념하여 제작된 「타임캡슐」에 수장되어 서울 정도 1천년이 되는 2394년에 다시 공개될 유명한 판례이다).

674) 대법원 1991.12.24. 선고 90다12243 판결.

675) 대법원 1992.10.27. 선고 92다34414 판결.

676) 대법원 1997.7.25. 선고 97다4357, 4364 판결.

원칙에 의하여 서로 협력하여야 할 의무를 부담한다고 보는 견해(신의칙설)이 가장 타당하다고 생각된다.

3) 토지거래허가를 받기 전의 토지거래계약상 매도인 지위의 인수

토지거래허가제도는 투기적 거래를 방지하여 정상적 거래질서를 형성하려는 데에 입법취지가 있는 점에 비추어 보면, 제3자가 토지거래허가를 받기 전의 토지거래계약상 매수인 지위를 인수하는 경우와 달리 매도인 지위를 인수하는 경우에는 최초매도인과 매수인 사이의 매매계약에 대하여 관할관청의 허가가 있어야만 매도인 지위의 인수에 관한 합의의 효력이 발생한다고 보아야 하지는 아니한다.677)

(3) 효력의 확정

1) 확정적 유효로 되는 경우

유동적 무효상태에 있는 토지거래계약은 관할관청의 허가를 얻은 경우, 허가구역지정이 해제되거나 허가구역지정기간이 된 후 허가구역재지정을 하지 아니한 경우에 확정적으로 유효로 된다.

① 허가를 받은 경우　　일단 허가를 받으면 유동적 무효상태에 있는 토지거래계약은 소급하여 유효화되므로, 허가 후에 새로이 계약을 체결할 필요가 없다.678)

② 토지거래허가구역지정의 해제

> A와 B로부터 국토의 계획 및 이용에 관한 법률상의 허가구역내의 갑토지를 매수하는 거래계약을 체결하였는데, 미리 관할관청의 허가를 받지 아니하고 사후에 허가를 받기로 하였다. 그런데 B가 토지거래허가신청절차에의 협력을 차일피일 미루고 있는 상태에서 갑토지에 대한 허가구역지정이 해제되었다. A는 관할관청의 허가를 받을 필요없이 B에 대하여 소유권이전등기를 청구할 수 있는가?

허가구역지정기간 중에 허가구역 내의 토지에 대하여 허가를 받지 않고 거래계약을 체결한 후 허가구역지정이 해제되면 더 이상 관할관청으로부터의 허가를 받을 필요 없이 확정적으로 유효로 되는가? 판례는 허가구역지정기간 중에 허가구역 안의 토지에 대하여 허가를 받지 아니하고 거래계약을 체결한 후 허가구역지정해제 등이 된 때에는 그 거래계약이 허가구역지정이 해제되기 전에 확정적으로 무효로 된 경우를 제외하고는 더 이상 관할관청으로부터 허가를 받을 필요가 없이 확정적으로 유효로 되어 당사자는 그 계약에 기하여 바로 토지의 소유권 등 권리의 이전 또는 설정에 관한 이행청구를 할 수 있고, 상대방도 반대급부의 청구를 할 수 있다고 보아야 하고, 여전히 그 계약이 유동적 무효상태에 있다고 보아야 하지는 아니한다고 본다.679)

---

677) 대법원 2013.12.26. 선고 2012다1863 판결.

678) 대법원 1991.12.24. 선고 90다12243 판결.

679) 대법원 1999.6.17. 선고 98다40459 전원합의체 판결.

2) 확정적 무효로 되는 경우

허가를 받기 전의 유동적 무효상태에 있는 토지거래계약은 허가를 배제하거나 잠탈하는 내용의 계약을 체결한 때, 허가신청에 대한 불허가처분이 있는 때, 당사자 양쪽이 허가신청을 하지 않을 의사를 명백히 한 때, 토지거래계약에 붙은 정지조건이 허가 전에 불성취로 확정된 경우, 허가신청 전에 체결된 계약내용이 허가기준에 어긋나 객관적으로 허가가 날 수 없다고 판명되거나 토지거래계약상 한쪽의 채무가 이행불능임이 명백하고 나아가 상대방이 계약의 존속을 더 이상 바라지 않고 있는 경우에 확정적으로 무효로 된다. 그리고 토지거래계약이 확정적으로 무효가 된 경우에는 토지거래계약이 확정적으로 무효로 됨에 있어서 귀책사유가 있는 자라고 하더라도 그 계약의 무효를 주장할 수 있다.[680]

① 허가를 배제·잠탈하는 내용의 계약을 체결한 경우 허가구역 내의 토지에 대하여 관할관청의 허가를 받기 전에 체결한 거래계약은 처음부터 허가를 배제하거나 잠탈하는 내용의 계약일 경우에는 확정적으로 무효가 되며 유효화될 여지가 없다.[681] 예를 들어 허가구역 내의 토지에 관한 거래계약을 체결하면서 허가요건을 갖추지 못한 매수인이 허가요건을 갖춘 사람의 명의를 도용하여 매매계약서에 그를 매수인으로 기재한 경우에는 토지거래계약을 체결하면서 처음부터 토지거래허가를 잠탈한 경우에 해당하므로, 그 계약은 처음 체결된 때부터 확정적으로 무효이다.[682] 그리고 허가구역 내의 토지가 허가를 받거나 소유권이전등기를 경료할 의사 없이 중간생략등기의 합의 아래 전매차익을 얻을 목적으로 소유자 A로부터 부동산중개업자인 B, C를 거쳐 D에게 전전매매한 경우, 그 각각의 매매계약은 모두 확정적으로 무효로서 유효화될 여지가 없고, 각 매수인이 각 매도인에 대하여 허가신청절차협력의무의 이행청구권을 가지고 있다고 할 수 없으며, 따라서 D가 B, C를 순차 대위하여 A에 대한 허가신청절차협력의무의 이행청구권을 대위행사할 수도 없다.[683]

② 관할관청으로부터 토지거래허가신청이 불허가된 경우 허가신청에 대한 관할관청의 불허가처분이 있는 때에는 유동적 무효상태의 토지거래계약이 확정적으로 무효로 된다. 다만 토지의 이용목적이 거래계약의 내용이 된 때에는 그 계약내용과 다른 이용목적이 기재된 허가신청서가 제출되어 불허가처분된 경우 당해 토지거래계약이 확정적으로 무효가 되지 않는다.[684] 그리고 허가신청의 불허가의 취지가 미비된 요건의 보정을 명하는 데에 있고 그 흠결된 요건의 보정이 객관적으로 불가능하지도 아니한 경우라면 그 불허가로 인하여 토지거래계약이 확정적으로 무효가 되지는 아니한다.[685]

---

680) 대법원 1997.7.25. 선고 97다4357, 4364 판결.
681) 대법원 1991.12.24. 선고 90다12243 판결; 대법원 1997.2.28. 선고 96다49933 판결.
682) 대법원 2010.06.10. 선고 2009다96328 판결.
683) 대법원 1996.6.28. 선고 96다3982 판결.
684) 대법원 1997.12.26. 선고 97다41318, 41325 판결.
685) 대법원 1998.12.22. 선고 98다44376 판결.

③ 당사자 쌍방이 허가신청을 하지 않기로 의사표시를 명백히 한 경우　　유동적 무효상태의 계약은 당사자 쌍방이 허가신청협력의무의 이행거절의사를 명백히 표시한 경우에는 허가전 계약관계, 즉 계약의 유동적 무효상태가 더 이상 지속한다고 볼 수 없고, 그 계약관계는 확정적으로 무효라고 인정되는 상태에 이른다.[686)]

④ 당사자 일방이 허가신청협력의무의 이행거절의사를 분명히 표시한 경우　　허가를 받기까지는 유동적 무효상태에 있는 계약을 체결한 당사자 양쪽은 그 계약의 효력이 완성될 수 있도록 서로 협력할 의무가 있으므로, 어느 한쪽이 허가신청협력의무의 이행거절의사를 분명히 한 경우라고 하더라도 그 상대방은 소로써 허가신청절차에 협력하기를 청구할 수 있다고 본 경우도 있다.[687)] 그러나 유동적 무효상태 아래에서 당사자 한쪽이 허가신청협력의무의 이행거절의사를 명백히 표시한 경우에는 허가전 계약관계, 즉 계약의 유동적 무효상태가 더 이상 지속한다고 볼 수는 없고 그 계약관계는 확정적으로 무효라고 인정되는 상태에 있다고 본 경우가 있다.[688)]

⑤ 정지조건의 불성취가 확정된 경우

> A는 B와 사이에 공장부지로 사용하기 위하여 토지를 대금 4억원에 매수하기로 하는 매매계약을 체결하면서 계약금 4천만원을 지급하였다. 그런데 토지가 허가구역에 위치하고 있어 토지거래허가를 받아야 할 뿐만 아니라, 토지 위에 공장을 건축하기 위하여는 농지전용허가가 필요하였다. 한편 농지전용허가를 받아 그 지목을 잡종지로 변경하고 토지거래허가를 받는 등의 행정적인 절차는 B가 책임지고 이행하며 B가 이행하지 아니하는 경우에 B는 그가 지급받은 계약금 상당액을 위약금으로 A에게 배상하기로 약정하였다. 그 후 B는 관할관청을 찾아다니며 토지의 농지전용을 추진하였으나, 관할관청은 토지가 절대농지에 해당되어 농지의 전용이나 농지 이외로의 지목변경을 사실상 허가하지 않았다. B는 A에게 위약금약정에 따른 손해배상예정액을 지급할 의무가 있는가?

AB 사이의 토지거래계약은 유동적 무효의 상태에 있고, 또한 토지의 농지전용을 정지조건으로 하여 이루어진 사정을 인정할 수 있다. 그러나 토지의 농지전용은 사회관념상 더 이상 기대하기 어려워 그 정지조건은 불성취로 확정되어 있다. 그러므로 허가 전의 토지거래계약이 정지조건부계약인 경우에 그 정지조건이 허가를 받기 전에 이미 불성취로 확정되면 장차 허가를 받는다고 하더라도 그 토지거래계약의 효력이 발생될 여지가 없으므로, 허가전 토지거래계약의 유동적 무효상태가 더 이상 지속된다고 볼 수 없고 그 계약관계는 확정적으로 무효가 된다.[689)]

사례를 보면 AB 사이의 토지거래계약이 농지전용을 정지조건으로 하여 B의 책임하에

686) 대법원 1995.6.9. 선고 95다2487 판결.
687) 대법원 1995.12.12. 선고 95다28236 판결.
688) 대법원 1993.6.22. 선고 91다21435 판결.
689) 대법원 1998.3.27. 선고 97다36996 판결.

그 정지조건을 성취하기로 하고, B가 이행하지 아니하는 경우에 B는 그가 지급받은 계약금 상당액을 위약금으로 A에게 배상하기로 약정한 사실을 알아 볼 수 있다. 그러므로 정지조건을 성취할 의무가 있는 B의 책임 있는 사유로 인하여 그 정지조건의 불성취가 확정됨으로써 유동적 무효상태에 있던 토지거래계약이 확정적으로 무효가 된 경우라고 하여도, AB 사이의 위약금약정은 손해배상액예정의 약정으로서 유효하다. 결국 B가 정지조건을 성취할 의무를 이행하지 아니함으로써 토지거래계약이 확정적으로 무효가 된 이상 B는 A에게 위약금약정에 따른 손해배상예정액을 지급할 의무가 있다.

Ⅲ. 취 소

1. 서 론

(1) 취소의 의의

> 16세의 A는 10월 5일에 부모와 전혀 상의하지 아니한 채, B로부터 스쿠터를 구입하였다. 부모는 10월 15일에야 그 사실을 눈치챘다. 스쿠터는 절대 위험하므로, A가 스쿠터를 타서는 안된다고 생각하고 있는 부모는 어떤 조치를 취할 수 있는가?

취소란 일단 유효하게 성립한 법률행위의 효력을 법률행위에 있는 하자(제한능력, 착오, 사기·강박)를 이유로 행위시에 소급하여 소멸하게 하는 특정인(취소권자)의 의사표시를 의미한다. 취소는 상대방 있는 일방적 의사표시로 구성되는 법률행위이다. 취소의 의사표시는 원칙적으로 다시 취소할 수 있고, 취소는 근본적으로 조건과 친하지 아니한 법률행위이다.

(2) 취소의 종류

1) 협의의 취소

좁은 의미에서의 취소는 제한능력자의 법률행위의 취소, 착오에 의한 의사표시의 취소, 사기·강박에 의한 의사표시의 취소를 가리킨다.

2) 광의의 취소

넓은 의미에서 취소는 협의의 취소 이외에 재판·행정처분의 취소, 유효한 법률행위의 취소, 신분행위의 취소를 포함하여 의미한다.

① 재판·행정처분의 취소　　재판·행정처분의 취소에는 실종선고의 취소(§29), 부재자재산관리에 관한 명령의 취소(§22), 법인설립허가의 취소(§38)가 있다.

② 유효한 법률행위의 취소　　유효한 법률행위의 취소에는 영업허락의 취소(§8 II), 사해행위의 취소(§406), 부부간의 계약의 취소(§828)가 있다.

③ 신분행위의 취소　　신분행위의 취소에는 혼인의 취소(§§816 이하), 이혼의 취소(§838), 친생자승인의 취소(§854), 입양의 취소(§884), 인지의 취소(§861), 부양관계의 취소(§978), 부담부유언의 취소(§1111)가 있다.

(3) 취소와 구별되는 개념

1) 철 회

철회란 단독행위의 효과가 확정적으로 생기기 이전에, 행위자 자신이 그 효과의 발생을 원하지 아니하여 그 행위가 없던 경우로 하는 행위를 가리킨다.

2) 해제·해지

해제란 일단 유효하게 성립한 계약의 효력을 「처음에 소급하여」 소멸하게 하는 의사표시이다. 그러나 해지란 일단 유효하게 성립한 계약의 효력을 단지 「장래를 향하여」 소멸하게 하는 의사표시이다.

2. 취소권

(1) 의 의

취소권은 취소권자가 상대방에 대하여 취소의 의사표시를 하여 이미 발생하고 있는 법률행위의 효력을 처음부터 무효로 할 수 있는 지위이다. 취소권은 일종의 형성권이다.

(2) 취소권자

취소할 수 있는 법률행위를 취소할 수 있는 취소권자는 아래와 같다.

① 제한능력자　　제한능력자는 자기가 한 법률행위를 법정대리인의 동의 없이 스스로 단독으로 취소할 수 있다. 제한능력자가 스스로 법률행위를 취소하더라도 법정대리인의 동의의 흠결을 이유로 그 취소를 다시 취소할 수 없다.

② 착오로 인하여 의사표시를 한 자

③ 사기·강박에 의하여 의사표시를 한 자

④ 대리인　　제한능력자와 착오나 사기·강박에 의하여 의사표시를 한 자의 법정대리인과 임의대리인도 취소권자에 해당한다. 임의대리에서는 대리인이 행한 법률행위에 취소원인이 있는 경우에 그 취소권은 원칙적으로 본인에게 귀속하며, 임의대리인이 그 법률행위를 취소하려면 본인으로부터 취소에 대한 대리권을 수여받아야 한다.

⑤ 승계인　　상속·회사의 합병에 의한 포괄승계인(상속인, 합병회사)이나 매매에 의한 포괄승계인은 의심할 여지없이 취소권자에 해당한다. 다만 취소권만의 특정승계는 인정되지 아니한다. 특정승계인은 취소할 수 있는 행위에 의하여 취득한 권리의 승계가 있는 경우에 한하여 취소권자가 된다.

⑥ 보증인 보증인에게도 취소권이 인정되는가 하는 문제가 있다. 보증인도 주채무자의 취소권을 행사할 수 있다는 견해가 있다. 그러나 보증인은 승계인에 해당하지 아니하여 취소권자가 아니라고 보는 견해가 타당하다.

(3) 취소의 방법

1) 취소의 방식

취소는 단독행위이며 특별규정이 없는 한 무방식(無方式)으로 할 수 있다. 취소의 의사표시는 명시적 혹은 묵시적으로 할 수 있다. 가령 취소권자가 등기의 말소청구·증서의 반환청구·손해배상청구와 같은 취소의 효과를 주장하면 묵시적 취소의 의사표시를 인정할 수 있다. 그러나 사해행위의 취소, 혼인·입양의 취소, 회사설립의 취소, 주주총회결의의 취소와 같이 재판상 행사하여야 하는 취소도 있다.

2) 취소의 상대방

취소는 취소할 수 있는 법률행위의 상대방이 확정되어 있는 경우에는 상대방에 대한 의사표시로 한다. 만일 취소할 수 있는 법률행위로 상대방이 취득한 권리가 타인에게 양도된 경우에도 역시 취소의 의사표시는 직접 법률행위의 상대방에게 하여야 하고, 그 취소의 효력을 주장하여 현재의 권리자의 권리를 부정할 수 있다.

(4) 취소의 효과

1) 취소의 소급효

법률행위가 취소되면 당해 법률행위는 「처음부터」, 즉 법률행위시로 소급하여 무효로 간주된다. 다만 당사자의 행위능력제한을 이유로 하는 취소는 절대적 무효가 되지만, 착오나 사기·강박을 이유로 하는 취소는 선의의 제3자에게 대항할 수 없는 상대적 무효로 된다.

2) 취소 후의 법률관계

법률행위가 취소되면 당사자 사이에서는 아직 이행하기 전이면 이행할 필요가 없고, 이미 이행된 급부에 대하여 수령자는 부당이득반환의무를 부담한다. 다만 행위능력제한을 이유로 한 취소의 경우에는 제한능력자보호의 일환으로 제한능력자의 반환의무의 범위는 이익이 현존하는 한도에 제한된다(§141 단서). 그리고 제한능력자가 취소된 법률행위로 취득한 이득이 금전상의 이득인 때에는 그 금전은 취득한 자가 소비한 경우인지 여부를 불문하고 현존한다고 추정되므로,[690] 그 이익이 현존하지 아니한다는 사실에 관하여는 이익이 현존하지 아니함을 주장하는 자, 즉 의사무능력자측에 증명책임이 있다.[691]

---

690) 대법원 1996.12.10. 선고 96다32881 판결 참조.

691) 대법원 2009.1.15. 선고 2008다58367 판결.

A는 미성년자인데, B신용카드회사와 사이에 신용카드이용계약을 체결한 후에 C쇼핑몰로부터 물품을 구매하는 등 신용카드거래를 하다가 B신용카드회사와의 신용카드이용계약을 취소하였다. A는 B신용카드회사에 대하여 C쇼핑몰로부터 구매한 물품이나 용역의 대금 상당을 반환할 의무가 있는가, C쇼핑몰과의 매매계약을 통하여 취득한 물품과 제공받은 용역을 반환하면 되는가? [대법원 2005.04.15. 선고 2003다60297 판결]

미성년자 A가 B신용카드회사와 사이에 신용카드이용계약을 체결하여 신용카드거래를 하다가 신용카드이용계약을 취소하는 경우에 A는 그 행위로 인하여 받은 이익이 현존하는 한도에서 상환할 책임이 있다. 그리고 신용카드이용계약이 적법하게 취소된 경우라고 할지라도 A와 C쇼핑몰 사이에 체결된 개별적인 매매계약은 특별한 사정이 없는 한 신용카드이용계약취소와 무관하게 유효하게 존속한다. B신용카드회사가 C쇼핑몰에 대하여 그 신용카드사용대금을 지급한 경우에는 신용카드이용계약과는 별개로 B신용카드회사와 C쇼핑몰 사이에 체결된 별도의 가맹점계약에 따른 경우로서 유효하므로, B신용카드회사의 C쇼핑몰에 대한 신용카드이용대금의 지급으로써 신용카드회원 A는 자신의 C쇼핑몰에 대한 매매대금 지급채무를 법률상 원인 없이 면제받는 이익을 얻은 경우가 되며, 그 이익은 금전상의 이득으로서 특별한 사정이 없는 한 현존하는 경우로 추정된다. 그러므로 신용카드이용계약이 취소됨으로써 A는 B신용카드회사가 C쇼핑몰에 대신 지급한 물품이나 용역에 대한 대금채무를 면제받으므로 B신용카드회사에게 물품이나 용역의 대금 상당을 반환할 의무가 있다. 다만 A가 C쇼핑몰과의 매매계약을 통하여 취득한 물품과 제공받은 용역이 부당이득으로 반환의 대상이 되지는 아니한다.

[더 생각할 과제 - 무효의 법률행위에 대한 민법 제141조 단서의 유추적용]

A는 초등학교 1학년 때인 1962년경 원인불명의 열병을 앓은 후부터 언어장애 및 정신적 장애를 겪게 되어 초등학교를 중간에 그만두고 현재까지 가족의 도움을 받으며 생활하고 있는데, A에 대한 신체감정의 결과에 따르면 A의 지능은 64로서 '정신지체'의 범주에 속하는 지적 능력을 가지고 있고, 사회적 연령은 7세, 의사소통영역은 5.14세 내지 6.19세, 작업영역은 7.54세 내지 10.4세 정도에 해당하며, 언어능력상으로는 일상적인 질문에 대하여 말로는 전혀 답을 하지 못하고 동작으로만 "예, 아니오"의 대답이 가능하여 내용전달이 전혀 안 되는 수준에 있다. 그런데 A는 B조합으로부터 5,000만원을 차용하는 내용의 대출거래약정을 체결하면서 그 채무를 담보하기 위하여 A 소유의 갑부동산에 대하여 채권최고액을 6,500만원으로 하는 B조합 명의의 근저당권설정등기를 경료하였다. 대출 당시 A의 지인인 C가 A와 함께 B조합을 방문하여 대출거래약정서와 근저당권설정계약서에 A를 대신하여 서명날인한 뒤 대출금 5,000만원을 수령하였는데, 그 대출금 5,000만원은 C가 받아 자신의 아들 D의 사업자금에 모두 사용한 뒤 D를 차용인으로, C를 연대보증인으로 한 차용증을 A에게 교부하였으나, 그 후 원리금조차 제대로 변제하기 어려운 형편에 놓이게 되었다. A가 의사무능력을 이유로 B조합과의 대출거래약정과 근저당권설정계약의 무효를 주장하는 경우에 B조합은 A에 대하여 대출금 5,000만원의 반환을 청구할 수 있는가? [대법원 2009.1.15. 선고 2008다58367 판결]

제한능력자의 책임을 제한한 민법 제141조 단서는 부당이득에 있어 수익자의 반환범위를 정한 민법 제748조의 특칙으로서 제한능력자의 보호를 위하여 그 선의·악의를 묻지 아니하고 반환범위를 현존이익에 한정시키려는 데 그 취지가 있다. 민법 제141조 단서의 취지를 생각하면 의사능력의 흠결을 이유로 법률행위가 무효가 되는 경우에도 민법 제141조 단서는 유추적용되어야 한다.692) 사례에서 A가 의사무능력을 이유로 B조합과의 대출거래약정과 근저당권설정계약에 대한 무효를 주장한 경우에도 A는 대출로 인하여 받은 이익이 현존하는 한도에서 상환하면 된다. 사례에서는 대출금 5,000만원을 C가 받아 자신의 아들 D의 사업자금에 모두 사용한 뒤 D를 차용인으로, C를 연대보증인으로 한 차용증을 A에게 교부한 사정이 인정되나, 현재는 그 원리금을 제대로 변제하기 어려운 형편에 있으므로, A가 회수가능성 등을 고려하지 않은 채 경솔하게 분수에 맞지 않는 대여를 한 행위는 금전을 낭비한 경우와 다를 바 없어 그 대출금 자체는 이미 모두 소비한 경우로 볼 수 있다. 그러나 A는 C 또는 D에 대하여 대여금채권 또는 부당이득반환채권(A의 대여행위도 역시 A의 의사무능력을 이유로 무효가 될 여지가 있어 보인다) 등을 가지고 있는 이상 A가 대출로써 받은 이익은 대여금채권 또는 부당이득반환채권의 형태로 현존한다고 할 수 있다. 그러므로 B조합은 A에 대하여 대출거래약정 등의 무효에 따른 원상회복으로서 대출금 자체의 반환을 구할 수는 없다 하더라도 현존이익인 대여금채권 또는 부당이득반환채권의 양도를 구할 수는 있다(공평의 관념과 신의칙에 비추어 볼 때 A의 채권양도의무와 B조합의 근저당권설정등기말소의무는 동시이행관계에 있다).

(5) 법률행위의 일부취소

1) 의 의

법률행위의 일부취소도 가능한가? 법률행위가 가분적이거나 그 목적물의 일부가 특정될 수 있는 때에는 법률행위의 일부취소도 가능하다고 보는 견해가 통설이다. 예를 들어 가분적인 하나의 법률행위의 일부분에 대하여만 착오를 한 경우나 복수의 개별적 행위에 의하여 성립한 분할가능한 경제적·사실적으로 일체적인 행위 중의 일부의 개별적 행위 혹은 여러 명이 관여한 행위 중 일부의 특정한 당사자의 행위에 대하여 사기·강박이 있는 경우에 법률행위의 일부취소가 문제될 수 있다.

2) 인정요건

(a) 의사표시의 당사자가 2인 이상인 경우

의사표시의 당사자 한쪽 혹은 양쪽이 여러 명인 경우에 취소에 관하여는 해지·해제권의 불가분성을 규정한 민법 제547조와 같은 취지의 규정이 없으므로, 특별한 사정이 없는 한 각자가 독립하여 취소의 의사표시를 할 수 있다. 예를 들어 A가 B의 기망행위에 의하여 BC에게 1대의 자동차를 증여한다고 하는 의사표시를 한 경우에는 A는 기망행위를 한 B에 대하여만 증여행위의 일부취소를 할 수 있다. 당사자가 여러 명인 법률행위를 일부의 당사자에 대하여만 일부취소한 경우에 잔존하는 당사자에 관하여 법률행위의 효력이 존속하는가 여부는 일부무효의 법리(§137)에 의하여 해결하여야 한다.

---

692) 대법원 2009.1.15. 선고 2008다58367 판결.

(b) 의사표시의 일부에 관하여 취소원인이 있는 경우

하나의 법률행위라고 할지라도 법률행위가 가분성을 가지거나 그 목적물을 특정할 수 있는 때에는 그 일부를 취소할 수 있다고 본다. 그러므로 일부취소의 의사표시도 유효할 수 있고, 만일 일부취소가 인정되는 때에는 그 일부취소는 법률행위의 일부에 관하여 효력이 생긴다고 보는 견해가 통설이다. 그러나 법률행위가 가분성을 가지지 않을 때에는 그 일부를 취소할 수 없고, 가분성이 없는 법률행위의 일부를 취소하는 의사표시를 하여도 그 의사표시는 아무런 효력도 생기지 않는다. 역시 판례도 하나의 법률행위라 하더라도 가분성이 있거나 그 목적물의 일부가 특정될 수 있다면, 그 일부만의 취소도 가능하고 그 일부의 취소는 법률행위의 일부에 관하여 효력이 생긴다고 판시하고 있다.693) 예를 들어 일정한 대지와 그 지상시설물에 대한 증여행위 중 삭도시설과는 무관한 잔여임야에 관한 증여는 그 중요부분의 착오가 인정되고, 삭도시설부지로 지정된 3,710평방미터와 그 지상에 설치된 삭도시설, 진입로 및 조경시설을 기부체납하도록 한 부분에 대한 증여는 법률행위의 중요부분에 관한 착오라고 볼 수 없는 경우에 법률행위의 중요부분에 관한 착오라고 인정되는 삭도시설과는 무관한 나머지 임야에 대한 증여만을 착오를 이유로 취소할 수 있다.

A시는 건설교통부와 한국도로공사가 시행하는 인천신공항고속도로 건설사업에 편입될 토지의 용지보상업무를 위탁받아 시행함에 있어, 갑토지가 그 도로부지로 편입되게 되자, 법령에 정한 절차에 따라 이를 취득하기 위하여 소유자인 B에게 협의를 요청하였다. 그리고 A시는 협의에 앞서 법령이 정하는 바에 따라 대금액을 결정하기 위하여 X감정평가법인 및 Y감정평가법인에게 토지가격에 대한 감정평가를 의뢰하여, ㎡당 X감정평가법인은 7,6000원으로, Y감정평가법인은 7,4000원으로 평가한 감정서를 각 제출받은 후, 그 두 감정가격의 산출평균치인 75,000원을 B에게 대금결정기준액으로 제시하였다. 그 결과 A시와 B 사이에 매매대금을 ㎡당 75,000원을 기초로 하여 산정한 금액으로 정하여 협의매수가 성립되어, 이에 따라 A시가 B로부터 갑토지를 매수하는 계약을 체결하고, 그 무렵 B에게 각 그 금액을 지급하였다(한편 A시가 B에 대한 협의요청시, 법령이 정한 방법에 따라 두 개의 감정평가기관의 평가액을 산술평균한 금액을 기준으로 결정한다는 점 및 그에 따라 ㎡당 75,000원씩으로 산출한 금액을 서면으로 통지·제시하였고, 그 후 B와의 협의매수계약시 그러한 내용을 설명하였으며, 매매계약서 「물건의 표시」란에 그 대금결정내역에 관하여 단가와 면적을 기재함과 아울러, 대금결정방법에 관하여도 매매계약서 제1조 제1항에 「가격은 법령상의 관련조항의 규정에 따라 산정된 단가를 쌍방협의에 의하여 정하였음」을 명시하였음). 그런데 법령에 의하면 공법상 제한을 받는 토지는 그 공법상 제한이 당해 공공사업의 시행을 직접 목적으로 하여 가해진 경우를 제외하고는 제한받은 상태대로 평가하되, 제한의 정도를 감안하여 적정하게 감가하여 평가하도록 규정되어 있는데, 갑토지의 용도는 자연녹지개발제

693) 대법원 1992.2.14. 선고 91다36062 판결.

> 한구역으로 지정되어 있었다. 그러나 두 감정평가법인은 협의매수가 이루어 진 이후에 갑토지에 대한 최초평가시 용도지역의 인정에 착오가 있어 자연녹지개발제한구역을 생산녹지로 잘못 알고 평가하였음을 발견하고 ㎡당 X감정평가법인은 41,000원으로, Y감정평가법인은 40,000원으로 다시 평가하여 작성한 평가정정서를 A시에게 통보하였다. A시는 B에게 이미 지급한 매매대금 중 정정된 두 감정가격의 산술평균치인 40,500원을 기준으로 계산한 금액을 초과하는 금액(㎡당 34,500원)의 반환을 청구할 수 있는가? [대법원 1998.2.10. 선고 97다44737 판결]

우선 사례에서 A시는 두 감정기관의 평가액을 근거로 ㎡당 시가의 산출평균액이 75,000원이라고 잘못 알고 착오에 빠져, 그 산출평균액을 기준으로 매수가액을 제시하여 그 금액으로 협의매수계약을 체결한 사정이 인정되므로, A시의 착오는 목적물의 시가에 관한 착오로서 이른바 동기의 착오에 해당한다. 비록 A시가 동기의 착오에 빠져 매매계약을 체결한 경우라고 하더라도 그 동기가 적어도 표시되어 법률행위의 내용으로 되어 있고, 그 동기의 착오가 법률행위의 내용의 중요부분에 관한 착오에 해당하며, A시에게 착오에 관하여 중대한 과실이 없다면 A시를 착오취소를 주장할 수 있다.

(i) A시는 B에 대한 협의매수요청시 서면으로 매수가액의 결정방법에 관하여 통지하고, B도 그 사정을 인식하고 그 대금결정의 기준과 계산내역 및 그 방법을 매매계약서에 명시함으로써, 그 동기를 적어도 표시하여 의사표시의 내용으로 삼은 사정을 쉽게 인정할 수 있다.

(ii) 매매대금은 매매계약의 중요부분인 목적물의 성질에 대응하기는 하나, 분량적으로 가분적인데다가 시장경제하에서 가격은 늘 변동하므로, 설사 매매대금액결정에 있어서 착오로 인하여 다소간의 차이가 나더라도 보통은 중요부분의 착오로 되지 않는다. 그러나 사례에서와 같이 정당한 평가액을 기준으로 무려 85%나 과다하게 평가된 경우로서 그 가격 차이의 정도가 현저할 뿐만 아니라, A시는 지방자치단체로서 법령의 규정에 따라 정당하게 평가된 금액을 기준으로 협의매수를 하고, 또한 협의가 성립되지 않는 경우에는 수용 등의 절차를 거쳐 사업에 필요한 토지를 취득하도록 되어 있다고 하는 사정에 비추어 볼 때, A시로서는 동기의 착오에 빠지지 아니한 경우라고 하면 그처럼 과다하게 잘못 평가된 금액을 기준으로 협의매수계약을 체결하지 않으리라는 사실은 명백하다고 할 수 있다. A시의 매수대금액결정의 동기는 갑토지에 대한 협의매수계약의 내용의 중요한 부분을 이루고 있다고 봄이 상당하다. 그러므로 A시의 동기의 착오는 법률행위의 내용의 중요부분에 관한 착오라고 할 수 있다.

(iii) A시가 비록 행정관청이기는 하나 갑토지 이외에도 같은 사업에 의하여 도로로 편입될 예정인 토지가 수백필지나 되어 그 토지의 용도 및 현황 등을 일일이 대조·검토하기가 쉽지 않고, 토지의 시가감정은 감정평가기관의 전문영역으로서 토지의 용도뿐만 아니라 공시지가, 지가변동률, 지역요인, 개별요인 등 여러 가지 요인을 고려하여 평가하여야 하므로, 비전문가인 A시의 담당자로서도 그 평가액의 적정 여부를 검토하여 착오를

발견하기는 매우 어려운 실정이다. 더욱이 두 개의 감정평가기관이 동시에 착오에 빠져 둘 다 비슷한 평가액을 낸 경우에는 A시로서는 사실상 그 평가를 신뢰할 수밖에 없으리라는 사정을 엿볼 수 있다. 그러므로 여러 사정에 비추어 볼 때 A시가 갑토지의 용도 및 감정평가서의 내용 등을 면밀히 검토하여 그 잘못된 점을 발견해 내지 못한 채 두 감정기관의 감정서내용을 그대로 믿고 이를 기준으로 협의매수계약을 체결한 사정만을 내세워, A시에게 착오를 일으킨 데 대하여 중대한 과실이 있다고 보기는 어렵다.

A시는 동기의 착오를 이유로 B와의 협의매수계약을 취소할 수 있다. 그러나 A시가 인천신공항고속도로의 도로부지로 이용하기 위하여 갑토지를 협의매수한 경우이므로, A로서는 정정된 매매가격에 의한 매매계약의 유지를 바랄 수밖에 없다. 또한 B로서도 협의매수에 응하지 않으면 수용 등의 절차에 의하여 갑토지를 매도할 수밖에 없는 형편이다. 그러므로 A시와 B 사이의 매매계약에 관하여는 법률행위의 일부취소가 문제된다. A시는 매매대금을 ㎡당 최초로 작성된 두 개의 감정평가기관의 감정가격의 산술평균치인 75,000원으로 계산한 갑토지에 대한 매매계약 중 정정된 감정가격인 ㎡당 40,500원에 기하여 계산된 금액을 초과하는 부분에 관한 매매계약만을 일부취소할 수 있는가? 민법상 법률행위의 취부취소에 관하여는 명문규정이 없다. 학설·판례는 하나의 법률행위의 일부에만 취소사유가 있다고 하더라도 그 법률행위가 가분적이거나 그 목적물의 일부가 특정될 수 있다면, 나머지 부분이라도 유지하려는 당사자의 가정적 의사가 인정되는 경우에 그 일부만의 취소도 가능하다고 본다. 그러므로 A시는 이미 지급된 매매대금 중 정정된 두 감정가격의 산술평균치인 40,500원을 기준으로 계산한 금액을 초과하는 금액, 즉 ㎡당 34,500원에 대한 매매계약을 일부취소하고, 그 반환을 청구할 수 있다.

3) 일부취소의 효력

법률행위가 일부취소된 경우에 그 일부만이 무효로 되는가, 혹은 법률행위 전부가 무효로 되는가? 가분적 법률행위의 일부가 취소된 경우에 취소부분은 소급적으로 소멸하여 무효가 되고, 법률행위의 나머지 부분이 유효한가 여부는 일부무효(§137)에서와 같이 취급되어 원칙적으로 법률행위 전체를 무효로 하며 오직 일부취소로 무효가 된 부분이 없더라도 법률행위를 한다고 인정될 때에는 나머지 부분은 무효가 되지 않고 유효하다. 그러나 취소권자가 취소에 의하여 법률행위의 일부만을 무효로 하고 나머지 부분의 효력을 유지하고자 그 취지를 표시하여 일부취소를 하더라도 그 일부취소가 민법 제137조 본문에 해당하는 경우에는 법률행위 전부가 무효로 된다.

A가 지능이 박약한 B를 꾀어 돈을 빌려주어 유흥비로 쓰게 하였는데, 그 당시 A는 실제 준 돈의 2배 가량을 채권최고액으로 하여 근저당권을 설정받았다. 후에 B가 A의 기망을 이유로 근저당권설정계약취소의 의사표시를 한 경우에 B는 A에 대하여 소비대차계약의 무효까지 주장할 수 있는가?

사례에서는 근저당권설정계약이 독자적으로 존재한다고 볼 수 없고, 금전소비대차계약

과 결합하여 그 전체가 경제적, 사실적으로 일체로서 행하여진 경우로 생각할 수 있다. 더욱이 근저당권설정계약의 체결원인이 된 A의 기망행위는 금전소비대차계약에도 미친 경우로 볼 수 있으므로, A의 기망을 이유로 한 B의 근저당권설정계약취소의 의사표시는 법률행위의 일부무효이론과 궤를 같이 하는 법률행위의 일부취소의 법리에 따라서 소비대차계약을 포함한 전체에 대하여 취소의 효력이 있다고 할 수 있다.[694]

3. 취소할 수 있는 법률행위의 추인

(1) 추인의 의의

취소할 수 있는 법률행위는 취소권자의 취소의 의사표시가 있을 때까지는 일응 유효로 된다. 그러므로 취소권자가 취소권을 행사하는가 아닌가 하는 불확정한 단계에서는 상대방의 지위가 불안정하게 되고, 상대방을 불안정한 상태로부터 벗어나게 하는 제도가 필요하다. 취소할 수 있지만 아직 취소하지 아니한 법률행위를 장차 취소하지 않고 유효로 한다고 하는 취소권자의 의사표시를 추인이라고 한다.[695]

(2) 추인의 요건

1) 추인권자

취소할 수 있는 법률행위의 추인권자는 취소권자이다. 취소권자가 여러 명인 경우에는 1인이 추인하면 다른 취소권자는 더 이상 취소할 수 없다.

2) 취소원인의 종료

추인은 「취소의 원인이 종료한 후」, 즉 제한능력자는 능력자가 된 뒤, 착오·사기·강박으로 의사표시를 한 자는 비정상적인 상태에서 벗어난 뒤에 하여야 한다. 예를 들어 피성년후견인이 "횡령혐의로 고소한 바 있으나 쌍방 원만히 합의하였을 뿐만 아니라 피고소인이 범행에 대하여 깊이 반성하고 있으므로 고소취소한다"는 내용의 고소취소장을 작성하여 제출할 경우에는 아직 성년후견종료의 심판을 받기 전에는 여전히 피성년후견인으로서 독립하여 추인할 수 있는 행위능력을 가지고 있지 못할 뿐더러, 고소취소는 어디까지나 수사기관 또는 법원에 대하여 고소를 철회하는 의사표시에 지나지 아니하므로 피성년후견인이 가지는 매매의 취소권을 포기한 경우로 보기 어렵다고 본다.[696] 다만 법정대리인은 제한 없이 언제나 취소할 수 있는 법률행위를 추인할 수 있다.

---

694) 대법원 1994.9.9. 선고 93다31191 판결.

695) 추인에는 취소할 수 있는 법률행위의 추인 이외에도 무권대리행위의 추인, 무효행위의 추인이 있다. 취소할 수 있는 법률행위의 추인을 통해서는 취소를 할 때까지는 일응 효력이 생겨 불확정적으로 유효한 상태에 있는 법률행위를 확정적으로 유효로 한다. 반면에 무권대리행위의 추인은 대리권 없는 자가 대리인으로 한 행위의 효력이 본인에게 생기는가 아닌가가 불확정한 상태에서 그 행위의 효과를 직접 자기에 발생하게 하는 단독행위이고, 무효행위의 추인을 통하여는 법률행위의 효과가 발생하지 않도록 확정된 무효행위를 추인에 의하여 그때부터 새로운 법률행위를 한 경우로 인정한다.

696) 대법원 1997.6.27. 선고 97다3828 판결.

[더 생각할 과제 - 취소할 수 있는 의사표시를 취소한 후 다시 추인할 수 있는가]

취소한 법률행위는 처음부터 무효인 경우로 간주되므로 취소할 수 있는 법률행위가 일단 취소된 이상 그 후에는 취소할 수 있는 법률행위의 추인에 의하여 이미 취소되어 무효로 간주된 당초의 의사표시를 다시 확정적으로 유효하게 할 수는 없다. 다만 취소할 수 있는 법률행위를 취소한 후에 무효인 법률행위의 추인의 요건과 효력으로서 추인할 수는 있으나, 무효행위의 추인은 그 무효원인이 소멸한 후에 하여야 그 효력이 있다. 예를 들어 강박에 의한 의사표시임을 이유로 일단 유효하게 취소되어 당초의 의사표시가 무효로 된 후에 추인한 경우에는 그 추인이 효력을 가지기 위하여는 그 무효원인이 소멸한 후이어야 하며, 그 무효원인이란 바로 의사표시의 취소사유라 하여야 하므로 결국 무효원인이 소멸한 후란 당초의 의사표시의 성립과정에 존재한 취소의 원인이 종료된 후, 즉 강박상태에서 벗어난 후라고 보아야 한다.697)

3) 추인권자의 인식

추인은 취소권의 포기를 의미하므로 추인권자가 취소할 수 있는 법률행위라는 사실을 알고 추인을 하여야 한다.

(3) 추인의 방법

추인은 불요식행위이며, 명시적·묵시적으로 할 수 있다. 취소할 수 있는 법률행위가 요식행위인 경우도 추인에서는 방식이 요구되지 아니한다.

(4) 추인의 효과

취소할 수 있는 법률행위는 추인에 의하여 새로 법률행위를 할 필요 없이 유효로 확정된다. 취소할 수 있는 법률행위를 일단 추인하면 더 이상 취소할 수 없다.

4. 법정추인

(1) 법정추인의 의의

법정추인은 취소할 수 있는 행위에 관하여 일반적으로 추인이라고 할 수 있는 일정한 사실이 있는 경우에 추인권자의 추인의사의 유무를 묻지 않고 법률상 당연히 추인으로 간주하는 제도이다.

(2) 법정추인의 요건

1) 법정추인의 사유

전부나 일부의 이행, 이행의 청구, 경개, 담보의 제공, 취소할 수 있는 행위로 취득한 권리의 전부나 일부의 양도, 강제집행과 같은 법정추인의 사유가 존재하여야 한다(§145).

① 전부나 일부의 이행 　　취소권자가 상대방에게 취소할 수 있는 행위로부터 생긴 채권을 이행한 경우, 상대방으로부터 취소권자가 이행을 받은 경우에는 모두 법정추인이

---

697) 대법원 1997.12.12. 선고 95다38240 판결.

된다. 다만 예를 들어 취소할 수 있는 법률행위로부터 생긴 채무의 이행을 위하여 발행한 여러 장의 당좌수표 중 일부가 지급된 경우에는 나머지 수표금채무까지 법정추인된 경우로는 볼 수 없다.698)

② 이행의 청구 취소권자가 이행의 청구를 하는 경우에 한하여 법정추인이 된다.

③ 경개 취소권자가 채권자이든 채무자이든 관계없이 취소할 수 있는 행위에 의하여 생긴 채권 또는 채무를 소멸시키고, 그 채권 또는 채무에 갈음하여 다른 채권이나 채무를 발생하게 하면 법정추인이 된다.

④ 담보의 제공 취소권자가 채무자로서 담보(물적·인적 담보)를 제공하는 경우뿐만 아니라, 채권자로서 담보를 제공받는 경우도 법정추인이 된다.

⑤ 취소할 수 있는 행위로 취득한 권리의 전부나 일부의 양도 취소권자가 취소할 수 있는 행위로 취득한 권리의 전부나 일부를 양도하는 때에 한하여 법정추인이 된다. 다만 형사책임을 수반하는 무권대리행위에 의하여 권리의 침해를 받은 자가 그 침해사실을 알고도 장기간 형사고소나 민사소송을 제기하지 않은 사실만으로 그 행위에 대하여 추인이 있다고 할 수는 없다.699)

⑥ 강제집행 취소권자가 채권자로서 강제집행을 한 경우에는 법정추인이 된다. 또한 취소권자가 채무자로서 강제집행을 받은 경우에도 법정추인이 된다고 볼 필요가 있다.

2) 취소원인의 종료

법정추인에 해당하는 사실이 「추인할 수 있은 후에」, 즉 취소의 원인이 종료한 후에 발생하여야 한다.

3) 이의의 미유보

예컨대 추인이 아니라는 사실을 명시하여 변제하는 경우와 같이 이의를 유보한 경우에는 법정추인의 사유가 있더라도 법정추인으로 인정되지 아니한다(§145 단서).

(3) 법정추인의 효과

법정추인이 되면 취소할 수 있는 법률행위는 유효로 확정되고, 더 이상 취소할 수 없다.

5. 취소권의 소멸

(1) 취소권의 일반적 소멸사유

취소권은 일반적으로 취소권의 행사·포기, 추인, 법정추인, 기간경과와 같은 사유에 의하여 소멸한다. 제한능력자의 취소권은 상대방의 최고권, 철회권, 거절권의 행사(§§15·16)나 제한능력자의 속임수(§17)에 의하여 소멸한다.

---

698) 대법원 1996.2.23. 선고 94다58438 판결.
699) 대법원 1967.12.18. 선고 67다2294, 2295 판결.

(2) 취소권의 단기소멸

1) 단기소멸기간의 기산점

취소권은 추인할 수 있는 날로부터 3년, 법률행위를 한 날로부터 10년 내에 행사하여야 한다(§146). 「추인할 수 있는 날로부터 3년」과 「법률행위를 한 날로부터 10년」 중 어느 기간이든 먼저 만료한 기간이 있으면 취소권은 소멸한다.

2) 단기소멸기간의 성질

민법은 취소권의 단기소멸기간의 성질에 관하여 명언하지 않고 있다. 취소권의 단기소멸기간은 시효기간이 아니라 제척기간이라고 해석하는 태도가 타당하다. 판례도 역시 민법 제146조가 정한 3년이라는 기간은 소멸시효기간이 아니라 제척기간으로서 제척기간의 도과 여부는 당사자의 주장에 관계없이 법원이 당연히 조사하여 고려하여야 할 사항이라고 본다.[700]

제6절 조건과 기한

Ⅰ. 법률행위의 부관

1. 부관의 의의

법률행위의 부관이란 법률행위의 효력의 발생·소멸을 장래의 일정한 사실의 성부나 시기의 도래에 의존하게 하기 위하여 표의자가 법률행위의 일부로 부가한 약관을 일컫는다. 법률행위의 부관에는 조건과 기한이 있다.

좁은 의미에서의 부관은 법률행위의 효력의 발생·소멸을 제한하기 위하여 법률행위의 내용으로 부가되는 약관을 가리킨다. 넓은 의미에서는 이자약관·담보약관·환매약관·면책약관과 같이 법률행위에 부속하는 「약관」까지를 포함시켜 부관이라고 이해할 수 있다.

2. 법률행위의 부관의 종류

법률행위의 부관에는 법률행위의 효력의 발생·소멸이 도래불확실한 장래의 사실에 의존하는 「조건」과 도래확실한 장래의 사실에 의존하는 「기한」이 있다. 조건은 정지조건·해제조건으로 구분되고, 기한은 시기와 종기로 구분된다.

---

700) 대법원 1996.9.20. 선고 96다25371 판결.

Ⅱ. 조 건

1. 조건의 의의

> 돈이 많은 부모가 로스쿨에 다니는 자기의 아들에게 "변호사시험에 합격하면 자동차를 1대 준다"고 말하였다. 아들은 부모의 말을 듣고 기뻐하며 열심히 공부하여 꼭 변호사시험에 합격하여 자동차를 받도록 하겠다고 대답하였다. 부모와 아들 사이에 어떤 법률관계가 성립하는가?

조건은 법률행위의 효력의 발생·소멸을 장래의 도래불확실한 사실의 성부에 의존하게 하는 법률행위의 부관이다. 보통 조건은 법률행위의 효력의 발생·소멸을 장래 도래하는가 아닌가가 불확실한 사실의 성부에 의존하게 하는 특약을 의미하지만, 도래하는가 아닌가가 불확실한 사실, 즉 조건사실을 가리키는 경우도 있다.

사례에서 부모의 청약에 대한 아들의 승낙에 의하여 증여계약이 성립한다. 그러나 증여계약의 효력(자동차의 소유권이전 청구권의 발생)은 의사표시의 합치와 동시에 생기지는 않는다. 변호사시험에 합격하여야 생긴다. 그러나 합격하는가 아닌가는 신(神)만이 알 뿐이지 누구도 알 수 없다. 변호사시험에 합격하는가 아닌가 하는 불확실한 사실에 증여계약의 효력을 의존시키는 특약을 두고 있으므로, 부모와 아들 사이에 이른바 조건부로 증여계약이 성립한 경우로 된다.

2. 조건의 요건

조건은 법률행위의 효력의 발생·소멸만을 좌우할 수 있다. 법률행위의 성립 여부가 조건에 의존될 수는 없다.

조건이 되는 사실은 장래의 객관적으로 도래불확실한 사실만이 해당된다. 도래불확실성에 의하여 조건은 기한으로부터 구별되며, 장래의 사실이더라도 장래 반드시 실현되는 사실이면 기한이지 조건이라고 할 수 없다. 역시 법률행위의 효력을 현재의 사실 혹은 과거의 사실에 의존하게 하는 경우에는 조건에 해당되지 아니한다. 또한 조건은 법률행위의 내용의 일부로 당사자가 사적 자치에 의하여 임의로 부가하여야 하고, 법정조건은 조건에 해당되지 아니한다.

[더 생각할 과제 - 조건인가 불확정기한인가]

> A는 전도가 유망한 로스쿨학생 B에게 1,000만원을 빌려주면서 「변제는 출세한 때에 하면 된다」고 약정하였다. B는 로스쿨을 졸업한 후 변호사시험에 우수한 성적으로 합격한 후, 국내 굴지의 로펌에 취직하여 열심히 근무하고 있었는데, 불법적인 변호사활동이 문제가 되어 결

국 변호사자격을 박탈당하게 되었다. 그 후 현재까지 마땅한 일자리를 잡지 못한 채 백수로 지내고 있는 상황에서 A는 B에 대하여 1,000만원의 변제를 청구하였다. B는 아직 출세하지 못하였으므로, 변제기가 도래하지 않았다고 항변할 수 있는가?

「장차 성공한 때에 지급한다」고 하는 부관을 붙여 금전소비대차를 한 경우에 조건인가 기한인가가 문제될 수 있다. 「장차 성공한 때에 지급한다」고 하는 내용이 성공하여야만 지급하고 성공하지 아니하면 지급하지 아니한다고 하는 의미이면 조건이 되고, 성공하든 못하든 지급하지만 그 지급시기가 「성공한 때」라고 하는 의미이면 변제유예를 정한 기한으로 해석할 수 있다. 만일 「장차 성공한 때에 지급한다」고 하는 부관(이른바 「출세급특약」이라고 한다)을 불확정기한으로 이해하면 변제불능이 확정된 때에 기한도래가 된다.

사례의 핵심은 AB간의 계약에서 변제기에 조건을 붙인 경우인가, 기한을 붙인 경우인가에 있다. 사례와 같이 출세급특약이 붙은 경우에는 조건으로 볼 수도 있고, 기한으로 볼 수도 있다.

우선 조건으로 해석될 수 있다. 가령 출세하는지 아닌지 여부가 전혀 알 수 없는 상황이라고 한다면 변제기가 도래하는가 아닌가가 불확실한 사실에 의존시킨 조건이 되고, 만일 출세하지 않는 한 1,000만원을 상환할 필요가 없다. 만약 출세가 더 이상 절망적인 경우에는 어떤가? 변제기 없는 소비대차로 되지만, 변제기 없는 소비대차란 없으므로, 결국 A는 B에게 1,000만원을 증여한 경우와 마찬가지로 된다.

A가 돈을 빌려줄 때의 진의가 변제를 출세할 때까지 유예한다는 의미로 해석될 여지도 있다. 단지 변제를 출세할 때까지 유예한 경우에는 이행시기를 출세시로 정한 기한으로 이해될 수 있다. 기한의 경우에는 장래 반드시 도래하여야 한다. 그러므로 출세의 가능성이 있는 동안에는 변제가 유예되지만, 출세의 가능성이 없어지면 더 이상 유예되지 아니하므로, 변제의무가 생긴다.

어느 경우가 옳은가는 계약해석의 문제이다. 출세급특약을 조건으로 보는 때에는 출세라고 하는 조건이 성취되지 않는 한 언제까지라도 1,000만원을 주지 않아도 무방하게 된다. 그러나 출세급특약을 한 경우에 당사자의 의사는 통상 객관적으로 보아 채무를 이행할 수 있게 되는 출세를 하거나, 채무를 이행할 수 있는 출세를 전혀 할 수 없게 된 때에는 채무를 이행한다고 하는 취지라고 해석할 수 있다. 사례는 출세급특약이 붙은 소비대차로 해석되므로, 특별한 사정이 없는 한 '출세한 때' 또는 '출세불능이 확정된 때'에 1,000만원을 지급한다고 하는 불확정기한으로 이해할 수 있다. B는 아직 출세를 못하고 있다고 할지라도 변호사자격까지 박탈당하여 더 이상 출세가 불가능하다고 판단된 때에는 1,000만원을 변제하여야 할 의무를 부담한다.

A는 재건축사업을 추진하던 사람 B 등과 사업진행에 필요한 운전자금을 출자하고, 사업상의 이익에 참여하기로 하는 등의 공동사업계약을 체결하고, 운전자금으로 4천2백만원을 지급하였다. 그 후 사업진행이 순조롭지 않자 A는 공동사업관계에서 탈퇴하면서 '스폰서가 영입되거나 사업권을 넘길 경우나 사업을 진행할 때'에는 출자금을 반환받기로 하는 청산약정을 체결하였다. 그러나 A가 재건축사업에서 손을 뗀 때로부터 상당한 기간이 경과하였는데도 불구하고 그 사실이 발생하지 않았다. A는 B 등에 대하여 출자금 4천2백만원의 반환을 청구할 수 있는가? [대법원 2009.5.14. 선고 2009다16643 판결]

A가 공동사업관계를 탈퇴하면서 체결한 청산약정에서 '스폰서가 영입되거나 사업권을 넘길 경우나 사업을 진행할 때'에 출자금을 반환받기로 하는 부관을 붙인 시정이 인정된다. 그러므로 출자금반환의무의 성립과 관련하여 붙인 부관의 법적 성질을 정지조건으로 보아야 하는가, 불확정기한으로 보아야 하는가가 문제된다.

만약 부관이 정지조건이라고 하면 B 등의 금전반환의무가 발생하려면 약정사유 중 하나가 발생하여야 한다. 새로운 투자자가 영입된 증거가 없고, 재건축사업권이 양도된 일이 없고, 재건축사업의 진행을 진행하여 그로 인하여 자금이 유입된 사실이 없다고 하면 B 등의 금전지급의무는 정지조건의 미성취로 발생하지 아니한다. 그러나 A가 공동사업관계로부터 손을 뗄 때에 체결한 청산약정에 붙인 부관이 불확정기한이라고 하면 부관에 정한 사유가 발생하는 때는 물론이고 상당한 기간 내에 그 사유가 발생하지 않는 때에도 B 등의 출자금반환의무가 성립한다. 사례를 보면 부관상의 약정사유는 모두 주로 애초부터 재건축사업을 계획·추진하여 온 B 등의 성의와 노력에 의하여 앞으로 실현되어야 하고, 그 실현에 이제 재건축사업에서 손을 떼는 A로부터 그 주동을 기대하기 어려운 사정이 인정될 뿐만 아니라, 공동사업관계와 같은 조합에서 조합원 중 1인이 나머지 조합원과의 합의 아래 임의로 탈퇴하는 경우에 탈퇴조합원은 다른 특별한 사정이 없는 한 나머지 조합원에 대하여 지분의 계산을 청구할 수 있는 권리를 가진다는 사정(§719 참조) 등을 더하여 보면, A가 B 등과 공동사업관계를 탈퇴하면서 맺은 부관의 법적 성질을 '스폰서가 영입되거나 사업권을 넘길 경우나 사업을 진행할 때'라고 하는 사유가 발생하지 않는 한 언제까지라도 A의 투자금을 반환할 B 등의 의무가 성립하지 아니하는 정지조건이라기 보다는 그 부관을 불확정기한으로 보아 B 등의 금전반환의무는 보관상의 약정사유가 발생하는 때는 물론이고 상당한 기간 내에 그 사실이 발생하지 아니하는 때에도 성립한다고 해석하는 태도가 타당하다. 그러므로 A는 B 등에 대하여 상당한 기간 내에 부관상 약정한 '스폰서가 영입되거나 사업권을 넘길 경우나 사업을 진행할 때'라는 사유가 발생하지 아니한 경우에도 출자금 4천2백만원의 반환을 청구할 수 있다.

3. 조건의 종류

(1) 정지조건·해제조건

법률행위의 효력의 발생을 장래의 도래불확실한 사실에 의존하게 하면 정지조건이고, 법률행위의 효력의 소멸을 장래의 도래불확실한 사실에 의존하게 하면 해제조건이다. 예컨대 「사법시험에 합격하면 자동차를 증여한다」고 하는 경우에는 정지조건이 되고, 「사법시험에 낙방하면 생활비를 중단한다」고 하는 경우에는 해제조건이 된다.

(2) 적극조건·소극조건

조건사실, 즉 장래의 도래불확실한 사실이 현상의 변경을 내용으로 하면 적극조건이고, 조건사실이 현상의 불변경을 내용으로 하면 소극조건이다. 「미국유학을 가면」, 「내일 눈이 내리면」, 「매매대금을 다 갚으면」, 「결혼을 하면」과 같은 경우가 적극조건이다. 한편 「미국유학을 가지 않으면」, 「내일 비가 오지 않으면」, 「매매대금을 갚지 않으면」, 「결혼을 하지 않으면」과 같은 경우는 소극조건에 해당한다.

(3) 수의조건·비수의조건

1) 수의조건

조건의 성부가 당사자의 일방적 의사에 의존하는 경우를 수의조건이라고 한다. 수의조건은 조건의 성부가 오직 당사자 한쪽의 의사에만 의존하는 순수수의조건과 조건의 성부가 당사자 한쪽의 의사로 결정은 되지만, 다만 조건을 성취시키려는 의사뿐만 아니라 다른 의사결정에 의한 사실상태의 성립도 있어야만 하는 단순수의조건으로 구분된다. "내 마음이 동하면 카메라를 준다"고 하면 순수수의조건이다. "영국에 여행하게 되면 카메라를 사다준다"고 하면 단순수의조건이 된다.

2) 비수의조건

조건의 성부가 당사자의 일방적 의사에만 의존하지 아니하는 경우를 비수의조건이라고 한다. 비수의조건은 조건의 성부가 전혀 당사자의 의사와 관계없는 우성조건과 조건의 성부가 당사자 일방의 의사뿐만 아니라 제3자의 의사에 의하여 결정되는 혼성조건으로 구분된다. 예컨대 '내일 바람이 불면', 'A가 일본에 가면', 'A가 권리를 포기하면'과 같은 경우가 우성조건이다. '내가 A녀와 혼인하면'과 같은 경우는 혼성조건이다.

(4) 가장조건

외관상 형식적으로는 조건이지만, 실질적으로는 조건으로서의 효력이 인정되지 아니하는 조건를 가장조건이라고 한다. 가장조건에는 기성조건, 불법조건, 불능조건이 있다.

① 기성조건　　법률행위의 당시에 이미 객관적으로 확정되어 있는 사실을 조건으로 하는 경우를 기성조건이라고 한다. 기성조건이 정지조건이면 법률행위는 무조건(유효로 확정)이 되고, 기성조건이 해제조건이면 법률행위는 무효로 된다(§151 II).

② 불법조건　　선량한 풍속 기타 사회질서에 위반하는 조건이 불법조건이다. 조건의 내용 자체가 불법적이어서 무효일 경우 또는 조건이 허용되지 아니하는 법률행위에 조건을 붙인 경우에 그 조건만을 분리하여 무효로 할 수는 없고, 그 법률행위 전부가 무효로 된다(§151 I). 예를 들어 "A를 살해하면 1,000만원을 준다"고 하여 불법조건이 붙은 계약은 무효이고, 역시 조건으로 불법행위를 하지 아니한다고 하는 경우에도 무효가 된다.

③ 불능조건　　객관적으로 실현이 불가능한 사실을 조건을 한 경우를 불능조건이라고 한다. 불능조건이 정지조건이면 법률행위는 무효로 되고, 불능조건이 해제조건이면 법률행위는 무조건(유효로 확정)이 된다(§151 III). 예를 들어 "죽은 자식을 살려내면 1억원을 준다"고 하는 증여는 불능한 정지조건으로 무효가 된다. 그러나 "먼저 1억원을 주지만, 죽은 자식이 살아 돌아오면 반환한다"고 하면 불능한 해제조건으로 증여계약은 무조건이 된다.

(5) 법정조건

법정조건이란 법률행위가 효력을 발생하기 위하여 법률에 의하여 요구되는 여러 가지의 요건·사실을 가리킨다. 법인설립행위에서 주무관청의 허가, 유언에서 유언자의 사망과 수유자의 생존이 법정조건에 해당한다.

4. 조건에 친하지 않는 법률행위

(1) 서 설

법률행위에 조건을 공익상 붙일 수 없는 경우도 있다. 또한 사익상 조건이 허용되지 않는 경우도 있다. 조건을 붙이면 강행법규·사회질서에 반하는 결과가 되는 경우에는 공익상 조건이 절대로 허용되지 아니하고, 예컨대 가족법상의 행위(혼인·인지·이혼·입양·파양·상속의 포기와 승인)와 어음행위·수표행위가 해당한다. 또한 조건에 의하여 상대방의 지위가 현저히 불리하게 되는 경우에는 사익상 조건이 허용되지 않고, 예컨대 단독행위(상계·해제·해지·취소·추인·철회·환매), 채무의 면제·유언이 해당한다.

(2) 신분행위

> 로스쿨학생 A는 여자친구 B여와 자기가 변호사시험에 합격하면 결혼하자고 약정하였다. B는 A의 합격까지 언제까지나 기다리지 않으면 안되는가? 또한 A는 몇 년 후 가까스로 변호사시험에 합격하였는데, B여보다 더 좋은 조건의 결혼상대방 C여가 나타나자, 오랜 동안 자기를 기다려온 B여와의 약속을 저버리고, C여와 결혼을 하였다. B여에게 어떤 구제가 인정되는가?

예를 들어 혼인, 인지, 이혼, 입양, 파양, 상속의 승인이나 포기와 같은 가족법상의 행위에 조건을 붙이면 신분질서가 불안정하게 되고, 양속질서에 반하여 공익상 조건이 허용되지 아니한다. A와 B여 사이의 합의를 정지조건부 혼인의 합의라고 하면 바로 신분행위에 조건을 붙인 경우가 된다. 신분행위에는 조건을 붙이더라도 무효이므로, A가 붙인 조건은 무효이다. 실제로 변호사시험의 합격까지 기다린 B여에게는 어떤 구제도 인정될 수 없는가?

실제로 사례와 같은 결혼의 약속은 드물지 않다고 생각된다. 결혼의 약속이 언제나 모두 무효로 되고, 실제로 약속을 믿고 기다린 B여에게 아무런 구제도 인정되지 아니한다고 하면 상식에 반한다. 사례에서 A와 B여 사이의 합의는 결혼의 합의에 조건을 붙인 경우가 아니라, 합리적인 기간을 한도로 하여 결혼을 하기로 「혼인예약」을 한 경우로 해석할 수 있다. 혼인예약은 장차 혼인을 한다고 하는 합의로 혼인의 시점에서 다시 합의가 필요하지만, 파기하면 혼인예약의 불이행에 따른 위자료의 청구가 인정된다.

(3) 어음·수표행위

어음·수표행위는 그 효과가 확정적으로 발생할 필요가 있고, 그 필요에 의하여 공익상 조건이 허용되지 아니한다.

(4) 단독행위

예를 들어 상계·해제·취소·추인·환매·선택채권의 선택과 같은 단독행위에 조건을 붙이면 상대방의 법적 지위가 현저히 불안정하게 되어 사익상의 이유로 조건이 허용되지 아니한다. 다만 상대방의 동의가 있거나 상대방을 특별히 불리하게 하지 않는 경우에는 단독행위에도 조건이 허용된다.

5. 조건의 성취와 불성취

(1) 서 설

적극조건에서는 조건이 된 사실이 성립하면 조건의 성취가 되고, 조건이 된 사실이 성립하지 아니한다고 확정되면 조건의 불성취가 된다. 그러나 소극조건에서는 사실의 발생이 조건불성취가 되고, 사실의 불발생이 조건성취가 된다. 주어진 조건사실이 성립하여 조건의 성취가 되는가, 조건의 불성립이 확정되어 조건의 불성취가 되는가는 법률행위의 해석에 의하여 판단한다.

(2) 조건성취로 의제되는 경우

> A가 B에게 갑부동산의 매각의 알선을 의뢰하고, 매매대금 5,000만원 이상으로 매도하는 때에는 보수로 200만원을 지급하는 이외에 B가 A에게 부담하는 채무를 면제하여 주기로 약정하였다. 한편 B는 갑부동산에 관심을 가진 매수인 X를 알게 되어 6,000만원에 팔기로 하는 가계약까지 체결하였는데, A가 직접 Y에게 더 싼 가격으로 갑부동산을 매도한 탓으로 X와의 계약이 성사되지 못하였다. B는 A에 대하여 200만원의 지급과 채무면제를 청구할 수 있는가?

민법 제150조 제1항을 보면 '조건의 성취로 불이익을 받을 당사자가 신의성실에 반하여 조건의 성취를 방해한 때'에는 조건성취가 의제된다. 사례에서 A는 조건의 성취로 불이익을 받을 당사자로서 B가 갑부동산을 X에게 팔기로 가계약까지 체결한 마당에 자기가 직접 다른 사람 Y에게 더 저렴한 가격에 갑부동산을 매수한 때에는 신의성실의 원칙에 반하여 조건의 성취를 방해한 경우로 보지 않을 수 없다. 그러므로 B는 조건이 성취된 경우로 보아서 A에 대하여 보수를 청구할 수 있고, 채무면제의 효과도 생긴다.

물론 민법 제150조 제1항이 적용되기 위해서는 그 방해가 없으면 조건이 성취된다고 하는 개연성이 필요하다. 실제로는 어느 정도의 조건성취의 가능성이 있으면 그 개연성이 있는가 하는 판단이 곤란한 경우도 있다. 예를 들어 A가 우연히 B작가가 쓴 소설을 보고, "당신의 소설이 금년 이상(李箱)문학상을 수상하면 500만원을 준다"고 한 경우에 만약 A가 그 소설원고를 은닉하여 출간조차 못하게 하면 조건성취로 의제되는가? B작가의 소설이 누가 보아도 현저하게 수준이 떨어지는 졸작이라고 판단되는 경우에는 민법 제150조 제1항이 적용되지 아니할 수 있다.

(3) 조건불성취로 의제되는 경우

조건의 성취로 이익을 받게 되는 당사자가 신의칙에 반하여 조건을 성취시킨 때에는 상대방은 조건의 불성취를 주장할 수 있는 형성권을 가진다(§150 II).

6. 조건부 권리의 보호

(1) 조건부 권리의 의의

A가 기르는 개가 새끼를 임신중인데, A는 B에게 「새끼를 낳으면 한 마리 준다」고 약정하였다. 그런데 A는 어미개가 새끼를 낳기 전에—너무 시끄럽게 짖는다는 이유로—어미개를 도살하고 말았다. B는 A에 대하여 손해배상을 청구할 수 있는가?

조건이 붙은 계약의 당사자 일방은 조건이 아직 미성취인 동안에도 조건이 성취되면 이익을 받는다고 하는 기대를 가지게 된다. 민법은 조건의 성취에 대한 기대를 일정한 범위에서 보호한다. 조건의 성취로 보호를 받는 당사자 일방의 권리를 「기대권」이라고 부른다.

상대방은 기대권을 침해하지 못한다(§148). 제3자도 역시 조건의 성취에 따른 기대권에 대한 불가침의무를 부담한다. 사례에서 B는 손해배상을 C에게 청구할 수 있다(불법행위책임). 다만 실제로 손해배상액의 산정이 곤란한 경우가 많으나, 사례에서는 새끼개 1마리의 가격이 손해로 될 수 있다.

(2) 조건부 권리의 침해금지

"조건 있는 법률행위의 당사자는 조건의 성부가 미정한 동안에 조건의 성취로 인하여 생길 상대방의 이익을 해하지 못한다"(§148). 그러므로 조건부 권리에 대한 의무자는 조건의 성취로 인하여 생길 상대방의 이익에 대한 불가침의무를 부담한다.

(3) 조건부 권리의 양도성

조건부 권리는 일반규정에 의하여 처분, 상속, 보존 혹은 담보로 할 수 있다(§149).

7. 조건의 성취·불성취확정의 효력

(1) 조건성취·불성취의 효과

"정지조건 있는 법률행위는 조건이 성취한 때로부터 그 효력이 생긴다. 해제조건 있는 법률행위는 조건이 성취한 때로부터 그 효력을 잃는다"(§147 I·II). 그러므로 조건이 성취된 경우에 정지조건부 법률행위이면 법률행위의 효력이 발생하고, 해제조건부 법률행위이면 법률행위의 효력이 상실된다. 또한 조건이 불성취로 확정된 경우에 정지조건부 법률행위이면 법률행위는 무효로 되고, 해제조건부 법률행위이면 법률행위는 유효로 된다.

(2) 조건성취의 비소급효

조건성취의 효력은 원칙적으로 소급하지 아니한다. 정지조건에서는 법률효과가 성취된 때로부터 발생한다. 해제조건에서는 법률효과가 성취된 때로부터 소멸한다.

“당사자가 조건성취의 효력을 그 성취 전에 소급하게 할 의사를 표시한 때에는 그 의사에 의한다”(§147 III). 그러므로 당사자의 의사에 의하여 예외적으로 조건성취의 효력을 조건성취시부터 법률행위의 성립시까지 사이의 어느 시점까지든지 소급시킬 수 있다.

Ⅲ. 기 한

1. 기한의 의의

기한은 법률행위의 효력의 발생·소멸 혹은 채무의 이행을 장래의 도래확실한 사실에 의존하게 하는 법률행위의 부관이다. 보통 기한은 법률행위의 효력의 발생·소멸을 장래 도래하는가 아닌가가 확실한 사실의 성부에 의존하게 하는 특약을 의미하지만, 도래하는가 아닌가가 확실한 사실 그 자체를 가리켜 기한이라고 하는 경우도 있다.

2. 기한의 종류

(1) 시기·종기

법률행위의 효력의 발생·채무이행의 시기를 장래의 도래확실한 사실의 발생에 의존하게 하면 「시기」이다. 그리고 법률행위의 효력의 소멸을 장래의 도래확실한 사실의 발생에 의존하게 하면 「종기」이다. 예를 들어 ‘내년 1월 1일부터’라고 하면 시기이고, ‘내년 1월 1일까지’라고 하면 종기이다.

(2) 확정기한·불확정기한

발생하는 시기가 확정되어 있는 기한은 「확정기한」이고, 발생시기가 확정되어 있지 않은 기한은 「불확정기한」이다. 예를 들어 내년 1월 1일 혹은 금년 크리스마스 때라고 하면 확정기한이다. 甲某가 사망할 때·비가 올 때·눈이 올 때라고 하면 불확정기한이다.

3. 기한에 친하지 않는 법률행위

기한에 친하지 않는 법률행위로는 아래와 같은 경우를 들 수 있다.

① 가족법상의 행위　　법률효과를 곧 발생하게 할 필요가 있는 혼인, 협의상의 이혼, 입양, 파양, 상속의 승인과 포기와 같은 가족법상의 행위에는 시기가 허용되지 아니한다.

② 상계　　소급효 있는 법률행위에 시기를 붙이면 무의미하므로 상계에는 기한이 허용되지 아니한다(§493).

③ 어음·수표행위　　어음·수표행위는 조건에는 친하지 않지만 시기는 붙일 수 있다.

4. 기한부 법률행위의 효력

(1) 기한의 도래

기한을 기일·기간으로 정한 경우에는 기일의 도래·기간의 경과로 기한은 도래한다. 그리고 기한을 일정한 사실의 발생으로 정한 경우에는 그 사실이 발생한 때에 기한이 도래한다.

기한은 본질상 반드시 도래하여야 하여, 그 사실이 사실상 불발생으로 확정된 때에는 기한의 도래로 의제된다. 그러므로 당사자가 불확정한 사실이 발생한 때를 이행기한으로 정한 경우에 그 사실이 발생한 때는 물론 그 사실의 발생이 불가능하게 된 때에도 이행기한은 도래한 경우로 보아야 한다. 예를 들어 A는 B에게 상가건물 내의 점포를 임대하기로 하는 분양계약을 체결하고 계약금과 중도금을 수령한 뒤, 자금사정을 이유로 한 B의 간청에 의하여 분양계약을 합의해제하면서 B로부터 받은 계약금과 중도금을 「점포가 타인에 분양 또는 임대되는 때」에 반환하기로 약정한 후 1년 5개월이 지나도록 점포를 타인에 분양 혹은 임대하지 않고 다른 사람으로 하여금 상품진열에 무상으로 사용하게 하고 있는 경우에는 특별한 사정이 없는 한 점포가 타인에 분양 또는 양도된다는 사실의 발생은 불가능하게 된다고 할 수 있으므로, 계약금과 중도금의 반환채무는 이행기한이 도래한 경우로 보아야 한다.[701]

(2) 기한도래 전의 효력

기한부 권리도—조건부 권리와 같이—기대권으로서 보호된다. 그러므로 조건부 권리의 침해금지(§148), 조건부 권리의 양도성(§149)에 관한 규정은 기한부 권리에도 준용된다(§154).

(3) 기한도래 후의 효력

법률행위에 시기를 붙인 경우에 그 기한이 도래하면 법률행위의 효력이 생긴다(§152 I). 법률행위에 종기를 붙인 경우에 그 기한이 도래하면 법률행위의 효력이 소멸한다(§152 II).

6. 기한의 이익

(1) 기한이익의 의의

기한의 이익은 시기·종기가 아직 도래하지 아니한 상태에서 당사자가 받는 이익을 의미한다. 시기부 법률행위에서는 효력이 아직 발생하지 아니하여 받는 이익이 기한이익이고, 종기부 법률행위에서는 효력이 아직 소멸하지 아니하여 받는 이익이 기한이익이다.

---

701) 대법원 1989.6.27. 선고 88다카10579 판결.

(2) 기한이익의 포기

1) 기한이익이 당사자의 한쪽만을 위하여 존재하는 경우

가령 12월 1일에 A가 B에게 변제기를 1년 후로 약속하고 1,000만원을 빌려준 경우(소비대차)를 예로 들어보면 내년의 동월 동일이 변제의 기한이 되므로, B는 기한까지 1,000만원을 사용할 수 있는 이익을 누린다. 기한의 이익이라고 한다. 원칙적으로 기한은 채무자의 이익을 위하여 정한 경우로 추정된다(§153 I). 사례에서 채무자는 변제의 의무를 지는 B이다. 만약 소비대차가 이자부인 경우에는 기한까지 이자를 받을 수 있는 이익이 채권자(A)쪽에 발생한다. 그러므로 기한의 이익을 당사자의 누가 받는가는 경우에 따라서 다르나, 일반적으로는 채무자에게 있다고 본다.

6개월 후에 더 이상 돈이 필요 없는 경우에 B는 바로 상환할 수 있는가? 기한이익이 당사자의 한쪽만을 위하여 존재하는 경우에는 기한이익을 받는 자가 상대방에 대한 단독의 의사표시에 의하여 언제나 임의로 기한이익을 포기할 수 있다(§153 II 본문). 바로 민법 제153조 제2항은 기한의 이익은 포기할 수 있다고 규정하고 있다. 그러므로 무이자의 경우라면 B는 언제든지 원본을 반환할 수 있다.

2) 기한이익이 채무자와 채권자 양쪽을 위하여 존재하는 경우

기한의 이익이 채권자, 채무자 양쪽에게 있는 경우도 있다. 기한이익이 채무자뿐만 아니라 채권자에게도 있는 경우에는 바로 "상대방의 이익을 해하지 못한다"고 하는 민법 제153조 제2항 단서가 적용되므로, 상대방이 입은 손해를 배상하면 포기할 수 있다고 해석된다. 예를 들어 이자부로 금전소비대차를 한 경우에는 기한의 이익이 대주와 차주 모두에게 있으므로, 차주는 아직 변제기에 달하지 않은 경우라 할지라고 원본에 변제기까지의 이자를 더하여 상환할 수 있다.

> 국내의 유명한 로펌 「김이박」에 근무하는 A변호사는 새로 개설하는 베트남의 해외지사에서 1년간 근무하게 되어 해외로 떠나게 되었는데, B창고에 1년간 가재도구를 맡겼다. 그런데 사정이 생겨서 A변호사는 6개월만에 다시 국내로 들어오게 되었다. A변호사는 B창고에 대하여 가재도구의 반환을 청구할 수 있는가?

기한이 이익이 채권자에게 있는 경우도 있다. 채권자는 기한의 이익을 포기할 수 있다. 사례에서 A가 기한이익을 가지므로, 1년분의 보관료를 내고(상대방의 손해를 배상하고), 기한의 이익을 포기(중도해약)할 수 있다.

(3) 기한이익의 상실

기한이익을 가지는 채무자가 (i) 담보를 손상하거나 감소 또는 멸실하게 한 때(§388 i), (ii) 담보제공의 의무를 이행하지 않은 때(§388 ii), (iii) 파산한 경우(채무자회생 및 파산에 관한 법률 §425)에는 기한이익을 상실한다.

제7절 기 간

Ⅰ. 서 론

1. 기간의 의의

기간은 어느 시점으로부터 다른 시점까지 계속된 시간적 길이를 의미한다.

2. 기간규정의 보충성

기간은 법률행위(예컨대 건물을 2년간 임대, 대여금을 10일 이내로 반환하는 약정)로 정하는 경우가 보통이다. 또한 법령(실종기간·시효기간)이나 재판상의 처분에 의하여 기간이 정하여진 경우도 많다. 그러므로 기간에 관한 민법의 규정은 법률행위·법령·재판상의 처분에 의하여 달리 정한 바가 없는 경우에 한하여 보충적으로 적용된다(§155). 또한 기간에 관한 민법의 규정은 사법관계뿐만 아니라 공법관계에도 적용된다.

Ⅱ. 기간의 계산방법

1. 기간계산방법의 종류

(1) 자연적 계산방법

인위적으로 가감하지 않고 자연의 시간의 흐름을 순간에서 순간까지를 정밀하게 계산하는 방법, 즉 초를 최소의 단위로 정밀하게 계산하는 기간계산방법이 자연적 계산방법이다. 자연적 기간계산방법은 정확하지만 장기간의 계산방법으로는 불편하고, 時 이하 단기간에 적용되기에 알맞다.

(2) 역법적 계산방법

日을 최소의 단위로 역에 따라서 기간을 계산하는 기간계산방법이 역법적 계산방법이다. 역법적 기간계산방법은 부정확하지만 日 이상 장기간에 사용되기 편리하다.

2. 시·분·초를 단위로 하는 기간의 계산법(즉시기산방식)

예를 들어 3시간·30분·50초와 같이 시·분·초단위로 하는 기간은 자연적 계산방법에 의하여 기산점은 즉시로 하고(§156), 만료점은 그 정한 시·분·초가 종료하는 때가 된다. 만일 「오전 5시 5분 5초부터 5시간」이라고 하면 기산점은 즉시, 즉 오전 5시 5분 5초가 되고, 만료점은 5시간이 종료하는 때, 즉 오전 10시 5분 5초가 된다.

3. 일·주·월·년을 단위로 하는 기간의 계산법(역법적 계산방식)

(1) 기산점

1) 初日不算入의 原則

초일이 완전한 1일이 아닌 때에는 기간계산에 산입하지 아니하고 익일부터 기산한다(§157 본문). 다만 초일이 오전 0시부터 시작하는 때에는 초일을 산입한다(§157 단서). 예를 들어 만일 「1월 1일부터 5일」이라고 하면－그 기간이 오전 0시로부터 시작하지 않는 한－기산점은 초일이 산입되지 아니하여 1월 2일이 되고, 만료점은 기간말일의 종료에 해당한 1월 6일 오후 12시가 된다.

2) 연령의 계산

법률의 규정에 의하여 초일이 산입되는 경우에는 기간의 기산점에 초일이 포함된다. 대표적으로 연령계산은 출생일부터 시작한다(§158).

(2) 만료점

기간은 기간만일의 종료로 만료한다(§159). 기간을 주, 월 또는 년으로 정한 때에는 역에 따라서 계산한다(§160 I). 월·년을 역에 따라서 계산하는 경우에는 1개월은 30일, 1년은 365일과 같이 일로 환산하여 계산하지 않고 큰 달(月)과 작은 달을 모두 1개월로 계산하며, 평년도 윤년도 모두 1년으로 계산한다. 주는 항상 1주일을 7일로 환산하여 계산한다. 예컨대 「4월 10일에 향후 1개월(혹은 1년)」이라고 하면 기산일은 4월 11일이 되어 4월 11일에 응당하는 5월 11일(혹은 익년 4월 11일)의 전일, 즉 5월 10일(혹은 익년 4월 10일)이 말일이 된다. 그리고 1월 30일부터 1개월이라고 하는 경우에는 기산일이 1월 31일이 되고 기간의 최후의 월에는 기간만료일에 해당하는 2월 30일이 없지만, 2월의 말일이 기간의 만료일이 된다.

주, 월 혹은 년의 처음으로부터 기간을 계산하지 않는 경우에는 기산일에 해당하는 날의 전일로 기간이 만료한다(§160 II). 기간의 말일이 공휴일에 해당하면 기간은 그 익일로 만료한다(§161). 다만 기간의 초일이 공휴일이더라도 기간은 초일부터 기산한다.

(3) 기간계산법의 예

기간계산법의 구체적인 예를 몇 가지 들어 알기 쉽게 도표로 정리하면 아래와 같은 경우가 있다.

단 위	예	기 산 점	만 료 점
시·분·초 (자연적 계산법)	오전 5시 5분 5초부터 5시간	오전 5시 5분 5초(§156)	오전 10시 5분 5초
일·주·월·년 (역법적 계산법)	오늘(1월 1일)부터 5일 내일(1월 2일)부터 5일 오늘(목요일)부터 1주일 오늘(1월 1일)부터 5개월 오늘(2월 1일)부터 1년 오늘(5월 30일)부터 1개월 오늘(5월 30일부터 9개월)	1월 2일 (§157 본문) 1월 2일 (§157 단서) 익일의 금요일 (§157 본문) 1월 2일 2월 2일 5월 31일 5월 31일	1월 6일 오후 12시 1월 6일 오후 12시 다음 주의 목요일 오후 12시 (§157 II) 6월 1일 오후 12시 내년 2월 1일 오후 12시 6월 30일 오후 12시(§160 III) 내년 2월 말일 오후 12시

Ⅲ. 기간의 역산방법

기간을 소급하여 역산하여야 하는 경우, 가령 사단법인이 사원총회를 개최하기 위하여 1주일 전에 소집의 통지를 발하여야 하는 경우에 만일 사원총회일이 5월 9일이라고 하면 늦어도 언제까지 사원총회의 소집을 통지하여야 하는가? 만일 「5월 9일이 총회일」이라고 하면 기산일이 전일인 5월 8일이 되고, 5월 8일로부터 역산하여 7일을 뺀 5월 2일이 말일이 되어 5월 2일 오전 0시에 기간이 만료한다. 그러므로 사원총회의 소집을 위해서는 늦어도 5월 1일 오후 12시까지는 그 통지를 발송하여야 한다.

제8절 소멸시효

Ⅰ. 시효제도의 의의

1. 시효의 의의

일정한 사실상태가 일정기간 동안 계속된 경우에 그 사실상태가 진실한 권리관계에 일치하는가 여부를 묻지 않고, 그 사실상태를 그대로 존중하여 권리관계로 인정하려는 제도가 시효제도이다.

2. 시효의 종류

시효에는 「취득시효」와 「소멸시효」가 있다. 프랑스민법이나 일본민법은 취득시효와 소멸시효를 모두 총칙편에서 규정하고 있다. 그러나 민법은 독일민법을 따라서 소멸시효만을 총칙편에 규정하고, 취득시효는 물권취득의 원인으로서 물권편에서 규정하고 있다.

① 취득시효 어떤 사람이 마치 권리자와 같이 권리를 행사하고 있는 사실상태가 일정기간 동안 계속된 경우에 권리행사라는 외관의 사실상태를 근거로 하여 그 사람이 과연 진정한 권리자인가 아닌가를 묻지 않고 처음부터 그 사람을 권리자로 인정하는 제도가 취득시효이다. 예를 들어 A가 어떤 토지를 장기간 소유자와 같이－예컨대 경작을 한다든가 집을 짓고 거주한다든가 하여－점유하고 있는 상태에서 소유자라고 칭하는 B가 나타나서 A에 대하여 그 토지를 명도하라고 청구하는 경우에 A에게 취득시효가 완성된 때에는 AB 누가 진정한 소유자인가를 묻지 않고 A에게 취득시효로 인한 소유권의 취득을 인정한다.

> A는 선대로부터 물려받아 자기의 토지라고 생각하고 갑토지를 점유하여 그 위에 주택을 지어 살고 있는데, 돌연 B로부터 갑토지가 실은 자기의 토지이므로, 건물을 철거하고 갑토지를 명도하라고 하는 청구를 받았다. B가 자기의 소유권을 증명하면 A는 무조건 명도하지 않으면 안되는가?

20년간 소유의 의사로 평온·공연하게 부동산을 점유하는 자는 등기함으로써 그 소유권을 취득한다(§245 I). 점유취득시효가 되기 위하여는 점유가 20년 동안 계속되어야 하나, 20년의 점유에 관하여는 점유의 승계가 인정된다. 그러므로 점유가 여러 사람에게 순차로 승계된 경우에는 자기의 점유와 전점유자의 점유를 합하여 20년이 되면 취득시효를 완성시킬 수 있다. A가 선대까지의 점유를 합하여 갑토지에 대한 20년의 자주점유를 하고, 또한 평온·공연한 점유를 한 때에는 취득시효가 완성되므로, 오히려 A는 B에 대하여 취득시효의 완성에 따른 소유권이전등기청구권을 행사할 수 있다.

② 소멸시효 권리자가 권리를 행사할 수 있음에도 불구하고 일정기간 동안 권리를 행사하지 않은 상태가 계속된 경우에 권리자의 권리를 소멸시켜 버리는 제도가 소멸시효이다. 예컨대 A에게 금전을 빌려준 B가 장기간이 경과한 후 비로소 빌려준 금전의 지급을 구하는 경우에 만일 A에게 소멸시효가 완성된 때에는 A가 이미 지급을 한 경우인가 아닌가를 문제삼지 않고 B의 채권은 소멸시효로 소멸한다.

③ 취득시효와 소멸시효의 비교 알기 쉽게 도표를 통하여 취득시효와 소멸시효의 내용을 비교하면 아래와 같다.

종 류	대 상	요 건		효과
		일정한 사실상태	일정기간	
취득시효	부동산소유권(§245)	점유 등기	20년 10년	권리취득
	동산소유권(§246)	악의점유 선의·무과실점유	10년 5년	
	소유권 이외의 재산권(§248)	점유·준점유 등기	20·10·5년 10년	
소멸시효	채권(§§162 I·163·164)	권리불행사	10년 3년·1년	권리소멸
	채권·소유권 이외의 재산권(§162 II)		20년	

3. 시효제도의 존재이유

(1) 사회의 법률관계의 안정

일정한 사실상태가 오랜 동안 계속된 경우에 그 사실상태가 진실한 권리관계에 부합한다고 하는 신뢰에 기초하여 다수의 새로운 법률관계가 형성될 수 있다. 만일 사실상태가 정당하지 아니하다고 하여 갑자기 정당한 권리관계로 되돌려야 한다면 그 진정한 권리관계에 부합하지 않는 사실상태를 기초로 하여 형성된 법률관계가 모두 뒤집어져 거래안전의 혼란은 물론 사회질서가 문란하게 될 위험이 있다. 결국 시효제도는 진정한 법률상태와 상이한 사실상태가 일정기간 동안 계속된 경우에는 그 사실상태를 법적으로 인정하여 법률생활의 안정과 평화를 도모할 필요성에 의하여 인정된다.

(2) 증명의 곤란으로부터 구제

장기간 일정한 사실상태가 계속되면 오랜 세월이 경과하는 동안에 증서의 일실, 증인의 사망, 기억의 상실에 의하여 진실한 권리관계를 확정하기가 실무상 곤란하게 된다. 시효제도는 재판실무상 증거보전의 곤란을 구제하고 민사소송제도의 적정과 소송경제의 이념을 고려하여 영속한 사실상태를 정당한 권리관계로 인정하기 위하여 필요하다.

(3) 태만한 권리자의 배제

오랜 기간 동안 자기의 권리를 주장하지 않은 자, 즉 「권리 위에 잠자고 있던 자」는 법의 보호를 받을 가치가 없으므로, 시효제도는 권리행사에 대하여 태만한 권리자를 배제하기 위하여 존재한다. 특히 소멸시효제도의 존재이유로서는 권리 위에 잠자는 자를 보호하지 않는다는 의미가 강하다.

4. 시효제도에 관한 입법례

시효제도에 관한 입법례를 살펴보면 취득시효와 소멸시효는 통일적으로 규정하고 있는 경우와 취득시효·소멸시효를 각각 분리하여 규정하고 있는 경우가 있다. 프랑스민법·일본민법은 시효제도를 통일적으로 규정하고 있다. 그러나 민법을 비롯하여 독일민법·스위스민법은 소멸시효는 총칙편, 취득시효는 물권편에서 규정하고 있다.

5. 시효와 유사한 제도

(1) 제척기간

1) 서 언

제척기간은 일정한 권리에 대하여 법률이 규정하는 존속기간이다. 권리의 존속기간인 제척기간이 종료되게 되면 그 권리는 당연히 소멸한다. 제척기간은 권리자로 하여금 권리를 신속하게 행사하도록 하여 법률관계를 조속히 확정시키려 목적으로 두며, 특히 형성권에서 제척기간을 둘 필요성이 크다.

소멸시효가 일정한 기간의 경과와 권리의 불행사라는 사정에 의하여 권리소멸의 효과를 가져오는 반면에, 제척기간은 그 기간의 경과 자체만으로 곧 권리소멸의 효과를 가져오게 된다. 제척기간의 기산점은 특별한 사정이 없는 한 원칙적으로 권리가 발생한 때가 된다(소멸시효는 권리를 행사할 수 있는 때로부터 진행한다).

2) 제척기간의 법적 성질

제척기간이 정하여져 있는 권리는 그 제척기간 내에 어떤 행위가 있으면 보존되는가 하는 문제가 있다. 제척기간의 성질에 대하여는 여러 견해가 대립하고, 어떤 견해를 취하는가에 따라서 제척기간 내에 어떤 행위가 있어야 하는가가 다르다.

학설상으로는 제척기간 내에 권리행사가 있는가 아닌가를 묻지 않고 제척기간의 경과로 인하여 언제나 권리가 소멸한다고 보는 견해(권리소멸설이라 한다)가 있을 수 있다.[702)] 그러나 제척기간이 정하여져 있는 권리를 재판상 행사하고 있더라도 소송중에 제척기간이 경과하면 그대로 권리가 소멸하게 되므로, 권리자에게 너무나 불리할 뿐만 아니라, 특히 소송절차의 지연으로 제척기간이 도래하게 된 때에도 권리가 소멸하게 되므로 권리자에게 지나치게 불합리하여 받아들이기 어렵다. 그리고 제척기간을 출소기간으로 보아 제척기간 내에 재판상의 행사(소의 제기)가 있어야 제척기간이 정하여져 있는 권리는 보존될 수 있다고 보는 견해(출소기간설이라 한다)도 있다.

법률에서 소로서 일정한 기간 내에 권리를 행사하여야 한다고 정한 경우(채권자취소권에 관한 민법 제406조 제2항, 친생부인의 소에 관한 민법 제847조, 상속회복청구권에 관한 제999조가

---

702) 현재 국내에는 권리소멸설을 주장하는 견해는 없다.

해당한다)에는 물론 그 기간 내에 소를 제기하여야 하고, 그 기간은 분명히 제소기간으로서의 의미를 가진다. 그러나 모든 권리가 반드시 소로써 행사하여야 하지는 아니한다. 만약 법률에서 권리행사의 방법을 소로써만 하도록 정한 경우가 아니라고 하면 그 제척기간 내에 재판 밖에서 권리행사를 하면 권리가 보존된다고 보아도 무리가 없다고 본다. 재판 밖에서 권리행사를 하여 권리를 보존하게 된다면 그 이후에는 권리행사를 하여 보존된 권리는 일반의 소멸시효에 따르게 되므로, 권리관계를 여하튼 속히 확정하려는 제척기간제도의 취지를 살리지 못하게 될 수도 있으나, 권리행사를 항상 재판을 통하여 하여야 한다고 강제할 수는 없다. 그러므로 재판 밖에서의 권리행사에 의하여도 권리가 보존될 수 있다고 보아야 한다.

판례는 제척기간을 일반적으로 재판상 또는 재판 외에서 권리를 행사하여야 하는 기간으로 본다. 그러나 경우에 따라서 제척기간을 출소기간이라고 본 사례도 있다.

(i) 민법상 담보책임에 관한 기간은 제척기간으로서 재판상 또는 재판 외의 권리행사기간이며 재판상 청구를 위한 출소기간이 아니라고 본다.[703] 그러므로 매수인은 민법 제582조의 소정기간 내에 재판 외에서 권리행사를 함으로써 그 권리를 보존할 수 있고, 재판 외에서의 권리행사는 특별한 형식을 요구되지 아니하므로 적당한 방법으로 물건에 하자가 있음을 통지하고, 권리를 행사한다는 뜻을 표시함으로써 충분하다.[704]

(ii) 채권양도의 통지는 양도인이 단순히 채권이 양도된 사실을 채무자에게 알리는 조치에 그치는 행위이므로, 그 사실만으로 제척기간의 준수에 필요한 권리의 재판외 행사에 해당한다고 할 수 없다.[705] 채권양도의 통지가 제척기간의 준수사유로서의 재판 외의 권리행사로 인정받으려면 채권양도의 통지에 채권양도의 사실을 알리는 조치 외에 그 이행을 청구하는 뜻이 별도로 덧붙여지거나 그 밖에 재판 외에서 그 권리를 행사한 특별한 사정이 있어야 한다.

(iii) 민법 제204조 제3항과 제205조 제2항 소정의 점유보호청구권의 행사기간은 제척기간의 대상이 되는 권리는 형성권이 아니라 통상의 청구권인 점과 점유의 침탈 또는 방해의 상태가 일정한 기간을 지나게 되면 그대로 사회의 평온한 상태가 되고 그 상태를 복구하는 경우가 오히려 평화질서의 교란으로 볼 수 있게 되므로 일정한 기간을 지난 후에는 원상회복을 허용하지 않는 태도가 점유제도의 이상에 맞고 여기에 점유의 회수 또는 방해제거 등 청구권에 단기의 제척기간을 두는 이유가 있는 점 등에 비추어 볼 때, 제척기

---

703) 대법원 2004.1.27. 선고 2001다2489 판결.

704) 대법원 2003.6.27. 선고 2003다20190 판결.

705) 대법원 2012.3.22. 선고 2010다28840 전원합의체 판결(반대의견으로 채권양도의 통지는 양도인이 채무자에 대하여 당해 채권을 양도한 사실을 알리는 조치로서 이론적으로는 이른바 관념의 통지에 불과하지만, 양도인으로서는 그 통지를 통하여 자신이 채무자에 대하여 채권을 보유한 사실과 그 채권을 양도하여 귀속주체가 변경된 사실, 그리고 그에 따라 채무자는 이제 채무를 채권양수인에게 이행해야 할 의무를 부담한다는 사실을 함께 고지한다고 보아야 하므로, 채권양도의 통지는 채무자에 대하여 권리의 존재와 권리를 행사하고자 하는 의사를 분명하게 표명하는 행위를 한 경우로 평가하기에 충분하여 비록 채권양도의 통지가 이행청구나 최고와 같이 시효중단의 효력이 인정될 정도의 사유는 아니라고 하더라도 제척기간준수의 효과가 부여될 수 있는 권리행사의 객관적 행위의 태양이라고 인정하는 데는 부족함이 없다고 본 견해가 있다).

간은 재판외에서 권리행사하는 경우로 족한 기간이 아니라 반드시 그 기간 내에 소를 제기하여야 하는 이른바 출소기간으로 해석함이 상당하다.706)

3) 제척기간과 소멸시효의 비교

(a) 소멸시효와의 구별

a) 서 언

조문상 "시효로 인하여 소멸한다" 혹은 "소멸시효가 완성한다"라는 표현이 있으면 소멸시효이고, 법문에 그 문귀가 없으면 제척기간으로 해석한다. 다만 "시효로 인하여 소멸한다" 혹은 "소멸시효가 완성한다"라는 표현에도 불구하고 소멸시효가 아니라 예외적으로 제척기간으로 해석하는 경우를 인정할 수 있는가 하는 문제가 있다.

b) 구체적인 예

(가) 상속의 승인·포기의 취소권의 행사기간

민법 제1024조 제2항 단서에 의하면 민법총칙의 규정에 의하여 상속의 승인·포기의 취소권을 행사할 때에는 추인할 수 있는 날로부터 3월, 승인 또는 포기한 날로부터 1년 내에 행사하지 아니하면 시효로 인하여 소멸한다고 규정하고 있다. 민법 제1024조 제2항 단서가 정한 상속의 승인·포기의 취소권의 행사기간은 일반적으로 제척기간으로 보는 민법 제146조의 특별규정이므로, 제척기간으로 보는 견해가 우세하다.707)

(나) 불법행위에 의한 손해배상청구권의 행사기간

판례는 민법 제766조 제2항이 규정하고 있는 「불법행위를 한 날로부터 10년」의 기간은 소멸시효기간에 해당한다고 보나,708) 학설상으로는 제척기간으로 이해한다.

(다) 유류분반환청구권의 행사기간

민법 제1117조 후단은 유류분반환청구권은 상속이 개시된 때로부터 10년을 경과하면 시효에 의하여 소멸한다고 규정하고 있다. 판례는 민법 제1117조의 규정내용 및 형식에 비추어 볼 때 민법 제1117조 전단의 1년의 기간은 물론, 민법 제1117조 후단의 10년의 기간도 그 성질은 소멸시효기간이라고 보나,709) 학설은 제척기간으로 이해한다.

(b) 중단제도

소멸시효의 진행 도중에 중단사유가 있으면 시효기간의 진행이 중단되나, 제척기간은 권리관계를 조속히 확정하기 위하여 중단제도가 인정되지 아니한다.710)

---

706) 대법원 2002.4.26. 선고 2001다8097, 8103 판결.

707) 법조문상의 「시효로 인하여」라고 하는 표현은 일응 제척기간과 소멸시효에 대한 구별의 표준이 된다고 할 수 있지만, 다시 규정의 취지와 권리의 성질에 비추어 신중히 검토·결정하여야 한다고 본다.

708) 대법원 1996.12.19. 선고 94다22927 판결.

709) 대법원 1993.4.13. 선고 92다3595 판결.

710) 대법원 2003.1.10. 선고 2000다26425 판결.

(c) 정지제도

소멸시효의 정지에 관한 규정이 제척기간에도 준용되는가 하는 문제가 있다. 학설상으로는 의견이 대립한다.

(i) 독일민법(§124 BGB)과 같이 명문규정을 두고 있으면 몰라도 명문규정이 없는 민법의 해석상 소멸시효의 정지규정이 제척기간에 유추적용될 수 없다고 부정하는 견해가 있다.[711] 제척기간은 본래 권리의 존속 그 자체를 제한할 뿐이고, 권리의 박탈을 목적으로 하지 아니하므로, 굳이 정지제도를 인정할 필요가 없다고 본다.

(ii) 제척기간의 만료 직전에 그 권리행사가 사실상 불가능하거나 곤란한 사정이 생긴 경우에 대하여까지 그 유예기간을 주지 않는다고 하면 권리자에게 너무 가혹하고, 소멸시효의 정지제도에 의한 유예기간은 비교적 단기로 한정되어 있는 관계로 제척기간의 정지를 인정하더라도 권리관계를 조속히 확정하려는 제척기간의 취지에 반하지 아니하므로, 소멸시효의 정지사유는 모두 제척기간에도 인정되어야 한다고 생각하는 견해가 있다.

(iii) 소멸시효의 정지를 규정하고 있는 민법 제182조만은 제척기간에 유추적용할 수 있다고 보는 견해도 있다.

민법은 제척기간에 관하여 정지제도를 명문으로 규율하지 않고 있다. 어느 견해를 따라야 정당한지가 문제된다. 민법 제182조의 경우, 즉 천재 기타 피할 수 없는 사변으로 권리를 행사할 수 없는 경우에도 유예기간을 인정하지 아니한다면 권리자에게 지나치게 가혹하다. 그리고 민법 제182조의 유추적용을 인정한다고 하더라도 제척기간의 취지에 크게 어긋나지 아니한다. 그러므로 민법 제182조는 제척기간에 유추적용할 수 있다고 보는 태도가 타당하다.

(d) 인정범위

소멸시효는 원칙적으로 채권, 예외적으로 물권에도 인정되나, 제척기간은 대부분 형성권에 적용된다. 물론 형성권에 관하여 권리행사의 기간이 있는 경우에 그 행사기간은 제척기간이라고 볼 수 있다. 법률이형성권에 대하여 제척기간을 규정하지 않고 있는 경우에 그 행사기간은 얼마인가 하는 문제가 있고, 학설상 제척기간설(10년설), 소멸시효기간설(20년설), 무제한설 등이 있다.

(i) 제척기간이 정하여져 있지 않는 형성권은 원칙적으로 20년의 소멸시효기간 내에 행사하여야 한다고 보는 견해가 있다.

(ii) 제척기간을 규정하지 않은 형성권에 관하여는 행사기간의 제한이 없고, 다만 형성권이 일정한 채권관계의 존재를 전제로 하는 경우에는 그 채권관계가 소멸시효로 소멸하면 역시 형성권도 소멸한다고 보는 견해가 있다.

(iii) 행사기간이 없는 형성권은 10년의 제척기간에 걸린다고 보는 견해가 타당하다고 본다. 만일 행사기간이 없는 형성권이 소멸시효에 걸린다고 하면 민법 제162조 제2항에

---

711) 제척기간은 본래 권리의 존속 그 자체를 제한할 뿐이고, 권리의 박탈을 목적으로 하지 아니하므로, 굳이 정지제도를 인정할 필요가 없다는 이유로 부정설에 찬동하는 견해가 있다.

의하여 20년 내에 행사하여야 한다. 그러나 형성권은 20년의 소멸시효에 걸리고, 형성권을 행사하면 그 결과로 채권적 권리(예컨대 해제권의 행사로 인한 원상회복청구권, 부당이득반환청구권, 손해배상청구권이나 환매권의 행사로 인한 소유권이전등기청구권, 명의신탁의 해제로 인한 소유권이전등기청구권 등)가 생기게 되지만, 그 채권적 권리는 10년으로 시효소멸하게 된다.[712] 계약을 체결한 후 바로 해제권을 행사한 때에는 10년의 소멸시효기간이 지나면 청산할 권리가 소멸하지만, 해제권을 행사하지 않고 내버려 두는 때에는 20년 동안은 청산할 수 있다는 결과가 되어 균형을 잃게 된다. 그러므로 행사기간이 없는 형성권은 10년의 제척기간에 걸려야 한다고 보는 태도가 타당하다. 판례도 매매의 일방예약에서 예약완결권은 일종의 형성권으로 당사자 사이에 그 행사기간을 약정한 때에는 그 기간 내에, 약정이 없는 때에는 그 예약이 성립한 때로부터 10년 내에 행사하여야 하고, 그 기간이 지난 때에는 예약완결권은 제척기간의 경과로 소멸한다고 본 경우가 있고, 제척기간의 기산점은 원칙적으로 권리가 발생한 때이고 당사자 사이에 예약완결권을 행사할 수 있는 시기를 특별히 약정한 경우에도 그 제척기간은 당초 권리발생일로부터 10년간의 기간이 경과되면 만료되며 그 기간을 넘어서 그 약정에 의하여 권리를 행사할 수 있는 때로부터 10년이 되는 날까지로 연장되지 아니한다고 한 경우도 있다.[713]

(e) 증명책임

소멸시효의 항변권은 주장하는 자(의무자)가 부담하나, 제척기간에서는 권리자가 아직 제척기간이 미경과한 사실을 증명하여야 한다.

(f) 포기제도

소멸시효의 경우에는 미리 포기할 수 없고 시효완성 후에 포기가 가능하나, 제척기간에서는 제척기간의 만료로 당연히 소멸하여 성질상 포기제도가 없다

(g) 원용제도

소멸시효에서는 소멸시효의 완성으로 당연히 권리가 소멸하고(소멸시효의 효력에 관하여는 소멸시효의 완성으로 원용권이 발생할 뿐이고 권리가 당연히 소멸하지는 않는다고 보는 견해가 있다) 소송상 변론주의의 원칙에 의하여 당사자가 소명시효의 완성을 주장하여야 법원이 참작한다고 보나, 제척기간이 경과하면 원용의 필요 없이 권리는 당연히 소멸한다.

(h) 소송상의 주장

소멸시효의 경우에는 변론주의의 원칙상 소멸시효를 주장하여야 법원이 참작한다고 보나, 제척기간의 도과 여부는 소위 직권조사사항으로서 당사자의 주장이 없더라도 법원이 당연히 직권으로 조사하여 재판에 고려하여야 한다.[714]

---

712) 환매권의 행사로 발생한 소유권이전등기청구권은 그 행사기간의 제한과는 별도로 환매권을 행사한 때로부터 일반채권과 같이 민법 제162조 소정의 10년의 소멸시효기간이 진행되면 소멸하고, 그 제척기간 내에 행사하여야 하지는 않는다(대법원 1991.2.22. 선고 90다13420 판결).

713) 대법원 1995.11.10. 선고 94다22682 판결.

714) 대법원 2000.10.13. 선고 99다18725 판결.

(i) 효 과

소멸시효의 경우에는 권리소멸의 효과가 소급하나, 제척기간의 경우에는 권리소멸의 효과가 불소급한다.

(2) 실 효

1) 서 설

일반적으로 권리의 행사는 신의에 좇아 성실히 하여야 하고 권리는 남용하지 못하므로 권리자가 실제로 권리를 행사할 수 있는 기회가 있으면 제때에 권리를 행사하여야 한다. 만약 권리를 행사할 수 있는 기회가 있는 데도 불구하고 상당한 기간이 경과하도록 권리를 행사하지 아니하여 의무자인 상대방으로서도 이제는 더 이상 권리자가 권리를 행사하지 아니한다고 신뢰할 만한 정당한 기대를 가지게 된 다음에 새삼스럽게 그 권리를 행사하는 때에는 법질서 전체를 지배하는 신의성실의 원칙에 위반한다고 인정되는 결과가 될 수 있다. 그러므로 권리자가 상당한 기간 동안 권리의 행사를 태만하여 상대방이 권리불행사에 대한 정당한 신뢰를 가지게 된 때에는 비록 권리불행사가 소멸시효·제척기간에 해당하지 아니하는 경우라고 하더라도 신의칙상 권리가 실효되어 권리의 행사가 허용되지 아니한다.

2) 실효의 구체적인 예

실효의 법리의 적용과 관련하여 문제가 되는 구체적인 예로는 아래와 같은 경우가 있다.

① 징계해고무효확인청구 징계해고무효확인청구와 관련하여 실효이론을 적용한 판례는 많다. 예를 들어 해고된 근로자가 이의 없이 퇴직금을 수령하고 상당한 기간이 경과한 후 해고무효확인의 소를 제기하는 경우에는 실효의 원칙에 위배되어 허용되지 아니한다고 본다.715)

② 소유권 판례는 소유권의 행사에 대한 실효의 원칙에 대단히 신중한 태도를 보이고 있다. 소유권을 행사함이 없이 10년 남짓 지나 사망한 경우라고 하더라도 그와 같이 단순히 권리를 행사함이 없이 상당한 시일이 경과된 사실만으로는 상대방에게 어떠한 새로운 신의를 공여한다고 할 수 없으므로 그 사정 아래에서는 실효의 원칙을 인정할 수 없다고 본다.716)

③ 부당이득반환청구권 판례는 토지소유자가 그 점유자에 대하여 부당이득반환청구권을 장기간 적극적으로 행사하지 아니한 사정만으로는 부당이득반환청구권이 이른바

---

715) 판례는 보면 퇴직금까지 수령한 후 8개월(대법원 1991.5.28. 선고 91다9275 판결), 면직된 뒤로부터 12년(대법원 1992.121. 선고 91다30118 판결), 퇴직시로부터 10년(대법원 1992.5.26. 선고 92다1970 판결), 퇴직금수령일로부터 13년(대법원 1992.10.13. 선고 92다24462 판결)이 각 경과한 경우에 모두 실효를 인정하여 기간의 장단에 중심을 두고 있지 않다.

716) 대법원 1993.2.9. 선고 92다9364 판결.

실효의 원칙에 따라 소멸한 경우라고 볼 수 없다고 본다.[717)]

④ 친족법상의 권리　　친족법상의 권리에 관하여도 실효의 원칙은 소극적으로 적용하여야 한다. 판례도 12년 동안 혼인취소청구권을 행사하지 아니하다가 행사하더라도 실효되지 않는다고 본다.[718)]

Ⅱ. 소멸시효의 요건

1. 소멸시효의 일반적 요건

소멸시효가 완성되기 위해서는 (i) 권리가 소멸시효의 목적이 될 수 있고, (ii) 권리자가 법률상 그 권리를 행사할 수 있지만 권리를 행사하지 아니하고, (iii) 권리불행사의 상태가 일정기간 동안 계속하여야 한다고 하는 요건이 필요하다.

2. 소멸시효에 걸리는 권리

(1) 채　권

채권이 소멸시효에 걸린다는 사실에 관하여는 아무런 의문이 없다. 채권이 행사가능한데도 불행사의 상태가 계속되면 소멸시효에 걸린다.

(2) 재산권

1) 소유권

소유권은 그 본질상 항구성이 있다. 그러므로 소유자가 아무리 오랜 동안 소유권을 행사하지 않고 방치하여도 소멸시효가 걸리지 아니한다.

2) 소유권 이외의 재산권

채권은 물론, 소멸시효에 걸리지 않는 소유권을 제외한 기타 재산권은 원칙적으로 소멸시효의 목적이 된다.

① 채권적 청구권　　채권이 소멸시효에 걸리는 이상 그 채권에 기한 채권적 청구권도 소멸시효에 걸린다.

② 물권적 청구권　　물권의 내용의 실현이 어떤 사정으로 말미암아 방해당하고 있거나 방해당할 염려가 있는 경우에 물권자가 방해자에게 그 방해제거 또는 예방에 필요한 일정한 행위를 청구할 수 있는 물권적 청구권이 소멸시효에 걸리는가에 관하여는 학설이 대립한다. 소유권에 기한 물권적 청구권은 소멸시효에 걸리지 아니한다고 하는 견해

---

717) 대법원 2002.1.8. 선고 2001다60019 판결.

718) 대법원 1993.8.24. 선고 92므907 판결.

가 통설이다(다만 이견으로서 소유권에 기한 물권적 청구권도 소멸시효에 걸린다는 견해가 있다). 그리고 소유권 이외의 물권에 기한 물권적 청구권의 소멸시효에 대하여는 긍정하는 견해도 있으나, 어느 물권적 청구권이든 물권적 청구권은 물권의 침해상태가 계속되고 있는 한 그 침해상태를 배제하기 위하여 끊임없이 생겨나고, 또한 침해상태가 어느 순간 없어지면 그 침해상태로부터 흘러나온 물권적 청구권도 따라서 소멸하므로, 그 이전에 야기된 침해상태에 대한 물권적 청구권이 문제될 여지가 없다. 그러므로 물권적 청구권은 어느 경우이든, 즉 소유권에 기한 물권적 청구권이든 소유권 이외의 제한물권에 기한 물권적 청구권이든 소멸시효에 걸리지 아니한다고 보는 태도가 타당하다.

[더 생각할 과제 - 등기청구권의 소멸시효]

등기청구권이 소멸시효에 걸리는가 하는 문제는 등기청구권의 법적 성질이 물권적 청구권인가 채권적 청구권인가에 따라서 다르다. 법률행위에 의한 물권변동에서의 등기청구권은 채권적 청구권으로 보므로, 소멸시효에 걸린다고 본다(민법 제162조 제1항에 의하여 10년의 소멸시효에 걸린다). 다만 매매계약에 기한 등기청구권의 경우에 매수인이 매매목적물을 이미 인도받아 사용수익하고 있는 경우에는 매수인이 권리 위에 잠자고 있다고 볼 수 없으므로, 매수인의 등기청구권이 소멸시효에 걸리지 아니한다고 본다. 그리고 원래의 매수인이 등기를 하지 않은 채 매매목적물을 제3자에게 전매하여 그 점유를 상실하면 원래의 매수인의 등기청구권이 소멸시효에 걸리는가 하는 문제가 있으나, 판례는 부동산의 매수인이 그 부동산을 인도받은 이상, 사용·수익하다가 그 부동산에 대한 보다 적극적인 권리행사의 일환으로 다른 사람에게 그 부동산을 처분하고 점유를 승계하여 준 경우에도 그 등기청구권의 행사 여부에 관하여 그가 그 부동산을 스스로 계속 사용·수익만 하고 있는 경우와 특별히 다를 바 없으므로, 원래의 매수인이 가지는 등기청구권의 소멸시효는 진행되지 않는다고 본다.[719]

③ 물권　　물권으로서 소멸시효에 걸리는 권리로는 지역권, 전세권, 지상권이 있다.

ⓐ 지역권　　지역권은 소멸시효에 걸린다(§296 참조).

ⓑ 전세권　　전세권이 소멸시효에 걸리는가에 관하여는 견해가 대립한다. 학설상 전세권도 소멸시효에 걸린다는 견해와 전세권의 존속기간이 10년이므로(§312) 민법 제162조 제2항에 해당하지 않는다는 견해가 있다.

ⓒ 지상권　　지상권이 소멸시효에 걸리는가 하는 문제에 대하여도 견해가 대립한다. 학설상 지상권은 소멸시효에 걸리지 않는다는 견해와 지상권의 존속기간이 소멸시효기간보다 긴 경우에는 소멸시효에 걸린다는 견해가 있다.

④ 공법상의 권리　　국세의 부과권·징수권과 같은 공법상의 권리도 특별한 규정이 없는 한 소멸시효의 대상이 된다.[720]

3) 소멸시효에 걸리지 않는 권리

소멸시효에 걸리지 않는 재산권도 있다. 역시 비재산권이나 물권에 준하는 재산권도

---

719) 대법원 1999.3.18. 선고 98다32175 전원합의체 판결.

720) 대법원 1984.12.26. 선고 84누572 판결.

소멸시효에 걸리지 않는다.

① 점유권·유치권 점유권·유치권은 일정한 사실상태가 있으면 언제나 존재하고, 그 사실상태가 소멸하면 당연히 소멸하여 소멸시효가 문제될 여지가 없다.

② 일정한 법률관계에 수반하여 존재하는 권리 상린관계상의 권리 및 공유물분할청구권(§268)과 같이 일정한 법률관계에 수반하여 존재하는 권리는 기초가 되는 권리관계가 존속하는 동안은 독립하여 소멸시효에 걸리지 아니한다.

③ 담보물권 질권·저당권과 같은 담보물권은 피담보채권에 따르는 권리로 피담보채권이 존속하는 한 담보물권만이 소멸시효에 걸리지 아니한다.

④ 비재산권 소멸시효의 목적이 되는 권리는 재산권에 한한다. 친족·상속법상의 권리 및 인격권과 같은 비재산권은 소멸시효의 목적이 되지 아니한다.

⑤ 물권에 준하는 재산권 예를 들어 광업권, 어업권이나 특허권, 상표권 및 의장권 등은 소유권과 같은 성질을 가지므로, 소멸시효에 걸리지 않는다고 본다.

⑥ 형성권 형성권이란 권리자의 일방적 의사표시만에 의하여 법률관계의 변동을 생기게 할 수 있는 권리이다. 형성권도 권리의 일종이지만, 채권이나 물권과는 성질이 다르다. 채권과 비교하면 채권이 채무자의 행위를 청구할 수 있는 권리, 즉 다시 말하면 채무자의 행위를 매개로 하여 비로소 권리의 내용이 실현될 수 있는 반면에, 형성권은 권리자의 일방적인 의사표시만으로 권리의 내용이 실현될 수 있다(형성권자에 대응하는 의무자가 없다).

형성권은 계약이나 법률의 규정에 의하여 인정된다. 대표적으로 취소권이나 해제권을 들 수 있다. 취소권의 행사기간에 대하여 민법 제146조가 있다. 해제권에 대하여는 특별규정이 없으나(특수한 법정해제권에 행사기간이 정하여져 있는 경우가 있다), 10년의 제척기간에 걸린다고 본다.

ⓐ 행사기간이 있는 경우 형성권에 관하여 그 행사기간이 있는 경우에는 그 행사기간은 언제나 제척기간이라고 해석하고, 형성권은 소멸시효에 걸리지 아니한다.[721] 판례도 역시 공유물분할청구권은 공유관계에서 수반되는 형성권으로 공유관계가 존속하는 한 그 분할청구권만이 독립하여 시효소멸될 수 없다고 본다.[722]

대학을 졸업하고도 취직이 안되서 힘들어 하던 A는 우연히 길거리에서 B를 만났는데, B로부터 조상중에 한 맺혀 돌아가신 분이 있어서 그 영혼이 떠돌고 있으므로, 하는 일마다 잘 안되고 앞으로 가족이 위험하게 될 수도 있다고 하는 말을 들었다. 그리고 B는 돌항아리를 하나 보여 주면서 그 돌항아리에 매일 향을 피우며 제사를 지내면, 그 조상의 영혼이 저승으로 돌아가고, 본인은 좋은 직장에 취직될 뿐만 아니

721) 형성권에 대하여 「시효로 인하여」 라는 표현이 없는 때에 한하여 제척기간이고, 「시효로 인하여」 라고 표현되어 있는 때에는 소멸시효기간이라고 해석하는 견해가 있다.

722) 대법원 1981.3.24. 선고 80다1888, 1889 판결.

> 라 가족도 발복하게 된다고 감언이설로 A를 속였고, A는 B의 영감상법(靈感商法)에 속아 100만원을 주고 돌항아리 등을 구입하였다. 그런데 그 얼마 후 영감상법이 사기라고 하는 사실이 언론에 대대적으로 보도되었고, A도 사기를 당한 사실을 알았는데, 2년이 지난 후에야 B와의 매매계약을 취소하였다. 그리고 그때로부터 다시 8년이 경과한 지금에 와서 A는 대금 100만원을 반환하라는 소송을 제기하려고 하는데, 가능한가?

민법 제146조에 의하면 취소권은 추인할 수 있는 때로부터 3년이면 소멸하고, 역시 법률행위를 한 날로부터 10년이면 소멸한다. 사례에서 A가 취소권을 행사한 시기가 추인할 수 있는 때(취소의 원인이 되는 정황이 그친 때)로부터 2년 후이다. 그러므로 유효한 취소가 된다.

취소에 의하여 A가 B와의 사이에서 맺은 계약은 처음으로 소급하여 무효로 되고, 지급한 100만원에 대하여 부당이득반환청구권이 발생한다. 다만 A가 취소권을 행사하여 얻은 부당이득반환청구권에 관하여 그때부터 다시 소멸시효가 진행한다고 해석하여야 하는가, 아니면 취소권의 제척기간 속에 그 취소권의 행사로 생긴 권리관계를 처리하여야 할 기간까지도 포함되는가가 문제된다. 본래 취소권에 관하여 제척기간을 둔 취지가 법률관계를 조속히 해결하려는 데 있다는 사실을 고려할 때에 취소권의 행사로 생긴 권리관계를 처리하여야 할 기간도 취소권의 행사기간 속에 포함되어 있다고 보아야 한다는 견해가 있다. 그러나 취소권과 취소권의 행사로 인하여 얻은 권리관계는 전혀 별개로 보아야 하므로, 취소권의 행사로 발생한 권리에 관하여는 그 취소권을 행사한 때로부터 소멸시효기간이 진행된다고 보아야 한다.[723]

사례에서 A의 부당이득반환청구권은 보통의 채권이므로, 소멸시효기간이 10년이다. A는 취소권을 행사한 때로부터 8년 후에 소송을 제기한 사정이 인정된다. 그러므로 유효한 청구이다. 고로 A의 청구는 인정된다.

ⓑ 행사기간이 없는 경우　　형성권의 행사기간이 정하여져 있지 않는 경우(예컨대 공유물분할청구권, 지상권자의 매수청구권, 지료증감청구권, 전세권자의 매수청구권, 예약완결권)에는 10년의 제척기간에 걸리는가, 20년의 소멸시효에 걸리는가 하는 문제가 있으나, 원칙적으로 10년의 기간 내에 행사하여야 한다고 보는 태도가 타당하다.

⑦ 항변권　　항변권 혹은 항변적으로 주장할 수 있는 권리만의 불행사로 소멸시효가 문제될 여지는 없다고 본다. 보증인의 항변권(최고·검색의 항변권)은 보증채무가 존속하는 한 항변권만이 시효에 걸리지는 않으나, 보증채무가 시효로 소멸하면 역시 최고·검색의 항변권도 자동적으로 소멸한다.

동시이행의 항변권에서는 문제가 다르다. 예를 들어 2개의 서로 대립하는 채무가 동시이행의 관계에 있는 경우에 각각의 소멸시효기간이 다르거나 어느 한 채무에 대하여만

---

723) 환매권의 행사로 발생한 소유권이전등기청구권은 제척기간과는 별도로 환매권을 행사한 때로부터 일반채권과 같이 민법 제162조 소정의 10년의 소멸시효기간이 진행된다(대법원 1991.2.22. 선고 90다13420 판결).

소멸시효중단의 조치를 취한 경우가 있을 수 있다. 일방의 소멸시효기간은 도래하고, 타방은 미도래인 경우, 미도래의 채무의 청구를 받은 채무자가 시효가 도래한 채무와의 관계에서 동시이행의 항변권을 주장할 수 있는가 하는 문제가 생긴다. 동시이행의 항변권을 상호적인 연관이 있는 한쌍의 채무에 부착된 항변권으로서 그 채무와 분리하여 소멸되어서는 안되고, 동시이행관계에 있는 2개의 권리의 하나가 주장될 수 있는 때에는 타방의 존재도 추정되어야 한다. 그러므로 시효가 완성된 권리에 기한 동시이행의 항변권을 행사할 수 없다고 하면 공평에 반한다고 하지 않을 수 없다. 가령 매매계약으로부터 생긴 '매도인 A의 대금채권'과 '매수인 B의 목적물인도청구권'이 동시이행의 관계에 있는 경우에 매도인의 매매대금채권만이 소멸시효에 걸린 때(매수인 B는 목적물인도채권에 대하여 시효중단의 조치를 취하여 목적물인도채권은 아직 소멸시효에 걸리지 아니한 경우)에도 동시이행의 항변권은 소멸시효에 걸리지 아니하여 매도인은 "매수인이 대금을 지급할 때까지 목적물을 인도할 수 없다"고 동시이행의 항변권을 주장할 수 있다.

3. 권리의 불행사

(1) 권리불행사의 의의

소멸시효는 권리를 행사할 수 있는 때로부터 진행한다(§166 I). 소멸시효는 권리를 행사할 수 있음에도 불구하고 권리를 행사하지 않은 때에 한하여 진행한다. 권리를 행사할 수 없는 때에는 소멸시효가 진행하지 아니한다. 그리고 소멸시효의 진행은 당해 권리가 성립한 때로부터 발생하고 원칙적으로 권리의 존재나 발생을 알지 못하더라도 소멸시효의 진행에 장애가 되지 않는다. 다만 권리의 발생 여부를 객관적으로 알기 어려운 상황에 있고 청구권자가 과실 없이 권리를 알지 못한 경우에도 권리가 성립한 때부터 바로 소멸시효가 진행한다고 보면 정의와 형평에 맞지 않을 뿐만 아니라 소멸시효제도의 존재이유에도 부합한다고 볼 수 없으므로, 객관적으로 권리의 발생을 알기 어려운 상황에서 과실 없이 권리의 존재를 알지 못한 경우에는 객관적으로 청구권의 발생을 알 수 있게 된 때로부터 소멸시효가 진행된다고 보는 태도가 타당하다.[724)]

소멸시효는 권리를 행사할 수 없는 동안만은 진행하지 않는다. 「권리를 행사할 수 없는 때」란 법률상 행사할 수 없는 때, 즉 법률상의 장애(예컨대 기간의 미도래나 조건불성취 등)가 있는 때를 의미한다. 예를 들어 법률지식의 부족 등 권리자의 개인적 사정, 권리의 존재나 권리행사의 가능성을 알지 못하고 알지 못함에 과실이 없는 경우,[725)] 채무자의 부재와 같이 단지 사실상 권리를 행사할 수 없는 때(사실상의 장애의 경우)는 「권리를 행사할 수 없는 때」에 해당하지 아니한다.

---

724) 대법원 2003.4.8. 선고 2002다64957, 64964 판결.
725) 대법원 2006.4.27. 선고 2006다1381 판결.

(2) 구체적인 소멸시효의 기산점

1) 시기부 권리의 경우

확정기한부인 때에는 기한이 도래한 때로부터 소멸시효가 진행한다. 그러나 불확정기한부인 때에는 기한도래에 관한 債權者의 知·不知나 過失의 有無를 묻지 않고 객관적으로 기한이 도래한 때로부터 소멸시효는 진행한다. 예를 들어 의사의 치료비채권은 특약이 없는 한 그 개개의 진료가 종료될 때마다 각각의 당해 진료에 필요한 비용의 이행기가 도래하여 그에 대한 소멸시효가 진행된다. 만약 장기간 입원치료를 받는 경우라 하더라도 다른 특약이 없는 한 입원치료중에 환자에 대하여 치료비를 청구하더라도 아무런 장애가 없으므로 퇴원시부터 소멸시효가 진행된다고 볼 수는 없다.[726]

2) 기한을 정하고 있지 않은 경우

무기한부권리는 이행의 청구를 받은 때에 채무자는 지체의 책임을 부담(§387 II)하지만, 소멸시효의 기산점은 채권이 발생한 때가 된다.

3) 청구·해지통고를 필요로 하는 권리

청구·해지통고를 할 수 있는 때로부터 소정의 유예기간이 경과한 때로부터 소멸시효는 진행한다.

4) 할부채권

할부채권에 대하여 기한이익상실의 특약이 있는 경우에 만약 1회의 불이행이 있으면 잔액 전부에 관하여 당연히 시효의 진행이 개시되는가, 아니면 각 할부금에 대하여 그 각 변제기의 도래시마다 소멸시효가 진행하는가? 학설상으로는 기한이익상실의 특약이 있는 경우에 1회의 불이행이 있더라도 당연히 잔액 전부에 관한 시효가 진행을 개시한다는 견해(통설)가 있다. 그러나 판례는 기한이익상실의 특약이 있는 경우에는 그 특약은 채권자의 이익을 위한 경우로서 기한이익의 상실사유가 발생한다고 하더라도 채권자가 나머지 전액을 일시에 청구하는가 또는 종래대로 할부변제를 청구하는가를 자유로이 선택할 수 있으므로, 기한이익상실의 특약이 있는 할부채무에서는 1회의 불이행이 있더라도 각 할부금에 대하여 그 각 변제기의 도래시마다 그 때부터 순차로 소멸시효가 진행하고 채권자가 특히 잔존채무 전액의 변제를 구하는 취지의 의사를 표시한 경우에 한하여 전액에 대하여 그때부터 소멸시효가 진행한다고 본다.[727]

5) 정지조건부 권리

정지조건부 권리의 경우에는 그 조건이 성취되어야 권리행사가 가능하므로, 조건이 성취한 때로부터 소멸시효의 진행은 개시된다.

---

726) 대법원 2001.11.9. 선고 2001다52568 판결.

727) 대법원 2002.9.4. 선고 2002다28340 판결.

6) 부작위채권

부작위채권의 소멸시효는 위반행위를 한 때로부터 진행한다(§166 II).

7) 구상권

(a) 보증인의 구상권

보증인의 사후·사전의 구상권은 그 발생원인을 서로 달리하는 별개의 독립된 권리이므로, 소멸시효는 각각 그 권리가 발생하여 행사할 수 있는 때로부터 진행한다.[728)]

(b) 공동불법행위자의 구상권

공동불법행위자의 다른 공동불법행위자에 대한 구상권의 소멸시효는 그 구상권이 발생한 시점, 즉 구상권자가 공동면책행위를 한 때로부터 기산하여야 하고, 그 기간도 일반채권과 같이 10년으로 보아야 한다.[729)]

8) 부당이득반환청구권

부당이득반환청구권은 그 성립과 동시에 행사할 수 있으므로, 그 성립한 때부터 소멸시효가 진행한다.

9) 채무불이행으로 인한 손해배상청구권

손해배상청구권의 소멸시효의 기산점에 관하여는 본래 손해배상청구권은 채권의 변형물이므로 본래의 채권을 행사할 수 있는 때로부터 소멸시효가 진행된다는 견해가 있다. 그러나 채무불이행이 있어야 비로소 손해배상청구권이 성립하므로 채무불이행시부터 소멸시효가 진행된다는 견해가 타당하다. 판례도 소유권이전등기의무의 이행불능으로 인한 전보배상청구권의 소멸시효는 이전등기의무가 이행불능상태에 돌아간 때로부터 진행된다[730)]고 하여 채무불이행시설을 취하고 있다.

10) 동시이행의 항변권이 붙어 있는 채권

동시이행의 항변권이 붙은 채권은 이행기의 도래 후에는 언제나 반대급부를 제공하면 권리를 행사할 수 있으므로, 이행기부터 소멸시효가 진행한다. 예를 들어 부동산에 대한 매매대금채권이 소유권이전등기청구권과 동시이행의 관계에 있는 경우에 매도인은 매매대금의 지급기일 이후 언제라도 그 대금의 지급을 청구할 수 있고, 다만 매수인은 매도인으로부터 그 이전등기에 관한 이행의 제공을 받기까지 그 지급을 거절할 수 있는데 지나지 아니하므로 매매대금채권은 그 이행기부터 소멸시효의 진행에 걸린다.[731)]

---

728) 대법원 1981.10.6. 선고 80다2699 판결.

729) 대법원 1996.3.26. 선고 96다3791 판결.

730) 대법원 2002.12.27. 선고 2000다47361 판결.

731) 대법원 1991.3.22. 선고 90다9797 판결.

11) 선택채권

> A는 B와 사이에 1983.1.29. 매립공사 중 성토공사부분을 도급주는 내용의 공사도급계약을 체결하였다. 그런데 1983.6.14. A는 도급보수에 갈음하여 매립공사의 준공등기 후 B에게 매립토지 중 100평을 양도하기로 약정하였다. 그리고 1987.2.26. 매립토지에 관하여 A 명의의 소유권보존등기가 경료되고 도시계획결정 및 지적고시가 이루어져 A가 소유할 토지의 위치와 면적이 확정되어 공부상 정리가 마쳐졌다. 매립토지에 관한 B의 소유권이전등기청구권은 언제부터 소멸시효가 진행하는가?

B의 소유권이전등기청구권은 선택채권이라고 볼 수 있다. 사례를 보면 매립토지 중 100평을 선택하는 권한이 누구에게 있는가에 관하여 전혀 약정이 없다. 우선 민법 제380조에 의하여 채무자인 A에게 선택권이 있다고 볼 수 있다. 그러나 A가 선택권을 행사하지 아니하는 경우에는 민법 제381조에 따라서 채권자인 B가 상당한 기간을 정하여 그 선택을 최고할 수 있고, 그래도 A가 그 기간 내에 선택하지 아니할 때에 B가 선택할 수 있다. B의 소유권이전등기청구권에 대한 소멸시효의 기산점은 자신이 100평의 선택권을 행사할 수 있는 때, 즉 A가 100평을 선택할 수 있음에도 선택하지 아니한 때로부터 상당한 기간이 경과한 때라고 보아야 한다. 사례에서 A 명의의 소유권보존등기가 경료되고 도시계획결정 및 지적고시가 이루어져 A가 소유할 토지의 위치와 면적이 확정되어 공부상 정리가 마쳐진 때, 즉 기록상 1987년 2월 26일에 A가 선택권을 행사할 수 있으므로, 그때로부터 선택권을 행사하는 데 필요한 상당한 기간이 경과한 날이 B의 소유권이전등기청구권에 대한 소멸시효의 기산점이 된다.

4. 소멸시효기간

(1) 20년의 소멸시효

채권 및 소유권 이외의 재산권은 그 소멸시효기간이 20년이다(§162 II).

(2) 10년의 소멸시효

> A는 B로부터 1,000만원을 빌렸는데, 이행기의 도래에도 불구하고 변제의 독촉도 한번 받지 아니한 채로 세월이 10년이나 흘렀다. 그 후 B는 돌연 A에 대하여 1,000만원의 반환을 청구하였다. A는 변제할 의무가 있는가?

민법 제162조 제1항에 "채권은 10년간 행사하지 아니하면 소멸시효가 완성한다"고 되어 있다. B가 A로부터 빌려준 1,000만원을 돌려받을 권리는 분명히 채권이다. 그러므로 B의 채권은 10년의 소멸시효에 걸리며, 사례에서는 이행기로부터 10년이 도과하여 특별한 사정(예컨대 소멸시효의 중단)이 없는 한 소멸시효가 완성된다. A가 "소멸시효가 완성되어 더 이상 지급하지 못한다"고 주장하면(소멸시효의 원용이라고 한다) 예컨대 실은 아직 변제를 하지 아니한 경우라고 하더라도 변제의무를 면한다.

[더 생각할 과제 - 상사채권의 소멸시효]

매립사업을 목적으로 하는 A영리법인은 1982.12.23. B와 사이에 자기가 시행하던 공유수면 매립공사의 호안공사 중 사석 등 운반공사부분을 B가 2억원을 투자하여 이행하기로 하는 투자약정을 체결하였다. 그리고 B와 C와의 사이에 1983.1.29. 매립공사 중 성토공사부분을 도급주는 내용의 공사도급계약을 체결하였다. 그 후 B와 C 사이에 다툼이 생기자 공사도급계약을 합의해제하면서, 그 정산방법으로 A영리법인은 1983.6.14. 매립공사의 준공등기 후 즉시 C에게 매립토지 중 100평을 양도하기로 약정하였다. 한편 1987.2.26. 매립토지에 관하여 A영리법인 명의의 소유권보존등기가 경료되었다. C는 1995.7.12. A영리법인에 대하여 매립토지 100평에 대한 소유권이전등기청구권을 행사할 수 있는가?

만약 C가 A영리법인에게 소유권이전등기를 청구하려면 소유권이전등기청구권이 존재하여야 한다. 사례에서 매립토지에 관한 A영리법인과 C 사이의 양도계약을 통하여 C가 A영리법인에 대하여 매립토지 100평에 대한 소유권이전등기청구권을 보유하게 된 사실에는 별다른 문제가 없다. 다만 C가 1995년 7월 12일에 이르러 소유권이전등기를 청구할 수 있는가를 검토하려면 소멸시효의 완성 여부를 따져 보아야 한다. 그리고 C가 A영리법인에 대하여 가지는 소유권이전등기청구권의 성질에 따라서 몇 년의 소멸시효가 적용되는지가 문제된다. C의 소유권이전등기청구권이 민사채권이라면 민법 제162조 제1항에 의하여 10년의 소멸시효에 걸린다. 그러나 만약 상사채권이라고 하면 상법 제64조에 의하여 5년의 소멸시효가 적용된다.

A영리법인은 매립사업을 목적으로 하는 영리법인이므로, 상인이다. 상법 제47조 제1항에 의하여 상인이 영업을 위하여 하는 행위는 상행위로 간주되므로, 사례에서 A영리법인이 한 매립토지 양도약정은 상행위로 간주된다. 다만 A영리법인이 상인이 아닌 C와 매립토지 100평의 양도계약을 체결한 경우이므로, 일방적 상행위로 인한 채권도 상법 제64조 소정의 상사소멸시효에 걸리는지 여부가 문제된다. 물론 당사자 양쪽에 대하여 모두 상행위가 되는 행위로 인한 채권에 관하여는 의심할 여지없이 상법 제64조가 적용된다. 그리고 판례는 당사자 일방에 대하여만 상행위(상법 제46조 각 호에 해당하는 기본적 상행위뿐만 아니라, 상인이 영업을 위하여 하는 보조적 상행위도 포함된다)에 해당하는 행위로 인한 채권도 상법 제64조 소정의 5년의 소멸시효기간이 적용되는 상사채권에 해당한다고 본다.[732] 그러므로 C의 소유권이전등기청구권은 상사채권으로서 5년의 소멸시효가 적용되고, C가 소유권이전등기를 행사할 수 있는 때인 1987년 2월 26일로부터 상사채권의 소멸시효기간 5년이 경과한 1992년 3월 26일경에 C의 소유권이전등기청구권의 소멸시효가 완성된다. 결국 1995년 7월 12일에는 이미 소멸시효가 완성되어 C는 더 이상 A영리법인에 대하여 매립토지 100평에 대한 소유권이전등기청구권을 행사할 수 없다.

(3) 3년의 단기소멸시효

1) 서 설

3년의 단기소멸시효에 걸리는 채권도 있다. (i) 이자·부양료·급료·사용료 기타 1년 이내의 기간으로 정한 금전 또는 물건의 지급을 목적으로 하는 채권, (ii) 의사·조산원·간호사·약사의 치료·근로·조제에 관한 채권, (iii) 도급받은 자·기사 기타 공사의 설계 또는

---

732) 대법원 2008.4.10. 선고 2007다91251 판결.

감독에 종사하는 자의 공사에 관한 채권, (iv) 변호사·변리사·공증인·계리사·법무사에 대한 직무상 보관한 서류의 반환을 청구하는 채권, (v) 변호사·변리사·공증인·계리사 및 법무사의 직무에 관한 채권, (vi) 생산자·상인이 판매한 생산물·상품의 대가, (vii) 수공업자·제조자의 업무에 관한 채권은 그 소멸시효기간이 3년이다(§163).

2) 구체적인 문제

(a) 「1년 이내의 기간으로 정한 채권」의 의미

민법 제163조 제1호 소정의 '1년 이내의 기간으로 정한 금전 또는 물건의 지급을 목적으로 하는 채권'이란 1년 이내의 정기에 지급되는 채권을 의미하지, 변제기가 1년 이내의 채권을 말하지 아니한다. 그러므로 이자채권이라고 하더라도 1년 이내의 정기에 지급하기로 한 경우가 아닌 이상 민법 제163조 제1호 소정의 3년의 단기소멸시효에 걸리지는 않는다.[733]

(b) 의사의 치료에 관한 채권

민법 제163조 제2호 소정의 '의사의 치료에 관한 채권'에서는 특약이 없는 한 그 개개의 진료가 종료될 때마다 각각의 당해 진료에 필요한 비용의 이행기가 도래하여 그에 대한 소멸시효가 진행된다고 해석함이 상당하다. 또한 장기간 입원치료를 받는 경우라 하더라도 다른 특약이 없는 한 입원치료중에 환자에 대하여 치료비를 청구함에 아무런 장애가 없으므로 의료비채권이 환자의 퇴원시부터 소멸시효가 진행된다고 볼 수는 없다.[734]

(c) 금전채무의 이행지체로 생긴 지연손해금

금전채무의 이행지체로 인하여 발생하는 지연손해금은 그 성질이 손해배상금이지 이자가 아니며, 민법 제163조 제1호가 규정한 '1년 이내의 기간으로 정한 채권'도 아니므로 3년간의 단기소멸시효의 대상이 되지 아니한다.[735]

(d) '상인이 판매한 상품의 대가'의 의미

3년의 단기소멸시효가 적용되는 민법 제163조 제6호 소정의 '상인이 판매한 상품의 대가'란 상품의 매매로 인한 대금 그 자체의 채권만을 말하므로, 상품의 공급 자체와 등가성 있는 청구권에 한한다.[736]

(e) '도급받은 자의 공사에 관한 채권'의 범위

민법 제163조 제3호가 3년의 단기소멸시효에 걸리는 채권으로 들고 있는 '도급을 받은 자의 공사에 관한 채권'에서 그 「채권」이라 함은 도급받은 공사의 공사대금채권뿐만 아니라 그 공사에 부수되는 채권도 포함된다.[737]

---

733) 대법원 1996.9.20. 선고 96다25302 판결.

734) 대법원 2001.11.9. 선고 2001다52568 판결.

735) 대법원 1998.11.10. 선고 98다42141 판결.

736) 대법원 1996.1.23. 선고 95다39854 판결.

3) 단기소멸시효에 걸리지 않는 경우

(a) 리스료채권

리스료채권은 그 채권관계가 일시에 발생하여 확정되고 다만 그 변제방법만이 일정기간마다의 분할변제로 정하여진 경우에 불과하므로(기본적 정기금채권에 기하여 발생하는 지분적 채권이 아니다), 3년의 단기 소멸시효가 적용되는 채권이라고 할 수 없다.[738]

(b) 낙찰계의 계불입금채권

낙찰계는 계주의 개인사업으로 운영되는 상호신용계에 유사한 무명계약의 일종이다. 매월 낙찰받아 계금을 수령한 계원이 불입할 불입금을 공제한 나머지를 균등하게 분할한 금액을 계불입금으로 불입하는 경우는 계주로부터 대여받은 금원에 해당하는 계금에 관한 원리금변제의 성질을 가지고 있다고 새겨야 한다. 그러므로 계불입금채권은 채권관계가 일시에 발생하여 확정되고 변제방법에 있어서 매월 분할변제로 정하여진 경우에 불과하여 기본이 되는 정기금채권에 기한 채권이라고 할 수 없으므로, 3년의 소멸시효가 적용되는 채권이라고 할 수 없다.[739]

(c) 보증보험계약에 따른 지연이자채권

보증보험계약에 따라 보험계약자가 보험회사에게 지급하기로 한 지연이자는 보험계약자가 보험회사의 보험금 지급액에 대한 구상채무의 이행을 지체함으로써 발생한 손해배상금이지 이자가 아니고, 민법 제163조 제1호 소정의 1년 이내의 기간으로 정한 금전 또는 물건의 지급을 목적으로 하는 채권에도 해당되지 아니한다. 그러므로 보증보험계약에 따른 지연이자의 지급채권은 단기소멸시효의 대상이 된다고 볼 수 없다.[740]

(4) 1년의 단기소멸시효

1) 서 설

1년의 단기소멸시효에 걸리는 채권도 있다. (i) 여관·음식점·대석·오락장의 숙박료·음식료·대석료·입장료 및 소비물의 대가 및 체당금의 채권, (ii) 의복·침구·장구 기타 동산의 사용료의 채권, (iii) 노역인·연예인의 임금 및 공급한 물건의 대금채권, (iv) 학생·수업자의 교육·의식·유숙에 관한 교주·숙주·교사의 채권은 그 소멸시효기간이 1년이다(§164).

> A는 평소 단골로 다니는 B카페에서 친한 친구와 어울려 술을 가끔 마시곤 하였는데, 어느 날 B카페로부터 1년 이상 전에 마신 술값이 아직 갚지 않고 남아 있으니 갚으라는 청구를 받았다. A로서는 언젠가 술값을 이미 지불한 듯 하지만, 영수증도 뭣도 남아있지 않았다. A는 외상술값을 지급하여야 하는가?

737) 대법원 1994.10.14. 선고 94다17185 판결.
738) 대법원 2001.6.12. 선고 99다1949 판결.
739) 대법원 1993.9.10. 선고 93다21705 판결.
740) 대법원 1993.9.10. 선고 93다20139 판결.

민법 제164조 제1호는 음식점의 음식료의 채권은 "1년간 행사하지 아니하면 소멸시효가 완성한다"고 되어 있다. A가 실제로 지급한 경우인가 아닌가를 묻지 아니하고, 외상술값은 1년이 지나면 소멸한다.

2) 구체적인 문제

민법 제164조 제3호 소정의 단기소멸시효의 적용을 받는 노임채권이라도 채권자인 원고와 채무자인 피고회사 사이에 노임채권에 관하여 준소비대차의 약정이 있다면 준소비대차계약은 상인인 피고회사가 영업을 위하여 한 상행위로 추정함이 상당하고, 그 준소비대차에 의하여 새로이 발생한 채권은 상사채권으로서 5년의 상사시효의 적용을 받게 된다.[741)]

(5) 판결 등으로 확정된 채권의 소멸시효

1) 서 설

소멸시효가 완성하기 이전에 소를 제기하면 소멸시효의 진행은 중단되고, 소의 제기로 인하여 중단된 소멸시효는 재판이 확정된 때로부터 새로이 진행한다(§178 II). 만일 확정판결에 의하여 확정된 권리의 소멸시효가 새로이 개시하는 경우에 그 권리가 본래 단기소멸시효에 해당하는 권리라면 확정판결 이후에도 역시 그 단기소멸시효에 걸리는가 하는 문제가 있다. 만일 판결에 의하여 확정된 권리가 다시 단기소멸시효에 걸린다고 하면 그 권리의 보전을 위하여 자주 소를 제기하여 중단절차를 밟아야 하는 불편이 있다. 그리고 확정판결에 의하여 확정된 권리는 고도의 증거력이 있는 권리증명이 존재하여 특히 소멸시효기간을 단기로 할 필요가 없다.

2) 민법상의 규정

(a) 서 언

민법은 권리가 판결에 의하여 확정된 경우에는 신속한 결제를 요할 필요성에 의하여 단기소멸시효를 정한 권리인 경우라고 하더라도 그 소멸시효기간을 10년으로 한다고 규정하고 있다(§165 I). 역시 파산절차에 의하여 확정된 채권 및 재판상의 화해·조정 기타 판결과 동일한 효력이 있는 절차에 의하여 확정된 채권도 판결에 의하여 확정된 채권과 같이 10년의 소멸시효에 걸린다(§165 II). 그러나 판결확정 당시에 아직 변제기가 도래하지 아니한 채권, 예컨대 기한부채권에서 기한이 도래하기 이전에 확정판결을 받은 채권에 대하여는 민법 제165조 제1항·제2항이 적용되지 아니한다.

(b) 민법 제165조의 의미

민법 제165조의 규정은 단기의 소멸시효에 걸리는 권리라도 확정판결을 받은 권리의 소멸시효는 10년으로 한다는 뜻일 뿐이다. 그러므로 민법 제165조의 취지가 확정판결을 받게

---

741) 대법원 1981.12.22. 선고 80다1363 판결.

되면 10년보다 장기의 소멸시효를 10년으로 단축한다는 의미도 아니고, 본래 소멸시효의 대상이 아닌 권리가 확정판결을 받음으로써 10년의 소멸시효에 걸린다는 뜻도 아니다.[742)]

3) 소멸시효의 기산점

판결 등으로 확정된 채권의 소멸시효기간 10년은 기판력이 발생한 시점, 즉 재판의 확정시로부터 새로운 소멸시효가 진행한다.

4) 확정판결로 주채무의 소멸시효가 10년으로 된 경우에 보증채무의 소멸시효기간

채권자와 주채무자 사이의 확정판결에 의하여 주채무가 확정되어 그 소멸시효기간이 10년으로 연장된다고 할지라도 그 보증채무까지 당연히 단기소멸시효의 적용이 배제되어 10년의 소멸시효기간이 적용되지는 아니한다. 채권자와 연대보증인 사이에 있어서 연대보증채무의 소멸시효기간은 여전히 종전의 소멸시효기간에 따른다.[743)]

(6) 특별법상의 소멸시효기간

1) 상행위로 생긴 채권의 소멸시효기간

> A는 B은행에 보통예금을 맡겨 놓고 오랜 동안 찾지 않았다. A의 보통예금은 과연 시효에 걸려 인출할 수 없게 되는가?

은행예금은 계약의 유형으로서는 소비임치계약이라고 한다. 예금자는 은행에 대하여 예금의 반환을 청구할 채권을 가진다. 예금채권이 소멸시효에 걸리는가? 이설도 있으나, 예금채권도 소멸시효에 걸린다고 본다. 은행거래는 상법의 상행위이므로, 상법 제64조에 의하여 5년의 소멸시효에 걸린다. 보통 은행이 소멸시효를 주장하는 예는 드물고, 소멸시효를 원용하지 아니하면 법원은 그 의사에 반하여 재판할 수 없으므로, A는 시효기간이 지난 예금이라도 인출할 수 있다.

2) 조세채권의 소멸시효기간

조세채권의 소멸시효기간은 5년(국세기본법 §27)이다.

Ⅲ. 소멸시효의 중단

1. 소멸시효중단의 의의

소멸시효의 중단이란 소멸시효의 진행중에 그대로 그 진행을 인정하면 타당하지 않은 일정한 사유가 발생하여 지금까지 경과한 시효기간을 시효의 완성에 전혀 무의미하게 하

---

742) 대법원 1981.3.24. 선고 80다1888, 1889 판결.

743) 대법원 2006.8.24. 선고 2004다26287, 26294 판결.

는 제도를 가리킨다. 소멸시효가 중단되면 이미 진행한 시효기간은 0(제로)으로 되고, 다시 그 시점부터 소멸시효가 진행한다. 예를 들어 100만원의 채권을 가진 채권자가 이행기의 도래에도 불구하고 채권을 방치하여 9년 11개월이 경과한 때에 돌연 소송을 제기하여 지급을 청구한 경우에 채무자에게는 애석하지만 그 시점에서 소멸시효의 진행은 0이 되고 그 시점부터 다시 소멸시효가 진행된다.

2. 시효중단의 사유

(1) 청 구

1) 서 설

일반적으로 청구란 권리자가 시효의 완성으로 이익을 얻는 자에 대하여 그 권리내용을 주장하는 행위를 의미한다. 소멸시효의 중단사유로서의 청구라 함은 시효의 목적인 사법상의 권리를 재판상 및 재판 외에서 실행하는 행위를 말한다. 예컨대 재판상 청구, 파산절차참가, 지급명령, 화해를 위한 소환·임의출석, 최고가 청구에 해당한다.

2) 재판상 청구

(a) 서 언

본래 소멸시효제도는 권리 위에 잠자는 자를 보호하지 않는다는 데 그 존재이유가 있으므로, 권리자가 재판상 그 권리를 주장하여 권리 위에 잠자는 경우가 아님을 표명한 때에는 시효중단사유가 된다. 시효중단사유의 하나로 규정하고 있는 재판상의 청구라 함은 통상적으로는 권리자가 원고로서 시효를 주장하는 자를 피고로 하여 소송물인 권리를 소의 형식으로 주장하는 경우를 가리킨다. 물론 재판상 청구는 원칙적으로 민사소송을 가리키나, 형사소송이나 행정소송도 시효중단사유로서의 재판상 청구가 되는가 하는 문제가 있다. 또한 시효를 주장하는 자가 원고가 되어 소를 제기한 데 대하여 피고로서 응소하여 그 소송에서 적극적으로 권리를 주장하고 그 주장이 받아들여진 경우도 마찬가지로 재판상 청구에 포함되는가도 문제된다.

(b) 형사소송과 시효중단

A와 B회사는 건물을 공사대금 5억원에 신축하기로 하는 내용의 도급계약을 체결하였다. 도급계약에서 공사기간은 1990.2.28.부터 9.10.까지로 정하되 B회사가 준공기한 내에 공사를 완성하지 못하였을 때에는 A에게 지체일수마다 공사대금의 1000분의 1에 해당하는 금액을 지체상금으로 지급하기로 약정하였는데, 실제공사는 1990.3.16. 착공되어 1991.3.13. 준공검사를 마쳤다. 그리고 A는 1991.2.22. B회사와 사이에 미지급된 공사대금을 약 2억원으로 계산하여 정하고 준공검사 후 신축건물을 담보로 제공하여 금융기관 등으로부터 대출받는 즉시(약 1개월 추정) 그 공사잔대금을 지급하기로 약정하였다(그러므로 공사잔대금채권의 변제기는 준공검사일인 1991.3.

13.부터 1개월 후인 1991.4.13.이다). B회사는 공사잔대금의 지급을 구하는 소송을 1995. 7.19. 제기하였는데, A는 B회사의 공사잔대금채권은 3년의 단기소멸시효의 완성으로 소멸되었다고 항변을 하였다. B회사는 소멸시효기간만료 전인 1994.4.12. 검찰청에 A를 상대로 공사대금 중 일부만을 지급하고 잔대금을 지급할 의사나 능력이 없으면서도 B회사에게 공사도급을 주어 공사잔대금인 2억원 상당의 재산상 이익을 편취한 죄 등으로 고소를 제기하였고, A가 고소와 관련하여 피의자신문을 받는 과정에서 수사검사에게 공사잔대금채무의 존재를 시인하는 진술을 하였으므로, 소멸시효가 중단되었다고 재항변할 수 있는가? [대법원 1999.3.12. 선고 98다18124 판결]

사례를 보면 B회사가 A에게 공사잔대금 2억원을 지급하여야 한다고 주장하고, B회사의 청구에 대하여 A는 B회사의 공사대금채권이 그 만큼 남아 있다 하더라도 이미 시효로 소멸된 사실을 주장하며 항변하고 있다. B회사의 공사잔대금채권은 민법 제163조 제3호에 정한 '도급을 받은 자의 공사에 관한 채권'으로서 3년간 행사하지 않으면 소멸시효가 완성된다. 공사잔대금채권은 B회사와 A 사이에 체결된 1991년 2월 22일 약정에 기한 채권이라고 하더라도 그 채권의 성질이 변경되지 아니하므로, 민법 제163조 제3호의 적용을 배제할 수도 없다. 공사잔대금채권의 변제기는 준공검사일인 1991년 3월 13일로부터 1개월 후인 4월 13일이고, 공사잔대금의 지급을 구하는 소송이 그 변제기로부터도 3년이 경과된 1995년 7월 19일 제기된 사실이 분명하므로, B회사의 공사잔대금채권은 3년의 단기소멸시효의 완성으로 소멸된다.

B회사는 소멸시효기간만료 전인 1994년 4월 12일 검찰청에 A를 상대로 공사대금채권과 관련하여 사기 등 혐의로 고소를 제기하고, A는 그 조사과정에서 B회사에 대한 공사잔대금채무를 승인한 사정이 인정되므로, 그로써 소멸시효가 중단되는가? 본래 형사소송은 피고인에 대한 국가형벌권의 행사를 그 목적으로 하므로, 단지 피해자가 가해자를 상대로 고소하거나 그 고소에 기하여 형사재판이 개시되어도 그 사실을 가지고 소멸시효의 중단사유인 재판상의 청구로 볼 수는 없다. 다만 피해자가 형사소송에서 소송촉진 등에 관한 특례법에서 정한 배상명령을 신청한 경우에는 소멸시효의 중단사유에 해당한다.

사례에서 A가 수사검사에게 공사잔대금채무의 존재를 시인한 진술이 소멸사유의 중단사유로서의 승인이 되는가? 민법 제168조 제3호에서 정한 소멸시효의 중단사유인 승인은 시효이익을 받을 당사자인 채무자가 그 시효의 완성으로 권리를 상실하게 될 자에 대하여 그 권리가 존재함을 인식하고 있다는 뜻을 표시함으로써 성립한다. A가 고소와 관련하여 피의자신문을 받는 과정에서 수사검사에게 공사잔대금채무의 존재를 시인하는 진술을 한 사실이 인정된다고 하더라도 그 진술이 소멸시효의 중단사유인 채무의 승인에 해당한다고는 할 수 없다.

(c) 행정소송과 시효중단

> A회사는 조세포탈의 혐의로 수사를 받게 되었고, A회사의 간부는 강압적인 수사가 진행되는 중에 A회사가 장기간 탈세하였다는 내용의 확인서 등을 작성하게 되었다. 국가는 A회사의 간부로부터 받은 확인서 등을 근거로 A회사에 대하여 법인세 등을 추징하는 과세처분을 하였고, A회사는 법인세 등 50억원을 2003.6.1. 납부하였다. 그 후 2006.10.1. A회사는 행정소송을 제기하였고, 2009.5.20. 법원으로부터 과세처분의 무효를 선언하는 의미에서의 취소판결을 선고받았다. A회사는 2009.6.1. 국가에 대하여 오납한 세금 50억원의 환급을 청구하였다. 국가는 국세환급금의 소멸시효기간은 5년이므로, 오납한 2003.6.1.부터 5년의 소멸시효가 완성되었다고 항변할 수 있는가? [대법원 1992.3.31. 선고 91다32053 전원합의체 판결]

사례를 보면 국가가 A회사에 대하여 수사기관의 강요로 합리적이고 타당한 근거도 없이 작성된 과세자료에 기하여 과세처분을 한 사정이 인정된다. 그러므로 우선 국가가 A회사에 대하여 한 과세처분이 무효인가가 문제된다.

본래 학설과 판례는 행정처분의 하자이론에 관하여 하자가 중대한 법규위반으로서 하자의 존재가 행정처분의 외관상 일견하여 명백한 경우에 한하여 그 행정처분을 무효로 보는 견해를 취하고 있다. 사례에서 과세처분의 근거가 된 확인서 등이 수사기관의 일방적이고 억압적인 강요로 작성자인 A회사의 간부의 자유로운 의사에 반하여 별다른 합리적이고 타당한 근거도 없이 작성된 경우이므로, 그 자료는 작성경위에 비추어 진정한 과세자료라고 볼 수 없다. 또한 잘못된 과세자료에 터잡은 과세처분의 하자는 중대한 하자임은 물론, 과세자료의 성립과정에 직접 관여하여 그 경위를 잘 아는 과세관청에 대한 관계에서 객관적으로 명백한 하자라고 할 수 있다. 그러므로 A회사에 대한 과세처분은 당연무효에 해당한다.

사례에서 A회사는 국가의 과세처분에 따라서 2003년 6월 1일에 세금을 납부한 사실이 인정된다. 그러므로 당연무효인 과세처분에 기하여 A회사가 납부하거나 징수당한 오납금이 국가의 부당이득이 되는가가 문제된다. 국가가 A회사로부터 징수한 오납금은 국가가 법률상 원인 없이 취득한 부당이득에 해당한다. 다만 오납금에 대한 A회사의 부당이득반환청구권은 처음부터 법률상 원인 없이 납부 또는 징수된 경우이므로, 납부시 또는 징수시(오납시)로부터 발생하여 확정된다고 볼 수 있다.

A회사가 국가에 대하여 가지는 오납금반환청구권의 소멸시효의 기산점이 언제인가가 문제된다. 비록 A회사에 대한 과세처분이 재판과정에서 무효로 밝혀진 경우라고 하여도 그 과세처분은 처음부터 무효이고 무효선언으로서의 취소판결이 확정되어 비로소 무효로 되지는 않으므로, 오납시부터 오납금반환청구권의 소멸시효가 진행한다고 보아야 한다. 만일 오납을 한 때인 2003년 6월 1일부터 기산하면 A가 국가에 대하여 오납금의 반환을 청구한 때(2009년 6월 1일)에는 이미 5년의 소멸시효가 완성되어 A는 오납금반환청구권을 행사할 수 없게 된다. 그러므로 A회사가 과세처분의 취소 또는 무효확인을 구하는 소(행

정소송)의 제기에 의하여 소멸시효가 중단되는가가 문제된다.

판례는 과세처분의 취소 또는 무효확인을 구하는 소는 비록 행정소송이라고 할지라도 조세환급을 구하는 부당이득반환청구권의 소멸시효중단사유인 재판상 청구에 해당한다고 본다. 본래 시효제도의 주된 존재이유가 권리 위에 잠자는 자를 보호할 필요가 없다는 데 있다. 그러나 사례에서 A회사는 권리 위에 잠자는 자가 아니라는 사실이 객관적으로 명백할 뿐만 아니라, 오히려 권리 위에 잠자기는 커녕 부당하게 납부한 세금을 환급받기 위하여 노력하여 온 자라고 볼 수 있다. 만약 과세처분의 취소 또는 무효확인을 구하는 A회사의 소를 소멸시효중단사유로 보지 아니한다고 하면 과세처분에 위법사유가 있는 줄 알면서도 과세관청의 자력집행권 또는 납기도과 등으로 인한 불이익을 받지 않기 위하여 일단 고지된 세액을 납부하고 그 과세처분에 대한 무효확인 또는 취소를 구하는 소송을 제기하여 장기간의 법정투쟁을 거쳐 소멸시효기간이 경과한 후에 승소한 경우에 그 하자가 중대하고 명백하지 않아 취소사유에 해당한다고 하여 취소판결을 받으면 오납금에 대한 환급청구권은 그때로부터 발생하므로 A회사는 오납금의 환급을 받을 수 있지만, 그 과세처분에 중대하고 명백한 하자가 있어서 무효판결을 받은 때에는 과세처분의 하자가 더 중대한데도 불구하고 소멸시효기간의 도과로 인하여 구제받지 못하는 불합리한 결과가 생길 수 있다. 그러므로 과세처분의 취소 또는 무효확인을 구하는 소가 오납한 조세환급을 구하는 부당이득반환청구권의 소멸시효에 대한 중단사유로 된다고 보는 태도가 타당하다. 결국 A회사의 조세환급을 구하는 부당이득반환청구권의 소멸시효는 위법한 과세처분의 취소, 변경을 구하는 행정소송의 제기에 의하여 중단되고, 판결이 확정된 2009년 5월 20일로부터 다시 그 진행을 개시하므로, A회사는 국가에 대하여 오납한 조세환급을 구하는 부당이득반환청구권을 행사할 수 있다.

(d) 소의 형식

a) 이행의 소·확인의 소·형성의 소

물론 재판상 청구에 의하여 시효가 중단되는 전형적인 사유는 이행의 소를 제기한 경우이다. 그러나 확인의 소도 중단사유가 된다. 예컨대 파면처분무효확인의 소는 보수금채권을 실현하는 수단이라는 성질을 가지고 있으므로 보수금채권 자체에 관한 이행소송을 제기하지 않더라도 파면처분무효확인의 소의 제기에 의하여 보수금채권에 대한 시효는 중단된다.[744] 그리고 교직원의 학교법인을 상대로 한 의원면직처분무효확인청구의 소도 교직원의 학교법인에 대한 급여청구의 한 실현수단이 될 수 있어서 소멸시효의 중단사유로서의 재판상 청구에 해당한다.[745] 역시 형성의 소도 시효중단사유로 인정된다.

b) 반 소

반소[746]도 본소와 마찬가지로 시효중단의 효력이 인정된다.

---

744) 대법원 1978.4.11. 선고 77다2509 판결.

745) 대법원 1994.5.10. 선고 93다21606 판결.

746) 소송의 계속중에 그 소에 병합하여 피고로부터 원고에 대하여 새로이 제기되는 소를 「반소」라고 한다. 그리

c) 응 소

소멸시효의 완성을 주장하는 자가 원고가 되어 제기한 소에서 피고로서 응소하여 그 소송에서 적극적으로 권리를 주장하고 그 주장이 받아들여진 경우에도 시효중단사유인 「재판상의 청구」에 해당한다고 본다.[747] 응소행위로 인한 시효중단의 효력은 피고가 현실적으로 권리를 행사하여 응소한 때에 발생한다.[748]

피고로서 응소하여 패소한 경우에는 시효중단의 효력이 인정되지 않는가 하는 문제가 있다. 피고로서 주장한 권리의 부존재를 이유로 패소한 때에는 시효중단이 인정될 여지가 없으나, 다른 사유로 패소판결을 받은 때에는 민법 제170조 제2항을 유추하여 6월 내에 다른 강력한 시효중단조치를 취하면 응소시에 소급하여 시효중단의 효력이 생긴다고 본다.

> A는 B로부터 470만원을 차용하면서 그 담보를 위하여 갑부동산에 관하여 B 앞으로 근저당권설정등기를 마쳐 주었다. 그러나 그 후 A가 B를 상대로 피담보채권인 대여금채권이 부존재함을 이유로 근저당권설정등기의 말소청구소송을 제기하였다. 그러자 B가 A의 소제기에 적극적으로 응소하여 A의 청구기각의 판결을 구하고, 대여금채권이 유효하게 성립된 경우이어서 그 대여금채권을 피담보채권으로 하는 근저당권설정등기는 유효하다는 내용의 답변내용을 제출하여 그 소송의 제1심법원에서 B의 주장을 받아들여 원고패소판결을 선고하였다. 그리고 A의 항소기각판결을 거쳐 대법원에서 A의 상고허가신청기각결정에 의하여 원고패소판결이 그대로 확정되기에 이르렀다. A에 대한 B의 채권은 응소행위에 의하여 소멸시효의 진행이 중단되는가? [대법원 1993.12.21. 선고 92다47861 전원합의체 판결]

원래 시효는 법률이 권리 위에 잠자는 자의 보호를 거부하고 사회생활상 영속되는 사실상태를 존중하여 여기에 일정한 법적 효과를 부여하기 위하여 마련한 제도이다. 그러므로 사실상의 상태가 계속되던 중에 그 사실상태와 상용할 수 없는 다른 사정이 발생한 때에는 더 이상 그 사실상태를 존중할 이유가 없게 된다는 사정을 고려하여, 이미 진행한 시효기간의 효력을 아예 상실케 하려는 데에 곧 시효중단을 인정하는 취지가 있다.[749] 그러므로 권리자가 시효를 주장하는 자로부터 제소당하여 직접 응소행위로서 상대방의 청구를 적극적으로 다투면서 자신의 권리를 주장하는 때에는 자신이 권리에 잠자는 자가 아님을 표명한 경우와 다름 아닐 뿐만 아니라, 계속된 사실상태와 상용할 수 없는 다른 사정이 발생한 때로 보아야 하므로, 응소행위를 민법이 시효중단사유로서 규정한 재판상의 청구에 준한다고 보더라도 전혀 시효제도의 본지에 반하다고 말할 수 없다. 결국 B가 A에 대하여 가지는 채권에 대하여는 B의 응소행위에 의하여 일단 소멸시효의 진행이 중단된 후에 재판이 확정된 때부터 새로이 그 시효가 진행된다.

고 처음부터 행하여진 소송을 「본소」라고 한다.

747) 대법원 2006.6.16. 선고 2005다25632 판결.

748) 대법원 2005.12.23. 선고 2005다59383, 59390 판결.

749) 대법원 1979.7.10. 선고 79다569 판결.

A는 B로부터 변제기를 1999.5.20.로 정하여 5,000만원을 차용하였고, 그 담보로 자기의 건물 위에 B 앞으로 저당권을 설정하여 주었다. 그 후 1999.1.20. A는 B를 상대로 피담보채권인 대여금채권이 부존재함을 이유로 저당권설정등기의 말소를 청구하는 소송을 제기하였다. 그러나 B는 그 소송에 적극적으로 응소하여 A의 청구기각의 판결을 구하였고, 대여금채권이 유효하게 성립한 경우이므로 그 대여금채권을 피담보채권으로 하는 저당권설정등기는 유효하다는 답변을 제출하여 2004.7.10. 법원으로부터 원고패소판결이 확정되었다. 한편 B는 2009.5.30. 저당목적물인 건물에 대하여 저당권을 실행하기 위하여 경매를 신청하였다. A는 B를 상대로 대여금채무가 1999.5.20.로부터 10년의 소멸시효에 걸려 소멸하였으므로, 저당권이 무효라고 항변을 할 수 있는가?

사례를 보면 B의 A에 대한 채권은 변제기가 1999년 5월 20일이므로, 2009년 5월 20일이면 소멸시효가 완성된다. 그러나 그 중간에 A가 B를 상대로 피담보채권인 대여금채권의 부존재를 이유로 근저당권설정등기의 말소청구를 구하는 소를 제기하고, B가 소송에 적극적으로 응소(應訴)하여 A의 원고패소판결이 2004년 7월 10일에 확정되어 있다. 그러므로 B의 응소에 의하여 B의 채권에 대한 소멸시효가 중단되는가가 문제된다.

판례는 과거에 응소는 시효중단사유인 재판상의 청구에 해당하지 아니한다고 한 태도[750]를 변경하여 응소행위도 재판상 청구에 포함되어 소멸시효의 중단사유가 된다고 보고 있다.[751] 민법 제170조는 "권리자가 소를 제기한 때에 소멸시효가 중단된다"고 명시적으로 규정하지 않고, 단지 「재판상 청구」라고만 규정하고 있다. 그러므로 민법 제170조의 「재판상 청구」의 의미를 반드시 권리자가 원고가 되어 소를 제기한 경우만으로 국한시킬 필요는 없다고 본다. 권리자가 시효를 주장하는 자로부터 제소당하여 직접 응소행위로서 상대방의 청구를 적극적으로 다투면서 자신의 권리를 주장하여, 결국 법원으로부터 그 주장이 받아들여진 때에는 권리 위에 잠자고 있지 않다는 사실을 표명한 경우에 다름 아닐 뿐만 아니라, 계속된 사실상태와 상용할 수 없는 다른 사정이 발생한 경우로 보아야 한다. 그러므로 응소에 「재판상 청구」에 준하는 효력을 부여하여도 상관없다.

사례를 보면 채무자인 A가 제기한 채무부존재의 확인 및 근저당권설정등기의 말소청구의 소에 대하여 채권자인 B가 응소를 하여 원고패소판결이 확정되어 있다. 그러므로 B의 채권은 소멸시효의 진행이 중단되고, 원고패소판결이 확정된 2004년 7월 10일부터 새로이 시효가 진행된다(소멸시효는 2009년 7월 10일에 완성된다). 결국 B가 저당권을 실행하기 위하여 경매를 신청한 2009년 5월 30일에는 대여금채무가 존재하므로, A의 소멸시효의 항변은 인정되지 아니한다(A의 소멸시효의 항변에 대하여 B는 시효중단의 재항변을 할 수 있다).

물론 변론주의의 원칙상 B가 응소행위를 한 경우라고 하여 바로 시효중단의 효과가 발생하지는 아니한다. B는 응소를 통하여 시효중단의 주장을 하여야 그 효력이 생기지만,

750) 대법원 1979.6.12. 선고 79다573 판결.

751) 대법원 1993.12.21. 선고 92다47861 전원합의체 판결.

시효중단의 주장은 반드시 응소시에 할 필요는 없고 소멸시효기간이 만료된 후라도 사실심변론종결 전에는 언제든지 할 수 있다.[752)]

d) 재심의 소의 제기

청구기각판결의 확정 후에 재심을 청구하더라도 시효의 진행이 중단된다고 할 수 없다.[753)] 다만 소유권이전등기를 명한 확정판결의 피고가 그 토지에 대한 소유권이 여전히 자신에게 있다고 주장하여 재심의 소를 제기한 결과 승소판결을 취소하고 재심의 피고의 청구를 모두 기각하는 재심판결이 선고된 경우에는 시효의 중단사유가 되는 재판상의 청구에 준한다고 보아야 하므로, 소멸시효는 재심의 소제기일부터 그 확정일까지 중단된다고 본다.[754)]

(e) 소송의 각하·기각·취하

"재판상 청구는 소송의 각하, 기각 또는 취하의 경우에는 시효중단의 효력이 없다"(§170 I). 그러므로 시효중단의 효력이 발생하기 위해서는 재판상의 청구가 인용되어야 한다. 만일 소송의 각하·기각·취하와 같이 재판상의 청구가 인용되지 않고 소송절차가 종료되면 소멸시효는 중단되지 아니한다. 다만 소송이 각하·기각·취하된 후 6월 내에 재판상의 청구, 파산절차참가, 압류 또는 가압류·가처분을 한 경우에는 소멸시효는 최초의 재판상 청구를 한 때에 중단된 경우로 본다(§170 II).

응소행위로 인한 시효중단의 효력은 피고가 현실적으로 권리를 행사하여 응소한 때에 발생한다. 권리자인 피고가 응소하여 권리를 주장한 후에 그 소가 각하되거나 취하되는 등의 사유로 본안에서 그 권리주장에 관한 판단 없이 소송이 종료된 경우에도 민법 제170조 제2항을 유추적용하여 그때부터 6월 이내에 재판상의 청구 등 다른 시효중단조치를 취하면 응소시에 소급하여 시효중단의 효력이 있다.[755)]

(f) 재판상 청구에 의한 시효중단의 범위

a) 기본적 법률관계에 관한 확인소송과 파생적 청구권

기본적 법률관계에 관한 확인소송이 제기된 경우에 그 확인청구가 기본적 법률관계로부터 발생한 파생적 청구권의 실현수단으로서의 의미를 가진다면 파생적 청구권에 대한 시효중단으로서의 효력이 발생한다. 예를 들어 파면처분무효확인의 소 또는 의원면직처분무효확인의 소는 파면이나 의원면직 후의 임금채권에 대한 시효중단의 효력이 있다.[756)]

b) 어음·수표채권과 원인채권

채권자가 동일한 목적을 달성하기 위하여 복수의 채권을 갖고 있는 경우에 채권자로서는 그 선택에 따라 권리를 행사할 수 있고, 그 중 어느 하나의 청구를 한 사실만으로는 다

752) 대법원 2010.8.26. 선고 2008다42416, 42423 판결.

753) 대법원 1992.4.24. 선고 92다6983 판결.

754) 대법원 1996.9.24. 선고 96다11334 판결.

755) 대법원 2010.8.26. 선고 2008다42416, 42423 판결.

756) 대법원 1978.4.11. 선고 77다2509 판결; 대법원 1994.5.10. 선고 93다21606 판결.

른 채권 그 자체를 행사한 경우로 볼 수는 없으므로, 특별한 사정이 없는 한 다른 채권에 대한 소멸시효중단의 효력은 없다.[757] 다만 기존채권의 지급확보의 방법으로 수표가 수수된 경우에는 수표금채권과 기존채권은 표리의 관계에 있으므로 수표금채권의 소송상 청구는 기존채권의 중단의 효력이 있다고 해석된다.[758] 그러나 어음할인의 원인채권에 관하여 소를 제기한 사실만으로는 그 할인된 어음상의 채권 그 자체를 행사한 경우로 볼 수 없어 어음채권에 관한 소멸시효의 중단사유인 재판상 청구에 해당하지 않는다.[759]

c) 근저당권설정등기청구권과 피담보채권

피담보채권이 될 금전채권의 실현을 목적으로 하는 근저당권설정등기청구의 소에는 그 피담보채권이 될 채권의 존재에 관한 주장이 당연히 포함되어 있다. 그러므로 근저당권설정등기청구의 소에서 금전지급을 구하는 청구를 추가하기 전부터 피담보채권이 될 금전채권의 소멸을 항변으로 주장하여 그 채권의 존부에 관한 실질적 심리가 이루어져 그 존부가 확인된 이상, 그 피담보채권이 될 채권으로 주장되고 심리된 채권에 관하여는 근저당권설정등기청구의 소의 제기에 의하여 피담보채권이 될 채권에 관한 권리의 행사가 있은 경우로 볼 수 있다. 그러므로 근저당권설정등기청구의 소의 제기는 그 피담보채권의 재판상의 청구에 준하는 경우로서 피담보채권에 대한 소멸시효중단의 효력을 생기게 한다.[760]

d) 일부의 청구

1개의 채권 중 일부에 관하여만 판결을 구한다는 취지를 명백히 하여 소송을 제기한 경우에는 소제기에 의한 소멸시효중단의 효력이 그 일부에 관하여만 발생하고, 나머지 부분에는 발생하지 아니한다. 그러나 청구의 대상으로 삼은 채권 중 일부만을 청구한 경우에도 그 취지로 보아 채권 전부에 관하여 판결을 구하고 있다고 해석되는 경우에는 그 동일성의 범위 내에서 그 전부에 관하여 시효중단의 효력이 발생한다.[761]

> A회사는 B회사에 대하여 그 주문에 의하여 1969.9.24.부터 1969.11.28.까지 스틸샷슈 등을 납품하여 B회사는 납품대금을 1969.11.30.까지 지급하겠다고 약정하였으나 그 채무를 이행치 아니하였다. A회사는 B회사를 상대로 한 대금채권과 지연손해금을 C에게 양도하였다. C는 민법 제163조 제3호 소정의 3년의 단기소멸시효완성일이전인 1972.10.14. B회사에게 이행을 최고하고, 그로부터 6개월 이내인 1972.11.18. 양수채권 2,500,000원 중 우선 그 일부인 500,000원만의 지급을 구하는 소를 제기하였다가 1973.9.10. 채권 전액으로 그 청구를 확장하였다. C가 최고를 하였던 1972.10.14. 채권 전부에 관하여 그 시효의 진행이 중단되는가? [대법원 1975.2.25. 선고 74다1557 판결]

757) 대법원 2002.6.14. 선고 2002다11441 판결.

758) 대법원 1961.11.9. 선고 4293민상748 판결. 역시 원인채권의 지급을 확보하기 위한 방법으로 어음이 수수된 경우에 어음채권의 행사는 원인채권의 소멸시효를 중단시키는 효력이 있다(대법원 1999.6.11. 선고 99다16378 판결).

759) 대법원 1994.12.2. 선고 93다59922 판결.

760) 대법원 2004.2.13. 선고 2002다7213 판결.

761) 대법원 2001.9.28. 선고 99다72521 판결.

케이스를 보면 C는 1972년 11월 18일 소를 제기함에 있어 양수채권 2,500,000원 중 우선 그 일부인 500,000원만의 지급을 구한다고 한 후에 비로소 1973년 9월 10일에 이르러 채권 전액으로 그 청구를 확장한 사실이 명백하다. 그리고 청구취지를 확장한 1973년 9월 10일은 지급약정기일인 1969년 11월 30일부터 3년이 경과한 때이고, 또한 최고일인 1972년 10월 14일부터 6개월이 경과한 때임이 역수상 분명하다. 그러므로 청구부분이 특정될 수 있는 경우에 있어서의 일부청구는 나머지 부분에 대한 시효중단의 효력이 발생하지 않는다고 보아야 하며, 그 나머지 부분에 관하여는 소를 제기하거나 그 청구를 확장(청구의 변경)하는 서면을 법원에 제출한 때에 비로소 시효중단의 효력이 발생한다고 보는 태도가 소멸시효와 그 중단에 관한 법리에 부합된다.[762] 결국 C의 소제기에 의한 시효중단은 그 소제기 당시의 청구금액인 500,000원 부분에 한하여 효력이 있고, 나머지 금액에 대한 채권은 3년의 단기소멸시효의 완성에 의하여 청구를 확장하기 전에 이미 소멸된 경우로 본다.

(g) 재판상 청구에 의한 시효중단의 효력발생시기

재판상의 청구에 의한 시효중단의 효력발생시기는 소제기시, 즉 소장제출시 또는 청구변경서의 제출시이다(민사소송법 §265). 다만 응소에서는 피고가 현실적으로 권리를 행사하여 응소한 때에 시효중단의 효력이 발생한다.[763]

3) 파산절차참가

파산절차참가는 채권자가 파산재단의 배당에 참가하기 위하여 그 채권을 신고하는 행위이다(채무자회생 및 파산에 관한 법률 §447). 파산절차참고도 소멸시효중단의 효력이 있다.[764] 파산절차참가에 의한 소멸시효의 중단효력은 파산절차참가를 신청한 때에 발생하여 파산절차에 그 채권에 대한 배당이 완료할 때까지 계속된다. 다만 채권자가 파산절차참가를 취소하거나 그 청구가 각하되면 시효중단의 효력이 생기지 않는다(§171).[765]

4) 지급명령

지급명령은 채권자의 신청으로 법원이 금전 기타 대체물·유가증권의 일정량의 지급을 명령하는 소송절차에 의하지 않는 간이한 독촉절차이다(민사소송법 §462). 채무자는 지급명령에 대하여 이의신청을 할 수 있고, 적법한 이의신청이 있는 때에는 지급명령을 신청한 때부터 소의 제기로 간주되어(민사소송법 §472) 시효중단의 효력이 계속된다. 지급명령신청에 의한 소멸시효의 중단효력은 지급명령을 신청한 때, 즉 지급명령신청서를 법원에 제출한 때에 발생한다.

---

762) 대법원 1970.4.14. 선고 69다597 판결.

763) 대법원 2005.12.23. 선고 2005다59383, 59390 판결.

764) 파산선고의 신청, 회생절차참가 또는 개인회생절차참가(채무자회생 및 파산에 관한 법률 §§32·147·589 II)와 같이 파산절차참가에 준하는 경우에도 소멸시효가 중단된다.

765) 채권조사기일에서 파산관재인이 신고채권에 대하여 이의를 제기하거나 채권자가 법정기간 내에 파산채권 확정의 소를 제기하지 아니하여 배당에서 제척되더라도 그 경우는 민법 제171조에서 말하는 '그 청구가 각하된 때'에 해당한다고 볼 수는 없으므로 파산절차참가로 인한 시효중단의 효력은 파산절차가 종결될 때까지 계속 존속한다(대법원 2005.10.28. 선고 2005다28273 판결).

5) 화해를 위한 소환·임의출석

법원이 조서에 기재한 화해는 확정판결과 동일한 효력을 가진다고 하는 의미에서 화해를 위한 소환도 소멸시효의 중단효력을 가진다. 다만 화해를 위한 소환에도 불구하고 상대방이 출석하지 않거나 화해가 성립되지 아니한 때에는 1개월 이내에 소를 제기하지 아니하면 소멸시효의 중단효력이 생기지 아니한다(§173 전단).

당사자 양쪽이 임의로 법원에 출석하여 소송에 관하여 구두변론하여 제소(提訴) 및 화해신청을 하는 임의출석도 시효중단의 효력을 가진다. 다만 임의출석에 의하여 화해가 성립하지 않은 때에는 1개월 이내에 소를 제기하지 아니하면 시효중단의 효력이 없다(§173 후단).

6) 최 고

(a) 의 의

최고는 채무자에 대하여 채무이행을 구한다는 채권자의 의사통지(준법률행위)이다. 예를 들어 소유자가 점유자에 대하여 토지의 반환을 청구하거나 채권자가 채무자에게 변제를 청구하는 경우와 같이 채권자가 채무자에 대하여 채무의 이행을 구하는 재판 외의 청구가 최고에 해당한다. 최고에는 특별한 형식이 요구되지 아니할 뿐 아니라, 당시 채권자가 시효중단의 효과를 발생시킨다는 사실을 알거나 의욕하지 않은 경우라고 하더라도 그로써 권리행사의 주장을 하는 취지임이 명백하다면 최고에 해당한다고 보아야 한다.766) 재판상의 청구는 그 소송이 각하·기각 혹은 되면 재판외의 최고로서의 효력이 있다.767)

(b) 시효중단의 효력

최고는 단지 소멸시효를 중단시키기 위하여 돌연 소를 제기하여야 하는 폐해를 피하기 위하여 시효중단사유로 인정된다. 다만 최고로 시효중단의 효력이 발생하기 위하여는 최고후 6월 내에 재판상의 청구, 파산절차참가, 화해를 위한 소환·임의출석, 압류 또는 가압류·가처분과 같은 일정한 절차를 취하여야 한다(§174). 최고를 여러 번 거듭하다가 재판상 청구를 한 경우에 시효중단의 효력은 항상 최초의 최고시에 발생하지 아니하고 재판상 청구를 한 시점을 기준으로 소급하여 6월 이내에 한 최고시에 발생한다고 보아야 한다.

민법 제174조에서 규정하고 있는 6월의 기간이 언제를 기삼점으로 하는가가 문제될 수도 있다. 소멸시효제도, 특히 시효중단제도는 그 제도의 취지에 비추어 볼 때 그 기산점이나 만료점은 원권리자를 위하여 너그럽게 해석하여야 상당하다. 그러므로 시효중단사유로서의 최고에 있어서 채무이행을 최고받은 채무자가 그 이행의무의 존부 등에 대하여 조사를 해 볼 필요가 있다는 이유로 채권자에 대하여 그 이행의 유예를 구한 경우에는 채

766) 채권자가 확정판결에 기한 채권의 실현을 위하여 채무자의 제3채무자에 대한 채권에 관하여 압류 및 추심명령을 받아 그 결정이 제3채무자에게 송달이 되면 거기에 소멸시효중단사유인 최고로서의 효력을 인정하여야 한다(대법원 2003.5.13. 선고 2003다16238 판결).

767) 대법원 1987.12.22. 선고 87다카2337 판결.

권자가 그 회답을 받을 때까지는 최고의 효력이 계속된다고 보아야 하므로, 민법 제174조에 규정된 6월의 기간은 채권자가 채무자로부터 회답을 받은 때로부터 기산된다고 해석하여야 한다.768)

> A가 B회사에 대하여 면사납품보증금 10,000,000원의 반환채권과 여러 번에 걸친 차용금에 대한 도합 22,180,000원의 채권을 가지고 있었다. 그리고 납품보증금채무의 이행기는 1976.3.21., 차용금채무의 이행기는 1976.2.27. 각 도래하였다. 그러나 B회사가 각 채무를 이행하지 아니하므로, A는 1981.1.29. 모든 채무에 대하여 그 이행을 최고하고, 그 후 1981.3.20., 1981.7.25. 다시 거듭하여 최고하였는데도 B회사가 여전히 채무를 이행할 생각을 하지 아니하자 A는 1981.8.13. 채무의 이행을 소로써 구하였다. A가 B회사에 대하여 채무의 이행을 소로써 구하는 경우에 B회사는 A에 대하여 소멸시효의 항변을 주장할 수 있는가? [대법원 1983.7.12. 선고 83다카437 판결]

사례를 보면 납품보증금채무의 이행기는 1976월 3월 21일, 차용금채무의 이행기는 1976년 2월 27일로 각 도래하므로, 그때로부터 상사채권의 소멸시효기간인 5년을 계산하면 각 1981년 3월 21일과 1981년 2월 27일로 소멸시효가 완성된다. 다만 채권자 A가 채무자 B회사에 대하여 1981년 1월 29일, 1981년 3월 20일, 1981년 7월 25일 세 차례에 걸쳐 최고를 한 후에 1981년 8월 13일에 재판상 청구로서 채무의 이행을 구하는 소를 제기하고 있으므로, A의 최고에 의하여 면사납품보증금채무와 차용금채무의 소멸시효가 중단되는가가 문제된다.

사례를 보면 A가 최고를 여러 번 거듭하다가 최종적으로 재판상 청구를 하고 있다. 만일 A가 최초로 최고를 한 때인 1981년 1월 29일을 기준으로 소멸시효중단의 효력을 인정한다고 하면 납품보증금채무와 차용금채무는 모두 소멸시효가 중단되어 B회사는 A에게 각 채무를 변제하여야 한다. 그러나 재판상 청구를 한 때로부터 역수상 6월 내에 한 최고가 소멸시효기간이 완성되기 전에 행하여진 경우에 한하여 소멸시효완성의 효력이 생긴다고 하면 재판상 청구를 한 1981년 8월 13일로부터 역수상 6월 내인 1981년 2월 13일 이후에 한 최고에 대하여만 소멸시효중단의 효력이 인정된다. 그러므로 소를 제기한 때로부터 소급하여 6개월 내에 한 최고시에 소멸시효중단의 효력이 생긴다면 1981년 1월 29일의 최고에 의하여는 소멸시효중단의 효력이 생기지 아니하고, 단지 1981년 3월 20일, 1981년 7월 25일의 각 최고에 의하여만 소멸시효중단의 효력이 인정된다.

판례는 최고를 여러 번 거듭하다가 재판상 청구를 한 경우에 시효중단의 효력은 최초의 최고시에 발생하지 아니하고, 재판상 청구를 한 시점으로부터 소급하여 6월 이내에 한 최고에 의하여만 소멸시효중단의 효력이 생긴다고 본다. 판례가 소를 제기한 시점으로부터 소급하여 6월 이내에 한 최고시에 소멸시효중단의 효력이 발생한다고 한 태도는 타당하다. 그러므로 A가 1981년 1월 29일에 최초의 최고를 한 경우라고 하여도 그로부터 6월

768) 대법원 2006.6.16. 선고 2005다25632 판결.

이내에 재판상 청구를 한 바 없으므로 그 최고시에 시효중단의 효력이 발생할 여지가 없다. 재판상 청구의 시점인 1981년 8월 13일로부터 소급하여 6월 이내인 1981년 3월 20일에 한 최고시에 비로소 시효중단이 발생한다.

사례를 보면 A의 납품보증금 10,000,000원의 채권은 그 상사채권의 소멸시효기간의 만료일이 1981년 3월 21일이므로 그 전에 이루어진 1981년 3월 20일의 최고에 의하여 시효중단의 효력이 발생한다. 그러나 대여금에 대한 도합 22,180,000원의 채권은 그 이행기가 1976년 2월 27일이므로, 그때로부터 상사채권의 소멸시효기간을 계산하면 1981년 2월 27일에 이미 소멸시효가 만료된 사실이 역수상 명백하다. 그러므로 차용금채무에 대한 소멸시효가 이미 만료한 후에 이루어진 1981년 3월 20일의 최고에 의하여 시효중단의 효력이 생긴다고 볼 여지가 없다. 결국 B회사는 납품보증금채무에 대하여는 소멸시효의 항변을 주장할 수 없고, 다만 A의 대여금 도합 22,180,000원의 채권은 이미 소멸시효가 완성되어 있으므로, B회사는 그 대여금채무에 대하여는 소멸시효의 항변을 주장할 수 있다.

(2) 압류·가압류·가처분

압류는 확정판결 기타 채무명의에 기하여 행하는 강제집행절차이다. 가압류·가처분은 강제집행이 불가능하거나 곤란하게 될 염려가 있는 경우에 강제집행을 보전하기 위하여 집행기관이 취하는 수단이다.

압류·가압류·가처분과 관련한 시효중단의 효력에 관하여는 아래와 같은 내용에 주의하여야 한다.

(i) 채권자가 채무자의 제3채무자에 대한 채권을 압류 또는 가압류한 경우에 채무자에 대한 채권자의 채권에 관하여 시효중단의 효력이 생긴다. 그러나 압류 또는 가압류된 채무자의 제3채무자에 대한 채권에 대하여는 민법 제168조 제2호 소정의 소멸시효중단사유에 준하는 확정적인 시효중단의 효력이 생긴다고 할 수 없다.[769]

(ii) 압류나 가압류·가처분에 의하여 소멸시효의 중단효력이 발생하는 시기는 명령을 신청한 때라고 하는 견해가 타당하다(소수설로 집행행위한 시기라는 견해가 있다).

(iii) 압류 혹은 가압류·가처분이 권리자의 청구에 의하여 또는 법률의 규정에 따르지 아니하여 취소된 때에는 시효중단의 효력이 없다(§175). 역시 당연무효의 압류 혹은 가압류·가처분은 소멸시효의 중단사유에 해당하지 않는다. 예를 들어 사망한 사람을 피신청인으로 한 가압류신청은 부적법하고 그 신청에 따른 가압류결정이 내려진 경우라고 하여도 그 결정은 당연무효로서 그 효력이 상속인에게 미치지 아니할 뿐만 아니라, 소멸시효의 중단사유가 되지도 아니한다.[770]

(iv) 압류 혹은 가압류·가처분의 상대방이 시효의 이익을 받을 자가 아닌 때에는 시효의 이익을 받을 자(채무자)에게 통지하지 아니하면 시효중단의 효력이 생기지 아니한다 (§176).

---

769) 대법원 2003.5.13. 선고 2003다16238 판결.

770) 대법원 2006.8.24. 선고 2004다26287, 26294 판결.

(3) 승 인

1) 의 의

승인은 시효의 이익을 받을 자(채무자)가 시효로 말미암아 권리를 잃을 자(채권자)에 대하여 그 채무의 존재를 인정하는 관념의 통지이다. 그러므로 소멸시효의 중단사유로서의 승인은 시효이익을 받을 당사자인 채무자가 소멸의 완성으로 권리를 상실하게 될 자 또는 그 대리인에 대하여 그 권리가 존재함을 인식하고 있다는 뜻을 표시함으로서 성립한다. 다만 소멸시효의 진행이 개시되기 이전에 승인을 하더라도 소멸시효의 중단사유로 되지는 아니한다.[771] 승인은 소멸시효의 진행이 개시된 이후에만 가능하다. 또한 소멸시효의 중단사유로서의 승인은 소멸시효의 완성 전에만 할 수 있고, 소멸시효의 완성 후에는 시효이익의 포기만이 가능하다.

2) 승인의 방법

승인을 표시하는 방법은 아무런 형식을 요구하지 아니한다. 승인을 명시적으로 하든 묵시적으로 하든 불문한다. 예를 들어 증서를 새로 작성하거나, 이자를 지급하거나, 일부 변제·담보의 제공은 묵시적 승인이 된다. 승인으로 인한 시효중단의 효력은 그 승인의 통지가 소멸시효의 완성으로 권리를 상실하게 될 자 또는 그 대리인에게 도달하는 때에 발생한다.

> A는 부동산실명법의 시행 전인 1989.4.24. 조카사위 B와의 명의신탁약정에 기하여 경기도 이천에 소재한 갑임야(7만2860㎡)를 7,700만원에 B의 명의로 매수하고 B에게 그에 관한 등기명의를 신탁하였다. B는 해마다 갑임야에 대한 재산세납부고지서가 배달되면 A에게 보내 납부하도록 하였고, A는 B의 요청에 의하여 B가 갑임야를 대신 소유한 탓에 추가로 납부하게 된 종합토지세나 의료보험료 등도 정산하여 주었다. A는 부동산실명법이 시행된 후에 부동산실명법 제11조에서 정한 유예기간인 1996.7.1.까지 '실명등기'를 하지 아니하였는데, A는 그로부터 8년이 지난 2004년에야 B에게 갑임야를 자신의 명의로 변경하여 주기를 요구하였다. 그러나 B는 A에게 소유권이전등기를 넘겨주기를 거부하였고, 매년 보내주던 재산세납부고지서도 A에게 전하여 주지 않아 A는 과세관청에서 직접 재산세납부고지서를 발급받아 2005년도분부터 2009년도분까지 재산세를 납부하다가 2009.4.30. B를 상대로 소유권이전등기소송을 제기하였다. B는 A의 소유권이전등기소송이 부동산실명법상의 유예기간이 경과하는 날인 1996.7.1.부터 10년이 경과한 후에 제기되었으므로, A가 갑임야의 회복을 위하여 B에 대하여 가지는 부당이득반환청구권으로서 갑임야에 관한 소유권이전등기청구권은 시효의 완성으로 소멸한 경우로 주장할 수 있는가? [대법원 2012.10.25. 선고 2012다45566 판결]

---

771) 예컨대 현존하지 아니하는 장래의 채권을 미리 승인하는 경우는 채무자가 그 권리의 존재를 인식하고서 한 경우라고 볼 수 없어 소멸시효의 중단사유로서의 승인이 될 수 없다(대법원 2001.11.9. 선고 2001다52568 판결).

소멸시효의 중단사유로서의 승인은 시효이익을 받는 당사자인 채무자가 소멸시효의 완성으로 채권을 상실하게 될 자 또는 그 대리인에 대하여 상대방의 권리 또는 자신의 채무가 있음을 알고 있다는 뜻을 표시함으로써 성립하며, 그 표시의 방법은 아무런 형식을 요구하지 아니하고 묵시적이건 명시적이건 묻지 아니한다. 또한 승인은 시효의 이익을 받는 자가 상대방의 권리 등의 존재를 인정하는 일방적 행위로서, 그 권리의 원인·내용이나 범위 등에 관한 구체적 사항을 확인하여야 하지는 아니하고,[772] 그 승인에 있어서 채무자가 권리 등의 법적 성질까지 알고 있거나 권리 등의 발생원인을 특정하여야 할 필요는 없다. 그리고 승인이 있는지 여부에 대한 판단은 문제가 되는 표현행위의 내용·동기 및 경위, 당사자가 그 행위 등에 의하여 달성하려고 하는 목적과 진정한 의도 등을 종합적으로 고찰하여 사회정의와 형평의 이념에 맞도록 논리와 경험의 법칙, 그리고 사회일반의 상식에 따라 객관적이고 합리적으로 이루어져야 한다.[773]

사례를 보면 B는 2004년까지 갑임야에 관한 재산세납부고지서를 송달받고 A가 재산세를 납부하도록 자진하여 A에게 건네준 사정이 인정되고, 그에 따라 A가 갑임야에 관한 재산세를 계속 납부하고, 또한 B가 갑임야를 대외적으로 보유함으로 말미암아 종합토지세나 의료보험료 등을 추가로 납부하게 되자 A에게 그 정산을 요청하여, A로부터 종합토지세나 의료보험료의 증가분 상당액을 지급받은 사실이 있다. 그러므로 B는 2004년까지 갑임야가 A와의 관계에서는 자신의 소유가 아니라 A의 소유임을 스스로 인정하는 사실을 전제로 하여서만 취할 행태로서 관련 세금의 부담이나 자신이 추가로 부담하게 된 종합토지세나 의료보험료의 정산과 같은 재산적 지출을 A에게 적극적으로 요청하는 등의 행위로 나간 사정을 인정할 수 있다. 결국 B가 명의신탁받은 갑임야에 관하여 권리를 가지지 아니하고, A의 대내적 소유권을 인정한 경우에는 달리 특별한 사정이 없는 한 A에 대하여 소유권등기를 이전·회복하여 줄 의무를 부담함을 알고 있다는 사실이 묵시적으로 포함되어 표현된 경우로 볼 수 있으므로, B는 A의 반환요구를 거부하기 시작한 2004년경까지는 갑임야에 관한 소유권이전등기의무를 승인한 경우라고 볼 수 있다. B의 묵시적 승인으로 인하여 그 무렵까지 A의 갑임야에 관한 소유권이전등기청구권의 소멸시효는 중단된다. 그리고 A의 소유권이전등기소송이 그로부터 10년이 경과하지 아니한 2009년 4월 30일에 제기된 사실이 기록상 분명한 이상 B의 소멸시효항변은 받아들일 수 없다.

3) 승인의 당사자

승인은 승인하는 자(시효이익을 받을 당사자인 채무자)가 반드시 소멸시효의 완성으로 권리를 상실하게 될 자(채권자) 또는 그 대리인에게 하여야 한다. 소멸시효중단의 효력이 있는 승인을 위하여는 상대방의 권리에 관한 처분의 능력이나 권한을 요구되지 아니한다(§177). 다만 「관리의 능력이나 권한」이 없는 자는 승인할 수 없다고 해석된다.

---

772) 대법원 2001.2.23. 선고 2000다65864 판결 등 참조.
773) 대법원 2008.7.24. 선고 2008다25299 판결 등 참조.

3. 시효중단의 효력

(1) 시효중단효력의 인적 범위

소멸시효중단의 효력은 당사자 및 그 승계인 사이에서만 생기고(상대적 효력의 원칙), 제3자에게는 효력이 없다(§169). 당사자는 시효중단행위를 한 자와 그 상대방을 가리키고, 승계인은 당사자로부터 중단의 효력이 생긴 권리의무를 승계한 포괄승계인·특정승계인을 일컫는다.

(2) 시효중단후의 시효진행

소멸시효의 중단사유가 발생하면 시효의 완성이 저지된다. 그리고 시효중단의 시점까지 진행된 시효기간은 0으로 된다(§178 I).

소멸시효가 중단되더라도 중단사유가 종료되어 소멸시효의 기초가 되는 사실상태가 계속되면 다시 소멸시효가 진행된다.[774] 새로운 소멸시효의 진행개시시기인 중단사유종료시란 가령 재판상의 청구에서는 판결확정시(§178 II), 압류 혹은 가압류·가처분에서는 절차종료시, 승인에서는 상대방도달시를 가리킨다. 새로이 계산되는 소멸시효기간은 원칙적으로 종전의 소멸시효기간과 동일하다. 다만 확정판결 등에 의하여 확정된 권리는 단기소멸시효에 걸리는 권리라고 하더라도 새로운 소멸시효기간은 10년이 된다(§165).

Ⅳ. 소멸시효의 정지

1. 소멸시효정지의 의의

소멸시효정지는 시효기간이 거의 완성할 무렵에 시효중단행위가 불가능하거나 대단히 곤란한 사정이 권리자에게 있는 경우에 그 시효기간의 진행을 일시적으로 멈추게 하고 그 사정이 제거될 때에 다시 나머지 시효기간을 진행하게 하는 제도를 가리킨다. 시효정지는 시효의 완성을 정지사유의 소멸 후 일정기간이 경과할 때까지 연장할 뿐이고, 그 시점까지 경과한 기간이 0으로 되지 아니한다고 하는 사실에서 소멸시효중단과 차이가 있다.

2. 소멸시효정지의 사유

(1) 법정대리인이 없는 제한능력자의 권리

시효기간만료전 6개월 이내에 제한능력자에게 법정대리인이 없는 때에는 제한능력자

774) 면책적으로 채무인수가 있으면 인수채무의 소멸시효기간은 채무인수와 동시에 이루어진 소멸시효중단사유인 채무승인에 따라서 채무인수일로부터 새로이 진행된다.

가 능력자로 되거나 법정대리인이 취임한 때로부터 6개월 이내에는 소멸시효가 완성하지 아니한다(§179).

(2) 재산관리자에 대한 제한능력자의 권리

제한능력자가 그 재산을 관리하는 아버지, 어머니 또는 후견인에 대하여 갖는 권리는 제한능력자가 능력자로 되거나 후임의 법정대리인이 취임한 때로부터 6개월 이내에는 소멸시효가 완성되지 아니한다(§180 I).

(3) 부부간의 권리

부부의 한쪽이 다른 쪽에 대하여 갖는 권리에 대하여는 혼인해소시로부터 6개월 이내에는 소멸시효가 완성되지 아니한다(§180 II).

(4) 상속재산에 관한 권리

상속재산에 관하여는 상속인이 확정되거나 관리인이 선임되거나 혹은 파산선고가 있는 때로부터 6개월 이내에는 소멸시효가 완성되지 아니한다(§181).

(5) 천재사변

울릉도에서 생선가공의 사업을 하고 있는 A는 2004.5.10. 울릉도의 B신용금고로부터 사업자금으로 5,000만원을 빌렸다(은행거래는 상행위로서 5년의 시효에 걸린다). 그런데 5년 후인 2009.4.경 B신용금고는 시효를 중단시키려 하였는데, 돌연 울릉도의 중앙에 위치한 화산(火山)이 갑자기 분화를 개시하여 모든 섬주민이 섬 밖으로 탈출하여야만 하는 사태가 발생하였고, 소멸시효의 중단이 거기에서는 불가능하게 되었다. 그 후 5년의 소멸시효기간이 만료되었다. B는 더 이상 청구할 없는가?

소멸시효기간의 만료에 당하여 천재사변(예컨대 지진·수해에 의한 교통·통신의 두절, 재판사무의 휴무)이 생겨 소멸시효를 중단할 수 없는 경우에는 그 방해사유가 종료한 때로부터 1개월 이내에는 소멸시효가 완성되지 아니한다(§182). 그러므로 B는 「청구」 등이 가능한 상태로 된 때로부터 1개월 이내에 소멸시효중단의 조치를 취하면 된다.

Ⅴ. 소멸시효의 효력

1. 소멸시효의 효력에 관한 학설·판례

민법은 소멸시효완성의 효과에 관하여 채권 혹은 재산권은 「소멸시효가 완성한다」(§§162-164)고 규정하고 있을 뿐이다. 「소멸시효가 완성한다」고 하는 표현이 구체적으로 무엇을 의미하는가를 분명히 하고 있지 않다. 그러므로 소멸시효완성의 효과로서 권리는 당연히 소멸하는가, 혹은 소멸시효가 완성되면 권리의 소멸을 주장할 수 있는 권리, 즉 원용권만이 생기는가 하는 문제가 있다. 학설상으로 소멸시효의 완성으로 권리가 당연히 소멸하지는 않고, 단지 시효의 이익을 받을 자에게 권리소멸을 주장할 수 있는 권리, 즉 원용권(援用權)이 생길 뿐이라고 보는 견해(상대적 소멸설이라 부른다)가 있다. 소멸시효의 완성으로 단지 원용권만이 생길 뿐이라고 보는 견해는 그 이론적 근거로서 (i) 당사자가 소멸시효의 이익을 받기를 원하지 않는 경우에도 법원이 직권으로 권리소멸을 인정하면 당사자의 의사를 무시하여 부당하고, (ii) 절대적 소멸설에 의하면 신의칙에 위반하는 방법(예컨대 채무자의 관계)으로 채권자의 소멸시효중단을 방해한 경우에도 채무자에게 소멸시효의 이익을 인정하여야 하여 정의관념에 반하고, (iii) 등기된 부동산물권에 소멸시효가 완성된 경우에 등기의 존재에도 불구하고 단순한 기간의 경과만으로 등기된 물권이 당연히 소멸한다고 보는 태도는 부당하고, (iv) 단순한 시간의 경과에 의하여 권리가 당연히 소멸한다고 하는 절대적 소멸설은 진정한 권리자의 권리보호에 충실하지 못하다는 이유를 든다. 그러나 소멸시효의 완성에 의하여 당연히 권리가 소멸한다고 보는 견해(절대적 소멸설이라고 일컫고, 현재 국내에서의 다수설이다)가 타당하다고 여겨진다. 민법이 구민법과 달리 시효의 원용에 관한 규정을 삭제한 입법취지를 고려할 때 원용제도를 전제로 하는 상대적 소멸설을 취하기는 곤란하다. 또한 민법 제766조 제1항, 민법 제1024조 제2항, 민법 제1075조 제2항에서 「시효로 인하여 소멸한다」고 규정되어 있는 취지에 비추어 볼 때 민법 제162조 내지 제164조에서 「소멸시효가 완성된다」고 하는 의미는 소멸시효의 완성에 의하여 당연히 권리가 「소멸한다」고 하는 뜻으로 해석된다.

판례도 민법상 당사자의 원용이 없어도 소멸시효완성의 사실로서 채무는 당연히 소멸한다고 본다.775) 그러므로 당사자의 시효완성의 원용 없이도 시효완성의 사실로서 채무는 당연히 소멸하여 시효완성된 채무에 기하여 한 가압류는 불법행위가 된다.776) 그리고 피담보채권의 소멸시효가 근저당권의 경매개시결정 이전에 완성한 경우에는 매수인이 담보물의 소유권을 취득할 수 없다.777) 또한 국가의 조세부과권도 시효가 완성되면 당연히 소멸하여 시효완성 후에 한 조세부과처분은 납세의무 없는 자에 대한 행한 조세부과처분으로 그 하자가 중대하고 명백하여 당연무효로 된다.778)

(i) 당사자의 원용이 없어도 법원은 직권으로 소멸시효의 완성을 고려할 수 있는가? 상대적 소멸설은 당사자가 원용하여야 비로소 소멸시효로 권리가 소멸한다고 생각하므로, 상대적 소멸설에 따르면 당연히 법원이 소멸시효를 재판에 고려하려면 당사자의 원용이 있어야 한다. 그러나 소멸시효의 완성으로 권리가 자동적으로 소멸한다고 보므로, 얼핏 보기에 당사자의 원용 없이도 법원이 직권으로 소멸시효를 고려할 수 있다는 의미로 이해될 수 있으나, 절대적 소멸설도 역시 소멸시효의 이익을 받는 자가 소멸시효의 이익을

775) 대법원 2012.7.12. 선고 2010다51192 판결.

776) 대법원 1966.1.31. 선고 65다2445 판결.

777) 대법원 1978.10.10. 선고 78다910 판결.

778) 대법원 1985.5.14. 선고 83누655 판결.

받는다는 뜻을 항변하지 않는 이상, 즉 소송에서 공격·방법의 방법으로서 소멸시효의 사실을 제출하지 않는 이상 그 의사에 반하여 재판할 수 없다고 본다. 그러므로 어느 견해를 취하든 당사자의 원용이 없으면 법원이 직권으로 소멸시효의 완성을 참작할 수 없다는 입장은 똑같다. 판례도 소멸시효에서 소멸시효기간이 만료되면 권리는 당연히 소멸하지만 소멸시효의 이익을 받는 자가 소송에서 소멸시효의 주장을 하지 아니하면 그 의사에 반하여 재판할 수 없다[779]고 하여 소송상으로는 변론주의의 원칙에 충실하여 시효이익을 받는 자가 항변·원용을 하여야만 법원은 소멸시효의 사실을 고려할 수 있다고 보고 있다.[780]

(ii) 채무자가 소멸시효의 완성 후에 변제를 하면 유효한 변제로 되는가? 상대적 소멸설에 의하면 아직 원용을 하지 않은 동안에는 채무자가 소멸시효가 끝난 채무라는 사실을 알고 변제하든 모르고 변제하든 어느 경우에나 유효한 채무의 변제로 된다. 그러나 절대적 소멸설에 따르면 채무자가 소멸시효가 완성된 채무라는 사실을 알고 변제하는가, 아니면 모르고 변제하는가에 따라서 그 효력이 다르다. 절대적 소멸설은 소멸시효가 끝나면 권리가 당연히 소멸한다고 보므로, 만약 채무자가 소멸시효가 이미 끝난 사실을 알고 있으면서 변제를 하면 그 변제는 시효이익의 포기가 되며, 또한 부당이득법상으로는 비채변제가 되므로(민법 제742조에 의하여 채무없음을 알고 변제한 때에는 그 반환을 청구하지 못한다), 결국 그 반환을 청구하지 못하게 된다. 그리고 채무자가 소멸시효의 사실을 알지 못하고 소멸시효가 완성된 채무를 변제한 경우에 관하여 절대적 소멸설은 채무 없는 자가 착오로 인하여 변제한 경우로서 그 변제가 도의관념에 적합한 때에 해당하여 「도의관념에 적합한 비채변제」(§744)가 되므로, 역시 그 반환의 청구를 할 수 없다고 본다. 그러므로 소멸시효가 완성된 채무의 변제에 따른 효력은 어느 견해에 따르든 결과적으로는 차이가 없다.

(iii) 상대적 소멸설에 의하면 소멸시효이익의 포기가 바로 원용권의 포기이므로, 소멸시효이익의 포기의 법률적 성질을 자연스럽게 이해할 수 있다. 그러나 절대적 소멸설에 따르면 소멸시효이익의 포기의 법률적 성질을 설명하기 곤란한 문제가 있다고 솔직히 고백하지 않을 수 없다.

[더 생각할 과제 - 채권의 소멸시효주장을 원용할 수 있는 자의 범위]

채권의 소멸시효가 완성된 경우에 소멸시효의 완성을 원용할 수 있는 자는 시효로 인하여 채무가 소멸되는 결과 직접적인 이익을 받는 자에 한정된다. 채무자에 대한 채권자도 소멸시효의 완성을 원용할 수 있는가? 채무자에 대한 채권자는 자기의 채권을 보전하기 위하여 필요한 한도 내에서 채무자를 대위하여 소멸시효의 완성을 원용할 수 있을 뿐이고,[781] 다만 채무자에 대하여 무슨 채권이 있지도 않는 자는 소멸시효주장을 대위 원용할 수 없다.[782]

779) 대법원 1980.1.29. 선고 79다1863 판결.

780) 어떤 권리의 소멸시효기간이 얼마나 되는지에 관한 주장은 단순한 법률상의 주장에 불과하므로 변론주의의 적용대상이 되지 않고 법원이 직권으로 판단할 수 있고(대법원 2013.2.15. 선고 2012다68217 판결), 다만 소멸시효의 기산일은 변론주의의 적용대상이다(대법원 2006.9.22. 선고 2006다22852, 22869 판결).

781) 채권자는 자기의 채권을 보전하기 위하여 그의 채무자에 속한 권리를 대위행사할 수 있는 권리, 즉 「채권자대위권」을 가진다(§404).

갑임야는 본래 A의 소유였는데, A는 1944.9.26.경 갑임야를 B에게 매도하였고, B는 1958.12.경 차남인 C에게, C는 D에게 갑임야를 각 증여하였다. 한편 갑임야 일대의 지적공부가 6·25 사변을 거치면서 모두 멸실되어 1970.3.4.경 지적공부를 복구하는 과정에서 정부기록보존소에 그 일대의 임야에 관한 지적을 창설할 당시의 측량원도가 보존되어 있지 아니한 관계로 새로이 지번 및 경계를 설정하면서 갑임야에 관한 현재의 임야도와 임야대장이 작성되게 되었다. 그럼에도 불구하고 E는 아무런 근거도 없이 임야도와 임야대장이 작성되기 전인 1957.6.29.부터 갑임야를 점유하는 한편, 그 명의로 소유권보존등기의 회복등기를 경료하였다. 그 후 E의 사망으로 인하여 그 상속인인 F가 갑임야에 관하여 재산상속을 원인으로 한 소유권이전등기를 마쳤다. D는 1990.12.21. F를 상대로 1957.6.29. 마친 회복등기에 의한 소유권보존등기 및 재산상속을 원인으로 한 소유권이전등기의 각 말소등기절차의 이행을 청구하였다. F는 소유권이전등기청구권의 소멸시효가 완성된 사실을 주장할 수 있는가? [대법원 1991.7.26. 선고 91다5631 판결]

사례를 보면 A가 자기 소유의 갑임야를 B에게 매도하고 B는 C에게, C는 D에게 각 증여한 후에 갑임야의 지적공부가 멸실되자 E가 아무런 근거없이 그 명의의 소유권보존등기의 회복등기를 경료한 후에 사망하고, E의 상속인 F 앞으로 상속을 원인으로 한 소유권이전등기가 마쳐진 사정을 인정할 수 있다. 그리고 D가 C, B, A를 순차 대위하여 F에게 원인무효인 소유권보존등기와 소유권이전등기의 말소를 구하고 있다. 현편 F는 소유권이전등기청구권의 소멸시효가 완성된 사실을 주장하고 있으므로, F의 주장이 타당한가가 문제된다.

D가 F에 대하여 C, B, A를 순차 대위하여 원인무효인 소유권보존등기와 소유권이전등기의 각 말소청구를 하기 위해서는 우선 B의 A에 대한 소유권이전등기청구권, 또한 C의 B에 대한 소유권이전등기청구권이 존재하여야 한다. 사례를 보면 B의 A에 대한 소유권이전등기청구권은 1944년 9월 26일부터 행사할 수 있고, C의 B에 대한 소유권이전등기청구권은 1958년 12월경부터 행사할 수 있으므로, 그때로부터 소멸시효가 각 진행하여 D가 F에 대하여 소유권보존등기와 소유권이전등기의 말소를 구하는 소를 제기한 때에는 이미 소멸시효가 완성되어 있다. 물론 B 혹은 C가 그 동안 갑임야를 점유하고 있다고 하면 각 소유권이전등기청구권의 소멸시효가 진행하지 않으나,783) 사례에서는 갑임야에 대한 B 혹은 C의 점유가 인정되지 아니하므로(갑임야에 대한 점유는 오히려 E와 F가 하고 있은 사정이 인정된다), 그대로 B 및 C의 각 소유권이전등기청구권은 소멸시효가 완성된 경우로 보아야 한다.

갑임야에 대한 B 혹은 C의 각 소유권이전등기청구권의 소멸시효가 완성된 결과로 어떤 효과가 생기는가가 문제된다. 판례와 같이 절대적 효력설을 취할 때 소유권이전등기청구권 자체가 이미 당연히 소멸하여 D는 채권자대위권의 객체로서의 채무자의 채권이 없으므로, 대위행사를 할 수 없다고 보아야 한다. 그러나 절대적 효력설을 취하더라도 소송상의 변론주의에 의하여 소멸시효의 이익을 받는 자가 소멸시효의 주장을 하여야 하고, 소송에서 소멸시효의 주장을 하지 아니하면 법원은 그 의사에 반하여 재판할 수 없다.

사례에서는 F가 소멸시효의 완성을 주장하고 있으므로, F가 시효이익을 받는 자인가, 즉 누가 시효이익을 받는 자인가가 문제된다. 시효이익을 받는 자란 시효기간만료로 인하여 소멸하는 권리의 의무자를 말한다. 그러므로 사례에서 소멸시효의 이익을 받는 자는 시효기간만료로 인하여 소멸하는 소유권이전등기청구권의 의무자인 A 혹은 B가 된다. F는 소멸시효의 이익을 받는 자가 아니다. F는 B의 A에 대한 소유권이전등기청구권 및 B의 C에 대한 소유권이전등기청구권이 시

782) 대법원 2007.3.30. 선고 2005다11312 판결.

783) 대법원 1999.3.18. 선고 98다32175 판결.

효소멸한 사실을 항변할 수 없다. 결국 임야도와 임야대장이 작성되기 전인 1957년 6월 29일에 갑임야에 대하여 E 명의로 경료된 소유권보존등기의 회복등기나 재산상속을 원인으로 한 F 명의의 소유권이전등기는 모두 원인무효의 등기라고 할 수 있고, D는 C, B, A를 순차 대위하여 원인무효의 각 등기에 대한 말소등기를 F에 대하여 청구할 수 있다.

[더 생각할 과제 - 채무자의 소멸시효완성의 주장과 신의칙]

채무자의 소멸시효에 기한 항변권의 행사도 민법의 대원칙인 신의성실의 원칙과 권리남용금지의 원칙의 지배를 받는다. 그러므로 채무자가 시효완성 전에 채권자의 권리행사나 시효중단을 불가능 또는 현저히 곤란하게 하거나, 그 조치가 불필요하다고 믿게 하는 행동을 하거나, 객관적으로 채권자가 권리를 행사할 수 없는 장애사유가 있거나, 또는 일단 시효완성 후에 채무자가 시효를 원용하지 아니하는 경우와 같은 태도를 보여 권리자로 하여금 그와 같이 신뢰하게 하거나, 채권자보호의 필요성이 크고, 같은 조건의 다른 채권자가 채무의 변제를 수령하는 등의 사정이 있어서 채무이행의 거절을 인정함이 현저히 부당하거나 불공평하게 되는 등의 특별한 사정이 있는 경우에는 채무자가 소멸시효의 완성을 주장하는 행위가 신의성실의 원칙에 반하여 권리남용으로서 허용될 수 없다.[784]

2. 소멸시효의 소급효

소멸시효의 효과로 그 대상인 권리가 소멸한다. 주된 권리의 소멸시효가 완성된 때에는 종속된 권리에도 그 효력이 미친다(§183). 소멸시효의 완성으로 권리가 소멸하는 시기는 시효기간이 만료한 때이지만, 그 효과는 시효기간의 개시시로 소급한다(§167). 그러므로 소멸시효로 채무를 면하게 되는 자는 시효기간중의 이자·손해금을 지급할 필요가 없다. 그리고 소멸시효에 의하여 권리를 상실한 자가 시효기간 중에 한 처분은 무효이다. 다만 시효소멸하는 채권이 그 소멸시효가 완성하기 전에 상계할 수 있었던 경우에는 채권자는 소멸시효의 완성 이후에도 상계할 수 있다(§495).

3. 시효이익의 포기

(1) 시효이익포기의 의의

소멸시효가 완성하면 시효이익을 받을 자는 시효이익을 포기할 수 있다. 다만 시효이익의 포기는 소멸시효의 완성 후에만 가능하다. 소멸시효기간이 만료하기 전에 미리 시효이익을 포기할 수 없다(§184 I). 민법 제184조 제1항에서 말하는 「미리」란 소멸시효가 완성되기 전을 의미하며 시효의 기산점 이전을 포함한다.

[더 생각할 과제 - 소멸시효중단사유로서의 채무승인과 시효이익포기의 차이]

소멸시효중단사유로서의 채무승인은 시효이익을 받는 당사자인 채무자가 소멸시효의 완성으로 채권을 상실하게 될 자에 대하여 상대방의 권리 또는 자신의 채무가 있음을 알고 있다는 뜻을

---

784) 대법원 2007.3.15. 선고 2006다12701 판결.

표시함으로써 성립하는 이른바 관념의 통지로 채무승인에는 어떤 효과의사가 필요하지 않다. 그러나 시효이익의 포기는 시효의 완성으로 인한 법적인 이익을 받지 아니한다고 하는 의사표시이므로, 시효완성 후 시효이익의 포기가 인정되려면 시효이익을 받는 채무자가 시효의 완성으로 인한 법적인 이익을 받지 아니한다고 하는 효과의사가 필요하다. 그러므로 시효완성 후 소멸시효중단사유에 해당하는 채무승인을 한 경우라고 하더라도 그 사실만으로는 곧바로 소멸시효이익의 포기라는 의사표시가 있다고 단정할 수 없다.[785)]

(2) 시효이익포기의 법적 성질

시효이익의 포기는 소멸시효의 완성으로 생기는 법률상의 이익을 받지 아니한다는 일방적 의사표시이다. 시효이익의 포기는 명시적으로 뿐만 아니라, 묵시적으로도 가능한 불요식행위이고, 상대방의 승낙을 요하지 아니하는 단독행위이다.

(3) 시효이익포기의 의사표시를 할 수 있는 자

시효완성의 이익포기의 의사표시를 할 수 있는 자는 시효완성의 이익을 받을 당사자 또는 대리인에 한정된다. 제3자가 시효완성의 이익포기의 의사표시를 하더라도 시효완성의 이익을 받을 자에 대한 관계에서 아무런 효력이 없다.

(4) 시효이익포기의 상대효

시효이익의 포기의 효과는 상대적이다. 시효이익의 포기할 수 있는 자가 여러 명인 경우에 1인이 포기를 하면 다른 자에게 영향을 미치지 아니한다. 그러므로 주채무자가 시효이익을 포기하여도 보증인·물상보증인·연대보증인·저당부동산의 제3취득자에게는 포기의 효과가 발생하지 아니한다.

[더 생각할 과제 - 소멸시효의 완성 후에 일부변제에 의한 시효이익포기의 효력]

채무자가 소멸시효의 완성 후에 채무를 일부변제한 때에는 그 액수에 관하여 다툼이 없는 한 그 채무 전체를 묵시적으로 승인한 경우로 보아야 하고, 소멸시효가 완성되고 난 뒤의 승인은 시효완성의 사실을 알고 그 채무 전액을 포기한 경우로 추정된다.[786)] 당사자간에 계속적인 거래로 인하여 같은 종류를 목적으로 하는 여러 개의 채권관계가 성립되어 있고, 채무자가 특정채무를 지정하지 아니하고 그 일부의 변제를 한 경우에 그 채무가 별개로 성립되어 독립성을 갖고 있다고 하면 일률적으로 일부변제로 잔존채무에 대하여도 승인을 한 경우로 보아 시효중단이나 포기의 효력을 인정할 수 있다고 해석할 수는 없다. 예를 들어 채무자가 가압류목적물에 대한 가압류를 해제받을 목적으로 피보전채권을 변제하는 경우에는 특별한 사정이 없는 한 피보전채권으로 적시되지 아니한 별개의 채무에 대하여서까지 소멸시효의 이익을 포기한 경우라고 볼 수는 없다.[787)]

---

785) 대법원 2013.2.28. 선고 2011다21556 판결.

786) 예를 들어 소멸시효가 완성된 채무를 피담보채무로 하는 근저당권이 실행되어 채무자 소유의 부동산이 매도(경락)되고 그 대금이 배당되어 채무의 일부변제에 충당될 때까지 채무자가 아무런 이의를 제기하지 아니한 경우라고 하면, 경매절차의 진행을 채무자가 알지 못한 사실 등 다른 특별한 사정이 없는 한, 채무자는 시효완성의 사실을 알고 그 채무를 묵시적으로 승인하여 시효의 이익을 포기한 경우로 보아야 한다(대법원 2001.6.12. 선고 2001다3580 판결).

787) 대법원 1993.10.26. 선고 93다14936 판결.

(5) 시효이익포기의 구체적인 예

1) 시효이익포기로 인정되는 경우

예를 들어 소유권이전등기청구권의 소멸시효기간이 지난 후에 등기의무자가 소유권이전등기를 해 주기로 약정(합의)한 경우라고 하면 다른 특단의 사정이 없는 한 시효이익을 포기한 경우로 보아야 한다.[788] 또한 시효완성 후의 유예요청이나 채무승인 또는 일부변제는 묵시적인 시효이익의 포기에 해당한다.

2) 시효이익포기로 인정되지 않는 경우

소멸시효의 완성 이후에 행하여진 과세처분에 기하여 세액을 납부하더라도 그 사실을 들어 바로 소멸시효의 이익을 포기한 경우로 볼 수 없다.[789] 그리고 채무자가 소멸시효가 완성된 이후에 여러 차례에 걸쳐 채권자의 제소기간연장의 요청에 동의한 바 있더라도 그 동의는 그 연장된 기간까지는 언제든지 채권자가 제소하더라도 이의가 없다는 취지에 불과하지 완성한 소멸시효이익을 포기하는 의사표시까지 함축하고 있지는 않다.[790]

> 생수사업자 A는 B로부터 사업자금을 빌렸다. B의 채권은 상사채권으로 5년의 소멸시효에 걸리는데, 변제기로부터 6년이 경과한 후, A는 B로부터 변제를 독촉받고는 이자를 면제하여 주면 원본을 분할하여 변제하겠다고 요청하였다. 그러나 B는 A의 요청을 받아들이지 않고 소송을 제기하였는데, A는 채무가 시효로 소멸하였다고 주장하였다. B의 소멸시효의 항변에 대하여 A는 B가 시효완성 후에 분할변제의 의사를 표시하였으므로, 시효이익의 포기라고 주장하였다. B는 자기가 분할변제를 요청한 때에는 시효가 완성된 사실을 알지도 못하였으므로, 시효이익을 포기한 경우가 아니라고 주장할 수 있는가?

어떤 채무에 관하여 소멸시효가 완성된 경우에 채무자로서는 소멸시효완성의 사실을 안다고 보아야 하는가, 아니면 통상 알지 못한다고 보아야 하는가? 시효완성 후의 시효이익의 포기는 의사표시이므로, 포기되는 권리의 존재를 알지 않으면 안된다. 그러므로 포기되는 권리를 알지 못한 경우에는 포기한다고 하는 의사가 있을 수 없다. 만약 시효완성 후에는 보통의 인간은 시효의 완성을 안다고 추정하면 그 추정을 뒤집을 만한 증거를 대지 못하는 한 시효이익의 포기로 유효하다. 그러나 채무자는 일반적으로 시효완성의 사실을 안다고 추정되므로, 시효이익의 포기가 유효하다고 하는 설명은 어딘가 부자연스럽다. 우선 시효완성 후에 통상 채무자가 시효완성의 사실을 안다고 하는 추정도 전혀 비현실적이고, 또한 채무자가 시효완성을 안 경우라도 하면 보통은 포기를 하지 아니한다고 보

788) 대법원 1993.5.11. 선고 93다12824 판결.
789) 대법원 1988.1.19. 선고 87다카70 판결.
790) 대법원 1987.6.23. 선고 86다카2107 판결.

아야 옳지 않을까? 소멸시효가 완성된 후에 채무의 승인을 한 경우에 채무자가 그 시효완성의 사실을 아는 경우는 극히 이례적이고, 통상 알지 못한다고 보아야 한다. 그러므로 소멸시효의 완성 후에 채무의 승인이 된 사실로부터 그 승인이 시효가 완성된 사실을 알고 한 경우로 추정되지는 않으므로, 시효완성을 알지 못한 때에는 원칙적으로 시효이익의 포기로 볼 수 없다.

4. 소멸시효의 단축·감경

소멸시효는 법률행위에 의하여 배제, 연장 또는 가중할 수 없으나, 단축 또는 감경할 수는 있다(§184 II). 그러므로 특정한 채무의 이행을 청구할 수 있는 기간을 제한하고 그 기간을 도과할 경우 채무가 소멸하도록 하는 약정은 민법에 의한 소멸시효기간을 단축하는 약정으로서 특별한 사정이 없는 한 민법 제184조 제2항에 의하여 유효하다.[791]

791) 대법원 2006.4.14. 선고 2004다70253 판결.

사항색인

【ㄱ】

가상적 의사 472
가장조건 506
가족권 62
가족생활관계 8
가주소 154
간접대리 397
간접의무 52
간접점유 398
간주 43
간주주의 160
감사 200
감정의 표시 266
강박에 의한 의사표시 384
강박행위 384
강행규정 281
개량행위 406
개별보호주의 107
객관주의 153
거소 154
거절권 148
건물 246
건축중의 건물 238
격지자 391
경솔 307
계산의 착오 365
공권 54
공동대리 406
공법 5
공서양속 286
공익법인 174
과실 257
과실책임의 원칙 37
관념의 통지 266
관습민법 26
관습법 20
관습법상의 법정지상권 28
교회 217
국가구제 92
궂계약 376
궁박 306
권능 50
권리남용금지 81
권리능력 없는 사단 209
권리능력 없는 재단 223
권리능력 104
권리능력평등 35
권리변동 263
권리본위 53
권리외관의 법리 347, 433
권리의 객체 229
권리의 박탈 90
권리주체 99
권원 50
권한 50
권한을 넘은 표현대리 433
귀속행위이론 416
금반언의 원칙 67
금전 251
기간 513
기대권 509
기망행위 376
기본대리권 434
기본재산의 처분 203
기성조건 506
기한 510
기한부 법률행위 511
기한이익 511
긴급피난 95

【ㄴ】

난자 232
내국법인 208
내부적 용태 267
내용의 착오 361
냉동정자 232
노예계약 297
논리해석 41
농작물 249
뇌사 115
능동대리 399

【ㄷ】

단독대표 195
단속법규 281
단순수의조건 506
단일물 239
단일주의 153
단체의 인격권 60
당사자 쌍방의 공통착오 359
대리 395
대리권 400
대리권남용 410
대리권소멸 후의 표현대리 447
대리권수여의 표시 429
대리권수여행위 401
대리모계약 293
대리행위 413
대리행위의 하자 418
대습상속 120
대표권남용 190, 412
대표권남용행위 187
대화자 391
덕대계약 282
도달방해 394
도달주의 390
동기 326
동기의 불법 301
동물의 권리주체성 230
동산 243, 251
동시사망의 추정 119
동의권 135
등기능력 213
등기청구권의 소멸시효 525

【ㅁ】

명의대여계약 282
명인방법 29, 247
목적론적 해석 41
무경험 307
무권대리 425
무권대리인의 책임 459
무권대표행위의 추인 452
무기명채권 252
무인행위 274
무효 467
무효등기의 유용 482
무효행위의 전환 311, 477
무효행위의 추인 469, 483
문리해석 41
물건 230
물론해석 41
물리적 불능 275
미분리의 과실 248
미성년자 128
미성년후견인 134
미채굴의 광물 244

【ㅂ】

반대해석 41
반사적 이익 50
발신주의 390
배아 105, 233
배임적 대리행위 338
백지위임장 404
법률관계 49
법률사실 266
법률요건 265
법률의 착오 366
법률적 불능 276
법률행위의 일부취소 495
법률행위의 해석 311, 312
법인 169
법인격부인 224

법인격의 남용 89
법인격의 형해화 89
법인등기 206
법인법정주의 174
법인의 불법행위능력 188
법인의 소멸 205
법인의 인격권 184
법인의 주소 200
법인의 행위능력 186
법적용 44
법정과실 258
법정대리권 401
법정대리인 134
법정대리인의 복임권 424
법정조건 506
법정추인 500
법해석 39
베이비M사건 294
변경등기 207
변칙세일 377
보정해석 41
보존행위 406
보충적 해석 317
복대리 422
복대리인의 복임권 425
복수주의 153
복위임 423
부관 502
부동산 244
부락 222
부재자 155
부첩계약 290
분묘기지권 27
불공정한 법률행위 304
불능조건 506
불문법 17
불법조건 506
불요식행위 272
불융통물 241
불특정물 242
불확정기한 503, 510
비교해석 41
비소급적 추인 469
비수의조건 506
비영리법인 173
비영리사단법인 174
비인격성 231
비재산권 62
비진의표시 332
비표현행위 266

【ㅅ】

사건 267
사권 54
사기에 의한 의사표시 375
사력구제 94
사망 115
사법 5
사법해석 40
사실인 관습 25, 318
사실행위 266
사실혼 30
사원권 62
사원총회 193
사인의 공법행위 335
사인행위 272
사자 397
사적 자치의 원칙 36
사정변경의 원칙 71
사찰 220
사행행위 298
사회권 54
사회질서 285
3년의 단기소멸시효 532
상관습법 26
상사채권의 소멸시효 532
생전행위 272
생존추정 162
선량한 풍속 285
선의 346
설립등기 177, 207
설립중의 사단법인 178
설립행위 179
성년기 128
성년의제제도 128
성년후견 138

성년후견인 140
성년후견제도 137
성명권 57
성문법 17
소극조건 505
소급적 추인 469
소급효 493
소멸시효 515
소멸시효기간 531
소멸시효의 정지 551
소멸시효의 중단 536
소송능력 102
소유권절대의 원칙 35
속박계약 297
속인주의 44
속임수 150
속지주의 46
손해배상책임 460
수권행위 401
수동대리 399
수목의 집단 247
수의조건 505
순수수의조건 505
숨은 불합의 313
승계취득 263
승인 549
시기 510
시체 234
시효이익의 포기 556
신도회의 분열 221
신의성실의 원칙 66
신탁행위 274, 349
실종기간 158
실종선고 157
실질주의 152
실효의 원칙 78
쌍방대리 407
씨받이계약 291

【ㅇ】

알박기 310
양도담보 27, 284
어촌계 222
에스토펠 433
역법적 계산방법 513
역사해석 41
연명치료의 중단 117
영리법인 173
예문해석 322
오표시무해의 원칙 314
외국법인 173, 208
외국인 121
요소의 착오 362
요식행위 272
요지주의 390
원물 257
원시적 불능 277
원시취득 263
원용권 553
유골 235
유권해석 39
유동적 무효 486
유인행위 273
유체 235
유체물 230
유추해석 41
융통물 241
은닉행위 349
응소 541
의무 52
의무능력 99
의무본위 53
의사능력 101, 123
의사의 통지 266
의사주의 153, 330
의사표시 325
의사표시이론 331
의용민법 12
이사회 198
이용행위 406
이중매매 286
이중효 463
이해상반행위 136
이행책임 460
인격권 56
인스티투찌오네스방식 9

인정사망 118
1년의 단기소멸시효 534
일물일권주의 238
일반보호주의 107
일부무효 469
일부불능 280
일부의 청구 544
일상가사대리권 444
일시적 불능 275
일신전속권 64
임시이사 198
임시총회 193
임의규정 320
임의대리권 401
임의대리인 199
임의대리인의 복임권 423
입목 247
입법해석 39

【ㅈ】

자기계약 407
자력구제 96
자연력 230
자연인 100
자연적 계산방법 513
자연적 해석 314
장기기증계약 296
재단법인 179
재산권 55
재산생활관계 8
재판상 청구 537
재판제도 92
적극조건 505
전자우편 392
절대적 무효 468
절충주의 330
정관 183
정관변경 200
정당방위 95
정당한 이유 437
정지조건 505
정착물 245
제3자 43, 343
제사주재자 235
제척기간 518
제한능력자 127
조건 503
조건부 권리 509
조건불성취 508
조건성취 508
조리 33, 321
조정제도 93
종기 510
종물 252
종중 213
종중 유사단체 216
주무관청의 허가 176, 201
주물 252
주소 152
준법률행위 266
준용 43
중재제도 94
중혼적 내연관계 291
지급명령 545
지배권 62
지식재산권 55
직무행위 188
진의 아닌 의사표시 332
집합물 239

【ㅊ】

착오 350
책임능력 101
처분문서 323
천연과실 257
천재사변 552
철회 492
철회권 148
청구권 63
청산 206
청산법인 206
초상권 58
총유 213
최고 546
최고권 147, 454
추인 499

추인권 451
추정 43
축소해석 40
출생 106
출세급특약 504
출연재산 180
출연행위 273
취득시효 516
취소 491
취소권의 단기소멸 502
취소권자 492
친양자제도 481

【ㅋ】

크린 핸즈의 원칙 71
키코계약 76

【ㅌ】

탈법행위 283, 350
태아 107
토지거래계약 488
토지거래허가 488
통상총회 193
통정허위표시 338
특별대리인 199
특별민법 19
특정동산 251
특정물 242
특정수권 404
특정후견 144
특정후견인 146

【ㅍ】

파산절차참가 545
판덱텐방식 9
판례 32
판례법 31
퍼블리시티권 56
편의치적 224
포괄대표 195
포괄수권 404
폭리자의 악의 307
폭리행위 304
표백주의 390
표시상의 착오 360
표시의사 328
표시주의 330
표시행위 329
표현대리 428
표현행위 266
프라이버시권 58
피성년후견인 139
피특정후견인 146
피한정후견인 142

【ㅎ】

하자 있는 의사표시 375
학리해석 40
한정후견 141
한정후견인 144
합동행위 271
합성물 239
항구적 불능 275
항변권 63
해산 205
해산등기 207
해제조건 505
행위의사 327
행정해석 40
허수아비행위 350
허위표시 338
헌법 42
현명주의 414
현재지 154
협의의 무권대리 450
형성권 63
형식주의 152
호의행위 268
화해계약 367
확대해석 40
확정기한 510
환경권 59
효과의사 327
후발적 불능 278

[저자 약력]

전북대학교 법과대학
독일 괴팅겐대학 법학박사
독일 프라이부르그대학 교환교수
사법시험, 행정고시, 외무고시, 입법고시, 변리사시험 시험위원
현재 전북대학교 법학전문대학원 교수

[주요 저서]

민법강의(제2판), 두성사 1999
민법판례연구(제2증보판), 한국고시신문사 2009
의료의 법률학, 신론사 2011
법학개론, 신론사 2012
에이즈의 법률학, 신론사 2013
유엔통일매매법(역서), 두성사 1995 외 다수

민법총칙

2014년 3월 15일 초판인쇄
2014년 3월 20일 초판발행

저 자 김 민 중
발 행 인 고 준 영
발 행 처 **법 영 사**

135-835 서울시 강남구 대치동 61
전화 (501)8898(대) Fax (501)8895
등록 1987. 5. 11. 제3-125호(윤)
Homepage : www.bubyoungsa.co.kr
E-mail : bypuco@chol.com

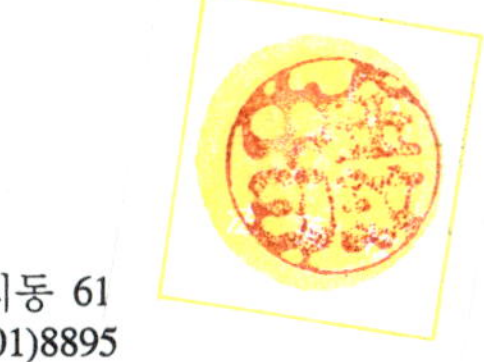

※ 파본은 교환해 드립니다. 정가 **32,000원**

불법복사는 지식재산을 훔치는 범죄행위입니다.
저작권법 제136조의 ①(권리의 침해죄)에 따라 위반자는 5년 이하의 징역 또는 5천만원 이하의 벌금에 처하거나 이를 병과할 수 있습니다.

ISBN 978-89-7032-294-0